Abreviaturas

adj.	adjectivo	*m.*	masculino
adv.	advérbio	*(med.)*	medicina
(arq.)	arquitectura	*(mús.)*	música
art.	artigo	*(náut.)*	náutica
(bot.)	botânica	*num.*	numeral
(cal.)	calão	*p.p.*	particípio passado
(com.)	comércio	*p.pres.*	particípio presente
comp.	comparativo	*pess.*	pessoal
compl.	complemento	*pl.*	plural
conj.	conjunção	*poss.*	possessivo
contr.	contracção	*prep.*	preposição
def.	definido	*pret.*	pretérito
dem.	demonstrativo	*pron.*	pronome
dim.	diminutivo	*(quím.)*	química
(econ.)	economia	*refl.*	reflexo
f.	feminino	*rel.*	relativo
(fam.)	familiar	*s.*	substantivo
(fig.)	figurado	*sup.*	superlativo
indef.	indefinido	*tr.*	transitivo
(inform.)	informática	*top.*	topónimo
int.	interrogativo	*v.*	verbo
interj.	interjeição	*vd.*	veja
intr.	intransitivo	*(zool.)*	zoologia

A

A, a, s. primeira letra do alfabeto.

a, art. indef. um, uma; **a man:** um homem; **a girl:** uma rapariga.

aback, adv. para trás, por trás, ao contrário; de surpresa.

abandon, s. abandono, desamparo.

abandon (to), v. tr. abandonar, deixar, desamparar.

abandonment, s. abandono, renúncia.

abase (to), v. tr. humilhar, abater, rebaixar.

abash (to), v. tr. envergonhar, confundir, humilhar.

abasing, adj. vergonhoso, humilhante.

abate (to), v. tr. diminuir, baixar, reduzir, abater; declinar.

abatement, s. diminuição, abatimento, redução.

abattoir, s. matadouro público.

abbess, s. abadessa.

abbey, s. abadia, mosteiro.

abbot, s. abade, superior de convento ou mosteiro.

abbreviate (to), v. tr. abreviar, condensar, resumir.

abbreviation, s. abreviação, abreviatura, resumo.

abdicate (to), v. tr. e intr. abdicar; renunciar; resignar.

abdomen, s. abdómen, ventre.

abdominal, adj. abdominal.

abduce (to), v. tr. separar, desviar.

abduct (to), v. tr. arrebatar, desviar, raptar.

abduction, s. abdução, rapto, plágio.

abed, adv. na cama.

aberrance, s. anomalia; desvio.

aberrant, adj. desviado, anormal, aberrante.

abet (to), v. tr. incitar, instigar, encorajar.

abetter, s. instigador, cúmplice.

abeyance, s. suspensão, expectativa; interrupção.

abhor (to), v. tr. abominar, aborrecer, detestar, odiar.

abhorrence, s. aversão, repugnância, desdém.

abhorrent, adj. repugnante, odioso, detestável.

abide (to), 1. v. intr. (pret. e p.p. **abode**), habitar, residir, viver em; permanecer; 2. v. tr. suportar, sofrer, tolerar.

abiding, 1. s. continuação, residência; 2. adj. residente; permanente, observante.

abies, s. (bot.) abeto.

ability, s. habilidade, aptidão, capacidade.

abject, adj. abjecto, baixo, vil.

abject (to), v. tr. desprezar, repelir, degradar.

abjection, s. abjecção, vileza, baixeza.

ablactate (to), v. tr. desmamar, ablactar.

ablactation, s. ablactação; desmame.

ablative, s. e adj. ablativo.

ablaze, adv. e adj. em brasa, ardente, excitado.

able, adj. apto, competente, capaz; forte, vigoroso, activo; **to be able to:** ser capaz de, poder.

abloom, *adv.* e *adj.* em flor.

ablush, *adj.* e *adv.* vermelho; corado.

ablution, *s.* ablução.

ably, *adv.* habilmente, com talento.

abnegate (to), *v. tr.* renunciar, abjurar, abnegar.

abnegation, *s.* abnegação, renúncia, sacrifício.

abnormal, *adj.* anormal, irregular.

abnormality, *s.* anormalidade, deformidade.

aboard, *adv.* a bordo.

abode, 1. *pret.* e *p.p.* do verbo **to abide**; 2. *s.* residência, morada, domicílio.

abolish (to), *v. tr.* abolir, anular, cancelar, revogar.

abolishment, *s.* abolição, revogação, anulação.

abolition, *s.* abolição, revogação.

A-bomb, *s.* bomba atómica.

abominable, *adj.* abominável, odioso, repugnante.

abominate (to), *v. tr.* abominar, odiar, execrar.

aboriginal, *adj.* aborígene.

abort (to), *v. intr.* abortar; *(fig.)* malograr-se.

abortion, *s.* aborto; *(fig.)* fracasso.

abound (to), *v. intr.* abundar, ser rico em; sobrar.

abounding, 1. *s.* abundância; 2. *adj.* copioso, abundante.

about, *prep.* e *adv.* em volta, perto, na vizinhança; cerca de, quase; a respeito de; aqui e ali.

above, *prep.* e *adv.* sobre, por cima; na parte superior, acima de; fora de.

abrade (to), *v. tr.* raspar, safar, esfregar, desgastar.

abrasion, *s.* desgaste, raspadura, fricção.

abrasive, *s.* e *adj.* abrasivo; **abrasive paper:** lixa.

abreast, *adv.* de frente, ombro com ombro.

abridge (to), *v. tr.* abreviar, resumir, reduzir, encurtar.

abroad, *adv.* fora, por fora; no ou para o estrangeiro.

abrogate (to), *v. tr.* abolir, anular.

abrupt, *adj.* abrupto, brusco, repentino, quebrado.

abruption, *s.* desmembramento; rotura; separação.

abscess, *s. (med.)* abcesso.

abscond (to), 1. *v. tr.* esconder; 2. *v. intr.* esconder-se, evadir-se, fugir à justiça.

absconder, *s.* fugido à justiça, refugiado, desertor.

absence, *s.* ausência; distracção.

absent, *adj.* ausente, distraído, descuidado.

absent (to), *v. intr.* ausentar-se, retirar-se.

absentee, *s.* pessoa ausente, negligente.

absenteeism, *s.* absentismo; ausência frequente.

absent-minded, *adj.* distraído.

absinth(e), *s.* absíntio, absinto.

absolute, *adj.* absoluto, completo; perfeito; ilimitado.

absolution, *s.* absolvição, perdão, remissão.

absolutism, *s.* absolutismo.

absolve (to), *v. tr.* absolver, libertar; perdoar os pecados; isentar.

absonant, *adj.* discordante, desarmonioso.

absorb (to), *v. tr.* absorver, embeber, incorporar.

absorbent, *adj.* absorvente.

absorption, *s.* absorção.

abstain (to), *v. intr.* abster-se, privar-se de.

abstainer, *s.* abstinente; sóbrio.

abstemious, *adj.* abstémio; sóbrio.

abstention, s. abstenção, temperança.

abstersion, s. purificação.

abstinence, s. abstinência, sobriedade.

abstinent, adj. abstinente, sóbrio; moderado.

abstract, 1. adj. abstracto; separado; ideal; **2.** s. resumo, sumário.

abstract (to), v. intr. abstrair; separar; resumir; (fam.) surripiar; desviar.

abstraction, s. abstracção; preocupação.

abstruse, adj. abstruso, escondido, incompreensível.

abstruseness, s. obscuridade, incongruência.

absurd, adj. absurdo, incongruente, disparatado.

absurdity, s. absurdo, disparate; incongruência.

abundance, s. abundância, fartura, opulência.

abundant, adj. abundante, opulento.

abuse, s. abuso, engano; ofensa, insulto; violação.

abuse (to), v. tr. abusar; enganar; insultar; violar.

abusive, adj. abusivo, ofensivo; injurioso.

abut (to), v. tr. confinar, limitar, entestar.

abutment, s. confim, limite.

abysm, abyss, s. abismo; precipício.

acacia, s. (bot.) acácia.

academic, s. e adj. académico; universitário.

academical, adj. académico; universitário.

academy, s. academia; escola superior.

accede (to), v. intr. aceder, concordar; alcançar.

accelerate (to), v. tr. acelerar, apressar; adiantar.

acceleration, s. aceleração.

accelerator, s. acelerador.

accent, s. acento, inflexão de voz; intensidade, ênfase.

accent (to), v. tr. acentuar; marcar com acento; frisar.

accentuate (to), v. tr. acentuar, realçar.

accentuation, s. acentuação.

accept (to), v. tr. aceitar, admitir, acolher; concordar com; aprovar.

acceptable, adj. aceitável; satisfatório.

acceptance, s. aceitação; acordo; acolhimento; aceite (de uma letra).

acception, s. acepção.

access, s. acesso, entrada; ingresso; (med.) ataque.

accessible, adj. acessível; aberto; influenciável.

accession, s. acesso, subida; chegada.

accessory, s. e adj. acessório.

accident, s. acidente, caso, sinistro.

accidental, 1. adj. acidental; inesperado; ocasional; não essencial; **2.** s. (mús.) acidente.

acclaim, s. aclamação, aplauso.

acclaim (to), v. tr. aclamar, aplaudir.

acclamation, s. aclamação.

acclimation, s. aclimatação.

acclimatize (to), 1. v. tr. aclimatar; **2.** v. intr. aclimatar-se.

acclivity, s. aclive; ladeira, declive; subida.

acclivous, adj. íngreme.

accommodate (to), v. tr. obsequiar, favorecer; acomodar, adaptar; reconciliar.

accommodation, s. acomodação, adaptação, ajuste; conveniência, favor, serviço; residência, alojamento.

accompaniment, s. acessório; (*mús.*) acompanhamento.

accompany (to), v. tr. acompanhar; associar-se com.

accomplice, s. cúmplice.

accomplicity, s. cumplicidade.

accomplish (to), v. tr. realizar, efectuar, acabar, completar, aperfeiçoar.

accomplisher, s. o que realiza; o que aperfeiçoa.

accomplishment, s. realização, aperfeiçoamento; cumprimento; proeza; talento; prenda.

accord, s. acordo, harmonia, assentimento.

accord (to), 1. v. tr. adaptar; acordar; consentir; conceder; 2. v. intr. condizer; harmonizar-se.

accordance, s. concordância, acordo, conformidade.

accordant, adj. acorde, conforme, conveniente.

according, adj. concorde; **according to**: de acordo com, conforme, segundo.

accordion, s. harmónica, acordeão.

accost (to), v. tr. e intr. acostar, abordar, aproximar-se de; estar junto de, juntar-se a, dirigir-se a.

accouchement, s. parto.

accoucheur, s. médico parteiro.

accoucheuse, s. parteira.

account, s. conta, cálculo, registo; relação, relato; estima, respeito; proveito, vantagem, interesse; **on account of**: por causa de.

account (to), 1. v. tr. contar, calcular; reputar; computar; pensar; julgar, considerar; 2. v. intr. explicar, dar razão de.

accountable, adj. responsável; explicável.

accountant, s. guarda-livros; contabilista.

accounting, s. contabilidade.

accredit (to), v. tr. acreditar, abonar; dar crédito a.

accretion, s. crescimento, aumento, incremento.

accrue (to), v. intr. crescer, aumentar; resultar; derivar.

accumbent, adj. reclinado, encostado.

accumulate (to), 1. v. tr. acumular, juntar, amontoar; 2. v. intr. acumular-se, juntar-se; crescer.

accumulation, s. acumulação, amontoado.

accumulative, adj. acumulativo.

accuracy, s. cuidado, desvelo, esmero, exactidão.

accurate, adj. exacto, esmerado, perfeito, correcto.

accurse (to), v. tr. amaldiçoar.

accusable, adj. acusável, culpável; punível.

accusation, s. acusação.

accusative, s. acusativo.

accuse (to), v. tr. acusar, delatar, arguir, culpar.

accused, s. e adj. acusado, réu.

accuser, s. procurador público; acusador, denunciante.

accustom (to), v. tr. acostumar, habituar; **to accustom oneself**: familiarizar-se.

accustomed, adj. habitual, usual, frequente; habituado.

ace, s. ás; (*fig.*) ninharia, bagatela; coisa sem importância.

acerb, adj. acerbo, acre, áspero, duro; (*fig.*) severo.

acetate, s. acetato.

acetous, adj. acetoso; avinagrado.

ache, s. dor; sofrimento.

ache (to), v. intr. doer.

achieve (to), v. tr. realizar, acabar, executar, fazer, levar a cabo, aperfeiçoar, obter; conseguir.

achievement, s. execução, realização; façanha.

achiever, s. executor.

aching, 1. s. dor, sofrimento; **2.** adj. dorido, doloroso.

achromatic, adj. acromático.

achromatism, s. acromatismo.

achromatize, v. tr. acromatizar.

acid, s. e adj. ácido.

acidify, v. tr. acidificar; acidular; v. intr. acidificar-se.

acidity, s. acidez.

acierate (to), v. tr. converter em aço; acerar.

acknowledge (to), v. tr. reconhecer, confessar; acusar a recepção de; autorizar; reconhecer a autoridade de; ser grato a, agradecer.

acknowledgement, s. reconhecimento, confissão; acusação de recibo; confirmação; gratidão.

acme, s. cume, ponto mais alto, cimo; apogeu.

acne, s. acne.

acolyte, s. acólito; ajudante.

acoustic, adj. acústico.

acoustics, s. acústica.

acquaint (to), v. tr. informar, avisar, comunicar, fazer saber, dar a entender; participar, familiarizar.

acquaintance, s. familiaridade; pessoa conhecida.

acquiesce (to), v. intr. anuir, concordar, aquiescer, condescender, submeter-se a; sujeitar-se a.

acquiescence, s. aquiescência, concordância.

acquiescent, adj. condescendente; complacente.

acquirable, adj. que se pode adquirir.

acquire (to), v. tr. adquirir, obter, ganhar, entrar na posse de; contrair (um costume).

acquirement, s. aquisição; pl. conhecimentos, saber; talento.

aquisition, s. aquisição; compra.

acquisitive, adj. capaz de adquirir; desejoso de adquirir, ávido; ganancioso.

acquit (to), v. tr. cumprir uma obrigação, pagar, desembaraçar-se de (uma dívida); absolver; isentar.

acquitment, s. quitação; absolvição.

acquittance, s. quitação, recibo; liquidação.

acre, s. acre, medida agrária.

acrid, adj. acre, picante; mordaz, cáustico, corrosivo, sarcástico; perturbador.

acridity, s. acridez; aspereza; sarcasmo.

acrimonious, adj. acrimonioso, mordaz, sarcástico; acre; áspero; amargo.

acrobat, s. acrobata; saltimbanco.

acrobatic, adj. acrobático.

acrobatics, s. acrobacia.

acropolis, s. acrópole.

across, 1. prep. através de, por; sobre; **2.** adv. transversalmente; de lado.

acrostic, s. acróstico.

act, s. acto, feito, obra; (teatro) acto; decreto; lei; **in the very act:** em flagrante delito.

act (to), 1. v. tr. operar, produzir, fazer, executar; **2.** v. intr. executar; representar, desempenhar um papel.

acting, 1. adj. que produz efeito; activo; **2.** s. representação; execução; acção.

action, s. acção, feito, façanha; actividade, influência; gesto; combate; operação, impulso; acção judicial.

actionable, adj. punível; que se presta a uma acção judicial; contestável.

active, *adj.* activo, diligente; enérgico, eficaz; vigoroso; ágil.

activity, *s.* actividade; energia; diligência.

actor, *s.* actor; agente.

actress, *s.* actriz.

actual, *adj.* real, verdadeiro; actual, presente, corrente.

actuality, *s.* actualidade; realidade.

actualize (to), *v. tr.* actualizar, tornar efectivo.

actually, *adv.* na realidade, efectivamente; presentemente.

actuary, *s.* actuário, escrivão, notário.

actuate (to), *v. tr.* accionar, pôr em acção.

acuity, *s.* acuidade, agudeza.

acumen, *s.* agudeza de espírito, penetração.

acupuncture, *s.* acupunctura.

acute, *adj.* penetrante, perspicaz, vivo.

acuteness, *s.* agudeza, subtileza.

ad, *s.* anúncio, publicidade.

adage, *s.* adágio, provérbio.

adagio, *adv. (mús.)* adágio, vagarosamente.

adamantine, *adj.* adamantino; inquebrável.

adapt (to), *v. tr.* adaptar, ajustar, acomodar.

adaptable, *adj.* adaptável, ajustável; aplicável.

adaptation, *s.* adaptação, ajuste.

add (to), 1. *v. tr.* aumentar, acrescentar; juntar, unir, anexar; **2.** *v. intr.* fazer a operação da adição.

addendum, *s.* aditamento; suplemento.

adder, *s.* serpente, víbora; máquina de somar.

addict (to), 1. *v. tr.* acostumar; **2.** *v. refl.* viciar-se.

addicted, *adj.* devotado a; aplicado a; dedicado a; **addicted to:** viciado em.

addiction, *s.* dedicação, aplicação; propensão para.

addition, *s.* adição, aumento; **in addition to:** além do mais.

additional, *adj.* adicional.

addle, *adj.* podre, choco; vazio; inútil, infecundo, estéril.

addle (to), 1. *v. tr.* corromper; estragar; **2.** *v. intr.* estragar-se; corromper-se.

addorse (to), *v. tr.* encostar, arruinar.

address, *s.* dedicatória, petição, endereço, sobrescrito; discurso; tacto; destreza, habilidade; garbo; apresentação.

address (to), *v. tr.* dirigir-se a alguém, fazer uma comunicação verbal ou escrita; preparar-se, dispor-se; cortejar.

addressee, *s.* destinatário.

addresser, *s.* o que faz comunicação, requerente.

adduce (to), *v. tr.* aduzir, citar, alegar.

adduction, *s.* adução, alegação.

adept, 1. *adj.* hábil, versado, perito, conhecedor; **2.** *s.* pessoa versada numa ciência ou arte.

adequacy, *s.* suficiência; proporção, adequação.

adequate, *adj.* adequado, proporcionado; suficiente.

adhere (to), *v. intr.* aderir; pegar-se; relacionar-se com.

adherence, *s.* aderência, ligação; adesão.

adherent, *s. e adj.* aderente, sectário; unido.

adhesion, *s.* adesão.

adhesive, *adj.* adesivo; tenaz.

adhibit (to), *v. tr.* administrar (um remédio).

adiabatic, adj. impenetrável, impermeável.

adipose, adj. adiposo, gordo.

adit, s. passagem subterrânea.

adjacency, s. proximidade; adjacência.

adjacent, adj. adjacente; próximo; contíguo.

adjectival, adj. adjectival; adjectivo.

adjective, 1. s. adjectivo; **2.** adj. acrescentado a; dependente.

adjoin (to), 1. v. tr. juntar, acrescentar, adicionar; **2.** v. intr. estar próximo de, estar contíguo.

adjourn (to), 1. v. tr. adiar, diferir, protelar; suspender; **2.** v. intr. (com.) suspender as transacções.

adjournment, s. adiamento; suspensão; transferência.

adjudge (to), v. tr. adjudicar, decretar, decidir, sentenciar, pronunciar.

adjudicate (to), v. intr. pronunciar a sentença, julgar.

adjudication, s. julgamento, sentença.

adjudicator, s. adjudicador.

adjunct, s. e adj. adjunto; acessório; auxiliar.

adjunction, s. junção, união.

adjunctive, adj. junto; unido; agregado.

adjure (to), v. tr. adjurar, esconjurar; invocar.

adjust (to), v. tr. ajustar, adaptar; ordenar, regular.

adjustment, s. adaptação, acomodação.

adjutant, s. ajudante militar.

adjuvant, 1. adj. que ajuda; **2.** s. assistente, auxiliar.

admeasure (to), v. tr. medir; repartir.

admeasurement, s. medição; partilha.

administer (to), v. tr. admininistrar, dirigir, governar; fornecer.

administration, s. administração, gerência.

administrative, adj. administrativo.

administrator, s. administrador, gerente.

admirable, adj. admirável, surpreendente.

admiral, s. almirante.

admiralty, s. almirantado.

admiration, s. admiração, surpresa.

admire (to), 1. v. tr. admirar, contemplar; **2.** v. intr. admirar-se, extasiar-se.

admirer, s. admirador; pretendente.

admissible, adj. admissível, aceitável; sofrível.

admission, s. admissão, entrada; permissão para entrar; suposição.

admit (to), v. tr. admitir; acolher; receber; reconhecer como verdadeiro, conceder; tolerar.

admittance, s. acesso; admissão, entrada.

admix (to), v. tr. misturar, confundir, juntar.

admixture, s. mistura, liga.

admonish (to), v. tr. admoestar, censurar; exortar, advertir; aconselhar; acautelar.

admonisher, s. admoestador; conselheiro.

admonishment, admonition, s. admoestação, conselho, advertência; repreensão.

admortization, s. amortização.

admove (to), v. tr. aproximar.

ado, s. barulho, tumulto; actividade; trabalho, dificuldade.

adobe, s. adobe, tijolo cru.

adolescence, s. adolescência, puberdade.

adolescent, *s.* e *adj.* adolescente; juvenil.

adonis, *s.* adónis; rapaz elegante.

adonize (to), 1. *v. tr.* embelezar; **2.** *v. intr.* embelezar-se, adornar-se.

adopt (to), *v. tr.* adoptar, perfilhar; aceitar; assumir.

adoption, *s.* adopção; aprovação.

adoptive, *adj.* adoptivo, adoptado.

adorable, *adj.* adorável; admirável.

adoration, *s.* adoração; veneração; culto.

adore (to), *v. tr.* adorar, venerar, prestar culto a.

adorer, *s.* adorador.

adorn (to), *v. tr.* adornar, embelezar, guarnecer.

adornment, *s.* adorno, enfeite, atavio.

adown, *adv.* e *prep.* em baixo, para baixo.

adrift, *adv.* à mercê das ondas ou do vento; em situação perigosa; à deriva.

adroit, *adj.* hábil, destro.

adry, *adj.* e *adv.* seco, com sede.

adulate (to), *v. tr.* adular, lisonjear.

adulation, *s.* adulação, lisonja.

adulator, *s.* adulador, lisonjeador.

adult, *adj.* e *s.* adulto.

adulterate, *adj.* adulterado, falsificado.

adulterate (to), 1. *v. tr.* adulterar; **2.** *v. intr.* cometer adultério.

adulteration, *s.* adulteração, falsificação.

adulterator, *s.* adulterador, falsificador.

adulterer, *s.* adúltero.

adulterous, *adj.* adúltero; espúrio, falso.

adumbrate (to), *v. tr.* sombrear, esboçar, bosquejar.

adumbration, *s.* bosquejo, esboço; prenúncio.

adust, *adj.* queimado; ardente; sombrio.

advance, *s.* avanço, adiantamento, progresso; marcha; **in advance:** antecipadamente.

advance (to), 1. *v. tr.* avançar, adiantar, impelir; promover; melhorar; elevar; aumentar; fazer progredir; **2.** *v. intr.* adiantar-se, progredir; subir de preço.

advantage, *s.* lucro, ganho, proveito, vantagem, superioridade; predominância.

advantage (to), *v. tr.* avantajar, exceder; beneficiar.

advantageous, *adj.* vantajoso, útil.

advent, *s.* advento, chegada.

adventure, *s.* aventura; proeza; coragem; especulação comercial; risco, azar, perigo.

adventure (to), 1. *v. tr.* aventurar, ousar, arriscar, pôr em perigo; **2.** *v. intr.* aventurar-se.

adventurer, *s.* aventureiro.

adventuress, *s.* aventureira.

adventurous, *adj.* aventureiro, corajoso.

adverb, *s.* advérbio.

adverbial, *adj.* adverbial.

adversary, *s.* adversário, inimigo.

adversative, 1. *adj.* adversativo; **2.** *s.* conjunção adversativa.

adverse, *adj.* adverso, contrário, hostil, inimigo.

adversity, *s.* adversidade, infelicidade.

advert (to), 1. *v. tr.* advertir, observar, notar, referir-se a, aludir a; **2.** *v. intr.* ter cautela com.

advertence, *s.* advertência, cautela, atenção.

advertise (to), *v. tr.* informar, avisar, anunciar.

advertisement, *s.* aviso, anúncio.

advertiser, *s.* anunciante.

advice, s. aviso, advertência, conselho; opinião.

advisable, adj. prudente, ponderado, aconselhável.

advise (to), 1. v. tr. aconselhar, advertir, recomendar, informar, avisar; 2. v. intr. consultar, aconselhar-se.

advised, adj. reflectido, advertido, avisado, premeditado, aconselhado.

adviser, s. conselheiro, consultor.

advisory, adj. consultivo; aconselhador.

advocacy, s. advocacia, defesa; amparo.

advocate, s. advogado, defensor; protector.

advocate (to), v. tr. advogar, defender, intervir, interceder.

advocateship, s. advocacia.

advocation, s. defesa, intervenção.

adynamic, adj. adinâmico, fraco.

adytum, s. sacrário, altar-mor.

adze, s. enxó de tanoeiro.

adze (to), v. tr. cortar com enxó.

aedile, s. edil.

aegis, s. protecção, escudo; égide.

aeolian, adj. relativo aos ventos, eólio.

aeration, s. aerificação, arejamento.

aerator, s. ventilador.

aerial, 1. adj. aéreo, atmosférico; 2. s. antena.

aerify (to), v. tr. aerificar, tornar gasoso.

aerobics, s. aeróbica; ginástica aeróbica.

aerodrome, s. aeródromo.

aerodynamics, s. aerodinâmica.

aerometer, s. aerómetro.

aeronaut, s. aeronauta; aviador.

aeronautic, adj. aeronáutico.

aeronautics, s. aeronáutica.

aeroplane, s. aeroplano.

aerospace, s. aerospaço.

aerostat, s. aeróstato.

aerostatic, adj. aerostático.

aerostatics, s. aerostática.

aeruginous, adj. ferruginoso; enferrujado.

aesthetic, adj. estético; harmonioso.

aesthetics, s. estética.

aestival, adj. estival.

aestivate (to), v. intr. passar o Verão; veranear.

aestuary, s. braço de mar, estuário, esteiro.

aestuation, s. ebulição.

aether, s. éter.

afar, adv. longe, distante.

afeard, adj. atemorizado, temeroso.

affability, s. afabilidade.

affable, adj. afável; cortês, amável.

affair, s. negócio, ocupação, assunto; acontecimento; (fam.) namoro; pl. casa de negócio; circunstâncias, afazeres; **that is my own affair:** isso é cá comigo; **that is not my affair:** isso não me importa; isso não me diz respeito.

affect (to), v. tr. afectar, impressionar; influir; praticar; usar; amar; gostar; (med.) contaminar.

affectation, s. afectação, aparência.

affectedness, s. afectação.

affection, s. afeição, afecto, carinho, amor.

affectional, adj. afectivo; emocional.

affectionate, adj. terno, afeiçoado; carinhoso.

affective, adj. afectivo, terno.

affeer (to), v. tr. confirmar, impor uma pena ou multar; fixar o preço.

affiance, s. confiança, fé, contrato de casamento; promessa, compromisso.

affiance (to), v. tr. prometer em casamento.

affiliate (to), v. tr. perfilhar, adoptar.

affiliation, s. perfilhação, adopção.

affinity, s. afinidade; conexão; parentesco.

affirm (to), 1. v. tr. afirmar, asseverar, declarar, confirmar; 2. v. intr. homologar.

affirmation, s. afirmação, confirmação, declaração.

affirmative, 1. adj. afirmativo, positivo; 2. s. afirmativa.

affirmatory, adj. afirmativo.

affix, s. afixo, adição; junção; apêndice.

affix (to), v. tr. afixar, anexar, juntar, ligar, unir.

affixture, s. afixação.

afflation, s. sopro; inspiração.

afflict (to), v. tr. afligir, angustiar, atribular.

affliction, s. aflição, dor, mágoa, angústia, pesar; luto.

afflictive, adj. aflitivo, angustiante.

affluence, s. afluência; concorrência; abundância.

affluent, adj. e s. afluente; abundante.

afflux, s. afluxo; afluência.

afford (to), v. tr. proporcionar; conceder; poder dar, poder fazer; ter meios para.

afforest (to), v. tr. florestar; converter em floresta.

afforestation, s. florestação; o acto de converter um terreno em floresta.

affranchise (to), v. tr. tornar livre, libertar; emancipar.

affranchisement, s. o acto de tornar livre; emancipação; alforria.

affray, s. tumulto, contenda, briga.

affray (to), v. tr. amedrontar, alarmar; assustar.

affreightment, s. fretamento de um navio.

affret, s. ataque, assalto.

affright, s. pavor, medo, terror.

affright (to), v. tr. aterrorizar, amedrontar, espantar.

affront, s. afronta, insulto, ultraje, injúria.

affront (to), v. tr. afrontar, provocar, insultar.

affuse (to), v. tr. entornar, derramar, verter.

affusion, s. derrame; aspersão; baptismo.

afield, adv. no campo, para o campo; longe.

afire, 1. adv. em chamas, em fogo; 2. adj. incendiado.

aflame, adv. e adj. em chamas.

aflat, adv. ao nível.

afloat, 1. adj. flutuante; 2. adv. a boiar, à tona da água.

afoot, adv. a pé; em movimento; em acção.

afore, adv. antes, anteriormente.

afraid, adj. medroso, receoso; **to be afraid of:** recear, ter medo de.

afresh, adv. outra vez, de novo, novamente.

aft, adj. e adv. à popa, atrás.

after, prep. depois, em seguida, atrás; segundo, conforme; seguinte (no tempo); próximo a.

afterglow, s. crepúsculo.

aftermath, s. resultado, consequência.

afternoon, s. tarde.

afters, s. sobremesa.

aftershave, s. loção pós-barba.

afterward(s), adv. depois, mais tarde.

again, *adv.* outra vez, de novo; além disso.

against, *prep.* contra; em frente; em contraste com; em contacto com; junto de.

agamic, *adj.* que não tem acção sexual.

agamous, *adj.* assexual.

agape, *s.* ágape.

agate, *s.* ágata.

agaze, *adv.* a olhar pasmado; contemplativamente.

age, *s.* idade, velhice; caducidade; maioridade; período, época; geração; **the iron age:** a idade do ferro; **to be over age:** ser de maior idade; **to be under age:** ser de menor idade; **I haven't seen you for ages:** *(fam.)* há séculos que não te vejo.

age (to), 1. *v. tr.* tornar velho; 2. *v. intr.* envelhecer.

aged, *adj.* idoso, de certa idade; velho.

agency, *s.* agência; acção, diligência, intervenção; operação, meio.

agenda, *s.* agenda.

agent, *s.* agente, comissário; delegado.

agglomerate, 1. *s.* aglomeração, amontoado; 2. *adj.* aglomerado.

agglomerate (to), *v. tr.* aglomerar, amontoar.

agglomeration, *s.* aglomeração.

agglutinate, *adj.* aglutinado, ligado.

agglutinate (to), *v. tr.* aglutinar, ligar, unir, colar.

agglutination, *s.* aglutinação, ligação.

aggrandize (to), *v. tr.* engrandecer, ampliar.

aggrandizement, *s.* engrandecimento.

aggravate (to), *v. tr.* agravar, aumentar; exasperar, provocar, irritar; piorar.

aggravation, *s.* agravamento, ofensa, injúria.

aggregate, *s.* agregado, amontoado.

aggregate (to), *v. tr.* agregar, juntar, unir.

aggregation, *s.* agregação, agregado.

aggress (to), *v. tr.* agredir, ofender; importunar.

aggression, *s.* agressão, ataque; injúria.

aggressive, *adj.* agressivo, ofensivo; conflituoso.

aggressor, *s.* agressor.

aggrieve (to), *v. tr.* afligir, incomodar, magoar, injuriar.

aghast, *adj.* atemorizado, aterrado; consternado.

agile, *adj.* ágil, ligeiro, activo, diligente; esperto.

agility, *s.* agilidade, actividade; vivacidade.

agio, *s.* ágio, câmbio; usura.

agiotage, *s.* agiotagem, especulação.

agitate (to), *v. tr.* agitar, sacudir; mover, excitar, perturbar; considerar, debater, discutir; ventilar.

agitation, *s.* agitação, perturbação, comoção.

agitator, *s.* agitador, perturbador.

aglet, *s.* agulheta.

aglow, *adj.* incandescente; excitado.

agnate, *s.* parente pelo lado paterno.

agnomen, *s.* sobrenome; alcunha; apelido.

agnomination, *s.* apelido, sobrenome.

agnostic, *s.* e *adj.* agnóstico.

agnosticism, *s.* agnosticismo.

ago, *adv.* no passado; desde; **long ago:** há muito tempo.

agog, *adv.* ardentemente, veementemente.

agoing, *adv.* em movimento.
agonize (to), 1. *v. tr.* agonizar, fazer sofrer muito, torturar; 2. *v. intr.* agonizar.
agony, *s.* agonia, angústia, dor; sofrimento.
agraffe, *s.* agrafo; colchete.
agrarian, *adj.* agrário; rústico.
agrarianism, *s.* divisão equitativa de terras.
agrarianize (to), *v. tr.* dividir as terras conforme a lei agrária.
agree (to), 1. *v. intr.* concordar, consentir, aceder, harmonizar-se com; coincidir; 2. *v. tr.* tornar agradável, reconciliar, arranjar.
agreeable, *adj.* agradável, favorável, disposto a, aprazível; apropriado; propício; conforme.
agreement, *s.* contrato, ajuste, acordo, convenção, entendimento; **gentlemen's agreement:** acordo de cavalheiros.
agrestic, *adj.* rural, rústico; rude, grosseiro.
agricultural, *adj.* agrícola; agrário.
agriculture, *s.* agricultura.
agriculturist, *s.* agricultor, agrónomo.
agronomics, *s.* agronomia.
agronomist, *s.* agrónomo.
agronomy, *s.* agronomia.
aground, 1. *adv.* no chão; 2. *adj.* encalhado; imobilizado.
aha!, *interj.* ah!, eia!
ahead, *adv.* e *prep.* para diante, avante, à frente; para a frente; **look ahead:** acautelar-se, pensar no futuro.
aheap, *adv.* em monte, a granel.
ahoy!, *interj.* olá!; ó do barco!
aid, *s.* ajuda, assistência, socorro, auxílio, apoio.
aid (to), *v. tr.* ajudar, assistir, auxiliar, apoiar.
aider, *s.* auxiliador, ajudante; assistente.

AIDS, *s.* sida; síndroma de imuno--deficiência adquirida.
ail (to), 1. *v. tr.* causar dor, afligir, incomodar; 2. *v. intr.* doer; afligir-se.
ailing, *adj.* doente; incomodado; indisposto.
ailment, *s.* doença, dor; incómodo; indisposição.
aim, *s.* mira, alvo; fim; intenção; pontaria; objectivo.
aim (to), 1. *v. tr.* alvejar, apontar, atirar, lançar; almejar; 2. *v. intr.* fazer pontaria; projectar.
aimer, *s.* aquele que aponta; pretendente.
ain't, contracção de **am not, is not** e **are not.**
air, *s.* ar, atmosfera; modo, maneira, aparência; afectação, altivez; *(mús.)* ária musical.
air (to), 1. *v. tr.* expor ao ar, arejar, ventilar; enxugar roupa; 2. *v. intr.* e *refl.* tomar ar, mostrar-se.
aircraft, *s.* avião.
airman, *s.* aviador, piloto.
airscrew, *s.* hélice.
airship, *s.* balão dirigível.
air-tight, *adj.* hermético; à prova de ar.
airy, *adj.* aéreo; leve; arejado; airoso; imaterial.
aisle, *s. (arq.)* nave de igreja, ala; corredor.
ajar, *adv.* entreaberto, parcialmente aberto.
akin, *adj.* parente consanguíneo; aliado.
alabaster, *s.* alabastro.
alack!, *interj.* ai de mim!
alacrity, *s.* vivacidade, alegria, viveza.
aland, *adv.* em terra.
alarm, *s.* alarme, sobressalto; rebate; terror; **alarm-clock:** despertador.

alarm (to), 1. *v. tr.* alarmar; **2.** *v. intr.* tocar a rebate.

alarming, *adj.* alarmante; que causa terror.

alarmist, *adj.* que causa alarme; assustador.

alas!, *interj.* ai de mim!

alate, *adj.* alado.

albatross, *s.* albatroz.

albinism, *s.* albinismo.

albino, *s.* albino, pessoa que tem albinismo.

album, *s.* álbum.

albumen, *s.* albúmen.

albumenize (to), *v. tr.* cobrir com uma solução albuminosa.

albumin, *s.* albumina.

albuminoid, *adj.* albuminóide.

albuminous, *adj.* albuminoso.

alcayde, *s.* alcaide.

alchemy, *s.* alquimia.

alchemist, *s.* alquimista.

alchemize (to), *v. tr.* transmutar (metais).

alcohol, *s.* álcool.

alcoholic, *adj.* alcoólico.

alcoholism, *s.* alcoolismo.

alcoholize (to), *v. tr.* rectificar ou saturar com álcool.

alcoholization, *s.* alcoolização.

alcoholometry, *s.* alcoometria.

alcove, *s.* alcova; falso numa parede.

alcyon, *s.* alcião, maçarico.

alder, *s.* álamo, amieiro.

alderman, *s.* vereador, senador.

ale, *s.* cerveja; cerimónia ou festa rural em que se bebe cerveja.

aleatory, *adj.* aleatório.

alee, *adv.* a sotavento.

alehouse, *s.* cervejaria.

alembic, *s.* alambique.

alert, 1. *adj.* vigilante, activo, perspicaz, atento; **2.** *s.* alarme, surpresa.

alexandrine, *s.* e *adj.* alexandrino (verso).

alga, *s.* alga *(pl. algae).*

algebra, *s.* álgebra.

algebraic, *adj.* algébrico.

algid, *adj.* álgido, muito frio; glacial.

algist, *s.* botânico especializado em algas.

algology, *s.* algologia.

algous, *adj.* respeitante às algas, semelhante às algas.

alias, 1. *adv.* aliás, de outro modo; **2.** *s.* pseudónimo.

alibi, *s.* álibi.

alien, *adj.* alheio, pertencente a outrem; estrangeiro, forasteiro, estranho; discorde, adverso.

alienable, *adj.* alienável.

alienate, *adj.* estranho, alheio.

alienate (to), *v. tr.* alienar, transferir, ceder; passar para propriedade de outrem.

alienation, *s.* alienação, transferência, cedência, separação; *(med.)* loucura.

alienee, *s.* alienatário.

alienism, *s.* estudo de doenças mentais.

aliform, *adj.* aliforme.

alight, *adj.* aceso, iluminado.

alight (to), *v. intr.* descer, desmontar, aterrar (um avião).

align, *v. tr.* e *intr.* alinhar.

alike, 1. *adj.* semelhante, igual, conforme; **2.** *adv.* igualmente, da mesma maneira, semelhantemente.

aliment, *s.* alimento, nutrição, sustento; comida.

aliment (to), *v. tr.* alimentar.

alimentation, *s.* alimentação.

alimony, *s.* pensão que o marido é obrigado a dar a sua esposa quando separado dela.

aline, 1. *v. tr.* alinhar; **2.** *v. intr.* colocar-se em linha.

alinement, *s.* alinhamento.

alive, adj. vivo, existente; activo; enérgico.

alkali, s. (quím.) álcali.

alkaline, adj. alcalino.

alkalize (to), v. tr. tornar alcalino; alcalinizar.

alkaloid, s. alcalóide.

Alkoran, s. Alcorão.

all, 1. adj. todo, toda, todos, todas; **2.** adv. totalmente, inteiramente, completamente; **all but you:** todos menos tu; **all of you:** todos vós; **all right:** muito bem; **not at all!:** não tem de quê!; **I am all ears:** sou todo ouvidos; **I dont like her at all:** (fam.) não gosto dela nem um bocadinho.

Allah, s. Alá.

allay, v. tr. aliviar, acalmar, suavizar; amansar; temperar.

allegation, s. alegação; asserção sem prova.

allege (to), v. tr. alegar, declarar, afirmar positivamente.

allegiance, s. lealdade, submissão; dedicação.

allegorical, adj. alegórico.

allegorize (to), 1. v. tr. alegorizar; **2.** v. intr. falar alegoricamente.

allegory, s. alegoria; parábola.

allegro, adv. (mús.) alegro.

alleluia, s. e interj. aleluia.

alleviate (to), v. tr. aliviar, mitigar, suavizar, acalmar.

alleviation, s. alívio, conforto.

alley, s. passagem, rua estreita, beco; rua de jardim.

alliance, s. aliança; afinidade; liga; associação.

alligator, s. (zool.) jacaré.

alliteration, s. aliteração.

alliterative, adj. relativo à aliteração.

allocate (to), v. tr. colocar, localizar; repartir, distribuir.

allocation, s. localização, colocação, fixação.

allocution, s. alocução; discurso.

allodial, adj. alodial; livre de encargos.

allopathy, s. alopatia.

allot (to), v. tr. repartir, distribuir; adjudicar; atribuir.

allotment, s. parte, quinhão, lote, porção.

allotropic, adj. alotrópico.

allotropism, s. princípio ou processo alotrópico, alotropismo.

allotropy, s. alotropia.

allow (to), v. tr. permitir, sancionar, aprovar; confessar; admitir; tomar em consideração, dar crédito a.

allowable, adj. admissível, sofrível; lícito.

allowance, s. pensão; aprovação, permissão; sanção.

allowance (to), v. tr. dar pensão ou mesada a alguém.

alloy, s. liga (de metais); mistura, amálgama.

alloy (to), v. tr. ligar (metais); misturar.

allude (to), v. intr. aludir a; referir-se a; insinuar.

allure (to), v. tr. atrair, afagar, acariciar, fascinar, encantar.

allurement, s. atracção, encanto, tentação; sedução.

alluring, adj. atraente, sedutor; fascinante.

allusion, s. alusão, referência; insinuação.

allusive, adj. alusivo, referente a.

alluvial, adj. aluvial.

alluvion, s. aluvião.

ally, s. aliado, coligado, confederado; parente.

ally (to), v. intr. aliar-se, confederar-se; associar-se.

almanac, s. almanaque, calendário.

almandine, s. almandina.

almighty, adj. omnipotente, poderoso.

almond, s. amêndoa.

almost, adv. quase; aproximadamente; perto de.

alms, s. pl. caridade, esmola; dádiva.

aloe, s. (bot.) aloés.

aloft, adv. no ar, no alto; por cima de tudo.

alone, 1. adj. só, solitário; único; **2.** adv. somente.

along, adv. ao longo de, ao comprido, adiante; juntamente; com, em companhia de.

alongshore, adv. ao longo da praia.

alongside, adv. lado a lado; junto a.

aloof, adv. longe, distante; de longe.

aloud, adv. alto, em voz alta.

alow, adj. baixo, em voz baixa.

alpestrian, adj. alpestre, alpino.

alpha, s. alfa.

alphabet, s. alfabeto, abecedário.

alphabetic, alphabetical, adj. alfabético.

alphabetize (to), v. tr. alfabetar.

Alpine, adj. alpino, alpestre.

alpinist, s. alpinista.

already, adv. já, agora, presentemente.

Alsatian, s. e adj. alsaciano.

also, adv. e conj. também, igualmente; além disso.

altar, s. altar; **to lead to the altar:** casar.

altar-boy, s. acólito.

altar-cloth, s. toalha de altar.

alter (to), 1. v. tr. alterar, modificar, mudar; **2.** v. intr. alterar-se.

alterable, adj. alterável, mutável.

alteration, s. alteração, mudança; modificação.

alterative, 1. adj. alterante; **2.** s. remédio que altera o processo digestivo.

altercate (to), v. intr. altercar, brigar; questionar.

alternate, adj. alternado, alternativo; recíproco; de lados opostos.

alternate (to), 1. v. tr. alternar; permutar; **2.** v. intr. alternar-se, suceder-se, revezar-se.

alternative, adj. alternativo.

although, conj. embora, não obstante, ainda que.

altitude, s. altitude, altura; elevação.

alto, s. (mús.) contralto.

altogether, adv. juntamente, completamente.

altruism, s. altruísmo.

altruist, s. altruísta.

aluminum, s. alumínio.

alveolar, adj. alveolar.

alveolus, s. alvéolo.

always, adv. sempre.

a. m., adv. abreviatura de **ante meridiem;** de manhã.

am, 1.ª pessoa do singular do presente indicativo do verbo **to be.**

amalgam, s. amálgama, mistura.

amalgamate (to), 1. v. tr. misturar; **2.** v. intr. combinar-se.

amalgamation, s. mistura, amalgamação.

amaranth, s. (bot.) amaranto.

amaranthine, adj. amarantino, encarnado.

amass (to), v. tr. juntar, acumular; reunir.

amateur, s. amador; apreciador; diletante.

amative, adj. sensual, amoroso.

amaze (to), v. tr. assombrar, espantar.

amazed, adj. espantado, admirado, atónito; maravilhado.

amazement, s. espanto, admiração; pasmo.

amazing, adj. espantoso, assombroso, estupendo.

ambagious, adj. ambíguo; evasivo.

ambassador, s. embaixador.

ambidexter, s. ambidestro; (fig.) hipócrita.

ambidextrous, adj. ambidestro; (fig.) hipócrita.

ambience, s. atmosfera; ambiente.

ambient, s. e adj. ambiente.

ambiguity, s. ambiguidade, incerteza.

ambiguous, adj. ambíguo, equívoco, obscuro.

ambit, s. âmbito, circuito, limites; fronteira.

ambition, s. ambição.

ambitious, adj. ambicioso; pretensioso.

amble, s. passo travado.

amble (to), v. intr. andar a furta-passo; andar a passo travado (cavalo).

ambrosia, s. ambrósia; manjar delicioso.

ambulance, s. ambulância.

ambulate (to), v. intr. andar dum lado para outro, andar de terra em terra; deambular.

ambulation, s. deambulação.

ambulatory, 1. adj. ambulatório, ambulante; 2. s. lugar para passear, como um corredor, um claustro, etc.

ambuscade, s. emboscada, cilada.

ambuscade (to), 1. v. tr. armar uma emboscada; 2. v. intr. emboscar-se.

ambush, s. emboscada.

ambush (to), 1. v. tr. preparar uma emboscada; 2. v. intr. cair numa emboscada.

ameliorate (to), 1. v. tr. melhorar; aperfeiçoar; 2. v. intr. aperfeiçoar-se.

amelioration, s. aperfeiçoamento, melhoramento.

amen!, interj. amém; assim seja.

amenable, adj. responsável; dócil; obediente.

amend (to), 1. v. tr. emendar, aperfeiçoar, reformar, corrigir; 2. v. intr. emendar-se, corrigir-se.

amendable, adj. corrigível, capaz de se emendar.

amendment, s. reforma, emenda, correcção.

amends, s. pl. reparação, compensação, indemnização.

amenity, s. amenidade, brandura; afabilidade.

amerce (to), v. tr. multar, punir.

amercement, s. multa, condenação.

American, s. e adj. americano.

americanize (to), v. tr. americanizar.

amethyst, s. ametista.

amiable, adj. amável; cordial; afável.

amianthus, s. amianto.

amicable, adj. amigável.

amid, prep. no meio de.

amide, s. amido.

amidships, adv. no meio do navio.

amidst, prep. no meio de; entre.

amiss, 1. adj. mau, que não satisfaz; impróprio; defeituoso; 2. adv. mal, erradamente; inoportunamente.

amity, s. amizade; harmonia.

ammeter, s. amperímetro.

ammonia, s. amónio, amoníaco.

ammoniac, s. amoníaco.

ammoniacal, adj. amoniacal.

ammonium, s. amónio.

ammunition, s. munições militares; explosivos.

amnesia, s. amnésia.

amnesty, s. amnistia.

among, prep. entre, no meio de; de entre.

amongst, *prep.* entre, no meio de.

amorous, *adj.* amoroso, terno, carinhoso.

amorphism, *s.* amorfia, deformidade.

amorphous, *adj.* amorfo.

amort, *adj.* morto, sem vida, inanimado; desfalecido.

amortization, *s.* amortização.

amortize (to), *v. tr.* amortizar.

amount, *s.* montante, total, quantia, importância.

amount (to), *v. intr.* importar em, somar, elevar-se a.

amour, *s.* amor, intriga amorosa, galantaria.

amove (to), *v. tr.* exonerar, depor.

ampere, *s.* ampere.

amphibious, *adj.* anfíbio.

amphitheatre, *s.* anfiteatro.

amphora, *s.* ânfora, vaso com duas asas.

ample, *adj.* largo, amplo, vasto, espaçoso; abundante.

ampliate (to), *v. tr.* ampliar, alargar, estender.

ampliation, *s.* ampliação.

ampliative, *adj.* ampliativo.

amplification, *s.* amplificação.

amplificatory, *adj.* ampliativo, amplificativo.

amplify (to), *v. tr.* alargar, amplificar, dilatar, aumentar.

amplitude, *s.* amplitude, amplidão; vastidão.

ampoule, *s.* ampola.

amputate (to), *v. tr.* amputar, cortar.

amputation, *s.* amputação.

amulet, *s.* amuleto, talismã.

amuse (to), *v. tr.* divertir, recrear, entreter.

amusement, *s.* divertimento, entretenimento, passatempo.

amusing, *adj.* divertido, agradável.

amyl, *s.* amilo, amido.

an, *art. indef.* um, uma (usa-se antes de vogal ou *h* mudo).

anachronic, *adj.* anacrónico.

anachronism, *s.* anacronismo.

anacreontic, *adj.* anacreôntico; alegre.

anadem, *s.* grinalda, ramo de flores.

anaemia, *s.* anemia, fraqueza.

anaemic, *adj.* anémico.

anaesthesia, *s.* anestesia.

anaesthetic, *adj.* anestésico.

anaesthetist, *s.* aquele que anestesia, anestesista.

anaesthetize (to), *v. tr.* anestesiar.

anagogy, *s.* anagogia, êxtase.

anagram, *s.* anagrama.

anagrammatize (to), *v. tr.* formar anagramas.

anal, *adj.* anal, do ânus.

analgesia, *s.* analgia, insensibilidade.

analgesic, *adj.* analgésico.

analogic, *adj.* analógico.

analogize (to), *v. tr.* explicar por analogia.

analogous, *adj.* análogo, semelhante.

analogue, *s.* termo análogo.

analogy, *s.* analogia.

analphabetic, *adj.* analfabeto; *(fig.)* ignorante.

analphabetical, *adj.* analfabeto.

analyse (to), *v. tr.* analisar.

analyser, *s.* analista, aquele que analisa.

analysis, *s.* análise; divisão.

analyst, *s.* analista.

analytic, *adj.* analítico.

analytics, *s.* ciência da análise.

ananas, *s.* ananás.

anarch, *s.* anarquista.

anarchic, *adj.* anárquico.

anarchism, *s.* anarquismo; indisciplina.

anarchy, *s.* anarquia; indisciplina.

anathema, *s.* anátema, excomunhão.

anathematize (to), *v. tr.* anatematizar, excomungar.

anatomic, *adj.* anatómico.

anatomical, *adj.* anatómico.

anatomize (to), *v. tr.* anatomizar, dissecar.

anatomy, *s.* anatomia; dissecação; análise.

ancestor, *s.* antepassado, ascendente.

ancestral, *adj.* ancestral, relativo aos antepassados, hereditário.

ancestry, *s.* descendência.

anchor, *s.* âncora; recurso, refúgio.

anchor (to), *v. tr.* e *intr. (náut.)* ancorar, lançar ferro.

anchorage, *s.* ancoragem, ancoradouro.

anchoret, *s.* ermitão, anacoreta.

anchovy, *s.* anchova.

ancient, *adj.* antigo, velho, antiquado; **the ancients:** antepassados.

ancillary, *adj.* auxiliar; dependente.

ancipital, ancipitous, *adj.* ancípite.

ancon, *s.* cotovelo.

and, *conj.* e; **now and then:** de vez em quando; **by and by:** logo; **by little and little:** pouco a pouco; **better and better:** cada vez melhor; **and so on:** etc.

andante, *adv. (mús.)* andante.

android, *s.* fantoche; autómato.

anecdote, *s.* anedota.

anecdotic, *adj.* anedótico.

anemia, *s. (med.)* anemia.

anemometer, *s.* anemómetro.

anemometry, *s.* anemometria.

anemone, *s. (bot.)* anémona.

aneurism, *s.* aneurisma.

anew, *adv.* de novo, novamente, outra vez.

anfractuous, *adj.* anfractuoso.

angel, *s.* anjo; *(fig.)* inocente; título aplicado a alguns ministros; antiga moeda inglesa.

angelic, angelical, *adj.* angélico; puro, inocente.

anger, *s.* raiva, cólera, ira.

anger (to), *v. tr.* encolerizar, enfurecer, enraivecer.

angerly, *adv.* raivosamente.

angina, *s.* angina.

angle, *s.* ângulo, esquina, canto; cana de pesca.

angle (to), *v. tr.* pescar à cana.

angler, *s.* pescador à cana.

Anglican, *s.* e *adj.* anglicano.

Anglicanism, *s.* anglicanismo.

anglicism, *s.* anglicismo.

anglicize (to), *v. tr.* inglesar.

angling, *s.* pesca à cana.

Anglo-American, *adj.* e *s.* anglo--americano.

Anglo-French, *adj.* e *s.* anglo--francês.

Anglo-Saxon, *adj.* e *s.* anglo--saxão.

angora, *s.* angora.

angriness, *s.* cólera, raiva, ira; fúria.

angry, *adj.* aborrecido, zangado, colérico; enfadado.

anguish, *s.* angústia, dor, sofrimento.

anguish (to), *v. tr.* atormentar, fazer sofrer.

angular, *adj.* angular; *(fig.)* magro.

angularity, *s.* angularidade.

anhydride, *s. (quím.)* anidrido.

anhydrous, *adj. (quím.)* anidro.

anil, *s. (bot.)* anil.

anile, *adj.* anil; senil, que se refere a mulher idosa.

animadvert (to), *v. tr.* notar, censurar, fazer observações a.

animal, *s.* animal; **animal kingdom:** reino animal.

animalcular, adj. animalcular.

animalism, s. animalismo; sensualidade.

animality, s. animalidade, natureza animal.

animalize (to), v. tr. animalizar, brutalizar.

animate, animated, adj. animado, animoso.

animate (to), v. tr. animar, dar vida, encorajar.

animation, s. animação; entusiasmo.

animatograph, s. animatógrafo.

animator, s. animador.

animism, s. animismo.

animist, s. animista.

animosity, s. animosidade, aversão.

animus, s. ânimo, espírito.

anise, s. anis, erva-doce.

anisette, s. licor de anis.

ankle, s. tornozelo, artelho.

annalist, s. analista, cronista.

annals, s. pl. anais, crónicas.

anneal (to), v. tr. recozer, temperar.

annealing, s. fundição, têmpera de metais.

annex, s. anexo, aditamento; acessório.

annex (to), v. tr. anexar, juntar, unir a; (fam.) furtar.

annexation, s. anexação; incorporação.

annihilate (to), v. tr. aniquilar, destruir; anular.

annihilation, s. aniquilação; destruição.

annihilator, s. aniquilador; destruidor.

anniversary, 1. s. aniversário; **2.** adj. anual.

annotate (to), v. tr. anotar, comentar.

annotation, s. anotação, comentário.

annotator, s. anotador, comentador.

announce (to), v. tr. anunciar, proclamar oficialmente.

announcement, s. anúncio, aviso; proclamação.

annoy (to), v. tr. aborrecer, incomodar, importunar.

annoyance, s. aborrecimento, incómodo.

annoying, adj. incómodo, enfadonho.

annual, 1. adj. anual; **2.** s. livro que se publica anualmente.

annuity, s. anuidade.

annul (to), v. tr. anular, tornar sem efeito.

annular, 1. adj. anelado, em forma de anel; **2.** s. anular.

annulment, s. anulação, abolição.

annunciate (to), v. tr. anunciar, proclamar.

annunciation, s. anunciação; aviso.

annunciator, s. anunciador; indicador.

anode, s. anódio, ânodo.

anodyne, s. e adj. anódino, calmante.

anoint (to), v. tr. untar, ungir; (fam.) espancar.

anomalous, adj. anómalo, irregular, anormal.

anomaly, s. anomalia, irregularidade.

anonym, s. anónimo.

anonymity, s. anonímia, anonimato.

anonymous, adj. anónimo.

anorak, s. anoraque.

another, pron. e adj. outro, outra, outro diferente.

answer, s. resposta, réplica; **in answer to:** em resposta a.

answer (to), v. tr. e intr. responder, replicar, refutar; satisfazer, convir; resolver; corresponder; reagir.

answerer, s. aquele que responde; fiador.

ant, s. formiga.

antacid, adj. antiácido.

antagonism, s. antagonismo, oposição.

antagonist, s. antagonista, rival, competidor.

antagonize (to), v. tr. competir, disputar; opor; tornar antagónico; contrariar.

Antarctic, 1. adj. antárctico; 2. s. as regiões antárcticas.

antecede (to), v. tr. anteceder, preceder.

antecedence, s. antecedência, precedência.

antecedent, adj. antecedente, anterior.

antecessor, s. antecessor.

antechamber, s. antecâmara; sala de espera.

antedate, s. antedata.

antedate (to), v. tr. antedatar; antecipar.

antediluvian, adj. antediluviano.

antelope, s. antílope.

ante meridiem, adj. antemeridiano.

antenatal, adj. antes do nascimento; pré-natal.

antenna, s. antena.

antenuptial, adj. antenupcial.

antepenult, 1. s. antepenúltima sílaba; 2. adj. pertencente à antepenúltima sílaba; antepenúltimo.

anterior, adj. anterior, antecedente; precedente.

ante-room, s. antessala; sala de espera.

anthem, s. antífona; **national anthem**: hino nacional.

anther, s. (bot.) antera; saco do pólen.

anthologist, s. antologista.

anthology, s. antologia.

anthracite, s. antracite, carvão de pedra.

anthropological, adj. antropológico.

anthropologist, s. antropólogo; antropologista.

anthropology, s. antropologia.

anthropometry, s. antropometria.

anthropomorphic, adj. antropomórfico.

anthropomorphism, s. antropomorfismo.

anthropomorphous, adj. antropomorfo.

anthropophagous, adj. antropófago; canibal.

anthropophagy, s. antropofagia; canibalismo.

anti-aircraft, adj. contra aviões, antiaéreo.

antibiotic, s. e adj. antibiótico.

antic, 1. grotesco, ridículo; 2. s. bobo; travessura.

Antichrist, s. Anticristo.

antichristian, adj. que é contra o cristianismo.

anticipate (to), v. tr. antecipar, adiantar, prevenir.

anticipative, adj. antecipado.

anticipator, s. aquele que antecipa.

anticyclone, s. anticiclone.

anticyclonic, adj. anticiclónico.

antidote, s. antídoto, contraveneno.

antifat, adj. contra a gordura.

antifebrile, adj. antifebril.

anti-flu, adj. antigripal.

antimonarchical, adj. antimonárquico.

antimonarchist, s. antimonárquico.

antimonial, adj. antimonial.

antimonious, adj. que contém antimónio.

antimony, s. antimónio.
antinational, adj. antinacional.
antinomy, s. antinomia, oposição.
antipathetic, adj. antipático; repulsivo.
antipathy, s. antipatia; repugnância.
antiphon, s. antífona.
antiphony, s. antifonia; antífona.
antiphrasis, s. antífrase.
antipode, s. antípoda.
antipole, s. o pólo oposto.
antipope, s. antipapa; falso papa.
antiquarian, s. e adj. antiquário.
antiquarianism, s. gosto pelas antiguidades.
antiquary, s. antiquário, arqueólogo.
antiquate, adj. antigo.
antique, adj. e s. antigo, velho, antiquado; coisa antiga.
antiquity, s. antiguidade, velharia.
antiscorbutic, adj. antiescorbútico.
antiseptic, s. e adj. anti-séptico.
antisocial, adj. anti-social.
antisocialist, s. anti-socialista.
anti-tank, s. antitanque.
antithesis, s. antítese, oposição; antagonismo.
antithetical, adj. antitético.
antitoxin, s. contraveneno, antídoto.
antler, s. armação do veado.
ant-lion, s. formigão.
antonomasia, s. antonomásia.
antonym, s. antónimo.
anus, s. ânus, orifício.
anvil, s. bigorna.
anxiety, s. ânsia, ansiedade, impaciência, agitação.
anxious, adj. ansioso, impaciente, desejoso.
anxiousness, s. ânsia, ansiedade.

any, adj. e pron. algum, alguma, alguns, algumas; qualquer, qualquer que, seja qual for; nenhum, nenhuma.
anybody, s. e pron. alguém, qualquer.
anyhow, adv. de qualquer modo, seja como for.
anything, pron. alguma coisa.
anyway, adv. seja como for, de qualquer modo.
anywhen, adv. em qualquer ocasião.
anywhere, adv. em qualquer parte.
anywise, adv. de qualquer modo.
aorta, s. aorta.
aortic, adj. aórtico.
apace, adv. depressa, apressadamente.
apache, s. apache, rufia.
apart, adv. à parte, de parte, a um lado.
apartheid, s. apartheid.
apartment, s. quarto, compartimento duma casa; apartamento.
apathetic, adj. apático, indiferente.
apathy, s. apatia, indiferença, insensibilidade.
ape, s. macaco, mono, imitador; tolo.
ape (to), v. tr. imitar, macaquear.
apeak, adv. a pique, verticalmente.
aperitif, s. e adj. aperitivo.
aperture, s. abertura, buraco, passagem.
apetalous, adj. sem pétalas.
apex, s. ápice, cimo, cume, topo.
aphis, s. afídio.
aphonic, adj. afónico.
aphony, s. afonia.
aphorism, s. aforismo.
aphrodisiac, adj. afrodisíaco.
aphtha, s. afta.

aphyllous, adj. (bot.) sem folhas.

apiarist, s. apicultor.

apiary, s. colmeal.

apical, adj. elevado, cimeiro.

apiculture, s. apicultura.

apiece, adv. por peça, por cabeça, separadamente.

apocalypse, s. apocalipse, revelação.

apocalyptic, adj. apocalíptico.

apocope, s. apócope.

apocryphal, adj. apócrifo.

apod, 1. adj. ápode; sem pés; **2.** s. animal sem pés.

apogee, s. apogeu, auge, ponto culminante.

apologetic, adj. apologético, laudatório.

apologist, s. apologista, defensor.

apologize (to), v. intr. desculpar-se; pedir desculpa.

apologizer, s. aquele que pede desculpa.

apologue, s. apólogo, fábula.

apology, s. desculpa, defesa, explicação, apologia.

apoplectic, adj. apopléctico.

apoplexy, s. apoplexia.

apostasy, s. apostasia.

apostate, s. apóstata.

apostatize, v. tr. apostatar, renunciar.

apostil, s. apostila, nota à margem.

apostle, s. apóstolo.

apostolate, s. apostolado.

apostolical, adj. apostólico.

apostrophe, s. apóstrofe.

apostrophize (to), v. tr. apostrofar, interromper.

apothecary, s. boticário, farmacêutico.

apotheosis, s. apoteose.

appal (to), 1. v. tr. aterrar, espantar; **2.** v. intr. desmaiar, empalidecer.

appalling, adj. espantoso, aterrador.

appanage, s. apanágio, atributo.

apparatus, s. aparelho, instrumento, aparato.

apparel (to), v. tr. vestir, ornar, embelezar.

apparent, adj. aparente, claro, manifesto, óbvio.

apparition, s. aparição, visão, espectro.

appeach (to), v. tr. acusar, imputar.

appeal (to), 1. v. tr. acusar, imputar; apelar; recorrer; **2.** v. intr. clamar, pedir auxílio.

appealer, s. apelante.

appear (to), v. intr. aparecer, apresentar-se a público; parecer.

appearance, s. aparecimento, aparição; aparência, semelhança.

appease (to), v. tr. apaziguar, aquietar, pacificar, acalmar.

appeasement, s. pacificação.

appellant, s. e adj. apelante, recorrente, autor.

appellate, adj. relativo a apelação, apelatório.

appellation, s. alcunha; nome apelativo.

appellative, s. e adj. apelativo.

append (to), v. tr. juntar, adicionar, anexar, atar; pendurar.

appendant, 1. adj. ligado, junto; **2.** s. anexo.

appendicitis, s. apendicite.

appendicular, adj. da natureza do apêndice, apendicular.

appendiculate, adj. provido de apêndices, apendiculado.

appendix, s. apêndice, acessório.

appertain (to), v. intr. pertencer; ser próprio de.

appertinent, adj. pertencente; referente.

appetence, s. desejo, apetite; propensão.

appetent, *adj.* desejoso, ávido.

appetite, *s.* apetite, desejo.

appetitive, *adj.* apetitoso.

appetize (to), *v. tr.* causar apetite, abrir o apetite.

appetizer, *s.* aperitivo.

applaud (to), *v. tr.* aplaudir, bater palmas; aprovar.

applause, *s.* aplauso; aprovação; louvor.

apple, *s.* maçã; **apple pie:** torta de maçã.

appliable, *adj.* aplicável.

appliance, *s.* aplicação; utensílio, instrumento, ferramenta.

applicant, *s.* candidato, requerente.

application, *s.* aplicação; petição, súplica, requerimento; atenção; **application form:** modelo de requerimento.

applicative, *adj.* caracterizado pela aplicação; prático.

apply (to), 1. *v. tr.* aplicar, empregar, administrar; adoptar; 2. *v. intr.* harmonizar; inquirir; **to apply for a job:** candidatar-se a um emprego.

appoint (to), *v. tr.* decretar, ordenar, fixar; assinar, garantir; eleger, determinar, nomear.

appointee, *s.* pessoa nomeada ou designada para algum fim.

appointment, *s.* nomeação, decreto, ordem, aprazamento, entrevista, acordo; *pl.* honorários, salários.

apportion (to), *v. tr.* ratear, dividir em proporção.

appose (to), *v. tr.* examinar, observar, pôr diante de, pôr, apor (assinatura).

apposite, *adj.* apto, apropriado, próprio, conforme.

apposition, *s.* adição, justaposição, aposição.

appraise (to), *v. tr.* avaliar, apreciar, estimar.

appraisement, *s.* avaliação, estimativa.

appraiser, *s.* avaliador.

appreciate (to), *v. tr.* avaliar, apreciar, estimar.

appreciation, *s.* apreciação, avaliação, estimativa.

appreciative, *adj.* apreciável, apreciativo.

appreciator, *s.* apreciador, avaliador.

apprehend (to), *v. tr.* e *intr.* aprender, compreender; tomar; agarrar; temer, recear; antecipar, supor; suspeitar.

apprehension, *s.* apreensão, compreensão; concepção, ideia; receio.

apprehensive, *adj.* apreensivo; receoso.

apprentice, *s.* aprendiz, principiante, noviço.

apprentice (to), *v. tr.* pôr como aprendiz.

apprenticeship, *s.* aprendizagem, noviciado.

apprise (to), *v. tr.* informar, tornar sabedor, avisar.

approach, *s.* aproximação; semelhança; acesso.

approach (to), 1. *v. tr.* aproximar; 2. *v. intr.* aproximar-se.

approachable, *adj.* acessível.

approbate (to), *v. tr.* aprovar, sancionar, validar.

approbation, *s.* aprovação; aplauso; aceitação.

approbatory, *adj.* que implica aprovação.

appropinquity, *s.* aproximação, apropinquação.

appropriate, *adj.* anexado; ligado; conveniente, próprio, apropriado; adequado.

appropriate (to), v. tr. e intr. apropriar, adaptar; apropriar-se; dedicar-se a.

appropriation, s. apropriação, posse.

approval, s. aprovação, sanção, adesão.

approve (to), v. tr. aprovar, sancionar; estimar; confirmar; demonstrar.

approved, adj. aprovado; confirmado; sancionado.

approver, s. aquele que aprova; aprovador.

approximate, adj. aproximado, parecido.

approximate (to), v. tr. e intr. aproximar, aproximar-se.

aproximately, adv. aproximadamente.

approximation, s. aproximação.

approximative, adj. aproximativo.

appurtenance, s. pertença, acessório.

appurtenant, adj. pertencente a.

apricot, s. damasco.

April, s. Abril; **April fool's day:** dia dos enganos; o primeiro de Abril.

apriority, s. apriorismo, apprioridade.

apron, s. avental; capota de carruagem.

apse, s. (arq.) ábside.

apt, adj. apto; próprio, apropriado; idóneo; disposto.

aptness, s. aptidão.

apterous, adj. áptero.

aptitude, s. aptidão, capacidade; disposição.

apyretic, adj. epirético, que não tem febre.

aqua-fortis, s. água-forte.

aquarelle, s. aguarela.

aquarellist, s. aguarelista.

aquarium, s. aquário.

aquatic, adj. aquático.

aquatint, s. aquatinta.

aqueduct, s. aqueduto.

aquiline, adj. aquilino, que pertence à águia.

Arab, s. árabe.

arabesque, s. e adj. arabesco.

Arabian, adj. e s. árabe, que pertence à Arábia.

Arabic, adj. árabe (língua).

arable, adj. arável, cultivável.

arachnida, s. pl. aracnídeos.

aracnidan, adj. que pertence aos aracnídeos.

aragonite, s. aragonite.

arbiter, s. árbitro.

arbitrariness, s. arbitrariedade.

arbitrary, adj. arbitrário.

arbitrate (to), v. tr. arbitrar, decidir.

arbitration, s. arbitragem.

arbitrator, s. árbitro.

arbor, s. árvore; eixo de uma máquina.

arboraceous, adj. arbóreo.

arborescence, s. arborescência.

arborescent, adj. arborescente.

arboriculture, s. arboricultura.

arboriculturist, s. arboricultor.

arborization, s. arborização.

arbour, s. caramanchão.

arbute, s. (bot.) medronheiro.

arc, s. arco de círculo.

arcade, s. arcada, arcaria.

arcanum, s. arcano, mistério.

arch, s. arco, abóbada.

arch (to), v. tr. arquear.

archaeological, adj. arqueológico.

archaeologist, s. arqueólogo.

archaeology, s. arqueologia.

archaic, adj. arcaico; antiquado.

archaism, s. arcaísmo.

archaistic, adj. arcaico.

archaize (to), v. tr. tornar arcaico.

archangel, s. arcanjo.

archbishop, s. arcebispo.

archdiocese, s. arquidiocese.

archduchy, s. arquiducado.

archduke, s. arquiduque.

archer, s. besteiro.

archetype, s. arquétipo.

archiepiscopal, adj. arquiepisco-
pal.

archiepiscopate, s. arcebispado.

arching, 1. adj. arqueado; 2. s.
forma arqueada, curvatura.

archipelago, s. arquipélago.

architect, s. arquitecto.

architectonic, adj. arquitectónico.

architecture, s. arquitectura.

architrave, s. arquitrave.

archive, s. arquivo.

archivist, s. arquivista.

archness, s. travessura.

archon, s. arconte.

archway, s. passagem aboba-
dada.

archwise, adj. em arco.

Arctic, 1. adj. árctico, setentrional; 2. s. o pólo norte.

arcuate, adj. arqueado.

arcuation, s. arqueação.

ardency, s. ardência, ardor; ânsia.

ardent, adj. ardente; intenso, fogoso, apaixonado.

ardently, adv. ardentemente.

ardour, s. ardor, calor, veemência, paixão.

arduous, adj. árduo, laborioso, difícil, escabroso.

arduousness, s. dificuldade.

are, s. are.

area, s. área, superfície.

arefaction, s. seca, processo de
secar.

arefy (to), v. tr. secar.

arena, s. arena.

arenaceous, adj. areento; arenoso.

areometer, s. areómetro.

areometry, s. areometria.

argent, 1. adj. branco, prateado;
2. s. prata.

argentiferous, adj. argentífero.

Argentine, adj. e s. argentino.

argil, s. argila, barro.

argillaceous, adj. argiloso.

argol, s. tártaro (de vinho).

argon, s. árgon.

argot, s. calão.

argotic, adj. de calão.

arguable, adj. discutível.

argue (to), v. tr. arguir, acusar,
argumentar, disputar.

arguer, s. argumentador.

argument, s. argumento, prova,
razão, debate.

argumentation, s. argumentação.

argumentative, adj. argumenta-
tivo.

aria, s. (mús.) ária.

arid, adj. árido, seco.

aridness, s. aridez, secura.

arise (to), v. intr. (pret. **arose**, p.p.
arisen), levantar-se; aparecer,
surgir; tornar-se conhecido; originar; realizar-se, ocorrer.

arisen, p.p. do verbo **to arise**.

aristocracy, s. aristocracia.

aristocrat, s. aristocrata.

aristocratic, adj. aristocrático.

arithmetic, s. aritmética.

arithmetical, adj. aritmético.

arithmometer, s. aritmómetro.

ark, s. arca; refúgio; navio.

arm, s. braço; ramo de árvore;
braço de mar; (fig.) poder, autoridade.

arm (to), 1. v. tr. armar, equipar;
2. v. intr. armar-se, equipar-se.

armada, s. armada.

armadillo, s. armadilho.

armament, s. armamento.

armature, s. armadura.

armchair, cadeira de braços.

armed, *adj.* armado.

Armenian, *s.* e *adj.* arménio.

armful, *s.* braçada.

armhole, *s.* sovaco; abertura de vestido ou de casaco para o braço.

armillary, *adj.* armilar; **armillary sphere:** esfera armilar.

armistice, *s.* armistício, trégua.

armlet, *s.* bracelete, pulseira.

armorial, 1. *adj.* heráldico; **2.** *s.* livro sobre heráldica.

armory, *s.* heráldica.

armour, *s.* armadura.

armour (to), *v. tr.* defender com armadura.

armoured, *adj.* blindado.

armourer, *s.* fabricante de armaduras; armeiro.

armoury, *s.* armaria, arsenal.

armpit, *s.* sovaco; axila.

arms, *s. pl.* armas, profissão militar; brasões.

army, *s.* exército; multidão.

arnica, *s.* arnica.

aroma, *s.* aroma.

aromatic, *adj.* aromático.

aromatization, *s.* acção de aromatizar.

aromatize (to), *v. tr.* aromatizar.

arose, *pret.* do verbo **to arise**.

around, *prep.* à volta de, em torno de.

arouse (to), 1. *v. tr.* levantar, despertar; excitar, estimular; sacudir; **2.** *v. intr.* acordar.

arpeggio, *s. (mús.)* arpejo.

arquebus, *s.* arcabuz.

arquebusier, *s.* arcabuzeiro.

arrack, *s.* araca; aguardente de palma.

arraign (to), *v. tr.* levar para juízo, processar.

arraignment, *s.* acção de processar, acusação.

arrange (to), *v. tr.* arranjar; dispor, ordenar; preparar; ajustar.

arrangement, *s.* arranjo; disposição; classificação.

arrant, *adj.* notório, completo, consumado; **an arrant liar:** um mentiroso descarado.

arras, *s.* pano de arrás.

array, *s.* vestido, ornato, atavio; ordem de batalha.

array (to), *v. tr.* pôr em ordem de batalha; ornar, ataviar, guarnecer.

arrear, *s.* parte de trás.

arrest, *s.* prisão, arresto, embargo; **to be under arrest:** estar preso.

arrest (to), *v. tr.* prender; embargar; interromper.

arrival, *s.* chegada; vinda.

arrive (to), *v. intr.* chegar, vir, aportar, arribar; suceder.

arrogance, *s.* arrogância, altivez, orgulho.

arrogant, *adj.* arrogante, orgulhoso, altivo.

arrogate (to), *v. intr.* arrogar-se, atribuir-se.

arrogation, *s.* arrogação.

arrow, *s.* seta, flecha.

arrowy, *adj.* em forma de seta, sagitado.

arse, *s.* ânus; traseiro dos animais.

arsenal, *s.* arsenal.

arsenate, *s.* arseniato.

arsenic, *s.* arsénico.

arson, *s.* fogo posto.

art, *s.* arte, capacidade, habilidade, manha; **art exhibition:** exposição de arte.

arterial, *adj.* arterial.

arteritis, *s.* arterite.

artery, *s.* artéria.

artesian, *adj.* artesiano.

artful, *adj.* industrioso, artificioso.

arthritis, *s.* artrite.

arthritism, *s.* artritismo.

artichoke, *s.* alcachofra.

article, *s.* artigo; objecto, coisa; cláusula; artigo de jornal; **the leading article:** editorial.

article (to), *v. tr.* articular, expor sob a forma de artigos.

articular, *adj.* articular.

articulate, *adj.* articulado.

articulate (to), *v. tr.* articular.

articulation, *s.* articulação.

artifice, *s.* artifício, indústria; engano.

artificial, *adj.* artificial; falso.

artificialize (to), *v. tr.* tornar artificial; estilizar.

artillerist, *s.* artilheiro.

artillery, *s.* artilharia.

artisan, *s.* artífice, artesão.

artist, *s.* artista (o que se dedica às belas-artes).

artistic, *adj.* artístico.

artless, *adj.* sem arte, simples, natural; ingénuo.

arum, *s. (bot.)* jarro.

Aryan, *s.* e *adj.* ariano.

as, *conj., adv.* e *pron. rel.* como, conforme, igualmente; assim, pois que, porque; quando, enquanto; que.

ascend (to), *v. tr.* e *intr.* subir, ascender, elevar-se.

ascendant, 1. *s.* ascendência; predomínio; **2.** *adj.* ascendente.

ascendence, *s.* ascendência; predomínio.

ascension, *s.* ascensão, subida.

ascensional, *adj.* ascensional.

ascent, *s.* subida, elevação.

ascertain (to), *v. tr.* asseverar, assegurar; indagar.

ascertainment, *s.* indagação, investigação; certeza.

ascetic, 1. *s.* asceta; **2.** *adj.* ascético.

ascetical, *adj.* ascético.

asceticism, *s.* asceticismo.

ascribe (to), *v. tr.* imputar, atribuir, aplicar.

aseptic, *s.* e *adj.* asséptico.

asexual, *adj.* assexuado, sem sexo.

asexuality, *s.* assexualidade.

ash, *s.* cinza; resíduo; pó; *(bot.)* freixo.

ashamed, *adj.* envergonhado; **to be ashamed of:** ter vergonha de.

ashore, *adv.* em terra; para terra.

ashy, *adj.* cinzento; pálido.

Asiatic, *adj.* asiático.

aside, *adv.* de lado, de parte, separado; **to put aside:** pôr de lado.

asinine, *adj.* asinino.

asininity, *s.* estupidez.

ask (to), *v. tr.* pedir; exigir; perguntar; convidar; **to ask a question:** fazer uma pergunta; **to ask a favour:** pedir um favor.

askance, *adv.* de soslaio, com desdém.

asking, *s.* petição, solicitação.

aslant, *adv.* obliquamente, de través.

asleep, *adj.* adormecido; *(fig.)* morto; **to fall asleep:** adormecer; **to be asleep:** estar a dormir.

aslope, *adv.* a descer, em declive.

asparagus, *s.* espargo.

aspect, *s.* aspecto, vista; aparência, disposição.

aspen, *adj.* de faia, semelhante à faia.

asperge (to), *v. tr.* aspergir, borrifar.

asperity, *s.* aspereza, rugosidade, rudeza.

asperse (to), *v. tr.* aspergir; difamar, caluniar.

aspersion, *s.* aspersão; calúnia, difamação.

asphalt, *s.* asfalto.

asphalt (to), *v. tr.* asfaltar.

asphaltic, *adj.* betuminoso, de asfalto.

asphyxia, *s.* asfixia.
asphyxiate (to), *v. tr.* e *intr.* asfixiar.
asphyxiation, *s.* asfixia, sufocação.
aspirant, *s.* aspirante, pretendente.
aspirate (to), *v. tr.* aspirar.
aspiration, *s.* aspiração, desejo ardente; som aspirado.
aspire (to), *v. intr.* aspirar a alguma coisa, desejar; pretender, ambicionar; subir; **to aspire after something:** ambicionar qualquer coisa.
aspirin, *s.* aspirina.
aspiring, *adj.* desejoso, ambicioso.
ass, *s.* asno, jumento, burro; *(fig.)* pessoa estúpida.
assail (to), *v. tr.* assaltar, atacar, investir.
assailant, *s.* e *adj.* assaltante.
assassin, *s.* assassino.
assassinate (to), *v. tr.* assassinar, matar.
assassination, *s.* assassinato.
assault, *s.* assalto, agressão.
assault (to), *v. tr.* assaltar, atacar, acometer.
assaulter, *s.* assaltante, salteador.
assay (to), *v. tr.* analisar, experimentar.
assemblage, *s.* reunião, colecção, assembleia.
assemble (to), *v. tr.* reunir, convocar, juntar; unir; montar (mecânica).
assembly, *s.* assembleia, reunião; concílio, ajuntamento.
assent, *s.* concordância, assentimento.
assent (to), *v. intr.* consentir, concordar, assentir, aprovar.
assentient, *s.* e *adj.* que consente; que concorda.
assert (to), *v. tr.* afirmar, declarar, manter, defender.

assertion, *s.* asserção, afirmação.
assertive, *adj.* assertivo, dogmático.
assertor, *s.* defensor, afirmador; advogado.
assess (to), *v. tr.* taxar, lançar imposto sobre, tributar, colectar; avaliar.
assessable, *adj.* tributável.
assessment, *s.* tributo, imposto, colecta; avaliação.
assessor, *s.* assessor, avaliador de impostos.
assets, *s. pl.* activo de uma casa comercial, disponibilidades, posses; fundos.
asseverate (to), *v. tr.* asseverar, afirmar.
asseveration, *s.* asseveração, afirmação.
assiduity, *s.* assiduidade, zelo.
assiduous, *adj.* assíduo, diligente, zeloso.
assiege, *s.* cerco.
assign, *s.* concessionário, mandatário.
assign (to), *v. tr.* assinar; transferir; ceder; notificar.
assignable, *adj.* assinável; transferível; designável.
assignation, *s.* transferência; marcação; atribuição.
assignee, *s.* administrador de falência.
assignment, *s.* cessão; transferência; nomeação para um cargo.
assimilate (to), *v. tr.* assimilar; assemelhar.
assimilation, *s.* assimilação; semelhança.
assist (to), **1.** *v. tr.* ajudar; proteger; auxiliar; aliviar; **2.** *v. intr.* assistir, estar presente.
assistance, *s.* assistência, ajuda, auxílio.

assistant, s. e adj. assistente, ajudante.

assize (to), v. tr. regular o preço, taxar.

associate, s. sócio; cúmplice; confederado.

associate (to), v. tr. associar, combinar, ligar.

association, s. associação, sociedade; ligação.

associative, adj. associativo.

assoil (to), v. tr. perdoar, absolver; expiar.

assonance, s. assonância.

assort (to), 1. v. tr. classificar, ordenar; repartir, sortir; **2.** v. intr. conformar-se.

assortment, s. sortido; classificação, colecção.

assuage (to), v. tr. aliviar, mitigar, suavizar.

assume (to), v. tr. assumir, arrogar, tomar para si, pretender; presumir.

assuming, adj. arrogante, presumido; pretensioso.

assumption, s. apropriação; pretensão, suposição.

assurance, s. segurança; certeza; seguro contra riscos; audácia.

assure (to), v. tr. assegurar, afirmar; encorajar.

assurer, s. segurador; assegurador.

assuring, adj. seguro; que inspira confiança.

asterisk, s. asterisco.

asterisk (to), v. tr. marcar com asterisco.

astern, adv. à ré, à popa, atrás.

asteroid, s. asteróide.

asthenia, s. astenia.

asthenic, adj. asténico.

asthma, s. asma.

asthmatical, adj. asmático.

astigmatic, adj. astigmático.

astigmatism, s. astigmatismo.

astonish (to), v. tr. admirar, espantar; pasmar.

astonished, adj. admirado, espantado.

astonishing, adj. espantoso, assombroso

astonishment, s. admiração, espanto; pasmo.

astound (to), v. tr. aterrar; confundir; espantar.

astounding, adj. aterrador.

astraddle, adv. às cavalitas; escarranchado.

astrand, adv. à margem.

astray, adv. e adj. fora do caminho; extraviado, perdido; **to go astray:** perder-se, extraviar-se.

astrict (to), v. tr. comprimir, apertar; ligar.

astriction, s. compressão, aperto; ligação.

astride, adv. escarranchado; às cavalitas.

astringe (to), v. tr. adstringir, apertar.

astringency, s. adstringência; severidade.

astringent, adj. adstringente; áspero.

astrolabe, s. astrolábio.

astrologer, s. astrólogo.

astrologic, astrological, adj. astrológico.

astrology, s. astrologia.

astronomer, s. astrónomo.

astronomic, astronomical, adj. astronómico.

astronomy, s. astronomia.

astute, adj. astuto, fino, sagaz, esperto.

astuteness, s. astúcia, sagacidade.

asudden, adv. repentinamente.

asunder, adv. separadamente, em duas partes.

asylum, s. asilo, refúgio, albergue, hospício.

asymmetric, adj. assimétrico, irregular.

asymmetrical, adj. assimétrico.

asymmetry, s. assimetria.

asyndeton, s. assíndeto.

asyntactic, adj. irregular; que não respeita a sintaxe.

at, prep. a, em, no, na; de, contra; para; **at home:** em casa; **at last:** por fim; **at least:** pelo menos; **at most:** quando muito; **at night:** à noite.

ate, pret. do verbo **to eat.**

atelier, s. oficina.

atheism, s. ateísmo.

atheist, s. ateu.

athlete, s. atleta.

athletic, adj. atlético.

athletics, s. atletismo.

atlas, s. atlas.

Atlantic, adj. e s. atlântico; Atlântico.

atmosphere, s. atmosfera, ambiente.

atmospheric, adj. atmosférico.

atmospherical, adj. atmosférico.

atoll, s. atol.

atom, s. átomo; **atom bomb:** bomba atómica.

atomic, atomical, adj. atómico.

atomize (to), v. tr. atomizar.

atomizer, s. pulverizador; atomizador.

atone (to), v. tr. expiar, reparar; **to atone with:** reconciliar-se com.

atonement, s. expiação, reparação, sacrifício.

atoner, s. expiador.

atonic, adj. atónico, fraco, débil; átono.

atony, s. atonia, fraqueza.

atrabilious, adj. atrabiliário; melancólico.

atrium, s. átrio.

atrocious, adj. atroz, cruel.

atrocity, s. atrocidade, crueldade.

atrophy, s. atrofia, definhamento.

atrophy (to), v. tr. e intr. atrofiar, atrofiar-se.

attach (to), v. tr. ligar, atar, prender; afeiçoar-se.

attachable, adj. que se pode unir.

attachment, s. ligação, união; prisão; afecto, amizade.

attack, s. ataque, agressão, investida; **a heart attack:** um ataque cardíaco.

attack (to), v. tr. atacar, acometer, agredir, combater.

attacker, s. atacante, agressor.

attain (to), v. tr. alcançar, obter, atingir.

attainability, s. possibilidade de alcançar ou de atingir; acessibilidade.

attainable, adj. alcançável; possível.

attainment, s. obtenção, aquisição.

attaint, s. mácula, mancha, ferrete, ignomínia.

attaint (to), v. tr. desonrar, difamar; proscrever, privar dos direitos civis.

attar, s. perfume; essência.

attemper (to), v. tr. temperar, moderar; modificar.

attemperance, s. temperança, moderação.

attemperate, adj. temperado, moderado.

attempt, s. tentativa, esforço, ensaio; **an attempt on life:** um atentado contra a vida.

attempt (to), v. tr. tentar, procurar; intentar, empreender, ensaiar; esforçar-se.

attend (to), v. tr. atender, servir; acompanhar, cuidar, tratar, prestar atenção; estar presente, assistir; velar, ocupar-se de; **to attend school:** frequentar a escola; **to attend a meeting:** assistir a uma reunião.

attendance, s. assistência, frequência (escolar); presença, comparência.

attendant, s. e adj. que acompanha; servidor, cortesão; subordinado, dependente, subalterno; assistente.

attention, s. atenção; aplicação; cuidado; reflexão; galanteio; **to pay attention to:** prestar atenção a.

attentive, adj. atento; cuidadoso; aplicado; obsequioso.

attenuate, adj. atenuado; enfraquecido.

attenuate (to), v. tr. atenuar; suavizar, diminuir.

attest, s. atestação, testemunho.

attest (to), v. tr. atestar, testemunhar, confirmar.

attic, s. águas-furtadas, sótão.

attire, s. atavio; vestuário; ornato, adorno; armação do veado.

attire (to), v. tr. ornamentar, ataviar; vestir.

attirement, s. atavio, adorno, ornamento.

attitude, s. atitude, posição, postura.

attorney, s. agente, procurador, delegado, comissário.

attorneyship, s. procuradoria.

attract (to), v. tr. atrair, captar, seduzir, enfeitiçar.

attractability, s. atracção.

attraction, s. atracção, sedução, encanto.

attractive, adj. atraente, atractivo.

attributable, adj. imputável; atribuível.

attribute, s. atributo; característica.

attribute (to), v. tr. atribuir, imputar.

attribution, s. atribuição; atributo.

attributive, adj. atributivo; qualificativo.

attrition, s. atrição, atrito; desgaste.

attune (to), v. tr. harmonizar, afinar.

auberge, s. albergue, hospedaria; asilo.

aubergine, s. (bot.) beringela.

auburn, adj. trigueiro, moreno, ruivo.

auction, s. venda em leilão; hasta pública.

auctionary, adj. pertencente a leilão.

auctioneer, s. leiloeiro; pregoeiro.

auctioneer (to), v. tr. vender em leilão; leiloar.

audacious, adj. audacioso, ousado, atrevido.

audacity, s. audácia, ousadia, coragem.

audible, adj. audível.

audience, s. assistência, público, auditório.

audio-visual, adj. audiovisual.

audition, s. audição; faculdade de ouvir.

auditive, adj. auditivo.

auditor, s. auditor, revisor de contas.

auditorium, s. auditório, sala.

auditorship, s. auditoria.

auditory, s. auditoria; auditório.

auger, s. trado, broca, pua; sonda.

augment, s. aumento, acréscimo.

augment (to), v. tr. aumentar, ampliar, acrescentar; estender; alargar.

augmentation, s. aumento, acréscimo.

augmentative, s. e adj. aumentativo.

augur (to), v. tr. e intr. agourar, pressagiar.

augury, s. augúrio.

August, s. Agosto.

august, adj. augusto, majestoso, grande, solene, nobre.

augustness, s. majestade, grandeza.

aunt, s. tia.

aura, s. aura; magnetismo animal.

aural, adj. relativo à aura; auricular.

aureola, s. auréola, resplendor.

auric, adj. áureo.

auricle, s. aurícula.

auricula, s. (bot.) orelha-de-urso; aurícula.

auricular, 1. adj. auricular; **2.** s. dedo mínimo.

auriculate, adj. que tem aurículas ou apêndices.

auriferous, adj. aurífero.

aurific, adj. aurífico.

aurora, s. aurora, alva.

auscultate (to), v. tr. auscultar.

auscultation, s. auscultação.

auscultator, s. auscultador.

auspice, s. auspício; prognóstico.

auspicious, adj. auspicioso; de bom agoiro.

austere, adj. austero, severo; áspero, desagradável; rude.

austerity, s. austeridade, severidade.

austral, adj. austral.

Australian, adj. e s. australiano.

Austrian, adj. e s. austríaco.

authentic, adj. autêntico, fidedigno.

authenticate (to), v. tr. autenticar.

authentication, s. autenticação.

authenticity, s. autenticidade.

author, s. autor; produtor.

authority, s. autoridade, poder; crédito; texto, citação.

authorization, s. autorização, permissão.

authorize (to), v. tr. autorizar, permitir, facultar.

authorship, s. autoria, qualidade de autor, paternidade.

autobiographer, s. autobiógrafo.

autobiographic, adj. autobiográfico.

autobiography, s. autobiografia.

autobus, s. autocarro.

autocracy, s. autocracia.

autocrat, s. autocrata.

autocratic, adj. autocrático.

auto-da-fé, s. auto-de-fé.

autodidact, s. autodidacta.

autograph, s. autógrafo.

autographic, adj. autográfico.

autography, s. autografia.

automatic, automatical, adj. automático.

automatism, s. automatismo.

automatize (to), v. tr. automatizar; tornar automático.

automaton, s. autómato.

automobile, adj. e s. automóvel.

automobilist, s. automobilista.

autonomize (to), v. tr. tornar autónomo.

autonomous, adj. autónomo.

autonomy, s. autonomia.

autopsy, s. autópsia.

auto-suggestion, s. auto-sugestão.

autotruck, s. camião.

autumn, s. Outono.

autumnal, adj. outonal.

auxiliary, s. e adj. auxiliar.

avail, s. proveito, utilidade, vantagem.

avail (to), v. tr. e intr. aproveitar-se, servir-se de.

availability, s. disponibilidade; recurso.

available, adj. vantajoso, útil, eficaz; disponível.

avalanche, s. avalancha.

avarice, s. avareza.

avaricious, *adj.* avarento, avaro; mesquinho.

ave, *interj.* e *s.* bem-vindo!; adeus!

avenge (to), 1. *v. tr.* vingar, castigar; 2. *v. intr.* vingar-se.

avengement, *s.* vingança.

avenger, *s.* vingador.

avenue, *s.* avenida, alameda.

aver (to), *v. tr.* asseverar, afirmar, certificar, assegurar.

average, 1. *s.* média; preço médio; termo médio; média proporcional; avaria; 2. *adj.* médio, proporcional, mediano, normal; **average height:** estatura mediana; **average weight:** peso médio.

average (to), *v. tr.* tirar a média, ratear.

averse, *adj.* repugnante; adverso, contrário.

aversion, *s.* separação; ódio; aversão.

avert (to), *v. tr.* dividir, separar; desviar.

avertible, *adj.* separável; evitável.

aviarist, *s.* avicultor.

aviary, *s.* aviário.

aviation, *s.* aviação.

aviator, *s.* aviador.

avid, *adj.* ávido, ansioso; sôfrego.

avidity, *s.* avidez, ânsia.

avidly, *adv.* avidamente.

avocation, *s.* distracção, passatempo; ocupação.

avoid (to), 1. *v. tr.* evitar, esquivar, iludir; escapar a; evacuar; desalojar; anular; 2. *v. intr.* escapar-se.

avoidable, *adj.* evitável.

avoidance, *s.* acto e efeito de evitar alguma coisa; anulação.

avouch, *s.* afirmação, garantia.

avouch (to), *v. tr.* afirmar categoricamente, garantir.

avow (to), *v. tr.* confessar, declarar francamente; alegar.

avowal, *s.* declaração, confissão.

await, *s.* emboscada.

await (to), *v. tr.* esperar, aguardar.

awake, *adj.* acordado.

awake (to), *v. tr.* e *intr.* (*pret.* e *p.p.* **awoke**), acordar, despertar; mover.

awaken (to), *v. tr.* acordar.

awakening, 1. *s.* o despertar; 2. *adj.* despertador.

award, *s.* sentença, julgamento, decisão.

award (to), *v. tr.* julgar, sentenciar, determinar; adjudicar, conceder.

aware, *adj.* sabedor, prevenido, precavido, inteirado, ciente, cauto, vigilante; **to be aware of:** saber; ter conhecimento de.

awareness, *s.* conhecimento, consciência de.

awash, *adv.* à flor da água.

away, *adv.* longe, fora, ao longe; embora.

awe, *s.* receio, medo, temor; pavor.

awe (to), *v. tr.* infundir respeito; intimidar, aterrar.

aweless, *adj.* sem medo; irreverente.

awesome, *adj.* medonho, terrível, pavoroso.

awe-stricken, *adj.* espantado, aterrado.

awe-struck, *adj.* espantado, aterrado.

awful, *adj.* medonho, temível, espantoso; horrível.

awfully, *adv.* terrivelmente; **it is awfully nice of you:** é muito simpático da sua parte.

awhile, *adv.* por um momento, por um instante.

awkward, *adj.* desajeitado, inábil; grosseiro; estúpido.

awkwardish, *adj.* desastrado, inepto.

awkwardly, adv. desastrada-
mente.
awkwardness, s. inépcia; grosseria; estupidez.
awl, s. sovela; furador.
awoke, pret. do verbo **to awake.**
awry, 1. adj. oblíquo, torto, torcido; **2.** adv. obliquamente.
axe, s. machado.
axe-man, s. lenhador.
axial, adj. axial, formando eixo;
redondo como um eixo.
axil, s. axila, sovaco; (bot.) axilar.
axillar, adj. axilar.
axillary, adj. axilar.

axiom, s. axioma.
axiomatic, adj. axiomático.
axis, s. eixo; órgão central dos
vegetais.
axle, s. eixo de roda.
ayah, s. aia.
azalea, s. azálea.
azimuth, s. (bot.) azimute.
Azores, s. Açores.
azote, s. azoto.
azotic, adj. azótico.
azure, 1. adj. azulado; **2.** s. azul-
-celeste.
azure (to), v. tr. azular.
azyme, adj. ázimo (pão).

B

B, b, s. segunda letra do alfabeto;
(mús.) si.
baa (to), v. intr. balir.
babble (to), v. intr. tagarelar, papaguear; murmurar.
babbler, s. falador, tagarela.
babbling, 1. adj. falador, tagarela; **2.** s. tagarelice; murmúrio.
babel, s. babel, desordem, confusão.
baby, s. criança de peito, menino;
boneca.
baby (to), v. tr. tratar como uma
criança, amimalhar.
babyhood, s. infância.
babyish, adj. infantil, pueril.
baby-sitter, s. pessoa que toma
conta de crianças.
baccalaureate, s. bacharelato.
baccara, s. bacará (jogo).
bacchanal, adj. bacanal; devasso, ébrio.
Bacchus, s. Baco; (fig.) vinho.
bacciferous, adj. que produz bagas.

bachelor, s. solteiro, celibatário;
bacharel.
bachelorship, s. estado de solteiro, vida de solteiro; bacharelato.
bacillary, adj. bacilar.
bacilliform, adj. baciliforme.
bacillus, s. bacilo.
back, 1. s. dorso, costas, costado,
parte posterior; (futebol) defesa;
2. adj. posterior; **3.** adv. para trás,
atrás; **with one's back to the
wall:** entre a espada e a parede;
to come back: regressar.
back (to), v. tr. fazer recuar; sustentar, apoiar; **to back a cheque:**
endossar um cheque.
backache, s. dor nas costas.
backbite (to), v. tr. murmurar; detrair, falar mal de um ausente.
backbiter, s. difamador.
backbiting, s. maledicência.
backboard, s. espaldar.
backbone, s. espinha dorsal.

backdoor, s. porta das traseiras; porta falsa; porta de serviço.

back-front, s. parte posterior de um edifício.

backgammon, s. gamão (jogo).

background, s. último plano de um quadro, fundo; antecedentes, conhecimentos.

backhand, s. escrita feita da direita para a esquerda.

backhanded, adj. ambíguo, irónico; dado com as costas da mão.

backhander, s. bofetada com as costas da mão; ataque indirecto.

backing, s. protecção, apoio; descanso.

backscratcher, s. utensílio para esfregar as costas; lisonjeiro.

back-set, s. reverso.

backsheesh, s. gorjeta, gratificação.

backside, s. parte de trás; nádegas; assento.

back-sight, s. alça de uma arma de fogo.

backslide (to), v. intr. renegar; desviar-se; reincidir.

backslider, s. apóstata; reincidente; rebelde.

backsliding, 1. s. apostasia; reincidência; **2.** adj. infiel.

backspace (to), v. intr. retroceder.

backstairs, s. escada secreta; escada de serviço.

backstitch, s. pesponto.

backup, s. (inform.) gravação de segurança; salvaguarda.

backward, adj. tardio, lento, vagaroso; retardatário, demorado, atrasado.

backward(s), adv. para trás; de costas.

backwardness, s. negligência; relutância.

backwater, s. água represada.

backwoods, s. floresta interior, sertão.

backwound (to), v. tr. ferir pelas costas.

backyard, s. pátio interior.

bacon, s. toucinho.

bacteriologist, s. bacteriologista.

bacteriology, s. bacteriologia.

bacterium, s. bactéria.

bad, adj. (comp. **worse;** sup. **worst**), mau, ruim, perverso, nocivo; infeliz; perigoso, pernicioso; **from bad to worse:** de mal a pior; **better alone than in bad company:** mais vale só que mal acompanhado; **I feel bad:** sinto-me mal.

baddish, adj. um tanto mau; inferior.

bade, pret. do verbo **to bid.**

badge, s. insígnia, emblema, divisa; distintivo.

badge (to), v. tr. marcar, assinalar.

badger, s. texugo.

badinage, s. brincadeira, chacota, graça, partida.

badness, s. maldade, ruindade.

baffle (to), v. tr. frustrar; escarnecer de; enganar.

baffler, adj. enganador; reflector.

bag, s. saca, saco, bolsa; mala.

bag (to), v. tr. emalar, ensacar; agarrar.

bagasse, s. bagaço.

bagatelle, s. bagatela, ninharia; espécie de jogo com nove bolas.

bagginess, s. flacidez.

baggy, adj. largo, semelhante a um saco, mal ajustado.

bagpipe, s. gaita-de-foles.

bah!, interj. bah! (indica desprezo).

bail, s. caução, fiança; fiador.

bail (to), v. tr. afiançar, caucionar.

bailee, s. depositário; fiel.

bailey, s. pátio de um castelo.

bailiff, *s.* beleguim; feitor.

bailment, *s.* depósito; o que se dá por fiança.

bailor, *s.* fiador.

bait, *s.* isca, chamariz, engodo; merenda (em viagem); **to take the bait:** morder a isca; cair no laço.

bait (to), *v. tr.* tentar, aliciar, engodar, iscar; afligir, atormentar, maltratar, aborrecer; tomar uma refeição leve.

baize, *s.* baeta, espécie de flanela.

bake (to), *v. tr.* cozer no forno; calcinar; cozinhar.

bakehouse, *s.* padaria; casa do forno.

bake-meat, *s.* espécie de bola de carne.

baker, *s.* padeiro.

bakery, *s.* padaria.

baking, *s.* cozedura, fornada.

baking-powder, *s.* pó que substitui o fermento; fermento em pó.

balance, *s.* balança; balanço; saldo de uma conta; oscilação; pêndulo; equilíbrio, harmonia, proporção.

balance (to), 1. *v. tr.* pesar, contrabalançar; equilibrar; tirar o saldo; comparar; **2.** *v. intr.* hesitar; oscilar.

balancer, *s.* aquele que balanceia; balanceiro; acrobata.

balance-sheet, *s.* balancete.

balcony, *s.* varanda, segundo balcão (teatro).

bald, *adj.* calvo, pelado; despido, nu.

balderdash (to), *v. tr.* adulterar; misturar; disparatar.

bald-head, *s.* pessoa calva; certa raça de pombos.

baldric, *s.* cinturão.

baleful, *adj.* nocivo, funesto, pernicioso, maligno; miserável; triste; fatal; terrível.

balk, *s.* obstáculo, dificuldade, impedimento.

balk (to), *v. tr.* impedir, frustrar.

ball, *s.* bola, esfera, globo; baile; bala (de canhão), projéctil.

ball (to), 1. *v. intr.* tomar a forma de bola, arredondar-se; **2.** *v. tr.* fazer novelos.

ballad, *s.* balada, canção popular.

ballaste (to), *v. tr. e intr.* carregar um navio com lastro; lastrar.

ballerina, *s.* bailarina.

ballet, *s.* dança artística, bailado.

ballista, *s.* balista.

ballistics, *s.* balística.

balloon, *s.* balão.

balloonist, *s.* pessoa que faz balões; aeronauta.

ballooning, *s.* aeronáutica.

ballot, *s.* esfera para votos; voto; total dos votos.

ballot (to), *v. tr.* votar.

ballot-box, *s.* urna para votos.

ball-room, *s.* sala de baile.

balm, *s.* bálsamo; unguento; *(fig.)* consolação.

balm (to), *v. tr.* cobrir com bálsamo; embalsamar.

balmy, *adj.* balsâmico, perfumado, fragrante; calmante.

balsam, *s.* bálsamo.

balsamic, *adj.* balsâmico.

balsamine, *s.* balsamina.

baluster, *s.* balaústre.

balustrade, *s.* balaustrada.

bamboo, *s.* bambu.

bamboozle (to), *v. tr.* lograr, intrujar, enganar, burlar.

bamboozlement, *s.* engano, intrujice, burla.

ban, *s.* banho, pregão, proclama; interdito; *pl.* banhos de casamento.

ban (to), *v. tr.* excomungar, proscrever.

banal, *adj.* trivial, vulgar, banal.

banality, s. banalidade, trivialidade.

banana, s. banana.

band, s. ligadura, venda, banda, faixa, laço, fita; banda de música; bando, reunião.

band (to), 1. v. tr. ligar, unir, associar, congregar; **2.** v. intr. associar-se.

bandage, s. ligadura, atadura, faixa.

bandage (to), v. tr. ligar com atadura, enfaixar.

bandit, s. bandido.

bandmaster, s. mestre de banda.

bandog, s. mastim.

bandoleer, bandolier, s. bandoleira.

bandoline, s. bandolina.

bandore, s. bandurra.

bandsman, s. músico de uma banda.

bandstand, s. coreto.

bane, s. veneno, ruína, castigo; desgraça.

baneful, adj. venenoso, funesto, pernicioso, mortal.

banewort, s. erva-moira.

bang, s. murro, pancada, ruído forte.

bang (to), v. tr. e intr. bater, dar pancadas, fazer ruído.

bangle, s. bracelete.

banish (to), v. tr. banir, desterrar, proscrever.

banishment, s. exílio; desterro, deportação.

banister, s. corrimão.

banjo, s. banjo.

bank, s. margem, banda do rio; borda; banco; casa bancária; baixio; teclado; ribanceira num caminho de ferro; **bank of issue:** banco emissor; **bank note:** nota de banco.

bank (to), v. tr. formar um banco de areia; depositar dinheiro num banco.

banker, s. banqueiro, capitalista; o que tem a banca (numa casa de jogo).

banking-house, s. casa bancária.

bank-holiday, s. feriado oficial.

bankrupt, s. falido; **to go bankrupt:** abrir falência.

bankrupt (to), v. intr. falir.

bankruptcy, s. bancarrota, falência.

banner, s. bandeira, insígnia.

bannered, adj. embandeirado.

banquet, s. banquete.

banquet (to), v. tr. e intr. banquetear.

banqueting-hall, s. sala de banquetes.

banter, s. gracejo, ironia, zombaria.

baptism, s. baptismo; baptizado.

baptist, s. baptista.

baptistery, s. baptistério; pia baptismal.

baptize (to), v. tr. baptizar.

bar, s. barra, tranca; tribunal, foro, teia (do tribunal); profissão de advogado; loja de bebidas; barra de um porto; jogo da barra; bridão; queixada de burro.

bar (to), v. tr. trancar, atrancar, impedir; excluir.

barb, s. extremidade de uma seta; farpa (de arame); **barbed wire:** arame farpado.

barb (to), v. tr. prover de farpas, tornar incisivo.

barbarian, adj. bárbaro.

barbaric, adj. bárbaro.

barbarity, s. barbaridade, crueldade.

barbarize (to), v. tr. e intr. barbarizar, tornar bárbaro.

barbate, *adj.* que tem barbas ou tufos; barbado.

barbecue, *s.* grade para assar animais inteiros; espeto, churrasco.

barber, *s.* barbeiro, cabeleireiro.

barber (to), *v. tr.* barbear.

barbican, *s.* fortaleza exterior de uma cidade; barbacã, muro de defesa junto das muralhas.

barbituric, *s.* e *adj.* barbitúrico.

bard, *s.* bardo, menestrel, poeta; trovador.

bardic, *adj.* próprio de bardo.

bare, *adj.* despido, nu; pelado; depenado; descoberto, em cabelo; desarmado; sem defesa; pobre, indigente; liso, simples; gasto, usado.

bare (to), *v. tr.* descobrir, destapar.

bareback, *adv.* em pêlo; sem selim.

barefaced, *adj.* sem vergonha, descarado.

barefoot, *s.* pé descalço.

bare-headed, *adj.* em cabelo; descoberto.

barely, *adv.* pobremente, escassamente; à míngua.

bargain, *s.* contrato, ajuste, negócio, compra; pechincha, compra ou venda vantajosa.

bargain (to), *v. tr.* ajustar, contratar, regatear.

bargainer, *s.* traficante, vendedor, aquele que regateia.

bargaining, *s.* acção de regatear.

barge, *s.* barco, barca, escaler.

bargee, *s.* barqueiro.

bargeman, *s.* barqueiro.

barge-pole, *s.* vara para impelir o barco.

baritone, *s.* barítono.

bark, *s.* cortiça, casca da árvore; barca; latido de cão.

bark (to), 1. *v. intr.* latir, ladrar; tossir; **2.** *v. tr.* descascar (árvore); descortiçar.

barker, *s.* cão que ladra; corticeiro.

barky, *adj.* coberto com cortiça, da natureza da cortiça.

barley, *s.* cevada.

barm, *s.* fermento; espuma; levedura.

barmaid, *s.* empregada de bar.

barman, *s.* empregado de bar.

barmy, *adj.* fermentado, espumoso; activo; *(fig.)* leve, volátil.

barn, *s.* celeiro.

barnacle, *s.* lapa (molusco).

barney, *s. (fam.)* brincadeira.

barograph, *s.* barógrafo.

barometer, *s.* barómetro.

barometric, *adj.* barométrico.

baron, *s.* barão.

baronage, *s.* baronia; os barões.

baroness, *s.* baronesa.

baronet, *s.* baronete.

barony, *s.* baronia.

baroque, *s.* e *adj.* grotesco; irregular na forma; barroco.

barque, *s.* barco com três mastros; barca.

barrack, *s.* barraca, tenda; *pl.* quartel, caserna.

barrack (to), 1. *v. tr.* aquartelar tropas; **2.** *v. intr.* prover de barracas.

barrage, *s.* barragem.

barrel, *s.* barrica, barril, casco; cano de espingarda; tambor de um cilindro; sarilho.

barrel (to), *v. tr.* embarrilar, embarricar.

barrel-organ, *s.* realejo.

barren, *adj.* estéril, árido, infrutífero, infecundo; desprovido.

barren-spirited, *s.* e *adj.* pobre de espírito.

barret, *s.* pequeno barrete.

barricade, s. barricada; vala.

barricade (to), v. tr. defender com barricadas; obstruir.

barrier, s. barreira; limite, fronteira; obstáculo; vala.

barrister, s. advogado, licenciado em Direito.

barrow, s. carrinho de mão; padiola; carro da bagagem; porco castrado; túmulo; vestido de criança.

barter, s. troca, permuta de géneros.

barter (to), v. tr. permutar, trocar.

barytone, s. barítono.

basal, adj. básico, fundamental, essencial.

basalt, s. basalto.

basaltic, adj. basáltico.

bascule, s. báscula.

bascule-bridge, s. ponte levadiça.

base, s. base, alicerce, pedestal, fundação.

base (to), v. tr. estabelecer, afirmar; apoiar, basear.

baseball, s. basebol.

baseborn, adj. bastardo, plebeu, ilegítimo.

basecourt, s. galinheiro; pátio da quinta.

basement, s. rés-do-chão; cave.

baseness, s. baixeza, vileza; profundeza do som.

bash, s. pancada, amolgadela.

bash (to), v. tr. bater, amolgar.

bashful, adj. envergonhado, tímido.

basic, adj. básico, essencial.

basil, s. manjericão; fio inclinado de um instrumento cortante; carneira (pele).

basilica, s. basílica.

basilican, adj. que diz respeito a uma basílica.

basin, s. bacia, escudela, tigela, vasilha; doca, reservatório; prato de uma balança.

basinet, s. bacinete.

basis, s. base, fundamento, alicerce, suporte.

bask (to), 1. v. tr. aquecer, aquentar; 2. v. intr. aquecer-se.

basket, s. cesto, cesta, canastra, cabaz, açafate.

basketball, s. basquetebol.

basket-work, s. obra de vime.

bas-relief, s. baixo-relevo.

bass, s. fibra de esparto; (mús.) baixo.

basset, s. podengo, raça de cães de pernas curtas; espécie de jogo de cartas; afloramento.

basset (to), v. intr. aflorar.

bassinet, s. cesto usado como berço; berço de verga.

bassoon, s. fagote.

bastard, adj. bastardo, ilegítimo, degenerado.

bastardize (to), v. tr. declarar como bastardo; abastardar.

bastille, s. fortaleza, prisão.

bastinado (to), v. tr. dar bastonadas a; bater.

bastion, s. fortaleza, baluarte.

bat, s. morcego; bordão, cajado; pau; bastão (de basebol ou críquete).

bat (to), v. tr. e intr. jogar o pau, manejar o cajado; bater.

batch, s. fornada, quantidade de pão cozido.

bate, s. abatimento, redução; debate, altercação.

bate (to), v. tr. abaixar, diminuir; rebaixar, reduzir; humilhar.

bath, s. banho; banheira; quarto de banho; lavagem, loção.

bath (to), v. tr. banhar.

bath-chair, s. carrinho para crianças ou inválidos.

bathe (to), v. tr. e intr. banhar; banhar-se.

bath-house, s. balneário.

bather, s. banheiro, banhista.

bathing, s. banho; **bathing suit**: fato de banho; **bathing cap**: touca de banho.

bathometer, s. batímetro; instrumento para medir a profundidade dos mares.

bathroom, s. quarto de banho.

bath-salts, s. sais de banho.

batiste, 1. s. musselina; 2. adj. feito de musselina.

batman, s. impedido de um oficial em campanha; homem-morcego.

baton, s. bastão; batuta.

batrachian, adj. e s. batráquio.

batsman, s. jogador que empunha o bastão no jogo de basebol ou no críquete.

battalion, s. batalhão.

batten, s. pedaço de madeira, sarrafo, ripa.

batten (to), v. tr. construir com sarrafos; engordar, cevar, estrumar.

batter, s. pasta culinária; pasta adesiva; massa de farinha; murro.

batter (to), v. tr. bater, desancar, derrubar, demolir; atacar com peças de artilharia, bombardear.

battery, s. bateria.

battle, s. batalha, peleja, luta.

battle (to), v. tr. e intr. batalhar, lutar, combater.

battledore, s. raqueta de badminton.

battlefield, s. campo de batalha.

battlement, s. ameia, seteira.

battleplane, s. aeroplano provido de metralhadoras.

battleship, s. couraçado.

battue, s. batida, montaria de caça grossa; matança.

bauble, s. ninharia, frioleira.

bawd, s. alcoviteira.

bawdry, s. alcovitice; linguagem pornográfica.

bawdy, adj. indecente; pornográfico.

bawl, s. berro, grito.

bawl (to), v. intr. gritar, berrar, vociferar, apregoar.

bay, s. braço de mar, baía, enseada; represa; louro, loureiro; cavalo baio.

bay (to), v. tr. ladrar; perseguir ladrando.

bayonet, s. baioneta; pl. infantaria.

baysalt, s. sal marinho.

bay-window, s. janela saliente.

bazaar, s. bazar, quermesse.

be (to), v. intr. (pret. **was**, p.p. **been**), ser, estar, ficar, existir, acontecer, ocorrer; **to be all ears**: ser todo ouvidos; **to be hungry**: ter fome; **to be thirsty**: ter sede; **to be sleepy**: ter sono; **to be right**: ter razão; **to be wrong**: estar enganado; **to be in a hurry**: estar com pressa; **to be at a loss**: estar atrapalhado.

beach, s. praia, margem, costa.

beacon, s. baliza; farol; aviso; eminência.

beacon (to), v. intr. brilhar como um farol; guiar.

bead, s. conta (de rosário); colar; pl. contas, rosário.

bead (to), v. tr. ornamentar com contas.

beadle, s. mensageiro; leiloeiro; bedel, porteiro.

beady, adj. semelhante a contas; coberto de contas.

beagle, s. cão de caça; galgo; espião.

beak, s. bico de ave; promontório.

beak (to), v. tr. agarrar com o bico; debicar.

beaker, s. taça, copo; chávena de boca larga; proveta.

beam, s. trave, viga, barrote; braço de balança romana; raio de luz; lança de carro; pau de tear; volante; cilindro; cauda de cometa; brilho, luz.

beam (to), v. intr. brilhar, emitir raios de luz, radiar.

beamy, adj. brilhante, luminoso.

bean, s. feijão; fava (semente); grão de café.

bear, s. urso; especulador; **the great Bear:** a Ursa Maior; **the little Bear:** a Ursa Menor.

bear (to), v. tr. (pret. **bore,** p.p. **born, borne**), carregar, sustentar, suportar; levar, conduzir; sofrer; comportar, conter; dar à luz; fazer baixar; baixar o preço das mercadorias; guardar; produzir; servir de; realizar; **to bear in mind:** ter presente; **I cannot bear that:** não posso tolerar isso.

bearable, adj. sofrível, suportável.

beard, s. barba; pêlo; cabelo do queixo; filamento; barba de milho.

beard (to), v. tr. agarrar pela barba; (fig.) insultar cara a cara.

bearer, s. portador; portador de uma letra de câmbio; apoio; animal reprodutor.

bear-garden, s. recinto fechado para expor ursos.

bearing, s. gesto, porte, procedimento; aspecto, face; paciência; relação; posição do navio no mar; rumo, ponto de apoio; escora.

bearish, adj. grosseiro, rude, brutal.

bearskin, s. pele de urso.

beast, s. besta, animal; bruto; (fig.) homem bruto.

beat, 1. s. pancada, golpe; marcação de compasso; pulsação;

toque de tambor; **2.** adj. forma reduzida de **beaten:** batido, exausto, gasto, conquistado.

beat (to), v. tr. (pret. **beat,** p.p. **beaten**), bater, espancar; malhar, dar pancadas sucessivas; bater o compasso; deprimir.

beaten, 1. p.p. do verbo **to beat; 2.** adj. batido, exausto, gasto, conquistado.

beater, s. batedor; malho, pilão.

beatific, adj. beatífico.

beatification, s. beatificação.

beatify (to), v. tr. beatificar.

beating, s. acção de bater; batida.

beatitude, s. beatitude.

beau, s. peralvilho, galante, janota.

beauteous, adj. belo, formoso.

beautiful, adj. belo, bonito, formoso; precioso.

beautify (to), v. tr. embelezar, aformosear.

beautician, s. esteticista.

beauty, s. beleza, encanto, formosura; perfeição.

beaver, s. castor; viseira.

becall (to), v. tr. injuriar.

becalm (to), v. tr. serenar, acalmar, aplacar.

became, pret. do verbo **to become.**

because, conj. porque; **because of:** por causa de.

becharm (to), v. tr. encantar, seduzir.

beck, s. aceno, gesto, sinal; regato, ribeiro.

beck (to), v. intr. acenar, chamar por acenos.

beckon, s. aceno, sinal.

beckon (to), v. tr. acenar, chamar por acenos.

becloud (to), v. tr. enublar, escurecer.

become (to), 1. v. intr. (pret. **became,** p.p. **become**), tornar-se, fazer-se, chegar a ser, passar a ser, pôr-se; **2.** *v. tr.* ser próprio, assentar bem.

becoming, *adj.* conveniente, próprio, apropriado.

becurl (to), *v. tr.* encaracolar, enrolar.

bed, *s.* cama, leito; leito de rio; base, alicerce, fundamento; canteiro de jardim.

bed (to), *v. tr.* assentar; acamar; deitar na cama.

bedabble (to), *v. tr.* salpicar, borrifar, molhar.

bedash (to), *v. tr.* regar, molhar.

bedaub (to), *v. tr.* sujar, emporcalhar, enlamear.

bedazzle (to), *v. tr.* deslumbrar, ofuscar.

bedchamber, *s.* quarto de dormir; alcova.

bedding, *s.* colchões e roupas de cama.

bedeck (to), *v. tr.* adornar, ataviar, enfeitar.

bedevil (to), *v. tr.* fazer diabruras a alguém; atormentar.

bedew (to), *v. tr.* orvalhar, regar, molhar.

bedim (to), *v. tr.* escurecer, ofuscar.

bedlam, *s.* manicómio; confusão, desordem; doido.

bedraggle (to), *v. tr.* sujar com lama.

bedrench (to), *v. tr.* molhar, encharcar.

bedrock, *s.* leito de rocha.

bedroom, *s.* quarto de dormir.

bedside, *s.* cabeceira, lado da cama.

bedtime, *s.* hora de deitar.

bee, *s.* abelha.

beech, *s.* (*bot.*) faia.

beef, *s.* carne de vaca.

beefeater, *s.* guarda da Torre de Londres; oficial da guarda do rei.

beefsteak, *s.* posta de carne assada na grelha; bife.

beefy, *adj.* carnudo, carnoso; gordo.

Beelzebub, *s.* Demónio, Diabo, Belzebu.

been, *p.p.* do verbo **to be.**

beer, *s.* cerveja.

beer-house, *s.* cervejaria.

beeriness, *s.* embriaguez de cerveja.

beer-shop, *s.* cervejaria.

beery, *adj.* de cerveja; que diz respeito a cerveja; ébrio.

beet, *s.* beterraba; **beet sugar:** açúcar de beterraba.

beetle, *s.* escaravelho; pisão; maço, pá.

beetle (to), *v. tr.* bater com malho; pisoar.

beetlestock, *s.* cabo de pá.

beetroot, *s.* raiz de beterraba.

befall, *v. intr.* (*pret.* **befell,** *p.p.* **befallen**), suceder, acontecer.

befit (to), *v. intr.* ser conveniente, ser próprio.

befitting, *adj.* próprio, conveniente, adaptado.

befog (to), *v. tr.* cobrir de nevoeiro, escurecer.

befool (to), *v. tr.* enganar; iludir.

before, 1. *prep.* antes de; em face de; diante de; anterior a; **2.** *adv.* antes, anteriormente; em frente; **3.** *conj.* antes que.

beforehand, *adv.* antecipadamente; de antemão.

befoul (to), *v. tr.* sujar, emporcalhar.

befriend (to), *v. tr.* favorecer; ajudar; proteger.

befuddle (to), *v. tr.* confundir, estontear.

beg (to), *v. tr.* pedir, rogar, mendigar.

began, *pret.* do verbo to begin.

beget (to), *v. tr.* (*pret.* **begot,** *p.p.* **begotten**), gerar, produzir; causar, motivar.

beggar, *s.* mendigo, pedinte; miserável.

beggar (to), *v. tr.* reduzir à miséria; empobrecer.

beggary, *s.* miséria extrema, indigência.

begin (to), *v. tr.* (*pret.* **began,** *p.p.* **begun**), principiar, começar; encetar.

beginner, *s.* principiante; inventor, autor; aprendiz.

beginning, *s.* princípio, começo, origem.

begonia, *s.* begónia.

begot, *pret.* do verbo to beget.

begotten, *p.p.* do verbo to beget.

begrime (to), *v. tr.* enfarruscar, sujar.

begrudge (to), *v. tr.* invejar, cobiçar.

beguile (to), *v. tr.* iludir, enganar; divertir.

beguilement, *s.* engano, ilusão; sedução.

beguiler, *s.* enganador, mentiroso; sedutor.

begun, *p.p.* do verbo to begin.

behalf, *s.* proveito, favor, vantagem; a favor de; **on behalf of:** em nome de.

behave (to), *v. tr.* e *intr.* proceder, obrar, conduzir-se, comportar-se.

behaviour, *s.* maneira de proceder, procedimento, conduta, modos.

behead (to), *v. tr.* degolar, decapitar.

beheader, *s.* algoz, carrasco.

beheld, *pret.* e *p.p.* do verbo to behold.

behind, 1. *prep.* atrás de, detrás de, por detrás; **2.** *adv.* atrás, detrás; depois; por trás.

behindhand, 1. *adv.* com atraso; **2.** *adj.* atrasado, vagaroso.

behold (to), *v. tr.* (*pret.* e *p.p.* **beheld**), observar, contemplar, olhar, notar, considerar, ver.

beholden, *adj.* obrigado, agradecido.

beholder, *s.* espectador, contemplador.

beholding, *s.* acção de olhar ou contemplar.

behoof, *s.* proveito.

being, *s.* ser, ente; existência, entidade.

belabour (to), *v. tr.* espancar, zurzir.

belaud (to), *v. tr.* elogiar, louvar.

belay (to), *v. tr.* bloquear; amarrar; cercar; impedir; armar ciladas a.

belch, *s.* arroto; vómito.

belch (to), *v. tr.* e *intr.* arrotar.

beleaguer (to), *v. tr.* bloquear, sitiar, cercar.

beleaguerer, *adj.* sitiador, sitiante.

belfry, *s.* campanário, torre de sino.

Belgian, *s.* e *adj.* belga.

belie (to), *v. tr.* desmentir; caluniar, difamar; enganar.

belief, *s.* fé, crença, crédito, confiança.

believer, *s.* crente.

believe (to), 1. *v. tr.* acreditar, confiar, crer; **2.** *v. intr.* julgar, pensar.

belike, *adv.* talvez, provavelmente.

belittle, *v. tr.* amesquinhar, deprimir.

bell, *s.* campainha, sino, guizo, sineta; cálice da flor; capitel; **to ring the bells:** tocar a campainha.

bell (to), 1. *v. intr.* abrir em forma de sino (uma flor); **2.** *v. tr.* prover de sinos; colocar sinos em.

belligerency, s. beligerância.
belligerent, s. beligerante.
bellman, s. pregoeiro público.
bellow, s. rugido.
bellow (to), v. tr. rugir, bramir, berrar.
bellows, s. pl. fole; pulmões.
bell-tower, s. campanário; torre sineira.
belly, s. barriga, ventre; abdómen; estômago.
belly (to), v. intr. criar barriga; inchar, entumecer.
belong (to), v. intr. pertencer a, dizer respeito a.
belonging, adj. pertencente a.
beloved, adj. querido, amado.
below, 1. prep. por baixo de, abaixo de, inferior a; **2.** adv. em baixo, por baixo.
belt, s. cinto, cinturão; faixa; estreito de mar.
belt (to), v. tr. cingir; apertar com cinto; **to tighten one's belt:** apertar o cinto
belting, s. correame; material para cintos.
bemoan (to), v. tr. lamentar, lastimar.
bemoaning, s. lamento.
bench, s. banco, assento; tribunal.
bencher, s. juiz; vereador municipal.
bend, s. curva, curvatura; volta.
bend (to), 1. v. tr. (pret. e p.p. **bent**); curvar, encurvar, arquear, inclinar; pender; atar, prender; dirigir; franzir (as sobrancelhas); **2.** v. intr. curvar-se, inclinar-se; estar saliente.
bending, s. curvatura; dobra; declive.
beneath, 1. prep. debaixo de; sob, abaixo de, por baixo de; **2.** adv. abaixo, debaixo, mais baixo, na parte inferior.

benedick, s. noivo, recém-casado.
benediction, s. bênção, acção de graças.
benefaction, s. mercê, benefício.
benefactor, s. benfeitor.
benefactress, s. benfeitora.
beneficence, s. beneficência.
beneficent, adj. beneficente, caridoso.
beneficial, adj. benéfico, útil, proveitoso, vantajoso.
beneficiary, s. beneficiário.
benefit, s. vantagem, mercê, favor; proveito.
benefit (to), v. tr. beneficiar, favorecer.
benet (to), v. tr. prender com laço.
benevolence, s. benevolência, caridade, bondade.
benevolent, adj. benévolo, bondoso.
benign, adj. benigno, complacente, afável.
benignancy, s. afabilidade, gentileza.
benignant, adj. benigno, propício, favorável.
benignity, s. benignidade, bondade.
bent, 1. s. inclinação, tendência; charneca; **2.** adj. inclinado, arqueado; resolvido a; **3.** pret. e p.p. do verbo **to bend.**
benumb (to), v. tr. entorpecer; adormentar.
benzine, s. benzina.
bequeath (to), v. tr. legar, deixar em testamento.
bequest, s. acto de legar; doação.
beriberi, s. beribéri.
berm, s. berma.
berry, s. baga, grão, semente.
berry (to), v. intr. produzir bagas.
berth, s. camarote de navio, beliche; situação de um navio anco-

rado; ancoradouro; emprego, situação.

berth (to), v. intr. ancorar, fundear.

beryl, s. berilo.

beseeching, s. súplica, prece, rogo.

beseem (to), v. intr. convir, ser próprio, quadrar.

beset (to), v. tr. sitiar, cercar, bloquear; acometer; obstruir; ocupar; embaraçar.

beshrew, v. tr. maldizer, amaldiçoar.

beside, adv. e prep. perto, ao lado, junto de.

besides, adv. além disso, demais, também.

besiege (to), v. tr. sitiar, cercar.

besieger, s. sitiante.

beslubber (to), v. tr. enlamear.

besmear (to), v. tr. emporcalhar, sujar.

besom, s. espanador; vassoura.

besot (to), v. tr. embrutecer.

bespangle (to), v. tr. cobrir com lentejoulas.

bespatter (to), v. tr. enlamear, salpicar; lisonjear.

bespeak (to), v. tr. (pret. **bespoke,** p.p. **bespoken**), encomendar; dirigir-se a; pedir antecipadamente, apalavrar; sugerir.

best, adj. (sup. de **good**) melhor, muito bom, óptimo; (sup. de **well**) melhor; muito bem; optimamente.

bestain (to), v. tr. manchar, sujar.

bestiality, s. bestialidade, brutalidade.

bestialize (to), v. tr. bestializar, embrutecer.

bestir (to), 1. v. tr. agitar, pôr em actividade; 2. v. intr. agitar-se.

bestow (to), v. tr. conceder, dispensar, conferir, outorgar, dar; gastar, empregar; presentear.

bestowal, s. presente, graça, concessão.

bet, s. aposta; **to make a bet:** fazer uma aposta.

bet (to), v. tr. apostar.

bethink (to), 1. v. tr. (pret. e p.p. **bethought**), pensar, meditar, considerar; 2. v. intr. reconsiderar.

bethought, pret. e p.p. de **to bethink.**

betide (to), v. intr. suceder, acontecer.

betoken (to), v. tr. indicar, anunciar, significar.

betray (to), v. tr. trair, atraiçoar; denunciar, revelar; enganar.

betrayal, s. perfídia, traição.

betrayer, s. traidor.

betroth (to), v. tr. prometer em casamento.

betrothed, 1. adj. desposado; 2. s. noivo, noiva.

better, 1. adj. (comp. de **good**) melhor, superior, preferível; 2. s. apostador.

better (to), v. tr. e intr. melhorar, aperfeiçoar, ultrapassar.

betterment, s. melhoria, melhoramento.

betting, s. aposta.

bettor, s. apostador.

betty, s. gazua, chave falsa.

between, prep. entre, no meio de (duas pessoas ou coisas).

bevel, s. recorte; chanfradura; esquadria falsa.

bevel (to), v. tr. chanfrar, recortar; biselar.

beverage, s. bebida, licor, beberagem.

bevy, s. bando de pássaros; rebanho; grupo.

bewail (to), 1. v. tr. lamentar, chorar; 2. v. intr. lamentar-se.

bewailing, s. lamentação.

bewailingly, *adv.* de modo lamentoso.

beware (to), *v. intr.* precaver-se, acautelar-se; ter cuidado; **beware of the dog!**: cuidado com o cão!

bewilder (to), *v. tr.* desorientar, confundir.

bewitch (to), *v. tr.* seduzir, enfeitiçar, fascinar.

bewitchment, *s.* encanto, fascinação; feitiço.

bewray (to), *v. tr.* atraiçoar, trair; revelar.

beyond, *prep.* e *adv.* além, do outro lado, para além de; longe; ao longe.

bezel, *s.* chanfradura; bisel.

bias, *s.* inclinação, declive, pendor; propensão, tendência.

bias (to), *v. tr.* pender, inclinar, influenciar; induzir, influir.

biaxial, *adj.* biaxial.

bib, *s.* babadoiro de criança; bibe.

bib (to), *v. tr.* e *intr.* beber com frequência.

bibber, *s.* bebedor, beberrão.

bibelot, *s.* pequeno objecto de toucador; objecto de adorno.

Bible, *s.* Bíblia.

biblical, *adj.* bíblico.

bibliographer, *s.* bibliógrafo.

bibliography, *s.* bibliografia.

bibliomania, *s.* bibliomania.

bicameral, *adj.* que tem duas câmaras.

bicarbonate, *s.* bicarbonato.

bicentenary, *s.* bicentenário.

bicephalous, *adj.* bicéfalo.

biceps, *s.* bíceps.

bichromate, *s.* bicromato.

bicker (to), *v. intr.* altercar, disputar; questionar.

bickerer, *s.* altercador.

bicycle, *s.* bicicleta.

bid, *s.* lanço em leilão, oferta, preço, licitação.

bid (to), *v. tr.* (*pret.* **bid** ou **bade**, *p.p.* **bidden**), mandar, ordenar; convidar; pedir; anunciar; oferecer, propor; proclamar, saudar.

bidden, *p.p.* do verbo **to bid**.

bidder, *s.* licitador.

bidding, *s.* lanço, oferta; ordem, mandado.

bide (to), *v. intr.* habitar, residir; tolerar; esperar.

bidet, *s.* bidé.

bier, *s.* carro funerário, esquife, caixão.

bifurcate (to), *v. tr.* bifurcar.

bifurcation, *s.* bifurcação.

big, *adj.* grande, vasto, extenso, volumoso, grosso; pretensioso, vaidoso, arrogante, soberbo; **to talk big**: falar com arrogância.

bigamist, *s.* bígamo.

bigamous, *adj.* bígamo.

bigamy, *s.* bigamia.

bigness, *s.* grandeza, grossura, volume.

bigot, *s.* fanático, intolerante.

bigotry, *s.* fanatismo, intolerância, hipocrisia.

bigwig, *s.* pessoa de importância.

bijou, *s.* jóia.

bike, *s.* bicicleta.

bilateral, *adj.* bilateral.

bile, *s.* bílis; mau humor, mau génio.

bilge (to), *v. intr.* meter água pelo porão.

biliary, *adj.* biliar, que diz respeito à bílis.

bilingual, *adj.* bilingue.

bilinguist, *s.* aquele que fala duas línguas.

bilious, *adj.* bilioso.

biliousness, *s.* temperamento bilioso; mau génio.

bilk (to), *v. tr.* enganar, iludir.

bilk, bilker, *s.* trapaceiro; vigarista.

bill, s. conta, factura, nota; relação; aviso; cartaz, edital; letra de câmbio; título, obrigação; proposta de lei; bico de pássaro; podão, roçadeira.

bill (to), v. tr. anunciar por cartazes; facturar.

billiards, s. bilhar.

billion, s. bilião.

billow, s. vaga, onda.

billow (to), v. intr. crescer, encapelar-se (o mar).

billowy, adj. encapelado; agitado.

bill-sticker, s. homem que afixa cartazes.

billy, s. moca, cacete; panela.

billycock, s. chapéu de coco.

billygoat, s. bode.

bimane, s. animal de duas mãos; o homem.

bimanous, adj. bímano.

bimensal, adj. bimensal.

bimonthly, adj. que ocorre de dois em dois meses.

bin, s. copa, despensa, celeiro; caixa para cereais; lote para colocar garrafas numa adega.

bin (to), v. tr. dispor garrafas em lotes numa adega.

binary, adj. binário.

bind (to), v. tr. (pret. e p.p. **bound**), amarrar, ligar, atar, unir, apertar, cingir; obrigar moralmente; agaloar, debruar; encadernar; empenhar; ajustar, contratar.

binder, s. encadernador; enfaixador; cinta de papel para jornais; atilho.

bindery, s. oficina de encadernação.

binding, 1. adj. obrigatório; 2. s. acto de amarrar; ligadura, cinta; encadernação.

binocle, s. binóculo.

binocular, 1. adj. binocular; 2. s. instrumento binocular.

binoculars, s. pl. binóculos.

binomial, 1. s. binómio; 2. adj. de binómio.

biochemistry, s. bioquímica.

biodegradable, adj. biodegradável.

biogenesis, s. biogénese.

biograph, s. esboço de uma biografia; (E.U.A.) cinematógrafo.

biographer, s. biógrafo.

biographic, biographical, adj. biográfico.

biography, s. biografia.

biologic, biological, adj. biológico.

biologist, s. biólogo.

biology, s. biologia.

bioplasm, s. protoplasma.

biped, s. e adj. bípede.

bipedal, adj. bípede.

biplane, s. biplano.

biquadratic, 1. adj. biquadrado; 2. s. a quarta potência de um número; equação biquadrada.

birch, s. vidoeiro.

birch (to), v. tr. açoitar; castigar com vara.

birching, s. açoite, castigo.

bird, s. pássaro, ave; **to kill two birds with one stone:** matar dois coelhos de uma só cajadada.

birth, s. nascimento; origem, princípio; família; linhagem, prole, descendência; criação; **birth control:** controlo de nascimento; **birth pill:** pílula anticoncepcional.

birthday, s. aniversário natalício; dia de anos.

birthplace, s. terra natal.

birthright, s. direito de primogenitura; patrimónío.

bis!, interj. bis!; outra vez!

biscuit, s. biscoito, bolacha; porcelana cozida, mas não vidrada.

bisect (to), v. tr. dividir em duas partes iguais.

bisection, s. bissecção.

bisector, adj. e s. bissector.

bisexual, adj. bissexual.

bishop, s. bispo.

bissextile, 1. adj. bissexto; **2.** s. ano bissexto.

bistoury, s. bisturi.

bit, 1. s. bocado, pedaço; furador, broca, pua; freio, bridão; (inform.) bit; **wait a bit:** espere um momento; **2.** pret. do verbo to bite.

bitch, s. cadela; fêmea de outros animais; (cal.) prostituta.

bite, s. mordedura, dentada; picada; engano, velhacaria.

bite (to), v. tr. (pret. **bit**, p.p. **bitten**), morder, ferrar; picar (os insectos); cortar às dentadas; roer; corroer; ser picante; enganar, lograr, criticar; agarrar, apanhar.

biter, s. mordedor.

biting, adj. cortante, afiado; mordaz; amargo; (fig.) irónico.

bitten, p.p. do verbo to bite.

bitter, 1. adj. amargo, azedo; áspero, penetrante; severo, mordaz; **2.** s. cerveja.

bitterly, adv. amargamente; **it is bitterly cold:** está um frio de rachar.

bitumen, s. betume.

bivouac, s. bivaque.

bivouac (to), v. intr. bivacar; permanecer ao ar livre.

bi-weekly, 1. adj. quinzenal; **2.** s. periódico que se publica quinzenalmente; quinzenário.

biz, s. abreviatura de **business;** negócio.

bizarre, adj. bizarro; caprichoso; grotesco; raro.

blab (to), v. intr. ser indiscreto; revelar um segredo.

blabber (to), v. intr. falar indiscretamente.

black, adj. e s. preto, negro, escuro, sombrio; carrancudo, aborrecido; mau; sinistro; zangado; sujo; **black market:** mercado negro.

black (to), v. tr. enegrecer, escurecer; engraixar.

blackball, s. voto contrário; bola preta.

blackball (to), v. tr. votar contra, rejeitar.

black-beer, s. cerveja preta.

blackberry, s. amora silvestre.

blackbird, s. melro.

blackboard, s. quadro, lousa.

blackbook, s. livro de magia; livro negro.

black-browed, adj. que tem sobrancelhas pretas.

blackcock, s. galo silvestre.

blacken (to), v. tr. tingir de preto, enegrecer; difamar.

black-eye, s. olho pisado e enegrecido.

black-eyed, adj. que tem olhos pretos.

black-faced, adj. escuro (de pele); (fig.) negro, escuro.

blackguard, s. e adj. maroto, velhaco, biltre.

blackguard (to), v. tr. falar indecentemente, insultar.

black-hearted, adj. mau; de mau coração.

blacking, s. graxa.

blackish, adj. escuro.

blacklead, s. grafite.

blackleg, s. ladrão, gatuno.

black-list, s. lista negra.

blackmail, s. chantagem.

blackmail (to), v. tr. fazer chantagem.

blackmailer, s. aquele que faz chantagem, burlão.

Black-Maria, s. (cal.) carro para prisioneiros.

blackness, s. escuridão, negrura.

blackout, s. ocultamento, extinção de luzes em tempo de guerra.

black-sheep, s. *(fam.)* pessoa de mau carácter; ovelha ranhosa da família.

blacksmith, s. ferreiro, ferrador.

bladder, s. bexiga; empola.

blade, s. lâmina, folha de instrumento cortante; vara, vergôntea.

blade-bone, s. omoplata.

bladed, adj. laminado.

blague, s. mentira; pretensão; charlatanice.

blain, s. tumor, borbulha.

blame, s. culpa, erro; censura, vituperação.

blame (to), v. tr. censurar; culpar, repreender, arguir; **who is to blame?:** de quem é a culpa?

blameless, adj. inocente, sem culpa.

blameworthy, adj. digno de castigo, culpável.

blanch, adj. branco.

blanch (to), v. tr. branquear, clarificar; empalidecer.

blanching, s. branqueamento.

bland, adj. terno, brando, meigo, suave.

blandish (to), v. tr. acariciar, lisonjear.

blandishment, s. carícia, afago, lisonja.

blank, 1. adj. em branco, não escrito, vazio; confuso, pálido; solto (verso); perplexo, perturbado; **2.** s. bilhete de lotaria sem prémio; metal para cunhar moedas; espaço vazio; alvo; papel em branco; **blank cheque:** cheque em branco; **fill in the blanks with prepositions:** preencha os espaços em branco com preposições.

blank (to), v. tr. deixar em branco; tornar branco; confundir; perturbar.

blanket, s. cobertor de cama; manta de cavalos.

blanket (to), v. tr. cobrir com cobertores; tirar o vento das velas de um navio; abafar (escândalo).

blankness, s. palidez; perturbação, confusão.

blare, s. rugido, estrondo; frémito.

blare (to), v. tr. soar como a trombeta; rugir; retinir.

blash (to), v. tr. e intr. arrojar; chafurdar.

blaspheme (to), v. tr. e intr. blasfemar.

blasphemer, s. blasfemo.

blasphemous, adj. blasfemo, ímpio.

blasphemy, s. blasfémia.

blast, s. rajada de vento; vento; sopro; som (de instrumento de sopro); sopro dum fole; explosão.

blast (to), v. tr. fazer explodir; destruir; arrasar.

blasted, adj. maldito.

blasting, s. acção de fazer explodir.

blast-pipe, s. tubo de escape.

blatant, adj. bramante, ruidoso; *(fig.)* óbvio.

blate, adj. lívido, pálido.

blaze, s. chama, labareda, fogo, fogueira; esplendor.

blaze (to), 1. v. intr. brilhar, resplandecer; **2.** v. intr. proclamar, divulgar.

blazer, s. casaco desportivo; *(fam.)* grande mentira.

blazing, adj. brilhante, resplandecente; ardente.

blazing-star, s. cometa.

blazon, s. brasão, heráldica.

blazon (to), v. tr. blasonar; louvar, divulgar.

blazonment, s. acção de blasonar; acção de alardear.

bleach (to), 1. v. tr. branquear; corar (ao sol ou por processos químicos); **2.** v. intr. branquear-se; empalidecer.

bleach-powder, s. pó para branquear, cloreto de cal.

bleacher, s. (E.U.A.) lugar barato para espectadores de jogos.

bleachery, s. lavadouro, coradouro; lavandaria.

bleaching, s. branqueamento.

bleaching-powder, s. lixívia.

bleak, 1. s. mugem; **2.** adj. frio, gelado, glacial; deserto, ermo, desabrigado; desolado, árido.

bleakish, adj. quase frio; desconsolado.

blear, adj. turvo, alterado; rameloso; confuso.

blear (to), v. tr. tornar rameloso; ofuscar, turvar.

blearedness, s. confusão.

bleat, s. balido.

bleat (to), v. intr. balir.

bleb, s. bolha; borbulha.

bleed (to), v. tr. (pret. e p.p. bled), sangrar; extrair a seiva por meio de corte; escoar, destilar.

bleeding, 1. s. sangria; hemorragia; **2.** adj. ensanguentado.

blemish, s. cicatriz; deformidade física; mancha, desonra.

blemish (to), v. tr. manchar, sujar; desonrar; difamar.

blench (to), v. tr. e intr. recuar; pestanejar; estremecer.

blend, s. mistura, combinação (de vinho, chá, tabaco, etc.).

blend (to), (pret. e p.p. blent), **1.** v. tr. misturar; combinar; confundir; fundir; **2.** v. intr. misturar-se.

blende, s. blenda (mineral).

blending, s. mistura; combinação.

blent, pret. e p.p. do verbo to blend.

bless (to), v. tr. abençoar; consagrar; santificar; tornar próspero; exaltar, glorificar; invocar a Deus.

blessed, adj. abençoado, santo, bem-aventurado.

blessing, s. bênção; consagração; graça divina; invenção; prosperidade.

blew, pret. do verbo to blow.

blimp, s. pequeno avião.

blind, adj. cego; ignorante; insensato; obscuro, escondido, tenebroso; **blind alley:** beco sem saída.

blind (to), v. tr. cegar; vendar os olhos; iludir; enganar; deslumbrar.

blindage, s. blindagem; defesa; protecção.

blinder, s. aquele que faz blindagens.

blindfold (to), v. tr. vendar os olhos; ofuscar.

blind man's buff, s. jogo da cabra-cega.

blindness, s. cegueira.

blink, s. clarão; raio; claridade; vislumbre.

blink (to), v. intr. pestanejar, piscar os olhos; cintilar.

blink-eyed, adj. que pestaneja; que pisca os olhos.

blinker, s. aquele que pestaneja ou pisca os olhos; venda; viseira.

bliss, s. felicidade, ventura, dita, glória.

blister, s. bolha, ampola, borbulha, pústula.

blister (to), v. intr. empolar, levantar borbulhas.

blistery, adj. cheio de borbulhas.

blithe, adj. contente, alegre, jovial.

blizzard, s. tempestade de neve e trovoada.

bloat (to), v. tr. inchar, entumecer; curar e defumar (arenques).

bloated, adj. inchado, entumecido; envaidecido.

blob, s. borbulha, bolha, ampola; borrão.

blobber-lipped, adj. de lábios grossos e salientes.

block, s. bloco, cepo, viga; forma de chapéu; cadernal, moitão; conjunto de edifícios; pessoa estúpida.

block (to), v. tr. obstruir, fechar, bloquear; impedir, formar em blocos; reforçar.

blockade, s. bloqueio, cerco, sítio.

blockader, s. sitiante, bloqueante.

blockhead, s. estúpido, néscio, ignorante.

blockhouse, s. fortaleza; pequeno forte.

blocking, s. base, alicerce.

blockish, adj. estúpido, tolo, imbecil.

bloke, s. (fam.) camarada, companheiro; finório.

blond, blonde, 1. adj. louro; **2.** s. pessoa de cabelos louros.

blood, s. sangue; parentesco, linhagem, descendência; temperamento, génio; paixão; vitalidade; **in cold blood:** a sangue-frio.

blood (to), v. tr. sangrar; ensanguentar.

blood-guiltiness, s. homicídio.

blood-guilty, adj. responsável pela morte de alguém; homicida.

blood-heat, s. temperatura do sangue.

blood-horse, s. cavalo de raça.

blood-hound, s. sabujo; cão de caça; pessoa de maus instintos.

blood-let, s. sangria.

blood-letter, s. sangrador.

blood-money, s. recompensa por um crime.

blood-poisoning, s. envenenamento do sangue.

blood-red, adj. vermelho, da cor do sangue.

blood-relation, s. parente consanguíneo.

bloodshed, s. sangria, efusão de sangue.

bloodstain, s. mancha de sangue.

blood-stone, s. pedra preciosa de cor avermelhada, heliotrópio; hematite.

blood-sucker, s. sanguessuga.

blood-thirsty, adj. cruel, sanguinário.

blood-tax, s. alistamento militar, serviço militar obrigatório.

blood-vessel, s. vaso sanguíneo.

bloody, adj. sangrento, sanguinolento, ensanguentado; sanguinário.

bloody (to), v. tr. manchar de sangue, ensanguentar.

bloom, s. botão; flor; florescência; beleza; frescura.

bloom (to), v. tr. e intr. florescer; ostentar frescura.

bloomer, s. disparate, parvoíce.

blooming, adj. florescente.

bloomy, adj. florido, coberto de flores, florescente.

blossom, s. flor de árvores frutíferas.

blossom (to), v. intr. deitar flor; florescer; desabrochar.

blossomy, adj. cheio de botões; muito florido.

blot, s. borrão de tinta; mancha; traço de pena; (fig.) desgraça.

blot (to), v. tr. borratar; manchar; riscar; (fig.) caluniar, difamar.

blotch, s. mancha na pele; pústula.

blotch (to), v. tr. manchar; cobrir de pústulas.

blouse, s. blusa.

blow, s. pancada, golpe, murro, bofetada; infelicidade, desgraça, revés; vendaval.

blow (to), 1. v. tr. (pret. **blew,** p.p. **blown**), soprar, ventar, fazer soar um instrumento; desabrochar, florescer; **2.** (fam.) maldizer, amaldiçoar.

blower, s. soprador, ventilador; fole, ventoinha.

blow-fly, s. mosca varejeira.

blowing, s. sopro, ventilação.

blown, p.p. do verbo **to blow.**

blowpipe, s. tubo de soprar; maçarico.

blowze, s. mulher bochechuda.

blowzed, adj. vermelho, rubicundo; sujo.

blubber (to), v. intr. chorar sentidamente.

blubber, s. choro; óleo de baleia.

bludgeon, s. cacete, cajado, moca; cachamorra.

blue, adj. azul; desanimado, triste; desapontado; **to feel blue, to have the blues:** estar deprimido; **blue jeans:** «jeans», calças de ganga.

blue (to), v. tr. azular.

blues, s. abatimento moral; depressão.

bluestocking, s. sabichona; mulher erudita.

bluey, adj. azulado.

bluff, 1. adj. rude, grosseiro; franco; abrupto, escarpado; **2.** s. fanfarronada; bazófia, intrujice, simulação; jogo de cartas.

bluff (to), v. intr. jactar-se, gabar-se.

bluish, adj. azulado.

blunder, s. despropósito, erro, disparate; indiscrição.

blunder (to), v. tr. e intr. desatinar; errar, cometer erro; confundir.

blunderer, s. desatinado, desajeitado.

blundering, adj. imprudente, estouvado.

blunt, adj. brusco, áspero; embotado; estúpido.

blunt (to), v. tr. embotar, mitigar; atenuar; adormecer uma dor; enervar.

bluntish, adj. grosseiro, áspero; um tanto ou quanto embotado.

bluntness, s. aspereza, grosseria; embotamento; estupidez.

blur, s. borrão, mancha; desonra; calúnia.

blur (to), v. tr. manchar, borrar; difamar, desonrar.

blurt (to), v. intr. falar sem nexo.

blush, s. rubor, vermelhidão.

blush (to), v. intr. corar, envergonhar-se.

blushing, s. rubor, vermelhidão.

blushless, adj. descarado.

bluster, s. ruído, algazarra, tumulto; gabarolice.

bluster (to), v. tr. e intr. roncar, zunir, fazer barulho; bramir, gabar-se.

blusterer, s. fanfarrão, blasonador.

blustering, 1. s. estrondo, fanfarronada; **2.** adj. estrondoso, fanfarrão.

blustery, s. fanfarronice.

boar, s. javali; varrão.

board, s. tábua, prancha; mesa; comida, sustento; junta, conselho; tribunal; bordo; borda do navio; palco de um teatro; **board and lodging:** cama e mesa; **board of directors:** conselho de administração; **on board:** a bordo.

board (to), 1. v. tr. assoalhar; abordar; ir a bordo; **2.** v. intr. hospedar-se.

boarder, s. aluno interno; pensionista.

boarding-house, s. pensão, casa de hóspedes.

boarding-school, s. colégio com internato.

boarish, adj. cruel, feroz.

boast, s. jactância, alarde, ostentação.

boast (to), v. tr. e intr. exaltar, engrandecer; vangloriar-se.

boaster, s. fanfarrão; gabarola.

boastful, adj. vaidoso, jactancioso.

boat, s. barco, bote, batel, navio, paquete.

boat (to), 1. v. tr. transportar em barco; 2. v. intr. ir em barco.

boating, s. passeio de barco; manejo de um barco; desporto de remo.

boatman, s. barqueiro.

boatrace, s. regata.

bob, s. fio-de-prumo; pêndulo; isca para pesca; nó do cabelo; cabeleira curta; cortesia; cauda de cavalo; (pop.) xelim.

bob (to), v. tr. e intr. oscilar, agitar; menear-se; balancear-se; pescar à linha.

bobbery, s. tumulto.

bobbin, s. fuso, bilro; cilindro; carrinho.

bobbinet, s. bobinete.

bobby, s. (fam.) polícia.

bobsleigh, s. trenó usado nos desportos de Inverno.

bobtail, s. rabo curto.

bobwig, s. cabeleira encaracolada.

bock, s. cerveja.

bode (to), v. tr. e intr. pressagiar; prometer.

bodement, s. presságio; pressentimento.

bodge, s. remendo.

bodge (to), v. tr. remendar.

boding, s. presságio; pressentimento.

bodkin, s. furador; ponteiro; punção; alfinete de cabelo.

body, s. corpo; tronco; matéria; pessoa; corporação; agregado; substância.

body (to), v. tr. dar corpo ou forma a; simbolizar.

bodyguard, s. guarda pessoal; escolta.

bog, s. pântano, lameiro, lamaçal; latrina.

bog (to), v. tr. atolar, mergulhar num pântano.

boggy, adj. pantanoso.

bogie-engine, s. locomotiva com carreta giratória.

Bohemian, s. e adj. boémio, habitante da Boémia; estúrdio.

boil, s. fervedura, ebulição; furúnculo, inchaço.

boil (to), v. tr. e intr. cozer, ferver; estar agitado, estar em ebulição; elevar a temperatura; reduzir a vapor.

boiler, s. pessoa que faz ferver; vasilha para ferver; caldeira de vapor; chaleira.

boiling, 1. adj. que está a ferver; 2. s. ebulição, fervura; **boiling point:** ponto de ebulição.

boisterous, adj. violento, furioso; turbulento; tempestuoso, ruidoso, alegre e barulhento.

bold, adj. atrevido, arrojado, intrépido, ousado, descarado; íngreme.

bole, s. tronco; caule.

bolero, s. bolero, dança espanhola; música própria para esta dança.

Bolivian, s. e adj. boliviano.

boll, s. casulo; cápsula.

bolometer, s. bolómetro.

Bolshevism, s. bolchevismo.

Bolshevist, *s.* e *adj.* bolchevista.
bolster, *s.* travesseiro, almofada; suporte; chumaço.
bolster (to), *v. tr.* auxiliar, apoiar; pôr uma almofada como apoio.
bolt, *s.* ferrolho, lingueta, dardo, flecha; cavilha de ferro; rolo de pano grosso; raio, corisco; salto rápido.
bolt (to), *v. tr.* fechar com ferrolho; cavilhar; fugir; investigar; ponderar; engolir sem mastigar.
bolter, *s.* crivo, peneira; cavalo fogoso e irrequieto.
bolting, *s.* acto de aferrolhar; acção de peneirar.
bomb, *s.* bomba, granada.
bomb (to), *v. intr.* atacar com bombas ou granadas, bombardear.
bombard (to), *v. tr.* bombardear.
bombardier, *s.* bombardeiro, oficial de artilharia.
bombardment, *s.* bombardeamento.
bombasine, *s.* bombazina.
bombast, *s.* linguagem bombástica.
bombastic, *adj.* bombástico; retumbante.
bomber, *s.* soldado ou aeroplano que lança bombas; bombardeiro, bombista.
bomb-proof, *adj.* à prova de bomba.
bonbon, *s.* confeito, doce, bombom.
bond, *s.* laço, vínculo, ligadura; cadeia, união, prisão; liga, confederação; obrigação moral; obrigação, título de dívida; contrato; promessa de pagamento; entreposto alfandegário; *pl.* cadeias, cativeiro.
bond (to), *v. tr.* amarrar, ligar; afiançar; hipotecar.
bondage, *s.* escravidão, cativeiro.

bonded, *adj.* hipotecado; depositado na alfândega; garantido por escritura.
bond-holder, *s.* obrigacionista.
bondmaid, *s.* escrava.
bondman, *s.* escravo.
bondsman, *s.* escravo, fiador.
bondswoman, *s.* escrava.
bondwoman, *s.* escrava.
bone, *s.* osso, espinha; objecto de osso ou marfim; barba de baleia; *pl.* castanholas; restos mortais; **chilled to the bones:** gelado até aos ossos; **nothing but skin and bones:** só pele e osso.
bone (to), *v. tr.* descarnar; *(cal.)* roubar.
bone-ash, *s.* cinza de ossos para fazer porcelana.
bonfire, *s.* fogueira em ocasião de festa.
boning, *s.* acção de desossar.
bonnet, *s.* boné, barrete, gorro; chapéu de senhora; capacete para máquinas; capota de motor de automóvel.
bonnet (to), **1.** *v. tr.* cobrir com um boné; cobrir; **2.** *v. intr.* cumprimentar.
bonnily, *adv.* alegremente, jovialmente.
bonny, **1.** *adj.* bonito, formoso, alegre; **2.** *s.* namorada.
bonus, *s.* bónus, prémio, dividendo.
boo, **1.** *interj.* para indicar desprezo; **2.** *s.* apupo.
boo (to), **1.** *v. tr.* apupar; **2.** *v. intr.* gemer.
booby, *s.* pessoa estúpida; tolo; pateta.
booby-trap, *s.* bomba armadilhada; brincadeira que consiste em colocar diversas coisas sobre uma porta para que caiam sobre o primeiro que entrar.

booer, *s.* zombador, escarnecedor.

book, *s.* livro, volume, tomo; tratado; registo; **a reference book:** livro de consulta, obra de referência; **book knowledge:** saber livresco.

book (to), *v. tr.* inscrever num livro, assentar; registar, lançar; reservar, marcar.

bookbinder, *s.* encadernador.

bookbinding, *s.* oficina de encadernador; encadernação.

bookcase, *s.* estante para livros.

book-cover, *s.* capas de resguardo para livros.

book-debt, *s.* dívida registada nos livros comerciais.

book-holder, *s.* (teatro) ponto.

booking, *s.* registo de bagagens; marcação; reserva.

booking-office, *s.* bilheteira (nos teatros, caminhos-de-ferro, etc.).

bookish, *adj.* versado em livros; estudioso; teórico; pedante.

book-keeper, *s.* guarda-livros.

book-learning, *s.* conhecimento dos livros; erudição.

booklet, *s.* livro de apontamentos; opúsculo, folheto.

bookman, *s.* pessoa interessada em livros, estudioso, erudito; letrado.

bookmaker, *s.* compilador de livros; pessoa que faz livros; apostador profissional.

bookmaking, *s.* compilação de livros; aposta nas corridas de cavalos.

bookseller, *s.* livreiro.

bookselling, *s.* venda de livros.

bookshelf, *s.* estante para livros.

bookshop, *s.* livraria.

bookstall, *s.* quiosque.

book-trade, *s.* comércio de livros.

bookworm, *s.* traça dos livros.

boom, *s.* portaló; cadeia para fechar um porto; barragem; baliza; aumento repentino.

boom (to), *v. intr.* navegar a todo o pano; fazer grande barulho, ressoar; exercer grande actividade.

boomerang, *s.* nome de uma arma usada pelos indígenas australianos; argumento que se volta contra o seu autor.

boon, *s.* favor, dádiva, graça, mercê.

boor, *s.* camponês, rústico, rude; campónio.

boorish, *adj.* rude, rústico.

boost (to), *v. tr.* levantar, içar; aumentar a voltagem.

boot, *s.* bota; calçado; instrumento de tortura na Escócia; lugar para colocar bagagem; proveito, ganho; **boot licker:** adulador.

boot (to), *v. tr.* e *intr.* servir, ser de utilidade; calçar; dar pontapés.

booted, *adj.* com botas calçadas.

booth, *s.* tenda, barraca.

bootlace, *s.* atacador, cordão.

bootleg (to), *v. intr.* fazer contrabando de bebidas alcoólicas.

boots, *s.* engraxador num hotel; moço de recados.

booty, *s.* presa, saque, pilhagem.

booze, *s.* bebida alcoólica; embriaguez.

booze (to), *v. tr.* embriagar-se.

boozer, *s.* ébrio.

borage, *s.* borragem (planta medicinal).

borate, *s.* borato.

borax, *s.* bórax.

bordel, *s.* bordel.

border, *s.* extremidade, borda, margem; fronteira; limite; guarnição, orla.

border (to), *v. tr.* e *intr.* confinar, limitar; aproximar-se; orlar, guarnecer, debruar; alcançar.

borderer, s. confinante; que está na fronteira, raiano.

bordering, 1. s. borda ornamental; 2. adj. limítrofe.

bore, 1. pret. do verbo to bear; 2. s. furo, buraco; broca; sonda; macaréu; importuno, maçador.

bore (to), v. tr. brocar, furar; sondar; maçar, importunar; incomodar.

boreal, adj. boreal.

Boreas, s. Bóreas (vento norte).

boredom, s. maçada; aborrecimento.

borer, s. broca, furador; sonda.

boric, adj. bórico.

boring, s. perfuração, furo; sondagem.

born, 1. p.p. do verbo to bear; 2. adj. nascido; gerado, produzido.

borne, p.p. do verbo to bear.

borough, s. burgo, vila, cidade pequena.

borrow (to), v. tr. pedir emprestado; copiar, imitar, fingir.

borrower, s. aquele que pede emprestado.

borrowing, s. empréstimo; cópia, imitação.

boscage, s. bosque, arvoredo, paisagem.

bosh, s. tolice; disparate; **that's all bosh**: tudo isso são disparates.

bosk, bosket, s. pequeno bosque.

bosom, s. seio, peito; coração; amor, carinho, afeição; relações íntimas.

bosom (to), v. intr. pôr no seio; esconder, encerrar.

boss, 1. s. bossa, corcova; relevo, saliência, protuberância; prego, tachão; patrão, cabecilha, capataz; 2. adj. bom, de primeira ordem, excelente.

boss (to), v. intr. trabalhar em relevo; pôr em relevo; governar, dirigir.

bossy, adj. saliente, em relevo, proeminente.

botanic, botanical, adj. botânico.

botanist, s. botânico.

botanize (to), v. tr. herborizar; fazer estudos das plantas.

botany, s. botânica.

botch, s. obra mal feita, remendo; tumor; úlcera.

botch (to), v. intr. remendar, atamancar.

botcher, s. remendão.

botchery, s. remendo.

botchy, adj. cheio de remendos; mal feito.

both, adj. e pron. ambos.

bother, s. aborrecimento, enfado; confusão.

bother (to), v. tr. aborrecer, incomodar, importunar.

bothersome, adj. aborrecido; fastidioso, incómodo.

bottine, s. botina.

bottle, s. garrafa, frasco, cantil; quantidade contida numa garrafa; feixe; molho.

bottle (to), v. tr. engarrafar; enfrascar.

bottle-nosed, adj. narigudo.

bottler, s. engarrafador.

bottom, s. fundo, parte inferior; leito do rio; traseiro; assento de cadeira; base, fundamento, motivo; origem; casco de navio; **at the bottom:** no fundo; **from top to bottom:** de alto a baixo.

bottom (to), v. tr. e intr. basear, fixar, assentar; sondar.

bouffe, adj. cómico.

bough, s. ramo de árvore.

bought, pret. e p.p. do verbo to buy.

bougie, s. vela de cera; rolo de cera; algália.

boulder, s. seixo; bloco de pedra das minas.

boulevard, s. bulevar, avenida.

bounce, s. estrondo, barulho, estalo, pancada; salto, pulo; bazófia, exagero.

bounce (to), v. intr. bater com força; cair com estrondo; estalar; saltar; ressaltar, impelir a; repreender; vangloriar-se.

bouncer, s. impostor, fanfarrão; coisa exagerada.

bouncing, 1. s. estrondo, bulha; fanfarronice; **2.** adj. forte, vigoroso, exagerado.

bound, 1. pret. e p.p. do verbo **to bind; 2.** s. limite, termo, confim; salto, pulo; repercussão; **3.** adj. ligado, preso, atado; sujeito, obrigado; encadernado; prestes a partir.

bound (to), v. tr. limitar, restringir, pôr limites a; confinar, fazer saltar.

boundary, s. limite; fronteira, confim.

bounden, adj. imperioso, obrigatório, indispensável.

bounder, s. demarcador; o que serve de baliza.

bounding, 1. s. salto, pulo; **2.** adj. saltador; que salta.

bounteous, adj. bondoso; liberal, generoso.

bountiful, adj. bondoso, generoso, liberal, beneficente.

bounty, s. bondade, benevolência, generosidade, liberalidade; dádiva.

bouquet, s. ramo; aroma do vinho.

bourgeois, 1. s. burguês; **2.** adj. vulgar, comum, ordinário.

bourn, s. limite, confim; meta; regato.

bourse, s. bolsa, mercado de fundos públicos.

bout, s. turno, vez, momento; ataque de doença; experiência de forças; assalto na esgrima.

bovine, adj. bovino.

bow, s. cortesia, reverência, saudação; vénia; proa de navio.

bow, s. arco de instrumento de corda; arco de flecha; laço; arção (de sela); curva; arco-íris; cana, jugo.

bow (to), 1. v. tr. oprimir, curvar, dobrar, abaixar, arquear; saudar; **2.** v. intr. curvar-se, dobrar-se; submeter-se.

bowel, s. tripa, intestino.

bowery, 1. s. (E.U.A.) quinta; viveiro de plantas; **2.** adj. sombrio.

bowie-knife, s. faca de mato.

bowl, s. taça redonda; tigela; parte côncava de alguma coisa; fornilho (do cachimbo).

bowl (to), v. tr. e intr. atirar uma bola, jogar à bola; rebolar-se.

bowler, s. jogador de bola; chapéu de feltro.

bow-legged, adj. de pernas arqueadas.

bowling-green, s. relvado para o jogo da bola.

bowman, s. homem armado de arco, archeiro.

bownet, s. espécie de rede para apanhar lagostas.

bowshot, s. arremesso de flecha.

bow-window, s. janela de sacada; janela arqueada.

box, s. caixa, arca; caixote, mala grande; camarote de teatro; buxo (árvore e madeira); guarita, cabana; lugar reservado para o júri de um tribunal; murro; cárter.

box (to), v. tr. encaixotar; escavar o tronco de uma árvore; dar murros.

boxer, s. jogador de boxe.

boxing, s. jogo de boxe; luta; pugilato; acção de encaixotar.

Boxing-day, s. o dia seguinte ao do Natal.

boxing-glove, s. luva para o boxe.

boxwood, s. madeira de buxo.

boy, s. rapaz, menino, criança; lacaio; pessoa amaneirada.

boy (to), v. tr. tratar como uma criança.

boycott, s. boicote; corte de relações com alguém.

boycott (to), v. tr. boicotar; cortar as relações com alguém por motivos sociais, políticos ou comerciais.

boyhood, s. infância, adolescência.

boyish, adj. pueril, acriançado.

boy-scout, s. escuteiro.

bra, s. soutien.

brabble, s. questão mesquinha e barulhenta.

brace, s. ligadura, atadura, cinta; abraçadeira; braçal de armadura; tensão; par de animais; parelha; ligação, colchete de impressão.

brace (to), v. tr. ligar, atar, apertar; retesar, entesar; rodear; fortificar.

bracelet, s. bracelete, pulseira.

braces, s. pl. suspensórios.

bracing, adj. fortificante; revigorante.

brack, s. fenda, falha; defeito, rotura.

bracken, s. (bot.) feto.

bracket, s. chaveta; parêntesis; colchete de impressão; esteio; suporte; pontalete.

bracket (to), v. tr. colocar entre colchetes ou entre parênteses.

brad, s. prego sem cabeça.

brae, s. ladeira de um monte; colina.

brag, s. jactância, fanfarronada.

brag (to), v. intr. jactar-se, alardear, blasonar.

braggart, s. e adj. fanfarrão, jactancioso.

Brahmanism, s. bramanismo.

braid, 1. s. galão, trança; alamar, trancelim; 2. adj. mentiroso.

braid (to), v. tr. entrelaçar, entrançar.

brail (to), v. tr. meter ou apertar nos rizes; colher as velas.

braille, s. braille.

brain, s. cérebro, miolos; (fig.) juízo, talento; entendimento.

brain (to), v. tr. fazer saltar os miolos a alguém.

brainless, adj. sem miolos; insensato, tolo.

brainy, adj. inteligente, esperto, fino.

braird (to), v. intr. rebentar, lançar rebentos.

braise (to), v. tr. refogar, guisar.

brake, s. silvado, matagal, balça; espadela; maço de pau para esmagar linho; travão, freio (de locomotiva, de carruagens).

brake (to), v. tr. travar, fechar o freio; espadelar o linho.

bramble, s. silva, sarça; espinheiro.

brambling, s. tentilhão.

bran, s. farelo, rolão.

branch, s. ramo, ramagem, ramal; entroncamento; braço (de rio); dependência, secção; sucursal, filial.

branch (to), v. tr. e intr. ramificar, lançar ramos.

branchia, s. guelras de peixe.

branchial, adj. branquial.

brand, s. marca; brandão, facho; tição; estigma; sinete; condenação; marca a ferro quente; ferrete; marca de fábrica; firma comercial; (fig.) infâmia.

brand (to), v. tr. marcar a ferro quente; inflamar.

brander, s. grelha.

brander (to), v. tr. assar na grelha.

branding-iron, s. ferro de marcar a quente.

brandish, s. acção de brandir.

brandish (to), v. tr. brandir, agitar com a mão.

brand-new, adj. novo em folha.

brandy, s. aguardente, conhaque.

brangle (to), v. intr. questionar, altercar.

brant, 1. s. pato-bravo; **2.** adj. escarpado.

brash, 1. s. entulho; pedaços soltos de rocha ou gelo; ataque, assalto, erupção; **2.** adj. impetuoso.

brashy, adj. esmigalhado; pedregoso.

brass, s. latão, arame; bronze; instrumentos de latão de uma banda; (fam.) descaramento; dinheiro.

brass (to), v. tr. cobrir de latão ou de cobre.

brassard, s. braçal; braçadeira.

brassiere, s. soutien.

brassy, adj. de latão; de cobre; parecido com o cobre.

brat, s. fedelho, criança; guarda-pó, avental.

brattle (to), v. intr. matraquear, produzir um barulho prolongado.

brave, adj. bravo, valente, corajoso, janota.

brave (to), v. tr. desafiar, arrostar, provocar.

bravery, s. bravura, coragem, ânimo; aprumo.

bravo!, interj. bravo!

brawl, s. motim; alvoroço; burburinho.

brawl (to), v. intr. altercar, disputar, alvorotar.

brawling, 1. s. contenda, questão, querela; **2.** adj. barulhento.

brawn, s. músculo; força muscular.

bray, s. zurro, orneio; voz de burro.

bray (to), v. intr. zurrar, ornear; triturar, moer.

braze (to), v. tr. soldar, estanhar, bronzear.

brazen, adj. feito de bronze ou de latão; semelhante ao bronze; (fig.) sem vergonha.

brazen (to), v. intr. ser descarado, não ter vergonha.

brazen-faced, adj. descarado, sem vergonha.

brazier, s. operário que trabalha em bronze; latoeiro, caldeireiro; braseira.

braziery, s. trabalho em bronze.

brazil, s. pau-brasil.

Brazilian, s. e adj. brasileiro.

brazing, s. bronzeamento; soldadura.

breach, s. abertura, fenda, brecha; rotura, fractura; violação, infracção; rompimento de relações.

breach (to), v. tr. fazer brecha, abrir brecha.

bread, s. pão; sustento quotidiano; **bread and butter:** pão com manteiga.

breadth, s. largura; largueza de vistas; distância; tolerância.

breadthways, adv. à largura; através de.

breadthwise, adv. à largura.

break, s. abertura, fenda; rotura, rompimento, pausa, suspensão; intervalo, interrupção; interruptor eléctrico; tacada ou série de tacadas no bilhar; parágrafo; irregularidade; baixa no mercado; **break of day:** o romper do dia; **without break:** sem interrupção.

break (to), (*pret.* **broke**, *p.p.* **broken**), 1. *v. tr.* quebrar, partir, romper; destruir, desmanchar; infringir; transgredir; arrombar; arruinar, falir; interceptar; 2. *v. intr.* aparecer subitamente; falir; partir-se, romper-se; irromper; enfraquecer; mudar de direcção; alterar-se.

breakable, *adj.* quebradiço, frágil.

breakage, *s.* rotura, fractura.

break-down, *s.* fadiga, enfraquecimento; colapso; avaria; ruína.

breaker, *s.* interruptor, quebrador; infractor, transgressor; onda que quebra na praia; máquina para quebrar pedra, carvão, etc.

breakfast, *s.* pequeno-almoço; **to have breakfast:** tomar o pequeno-almoço.

breakfast (to), 1. *v. intr.* almoçar; 2. *v. tr.* dar de almoçar, tomar o pequeno-almoço.

breaking, *s.* fractura; irrupção; transgressão; arrombamento; bancarrota.

breaking up, *s.* dissolução, encerramento.

breakwater, *s.* quebra-mar; molhe.

breast, *s.* peito, seio; coração; interior de uma pessoa; peito de um vestido ou blusa.

breast (to), *v. tr.* atacar de frente, arrostar, enfrentar.

breath, *s.* fôlego, respiração; sopro; vida; hálito; momento; instante; exalação; rumor, murmúrio; **to take breath:** tomar fôlego; fazer uma pausa; **to hold breath:** suspender a respiração.

breathe (to), 1. *v. intr.* respirar, tomar o fôlego; descansar; viver; soprar; **to breathe in:** inspirar; **to breathe out:** expirar; 2. *v. tr.* expressar, manifestar, comunicar, revelar.

breathing, *s.* respiração; inspiração; aspiração; suspiro; sopro.

breathless, *adj.* sem fôlego, ofegante; esbaforido; desalentado.

bred, *pret.* e *p.p.* do verbo **to breed.**

breech, *s.* traseiro, nádegas; retranca do selim; culatra de arma; *pl.* calções.

breech (to), *v. intr.* usar ou vestir calções.

breech-loader, *s.* arma de carregar pela culatra.

breed, *s.* geração; raça; ninhada.

breed (to), (*pret.* e *p.p.* **bred**), 1. *v. tr.* gerar, produzir; ocasionar; educar, ensinar; parir, dar à luz; 2. *v. intr.* multiplicar-se, reproduzir-se, aumentar.

breeder, *s.* autor, produtor, educador.

breeding, *s.* geração, produção; educação.

breeze, *s.* brisa, aragem, vento fresco; questão.

breeze (to), *v. intr.* soprar moderadamente.

breezy, *adj.* fresco, refrescado pela brisa; jovial.

brent, *adj.* escarpado.

brent-goose, *s.* pato-bravo.

brevet, *s.* patente, diploma.

brevet (to), *v. tr.* conceder patente ou graduação.

breviary, *s.* resumo, compilação; breviário.

breviate (to), *v. tr.* abreviar, encurtar.

brevity, *s.* brevidade, concisão; curta duração.

brew, *s.* mistura; fabrico de cerveja; fermentação.

brew (to), *v. tr.* fabricar bebidas fermentadas.

brewage, *s.* cerveja fermentada; mistura.

brewer, s. cervejeiro.

brewery, s. fábrica de cerveja.

bribe (to), v. tr. subornar.

briber, s. subornador.

bric-a-brac, s. objectos de arte antigos; antiguidades, curiosidades.

brick, s. tijolo, ladrilho; espécie de pão de forma; (fam.) um bom camarada.

brick (to), v. tr. cobrir de tijolos.

brick-clay, s. barro para fabricar tijolo.

brick-dust, s. pó de tijolo.

brickfield, s. lugar para a fabricação de tijolos.

brick-kiln, s. forno para cozer tijolos ou ladrilhos.

bricklayer, s. assentador de tijolos; ladrilhador.

brickled, adj. frágil, quebradiço, fraco.

brickmaking, s. fabricação de tijolos.

brickwork, s. obra de tijolo ou ladrilho.

bridal, 1. s. núpcias, noivado; **2.** adj. nupcial.

bride, s. noiva.

bride-bed, s. leito nupcial.

bride-chamber, s. quarto nupcial.

bridegroom, s. noivo; homem recém-casado.

bridesmaid, s. dama de honor.

bridge, s. ponte; osso do nariz; cavalete de um instrumento de corda; suporte de tacos de bilhar; plataforma do navio para o comandante; jogo de cartas.

bridge (to), v. tr. construir uma ponte.

bridle, s. cabeçada do cavalo, juntamente com o freio; amarra de navio: (fig.) sujeição, domínio.

bridle (to), v. tr. enfrear; reprimir, sujeitar; pôr a cabeçada num cavalo; pôr o freio a.

brief, 1. adj. breve, curto, conciso; resumido, sucinto; **2.** s. breve, memorial do Papa.

brief (to), v. tr. resumir, encurtar.

briefcase, s. pasta (para livros).

brier, s. sarça; silva; roseira brava.

brigade, s. brigada.

brigadier, s. brigadeiro.

brigadier-general, s. general de brigada.

brigand, s. salteador, bandido.

bright, adj. brilhante, resplandecente; claro, lúcido, evidente; ilustre, notável; perspicaz, vivo.

brighten (to), v. tr. polir; lustrar, fazer resplandecer; aclarar, esclarecer; avivar, animar.

brilliance, s. brilhantismo, esplendor, brilho.

brilliant, adj. brilhante, refulgente; talentoso.

brilliantine, s. brilhantina.

brim, s. aba, orla, borda, extremidade.

brim (to), v. tr. encher até às bordas.

brimming, adj. completamente cheio.

brimstone, s. enxofre; pessoa de mau génio.

brindle, s. malha; variedade de cores.

brine, s. salmoura; o mar; lágrimas (em poesia).

brine (to), v. tr. meter em salmoura.

bring (to), v. tr. (pret. e p.p. brought), trazer, levar, conduzir, transportar; induzir; causar; persuadir; **to bring back:** devolver, retribuir; **to bring to mind:** recordar.

bringer, s. portador.

bringing, s. transporte, condução.

brinish, adj. salgado, com gosto a sal.

brink, s. borda, margem, extremidade.

brio, s. vivacidade, brio.

brisk, adj. activo, vivo, ágil; alegre, jovial.

brisk (to), v. tr. animar, avivar; **to brisk up:** alegrar.

brisket, s. peito dos animais.

bristle, s. cerda, pêlo eriçado.

bristle (to), 1. v. tr. eriçar as cerdas ou pêlos; 2. v. intr. eriçar-se.

Britain, s. Grã-Bretanha.

British, 1. adj. britânico; 2. s. o povo britânico.

Briton, s. bretão.

brittle, adj. quebradiço, frágil.

brize, s. moscardo.

broach, s. espeto para assar; furador, sovela, broca.

broach (to), v. tr. abrir (pipa ou tonel); meter no espeto; espetar; encetar, começar.

broad, adj. largo, extenso; claro; aberto; inteiro, completo; cheio; tolerante, liberal; grosseiro.

broadbrimmed, adj. de aba larga.

broadcast, 1. s. sementeira à mão; emissão radiofónica; 2. adj. espalhado, semeado à mão.

broadcasting, s. radiodifusão; semear à mão.

broadcloth, s. pano fino de qualidade.

broaden (to), v. tr. e intr. alargar; alargar-se.

broad-gauge, s. via larga (caminho-de-ferro).

broadly, adv. largamente, francamente.

broad-minded, adj. tolerante, liberal.

brocade, s. brocado.

broccoli, s. (bot.) brócolo.

brochure, s. brochura, folheto, panfleto.

brock, s. texugo.

brogan, s. sapato grosseiro.

brogue, s. chanca, sapato grosseiro.

broidery, s. bordado.

broil, s. tumulto, distúrbio, disputa.

broil (to), v. tr. assar na grelha; queimar, aquecer demasiadamente.

broiler, s. grelha; perturbador, agitador.

broke, pret. do verbo **to break.**

broken, p.p. do verbo **to break.**

broken-down, adj. arruinado, desfeito.

broken-hearted, adj. esmagado pela dor, oprimido.

broker, s. corretor de fundos, comissário; corretor da bolsa.

brokerage, s. corretagem; profissão de corretor.

brome, s. bromo.

bromic, adj. brómico.

bromide, s. brometo.

bromine, s. bromina.

bronchia, s. pl. brônquios.

bronchitis, s. bronquite.

bronchus, s. brônquio.

bronze, s. bronze; a cor de bronze.

bronze (to), v. tr. bronzear; dar a cor do bronze.

bronzy, adj. bronzeado, coberto de bronze.

brooch, s. broche; adorno; jóia; alfinete de peito.

brooch (to), v. intr. adornar.

brood, s. ninhada; raça; geração; enxame; camada; descendência.

brood (to), v. tr. chocar; meditar; considerar.

brooddy, adj. que está no choco (galinha); pensativo; mágico.

brook, s. ribeiro, regato, arroio.

brook (to), v. tr. e intr. suportar, tolerar; gozar, apreciar.

brooklet, s. regato.

broom, s. vassoura; giesta; giesteira.

broom (to), v. tr. varrer.

broomy, adj. coberto de giestas.

Bros., s. abreviatura de **brothers.**

broth, s. caldo.

brothel, s. bordel, lupanar.

brother, s. irmão; confrade, camarada, sócio, irmão de confraria ou de congregação; colega, companheiro.

brotherhood, s. irmandade, fraternidade, confraria, congregação.

brother-in-law, s. cunhado.

brotherly, 1. adj. fraternal; 2. adv. fraternalmente.

brought, pret. e p.p. do verbo to **bring.**

brow, s. sobrancelha, testa; cume; pranchão de navio; (fig.) aspecto, aparência.

brown, adj. castanho; trigueiro, moreno; pardo, fusco.

brown (to), 1. v. tr. dar a cor castanha a; tostar; 2. v. intr. tostar-se; bronzear-se.

brownish, adj. acastanhado.

browse, s. gomo, rebento.

browse (to), v. tr. e intr. comer folhas ou rebentos; pastar; (fig.) ler em oblíquo; vasculhar.

bruckle, adj. frágil, precário.

bruin, s. urso trigueiro.

bruise, s. ferida, contusão; amolgadura.

bruise (to), v. tr. ferir, molestar, contundir; amolgar.

bruiser, s. lutador, pugilista; máquina de triturar.

bruit, s. rumor, ruído; boato.

bruit (to), v. tr. e intr. divulgar, propagar.

brumal, adj. brumal.

brume, s. bruma, nevoeiro.

brumous, adj. brumoso, enevoado.

brunette, s. rapariga morena, moreninha.

brunt, s. choque, ímpeto, encontro, embate.

brush, s. escova; brocha, pincel; escovadela; matagal, silvado; feixe de lenha miúda; cauda de raposa; batida à caça.

brush (to), v. tr. escovar; pintar com brocha ou pincel; roçar; tocar ao de leve; passar rapidamente; **to brush up one's knowledge:** renovar (refrescar) os conhecimentos.

brushing, s. escovadela.

brushwood, s. matagal, sarça.

brushy, adj. áspero, duro (como uma escova).

brusque, adj. brusco, rude, grosseiro.

Brussels-sprouts, s. couve-de-bruxelas.

brutal, adj. brutal.

brutality, s. brutalidade.

brutalization, s. embrutecimento, brutalização.

brutalize (to), v. tr. brutalizar.

brute, s. e adj. bruto, besta, brutal, estúpido; sensual; cruel; inconsciente; selvagem.

brutify (to), v. tr. brutalizar, embrutecer, bestializar.

brutish, adj. feroz, brutal, bestial.

bub, s. (pop.) bebidas fortes; cerveja.

bubble, s. bolha, empola; cavidade; ninharia; ilusão, engano; **to blow bubbles:** fazer bolas de sabão; **bubble bath:** banho de espuma.

bubble (to), 1. *v. tr.* iludir, enganar, lograr; **2.** *v. intr.* formar bolhas, empolar.

bubbling, *s.* fervura; murmúrio de água; engano.

bubbly, *adj.* cheio de bolhas; espumoso.

bubonic, *adj.* bubónico.

buccal, *adj.* bocal, que pertence à boca.

buccaneer, *s.* pirata, aventureiro.

buccaneer (to), *v. tr.* praticar actos de pirataria.

buck, *s.* bode; gamo, veado; cabrito-montês; peralvilho; caixa de carruagem; banco pequeno; barrela; *(fam.)* dólar; **old buck:** meu velho; **to pass the buck:** atirar com as culpas para outro.

buck (to), *v. tr. e intr.* lavar com barrela.

bucket, *s.* balde; alcatruz; êmbolo.

buckhorn, *s.* chifre de veado.

buckish, *adj.* vaidoso.

buckle, *s.* fivela; anel de cabelo.

buckle (to), 1. *v. tr.* prender com fivela; afivelar; agarrar, segurar; **2.** *v. intr. (fig.)* casar-se.

buckler, *s.* escudo, broquel.

buckler (to), *v. tr.* defender com escudo.

buckram, *s.* entretela, bocaxim.

bucksaw, *s.* serra de mão; serrote.

buckshot, *s.* chumbo para caça grossa.

buckwheat, *s.* trigo-mourisco.

bucolic, *adj.* bucólico, pastoril.

bucolical, *adj.* bucólico.

bud, *s.* rebento, botão, olho (de flor).

bud (to), *v. intr.* brotar, germinar, rebentar, florescer.

Buddhism, *s.* budismo.

budding, 1. *adj.* que está em botão; em rebento, inflorescente; **2.** *s.* botão, rebento.

budge, *adj.* cerimonioso, grave, austero.

budge (to), *v. tr. e intr.* mover, agitar; mover-se, agitar-se; mudar de opinião.

budget, *s.* orçamento.

budlet, *s.* pequeno rebento.

buff, *s.* pele de búfalo; pele de anta; cor amarelo-clara; cor de camurça; casaco de pele; asneira, tolice.

buff (to), *v. tr.* polir com pele.

buffalo, *s.* búfalo.

buffer, *s.* mola para amortecer um choque ou embate; amortecedor; pára-choques; *(fam.)* pistola; companheiro.

buffet, *s.* aparador; pequena bofetada; *(fig.)* infortúnio; desastre.

buffet (to), *v. tr. e intr.* dar bofetadas, bater; lutar, abrir caminho.

buffoon, *s.* bufão, bobo.

buffoonery, *s.* zombaria, bobice; chocarrice.

bug, *s.* percevejo, pulgão; **big bug:** pessoa importante.

bugaboo, *s.* fantasma; espantalho; pesadelo.

bugbear, *s.* fantasma, lobisomem.

bugle, *s.* azeviche; conta de vidro; trombeta.

bugler, *s.* trombeteiro, corneteiro.

buhl, *s. e adj.* embutido, madrepérola para embutidos.

build, *s.* forma, estrutura, construção.

build (to), *v. tr.* (*pret. e p.p.* built), edificar; erigir, construir; fabricar, fundar, basear.

builder, *s.* construtor, edificador; empreiteiro.

building, *s.* construção, edifício, prédio.

built, *pret.* e *p.p.* do verbo **to build.**

bulb, *s.* bolbo; lâmpada.

bulbaceous, bulbous, *adj.* bolboso.

bulge, *s.* saliência, bojo, desaprumo.

bulge (to), *v. intr.* fazer bojo, desaprumar.

bulgy, *adj.* bojudo, desaprumado.

bulk, *s.* tamanho, volume; grossura, grandeza, massa; corpulência; capacidade; bojo; carga de um navio; banca para a venda de fruta.

bulk (to), *v. tr.* e *intr.* amontoar, empilhar; parecer muito em volume ou importância.

bulkhead, *s.* tabique, divisão.

bulky, *adj.* corpulento, alentado, volumoso, avultado.

bull, *s.* touro; constelação e signo do Touro; bula pontifícia; macho de diversos animais; *(fig.)* disparate, contradição.

bulldog, *s.* buldogue.

bullet, *s.* bala (de arma de fogo).

bulletin, *s.* boletim.

bullfight, *s.* tourada.

bullion, *s.* ouro ou prata em barra.

bullish, *adj.* estúpido, absurdo, disparatado; subida na alfândega.

bullock, *s.* boi castrado.

bullring, *s.* arena.

bully, *adj.* insolente, fanfarrão, espadachim.

bully (to), *v. intr.* ameaçar, oprimir, arreliar, assustar.

bullyrag (to), *v. tr.* tratar com insolência, irritar.

bulwark (to), *v. tr.* defender ou proteger com baluartes.

bum, *s.* retardatário, mandrião; assento, nádegas.

bum (to), *v. intr.* preguiçar, não fazer nada, desperdiçar o tempo.

bumble-bee, *s.* abelha grande, abelhão.

bumbledom, *s.* ostentação, vaidade.

bump, *s.* inchaço, bossa; pancada; poço de ar (na aviação).

bump (to), *v. tr.* e *intr.* bater de encontro; bater com força.

bumper, 1. *s.* copo ou vaso muito cheio; **2.** *adj.* muito grande, extraordinário.

bumpkin, *s.* vilão, rústico, labrego, grosseiro.

bumptious, *adj.* presunçoso, vaidoso.

bun, *s.* bolo feito com queijo, passas, etc.

bunch, *s.* molho, feixe, cacho; madeixa, tufo; ramo.

bunch (to), *v. tr.* e *intr.* fazer feixes, enfeixar; agrupar.

bundle, *s.* pacote, trouxa, volume, maço, feixe.

bundle (to), *v. tr.* enfeixar, empacotar, fazer molhos.

bung, *s.* batoque, rolha, tapulho; *(fam.)* mentira.

bungalow, *s.* bangaló; casa de construção ligeira na Índia.

bungle, *s.* erro, engano; confusão.

bungle (to), *v. tr.* executar sem gosto; estragar.

bungler, *s.* o que trabalha sem gosto e sem cuidado, trapalhão; pessoa desajeitada.

bunk, *s.* tarimba, beliche.

bunk (to), *v. intr.* dormir sobre a tarimba.

bunker, *s.* carvoeira do navio; arca de madeira.

bunt, *s.* bojo de uma vela de navio; inchação.

bunt (to), *v. intr.* enfunar-se.

buoy, *s.* bóia; **life-buoy:** bóia de salvação.

buoy (to), v. tr. fazer boiar, pôr a nado; (fig.) proteger.

buoyant, adj. flutuante; leve, ligeiro; alegre, vivaz.

burden, s. carga, fardo; tonelagem, capacidade; cuidados, aflições; estribilho.

burden (to), v. tr. carregar; sobrecarregar; oprimir.

burdenous, adj. pesado; opressor.

burdensome, adj. pesado, incómodo; opressivo.

bureau, s. escritório, agência; secretária (móvel).

bureaucracy, s. burocracia.

bureaucrat, s. burocrata.

bureaucratic, adj. burocrático.

burgeon, s. rebento de árvore.

burgess, s. burguês; cidadão livre.

burgher, s. cidadão.

burglar, s. ladrão nocturno.

burglary, s. arrombamento; assalto.

burgle (to), v. tr. e intr. arrombar uma casa para roubar.

burial, s. enterro, funeral, enterramento; **burial ground:** cemitério.

burin, s. buril, cinzel.

burl, s. nó.

burlap, s. serapilheira.

burlap (to), v. tr. troçar, chasquear.

burlesque, 1. adj. burlesco; **2.** s. farsa, paródia.

burlesque (to), v. tr. ridicularizar.

burletta, s. ópera cómica.

burliness, s. volume, tamanho, grossura.

burly, adj. corpulento, entroncado, volumoso.

burn, s. queimadura; escaldadela.

burn (to), v. tr. e intr. (pret. e p.p. **burnt**), queimar, incendiar; escaldar, arder, cauterizar; calcinar.

burnable, adj. combustível.

burner, s. bico de gás.

burning, 1. s. queimadura; fogo, chama; incêndio; ardor, inflamação; **2.** adj. ardente; incendiado.

burnish (to), v. tr. e intr. polir, dar lustro; tomar lustro.

burnisher, s. polidor; aparelho para polir.

burnt, pret. e p.p. do verbo **to burn.**

burrow, s. toca de coelho; coelheira; lura.

burrow (to), v. tr. e intr. fazer luras; estar ou viver em lura.

bursary, s. tesouraria de um colégio; bolsa de estudo.

burst, s. explosão, estoiro.

burst (to), 1. v. intr. rebentar, partir, quebrar, estalar; brotar; **2.** v. tr. explodir; estilhaçar; **to burst into tears:** desfazer-se em lágrimas.

bury (to), v. tr. enterrar, sepultar, soterrar; esconder; mergulhar; esquecer; absolver.

burying, s. enterramento; **burying place:** cemitério; sepultura.

bus, autocarro.

bush, s. mata, bosque, matagal, moita; arbusto; ramo de louro (nas tabernas); cauda da raposa.

bush (to), v. tr. tornar copado; guarnecer de arbustos.

bushel, medida para cereais (36,348 l).

bushy, adj. cerrado, espesso, denso.

business, s. negócio; ocupação; emprego, ofício, profissão; assunto, objecto, fim; trabalho, dever; estabelecimento comercial, loja; **business man:** homem de negócios; **that's not your business:** isso não é da tua conta; **business trip:** viagem de negócios.

busk (to), v. intr. trabalhar activamente; preparar-se.

buskin, s. sapato alto.

bust, s. busto, peito.

buster, s. qualquer coisa grandiosa, notável.

bustle, s. alarido, tumulto, motim, azáfama.

bustle (to), v. intr. fazer barulho, agitar-se, mover-se.

busy, adj. ocupado, aplicado, atarefado, diligente, activo; movimentado.

busy (to), v. intr. ocupar-se, estar ocupado.

but, 1. conj. mas, porém, não obstante, pelo contrário; **2.** prep. excepto; **all but you:** todos menos tu; **3.** adv. apenas, somente; **4.** s. objecção verbal.

but (to), v. tr. objectar, fazer objecções; usar, dizer.

butcher, s. carniceiro; cortador; (fig.) homem cruel; verdugo.

butcher (to), v. tr. abater sanguinariamente.

butchery, s. açougue; carnificina; profissão de carniceiro; mortandade.

butler, s. mordomo.

butlery, s. despensa.

butment, s. contraforte, base, apoio.

butt, s. alvo, mira, ponto de mira; a parte mais grossa de um objecto; coronha; estocada, marrada (de animais); pipa, tonel; cabeço de uma trave; alvo de zombaria.

butt (to), v. tr. e intr. marrar.

butter, s. manteiga; (fig.) lisonja, adulação.

butterfly, s. borboleta.

butterine, s. margarina.

buttery, 1. s. despensa; **2.** adj. amanteigado, untuoso.

buttock, s. nádega, anca; lombo; (fam.) traseiro.

button, s. botão; botão de campainha.

button (to), v. tr. e intr. abotoar, desabrochar.

button-hole, s. casa de botão; flor usada na lapela.

button-hole (to), v. tr. abrir casas para botões; interromper.

buxom, adj. roliça, fresca, alegre (mulher).

buy (to), v. tr. (pret. e p.p. **bought**), comprar; adquirir.

buyer, s. comprador.

buzz, s. zumbido, murmúrio, sussurro; (fig.) boato, rumor.

buzz (to), v. tr. e intr. zumbir, murmurar, cochichar.

buzzard, s. milhano.

buzzer, s. cláxon, sirene, aparelho eléctrico para dar sinais acústicos, em vez de campainha; (fig.) mexeriqueiro, murmurador.

by, 1. prep. por; de; em; com; a; ao; à; perto de; conforme, segundo; multiplicado por; **by train:** de comboio; **one by one:** um por um; **2.** adv. perto; no mesmo lugar; ao lado; **by the way:** a propósito.

by-and-by, adv. logo, dentro em pouco.

by-business, s. negócio secundário.

bye, s. assunto secundário; adeus; **Good bye!:** adeus!

bye-bye!, interj. adeus!, adeusinho!

bygone, s. o tempo passado.

by-law, s. regulamento de uma lei.

by-pass, s. vereda, atalho.

by-place, s. retiro.

by-play, s. mímica; passatempo.

by-product, s. produto acessório.

by-purpose, *s.* fim secundário.
byre, *s.* vacaria, aido de vacas.
by-road, *s.* atalho, vereda.
bystander, *s.* espectador.
by-street, *s.* viela, travessa.

byte, *s. (inform.)* byte; cadeia binária.
by-the-bye, *adv.* a propósito.
byway, *s.* atalho, vereda.
byword, *s.* rifão, provérbio.

C

C, c, *s.* terceira letra do alfabeto; *(mús.)* dó.
cab, *s.* espécie de carro puxado por um só cavalo; táxi; medida dos Hebreus; coberto de um carro ou de uma locomotiva; tradução feita, usada pelos estudantes.
cab (to), *v. tr.* e *intr.* viajar de carro; andar de táxi; servir-se de traduções feitas para estudar.
cabal, *s.* cabala, conspiração, intriga; trama.
cabal (to), *v. intr.* intrigar; conspirar.
cabalistic, cabalistical, *adj.* cabalístico.
caballer, *s.* intriguista; aquele que se entrega a ciências ocultas.
cabaret, *s.* cabaré; taberna; loja de bebidas; café concerto.
cabbage, *s.* couve; retalho de fazendas; cábula.
cabby, *s.* motorista de táxi.
cabin, *s.* cabana; abrigo; camarote de navio; barraca.
cabin (to), *v. tr.* e *intr.* esconder numa cabana; viver em cabanas.
cabinet, *s.* gabinete; escritório; papeleira; quarto particular.
cable, *s.* cabo, amarra de navio; cabo submarino; cabo telegráfico; cabograma; telegrama; **cable TV:** televisão por cabo.

cable (to), *v. tr.* amarrar com um cabo; telegrafar por cabo submarino.
cablet, *s.* pequeno cabo ou pequena amarra.
cabotage, *s.* cabotagem.
cabriolet, *s.* cabriolé.
cab-stand, *s.* praça de táxis.
cacao, *s.* cacau.
cachalot, *s.* cachalote, cetáceo semelhante à baleia.
cachet, *s.* selo, marca, cunho; hóstia (medicinal).
cackle (to), *v. intr.* cacarejar; tagarelar, caçoar.
cackler, *s.* tagarela, falador.
cacographic, *adj.* cacográfico.
cacography, *s.* cacografia, erro de ortografia.
cacology, *s.* cacologia; erro de locução viciosa.
cacophonic, *adj.* cacofónico.
cacophonous, *adj.* dissonante, desarmonioso.
cacophony, *s.* cacofonia.
cactus, *s.* cacto.
cad, *s.* pessoa grosseira; condutor de autocarro.
cadastre, *s.* cadastro.
cadaverous, *adj.* cadavérico.
caddice, *s.* larva usada na pesca ao anzol.
caddish, *adj.* grosseiro.
caddy, *s.* lata para chá.

cadence, cadency, s. cadência.
cadet, s. cadete.
cadger, s. vendedor ambulante; carregador.
cadmium, s. cádmio, metal pardacento e maleável.
caecum, s. ceco, parte do intestino grosso.
caesura, s. cesura; pausa, interrupção.
café, s. café, café-restaurante.
cafeteria, s. cafeteria; café.
caffeine, s. cafeína.
cage, s. gaiola, prisão, jaula; plataforma à entrada de mina.
cage (to), v. tr. engaiolar, prender.
caique, s. caíque.
cajole (to), v. tr. seduzir, lisonjear, adular; acariciar.
cajoler, s. adulador, lisonjeador.
cake, s. bolo, pastel, torta; queque; **bride cake:** bolo de noiva.
cake (to), v. intr. tomar forma de queque; endurecer.
calabash, s. cabaça; cabaceira.
calaboose, s. calabouço, prisão.
calamary, s. lula; calamar.
calamitous, adj. calamitoso, funesto.
calamity, s. calamidade, desgraça.
calcar, s. esporão.
calcareous, adj. calcário.
calciferous, adj. que produz cal, calcífero; calcário.
calcify (to), v. tr. e intr. converter em cal; transformar-se em cal; petrificar.
calcination, s. calcinação.
calcine (to), v. tr. e intr. calcinar, reduzir a cal, calcinar-se.
calciner, s. forno de calcinar.
calcite, s. calcite.
calcium, s. cálcio.
calculate, v. tr. e intr. calcular; avaliar; fazer cálculos; computar.

calculation, s. cálculo, cômputo; calculação.
calculator, s. calculador; calculista; máquina de calcular, calculadora.
calculus, s. cálculo (da bexiga; em matemática).
caldron, s. caldeirão, caldeira.
calefaction, s. calefacção, aquecimento.
calefactory, 1. adj. que aquece, que produz calor; **2.** s. calefactor.
calefy (to), v. tr. e intr. aquecer; tornar-se quente.
calendar, s. calendário, almanaque.
calender, s. calandra, máquina para lustrar tecidos; peregrino mouro.
calender (to), v. tr. calandrar, lustrar.
calf, s. vitela, bezerro; barriga da perna; idiota.
calibrate (to), v. tr. calibrar, avaliar o calibre.
calibration, s. calibragem.
calibre, s. calibre; capacidade, volume.
calico, s. pano fino de algodão.
calid, adj. cálido, quente; tépido.
caliginous, adj. caliginoso, tenebroso.
caliper, s. calibrador, instrumento para calibrar tubos.
caliper (to), v. tr. calibrar.
caliph, s. califa, chefe muçulmano.
calix, s. cálice; pl. calices.
calk, s. ferradura aguçada; protector de ferro para calçado.
calk (to), v. intr. ferrar os cavalos; calafetar; marcar com giz.
calkin, s. ferradura nos cavalos; protector para calçado.
call, s. chamamento, chamada; voz; convite; visita; obrigação;

direito; pedido, reclamação; **call box:** cabina telefónica.

call (to), v. tr. chamar, nomear; convocar, citar; invocar; anunciar; gritar em voz alta; distinguir, considerar.

call-boy, s. rapaz que faz recados ou encarregado de abrir a porta; paquete.

calligraph (to), v. intr. caligrafar.

calligraphic, adj. caligráfico.

calligraphist, s. calígrafo.

calligraphy, s. caligrafia.

calling, s. chamada, convocação; vocação, profissão.

callisthenics, s. calistenia.

callosity, s. calosidade.

callous, adj. caloso; indiferente; insensível.

callow, adj. implume; ingénuo; inexperiente.

callus, s. calo, calosidade; dureza; insensibilidade.

calm, 1. adj. calmo, sereno, quieto, tranquilo; 2. s. calma, sossego; calmaria.

calm (to), v. tr. acalmar, serenar, tranquilizar.

calmative, s. (med.) calmante.

caloric, adj. calórico.

calorie, s. caloria.

calorific, adj. calorífico.

calorification, s. calorificação.

calorimetry, s. calorimetria.

calory, s. caloria.

calotte, s. solidéu, barrete pequeno; capelo.

calumniate (to), v. tr. caluniar, difamar, denegrir.

calumniation, s. calúnia.

calumniator, s. caluniador.

calumniatory, calumnious, adj. calunioso.

calumny, s. calúnia.

calve (to), v. intr. parir (a vaca).

Calvinism, s. calvinismo.

Calvinist, s. calvinista.

cam, s. parte saliente de uma roda excêntrica.

camarilla, s. camarilha.

cambist, s. cambista.

cambric, 1. s. cambraia (tecido); 2. adj. de cambraia.

came, pret. do verbo **to come.**

camel, s. camelo.

cameleer, s. condutor de um camelo.

camellia, s. camélia.

camelopard, s. girafa.

cameo, s. camafeu.

camera, s. máquina fotográfica; câmara escura; gabinete particular de um juiz.

camomile, s. camomila.

camouflage, s. camuflagem.

camp, s. campo, arraial, acampamento; vida militar.

camp (to), v. intr. acampar.

campaign, s. campanha.

campaign (to), v. intr. servir em campanha; fazer uma campanha.

campaigner, s. soldado em campanha, veterano.

campanile, s. campanário de uma igreja.

campanology, s. campanologia.

camphor, s. cânfora.

camphorate (to), v. tr. impregnar de cânfora.

camphoric, adj. canfórico.

camping, s. acampamento; campismo, vida ao ar livre ou em tendas.

campus, s. recinto universitário.

can, s. caneca, vasilha, lata de conserva; cântaro; **water can:** regador; **can opener:** abre-latas.

can (to), v. tr. meter em latas para conserva; enlatar.

can, v. modal (pret. **could**), poder; saber; ser capaz de.

Canadian, *s. e adj.* canadiano.

canal, *s.* canal.

canal (to), *v. tr.* fazer um canal; canalizar, irrigar.

canalization, *s.* canalização.

canalize (to), *v. tr.* canalizar.

canary, *s.* canário.

cancel (to), *v. tr.* cancelar; riscar, anular, eliminar; neutralizar, suprimir.

cancellation, *s.* cancelamento.

cancer, *s.* cancro.

Cancer, *s.* Caranguejo (signo do Zodíaco).

cancerous, *adj.* canceroso.

candelabra, *s.* candelabro.

candescense, *s.* incandescência.

candescent, *adj.* incandescente.

candid, *adj.* cândido, simples, ingénuo, inocente, franco, de boa-fé.

candidacy, *s.* candidatura.

candidate, *s.* candidato, concorrente, aspirante.

candidature, *s.* candidatura.

candied, *adj.* conservado em açúcar.

candle, *s.* vela para iluminação; candeia.

candlestick, *s.* castiçal.

candy, *s.* açúcar cristalizado; bombom; rebuçado.

candy (to), *v. tr. e intr.* preservar em açúcar cristalizado; cristalizar o açúcar.

cane, *s.* cana, caniço; bengala, bastão; **sugar cane:** cana-de-açúcar.

cane (to), *v. tr.* dar bengaladas.

canicular, *adj.* canicular.

canine, *adj.* canino.

canister, *s.* cabaz; canistrel; caixa para chá.

canker, *s.* gangrena, cancro.

canker (to), *v. intr.* tornar-se canceroso.

cankerous, *adj.* canceroso.

canna, *s.* cana para ornamento, cana-da-índia.

canned, *adj.* enlatado, em conserva; **canned sardines:** sardinhas em conserva.

cannel-coal, *s.* hulha para produzir gás.

canner, *s.* conserveiro.

cannery, *s.* fábrica de conservas.

cannibal, *s. e adj.* canibal.

cannibalism, *s.* acto próprio de canibal, canibalismo.

cannonade, *s.* canhoneio.

cannoneer, *s.* canhoneiro.

cannonry, *s.* artilharia.

cannot, *v.* o mesmo que *can not.*

canny, *adj.* esperto, fino, sagaz, prudente.

canoe, *s.* canoa.

canon, *s.* cânone, regra, doutrina eclesiástica; cónego; lista de livros aceites pela Igreja.

canonic, *adj.* canónico.

canonize (to), *v. tr.* canonizar.

canopy, *s.* dossel, pálio; *(fig.)* abrigo, cobertura.

canopy (to), *v. tr.* cobrir com um dossel.

canorous, *adj.* canoro, sonoro, harmonioso.

can't, contracção de *can not.*

cantata, *s.* cantata.

canteen, *s.* cantina; cantil de soldado.

canter, *s.* meio galope de cavalo; hipócrita.

canter (to), *v. intr.* andar a meio galope.

Canterbury, *s.* Cantuária.

canticle, *s.* cântico.

cantilever, *s. (arq.)* cachorro (para sustentar uma varanda); modilhão; arco de uma ponte.

canting, 1. *adj.* hipócrita, fingido; **2.** *s.* hipocrisia; calão; inclinação.

cantle, s. fragmento, pedaço.

cantle (to), v. tr. fragmentar, cortar em pedaços.

canton, s. cantão, distrito.

canton (to), v. tr. dividir em cantões; acantonar.

cantonal, adj. cantonal.

cantonment, s. acantonamento.

canvas, s. lona, tela; pano de estopa; vela de navio; quadro.

canyon, s. ravina, desfiladeiro.

cap, s. barrete, gorro, boné; capitel; remate; coberta; tampa.

cap (to), 1. v. tr. cobrir, tapar, revestir; pôr o remate a; exceder; 2. v. intr. descobrir-se.

capability, s. capacidade, aptidão.

capable, adj. capaz, hábil; próprio; apto, competente; idóneo; susceptível.

capacious, adj. espaçoso, extenso, vasto.

capacitate (to), v. tr. tornar capaz, habilitar, capacitar.

capacity, s. capacidade; espaço; aptidão.

cape, s. cabo, promontório; romeira, capa curta.

caper, s. salto, cabriola, pulo; (bot.) alcaparra.

caper (to), v. intr. saltar, cabriolar.

capillary, adj. capilar.

capital, 1. s. capital; letra maiúscula; capitel; 2. adj. capital, principal; excelente; punível com a pena de morte.

capitalism, s. capitalismo.

capitalist, s. capitalista; **the great capitalist:** a alta finança.

capitalization, s. capitalização; aglomeração de capitais.

capitalize (to), v. tr. capitalizar; escrever com maiúsculas.

capitation, s. capitação, imposto por cabeça.

Capitol, s. Capitólio; edifício do Congresso.

capitular, 1. adj. capitular (do cabido); 2. s. capitular (cónego).

capitulary, 1. s. capitular (colecção das leis de Carlos Magno); 2. adj. capitular.

capitulate (to), 1. v. tr. capitular (descrever por capítulos); 2. v. intr. capitular, render-se.

capitulation, s. capitulação, rendição.

capric, adj. (quím.) cáprico.

caprice, s. capricho, fantasia, extravagância.

capricious, adj. caprichoso, extravagante.

Capricorn, s. Capricórnio (constelação e trópico).

capriole, s. cabriola, pulo, salto.

capriole (to), v. intr. cabriolar.

capsular, adj. capsular.

capsulate, adj. fechado com cápsula.

capsule, s. cápsula (medicinal; de garrafa).

captain, s. capitão; comandante; chefe; gerente.

captainship, s. posto de capitão.

caption, s. captura.

captious, adj. capcioso.

captivate (to), v. tr. cativar, encantar, seduzir, fascinar; capturar.

captivation, s. sedução, fascinação; captura.

captive, s. cativo, prisioneiro; fascinado, encantado.

captor, s. captor.

captress, s. captora.

capture, s. captura, presa.

capture (to), v. tr. capturar, prender.

car, s. carro, carrinho; cesta de um balão; automóvel; carro eléctrico; plataforma de um elevador; carruagem do caminho-de-ferro.

carabineer, s. carabineiro.

caracole, s. volta em forma de caracol.

carafe, s. garrafa para água.

caramel, s. açúcar queimado; caramelo.

carapace, s. concha de tartaruga, carapaça.

carat, s. quilate (de ouro).

caravan, s. caravana; reboque; atrelado.

carbide, s. carboneto.

carbine, s. carabina.

carbineer, s. carabineiro.

carbon, s. carbono; carvão para os arcos voltaicos.

carbonaceous, adj. que contém carbono.

carbonate, s. carbonato.

carbonic, adj. carbónico.

carboniferous, adj. carbonífero.

carbonization, s. carbonização.

carbonize (to), v. tr. carbonizar.

carbon-paper, s. papel químico.

carboy, s. garrafão; vaso para líquidos corrosivos.

carbuncle, s. carbúnculo; antraz.

carburetter, s. carburador.

carcass, s. carcaça, esqueleto, ossada; casco de um navio, madeiramento.

carcinoma, s. carcinoma, cancro.

card, s. cartão, bilhete, carta de jogar; indicação; convite; bilhete de admissão; carda; máquina de cardar.

card (to), v. tr. cardar.

cardiac, **1.** adj. cardíaco; **2.** s. tónico cardíaco.

cardinal, **1.** s. cardeal; numeral, cardinal; espécie de capa antiga; cor cardinal; **2.** adj. cardinal, principal, fundamental; de cor cardinal.

cardiograph, s. cardiógrafo.

care, s. cuidado, sentido, cautela, solicitude, atenção; cargo, encargo.

care (to), v. intr. ter cuidado; tratar de; inquietar-se, importar-se; apreciar; desejar.

careen (to), v. tr. querenar (um navio).

career, s. carreira, corrida; profissão; curso; **to take up a career:** seguir uma carreira.

career (to), v. intr. correr velozmente, mover-se apressadamente.

careful, adj. cuidadoso, diligente, cauteloso.

careless, adj. descuidado.

caress, s. carícia, afago, carinho.

caress (to), v. tr. acariciar, afagar.

caretaker, s. guarda, encarregado de olhar pela casa na ausência do dono.

careworn, adj. cansado, fatigado; consumido.

cargo, s. carga; carregamento de um navio.

caricature, s. caricatura; paródia.

caricature (to), v. tr. fazer caricaturas, imitar.

caricaturist, s. caricaturista.

caries, s. cárie.

carman, s. carreteiro, carroceiro.

carmine, s. carmim.

carnage, s. mortandade, morticínio, matança.

carnal, adj. carnal, sensual.

carnation, s. encarnação; cravo encarnado; cor de cravo.

carnival, s. Carnaval.

carnivora, s. pl. animais carnívoros.

carnivorous, adj. carnívoro.

carol, *s.* canto da noite de Natal; canto alegre; dança em círculo; gorjeio de ave; trinado.

carol (to), *v. intr.* gorjear, cantar alegremente; exaltar.

carotid, *s.* carótida.

carp, *s.* carpa.

carp (to), *v. tr. e intr.* censurar, criticar, maldizer.

carpenter, *s.* carpinteiro.

carpentry, *s.* carpintaria.

carper, *s.* crítico, maldizente; censor.

carpet, *s.* tapete, alcatifa; carpete.

carpet (to), *v. tr.* atapetar, alcatifar; *(fam.)* censurar; repreender.

carriage, *s.* carruagem, carro, carreta; coche; landó; carruagem de comboio; aspecto, presença, modo, maneiras; custo do transporte; armação.

carrier, *s.* portador; mensageiro; recoveiro; arrieiro; carregador; porta-bagagem, suporte; **aircraft carrier:** porta-aviões.

carrot, *s.* cenoura; *(fam.)* pessoa de cabelo ruivo.

carroty, *adj.* da cor da cenoura; ruivo.

carry (to), *v. tr.* levar, transportar, conduzir; trazer consigo; efectuar; conter, envolver; impelir; ganhar; prevalecer; produzir; sustentar; suportar; citar em juízo, reter, inscrever; **to carry out:** levar a efeito; levar a cabo.

carrying, 1. *s.* transporte; acção de transportar; **2.** *adj.* transportador.

cart, *s.* carro pesado; carroça; carruagem para passeio.

cart (to), *v. tr.* transportar em carro; conduzir numa carroça.

cartage, *s.* carretagem.

carte-blanche, *s.* carta-branca; plenos poderes.

carter, *s.* carreteiro.

cartilage, *s.* cartilagem.

cartography, *s.* cartografia.

cartomancy, *s.* cartomancia.

carton, *s.* cartão; caixa de cartão.

cartonnage, *s.* cartonagem.

cartoon, *s.* desenho (em jornais ou revistas) sobre actualidades; desenhos animados.

cartoonist, *s.* desenhador de esboços; caricaturista.

cartridge, *s.* cartucho de espingarda.

cartwright, *s.* carpinteiro de carros; fabricante de carros.

carve (to), *v. tr.* entalhar, esculpir, gravar; trinchar (carne, etc.).

carvel, *s.* caravela.

carver, *s.* entalhador, escultor, cinzelador.

carving, *s.* arte da gravura; acção de gravar ou de esculpir; acção de trinchar.

cascade, *s.* cascata.

case, *s.* caso, sucesso, acontecimento, conjuntura, circunstância; caso judicial; caixa, estojo, boceta; capa de pano para um livro.

case (to), *v. tr.* encaixotar; encerrar; cobrir, revestir.

case-harden (to), *v. tr.* cementar, endurecer.

case-hardening, *s.* cementação.

casement, *s.* armação de janela; caixilho de vidraça.

casern, *s.* caserna; quartel.

cash, *s.* dinheiro de contado; pronto pagamento.

cash (to), *v. tr.* reduzir a dinheiro, descontar.

cashier, *s.* o caixa; empregado da caixa.

cashier (to), *v. tr.* licenciar, despedir, demitir; dar baixa do serviço militar.

cashierer, s. o que demite; o que despede.

cashierment, s. demissão de um emprego; baixa militar.

cashmere, s. casimira.

casing, s. tampa, cobertura; coberta; guarnição de madeira; caixilho; encadernação de um livro; encaixotamento.

casing-paper, s. papel de embrulho.

casino, s. casino.

cask, s. casco, vasilha, barril; pipa; elmo; casco; capacete.

cask (to), v. tr. envasilhar; encher um casco.

casket, s. cofre para jóias; guarda-jóias.

casket (to), v. tr. meter em cofre.

cassation, s. revogação, anulação.

cassava, s. mandioca.

casserole, s. caçarola.

cassette, s. cassete.

cassette recorder, s. gravador.

cassock, s. sotaina, batina.

cast, s. lanço, arremesso, tiro; facto; molde, forma, fundição; distribuição de papéis no teatro; estatueta de bronze.

cast (to), v. tr. lançar, atirar, arremessar; espalhar; fundir, derreter; distribuir papéis no teatro; julgar, examinar; pensar; vencer; ganhar; formar, traçar; **to cast away:** rejeitar.

castanet, s. castanhola.

castaway, 1. s. répobro, náufrago; **2.** adj. desprezado, abandonado.

caste, s. casta, raça; qualidade, género; classe social.

caster, s. aquele que arremessa; molheira; galheteiro.

castigate (to), v. tr. castigar, punir; açoitar.

castigation, s. castigo, punição.

casting, s. acto de arremessar; fundição; cálculo, soma; plano; distribuição de papéis (teatro).

cast-iron, s. ferro fundido.

castle, s. castelo, fortaleza; torre (xadrez).

castor, s. castor; chapéu de castor; pele deste animal.

castrate (to), v. tr. castrar.

castration, s. castração.

casual, adj. casual, fortuito.

casualty, s. casualidade, acaso; contingência; desastre.

casuistic, adj. casuístico.

casuistry, s. casuística.

cat, s. gato; azorrague; gancho de ferro; **to rain cats and dogs:** chover a cântaros.

cataclysm, s. cataclismo, calamidade.

catacomb, s. catacumba.

catafalque, s. catafalco.

catalectic, adj. cataléctico.

catalepsy, s. catalepsia.

cataleptic, adj. caléptico.

catalogue, s. catálogo.

catalogue (to), v. tr. catalogar, classificar.

catalysis, s. catálise.

catalytic, adj. catalítico.

cataplasm, s. cataplasma.

catapult, s. catapulta, máquina de guerra.

catapult (to), v. tr. catapultar.

cataract, s. catarata, queda-de--água; (med.) catarata, doença dos olhos.

catarrh, s. catarro.

catarrhal, adj. catarral.

catastrophe, s. catástrofe, cataclismo; grande desastre.

catastrophic, adj. catastrófico.

catcall, s. assobio de desagrado no teatro.

catch, s. tomada, presa, captura; trinco da porta; pessoa ou coisa importante; oportunidade; vantagem, proveito; surpresa; rompão (cavalo), estribilho; leve impressão; pesca.

catch, v. tr. (pret. e p.p. **caught**), agarrar, tomar, apanhar; arrebatar; tirar; colher; alcançar; aproveitar; ganhar.

catcher, s. o que agarra; armadilha; aspirador.

catching, 1. s. acção de prender; captura, presa; 2. adj. atractivo, contagioso.

catchpole, s. meirinho, beleguim.

catchword, s. deixa (teatro); chamada; palavra ou frase para chamar a atenção.

catchy, adj. atractivo.

catechetic, adj. catequético.

catechism, s. catecismo.

catechist, s. catequista.

catechize (to), v. tr. catequizar; interrogar.

catechizer, s. catequista.

categorical, adj. categórico.

categorize (to), v. tr. classificar, categorizar.

category, s. categoria, classe.

catena, s. cadeia, encadeamento.

catenary, s. catenária (geometria).

catenation, s. concatenação; encadeamento.

catenize (to), v. tr. concatenar; encadear.

cater, s. quadra (no jogo de cartas, de dados, etc.).

cater (to), 1. v. tr. fornecer, abastecer; 2. v. intr. prover.

caterer, s. fornecedor, abastecedor.

cateress, s. fornecedora.

caterpillar, s. espécie de larva dos insectos; larva; tractor de lagarta; máquina escavadora.

catharsis, s. catarse; purga.

cathartic, s. e adj. catártico; purgativo.

cathedra, s. cátedra.

cathedral, s. catedral.

Catherine wheel, s. rosácea; fogo preso.

catheter, s. (med.) cateter, sonda para operações.

cathetometer, s. catetómetro.

cathode, s. catódio, eléctrodo negativo.

Catholic, s. e adj. católico.

Catholicism, s. catolicismo.

catholicize (to), v. tr. converter ao catolicismo.

catlike, adj. semelhante ao gato; felino.

cattle, s. gado.

caudal, adj. caudal; da cauda, como a cauda.

caudle (to), v. tr. confortar, refrescar.

caught, pret. e p.p. do verbo **to catch**.

cauldron, s. caldeirão.

cauliflower, s. couve-flor.

caulk (to), v. tr. calafetar.

caulker, s. calafate.

causal, adj. causal.

causality, s. causalidade.

cause, s. causa, princípio, origem; motivo, razão; causa judicial; demanda; ocasião.

cause (to), v. tr. causar, originar, motivar; mandar, ordenar, obrigar, fazer com que.

causeway, s. calçada, estrada a pique; passeio de rua.

caustic, adj. cáustico, corrosivo, mordaz.

causticity, s. causticidade.

cauterization, s. (med.) cauterização.

cauterize (to), v. tr. (med.) cauterizar.

caution, s. cautela, prevenção, aviso; caução.

caution (to), v. tr. acautelar, prevenir, avisar.

cautioner, s. fiador; avisador.

cautious, adj. cauto, acautelado, prudente.

cavalcade, s. cavalgada.

cavalier, s. cavaleiro.

cavalry, s. cavalaria.

cave, s. caverna, antro, subterrâneo, cava; adega.

cave (to), 1. v. intr. escavar; 2. v. tr. habitar em cavernas.

cavern, s. caverna, antro, cavidade.

cavernous, adj. cavernoso, cheio de cavernas.

caviar, s. caviar.

cavil, s. sofisma, ardil, cavilação.

cavil (to), v. tr. cavilar, sofismar.

cavillation, s. cavilação; sofisma; ardil.

cavity, s. cavidade.

cavy, s. cobaia.

cayenne, s. malagueta.

cayman, s. caimão, espécie de crocodilo.

CD, abreviatura de **Compact Disc.**

CD-ROM, abreviatura de **Compact Disk Read-Only Memory,** CD-ROM.

cease (to), v. tr. e intr. cessar, parar; interromper-se, fazer cessar, suspender, impedir.

ceasing, s. cessação.

cedar, s. cedro; **cedar wood:** madeira de cedro.

cede (to), v. tr. e intr. ceder, renunciar, desistir; conceder.

cedilla, s. cedilha.

ceil (to), v. tr. forrar o tecto de uma casa.

ceiling, s. tecto.

celebrant, s. celebrante (sacerdote).

celebrate (to), v. tr. celebrar, comemorar; realizar.

celebration, s. celebração, comemoração.

celebrator, s. celebrador.

celebrity, s. celebridade, fama, renome.

celerity, s. celeridade, rapidez, velocidade.

celery, s. aipo.

celeste, s. a cor do céu; celeste (registo de órgão).

celestial, adj. celestial, celeste.

celestine, s. celestina.

celibacy, s. celibato.

celibatarian, s. e adj. celibatário.

celibate, s. e adj. solteiro.

cell, s. cela, compartimento, célula, alvéolo; cavidade.

cellar, s. cave, adega, loja subterrânea.

cellarage, s. armazenagem numa loja ou adega.

cellist, s. violoncelista.

cello, s. violoncelo.

cellular, adj. celular, que tem células; celuloso.

cellule, s. célula.

celluloid, s. celulóide.

cellulose, s. celulose.

Celt, s. celta.

Celtic, 1. adj. céltico; 2. s. a língua dos Celtas.

cement, s. cimento, argamassa.

cement (to), v. tr. cimentar; unir; tornar firme.

cementation, s. acção de cimentar, cimentação; ligação.

cemetery, s. cemitério.

cense (to), v. tr. incensar; perfumar.

censer, s. turíbulo; perfumador.

censor, s. censor.

censor (to), v. tr. censurar; aplicar a censura a (jornais, etc.).

censorial, adj. censório.

censorious, *adj.* severo; crítico; censório.

censurable, *adj.* censurável, digno de censura.

censure, *s.* censura, repreensão.

censure (to), *v. tr.* censurar, repreender, criticar.

census, *s.* censo, recenseamento.

cent, *s.* cêntimo, centésima parte de um dólar; moeda pequena.

centage, *s.* percentagem.

centaur, *s.* centauro.

centaury, *s. (bot.)* centáurea.

centenarian, *s.* e *adj.* centenário.

centenary, *s.* e *adj.* centenário, secular.

centennial, *adj.* centenário, secular.

center, *s.* centro, meio.

center (to), *v. tr.* centrar, fixar o centro de; colocar no centro.

centering, *s. (arq.)* cimbre.

centesimal, *adj.* centesimal.

centigrade, *adj.* centígrado.

centigramme, *s.* centigrama.

centilitre, *s.* centilitro.

centimetre, *s.* centímetro.

centipede, *s.* centopeia.

central, *adj.* central.

centrality, *s.* centralidade.

centralization, *s.* centralização.

centralize (to), *v. tr.* centralizar.

central processing unit, *s. (inform.)* unidade central de processamento.

centre, *s.* centro, meio.

centrifugal, *adj.* centrífugo.

centripetal, *adj.* centrípeto.

centrum, *s.* centro; epicentro; foco.

centuple, *s.* cêntuplo.

centurial, *adj.* centurial, relativo ao centurião.

centurion, *s.* centurião.

century, *s.* século; centúria, companhia de cem soldados.

cephalic, *adj.* cefálico.

ceramics, *s.* cerâmica.

cere, *s.* cera; pele de cor de cera.

cereal, *s.* cereal.

cerebellum, *s.* cerebelo.

cerebral, *adj.* cerebral.

cerebrum, *s.* cérebro.

cerement, *s.* mortalha; encerado para envolver cadáveres.

ceremonial, *s.* e *adj.* cerimonial.

ceremonialism, *s.* ritualismo.

ceremonious, *adj.* cerimonioso, formal.

ceremony, *s.* cerimónia; solenidade religiosa; etiqueta.

cereous, *adj.* de cera.

cerise, *adj.* da cor da cereja.

certain, *adj.* certo, exacto; indubitável; regular, fixo.

certificate, *s.* certidão, certificado; atestado.

certificate (to), *v. tr.* certificar.

certification, *s.* testemunho, notificação.

certificatory, *adj.* certificativo, certificatório.

certifier, *s.* certificador.

certify (to), *v. tr.* certificar, atestar, afirmar, fazer sabedor; passar certificado; notificar.

certitude, *s.* certeza.

ceruse, *s.* alvaiade.

cervical, *adj.* cervical.

cervine, *adj.* de veado; cervino.

cess, *s.* taxa, contribuição, tributo.

cess (to), *v. tr.* tributar.

cessation, *s.* cessação, interrupção.

cession, *s.* cessão, cedência.

cesspool, *s.* fossa, latrina.

cetacean, *s.* e *adj.* cetáceo.

chafe (to), 1. *v. tr.* aquecer por fricção; irritar, encolerizar; **2.** *v. intr.* irritar-se.

chafer, *s.* irritador; máquina portátil para aquecimento.

chafery, *s.* forja.

chaff, *s.* palha ou alimpaduras de cereais; *(fig.)* ninharia, bagatela.

chaff (to), *v. tr.* cortar palha ou feno; *(fam.)* zombar de alguém, ridicularizar.

chaffer (to), *v. tr. e intr.* regatear, baratear.

chaffy, *adj.* cheio ou coberto de palha; árido.

chagrin, *s.* desgosto, tristeza, pesar.

chagrin (to), *v. tr.* mortificar; arreliar; desgostar.

chain, *s.* cadeia (de metal); colar; corrente; cadeia (de montanhas); teia; série; medida linear com cerca de vinte metros; **to be in chains:** estar preso.

chain (to), *v. tr.* encadear, enlaçar, unir; escravizar.

chaining, *s.* encadeamento; prisão; medição.

chair, *s.* cadeira; cadeirinha.

chair (to), *v. intr.* tomar a presidência numa assembleia.

chairmanship, *s.* presidência de uma assembleia.

chaise, *s.* carruagem descoberta, cabriolé.

chalcedony, *s.* calcedónia, pedra preciosa.

chalcography, *s.* calcografia.

chalet, *s.* chalé.

chalice, *s.* cálice de igreja.

chalk, *s.* giz; cal; calcário; greda; lápis de giz.

chalk (to), *v. tr.* marcar com giz; desenhar com giz.

chalky, *adj.* que contém giz; calcário.

challenge, *s.* desafio, cartel de desafio, repto.

challenge (to), *v. tr.* desafiar, provocar; recusar (jurados); reclamar; exigir; citar em juízo; gritar alerta; perguntar por santo-e-senha.

chamade, *s.* toque de clarim para parlamentar; toque de chamada.

chamber, *s.* quarto, alcova, câmara; sala; tribunal de justiça; *pl.* escritório de advogado.

chamber (to), *v. tr.* fechar em quarto, encerrar.

chamberlain, *s.* camarista, camareiro.

chambray, *s.* espécie de tecido de lã e linho.

chameleon, *s.* camaleão.

chamfer, *s.* chanfradura, estria, meia-cana.

chamois, *s.* camurça.

chamois-leather, *s.* pele de camurça.

chamomile, *s.* camomila.

champagne, **1.** *s.* champanhe; **2.** *adj.* cor bege.

champaign, *s.* planície, campina.

champignon, *s.* cogumelo.

champion, *s.* campeão, vencedor numa luta.

championship, *s.* campeonato, honra de campeão.

chance, *s.* sorte, fortuna; azar; acaso; contingência; ocasião; oportunidade; acidente; sucesso bom ou mau; **to take the chance of:** correr o risco de; **by chance:** por acaso.

chance (to), *v. intr.* acontecer casualmente; encontrar-se por acaso.

chancel, *s.* coro de igreja destinado ao clero.

chancellery, *s.* chancelaria.

chancellor, *s.* chanceler; **Chancellor of the Exchequer:** ministro das Finanças.

chancery, *s.* uma das divisões do Supremo Tribunal de Justiça na Grã-Bretanha.

chancy, *adj.* sujeito a risco; incerto.

chandler, *s.* fabricante de velas; negociante.

change, *s.* mudança, alteração; vicissitude; câmbio, permuta, troco; moeda miúda; Bolsa (de comércio).

change (to), *v. tr.* mudar, trocar, permutar; converter, cambiar; alterar; **to change money:** trocar ou cambiar dinheiro.

changeless, *adj.* imutável, constante.

changing, 1. *s.* mudança, alteração; **2.** *adj.* mudável.

channel, *s.* canal, braço de mar; leito, corrente de rio.

channel (to), *v. tr.* abrir canais, canalizar.

chant, *s.* canto, cantochão; salmo, melodia.

chant (to), *v. tr.* entoar cânticos ou salmos.

chantage, *s.* chantagem.

chantry, *s.* capela junto de um mosteiro; túmulo com grades.

chaos, *s.* caos, confusão, desordem.

chaotic, *adj.* caótico.

chap, *s.* fenda, abertura; *(fam.)* amigalhote, companheiro.

chap (to), *v. intr.* abrir fendas, gretar, rachar.

chapel, *s.* capela.

chaperon, *s.* dama de companhia de uma senhora solteira; capelo, capuz.

chaplain, *s.* capelão.

chaplaincy, *s.* capelania.

chaplet, *s.* grinalda; terço do rosário; colar de contas; poupa das aves.

chapman, *s.* indivíduo, homem de sociedade; vendedor ambulante.

chapter, *s.* capítulo; cabido de uma sé.

char, *s.* trabalho extraordinário, fora das ocupações usuais; biscato.

char (to), *v. intr.* trabalhar a jornal; reduzir a carvão, carbonizar.

character, *s.* carácter, índole, classe, condição; reputação; boas qualidades; marca, sinal; letra; personagem; tipo criado por um romancista ou autor teatral; *(fam.)* pessoa original.

characteristic, *adj.* característico.

characterization, *s.* caracterização.

characterize (to), *v. tr.* caracterizar, individualizar, descrever, distinguir, gravar.

charade, *s.* charada, enigma.

charcoal, *s.* carvão de lenha, carvão para desenhar.

chare (to), *v. intr.* trabalhar a jornal, fazer pequenos trabalhos extra; limpar a casa; trabalhar a dias.

charge, *s.* carga; cargo, emprego, ofício; cuidado, guarda; dever; ordem; comissão; ataque; instruções; direcções; custo, despesa; acusação.

charge (to), *v. tr.* carregar; acusar; imputar; sobrecarregar; impor; onerar; levar dinheiro; encarregar; confiar; exortar; atacar, assaltar.

chargeable, *adj.* imputável, acusável.

chariness, *s.* cuidado, cautela, prudência; economia, frugalidade.

chariot, *s.* carro de quatro rodas; trem.

charitable, *adj.* caritativo, caridoso; esmoler, benigno.

charity, *s.* caridade, compaixão; esmola; instituto de caridade; casa de beneficência.

charivari, *s.* charivari, barulho.

charlatan, s. charlatão, intrujão.

charlatanism, s. charlatanismo.

charlatanary, s. charlatanaria.

charm, s. encanto, feitiço, sortilégio.

charm (to), v. tr. encantar, enfeitiçar; atrair; (fam.) agradar.

charmer, s. feiticeiro, encantador, fascinador.

charming, adj. encantador, fascinante.

charnel, s. ossário, ossuário.

chart, s. mapa, carta de roteiro marítimo, carta de marear.

charter, s. escritura pública; carta régia, decreto.

charter (to), v. tr. fretar; estabelecer por lei ou por decreto; (fam.) alugar.

chartography, s. cartografia.

charwoman, s. mulher-a-dias.

chary, adj. cuidadoso, prudente, acautelado; económico; frugal.

chase, s. caça; perseguição; peça de caça; lugar onde se caça.

chase (to), v. tr. caçar, perseguir, seguir; gravar.

chasing, s. arte de gravar em metais; caça, perseguição.

chasm, s. fenda, abertura; lacuna; abismo.

chasmy, adj. cheio de fendas; abissal.

chasse, s. cálice de licor depois do café.

chassis, s. chassi.

chaste, adj. casto, puro, inocente, ingénuo.

chasten (to), v. tr. castigar; corrigir; purificar, depurar; moderar, restringir.

chastisement, s. castigo, punição, correcção.

chastity, s. castidade, pureza, continência.

chat, s. conversa familiar, cavaqueira.

chat (to), v. intr. conversar familiarmente, cavaquear.

chattel, s. bens móveis.

chatter (to), v. intr. tagarelar, palrar; chilrear.

chatterbox, s. palrador.

chatterer, s. palrador, falador, tagarela.

chattering, s. o ranger dos dentes, ferros, etc.; tagarelice.

chattiness, s. loquacidade, verbosidade.

chauffer, s. fornalha portátil usada em química.

chauffeur, s. motorista.

chauvinism, s. chauvinismo.

chaw, s. pedaço de tabaco de mascar.

chaw (to), v. tr. mascar, ruminar.

cheap, adj. barato.

cheapen (to), v. tr. baratear, regatear.

cheat, s. engano, fraude, embuste; enganador, trapaceiro (ao jogo).

cheat (to), v. tr. enganar, defraudar, lograr; fazer batota.

check, s. revés, resistência, obstáculo, paragem súbita; marca para identificação; bilhete, senha de teatro; xeque ao rei (no jogo do xadrez); (E.U.A.) cheque comercial; verificação, controlo; **check in:** controlo de entrada; entrada controlada (em hotel, aeroporto, etc.).

check (to), v. tr. reprimir, refrear, restringir, deter; repreender, censurar; verificar, conferir, identificar; pôr um talão ou senha; avisar, entregar; hesitar; pôr em xeque (no xadrez).

checker, s. tabuleiro de xadrez; verificador.

checkmate (to), v. tr. dar o xeque-mate; derrotar.

checkup, s. exame médico; revisão.

cheek, s. face, bochecha; camba do freio; descaramento.

cheek (to), v. intr. falar descaradamente, ser descarado.

cheeky, adj. descarado, impudente.

cheep (to), v. intr. piar, chilrear, chiar.

cheer, s. alegria, bom humor, regozijo; animação; comida; **cheers!:** viva!

cheer (to), v. tr. alegrar, animar, encorajar; aplaudir, louvar, incitar, dar vivas; consolar.

cheerful, adj. alegre, contente, animado, prazenteiro, divertido, jovial.

cheering, s. aplausos, aclamações.

cheerless, adj. triste, desanimado, descontente.

cheery, adj. alegre, jovial, contente.

cheese, s. queijo.

cheesecake, s. queijada.

cheesemonger, s. queijeiro.

chef, s. cozinheiro principal.

cheiromancy, s. quiromancia.

chemic, adj. químico.

chemicals, s. pl. produtos químicos.

chemise, s. camisa de senhora.

chemisette, s. camiseta.

chemist, s. químico, droguista, farmacêutico.

chemistry, s. química.

cheque, s. cheque bancário.

cherish (to), v. tr. estremecer; querer bem, acariciar, afagar; tratar com ternura; animar; nutrir; criar com cuidado.

cheroot, s. charuto.

cherry, **1.** s. cereja, cerejeira; **2.** adj. da cor da cereja.

cherub, s. querubim.

chess, s. jogo de xadrez; **chess player:** jogador de xadrez.

chessboard, s. tabuleiro de xadrez.

chessel, s. forma de queijos.

chessman, s. peão do xadrez.

chest, s. peito, tórax; arca, caixão; cofre; **chest of drawers:** cómoda.

chest (to), v. tr. guardar num cofre.

chestnut, s. castanha; castanheiro.

chevalier, s. cavaleiro.

chevron, s. divisa militar usada na manga do casaco; pl. barrotes do telhado.

chevy, s. caça, montaria.

chevy (to), v. tr. caçar; perseguir, incomodar.

chew (to), v. tr. mascar, mastigar, ruminar.

chewing, s. mastigação; (fig.) reflexão.

chic, **1.** adj. bonito, elegante, belo; **2.** s. elegância, gentileza.

chicane, s. chicana, rabulice.

chicane (to), v. intr. chicanar, fazer chicana.

chicanery, s. chicanice, trapacice.

chick, s. pinto, pintainho, frango; menino (termo de carinho).

chicken, s. frango; carne de frango ou de galinha; rapaz, rapariga; pessoa inexperiente; **chicken-hearted:** sem coragem.

chicory, s. (bot.) chicória.

chiding, s. censura, repreensão, ralho.

chief, s. e adj. chefe, comandante, principal; o principal, a coisa principal; a maior parte.

chiefly, 1. *adv.* principalmente; **2.** *adj.* próprio de chefe.

chieftain, *s.* chefe, comandante.

chiffon, *s.* gaze.

chignon, *s.* chinó; puxo.

chilblain, *s.* frieira.

child, *s.* criança; menino ou menina, filho ou filha; *pl.* **children.**

Childermas, *s.* dia dos Santos Inocentes.

childhood, *s.* infância.

childish, *adj.* infantil, pueril; acriançado.

childless, *adj.* sem filhos.

childlike, *adj.* como criança.

children, *s. pl.* de **child; children out of arms:** crianças que começam a andar.

Chilean, *s.* e *adj.* chileno.

chiliad, *s.* mil, períodos de mil anos; quilíada.

chill, 1. *s.* calafrio, arrepio, frieza; **2.** *adj.* frio, gelado; desanimado, indiferente.

chill (to), *v. tr.* arrefecer, esfriar; desanimar, desencorajar.

chilli, *s.* pimentão-de-caiena.

chilliness, *s.* sensação de frio, calafrio; frialdade.

chilly, *adj.* frio; fresco; reservado.

chime (to), *v. intr.* bater as horas num sino; tocar sinos.

chimera, *s.* ilusão, quimera.

chimeric, *adj.* quimérico, imaginário, fantástico.

chimney, *s.* chaminé, lar, fogão; vidro de candeeiro.

chimpanzee, *s.* chimpanzé.

chin, *s.* queixo; **chin-wag:** conversa.

china, *s.* louça de porcelana; porcelana.

chinchilla, *s.* chinchila, pele de chinchila.

Chinese, *s.* e *adj.* chinês.

chink, *s.* fenda, greta, abertura; dinheiro.

chink (to), *v. tr.* fender, rachar; tilintar.

chintz, *s.* pano de chita.

chip, *s.* aparas, cavaco, pedaço, fragmento, lasca; *pl.* batatas fritas.

chip (to), *v. tr.* escavacar, cortar em pedaços; desbastar.

chirograph, *s.* quirógrafo.

chirographist, *s.* escrevente, copista.

chirography, *s.* quirografia.

chiromancy, *s.* quiromancia.

chiropodist, *s.* calista, pedicuro; manicuro.

chiropody, *s.* tratamento dos pés, mãos, unhas ou calos.

chirp, *s.* chilreada, trinado; canto (do grilo, da cigarra, etc.).

chirp (to), *v. tr.* gorjear, chilrear, cantar; conversar alegremente.

chirpy, *adj.* alegre, conversador.

chirrup (to), *v. intr.* gorjear, trinar.

chisel, *s.* cinzel, escopro, buril, formão.

chisel (to), *v. tr.* cinzelar, gravar.

chit, *s.* rebento, renovo; criança esperta; fedelho.

chitchat, *s.* conversa familiar de pouca importância.

chivalrous, *adj.* bravo, cavalheiroso, denodado.

chivalry, *s.* dignidade de cavaleiro; cavalaria; cavalheirismo; generosidade.

chloral, *s.* clorato anídrico.

chlorate, *s.* clorato.

chloric, *adj.* clórico.

chloride, *s.* cloreto.

chlorine, *s.* cloro.

chlorite, *s.* clorite.

chlorodyne, *s.* clorodina, substância anestésica.

chloroform, s. clorofórmio.

chlorophyl, s. clorofila (verdura das plantas).

chlorous, adj. cloroso.

chock, s. calço, baixete, canteiro.

chocolate, s. chocolate; cor de chocolate.

choice, 1. s. escolha, eleição, opção, preferência; privilégio; **to have no choice:** não ter alternativa; 2. adj. escrupuloso, escolhido, excelente, selecto.

choir, s. coro de igreja; coro de cantores.

choke (to), v. tr. abafar, sufocar, entalar, entupir; tapar, obstruir.

choky, adj. sufocado, abafado.

cholera, s. cólera (doença).

choleraic, adj. colérico; que diz respeito à cólera (doença).

choleric, adj. colérico, irado, raivoso.

choose (to), v. tr. (pret. **chose,** p.p. **chosen**), escolher, querer, preferir; resolver.

chooser, s. aquele que escolhe, eleitor.

choosing, s. escolha.

chop, s. talhada, fatia, bocado, posta; costeleta de carne; pl. queixada.

chop (to), v. tr. talhar, cortar às postas; escavacar; desbaratar; troçar; mudar; interromper repentinamente; picar miúdo.

chopper, s. cortador de carne; cutelo para cortar carne; helicóptero.

choppy, adj. cortado, fendido, gretado.

choral, adj. coral, do coro.

chorale, s. hino usado na igreja luterana; coral, coro.

chord, s. corda de instrumento musical; acorde musical.

chorea, s. (med.) coreia.

chorister, s. corista.

chortle (to), v. intr. rir a bandeiras despregadas.

chorography, s. corografia.

chorus, s. coro de vozes.

chose, pret. do verbo **to choose.**

chosen, p.p. do verbo **to choose.**

chow-chow, s. mistura; conserva de diversos vegetais com mostarda.

chrism, s. crisma.

chrismal, adj. que se refere ao crisma.

Christ, s. Cristo.

christ-cross, s. sinal de cruz feito pelos que não sabem escrever.

christen (to), v. tr. baptizar; dar o nome a.

Christendom, s. cristandade.

christening, s. cerimónias do baptismo; baptizado.

Christian, s. e adj. cristão.

Christianism, s. cristianismo.

Christianity, s. cristandade.

christianize (to), v. tr. cristianizar, converter ao cristianismo; civilizar.

christianlike, adj. próprio de cristão.

christian name, s. nome de baptismo.

Christmas, s. Natal.

chromate, s. cromato.

chromatic, adj. cromático.

chrome, s. cromo; desenho feito a cores.

chromic, adj. crómico.

chromite, s. cromite.

chromium, s. crómio.

chromolithography, s. cromolitografia.

chronic, adj. crónico; prolongado; inveterado.

chronicle (to), v. intr. escrever crónicas.

chronicler, s. cronista.

chronogram, s. cronograma.

chronograph, s. cronógrafo.

chronologic, *adj.* cronológico.

chronologist, *s.* cronologista.

chronometer, *s.* cronómetro.

chronometric, *adj.* cronométrico.

chronometry, *s.* cronometria.

chrysalis, *s.* crisálida.

chrysanthemum, *s.* crisântemo.

chubbiness, *s.* gordura.

chubby, *adj.* gordo, rechonchudo, bochechudo.

chuck (to), 1. *v. tr.* acariciar, festejar; arremessar, atirar; 2. *v. intr.* cacarejar.

chuckle, *s.* riso disfarçado.

chuckle (to), *v. intr.* rir-se disfarçadamente; cacarejar.

chuff, *s.* rústico; focinho de animal.

chuffy, *adj.* grosseiro, rústico.

chump, *s.* cepo, tronco; lombo de carneiro; (*fam.*) pessoa estúpida.

chunk, *s.* tronco, cepo; pedaço grande; pessoa ou animal pequeno ou gordo.

church, *s.* igreja, templo; clero; sociedade eclesiástica; **to go to church:** ir à igreja.

churchman, *s.* membro da igreja.

churchy, *adj.* extremamente devotado à igreja.

churchyard, *s.* adro da igreja; cemitério.

churl, *s.* rústico, sovina, miserável, vilão.

churlish, *adj.* rude, grosseiro, rústico, mesquinho.

churn (to), *v. tr.* desnatar; agitar violentamente.

cicada, *s.* cigarra.

cicatrice, *s.* cicatriz.

cicatrize (to), *v. tr.* cicatrizar.

cicerone, *s.* cicerone, guia.

cider, *s.* cidra.

cigar, *s.* charuto.

cigarette, *s.* cigarro; **cigarette case:** cigarreira.

cilia, *s. pl.* cílios.

ciliary, *adj.* ciliário.

cilice, *s.* cilício.

cilium, *s.* cílio (pestana e filamento).

cinch, *s.* cilha.

cinch (to), *v. tr.* apertar a cilha.

cincture, *s.* cinta, cinto, cintura.

cinder, *s.* cinza.

cinema, *s.* cinema.

cinematograph, *s.* cinematógrafo, cinema.

cinematography, *s.* cinematografia.

cinerary, *adj.* cinerário; **cinerary urn:** urna funerária.

cineration, *s.* cineração.

cinnabar, *s.* cinábrio, vermelhão.

cinnamon, *s.* canela.

cinque, *s.* quina no jogo dos dados.

cipher, *s.* cifra, zero; pessoa de pouco valor; criptografia; chave da escrita em cifra.

cipher (to), 1. *v. intr.* expressar em cifra; 2. *v. tr.* fazer contas.

circa, *adv.* e *prep.* à volta de; cerca de.

circle, *s.* circuito, espaço circular; círculo; circulação, giro; assembleia; **vicious circle:** círculo vicioso.

circle (to), *v. tr.* rodear, cercar, cingir, circundar.

circuit, *s.* circuito, âmbito, circunferência; recinto.

circuitous, *adj.* cheio de rodeios, tortuoso.

circular, 1. *adj.* circular, esférico, em forma de círculo; 2. *s.* circular (carta ou anúncio).

circularity, *s.* forma circular.

circularize (to), *v. tr.* enviar circulares.

circulate (to), *v. tr.* e *intr.* fazer circular, pôr notícias; circular.

circulation, s. circulação, curso, giro; propaganda; dinheiro em circulação.

circumambulate (to), v. intr. andar em volta; deambular.

circumcise (to), v. tr. circuncidar.

circumcision, s. circuncisão.

circumference, s. circunferência.

circumflex, 1. adj. circunflexo; **2.** s. acento circunflexo.

circumlocution, s. circunlóquio.

circumnavigate (to), v. tr. circumnavegar.

circumnavigation, s. circum-navegação.

circumpolar, adj. circumpolar.

circumscribe (to), v. tr. circunscrever, limitar.

circumscription, s. circunscrição, limite.

circumspect, adj. circunspecto, grave, prudente.

circumspection, s. circunspecção.

circumstance, s. circunstância, particularidade, situação, motivo; acontecimento incidental; **without circumstance:** sem cerimónia; **under no circumstance:** em circunstância nenhuma.

circumstance (to), v. tr. sujeitar às circunstâncias.

circumstancial, adj. circunstancial, acidental; casual.

circumstantiate (to), v. intr. pormenorizar, relatar circunstanciadamente.

circumvallation, s. circunvalação.

circumvent (to), v. tr. enganar; lograr; enredar.

circumvention, s. engano; enredo; fraude.

circus, s. circo, arena; hipódromo; praça redonda.

cirrous, adj. cirroso, filamentoso.

cirrus, s. cirro (nuvem).

cistern, s. cisterna.

cistus, s. cisto, sargaço; esteva.

citadel, s. fortaleza, cidadela.

citation, s. citação, menção; citação judicial.

cite (to), v. tr. citar, mencionar; citar judicialmente.

cithara, s. cítara.

citizen, s. cidadão.

citizenship, s. direito de cidadão; cidadania.

citrate, s. citrato.

citric, adj. cítrico.

citron, s. lima; cidra.

city, s. cidade.

civet (to), v. tr. perfumar com almíscar.

civic, adj. cívico, de cidadão.

civics, s. educação cívica.

civil, adj. civil, delicado, cortês.

civilian, s. e adj. doutor em direito civil; jurisconsulto; pessoa que não é militar; civil.

civility, s. civilidade, cortesia.

civilizable, adj. civilizável.

civilization, s. civilização.

civilize (to), v. tr. civilizar.

clack, s. estalido, ruído seco, tagarelice, som repetido.

clack (to), v. tr. fazer barulho; tagarelar.

clacker, s. palrador, tagarela.

claim, s. reclamação reivindicação; direito (a qualquer coisa).

claim (to), v. tr. reclamar, exigir, pretender, reivindicar.

claimant, s. reclamante; requerente.

clamber (to), v. tr. trepar; escalar.

clammy, adj. viscoso, pegajoso.

clamorous, adj. clamoroso, ruidoso.

clamour, s. clamor.

clamour (to), v. tr. clamar, gritar, bradar, vociferar.

clamp, s. gancho; torno de carpinteiro; tenaz de dentista.

clamp (to), v. tr. prender com gancho; segurar; dar passadas.

clan, s. tribo; raça; família; casta; clã.

clandestine, adj. clandestino, secreto, oculto.

clang, s. som agudo, clangor; tinir de armas; ruído estridente.

clang (to), 1. v. tr. fazer ressoar; 2. v. intr. retinir, ressoar.

clangorous, adj. estridente, ressonante, ruidoso.

clangour, s. clangor, estrondo; retinir de armas.

clank, s. ruído estridente.

clank (to), v. intr. produzir ruído estridente.

clannish, adj. que faz parte de uma tribo ou de uma facção; dedicado ao clã.

clansman, s. membro de uma tribo.

clap, s. pancada seca; ruído seco; palmada; aplauso.

clap (to), v. intr. e t. bater uma coisa contra outra; bater palmas; impelir; empurrar; lançar, arremessar.

clapper, s. aquele que aplaude; aquele que bate palmas; argola ou batente de porta; badalo de sino; castanhola; taramela.

clapperclaw (to), v. tr. arranhar, ferir; repreender, descompor, injuriar.

claque, s. claque.

claret, s. vinho clarete.

clarification, s. clarificação.

clarifier, s. clarificador.

clarify (to), v. tr. clarificar, purificar.

clarinet, s. clarinete.

clarion, s. clarim.

clarity, s. claridade, brilho, lustro; esplendor.

clash, s. choque, embate, colisão; conflito, oposição, contradição.

clash (to), v. intr. chocar, embater; opor-se.

clasp, s. broche, fivela; colchete, alamar.

clasp (to), v. tr. fechar, abrochar, afivelar, prender com colchete, apertar; entrelaçar, unir.

clasper, s. elo.

class, s. classe; aula; ordem, qualidade; posição; classe social.

class (to), v. tr. classificar, ordenar, distribuir por classes.

classic, adj. e s. clássico.

classical, adj. clássico.

classicism, s. classicismo.

classifiable, adj. classificável.

classification, s. classificação.

classifier, s. classificador.

classify (to), v. tr. classificar, ordenar.

classmate, s. colega de aula.

classroom, s. sala de aula.

classy, adj. superior; de qualidade superior.

clatter, s. algazarra, barulho, tumulto, motim.

clatter (to), v. intr. fazer algazarra, fazer barulho; tagarelar.

clause, s. cláusula; condição; parte de uma oração gramatical; **main clause:** oração principal.

claustral, adj. de claustro, claustral, monástico.

clave, pret. do verbo **to cleave.**

clavicle, s. clavícula.

clavicular, adj. clavicular.

clavier, s. instrumento com teclado (piano, órgão, etc.).

claw, s. garra, unha; presa; pé-de-cabra.

claw (to), v. tr. rasgar; despedaçar com as garras; arranhar; repreender; cavar ou segurar com garras.

clay, *s.* barro, argila, greda; lama.

clay (to), *v. tr.* cobrir com barro; barrar; clarificar com argila (o açúcar).

clayey, *adj.* argiloso.

claying, *s.* refinação do açúcar; acção de barrar.

claymore, *s.* espada escocesa.

clean, *adj.* limpo, asseado, claro, puro; lavado; casto; perfeito; destro; completo.

clean (to), *v. tr.* limpar, purificar; assear, lavar.

cleaner, *s.* pessoa que limpa; aparelho para limpar; limpador; **vacuum cleaner:** aspirador eléctrico.

cleaning, *s.* limpeza, asseio; **dry cleaning:** limpeza a seco.

cleanness, *s.* limpeza, asseio.

cleanse (to), *v. tr.* limpar, purificar, purgar, depurar.

cleanser, *s.* limpador; purificador, purgante.

cleansing, *s.* purificação, limpeza.

clear, *adj.* claro, sem mancha, transparente, luminoso; evidente; livre, desembaraçado; manifesto; saldado; certo; líquido (de desconto).

clear (to), *v. tr.* aclarar, esclarecer; clarificar, purificar; desembaraçar, justificar; saldar; **to clear the table:** levantar a mesa; **to be cleared out:** estar sem dinheiro.

clearance, *s.* acção de aclarar; licença para um navio levantar ferro; remoção; separação.

clearer, *s.* limpador.

clearing, *s.* terreno preparado para cultura; explicação, justificação; esclarecimento; liquidação; tiragem do correio.

clear-sighted, *adj.* perspicaz.

cleat, *s.* gancho, abraçadeira, suporte.

cleavable, *adj.* que se pode fender.

cleavage, *s.* acção de fender; divisão, clivagem.

cleave (to), 1. *v. tr. (pret.* **cleft** ou **clove,** *p.p.* **cleft),** fender, rachar, lascar, partir; 2. *v. intr.* partir-se, unir-se, ajustar-se.

cleaver, *s.* machadinha, cutelo de carniceiro.

cleek, *s.* pau com ponta de ferro; taco de golfe.

clef, *s. (mús.)* clave.

cleft, 1. *s.* fenda, racha; 2. *pret.* e *p.p.* do verbo **to cleave.**

clemency, *s.* clemência, compaixão; indulgência.

clement, *adj.* clemente.

clench (to), *v. tr.* agarrar, prender; cerrar os dentes ou o punho.

clepsydra, *s.* clepsidra, relógio de água.

clergy, *s.* clero.

clergyman, *s.* sacerdote, clérigo, padre.

cleric, 1. *s.* clérigo; 2. *adj.* clerical.

clerk, *s.* escrevente, amanuense, empregado de escritório.

clever, *adj.* destro, hábil; inteligente.

cleverish, *adj.* um tanto hábil.

clew, *s.* novelo de fio; guia, direcção; pista, rasto; indicação; *(náut.)* ponta interior de uma vela.

click, *s.* estalido; som brando e rápido; aldraba.

click (to), *v. intr.* soar; fazer produzir um som rápido.

client, *s.* cliente, freguês.

cliff, *s.* penhasco, rochedo íngreme; escarpa; falésia.

cliffy, *adj.* escarpado.

climacteric, 1. *s.* período climactérico; 2. *adj.* climactérico.

climacterical, *adj.* climactérico.

climactic, *adj.* relativo ao clímax.

climate, *s.* clima.

climatic, *adj.* do clima, relativo ao clima.

climatical, *adj.* do clima; relativo ao clima.

climatologist, *s.* climatologista.

climatology, *s.* climatologia.

climax, *s.* clímax, apogeu; graduação.

climb (to), *v. tr.* e *intr.* trepar, subir, elevar-se.

climber, *s.* alpinista; trepador; (*bot.*) trepadeira.

climbing, *s.* subida, escalada.

clinch, *s.* ambiguidade; rebite; resposta a tempo.

clinch (to), *v. tr.* agarrar, segurar, firmar (com pregos, ferrolhos, etc.).

clincher, *s.* grampo; o que segura; argumento concludente.

cling (to), *v. intr.* (*pret.* e *p.p.* **clung**), pegar-se, unir-se; aderir a uma ideia.

clingy, *adj.* adesivo, pegajoso.

clinic, *s.* clínica.

clinical, *adj.* clínico.

clink, *s.* tinido, som agudo.

clink (to), *v. intr.* tinir, ressoar.

clinker, *s.* o que faz tinir; matérias vítreas; escórias de carvão; lava de vulcão.

clinometer, *s.* clinómetro.

clinometric, *adj.* clinométrico.

clinometry, *s.* clinometria.

clip, *s.* tosquia dos carneiros; lã da tosquia; mola para segurar papéis; pequena bofetada; maneira de passear; grampo; lâmina de metal.

clip (to), *v. tr.* tosquiar, aparar; podar; serrilhar (moeda); omitir sílabas ou palavras; voar rapidamente; revisar (bilhete de comboio).

clipper, *s.* tosquiador; máquina de aparar a relva; tesoura de poda.

clipping, 1. *adj.* (*fam.*) admirável; **2.** *s.* tosquia; acto de revisar bilhetes.

clique, *s.* conventículo, facção.

cliquish, cliquy, *adj.* faccioso.

cloaca, *s.* cloaca, cano de esgoto.

cloak, *s.* capa, manto, capote; (*fig.*) disfarce, máscara.

cloak (to), *v. tr.* encapotar, cobrir com um manto; mascarar.

cloak-room, *s.* sala para guardar capas, chapéus, etc.; vestiário.

clock, *s.* relógio (de torre, de parede, de mesa); **clock hand:** ponteiro; **alarm clock:** despertador.

clock (to), *v. intr.* (*fam.*) chocar (ovos).

clockwise, *adj.* no sentido dos ponteiros do relógio.

clockwork, *s.* maquinismo de relógio.

clod, *s.* torrão, terra.

cloddy, *adj.* cheio de torrões.

clog, *s.* peia, trava para os pés dos animais; socos, tamancos; obstáculo, embaraço.

clog (to), *v. tr.* embaraçar, pôr obstáculos a; pear; obstruir.

cloggy, *adj.* embaraçoso.

cloister, *s.* claustro, convento.

cloister (to), *v. tr.* enclausurar; cercar com um claustro.

cloistral, *adj.* claustral, relativo a um claustro; só, solitário.

close, 1. *s.* cerrado, tapada, cerca, recinto fechado; fim; cessação; **2.** *adj.* sufocante, abafadiço; preso, bem guardado; compacto, espesso; denso; contíguo; reservado; íntimo, familiar; restrito, limitado; retirado, secreto; **close weather:** tempo abafado; **3.** *adv.* próximo, seguido, de perto.

close (to), 1. v. tr. fechar, tapar; cerrar, incluir; conter; terminar; saldar; obstruir a passagem; **2.** v. intr. encerrar-se; unir-se, juntar-se, combinar-se.

closet, s. gabinete reservado; lavabo.

closet (to), v. tr. fechar num gabinete.

closure, s. encerramento; suspensão de debate.

clot, s. grumo, coalho, coágulo.

clot (to), v. intr. coagular.

cloth, s. pano, tecido; toalha de mesa; tela para pintura, trapo; pano de boca de um teatro.

clothe (to), v. intr. (pret. e p.p. **clothed** ou **clad**), vestir, cobrir com pano, revestir.

clothed, pret. e p.p. do verbo **to clothe.**

clothes, s. pl. vestuário, fato, roupa.

clothing, s. roupa.

cloud, s. nuvem, nevoeiro, escuridão.

cloud (to), v. intr. nublar, escurecer; cobrir-se de nuvens.

cloudiness, s. escuridão.

cloudy, adj. nublado; sombrio; melancólico, triste; vago, confuso.

clout, s. trapo, rodilha; pano para remendo; cueiro; cravo, prego; (fam.) sopapo.

clout (to), v. tr. remendar; esfregar com pano; pregar protectores em sapatos.

clove, s. cravo-da-índia; alho.

clove, pret. do verbo **to cleave.**

cloven, 1. p.p. do verbo **to cleave; 2.** adj. fendido, dividido em dois.

clover, s. trevo.

clown, s. palhaço, pantomineiro; bobo, bufão; vilão; rústico.

clownish, adj. rústico, rude, grosseiro, ordinário; como um pantomineiro.

cloy (to), v. tr. saciar, fartar; encravar (um canhão, um cavalo, etc.).

club, s. clava, maça, cacete, tranca; clube, assembleia de pessoas; edifício de um clube; pl. naipe de paus.

club (to) v. intr. bater com uma clava; estabelecer confusão; unir-se para um fim comum.

clubman, s. sócio de um clube.

cluck, s. cacarejo.

cluck (to), v. intr. cacarejar.

clue, s. guia, indicação, sugestão; pista.

clump, s. cepo, madeiro; maciço.

clump (to), v. tr. plantar árvores ou arbustos em grupos; andar pesadamente.

clumsy, adj. tosco, grosseiro, desajeitado, sem graça.

clung, pret. e p.p. do verbo **to cling.**

cluster, s. multidão, enxame; cacho; grupo.

cluster (to), 1. v. tr. juntar, reunir, amontoar, empilhar; **2.** v. intr. agrupar-se.

clutch, s. apresamento; acto de agarrar; garra; presa; unha de animal; embraiagem, engate.

clutch (to), v. tr. e intr. agarrar com força; prender nas garras; agarrar-se a.

clutter, s. algazarra, motim, confusão, desordem.

clutter (to), v. tr. pôr em desordem, misturar, confundir.

clyster, s. clister.

Co., abreviatura de **Company** (Companhia) em firmas comerciais.

coach, s. carruagem, trem, coche; preceptor, explicador; treinador.

coach (to), v. tr. e intr. andar de carruagem; treinar; preparar para exame.

coaching, s. passeio de coche; treino; ensino.

coachman, s. cocheiro.

coaction, s. coacção.

coactive, adj. coactivo.

coadjacent, adj. coadjacente.

coadjutor, s. coadjutor, adjunto, colaborador.

coagulate (to), v. tr. e intr. coagular, coagular-se.

coagulation, s. coagulação.

coal, s. carvão de pedra, hulha; brasa.

coal (to), v. tr. fornecer carvão; reduzir a carvão.

coalesce (to), v. intr. juntar-se, unir-se, ligar-se.

coalescence, s. junção, união, aderência; adesão.

coalition, s. coalizão, acordo; fusão; aliança.

coarse, adj. grosseiro, rude, áspero; inferior; baixo.

coarsen (to), v. tr. e intr. tornar grosseiro, tornar rude.

coast, s. costa, praia; lado; orla; parte.

coast (to), v. intr. costear, navegar ao longo da costa.

coaster, s. navio costeiro.

coasting, s. navegação costeira, cabotagem.

coastline, litoral; linha de costa.

coat, s. casaco; cobertura de animais; cobertura de lona para navios; cota de malha; encerado; **rain coat:** gabardine; impermeável.

coat (to), v. tr. cobrir, vestir.

coating, s. cobertura; camada de tinta; pl. pano grosso próprio para sobretudos.

coax, s. adulação, lisonja.

coax (to), v. tr. adular, lisonjear; persuadir por meio de lisonja.

cob, s. cume, elevação, o cimo de alguma coisa; massa redonda; cabeça (de um pão, etc.); pedaço redondo; espiga de milho; cisne; aranha; poldro; moeda espanhola.

cobalt, s. cobalto.

cobble, s. pedra redonda; godo; pedaço de carvão.

cobble (to), v. tr. remendar calçado; pavimentar com pedras redondas.

cobra, s. cobra.

cobweb, s. teia de aranha; (fig.) tramóia, conspiração.

coca, s. coca.

cocaine, s. cocaína.

coccus, s. coco; bactéria.

cochlea, s. cóclea, canal auditivo.

cochleate, adj. em forma de caracol ou espiral.

cock, s. galo; macho (de ave); galo de torre ou cata-vento; cão (de arma de fogo); fiel de balança; ponteiro de quadrante; molho de feno; válvula, torneira.

cock (to), v. intr. engatilhar; levantar; erguer; empertigar-se; amontoar feno.

cockatoo, s. cacatua.

cockiness, s. afectação.

cockle, s. joio, cizânia; amêijoa.

cockle (to), v. tr. e intr. enrugar, torcer em espiral, encarquilhar.

cockleshell, s. concha de amêijoa.

Cockney, s. natural de Londres; londrino pouco instruído; basbaque.

cockroach, s. barata.

cockscomb, s. (bot.) crista-de-galo.

cocktail, s. mosca do gado; cavalo de corrida com a cauda levantada; pessoa de baixa condição; bebida feita com diversos licores.

cocky, adj. afectado, vaidoso, empertigado, enfatuado.

coco, cocoa, s. coqueiro.

cocoa, s. cacau.

coconut, s. coco, fruto do coqueiro.

cocoon, s. casulo (do bicho-da--seda).

cod, s. bacalhau; vagem, casca de legumes; folhelho; bolsa; tolo.

coddle (to), v. tr. cozer a fogo brando, refogar; amimar; afagar, tratar com ternura.

code, s. código, ordenação.

codex, s. códice.

codger, s. rústico, excêntrico; esquisito.

codification, s. codificação.

codify (to), v. tr. codificar.

codling, s. bacalhau pequeno; qualidade de maçã.

coeducation, s. coeducação.

coeducational, adj. coeducacional, relativo à coeducação.

coefficient, s. coeficiente.

coerce (to), v. tr. refrear, forçar, obrigar, coagir; restringir.

coercible, adj. coercível.

coercion, s. coerção, pressão, compressão.

coeval, adj. coevo, contemporâneo.

co-exist (to), v. tr. coexistir.

co-existence, s. coexistência.

co-existent, adj. coexistente.

coffee, s. café.

coffer, s. cofre, arca, baú.

coffer (to), v. tr. guardar em cofre.

coffin, s. esquife, caixão de defunto, ataúde.

coffin (to), v. tr. meter em caixão ou esquife.

cog, s. dente de roda; fraude, engano; bebida forte; dado viciado com chumbo; barco pequeno.

cog (to), v. tr. enganar, lograr; adular; engrenar.

cogitate (to), v. intr. cogitar, pensar, meditar.

cogitative, adj. pensativo.

cogitation, s. meditação.

cognac, s. conhaque.

cognate, s. e adj. cognato; análogo.

cognation, s. cognação.

cognition, s. conhecimento, experiência.

cognizant, adj. sabedor, conhecedor.

cognomen, s. cognome.

cogwheel, s. roda dentada.

cohabit (to), v. intr. coabitar; viver juntamente.

cohabitant, s. coabitante.

cohabitation, s. coabitação.

co-heir, s. co-herdeiro.

co-heiress, s. co-herdeira.

cohere (to), v. intr. aderir, pegar--se, adaptar-se, convir, ser coerente.

coherence, s. adesão, conexão; coerência.

coherent, adj. coerente, adaptado.

coherer, s. receptor de ondas na telegrafia sem fios.

cohesion, s. coesão, aderência, união.

cohesive, adj. coesivo.

coif, s. touca; coifa; solidéu.

coiffeur, s. cabeleireiro.

coil, s. rolo, corda enrolada; rosca; serpentina de alambique; rolo de arame; bobina; molho de feno.

coil (to), v. tr. enrolar; recolher (cabo), dobrar em novelo.

coin, s. moeda.

coin (to), v. tr. cunhar moeda; (fig.) inventar, forjar.

coinage, s. cunhagem de moeda; sistema monetário.

coincide (to), v. intr. coincidir, ser da mesma opinião.

coincidence, s. coincidência.

coincident, adj. coincidente.

coiner, s. cunhador de moedas.

coining, s. cunhagem de moedas.

coke, s. carvão de gás; (fam.) coca-cola.

col., abreviatura de **colonel.**

colander, s. coador.

cold, 1. s. frio, frialdade; constipação, defluxo; **2.** adj. frio; indiferente, insensível, sem entusiasmo; calmo; grave; **to catch a cold:** apanhar uma constipação.

cold-blooded, adj. de sangue frio, desumano.

cold-cream, s. creme para amaciar a pele.

cold-hearted, adj. insensível.

coldly, adv. friamente, insensivelmente.

coldness, s. frialdade; indiferença.

cole, s. couve.

colic, s. cólica.

collaborate (to), v. intr. colaborar.

collaboration, s. colaboração.

collaborator, s. colaborador.

collapse, s. desânimo, colapso; queda.

collapse (to), v. intr. desfalecer, cair em desânimo; derrubar; desabar; falir.

collar, s. colarinho; gola do casaco; coleira de (animais); argola de ferro para condenados e escravos; gargantilha; colar de uma Ordem ou Confraria; pl. suportes.

collar (to), v. tr. pôr um colarinho ou uma coleira; agarrar pelo pescoço: capturar.

collateral, adj. colateral, paralelo; concorrente.

collation, s. doação, dádiva; comparação, exame de verificação; colação, refeição ligeira.

colleague, s. colega, companheiro, camarada.

collect, s. colecta.

collect (to), v. tr. e intr. coligar, juntar, colher; coleccionar; reunir; cobrar; concentrar-se.

collectable, adj. coligível, cobrável.

collectanea, s. colectânea, miscelânea.

collection, s. colecção, reunião, compilação, coleccionação; subscrição para obras de caridade; cobrança.

collecting, s. coleccionação, reunião.

collective, adj. colectivo, agregado.

collector, s. colector, coleccionador.

college, s. colégio, colégio universitário; liceu.

colleger, s. membro de um colégio.

collegian, s. colegial; estudante.

collegiate, 1. adj. colegial; **2.** s. colegial, estudante.

collide (to), v. intr. colidir, chocar, embater.

collie, s. cão de pastor.

collier, s. mineiro de carvão; carvoeiro; navio carvoeiro.

colliery, s. hulheira; mina de carvão.

collimate (to), v. tr. colimar; corrigir a linha visual do telescópio.

collimation, s. colimação.

collimator, s. colimador.

collinear, adj. colinear, situado na mesma linha.

collision, s. colisão, embate, choque, encontro.

collocate (to), v. tr. colocar.

collocation, s. colocação; disposição, arranjo.

colloquial, adj. coloquial, familiar.

colloquialism, s. expressão familiar.

colloquy, s. colóquio.

collude (to), v. intr. conluiar-se, conspirar.

colluder, s. conspirador.

collusion, s. conluio; conspiração.

collusive, adj. conluiado, conspiratório.

colon, s. cólon, parte do intestino grosso; dois pontos (:).

colonel, s. coronel.

colonelship, s. posto de coronel.

colonial, adj. colonial.

colonist, s. colono.

colonization, s. colonização.

colonize (to), v. tr. colonizar.

colony, s. colónia.

coloration, s. coloração, colorido.

colorific, adj. colorífico.

colossal, adj. colossal.

colossus, s. colosso.

colour, s. cor, colorido; rubor, vermelhidão; **colour blind:** daltónico.

colour (to), 1. v. tr. colorir, corar, dar cor a, tingir; **2.** v. intr. corar.

colouring, s. cor, colorido; falsa aparência; disfarce.

colourist, s. colorista, pintor.

colours, s. pl. cores; bandeira de uma nação ou de um regimento.

colt, s. potro; estroina; jovem alegre e irrequieto; principiante; açoite com um nó na ponta.

colt (to), v. tr. e intr. saltar, pular; enganar; açoitar.

columbarium, s. pombal.

columbine, adj. columbino; relativo a pombas.

column, s. coluna.

columnar, adj. colunar.

coma, s. coma, sonolência profunda; cabelo abundante, cabeleira.

comb, s. pente; crista de galo ou de galinha; crista de um monte; favo de mel.

comb (to), v. tr. e intr. pentear; cardar a lã; encrespar-se.

combat, s. combate, luta, batalha.

combat (to), v. tr. e intr. combater, lutar.

combatant, s. combatente.

combative, adj. combativo.

comber, s. cardador; (zool.) perca.

combination, s. combinação; ligação; ajuste, acordo; convénio; **combination lock:** fechadura de segredo.

combinative, adj. combinatório.

combine, s. maquinação, conspiração.

combine (to), v. tr. e intr. combinar, ligar, reunir; dispor; ajustar; misturar; associar; cooperar.

combing, s. acto de pentear; cardagem; cabelo que adere ao pente; resíduos da cardação.

combust, adj. queimado, em combustão.

combustibility, s. combustibilidade.

combustible, s. combustível.

combustion, s. combustão; tumulto.

comby, adj. que tem favos; que tem a forma de favo.

come (to), v. intr. (pret. **came,** p.p. **come**), vir, chegar, aproximar-se; proceder, resultar; provir; estar presente; acontecer; tornar-se, vir a ser; suceder; sujeitar-se; consentir; **to come back:** regressar; **to come home:** regressar a casa; **to come in:** entrar; **to come near:** aproximar-se; **to come out:** sair; **to come to an end:** terminar.

comedy, s. comédia; **high comedy:** comédia fina, alta comédia; **low comedy:** farsa.

comely, adj. garboso, elegante, airoso, alegre, belo.

comet, s. cometa.

cometary, adj. cometário, relativo a um cometa.

comfit, s. confeito, doce de fruta.

comfort, s. conforto, alívio, bem-estar, comodidade.

comfort (to), v. tr. confortar, consolar, aliviar.

comfortable, adj. confortável, cómodo, agradável.

comforter, s. animador, confortador, auxiliador; o Espírito Santo.

comic, adj. cómico, jocoso, engraçado.

coming, 1. s. vinda, chegada; **2.** adj. que está para chegar; futuro.

comity, s. delicadeza, cortesia.

comma, s. vírgula; (mús.) coma; **inverted commas:** aspas.

command, s. ordem, mandado; comando; autoridade, poder; encomenda.

command (to), v. tr. mandar; governar, dominar.

commandant, s. comandante.

commander, s. chefe; capitão de navio.

commandership, s. comando.

commanding, adj. imperioso, imponente, dominante.

commandment, s. comando, mandado, mandamento, preceito; **the Ten Commandments:** os Dez Mandamentos.

commemorable, adj. comemorável.

commemorate (to), v. tr. comemorar; lembrar, recordar, celebrar.

commemoration, s. comemoração.

commemorative, adj. comemorativo.

commence (to), v. tr. e intr. começar, principiar; doutorar-se.

commencement, s. começo; princípio; origem.

commend (to), v. tr. encomendar; recomendar; acreditar; louvar, elogiar, aplaudir; fazer recomendações.

commendation, s. recomendação; louvor, elogio.

commensurate (to), v. tr. comensurar, proporcionar.

commensurate, adj. comensurável, proporcionado.

comment, s. comentário; explicação, anotação.

commentary, s. comentário, crítica.

commentator, s. comentador, crítico.

commerce, s. comércio; negócio; relações de intimidade.

commercial, adj. comercial.

comminate (to), v. tr. cominar, anatematizar.

commination, s. cominação, ameaça.

commingle (to), v. tr. e intr. misturar, ligar.

commiserate (to), v. intr. ter comiseração de, apiedar-se, compadecer-se.

commiseration, s. comiseração, pena, piedade, compaixão.

commiserative, adj. compassivo, compadecido.

commissarial, adj. que se refere ao comissário.

commissariat, s. comissariado.

commissary, s. comissário.

commission, s. comissão, missão, cargo, confiança; delegação de autoridade; percentagem; corporação; agência.

commission-agent, s. agente, comissionista.

commissioner, s. comissário, membro de uma comissão.

commissure, s. comissura, linha de junção.

commit (to), v. tr. cometer, praticar; confiar, depositar, entregar; encarcerar.

commitment, s. ordem de prisão; encarceramento; obrigação.

commitee, s. delegação, junta de comissários; comissão.

committer, s. autor, perpetrador.

committor, s. comitente, constituinte.

commix (to), v. tr. unir, ligar, misturar.

commode, s. cómoda (móvel); lavatório coberto.

commodious, adj. cómodo, útil, conveniente; espaçoso.

commodity, s. utilidade, comodidade, conveniência, coisa útil, vantagem, proveito; pl. mercadorias.

commodore, s. comodoro.

common, 1. adj. comum, vulgar; público, geral; trivial; inferior; usual; 2. s. baldio, pastos comuns.

commonage, s. direito às pastagens comuns.

commonalty, s. povo, plebe.

commoner, s. plebeu, popular; deputado.

commonness, s. vulgaridade, inferioridade.

commonplace, s. lugar-comum; vulgaridade; nota, memorando; trivialidade.

commons, s. o povo, o vulgo; mesa redonda num hotel.

commonwealth, s. Estado, povo de um Estado; Estado com soberania do povo; república; comunidade.

commotion, s. comoção, agitação, excitação.

commove (to), v. tr. comover; agitar, perturbar.

communal, adj. comunal.

commune, s. comuna.

commune (to), v. intr. comungar; conversar familiarmente; discorrer.

communicable, adj. comunicável.

communicability, s. comunicabilidade.

communicant, adj. comunicante; comungante.

communicate (to), v. tr. e intr. comunicar, participar; revelar, descobrir; comunicar-se, comungar.

communication, s. comunicação, notificação, participação; passagem, ligação; carta, mensagem.

communicative, adj. comunicativo, expansivo.

communicator, s. comunicador, comungante.

communion, s. participação; trato, relações; comunhão; confraternidade; sacramento da Comunhão.

communism, s. comunismo.

communist, s. comunista.

community, s. comunidade.

commutable, adj. comutável.

commutation, s. comutação, permutação, troca.

commutator, s. comutador.

commute (to), v. tr. comutar, permutar, trocar.

compact, adj. compacto, denso, apertado, firme, sólido.

compact (to), v. intr. comprimir, apertar, ligar, consolidar.

compact, s. pacto, acordo.

compact disc, s. disco compacto.

companion, s. companheiro, camarada, sócio; cavaleiro de uma ordem militar ou civil; dama de companhia.

company, s. companhia, sociedade; corporação; visita, hóspede; companhia dramática; companhia militar.

company (to), v. intr. associar-se.

comparable, adj. comparável.

comparative, 1. adj. comparativo, relativo; **2.** s. grau comparativo.

compare, s. comparação; **beyond compare:** sem comparação.

compare (to), v. tr. e intr. comparar, confrontar; ser semelhante; estabelecer uma comparação.

comparison, s. comparação, confronto.

compart (to), v. intr. dividir em compartimentos; repartir; distribuir.

compartment, s. compartimento, divisão.

compass, s. círculo, âmbito; circunferência; (mús.) compasso; bússola, agulha de marear; compasso (instrumento de desenho).

compass (to), 1. v. tr. planear, imaginar, maquinar; realizar; conseguir, obter; compreender, perceber; **2.** v. intr. circundar.

compassion, s. comiseração, pena.

compassionate, adj. compassivo.

compatibility, s. compatibilidade.

compatible, adj. compatível.

compatriot, s. compatriota.

compel (to), v. tr. obrigar, compelir, coagir, sujeitar; arrancar à força.

compend, s. compêndio, sumário, resumo.

compendious, adj. compendioso, resumido.

compendium, s. compêndio, resumo, epítome.

compensate (to), v. tr. e intr. compensar, equilibrar, indemnizar, ressarcir.

compensation, s. indemnização.

compensative, adj. compensativo.

compensatory, adj. compensatório.

compete (to), v. intr. competir, rivalizar.

competence, s. competência; capacidade.

competent, adj. competente, apto, capaz.

competition, s. competência, competição, confronto, rivalidade; concorrência, concurso.

competitive, adj. competitivo.

competitor, s. competidor, concorrente, rival.

compilation, s. compilação, colecção, resumo.

compile (to), v. tr. compilar, coligir.

compiler, s. compilador, coleccionador.

complacence, s. condescendência, complacência.

complacent, adj. complacente, condescendente.

complain (to), v. intr. queixar-se, lamentar-se.

complainant, s. queixoso, querelante.

complainer, s. queixoso.

complaint, s. queixa, lamentação; dor; doença.

complaisance, s. complacência, benevolência, cortesia.

complaisant, adj. complacente, delicado, cortês.

complement, s. complemento, acessório.

complementary, adj. complementar.

complete, adj. completo, perfeito, acabado; inteiro, absoluto.

complete (to), v. tr. completar, acabar, concluir.

completion, s. complemento, remate; acabamento.

complex, 1. adj. complexo, complicado, intrincado; **2.** s. complicação; complexo.

complexion, s. compleição, aspecto, temperamento; carácter, qualidade; aparência; cor do rosto e da pele.

complexity, s. complexidade.

compliance, s. condescendência; submissão; concordância; **in compliance with:** de acordo com.

compliant, adj. condescendente; concordante.

complicate, adj. complicado.

complicate (to), v. tr. complicar, intrincar.

complication, s. complicação, confusão.

complicity, s. cumplicidade, complicação.

complier, s. contemporizador, complacente.

compliment, s. cumprimento, saudação.

compliment (to), v. tr. cumprimentar, saudar; felicitar; lisonjear; elogiar.

complimentary, adj. obsequioso, cortês, lisonjeiro.

complot, s. maquinação, trama, conspiração.

complot (to), v. intr. conspirar.

comply (to), v. intr. condescender, aceder, consentir.

component, s. e adj. componente.

comport (to), 1. v. tr. comportar-se, portar-se; **2.** v. intr. ser compatível com, concordar.

comportment, s. comportamento, conduta.

compose (to), v. tr. compor, formar, constituir; reconciliar, acalmar, pacificar, tranquilizar; arranjar, ajeitar.

composer, s. compositor, maestro, autor, escritor; reconciliador.

composing, s. acto de compor, composição.

composite, adj. e s. composto; compósito.

composition, s. composição, reconciliação.

compositor, s. compositor.

compost, s. adubo químico.

composure, s. compostura, comedimento; serenidade.

compote, s. compota; doce de compota.

compound, s. composto, substância composta; combinação; mistura; palavra composta.

compound (to), 1. v. tr. compor, combinar, misturar; acomodar; harmonizar; confeccionar; concordar; **2.** v. intr. transigir, dar-se por satisfeito.

comprehend (to), v. tr. compreender, perceber, entender; conter; encerrar; abranger.

comprehensibility, s. compreensibilidade.

comprehensible, adj. compreensível.

comprehension, s. compreensão, entendimento.

comprehensive, *adj.* compreensivo; exaustivo.

compress, *s.* compressa.

compress (to), *v. tr.* comprimir, reduzir, estreitar, apertar, condensar.

compressibility, *s.* compressibilidade.

compressible, *adj.* compressível.

compression, *s.* compressão, condensação.

compressive, *adj.* compressivo.

compressor, *s.* compressor.

comprise (to), *v. tr.* compreender, incluir, conter, abranger, encerrar.

compromise, *s.* compromisso, acordo, convénio.

compromise (to), *v. tr.* comprometer, obrigar por compromisso.

compulsion, *s.* compulsão, coacção, constrangimento.

compulsory, *adj.* obrigatório; compulsivo, coercivo.

computable, *adj.* computável.

computation, *s.* computação, cômputo.

computator, *s.* computador.

compute (to), *v. tr.* computar, calcular, estimar, considerar.

computer, *s.* computador.

comrade, *s.* camarada, companheiro.

con, *s.* contrário; contra; **the pros and cons:** os prós e os contras.

con (to), *v. tr.* estudar atentamente; decorar, saber de cor; guiar um navio.

concatenate (to), *v. tr.* encadear, concatenar.

concave, 1. *adj.* côncavo, cavado; **2.** *s.* cavidade.

concavity, *s.* concavidade.

conceal (to), *v. tr.* ocultar, esconder; dissimular.

concealment, *s.* esconderijo; segredo.

concede (to), *v. tr.* conceder, permitir, admitir.

conceit, *s.* compreensão, concepção; presunção; amor-próprio; fantasia, capricho; conceito; opinião.

conceited, *adj.* presunçoso, enfatuado.

conceive (to), *v. tr.* conceber, perceber, compreender, formar ideia; supor, formular; engravidar.

conceiving, *s.* concepção, compreensão.

concentrate (to), *v. tr.* concentrar, centralizar; intensificar, consolidar; elevar a densidade de um corpo.

concentration, *s.* concentração, centralização.

concentrative, *adj.* concentrativo.

concentre (to), *v. tr.* concentrar, centralizar.

concentric, *adj.* concêntrico.

concept, *s.* conceito, noção, ideia.

conception, *s.* concepção; ideia, imagem.

conceptual, *adj.* conceptual.

concern (to), *v. intr.* dizer respeito a, referir-se a; **as far as I am concerned:** no que me diz respeito.

concern, *s.* negócio, interesse; assunto, empresa.

concerning, *prep.* acerca de; quanto a.

concernment, *s.* interesse, cuidado, influência.

concert, *s.* concerto musical; convénio.

concert (to), *v. tr.* concertar, harmonizar, ajustar; pôr de acordo.

concertina, *s.* concertina.

concession, s. concessão, autorização, licença; graça, privilégio.

concessionary, s. concessionário.

concessive, adj. concessivo.

conch, s. concha, búzio, caramujo.

concha, s. concha (da orelha); ouvido externo.

conchologist, s. versado em concologia.

concierge, s. porteiro.

conciliate (to), v. tr. conciliar, congraçar, atrair, granjear a simpatia; aplacar.

conciliation, s. conciliação, acordo.

conciliatory, adj. conciliatório.

concise, adj. conciso, resumido, lacónico.

concision, s. concisão, corte.

conclude (to), v. tr. concluir, terminar; deduzir, inferir.

conclusion, s. conclusão; termo; dedução; inferência; decisão.

conclusive, adj. conclusivo; decisivo.

concoct (to), v. tr. cozer com vários ingredientes; planear, maquinar, tramar; misturar.

concomitance, s. concomitância, coincidência.

concomitant, 1. adj. concomitante; **2.** s. companheiro.

concord, s. concórdia, união, harmonia.

concord (to), v. tr. concordar, harmonizar.

concordance, s. concordância, harmonia.

concordant, adj. concordante.

concordat, s. concordata.

concourse, s. concurso; afluência, junção, confluência, reunião de pessoas ou coisas; multidão.

concrete, 1. s. betão; massa de açúcar; termo ou número concreto; **2.** adj. concreto, real; individual; feito de betão.

concrete (to), v. tr. cobrir de argamassa.

concretion, s. concreção, solidificação.

concretize (to), v. tr. concretizar.

concubinage, s. concubinato, mancebia.

concubine, s. concubina.

concupiscence, s. concupiscência.

concupiscent, adj. concupiscente.

concur (to), v. intr. concorrer, contribuir; convir, concordar; coincidir; conformar-se.

concurrence, s. concorrência, concurso; assentimento; cooperação; aprovação; coincidência.

concurrent, s. e adj. concorrente, rival.

concuss (to), v. tr. agitar violentamente, intimidar.

concussion, s. abalo, comoção.

condemn (to), v. tr. condenar, sentenciar; censurar, desaprovar; **to condemn to death:** condenar à morte.

condemnable, adj. condenável, censurável, culpável.

condemnation, s. condenação, censura.

condemnatory, adj. condenatório, censurável.

condensable, adj. condensável.

condensation, s. condensação.

condense (to), v. tr. condensar; reduzir.

condescend (to), v. intr. condescender, anuir.

condescension, s. condescendência.

condign, adj. condigno, merecido, justo.

condiment, s. condimento.

condition, s. condição; estipulação, cláusula, circunstância; categoria, estado; **out of condition:** em mau estado; **of humble condition:** de classe humilde.

condition (to), v. tr. estipular, impor condições.

conditional, adj. e s. condicional.

condole (to), v. intr. exprimir condolências.

condolence, s. condolência.

condonation, s. perdão, indulto.

condor, s. condor.

conduce (to), v. intr. levar a; contribuir para.

conducive, adj. conducente.

conduct, s. procedimento, condução; guia, direcção, porte; governo, administração.

conduct (to), v. tr. e intr. conduzir, guiar, acompanhar, dirigir; conduzir a; **to conduct an orchestra:** reger uma orquestra.

conduction, s. condução, transmissão.

conductive, adj. condutivo; condutor.

conductivity, s. condutividade.

conductor, s. condutor, guia, director, chefe; regente (de orquestra).

conduit, s. conduta, cano, canal.

condyle, s. côndilo.

cone, s. cone.

confabulate (to), v. intr. conversar familiarmente.

confabulation, s. conversa familiar.

confect, s. confeito, doce.

confect (to), v. intr. preparar compotas; fazer doces.

confection, s. confeição; vestido de senhora; compota, doce.

confection (to), v. tr. confeccionar, preparar medicamentos; preparar doces.

confectioner, s. confeiteiro, doceiro; pasteleiro.

confectionery, s. confeitaria (loja de confeiteiro); doces, artigos de confeitaria.

confederacy, s. confederação, aliança; união.

confederate, s. e adj. confederado, aliado.

confederation, s. confederação, aliança.

confer (to), 1. v. tr. conferir, conceder, outorgar; 2. v. intr. consultar, pedir conselho; conferenciar.

conference, s. conferência, entrevista.

confess (to), v. tr. e intr. confessar, reconhecer, admitir; confessar-se.

confession, s. confissão, reconhecimento de um facto, declaração; profissão de fé; sacramento da confissão.

confessional, 1. adj. que diz respeito à confissão; 2. s. confessionário.

confessor, s. confessor, aquele que confessa.

confidant, s. confidente, amigo íntimo.

confide (to), v. tr. e intr. confiar, entregar; fiar-se em.

confidence, s. segredo, confidência; confiança.

confident, s. e adj. confidente.

confidential, adj. confidencial, particular.

confiding, adj. fiel, digno de confiança.

configuration, s. aspecto, figura, configuração.

confine, s. confim, limite, raia, fronteira.

confine (to), 1. v. intr. confinar, ser limítrofe; 2. v. tr. prender, aprisionar, encerrar, fechar em casa; limitar, restringir.

confinement, s. encerramento; detenção, reclusão, prisão; sujeição; clausura; restrição; parto; constrangimento.

confirm (to), v. tr. confirmar, corroborar, ratificar; crismar.

confirmation, s. confirmação; ratificação; prova.

confirmative, adj. confirmativo.

confirmer, s. corroborador.

confiscate (to), v. tr. confiscar.

confiscation, s. confiscação.

conflagrant, adj. em conflagração, incendiado.

conflagration, conflagração.

conflict, s. conflito, luta, desavença.

conflict (to), v. intr. lutar, estar em conflito.

confluence, s. confluência, afluência.

confluent, 1. adj. confluente; **2.** s. rio confluente.

conform (to), v. tr. e intr. conformar, adaptar, ajustar-se.

conformable, adj. conforme, semelhante; próprio.

conformation, s. conformação, conformidade.

conformist, s. conformista.

conformity, s. conformidade, concordância.

confound (to), v. tr. confundir, perturbar, embaraçar; tornar perplexo, não poder distinguir; maldizer.

confounded, adj. abominável, maldito, detestável.

confraternity, s. confraternidade, confraria.

confront (to), v. tr. confrontar, afrontar; enfrentar.

confrontation, s. confrontação, acareação.

confuse (to), v. tr. confundir, misturar; embaraçar, perturbar; pôr em desordem, atrapalhar.

confusion, s. confusão, desordem, perturbação.

confutable, adj. refutável, impugnável.

confutation, s. refutação, impugnação.

confute (to), v. tr. refutar, impugnar.

congeal (to), v. intr. congelar, gelar; coagular.

congealable, adj. congelável.

congealment, s. congelação; congelamento.

congelation, s. congelação.

congener, adj. congénere; semelhante.

congenial, adj. congenial; análogo; conveniente.

congenital, adj. congénito.

conger, s. congro.

congeries, s. acervo, amontoado, acumulação.

congest (to), v. tr. e intr. congestionar, acumular.

congestive, adj. congestivo, que denota congestão.

congestion, s. congestão.

conglobate (to), v. tr. conglobar.

conglobation, s. conglobação.

conglomerate, 1. s. conglomerado (rocha formada por fragmentos de outras); aglomerado; **2.** adj. conglomerado.

conglomerate (to), v. tr. e intr. aglomerar, conglobar, amontoar; aglomerar-se.

conglomoration, s. conglomeração.

conglutinate (to), v. tr. aglutinar, conglutinar, unir.

conglutination, s. conglutinação, aderência.

congratulate (to), v. tr. felicitar, congratular.

congratulation, s. congratulação, felicitação.

congratulator, s. congratulador.
congregate (to), v. tr. e intr. congregar; reunir-se.
congregation, s. congregação, reunião, conselho, assembleia.
congregational, adj. congregacional.
congress, s. congresso, junta; assembleia; poder legislativo; assembleia legislativa.
congrue (to), v. intr. convir, concordar, conformar-se.
congruence, s. congruência, conformidade.
congruent, adj. congruente, conveniente.
congruity, s. congruência, conformidade.
congruous, adj. côngruo, apto, próprio, conveniente, adequado; proporcionado.
conic, 1. s. secção cónica; **2.** adj. cónico.
conical, adj. cónico.
coniferous, s. conífero.
coniform, adj. coniforme.
conjecturable, adj. conjecturável.
conjectural, adj. conjectural.
conjecture, s. conjectura, hipótese, suposição.
conjecture (to), v. tr. conjecturar, supor, presumir.
conjoin (to), v. tr. juntar, unir, associar.
conjugal, adj. conjugal, matrimonial.
conjugality, s. estado matrimonial.
conjugate, 1. s. palavra cognata; **2.** adj. conjugado, unido, ligado; cognato.
conjugate (to), v. tr. e intr. conjugar, unir; unir-se.
conjugation, s. conjugação; união.

conjunct, adj. conjunto, unido, ligado.
conjunction, s. conjunção, liga, associação; conjunção gramatical.
conjunctiva, s. conjuntiva (membrana).
conjunctive, adj. e s. conjuntivo; conjunção, palavra conjuntiva; **conjunctive mood:** modo conjuntivo.
conjunctivitis, s. conjuntivite.
conjuncture, s. conjuntura; lance; crise.
conjuration, s. conjuração; súplica; conjuro, imprecação; magia, encanto.
conjure (to), v. tr. conjurar, suplicar, imprecar; adjurar, rogar.
conjure (to), v. tr. encantar, praticar magia, esconjurar, evocar; invocar espíritos.
conjurer, s. prestidigitador, escamoteador.
conjuring, s. arte mágica, feitiçaria; esconjuro; sorte de prestidigitador; prestidigitação.
connate, adj. conato, inato, congénito.
connect (to), 1. v. tr. juntar, ligar, associar, unir, encadear; **2.** v. intr. associar-se.
connection, s. conexão, nexo; relação, relações de família ou de amizade; associação, ligação.
connective, adj. conectivo, conjuntivo, que liga.
connivance, s. conivência, cumplicidade.
connive (to), v. intr. ser conivente, ter cumplicidade.
connoisseur, s. perito, entendido, conhecedor, crítico.
connotation, s. conotação, dependência.

connote (to), *v. tr.* indicar indirectamente, implicar.

connubial, *adj.* conjugal, matrimonial.

conquer (to), *v. tr.* conquistar, vencer, dominar, sujeitar.

conquerable, *adj.* conquistável.

conqueress, *s.* vencedora, conquistadora.

conquering, *adj.* vitorioso, triunfante.

conqueror, *s.* vencedor; conquistador.

conquest, *s.* conquista.

consanguine, *adj.* consanguíneo.

consanguinity, *s.* consanguinidade.

conscience, *s.* consciência, escrúpulo, rectidão.

conscienceless, *adj.* sem escrúpulos.

conscientious, *adj.* consciencioso, escrupuloso; **conscientious objector:** objector de consciência.

conscious, *adj.* cônscio, ciente, convicto, sabedor.

conscribe (to), *v. tr.* recrutar; alistar.

conscript, *s.* recruta.

conscription, *s.* recrutamento.

consecrate (to), *v. tr.* consagrar; dedicar; canonizar.

consecration, *s.* consagração, sagração, canonização; apoteose.

consecutive, *adj.* consecutivo, sucessivo.

consensus, *s.* consenso.

consent, *s.* consentimento, permissão, concordância, anuência, aquiescência; aprovação.

consent (to), *v. intr.* consentir, assentir, permitir.

consentaneous, *adj.* consentâneo, conforme.

consequence, *s.* consequência, resultado; efeito.

consequent, *adj.* e *s.* consequente.

conservable, *adj.* conservável.

conservant, *adj.* conservador.

conservancy, *s.* conservação, preservação.

conservation, *s.* conservação, preservação.

conservatism, *s.* conservantismo.

conservative, *adj.* conservativo, conservador.

conservatoire, *s.* conservatório.

conservator, *s.* conservador, protector, defensor.

conservatory, *s.* conservatório (de música).

conserve, *s.* conserva, calda de frutas; compota.

conserve (to), *v. tr.* conservar, guardar.

conserver, *s.* defensor; fabricante de conservas.

consider (to), *v. tr.* e *intr.* considerar, pensar, reflectir, ponderar; avaliar; estimar; tomar em consideração.

considerable, *adj.* considerável, importante.

considerate, *adj.* considerado, discreto, prudente, circunspecto, atencioso.

consideration, *s.* consideração, respeito; reflexão, exame; importância, valor; apreço, estima.

considering, *prep.* em vista de, devido a.

consign (to), *v. tr.* consignar, confiar, depositar, ceder, trespassar; mandar mercadorias à consignação.

consignee, *s.* consignatário, depositário.

consigner, s. consignador; remetente.

consignement, s. consignação; remessa (de mercadorias).

consist (to), v. intr. consistir, compor-se, constar de; subsistir, ser compatível; **to consist of:** consistir em.

consistence, s. consistência, solidez.

consistent, adj. consistente, sólido, firme.

consolable, adj. consolável.

consolation, s. consolação, conforto, alívio.

consolatory, adj. consolador, consolatório.

console, s. (arq.) consola; mísula.

console (to), v. tr. consolar, confortar, aliviar.

consoler, s. consolador.

consolidate (to), v. tr. e intr. consolidar, fortalecer; unir.

consolidation, s. consolidação, união; reunião.

consols, s. pl. fundos consolidados; títulos da dívida pública consolidada.

consonance, s. consonância.

consonant, 1. s. consoante (letra do alfabeto); **2.** adj. consoante, harmónico, conforme.

consort, s. consorte (esposo ou esposa); cônjuge.

consort (to), v. intr. consorciar-se; associar-se.

conspicuous, adj. conspícuo, notável, visível, grave; distinto, proeminente.

conspiracy, s. conspiração, conjuração; intriga.

conspirator, s. conspirador, conjurado.

conspire (to), v. intr. conspirar, tramar, maquinar.

conspirer, s. conspirador, conjurado.

constable, s. oficial de polícia; condestável.

constabulary, s. corpo de polícia.

constancy, s. constância, perseverança, firmeza.

constant, adj. constante, perseverante, firme.

constellation, s. constelação.

consternate (to), v. tr. consternar.

consternation, s. consternação, desânimo.

constipate (to), v. tr. endurecer o ventre; obstruir.

constipation, s. prisão de ventre; obstrução.

constituency, s. assembleia eleitoral; clientela.

constituent, s. votante, eleitor; cliente.

constitute (to), v. tr. constituir, formar.

constitution, s. constituição, estrutura.

constitutional, adj. constitucional.

constitutionalism, s. constitucionalismo.

constitutionalist, s. constitucionalista.

constitutionalize (to), v. tr. constitucionalizar.

constrain (to), v. tr. constranger, reprimir, obrigar, forçar, restringir; compelir; apertar.

constraint, s. constrangimento, violência, coacção.

constrict (to), v. tr. constringir, apertar.

constriction, s. constrição, contracção, aperto.

constrictive, adj. constritivo.

construct (to), v. tr. construir, edificar; imaginar.

construction, s. construção, edifício.

constructive, *adj.* construtivo, subentendido.

constructor, *s.* construtor.

consubstantial, *adj.* consubstancial.

consubstantiate (to), *v. tr.* consubstanciar.

consubstantiation, *s.* consubstanciação.

consul, *s.* cônsul.

consulate, *s.* consulado.

consulship, *s.* consulado (cargo de cônsul).

consult (to), *v. tr.* e *intr.* consultar, deliberar, considerar, examinar, pedir conselho; aconselhar-se, trocar impressões.

consultation, *s.* consulta; conferência.

consultative, *adj.* deliberativo, consultivo.

consultor, *s.* membro de uma assembleia deliberativa.

consume (to), *v. tr.* consumir, gastar; destruir.

consummate, *adj.* consumado, acabado, perfeito.

consummate (to), *v. tr.* consumar, completar.

consummation, *s.* consumação, acabamento.

consummator, *s.* consumador.

consumption, *s.* destruição, consumo, ruína; tuberculose pulmonar; **consumption goods:** bens de consumo.

consumptive, 1. *adj.* consumptivo; **2.** *s.* tísico, tuberculoso.

contact, *s.* contacto; **contact lens:** lente de contacto.

contagion, *s.* contágio, infecção.

contagious, *adj.* contagioso; infeccioso.

contain (to), *v. tr.* e *intr.* conter, encerrar; conter-se, ser divisível por.

containable, *adj.* que pode ser contido.

contaminate (to), *v. tr.* contaminar, infeccionar, perverter, corromper, manchar.

contaminative, *adj.* contaminador.

contamination, *s.* contaminação, infecção.

contemn (to), *v. tr.* desprezar, menosprezar.

contemner, *s.* desprezador.

contemplate (to), *v. tr.* e *intr.* contemplar, observar, examinar com atenção, considerar, planear; meditar em.

contemplation, *s.* contemplação, meditação, plano, projecto.

contemplative, *adj.* contemplativo.

contemplator, *s.* contemplador.

contemporaneity, *s.* contemporaneidade.

contemporaneous, *adj.* contemporâneo.

contemporarily, *adv.* contemporaneamente.

contemporary, *adj.* contemporâneo.

contempt, *s.* desprezo, desdém.

contemptibility, *s.* baixeza, vileza.

contemptible, *adj.* desprezível, vil, baixo; desprezado, insignificante.

contemptuous, *adj.* desdenhoso, insolente, altivo, orgulhoso.

contend (to), *v. intr.* contender, disputar; sustentar, afirmar, manter com argumentos.

contender, *s.* contendor, antagonista.

content, 1. *s.* assunto; conteúdo; **2.** *adj.* contente, satisfeito, alegre.

content (to), *v. tr.* contentar, satisfazer.

contention, s. contenda, disputa, controvérsia.

contentious, adj. contencioso, controverso.

contentment, s. contentamento, alegria.

conterminal, adj. limítrofe; confinante.

conterminous, adj. limítrofe.

contest, s. disputa, contenda, contestação; luta.

contest (to), v. tr. e intr. contestar, disputar, competir; **to contest with:** competir com.

contestable, adj. contestável.

contestation, s. contestação, litígio.

context, s. contexto.

contiguity, s. contiguidade, proximidade.

contiguous, adj. contíguo, próximo.

continence, s. continência; abstinência, castidade.

continent, 1. adj. continente; 2. s. continente (terra firme).

continental, adj. continental.

contingence, s. contingência, eventualidade.

contingent, 1. adj. contingente, incerto, casual, eventual; 2. s. contingente.

continual, adj. sucessivo, contínuo, incessante.

continuance, s. duração, continuação.

continuant, 1. adj. prolongado, que continua; 2. s. consoante contínua.

continuation, s. continuação; prorrogação.

continuator, s. continuador.

continue (to), v. tr. e intr. continuar, prosseguir, durar, permanecer; persistir, perseverar.

continuer, s. continuador, perseverante.

continuity, s. continuidade.

continuous, adj. contínuo; sucessivo, ligado, unido.

continuum, s. o que tem perfeita continuidade.

conto, s. conto de réis, mil escudos.

contort (to), v. tr. torcer, contorcer, retorcer.

contortion, s. contorção, torcedura.

contortionist, s. contorcionista.

contour, s. contorno, perfil, curva de nível.

contour (to), v. tr. fazer ou desenhar em contorno; traçar curvas de nível.

contraband, s. contrabando.

contrabandist, s. contrabandista.

contrabass, s. contrabaixo.

contract, s. contrato, convenção, pacto, convénio.

contract (to), v. tr. contrair, apertar, estreitar; encurtar, abreviar; condensar; adquirir, granjear; **to contract the brow:** franzir o sobrolho.

contractibility, s. contractibilidade.

contractible, adj. que pode encolher; contraível.

contractile, adj. contráctil.

contraction, s. contracção, abreviatura.

contractive, adj. contractivo.

contractor, s. contratante, empreiteiro, mestre-de-obras; músculo contractor.

contractual, adj. contratual.

contradict (to), v. tr. contradizer, impugnar, contrair, negar, opor-se.

contradiction, s. contradição; oposição.

contradictory, *adj.* contraditório.

contradistinction, *s.* contraste, oposição.

contradistinguish (to), *v. tr.* contrastar.

contralto, *s.* contralto.

contraposition, *s.* contraposição; antítese.

contrapuntal, *adj.* que se refere ao contraponto.

contrariant, *adj.* contraditório, contrário a.

contrariety, *s.* contrariedade, dificuldade.

contrariwise, *adv.* ao contrário, pelo contrário.

contrary, 1. *adj.* contrário, oposto; 2. *s.* contrário.

contrast, *s.* contraste.

contrast (to), *v. tr.* contrastar, contrapor.

contravene (to), *v. tr.* transgredir, contravir, infringir.

contravention, *s.* contravenção, infracção.

contribute (to), *v. tr. e intr.* contribuir, cooperar.

contribution, *s.* contribuição, cooperação.

contributive, *adj.* contributivo, cooperador.

contributor, *s.* contribuinte, subscritor.

contrite, *adj.* contrito, arrependido, pesaroso.

contrition, *s.* contrição.

contrivance, *s.* invenção, ideia, plano, projecto, manha; aparelho.

contrive (to), 1. *v. tr.* imaginar, idear, inventar, projectar, conjecturar; 2. *v. intr.* tramar.

contriver, *s.* inventor; director.

control, *s.* guia, direcção, controlo.

control (to), *v. tr.* inspeccionar, examinar; dirigir, governar; controlar.

controller, *s.* censor, verificador, superintendente.

controlling, *s.* verificação.

controversial, *adj.* relativo a controvérsia; contencioso; discutível.

controversy, *s.* controvérsia; contestação; contenda; debate; polémica.

controvert (to), *v. tr.* discutir, contestar, disputar.

contumacious, *adj.* contumaz, teimoso.

contumacity, *s.* teimosia.

contumelious, *adj.* contumelioso, ofensivo.

contumely, *s.* contumélia, ofensa, injúria.

contuse (to), *v. tr.* contundir, pisar, magoar.

contusion, *s.* contusão, ferimento, pisadura.

convalesce (to), *v. intr.* convalescer, melhorar.

convalescence, *s.* convalescença.

convalescent, *s. e adj.* convalescente.

convenance, *s.* convenção.

convene (to), 1. *v. tr.* convocar, chamar; reunir, citar; emprazar; 2. *v. intr.* reunir-se, unir-se.

convenience, *s.* conveniência, comodidade.

convenient, *adj.* conveniente, cómodo.

convent, *s.* convento.

convention, *s.* convenção, convénio, pacto; assembleia, acordo; reunião política, comício.

conventional, *adj.* convencional; convencionado, estipulado.

conventionalist, *s.* convencionalista.

conventionalize (to), *v. tr.* tornar convencional.

conventual, *s. e adj.* conventual; religioso; frade.

converge (to), 1. *v. intr.* convergir; 2. *v. tr.* fazer convergir.

convergence, *s.* convergência.

convergent, *adj.* convergente.

conversable, *adj.* conversável, sociável.

conversant, *adj.* sociável, tratável; versado.

conversation, *s.* conversação, colóquio, conversa, conferência.

conversazione, *s.* sarau; reunião para uma conversa sobre assuntos literários ou artísticos.

converse, 1. *s.* conversa familiar; transposição; 2. *adj.* oposto, contrário, transposto, invertido.

converse (to), *v. intr.* conversar.

conversion, *s.* conversão, transformação.

convert, *s.* converso, neófito, prosélito.

convert (to), *v. tr.* converter, transformar, mudar; inverter, apropriar; cambiar.

convertible, *adj.* convertível.

convex, *adj.* convexo.

convexity, *s.* convexidade.

convey (to), *v. tr.* transportar, levar, conduzir; transmitir, enviar, transferir; *(fam.)* roubar.

conveyance, *s.* transporte, condução, transmissão; carruagem.

conveyancer, *s.* tabelião, notário.

conveyancing, *s.* preparação de documentos para transferência de domínios.

conveyer, *s.* condutor, portador, carregador, mensageiro; intrujão.

conveying, *s.* transporte.

convict (to), *v. tr.* provar a culpabilidade de um réu; condenar; convencer; refutar.

convict, *s.* réu convicto, criminoso; condenado.

conviction, *s.* convicção; persuasão; prova de culpabilidade; condenação.

convince (to), *v. tr.* convencer, persuadir.

convincible, *adj.* convincente; convencível.

convincing, *adj.* convincente.

convivial, *adj.* social, jovial; relativo a banquete.

convocate (to), *v. tr.* convocar, citar.

convocation, *s.* convocação, citação; assembleia.

convoke (to), *v. tr.* convocar.

convolve (to), *v. tr.* enrolar; envolver; dobrar.

convulse (to), *v. tr.* convulsionar, agitar, excitar.

convulsion, *s.* convulsão, espasmo, comoção.

convulsive, *adj.* convulsivo.

cony, *s.* coelho.

coo, *s.* arrulho.

cook, *s.* cozinheiro, cozinheira; rancheiro.

cook (to), *v. tr. e intr.* cozinhar; falsificar.

cooker, *s.* fogão, panela.

cookery, *s.* arte de cozinhar; arte culinária.

cooking, *s.* arte culinária.

cool, 1. *adj.* fresco, frio; *(fig.)* invisível; indiferente; calmo; *(fam.)* audaz; arrogante; 2. *s.* fresco, frio moderado.

cool (to), *v. intr.* refrescar, esfriar, arrefecer.

cooler, *s.* frigorífico, vaso refrigerante; refrigerador.

cooling, *adj.* refrescante, calmante, refrigerante.

coop (to), *v. tr.* engaiolar, encarcerar.

cooper, *s.* tanoeiro.

cooper (to), *v. tr.* fazer barris ou cascos.

cooperage, *s.* trabalho de tanoeiro, tanoaria.

co-operate (to), v. intr. cooperar, trabalhar simultaneamente; contribuir para um determinado fim; concorrer.

co-operation, s. cooperação, auxílio.

co-operative, adj. cooperativo.

co-opt (to), v. tr. eleger por votação; cooptar.

co-ordinate, 1. adj. coordenado, classificado; 2. s. coordenada.

co-ordinate (to), v. tr. coordenar.

co-ordination, s. coordenação.

co-ordinative, adj. coordenativo.

cop, s. cimo; cume, topo; crista; poupa de aves; (fam.) polícia.

cop (to), v. tr. engaiolar; prender.

copartner, s. sócio, consócio.

copartnership, s. sociedade comercial.

cope (to), v. tr. e intr. cobrir, tapar, pôr uma cúpula; pôr capa de asperges; lutar, contender, rivalizar.

coper, s. mineiro de empreitada; bar, taberna flutuante; negociante.

copier, s. copista.

copious, adj. abundante, copioso.

copper, s. cobre, utensílio de cobre, moeda de cobre; um dinheiro; (fam.) um polícia; pl. trocos.

copper (to), v. tr. forrar com cobre.

coppice, s. mata, souto; bosque.

copula, s. cópula; cópula carnal; pl. copulae.

copulate (to), v. tr. unir, juntar, ter cópula.

copulation, s. união; cópula carnal; coito.

copulative, adj. copulativo; conjuntivo.

copy, s. cópia; imitação; trabalho exemplar; manuscrito; número de um jornal; **rough copy:** rascunho.

copy (to), v. tr. e intr. copiar, imitar, reproduzir; fazer uma imitação ou uma reprodução.

copying, s. cópia, acção de copiar.

copyist, s. copista, imitador.

copyright, s. direitos de autor; propriedade literária.

coquet, adj. galanteador.

coquetry, s. coquetismo, galanteria.

coquette, s. mulher galanteadora.

coquette (to), v. tr. galantear, namorar.

coquettish, 1. s. galanteador; 2. adj. atraente; provocante.

coral, s. coral.

coralline, s. coralina.

corallite, s. coralite.

cord, s. corda, cordel, cordão; tendão, nervo; fio de tear.

cord (to), v. tr. atar com cordas.

cordage, s. cordame.

cordeller, s. frade franciscano.

cordial, 1. s. cordial, peitoral, estimulante; 2. adj. sincero, afectuoso.

cordiality, s. cordialidade, afeição; sinceridade.

corduroy, s. belbutina, espécie de tecido; bombazina.

core, s. centro; o coração; o âmago; parte de um molde de fundição; núcleo da bobina eléctrica.

core (to), v. tr. tirar a parte interior; tirar o caroço a.

corer, s. descaroçador, instrumento para extrair o caroço ou a pevide dos frutos.

co-regent, s. co-regente.

co-religionist, s. correligionário.

corf, s. caixão ou cesto para transporte e medição de carvão; viveiro para peixes ou lagostas.

coriander, s. coentro.

cork, s. cortiça; rolha de cortiça, bóia de cortiça.

cork (to), v. tr. arrolhar.

corked, adj. de cortiça.

corker, s. (fam.) pessoa às direitas; argumento que faz terminar uma discussão; forma para alargar sapatos de senhora; amigo íntimo; mentira.

cork-screw, s. saca-rolhas.

cork-screw (to), v. tr. torcer, enroscar como um saca-rolhas; enroscar em espiral.

corky, adj. semelhante à cortiça; de cortiça.

corn, s. grão de cereais; planta dos cereais; calo.

cornea, s. córnea.

corner, s. canto, ângulo, esquina; dificuldade, embaraço, apuro.

corner (to), v. tr. colocar num canto; forçar; vencer uma dificuldade.

cornet, s. corneta, trombeta, cornetim; barrete académico; chapéu de papel; porta-estandarte.

cornice, s. cornija.

cornucopia, s. cornucópia.

corona, s. coroa, remate, cimo; círculo luminoso em volta do Sol ou da Lua.

coronal, s. coroa, grinalda.

coronation, s. coroação.

coroner, s. juiz do tribunal de investigação; médico adjunto dos tribunais; médico legista.

coronet, s. coroa de titular; grinalda; coroa do casco do cavalo.

corporal, 1. s. cabo-de-esquadra; corporal (do altar); **2.** adj. corpóreo, corporal.

corporality, s. corporalidade.

corporate, adj. incorporado, associado; corpóreo; colectivo.

corporation, s. corporação, grémio, associação.

corporator, s. membro de uma corporação.

corporeal, adj. corpóreo; tangível, visível.

corpse, s. cadáver.

corpulence, s. corpulência; gordura.

corpulent, adj. corpulento, gordo.

corpus, s. corpo; conjunto.

corpuscle, s. corpúsculo, molécula.

corpuscular, adj. corpuscular, molecular.

correct, adj. correcto, exacto, certo, verdadeiro.

correct (to), v. tr. corrigir, emendar; admoestar; regular, rectificar; castigar; repreender.

correction, s. correcção, emenda, castigo.

correctional, 1. adj. correccional; **2.** s. casa de correcção.

corrective, s. correctivo, correcção.

corrector, s. corrector, revisor, emendador.

correlation, s. correlação, analogia.

correlative, s. e adj. correlativo.

correspond (to), v. intr. corresponder, estar em relação, adaptar-se; igualar; corresponder-se com, cartear-se.

correspondence, s. correspondência, correlação; comunicação epistolar; cartas.

correspondent, 1. s. correspondente; **2.** adj. correspondente, conforme.

corresponding, adj. correspondente, conforme.

corridor, s. corredor; galeria de uma fortificação.

corrigible, adj. corrigível.

corroborant, 1. adj. corroborante; **2.** s. tónico.

corroborate (to), v. tr. corroborar, confirmar; testemunhar; fortalecer.

corroboration, s. corroboração, confirmação.

corroborator, s. fortalecedor, confirmador.

corrode (to), v. tr. e intr. corroer, gastar, consumir, roer, desgastar; oxidar-se.

corrosion, s. corrosão.

corrosive, s. e adj. corrosivo.

corrugate (to), v. tr. enrugar, franzir, arrugar, ondular.

corrugation, s. arrugação, franzimento, enrugamento; ondulação.

corrupt, adj. corrompido, corrupto, deteriorado; viciado, impuro.

corrupt (to), v. tr. corromper, viciar, estragar.

corrupter, s. corruptor, sedutor.

corruptibility, s. corruptibilidade.

corruptible, adj. corruptível.

corruption, s. corrupção, depravação; decomposição, deterioração; viciação, suborno.

corruptive, adj. corruptivo.

corsair, s. corsário, pirata.

corset, s. espartilho de senhora, cinta.

cortical, adj. cortical, semelhante à cortiça; externo.

cortisone, s. cortisona.

coruscate (to), v. intr. coruscar, brilhar, refulgir, cintilar.

coruscation, s. brilho, fulgor, cintilação.

corvette, s. (náut.) corveta.

corydon, s. pastor, aldeão.

cosecant, s. co-secante.

cosher (to), v. tr. entreter, deleitar, divertir; amimar.

cosiness, s. comodidade.

cos-lettuce, s. espécie de alface.

cosmetic, 1. s. cosmético; **2.** adj. relativo à arte de embelezar o rosto.

cosmic, adj. cósmico; ordenado, harmónico; vasto, extenso.

cosmogony, s. cosmogonia.

cosmographer, s. cosmógrafo.

cosmographic, adj. cosmográfico.

cosmography, s. cosmografia.

cosmological, adj. cosmológico.

cosmologist, s. cosmologista.

cosmology, s. cosmologia.

cosmopolitan, s. e adj. cosmopolita.

cosmopolite, s. cosmopolita.

cosmos, s. cosmos, universo.

cosset, s. cordeiro; animal doméstico.

cosset (to), v. tr. acariciar, afagar; tratar com ternura.

cost, s. custo, gasto, despesa; preço; pl. custos judiciais; **free of cost:** livre de despesas; **at all costs:** custe o que custar; **average cost:** preço médio.

cost (to), v. tr. e intr. (pret. e p.p. cost), custar, importar em.

costal, adj. costal.

costard, s. maçã grande e redonda.

coster, s. vendedor de frutas e cereais.

costive, adj. que tem prisão de ventre; miserável.

costiveness, s. prisão de ventre.

costliness, s. opulência, grandeza; dispêndio.

costly, adj. custoso, dispendioso; opulento, caro.

costume, s. trajo; vestido de senhora, vestuário; saia-casaco.

costume (to), v. intr. fornecer vestuário; vestir-se para um caso especial.

cosy, adj. confortável; cómodo.

cot, s. casa pequena, cabana; choça; cama de lona; maca de bordo; beliche; medida para venda de peixe; velo de carneiro.

cote, s. redil; curral.

cottage, s. cabana, choça; casa de campo.

cottager, s. aldeão, rústico; camponês; habitante de uma pequena casa de campo.

cotton, s. algodão; pano de algodão; tecido de algodão; fio de algodão; algodoeiro.

cotton (to), 1. v. tr. cobrir-se de algodão; 2. v. intr. concordar, harmonizar-se.

cottony, adj. macio como algodão; felpudo.

cotyledon, s. (bot.) cotilédone.

couch, s. cama, leito; sofá, poltrona; camada; lugar para a cerveja.

couch (to), 1. v. intr. deitar-se, recostar-se; 2. v. tr. deitar, recostar; encostar.

cough, s. tosse.

cough (to), v. tr. e intr. tossir.

coughing, s. tosse.

could, pret. do verbo **can**.

coulter, s. relha do arado.

council, s. conselho, junta, reunião para tomar resoluções; conselho de Estado; conselho eclesiástico.

councillor, s. camarista; membro de um conselho; conselheiro.

counsel, s. conselho, parecer, consulta; prudência, discrição; precaução.

counsel (to), v. tr. e intr. aconselhar, admoestar, aconselhar-se.

counsellor, s. conselheiro; advogado; consultor.

count, s. conta, cálculo; soma, total; atenção; conde.

count (to), v. tr. contar, enumerar, calcular, somar; considerar, julgar, imputar, atribuir; reputar.

countenance, s. semblante, rosto, fisionomia; aspecto, ar; forma, figura; protecção, favor, apoio.

countenance (to), v. tr. proteger, favorecer, apoiar.

counter, 1. s. contador, calculador; ficha de jogo; balcão; 2. adj. oposto, contrário; 3. prep. contra.

counter (to), v. tr. e intr. opor, fazer frente, contradizer; opor-se; contra-atacar.

counteract (to), v. tr. contrariar, frustrar, impedir, neutralizar.

counteraction, s. oposição, impedimento, neutralização.

counteractive, adj. oposto, contrário.

counterbalance, s. equilíbrio, contrapeso.

counterbalance (to), v. tr. contrabalançar, equilibrar, neutralizar.

countercharge, s. censura, recriminação, contestação.

counter-clockwise, adj. contrário à direcção dos ponteiros do relógio.

counterfeit, s. imitação, cópia, contrafacção, falsificação, dissimulação.

counterfeit (to), v. tr. contrafazer, falsificar; imitar.

counterfoil, s. talão (de um cheque, recibo, etc.).

countermand, s. contra-ordem.

countermarch, s. contramarcha.

countermarch (to), v. intr. contramarchar.

countermove, s. movimento em oposição.

counterpane, s. coberta de cama, colcha.

counterpart, s. contrapartida; parte correspondente; reprodução, traslado; fac-símile.

counterplot, s. contraconspiração.

counterplot (to), v. tr. frustrar uma conspiração.

counterpoint, *s. (mús.)* contraponto.

countersign, *s.* contra-senha, assinatura adicional; rubrica.

countersign (to), *v. tr.* assinar, rubricar, autenticar com assinatura.

countersink, *v. tr.* enviesar um buraco.

counter-tenor, *s. (mús.)* contralto.

countess, *s.* condessa.

counting house, *s.* escritório de uma casa comercial ou industrial.

countless, *adj.* sem número, sem conta, inumerável.

countrified, *adj.* do campo, rústico, aldeão.

country, 1. *s.* região; país, nação; pátria; terra; campo, província, aldeia; 2. *adj.* rural, rústico, do campo.

countryman, *s.* camponês, aldeão; compatriota.

countryside, *s.* campo.

county, *s.* condado, comarca, concelho.

coup, *s.* golpe, bofetada; vitória.

couple, *s.* par, casal, parelha; união; alguns, vários.

couple (to), *v. tr.* ligar, unir, juntar, emparelhar; casar.

coupon, *s.* cupão.

courage, *s.* coragem, valentia, ousadia, ânimo, valor.

courageous, *adj.* corajoso, valente, ousado, animoso, bravo.

courant, 1. *s.* jornal, gazeta; lança antiga; 2. *adj.* corrente.

courier, *s.* correio, mensageiro.

course, 1. *s.* curso, corrente; corrida; carreira; rumo, direcção; derrota; marcha; pista; decurso, duração; maneira de proceder, comportamento; género de vida; porte; fiada de pedras; prato servido numa refeição; *pl.* vela grande e vela de mezena de um navio; menstruação; 2. *adv.* of **course:** com certeza; evidentemente; **in due course:** na devida altura.

course (to), *v. tr.* e *intr.* percorrer, transpor; correr, caçar (a lebre); perseguir.

courser, *s.* corcel, caçador.

court, *s.* pátio; corte, paço; tribunal, conselho, audiência; residência real; comitiva, séquito; campo para jogar ténis; galanteio.

court (to), *v. tr.* cortejar, galantear, namorar; lisonjear; rogar; solicitar.

courteous, *adj.* cortês, polido, tratável, sociável.

courtesan, *s.* mulher pública; cortesã.

courtesy, *s.* cortesia, reverência, mesura, urbanidade.

courtier, *s.* cortesão; homem da corte.

courtly, 1. *adj.* cortesão, palaciano, cortês; 2. *adv.* cortesmente.

courtship, *s.* galanteio, corte; cortejo.

courtyard, *s.* pátio.

cousin, *s.* primo, prima.

cove, *s.* angra, enseada; vale estreito; *(fam.)* companheiro, amigo.

cove (to), *v. tr.* abobadar, arquear.

covenant, *s.* convenção, contrato, ajuste, combinação, pacto; promessa.

covenant (to), *v. tr.* prometer por uma escritura; contratar; concordar.

covenanter, *s.* contratante; membro de uma liga.

cover, *s.* coberta, cobertura, capa, tampa; abrigo; talher completo para uma pessoa; *(com.)* cobertura, fundos para solver um compromisso.

cover (to), *v. tr.* cobrir, tapar, esconder, abrigar, ocultar; pôr o chapéu; fecundar; perdoar, esquecer (na linguagem bíblica).

covering, *s.* cobertura, tampa, capa.

coverlet, *s.* cobertura da cama; colcha.

covert, **1.** *s.* refúgio, abrigo, esconderijo; **2.** *adj.* encoberto, dissimulado, que está sob a protecção da lei.

coverture, *s.* cobertura; esconderijo.

covet (to), *v. tr.* e *intr.* cobiçar, apetecer, ambicionar, desejar ardentemente.

covetous, *adj.* cobiçoso, ambicioso, avarento.

covey, *s.* ninhada, bando de pássaros; multidão, turba.

cow, *s.* vaca; fêmea do elefante, do búfalo, do rinoceronte, da baleia; cobertura da chaminé.

cow (to), *v. tr.* amedrontar, assustar, intimidar; acobardar.

coward, *s.* cobarde; poltrão; medroso.

cowardice, *s.* cobardia, timidez.

cowboy, *s.* vaqueiro.

cower (to), *v. intr.* agachar-se, aninhar-se.

cowhide, *s.* couro, vergalho; chicote de couro.

cowhide (to), *v. tr.* dar chicotadas; chicotear.

cowl, *s.* capuz de frade; hábito de frade com capuz.

cowslip, *s.* (bot.) primavera.

coxcomb, *s.* presumido, pedante, pretensioso.

coxswain, *s.* timoneiro, patrão de lancha.

coy, *adj.* modesto, acanhado, recatado, envergonhado.

coy (to), *v. intr.* mostrar-se modesto, estar envergonhado.

coyness, *s.* modéstia, recato, timidez, vergonha.

coyote, *s.* lobo da América.

cozen (to), *v. tr.* enganar, lograr; defraudar.

cozener, *s.* enganador.

crab, *s.* caranguejo; Câncer (signo do Zodíaco; constelação); homem rabugento, caturra; (náut.) cabrestante; *pl.* falta de sorte ao jogo; azar.

crab (to), **1.** *v. tr.* arranhar; censurar severamente; **2.** *v. intr.* (fam.) queixar-se; **he is always crabbing:** ele passa a vida a queixar-se.

crabbed, *adj.* áspero, carrancudo, impertinente, irritável; tosco; intrincado.

crack, *s.* fenda, racha, greta; estouro, estalido, estrondo, estampido; loucura, alienação; mudança de voz na puberdade; mentecapto, alienado, louco.

crack (to), *v. tr.* fender, rachar, abrir; estalar; fazer estalar, rebentar; enlouquecer; **to crack up:** ter um colapso; (fam.) ir-se abaixo.

cracker, *s.* coisa que estala; petardo; foguete; bolacha, biscoito duro; instrumento para quebrar; (fam.) patarata, mentira.

cracking, *s.* acção de rachar ou de fender; estalo; crepitação.

crackle (to), *v. intr.* estalar, crepitar.

crackling, *s.* crepitação, estalo.

cracknel, *s.* biscoito duro.

cradle, *s.* berço; lugar de nascimento; infância; instrumento para a ceifa do trigo; (náut.) picadeiro; máquina para lavar o ouro quando sai da mina; **from the cradle:** desde a infância.

cradle (to), *v. tr.* deitar no berço, embalar; ceifar; criar desde a infância.

craft, *s.* arte, ofício, negócio; habilidade; manha, artifício; destreza; embarcação pequena; avião.

craftness, *s.* manha, astúcia, habilidade.

craftsman, *s.* artista hábil; perito em mecânica; artífice; operário especializado.

craftsmanship, *s.* condição de artista; perfeição.

crafty, *adj.* astuto, ladino.

crag, *s.* precipício, despenhadeiro, abismo; rochedo, penhasco íngreme.

craggy, *adj.* escabroso, escarpado.

cragsman, *s.* alpinista, montanhista.

crake, *s.* emissão de um som semelhante ao cacarejar da codorniz.

crake (to), *v. intr.* gritar imitando o cacarejo da codorniz.

cram, *s.* saciedade, abarrotamento; multidão compacta; mentira; preparação apressada para exame.

cram (to), **1.** *v. tr.* encher excessivamente, abarrotar, saciar, fartar, empanturrar; explicar para exames; cevar; **2.** *v. intr.* saciar-se.

crambo, *s.* crambo (nome de um jogo).

crammer, *s.* repetidor de exames; explicador; mentira.

cramp, *s.* cãibra, breca; gato de ferro; prensa; (*fig.*) embaraço, estorvo.

cramp (to), **1.** *v. intr.* ter cãibras; **2.** *v. tr.* engatar; apertar numa prensa.

crane, *s.* grou (ave); grua, guindaste para suspender grandes pesos; sifão, torneira; gancho de ferro para suspender as panelas sobre o fogão; **crane hook:** gancho de guindaste.

crane (to), *v. tr.* elevar por meio de guindaste; estender; alongar; içar.

cranium, *s.* crânio.

crank, *s.* manivela; volta, curva; torniquete; sarilho; pessoa excêntrica; frase bombástica.

crank (to), *v. tr.* apertar com um torniquete; dar voltas.

cranky, *adj.* fraco, débil; excêntrico; com muitos nós.

crannied, *adj.* cheio de fendas; rachado.

cranny, *s.* fenda, rachadela, greta.

crape, *s.* crepe; **crape fish:** bacalhau salgado e comprimido.

crapulence, *s.* crápula, devassidão, embriaguez.

crapulent, crapulous, *adj.* crapuloso, devasso.

crash, *s.* estrépito, estampido, ruído, barulho; destruição, ruína; falência; queda de avião; **crash barrier:** barreira de protecção.

crash (to), **1.** *v. tr.* estalar, fazer estrépito; **2.** *v. intr.* despedaçar-se.

crass, *adj.* crasso, espesso, grosso; grosseiro, estúpido.

crassly, *adv.* crassamente, estupidamente.

cratch, *s.* grade de manjedoura; manjedoura; cabide de armas; *pl.* inflamação no casco do cavalo.

crate, *s.* cesto grande; grade.

crater, *s.* cratera (de vulcão); vaso antigo para vinho.

cravat, *s.* gravata.

cravatted, *adj.* engravatado.

crave (to), *v. tr.* rogar, suplicar, pedir com instância; ambicionar; suspirar por.

craven, s. cobarde, poltrão.

craver, s. suplicante; requerente.

craving, s. pedido, súplica; desejo ardente.

craw, s. papo das aves.

crawfish, s. caranguejo do rio.

crawl, s. acto de andar de rastos; rastejo; modo de andar; lagosteira; modalidade de natação.

crawl (to), v. intr. arrastar-se, andar de rojo; andar de gatas; mover-se muito devagar; (fig.) insinuar-se.

crawler, s. o que anda de rastos; réptil, rastejante; verme.

crayon, s. lápis de desenho; carvão de lâmpada eléctrica ou arco voltaico.

craze, s. loucura, demência; capricho, fantasia.

craze (to), v. tr. quebrar, despedaçar.

crazily, adv. loucamente.

craziness, s. demência; loucura; caducidade; desequilíbrio.

crazy, adj. demente, louco; desequilibrado, desconsertado, desarranjado; fraco; **to be crazy about:** ser doido por.

creak, s. som áspero; chiadeira.

creak (to), 1. v. intr. chiar, ranger; **2.** v. tr. fazer chiar.

cream, s. creme, nata, cor de creme; a flor, o melhor de qualquer coisa.

cream (to), v. tr. e intr. desnatar; deitar nata (no chá ou no café); escolher o melhor de uma coisa.

creamery, s. fábrica de manteiga; leitaria.

creamy, adj. que contém nata; cremoso.

crease, s. prega, dobra, vinco, ruga; rego; sulco.

crease (to), v. tr. fazer pregas ou rugas; enrugar; vincar.

create (to), v. tr. produzir, criar, gerar; constituir.

creation, s. criação, acção de criar; produção.

creative, adj. criador; criativo; produtor.

creativeness, s. faculdade criadora; poder criador.

Creator, s. Criador; Deus.

creator, s. criador; autor.

creature, s. criatura, ser, ente.

credential, s. credencial; pl. credenciais.

credibility, s. credibilidade.

credible, adj. crível.

credit, s. crédito, confiança, reputação; fé; carácter, honra; crédito comercial; certificado de aprovação; **on credit:** a crédito; **credit card:** cartão de crédito.

credit (to), v. tr. e intr. acreditar, dar crédito a; vender a crédito.

creditor, s. credor.

creditable, adj. digno de crédito, acreditável.

credo, s. credo; credo dos Apóstolos.

credulity, s. credulidade.

credulous, adj. crédulo, ingénuo.

creed, s. crença, credo; profissão de fé; doutrina.

creek, s. angra, enseada; baía; tortuosidade; vale plano.

creeky, adj. tortuoso, sinuoso.

creel, s. cesto de pescador; caixa para lagostas.

creep, s. arrepio, deformação; pele de galinha.

creep (to), v. intr. (pret. e p.p. crept), arrastar-se; andar de rastos, rastejar; humilhar-se; sentir arrepios; sentir prurido.

creeper, s. réptil; planta rasteira, trepadeira; ave que trepa.

creeping, 1. s. prurido, formigueiro na pele; adulação; rastejo; **2.** adj. rastejante, adulador.

cremate (to), *v. tr.* cremar.

cremation, *s.* cremação.

cremator, *s.* cremador; forno crematório.

crematorial, *adj.* crematório.

crematorium, *s.* forno crematório.

crematory, 1. *s.* forno crematório; **2.** *adj.* crematório.

crenelate (to), *v. tr.* fortificar com ameias.

crenelation, *s.* fortificação por meio de ameias.

crepitate (to), *v. intr.* crepitar.

crepitation, *s.* crepitação.

crépon, *s.* crepe grosso, crespão.

crept, *pret.* e *p.p.* do verbo **to creep.**

crepuscular, *adj.* crepuscular.

crepuscule, *s.* crepúsculo.

crescent, 1. *s.* crescente, quarto crescente; **2.** *adj.* crescente.

cress, *s.* agrião.

crest, *s.* crista de galo; poupa de ave; crista de monte, cume; crina de cavalo; penacho; pluma; timbre de brasão.

crest (to), *v. tr.* emplumar; encrespar; ondear.

crestfallen, *adj.* abatido, humilhado; desanimado.

cretaceous, *s.* e *adj.* cretáceo.

cretin, *s.* e *adj.* cretino, idiota, imbecil.

cretinism, *s.* imbecilidade, idiotismo; cretinice.

crew, *s.* tripulação de um navio; multidão, turba.

crewel, *s.* lã para bordar.

crib, *s.* manjedoira; presépio; curral; choça; cabana; berço de criança; arca para cereais.

crib (to), *v. tr.* roubar, furtar; plagiar; guardar numa arca; copiar (em exames).

cribber, *s.* plagiador; arrecadador de cereais.

crick, *s.* torcicolo.

cricket, *s.* grilo; banquinho para os pés; críquete.

crier, *s.* pregoeiro, leiloeiro.

crime, *s.* crime, delito.

criminal, 1. *s.* criminoso, réu; **2.** *adj.* criminal, criminoso.

criminality, *s.* criminalidade.

criminate (to), *v. tr.* criminar, acusar, culpar.

crimination, *s.* incriminação, acusação.

criminologist, *s.* criminologista.

criminology, *s.* criminologia.

crimp, 1. *s.* recrutador de homens para o serviço militar; **2.** *adj.* frágil, quebradiço, teso, rijo.

crimp (to), *v. tr.* encrespar, frisar, enrugar; torcer.

crimpy, *adj.* com aparência de crespo ou quebradiço.

crimson, *s.* e *adj.* carmesim.

cringe (to), *v. tr.* adular, lisonjear, bajular.

cringer, *s.* bajulador, adulador, servil.

crinkle, *s.* sinuosidade, ruga.

crinkle (to), *v. intr.* serpear, ondular; enrugar.

crinoline, *s.* crinolina, tecido de crina.

cripple, *adj.* e *s.* coxo; estropiado, inválido.

cripple (to), *v. tr.* e *intr.* aleijar, tornar coxo; coxear, mancar.

crisis, *s.* crise.

crisp, *adj.* crespo, encaracolado; sinuoso, tortuoso.

crisp (to), *v. tr.* encaracolar, ondear.

criss-cross, *s.* assinatura de cruz; linhas cruzadas; jogo de crianças.

criterion, *s.* critério.

critic, 1. *s.* crítico, censor; perito; **2.** *adj.* crítico, severo.

critical, *adj.* crítico; severo a criticar; escrupuloso.

criticism, *s.* crítica; criticismo.

criticize (to), *v. tr.* criticar, censurar.

critique, *s.* crítica; apreciação; arte da crítica.

croak, *s.* o coaxar das rãs; o crocitar do corvo.

croak (to), *v. intr.* coaxar; crocitar; resmungar.

croaker, *s.* rosnador, resmungão.

croakiness, *s.* lamentação; acção de resmungar.

croaky, *adj.* desagradável; gutural; áspero; rouco; semelhante ao coaxar das rãs.

crochet, *s.* croché.

crochet (to), *v. intr.* fazer croché.

crock, *s.* vaso de barro, vasilha, louça de barro.

crock (to), *v. tr.* enferrujar; inutilizar.

crockery, *s.* louça de barro.

crocodile, *s.* crocodilo.

crocus, *s.* açafrão; pó para polir.

croft, *s.* quintal, quinta pequena.

crofter, *s.* caseiro de uma quinta pequena.

crone, *s.* ovelha ranhosa; mulher idosa de rosto encarquilhado.

crony, *s.* camarada, companheiro, amigo velho.

crook, *s.* gancho; cajado de pastor; artifício; *(fig.)* intrujão; trapaceiro.

crook (to), *v. tr.* curvar; perverter.

crooked, *adj.* curvo; torto, torcido; *(fig.)* perverso.

croon, *s.* canto ou som monótono.

crop, *s.* colheita, ceifa, novidade (de frutos); colecção; corte de cabelo; pele curtida; papo; chicote; medida de peso (para açúcar, tabaco, etc.).

crop (to), 1. *v. tr.* colher os frutos; ceifar; fazer a colheita; tosquiar; cortar rente; **2.** *v. intr.* aflorar, surgir, aparecer de repente.

cropper, *s.* aquele que colhe frutos; grão ou planta que produz uma boa colheita; raça de pombos; *(fam.)* queda.

croquette, *s.* croquete.

cross, 1. *s.* cruz; tormento, aflição, contrariedade; revés; cruzamento de castas; moeda inglesa antiga; **2.** *adj.* mal-humorado, zangado, rabugento; contrário, oposto; atravessado, transversal, em cruz; infeliz; desfavorável.

cross (to), *v. tr. e intr.* atravessar, cruzar; riscar, apagar; atormentar, afligir; contradizer; cruzar-se; cruzar (um cheque); persignar-se.

cross-action, *s.* acção judicial de contradita.

cross-bar, *s.* viga, tranca, travessão.

crossbeam, *s.* trave mestra.

cross-bones, *s. pl.* ossos colocados em cruz como símbolo da morte.

cross-bow, *s.* besta (arma).

cross-breed, *s.* raça cruzada; cruzamento de raças.

cross-bun, *s.* bolo marcado com uma cruz que se come na Sexta-Feira Santa.

cross-cheque, *s.* cheque cruzado.

cross-country, *adj.* através dos campos; de corta-mato; ao longo das estradas; **cross-country running:** corrida de corta-mato.

cross-crib, *s.* antro de gatunos.

cross-examination, *s.* instância de uma testemunha; interrogatório.

cross-eye, *s.* estrabismo.

cross-eyed, *adj.* estrábico; vesgo.

cross-fire, *s.* fogo cruzado.

crosshead, s. cruzeta.

crossing, s. travessia; encruzamento de fios; encruzilhada; passadeira (para peões); o sinal da Cruz; **level crossing:** passagem de nível.

cross-legged, adj. de pernas cruzadas.

crossly, adv. de mau humor.

crossness, s. mau humor, má disposição; malícia.

crosspatch, s. resmungão, rabugento.

crossroad, s. encruzilhada, atalho.

crossrow, s. alfabeto.

crossway, s. atalho.

crosswind, s. vento contrário.

crosswise, adv. de través, em cruz.

crossword, s. palavras cruzadas.

crouch (to), v. intr. agachar-se, abaixar-se; humilhar-se.

croup, s. garrotilho; garupa, anca.

croupier, s. banqueiro de jogo.

crow, s. corvo; canto do galo; pé-de-cabra.

crow (to), v. intr. cantar de galo; gabar-se, vangloriar-se.

crowd, s. multidão, ajuntamento, turba, populaça, plebe; (fam.) companhia.

crowd (to), v. tr. amontoar, juntar, reunir; encher completamente; entulhar, sobrecarregar, empurrar, comprimir.

crown, s. coroa, diadema, grinalda; soberania; prémio, galardão; moeda no valor de cinco xelins; topo ou cimo de alguma coisa; glória, apogeu.

crown (to), v. tr. coroar; premiar; completar, aperfeiçoar; proteger; consumar, acabar.

crown-jewels, s. pl. jóias da coroa.

crown-prince, s. herdeiro da coroa.

crucial, adj. crucial; decisivo, conclusivo; severo.

crucifier, s. crucificador, atormentador, mortificador.

crucifix, s. crucifixo.

crucifixion, s. crucificação.

crucify (to), v. tr. crucificar; (fig.) atormentar, mortificar.

crude, adj. cru, não cozido; verde; indigesto; imperfeito.

crudity, s. crueza, dureza.

cruel, adj. cruel, desumano, brutal, feroz, bárbaro.

cruelty, s. crueldade, ferocidade.

cruet, s. galheta.

cruet-stand, s. galheteiro.

cruise, s. cruzeiro; viagem por mar.

cruise (to), v. tr. cruzar o mar; andar a corso; fazer uma viagem de recreio por mar.

cruiser, s. cruzador.

crumb (to), v. tr. esmagar; esmiolar; moer, pisar.

crumb, s. miolo; migalha; fragmento.

crumby, adj. mole, que se esfarela.

crummy, adj. pobre; sujo; inferior.

crump, adj. torto; crespo; com crosta; curvo.

crump (to), v. intr. explodir de granada.

crumple (to), v. tr. e intr. enrugar, amarrotar, encolher-se.

crunch (to), v. tr. pisar, esmagar, triturar; mastigar com ruído.

crupper, s. rabicho do arreio de cavalo.

crusade, s. cruzada; cruzado (moeda).

cruse, s. taça; jarro; bilha de barro.

crush, s. colisão, choque, embate; aperto; **to have a crush on:** gostar muito de; ter um fraco por.

crush (to), v. tr. esmagar, pisar, comprimir, apertar, achatar; subjugar, dominar, vencer.

crust, s. crosta, côdea; côdea de pão.

crust (to), v. tr. e intr. encrostar, fazer criar crosta.

crustaceous, adj. crustáceo.

crustate, adj. coberto de crosta.

crustation, s. incrustação.

crusty, adj. coberto de crosta; impertinente, rabugento.

crutch, s. muleta; pessoa que anda com muletas.

crux, s. ponto crucial; embaraço, dificuldade, tormenta.

cry, s. grito, clamor, brado; alarido; pregão; proclamação; choro, latido de cães; lamentação.

cry (to), v. intr. gritar, bradar, clamar, exclamar; chorar; pedir, rogar; apregoar.

crying, 1. s. grito, choro; acção de gritar; **2.** adj. sabido, notório, conhecido; gritante.

crypt, s. cripta.

cryptic, adj. oculto, secreto, escondido.

cryptograph, s. cifra; escrita em cifra.

cryptography, s. criptografia.

crystal, 1. s. cristal, vidro de cristal, vidro de relógio; **2.** adj. de cristal, transparente.

crystalline, adj. cristalino, transparente.

crystallization, s. cristalização.

crystallize (to), v. tr. e intr. cristalizar.

cub, s. cria de alguns animais; cachorro; (fam.) rapaz grosseiro, fedelho.

cub (to), v. intr. parir, dar à luz (diz-se de alguns animais).

cubbish, adj. desajeitado.

cube, s. cubo.

cube (to), v. tr. cubicar, avaliar a cubagem.

cubic, adj. cúbico; **cubic root:** raiz cúbica.

cubicle, s. cubículo; quarto de cama.

cubism, s. cubismo.

cuckold, s. marido de mulher adúltera.

cuckold (to), v. intr. cometer adultério (a esposa).

cuckoo, s. cuco.

cucumber, s. pepino.

cuddle, s. afago, carícia; abraço.

cuddle (to), 1. v. tr. afagar, abraçar; **2.** v. intr. esconder-se.

cuddy, s. refeitório para oficiais a bordo dos navios; cozinha de bordo; vestíbulo; parvo, tolo.

cudgel, s. cacete, clava, bastão.

cudgel (to), v. tr. desancar, bater, espancar.

cue, s. ponta, extremidade; cauda; rabicho (de cabelo); deixa (no teatro); taco (de bilhar).

cuff, s. punho; canhão (de manga); bofetada, sopapo; murro, pancada, soco.

cuff (to), v. tr. esbofetear, socar, esmurrar.

cuirass, s. couraça.

cuisine, s. cozinha; arte de cozinha, culinária.

culinary, adj. culinário.

cull (to), v. tr. escolher, apartar, seleccionar; eleger.

cullender, s. coador.

culm, s. colmo, palha do cereal; cana do milho; pó de carvão.

culminate (to), v. tr. culminar; alcançar.

culmination, s. ponto culminante.

culpability, s. culpabilidade.

culprit, s. réu, culpado.

cult, s. admiração, homenagem; culto.

cultivable, adj. cultivável.

cultivate (to), v. tr. cultivar, lavrar, arar; aperfeiçoar.

cultivation, s. cultura.

cultivator, s. cultivador, agricultor, lavrador.

cultural, adj. cultural.

culture, s. cultura; aperfeiçoamento, ilustração.

cultus, s. culto.

cumber, s. impedimento, embaraço.

cumber (to), v. tr. embaraçar, estorvar, impedir.

cumbersome, adj. incómodo, importuno.

cumbrous, adj. incómodo, embaraçoso.

cumin, cummin, s. cominhos.

cumulate (to), v. tr. acumular, amontoar, aglomerar.

cumulation, s. acumulação, amontoado.

cumulative, adj. acumulativo.

cumulus, s. cúmulo.

cuneiform, adj. cuneiforme.

cunning, 1. s. destreza, astúcia, habilidade, manha, ardil, engenho; **2.** adj. hábil, astuto, destro, manhoso, matreiro.

cup, s. copo, taça, chávena; buraco no jogo do golfe; bebida embriagante; ventosa.

cup (to), v. tr. dar de beber.

cupboard, s. guarda-louça, armário de cozinha.

cupid, s. cupido; mancebo belo.

cupidity, s. avareza, cobiça.

cupola, s. cúpula.

cupping-glass, s. ventosa.

cupreous, adj. de cobre, como o cobre.

cur, s. cachorro, cão sem préstimo; (fam.) vilão, pessoa vil.

curability, s. curabilidade.

curable, adj. curável.

curaçao, s. curaçau.

curative, s. curativo.

curator, s. curador; superintendente judicial.

curatorship, s. curadoria.

curb, s. barbela do freio; freio do cavalo; parapeito do poço; inchaço na perna do cavalo.

curb (to), v. tr. refrear, dominar, restringir, sujeitar.

curd, s. coalhada, requeijão.

curd (to), v. intr. coalhar.

curdle (to), v. intr. coagular-se (o leite).

curdy, adj. coagulado.

cure, s. cura, tratamento, remédio; cura de almas.

cure (to), v. tr. curar, tratar uma doença; curar (ao sol, ao fumo, etc.); salgar.

curer, s. remédio; médico; curandeiro.

curiosity, s. curiosidade; indiscrição.

curious, adj. curioso, indiscreto; interessante.

curl, s. anel, caracol, friso; sinuosidade, ondulação.

curl (to), 1. v. tr. encaracolar, frisar, anelar, encrespar, ondear; torcer; **2.** v. intr. encaracolar-se.

currant, s. groselha; passa de Corinto.

currency, s. moeda; circulação, curso; valor corrente; crédito; voga; **foreign currency:** moeda estrangeira; divisas.

current, 1. s. corrente, curso, marcha, progressão; **2.** adj. corrente, comum, vulgar, geral.

curriculum, s. programa, currículo.

currish, adj. brutal, grosseiro.

curry, s. caril; comida servida com caril.

curry (to), *v. tr.* preparar com caril; limpar os cavalos; escovar; almofaçar.

curse, *s.* praga, maldição, imprecação; castigo.

curse (to), *v. tr.* amaldiçoar, maldizer, blasfemar.

cursed, *adj.* maldito; abominável, miserável, detestável.

cursor, *s. (inform.)* cursor.

cursory, *adj.* apressado, feito à pressa, precipitado, rápido; descuidado.

cursus, *s.* curso, regra; missal.

curt, *adj.* curto, breve, conciso; abrupto.

curtail (to), *v. tr.* resumir, abreviar, encurtar.

curtailment, *s.* redução, diminuição; resumo; mutilação.

curtain, *s.* pano de boca do palco; cortina.

curtly, *adv.* abreviadamente; de forma concisa.

curtsy (to), *v. intr.* fazer vénias, fazer cortesias.

curvation, *s.* curvatura, arqueamento.

curvature, *s.* curvatura.

curve, *s.* curva, flexão.

curve (to), *v. tr.* curvar, dobrar, encurvar.

curvilineal, *adj.* curvilíneo.

curvilinear, *adj.* curvilíneo.

cushion, *s.* almofada, coxim; tabela do bilhar.

cushion (to), *v. tr.* proteger com almofadas; pôr sobre almofadas; almofadar; abafar.

cusp, *s.* ponta; cúspide.

cuspidor, *s.* escarrador.

cuss, *s.* maldição; *(fam.)* tipo.

cussed, *adj.* amaldiçoado, maldito.

custard, *s.* doce de creme.

custodian, *s.* guarda.

custody, *s.* custódia, guarda; prisão, escolta; protecção, defesa, segurança.

custom, *s.* costume, uso; hábito; freguesia (de uma loja); *pl.* direitos alfandegários; venda, saída de mercadorias.

customary, *adj.* usual, comum, habitual, costumado.

customer, *s.* freguês de uma loja; cliente.

custom-house, *s.* alfândega.

cut, 1. *s.* golpe, cortadura, incisão; cutilada; modo, forma, estilo; atalho; canal; redução; corte de cartas ao jogo; pedaço cortado; **2.** *adj.* fendido, interceptado, trinchado; talhado; castrado.

cut (to), *v. tr. e intr.* cortar, talhar, trinchar; rachar, fender; ferir; mutilar; esculpir; separar; lapidar; aparar; escavar, desbastar, abrir (caminho).

cutaneous, *adj.* cutâneo.

cute, *adj.* agudo, perspicaz, inteligente, fino, esperto; *(fam.)* giro, bonito.

cuticle, *s.* cutícula, película.

cuticular, *adj.* cuticular.

cutis, *s.* cútis, epiderme.

cutler, *s.* cuteleiro.

cutlery, *s.* cutelaria.

cutlet, *s.* costeleta.

cutter, *s.* cortador; talhador; lenhador; instrumento cortante; pequena embarcação de vela.

cutting, 1. *s.* corte, cortadura, incisão; **2.** *adj.* cortante, incisivo; áspero, mordaz.

cuvette, *s.* cuveta.

cycle, *s.* ciclo, período; bicicleta.

cycle (to), *v. intr.* andar de bicicleta.

cyclic, *adj.* cíclico.

cycling, s. ciclismo.
cyclist, s. ciclista.
cycloid, s. ciclóide.
cyclone, s. ciclone.
cyclopaedia, s. enciclopédia.
cyclopaedic, adj. enciclopédico.
cyclopean, adj. ciclópico, gigantesco.
cygnet, s. cisne novo.
cylinder, s. cilindro; rolo; tambor de uma máquina.

cylindric, adj. cilíndrico.
cylindriform, adj. cilindriforme.
cymbal, s. símbalo.
cynic, adj. e s. cínico.
cynical, adj. cínico.
cynicism, s. cinismo.
cypress, s. cipreste.
cyst, s. quisto.
czar, s. czar.
czarina, s. czarina.
Czechoslovak, s. checoslovaco.

D

D, d, s. quarta letra do alfabeto.
dab, s. pancada leve, sopapo; salpico de lama.
dabble (to), 1. v. tr. salpicar, enlamear; humedecer, molhar; 2. v. intr. chafurdar.
dad, s. papá.
dado, s. dado, corpo de pedestal.
daffodil, s. narciso.
daft, s. imbecil, idiota, tolo.
dagger, s. adaga, punhal.
daggle, v. tr. enlamear, sujar.
dahlia, s. dália.
daily, 1. s. diário, jornal; 2. adj. diário, quotidiano; 3. adv. diariamente.
dainty, 1. adj. saboroso; delicado; meticuloso; esquisito; elegante; melindroso, afectado; 2. s. manjar, iguaria; acepipe.
dairy, s. queijaria, leitaria, vacaria.
dairyman, s. leiteiro, vendedor de leite, queijeiro.
dais, s. plataforma, estrado, tablado.
daisy, s. margarida; bem-me-quer; **daisy wheel printer:** (inform.) impressora margarida.

dale, s. pequeno vale.
dalliance, s. carícia, afago; divertimento, brincadeira.
dallier, s. brincalhão, galhofeiro.
dally (to), v. intr. demorar-se, perder tempo; divertir-se.
dalmatic, s. dalmática.
dam, s. barragem, represa, açude, dique.
dam (to), v. intr. represar; tapar.
damage, s. prejuízo, perda, avaria, dano.
damage (to), v. tr. prejudicar, arruinar.
dame, s. dama, senhora; matrona, dona; ama de crianças; (fam.) tia.
damn (to), v. tr. condenar, reprovar, censurar.
damning, 1. adj. condenatório; 2. s. condenação; praga.
damp, 1. s. humidade, névoa; ar viciado; exalação nociva; desânimo, desalento; 2. adj. húmido; enevoado; triste.
damp (to), v. tr. humedecer, molhar; desanimar, desencorajar, enfraquecer.

damson, s. ameixa pequena; ameixoeira.

dance, s. dança.

dance (to), v. tr. e intr. dançar, bailar, brincar.

dancer, s. dançarino.

dancing, 1. s. dança; **2.** adj. dançante.

dander, s. caspa; cólera, ira.

dander (to), v. intr. andar vagarosamente; passear.

dandle (to), v. tr. embalar, acariciar; afagar.

dandruff, s. caspa.

dandy, s. janota, peralta, casquilho.

Dane, s. dinamarquês.

danger, s. perigo, risco, contingência; **out of danger:** fora de perigo; **in danger of life:** em perigo de vida.

dangerous, adj. perigoso, arriscado.

dangle (to), 1. v. intr. balouçar, suspender; **2.** v. tr. galantear, seguir uma pessoa.

dangler, s. galanteador, cortejador.

Danish, 1. adj. dinamarquês; **2.** s. a língua dinamarquesa.

dank, adj. húmido; molhado.

dapper, adj. vivo, ladino, esperto, activo; gentil.

dapple (to), v. tr. salpicar com cores; matizar.

darbies, s. pl. tábua de trolha para alisar a cal nas paredes; (fam.) algemas.

dare (to), 1. v. intr. ousar, atrever-se, aventurar-se; **2.** v. tr. arrostar, provocar, desafiar; **I dare not say:** não me atrevo a dizer; **how dare you?:** como te atreves?

daring, 1. adj. audaz, destemido, ousado; **2.** s. coragem, ousadia, intrepidez, bravura.

dark, 1. adj. escuro, negro, carregado, sombrio, moreno, enigmático; secreto; triste, melancólico, soturno; tenebroso; tétrico; **2.** s. escuridão, trevas; ignorância; **dark room:** câmara escura.

darken (to), v. tr. escurecer, obscurecer, denegrir; cegar; obcecar; confundir.

darkness, s. obscuridade, escuridão.

darksome, adj. sombrio, opaco, escuro.

darling, adj. e s. querido, amado, amor.

darnel, s. joio.

darning, s. cerzidura.

dart, s. dardo, besta, seta, frecha.

dart (to), 1. v. tr. arremessar, lançar, despedir, atirar (setas); **2.** v. intr. arremessar-se, correr ao encontro de; lançar-se; voar como uma seta.

dash, s. arremetida, colisão, choque; golpe, pancada; ostentação; travessão mais comprido.

dash (to), v. tr. arremessar, atirar; arrojar; despedaçar, quebrar; amolgar; salpicar; enlamear; desanimar, frustrar.

dashing, adj. brilhante, elegante, vivo, fino.

data, s. pl. (inform.) dados.

date, s. data, época, tempo, duração; tâmara; encontro; **out of date:** desactualizado; **up to date:** em dia; actualizado.

date (to), v. tr. datar.

daub (to), v. tr. pintar toscamente; borrar; sujar.

daughter, s. filha.

daughter-in-law, s. nora.

daunt (to), v. tr. atemorizar, assustar, intimidar.

dawdle (to), v. intr. prender-se com coisas sem importância; perder o tempo com ninharias.

dawdler, s. preguiçoso, vadio.

dawn, s. alva, aurora, alvorada; o amanhecer; princípio.

dawn (to), v. intr. amanhecer, romper o dia; surgir, aparecer, assomar.

day, s. dia; luz do dia; horas de trabalho; **day after day:** dia após dia; **every other day:** dia sim, dia não; **the day after:** o dia seguinte; **the day before:** a véspera.

daydream, s. devaneio.

daylight, s. dia, luz do dia.

daze (to), v. tr. ofuscar, deslumbrar, confundir.

dazzle, s. encandeamento; excesso de luz.

dazzle (to), 1. v. tr. deslumbrar, maravilhar, extasiar, ofuscar; 2. v. intr. ofuscar-se.

dazzling, adj. deslumbrante, ofuscante.

deacon, s. diácono.

dead, adj. morto, inanimado, entorpecido, inerte, amortecido; inactivo, impossibilitado; surdo; ermo, solitário, triste; profundo, vasto, monótono; certo, seguro, indubitável; sem força, sem elasticidade.

deadliness, s. perigo de vida.

deadlock, s. beco sem saída; impasse.

deadly, 1. adj. mortal, implacável, intenso, fatal; 2. adv. mortalmente, muito, muitíssimo.

deaf, adj. surdo, mouco, insensível.

deafen (to), v. intr. ensurdecer.

deafening, adj. ensurdecedor.

deafness, s. surdez.

deal, s. quantidade, porção, pacto secreto; acordo; negociação; vez de dar cartas (no jogo); **a good deal:** bastante.

deal (to), 1. v. tr. (pret. e p.p. **dealt**), repartir, dar, distribuir, espalhar, divulgar; **2.** v. intr. negociar, fazer negócios, servir de intermediário em negócios; ser mão (no jogo).

dealer, s. negociante, comerciante; distribuidor; a mão (no jogo).

dealt, pret. e p.p. do verbo **to deal.**

dean, s. deão, decano; pequeno vale.

dear, adj. caro, querido, predilecto, amado; custoso, raro, escasso; precioso, valioso; **oh, dear me!:** valha-me Deus!

dearth, s. penúria, fome, carestia, escassez; esterilidade.

death, s. morte, falecimento, óbito; mortalidade; **death certificate:** certidão de óbito; **death penalty:** pena de morte.

debark (to), v. tr. e intr. desembarcar.

debase (to), v. tr. humilhar, aviltar, adulterar, falsificar.

debate, s. debate, contenda, discussão.

debate (to), v. tr. e intr. debater, discutir, disputar.

debilitate (to), v. tr. enfraquecer, debilitar, extenuar.

debilitation, s. debilitação, enfraquecimento.

debility, s. debilidade, fraqueza, enfraquecimento.

debit, s. (com.) débito.

debit (to), v. tr. debitar, levar a débito de uma conta.

debris, s. pl. escombros, ruínas.

debt, s. dívida, débito, obrigação.

debtor, s. devedor; o (deve) de uma conta.

decade, s. década.

decadence, s. decadência.

decadent, adj. decadente.

decamp (to), v. intr. decampar, mudar de campo, fugir.

decant (to), v. tr. decantar, clarificar os líquidos.

decanter, s. garrafa de mesa; vaso para decantar.

decanting, s. decantação.

decapitate (to), v. tr. decapitar, degolar.

decapitation, s. decapitação, degolação.

decarbonization, s. descarbonização.

decarbonize (to), v. tr. descarbonizar.

decay, s. decadência, definhamento.

decay (to), 1. v. intr. decair, declinar, empobrecer, degenerar, piorar, definhar; **2.** v. tr. arruinar, empobrecer, deitar a perder.

decease, s. morte, óbito, falecimento.

decease (to), v. intr. morrer, falecer.

deceit, s. engano, fraude, dolo; estratagema, impostura.

deceive (to), v. tr. enganar, iludir, defraudar.

deceiver, s. enganador, impostor.

December, s. Dezembro.

decency, s. decência, recato, pudor, honestidade.

decennial, adj. decenal, que dura dez anos.

decent, adj. decente, honesto, recatado; próprio, conveniente.

decentralization, s. descentralização.

decentralize (to), v. tr. descentralizar.

deception, s. decepção, desilusão; engano; surpresa.

deceptive, adj. enganoso, falaz.

decern (to), v. tr. discernir, julgar, decidir.

decide (to), v. tr. e intr. decidir, resolver, determinar, julgar.

decider, s. árbitro, juiz.

decilitre, s. decilitro.

decimal, adj. decimal.

decimalize (to), v. tr. reduzir a sistema decimal.

decimate (to), v. tr. dizimar.

decimetre, s. decímetro.

decipher (to), v. tr. decifrar, interpretar, explicar.

decision, s. decisão, resolução, determinação; firmeza.

decisive, adj. decisivo, terminante, peremptório.

deck, s. coberta, convés; albergue; baralho de cartas.

deck (to), v. tr. adornar, enfeitar.

decking, s. adorno, atavio.

declaim (to), v. tr. e intr. recitar, declamar.

declaimer, s. declamador.

declamation, s. declamação, recitação.

declaration, s. declaração, afirmação, asserção.

declare (to), 1. v. tr. declarar, afirmar, proclamar, manifestar, anunciar; testificar; **2.** v. intr. pronunciar-se, depor.

declinable, adj. declinável.

declination, s. declinação, decadência.

decline (to), v. tr. e intr. declinar, pender, inclinar; escusar, recusar, rejeitar; negar-se, decair.

declivity, s. declive, inclinação, escarpa.

decoction, s. cozimento.

decode (to), v. tr. decifrar, descodificar.

decollate (to), v. tr. degolar, decapitar.

decompose (to), 1. v. tr. decompor; **2.** v. intr. decompor-se, corromper-se.

decomposition, s. decomposição.

decompound (to), v. tr. decompor.

decorate (to), v. tr. decorar, ornar, ornamentar.

decorative, adj. decorativo.

decorous, adj. decoroso, correcto, decente.

decoy, s. laço, armadilha, cilada, engodo.

decoy (to), v. tr. atrair, aliciar, seduzir.

decrease, s. decrescimento, diminuição, redução.

decrease (to), 1. v. tr. diminuir, fazer decrescer, reduzir; 2. v. intr. decrescer, minguar.

decree, s. decreto, lei, deliberação, mandato, decisão.

decree (to), v. tr. decretar, mandar.

decrement, s. diminuição, redução.

decrepit, adj. decrépito, caduco.

decry (to), v. tr. censurar publicamente, rebaixar, desacreditar, vituperar.

decumbent, adj. deitado.

decuple, s. e adj. décuplo.

decussate (to), v. tr. interceptar.

decussation, s. intercepção; entrecruzamento.

dedicate (to), v. tr. dedicar, devotar, consagrar.

dedicatee, s. pessoa que recebe uma dedicatória.

dedication, s. dedicação; dedicatória; devotamento.

dedicator, s. dedicador.

deduce (to), v. tr. deduzir, inferir, derivar, concluir.

deduct (to), v. tr. deduzir, subtrair.

deduction, s. dedução, inferência; diminuição; desconto, abatimento; conclusão.

deductive, adj. dedutivo.

deed, s. acção, acto, feito, façanha, proeza; documento, escritura de venda.

deed (to), v. tr. ceder, transferir uma propriedade por escritura.

deem (to), v. tr. julgar, supor, pensar, imaginar.

deep, 1. adj. fundo, profundo; grande, enorme; sagaz, astuto, fino, perspicaz; artificioso; intenso; melancólico, silencioso; taciturno, carregado, escuro; **to take a deep breath:** respirar fundo; **two metres deep:** dois metros de profundidade; **2.** s. o fundo, abismo; intensidade.

deepen (to), v. tr. afundar, escurecer, carregar.

deeply, adv. profundamente; extremamente.

deer, s. gamo, veado, corça.

deface (to), v. tr. desfigurar, deteriorar; mutilar; estragar.

defalcate (to), v. tr. desfalcar, reduzir, diminuir.

defalcation, s. desfalque, redução, desconto.

defalcator, s. desfalcador.

defamation, s. difamação, calúnia.

defamatory, adj. difamatório.

defamer, s. difamador.

default, s. falta, omissão; descuido, negligência.

default (to), v. tr. e intr. não cumprir, faltar a; violar.

defaulter, s. delinquente, negligente.

defeasible, adj. anulável, revogável.

defeat, s. derrota, desbarato, revés, destroço.

defeat (to), v. tr. derrotar, desbaratar, destroçar, vencer.

defective, adj. defectivo, defeituoso, imperfeito.

defence, s. defesa, auxílio, protecção.

defend (to), v. tr. e intr. defender, proteger, auxiliar, sustentar, manter, amparar; vingar.

defendant, s. demandado, réu; defensor.

defender, s. defensor, advogado, protector.

defending counsellor, s. advogado de defesa.

defensive, 1. s. defensiva; 2. adj. defensivo.

defer (to), 1. v. tr. adiar, dilatar, protelar, diferir; ceder; condescender; 2. v. intr. demorar-se; consentir.

deference, s. deferência, condescendência; consideração, respeito.

deferent, adj. deferente, respeitador.

defiance, s. desafio, provocação, desobediência.

defiant, adj. audacioso, provocador.

deficiency, s. deficiência, falta; imperfeição, defeito.

deficient, adj. deficiente, incompleto.

deficit, s. défice, falta.

defile, s. desfiladeiro, desfile.

defile (to), 1. v. intr. desfilar; 2. v. tr. manchar, sujar, profanar.

define (to), 1. v. tr. definir, explicar, determinar, circunscrever, limitar; 2. v. intr. decidir.

definite, adj. definido, determinado, limitado.

definition, s. definição, explicação.

definitive, adj. definitivo, decisivo, peremptório.

deflagrate (to), 1. v. tr. pôr em deflagração, deflagrar, incendiar, abrasar; 2. v. intr. arder.

deflagration, s. deflagração, combustão, incêndio.

deflect (to), 1. v. tr. fazer desviar, apartar, separar; 2. v. intr. desviar-se.

deflection, s. desvio, declinação da agulha.

defloration, s. desfloração, desfloramento; estupro.

deflower (to), v. tr. desflorar.

deform (to), v. tr. deformar, desfigurar.

deformation, s. deformação, desfiguração.

defraud (to), v. tr. defraudar, enganar, iludir.

defray (to), v. tr. custear; pagar, satisfazer.

defrost, v. tr. descongelar.

deft, adj. conveniente, próprio, apto; destro.

defy (to), v. tr. desafiar, provocar, afrontar; desdenhar.

degenerate, s. e adj. degenerado.

degenerate (to), v. intr. degenerar.

degeneration, s. degeneração.

deglutinate (to), v. tr. despegar, desgrudar.

degradation, s. degradação, perversidade.

degrade (to), v. tr. e intr. degradar, aviltar, depor; degenerar.

degrading, adj. degradante.

degree, s. grau, classe, qualidade, condição; graduação; degrau; to **take one's degree:** licenciar-se, formar-se; in **some degree:** em certa medida; by **degrees:** a pouco e pouco.

dehumanize (to), v. tr. desumanizar.

dehydrate (to), v. tr. desidratar, privar da água.

deification, s. deificação, divinização, apoteose.

deify (to), v. tr. deificar, divinizar, fazer apoteose.

deign (to), 1. v. intr. dignar-se, condescender; **2.** v. tr. permitir, conceder.

deist, s. deísta.

deity, s. deidade; divindade.

deject (to), v. tr. prostrar, desanimar, desalentar.

del., abreviatura de **delete.**

delay, s. demora, dilação; adiamento, atraso.

delay (to), v. tr. e intr. demorar, retardar, adiar, atrasar.

delegacy, s. delegacia, delegação.

delegate, s. delegado, enviado, comissionado.

delegate (to), v. tr. delegar, comissionar.

delegation, s. delegação, comissão.

delete (to), v. tr. apagar, safar, eliminar.

delf, s. mina, desaguadouro.

deliberate (to), v. tr. deliberar, resolver, ponderar.

deliberation, s. deliberação, decisão, reflexão.

delicacy, s. delicadeza, civilidade, finura; asseio, apuro; urbanidade; pl. coisas boas, acepipes.

delicate, adj. delicado, fino, apurado, cortês, polido; delgado; frágil, débil; efeminado; puro, casto; mimoso, terno.

delicatessen, 1. s. loja onde são vendidas iguarias; **2.** s. pl. iguarias.

delicious, adj. delicioso, agradável, saboroso.

delict, s. delito, culpa.

delight, s. deleite; gozo, prazer, encanto.

delight (to), v. tr. deleitar, deliciar, agradar, encantar.

delimit (to), v. tr. delimitar, demarcar.

delimitation, s. delimitação.

delineate (to), v. tr. delinear, esboçar, descrever.

delineation, s. delineação, esboço.

delinquency, s. delinquência, crime, delito, culpa.

delinquent, s. e adj. delinquente, culpado.

delirious, adj. delirante.

deliver (to), v. tr. livrar, libertar; dar, entregar, ceder; dar à luz; comunicar, expor, exprimir; recitar, dizer, pronunciar.

deliverance, s. entrega; distribuição; parto.

deliverer, s. libertador; distribuidor.

delivery, s. livramento, entrega; distribuição; dicção; expedição; parto.

dell, s. vale pequeno; fosso, caverna, ravina.

delta, s. delta.

delude (to), v. tr. iludir, enganar, seduzir.

deluder, s. enganador, sedutor.

deluge, s. dilúvio, inundação, calamidade.

deluge (to), v. tr. inundar, submergir, alagar.

delusion, s. engano, embuste, dolo, fraude, ilusão.

delusive, adj. ilusório, enganador, sedutor.

delve (to), v. tr. cavar, escavar; sondar, examinar.

demagnetization, s. desmagnetização.

demagnetize (to), v. tr. desmagnetizar.

demagogic, adj. demagógico.

demagogue, s. demagogo.

demagogy, s. demagogia.

demand, s. pedido, reclamação; (com.) ordem, demanda, exigência; pergunta.

demand (to), v. tr. pedir, reclamar; exigir; perguntar.

demarcate (to), v. tr. demarcar, delimitar.

demarcation, s. demarcação.

dement (to), v. tr. enlouquecer.

demerit, s. demérito.

demise, s. falecimento, morte; sucessão da coroa; transferência de propriedade.

demission, s. demissão, exoneração.

demobilization, s. desmobilização.

demobilize (to), v. tr. desmobilizar, debandar.

democracy, s. democracia.

democrat, s. democrata.

democratic, adj. democrático.

demography, s. demografia.

demolish (to), v. tr. demolir, derrubar, arrasar.

demolisher, s. demolidor.

demolition, s. demolição, destruição.

demon, s. Demónio.

demoniac, adj. endemoninhado; demoníaco.

demonstrate (to), v. tr. demonstrar, provar.

demonstration, s. demonstração, prova; manifestação.

demonstrative, adj. demonstrativo, provocatório.

demoralization, s. desmoralização; corrupção.

demoralize (to), v. tr. desmoralizar; corromper.

den, s. caverna, antro, esconderijo.

den (to), v. intr. habitar em caverna.

denary, adj. decimal.

denationalize (to), v. tr. desnacionalizar.

denaturalize (to), v. tr. desnaturalizar; desfigurar.

dene, s. duna, pequeno monte de areia perto do mar; deão; vale.

deniable, adj. negável.

denial, s. negativa, recusa, negação.

denier, s. negador, contraditor.

denomination, s. denominação, nome, designação.

denominator, s. denominador.

denotation, s denotação, indício, designação.

denote (to), v. tr. denotar, indicar, dar a conhecer, significar, designar.

denounce (to), v. tr. denunciar, delatar; publicar, anunciar; acusar; promulgar.

denouncement, s. denúncia, acusação, denunciação; publicação.

denouncer, s. denunciador, delator, denunciante, acusador.

dense, adj. denso, compacto, espesso; estúpido.

density, s. densidade, espessura.

dent, s. mossa; boca (numa faca, num canivete, etc.).

dent (to), v. intr. amolgar, esmurrar; abrir boca (num instrumento cortante).

dental, adj. dental.

dentate, adj. dentado.

denticle, s. dentículo, pequeno dente.

dentist, s. dentista.

dentistry, s. cirurgia dental.

dentition, s. dentição.

denture, *s.* dentadura.

denudation, *s.* desnudação; erosão.

denude (to), *v. tr.* desnudar, despir, pôr a descoberto.

denunciate (to), *v. tr.* denunciar, delatar, acusar.

denunciation, *s.* denúncia, acusação.

denunciator, *s.* denunciante, delator.

deny (to), *v. tr.* negar, desmentir; recusar, renegar, abjurar; desdizer-se, contradizer.

deodorization, *s.* desodorização.

deodorize (to), *v. tr.* desodorizar.

deoxidization, *s.* desoxidação.

deoxidize (to), *v. tr.* desoxidar.

depart (to), *v. intr.* partir; desviar-se, afastar-se, ir-se embora; morrer.

department, *s.* departamento, distrito, divisão territorial; repartição militar; ministério; repartição pública.

departure, *s.* partida, saída; morte; abandono; renúncia; diferença de meridiano.

depend (to), *v. intr.* pender, depender, estar sujeito a.

dependable, *adj.* que merece confiança; seguro, certo.

dependant, 1. *adj.* dependente, subordinado; sujeito a; **2.** *s.* aderente, partidário.

dependence, *s.* dependência, subordinação; sujeição; confiança.

dependency, *s.* dependência, edifício anexo, sucursal.

dependent, *adj.* subordinado, dependente, subalterno.

depilate (to), *v. tr.* depilar, extrair os pêlos ou o cabelo.

depilatory, *s.* depilatório.

deplete (to), *v. tr.* esvaziar, esgotar.

depletion, *s.* esgotamento.

deplorable, *adj.* deplorável, lamentável.

deplore (to), *v. tr.* deplorar, lamentar, lastimar.

deplume, *v. tr.* depenar.

depolarization, *s.* despolarização.

depolarize (to), *v. tr.* despolarizar.

depopulation, *s.* despovoamento, assolação.

deport (to), 1. *v. tr.* exilar; deportar, degradar, desterrar; **2.** *v. intr.* exilar-se.

deportation, *s.* desterro, exílio, deportação.

deportment, *s.* comportamento, porte.

depose (to), *v. tr.* depor, destituir; fazer um depoimento em juízo.

deposit, *s.* depósito; penhor; fezes.

deposit (to), *v. tr.* depositar, pôr em depósito, consignar.

depositary, *s.* depositário; depósito.

deposition, *s.* deposição; destituição; testemunho, depósito.

depositor, *s.* depositante.

depository, *s.* lugar de depósito, armazém.

depravation, *s.* depravação, perversão.

deprave (to), *v. tr.* depravar, corromper, perverter.

deprecate (to), *v. tr.* deprecar, rogar, suplicar.

deprecation, *s.* deprecação, súplica, prece, rogos.

deprecatory, *adj.* deprecatório, suplicante.

depreciate (to), *v. tr.* depreciar, deprimir, rebaixar.

depreciation, *s.* depreciação, desvalorização.

depredate (to), *v. tr.* saquear, assolar, devastar.

depredator, s. saqueador, depredador.

depredatory, s. depredatório, em que há roubo.

depress (to), v. tr. deprimir, abaixar, rebaixar, humilhar.

depressing, adj. desanimador, humilhante.

depression, s. depressão, abaixamento.

deprivation, s. privação, carência, falta, perda.

deprive (to), v. tr. privar, desapossar, despojar, tirar.

depth, s. profundidade, fundo, altura; abismo; espessura; o centro, a parte interior; (fig.) o mar.

depute (to), v. tr. deputar, delegar.

deputy, s. deputado, delegado, comissionado.

derail (to), v. tr. e intr. descarrilar; fazer descarrilar.

derailment, s. descarrilamento.

derange (to), v. tr. desarranjar, desorganizar.

derangement, s. desarranjo, transtorno, desordem.

deride (to), v. tr. zombar, escarnecer, ridicularizar, mofar.

derider, s. escarnecedor, zombador.

derision, s. irrisão, zombaria.

derisive, adj. irrisório; ridículo.

derivation, s. derivação; etimologia, descendência.

derive (to), 1. v. tr. derivar, deduzir; **2.** v. intr. derivar-se, proceder, provir de.

derm, s. derme.

dermal, adj. dérmico, cutâneo.

dermatitis, s. dermatite.

dermatologist, s. dermatologista.

derogate (to), v. tr. derrogar, revogar, anular; abolir.

derogation, s. derrogação, revogação; anulação.

derrik, s. grua, guindaste, guincho para grandes pesos.

descend (to), v. tr. e intr. descer, baixar; descender, provir; rebaixar-se; cair sobre.

descendant, s. e adj. descendente.

descent, s. descida, ladeira, rampa; inclinação, obliquidade, encosta; descendência.

describe (to), v. tr. descrever, narrar, indicar; delinear, explicar, representar.

description, s. descrição, narração, representação; classe, natureza.

descriptive, adj. descritivo.

descry (to), v. tr. descobrir, avistar ao longe, observar.

desecrate (to), v. tr. profanar.

desecration, s. profanação.

desert, 1. s. deserto, ermo, solidão; **2.** adj. deserto, ermo, despovoado, solitário.

deserter, s. desertor.

deserve (to), v. tr. e intr. merecer, ser digno de, ter merecimento.

deserving, 1. s. mérito, merecimento; **2.** adj. digno, merecedor.

desiderate (to), v. tr. desejar, querer, ter falta de.

design, s. desígnio, intenção, projecto; maquinação, trama; desenho, esboço.

design (to), v. tr. e intr. projectar, tencionar; intentar; maquinar; designar, indicar; propor-se.

designate, adj. designado.

designate (to), v. tr. designar, indigitar, nomear; apontar, distinguir.

designation, s. designação, desígnio; nomeação.

designer, s. inventor, autor de um projecto.

desirable, adj. desejável, apetecível.

desire, s. desejo, ânsia, vontade, apetite.

desire (to), v. tr. desejar, querer, apetecer, ansiar.

desist (to), v. intr. desistir, renunciar; abster-se.

desistance, s. desistência, renúncia.

desk, s. carteira, secretária, estante.

desolate, adj. desolado, deserto, solitário; desprezado; abandonado; desconsolado, amargurado.

desolate (to), v. tr. desolar, devastar, assolar.

desolation, s. desolação, devastação, tristeza.

despair, s. desespero.

despair (to), v. intr. desesperar, perder a esperança.

despatch, s. despacho, expedição, aviamento; mensagem, comunicação, missiva.

despatch (to), v. tr. despachar, expedir, aviar; concluir, abreviar; matar.

desperado, s. malfeitor, bandido.

desperate, adj. desesperado, furioso, terrível.

desperation, s. desesperação, desespero, furor.

despicable, adj. desprezível, baixo, vil.

despise (to), v. tr. desprezar, menosprezar.

despite, 1. s. despeito, desdém, injúria, ultraje; **2.** prep. apesar de, não obstante.

despoil (to), v. tr. despojar, espoliar; roubar.

despoiler, s. esbulhador, espoliador, ladrão.

despond (to), v. intr. desanimar, desesperar, desalentar; desesperar-se, desanimar-se.

despondent, adj. desanimado, desalentado.

despot, s. déspota, tirano.

despotic, adj. despótico.

despotism, s. despotismo, absolutismo, tirania.

dessert, s. sobremesa.

destination, s. destinação, destino.

destine (to), v. tr. destinar, determinar, designar, dedicar.

destiny, s. destino, fado, sina, sorte.

destitution, s. privação, desamparo.

destroy (to), v. tr. destruir, exterminar, arrasar, extinguir.

destroyer, s. destruidor, exterminador; assolador.

destruction, s. destruição, ruína, devastação.

destructive, adj. destrutivo.

destructor, s. destruidor, exterminador.

desultory, adj. variável, inconstante; vago, indefinido; incoerente, irregular.

detach (to), v. tr. destacar, separar, desprender.

detached, adj. separado; **a detached house:** casa de quatro frentes.

detail, s. particularidade, pormenor, minudência.

detail (to), v. tr. e intr. pormenorizar, circunstanciar, especificar, narrar circunstanciadamente; destacar, nomear para um serviço especial.

detailed, adj. pormenorizado, minucioso.

detain (to), v. tr. reter, deter, suster, retardar.

detainer, s. detenção, prisão; detentor.

detect (to), v. tr. descobrir, averiguar, procurar saber, investigar; revelar.

detection, s. descoberta, averiguação, investigação.

detective, 1. s. investigador policial; **2.** adj. hábil para descobrir ou investigar; **detective story:** romance policial.

detector, s. descobridor.

detent, s. alavanca de máquina; escape de relógio.

detention, s. detenção, retenção, prisão.

deter (to), v. tr. desviar; desanimar, dissuadir.

detergent, adj. e s. detergente; detersivo.

deteriorate (to), 1. v. tr. deteriorar, danificar, estragar, arruinar; **2.** v. intr. deteriorar-se.

deterioration, s. deterioração, dano, prejuízo.

determinant, 1. adj. determinante; **2.** s. causa determinante.

determinate, adj. determinado, definido.

determination, s. determinação, decisão.

determinative, adj. determinativo.

determine (to), v. tr. e intr. determinar, resolver, decidir; estabelecer, fixar; concluir, terminar.

deterrent, 1. adj. impeditivo, dissuasivo; **2.** s. impedimento; intimidação.

detest (to), v. tr. detestar, abominar, aborrecer.

detestable, adj. detestável, abominável.

dethrone (to), v. tr. destronar.

detonate (to), v. tr. e intr. detonar, causar detonação; fazer detonar.

detonation, s. detonação.

detonator, s. detonador, explosivo.

detract (to), v. tr. detrair, difamar, infamar, caluniar.

detraction, s. calúnia, infâmia, detracção.

detractive, adj. infamatório, difamante.

detractor, s. difamador, caluniador.

detriment, s. detrimento, dano, prejuízo.

detrition, s. atrito.

detruncate (to), v. tr. destroncar, mutilar; podar.

deuce, s. dois; duque (nas cartas ou nos dados); quarenta (para ambos os adversários) no jogo do ténis; (fam.) Demónio.

devaluate (to), v. tr. desvalorizar.

devastate (to), v. tr. devastar, assolar; gastar, dissipar.

devastation, s. devastação, assolação.

develop (to), 1. v. tr. desenvolver, fomentar; revelar (em fotografia); **2.** v. intr. progredir, prosperar; crescer.

development, s. desenvolvimento, crescimento, progresso, manisfestação.

deviate (to), v. intr. desviar-se, separar-se, apartar-se; desencaminhar-se, extraviar-se; dissentir; convergir.

deviation, s. desvio; divergência, variação, erro.

device, s. projecto, plano; meio, expediente; ardil, estratagema; invenção, dispositivo, instrumento, emblema.

devil, s. Demónio, Diabo.

devil (to), v. tr. condimentar fortemente.

devious, adj. desviado, afastado; extraviado, errante.

devisable, adj. ideável, imaginável.

devise (to), v. tr. imaginar, idear, inventar, projectar.

devisee, s. herdeiro, legatário.

deviser, s. inventor, autor.

devitalize (to), v. tr. desvitalizar, tirar a vitalidade a.

devoid, adj. livre, isento; desprovido, falto.

devolution, s. devolução, entrega; transmissão.

devolve (to), v. tr. e intr. devolver, entregar, transmitir; precipitar, fazer rolar.

devote (to), v. tr. votar, consagrar, dedicar.

devoted, adj. devotado, consagrado, dedicado; infeliz.

devotee, s. devoto; adepto, simpatizante.

devotion, s. devoção, zelo, dedicação; pl. orações.

devour (to), v. tr. devorar, tragar, consumir, destruir.

dew, s. orvalho, rocio; relento.

dexter, adj. destro, direito; favorável, propício.

dexterity, s. destreza, agilidade, habilidade, perícia.

dexterous, adj. destro, hábil, esperto, fino, sagaz.

diabetes, s. diabetes.

diabetic, adj. diabético.

diabolic, adj. diabólico

diadem, s. diadema.

diagnose (to), v. tr. diagnosticar.

diagnosis, s. diagnose, diagnóstico.

diagnostic, s. e adj. diagnóstico.

diagonal, s. e adj. diagonal.

diagram, s. diagrama, gráfico.

dial, s. mostrador (de relógio, etc.); quadrante solar; relógio de sol; disco (de telefone).

dial (to), v. tr. indicar, medir; discar, marcar (telefone).

dialect, s. dialecto.

dialectic, 1. s. dialéctica; **2.** adj. dialéctico, dialectal.

dialogue, s. diálogo.

diameter, s. diâmetro.

diamond, s. diamante; naipe de ouros (nas cartas).

diapason, s. diapasão; harmonia.

diaper, s. guardanapo; (E.U.A.) fralda; adorno, arabesco.

diaphanous, adj. diáfano, transparente.

diaphragm, s. diafragma.

diarist, s. pessoa que tem um diário.

diarrhoea, s. diarreia.

diary, s. diário, jornal; agenda.

diatribe, s. diatribe, censura, crítica.

dib (to), v. intr. mergulhar.

dibble (to), v. tr. plantar, sachar, semear.

dice (to), v. intr. jogar os dados.

dickens, s. Demónio, Diabo.

dictaphone, s. dictafone.

dictate, s. máxima, sentença, ordem; ditado.

dictate (to), v. tr. e intr. ditar, ordenar, mandar; sugerir.

dictation, s. ditado; ordem arbitrária.

dictator, s. ditador; governador absoluto; aquele que dita.

dictatorial, adj. ditatorial, absoluto, arbitrário.

dictatorship, s. ditadura.

diction, s. dicção, linguagem, expressão, estilo.

dictionary, s. dicionário.

did, pret. do verbo to do.

didactic, adj. didáctico.

diddle (to), 1. v. intr. cambalear, vacilar, hesitar; **2.** v. tr. (fam.) lograr, enganar.

diddler, s. enganador, vigarista.

die (to), v. intr. morrer, falecer, extinguir-se; evaporar-se.

diet, s. dieta, regime alimentar, comida, alimento; **to be on a diet:** estar de dieta.

diet (to), v. tr. e intr. pôr a dieta; alimentar; estar de dieta.

dietary, 1. s. dieta medicinal; **2.** adj. dietético.

dietetic, adj. dietético.

dietetics, s. dietética.

differ (to), v. tr. e intr. diferir, discordar; diferenciar-se.

difference, s. diferença, distinção, desigualdade.

different, adj. diferente, desigual, distinto, diverso.

differential, s. e adj. diferencial.

differentiate (to), 1. v. tr. diferenciar, distinguir; **2.** v. intr. diferenciar-se.

differentiation, s. diferenciação, diferença.

difficult, adj. difícil, dificultoso; áspero, obscuro.

difficulty, s. dificuldade, obstáculo, oposição, apuro; objecção, reparo, dúvida.

diffident, adj. desconfiado, tímido, envergonhado.

diffraction, s. difracção.

diffuse, adj. difuso; espalhado, derramado, estendido.

diffuse (to), v. tr. difundir, espalhar, derramar.

diffusion, s. difusão, prolixidade; propagação; espargimento, dispersão.

diffusive, adj. difusivo.

dig, s. escavação; remoque; (fam.) pensão; alojamento.

dig (to), 1. v. tr. (pret. e p.p. **dug**) cavar, escavar; **2.** v. intr. lavrar, trabalhar com a enxada; (fam.) habitar, alojar; **to dig up:** desenterrar.

digest, s. digesto (código de leis); resumo.

digest (to), v. tr. digerir; elaborar, classificar, ordenar, resumir; compilar; pensar; meditar; sofrer, tolerar.

digestible, adj. digerível.

digestion, s. digestão.

digestive, s. e adj. digestivo.

digger, s. cavador.

dight (to), v. tr. ornamentar, adornar.

digit, s. dígito, dedo.

digital, adj. digital.

dignify (to), v. tr. dignificar, elevar, exaltar.

dignity, s. dignidade, honradez, seriedade.

digress (to), v. intr. divagar, afastar-se do assunto.

digression, s. digressão, desvio, afastamento.

digressive, adj. digressivo.

dike, s. dique, doca, represa; canal, leito de rio.

dike (to), v. tr. represar, cercar de diques.

dilapidate (to), v. tr. e intr. dilapidar, esbanjar, dissipar; arruinar-se.

dilapidation, s. dilapidação, esbanjamento.

dilatable, adj. dilatável.

dilatation, s. dilatação.

dilate (to), 1. v. tr. dilatar, estender; **2.** v. intr. dilatar-se.

dilation, s. dilação; adiamento.

dilator, s. dilatador.

dilemma, s. dilema.

diligence, s. diligência, actividade, cuidado, atenção.

diligent, adj. diligente, activo, cuidadoso, vivo.

dilly-dally (to), v. tr. desperdiçar o tempo.

diluent, s. e adj. diluente, dissolvente.

dilute, adj. diluído, fraco, atenuado.

dilute (to), v. tr. diluir, dissolver; enfraquecer.

dilution, s. diluição, enfraquecimento.

diluvial, adj. diluviano.

dim, adj. obscuro, escuro, fusco, turvo, sombrio, pálido.

dim (to), v. tr. obscurecer, ofuscar; extinguir-se.

dimension, s. dimensão, tamanho, extensão.

diminish (to), v. tr. e intr. diminuir, reduzir, minorar, enfraquecer, debilitar.

diminutive, adj. diminutivo, diminuto.

dimple, s. covinha no queixo; ondulação.

din, s. estrondo, estrépito, barulho, ruído.

din (to), v. tr. e intr. fazer barulho, estrondear; ensurdecer.

dine (to), 1. v. tr. jantar; 2. v. intr. dar de jantar; alimentar.

ding (to), v. intr. fazer barulho; retinir; repicar.

dingle, s. vale pequeno e estreito.

dingy, adj. escuro, moreno, sujo, manchado.

dining-car, s. carruagem-restaurante.

dining-room, s. sala de jantar.

dining-table, s. mesa de sala de jantar.

dinner, s. jantar.

dint, s. golpe, pancada, choque; força, poder, eficácia.

diocesan, s. e adj. diocesano.

diocese, s. diocese.

dip, s. mergulho, imersão; declive.

dip (to), 1. v. tr. mergulhar, imergir, molhar, banhar; 2. v. intr. submergir-se, afundar-se; tomar parte numa empresa.

diphtheria, s. difteria.

diploma, s. diploma.

diplomacy, s. diplomacia; prudência, cautela.

diplomat, 1. s. diplomata; 2. adj. diplomático; prudente.

diplomatic, adj. diplomático; **the diplomatic corps:** o corpo diplomático.

dire, adj. medonho, terrível, horrível, horrendo.

direct, adj. directo, imediato; evidente, claro, patente; direito, recto.

direct (to), v. tr. dirigir, ordenar; encarregar; conduzir; apontar; governar, dispor, mandar, reger.

direction, s. direcção, curso, rumo; governo, maneio; fim, desígnio.

directive, adj. directivo.

director, s. director, regente; guia.

directorship, s. directoria.

directory, s. directório; anuário; livro de moradas.

dirigible, 1. adj. dirigível; 2. s. balão dirigível.

dirk (to), v. tr. apunhalar.

dirt, s. imundície, porcaria, excremento, lodo; lama; (fig.) vileza, baixeza.

dirty, adj. sujo, porco, imundo; indecente, desprezível.

dirty (to), v. tr. sujar, emporcalhar, manchar.

disability, s. inabilidade, incapacidade, impotência.

disable (to), v. tr. inabilitar, incapacitar, inutilizar, destruir; desmontar (uma bateria).

disabuse (to), v. tr. desenganar, tirar do erro.

disaccustom, v. tr. desacostumar.

disadvantage, s. desvantagem, prejuízo.

disadvantage (to), v. tr. prejudicar.

disadvantageous, *adj.* desvantajoso, prejudicial, inconveniente.

disaffect (to), *v. tr.* descontentar, indispor.

disaffection, *s.* desafeição, deslealdade.

disagree (to), *v. intr.* discordar; divergir; altercar, contender.

disagreeable, *adj.* discordante, contrário, ostensivo; desagradável.

disagreement, *s.* desacordo, diferença, dissemelhança; discórdia.

disallow (to), *v. tr.* rejeitar, reprovar, desaprovar, negar a autoridade, censurar.

disappear (to), *v. intr.* desaparecer, ausentar-se; perder-se de vista.

disappearance, *s.* desaparecimento.

disappoint (to), *v. tr.* desapontar; desiludir; causar surpresa; malograr; faltar à palavra.

disappointment, *s.* desapontamento, contrariedade; surpresa, revés.

disapprobation, *s.* desaprovação, censura.

disapproval, *s.* desaprovação, censura.

disapprove (to), *v. tr.* desaprovar, reprovar, censurar.

disarm (to), *v. tr.* desarmar; acalmar, apaziguar.

disarmament, *s.* desarmamento.

disarrange (to), *v. tr.* desarranjar, desordenar.

disarrangement, *s.* desarranjo, desordem.

disarray, *s.* desordem, desarranjo, confusão.

disarray (to), *v. tr.* desarranjar, pôr em desordem.

desarticulate (to), *v. tr.* desarticular.

desarticulation, *s.* desarticulação.

disaster, *s.* desastre, desgraça; revés, miséria.

disastrous, *adj.* desastroso.

disavowal, *s.* negação, rejeição.

disbark (to), *v. tr.* descascar.

disbelief, *s.* incredulidade, descrença.

disbelieve (to), *v. tr.* descrer.

discard (to), *v. tr. e intr.* descartar-se (ao jogo); despedir; rejeitar; banir do espírito; desfazer-se de.

discern (to), *v. tr. e intr.* discernir, distinguir, julgar; descobrir, perceber.

discharge, *s.* descarga; tiro; libertação; cumprimento; pagamento; recibo.

discharge (to), *v. tr.* descarregar, desembarcar; disparar; pagar, cumprir; soltar, absolver; dispensar, exonerar.

discharger, *s.* descarregador.

disciple, *s.* discípulo, apóstolo, sequaz, sectário.

discipline, *s.* disciplina, educação, ensino; correcção, castigo; ordem, método; obediência; rigor, mortificação.

discipline (to), *v. tr.* disciplinar, educar, castigar, corrigir, reformar.

disclaim (to), *v. tr. e intr.* negar, desconhecer, renunciar.

disclaimer, *s.* renunciante; renúncia, repúdio.

disclose (to), *v. tr.* descobrir; revelar, publicar.

disclosure, *s.* declaração, descoberta, revelação.

disco, *s.* discoteca.

discoloration, *s.* descoloração.

discolour (to), *v. tr.* descolorir, tirar a cor.

discomfort, s. desconforto, incómodo, enfado.

discomfort (to), v. tr. desconfortar, incomodar.

discompose (to), v. tr. desordenar; transtornar, desconcertar.

discomposure, s. desordem, confusão; transtorno, inquietação.

disconcert (to), v. tr. desconcertar, confundir, perturbar, atrapalhar.

disconnect (to), v. tr. desunir, separar, dividir.

disconnection, s. desunião, separação, divisão.

disconsolate, adj. desconsolado, inconsolável.

discontent, adj. descontente, desgostoso.

discontent (to), v. tr. descontentar.

discontinuance, s. descontinuidade, interrupção.

discontinue (to), v. tr. descontinuar, interromper.

discontinuity, s. descontinuidade, interrupção.

discontinuous, adj. descontínuo, interrompido.

discord, s. discórdia, desavença, dissenção.

discord (to), v. tr. discordar, divergir.

discount, s. desconto, abatimento, redução.

discount (to), v. tr. descontar, abater, diminuir.

discountenance, s. desagrado, mau acolhimento.

discountenance (to), v. tr. desaprovar, desfavorecer.

discourage (to), v. tr. desanimar, desencorajar, desalentar, descoroçoar.

discouragement, s. desânimo, desalento.

discouraging, adj. desanimador.

discourse, s. discurso, conversação.

discourse (to), v. intr. discursar, dissertar.

discourser, s. orador.

discover (to), v. tr. descobrir, inventar, achar; revelar, manifestar, exibir.

discoverer, s. descobridor, explorador.

discovery, s. descoberta, descobrimento.

discredit, s. descrédito, desonra, desconfiança.

discredit (to), v. tr. e intr. desacreditar, descrer, duvidar; desonrar.

discreet, adj. discreto, prudente, circunspecto; grave, sério, judicioso.

discrepancy, s. discrepância, discordância.

discrepant, adj. discrepante, divergente.

discrete, adj. separado, desunido, distinto, descontínuo.

discretion, s. discrição, prudência; cautela.

discretive, adj. separado, distinto.

discriminate, adj. discriminado, separado, distinto.

discriminate (to), v. tr. discriminar, separar.

discriminating, adj. discriminador, discriminativo.

discrimination, s. discriminação, distinção.

discriminative, adj. distinto, característico; discriminatório.

discursive, adj. divagante; discursivo, digressivo.

discuss (to), v. tr. discutir, debater, examinar, tratar.

discussion, s. discussão, debate, exame; estudo.

disdain, s. desdém, desprezo; altivez.

disdain (to), v. tr. desdenhar, desprezar, menosprezar.

disease, s. doença, enfermidade.

diseased, adj. enfermo, doente, mórbido.

disembark (to), v. tr. e intr. desembarcar.

disembarkment, s. desembarque.

disembarrass (to), v. tr. desembaraçar.

disembarrassment, s. desembaraço.

disembowel (to), v. tr. desentranhar, estripar.

disenchant (to), v. tr. desencantar.

disenchantment, s. desencanto.

disencumber (to), v. tr. desembaraçar.

disengage (to), v. tr. e intr. desembaraçar; desocupar; desunir, separar; desembaraçar-se.

disentangle, v. tr. desligar, separar; desenredar.

disentanglement, s. desembaraço.

disestablishment, s. separação da Igreja do Estado.

disfavour, s. desfavor, desvalimento.

disfiguration, s. desfiguração, deformação.

disfigure (to), v. tr. desfigurar, deformar, desnaturar.

disfranchise (to), v. intr. privar dos direitos civis.

disgorge (to), v. tr. vomitar; restituir, devolver; arremessar, arrojar.

disgrace, s. desgraça; desonra; vergonha.

disgrace (to), v. tr. desonrar, infamar, afrontar.

disgraceful, adj. ignominioso, vergonhoso, desonroso.

disguise, s. disfarce, máscara, dissimulação.

disguise (to), v. tr. disfarçar, encobrir, mascarar.

disguiser, s. dissimulador, aquele que se disfarça.

disgust, s. desgosto, dissabor; repugnância; tédio.

disgust (to), v. tr. desgostar, repugnar, enfadar.

disgusting, adj. repugnante, fastidioso, desagradável.

dish, s. travessa, prato grande; prato (iguaria).

dish (to), v. tr. servir a comida em pratos grandes ou travessas.

dishearten (to), v. tr. desanimar, desencorajar.

dishonest, adj. desonesto, desleal, infamante; indecente, impuro, ignóbil.

dishonesty, s. desonestidade, deslealdade, impureza, fraude.

dishonour, s. desonra, infâmia, ignomínia, afronta.

dishonour (to), v. tr. desonrar, difamar, infamar, afrontar.

dishorse (to), v. tr. desmontar.

dishwasher, máquina de lavar a louça.

disillusion, s. desilusão, desengano.

disillusion (to), v. tr. desiludir, desenganar.

disinclination, s. desafecto, desamor.

disincline (to), v. tr. repugnar, indispor, malquistar.

disinfect (to), v. tr. desinfectar.

disinfectant, s. desinfectante.

disinfection, s. desinfecção.

disingenuous, adj. falso, dissimulado.

disinherit (to), v. tr. deserdar.

disintegrate (to), v. tr. e intr. desagregar; desintegrar-se.

disintegration, s. desagregação.

disinter (to), v. tr. desenterrar, exumar.

disinterested, adj. indiferente, desinteressado.

disjoin (to), v. tr. separar, desunir, desconjuntar.

disjoint (to), v. tr. deslocar, desmembrar.

disjunct, adj. separado, desunido.

disjunction, s. desunião, separação.

disjunctive, adj. desunido.

disk, s. disco.

disk drive, s. unidade de disco; «drive».

diskette, s. (inform.) disquete.

dislike, s. aversão, antipatia, desagrado.

dislike (to), v. tr. não gostar de, ter aversão a.

dislocate (to), v. tr. deslocar, desconjuntar.

dislocation, s. deslocação, desconjuntamento.

dislodge (to), v. tr. desalojar; expulsar.

dislodgement, s. desalojamento.

disloyal, adj. falso, desleal, infiel.

disloyalty, s. falsidade, deslealdade.

dismantle (to), v. tr. desmantelar, desguarnecer, desarmar, desmontar.

dismay, s. desânimo, consternação, terror.

dismay (to), v. tr. desanimar, aterrar.

dismember (to), v. tr. desmembrar.

dismemberment, s. desmembramento.

dismiss (to), v. tr. demitir, exonerar, despedir; expedir, despachar; suspender (embargos); destituir;

licenciar; mandar embora; dissolver (uma assembleia).

dismount (to), 1. v. tr. desmontar, desarmar; **2.** v. intr. apear-se, descer.

disobedience, s. desobediência, rebeldia.

disobedient, adj. desobediente.

disobey (to), v. tr. e intr. desobedecer.

disoblige (to), v. tr. ofender, desgostar; desobrigar.

disorder, s. desordem, tumulto, confusão; indisposição.

disorder (to), v. tr. desordenar, confundir, perturbar.

disorganization, s. desorganização.

disorganize (to), v. tr. desorganizar.

dispair (to), v. tr. separar; desemparelhar.

disparage (to), v. tr. deprimir, aviltar, rebaixar, desacreditar, menosprezar.

disparity, s. disparidade, desigualdade.

dispatch, s. despacho, expedição, missiva.

dispatch (to), v. tr. e intr. despachar, expedir, aviar; comer; liquidar.

dispel (to), v. tr. dissipar, expedir.

dispensable, adj. dispensável.

dispensary, s. dispensário.

dispensatory, 1. s. dispensatório, farmacopeia; **2.** adj. dispensador.

dispense (to), v. tr. e intr. dispensar, isentar; distribuir, atribuir, dar; administrar (justiça).

dispenser, s. administrador; farmacêutico.

disperse (to), 1. v. tr. dispersar, espalhar, separar; dissipar; **2.** v. intr. dispersar-se.

dispersion,dispersão.

dispersive, *adj.* dispersivo.

dispirit (to), *v. tr.* desanimar, desalentar.

displace (to), *v. tr.* deslocar; desalojar; desarrumar.

displacement, *s.* deslocação; desarrumação; mudança.

display, *s.* exibição, exposição, ostentação, aparato, manifestação; visualização.

display (to), *v. tr.* exibir, mostrar; expor; estender, desenrolar, arvorar (a bandeira); ostentar, manifestar.

displayer, *s.* ostentador, expositor.

displease (to), *v. tr.* e *intr.* desagradar; ofender, inquietar.

displeasure, *s.* descontentamento, desgosto, desagrado.

disposable, *adj.* disponível.

disposal, *s.* disposição; ordem; vontade; colocação, situação; distribuição; venda.

dispose (to), *v. tr.* e *intr.* dispor, colocar, regular; arranjar, distribuir; vender; fazer disposições; ajustar.

disposition, *s.* disposição; ordem; índole, carácter.

dispossess (to), *v. tr.* desapossar, espoliar, desalojar.

dispraise, *s.* censura, repreensão.

dispraise (to), *v. tr.* repreender, censurar, condenar.

disproof, *s.* refutação, impugnação.

disproportion, *s.* desproporção, desigualdade.

disproportional, *adj.* desproporcional.

disproportionate, *adj.* desproporcionado.

disproval, *s.* refutação, impugnação.

disprove (to), *v. tr.* refutar, impugnar.

disputable, *adj.* disputável, discutível, duvidoso.

disputant, *adj.* e *s.* disputante, disputador.

disputation, *s.* disputa, contestação, controvérsia.

dispute, *s.* disputa, contenda, controvérsia.

dispute (to), *v. tr.* e *intr.* disputar, discutir, contender, altercar, debater, argumentar, refutar.

disqualification, *s.* desqualificação.

disqualify (to), *v. tr.* desqualificar.

disquiet, *s.* desassossego, inquietação.

disquiet (to), *v. tr.* inquietar, desassossegar.

disregard, *s.* falta de cuidado, negligência.

disregard (to), *v. tr.* não prestar atenção, menosprezar.

disrepair, *s.* mau estado (por falta de conserto).

disreputable, *adj.* desonroso, difamado.

disrespect, *s.* desatenção, falta de respeito.

disrespect (to), *v. tr.* faltar ao respeito, desconsiderar.

disrupt, *adj.* despedaçado, rasgado, roto.

disrupt (to), *v. tr.* despedaçar, rasgar, romper.

dissatisfaction, *s.* descontentamento, pesar.

dissatisfactory, *adj.* não satisfatório.

dissatisfy (to), *v. tr.* descontentar, desagradar.

dissect (to), *v. tr.* dissecar, cortar, retalhar, anatomizar.

disseise (to), *v. tr.* desapossar, usurpar.

disseising, s. usurpação.

dissemblance, s. dissimulação, fingimento.

dissemble (to), v. tr. e intr. dissimular, disfarçar, fingir.

dissembler, s. dissimulador, hipócrita, pessoa fingida.

disseminate (to), v. tr. disseminar, espalhar, semear; divulgar, difundir.

disseminator, s. propagador, disseminador.

dissemination, s. disseminação, propagação.

dissension, s. dissenção, desavença, divergência.

dissent, s. dissenção, divergência, discórdia.

dissent (to), v. intr. discordar, divergir.

dissenter, s. dissidente.

dissentient, s. dissidente.

dissert (to), v. intr. dissertar.

dissertation, s. dissertação, discurso.

disseverance, s. divisão, separação.

dissidence, s. dissidência, divergência.

dissident, s. e adj. dissidente.

dissimilar, adj. dissemelhante, diferente.

dissimilarity, s. dissemelhança, desigualdade.

dissimulate, v. tr. e intr. dissimular, fingir.

dissimulator, s. dissimulador, hipócrita, fingido.

dissimulation, dissimulação, fingimento, hipocrisia.

dissipate (to), v. tr. e intr. dissipar, desperdiçar, dispensar, esbanjar; dissipar-se.

dissipation, s. dissipação, esbanjamento.

dissociable, adj. insociável, intratável.

dissociation, s. desunião, separação, divisão.

dissolubility, s. dissolubilidade.

dissolute, adj. dissoluto, devasso, libertino.

dissolution, s. dissolução, separação.

dissolvable, adj. dissolúvel.

dissolve (to), v. tr. e intr. dissolver, diluir, desfazer; derreter; separar; dispersar; anular; desatar; dissolver-se, evaporar-se; decompor-se; enervar-se.

dissonance, s. dissonância.

dissonant, adj. dissonante.

dissuade (to), v. tr. dissuadir; desviar.

dissuasion, s. dissuasão, despersuasão.

dissuasive, adj. dissuasivo.

dissymetry, s. dissimetria, falta de simetria.

distance, s. distância, afastamento, espaço, intervalo; recato; respeito, reserva; altivez.

distance (to), v. tr. distanciar, ultrapassar, espaçar.

distant, adj. distante, remoto, longínquo.

distaste, s. fastio, repugnância, aversão.

distaste (to), v. tr. desagradar, desgostar.

distemper, s. doença, indisposição; mau humor.

distemper (to), v. tr. incomodar, causar doença; destemperar, perder a serenidade.

distend, v. tr. distender, dilatar, estender.

distensible, adj. dilatável.

distension, s. distensão, dilatação.

distil (to), 1. *v. tr.* destilar; purificar, rectificar; **2.** *v. intr.* destilar.

distillation, *s.* destilação.

distiller, *s.* destilador.

distillery, *s.* destilação; refinaria.

distinct, *adj.* distinto, diferente; precioso; diverso.

distinction, *s.* distinção, diferença; distintivo; prerrogativa, honra.

distinctive, *adj.* distinto, característico.

distinguish (to), *v. tr.* distinguir, diferenciar; classificar; elevar, enaltecer, honrar.

distort (to), *v. tr.* torcer, retorcer; deformar; alterar.

distortion, *s.* distorção; deformação; contorção.

distract (to), *v. tr.* distrair, perturbar, interromper.

distraction, *s.* distracção; perturbação, desordem, confusão, perplexidade; agitação mental.

distrain (to), *v. tr.* penhorar; embargar, sequestrar.

distraint, *s.* embargo, sequestro; penhora.

distrait, *adj.* distraído.

distraught, *adj.* consternado, agitado, desesperado.

distress, *s.* mágoa, angústia, dor, tristeza; aperto, apuro, amargura; desgraça, miséria; escassez, falta.

distress (to), *v. tr.* angustiar, afligir, amargurar.

distressing, *adj.* aflitivo, penoso, angustiante.

distribute (to), *v. tr.* distribuir, dividir; classificar; dispor, arranjar.

distribution, *s.* distribuição, divisão, repartição; classificação.

distributor, *s.* distribuidor.

district, *s.* distrito; bairro; comarca; divisão; jurisdição; região, território.

distrust, *s.* desconfiança, suspeita, receio.

distrust (to), *v. tr.* desconfiar, suspeitar.

disturb (to), *v. tr.* perturbar, inquietar, incomodar, interromper, estorvar; **don't disturb!:** não incomodar!

disturbance, *s.* distúrbio, motim; inquietação, incómodo, agitação, tumulto.

disturber, *s.* perturbador, agitador.

disunion, *s.* desunião, divisão, discórdia.

disunite (to), 1. *v. tr.* desunir, separar, dividir; **2.** *v. intr.* desunir-se, separar-se.

disuse, *s.* desuso; **to fall into disuse:** cair em desuso.

disuse (to), *v. tr.* desacostumar, desabituar.

ditch, *s.* fosso, vala, rego.

ditch (to), *v. tr. e intr.* abrir fossos; cercar com fossos; drenar.

diuretic, *s. e adj.* diurético.

diurnal, 1. *s.* diário, jornal; **2.** *adj.* quotidiano, diário.

divagation, *s.* divagação.

divan, *s.* divã, sofá.

divaricate (to), *v. tr. e intr.* bifurcar; bifurcar-se.

dive, *s.* mergulho.

dive (to), *v. intr.* mergulhar.

diver, *s.* mergulhador.

diverge (to), *v. intr.* divergir, desviar-se, discordar.

divergence, *s.* divergência.

diverse, *adj.* diverso, diferente, variado, distinto.

diversification, *s.* diversificação.

diversify (to), *v. tr.* variar, diversificar, diferenciar.

diversion, *s.* diversão, divertimento, desvio.

diversity, *s.* diversidade, variedade, diferença.

divert (to), v. tr. divertir, desviar; distrair, recrear.

divide (to), 1. v. tr. dividir, separar, desunir, repartir, distribuir; **2.** v. intr. dividir-se, separar-se, desunir-se, desviar-se.

dividend, s. dividendo.

divider, s. partidor; repartidor, distribuidor; divisor.

divination, s. adivinhação.

divine, 1. adj. divino; sublime, excelso; sagrado; admirável; **2.** s. teólogo, padre.

divine (to), v. tr. e intr. adivinhar, conjecturar, pressentir.

diviner, s. adivinho.

diving, s. mergulho.

divinity, s. divindade; teologia.

divisible, adj. divisível.

division, s. divisão, distribuição, repartição; classe, categoria; compartimento; discórdia.

divorce, s. divórcio.

divorce (to), v. tr. e intr. divorciar, separar, divorciar-se.

divorced, adj. divorciado ou divorciada.

divulge (to), v. tr. divulgar, espalhar, revelar, publicar.

dizzy, adj. vertiginoso, aturdido, estouvado.

dizzy (to), v. tr. causar vertigens; aturdir.

do, s. dó (nota de música).

do (to), 1. v. tr. (pret. **did,** p.p. **done**), fazer, efectuar, obrar, praticar, preparar, arranjar; traduzir; enganar; visitar; cozer, assar; adiantar dinheiro; matar; **2.** v. intr. passar (de saúde); bastar, servir; **how do you do?:** como passou?, como vai?

docile, adj. dócil, meigo, submisso.

docility, s. docilidade.

dock, s. doca, dique; (bot.) bardana; rabicho; teia do tribunal.

docker, s. estivador; trabalhador das docas.

docket, s. resumo, extracto, sumário.

doctor, s. doutor, médico.

doctorate, s. doutorado, grau de doutor.

doctrine, s. doutrina, dogma; erudição, ensino.

document, s. documento.

document (to), v. tr. documentar, instruir.

documental, adj. documental.

documentary, adj. documentário.

documentation, s. documentação.

dodder (to), v. intr. tremer, estremecer (de velhice).

dodge, s. evasiva, subterfúgio.

dodge (to), 1. v. tr. enganar, lograr; **2.** v. intr. esquivar-se.

dodger, s. trapaceiro, embusteiro.

doe, s. corça; fêmea de alguns animais.

doer, s. agente; autor; pessoa activa.

doff (to), v. tr. despir, tirar, retirar; livrar-se de; emendar.

dog, s. cão; macho de alguns animais; pessoa vil.

dog (to), v. tr. perseguir, seguir como um cão.

doggish, adj. cínico, cruel, brutal, próprio dos cães.

doggy, 1. s. cão pequeno; **2.** adj. de cão.

dogma, s. dogma.

dogmatic, adj. dogmático.

dogmatize (to), v. tr. dogmatizar.

doing, s. feito, acção, façanha; ocupação.

dole, s. distribuição, quinhão, donativo; dádiva, esmola; dor; angústia, destino, sorte; **to be on the dole:** estar desempregado.

dole (to), v. tr. repartir, distribuir, dividir.

doll, s. boneca, boneco.

dollar, s. dólar.

dolly, s. boneco.

dolorous, adj. doloroso, angustioso.

dolphin, s. delfim, golfinho.

dolt, s. imbecil, parvo, idiota.

domain, s. domínio, senhorio; soberania; império.

dome, s. cúpula, zimbório; catedral, edifício sumptuoso; caixa de vapor na caldeira.

domestic, 1. adj. doméstico, familiar, caseiro; domesticado, servo; **2.** s. doméstico, criado.

domesticate (to), v. tr. domesticar, amansar.

domestication, domesticação.

domesticity, s. domesticidade.

domicile, s. domicílio, residência, habitação, casa.

domiciliary, adj. domiciliário.

dominant, adj. e s. dominante.

dominate (to), v. tr. e intr. dominar, avassalar, governar; predominar.

domination, s. dominação, domínio, império, governo, autoridade, tirania.

dominator, s. dominador, tirano, governador.

dominical, adj. dominical.

domino, s. dominó.

don (to), v. tr. vestir, assumir.

donate (to), v. tr. doar.

donation, s. doação, dádiva.

donative, s. donativo, dádiva.

donator, s. doador.

donatory, s. donatário.

done, 1. p.p. do verbo **to do**; **2.** adj. completado, feito; bem cozido, bem assado; fatigado, enganado.

donkey, s. burro, jumento, asno.

donnish, adj. importante, formal, pedante.

donor, s. doador.

do-nothing, s. e adj. preguiçoso, inútil; desocupado.

donship, s. nobreza, fidalguia.

doom, s. sentença, condenação; destino, sorte; perdição, ruína; estrago.

door, s. porta, entrada.

dormitory, s. dormitório.

dorsal, adj. dorsal.

dosage, s. dosagem.

dose, s. dose, porção.

dose (to), v. tr. dosear; falsificar os vinhos.

dossal, s. dossel.

dot, s. ponto (numa letra); sinal; dote; **dots and dashes:** pontos e traços; **three dots:** reticências.

dot (to), v. tr. pôr pontos num escrito; salpicar; semear.

dote (to), v. tr. e intr. entontecer; amar tontamente; caducar.

doter, s. débil mental, tonto.

dottle, s. restos de tabaco de cachimbo.

dotty, adj. ponteado; (fam.) estúpido.

double, 1. s. dobro, duplicado; pessoa muito parecida com outra; **2.** adj. duplo, dobrado, duplicado; ambíguo, falso; **double bed:** cama de casal; **double bedroom:** quatro de casal; **double boiler:** banho-maria; **double track:** via dupla.

double (to), v. tr. e intr. dobrar, duplicar, repetir.

doubt, s. dúvida, incerteza; suspeita, desconfiança.

doubt (to), v. tr. e. intr. duvidar; suspeitar; recear; desconfiar.

doubter, s. céptico, incrédulo.

douche, s. duche.

douche (to), *v. tr.* e *intr.* tomar duches por razões de saúde.

dough, *s.* massa de farinha; *(fam.)* dinheiro.

doughfaced, *adj.* imbecil, estúpido.

doughnut, *s.* bolo (espécie de sonho ou filhó).

doughty, *adj.* denodado, corajoso, valente, forte, bravo.

doughy, *adj.* pastoso, viscoso.

dout (to), *v. tr.* extinguir; safar, apagar.

dove, *s.* pombo, pomba.

dovetail (to), *v. tr.* atarraxar.

dower, *s.* dote; talento; pensão, tença de viúva.

dowlas, *s.* pano de linho.

down, 1. *s.* penugem, frouxel; duna; *pl.* revés de fortuna; **2.** *adj.* descendente; abatido; **3.** *prep.* e *adv.* em baixo, de baixo, abaixo de, para baixo; **4.** *interj.* abaixo!, fora!

down (to), *v. tr.* derrubar, vencer, derrotar.

downcast, *adj.* inclinado, descendente; triste.

downpour, *s.* aguaceiro.

downright, 1. *adj.* sincero, claro; manifesto, categórico; plano, liso, inequívoco; **2.** *adv.* positivamente.

downrightness, *s.* sinceridade, clareza, franqueza.

downstairs, *adv.* pela escada abaixo; lá em baixo; no andar inferior; em baixo, para baixo.

downward, *adj.* em declive, descendente.

downward(s), *adv.* para baixo.

downy, *adj.* brando, macio, suave; coberto de penugem; felpudo.

dowry, *s.* dote (de noiva); engenho, talento; dote natural.

doze, *s.* sono leve, sonolência; soneca.

doze (to), *v. intr.* dormitar.

dozen, *s.* dúzia.

dozer, *s.* dorminhoco.

dozy, *adj.* sonolento, entorpecido, adormecido.

drab, *adj.* de cor acastanhada; monótono.

drabble (to), *v. tr.* e *intr.* pescar à linha; emporcalhar.

draff, *s.* imundície, lixo, desperdícios, resíduos, fezes.

draft, *s.* saque, letra, ordem de pagamento; desenho, risco, esboço; rascunho; contingente, destacamento (militar).

draft (to), *v. tr.* delinear, traçar, desenhar, esboçar; redigir; esculpir.

draftsman, *s.* desenhador, delineador.

drag, *s.* aparelho para arrastar; draga; grade; fateixa; travão; carro de mão; navio a reboque.

drag (to), *v. tr.* dragar, arrastar, puxar; garrar (a âncora).

draggle (to), *v. tr.* e *intr.* arrastar pela lama, sujar-se, emporcalhar-se; arrastar-se.

dragon, *s.* dragão; homem feroz.

dragoon, *s.* dragão, soldado de cavalaria.

drain, *s.* escoadouro, cano de esgoto, dreno.

drain (to), *v. tr.* e *intr.* drenar, esgotar, enxugar, escoar; escoar-se, secar.

drainage, *s.* drenagem, escoamento.

drama, *s.* drama.

dramatic, *adj.* dramático.

dramatist, *s.* dramaturgo.

dramatize (to), *v. tr.* dramatizar.

dramaturge, *s.* dramaturgo.

drank, *pret.* do verbo **to drink**.

draper, s. negociante de panos.

drapery, s. comércio ou fabrico de panos.

drastic, adj. drástico, activo, enérgico, violento.

draught, s. corrente de ar; aspiração; dose; gole; poção, beberagem; calado de um navio; esboço, desenho; tracção animal; pl. jogo das damas; **beer on draught:** cerveja de barril; cerveja a copo.

draughtsman, s. pedra no jogo das damas; desenhador.

draw, s. acção de puxar, tracção; tiragem, extracção.

draw (to), v. tr. (pret. **drew,** p.p. **drawn**), tirar, puxar, arrancar, arrastar; atrair; persuadir; extrair; chupar; desenhar, delinear; estirar; sacar (uma letra de câmbio); estripar; alargar, estender; **to draw a cheque:** passar um cheque.

drawer, s. desenhador, sacador; gaveta; **tooth drawer:** dentista.

drawing, s. desenho, esboço; acção de puxar; plano; sorteio, extracção.

drawing-room, s. sala de visitas; sala de desenho.

drawl (to), v. tr. balbuciar; falar arrastadamente.

drawling, adj. lento, vagaroso.

drawn, p.p. do verbo **to draw.**

dread, s. medo, terror, receio, espanto.

dread (to), v. tr. temer, recear, ter medo de.

dreadful, adj. terrível, tremendo, espantoso.

dream, s. sonho, ilusão, fantasia, visão.

dream (to), v. tr. e intr. (pret. e p.p. **dreamt** ou **dreamed**), imaginar, sonhar, fantasiar.

dreamer, s. sonhador, visionário.

drear, adj. triste.

dreary, adj. triste, melancólico, lúgubre, funesto.

dredge (to), v. tr. dragar.

dreggy, adj. turvo; que tem fezes ou sedimento.

drench (to), v. tr. ensopar, embeber, molhar, purgar; forçar os animais a tomar remédios.

drencher, s. chuvada.

dress, s. vestuário, trajo, fato, vestido, uniforme; toucado; adorno.

dress (to), v. tr. e intr. vestir, adornar, enfeitar, ataviar; preparar; arranjar; cozinhar; curtir peles; pensar (feridas); limpar (cavalo); vestir-se, enfeitar-se.

dresser, s. costureiro; camareiro; aparador; armário de cozinha; ajudante de cirurgião; curtidor de peles.

dressing, s. adorno, acção de vestir; curativo, penso de feridas; preparação; condimento.

dressing-gown, s. roupão.

dressmaker, s. costureira, modista.

dressmaking, s. costura, trabalhos de modista.

dressy, adj. elegante, apurado no vestir, bonito, vistoso.

drew, pret. do verbo **to draw.**

dribble, s. baba, saliva; gota.

dribble (to), v. tr. e intr. babar; babar-se; gotejar.

drier, s. secador, enxugador.

drift, s. força, impulso; violência; montão; rumo, tendência; desvio na rota de um navio; cavilha; broca; passagem ou galeria nas minas; punção; fim, alvo.

drift (to), v. tr. e intr. impelir, empurrar, amontoar; flutuar, garrar, desviar-se do rumo; abrir galerias numa mina.

driftless, *adj.* sem direcção.

drill, *s.* broca, pua; trado; perfurador; parafuso; semeador mecânico; exercício; disciplina.

drill (to), *v. tr.* e *intr.* exercitar, exercitar-se; brocar, perfurar, furar; semear em fileiras.

drink, *s.* bebida, trago.

drink (to), *v. tr.* e *intr.* (*pret.* **drank,** *p.p.* **drunk**), beber, embeber, embriagar-se; **to drink a toast:** fazer um brinde.

drink-money, *s.* gorjeta.

drip, *s.* gota, goteira.

drive, *s.* passeio de carro; caminho ou estrada para carros; saldo, venda a baixo preço; esforço, energia; pancada forte (no críquete).

drive (to), *v. tr.* e *intr.* (*pret.* **drove,** *p.p.* **driven**), levar, conduzir, guiar; impelir, atirar, arremessar, compelir, forçar; induzir; cravar; excitar; expulsar; afugentar; passear de automóvel.

drivel, *s.* baba, saliva.

drivel (to), *v. intr.* babar-se.

driven, *p.p.* do verbo **to drive.**

driver, *s.* cocheiro, maquinista, condutor; **driver's licence:** carta de condução.

drizzle, *s.* chuvisco.

drizzle (to), *v. intr.* chuviscar.

drizzly, *adj.* brumoso, enevoado.

droll, *adj.* engraçado, jocoso, alegre, jovial; ridículo.

droop (to), *v. tr.* e *intr.* inclinar, curvar; declinar, desfalecer, decair; murchar; entristecer-se.

drop, *s.* gota, pinga; queda, descida; **fruit drops:** rebuçados de fruta.

drop (to), *v. tr.* e *intr.* gotejar, pingar, deixar cair às gotas; destilar; soltar, deixar; desistir; deixar de usar, abandonar; pender; decair

de posição; cair desmaiado, desfalecer; desvanecer-se, sobrevir.

dropper, *s.* conta-gotas.

drossy, *adj.* impuro.

drought, *s.* seca, aridez.

droughty, *adj.* seco, árido.

drove, **1.** *pret.* do verbo **to drive 2.** *s.* rebanho, manada; multidão; cinzel de pedreiro.

drown (to), *v. tr.* e *intr.* inundar, afogar, afogar-se.

drowse (to), *v. tr.* e *intr.* dormitar.

drowsy, *adj.* sonolento, adormecido; pesado, lento.

drub (to), *v. tr.* espancar, sovar, sacudir, abanar.

drudge, *s.* trabalhador, escravo, criado.

drudgery, *s.* trabalho penoso, lida, fadiga.

drug, *s.* droga, medicamento; insignificância; **drug pusher:** traficante de droga; **a mortal drug:** veneno; **drug addict:** toxicodependente.

drug (to), *v. tr.* misturar, temperar com drogas; narcotizar; medicar, receitar.

drugstore, *s.* drogaria.

drum, *s.* tambor, caixa, tamboril; tímpano de ouvido.

drum (to), *v. tr.* e *intr.* tocar tambor, tamborilar.

drummer, *s.* tamborileiro; caixeiro-viajante.

drums, *s.* bateria.

drumstick, *s.* baqueta de tambor; perna de galinha cozida.

drunk, **1.** *p.p.* do verbo **to drink; 2.** *s.* e *adj.* ébrio, bêbedo.

drunkard, *s.* bêbado, ébrio, beberrão.

drunken, *adj.* ébrio.

dry, *adj.* seco, enxuto, árido; sequioso; frio; insípido, estéril; jocoso, satírico, mordaz, austero.

dry (to), v. tr. e intr. secar, enxugar; esgotar.

dual, adj. duplo, dual, relativo a dois.

dualist, s. dualista.

duality, s. dualidade.

dub, s. pancada seca; rufar do tambor.

dub (to), v. tr. armar cavaleiro; conferir uma dignidade; dobrar (filme).

dubious, adj. duvidoso, incerto, dúbio; indeciso, hesitante; ambíguo.

dubitate (to), v. tr. duvidar.

dubitation, s. dúvida.

ducal, adj. ducal, referente a duque.

duchess, s. duquesa.

duchy, s. ducado (domínio de um duque).

duck, s. pato ou pata; carne de pato; inclinação de cabeça por cortesia; mergulho; zero (no críquete); (fam.) meu amor, meu querido; pl. vestuário de lona.

duck (to), v. tr. e intr. mergulhar; baixar a cabeça, fazer reverências.

duct, s. canal, conduto.

ductility, s. flexibilidade, docilidade.

dud, 1. s. pessoa que não tem préstimo; pl. farrapos, trapos; **2.** adj. inútil.

dude, s. janota, pedante.

dudgeon, s. ressentimento; raiva, indignação.

due, 1. s. dívida, obrigação, direito, imposto; **2.** adj. devido, justo, legítimo; apto, conveniente, próprio; exacto, certo; **in due time:** na altura própria; **due to:** devido a; **3.** adv. exactamente, devidamente.

duel, s. duelo.

duel (to), v. intr. bater-se em duelo.

dueller, s. duelista.

duet, s. dueto; trecho a quatro mãos (piano).

duffer, s. vendedor ambulante; pessoa estúpida; moeda falsa; cretino; mina que não produz.

dug, 1. s. teta de animal; bico de peito; **2.** pret. e p.p. do verbo **to dig.**

duke, s. duque.

dukedom, s. ducado; título de duque.

dulcify (to), v. tr. dulcificar, suavizar.

dull, adj. estúpido, néscio, obtuso; vagaroso, lento, escuro, sombrio; monótono; insípido; opaco, nebuloso; desanimado.

dull (to), v. tr. e intr. tornar estúpido; embotar, entorpecer; contristar; ofuscar, embaciar; ensurdecer.

dullish, adj. estúpido; triste; lento.

dully, adv. vagarosamente, lentamente; estupidamente; de cor baça.

duly, adv. devidamente, oportunamente, a tempo, pontualmente.

dumb, adj. mudo, calado, silencioso; oculto, escondido.

dummy, s. pessoa muda; testa-de-ferro; simulação; chupeta; manequim para vestidos.

dump, s. entulheira, lixeira; depósito militar.

dump (to), v. tr. descarregar, depositar, esvaziar; exportar ou importar a baixo preço.

dumpling, s. pudim de maçã.

dumps, s. neurastenia, tristeza, melancolia; delírio.

dumpy, adj. gordo; descontente, rabugento.

dun, 1. adj. pardo, escuro, sombrio; **2.** s. credor importuno.

dun (to), v. tr. cobrar (uma dívida).

dune, s. duna.

dun-fish, s. bacalhau salgado.

dung, 1. adj. ignóbil, vil; 2. s. estrume.

dungeon, s. calabouço, prisão; torre de menagem.

dungy, adj. sujo, porco, cheio de estrume.

duodecimal, adj. duodécimo.

duodenum, s. duodeno.

dupe, s. ingénuo, crédulo, bobo.

duple, adj. duplo.

duplicate, 1. adj. duplicado, dobrado; 2. s. dobro; duplicata.

duplicate (to), v. tr. e intr. duplicar; copiar.

duplication, s. duplicação; prega, dobra.

durability, s. durabilidade, duração, estabilidade.

duration, s. duração, permanência, continuação.

during, prep. durante, enquanto.

durst, pret. do verbo **to dare.**

dusk, s. crespúsculo; anoitecer.

dusk (to), v. intr. escurecer.

dust, s. poeira, pó, lixo, cisco, varreduras; restos mortais; sepultura; humilhação.

dust (to), v. tr. e intr. limpar ou espanar o pó; varrer; encher de pó.

dustbin, s. caixote do lixo.

duster, s. espanador; pano para limpar a louça.

dustman, s. varredor.

dustpan, s. pá do lixo.

dusty, adj. coberto de pó; semelhante a pó.

Dutch, s. e adj. holandês.

duty, s. dever, obrigação; direito (aduaneiro); imposto; acatamento, obediência.

dwarf, s. anão, anã.

dwell (to), v. intr. habitar, morar, residir.

dweller, s. habitante, morador, residente.

dwelling, s. residência, moradia, domicílio, habitação.

dwelt, pret. e p.p. do verbo **to dwell.**

dwindle (to), v. intr. diminuir, reduzir-se, contrair-se, encurtar-se, minguar; decair, degenerar.

dye, s. tinta, cor, matiz, colorido.

dyer, s. tintureiro.

dyeing, s. tinturaria (processo de tingir).

dying, adj. mortal, moribundo.

dynamic, adj. dinâmico.

dynamite, s. dinamite.

dynamite (to), v. tr. dinamitar, destruir com dinamite.

dynamo, s. dínamo.

dynasty, s. dinastia.

dysentery, s. disenteria.

dyspepsia, s. dispepsia.

dysphonia, s. disfonia.

E

E, e, s. quinta letra do alfabeto; (mús.) mi.

each, adj. e pron. cada um; um.

eager, adj. fogoso, arrebatado, impaciente; ávido; ansioso; áspero; picante.

eagle, s. águia.

ear, s. orelha; ouvido; espiga; asa (de cesto); colchete.

ear (to), v. intr. espigar.

earing, s. formação de espigas nos cereais.

earl, s. conde.

early, 1. adj. precoce, matutino; temporão; antecipado; primitivo; primeiro; que se refere ao princípio; 2. adv. cedo, de madrugada; matutinamente.

earn (to), v. tr. ganhar, obter, adquirir, merecer.

earnest, 1. adj. ardente, fervoroso, zeloso, activo, enérgico; cuidadoso; grave; sério; verdadeiro; importante; 2. s. seriedade, realidade; boa fé; penhor, garantia.

earnings, s. salário, ganhos, lucros.

earring, s. brinco das orelhas.

earth, s. terra; o globo terrestre; terreno, solo; mundo.

earthen, adj. de barro ou de terra.

earthquake, s. terramoto.

ease, s. facilidade; à-vontade; tranquilidade; conforto; **to be at ease:** estar à vontade.

ease (to), v. tr. aliviar, consolar, tranquilizar; afrouxar.

easily, adv. facilmente.

east, s. este, oriente.

Easter, s. Páscoa.

eastern, adj. e s. oriental.

eastward, adj. e adv. a leste, para o lado de leste.

easy, adj. fácil, tranquilo; contente, feliz; acessível; condescendente; liso, plano; sossegado; vagaroso; fluente; cortês; farto; **take it easy!:** tem calma!

easy-chair, s. poltrona.

eat (to), v. tr. e intr. (pret. **ate,** p.p. **eaten**), comer; mastigar; consumir; roer; trincar.

eaten, p.p. do verbo **to eat.**

eaves, s. pl. goteiras do telhado.

ebb, s. baixa-mar, refluxo; vazante; decadência.

ebon, adj. de ébano; negro.

ebony, s. ébano.

ebriate, adj. embriagado; ébrio.

ebullience, s. ebulição.

ebullition, s. ebulição; entusiasmo, ímpeto, ardor.

eccentric, adj. excêntrico.

eccentricity, s. excentricidade.

ecclesiastic, s. e adj. eclesiástico.

echo, s. eco.

echo (to), v. tr. e intr. ecoar, repercutir; repetir; ressoar.

eclectic, adj. ecléctico, tolerante, condescendente.

eclipse, s. eclipse.

eclipse (to), v. tr. e intr. eclipsar; nublar, ofuscar; eclipsar-se.

ecliptic, 1. s. eclíptica; 2. adj. eclíptico.

economic, adj. económico; moderado; poupado.

economics, s. economia; economia política.

economist, s. pessoa económi-
ca; economista; ecónomo.

economize (to), 1. v. tr. economizar, poupar; **2.** v. intr. ser económico.

economy, s. economia, frugalidade, parcimónia; ordem moral
ou física.

ecstasy, s. êxtase, arrebatamento, transporte, exaltação mental.

ecstatic, adj. extático, absorto,
maravilhado.

ecumenic, adj. ecuménico.

eczema, s. eczema.

eddy (to), v. intr. redemoinhar.

eden, s. éden, paraíso.

edge, s. fio, gume, corte; margem, borda, orla; aresta, serrilha;
canto, ângulo; esquina.

edge (to), 1. v. tr. afiar, aguçar;
debruar, chanfrar; fazer adiantar;
orlar; exasperar, irritar; obrigar a
entrar; **2.** v. intr. avançar de lado.

edging, s. fita, orla, guarnição,
bainha; extremidade.

edict, s. édito, citação; mandado,
ordem, decreto.

edification, s. edificação, cultura,
aproveitamento, instrução moral.

edifice, s. edifício, casa.

edify, v. tr. edificar, instruir
com o exemplo.

edile, s. edil.

edit (to), v. tr. editar (uma obra).

edition, s. edição, publicação.

editor, s. editor; director de um
jornal.

editorial, s. e adj. editorial.

educate (to), v. tr. educar, instruir.

education, s. educação, instrução,
ensino.

educational, adj. pedagógico,
educativo.

educative, adj. educativo.

educator, s. educador, instrutor.

educe (to), v. tr. extrair; deduzir;
concluir.

eduction, s. extracção; descarga
de uma máquina; escape.

eel, s. enguia.

eerily, adv. timidamente.

efface (to), v. tr. riscar, apagar,
safar; destruir.

effect, s. efeito, consequência;
resultado; eficácia; realização;
pl. bens, propriedades; **to come
into effect:** entrar em vigor.

effect (to), v. tr. efectuar, realizar;
executar.

effective, adj. efectivo, eficaz;
positivo; vistoso; real, factual.

effectuate (to), v. tr. efectuar, realizar, executar.

effeminacy, s. efeminação.

effeminate, adj. efeminado.

effeminate (to), v. tr. e intr. efe-
minar; efeminar-se.

effeminately, adv. efeminada-
mente.

effervesce (to), v. tr. efervescer.

effervescence, s. efervescência.

effervescent, adj. efervescente.

efficacious, adj. eficaz; eficiente;
forte, poderoso.

efficacity, s. eficácia.

efficiency, s. eficiência; eficácia.

efficient, adj. eficiente, eficaz;
activo.

effigy, s. efígie, imagem.

effloresce (to), v. intr. eflorescer.

efflorescence, s. eflorescência;
erupção; florescência.

effluence, s. efluência, emanação; emissão.

effluent, adj. efluente.

efflux, s. efluxo, efusão.

effort, s. esforço.

effulge (to), v. intr. brilhar, resplandecer, fulgir.

effulgent, *adj.* brilhante, resplandecente.

effuse (to), 1. *v. tr.* difundir, derramar, espalhar, espargir, verter; **2.** *v. intr.* emanar.

effuse, *adj.* espalhado, derramado.

effusion, *s.* efusão, derrame, expansão.

effusive, *adj.* efusivo; comunicativo.

eft, *s.* lagartixa.

e. g., abreviatura de *exempli gratia;* por exemplo.

egg, *s.* ovo; **boiled egg:** ovo cozido; **fried egg:** ovo estrelado; **egg white:** clara (de ovo); **egg yolk:** gema.

egg (to), *v. tr.* misturar ou cobrir com ovos; incitar, encorajar.

egoism, *s.* egoísmo.

egoist, *adj.* egoísta.

egotism, *s.* egotismo.

egotist, *s.* egotista.

egregious, *adj.* egrégio, notável.

Egyptian, *s.* e *adj.* egípcio.

eight, *num.* oito.

eighteen, *num.* dezoito.

eighteenth, *adj.* e *num.* décimo oitavo.

eighth, *adj.* oitavo.

eighthly, *adv.* em oitavo lugar.

eightieth, *adj.* e *num.* octogésimo.

eighty, *adj.* e *num.* oitenta.

either, 1. *adj.* e *pron.* um; outro; qualquer dos dois, cada um; ambos; qualquer; **2.** *conj.* ou, quer seja; também, de modo nenhum, em qualquer caso.

ejaculation, *s.* ejaculação.

eject (to), *v. tr.* expelir; expulsar, evacuar; arrolar, lançar.

eke (to), *v. tr.* alongar; aumentar; acrescentar; suprir; obter.

elaborate, *adj.* elaborado; primoroso.

elaborate (to), *v. tr.* elaborar, preparar.

elaboration, *s.* elaboração.

eland, *s.* antílope.

elapse (to), *v. intr.* decorrer, passar.

elastic, *s.* e *adj.* elástico.

elate (to), *v. tr.* glorificar, exaltar; elevar, ensoberbecer.

elation, *s.* altivez, orgulho.

elbow, *s.* cotovelo; ângulo; esquina, canto.

elbow (to), *v. tr.* acotovelar; afastar.

elder, 1. *s.* chefe de uma tribo; ancião; pessoa idosa; **2.** *adj.* (*comp.* de **old**) mais velho, mais antigo.

eldest, *adj.* (*sup.* de **old**) o mais velho.

eldest-born, *s.* o primogénito, o filho mais velho.

elect, *adj.* eleito, escolhido; predestinado.

elect (to), *v. tr.* escolher, eleger.

election, *s.* eleição, escolha; predestinação; promoção.

elective, *adj.* electivo.

elector, *s.* eleitor.

electoral, *adj.* eleitoral.

electorate, *s.* eleitorado.

electric, *adj.* e *s.* eléctrico.

electrical, *adj.* eléctrico.

electrician, *s.* electricista.

electricity, *s.* electricidade.

electrification, *s.* electrificação.

electrify (to), *v. tr.* electrizar; electrificar; entusiasmar.

electro-magnetic, *adj.* electromagnético.

electro-magnetism, *s.* electromagnetismo.

electrometer, *s.* electrómetro.

electromobile, *s.* veículo movido por electricidade.

electro-motor, *s.* motor eléctrico.

electron, *s.* electrão.

electronic, adj. electrónico; **electronic mail:** correio electrónico.
electronics, s. electrónica.
electrostatic, adj. electrostático.
elegance, s. elegância, distinção, gentileza.
elegant, adj. elegante, distinto, gentil.
element, s. elemento; parte componente, princípio fundamental; pl. rudimentos, fundamentos.
elemental, adj. elementar; relativo aos elementos.
elementary, adj. elementar, rudimentar, simples.
elephant, s. elefante.
elevate (to), v. tr. elevar, erguer, levantar; exaltar; excitar, encorajar, animar.
elevation, s. elevação; exaltação; altura; alçado de um edifício.
elevator, s. elevador, ascensor; armazém de cereais; espécie de silo.
eleven, num. onze.
eleventh, adj. e num. undécimo.
elf, s. duende, fada, gnomo; bruxa.
elicit (to), v. tr. fazer sair; tirar, deduzir, obter gradualmente.
elicitation, s. dedução, obtenção gradual.
elide (to), v. tr. elidir.
eligibility, s. elegibilidade.
eliminate (to), v. tr. eliminar; expulsar; libertar; excluir.
elimination, s. eliminação; expulsão; exclusão.
elite, s. elite; o melhor; escol.
elixir, s. elixir.
ellipse, s. elipse.
elliptic, adj. elíptico.
elm, s. olmo, ulmeiro.
elocution, s. elocução, declamação.
elongate (to), 1. v. tr. alongar, afastar, estender; **2.** v. intr. alongar-se, afastar-se.

elopement, s. fuga, evasão.
eloquence, s. eloquência.
eloquent, adj. eloquente, facundo.
else, pron. outro, outrem.
else, 1. adv. além de, de outro modo; mais; **2.** conj. doutro modo, senão, ou, caso contrário; **anybody else?:** mais alguém?
elsewhere, adv. em qualquer outra parte.
elucidate (to), v. tr. elucidar, esclarecer, explicar.
elucidation, s. esclarecimento, explicação.
elucidative, adj. elucidativo.
'em, contracção do pronome **them.**
emaciate (to), v. tr. e intr. emagrecer, definhar.
emaciation, s. emagrecimento; magreza; definhamento.
emanate (to), v. tr. e intr. proceder, derivar, emanar, provir.
emanative, adj. emanante.
emanation, s. emanação, exalação.
emancipate (to), v. tr. emancipar, libertar.
emancipator, s. emancipador.
emancipation, s. emancipação, libertação.
emasculate, adj. efeminado.
emasculate (to), v. tr. castrar.
embalm (to), v. tr. embalsamar; perfumar.
embalmer, s. embalsamador.
embalmment, s. embalsamamento.
embank (to), v. tr. represar, terraplenar.
embankment, s. represa, dique.
embargo, s. embargo.
embark (to), v. tr. e intr. embarcar; aventurar-se.
embarkation, s. embarque.
embarrass (to), v. tr. embaraçar, enredar, dificultar.

embarrassment, s. embaraço, estorvo, dificuldade.

embassy, s. embaixada.

embattle (to), v. tr. formar em batalha; fortificar.

embay (to), v. tr. aprisionar numa baía; fechar, encerrar.

embed (to), v. tr. embutir, encaixar; cravar.

embedment, s. embutidura, encaixe, inscrustação.

embellish (to), v. tr. embelezar, aformosear; ataviar; adornar, enfeitar.

embellisher, s. enfeitador, decorador.

embellishment, s. embelezamento.

embers, s. pl. cinzas, borralho.

embezzle (to), v. tr. desencaminhar, subtrair, defraudar.

embezzlement, s. peculato, fraude, desfalque.

embitter (to), v. tr. tornar amargo; mortificar; exasperar.

embitterment, s. acção de tornar amargo, azedume, amargura.

emblazonment, s. acção de brasonar ou esmaltar.

emblem, s. emblema, símbolo, sinal, divisa.

emblematic, adj. emblemático; simbólico.

embodiment, s. encarnação, personificação.

embody (to), 1. v. tr. encarnar, personificar; juntar, englobar; **2.** v. intr. incorporar-se.

embolden (to), v. tr. animar, encorajar, incitar.

embosom (to), v. tr. acolher no seio, pôr no seio, proteger, ocultar.

emboss (to), v. tr. gravar em relevo; embutir.

embossment, s. relevo; obra feita em relevo.

embowel (to), v. tr. estripar, desentranhar.

embower (to), v. tr. cobrir com folhagem; abrigar.

embrace (to), v. tr. abraçar; aceitar; conter, encerrar; cingir; conceber; ter relações carnais; tentar subornar.

embracement, s. abraço.

embranchment, s. ramificação.

embroider (to), v. tr. bordar (a ouro, prata, etc.); embelezar.

embroiderer, s. bordador ou bordadeira.

embroidery, s. bordado, adorno.

embroil (to), v. tr. embrulhar, enredar.

embroilment, s. confusão, enredo, embrulhada.

embryo, s. embrião; princípio; rudimento.

embryologist, s. embriologista.

embryology, s. embriologia.

embryonic, adj. embrionário.

emend (to), v. tr. emendar, corrigir.

emendate (to), v. tr. emendar.

emendation, s. emenda, correcção.

emerald, s. esmeralda, cor de esmeralda.

emerge (to), v. intr. emergir; surgir, aparecer; sair.

emergence, s. emergência, aparição.

emergency, s. emergência, necessidade.

emersion, s. emersão, aparição.

emetic, 1. s. vomitório; **2.** adj. emético, que provoca vómitos.

emiction, s. urina.

emigrant, s. e adj. emigrante.

emigrate (to), v. intr. emigrar.

emigrator, s. emigrante.

emigration, s. emigração.

eminence, s. eminência, elevação, altura, superioridade; celebridade; título dado aos cardeais.

eminent, adj. eminente, superior, notável.

emissary, s. emissário, mensageiro; agente secreto.

emission, s. emissão, saída.

emit (to), v. tr. emitir, descarregar; pôr em circulação.

emolument, s. emolumento, lucro, gratificação.

emotion, s. emoção, comoção, sensação.

emotional, adj. emocional.

emotive, adj. emotivo.

emperor, s. imperador; variedade de borboletas.

emphasis, s. ênfase, realce.

emphasize (to), v. tr. dar ênfase, realçar, acentuar.

emphatic, adj. enfático, categórico, positivo, decidido.

empathy, s. empatia.

empire, s. império; (fig.) domínio.

empiric, 1. s. empírico; charlatão; **2.** adj. empírico.

employ, s. emprego, ocupação, cargo, ofício; **out of employ:** desempregado.

employ (to), v. intr. empregar, ocupar, usar, dar trabalho.

employee, s. empregado.

employer, s. patrão, chefe; empregador.

employment, s. emprego, ocupação, colocação; uso; actividade, aplicação.

empress, s. imperatriz.

emptiness, s. vazio, vácuo; futilidade.

empty, adj. vazio, oco; desocupado, vago.

empty (to), v. tr. vazar, despejar, esvaziar.

empty-handed, adj. de mãos vazias.

empty-headed, adj. de cabeça oca.

emu, s. ema, avestruz da Austrália.

emulate, adj. ambicioso, invejoso.

emulate (to), v. tr. emular, competir, rivalizar.

emulation, s. emulação, rivalidade; inveja.

emulator, emulous, s. êmulo, rival, antagonista.

emulsion, s. emulsão.

enable (to), v. tr. habilitar, proporcionar, facilitar.

enact (to), v. tr. estabelecer, decretar, promulgar.

enactive, adj. que pode decretar; que tem eficácia para ordenar.

enactment, s. ordem, lei, decreto, determinação, promulgação.

enamel, s. esmalte.

enamour (to), v. tr. enamorar, cativar.

encage (to), v. tr. engaiolar, encarcerar.

encamp, v. tr. e intr. acampar.

encampment, s. acampamento, campo, arraial.

encase (to), v. tr. encaixotar, encerrar.

enchain (to), v. tr. encadear; prender com cadeia; subjugar, dominar.

enchainment, s. encadeamento, concatenação.

enchant (to), v. tr. encantar, cativar, enfeitiçar.

enchantment, s. encantamento, sedução, encanto, feitiço.

enchantress, s. feiticeira.

encircle (to), v. tr. cercar, rodear, circundar, cingir; acompanhar, escoltar.

enclasp (to), v. tr. cingir, abrochar, acolchetar.

enclose (to), v. tr. murar, cercar, fechar, tapar.

enclosure, s. cerrado, cerca, valado; tapada.

encore, 1. interj. bis!, outra vez!; **2.** s. repetição.

encounter, s. encontro; choque, embate; luta.

encounter (to), v. tr. e intr. encontrar; encontrar-se; lutar; vir às mãos; acometer; combater.

encourage (to), v. tr. encorajar, animar, incitar; favorecer, estimular.

encouragement, s. incitamento, estímulo, favor, ânimo.

encourager, s. animador, incitador.

encouraging, adj. animador.

encroachment, s. usurpação, invasão.

encrust (to), v. tr. e intr. embutir, entalhar, incrustar.

encumber (to), v. tr. e intr. embaraçar, estorvar.

encyclopaedia, s. enciclopédia.

encyclopaedist, s. enciclopedista.

end, s. fim, conclusão, termo; extremidade; resultado; chicote (de cabo); objecto; **end to end:** pelas extremidades; **in the end:** no fim de contas; afinal.

end (to), v. tr. e intr. acabar, findar, terminar, concluir, decidir; matar, morrer; **to end up in:** terminar em.

endanger (to), v. tr. arriscar, pôr em perigo.

endear (to), v. tr. fazer estimar; tornar querido.

endearing, adj. afectuoso, terno, estimado, carinhoso.

endearment, s. ternura.

endeavour, s. esforço, empenho; tentativa.

endeavour (to), v. tr. e intr. esforçar-se, empenhar-se, fazer o possível por.

ending, s. fim, termo, conclusão, terminação.

endless, adj. interminável, sem fim, infinito, perpétuo.

endlong, adv. ao comprido, estendido, em linha recta.

endmost, adj. o mais distante.

endorse (to), v. tr. endossar; abonar; rubricar, autenticar, confirmar.

endorsee, s. endossado; portador de uma letra endossada.

endorsement, s. endosso, visto, sanção.

endorser, s. endossante.

endow (to), v. tr. doar; dotar; favorecer.

endower, s. doador.

endue (to), v. tr. dotar, privilegiar; investir; assumir; vestir.

endurable, adj. suportável, durável; tolerável.

endure (to), 1. v. tr. suportar, sofrer, tolerar; **2.** v. intr. durar, continuar, perseverar.

endwise, adv. perpendicularmente, longitudinalmente, ao comprido.

enemy, s. inimigo, adversário, antagonista.

energetic, adj. enérgico, vigoroso, activo.

energize (to), 1. v. tr. dar energia; **2.** v. intr. proceder com energia.

energizer, s. estimulante; o que dá energia.

energy, s. energia, força.

enervate (to), v. tr. enervar, enfraquecer, debilitar.

enervation, s. enervação, enfraquecimento.

enface (to), v. tr. escrever ou estampar na frente de.

enfeeble (to), v. tr. enfraquecer, debilitar, depauperar.

enfeeblement, s. enfraquecimento, debilitamento.

enfold (to), v. tr. envolver, embrulhar, cercar.

enfoldment, s. acção de envolver.

enforce (to), v. tr. forçar, constranger; fortalecer, reforçar; impor; exigir; violentar; compelir.

enforcement, s. violência, coacção.

engage (to), 1. v. tr. empenhar, comprometer, ajustar; induzir, aliciar; assalariar, ocupar, empregar; travar batalha com, combater; **2.** v. intr. comprometer-se, ligar-se, obrigar-se, dar a palavra; ocupar-se; combater; **to be engaged:** estar noivo.

engagement, s. ajuste, promessa, compromisso, obrigação, ajustamento; engajamento; contrato; combate, batalha; **engagement ring:** aliança de noivado.

engine, s. engenho, máquina; instrumento, meio, ardil, força; motor, locomotiva, maquinismo.

engineer, s. engenheiro.

English, 1. adj. inglês; **2.** s. o povo inglês; a língua inglesa; **the English:** os ingleses.

Englishman, s. inglês.

engrave (to), v. tr. gravar, esculpir, cinzelar, burilar.

engraver, s. gravador.

engravery, s. gravação; ofício de gravador.

engulf (to), v. tr. engolfar, mergulhar, abismar.

enhance (to), v. tr. encarecer; realçar; aumentar.

enigma, s. enigma, mistério.

enigmatic, adj. enigmático.

enjoin (to), v. tr. mandar, intimar, ordenar; proibir.

enjoy (to), 1. v. tr. gozar de; ter, possuir; gostar de; apreciar; divertir-se; sentir prazer em, divertir; alegrar; **2.** v. refl. divertir-se.

enjoyment, s. gozo, prazer.

enlace (to), v. tr. enlaçar, entrelaçar; abraçar.

enlacement, s. enlace; abraço.

enlarge (to), v. tr. engrandecer, aumentar, estender, dilatar, alargar.

enlargement, s. alargamento, ampliação, extensão.

enlarging, s. ampliação.

enlighten (to), v. tr. alumiar, iluminar; instruir.

enlightenment, s. ilustração, esclarecimento, iluminação; luz.

enlist (to), v. tr. e intr. alistar, recrutar; inscrever; alistar-se.

enlistment, s. alistamento, recrutamento.

ennoble (to), v. tr. enobrecer, nobilitar, engrandecer.

ennoblement, s. enobrecimento, nobilitação.

enormity, s. enormidade, demasia, atrocidade.

enormous, adj. enorme, excessivo, atroz, colossal.

enough, 1. adj. suficiente, bastante; **2.** s. suficiência; **3.** adv. bastante; suficientemente.

enounce (to), v. tr. enunciar, expor; pronunciar.

enquiry, s. indagação, averiguação; inquérito.

enrage (to), v. tr. irritar; enraivecer, encolerizar, enfurecer.

enrich (to), v. tr. enriquecer, adornar; fertilizar; ornar.

enrichment, s. enriquecimento, adorno.

enrol (to), v. tr. registar, inscrever, alistar, matricular.

ensemble, s. conjunto, totalidade.

ensign, s. bandeira, estandarte, insígnia, divisa, sinal; porta-bandeira.

ensign (to), v. tr. assinalar; distinguir por meio de insígnias.

enslave (to), v. tr. escravizar, sujeitar, avassalar.

enslavement, s. escravidão; vassalagem.

entail, s. vínculo, morgado.

entail (to), v. tr. vincular; implicar; transmitir.

entangle (to), v. tr. misturar, confundir, enredar.

enter (to), v. tr. e intr. entrar, penetrar, introduzir-se em; empreender; começar; admitir; assentar; lançar em conta; registar, anotar, inscrever; alistar-se, matricular-se.

enteric, adj. entérico; **enteric fever:** febre tifóide.

enterprise, s. empresa, empreendimento.

enterprise (to), v. tr. empreender, arriscar, tentar.

enterpriser, s. empreendedor.

entertain (to), v. tr. e intr. conversar com; acolher, hospedar; entreter, divertir, distrair; regalar, tomar em consideração; conceber, nutrir (um pensamento).

entertainer, s. aquele que convida ou dá hospitalidade; aquele que diverte.

entertaining, adj. que entretém, alegre, divertido.

entertainment, s. entretenimento, divertimento, passatempo; conversação, recepção, bom acolhimento, hospitalidade.

enthusiasm, s. entusiasmo.

enthusiastic, adj. entusiástico.

entice (to), v. tr. incitar, excitar; seduzir, aliciar, tentar, atrair, engodar.

enticer, s. tentador, sedutor.

entire, adj. inteiro, completo, todo; total, cabal; firme, constante; sincero, leal; íntegro.

entirety, s. integridade, totalidade; o todo.

entitle (to), v. tr. intitular, habilitar, dar direito a, autorizar.

entity, s. entidade.

entomb (to), v. tr. sepultar, enterrar.

entomology, s. entomologia.

entourage, s. companhia, séquito, roda.

entrails, s. pl. entranhas, intestinos.

entrammel (to), v. tr. pôr dificuldades a, embaraçar.

entrance, s. entrada, porta; investidura, posse; embocadura; ingresso; iniciação; entrada na alfândega.

entrap (to), v. tr. prender no laço; embaraçar.

entreat (to), v. tr. suplicar, rogar, implorar, pedir.

entreaty, s. súplica.

entrust (to), v. tr. confiar, depositar.

entry, s. entrada, vestíbulo, intróito; assentamento, lançamento, nota; registo de entrada.

entwine (to), v. tr. e intr. enlaçar, entrelaçar; enrolar-se.

entwist (to), v. tr. enroscar, torcer; cercar, cingir.

enumerate (to), v. tr. enumerar, contar.

enumeration, s. enumeração; lista.

enunciate (to), v. tr. anunciar, expor; pronunciar.

enunciation, s. enunciação, exposição.

enunciator, s. enunciador.

envelop (to), v. tr. envolver; ocultar; cobrir, esconder.

envelope, s. envelope; sobrescrito.

envelopment, s. envolvimento.

enviable, adj. invejável.

envious, adj. invejoso.

environment, s. arredores, cercanias, subúrbios; arrabaldes; ambiente.

envoy, s. enviado, mensageiro, emissário; embaixador.

envy, s. inveja; emulação, ciúme.

envy (to), v. tr. invejar, apetecer, cobiçar.

enwrap (to), v. tr. envolver, enrolar, embrulhar.

ephemeral, ephemerous, adj. efémero.

epic, 1. s. poema épico; **2.** adj. épico.

epicure, s. epicurista, gastrónomo.

epicurism, s. epicurismo.

epidemic, 1. s. epidemia, peste; **2.** adj. epidémico.

epidemical, adj. epidémico.

epidermis, s. epiderme.

epigraph, s. epígrafe.

epigraphic, adj. epigráfico.

epilepsy, s. epilepsia.

epileptic, s. e adj. epiléptico.

epilogue, s. epílogo.

episcopal, adj. episcopal.

episcopate, s. episcopado, bispado.

episode, s. episódio.

episodic, adj. episódico.

epistle, s. epístola, carta.

epitaph, s. epitáfio.

epitomic, adj. resumido.

epoch, s. época.

epochal, adj. de uma época.

epopee, s. epopeia.

epos, s. epopeia, poema épico.

equability, s. igualdade, uniformidade.

equable, adj. igual, uniforme.

equal, adj. igual, semelhante; proporcionado, adequado; uniforme; justo; imparcial; **to be equal to:** estar à altura de.

equal (to), v. tr. e intr. igualar, igualar-se, pôr-se ao nível de.

equalize (to), v. tr. e intr. igualar; compensar.

equanimity, s. equanimidade, firmeza, constância; serenidade, imparcialidade; rectidão.

equanimous, adj. equânime, imparcial.

equate (to), v. tr. igualar, uniformizar, tornar equivalente.

equation, s. equação.

equator, s. equador.

equatorial, adj. equatorial.

equestrian, 1. s. cavaleiro, ginete; **2.** adj. equestre.

equibalance, s. equilíbrio.

equidistant, adj. equidistante.

equilateral, adj. equilateral.

equilibrate (to), v. tr. e intr. equilibrar, equilibrar-se.

equilibration, s. equilibração, equilíbrio.

equilibrist, s. equilibrista.

equilibrium, s. equilíbrio.

equinoctial, 1. adj. equinocial; **2.** s. linha dos equinócios.

equinox, s. equinócio.

equip (to), v. tr. equipar, prover do necessário, apetrechar, aparelhar.

equipment, s. equipamento, armamento, vestuário.

equitable, adj. equitativo, justo.

equitation, s. equitação.

equity, s. equidade, justiça, imparcialidade.

equivalence, s. equivalência.

equivalent, adj. equivalente.

equivocal, adj. equívoco, ambíguo.

equivocate (to), v. tr. equivocar.

era, s. era, época, idade.

eradiation, s. irradiação.

eradicate (to), v. tr. arrancar, extirpar, destruir.

eradication, s. erradicação, extirpação, destruição.

erasable, adj. que se pode safar, apagável.

erase (to), v. tr. riscar, apagar, safar; cancelar; destruir; raspar, rasurar.

erasement, s. rasura; acto de raspar; raspagem.

eraser, s. raspador, raspadeira; borracha.

erect (to), v. tr. erigir, erguer, fundar, construir, instituir, estabelecer; elevar, enaltecer.

erect, adj. levantado, hirto, erguido, firme; vigoroso.

erectile, adj. eréctil.

erection, s. erecção; construção, fundação, elevação; estrutura, montagem.

eremite, s. eremita.

ermine, s. arminho; pele de arminho.

erode (to), 1. v. tr. roer, corroer; 2. v. intr. desgastar-se.

erosion, s. erosão, corrosão.

erosive, adj. erosivo, corrosivo.

erotic, adj. erótico, sensual.

eroticism, s. erotismo; paixão amorosa; sensualismo; amor lascivo.

err (to), v. intr. errar, equivocar--se; desviar-se; vaguear.

errand, s. recado, mensagem, comissão.

errant, s. e adj. errante, vagabundo, ambulante.

erroneous, adj. erróneo, falso, inexacto.

error, s. erro, engano, equívoco; falta, desvio; pecado.

erubescence, s. vermelhidão, rubor.

erubescent, adj. vermelho, corado.

eructate (to), v. tr. arrotar.

eructation, s. eructação, arroto; vómito.

erudite, adj. erudito, letrado, culto.

eruption, s. erupção.

eruptive, adj. eruptivo.

escalade, s. escalada.

escalade (to), v. tr. escalar.

escalator, s. escada rolante, tapete rolante.

escapade, s. escapada, fuga, evasão.

escape, s. fuga, fugida, escapada; derramamento de um líquido; saída.

escape (to), v. tr. e intr. escapar, fugir; evitar; evadir-se.

escarp, s. escarpa.

escarp (to), v. tr. escarpar, fazer escarpa.

escort (to), v. tr. escoltar, acompanhar, proteger.

Eskimo, s. esquimó.

esoteric, adj. esotérico; misterioso, secreto, oculto.

especial, adj. especial, peculiar; selecto; notável.

especially, adv. especialmente.

espionage, s. espionagem.

esplanade, s. esplanada; avenida.

espouse (to), v. tr. e intr. desposar, casar; patrocinar; defender, adoptar.

espouser, s. contraente de matrimónio; protector, defensor.

esprit, s. espírito, graça, chiste.

essay, s. ensaio, tentativa, experiência; esforço; opúsculo, pequeno tratado literário.

essay (to), v. tr. ensaiar, tentar, experimentar, fazer uma experiência.

essayer, s. ensaiador; autor de ensaios literários, ensaísta.

essayist, s. autor de ensaios.

essence, s. essência; perfume; substância; gasolina.

essential, adj. essencial, principal; puro; substancial; indispensável; constitutivo.

establish (to), v. tr. estabelecer, fundar, constituir; instituir; afirmar, confirmar, ratificar.

establisher, s. instituidor.

establishment, s. estabelecimento, instituição, fundação; casa de residência; casa de negócio; negócio.

estate, s. estado, condição, qualidade; posição, hierarquia; bens, fortuna, propriedade, domínio; quinta, fazenda.

esteem, s. estima, consideração, apreço.

esteem (to), v. tr. estimar, apreciar, considerar, honrar.

estimate, s. avaliação, cálculo, estimativa.

estimate (to), v. tr. estimar, apreciar, avaliar; fazer um orçamento.

estimation, s. estimação, avaliação, cálculo; estima, apreço.

estival, adj. estival.

estoppel, s. impedimento, embaraço, embargo; acto que não pode ser legalmente negado.

estreat, s. extracto.

estreat (to), v. tr. extrair.

estuary, s. estuário.

esurient, adj. faminto, esfomeado.

etching, s. gravura, bosquejo, esboço, rascunho.

eternal, adj. eterno, imortal, perdurável.

eternalize (to), v. tr. eternizar, perpetuar.

eternity, s. eternidade.

ether, s. éter.

ethic, ethical, adj. ético, moral.

ethnic, adj. étnico.

ethnographic, adj. etnográfico.

ethnology, s. etnologia.

etymologic, adj. etimológico.

etymology, s. etimologia.

eucalyptus, s. eucalipto.

Eucharist, s. Sagrada Eucaristia.

eulogize (to), v. tr. elogiar, louvar, encomiar.

eulogy, s. elogio, louvor, encómio.

eunuch, s. eunuco.

euphemism, s. eufemismo.

euphonical, adj. eufónico; suave, harmónico, melodioso.

Euro, s. euro (moeda).

European, s. europeu.

euthanasia, s. eutanásia; morte tranquila.

evacuate (to), v. tr. e intr. evacuar, despejar, esvaziar, anular; abandonar.

evacuation, s. evacuação, desocupação, saída.

evade (to), v. tr. e intr. fingir; evitar; evadir-se, escapar-se.

evader, s. fugitivo.

evaluate (to), v. tr. avaliar, estimar, calcular.

evaluation, s. avaliação, estimativa.

evangelic, s. e adj. evangélico.

evangelist, s. evangelista.

evangelize (to), v. tr. evangelizar.

evaporate (to), v. tr. e intr. evaporar, secar, dissipar; evaporar-se, dissipar-se.

evaporation, s. evaporação.

evaporator, s. vaporizador.

evasion, s. evasão, fuga, evasiva; escusa.

evasive, adj. evasivo, ambíguo.

eve, s. véspera; noite (poético).

even, 1. s. tardinha; **2.** adj. plano liso, raso; igual, uniforme, constante; **even number:** número par; **3.** adv. ainda, até, ainda que, mesmo, não obstante; perfeitamente, exactamente; **even so:** mesmo assim.

even (to), v. tr. igualar, nivelar, unir; liquidar contas.

evening, 1. s. o anoitecer; a tarde, a tardinha; **2.** adj. vespertino; da noite.

event, s. acontecimento, sucesso; resultado, consequência.

eventual, adj. eventual, casual; final, consequente.

eventuality, s. eventualidade, casualidade.

ever, adv. em qualquer tempo; sempre; já, alguma vez; nunca, jamais.

everlasting, adv. perpétuo, eterno, contínuo.

evermore, adv. eternamente.

evert, v. tr. revirar para fora.

every, adj. cada, cada um; todos; **every other day:** dia sim, dia não; **every three days:** de três em três dias.

everybody, pron. toda a gente.

everyday, adj. diário, usual.

everyone, pron. cada um, toda a gente.

everything, pron. tudo.

everyway, adv. a todos os respeitos.

everywhere, adv. em toda a parte.

evict (to), v. tr. desapossar, desalojar, excluir, usurpar.

eviction, s. evicção, expulsão, despejo.

evidence, s. evidência, prova, demonstração, testemunho; depoimento.

evidence (to), v. tr. evidenciar, provar, demonstrar.

evident, adj. evidente, claro, manifesto, óbvio.

evil, 1. adj. mau, perverso; prejudicial, funesto, depravado, pernicioso, nocivo; **evil eye:** mau olhado; **in an evil hour:** em má hora; **evil minded:** mal intencionado; **2.** s. mal, dano, prejuízo; maldade, depravação; pecado; **3.** adv. mal, maliciosamente, maldosamente.

eviscerate (to), v. tr. estripar, abrir o ventre a.

evisceration, s. estripação, evisceração.

evitable, adj. evitável.

evocation, s. evocação, apelação.

evoke (to), v. tr. evocar, chamar.

evolution, s. evolução, manobra.

evolvable, adj. que se pode desenrolar ou despegar.

evolve (to), v. tr. desenvolver, desdobrar, desenrolar.

evulsion, s. evulsão, arrancamento.

ewe, s. ovelha.

ewer, s. jarro para água.

exacerbate, v. tr. exasperar, irritar, exacerbar, agravar.

exacerbation, s. exacerbação, irritação; agravamento.

exact, adj. exacto, certo, pontual, rigoroso, justo, correcto, escrupuloso.

exact (to), v. tr. exigir, extorquir, obrigar.

exaggerate (to), v. tr. exagerar, exaltar.

exaggeration, s. exagero.

exaggerator, s. exagerador.

exalt (to), v. tr. exaltar, elevar, engrandecer; excitar; glorificar; reforçar, intensificar.

exaltation, s. exaltação, elevação, engrandecimento, dignidade.

exam, s. exame.

examination, s. exame; investigação, inquérito, indagação; inspecção; interrogatório.

examine (to), v. tr. examinar, inspeccionar; inquirir, investigar, interrogar.

examinee, s. examinando.

examiner, s. examinador, investigador.

example, s. exemplo, modelo, exemplar, cópia.

example (to), v. tr. exemplificar, dar exemplo.

exasperate (to), v. tr. exasperar, irritar, provocar; agravar.

exasperation, s. exasperação, irritação.

excavate (to), v. tr. escavar, aprofundar.

excavation, s. escavação; cavidade.

excavator, s. escavador.

exceed (to), v. tr. exceder, sobressair, ultrapassar.

exceeding, 1. adj. excessivo, excedente; 2. s. excesso.

excel (to), 1. v. tr. exceder, ultrapassar, avantajar, vencer; 2. v. intr. primar, sobressair, avantajar-se.

excellence, s. excelência, bondade, superioridade, perfeição.

excellency, s. excelência; título de honra.

excellent, adj. excelente, eminente, primoroso.

except, 1. prep. excepto, menos, fora; salvo; à excepção de; 2. conj. a não ser que.

except (to), 1. v. tr. exceptuar, excluir; 2. v. intr. objectar.

exception, s. excepção, exclusão; objecção, censura.

exceptional, adj. excepcional, superior, invulgar.

excerpt, s. extracto, selecção, excerto.

excess, s. excesso, excedente, demasia; transgressão; **excess fare:** sobretaxa.

excessive, adj. excessivo, demasiado.

exchange, s. câmbio, ágio, troca; bolsa.

exchange (to), v. tr. trocar, permutar, cambiar.

Exchequer, s. tesouro público; ministério das Finanças.

excise, s. sisa; imposto de consumo.

excision, s. amputação, corte.

excitant, adj. excitante.

excitation, s. excitação; incitamento.

excite (to), v. tr. excitar, incitar, provocar.

excitement, s. excitamento, excitação, emoção.

exciter, s. excitador, instigador, excitante.

exciting, adj. emocionante; excitante.

exclaim (to), v. tr. e intr. exclamar.

exclamation, s. exclamação.

exclude (to), v. tr. excluir, exceptuar.

exclusion, s. exclusão.

exclusive, adj. exclusivo.

excoriate (to), v. tr. escoriar, tirar a pele.

excoriation, s. escoriação.

excrement, s. excremento.

excrescence, s. excrescência.

excret (to), v. tr. excretar, evacuar.

excretion, s. excreção.

excruciate (to), v. tr. martirizar, atormentar.

excruciating, adj. cruciante, mortificante.

exculpation, s. desculpa, justificação.

excursion, s. excursão, digressão, passeio.

excursionist, s. excursionista.

excursive, adj. errante.

excuse, s. escusa, desculpa, justificação.

excuse (to), v. tr. escusar, desculpar; **if you'll excuse me:** com a sua licença.

execrable, adj. execrável, abominável.

execration, s. execração, abominação.

execrative, adj. execratório.

executable, adj. executável.

executant, s. executante.

execute (to), v. tr. executar, cumprir, realizar.

executer, s. executor; carrasco.

execution, s. execução, cumprimento, realização; morte.

executioner, s. executor; carrasco.

executione, 1. adj. executivo; 2. s. poder executivo.

executor, s. executor, testamenteiro.

executrix, s. testamenteira.

exemplar, s. exemplar, modelo, original.

exemplarity, s. exemplaridade.

exemplification, s. exemplificação.

exemplify (to), v. tr. exemplificar; declarar.

exempt, adj. livre, isento.

exempt (to), v. tr. isentar, libertar, dispensar.

exemption, s. isenção, dispensa, imunidade.

exequies, s. pl. exéquias, funeral.

exercise, s. exercício, função; diversão; ensaio; uso; evolução.

exercise (to), 1. v. tr. exercitar, pôr em exercício; exercer, executar; empregar, comunicar; 2. v. intr. exercitar-se.

exercitation, s. exercitação; exercício.

exfoliation, s. esfoliação.

exhalation, s. exalação, evaporação.

exhale (to), 1. v. tr. exalar, evaporar, emitir, despedir; 2. v. intr. dissipar-se.

exhaust (to), v. tr. exaurir, esgotar, consumir.

exhausting, adj. fatigante, exaustivo.

exhaustion, s. esgotamento, enfraquecimento.

exaustive, adj. exaustivo, fatigante.

exhaustiveness, s. esgotamento.

exhibit (to), v. tr. exibir, expor, apresentar, manifestar.

exhibition, s. exibição, exposição.

exhibitioner, s. bolseiro, estudante pensionista.

exhibitor, s. expositor.

exhilarate (to), v. tr. alegrar, distrair, recrear.

exhilarating, adj. recreativo, divertido.

exhort (to), v. tr. exortar, fazer exortações.

exhortation, s. exortação, incitamento.

exhortative, adj. exortativo.

exhumation, s. exumação.

exhumer, s. coveiro.

exigence, s. exigência; imposição; falta; necessidade; urgência.

exigent, adj. exigente, urgente; crítico.

exiguity, s. exiguidade, pequenez, escassez.

exiguous, adj. exíguo, pequeno, escasso.

exile, s. exílio, desterro.

exile (to), v. tr. exilar, desterrar.

exist (to), v. intr. existir, subsistir.

existence, s. existência, vida; ser, ente.

existent, adj. existente.

exit, s. saída, partida; morte.

exonerate (to), v. tr. exonerar, demitir; desonerar; aliviar; desculpar.

exoneration, s. exoneração, desculpa.

exonerative, adj. que desonera ou que desobriga.

exorbitance, s. exorbitância, excesso.

exorbitant, adj. exorbitante, excessivo.

exorcise (to), v. tr. esconjurar, exorcizar.

exorcism, s. exorcismo.

exorcist, s. exorcista.

exoteric, adj. exotérico; vulgar.

exotic, adj. exótico.

expand (to), v. tr. e intr. expandir, dilatar, estender, propagar, alargar; dilatar-se.

expansible, adj. expansível.

expansion, s. expansão, dilatação.

expansive, adj. expansivo, comunicativo.

expatriate (to), v. tr. expatriar, exilar, desterrar.

expect (to), v. tr. esperar, estar na expectativa de, aguardar, contar com; imaginar.

expectance, s. expectação, expectativa.

expectant, s. e adj. expectante.

expectation, s. expectativa.

expedience, s. diligência; utilidade, conveniência; oportunidade.

expedient, 1. s. expediente, meio, recurso; 2. adj. expedito, diligente, conveniente.

expedition, s. pressa, diligência; expedição.

expel (to), v. tr. expelir, expulsar, excluir.

expend (to), v. tr. e intr. dispender, gastar.

expense, s. despesa, gasto, desembolso, custo; **at the expense of:** à custa de; **free of expenses:** livre de despesas.

expensive, adj. dispendioso, custoso; caro.

experience, s. experiência, conhecimento prático, perícia; aventura; **to lack experience:** não ter experiência.

experiment, s. experiência, ensaio, prova.

experimental, adj. experimental.

experimentation, s. experimentação, ensaio, prova.

expert, s. e adj. perito, hábil, habilidoso; especialista.

expiate (to), v. tr. expiar.

expiation, s. expiação, reparação de um dano.

expiration, s. expiração; termo; morte; respiração.

expiratory, adj. expiratório.

expire (to), v. tr. e intr. expirar, respirar; morrer; falecer; terminar (um prazo).

expiring, adj. expirante, moribundo.

explain (to), 1. v. tr. explicar, explanar, interpretar; 2. v. intr. dar explicações.

explainer, s. explicador, intérprete.

explanation, s. explicação, explanação, interpretação, esclarecimento.

explanatory, adj. explicativo.

explicate (to), v. tr. explicar, esclarecer, interpretar.

explication, s. explicação, esclarecimento, aclaração, interpretação.

explicative, adj. explicativo.

explicit, adj. explícito, categórico, positivo.

explode (to), 1. v. tr. explodir; disparar, repelir; desacreditar (uma ideia); **2.** v. intr. explodir.

exploder, s. explosivo; detonador.

exploit, s. proeza, façanha, feito.

exploit (to), v. tr. usar, utilizar, explorar.

exploitation, s. exploração; utilização para uso próprio.

exploration, s. exploração, investigação.

explore (to), v. tr. explorar, sondar, examinar.

explorer, s. explorador.

explosion, s. explosão, detonação.

explosive, adj. explosivo.

exponent, s. e adj. expoente; expositor, intérprete, representante.

export, s. exportação; pl. mercadorias exportadas ou a exportar.

export (to), v. tr. exportar.

exportable, adj. exportável.

exportation, s. exportação.

exporter, s. exportador.

expose (to), v. tr. expor, apresentar, manifestar, exibir; interpretar, publicar, divulgar.

exposer, s. expositor.

exposition, s. exposição.

expositive, adj. expositivo.

exposure, s. exposição, revelação; situação, orientação; escândalo.

expound (to), v. tr. expor, mostrar, explicar, comentar.

express, 1. adj. expresso, formal, positivo, exacto, manifesto, claro, rápido; **2.** s. correio, mensageiro, expresso.

express (to), v. tr. exprimir, expressar, significar.

expressible, adj. exprimível, verbalizável.

expression, s. expressão, atitude, gesto.

expropriate (to), v. tr. expropriar, alienar.

expropriation, s. expropriação, alienação.

expulsion, s. expulsão.

expulsive, adj. expulsivo.

expurgate (to), v. tr. limpar, purificar, expurgar.

expurgation, s. purificação, expurgação.

exquisite, adj. excelente, saboroso; delicado; intenso.

extemporaneous, adj. extemporâneo.

extemporary, adj. extemporâneo; repentino.

extemporization, s. improvisação, improviso.

extemporize (to), v. tr. e intr. estender, alargar, continuar; improvisar; conceder, prorrogar; penhorar.

extensible, adj. extensível.

extension, s. extensão, dilatação, aumento, prolongamento, adição.

extensive, adj. extensivo, extenso, grande.

extent, s. extensão, tamanho, dimensão; alcance; **to a certain extent:** até certo ponto; em certo grau ou medida.

extenuate (to), v. tr. extenuar, debilitar; atenuar, diminuir, paliar.

extenuating, adj. atenuante.

extenuation, s. atenuação, mitigação, paliação.

exterior, 1. adj. exterior, externo; **2.** s. exterior, exterioridade; aspecto.

exteriority, s. exterioridade.

exterminate (to), v. tr. exterminar, destruir, eliminar.

extermination, s. exterminação.

exterminator, s. exterminador.

extern, s. aluno externo; a parte exterior.

external, 1. adj. externo, exterior; **2.** s. a parte exterior, exterioridade.

exterritorial, adj. extraterritorial.

extinct, adj. extinto, apagado.

extinction, s. extinção, abolição.

extinctive, adj. extintivo.

extinguish (to), v. tr. extinguir, abolir.

extinguishable, adj. extinguível.

extinguisher, s. extintor.

extirpate (to), v. tr. extirpar, desarraigar.

extirpation, s. extirpação.

extirpator, s. extirpador, arrancador.

extort (to), v. tr. extorquir, arrancar, arrebatar.

extortion, s. extorsão, violência.

extra, 1. adj. extra, extraordinário; **2.** s. o excesso, o excedente; **3.** adv. extra; extraordinariamente.

extract, s. extracto, resumo, apanhado.

extract (to), v. tr. e intr. extrair, arrancar, tirar.

extraction, s. extracção; origem.

extradite (to), v. tr. extraditar.

extradition, s. extradição.

extrajudicial, adj. extrajudicial.

extraordinary, adj. extraordinário; invulgar.

extraterritorial, adj. extraterritorial.

extravagance, s. extravagância; esbanjamento.

extravagant, adj. extravagante; singular, gastador.

extravasate (to), v. tr. e intr. extravasar, extravasar-se.

extravasation, s. extravasamento.

extreme, 1. adj. extremo, sumo, supremo; excessivo; **2.** s. extremo, fim, excesso.

extremism, s. extremismo, radicalismo.

extremist, s. extremista.

extremity, s. extremidade; fim, termo; emergência.

extricate (to), v. tr. desembaraçar, deslindar, esclarecer.

extrinsic, adj. extrínseco; externo, exterior.

extrusion, s. expulsão, exclusão.

exuberance, s. exuberância; excrescência.

exuberant, adj. exuberante.

exuberate (to), v. intr. exuberar, exceder.

exudation, s. exsudação, transpiração.

exult (to), v. intr. exultar.

exultation, s. exultação, alegria, regozijo.

eye, s. olho, vista, olhar, aspecto; vigilância, atenção; colchete; janela redonda; **to keep an eye on:** vigiar; **eye witness:** testemunha ocular; **eye wink:** piscadela; pestanejo.

eye (to), v. tr. olhar, ver, contemplar.

eyebrow, s. sobrancelha.

eye-dropper, s. conta-gotas.

eyelash, s. pestana.

eyeless, s. sem olhos.

eyelet, s. ilhó.

eyesight, s. vista, visão.

eyelid, s. pálpebra.

eyetooth, s. dente canino superior.

eyrie, s. ninho de ave de rapina.

F

F, f, s. sexta letra do alfabeto.

fa, s. (mús.) a nota fá.

fable, s. fábula, conto, invenção; mentira.

fable (to), v. tr. e intr. inventar fábulas, mentir.

fabric, s. fábrica, construção; pano, tecido; estrutura.

fabricate (to), v. tr. edificar, fabricar, construir.

fabrication, s. construção; invenção; ficção.

fabricator, s. fabricante, construtor; inventor.

fabulous, adj. fabuloso, espantoso; fictício, falso.

face, s. face, rosto; aspecto; fachada; mostrador; descaramento, atrevimento; careta; **to make faces:** fazer caretas.

face (to), v. tr. e intr. encarar, enfrentar; defrontar; aparentar; enganar; forrar; cobrir, revestir.

facecloth, s. toalha para limpar o rosto; sudário.

facer, s. bofetada.

facet, s. faceta.

facet (to), v. tr. facetar.

facial, adj. respeitante à face; facial.

facile, adj. fácil; destro, hábil; vivo; dócil; obediente, cortês, tratável.

facilitate (to), v. tr. facilitar, tornar fácil.

facilitation, s. facilitação.

facility, s. facilidade; desembaraço; oportunidade; destreza.

fact, s. facto; acontecimento, caso; feito; realidade; **as a matter of fact:** na verdade; de facto.

factional, adj. faccionário, faccioso.

factious, adj. faccioso; partidário; desleal; parcial.

factor, s. factor, agente; gerador.

factorship, s. agência.

factory, s. fábrica, oficina; **factory girl:** operária de fábrica.

facultative, adj. facultativo.

faculty, s. faculdade; aptidão.

fad, s. moda, novidade, capricho; fantasia; mania.

faddish, adj. caprichoso.

faddy, adj. caprichoso.

fade (to), v. tr. e intr. murchar, desbotar; desvanecer-se.

fading, 1. adj. esmorecido, lânguido, pálido; **2.** s. diminuição do volume do som.

faeces, s. fezes.

fag, s. cansaço; escravo, trabalhador; servo.

fag (to), v. tr. e intr. cansar, fatigar, estafar, fatigar-se.

faggot (to), v. tr. enfeixar.

fagotto, s. fagote.

fail, s. falta, omissão; extinção; falha; reprovação.

fail (to), v. tr. e intr. faltar; abandonar; definhar; não cumprir; (com.) falir; ficar reprovado.

failing, 1. s. falta; fraqueza; quebra, bancarrota; reprovação; **2.** prep. à falta de; salvo.

failure, s. malogro, mau êxito, fracasso; falta, omissão; quebra, falência.

fain, adj. e adv. resignado; de bom grado.

faint (to), v. intr. desanimar, desfalecer.

faint, 1. adj. fraco, abatido, tímido; frouxo; **2.** s. desmaio, desfalecimento.

fair, 1. adj. claro, puro, sem mancha; belo, formoso; distinto, favorável; loiro; justo; honesto; bom (tempo); **2.** s. feira, mercado; mulher formosa; **3.** adv. imparcialmente, cortesmente; lealmente; **fair play:** lealdade.

fairly, adv. razoavelmente; regularmente; belamente; honestamente.

fairness, s. formosura, alvura; clareza, brilho; honestidade.

fair-spoken, adj. delicado, polido.

fairway, s. curso de um rio; lugar navegável.

fairy, 1. s. fada, duende; **2.** adj. de fada.

fairylike, adj. semelhante às fadas.

fairy-tale, s. conto de fadas.

faith, s. fé, dedicação, devotamento; crença, confiança.

faithful, adj. fiel, leal, dedicado; crente.

faithless, adj. sem fé, incrédulo; desleal.

fake (to), v. tr. e intr. mentir, enganar, fingir; roubar.

falcated, adj. curvo; em forma de foice.

falcon, s. falcão.

fall, s. queda; morte; decadência; catarata; inclinação; baixa (de preço, de maré, etc.); (E.U.A.) Outono.

fall (to), v. intr. (pret. **fell**, p.p. **fallen**), cair, declinar; decair, deixar-se cair, diminuir; apostatar; abandonar; acontecer; tocar em partilha; ser morto; morrer; degradar-se; **to fall asleep:** adormecer; **to fall in love with:** apaixonar-se por; **to fall sick:** adoecer.

fallacious, adj. falaz, enganador.

fallacy, s. falácia, engano, fraude.

fallen, 1. p.p. do verbo **to fall; 2.** adj. caído, arruinado.

fallible, adj. falível.

falling, 1. s. queda; falta; deserção; caída, recaída; baixa; apostasia, renúncia; **2.** adj. cadente; que desce.

fallow, 1. s. terra de pousio; **2.** adj. fulvo, aloirado; desocupado; de pousio (terra).

fallow (to), v. tr. arrotear; desbravar (terra).

false, adj. falso, fingido; falsificado; hipócrita; postiço; desleal; ilegal.

falsehood, s. falsidade, engano, traição.

falsification, s. falsificação, adulteração.

falsifier, s. falsificador, falsário.

falsify (to), v. tr. falsificar; mentir; atraiçoar.

falsity, s. falsidade, mentira.

falter (to), v. tr. e intr. gaguejar; hesitar; vacilar.

falterer, s. gago; aquele que está hesitante.

faltering, 1. s. gaguês; hesitação; **2.** adj. hesitante, balbuciante.

fame, s. fama, celebridade, renome.

familiar, 1. adj. familiar, caseiro; íntimo; **to be familiar with:** estar familiarizado com; **2.** s. amigo íntimo.

familiarity, s. familiaridade, intimidade.

family, s. família; classe, espécie; casta, raça.

famine, s. fome, carestia; escassez.

famous, adj. famoso, notável, célebre.

fan, s. leque; fole, ventilador; crivo de joeirar; entusiasta.

fan (to), v. tr. abanar, arejar; joeirar; soprar.

fanatic, adj. e s. fanático.

fanatical, adj. fanático.

fanaticism, s. fanatismo.

fancier, s. visionário, sonhador, apreciador; criador.

fancy, 1. s. fantasia, imaginação, capricho; afeição; amizade; concepção; **2.** adj. caprichoso, imaginário, ideal.

fancy (to), v. tr. e intr. imaginar, apaixonar-se por.

fanfare, s. som de trombetas; barulho, ruído.

fang, s. garra, presa, unha; dente canino; raiz de dente; dente de serpente.

fanlight, s. bandeira da janela ou da porta.

fantastic, adj. fantástico.

fantasy, s. fantasia, capricho, imaginação.

far, 1. adv. longe, ao longe, distante; muito; **2.** adj. distante, remoto; **as far as I know:** tanto quanto sei; **how far is it?:** a que distância fica?

farce, s. farsa, entremez; recheio.

farce (to), v. tr. rechear.

fare, s. preço de uma passagem; frete; comida.

farewell, 1. s. despedida, adeus; **2.** interj. adeus!

farina, s. farinha de milho; fécula.

farinaceous, adj. farináceo.

farm, s. quinta, herdade, granja, fazenda.

farm (to), v. tr. e intr. cultivar, arrotear terras; lavrar; arrendar terras.

farmer, s. caseiro de uma quinta; lavrador.

farmhouse, s. casal, quinta, granja.

farming, s. agricultura, cultura; arrendamento; cobrança de rendas.

farther, 1. adj. (comp. de **far**) mais distante; **2.** adv. distante, mais longe; além.

farthest, adj. e adv. (sup. de **far**) o mais longe; o mais distante; o mais tardar.

fascia, s. faixa, cinta, atadura; venda.

fascicle, s. fascículo; pequeno feixe.

fascinate (to), v. tr. fascinar, seduzir.

fascinating, adj. fascinante, encantador.

fascination, s. fascinação, encanto, feitiço.

fascism, s. fascismo.

fascist, s. e adj. fascista.

fash (to), v. tr. incomodar, enfadar, aborrecer.

fashion, s. moda, uso, maneira, forma, estilo, figura; alta sociedade; **out of fashion:** fora de moda; **the latest fashion:** a última moda.

fashion (to), v. tr. talhar, formar, adaptar.

fashionable, adj. feito à moda; estabelecido; usado; elegante.

fast, 1. s. jejum, abstinência; **2.** adj. rápido; seguro, firme; fechado; adiantado (um relógio); dissoluto; **3.** adv. firmemente; depressa; profundamente.

fast (to), v. intr. jejuar.

fasten (to), 1. v. tr. atar, fixar, segurar; vibrar (golpes); trancar (portas ou janelas); **2.** v. intr. apoderar-se de.

fastidious, adj. fastidioso, aborrecido.

fasting, s. jejum.

fat, 1. *adj.* gordo, corpulento; untuoso; oleoso; **2.** *s.* gordura, banha, sebo.

fat (to), *v. tr.* e *intr.* engordar.

fatal, *adj.* fatal, inevitável; mortal.

fatalism, *s.* fatalismo.

fatality, *s.* fatalidade, desgraça.

fate, *s.* fado, destino, sorte.

father, *s.* pai; antepassado; chefe de família; chefe espiritual; padre; criador, inventor.

father (to), *v. tr.* perfilhar, adoptar como filho.

fatherhood, *s.* paternidade.

father-in-law, *s.* sogro.

fatherland, *s.* pátria, terra natal.

fatherlike, *adj.* e *adv.* paternal; paternalmente.

fatigue, *s.* fadiga, cansaço.

fatling, 1. *s.* animal pequeno gordo; **2.** *adj.* gordo.

fatness, *s.* gordura, nutrição; fertilidade.

fatten (to), *v. tr.* e *intr.* engordar, nutrir, adubar.

fattener, *s.* aquele que engorda; cevador.

fattening, *s.* engorda.

fattiness, *s.* gordura.

fatty, 1. *adj.* untuoso, gordurento; **2.** *s. (fam.)* pessoa ou animal gordo.

fatuous, *adj.* fátuo, estúpido, imbecil.

faucet, *s.* batoque, torneira.

fault, *s.* falta, culpa, erro, delito, imperfeição.

faulty, *adj.* defeituoso; culpável; imperfeito.

fauna, *s.* fauna.

favour, *s.* favor; obséquio; socorro, ajuda, preferência; consentimento; feição.

favour (to), *v. tr.* favorecer, proteger, auxiliar.

favourable, *adj.* favorável, propício, benigno.

favourite, *s.* e *adj.* favorito, predilecto, querido, amado.

favouritism, *s.* favoritismo.

fawn (to), *v. tr.* acariciar, adular.

fawner, *s.* adulador.

fay, *s.* fada, feiticeira, duende; união, engate.

fay (to), *v. tr.* unir, juntar, ligar; calafetar; nivelar.

fear, *s.* medo, susto, receio, temor; respeito.

fear (to), 1. *v. tr.* temer; recear; assustar, intimidar; **2.** *v. intr.* ter medo.

fearful, *adj.* medroso, tímido, receoso; terrível.

fearing, 1. *adj.* receoso; **2.** *s.* receio.

fearless, *adj.* intrépido, sem medo, audaz.

fearsome, *adj.* temível, espantoso, tímido.

feast, *s.* festa, festim, festividade; banquete.

feast (to), *v. tr.* e *intr.* festejar, banquetear; divertir-se.

feat, *s.* feito, façanha, acção; proeza, valentia.

feather, *s.* pena (de ave); pluma; cavalete.

feather (to), *v. tr.* forrar, cobrir com penas.

feathering, *s.* plumagem; pêlo encaracolado.

feature, *s.* rosto, feição, aspecto; semblante; característica.

feature (to), *v. tr.* dar importância, fazer sobressair; retratar.

febrile, *adj.* febril.

February, *s.* Fevereiro.

fecal, *adj.* fecal.

feculent, *adj.* feculento, com fezes.

fecund, *adj.* fecundo, fértil.

fecundate (to), v. tr. fecundar; fertilizar.

fecundation, s. fecundação; fertilização.

fecundity, s. fecundidade; fertilidade.

fed, pret. e p.p. do verbo **to feed.**

federal, adj. federal.

federalism, s. federalismo.

federate, s. e adj. confederado.

federate (to), 1. v. tr. confederar; **2.** v. intr. confederar-se.

federation, s. confederação, liga.

federative, adj. federativo.

fee, s. honorários, salário, feudo; quota; prémio; propina.

fee (to), v. tr. remunerar; patrocinar; pagar propinas.

feed, s. alimento, sustento, ração.

feed (to), 1. v. tr. (pret. e p.p. **fed**) dar de comer, sustentar, prover; **2.** v. intr. alimentar-se.

feedback, s. feedback; reacção.

feeder, s. alimentador; o que dá de comer.

feeding, s. alimentação, comida, pasto.

feel, s. tacto, toque.

feel (to), v. tr. e intr. (pret. e p.p. **felt**), sentir, perceber; apalpar; conhecer-se, sentir-se.

feeling, 1. s. tacto; sensação, sentimento, sensibilidade; compaixão; **2.** adj. compassivo, terno.

feet, pl. de **foot,** pés.

feint, s. ficção, dissimulação, artifício.

felicitate (to), v. tr. dar parabéns; felicitar.

felicitation, s. felicitação, congratulação.

felicity, s. felicidade, ventura.

feline, s. e adj. felino, cruel.

fell, 1. pret. do verbo **to fall; 2.** s. pêlo, cabelo; pele; monte estéril;

corte de árvores; **3.** adj. ferino, bárbaro, cruel; terrível.

fell (to), v. tr. derrubar, lançar por terra; abater.

fellow, s. companheiro; sócio, par; (fam.) sujeito; tipo.

fellow (to), v. tr. irmanar, igualar; emparelhar.

fellowship, s. companhia, sociedade; camaradagem, conveniência; confraternidade.

felon, 1. s. criminoso, réu; panarício; **2.** adj. malvado, criminoso, cruel.

felonious, adj. mau, malvado, perverso.

felony, s. crime, traição, felonia.

felt, 1. pret. e p.p. do verbo **to feel; 2.** s. feltro.

female, 1. s. fêmea; **2.** adj. feminino.

feminality, s. feminilidade.

feminine, adj. feminino, efeminado.

feminist, s. feminista.

feminity, s. feminilidade.

femur, s. fémur.

fen, s. pântano, paul.

fence, s. cerca; sebe; valado; entrincheiramento, guarda, barreira, defesa; jogo de esgrima.

fence (to), v. tr. circunvalar, murar, cercar; esgrimir.

fencer, s. esgrimista.

fencing, s. guarda, cerca, valado; esgrima.

fend (to), v. tr. e intr. desviar, defender, resguardar; defender-se.

fender, s. guarda-fogo, pára-choques, guarda-lama.

fenny, adj. pantanoso, palustre.

fent, s. fenda.

ferine, adj. feroz, ferino.

ferment, s. fermento, levedura; fermentação.

ferment (to), v. tr. fermentar.

fermentation, s. fermentação.

ferocious, adj. feroz, cruel, voraz.

ferocity, s. ferocidade, crueldade.

ferreous, adj. férreo, ferroso.

ferriage, s. frete de barco, transporte de barco.

ferric, adj. férrico, relativo ao ferro ou seus compostos.

ferriferous, adj. ferrífero, que contém ferro.

ferry, s. passagem (de rio); travessia; barco de travessia.

ferry (to), v. tr. transportar em barco; atravessar de barco.

ferry-boat, s. barco para travessia de rio.

fertile, adj. fértil, fecundo, produtivo.

fertility, s. fertilidade, abundância.

fertilization, s. fertilização, fecundação.

fertilize (to), v. tr. fertilizar, fecundar.

fertilizer, s. fertilizador; adubo químico.

fervent, adj. férvido, ardente, zeloso.

fervid, adj. férvido, ardente, fogoso.

fervour, s. fervor, zelo, devoção; veemência.

festal, adj. festivo; solene.

fester (to), v. tr. e intr. causar supuração; ulcerar-se, inflamar-se.

fester, s. ferida, chaga, úlcera.

festival, s. e adj. festival.

festive, adj. festivo, solene; alegre.

festivity, s. festividade, festa; regozijo.

festoon (to), v. tr. engrinaldar.

fetch, s. estratagema, artifício.

fetch (to), v. tr. buscar, trazer, levar, mandar vir; alcançar, conseguir; produzir; encantar, seduzir.

fetcher, s. aquele que vai buscar; atracção.

fetid, adj. fétido.

fetidness, s. mau cheiro.

fetish, s. feitiço.

fetter (to), v. tr. encadear, lançar cadeias, acorrentar.

fettle (to), v. tr. alisar; tirar rebarbas.

feudalism, s. feudalismo.

fever, s. febre; calor, agitação.

feverheat, s. temperatura febril.

feverish, adj. febril, febricitante, ardente.

few, adj. poucos; **a few people**: algumas pessoas; **the few**: a minoria.

fiancé, s. noivo.

fiancée, s. noiva.

fiasco, s. fiasco.

fib, s. mentira, peta, embuste.

fib (to), v. tr. e intr. mentir, intrujar; trapacear; gracejar.

fibber, s. mentiroso; gracejador; intrujão, embusteiro.

fibre, s. fibra, filamento; (fig.) essência.

fibrillous, adj. composto de pequenas fibras.

fibrous, adj. fibroso.

fickle, adj. inconstante, volúvel.

fictile, adj. maleável; moldável.

fiction, s. ficção, invenção, novela; romance.

fictional, adj. imaginário.

fictionist, s. novelista.

fictitious, adj. fictício; fabuloso.

fiddle, s. rabeca.

fiddle-faddle, s. bagatelas, insignificâncias, frivolidades.

fiddle-faddle (to), v. intr. dizer disparates.

fiddler, s. rabequista.

fiddlestick, s. arco de rabeca; (fig.) tolice, disparate.

fidelity, s. fidelidade, veracidade.

fidget, s. inquietação, fadiga.

fidget (to), v. tr. e intr. incomodar, inquietar; inquietar-se.

fiducial, adj. fiducial; confiado; firme.

fief, s. feudo.

field, s. campo; campina; campo de batalha; batalha; campo de jogos; conjunto de jogadores; fundo de um quadro.

fiend, s. inimigo, demónio.

fiendish, adj. endiabrado, diabólico.

fierce, s. fero, feroz; violento, cruel, desumano.

fieriness, s. veemência, ardor, calor.

fiery, adj. ardente, ígneo; impaciente, fogoso; indómito; feroz, furioso.

fife, s. pífaro.

fife (to), v. intr. tocar pífaro.

fifer, s. tocador de pífaro.

fifteen, adj. e num. quinze.

fifteenth, adj. e num. décimo quinto.

fifth, adj. e num. quinto.

fiftieth, adj. e num. quinquagésimo.

fifty, adj. e num. cinquenta.

fig, s. figueira, figo; ninharia; figa; (fam.) vestuário.

fig (to), v. tr. e intr. fazer figas; adornar, vestir.

fight, s. luta, combate, peleja; contenda, disputa.

fight (to), v. tr. e intr. (pret. e p.p. **fought,** lutar, combater, batalhar.

fighter, s. combatente, guerreiro, batalhador.

fighting, 1. s. peleja, combate, luta; 2. adj. combatente.

fig-tree, s. figueira.

figurable, adj. figurável.

figuration, s. figuração; configuração.

figurative, adv. figurativo, simbólico.

figure, s. figura, forma; feitio; aparência; emblema; algarismo, número, cifra.

figure (to), v. tr. e intr. figurar, formar, imaginar, delinear; ornar com figuras.

filament, s. filamento, fibra.

filbert, s. avelã, avelaneira.

filch (to), v. tr. furtar, roubar, tirar.

filcher, s. gatuno, larápio.

filching, s. gatunice, furto.

file, s. fio (de linho); fila de soldados, maço de papéis; lima (mecânica); série; (inform.) ficheiro.

file (to), 1. v. tr. limar; polir; arquivar; anotar; afiar; 2. v. intr. desfilar.

filer, s. limador.

filial, adj. filial.

filiation, s. filiação; perfilhação, adopção.

filigrane, filigree, s. filigrana.

filings, s. pl. limalha.

fill (to), 1. v. tr. encher, cumular; fartar, ocupar; contentar; obturar (dentes); 2. v. intr. fartar-se, saciar-se; **to fill in:** preencher; **to fill up:** encher até à borda.

filler, s. funil; conta-gotas; folhas de tabaco que formam um charuto; suplente.

fillet, s. fita, trança; atadura; cinta; fio delgado; moldura estreita; filete.

filly, s. poldra, égua nova; rapariga bonita.

film, s. película, filme; **to shoot a film:** rodar um filme.

film (to), v. tr. cobrir com uma película; filmar.

filmy, adj. membranoso, transparente.

filter, s. filtro.

filter (to), v. tr. e intr. filtrar, filtrar-se.

filtering, s. filtragem.

filth, s. porcaria, sujidade, imundície.

filthy, adj. porco, sujo, imundo; obsceno.

filtrate, adj. filtrado, purificado.

filtrate (to), v. tr. filtrar, depurar.

filtration, s. filtração, depuramento.

fimbriate (to), v. tr. pôr fímbrias.

fin, s. barbatana; barba de baleia.

finable, adj. sujeito a multa.

final, 1. adj. final; **final stage:** fase final; **2.** s. última parte; conclusão; final;

finalist, s. finalista.

finality, s. finalidade; determinação; tendência.

finance, s. finança; pl. fundos públicos.

finance (to), 1. v. tr. administrar as finanças; financiar; **2.** v. intr. fazer operações financeiras.

financial, adj. financial, financeiro.

financier, s. financeiro; capitalista, cambista.

finch, s. tentilhão.

find (to), v. tr. e intr. (pret. e p.p. **found**), achar, encontrar, descobrir; averiguar, aprovar; sortir, prover; alcançar; decidir, inventar, imaginar.

finder, s. aquele que encontra; descobridor.

finding, s. descobrimento; invenção; descoberta.

fine, 1. s. multa; **2.** adj. formoso, belo; excelente; puro; delicado; transparente; elegante; bem feito; satisfatório.

fine (to), v. tr. e intr. refinar; adelgaçar; multar.

fine-looking, adj. elegante, atraente.

finery, s. vestuário de luxo; elegância; adorno.

finger, s. dedo; dedo de luva.

finger (to), v. tr. tocar com os dedos; dedilhar.

fingering, s. dedilhação; obra delicada.

fingernail, s. unha.

fingerprint, s. impressão digital.

finical, adj. meticuloso; afectado.

fining, s. clarificação (de vinhos); refinação.

finis, s. fim, termo; o fim da vida; morte.

finish, s. termo, conclusão, remate.

finish (to), 1. v. tr. acabar, completar, aperfeiçoar, arrematar; polir; derrotar; **2.** v. intr. acabar, fenecer, morrer.

finished, adj. concluído, completo, perfeito.

finite, adj. finito, limitado.

finny, adj. que tem barbatanas; semelhante a barbatana.

fiord, s. fiorde, braço de mar.

fir, s. abeto.

fire, s. fogo, lume, incêndio; combustão; calor intenso; descarga de armas de fogo; ardor, fervor; **to light a fire:** acender o lume.

fire (to), v. tr. e intr. incendiar, queimar; disparar armas de fogo; animar, incitar, encorajar.

fireman, s. bombeiro.

fireplace, s. fogão de sala.

firer, s. incendiário.

firewood, s. lenha.

firework, s. fogo de artifício.

firing, s. descarga de armas de fogo; combustível; fogo; cauterização.

firm, 1. adj. firme, estável; sólido; inflexível, seguro; resoluto; **2.** s. firma comercial.

firm (to), 1. v. tr. firmar, fixar, estabelecer, consolidar; **2.** v. intr. solidificar-se.

firmament, s. firmamento, céu.

firmly, adv. firmemente.

first, 1. adj. primeiro, primitivo, principal; **2.** s. o primeiro; o princípio; o primeiro lugar; **3.** adv. primeiro, primeiramente; **first aid:** primeiros socorros; **first-hand:** em primeira mão; **first of all:** em primeiro lugar; **at first sight:** à primeira vista.

firstling, s. o primogénito.

firstly, adv. primeiramente, em primeiro lugar.

firth, s. braço de mar; estuário; pequeno fiorde.

fisc, s. fisco, erário.

fiscal, 1. adj. fiscal; **2.** s. tesoureiro; procurador fiscal.

fish, s. peixe; pescado; marca, tento; (náut.) travessa.

fish (to), v. tr. pescar; buscar; reforçar.

fisher, s. pescador; (cal.) nota de uma libra.

fisherman, s. pescador.

fishery, s. pesca, pescaria; barco de pesca; indústria de pesca.

fishing, s. pesca.

fishmonger, s. negociante de peixe.

fissure, s. fenda, greta, abertura.

fist, s. punho; a mão fechada.

fist (to), v. tr. dar murros a.

fisticuff, s. murro; luta aos murros.

fistulous, adj. cheio de fístulas.

fit, 1. s. ataque, desmaio, síncope; acidente; acesso; espasmo; capricho; **a fit of coughing:** ataque de tosse; **a fit of temper:** ataque de mau génio; **2.** adj. próprio, conveniente, apropriado, apto; idóneo.

fit (to), 1. v. tr. adaptar, apropriar, acomodar, ajustar; preparar; acertar; talhar; cortar (um vestido); marcar (as velas); **2.** v. intr.

convir, ser próprio, assentar bem (a roupa); **to keep fit:** manter-se em boa forma; **the coat fits you:** o casaco fica-te bem; **he is not fit for the position:** ele não serve para o lugar.

fitchew, s. doninha.

fitness, s. adaptação; conveniência; capacidade, aptidão.

fitting, 1. adj. próprio, conveniente, ajustado; **2.** s. ajuste, encaixe, montagem (de máquinas); instalação; adaptação; corte (de fatos ou vestidos); **fitting room:** sala de provas.

five, adj. e num. cinco.

fiver, s. (fam.) nota de cinco libras; nota de cinco dólares.

fivefold, adj. quíntuplo.

fix, s. situação crítica; apuro; dilema.

fix (to), 1. v. tr. fixar, estabelecer, firmar; assentar; determinar; prender; pôr em ordem; **2.** v. intr. fixar-se, fixar residência, solidificar-se.

fixable, adj. fixável.

fixation, s. fixação, firmeza, estabilidade.

fixed, adj. fixo, firme, estável, fixado; **fixed price:** preço fixo.

fizz, s. assobio, zumbido; efervescência.

fizz (to), v. intr. assobiar, efervescer.

fizzer, s. aquele que assobia.

fizzle, s. assobio; mau sucesso, fiasco.

flabbergast (to), v. tr. confundir; espantar.

flabby, adj. frouxo, lasso, mole, flácido, débil.

flaccid, adj. flácido, frouxo, mole, débil.

flaccidity, s. flacidez, frouxidão, moleza.

flag, *s.* bandeira, estandarte, lousa, espadana; penas compridas nas pernas de certas aves de rapina; variedade de plantas herbáceas; **flag bearer:** porta-bandeira; **to strike the flag:** arriar a bandeira.

flag (to), *v. tr. e intr.* cair, pender, abater-se; enfraquecer-se; afrouxar, desfalecer; murchar; embandeirar.

flagellate (to), *v. tr.* flagelar, açoitar.

flagellation, *s.* flagelação.

flageolet, *s.* flautim.

flagging, *adj.* lânguido, hesitante.

flaggy, *adj.* flexível, fraco, mole, frouxo; pendente, caído.

flagitious, *adj.* mau, perverso, malvado.

flagrancy, *s.* ardor, flagrância; notoriedade.

flagrant, *adj.* flagrante, notório; escandaloso.

flagstone, *s.* laje.

flail (to), *v. tr.* malhar (os cereais).

flair, *s.* gostos; tendência; inclinação; olfacto.

flake, *s.* floco; faísca; escama; lâmina, lasca; andaime; **snow flake:** floco de neve.

flake (to), *v. intr.* formar flocos; laminar-se.

flaky, *adj.* cheio de flocos ou de escamas.

flam, *s.* mentira, historieta, embuste, engano, capricho.

flam (to), *v. tr.* enganar.

flame, *s.* chama, labareda; ardor, paixão, amor.

flame (to), *v. intr.* arder, chamejar, brilhar.

flaming, *adj.* ardente, inflamado; em chamas.

flamingo, *s.* flamingo, ave pernalta.

flamy, *adj.* inflamado, ardente.

flange, *s.* borda, orla, beira; aba, rebordo; falange.

flank, *s.* flanco, ilharga, lado.

flank (to), *v. tr. e intr.* flanquear, tomar de flanco; fortificar os flancos.

flap, *s.* aba (de casaco, chapéu, etc.); lado, extremidade, saliência; válvula; orelhas (de sapatos); palmada; bofetada; **flap table:** mesa de abas.

flap (to), *v. tr. e intr.* bater com a palma da mão, dar palmadas; prender; deixar-se cair (aves); bater com as asas; sacudir; açoitar; **to flap away the flies:** enxotar as moscas.

flare, *s.* fulgor, brilho, chama; inclinação; folho (de saia).

flare (to), *v. intr.* tremular, cintilar.

flaring, *adj.* cintilante, brilhante.

flash, *s.* relâmpago, lampejo; momento; esguicho; borbotão de água; inspiração, rasgo; calão, gíria; **in a flash:** num instante.

flash (to), 1. *v. intr.* brilhar, reluzir, relampejar; 2. *v. tr.* acender, queimar.

flashback, *s.* «flashback»; analepse.

flashy, *adj.* superficial, aparente; de brilho transitório.

flask, *s.* frasco, redoma; **thermos flask:** garrafa-termo.

flasket, *s.* pequeno frasco.

flat, 1. *s.* plano; planura; palma da mão; coisa plana; pá de um remo; barco de fundo chato; andar, apartamento; estrado; 2. *adj.* plano, liso; achatado; **flat foot:** pé chato; **flat top:** porta-aviões; **flat tyre:** pneu furado; **to feel flat:** sentir-se deprimido, 3. *adv.* nitidamente; absolutamente.

flat (to), *v. tr.* achatar, aplanar, alisar.

flatness, s. lisura, planura; insipidez.

flatten (to), v. tr. aplanar, achatar; abater, derribar; amortecer (a voz).

flatter (to), 1. v. tr. lisonjear, gabar, adular, exaltar; 2. v. intr. ser adulador.

flatterer, s. lisonjeiro, adulador.

flattering, s. lisonjeiro.

flattery, s. lisonja; adulação.

flatulence, s. flatulência; (fig.) vaidade.

flatulent, adj. flatulento; (fig.) vaidoso.

flaunt, s. ostentação, gala; pl. atavios, adornos.

flaunt (to), v. tr. e intr. ostentar, pavonear-se.

flautist, s. flautista.

flavour, s. sabor, gosto, aroma, perfume.

flavour (to), v. tr. aromatizar, condimentar.

flavouring, s. condimento; tempero.

flavourless, adv. insípido.

flaw, s. fenda; falha, defeito; falta; perturbação de espírito, tumulto; choco (de fundição).

flaw (to), v. tr. e intr. fazer fendas, fender, violar; tornar imperfeito.

flawy, adj. imperfeito, rachado, tempestuoso.

flax, s. linho.

flay (to), v. tr. esfolar, tirar a pele, pelar.

flayer, s. esfolador, explorador.

flea, s. pulga.

fleck, s. mancha, pinta, nódoa.

flectional, adj. flexível, inclinado; curvo.

fled, pret. e p.p. do verbo to flee.

fledge (to), 1. v. tr. guarnecer de penas ou asas; 2. v. intr. cobrir-se de penas.

flee (to), v. tr. e intr. (pret. e p.p. fled), evitar, escapar, fugir de.

fleece, s. lã de carneiro; velo.

fleece (to), v. tr. tosquiar; despojar, privar.

fleer, s. fugitivo; escárnio; zombaria.

fleer (to), v. intr. escarnecer, zombar.

fleering, 1. s. escárnio; 2. adj. escarnecedor.

fleet, 1. s. esquadra; enseada; baía; 2. adj. veloz, rápido.

fleet (to), v. intr. passar rapidamente; deslizar.

Flemish, 1. s. a língua flamenga; 2. adj. flamengo.

flesh, s. carne, alimento; carnalidade; o género humano; polpa dos frutos; **in flesh and blood**: em carne e osso.

flesh (to), v. tr. saciar, fartar; encorajar, incitar.

fleshly, adj. carnal, corpóreo; material; sensual.

fletcher, s. frecheiro.

flew, pret. do verbo to fly.

flex (to), v. tr. dobrar, vergar, curvar.

flexibility, s. flexibilidade.

flexible, adj. flexível.

flexure, s. flexura, inclinação, curva, curvatura.

flibbertigibbet, s. pessoa tagarela; rapaz travesso; diabinho; pessoa frívola.

flick, s. chicotada; piparote.

flick (to), v. tr. dar chicotadas; sacudir (o pó).

flicker (to), v. intr. tremular (a luz); estar hesitante; pestanejar.

flickering, 1. s. vacilação; 2. adj. vacilante.

flier, s. voador; coisa veloz; aviador.

flight, s. voo; fuga rápida; bando de pássaros; descarga; migração; excursão; rasgo (de imaginação); elevação de pensamento; esquadrilha (de aviões); **a flight of stairs:** um lanço de escadas.

flim-flam, s. capricho; embuste, estratagema.

flimsy, 1. adj. frágil, frívolo, superficial; débil; franzino; fútil; **2.** s. papel muito fino; (fam.) nota de banco.

flinch (to), v. intr. vacilar; tergiversar; desistir; faltar.

flincher, s. aquele que vacila ou desiste; desertor.

flinders, s. pl. fragmentos, estilhaços.

fling (to), v. tr. e intr. (pret. e p.p. **flung**), arremessar, arrojar, despedir; derrubar, vencer; mofar, saltar, escoucear; precipitar-se.

flint, s. pederneira; coisa muito dura.

flinty, adj. duro; pedregoso, de pederneira; insensível.

flintstone, s. pederneira.

flip (to), v. tr. e intr. tocar levemente, roçar por; atirar para o ar.

flip-flap, s. cambalhota, sacudidela; salto mortal.

flippancy, s. petulância; desenvoltura; irreverência; superficialidade.

flippant, adj. petulante, impertinente; superficial.

flipper, s. barbatana; (fam.) mão.

flirt, s. pessoa namoradeira; namorico; sacudidela.

flirt (to), v. tr. e intr. menear-se; namoriscar; sacudir; agitar-se.

flirtation, s. namoro, galanteio; vaidade.

flit (to), v. intr. fugir, voar, emigrar.

flitter, s. andrajo; farrapo; emigrante.

flitter (to), v. intr. voar, esvoaçar; emigrar.

flitting, s. fuga; voo rápido.

float, s. flutuador; bóia; onda, vaga; salva-vidas; carro pesado; carro para procissões ou espectáculos públicos.

float (to), 1. v. intr. flutuar; correr, circular; **2.** v. tr. pôr a flutuar; emitir.

floatage, s. flutuação; tudo o que flutua na água.

floater, s. flutuador; aquilo que flutua.

flock, s. floco; rebanho, bando, multidão.

flock (to), v. intr. andar aos bandos; juntar-se.

flocky, adv. em flocos.

floe, s. massa de gelo flutuante.

flog (to), v. tr. castigar, punir, fustigar.

flogging, s. açoite, castigo, sova.

flood, s. enxurrada, dilúvio, inundação; maré; fluxo; cheia.

flood (to), 1. v. tr. inundar, alagar; **2.** v. intr. alagar-se, transbordar.

flooding, s. inundação; hemorragia uterina.

floor, s. pavimento, soalho, chão; andar (de casa); **floor tile:** ladrilho; **the first floor:** o primeiro andar; **the ground floor:** o rés-do-chão.

floor (to), v. tr. soalhar, estender no chão; deitar por terra; derrotar; estender um examinando.

flop, s. fracasso.

flop (to), v. tr. e intr. bater as asas; ir ao encontro de; cair repentinamente.

flora, s. flora.

floral, adj. floral.

florescent, adj. florescente.

floriate (to), v. tr. adornar com desenhos de flores.

floricultural, adj. relativo à floricultura.

floriculture, s. floricultura.

florid, adj. florido, rosado, fresco, ornado, ostentoso.

florist, s. florista.

flotation, s. flutuação.

flounce (to), 1. v. tr. guarnecer com franjas; debruar; 2. v. intr. mergulhar.

flounder (to), v. intr. debater-se; lutar; entender-se (a falar); patinhar.

flour, s. farinha; **flour mill:** moinho.

flour (to), v. tr. enfarinhar; moer.

flourish, s. vigor, valentia, aparato, fausto, esplendor; floreio, floreado, vinheta.

flourish (to), v. tr. e intr. florescer, prosperar; gabar-se, vangloriar-se; fazer traços à pena; florear.

flourishing, 1. adj. florescente; próspero, floreado; 2. s. florescimento; prosperidade.

floury, adj. farinhento.

flout (to), v. tr. e intr. mofar; escarnecer.

flouting, 1. s. mofa, escárnio; 2. adj. escarnecedor.

flow, s. fluxo, corrente, enchente, maré.

flow (to), v. intr. fluir, manar; correr (rio, regato, etc.); encher (a maré); dimanar, proceder.

flower, s. flor, florão; planta em flor; (fig.) escol, fina-flor; o melhor, o mais puro de qualquer coisa; beleza; adorno; **flower bud:** botão de flor; **flower girl:** florista; **in flower:** em flor.

flowerbed, s. canteiro.

flowerpot, s. vaso de flores.

flowery, adj. florido.

flowing, 1. adj. cheio, fluente, pleno; 2. s. fluxo.

flown, p.p. do verbo **to fly.**

fluctuate (to), v. intr. flutuar; ondear; oscilar.

fluctuation, s. flutuação; oscilação.

flue, s. cano (de chaminé); tubo de caldeira; conduto; penugem, cotão.

fluency, s. fluência; facilidade; eloquência.

fluent, adj. fluente; eloquente; facundo.

fluffy, adj. formado ou coberto de penugem.

fluid, 1. s. fluido, líquido, gás; 2. adj. fluído.

fluidity, s. fluidez.

flummox (to), v. tr. (fam.) confundir, deixar embaraçado.

flump, s. estrondo causado por algum objecto que cai; ruído, barulho.

flump (to), v. tr. e intr. arremessar ou arremessar-se ao chão.

flung, pret. e p.p. do verbo **to fling.**

flunkey, s. lacaio; bajulador.

fluor, s. flúor (mineral); estado líquido; menstruação.

fluorescence, s. fluorescência.

fluorescent, adj. fluorescente.

fluorite, s. fluorite; flúor.

flurry, s. agitação, barulho, perturbação, comoção.

flurry (to), v. tr. perturbar, confundir.

flush, 1. s. vigor, frescura, rubor; pompa; arrebatamento; emoção; abundância; 2. adj. vigoroso, fresco; rico, abundante.

flush (to), v. tr. e intr. brotar; corar; fazer subir a cor ao rosto; inundar; levantar voo; animar.

flushing, s. inundação; rubor.

fluster, s. perturbação, agitação, confusão.

fluster (to), v. tr. e intr. animar, excitar; enervar-se.

flute, s. flauta.

flute (to), 1. v. tr. acanelar, estriar; 2. v. intr. tocar flauta.

flutist, s. flautista.

flutter, s. abalo; confusão; comoção; alvoroço; ondulação; sobressalto; aposta a dinheiro.

flutter (to), v. intr. e t. alvoroçar-se, estar indeciso; estar alterado (o pulso); agitar; bater as asas; perturbar.

flutterer, s. agitador.

fluvial, adj. fluvial.

flux, s. fluxo; fusão; (quím.) dissolvente.

fluxion, s. fluxo; fusão de metais; variação contínua.

fly, s. mosca; rosa-dos-ventos; comprimento da bandeira; coisa insignificante, ninharia.

fly (to), v. tr. e intr. (pret. **flew,** p.p. **flown**), voar; fugir; evadir-se; lançar-se; flutuar.

flyer, s. aviador.

flying, s. voo, aviação.

foal, s. potro.

foam, s. espuma, cachão, escarcéu.

foam (to), v. tr. e intr. espumar, fazer espuma; fazer cachão.

foamite, s. extintor de incêndios.

foamy, adj. espumoso; coberto de espuma.

fob, s. bolso para o relógio; engano, logro.

fob (to), v. tr. enganar, ludibriar; dissimular.

focalize (to), v. tr. focar, pôr em foco; concentrar; pôr em destaque.

focus, s. foco; **out of focus:** desfocado.

focus (to), v. tr. focar.

fodder (to), v. tr. dar forragem ao gado.

foe, s. inimigo, adversário.

foeman, s. inimigo de guerra.

foetal, adj. fetal, que se refere ao feto.

foetid, adj. fétido; pútrido.

foetus, s. feto.

fog, s. nevoeiro, névoa, cerração, neblina; confusão; **fog horn:** sirene de nevoeiro.

foggy, adj. enevoado, cerrado.

fogy, s. obscurantista; homem já velho (em idade, ideias ou costumes).

fogyism, s. obscurantismo.

foible, s. fraco; o lado fraco; as fraquezas.

foil, s. derrota, revés; florete; desvantagem; pista (de caça).

foil (to), v. tr. e intr. frustrar, anular; amortecer; derrotar; desorientar; despistar.

foist (to), v. tr. interpolar, impingir; inserir cláusulas num documento.

fold, s. dobra; aprisco; congregação de fiéis.

fold (to), v. tr. dobrar; fechar, envolver; embrulhar; cruzar (os braços); **to fold back the sleeves:** arregaçar as mangas; **to fold in one's arms:** abraçar; **to fold up a letter:** dobrar uma carta.

folding, 1. s. prega, dobra; encurralamento de gado; 2. adj. flexível; **folding chair:** cadeira articulada; **folding screen:** biombo.

foliage, s. folhagem.

foliate (to), v. tr. e intr. ornar com folhagem; folhear; estalar; fender-se.

folk, s. povo, gente; o género humano; nação, raça, família; **folk song:** canção popular.

folklore, s. folclore; costumes, tradições populares.

folliculous, adj. abundante em folículos.

follow (to), v. tr. e intr. seguir; prosseguir; suceder, imitar; exercer uma profissão; estudar, observar; obedecer; seguir-se; **as follows:** como se segue.

follower, s. sectário, sequaz; imitador; discípulo; subordinado.

following, 1. s. comitiva, séquito; carreira, profissão; **2.** adj. seguinte.

folly, s. loucura, tolice; extravagância.

foment (to), v. tr. fomentar; promover; favorecer.

fomentation, s. fomento, fomentação, estímulo.

fond, adj. amigo, aficionado, apaixonado; **to be fond of:** gostar muito de.

fondle (to), v. tr. amimar, afagar, acariciar.

fondling, s. mimalho, afago, carícias.

font, s. fonte; pia baptismal; colecção de tipos de imprensa da mesma espécie.

food, s. alimento, víveres.

fool, s. tolo; insensato; **to make fool of:** escarnecer de; **to play the fool:** fazer de tolo; **to be no fool:** não ser nada tolo.

fool (to), v. tr. e intr. escarnecer, zombar; lograr; frustrar; divertir-se; brincar; fazer de doido.

foolish, adj. imbecil, ridículo.

foot, s. (pl. **feet**), pé, pata; sopé; fundo; sistema, princípio; infantaria; movimento.

foot (to), v. tr. e intr. pisar, percorrer, andar a pé; pôr pés (em meias, botas, etc.); pagar uma conta; (fam.) custear.

football, s. futebol.

footballer, s. futebolista.

footed, adj. provido de pés ou de patas.

footer, s. peão, aquele que anda a pé; (fam.) o jogo de futebol.

footgear, s. calçado, sapatos e meias.

footing, s. base, fundamento, pé; o andar, o passo; baile; estado, condição; soma de uma coluna de números.

footnote, s. nota de pé de página.

foots, s. sedimentos, fezes, borra.

footwear, s. calçado.

foozle (to), v. intr. desperdiçar o tempo; proceder desajeitadamente; fazer mal.

for, 1. prep. para, por causa de; durante; a favor de; em troca de; em busca de; por; **for certain:** de certeza; **for ever:** para sempre; **once and for all:** duma vez por todas; **for you:** para ti; **2.** conj. porque, visto que, pois que.

forage, s. forragem, víveres, provisões; pilhagem.

foray, s. saque, pilhagem, correria, incursão.

foray (to), v. tr. e intr. saquear, devastar.

forbade, pret. do verbo **to forbid.**

forbear, s. antepassado.

forbear (to), v. tr. e intr. (pret. **forbore,** p.p. **forborne**), deter-se, abster-se; reprimir-se; não querer.

forbearing, adj. clemente, indulgente.

forbid (to), v. tr. (pret. **forbade,** p.p. **forbidden**), proibir, estorvar, impedir.

forbidding, 1. adj. repugnante, proibitivo; **2.** s. proibição.

forbore, pret. do verbo **to forbear.**

force, s. força, poder; virtude, eficácia; motivo; violência; coerção; força militar.

force (to), v. tr. forçar, manobrar (navio); introduzir à força; fazer amadurecer; tosquiar; insistir.

forced, adj. forçado, constrangido, obrigado.

forceps, s. fórceps; tenaz.

forcible, adj. forte, poderoso, violento; concludente, convincente.

forcing, s. acção de forçar ou de obter pela força; amadurecimento provocado de frutos.

ford (to), v. tr. passar a vau.

fore, 1. adj. anterior, dianteiro; **2.** adv. anteriormente; diante; antes.

forearm, s. antebraço.

forebode (to), v. tr. prognosticar, pressentir.

foreboder, s. aquele que pressagia, profeta; adivinho.

foreboding, s. presságio, pressentimento.

forecast, s. previsão, prognóstico; cálculo; **weather-forecast:** previsão meteorológica.

forecast (to), v. tr. prever, vaticinar, profetizar, prognosticar; planear.

foreclose (to), v. tr. e intr. impedir; executar (hipoteca).

foredate (to), v. tr. antedatar.

foredoom (to), v. tr. predestinar.

forefathers, s. pl. antepassados, avoengos.

forefinger, s. dedo indicador.

forefoot, s. pata dianteira dos quadrúpedes.

forefront, s. a parte da frente; fachada.

forehand, 1. s. perna dianteira (do cavalo); **2.** adj. previdente, económico, abastado.

forehead, s. fronte, testa; altivez; insolência.

foreign, adj. estrangeiro, forasteiro, estranho.

foreigner, s. estrangeiro; forasteiro.

forejudgement, s. julgamento prévio; preconceito.

foreknow (to), v. tr. (pret. **foreknew,** p.p. **foreknown**), prever, conhecer antecipadamente.

foreknowledge, s. presciência, previsão.

foreland, s. cabo, promontório.

foreleg, s. perna da frente.

foreman, s. chefe, capataz; mestre, maioral.

foremast, s. mastro da proa.

forementioned, adj. supracitado.

foremost, adj. primeiro, dianteiro.

forenamed, adj. supradito, já mencionado.

forenoon, s. manhã.

forepart, s. começo, princípio; parte dianteira.

forerun (to), v. tr. e intr. (pret. **foreran,** p.p. **forerun**), preceder; adiantar-se a; anunciar.

foresaid, adj. supracitado, já mencionado.

foresee (to), v. tr. (pret. **foresaw,** p.p. **foreseen**), prever.

foreshow (to), v. tr. mostrar antecipadamente.

foresight, s. previsão, presciência; perspicácia; mira (de arma).

foreskin, s. prepúcio.

forest, s. floresta, bosque, selva, mata; **forest ranger:** guarda-florestal.

forestall (to), v. tr. monopolizar, açambarcar; prevenir, antecipar.

forester, s. guarda-florestal.

forestry, s. silvicultura.

foretell (to), v. tr. (pret. e p.p. **foretold**), predizer, pressagiar.

foreteller, s. profeta.

191   **fornication**

foretelling, s. profecia, predição.
forethought, s. previdência, premeditação.
foretoken (to), v. tr. prognosticar.
forever, adv. para sempre.
forewarn (to), v. tr. prevenir, avisar, acautelar.
forewoman, s. mestra de uma
oficina; contramestra; presidente
de júri feminino; dirigente.
foreword, s. prefácio.
forfeit (to), v. tr. perder o direito a
uma coisa; confiscar.
forfeiture, s. multa; sequestro;
confiscação; perda.
forfend (to), v. tr. prevenir, afastar, desviar.
forgather, v. intr. associar-se; unir-
-se; casar.
forgave, pret. do verbo **to forgive.**
forge, s. forja, fornalha; (fig.) oficina.
forge (to), v. tr. e intr. forjar, fazer, inventar; contrafazer, imitar;
falsificar.
forgeman, s. ferreiro.
forger, s. forjador, falsificador, falsário; ferreiro.
forgery, s. falsificação; contrafacção.
forget (to), v. tr. (pret. **forgot,** p.p.
forgotten), esquecer, desprezar;
descurar; esquecer-se.
forgetful, adj. esquecido, negligente.
forget-me-not, s. miosótis.
forgive (to), v. tr. (pret. **forgave,**
p.p. **forgiven**), perdoar, desculpar.
forgo (to), v. tr. e intr. renunciar
a; abandonar; ceder; desistir de.
forgot, pret. do verbo **to forget.**
forgotten, p.p. do verbo **to forget.**

fork, s. garfo, forcado, confluência
de um rio.
fork (to), v. tr. e intr. remover com
forcado; esgotar; bifurcar-se.
forlorn, adj. desamparado, abandonado, perdido.
form, s. forma, figura, modo; modelo; fórmula; sistema; ano (nas
escolas); molde; comportamento,
porte; aparição; banco; assento
comprido; compasso de música;
estilo; impresso; boa condição
física.
form (to), 1. v. tr. formar; figurar;
idear; conceber; compor; pôr em
ordem; colocar; assentar; fazer;
2. v. intr. formar-se.
formal, adj. formal, positivo, cerimonioso; grave; metódico, regular; afectado.
formalism, s. formalismo.
formalist, s. formalista.
formality, s. formalidade; etiqueta.
format, s. formato.
format (to), v. tr. (inform.) forma-
tar.
formation, s. formação; disposição; arranjo.
formative, adj. formativo.
former, adj. primeiro, primitivo,
antigo, anterior.
formerly, adv. outrora, antigamente.
formicary, s. formigueiro.
formication, s. formigueiro (na
pele).
formidable, adj. formidável.
formula, s. fórmula, receita.
formulate (to), v. tr. formular, elaborar.
formulize (to), v. tr. e intr. forma-
lizar; formular.
fornicate, adj. curvo, arqueado;
abobadado.
fornicate (to), v. intr. fornicar.
fornication, s. fornicação.

forsake (to), v. tr. (pret. **forsook,** p.p. **forsaken**) abandonar; deixar; renunciar a.

forsaking, s. abandono, desamparo.

forsooth, adv. na verdade, certamente.

forswear, v. tr. (pret. **forswore,** p.p. **forsworn**) abjurar, repudiar; jurar falso.

fort, s. forte, fortaleza, castelo.

forth, adv. adiante, para a frente; diante, fora; exteriormente; avante, inteiramente; à vista; **and so forth:** etc.; e assim por diante.

forthcoming, adj. futuro, próximo, vindouro.

forthright, adj. e adv. franco, decisivo, todo direito.

forthwith, adv. imediatamente.

fortification, s. fortificação, praça, forte.

fortify (to), 1. v. tr. fortificar, corroborar; fortalecer; defender; **2.** v. intr. construir defesas.

fortnight, s. quinzena, duas semanas.

fortress, s. fortaleza, forte.

fortuitous, adj. fortuito, casual, eventual.

fortuity, s. casualidade.

fortunate, adj. afortunado, feliz, venturoso.

fortune, s. fortuna, sorte; ventura; bens, riquezas, haveres; destino; **to try one's fortune:** tentar a sua sorte.

fortune-teller, s. adivinho.

forty, num. quarenta.

forum, s. foro, fórum, praça pública.

forward, 1. adv. adiante, para diante; avante, para a frente; em evidência; **2.** adj. adiantado; apressado; prematuro; diligente; audaz, desembaraçado; **3.** s. (futebol) avançado.

forwarder, s. agente de transportes, expedidor; promotor.

forwarding, s. expedição, envio, remessa.

fossil, s. fóssil.

fossilization, s. fossilização.

fossilize (to), 1. v. tr. fossilizar, petrificar; **2.** v. intr. petrificar-se.

foster (to), v. tr. nutrir, criar; promover, animar.

fosterage, s. amamentação; criação de criança a cargo de ama.

fosterer, s. ama, pessoa que cria uma criança alheia; protector, promotor.

fostering, 1. adj. benéfico, benfazejo; **2.** s. amparo.

fother, s. carga, peso.

fought, pret. e p.p. do verbo **to fight.**

foul, 1. adj. feio, imundo, hediondo viciado (ar); indecente; mórbido, obsceno, com maus instintos impuro, grosseiro, abominável enredado, cativo; mordido; obstruído; borrascoso (tempo); **foul breath:** mau hálito; **foul language:** linguagem obscena; **2.** s coisa suja; ferrugem; má fortuna falta, penalidade, infracção.

foul (to), v. tr. sujar; manchar, desonrar; abalroar; (futebol) cometer falta.

foumart, s. doninha.

found, pret. e p.p. do verbo **to find.**

found (to), v. tr. fundar, edificar instituir; fixar; fundir.

foundation, s. fundação, estabelecimento; alicerce; princípio base; razão de ser.

founder, s. fundador.

founder (to), 1. v. tr. afundar arruinar; **2.** v. intr. afundar-se; i a pique.

founding, s. fundição, acção de fundir.

foundling, s. criança abandonada.

foundress, s. fundadora.

foundry, s. fundição.

fount, s. colecção completa de tipos de imprensa.

fountain, s. fonte; nascente; princípio, origem, fundamento; repuxo.

fountain-pen, s. caneta de tinta permanente.

four, num. quatro.

fourfold, adj. quádruplo.

fourscore, adj. oitenta, octogenário.

fourteen, num. catorze.

fourteenth, adj. e num. décimo quarto.

fourth, adj. e num. quarto; a quarta parte.

fowl, s. ave; pássaro; galo; galinhola; pl. aves de capoeira.

fowl (to), v. intr. caçar aves.

fox, s. raposa; (fig.) homem astuto; caloiro.

fox (to), v. tr. e intr. proceder com astúcia; embebedar; embebedar-se; azedar (a cerveja).

foxed, adj. manchado; azedo.

foxy, adj. velhaco, azedo, manchado.

foyer, s. vestíbulo.

fraction, s. fracção, divisão, quebra, ruptura, fractura.

fractional, adj. fraccionário.

fractious, adj. bulhento, amigo de rixas.

fracture, s. quebra, fractura, rotura.

fracture (to), v. tr. e intr. fracturar, quebrar, romper, estalar; quebrar-se.

fragile, adj. frágil; quebradiço; débil.

fragility, s. fragilidade.

fragment, s. fragmento; porção; estilhaço (de granada).

fragmental, adj. fragmentário.

fragrance, s. fragrância, perfume, aroma.

fragrant, adj. fragrante.

frailness, s. fragilidade, fraqueza, debilidade.

frame, s. corpo, figura, feitio, forma; composição, estrutura, construção; armação, esqueleto; caixilho; caverna, ossada; bastidor, tear; baliza.

frame (to), v. tr. formar, fazer, fabricar; dispor; modelar; ajustar; dirigir; acomodar; encaixilhar.

framer, s. criador, autor; fabricante de moldes.

framework, s. armação, cavername.

framing, s. construção, estrutura; ossada; suportes, montantes.

franchise (to), v. tr. privilegiar, isentar.

franchisement, s. franquia, isenção.

frank, adj. franco, sincero, ingénuo; livre, isento.

frankly, adv. francamente, sinceramente.

frantic, adj. frenético, nervoso, furioso.

fraternal, adj. fraternal.

fraternity, s. fraternidade; congregação religiosa; irmandade.

fraternize (to), v. intr. fraternizar, irmanar.

fratricidal, adj. fratricida.

fratricide, s. fratricídio, fratricida.

fraud, s. fraude, engano, embuste, logro.

fraudulence, s. fraudulência, fraude.

fraudulent, adj. fraudulento, enganador.

fraught, adj. carregado, repleto, cheio.

fray, s. rixa; disputa; rasgão; roçadura (no pano).

fray (to), 1. v. tr. aterrar, espantar; rasgar; **2.** v. intr. roçar-se (o pano); desgastar-se.

frazil, s. gelo no leito de um regato.

freak, s. fantasia, veleidade, excentricidade; capricho.

freckle, s. sarda.

freckly, adj. sardento.

free, 1. adj. livre, independente; emancipado; patente; público; autónomo; desembaraçado; acessível; descoberto; liberal, gratuito; licencioso; sincero, expansivo; vago, desocupado; vivo; voluntário; cortês; permitido; privilegiado; imune; **free of charge:** livre de despesas; **2.** adv. gratuitamente.

free (to), v. tr. libertar, isentar; desembaraçar; privilegiar; esgotar.

freebooting, s. saque, pilhagem, pirataria.

freedman, s. liberto.

freedom, s. liberdade, isenção; franquia, imunidade; licença; atrevimento; facilidade.

freeman, s. homem livre; cidadão.

freemasonry, s. maçonaria.

freer, s. libertador.

freethinker, s. livre-pensador.

freeze (to), v. tr. e intr. (pret. **froze,** p.p. **frozen**), gelar, congelar.

freezer, s. refrigerador, frigorífico, congelador; sorveteira.

freezing, adj. glacial.

freight, s. carga, frete (de navio).

freight (to), v. tr. carregar, fretar (um navio).

French, s. e adj. francês.

French-polish (to), v. tr. envernizar (mobília).

frenzy, s. furor.

frequence, s. frequência.

frequent, adj. frequente.

frequent (to), v. tr. frequentar.

fresco, s. pintura a fresco.

fresh, 1. adj. fresco, recente, novo; recém-chegado; puro; noviço; inexperiente; (fam.) presumido;

intrometido, impertinente; **2.** adv. recentemente.

freshen (to), 1. v. tr. refrescar, refrigerar; **2.** v. intr. refrescar-se, avivar-se.

freshman, s. noviço, caloiro.

fret, s. fricção, desgaste; raspagem, irritação; agitação da superfície de um líquido.

fret (to), 1. v. tr. esfregar; friccionar; irritar; cinzelar, lavrar; adornar; (fig.) afligir; **2.** v. intr. gastar-se; impacientar-se.

fretting, adj. impertinente; corrosivo.

friable, adj. friável, quebradiço, frágil.

friar, s. frade, frei, religioso.

friary, 1. s. convento de frades; **2.** adj. fradesco.

fribble, 1. adj. frívolo; **2.** s. bagatela; pessoa frívola.

fribble (to), v. intr. vacilar; escarnecer, zombar.

fricassee, s. fricassé.

friction, s. fricção, atrito.

frictional, adj. produzido por fricção.

Friday, s. sexta-feira.

friend, s. amigo, companheiro **pen-friend:** amigo por correspondência, correspondente.

friendless, adj. desamparado só, sem amigos.

friendly, 1. adj. amigo, amigável benévolo, propício, favorável serviçal; **2.** adv. amigavelmente.

friendship, s. amizade.

frieze, s. frisa; friso; moldura.

frigate, s. fragata.

fright, s. susto, espanto, medo; to **get a fright:** apanhar um susto.

fright (to), v. tr. assustar, aterrar espantar.

frighten (to), v. tr. assustar, ame drontar.

frightful, adj. espantoso, medonho, horrível.

frigid, adj. frígido, indiferente, insensível.

frigidity, s. frigidez, indiferença, insensibilidade.

frill, s. tufo, pregas, folhos.

frilly, adj. franzido, pregueado.

fringe, s. franja, orla, extremidade.

fringe (to), v. tr. franjar, orlar.

fringy, adj. franjado.

frippery, 1. s. roupa velha; trastes velhos; loja de adeleiro; ninharia; **2.** adj. desprezível.

frisette, s. cabelos frisados ou encaracolados; trança de cabelo.

frisk, s. pulo, salto, cabriola; brincadeira.

frisk (to), v. intr. saltar, pular; brincar.

frisker, s. saltador; brincalhão.

frisky, adj. alegre, brincalhão, travesso, vivo.

frith, s. braço de mar; estuário; embocadura de rio; foz.

fritter, s. fragmento, pedaço; posta de carne frita; fritos.

fritter (to), v. tr. fragmentar; picar carne para cozinhados; desperdiçar.

frivol (to), v. tr. e intr. dizer ou fazer coisas inúteis; desperdiçar o tempo com bagatelas.

frivolity, s. frivolidade, ninharia, bagatela.

frivolous, adj. frívolo, vão, inútil, fútil.

frizz, frizzle, s. friso; anel de cabelo.

frizzly, frizzy adj. encrespado, frisado.

fro, adv. para longe; **to and fro:** de um lado para o outro.

frock, s. vestido solto; hábito de frade; blusa de operário; roupão.

frog, s. rã; ranilha (do cavalo); pl. alamares; desvios (nos trilhos de comboios).

froggy, 1. s. rã pequena; **2.** adj. abundante em rãs.

frolic, 1. s. brincadeira, travessura, alegria; **2.** adj. brincalhão.

frolic (to), v. intr. folgar; fazer travessuras.

from, prep. de, desde, a partir de, da parte de; por, por causa de, conforme; acerca de; longe de; em consequência de; **from bad to worse:** de mal a pior; **from time to time:** de tempos a tempos; **from top to toe:** dos pés à cabeça.

frond, s. fronde; copa das árvores.

front, 1. s. fronte, testa, face; frontispício, fachada; audácia; área de combate; frontal do altar; frente de vestido; cara; **in front of:** em frente de; **2.** adj. fronteiro, dianteiro; **front page:** primeira página.

front (to), v. tr. olhar de frente, encarar.

frontal, 1. s. frontal, frontão; **2.** adj. fronteiro, anterior.

frontier, s. fronteira, limite; frontaria.

frost, s. geada; desânimo; fracasso.

frost (to), v. tr. e intr. gelar.

frostbitten, adj. queimado pela geada.

frostbound, adj. cercado pela geada.

frosting, s. camada de geada; mistura de clara de ovo e açúcar para cobrir doces.

frosty, adj. gelado, glacial, frio.

froth, s. espuma; frioleira; conversa fútil.

frothy, adj. espumoso; vão, frívolo.

frown, s. franzimento das sobrancelhas; olhar severo.

frown (to), v. tr. e intr. franzir as sobrancelhas; mostrar-se carrancudo.

frowning, 1. s. olhar carrancudo; **2.** adj. carrancudo.

frowst, s. cheiro a mofo.

frowst (to), v. intr. cheirar a mofo.

frowsty, adj. bafiento, fedorento, mofento.

frowziness, s. fedor; desalinho.

frowzy, adj. malcheiroso, rançoso.

froze, pret. do verbo **to freeze.**

fructiferous, adj. frutífero.

fructification, s. frutificação.

fructify (to), v. tr. frutificar, fertilizar.

fructuous, adj. frutuoso, fértil, fecundo.

frugal, adj. frugal, comedido, económico; simples.

frugality, s. frugalidade, sobriedade.

fruit, s. fruto, fruta; produto; lucro, proveito; **fruit juice:** sumo de fruta; **dried fruit:** frutas secas.

fruit (to), v. intr. frutificar.

fruitful, adj. frutífero; fértil, fecundo.

fruition, s. fruição, gozo; posse.

fruitless, adj. estéril, infrutífero, infecundo.

frumpish, adj. rabugento, desleixado.

frustrate (to), v. tr. frustrar, anular; defraudar, privar.

frustration, s. frustração, inutilidade, mau êxito.

fry, s. fritada; peixe miúdo; desova de peixe; multidão de coisas pequenas; bando de crianças.

fry (to), 1. v. tr. fritar; **2.** v. intr. derreter-se; fermentar; fundir.

frying-pan, s. frigideira.

fuddle, s. bebedeira.

fuddle (to), v. tr. e intr. embriagar, embriagar-se.

fuddler, s. ébrio.

fudge (to), v. tr. e intr. dizer patranhas; inventar histórias.

fuel, s. combustível, lenha.

fuel (to), v. tr. fornecer combustíveis; alimentar o fogo.

fug, s. bolor, cheiro a bolor.

fugacious, adj. fugaz, transitório, caduco.

fugacity, s. fugacidade; incerteza.

fugitive, s. fugitivo, desertor.

fulcrum, s. fulcro, apoio; sustentáculo, suporte.

fulfil (to), v. tr. cumprir; encher, preencher; satisfazer.

fulfiller, s. cumpridor, executor, realizador.

fulfilment, s. cumprimento, execução, realização, desempenho.

fulgency, s. fulgência, brilho, fulgor.

fulgent, adj. fulgente, brilhante.

fulgurate (to), v. intr. fulgurar, brilhar.

full, 1. adj. cheio, repleto; inteiro; sortido; maduro; amplo, atestado; abundante; perfeito; grávida; **full stop:** ponto final; **full age:** maioridade; **in full time:** a tempo inteiro; **2.** adv. inteiramente; directamente; **3.** s. o ponto culminante; medida completa; totalidade; **in full:** por extenso.

full (to), v. tr. e intr. ampliar, engrossar.

fully, adv. inteiramente, plenamente.

fulminant, adj. fulminante.

fulminate (to), 1. v. tr. fulminar, fazer explodir; excomungar; **2.** v. intr. explodir.

fulmination, s. fulminação; anátema.

fulminating, adj. fulminante.

fulsome, adj. nojento; baixo; repugnante.

fulvous, adj. fulvo, loiro, amarelo, tostado.

fumble, v. tr. e intr. andar às apalpadelas; remexer.

fumbler, s. pessoa desajeitada ou desmazelada.

fume, s. fumo, vapor, gás; (fig.) excitação; vaidade.

fumigate (to), v. tr. defumar; desinfectar.

fumigation, s. fumigação, desinfecção.

fun, s. gracejo, brincadeira, chiste, graça; divertimento; **for fun:** por brincadeira.

function, s. função, cargo; cerimónia religiosa; função fisiológica.

functional, adj. funcional.

functionary, s. funcionário.

fund, s. fundo, capital; fundos públicos.

fund (to), v. tr. empregar dinheiro em fundos públicos.

fundament, s. fundamento; base; nádegas; (fam.) traseiro.

fundamental, adj. fundamental, essencial.

funded, adj. consolidado.

funeral, s. funeral.

funereal, adj. fúnebre.

fungous, adj. fungoso.

fungus, s. fungo, cogumelo.

funicle, s. funículo; cordão umbilical.

funicular, adj. funicular.

funk, s. embaraço, medo; mau cheiro; cobarde.

funk (to), v. intr. estar embaraçado; tremer de medo; exalar mau cheiro.

funky, adj. tímido; medroso; cobarde.

funnel, s. funil; cano de chaminé; tubo.

funny, adj. engraçado, burlesco, cómico, chistoso.

fur, s. pele de animais; forro de pele.

fur (to), v. tr. e intr. forrar ou guarnecer de pele; ganhar crosta.

furbelow, s. folho de saia.

furbish (to), v. tr. polir, lustrar, brunir.

furcate, adj. bifurcado.

furcate (to), v. tr. e intr. bifurcar; bifurcar-se.

furcation, s. bifurcação.

furibund, adj. furibundo.

furious, adj. furioso, irado, desenfreado.

furl (to), v. tr. dobrar, ferrar as velas.

furlough, s. licença, licenciamento; baixa.

furnace, s. fornalha, forno, fornilho; caldeira de fogão de cozinha.

furnish (to), v. tr. fornecer; equipar; ornar, mobilar.

furnisher, s. fornecedor, provedor; decorador.

furnishings, s. pl. acessórios (de uma casa); mobiliário.

furniture, s. mobília, equipagem; adornos, utensílios.

furrier, s. peleiro.

furring, s. peles.

furrow, s. sulco, esteira, ranhura; ruga do rosto.

furrow (to), v. tr. e intr. abrir sulcos, sulcar, estriar; enrugar; enrugar-se.

furry, adj. coberto de peles; feito de peles.

further, adj. e adv. (comp. de **far**) ulterior, adicional; demais, além disso, mais adiante.

further (to), v. tr. avançar, adiantar, promover; favorecer.

furthermore, adv. além disso, afora isso, demais, além de que; fora disso.

furthermost, adj. o mais afastado.

furthest, adj. e adv. (sup. de **far**) o mais distante, o mais remoto.

furtive, adj. furtivo.

furuncle, s. furúnculo.

fury, s. fúria, furor.

fuse, s. fusível, espoleta; rastilho, mecha.

fuse (to), 1. v. tr. fundir, derreter; 2. v. intr. derreter-se.

fusee, s. acendalha, isqueiro; fuso de relógio.

fusible, adj. fusível.

fusil, s. espingarda de pederneira; mosquete.

fusilier, s. fuzileiro.

fusion, s. fusão, derretimento; fundição; união.

fuss, s. estrondo, barulho, ruído, bulha.

fuss (to), v. intr. inquietar-se, agitar-se.

fussy, adj. estrondoso, barulhento; inquieto; **to be fussy:** ser confltuoso.

fustigate (to), v. tr. açoitar, fustigar.

fustigation, s. flagelação, fustigação.

fusty, adj. bolorento, mofento, malcheiroso; **fusty ideas:** ideias ultrapassadas.

futile, adj. fútil, vão, frívolo, inútil.

futility, s. futilidade.

future, s. e adj. futuro.

futurity, s. futuro, porvir.

fuzz, s. cotão.

fuzz (to), v. intr. levantar cotão; despedir centelhas; faiscar.

fuzzy, adj. coberto de cotão; semelhante ao cotão.

G

G, g, s. sétima letra do alfabeto.

gab (to), v. intr. palrar, tagarelar; mentir.

gabble (to), v. intr. tagarelar, palrar.

gabbler, s. palrador.

gabardine, s. gabardina.

gable, s. empena (de parede).

gaby, s. simplório, papalvo.

gad (to), v. intr. vaguear, vagabundear.

gadder, s. vagabundo.

gadfly, s. moscardo.

Gaelic, adj. gaélico.

gag, s. mordaça; piada, graça.

gag (to), 1. v. tr. amordaçar; 2. v. intr. ter náuseas; chalacear.

gage, s. penhor, caução, fiança; desafio.

gage (to), v. tr. dar de penhor, caucionar.

gaiety, s. alegria, satisfação, jovialidade.

gain, s. ganho, lucro.

gain (to), 1. v. tr. ganhar, granjear, conseguir; 2. v. intr. enriquecer, ganhar, melhorar; adiantar-se (o relógio).

gainer, s. beneficiário, vencedor.

gaining, s. lucro.

gainly, adj. belo, gracioso.

gainsay (to), v. tr. (pret. e p.p. gainsaid), contradizer, negar.

gainsayer, s. contraditor, antagonista, adversário.

gait, s. o passo, o modo de andar, o porte.

gaiter (to), v. intr. calçar polainas.

gala, s. pompa, gala.

galactic, adj. galáctico.

galantine, s. galantina.

galaxy, s. galáxia, Via Láctea; (fig.) assembleia de notáveis.

gale, s. vento forte, rajada, furacão; divertimento ruidoso; questão.

gall, s. fel, bílis; amargor, ódio; escoriação.

gall (to), v. tr. e intr. esfolar, ferir; mortificar, irritar.

gallant, adj. e s. galante, cortês; namorador.

gallant (to), v. tr. galantear, cortejar.

gallantry, s. valentia; heroísmo; cortesia; galanteio.

galleon, s. galeão.

gallery, s. galeria, colecção ou exposição de quadros.

galley, s. galé, galeota; cozinha de bordo.

gallinaceous, adj. galináceo.

galling, adj. irritante, mortificante, pungente.

gallivant (to), v. intr. galantear.

galloglass, s. soldado irlandês.

gallon, s. galão (= 4,545 litros).

galloon, s. galão; tira entrançada.

gallop, s. galope.

gallop (to), v. intr. galopar.

gallows, s. forca.

galosh, s. galocha.

galvanic, adj. galvânico.

galvanizing, s. galvanização.

galvanometer, s. galvanómetro.

gamba, s. viola de gamba.

gambado, s. polaina; salto de cavalo.

gambist, s. tocador de gamba.

gamble, s. jogo a dinheiro.

gamble (to), v. tr. e intr. dissipar; desbaratar dinheiro ao jogo.

gambler, s. aquele que joga a dinheiro.

gambling, 1. s. jogo; 2. adj. que se refere ao jogo.

gambol (to), v. intr. saltar, fazer cabriolas.

game, s. jogo; divertimento; passatempo; artifício; zombaria, chacota; caça.

gaming, s. jogo.

gammon, s. jogo do gamão; (fam.) troça, escárnio.

gammon (to), v. tr. lograr, enganar; chasquear.

gamp, s. guarda-chuva grande.

gamy, adj. abundante em caça.

gander, s. ganso; simplório.

gang, s. multidão, bando; quadrilha; malta, rancho, grupo; partida; destacamento.

ganger, s. capataz.

gangrel, s. maçador; vagabundo.

gangrene, s. gangrena.

gangrene (to), v. tr. e intr. gangrenar.

gangster, s. bandido; contrabandista.

gangway, s. passagem; portaló; prancha de desembarque.

gap, s. lacuna, vazio, fenda, buraco, abertura, passagem; abismo; hiato; espaço em branco; **to fill a gap**: preencher um espaço.

gap (to), v. tr. fender, abrir brecha.

gape, s. bocejo; abertura, fenda, brecha.

gape (to), v. intr. bocejar; ficar de boca aberta; entreabrir-se; anelar.

garage, s. garagem.

garb, s. garbo; aparência; trajo; vestuário; molho (de trigo).

garb (to), v. tr. vestir.

garbage, s. restos de cozinha; despojos; lixo.

garble (to), v. tr. escolher, seleccionar; mutilar; falsificar.

garbling, s. escolha; alteração; falsificação.

garden, s. jardim; horta, pomar, quintal.

garden (to), v. tr. jardinar, cultivar.

gardener, s. jardineiro, hortelão.

gardening, s. jardinagem, horticultura.

gargantuan, adj. gigantesco; enorme.

gargle (to), v. intr. gargarejar; (fam.) beber.

gargling, s. gargarejo.

gargoyle, s. gárgula; goteira.

garish, adj. pomposo, vistoso; brilhante.

garland, s. grinalda, coroa; festão.

garland (to), v. tr. engrinaldar, coroar.

garlic, s. alho.

garment, s. vestuário; vestido, trajo.

garner, s. celeiro.

garnet, s. granada, pequeno guindaste.

garnish, s. adorno, atavio; notificação judicial.

garnish (to), v. tr. guarnecer; adornar; fortificar; citar em juízo.

garnishee, s. pessoa que foi intimada judicialmente.

garnishment, s. ornamento, enfeite, atavio.

garniture, s. guarnição, adorno, enfeite.

garret, s. sótão; águas-furtadas.

garrison, s. guarnição militar.

garron, s. garraio, cavalo pequeno.

garrotte, s. garrote.

garth, s. pátio interior; jardim; recinto murado.

gas, s. gás; gasolina; palavrório.

gas (to), v. tr. e intr. expor à acção de um gás incandescente; gasear; intoxicar com gás; tagarelar.

gasconade, s. fanfarronada.

gaselier, s. candeeiro de gás.

gaseous, adj. gasoso.

gash, s. cutilada; golpe profundo.

gasification, s. gasificação.

gasify (to), v. tr. e intr. gasificar.

gasoline, s. gasolina.

gasometer, s. gasómetro.

gasp (to), v. intr. arfar, respirar com dificuldade.

gassy, adj. impregnado de gás; gasoso; espumante; (fig.) falador.

gastric, adj. gástrico.

gastritis, s. gastrite.

gastronomic, adj. gastronómico.

gastronomist, s. gastrónomo.

gastronomy, s. gastronomia.

gate, s. portão; cancela; porta; barreira.

gate (to), v. tr. fechar com cancela; enclausurar.

gateway, s. passagem de porta; entrada; portão.

gather, s. prega, franzido.

gather (to), 1. v. tr. colher; juntar; escolher; reunir; franzir; inferir; concluir; 2. v. intr. reunir-se, acumular-se.

gatherer, s. colector, cobrador; segador; vindimador.

gathering, s. acumulação, amontoamento.

gaud, s. atavio, enfeite, adorno; luxo.

gaudy, adj. faustoso; brilhante, pomposo.

gauge, s. padrão; medida; calibre; largura (da via-férrea); calado (de navio); manómetro.

gauge (to), v. tr. medir, arquear; cubicar.

gauger, s. medidor, aferidor, arqueador.

gaum (to), v. tr. untar com substância pegajosa.

gaunt, adj. magro, descarnado; frágil; delgado.

gauze, s. gaze; tela metálica.

gave, pret. do verbo **to give.**

gavel, s. martelo; malho de pedreiro.

gavel (to), v. tr. dividir por igual.

gawkiness, s. parvoíce.

gawky, adj. parvo, tolo, desajeitado.

gay, adj. alegre, de bom humor; vistoso; homossexual.

gaze, s. olhar fixo, contemplação.

gaze (to), v. intr. contemplar, olhar atentamente, pasmar.

gazelle, s. gazela.

gazer, s. contemplador, observador.

gazette, s. jornal.

gazette (to), v. tr. publicar em jornal diário.

gazetteer, s. diário; jornalista; dicionário geográfico.

gazing, s. contemplação; olhar pasmado.

gear, s. engrenagem; aparelho de transmissão; acessórios; roda dentada; atavio; adorno; **first gear:** primeira velocidade.

gear (to), v. tr. e intr. aparelhar, ajaezar; montar.

gee, s. a letra G; (fam.) cavalo.

gelatine, s. gelatina.

geld, adj. castrado; mutilado; estéril.

gelding, s. animal castrado; castração.

gelid, adj. gélido; glacial.

gem, s. gema, jóia; florão; rebento; pedra preciosa.

gem (to), 1. v. tr. e intr. adornar com jóias; recamar; cravejar; 2. v. intr. florescer.

geminate, adj. geminado, duplo.

geminate (to), *v. tr.* duplicar.

gemination, *s.* duplicação, repetição.

Gemini, *s. pl.* Gémeos (constelação).

gemote, *s.* comício.

gender, *s.* género.

gender (to), *v. tr.* engendrar, gerar.

genealogical, *adj.* genealógico.

genealogist, *s.* genealogista.

general, 1. *s.* general; **2.** *adj.* geral, vulgar, comum, usual, público; **general knowlege:** cultura geral.

generality, *s.* generalidade; a maioria.

generalization, *s.* generalização.

generalize (to), *v. tr.* generalizar.

generate (to), *v. tr.* gerar, procriar, produzir.

generation, *s.* geração, criação; prole.

generative, *adj.* produtivo, gerador.

generator, *s.* gerador, procriador; pai.

generic, *adj.* genérico.

generosity, *s.* generosidade, franqueza.

generous, *adj.* generoso, magnânimo, liberal.

genesis, *s.* génesis; origem, princípio, geração; o Génesis.

genetic, *adj.* genético, genésico.

genial, *adj.* cordial, afável; amável; generativo, procriativo; nupcial; favorável.

geniality, *s.* cordialidade, afabilidade.

genital, 1. *adj.* genital, sexual; **2.** *s. pl.* **the genitals:** órgãos genitais.

genitive, *s.* genitivo.

genius, *s.* génio; espírito bom ou mau que preside ao destino do homem.

genre, *s.* género, sorte, estilo.

gens, *s.* família nobre; subdivisão da tribo.

gent, 1. *s.* abreviatura de **gentleman; 2.** *adj.* nobre.

genteel, *adj.* polido, cortês, urbano, gentil; elegante.

gentile, *s.* e *adj.* gentio, gentílico, pagão.

gentility, *s.* gentileza; fidalguia.

gentle, *adj.* amável; dócil; brando, benévolo; tranquilo.

gentlefolk, *s.* nobreza, burguesia.

gentleman, *s.* cavalheiro; homem ilustre, homem correcto.

gently, *adv.* brandamente, suavemente.

gentry, *s.* classe média; pequena nobreza.

genuflection, *s.* genuflexão.

genuine, *adj.* genuíno, puro, verdadeiro.

genus, *s.* género.

geocentric, *adj.* geocêntrico.

geode, *s.* geode, pedra oca que contém cristais.

geodesic, *adj.* geodésico.

geographer, *s.* geógrafo.

geographic, *adj.* geográfico.

geography, *s.* geografia.

geologic, *adj.* geológico.

geologist, *s.* geólogo.

geology, *s.* geologia.

geometer, *s.* geómetra.

geometric, *adj.* geométrico.

geometry, *s.* geometria.

geomorphology, *s.* geomorfologia.

geophagy, *s.* geofagia.

geothermometer, *s.* geotermómetro.

germ, *s.* gérmen; bacilo; gema, botão, origem.

German, *s.* e *adj.* alemão; germânico.

germicide, *s.* germicida.

germinal, *adj.* germinal.

germinate (to), *v. intr.* germinar, brotar.

germination, *s.* germinação, florescência.

gerund, *s.* gerúndio.

gesso, *s.* gesso.

gest, *s.* gesta; história.

gestation, *s.* gestação, gravidez.

gesticulate (to), *v. intr.* gesticular.

gesticulation, *s.* gesticulação.

gesture, *s.* gesto, aceno, acção.

get (to), *v. tr. e intr.* (*pret. e p.p.* **got**), obter, adquirir, granjear; conseguir, ganhar; acostumar-se; comprar; apanhar; ter, possuir (com **to have**); ser obrigado a (seguido de infinito); induzir, incitar (seguido de infinito); mandar; procriar; trazer, buscar; tornar-se; chegar a (um lugar); vencer; recolher, amontoar; **to get better:** melhorar; **to get up:** levantar-se; **to get home:** chegar a casa; **to get out:** sair.

getter, *s.* aquele que adquire; cavador; pai.

getter-up, *s.* inventor, promotor.

getting, *s.* aquisição, lucro, proveito, ganho.

get-up, *s.* estilo do vestuário; estilo de produção; acabamento.

gewgaw, *s.* frioleira, bagatela, ninharia.

ghastly, *adj.* pálido; cadavérico; horrível; sinistro.

ghost, *s.* fantasma, visão, espectro, espírito.

ghostly, *adj.* espiritual, espectral.

ghoul, *s.* vampiro.

giant, 1. *s.* gigante. **2.** *adj.* gigantesco.

giantess, *s.* giganta.

gib (to), *v. intr.* mostrar má vontade.

gibber (to), *v. tr. e intr.* falar atabalhoadamente.

gibberish, *adj.* incompreensível, enigmático.

gibbet (to), *v. tr.* enforcar.

gibbous, *adj.* corcovado, corcunda, giboso.

gibe (to), *v. tr. e intr.* zombar, escarnecer, troçar.

gibing, *s.* zombaria, escárnio.

giblets, *s. pl.* miúdos de aves.

gibus, *s.* claque, chapéu alto de molas.

giddy, *adj.* estouvado; atordoado; vertiginoso; volúvel; **to feel giddy:** sentir tonturas ou vertigens.

gift, *s.* dádiva, presente, dom, prenda; disposição natural, graça; mercê.

gift (to), *v. tr.* doar, dotar.

gifted, *adj.* dotado, talentoso, prendado.

gig, *s.* cabriolé; espécie de barco comprido e leve; concerto rock.

gigantesque, *adj.* gigantesco, enorme.

gigantic, *adj.* gigantesco; enorme.

giggle (to), *v. intr.* rir sem motivo, dar risadinhas.

giggler, *s.* escarnecedor, trocista.

gilding, *s.* douramento; brilho.

gillie, *s.* jovem, criado.

gilt, *s.* material para douramento; (*fam.*) larápio.

gimlet, *s.* verruma; **gimlet-eyed:** perspicaz.

gimlet (to), *v. tr.* verrumar; torcer.

gin, *s.* genebra; laço; armadilha; macaco, guindaste; bate-estacas; bomba de motor a vento; **gin shop:** loja de bebidas alcoólicas.

gin (to), *v. tr.* apanhar no laço; separar as sementes do algodão.

ginger, *s.* gengibre; cor ruiva (dos cabelos); energia; vivacidade.

gingerbeer, *s.* cerveja de gengibre.

gingerbread, *s.* qualidade de pão feito de especiarias; qualquer adorno barato.

gingerly, 1. *adj.* prudente; escrupuloso; 2. *adv.* cautelosamente.

gingival, *adj.* que se refere às gengivas.

gip (to), *v. tr.* estripar o peixe.

gipsy, *s.* boémio, nómada; cigano; língua dos ciganos; mulher matreira.

giraffe, *s.* girafa.

girandole, *s.* girândola; candelabro.

girasol, *s.* girassol; pedra preciosa.

gird, *s.* troça, mofa, escárnio.

gird (to), 1. *v. tr.* (*pret.* e *p.p.* **girt**), vestir, cingir, atar com cinto; revestir, cercar; prover; 2. *v. intr.* escarnecer, mofar, zombar.

girdle, *s.* cinta; cinturão, atadura, faixa.

girdle (to), *v. tr.* cercar, circundar, rodear.

girl, *s.* moça, rapariga, menina; aluna; namorada, empregada.

girlfriend, *s.* namorada; amiga.

girlhood, *s.* adolescência, mocidade (de rapariga).

girlish, *adj.* de rapariga, juvenil; feminino.

girth, *s.* cilha; circunferência, contorno; perímetro.

girth (to), *v. tr.* cilhar, cingir; medir o perímetro de.

gist, *s.* substância; sentido principal.

gittern, *s.* cítara.

give, *s.* elasticidade.

give (to), *v. tr.* (*pret.* **gave**, *p.p.* **given**), dar, entregar, conceder; conferir; indicar, premiar, pagar; divulgar; mostrar, demonstrar; apresentar; causar; dedicar; sacrificar; empenhar (a palavra); pronunciar, decidir; transferir; assumir; **to give up:** desistir; **to give in:** ceder; **to give a party:** dar uma festa.

giver, *s.* dador, doador; dispensador; donatário.

giving, *s.* dom, dádiva.

glabrous, *adj.* macio, aveludado, liso; glabro; calvo.

glacial, *adj.* glacial.

glaciation, *s.* congelação.

glacis, *s.* esplanada; escarpa; declive.

glad, *adj.* satisfeito, contente, alegre, feliz; **glad to meet you!:** muito prazer em ver-te!

glad (to), *v. tr.* alegrar, contentar.

gladden (to), *v. tr.* alegrar, contentar, regozijar; incitar.

glade, *s.* clareira, aberta, caminho em floresta.

gladiator, *s.* gladiador.

gladiolus, *s.* gladíolo.

gladsome, *adj.* satisfeito, alegre, contente.

glairy, *adj.* parecido com clara de ovo; viscoso.

glamour, *s.* encanto, feitiço; fascinação, sedução.

glance, *s.* olhar, vista de olhos; vislumbre; golpe ou pancada desviada; clarão, fulgor; **at a glance:** com uma rápida vista de olhos; **at first glance:** à primeira vista.

glance (to), *v. tr.* e *intr.* relancear o olhar; dar uma vista de olhos; brilhar, resplandecer.

gland, *s.* glande; glândula; bolota, lande.

glandiferous, *adj.* glandífero.

glandular, *adj.* glandular.

glandule, *s.* glândula.

glandulous, *adj.* glandular.

glare, *s.* claridade, brilho, deslumbramento, fulgor; olhar penetrante.

glare (to), *v. intr.* brilhar, reluzir, cintilar, deslumbrar.

glaring, *adj.* brilhante, ofuscante, deslumbrante, cintilante; sabido; espantoso.

glass, s. vidro, espelho; copo; luneta; barómetro; óculo, ampulheta, telescópio.

glass (to), v. tr. vidrar; reflectir.

glasshouse, s. estufa.

glassy, adj. cristalino, transparente, vítreo.

glaucoma, s. glaucoma (doença nos olhos).

glaucous, adj. glauco, verde-mar.

glaze, s. vidrado (da louça); lustre, brilho; verniz; superfície lustrosa.

glaze (to), v. tr. envidraçar, vidrar; envernizar.

glazier, s. vidraceiro.

gleam, s. brilho, fulgor, esplendor; clarão; **a gleam of hope:** um raio de esperança.

gleam (to), v. intr. brilhar, cintilar, fulgir.

gleaming, 1. adj. cintilante; 2. s. relâmpago.

gleamy, adj. luminoso, cintilante, cheio de brilho.

glean (to), v. tr. e intr. respigar; rebuscar; recolher.

glee, s. regozijo, gozo, alegria; copla, canção.

gleeman, s. bardo, menestrel.

gleesome, adj. alegre, contente, satisfeito.

gleet, s. gonorreia; pus.

gleety, adj. que tem pus.

glen, s. vale estreito entre duas colinas.

glengarry, s. gorro de lã.

glib, 1. adj. escorregadio; corredio; volúvel; 2. s. anel de cabelo sobre a testa.

glide, s. escorregadela, deslize; voo planado.

glide (to), v. intr. deslizar, escorregar, resvalar.

glider, s. caça-torpedeiro; planador; aeroplano sem motor.

glimmer, s. luz duvidosa; vislumbre; reflexo.

glimpse, s. vislumbre; relance; gozo passageiro.

glimpse (to), 1. v. tr. ver de relance; 2. v. intr. tremeluzir.

glint, s. brilho, fulgor.

glint (to), v. tr. e intr. luzir, brilhar; reflectir-se.

glissade, s. deslize (na dança).

glisten, s. brilho, fulgor, cintilação.

glisten (to), v. intr. cintilar, fulgir, resplandecer.

glitter, s. brilho, lustre, fulgor.

glitter (to), v. intr. brilhar, fulgir, reluzir.

glittering, 1. adj. brilhante, fulgente; esplêndido; 2. s. brilho.

gloaming, s. o cair da noite; crepúsculo.

gloat (to), v. intr. regozijar-se com o mal dos outros.

globe, s. globo; esfera; bola; a Terra.

globe (to), v. tr. e intr. dar forma esférica a; arredondar.

globular, adj. esférico, redondo, globular.

globule, s. glóbulo.

gloom (to), v. tr. entristecer, escurecer.

gloomy, adj. escuro, tenebroso; triste; sombrio.

glorification, s. glorificação; triunfo, apoteose; celebração.

glorify (to), v. tr. glorificar, exaltar, celebrar.

glorious, adj. glorioso, triunfante, esplêndido, soberbo.

glory, s. glória, renome, fama, celebridade; resplendor, lustre, auréola.

glory (to), v. intr. gloriar-se, ufanar-se, jactar-se.

gloss, s. lustro; brilho; verniz; falso brilho; falsa aparência.

gloss (to), v. tr. lustrar, envernizar; acetinar.
glossary, s. glossário.
glosser, s. glosador, comentador.
glossic, adj. glóssico.
glossily, adj. com lustro.
glossology, s. glossologia.
glossy, adj. brilhante, polido, lustroso.
glottal, adj. glótico, glóssico, referente à glote.
glottis, s. glote.
glove, s. luva.
glove (to), v. tr. enluvar, calçar luvas.
gloved, adj. enluvado.
glow, s. brilho, ardor; calor; paixão; vermelhidão.
glow (to), v. intr. brilhar, arder, abrasar-se; reluzir, resplandecer; esquentar-se.
glower, s. olhar ameaçador.
glower (to), v. intr. olhar com ira.
glowing, adj. inflamado, ardente, resplandecente.
glow-worm, s. pirilampo.
gloze (to), v. tr. e intr. empaliar; iludir; disfarçar; lisonjear; fazer luz.
glucose, s. glicose.
glue, s. cola, grude, visco; glúten.
glue (to), v. tr. colar, grudar; aglutinar.
gluey, adj. pegajoso, viscoso, glutinoso.
glum, adj. mal-disposto, mal-humorado.
glumly, adv. de mau humor.
glut, s. fartura; obstrução, enfarte, superabundância.
glut (to), v. tr. e intr. tragar, devorar, fartar, saciar.
gluten, s. glúten.

glutinous, adj. glutinoso, pegajoso, viscoso.
glutition, s. glutição.
glutton, s. glutão.
gluttonize (to), v. intr. comer excessivamente.
gluttonous, adj. glutão, guloso, voraz.
gluttony, s. gula, voracidade, gulodice.
glycerine, s. glicerina.
gnar (to), v. intr. grunhir, rosnar, mostrar os dentes.
gnash (to), v. intr. ranger os dentes.
gnat, s. mosquito; bagatela; pequeno incómodo.
gnaw (to), v. tr. e intr. roer, morder, corroer; atormentar.
gnawer, s. roedor.
gnawing, 1. adj. roedor; 2. s. dor aguda no estômago.
gnome, s. gnomo, diabrete; máxima, aforismo.
gnosis, s. gnose.
gnostic, adj. gnóstico.
go, s. moda, curso, marcha; uso, actividade; tratado; pacto; oportunidade; animação.
go (to), v. intr. (pret. **went,** p.p. **gone**) ir, andar, dirigir-se; partir, passar, desaparecer; caminhar; ir dar a um lugar; decorrer; prosseguir; contribuir, interessar, participar; ser considerado como; decair, debilitar-se; mover-se; funcionar; assentar ou ficar bem; tornar-se, fazer-se; sofrer; ser vendido, ser cedido, ser regulado por; apostar; viajar; **to go home:** ir para casa; **to go away:** ir-se embora; **to go for a walk:** dar um passeio; **keep going!:** não pares!

goad (to), *v. tr.* aguilhoar; incitar, espicaçar.

go-ahead, *adj.* empreendedor, enérgico, activo.

goal, *s.* meta, baliza; fito; término, fim; golo.

goalkeeper, *s.* guarda-redes.

goat, *s.* cabra.

goatish, *adj.* caprino; sensual, lascivo.

goatling, *s.* cabrito.

gob, *s.* pedaço, bocado; troço, escombros.

gobble (to), *v. tr. e intr.* tragar, engolir, devorar.

go-between, *s.* mediador, medianeiro.

goblet, *s.* taça, copo.

goblin, *s.* diabo, diabrete.

go-by, *s.* desconsideração, desaire; evasiva.

God, *s.* Deus.

godchild, *s.* afilhado.

goddaughter, *s.* afilhada.

goddess, *s.* deusa.

godfather, *s.* padrinho.

godless, *s.* herege, ateu, ímpio, infiel.

godlike, *adj.* divino, divinal; como Deus.

godly, *adj.* piedoso, religioso.

godmother, *s.* madrinha.

godparent, *s.* padrinho ou madrinha.

godson, *s.* afilhado.

goer, *s.* andador, passeante.

goffer (to), *v. tr.* frisar, encrespar, encanudar; gravar (ouro).

goggle (to), *v. tr. e intr.* arregalar os olhos.

going, *s.* ida, partida, saída; o andar; o passo.

goings-on, *s. pl.* acontecimentos, factos, sucessos; procedimento, porte.

goitrous, *adj.* com papeira.

gold, *s.* ouro; riqueza; dinheiro; cor de ouro.

golden, *adj.* dourado, áureo, precioso; brilhante; louro, fulvo; feliz; excelente.

goldsmith, *s.* ourives.

golf, *s.* golfe.

golfer, *s.* jogador de golfe.

gombeen, *s.* avarento, usurário.

gondola, *s.* gôndola.

gondolier, *s.* gondoleiro.

gone, *p.p.* do verbo **to go.**

gong, *s.* gongo.

good, 1. *adj.* (*comp.* **better,** *sup.* **best**), bom, excelente; benigno; vantajoso; benévolo; sólido; dócil; hábil; considerável; virtuoso; apropriado; **2.** *s.* bem, proveito, vantagem; bondade, virtude.

goodbye!, *interj.* adeus!; até logo!; **to say goodbye:** despedir-se.

goodish, *adj.* um tanto bom; sofrível.

goodly, *adj.* belo, elegante, gracioso; agradável; vistoso.

goodman, *s.* marido; amo.

goodness, *s.* bondade, virtude; valor; amabilidade.

goods, *s. pl.* mercadorias, bens, haveres, fazendas; **goods train:** comboio de mercadorias.

goodwife, *s.* dona de casa; ama.

goody, *s. e adj.* bonacheirão, ingénuo.

goose, *s.* ganso; simplório, néscio, bobo; ferro de brunir dos alfaiates.

gooseberry, *s.* groselha.

gooseberryfool, *s.* tolo, pateta.

goosey, *s. (fam.)* bobo, néscio; diminutivo de **goose.**

gore (to), *v. tr.* picar, marrar; preguear; ferir com arma branca; espicaçar.

gorge, *s.* garganta, goela; gola de vestido.

gorge (to), 1. *v. tr.* engolir, tragar, fartar; 2. *v. intr.* fartar-se.

gorgeous, *adj.* brilhante, vistoso; esplêndido.

gorilla, *s.* gorila.

gormandize (to), *v. intr.* ser sôfrego, devorar.

gormandizing, 1. *s.* sofreguidão, voracidade; 2. *adj.* comilão, glutão.

gorse, *s.* urze, tojo.

gory, *adj.* ensanguentado, sangrento.

gosh, 1. *s.* juramento de pouco valor; 2. *interj.* caramba!

gospel, *s.* evangelho.

gossamer, *s.* fio muito delgado; teia de aranha.

gossip, *s.* tagarelice; conversa familiar; murmuração; bisbilhotice.

gossip (to), *v. intr.* palestrar, tagarelar; murmurar.

got, *pret.* e *p.p.* do verbo **to get**.

Gothic, 1. *adj.* gótico; 2. *s.* estilo gótico.

gouge (to), *v. tr.* escavar com uma goiva, arrancar; regatear; enganar.

gourd, *s.* abóbora, cabaça.

gourmand, *s.* glutão, guloso.

gourmet, *s.* gastrónomo.

gout, *s.* gota, artritismo.

gouty, *adj.* gotoso, artrítico.

govern (to), *v. tr.* e *intr.* governar, reger; mandar; dirigir.

governable, *adj.* dócil, obediente, submisso; dirigível.

governess, *s.* instrutora, aia, mestra.

government, *s.* governo, administração; direcção, autoridade; domínio.

governamental, *adj.* governamental.

governor, *s.* governador; tutor, aio; pai; patrão; chefe; director.

gown, *s.* bata; roupão; toga, batina; capa; **evening gown:** vestido de noite.

gownsman, *s.* aquele que usa ou veste toga ou batina; catedrático; estudante universitário.

grab, *s.* grampo.

grab (to), *v. tr.* e *intr.* agarrar, apanhar; arrebatar.

grabble (to), 1. *v. tr.* apalpar, tactear; 2. *v. intr.* prostrar-se, rojar-se; andar de gatas.

grace, *s.* graça; mercê; cortesia; agradecimento; benefício; privilégio; graças (antes e depois das refeições).

grace (to), *v. tr.* ornar, adornar; favorecer; honrar.

graceful, *adj.* gracioso, gentil, elegante, engraçado.

graceless, *adj.* sem graça; desajeitado; amaldiçoado.

gracious, *adj.* benigno, bondoso; amável; gracioso.

gradation, *s.* ordem, gradação; série, grau.

grade, *s.* grau; série; posto; ordem; classe, classificação.

grade (to), *v. tr.* e *intr.* graduar; nivelar; arranjar; classificar.

gradin, *s.* banqueta do altar; assento; degrau.

gradual, *adj.* gradual.

graduate, *s.* graduação (com um grau universitário); licenciado; bacharel.

graduate (to), 1. *v. tr.* conferir um grau universitário; graduar, regular gradualmente; 2. *v. intr.* graduar-se; licenciar-se.

graduation, *s.* graduação; formatura; licenciatura.

graft (to), 1. *v. tr.* enxertar, inserir; 2. *v. intr.* fazer enxertos.

grafting, *s.* enxertia.

grail, *s.* cálice usado por Cristo na última ceia.

grain, *s.* grão; semente; pevide; veio de madeira.

grain (to), 1. *v. tr.* granular, granitar; **2.** *v. intr.* formar grãos.

grainy, *adj.* granuloso.

gram, *s.* grama (peso); grão-de--bico.

gramineous, *adj.* gramíneo.

graminivorous, *adj.* graminívoro.

grammar, *s.* gramática.

grammatic, *adj.* gramatical.

gramme, *s.* grama (peso).

gramophone, *s.* gramofone.

granary, *s.* celeiro.

grand, *adj.* grande, sublime, magnífico; nobre, ilustre.

grandchild, *s.* neto, neta.

granddaughter, *s.* neta.

grandfather, *s.* avô.

grandiloquent, *adj.* grandiloquente.

grandiosity, *s.* grandiosidade, imponência.

grandmother, *s.* avó.

grandson, *s.* neto.

granduncle, *s.* tio-avô.

grange, *s.* granja, quinta, herdade, fazenda.

granger, *s.* aldeão; caseiro de uma granja.

granite, *s.* granito.

granitic, *adj.* granítico.

granny, *s.* avozinha; mulher velha.

grant, *s.* concessão, privilégio, dádiva; bolsa de estudos.

grant (to), *v. tr.* conceder, permitir; transmitir.

grantor, *s.* concessor, outorgante.

granular, *adj.* granular.

granulate (to), *v. tr.* e *intr.* granular; cristalizar-se.

granulation, *s.* granulação.

granulous, *adj.* granuloso.

grape, *s.* uva; vide, videira.

graph, *s.* diagrama, gráfico; copiador de gelatina.

graph (to), *v. tr.* tirar cópias num copiador.

graphic, *adj.* gráfico.

graphics, *s.* ciência ou arte de desenho.

graphology, *s.* grafologia.

grapple (to), 1. *v. tr.* agarrar, prender; **2.** *v. intr.* agarrar-se.

grapy, *adj.* cheio ou feito de uvas.

grasp, *s.* acção de agarrar; capacidade de compreender.

grasp (to), *v. tr.* e *intr.* agarrar; abraçar; abarcar; entender.

grasping, *adj.* avaro, ávido.

grass, *s.* erva, relva, pasto, verdura; *pl.* gramíneas.

grate, 1. *s.* grade, grelha de fogão; **2.** *v. tr.* raspar.

grate (to), *v. tr.* e *intr.* ralar; raspar; ranger; gradear; ofender.

grateful, *adj.* grato, reconhecido, agradável.

grater, *s.* raspador, ralador.

gratification, *s.* gratificação, recompensa; prémio; prazer, satisfação.

gratify (to), *v. tr.* satisfazer, dar gosto a; encantar; contentar, agradar; premiar, gratificar.

gratifying, *adj.* deleitoso, agradável, satisfatório.

grating, *adj.* áspero, dissonante, irritante.

gratis, *adj.* e *adv.* grátis.

gratitude, *s.* reconhecimento, gratidão.

gratuitous, *adj.* gratuito; espontâneo.

gratuity, *s.* dádiva, gratificação, gorjeta.

grave, 1. *s.* sepultura, túmulo; fossa; acento grave; **2.** *adj.* grave, sério; importante; difícil.

grave (to), *v. tr.* gravar; enterrar; limpar.

gravel, *s.* areia grossa, cascalho; gravilha.

graveness, *s.* gravidade, seriedade.

graver, *s.* buril, cinzel; gravador, cinzelador.

gravid, *adj.* grávida, prenhe.

graving, *s.* gravação, gravura; cunho.

gravitate (to), *v. intr.* gravitar.

gravitation, *s.* gravitação; atracção universal; tendência, propensão.

gravity, *s.* gravidade, atracção; majestade.

gravy, *s.* molho, suco de carne.

gray, 1. *s.* cor cinzenta; 2. *adj.* cinzento, pardo.

gray (to), *v. intr.* encanecer; tornar-se cinzento.

graybeard, *s.* homem de barba grisalha; velho.

grayish, *adj.* acinzentado; pardo; pardacento.

graze (to), *v. tr.* e *intr.* apascentar; tocar ao de leve.

grazier, *s.* negociante de gado.

grease, *s.* gordura; óleo; massa lubrificante.

greasy, *adj.* gorduroso, untuoso, oleoso.

great, *adj.* grande, ilustre, nobre, elevado; principal; vasto, imenso; duradouro; extremo; magnânimo, enérgico; difícil, notório; remoto; **Great Britain**: Grã-Bretanha; **that's great!**: magnífico!

great-grandson, *s.* bisneto.

greed, *s.* avidez, voracidade, gula; avareza.

greedily, *adv.* vorazmente, avidamente.

greedy, *adj.* voraz, guloso; avaro; ansioso.

green, 1. a cor verde; verdura; prado; *pl.* hortaliças; 2. *adj.* verde; fresco, moço, inexperiente.

green (to), *v. intr.* reverdecer; tornar-se verde; cobrir-se de verdura.

greenery, *s.* vegetais, verdura; folhagem; lugar onde se planta verdura.

greengrocer, *s.* hortaliceira; frutaria.

greenhouse, *s.* estufa.

greenish, *adj.* esverdeado.

greensward, *s.* relva, relvado.

greenwood, *s.* floresta verdejante.

greeny, *s.* simplório.

greet (to), *v. tr.* e *intr.* saudar, felicitar; chorar.

greeting, *s.* saudação, felicitação, cumprimento.

gregarious, *adj.* gregário, que faz parte de uma grei.

grenade, *s.* granada; bomba explosiva.

grew, *pret.* do verbo **to grow**.

grid, *s.* grelha, grade, rede.

gride (to), *v. intr.* ranger; chiar; soar asperamente.

grief, *s.* dor, mágoa, pesar, aflição; sentimento.

grievance, *s.* injúria, afronta, ofensa; injustiça.

grieve (to), 1. *v. tr.* afligir, entristecer, ofender; 2. *v. intr.* afligir-se.

grievous, *adj.* grave, penoso, aflitivo; doloroso.

grig, *s.* grilo; enguia pequena.

grill, *s.* grelha; carne assada na grelha.

grill (to), *v. tr.* e *intr.* assar na grelha; *(fig.)* torturar, atormentar.

grille, *s.* grade de ferro para portas e janelas.

grim, *adj.* severo; cruel; carrancudo; sinistro.

grimace (to), v. tr. fazer caretas; escarnecer.

grime, s. sujidade, porcaria, fuligem.

grime (to), v. tr. sujar com fuligem.

grimy, adj. sujo, negro, imundo, porco.

grin (to), v. intr. arreganhar os dentes.

grind, s. acção de moer ou afiar; trabalho pesado; estudo aturado.

grind (to), 1. v. tr. (pret. e p.p. **ground**), pisar, triturar, moer; afiar; esfregar; oprimir; esmagar; estudar com afinco; vedar; 2. v. intr. polir-se.

grinder, s. moleiro; moinho; pedra de amolar; rebolo; mó; amolador; dente molar; queixada.

grindery, s. oficina para amolar ferramenta.

grinding, 1. s. moagem, trituração; amoladura; 2. adj. moedor, triturante.

grindstone, s. pedra de amolar.

grip, s. aperto; garra; acção de agarrar fortemente; mala de mão; poder de captação; cabo, pega.

grip (to), 1. v. tr. apanhar, empolgar; beliscar; afligir; fechar; 2. v. intr. agarrar-se com força.

gripe, s. acção de agarrar; pressão, sujeição; escravatura; garras; peia.

griping, 1. adj. miserável, avarento; opressivo, pungente; 2. s. cólica.

grippe, s. gripe, influenza.

gripper, s. pinça.

griskin, s. costeleta de porco.

grisly, adj. terrível, medonho, horrendo.

grist, s. grão para moer; provisão, lucro.

grit, s. areia, saibro; terra arenosa; fortaleza, coragem.

gritstone, s. areia grossa, arenito.

gritty, adj. arenoso, saibroso; animoso, corajoso.

grizzle, 1. adj. grisalho; cor de gris; cinzento; 2. s. lamúria; desabafo.

groan, s. gemido, suspiro, queixume, lamento, rugido.

groan (to), v. intr. gemer, suspirar; rugir; murmurar.

groaning, s. lamento, gemido.

grocer, s. merceeiro; **grocer's shop:** mercearia.

grocery, s. mercearia; pl. artigos de mercearia; mantimentos.

grog, s. grogue; **grog shop:** loja de bebidas.

groggy, adj. ébrio; embriagado, cambaleante.

groom, s. moço de estrebaria; lacaio; camareiro; noivo.

groove, s. encaixe, cavidade; estria; sulco.

groove (to), v. tr. entalhar, encaixar; sulcar, estriar.

groovy, adj. que serve para encaixes; rotineiro; (fam.) muito bom.

grope (to), v. tr. e intr. apalpar, tactear.

gross, 1. adj. grosso; corpulento, rude, grosseiro; tosco; denso; indecoroso, vergonhoso; repulsivo; crasso; total; **gross income:** rendimento bruto; 2. s. grosa, doze dúzias.

grossness, s. grosseria; rudeza; grossura, densidade.

grotesque, adj. grotesco; ridículo.

grotto, s. gruta, antro, caverna.

ground, s. terra, chão, sobrado; terreno, território; princípio; base; motivo; terras, bens de raiz; pl. fezes, sedimento; jardins, passeios, fundo (do mar, rio, bacia).

ground, pret. e p.p. do verbo **to grind.**

ground (to), v. tr. e intr. assentar, basear, estabelecer; encalhar; dar em seco.

ground-floor, s. rés-do-chão.

groundless, adj. sem fundamento; sem bases.

groundling, s. pessoa vil ou sem cultura; planta trepadeira; animal que vive junto à terra.

groundnut, s. amendoim.

groundwork, s. base, alicerce, esboço; infra-estrutura.

group, s. série, grupo.

group (to), v. tr. e intr. agrupar.

grouping, s. agrupamento, série.

grouse, s. galo silvestre; faisão.

grout (to), v. tr. e intr. cimentar; fossar.

grouty, adj. árido, arisco, intratável, turvo.

grove, s. alameda; bosque pequeno.

grovel (to), v. intr. arrastar-se, rojar-se; aviltar-se.

groveller, s. homem vil, ordinário; adulador.

grovelling, adj. rasteiro, vil, servil.

grow (to), (pret. **grew,** p.p. **grown**), 1. v. tr. cultivar, fazer crescer; 2. v. intr. crescer, brotar; desenvolver-se; aumentar; tornar-se; fixar-se; ganhar raiz; **to grow old:** envelhecer.

growl, s. grunhido, rosnadela, bramido.

growl (to), v. intr. grunhir, resmungar.

growth, s. crescimento; produção, vegetação; progresso; subida de maré.

grub (to), v. tr. e intr. limpar a terra (das ervas daninhas); cavar; roçar o mato; arrotear, sachar.

grubber, s. cavador; pessoa laboriosa; sacho para arrancar ervas e raízes.

grudge, s. inveja; má vontade; rancor.

grudge (to), v. tr. e intr. invejar, murmurar; chorar-se; dar de má vontade.

grudging, s. inveja, mesquinhez; rancor.

gruesome, adj. horrendo, horrível.

gruff, adj. áspero, rude; carrancudo; rabugento.

grumble (to), v. intr. murmurar, resmungar; queixar-se.

grumbling, s. murmuração, queixume.

grumpy, adj. rabugento; áspero.

grunt, s. grunhido, gemido, queixa.

grunt (to), v. intr. grunhir; queixar-se, rosnar.

guarantee, s. garantia, caução; fiança, abono; fiador.

guarantee (to), v. tr. garantir, abonar, afiançar.

guaranty, s. abono, garantia, caução, fiança.

guard, s. guarda; defesa; vigilância; sentinela; guarnição de um vestido; condutor de comboio.

guard (to), 1. v. tr. guardar, defender, vigiar, proteger; 2. v. intr. defender-se.

guardian, 1. s. guarda; tutor; 2. adj. tutelar, que guarda.

guardianship, s. tutela, curadoria; protecção.

gudgeon, s. bobo, tolo; munhão; eixo.

guernsey, s. camisola de lã.

guess, s. suposição, suspeita, adivinha.

guess (to), v. tr. e intr. adivinhar, atinar; acertar, imaginar, crer.

guesswork, s. suposição, conjectura.

guest, s. conviva, hóspede; convidado; pensionista.

guest-room, s. quarto de hóspedes.

guffaw, s. gargalhada.

guffaw (to), v. intr. rir-se às gargalhadas.

guidance, s. guia, governo, direcção; orientação.

guide, s. guia, norma; director, mentor; modelo.

guide (to), v. tr. guiar, dirigir, governar.

guiding, 1. s. director, mentor; 2. adj. directivo, orientador.

guild, s. corporação, grupo, grémio, associação.

guildhall, s. casa da Câmara Municipal.

guile, s. engano, fraude, ardil, malícia, astúcia.

guillotine, s. guilhotina.

guilt, s. culpa, delito, crime, pecado.

guiltless, s. inocente, livre de culpa.

guilty, adj. culpado, criminoso, delinquente.

guise, s. modo, processo; aspecto; exterior; costume.

guitar, s. violão.

gulch (to), v. tr. engolir, tragar.

gulf, s. golfo, abismo, voragem.

gull, s. gaivota; logro, engano, fraude; simplório, ingénuo.

gull (to), v. tr. enganar; intrujar.

gullable, adj. ingénuo, simples, crédulo.

gullery, s. engano, fraude.

gullet, s. garganta, esófago.

gullibility, s. simplicidade, credulidade.

gully, s. barranco, ravina estreita.

gulp, s. trago, gole.

gulp (to), v. tr. tragar, engolir.

gum, s. goma; gengiva.

gum (to), v. tr. engomar, grudar, colar.

gummy, adj. gomoso, viscoso, pegajoso.

gumption, s. inteligência; bom senso; decisão.

gum-shoe, s. sapato de borracha, (fam.) detective.

gum-tree, s. árvore que dá a goma.

gun, s. arma de fogo; peça de artilharia; canhão; pessoa que está armada; **machine gun:** metralhadora.

gun (to), v. tr. e intr. disparar uma arma de fogo.

gunlayer, s. apontador.

gunner, s. artilheiro; **gunner mate:** ajudante de artilheiro.

gunnery, s. artilharia; balística.

gunpowder, s. pólvora.

gunwale, s. amurada do navio.

gurgle, s. gorgolhão, borbotão.

gurgle (to), v. tr. e intr. gorgolhar, borbotar.

gurgling, 1. s. gorgolejo, murmúrio, sussurro; 2. adj. que borbulha.

gush, s. jorro, borbotão; emoção; fluxo; efusão.

gush (to), v. intr. jorrar, brotar; emocionar.

gushing, adj. que jorra; sensacional.

gusset, s. entretela.

gust, s. pé-de-vento, rajada, rabanada de vento; chuvada.

gustation, s. gustação; acto de provar.

gustiness, s. carácter tempestuoso.

gusto, s. gosto, deleite, prazer, satisfação.

gusty, adj. tempestuoso; violento; saboroso.

gut, s. tripa, corda de tripa; (fam.) coragem; decisão; **he has no guts:** ele não tem coragem.

gut (to), v. tr. estripar, desentranhar; esvaziar.

gutter, s. goteira, canal, calha; caleira, valeta.

guttersnipe, s. garoto; rapaz da rua.

guttural, 1. adj. gutural; **2.** s. som gutural.

guy, s. corda, cadeia, linha para içar pluma (de chaminé); indivíduo, fulano; tipo.

guy (to), v. tr. aguentar com um cabo; ridicularizar.

guzzle (to), v. intr. comer e beber vorazmente; gastar dinheiro em patuscadas.

guzzler, s. bebedor, borrachão; bêbedo; glutão.

gymnasium, s. ginásio, liceu.

gymnast, s. ginasta.

gymnastic, adj. ginástico.

gymnastics, s. ginástica; educação física.

gynaecologist, s. ginecologista.

gynaecology, s. ginecologia.

gyroscope, s. giroscópio.

gyrose, adj. ondeado, encurvado.

gyrostatic, adj. girostático.

gyve (to), v. tr. algemar; agrilhoar.

gyves, s. grilhões, cadeias.

H

H, h, s. oitava letra do alfabeto.

haberdashery, s. loja de miudezas; retrosaria.

habiliment, s. peça de vestuário; traje.

habilitate (to), 1. v. tr. habilitar; **2.** v. intr. habilitar-se.

habilitation, s. habilitação; acção de tornar apto.

habit, s. hábito, costume, tendência.

habit (to), v. tr. vestir, ataviar, apetrechar.

habitable, adj. habitável.

habitant, s. habitante.

habitation, s. habitação, morada.

habitual, adj. habitual, costumado.

habituate (to), 1. v. tr. habituar, acostumar; **2.** v. intr. habituar-se.

hack, s. sendeiro; mercenário; cavalo ou carro de aluguer; abertura; picareta; enxada; grade; entalhe.

hack (to), 1. v. tr. cortar; picar; estropiar (uma língua); alugar; **2.** v. intr. alugar-se; prostituir-se.

hacker, s. picareta, alvião.

hackle, s. carda; sedeiro; espadela; seda crua; isca para a pesca; filaça.

hackney, 1. s. cavalo de aluguer; carro de aluguer; mercenário; cavalo pequeno; meretriz; **2.** adj. assalariado; mercenário.

had, pret. e p.p. do verbo **to have.**

hade, s. descida, escarpada de uma mina.

haemorrhage, s. hemorragia.

haemorrhoid, s. hemorróide.

hag, s. feiticeira, bruxa; velha feia.

haggard, adj. macilento; com aspecto alterado, desvairado; tresnoitado; não ensinado, bravio.

haggish, adj. horrível, feio, horrendo.

haggle (to), 1. v. tr. cortar em pedaços; **2.** v. intr. regatear; hesitar.

haggling, s. acção de regatear; hesitação.

hail, s. saraiva, granizo; grito; saudação.

hail (to), 1. *v. tr.* saudar, cumprimentar; 2. *v. intr.* granizar; saraivar.

hailstone, *s.* saraiva grossa, pedra.

hair, *s.* cabelo, pêlo; crina; cabeleira, fibra; **to have the hair cut:** mandar cortar o cabelo; **to do one's hair:** arranjar o cabelo; pentear-se.

hairy, *adj.* cabeludo, peludo, felpudo.

hake (to), *v. intr.* pescar.

halation, *s.* halo, veladura de chapa fotográfica.

halberd, *s.* alabarda.

hale, *adj.* forte, robusto.

hale (to), *v. tr.* sirgar, alar; puxar com força.

half, 1. *s.* metade, meio; semestre; 2. *adv.* semi, quase; **half an hour:** meia hora.

halfpenny, *s.* meio dinheiro.

halidom, *s.* santidade; relíquia sagrada.

hall, *s.* vestíbulo; salão; entrada; corredor; sala de reunião; assembleia; edifício público; refeitório; copa; **Town Hall:** paços do concelho.

hallelujah, *s.* e *interj.* aleluia.

hallo!, *interj.* olá!

hallow (to), *v. tr.* santificar; consagrar; reverenciar.

Hallowe'en, *s.* véspera do dia de Todos os Santos.

hallucinate (to), *v. tr.* alucinar.

hallucination, *s.* alucinação.

halm, *s.* colmo, palha.

halo, *s.* halo, auréola, veladura.

halo (to), *v. tr.* e *intr.* aureolar.

halt, 1. *s.* acção de coxear; paragem; pausa; 2. *adj.* coxo.

halt (to), 1. *v. tr.* parar, suspender; 2. *v. intr.* coxear; fazer alto, hesitar, deter-se.

halter (to), *v. tr.* encabrestar, prender com corda.

halve (to), *v. tr.* dividir em duas partes.

ham, *s.* presunto, pernil; curva da perna.

hamble (to), 1. *v. tr.* inutilizar os cães para a caça; mutilar; 2. *v. intr.* coxear.

hamlet, *s.* lugarejo, aldeola.

hammer, *s.* martelo, malho, percutor.

hammer (to), *v. tr.* martelar; cravar; forjar.

hammock, *s.* maca; liteira; (cama de) rede.

hamper, *s.* canastra, cesto grande, cabaz.

hamper (to), *v. tr.* e *intr.* embaraçar; enganar; impedir; dificultar; meter dentro de cestos.

hamster, *s.* criceto, mamífero roedor.

hand, *s.* mão; ponteiro de relógio; palmo; talho de letra; habilidade; mão (ao jogo); autoridade; assinatura; direcção lateral (direita ou esquerda); **at hand:** à mão; perto; **to give a hand:** ajudar; **to shake hands with:** apertar a mão a; **hand in hand:** de mão dadas.

hand (to), *v. tr.* e *intr.* passar de mão; dar a mão a; levar pela mão; ajudar alguém; passar, entregar (com a mão); guiar; agarrar; manejar.

handbag, *s.* mala de mão.

handcuff, *s.* algema.

handcuff (to), *v. tr.* algemar, manietar.

handicap, *s.* impedimento, embaraço, obstáculo.

handicap (to), *v. tr.* embaraçar, impedir; impor condições pesadas; desfavorecer.

handicraft, *s.* mão-de-obra; artesanato; ofício.

handicraftsman, s. artesão; artífice.

handiwork, s. manufactura; trabalho manual.

handkerchief, lenço de assoar.

handle (to), v. tr. manejar; palpar; dirigir; pôr mãos a.

handmade, adj. feito à mão.

handout, s. doação; esmola.

handsome, adj. belo, elegante, bem-parecido; excelente; grande; generoso; perfeito; honrado; lisonjeiro.

handy, adj. destro, jeitoso; manejável; hábil; conveniente; ao alcance da mão.

hang (to), 1. (pret. e p.p. **hung**), v. tr. pendurar; suspender; **2.** v. intr. estar suspenso; ameaçar; **3.** v. tr. e intr. (pret. e p.p. **hunged**), enforcar; ser enforcado.

hangar, s. hangar, coberto.

hanger-on, s. dependente; parasita; mosca.

hanging, 1. s. acção de pendurar; enforcamento; **2.** adj. suspenso; vertical.

hangman, s. carrasco, verdugo.

hank, s. novelo de fio; laço; freio; arco; poder, influência.

hanker (to), v. intr. suspirar por.

hansel (to), v. tr. estrear, iniciar.

hap, s. acaso, sorte, lance; acidente.

hap (to), v. intr. acontecer, suceder.

haphazard, 1. s. sorte, fortuna; **2.** adj. casual.

happen (to), v. intr. acontecer, suceder, ocorrer.

happy, adj. afortunado, ditoso, propício, satisfeito.

harass, s. devastação, estrago, ruína.

harass (to), v. tr. devastar, arruinar, vexar; importunar.

harbour, s. porto de abrigo para navios; refúgio.

hard, 1. adj. sólido, duro; difícil; severo; insensível; violento, mau; intrincado; inflexível; injusto; tosco; vigoroso; desagradável; **hard disk:** (inform.) disco rígido; **2.** adv. solidamente, asperamente, muito, duramente.

harden (to), v. tr. e intr. endurecer, robustecer; temperar (metal); curtir.

hardish, adj. um tanto duro.

hardly, adv. apenas, mal, dificilmente; de má vontade; rigorosamente; **I hardly knew:** eu mal sabia.

hardness, s. dureza, firmeza; severidade; dificuldade, trabalho, pena; penúria.

hardware, s. ferragem, ferramenta; quinquilharias; (inform.) hardware.

hardy, 1. adj. robusto, forte, vigoroso; resistente; **2.** s. escopro, talhadeira.

hare, s. lebre.

harem, s. harém.

haricot, s. feijão; guisado de carneiro com feijão.

hark (to), v. intr. ouvir com muita atenção.

harlequin, s. arlequim, bufão, palhaço.

harlot, 1. s. meretriz; **2.** adj. lascivo, libidinoso.

harm, s. mal, desgraça, prejuízo, ofensa; **he meant no harm:** ele não fez isso por mal.

harm (to), v. tr. fazer mal, prejudicar.

harmless, adj. inofensivo, inocente, ileso, são e salvo.

harmonic, 1. s. tom secundário; **2.** adj. harmónico.

harmonica, s. harmónica de boca.

harmonious, adj. harmonioso.

harmonize (to), 1. harmonizar; **2.** v. intr. concertar-se, harmonizar-se.

harmony, s. harmonia, concordância.

harness (to), v. tr. ajaezar, arrear, armar.

harp, s. harpa.

harp (to), v. tr. e intr. tocar harpa; despertar, excitar.

harper, s. harpista.

harpoon, s. arpéu, arpão.

harquebus, s. arcabuz.

harrow (to), v. tr. gradar; atormentar, aborrecer.

harry (to), v. tr. maltratar, oprimir; devastar.

harsh, adj. áspero, rígido, austero, acre, picante; desagradável, incivil.

harvest, s. ceifa, sega, colheita, vindima; resultado.

harvest (to), v. tr. colher, ceifar, segar.

hash, s. picado, fricassé, recheio.

hash (to), v. tr. picar.

hasp, s. fecho; anel de cadeado, broche.

hasp (to), v. tr. fechar (com ferrolho).

haste, s. pressa, presteza, precipitação; urgência.

haste (to), v. tr. e intr. apressar, apressar-se.

hastily, adv. apressadamente, à pressa.

hasty, adj. apressado, pronto, rápido; arrebatado.

hat, s. chapéu.

hatch, s. ninhada; incubação; manifestação; comporta.

hatch (to), v. tr. e intr. chocar, fazer sair da casca; fomentar, incitar, criar.

hatchet, s. machadinha, machado.

hate, s. aversão, ódio, aborrecimento; antipatia.

hate (to), v. tr. odiar, aborrecer; detestar.

hatred, s. ódio, aversão, inimizade.

hatter, s. chapeleiro.

haughty, adj. soberbo, altivo, arrogante.

haul, s. puxão, arranco, arrasto.

haul (to), 1. v. tr. arrastar, puxar; rebocar; **2.** v. intr. rondar (o vento); fazer caminho.

hauling, s. reboque, puxão; arranco.

haulm, s. colmo, palha; haste de cereal.

haunch, s. anca, quadril.

haunt, s. retiro, guarida; lugar frequentado; antro.

haunt (to), v. tr. frequentar; importunar; obcecar; assombrar (fantasmas).

Havana, s. charuto de Havana.

have (to), v. tr. (pret. e p.p. **had**), ter, possuir, haver, gozar; comer, beber; mandar; querer; obter; ter de; fazer com que; **to have a bad time:** passar um mau bocado; **to have a cold:** estar constipado; **have a good time!:** divirta-se!; **have on:** usar, trazer (vestido, calçado); **to have rather:** preferir.

haven, s. porto, abrigo, asilo; baía.

haversack, s. mochila, alforge; bornal.

having, s. bens, haveres, fortuna; posses.

havoc, s. estrago, ruína, destruição.

havoc (to), v. tr. devastar, assolar, destruir.

haw, s. baga do espinheiro; belida nos olhos; balbuciência, gaguez; cercado.

haw (to), 1. v. tr. balbuciar; gaguejar, tartamudear; **2.** v. intr. hesitar; gaguejar.

hawk, s. falcão, açor.

hawk (to), v. tr. e intr. expectorar, escarrar; apregoar; caçar com falcão.

hawker, s. falcoeiro; pregoeiro; bufarinheiro.

hawser, s. espia; guindaste, sirga.

hawthorn, s. espinheiro-bravo.

hay, s. feno, forragem; sebe; armadilha nas tocas de animais.

hazard, s. acaso, azar, perigo; jogo de azar; **at all hazards:** custe o que custar.

hazard (to), v. tr. e intr. arriscar, arriscar-se.

hazardous, adj. arriscado, perigoso.

haze, s. cerração, nevoeiro, neblina; obscuridade.

haze (to), v. tr. e intr. ofuscar; espantar; estar nublado; vexar.

hazel, s. aveleira.

hazy, adj. nebuloso, enevoado; vago, confuso.

he, pron. pess. ele; aquele. Emprega-se referido a pessoas e para indicar o macho de alguns animais: **he-cat:** gato.

head, s. cabeça; chefe; a parte superior; promontório; director de uma escola; intelecto; chave de abóbada; título; nascente; proa do navio; assunto; **head office:** escritório central; **head waiter:** chefe de mesa; **to be at the head of:** dirigir; **to lose one's head:** perder a cabeça.

head (to), v. tr. dirigir, mandar, comandar, ir à frente.

headache, s. dor de cabeça.

headband, s. fita para a cabeça.

header, s. cabeça, chefe, director.

heading, s. título; frontispício; cabeçalho.

headless, adj. decapitado, sem cabeça, sem chefe.

headline, s. linha do cimo de página, cabeçalho.

headlong, 1. adv. de cabeça para a frente, impensadamente; **2.** adj. ousado, temerário.

headman, s. chefe; director.

headmaster, s. director de uma escola ou de um colégio.

headship, s. chefia, direcção; supremacia.

headsman, s. verdugo, carrasco.

headstone, s. pedra tumular; lápide mortuária.

headstrong, adj. indócil, indomável; cabeçudo.

heal (to), v. tr. e intr. curar, sarar; cicatrizar-se; remediar.

healer, s. o que cura; médico.

healing, 1. s. cura; **2.** adj. curativo.

health, s. saúde; brinde.

healthy, adj. salubre, salutar; são, sadio.

heap, s. montão, pilha, chusma, multidão.

heap (to), v. tr. amontoar, acumular, empilhar.

hear (to), v. tr. e intr. (pret. e p.p. **heard**), ouvir; escutar; dar audiência; estar informado.

hearer, s. auditor, ouvinte.

hearing, s. o sentido de ouvir, audição; exame de testemunhas; averiguação jurídica.

hearken (to), v. tr. e intr. escutar atentamente; atender.

hearsay, s. boato, rumor; voz pública.

hearse, s. carro fúnebre; esquife; féretro.

heart, s. coração; peito; afeição; valor; sensibilidade; naipe de copas (nas cartas); zelo; ardor; **heart disease:** doença cardíaca; **by heart:** de cor.

heartfelt, adj. sincero, sentido.

heartless, adj. cruel, desumano.

heartsome, adj. alegre, jovial.

heartsore, 1. adj. aflito; **2.** s. angústia, pesar.

hearty, adj. cordial; sincero; puro; forte.

heat, s. calor; ardor, animosidade; cólera.

heat (to), v. tr. aquecer; animar; fermentar, arder.

heater, s. estufa; aquecedor; radiador.

heath, s. urze, charneca, tojal.

heathenize (to), v. tr. paganizar.

heather, s. urze.

heathery, adj. coberto de urze.

heating, s. aquecimento.

heave, s. elevação; náusea, estertor; esforço para vomitar.

heave (to), v. tr. e intr. levantar; palpitar (o coração); crescer; arremessar; expectorar; suspirar; vomitar.

heaven, s. céu, firmamento.

heavenly, 1. adj. celeste, celestial, divino; **2.** adv. celestialmente, divinalmente.

heavy, adj. pesado; opressivo; triste; aflitivo; penoso, árduo, cansado.

hecatomb, s. hecatombe, carnificina.

heckle (to), v. tr. cardar; importunar, contrariar.

hectare, s. hectare.

hectographic, adj. hectográfico.

hectolitre, s. hectolitro.

hectometre, s. hectómetro.

hector (to), v. tr. e intr. maltratar, ameaçar com bravatas.

heddle, s. liço, malha.

hedera, s. hera.

hedge, s. sebe; vedação, barreira.

hedge (to), 1. v. tr. cercar com sebes; obstruir, impedir; **2.** v. intr. esconder-se.

hedgehog, s. ouriço-cacheiro.

hedgerow, s. plantação que serve de sebe.

hedonism, s. hedonismo.

hedonist, s. hedonista.

heed, s. cautela, cuidado; reparo, observação; sobriedade.

heed (to), v. tr. e intr. atender, observar, considerar; escutar.

heehaw, s. zurro; burro; gargalhada.

heel, s. calcanhar; salto (de calçado), tacão.

hegemony, s. hegemonia, supremacia.

heifer, s. vitela, novilho.

height, s. altura, elevação; cúmulo, auge.

heighten (to), v. tr. elevar, erguer; aumentar, engrandecer; agravar, aperfeiçoar.

heinous, adj. odioso, nefando, horrível, atroz.

heir, s. herdeiro, sucessor.

heir (to), v. tr. e intr. herdar.

heirdom, s. herança; direito de herança.

heiress, s. herdeira.

held, pret. e p.p. do verbo **to hold.**

heliocentric, adj. heliocêntrico.

heliochrome, s. heliocromo.

heliograph, s. heliógrafo.

heliographer, s. heliógrafo.

heliography, s. heliografia; fotografia.

heliometer, s. heliómetro.

helium, s. hélio.

helix, s. hélice; voluta; circuito exterior da orelha.

hell, s. inferno; casa de jogo.

hellish, adj. infernal.

hellward, adv. para o inferno.

helm, s. leme, timão, governo, direcção; elmo.

helm (to), v. tr. dirigir, governar; cobrir com o elmo.

helmet, s. elmo.

helmsman, s. homem do leme, timoneiro.

help, s. auxílio, socorro; criado, ajudante; **to call for help:** pedir ajuda.

help (to), v. tr. e intr. auxiliar, ajudar; ser útil a; amparar; proteger; **help yourself to some fruit:** sirva-se de fruta; **I could not help going:** não pude deixar de ir.

helpless, adj. sem recursos, desamparado; irremediável.

helpmate, s. companheiro, assistente.

helter-skelter, adv. precipitadamente.

helve, s. cabo (de machado, etc.).

hem, s. bainha, debrum.

hem (to), v. tr. e intr. fazer bainha, debruar; cercar, fechar.

hematite, s. hematite.

hemicycle, s. hemiciclo.

hemisphere, s. hemisfério.

hemispheric, adj. hemisférico.

hemoglobin, s. hemoglobina.

hemorrhage, s. hemorragia.

hemorrhoid, s. hemorróida.

hempen, adj. de cânhamo.

hem-stitch (to), v. tr. fazer ponto aberto.

hen, s. galinha; fêmea das aves.

hence, adv. daqui; desde aqui; por isso; consequentemente.

henceforth, adv. de hoje em diante.

henceforward, adv. de hoje em diante, doravante.

henchman, s. criado, pajem.

hendecagon, s. hendecágono.

hennery, s. galinheiro, capoeira.

hepatic, adj. hepático.

hepatite, s. hepatite.

heptagon, s. heptágono.

heptagonal, adj. heptagonal.

her, 1. adj. poss. seu, sua, seus, suas (dela); 2. pron. pess. ela, a (a ela); lhe (a ela); **I know her:** conheço-a.

herald (to), v. tr. apresentar; proclamar; servir de arauto.

heraldry, s. heráldica.

herb, s. erva; legumes; planta.

herbaceous, adj. herbáceo.

herbage, s. ervagem, pastagem.

herbal, 1. s. herbário; 2. adj. pertencente ao herbário.

herculean, adj. hercúleo.

herd, s. rebanho, manada; quadrilha; bando; multidão.

herd (to), v. tr. e intr. andar aos bandos; associar-se.

herdsman, s. guarda de gado, pastor, vaqueiro.

here, adv. aqui; neste lugar; **here and there:** aqui e além; **here you are:** aqui tem.

hereabout(s), adv. por aqui, nestas imediações.

hereafter, adv. daqui em diante, para o futuro.

hereby, adv. por este meio; por este modo; pela presente; por isso.

hereditable, adj. que pode ser herdado.

hereditament, s. herança, património.

hereditary, adj. hereditário.

heredity, s. hereditariedade.

herein, adv. incluso; nisto; aqui dentro.

hereof, adv. disto, em consequência disto.

hereon, adv. sobre isto, acerca disto.

heresy, s. heresia.

heretic, 1. adj. herético; 2. s. herege.

heretical, adj. herético.

hereto, adv. até aqui, até hoje.

hereunder, adv. abaixo disto, abaixo.

hereunto, adv. a isto.

hereupon, adv. nisto; em consequência disto; neste momento.

herewith, adv. com isto; junto.

heritage, s. herança.

hermaphrodite, s. hermafrodita.

hermetic, adj. hermético.

hermit, s. eremita, anacoreta, solitário.

hermitage, s. ermida, eremitério.

hernia, s. hérnia.

hero, s. herói.

heroic, adj. heróico; épico.

heroine, s. heroína.

heroism, s. heroísmo.

herpes, s. herpes.

herring, s. arenque.

hers, pron. poss. seu, sua, seus, suas (dela).

herself, pron. refl. a si mesma; a si própria.

hesitate (to), v. intr. hesitar, duvidar, vacilar.

hesitating, adj. hesitante, vacilante, duvidoso.

hesitation, s. hesitação, dúvida, incerteza.

heterodox, adj. heterodoxo.

heterogeneity, s. heterogeneidade.

heterogeneous, adj. heterogéneo.

heteronymous, adj. heterónimo.

heuristic, 1. s. heurística; **2.** adj. heurístico.

hew (to), v. tr. cortar, talhar, picar, decepar.

hewer, s. talhador, lenhador.

hexagon, s. hexágono.

hiatus, s. hiato, lacuna; brecha, greta.

hibernate (to), v. intr. hibernar; invernar.

hibernation, s. hibernação.

hiccup (to), v. intr. ter soluços.

hid, pret. e p.p. do verbo **to hide.**

hide (to), 1. v. tr. (pret. **hid,** p.p. **hidden**), ocultar; **2.** v. intr. encobrir, esconder; esconder-se, ocultar-se.

hide-and-seek, s. jogo das escondidas.

hideous, adj. horrível; feio, repugnante, abominável.

hiding, s. esconderijo; sova, pancadaria; **hiding place:** esconderijo.

hie (to), 1. v. tr. activar, apressar; **2.** v. intr. apressar-se.

hiemal, adj. hiemal, hibernal, invernoso.

hierarchic, adj. hierárquico.

hierarchical, adj. hierárquico.

hierarchy, s. hierarquia.

hieroglyph, s. hieróglifo.

higgle (to), v. intr. regatear, altercar.

higgledy-piggledy, adv. em desordem, confusamente, às avessas.

higgler, s. regateiro.

high, 1. adj. alto; grande, solene, eminente; difícil, forte, altivo, arrogante, delicado; lisonjeiro; turbulento; indómito; pleno; animado; custoso (no preço); intenso, completo; cheio; **high school:** escola secundária; **five metres high:** cinco metros de altura; **2.** adv. altamente; de preço elevado; luxuosamente.

highland, s. alta serrania; **the Highlands:** as terras altas da Escócia.

highlander, s. montanhês, serrano.

highly, adv. altamente; orgulhosamente; muito; bem.

highness, s. altura, elevação; alteza (título).

high-tide, s. maré cheia; maré alta.

highway, s. estrada nacional.

hilarious, *adj.* jovial; alegre.

hill, *s.* colina, outeiro, eminência.

hillman, *s.* montanhês, serrano.

hillock, *s.* pequena elevação; outeirinho.

hilly, *adj.* montanhoso.

hilt, *s.* punho, guarda (de espada, etc.).

him, *pron. pess.* o, ele, lhe, aquele; **I know him:** conheço-o; **I work for him:** trabalho para ele.

himself, *pron. refl.* ele mesmo, ele próprio; se, a si mesmo.

hind, 1. *s.* corça; criado, moço de herdade; camponês; 2. *adj.* posterior, traseiro.

hinder (to), *v. tr.* e *intr.* impedir; embaraçar; opor-se.

hindrance, *s.* embaraço, obstáculo.

hinge, *s.* gonzo, eixo, mola, charneira; macho e fêmea do leme; o ponto principal.

hinge (to), *v. tr.* e *intr.* pôr gonzos; girar sobre um gonzo; versar sobre; depender de.

hint, *s.* insinuação, ideia, aviso, advertência.

hint (to), *v. tr.* e *intr.* dar a entender; insinuar, fazer uma alusão.

hip, *s.* anca, quadril.

hip (to), *v. tr.* desancar; causar tristeza; desconjuntar.

hippodrome, *s.* hipódromo.

hippopotamus, *s.* hipopótamo.

hire, *s.* aluguer; salário.

hire (to), *v. tr.* alugar, assoldar, assalariar.

hirer, *s.* alugador, arrendador.

hirple (to), *v. intr.* coxear.

hirsute, *adj.* hirsuto; grosseiro, agreste.

his, *adj.* e *pron. poss.* seu, sua, seus, suas (dele).

hiss, *s.* assobio, silvo; pateada, apupo.

hiss (to), *v. tr.* e *intr.* assobiar; silvar; apupar.

historian, *s.* historiador, cronista.

historic, *adj.* histórico.

historiography, *s.* historiografia.

history, *s.* história.

histrionic, *adj.* histriónico.

hit, *s.* golpe, pancada; fortuna, lance feliz; acerto.

hit (to), *v. tr.* e *intr.* (*pret.* e *p.p.* **hit**) bater, ir de encontro a; tocar, acertar.

hitch, *s.* empurrão, sacudidela; nó, laçada, laço, volta de cabo; impedimento, dificuldade; **without a hitch:** sem qualquer dificuldade.

hitch (to), *v. tr.* e *intr.* prender, agarrar; suspender; saltar; agarrar-se.

hitch-hike, *v. intr.* andar à boleia.

hither, 1. *adv.* para aqui, para cá; 2. *adj.* interior, de aquém, deste lado.

hitherto, *adv.* até agora, até aqui.

hive, *s.* colmeia, enxame, cortiço.

hive (to), *v. tr.* e *intr.* enxamear, enxamear-se; viver em sociedade.

hoar, 1. *adj.* branco, grisalho; bolorento; 2. *s.* velhice, antiguidade; geada.

hoard (to), *v. tr.* amontoar, acumular, entesourar.

hoarding, *s.* amontoado, acumulação.

hoarse, *adj.* rouco, roufenho, discordante.

hoary, *adj.* branco, alvo, grisalho; coberto de geada.

hoax (to), *v. tr.* enganar, burlar; pregar uma partida.

hobble (to), *v. tr.* e *intr.* coxear, mancar; enredar.

hobbler, *s.* pessoa que coxeia; cavaleiro.

hobby, *s.* capricho; passatempo.

hobnob (to), v. intr. associar-se familiarmente; beber em companhia de outras pessoas.

hockey, s. hóquei.

hodge, s. camponês, rústico.

hoe, s. enxada, sachola.

hoe (to), v. tr. e intr. cavar, sachar.

hog, s. porco, varrão; (fig.) pessoa suja, grosseira.

hog (to), 1. v. tr. limpar o fundo do navio debaixo de água; cortar o cabelo rente; 2. v. intr. arquear-se.

hoggish, adj. porcino; porco, grosseiro; bruto.

hoist (to), v. tr. levantar, içar, guindar; **to hoist the flag:** içar a bandeira.

hold, s. presa, garra; prisão, forte.

hold (to), v. tr. e intr. (pret. e p.p. held), segurar; ter; aguentar; conter; defender; considerar; julgar; possuir; gozar; obrigar; deter; durar; convocar; conservar; abster-se; derivar; celebrar; valer; aderir.

holder, s. detentor, possuidor; arrendatário; protecção; cabo, punho; **cigarette holder:** boquilha.

holding, s. posse; arrendamento; influência; detenção; reunião; sociedade financeira que possui e administra acções de outras sociedades.

hole, s. buraco; alvéolo; choça; embaraço, situação difícil.

hole (to), v. tr. e intr. esburacar, furar; meter num buraco; entrar num buraco.

holiday, s. dia santo, feriado; pl. férias.

holiness, s. santidade.

hollow, adj. oco, côncavo; surdo (som); falso.

hollow (to), v. tr. cavar, escavar, arquear.

holly, s. azevinho.

holm, s. azinheira; ilhota.

holocaust, s. holocausto.

holt, s. arvoredo, bosque; pomar; colina arborizada.

holy, adj. santo, puro, pio; santificado; **the Holy Ghost:** o Espírito Santo.

homage, s. homenagem; veneração.

home, 1. s. casa, lar; pátria, metrópole; sede; refúgio; **at home:** em casa; **to leave home:** sair de casa; **make yourself at home:** ponha-se à vontade, não faça cerimónia; 2. adj. caseiro, doméstico; nacional; natural; pessoal, íntimo.

homeland, s. pátria.

homeless, adj. sem casa, sem abrigo.

homely, 1. adj. doméstico; ingénuo; humilde; caseiro; ignorante; feio; 2. adv. simplesmente.

homesick, adj. com saudades da pátria ou do lar.

homestead, s. solar, herdade; residência da família.

homicide, s. homicídio, homicida, assassino.

homily, s. homilia; sermão.

homocentric, adj. homocêntrico.

homoeopath, homoeopathist, s. médico homeopata.

homoeopathy, s. homeopatia.

homogeneity, s. homogeneidade.

homogeneous, adj. homogéneo.

homologous, adj. homólogo.

homonymous, adj. homónimo.

homophonous, adj. homófono.

homophony, s. homofonia.

homosexual, s. e adj. homossexual.

homosexuality, s. homossexualidade.

homuncule, s. homúnculo, anão.

hone, s. pedra de afiar; assentador.

hone (to), v. tr. e intr. afiar; lamentar-se, afligir-se.

honest, adj. honesto, honrado; recto; sincero; justo; franco.

honesty, s. honradez, honestidade.

honey, s. mel; doçura; expressão de carinho.

honeymoon, s. lua-de-mel.

honk, s. grasnar do pato bravo; toque da buzina de um automóvel, de uma bicicleta, etc.

honorarium, s. honorários.

honorary, adj. honorário.

honorific, adj. honorário, honorífico.

honour, s. honra; honestidade; veneração; respeito; dignidade; título de honra; pudor; carta figurada; senhoria.

honour (to), v. tr. honrar, venerar; glorificar (a Deus); respeitar; acolher bem uma letra de câmbio (aceitando-a e pagando-a).

honourable, adj. honroso; honrado; ilustre.

honourably, adv. honrosamente; honorificamente; generosamente.

hood, s. coifa, touca; capuz; capelo; capota de automóvel; tampa, chapéu.

hoof, s. casco; pé; pata.

hoof (to), v. tr. andar devagar; andar a passo; pôr fora aos pontapés.

hook, s. gancho, anzol; croque; garruncho; arpéu.

hooked, adj. curvo, arqueado, aquilino.

hooligan, s. rufia, vadio; vagabundo.

hoop, s. arco, círculo; anel, virola; braçadeira; colar; aro.

hooping, s. trabalho de pôr arcos; tanoaria.

hoot, s. algazarra; grito; pio de mocho ou coruja; vaia.

hoot (to), v. tr. e intr. gritar; vaiar; apupar; piar.

hoover (to), v. tr. aspirar.

hop (to), v. tr. e intr. saltar; coxear; andar num pé só.

hope, s. esperança, confiança; expectativa.

hope (to), v. tr. e intr. esperar, ter esperança.

hopeful, adj. esperançoso, esperançado.

hopeless, adj. sem esperança; desesperado.

hopscotch, s. jogo da semana; jogo da macaca.

horde (to), v. intr. viver em horda.

horizon, s. horizonte.

horizontal, adj. horizontal.

horn, s. chifre; ponta, antena (de insecto); trombeta, trompa (de caça, de automóvel, etc.); buzina.

hornet, s. vespão.

horny, adj. córneo; caloso.

horologe, s. relógio, principalmente de torre.

horologer, s. fabricante de relógios.

horology, s. horologia, relojoaria.

horoscope, s. horóscopo.

horrible, adj. horrível.

horrid, adj. hórrido, horrível, atroz, espantoso.

horrify (to), v. tr. horrorizar, aterrorizar; apavorar.

horror, s. horror.

horse, s. cavalo; soldado de cavalaria; cavalaria.

horse (to), v. tr. e intr. montar a cavalo; levar alguém às costas.

horseback, s. dorso do cavalo.

horseman, s. cavaleiro; soldado de cavalaria.

hortative, adj. exortativo; incitador.

horticultural, adj. hortícola.

horticulture, s. horticultura.

hose, s. calções; meias; bragas; mangueira de bomba.

hose (to), v. tr. regar com mangueira.

hosier, s. camiseiro; o que vende calções, meias, etc.

hospice, s. hospício; lugar de abrigo.

hospitable, adj. hospitaleiro.

hospital, s. hospital.

hospitality, s. hospitalidade.

host, s. hospedeiro, estalajadeiro; hoste, exército; bando; hóstia.

hostage, s. refém.

hostel, s. hospedaria, estalagem, pousada; **youth hostel:** pousada de juventude.

hostess, s. estalajadeira; hospedeira.

hostile, adj. hostil, inimigo.

hostility, s. hostilidade; inimizade.

hostler, s. estalajadeiro.

hot, quente; abrasador; inflamado; ardente; veemente; apaixonado; furioso; **hot springs:** termas.

hotchpot, s. mistura, confusão; guisado.

hot-dog, s. cachorro quente.

hotel, s. hotel.

hothouse, s. estufa de jardim.

hotly, adv. ardentemente; impetuosamente.

hound (to), v. tr. caçar com cães; açular.

hour, s. hora; tempo, momento, ocasião; oportunidade.

house, s. casa, domicílio; casa comercial; casa de um corpo legislativo; assembleia; casa de espectáculos; **country house:** casa de campo.

house (to), v. tr. e intr. residir; hospedar; arrecadar; guardar; habitar; abrigar, albergar; hospedar.

household, s. casa; governo da casa.

housekeeper, s. dono da casa, chefe de família; governanta.

housekeeping, s. governo da casa; economia doméstica; hospitalidade.

housemaid, s. criada encarregada da limpeza; empregada doméstica.

housewife, s. mãe de família; dona de casa.

housing, s. alojamento; recolha; habitação; residência.

hove, pret. e p.p. do verbo **to heave.**

hovel, s. telheiro; choça.

how, adv. como, de que maneira, por que forma; quanto; quão; até que extensão; em que proporção; a que preço; **how are you?:** como está?; **how do you do?:** como está?; muito prazer; **how much?:** quanto?

however, adv. e conj. todavia; no entanto; não obstante.

howl, s. gemido, lamento; grito, alarido.

howl (to), v. intr. rugir; uivar; latir; (fig.) gemer.

hub, s. cubo da roda; eixo; centro.

hubbub, s. algazarra, alarido; grito; tumulto.

huckle, s. anca; quadril; **huckle back:** corcunda; corcova, giba, saliência.

huddle, s. confusão; tumulto; barulho; desordem.

huddle (to), v. tr. e intr. precipitar; confundir; acotovelar-se.

hue, s. tinta, cor, matiz; tez; aspecto.

huff, s. arrogância, fanfarronice, bazófia.

huffish, adj. fanfarrão, petulante; irascível.

huffy, adj. arrogante, insolente, petulante, susceptível.

hug, s. abraço apertado.

hug (to), v. tr. abraçar, apertar, estreitar.

huge, adj. vasto, enorme, imenso; prodigioso.

hugger-mugger, 1. s. segredo; esconderijo; confusão; **2.** adj. clandestino; **3.** adv. clandestinamente.

hulking, adj. desajeitado.

hull, s. casca; folhelho; vagem; casco; casulo.

hull (to), v. tr. e intr. descascar; flutuar na água como um casco.

hullo!, interj. olá!

hum (to), v. tr. e intr. zunir; zumbir; murmurar; resmungar.

human, adj. humano.

humane, adj. humano, humanitário.

humanism, s. humanismo; humanidade.

humanist, s. humanista.

humanitarian, 1. adj. humanitário, benevolente, bondoso, benévolo; **2.** s. filantropo.

humanities, s. pl. humanidades; estudos clássicos.

humanity, s. humanidade; bondade.

humanize (to), v. tr. humanizar, suavizar.

humankind, s. o género humano, a humanidade.

humble, adj. humilde, modesto, submisso.

humble (to), v. tr. humilhar.

humbleness, s. humildade.

humbug, s. decepção; engano; fraude, logro; vaia, apupo; impostor, aldrabão.

humbug (to), v. tr. enganar, importunar.

humdrum, s. e adj. estúpido, tolo néscio; insípido, monótono; mo notonia.

humerus, s. úmero.

humid, adj. húmido.

humidity, s. humidade.

humiliate (to), v. tr. humilhar.

humiliation, s. humilhação.

humility, s. humildade, modéstia submissão.

humoral, adj. humoral.

humorist, s. humorista.

humorous, adj. gracioso, engra çado; caprichoso.

humour, s. humor; génio; estad de espírito; índole; capricho; gra ça, chiste; fantasia.

humour (to), v. tr. condescender satisfazer, acomodar-se; lison jear.

humoursome, adj. jovial, gra cioso; petulante, impertinente.

hump, s. corcunda, corcova, giba

hump (to), v. tr. e intr. curvar corcovar, dobrar; dobrar-se.

humpback, s. corcunda, pessoa corcunda.

humpy, adj. giboso, corcunda corcovado.

humus, s. húmus.

hunch, s. murro; empurrão; coto velada; pedaço; naco.

hunch (to), v. tr. e intr. empurra curvar-se.

hunchback, s. corcunda.

hundred, 1. num. cem; **2.** s. cento centena.

hundredth, num. centésimo.

hundredweight, s. quintal (pes de 50 kg).

hung, pret. e p.p. do verbo t **hang.**

hunger, s. fome; (fig.) desejo a dente.

hunger (to), v. intr. ter fome; estar desejoso de.

hungerstriker, s. o que faz a greve da fome.

hungerstruk, adj. faminto.

hungry, adj. esfomeado; improdutivo, estéril.

hunk, s. pedaço, naco, tassalho.

hunks, s. (fam.) avarento.

hunt, s. caça; caçada; matilha.

hunt (to), v. tr. e intr. caçar, andar à caça; perseguir; **to hunt a thief:** perseguir um ladrão.

hunter, s. caçador; cão de caça.

hunting, 1. s. caça; 2. adj. referente à caça.

huntress, s. caçadora.

huntsman, s. caçador, monteiro.

hurdle, s. estacada; valado; corrida de obstáculos.

hurdle (to), v. tr. fechar com cancelas, saltar obstáculos.

hurl, s. arremesso; confusão, tumulto.

hurl (to), v. tr. arremessar com força.

hurley, s. o jogo do hóquei.

hurrah (to), v. tr. aplaudir, aclamar; vitoriar.

hurricane, s. furacão; tempestade.

hurried, adj. precipitado, apressado.

hurry, s. pressa, precipitação; tumulto; **to be in a hurry:** estar com pressa.

hurry (to), v. tr. e intr. apressar; arrastar; apressar-se; **hurry up!:** apressa-te!

hurt, s. contusão, mal, prejuízo; ferida.

hurt (to), v. tr. ferir, magoar; lesar.

hurting, s. ofensa, dor.

hurtle (to), v. tr. e intr. arremessar-se com violência; empurrar.

husband, s. marido, esposo.

husbandman, s. lavrador; agricultor.

husbandry, s. economia; lavoura, agricultura.

hush, 1. s. silêncio, tranquilidade; 2. interj. silêncio!

hush (to), v. tr. e intr. fazer calar; sossegar, acalmar.

husk, s. casca, vagem.

husk (to), v. tr. descascar; debulhar; esburgar.

husking, s. descasque; debulha, desfolhada.

husky, adj. rouco; roufenho; áspero; (fig.) rude.

hussy, s. rapariga ladina; caixinha de costura.

hustle (to), v. tr. e intr. empurrar, sacudir; acotovelar; atropelar.

hustler, s. pessoa enérgica; fura-vidas.

hut, s. choupana, cabana, choça, barraca.

hut (to), v. tr. e intr. alojar em barracas.

hyaena, s. hiena.

hyaloid, adj. hialino, transparente.

hybrid, adj. híbrido.

hybridity, s. hibridismo.

hydrate, s. hidrato.

hydraulic, adj. hidráulico.

hydraulics, s. hidráulica.

hydrocarbon, s. hidrocarboneto.

hydrocephalus, s. hidrocéfalo.

hydrochloric, adj. hidroclórico.

hydrodynamic, adj. hidrodinâmico.

hydrodynamics, s. hidrodinâmica.

hydrogen, s. hidrogénio.

hydrogenous, adj. hidrógeno.

hydrographer, s. engenheiro hidrógrafo.

hydrographic, s. hidrográfico.

hydrography, s. hidrografia.

hydromechanics, s. hidromecânica.

hydrometer, s. hidrómetro.
hydrometric, s. hidrométrico.
hydrometry, s. hidrometria.
hydropathic, adj. hidropático.
hydropathy, s. hidropatia.
hydrophobia, s. hidrofobia.
hydropic, adj. hidrópico.
hidroplane, s. hidroplano; hidroavião.
hydropsy, s. hidropisia.
hydroscope, s. hidroscópio.
hydrostat, s. hidróstato.
hydrostatics, s. hidrostática.
hydrosulphuric, adj. hidrossulfúrico.
hydrous, adj. hidroso, hidratado.
hydroxide, s. hidróxido.
hydroxyl, s. hidróxilo.
hyena, s. hiena.
hygiene, s. higiene.
hygienic, adj. higiénico.
hygrometer, s. higrómetro.
hygrometric, adj. higrométrico.
hygrometry, s. higrometria.
hygroscope, s. higroscópio.
hymen, s. hímen; himeneu, casamento.
hymn, s. hino.
hymn (to), v. tr. e intr. celebrar com hinos.
hyperacute, adj. demasiadamente agudo.
hyperbolism, s. hipérbole, exagero.
hyperborean, s. habitante do extremo norte.

hypercritical, adj. hipercrítico.
hypercriticism, s. crítica exagerada.
hypercriticize (to), v. tr. criticar exageradamente.
hyperesthetic, adj. hiperestético.
hypersensitive, adj. sensitivo em excesso; hipersensível.
hypersthenia, s. hiperstena.
hypertrophy, s. hipertrofia.
hyphen, s. hífen.
hyphen (to), v. tr. juntar por meio de hífen; hifenizar.
hypnotic, adj. hipnótico.
hypnotism, s. hipnotismo.
hypnotist, s. hipnotizador.
hypnotize (to), v. tr. hipnotizar, magnetizar.
hypnotizer, s. hipnotizador.
hipochondria, adj. hipocondria, melancolia.
hypochondriac, adj. hipocondríaco.
hypocrisy, s. hipocrisia.
hypocrite, s. hipócrita.
hypoderma, s. hipoderme.
hypodermal, adj. hipodérmico.
hypothecate (to), v. tr. hipotecar.
hypothecation, s. hipoteca.
hypothesis, s. hipótese.
hypothetic, adj. hipotético.
hyssop, s. hissope.
hysteria, s. histerismo.
hysteric, 1. adj. histérico; 2. s. histerismo.
hysterical, adj. histérico.

I

I, i, s. nona letra do alfabeto; **to dot the i's:** pôr os pontos nos is.

I, pron. pess. eu.

ice, s. gelo; neve; gelado; caramelo.

ice (to), v. tr. gelar, cobrir com gelo.

iceberg, s. monte de gelo flutuante.

ice-cream, s. gelado.

ice-hockey, s. hóquei sobre o gelo.

ichthyology, s. ictiologia.

icon, s. ícone, imagem sagrada; pintura sacra.

iconoclast, s. iconoclasta.

iconography, s. iconografia.

icy, adj. gelado, gélido, glacial.

idea, s. ideia, concepção, noção.

ideal, adj. ideal, mental, imaginário.

idealism, s. idealismo.

idealist, s. idealista.

idealize (to), v. tr. e intr. idealizar.

identical, adj. idêntico, análogo.

identification, s. identificação; **identification card:** bilhete de identidade.

identifier, s. identificador.

identify (to), v. tr. identificar.

identity, s. identidade.

ideograph, s. ideógrafo.

ideology, s. ideologia.

idiom, adj. idioma; linguagem; dialecto.

idiomatic, adj. idiomático.

idiosyncrasy, s. idiossincrasia.

idiot, s. e adj. idiota, parvo, imbecil, ignaro.

idiotic, adj. idiota, parvo, inepto.

idiotism, s. idiotismo.

idle, adj. indolente, preguiçoso, mandrião; inútil.

idle (to), v. intr. estar ocioso, mandriar.

idleness, s. preguiça, ociosidade.

idler, s. ocioso, preguiçoso.

idly, adv. ociosamente; frivolamente.

idol, s. ídolo.

idolatrous, adj. idólatra.

idolatry, s. idolatria.

idolize (to), v. tr. idolatrar, amar em excesso.

idolizer, s. idólatra.

idyll, s. idílio.

idyllic, adj. idílico.

if, conj. se, ainda que, mesmo que.

ignitable, adj. inflamável.

ignite (to), v. tr. e intr. inflamar, acender

ignition, s. ignição, ignescência.

ignobility, s. ignobilidade, baixeza.

ignoble, adj. ignóbil; baixo, vil.

ignominious, adj. ignominioso, degradante.

ignominy, s. ignomínia, infâmia.

ignorance, s. ignorância.

ignorant, s. e adj. ignorante.

ignore (to), s. ignorar, desconhecer.

ill, 1. adj. mau, ruim, doente; **2.** s. mal, prejuízo, maldade, malícia; **3.** adv. mal.

illegal, adj. ilegal, ilícito.

illegality, s. ilegalidade.

illegally, adv. ilegalmente.

illegible, adj. ilegível.

illegibly, adv. ilegivelmente.

illegitimacy, s. ilegitimidade.

illegitimate, adj. ilegítimo, bastardo.

illiberality, *s.* mesquinhez, avareza.

illicit, *adj.* ilícito, ilegal.

illimitable, *adj.* ilimitado.

illiterate, *adj.* ignorante, inculto, iletrado.

illness, *s.* doença; mau estado; maldade.

illogical, *adj.* ilógico.

illuminant, *adj.* iluminante.

illuminate (to), *v. tr.* iluminar, alumiar.

illuminator, *s.* iluminador.

illumination, *s.* iluminação.

illumine (to), *v. tr.* iluminar, alumiar.

illusion, *s.* ilusão, engano; erro.

illusionism, *s.* ilusionismo.

illusionist, *s.* ilusionista.

illusive, *adj.* ilusório, falaz, ilusivo.

illusory, *adj.* ilusório.

illustrate (to), *v. tr.* ilustrar, adornar; esclarecer.

illustration, *s.* ilustração; explicação.

illustrative, *adj.* ilustrativo, explicativo; esclarecedor.

illustrator, *s.* explicador, comentador.

illustrious, *adj.* ilustre, famoso, notável.

image, *s.* imagem; figura; retrato; estátua; **virtual image:** imagem virtual.

imagery, *s.* imagens; fantasias.

imaginable, *adj.* imaginável.

imaginary, *adj.* imaginário, fantástico.

imagination, *s.* imaginação, fantasia.

imaginative, *adj.* imaginativo.

imagine (to), *v. tr.* e *intr.* imaginar, fantasiar.

imaginer, *s.* imaginador, inventor.

imagining, *s.* imaginação.

imam, *s.* imã, imame, sacerdote maometano.

imbecile, *s.* e *adj.* imbecil, estúpido.

imbecility, *s.* imbecilidade, estupidez.

imbibe (to), *v. tr.* e *intr.* embeber beber, absorver.

imbiber, *s.* o que embebe ou absorve.

imbue (to), *v. tr.* empapar, enso par.

imitable, *adj.* imitável.

imitate (to), *v. tr.* imitar, copiar.

imitation, *s.* imitação, cópia.

imitator, *s.* imitador; falsificador.

immaculate, *adj.* imaculado, puro impoluto.

immanent, *adj.* imanente.

immaterial, *adj.* imaterial, incor póreo.

immaterialist, *adj.* imaterialista.

immateriality, *s.* imaterialidade.

immaterialize (to), *v. tr.* separa da matéria.

immature, *adj.* imaturo, prematuro

immaturity, *s.* imaturidade.

immeasurable, *adj.* incomensu rável; imenso.

immediate, *adj.* imediato, pró ximo, contíguo.

immediately, *adv.* imediatamente

immemorial, *adj.* imemorial.

immense, *adj.* imenso.

immensely, *adv.* imensamente.

immensity, *s.* vastidão, imens dão.

immerse (to), *v. tr.* e *intr.* mergulhar, imergir.

immersion, *s.* imersão.

immigrant, *s.* e *adj.* imigrante.

immigration, *s.* imigração.

imminent, *adj.* iminente.

immobile, *adj.* imóvel.

immobility, *s.* imobilidade.

immoderate, adj. imoderado; excessivo.

immoderation, s. imoderação, excesso.

immodest, adj. imodesto; desonesto; presumido.

immodesty, s. imodéstia; presunção; desonestidade.

immolate (to), v. tr. imolar, sacrificar.

immolation, s. imolação, sacrifício.

immolator, adj. imolador.

immoral, adj. imoral, indecente, libertino.

immorality, s. imoralidade, desregramento.

immortal, adj. imortal.

immortality, s. imortalidade.

immortalize (to), v. tr. imortalizar, perpetuar.

immune, adj. imune, isento, livre.

immunity, s. imunidade, isenção.

immutability, s. imutabilidade.

immutable, adj. imutável.

imp (to), v. tr. assistir, ajudar; aumentar.

impact, s. contacto; impressão; colisão; impacto.

impact (to), v. tr. e intr. apertar, fechar; enfeixar.

impair, s. deterioração, dano.

impale (to), v. tr. vedar com estacas; empalar.

impalpable, adj. impalpável.

impartial, adj. imparcial.

impartiality, s. imparcialidade.

impassable, adj. intransitável, impraticável.

impasse, s. beco sem saída.

impassive, adj. insensível, impassível.

impatience, s. impaciência.

impatient, adj. impaciente, inquieto.

impeach (to), v. tr. acusar; estorvar; prejudicar; aviltar, criticar, denunciar.

impeacher, s. acusador, delator.

impeachment, s. acusação, denúncia.

impeccable, adj. impecável, sem defeito.

impecunious, adj. pobre, sem dinheiro.

impede (to), v. tr. impedir, estorvar.

impediment, s. impedimento.

impel (to), v. tr. impelir, empurrar.

impeller, s. impulsor, instigador.

impellent, s. e adj. impelente, motor, impulsivo.

impend (to), v. intr. pender, estar iminente.

impenetrability, s. impenetrabilidade.

impenetrable, adj. impenetrável.

impenitent, s. e adj. impenitente.

imperative, adj. imperativo, imperioso.

imperator, s. imperador, governador.

imperceptible, adj. imperceptível.

imperfect, adj. imperfeito; defeituoso.

imperfection, s. imperfeição; defeito.

imperial, s. imperial.

imperialism, s. imperialismo.

imperialist, adj. imperialista.

imperil (to), v. tr. arriscar, pôr em perigo.

imperious, adj. imperioso, arrogante.

imperishable, adj. imperecível.

impermiability, s. impermeabilidade.

impermeable, adj. impermeável.

impersonal, adj. impessoal.

impersonality, s. impersonalidade.

impertinence, s. impertinência.

impertinent, adj. impertinente, insolente.

imperturbable, adj. imperturbável.

impetuosity, s. impetuosidade, fogosidade.

impetuous, adj. impetuoso, fogoso.

impetus, s. ímpeto; impulso.

impiety, s. impiedade, descrença.

impious, adj. ímpio, profano, descrente.

impish, adj. travesso, endiabrado, irrequieto.

implacability, s. implacabilidade.

implacable, adj. implacável, inexorável.

implant (to), v. tr. implantar, fixar, estabelecer.

implantation, s. implantação.

implanter, s. implantador; inculcador.

implement, s. instrumento, utensílio.

implicate, adj. implicado; envolvido.

implicate (to), v. tr. implicar, envolver.

implication, s. implicação; enredo.

implicative, adj. implicativo; implícito.

implicit, adj. implícito; subentendido.

implore (to), v. tr. implorar, rogar, suplicar.

implorer, s. suplicante.

imply (to), v. tr. implicar, supor, envolver.

impolite, adj. inconveniente, incivil, incorrecto.

imponderable, adj. imponderável.

import, s. artigo de importação, importação; importância, alcance, sentido; **import trade:** comércio de importação.

import (to), v. tr. e intr. importar, introduzir; implicar, significar; envolver.

importable, adj. importável.

importance, s. importância; montante.

important, adj. importante.

importation, s. importação.

importer, s. importador.

importunate, adj. importuno, enfadonho.

importune (to), v. tr. importunar; enfadar.

impose (to), e intr. impor, forçar; enganar, iludir.

imposer, s. aquele que impõe; enganador.

imposing, adj. imponente, grandioso.

imposition, s. imposição; imposto; taxa.

impossibility, s. impossibilidade.

impossible, adj. impossível; imaginário.

impost, s. imposto, tributo, taxa.

impostor, s. impostor, intrujão.

imposture, s. impostura; burla; fraude.

impotence, s. impotência.

impotent, adj. impotente; sem valor.

impound (to), v. tr. encurralar, encerrar; confiscar.

impoverish (to), v. tr. empobrecer.

impracticability, s. impraticabilidade.

impracticable, adj. impraticável.

imprecate (to), v. tr. imprecar amaldiçoar.

imprecation, s. imprecação, maldição.

impregn (to), v. tr. impregnar fecundar.

impregnability, s. impregnabilidade.

impregnate, *adj.* impregnado, fecundado.

impregnate (to), *v. tr.* impregnar, fecundar, fertilizar.

impregnation, *s.* impregnação; fecundação.

impress, *s.* impressão, cunho, timbre; marca.

impress (to), *v. tr.* imprimir, estampar; marca.

impression, *s.* impressão; ideia; opinião.

impressionable, *adj.* impressionável.

impressionism, *s.* impressionismo.

impressionist, *s.* impressionista.

impressive, *adj.* impressivo; impressionante.

imprest, *s.* empréstimo; adiantamento.

imprint, *s.* impressão, marca; sinal.

imprint (to), *v. tr.* imprimir.

imprison (to), *v. tr.* aprisionar, encarcerar.

imprisonment, *s.* aprisionamento, prisão.

improbability, *s.* improbabilidade.

improbable, *adj.* improvável.

improbity, *s.* improbidade, desonestidade.

improper, *adj.* impróprio, inconveniente.

impropriate (to), *v. tr.* apropriar-se, apoderar-se, apossar-se; secularizar.

improve (to), *v. tr.* e *intr.* melhorar, aperfeiçoar.

improvement, *s.* aperfeiçoamento, melhoramento.

improver, *s.* melhorador, aperfeiçoador.

improvidence, *s.* imprevidência, imprevisão.

improvident, *adj.* descuidado, desleixado.

improvisation, *s.* improviso.

improvise (to), *v. tr.* e *intr.* improvisar.

improviser, *s.* improvisador, repentista.

imprudence, *s.* imprudência, indiscrição.

imprudent, *adj.* imprudente, irreflectido.

impudent, *adj.* impudente, descarado.

impugn (to), *v. tr.* impugnar; refutar.

impugner, *s.* impugnador.

impuissant, *adj.* impotente.

impulse, *s.* impulso; estímulo, instigação.

impulsion, *s.* impulso, ímpeto.

impulsive, *adj.* impulsivo, impetuoso.

impunity, *s.* impunidade.

impure, *adj.* impuro.

impurity, *s.* impureza.

imputable, *adj.* imputável, atribuível.

imputation, *s.* imputação, censura.

impute (to), *v. tr.* imputar, atribuir.

in, 1. *prep.* em, de, a, com, por, durante, sobre; **in full:** por extenso; **in love:** apaixonado; **in order to:** para; **2.** *adv.* em casa; **to be in:** estar em casa; **to come in:** entrar; **3.** *adj.* interno.

inability, *s.* inabilidade; incapacidade.

inaccuracy, *s.* inexactidão, erro, engano.

inaccurate, *adj.* inexacto, incorrecto.

inactive, *adj.* inactivo, ocioso, indolente.

inactivity, *s.* inactividade.

inadequate, *adj.* inadequado; incapaz.

inadmissibility, s. inadmissibilidade.

inadmissible, adj. inadmissível.

inadvertence, s. inadvertência, descuido.

inadvertent, adj. inadvertido, negligente.

inalienability, s. inalienabilidade.

inalienable, adj. inalienável.

inane, adj. inane, vão, inútil; vazio.

inanimate, adj. inanimado.

inanition, s. inanição, fraqueza.

inanity, s. inanidade, nulidade, vacuidade.

inapplicability, s. inaplicabilidade.

inapplicable, adj. inaplicável, impróprio.

inapproachable, adj. inacessível.

inappropriate, adj. não apropriado.

inapt, adj. inapto, inábil, impróprio.

inarticulate, adj. inarticulado, vago, mudo.

inartistic, adj. não artístico, rude.

inattention, s. falta de atenção, negligência.

inattentive, adj. desatento, distraído.

inaudibility, s. incapacidade de poder ser ouvido.

inaudible, adj. inaudível, que não se pode ouvir.

inaugural, adj. inaugural.

inaugurate (to), v. tr. inaugurar, iniciar.

inauguration, s. inauguração.

inaugurator, s. inaugurador.

inauspicious, adj. não auspicioso, infeliz.

inborn, adj. inato, ingénito, congénito.

inbreathe (to), v. tr. inspirar.

incalculable, adj. incalculável.

incandescence, s. incandescência.

incandescent, adj. incandescente.

incantation, s. encantamento.

incapability, s. incapacidade.

incapable, adj. incapaz, inábil, impotente.

incapacitate (to), v. tr. incapacitar.

incapacitation, s. inabilitação, incapacidade.

incapacity, s. incapacidade, insuficiência.

incarcerate (to), v. tr. encarcerar, aprisionar.

incarceration, s. encarceramento, aprisionamento.

incarnate (to), v. tr. e intr. encarnar.

incarnation, s. encarnação.

incaution, s. falta de cautela, descuido.

incautious, adj. descuidado, negligente.

incendiary, s. e adj. incendiário.

incense (to), v. tr. e intr. incensar; provocar, exasperar.

incentive, 1. s. incentivo, estímulo; motivo; **2.** adj. estimulante.

incept (to), v. tr. e intr. começar, iniciar.

inception, s. princípio, começo, início.

inceptive, adj. incipiente; inicial.

incertitude, s. dúvida, incerteza.

incessant, adj. incessante, contínuo.

incest, s. incesto.

incestuous, adj. incestuoso.

inch, s. polegada; **inch by inch:** pouco a pouco.

incidence, s. incidência; incidente.

incident, s. incidente, acidente.

incidental, adj. incidental, casual.

incipient, adj. incipiente.

incision, s. incisão, corte, golpe.

incisive, adj. incisivo, agudo, sarcástico.

inciting, adj. estimulante, incitante.

inclination, s. inclinação; tendência.

incline (to), *v. tr.* e *intr.* inclinar, pender, inclinar-se.

inclose (to), *v. tr.* incluir, conter; rodear.

include (to), *v. tr.* incluir, abranger.

including, *adj.* incluso, compreendido, contando; **postage including:** porte do correio incluído.

inclusion, *s.* inclusão; limitação, restrição.

inclusive, *adj.* inclusivo, incluso.

incoherence, *s.* incoerência.

incoherent, *adj.* incoerente.

income, *s.* renda, rendimento, ordenado; **income tax:** imposto sobre os rendimentos; **to live on one's income:** viver dos rendimento.

incomer, *s.* recém-chegado; inquilino.

incoming, *adj.* futuro, próximo, acumulado.

incommensurable, *adj.* incomensurável.

incommensurate, *adj.* incomensurável.

incommunicable, *adj.* incomunicável.

incommutable, *adj.* incomutável.

incomparability, *s.* incomparabilidade.

incomparable, *s.* incomparável.

incomparableness, *s.* incomparabilidade.

incompatibility, *s.* incompatibilidade.

incompatible, *s.* incompatível.

incompetence, *s.* incompetência, incapacidade.

incompetent, *adj.* incompetente.

incomplete, *adj.* incompleto.

incompletion, *s.* falta, imperfeição.

incomprehensible, *adj.* incompreensível.

incompressible, *adj.* incompressível.

incomputable, *adj.* incalculável.

inconceivable, *adj.* inconcebível.

inconclusive, *adj.* inconcludente.

incongruity, *s.* incongruidade.

incongruous, *adj.* incongruente, impróprio.

inconsequence, *s.* inconsequência.

inconsequent, *adj.* inconsequente, ilógico.

inconsiderable, *adj.* insignificante.

inconsideration, *s.* inconsideração.

inconsistency, *s.* inconsistência.

inconsistent, *adj.* inconsistente, precário, contingente; volúvel.

inconsolable, *adj.* inconsolável.

inconspicuous, *adj.* não conspícuo, apagado.

inconstancy, *s.* inconstância, instabilidade.

inconstant, *adj.* inconstante, volúvel.

incontestability, *s.* incontestabilidade.

incontestable, *adj.* incontestável.

incontinence, *s.* incontinência, intemperança.

incontinent, *adj.* incontinente, devasso.

incontrollable, *adj.* indomável.

incontrovertibility, *s.* indisputabilidade.

incontrovertible, *adj.* incontroverso.

inconvenience, *s.* inconveniência.

inconvenience (to), *v. tr.* incomodar, estorvar.

inconvenient, *adj.* inconveniente, impróprio; inoportuno.

inconvertible, *adj.* inconvertível.

incorporate, *adj.* incorporado, unido.

incorporate (to), *v. tr.* e *intr.* incorporar; unir.

incorporation, s. incorporação, associação.

incorporeal, adj. incorpóreo, imaterial.

incorrect, adj. incorrecto, erróneo; inexacto.

incorrectness, s. inexactidão.

incorrigibility, s. incorrigibilidade.

incorrigible, adj. incorrigível.

incorruptibility, s. incorruptibilidade.

incorruptible, adj. incorruptível.

increase, s. incremento, aumento.

increase (to), v. tr. aumentar, acrescentar; intensificar.

increasing, adj. crescente; aumentativo.

incredibility, s. incredibilidade.

incredible, adj. incrível; inacreditável.

incredulity, s. incredulidade; cepticismo.

incredulous, adj. incrédulo.

increment, s. incremento; crescimento.

incriminate (to), v. tr. incriminar, culpar.

incriminatory, adj. incriminatório.

incrust (to), v. tr. incrustar, embutir; inserir.

incrustation, s. incrustação.

incubate (to), v. tr. e intr. incubar, chocar.

incubation, s. incubação.

incubator, s. incubador.

inculcate (to), v. tr. inculcar; recomendar.

inculcation, s. inculca, pesquisa.

inculcator, s. inculcador.

inculpate (to), v. tr. inculpar, incriminar.

inculpation, s. inculpação, incriminação.

incumbency, s. incumbência.

incumbent, adj. e s. deitado; obrigatório; beneficiado.

incur (to), v. intr. incorrer, ficar sujeito a; ficar implicado.

incurability, s. incurabilidade.

incurable, adj. incurável.

incurious, adj. descuidado, negligente.

incursion, s. incursão, invasão.

incursive, adj. agressivo, que faz incursão.

incurvate (to), v. tr. curvar, arquear.

incurvation, s. curvatura, reverência.

incurve (to), v. tr. e intr. curvar, arquear, inclinar, curvar-se.

incuse, s. impressão, cunho, marca.

indebted, adj. endividado; obrigado.

indecency, s. indecência; obscenidade.

indecent, adj. indecente, indecoroso.

indecision, s. indecisão; incerteza.

indecisive, adj. indeciso, irresoluto.

indecorous, adj. indecoroso; indigno.

indecorum, s. indecoro; indecência.

indeed, 1. adv. realmente, na verdade, de facto; **2.** interj. ai sim!, é lá possível!

indefeasible, adj. indestrutível.

indefensible, adj. indefensável.

indefinable, adj. indefinível.

indefinite, adj. indefinido, vago, impreciso.

indelible, adj. indelével; indestrutível.

indelicacy, s. indelicadeza, grosseria.

indelicate, adj. indelicado, incivil.

indemnify (to), v. tr. indemnizar, compensar, ressarcir; reparar o mal feito.

indemnity, s. indemnização; ressarcimento.

indent, s. recorte; encomenda; ordem, requisição.

indent (to), v. tr. e intr. contratar, talhar; gravar em relevo.

indenture, s. escritura, contrato, ajuste.

independence, s. independência.

independent, adj. independente.

indestructible, adj. indestrutível.

indeterminable, adj. indeterminável.

indeterminate, adj. indeterminado.

indetermination, s. indeterminação.

index, s. índex, dedo índex; índice, catálogo.

indicate (to), v. tr. indicar, designar.

indication, s. indicação, sinal, sintoma.

indicative, s. e adj. indicativo, designativo.

indicator, s. indicador; ponteiro; manómetro.

indicatory, adj. indicador, demonstrativo.

indict (to), v. tr. acusar, processar.

indicter, s. acusador, denunciante; autor.

indiction, s. indicção; convocação.

indictment, s. acusação.

indifference, s. indiferença, apatia.

indifferent, adj. indiferente; imparcial.

indigence, s. indigência; penúria.

indigent, s. e adj. indigente; necessitado.

indigested, adj. indigesto; mal digerido.

indigestible, adj. indigesto; enfadonho.

indigestion, s. indigestão.

indignant, adj. indignado.

indignation, s. indignação, despeito.

indignity, s. indignidade, afronta.

indirect, adj. indirecto; simulado; **indirect object:** complemento indirecto.

indiscernible, adj. indiscernível.

indisciplinable, adj. indisciplinável.

indiscipline, s. indisciplina.

indiscreet, adj. indiscreto; imprudente.

indiscretion, s. indiscrição, imprudência.

indiscriminate, adj. indiscriminado.

indiscrimination, s. indistinção.

indispensable, adj. indispensável.

indispose (to), v. tr. indispor; inimizar; inabilitar.

indisposition, s. indisposição; aversão.

indisputable, adj. indisputável, incontestável.

indissociable, adj. inseparável.

indissoluble, adj. indissolúvel, insolúvel.

indistinct, adj. indistinto; confuso, vago.

indistinguishable, adj. indistinguível, imperceptível.

indite (to), v. tr. e intr. redigir; ditar.

individual, 1. s. indivíduo, pessoa; **2.** adj. individual, pessoal.

individualism, s. individualismo.

individualist, s. individualista.

individuality, s. individualidade.

indivisibility, s. indivisibilidade.

indivisible, adj. indivisível, indiviso.

indocile, adj. indócil, insubmisso.

indocility, s. indocilidade

indolence, s. indolência; apatia.

indolent, adj. indolente; apático.

indomitable, *adj.* indomável, indómito.

indoor, *adj.* interior, interno, feito portas adentro.

indoors, *adv.* portas adentro, dentro de casa.

indorse (to), *v. tr.* endossar; apoiar; sancionar.

indorsee, *s.* endossado.

indorsement, *s.* endosso, sanção.

indraught, *s.* aspiração, absorção, afluência.

indubitable, *adj.* indubitável, certo.

induce (to), *v. tr.* induzir; incutir, incitar, originar, obrigar.

induct (to), *v. tr.* instalar, estabelecer, empossar.

induction, *s.* indução; instalação, investidura.

inductive, *adj.* indutivo; ilativo; incitativo.

inductor, *s.* indutor; instalador, empossador.

indulge (to), 1. *v. tr.* favorecer; permitir; 2. *v. intr.* entregar-se a.

indulgence, *s.* indulgência; complacência.

indulgent, *adj.* indulgente; condescendente.

indurate (to), *v. tr.* endurecer.

industrial, *adj.* industrial.

industrialist, *adj.* industrialista, industrial.

industrious, *adj.* industrioso; diligente.

industry, *s.* indústria; engenho.

indwelling, *s.* residência, morada.

inebriate (to), *v. tr.* inebriar, embriagar.

inebriation, *s.* embriaguez; entusiasmo.

inebriety, *s.* embriaguez.

inedited, *adj.* inédito, não publicado.

ineffable, *adj.* inefável, indizível, delicioso.

ineffective, *adj.* ineficaz, inútil.

inefficacious, *adj.* ineficaz.

inefficacy, *s.* ineficácia.

inefficiency, *s.* ineficácia.

inefficient, *adj.* ineficaz.

inelegance, *s.* deselegância.

inelegant, *adj.* deselegante, sem distinção.

ineligible, *adj.* inelegível.

inept, *adj.* inepto; inábil; incapaz.

inequality, *s.* desigualdade, irregularidade.

inequitable, *adj.* injusto.

inequity, *s.* iniquidade, injustiça.

inert, *adj.* inerte; frouxo, apático.

inestimable, *adj.* inestimável, incalculável.

inevitability, *s.* qualidade de ser inevitável.

inevitable, *adj.* inevitável; fatal.

inexact, *adj.* inexacto; errado.

inexactitude, *s.* inexactidão.

inexcusable, *adj.* indesculpável.

inexorable, *adj.* inexorável; inflexível.

inexpedient, *adj.* inoportuno, impróprio.

inexpensive, *adj.* barato, não dispendioso.

inexperience, *s.* inexperiência; imperícia.

inexpert, *adj.* inexperto, inábil.

inexplicability, *s.* inexplicabilidade.

inexplicable, *adj.* inexplicável.

inexplicit, *adj.* não claro; confuso.

inexplorable, *adj.* inexplorável.

inexpressible, *adj.* inexprimível; extraordinário.

inexpressive, *adj.* inexpressivo.

inexpugnable, *adj.* inexpugnável.

inextensible, *adj.* inextensível.

inextinguishable, *adj.* inextinguível.

infallibility, *s.* infalibilidade.

infallible, *adj.* infalível, indefectível; seguro.

infamous, *adj.* infame, vil, torpe, abjecto.

infamy, *s.* infâmia, vileza.

infancy, *s.* infância, meninice.

infant, *s.* infante, menino, criança.

infanticide, *s.* infanticídio; infanticida.

infantile, *adj.* infantil, pueril.

infantry, *s.* infantaria.

infatuate, *adj.* enfatuado, apaixonado.

infatuate (to), *v. tr.* enfatuar; entontecer.

infatuation, *s.* enfatuação; paixão louca.

infect (to), *v. tr.* infectar; infeccionar.

infection, *s.* infecção, contágio.

infectious, *adj.* infecto, infeccioso, corrupto.

infecundity, *s.* infecundidade, esterilidade.

infelicitous, *adj.* infeliz, desafortunado.

infer (to), *v. tr.* inferir, deduzir; concluir.

inferable, *adj.* ilativo; conclusivo.

inference, *s.* inferência, dedução.

inferior, *s.* e *adj.* inferior; subalterno.

inferiority, *s.* inferioridade.

infernal, *adj.* infernal.

infertile, *adj.* estéril, infecundo.

infest (to), *v. tr.* infestar; incomodar, molestar.

infidelity, *s.* infidelidade; traição.

infiltrate (to), *v. tr.* e *intr.* infiltrar, infiltrar-se.

infiltration, *s.* infiltração.

infinite, 1. *s.* o infinito; Deus; **2.** *adj.* infinito.

infinitesimal, *adj.* infinitesimal.

infinitive, 1. *s.* o modo infinitivo; **2.** *adj.* infinito.

infinity, *s.* infinidade; grande porção.

infirm, *adj.* enfermo, adoentado, débil, fraco.

infirmary, *s.* enfermaria; casa de saúde.

infirmity, *s.* enfermidade, doença.

inflame (to), *v. tr.* e *intr.* inflamar, abrasar.

inflammability, *s.* inflamabilidade.

inflammable, *adj.* inflamável.

inflammation, *s.* inflamação; ardor, calor.

inflammatory, *adj.* inflamatório.

inflate (to), *v. tr.* inchar, intumescer.

inflect (to), *v. intr.* dobrar, curvar, torcer.

inflection, *s.* inflexão; modulação da voz.

inflexibility, *s.* inflexibilidade.

inflexible, *adj.* inflexível, invariável.

inflexion, *s.* inflexão; modulação da voz.

inflict (to), *v. tr.* infligir, impor.

infliction, *s.* imposição; inflicção, punição.

inflow, *s.* influxo, afluxo.

influence, *s.* influência; prestígio.

influence (to), *v. tr.* influenciar, influir.

influent, 1. *adj.* influente; **2.** *s.* afluente.

influenza, *s.* influenza, gripe.

influx, *s.* influxo, preia-mar.

influxion, *s.* infusão, influxo, introdução.

inform (to), *v. tr.* e *intr.* informar; dar forma a.

informal, *adj.* irregular, insólito; sem cerimónia.

informality, *s.* irregularidade, à-vontade.

information, *s.* informação, aviso, notícia.

informative, *adj.* informativo, instrutivo.

informer, s. informador; relator, denunciante.

infract (to), v. tr. infringir, romper, quebrar.

infraction, s. infracção, violação.

infractor, s. infractor, transgressor.

infrequency, s. falta de frequência.

infrequent, adj. raro, pouco comum.

infringe (to), v. tr. e intr. infringir, violar, transgredir.

infringement, s. infracção.

infringer, s. contraventor; infractor.

infuriate, v. tr. enfurecer.

infuse (to), v. tr. e intr. infundir, inspirar.

infusion, s. infusão.

ingathering, s. colheita.

ingenious, adj. engenhoso, hábil, astuto.

ingenuity, s. engenho, subtileza.

ingenuous, adj. ingénuo, inocente, franco.

inglorious, adj. inglório; ignominioso.

ingoing, 1. s. entrada; 2. adj. que entra.

ingrate, 1. s. pessoa ingrata; 2. adj. ingrato.

ingratitude, s. ingratidão.

ingredient, s. ingrediente.

ingress, s. ingresso, entrada.

ingrowing, adj. que cresce para dentro.

ingrowth, s. acto de crescer para dentro.

inhabit (to), v. tr. e intr. habitar, residir, morar.

inhabitant, s. habitante, morador.

inhabitation, s. habitação, morada.

inhabiter, s. habitante, morador.

inhalation, s. inspiração, inalação.

inhale (to), v. tr. inalar, aspirar, inspirar.

inherence, s. inerência; ligação.

inherent, adj. inerente, inato, natural.

inherit (to), v. tr. e intr. herdar, suceder como herdeiro.

inheritable, herdável, que se pode herdar.

inheritance, s. herança.

inheritor, s. herdeiro.

inhibit (to), v. tr. inibir, impedir, proibir.

inhibition, s. inibição, proibição.

inhospitable, adj. inóspito; inabitável.

inhuman, adj. desumano, cruel.

inhumane, adj. desumano.

inhumanity, s. desumanidade.

inhumation, s. inumação, enterramento.

inimitable, adj. inimitável.

iniquitous, adj. iníquo, perverso, malvado.

iniquity, s. iniquidade, maldade.

initial, 1. adj. inicial; 2. s. letra inicial.

initiate, adj. e s. iniciado.

initiate (to), v. tr. iniciar, começar, originar.

initiation, s. iniciação.

initiative, 1. adj. iniciativo, inicial, preliminar; 2. s. iniciativa; **on my own initiative:** por minha própria iniciativa.

inject (to), v. tr. injectar, introduzir.

injection, s. injecção.

injunction, s. ordem, mandado, preceito.

injure (to), v. tr. prejudicar; lesar, ofender, injuriar.

injurer, s. ofensor.

injurious, adj. prejudicial, ofensivo.

injury, s. injúria, dano, ofensa, insulto.

injustice, s. injustiça.

ink, s. tinta.

inkling, s. insinuação, aviso, notícia secreta.

inky, adj. de tinta; manchado de tinta.

inland, 1. s. o interior de um país; 2. adj. interior.

inlander, s. habitante do interior.

inly, 1. adj. interior, interno; 2. adv. interiormente.

inmate, s. inquilino, hóspede, conviva.

inmost, adj. interior; íntimo.

inn, s. estalagem, pousada, hospedaria; hotel.

innate, adj. inato, ingénito, natural, próprio.

inner, adj. interior.

innervation, s. actividade nervosa.

innocence, s. inocência.

innocent, adj. inocente.

innocuous, adj. inocente, inofensivo.

innominate, adj. inominado; não designado.

innovate (to), v. tr. inovar.

innovation, s. inovação, novidade.

innovator, s. inovador.

innumerable, adj. inumerável.

innutrition, s. falta de nutrição.

innutritious, adj. que não é nutritivo.

inoculate (to), v. tr. e intr. inocular; inserir, vacinar.

inodorous, adj. inodoro.

inoffensive, adj. inofensivo.

inoperative, adj. ineficaz.

inopportune, adj. inoportuno, intempestivo.

inordinate, adj. irregular, desordenado.

inorganic, adj. inorgânico.

in-patient, s. doente internado num hospital.

input, s. (inform.) entrada.

inquest, s. inquirição, investigação.

inquietude, s. inquietação, desassossego.

inquire (to), v. tr. e intr. inquirir, perguntar, investigar.

inquirer, s. inquiridor, investigador.

inquiry, s. inquérito, investigação, interrogatório.

inquisition, s. inquisição, investigação.

inquisitive, adj. curioso; perguntador.

inquisitor, s. inquiridor, investigador.

inroad, s. incursão.

inrush, s. invasão.

insalubrious, adj. insalubre.

insalubrity, s. insalubridade.

insane, adj. insano, demente, louco.

insanitary, adj. não sanitário.

insanity, s. insânia, demência, loucura.

insatiable, adj. insaciável.

inscribe (to), v. tr. inscrever, gravar.

inscription, s. inscrição, dedicatória.

insect, s. insecto.

insecticide, s. e adj. insecticida.

insectivorous, adj. insectívoro.

insecure, adj. que não está seguro; incerto.

insecurity, s. falta de segurança.

insensate, adj. insensato; falto de senso.

insensibility, s. insensibilidade.

insensible, adj. insensível; consciente.

insentient, adj. insensível.

inseparability, s. qualidade de ser inseparável.

inseparable, adj. inseparável.

insert (to), v. tr. inserir, introduzir.

insertion, s. inserção; introdução.

inset, s. inserção.

inset (to), *v. tr.* inserir, implantar, introduzir.

inseverable, *adj.* inseparável.

inshore, *adv. e adj.* próximo da costa.

inside, **1.** *s.* o interior; o lado de dentro; **2.** *adj.* interior; interno; **3.** *adv* interiormente; por dentro.

insidious, *adj.* insidioso.

insight, *s.* conhecimento profundo, perspicácia.

insignificance, *s.* insignificância.

insignificant, *adj.* insignificante.

insincere, *adj.* fingido, dissimulado, desleal.

insincerity, *s.* deslealdade, dissimulação.

insinuate (to), *v. tr.* insinuar, introduzir.

insinuating, *adj.* insinuante.

insinuation, *s.* insinuação; sugestão.

insipid, *adj.* insípido, insulso, enxabido.

insipience, *s.* insipiência; ignorância.

insipient, *adj.* ignorante, insensato.

insist (to), *v. tr. e intr.* insistir, persistir, teimar.

insistence, *s.* insistência, contumácia.

insistent, *adj.* insistente; teimoso.

insociable, *adj.* insociável.

insolation, *s.* insolação.

insole, *s.* palmilha.

insolence, *s.* insolência; inconveniência.

insolent, *adj.* insolente, grosseiro.

insolubility, *s.* insolubilidade.

insoluble, *adj.* insolúvel, indissolúvel.

insolvable, *adj.* inexplicável; insolúvel.

insolvency, *s.* insolvência; insolubilidade.

insolvent, *adj.* insolvente, insolúvel.

insomnia, *s.* insónia.

insomuch, *conj.* a tal ponto que; de modo que.

inspect (to), *v. tr.* inspeccionar, examinar.

inspection, *s.* inspecção, verificação.

inspector, *s.* inspector, fiscal.

inspiration, *s.* inspiração.

inspirational, *adj.* inspirador.

inspiratory, *adj.* inspiratório.

inspire (to), *v. tr. e intr.* inspirar; sugerir.

inspirer, *s.* inspirador.

inspiring, *adj.* inspirador.

inspirit (to), *v. tr.* animar, excitar, estimular.

instability, *s.* instabilidade, inconstância.

install (to), *v. tr.* instalar, dar posse, empossar.

installation, *s.* instalação, montagem.

instalment, *s.* prestação; quota.

instance, *s.* exemplo; instância; insistência, urgência; **for instance:** por exemplo.

instance (to), *v. tr.* apresentar como exemplo; alegar.

instant, **1.** *s.* instante, momento, ocasião; **2.** *adj.* urgente, instante.

instantaneous, *adj.* instantâneo.

instead, *adv.* em vez de, em lugar disso.

instep, *s.* peito do pé.

instigate (to), *v. tr.* instigar, excitar, incitar.

instigation, *s.* instigação, incitamento.

instigator, *s.* instigador.

instinct, *s.* instinto.

instinctive, *adj.* instintivo.

institute, *s.* instituto; estabelecimento.

institute (to), v. tr. instituir; fundar; intentar; principiar.

institution, s. instituição; estabelecimento.

institutional, adj. elementar, institucional.

instruct (to), v. tr. instruir, doutrinar.

instruction, s. instrução; ensino.

instructive, adj. instrutivo.

instructor, s. instrutor.

instructress, s. instrutora.

instrument, s. instrumento; utensílio.

instrumental, adj. instrumental.

insubordinate, adj. insubordinado, insubmisso.

insubordination, s. insubordinação.

insufferable, adj. insuportável.

insufficiency, s. insuficiência, incapacidade.

insufficient, adj. insuficiente, incapaz.

insular, s. e adj. insular, insulano; isolado.

insularity, s. insularidade, situação insular.

insulate (to), v. tr. isolar.

insulation, s. isolação, isolamento.

insulator, s. isolador.

insult, s. insulto, afronta, injúria, ofensa.

insult (to), v. tr. insultar, afrontar, ofender.

insulter, s. insultante, insultador.

insulting, adj. insultante, insolente, ultrajante.

insuperable, adj. insuperável.

insupportable, adj. insuportável; incómodo.

insurable, adj. segurável.

insurance, s. seguro.

insure (to), v. tr. e intr. segurar, fazer um seguro.

insured, s. e adj. segurado.

insurer, s. segurador.

insurrection, s. insurreição, rebelião.

intact, adj. intacto, íntegro, ileso.

intangibility, s. intangibilidade.

intangible, adj. intangível; impalpável.

integer, s. a totalidade; número inteiro.

integral, adj. integral, integrante.

integrate (to), v. tr. integrar, completar.

integration, s. integração.

integrity, s. integridade, inteireza.

intellect, s. intelecto, entendimento.

intellectual, s. e adj. intelectual.

intellectuality, s. intelectualidade.

intelligence, s. inteligência, entendimento; notícia; **Intelligence Department:** serviços secretos.

intelligent, adj. inteligente; perito, hábil.

intelligibility, s. inteligibilidade.

intelligible, adj. inteligível.

intemperance, s. intemperança.

intemperate, adj. intemperante, imoderado.

intend (to), v. tr. tencionar, intentar; significar.

intendant, s. intendente, superintendente.

intended, 1. adj. planeado; prometido; desposado; **2.** s. noivo ou noiva.

intense, adj. intenso, violento, veemente.

intensification, s. intensificação.

intensifier, s. intensificador, amplificador.

intensify (to), v. tr. intensificar.

intensity, s. intensidade, veemência.

intensive, adj. intensivo, veemente, intenso.

intent, s. intenção, intento, objectivo, desígnio.

intention, s. intenção, intento, fim, propósito, desejo.

intentional, adj. intencional, propositado.

interaction, s. interacção.

intercalate (to), v. tr. intercalar, interpolar.

intercalation, s. intercalação.

intercede (to), v. intr. interceder.

intercept (to), v. tr. interceptar, interromper.

interceptor, s. interceptor.

intercession, s. intercessão, mediação.

interchange, s. intercâmbio.

interchange (to), v. tr. e intr. trocar, cambiar, permutar.

intercommunicate (to), v. intr. comunicar reciprocamente.

intercommunication, s. intercomunicação, comunicação mútua.

intercommunion, s. reciprocidade; troca.

intercommunity, s. comunhão mútua ou recíproca; comunidade.

intercostal, adj. intercostal.

intercourse, s. intercâmbio, comércio; comunicação.

intercurrent, adj. intercorrente.

interdental, adj. interdental.

interdependance, s. interdependência, dependência mútua.

interdependent, adj. interdependente, dependentes um do outro.

interdict, adj. interdito.

interdict (to), v. tr. interdizer, proibir.

interdigital, adj. interdigital.

interest, s. interesse; empenho; proveito; juro.

interest (to), v. tr. interessar; excitar a curiosidade de.

interesting, adj. interessante, atractivo, atraente; **in an interesting condition:** no estado interessante; grávida.

interfere (to), v. intr. interferir, intervir.

interference, s. interferência, intervenção.

interfusion, s. combinação pela fusão; mistura.

interior, 1. adj. interior, interno; **2.** s. o interior.

interject (to), v. tr. interpor, intercalar; pôr no meio.

interlace (to), v. tr. entrelaçar; entremeter.

interlacement, s. entrelaçamento.

interline (to), v. tr. entrelinhar, pautar.

interlineation, s. entrelinha.

interlink (to), v. tr. encadear, ligar, entrelaçar.

interlock (to), v. tr. e intr. apertar, fixar, abraçar; apertar-se; abraçar-se.

interlocution, s. interlocução.

interlocutor, s. interlocutor.

intermarry (to), v. intr. unirem-se (pelo casamento) duas famílias ou raças.

intermeddle (to), v. intr. entremeter-se, intervir.

intermediary, s. e adj. intermediário, medianeiro.

intermediate, adj. e s. intermediário; intermédio.

interment, s. enterro, funeral.

interminable, adj. interminável infindo.

intermission, s. intermissão; interrupção; intervalo.

intermit (to), v. tr. e intr. interromper; interromper-se.

intermitting, adj. intermitente.

intermixture, s. mistura.

intern, s. e adj. interno.

intern (to), v. tr. internar.

internal, adj. interino; interior; doméstico; nacional.

international, adj. internacional.

internationalist, s. internacionalista.

internment, s. internamento.

interpellant, s. interpelante.

interpellate (to), v. tr. interpelar.

interpellation, s. interpelação; intimação.

interplanetary, s. interplanetário.

interpolation, s. interpolação; inserção.

interposal, s. intervenção, interposição.

interposition, s. interposição, mediação.

interpret (to), v. tr. interpretar; explicar.

interpretation, s. interpretação.

interpreter, s. intérprete.

interracial, adj. inter-racial.

interrogate (to), v. tr. e intr. interrogar, perguntar, inquirir, investigar.

interrogation, s. interrogação, pergunta; **interrogation mark:** ponto de interrogação.

interrogative, adj. interrogativo.

interrogator, s. interrogador; examinador.

interrogatory, s. interrogatório.

interrupt (to), interromper, suspender; estorvar.

interruption, s. interrupção, pausa.

intersect (to), v. tr. e intr. entrecortar; cruzar; cruzar-se, interceptar-se.

intersection, s. intersecção; corte.

intersperse (to), v. tr. espalhar, semear.

intertwine (to), v. tr. e intr. entrelaçar, entretecer; enlaçar-se.

interval, s. intervalo, pausa.

intervene (to), v. intr. intervir; interpor-se.

intervention, s. intervenção, interposição.

interview, s. entrevista; encontro.

interview (to), v. tr. entrevistar, ter uma conferência ou conversação com alguém.

interviewer, s. aquele que promove uma entrevista, entrevistador.

intestine, adj. e s. intestino.

intestinal, adj. intestinal.

intimacy, s. intimidade, familiaridade.

intimate, adj. íntimo; confidente; sócio.

intimate (to), v. tr. dar a entender, declarar, anunciar.

intimation, s. insinuação, sugestão; aviso.

intimidation, s. intimidação.

intimidator, adj. intimidador.

intituled, adj. intitulado, autorizado.

into, prep. para, para dentro de, por; **to look into the future:** prever o futuro; **to translate into English:** traduzir para o Inglês; **get into the room!:** entre para a sala!

intolerable, adj. intolerável, insuportável.

intolerance, s. intolerância.

intolerant, adj. intolerante.

intonate (to), v. tr. e intr. entoar.

intoxicate (to), v. tr. embriagar; excitar em alto grau.

intoxicating, adj. que embriaga.

intoxication, s. embriaguez; entusiasmo.

intractable, adj. intratável; não sociável.

intramural, adj. que está dentro dos muros.

intransigent, s. e adj. intransigente.

intransitive, adj. intransitivo.

intrepid, adj. intrépido, destemido, audaz.

intricate, *adj.* intrincado, complicado.

intrigue, *s.* intriga; enredo; cilada; bisbilhotice.

intrigue (to), *v. tr.* e *intr.* intrigar, tramar, inimizar.

intriguer, *s.* intriguista, intrigante.

intrinsic, *adj.* intrínseco; inerente, próprio.

introduce (to), *v. tr.* introduzir; apresentar; iniciar; **may I introduce my friend...?:** posso apresentar o meu amigo...?

introducer, *s.* introdutor, apresentante.

introduction, *s.* introdução, apresentação.

introductory, *adj.* introdutório.

introspection, *s.* introspecção.

introspective, *adj.* introspectivo.

intrude (to), *v. tr.* e *intr.* introduzir à força; invadir; interferir.

intruder, *s.* intruso; usurpador; metediço.

intrusion, *s.* intrusão; usurpação; invasão.

intuition, *s.* intuição; pressentimento.

intuitive, *adj.* intuitivo; evidente.

intumescence, *s.* intumescência, tumor.

intumescent, *adj.* intumescente; túmido.

inundate (to), *v. tr.* inundar; alagar.

inundation, *s.* inundação.

inutility, *s.* inutilidade, falta de préstimo.

invade (to), *v. tr.* invadir; usurpar; conquistar.

invader, *s.* invasor, usurpador.

invalid, *adj.* e *s.* enfermo.

invalidate (to), *v. tr.* invalidar, anular.

invalidation, *s.* invalidação, anulação.

invaluable, *adj.* inestimável, inapreciável.

invariable, *adj.* invariável; imutável.

invasion, *s.* invasão; incursão; usurpação.

invective, *s.* invectiva; acusação injuriosa.

inveigh (to), *v. tr.* e *intr.* invectivar, injuriar.

inveigler, *s.* sedutor.

invent (to), *v. tr.* inventar; descobrir, idear.

inventer, *s.* inventor.

invention, *s.* invenção; descoberta.

inventive, *adj.* inventivo; engenhoso.

inventor, *s.* inventor; autor, descobridor.

inventory, *s.* inventário.

inverse, 1. *adj.* inverso, invertido; 2. *s.* inverso.

inversion, *s.* inversão; troca.

invert (to), *v. tr.* inverter; trocar.

invertebrate, *s.* e *adj.* invertebrado.

invest (to), *v. tr.* e *intr.* investir; assaltar, arremeter.

investigation, *s.* investigação; inquérito.

investment, *s.* investimento; ataque.

investor, *s.* accionista; investidor de capital numa empresa ou em fundos públicos.

inveterate, *adj.* inveterado, arraigado.

invidious, *adj.* invejoso, odioso.

invigilation, *s.* vigilância rigorosa.

invigilator, *s.* vigilante.

invigorate (to), *v. tr.* tonificar, vigorar, fortalecer.

invigoration, *s.* robustecimento.

invincible, *adj.* invencível.

inviolable, adj. inviolável.

inviolate, adj. inviolado, íntegro.

invisibility, s. invisibilidade.

invisible, adj. invisível.

invitation, s. convite.

invite (to), v. tr. convidar; solicitar; chamar.

inviting, adj. convidativo; atraente, sedutor.

invocation, s. invocação.

invoice, s. factura; remessa.

invoice (to), v. tr. facturar; fazer uma factura.

invoke (to), v. tr. invocar, chamar; implorar.

involucre, s. invólucro.

involuntary, adj. involuntário.

involve (to), v. tr. envolver; compreender; implicar; supor; complicar.

invulnerability, s. invulnerabilidade.

invulnerable, adj. invulnerável; inatacável.

inward, 1. adj. interior, interno, íntimo; 2. adv. em direcção ao interior.

iodate, s. iodato.

iodide, s. iodeto.

iodine, s. iodo.

iodize (to), v. tr. iodar.

irascibility, s. irascibilidade.

irascible, adj. irascível, irritável; colérico.

irate, adj. irado, zangado, colérico.

ire, s. ira, cólera, raiva.

iridescence, s. iriação; as cores do arco-íris.

iridescent, adj. com as cores do arco-íris.

iris, s. íris; arco-íris.

Irish, adj. e s. irlandês; a língua irlandesa.

irksome, penoso, enfadonho, incómodo.

iron, s. ferro.

iron (to), v. tr. brunir; passar a ferro.

irongray, adj. cinzento-escuro, pardo.

ironical, adj. irónico, sarcástico, zombeteiro.

ironside, s. homem enérgico; resoluto.

ironware, s. ferragens.

ironwood, s. pau-ferro.

irony, s. ironia, sarcasmo.

irradiance, s. irradiação; raios de luz.

irradiate (to), v. tr. irradiar, iluminar.

irradiation, s. irradiação; difusão.

irrational, adj. irracional, absurdo.

irrationality, s. irracionalidade.

irreceptive, adj. não receptivo.

irreclaimable, adj. incorrigível; irreconciliável.

irrecognizable, adj. irreconhecível.

irreconcilable, adj. irreconciliável.

irrecoverable, adj. irrecuperável, irremediável.

irredeemable, adj. irremediável.

irreducible, adj. irredutível; irreduzível.

irreflective, adj. irreflectido, impensado.

irrefutability, s. irrefutabilidade.

irrefutable, adj. irrefutável; evidente.

irregular, s. e adj. irregular; desigual.

irregularity, s. irregularidade.

irrelevance, s. impropriedade, inconveniência.

irrelevant, adj. inconveniente, não aplicável.

irreligion, s. irreligião; ateísmo.

irreligious, adj. irreligioso; ateu; ímpio.

irremediable, *adj.* irremediável.

irremovable, *adj.* fixo, imutável.

irreparable, *adj.* irreparável, irre-mediável.

irreproachable, *adj.* irrepreensível.

irresistibility, *s.* irresistibilidade.

irresistible, *adj.* irresistível; in-vencível.

irresoluble, *adj.* insolúvel, indis-solúvel.

irresolute, *adj.* irresoluto; indeciso.

irresolution, *s.* irresolução, inde-cisão.

irresponsibility, *s.* irresponsabili-dade.

irresponsive, *adj.* irrespondível; impassível.

irretrievable, *adj.* irreparável.

irreverence, *s.* irreverência, desa-cato.

irreverent, *adj.* irreverente, incivil.

irreversibility, *s.* irrevogabilidade.

irreversible, *adj.* irrevogável.

irrevocable, *adj.* irrevogável.

irrigable, *adj.* irrigável.

irrigate (to), *v. tr.* irrigar, regar.

irrigation, *s.* irrigação, rega.

irritability, *s.* irritabilidade.

irritable, *adj.* irritável, colérico, irascível.

irritant, *s. e adj.* irritante, excitante.

irritate (to), *v. tr.* irritar, exaspe-rar; cancelar.

irritation, *s.* irritação, provoca-ção.

irruption, *s.* irrupção.

irruptive, *adj.* irruptivo.

island, *s.* ilha; placa (no meio da rua).

islander, *s.* natural das ilhas; ilhéu.

isle, *s.* ilha.

islet, *s.* ilhota.

isochronism, *s.* isocronismo.

isolate (to), *v. tr.* isolar.

isolation, *s.* isolação, isolamento.

isomorphous, *adj.* isomorfo.

isothermal, *adj.* isotérmico.

issue, *s.* saída; fluxo; expedição, edição, número de jornal ou revista; resultado.

issue (to), *v. tr. e intr.* sair, brotar emitir; publicar.

issuer, *s.* emissor; aquele que emite.

it, *pron. pess.* ele, ela, o, a, isto isso.

italic, 1. *s.* itálico (tipo de letra); **2.** *adj.* itálico, italiano.

itch, *s.* comichão, prurido; sarna.

itch (to), *v. intr.* fazer comichão.

itchy, *adj.* sarnento; que faz comi-chão.

item, *s.* verba; artigo separado numa lista ou numa factura; ru-brica; número (de programa) parágrafo; notícia.

iterate (to), *v. tr.* repetir; reiterar.

iteration, *s.* repetição, reiteração.

itinerant, *s. e adj.* viandante, via-jante.

itinerary, *s.* itinerário.

itinerate (to), *v. intr.* viajar.

its, *pron. poss.* seu, sua, seus suas (dele, dela).

itself, *pron. refl.* se, ele mesmo ela mesma; mesmo, próprio.

ivory, 1. *s.* marfim; **2.** *adj.* de mar fim, ebúrneo.

ivory-black, *s.* negro de marfim.

ivy, *s.* hera.

J

J, j, *s.* décima letra do alfabeto.

jabber (to), *v. tr.* e *intr.* tagarelar, palrar.

jacinth, *s.* jacinto.

jack, *s.* alavanca; valete (cartas de jogar); marinheiro; macho de alguns animais.

jackass, *s.* burro, asno, estúpido.

jacket, *s.* jaqueta; corpete de mulher; camisola; blusa.

jade, *s.* pileca, rocim; mulher desprezível.

jade (to), *v. tr.* e *intr.* cansar, cansar-se.

jag (to), *v. tr.* recortar, dentear.

jagged, *adj.* recortado; denteado.

jaguar, *s.* jaguar.

jail, *s.* cárcere, cadeia, prisão.

jailer, *s.* carcereiro.

jam, 1. *s.* geleia, compota; aperto; **2.** *adj.* e *adv* apertado; completamente.

jam (to), *v. tr.* apertar, comprimir; calcar.

jamb, *s.* umbral de porta; pano de chaminé.

jamboree, *s.* diversão; reunião de escuteiros.

jangle (to), *v. intr.* questionar, altercar, discutir, chocalhar.

jangling, 1. *s.* altercação, disputa; **2.** *adj.* discordante.

janitor, *s.* porteiro, bedel.

January, *s.* Janeiro.

japan (to), *v. tr.* acharoar; envernizar.

japanning, *s.* arte de acharoar ou de envernizar.

jape, *s.* partida; gracejo, brincadeira.

jape (to), *v. tr.* e *intr.* gracejar; mofar de.

japonica, *s.* camélia; espécie de marmelo.

jar, *s.* jarro, cântaro; som desagradável; discórdia.

jar (to), *v. intr.* altercar; discutir; ranger.

jargon, *s.* calão; algaravia; gíria.

jasmine, *s.* jasmim.

jasper, *s.* jaspe.

jaundice, *s.* icterícia.

jaunt, *s.* excursão, passeio.

jaunty, *adj.* garboso, vistoso; alegre; decidido.

jaw, *s.* queixada; maxila.

jaw (to), *v. tr.* e *intr.* tagarelar; ralhar.

jazz, *s.* dança e música de jazz.

jealous, *adj.* ciumento, cioso, invejoso.

jealousy, *s.* ciúme, suspeita.

jeans, *s. pl.* «jeans».

jeer (to), *v. tr.* e *intr.* escarnecer, troçar.

jejune, *adj.* magro, faminto.

jellied, *adj.* gelatinoso.

jelly, *s.* geleia, substância gelatinosa.

jenny, *s.* torno, máquina para fiar, tear mecânico.

jeopardize (to), *v. tr.* arriscar, pôr em perigo.

jeopardous, *adj.* arriscado.

jeopardy, *s.* perigo, risco.

jerk, *s.* sacudidela, solavanco, empurrão.

jerk (to), *v. tr.* empurrar, sacudir.

jerking, *adj.* caprichoso; impertinente.

jersey, s. camisola de lã; estambre fino.

jessamine, s. jasmim.

jesse, s. candelabro, lustre.

jest, s. graça, gracejo, motejo.

jest (to), v. intr. zombar, gracejar.

jet, s. azeviche; pulverizador, jacto; **jet plane:** avião a jacto.

jet (to), v. tr. e intr. expelir; arrojar.

jetton, s. medalha.

jetty, s. açude, represa; molhe.

jew, s. judeu.

jewel, s. jóia, pedra preciosa.

jewel (to), v. tr. adornar com jóias.

jewel-case, s. guarda-jóias.

jewellery, s. pedraria, joalharia.

jig, s. jiga (dança); bailado.

jiggle (to), v. tr. sacudir, estremecer.

jigsaw, s. serra de vaivém; quebra-cabeças.

jilt, s. namoradeira.

jimmy, s. pé-de-cabra.

jingle, s. tinido, o chocalhar, rima, correspondência de sons.

jingle (to), v. intr. retinir, tinir, soar, rimar.

jink, s. finta, volta rápida e enganadora.

job, s. emprego, tarefa; obra, trabalho; negócio.

jockey, s. jóquei.

jocularity, s. jovialidade.

jocundity, s. alegria, jovialidade.

joe, s. moeda de prata de pouco valor.

jog, s. empurrão; balanço.

jog (to), v. intr. andar a meio trote; dar solavancos.

joggle (to), v. tr. e intr. sacudir; estremecer; vacilar.

join (to), v. tr. e intr. juntar, unir; alistar-se, ingressar em.

joiner, s. marceneiro.

joinery, s. marcenaria.

joining, s. união; junção.

joint, s. junta, juntura; posta de carne; falange (dedo); articulação, dobradiça; entrenó.

joint (to), v. tr. juntar, unir, ligar.

joist, s. viga, trave, barrote.

joke, s. gracejo, piada, anedota.

joke (to), v. tr. e intr. gracejar, brincar.

joker, s. gracejador, chalaceador.

joking, s. brincadeira, gracejo.

jollity, s. alegria, regozijo.

jolly, 1. adj. jovial, folgazão; **2.** adv. muito, absolutamente.

jolly-boat, s. escaler.

jolt, s. balanço, solavanco.

jolt (to), v. tr. e intr. sacudir, abanar.

jostle (to), v. tr. e intr. empurrar, acotovelar.

jot, s. jota; ponto; til; coisa mínima.

jot (to), v. tr. tomar apontamentos, assentar.

journal, s. jornal; diário.

journalism, s. jornalismo.

journalist, s. jornalista.

journey, s. jornada, viagem por terra.

journey (to), v. intr. fazer jornadas, viajar.

joust (to), v. intr. correr num torneio.

jovial, adj. alegre, jovial.

joviality, s. jovialidade, alegria.

jowl, s. cara, rosto, face; maxilar, bochecha.

joy, s. prazer, alegria, júbilo.

joy (to), v. tr. e intr. alegrar; alegrar-se, regozijar-se.

joyous, adj. alegre, jubiloso.

jubilant, adj. que está jubiloso.

jubilate (to), v. intr. exultar.

jubilation, s. júbilo, regozijo.

jubilee, s. jubileu.

judge, *s.* juiz; árbitro, perito.
judge (to), *v. tr.* e *intr.* julgar, avaliar.
judg(e)ment, *s.* julgamento, juízo, critério, opinião.
judicial, *adj.* judicial.
judiciary, 1. *adj.* judiciário; 2. *s.* magistratura.
judicious, *adj.* judicioso, prudente.
jug, *s.* jarra, cântaro, bilha.
jug (to), *v. tr.* e *intr.* estufar uma lebre; meter na cadeia.
juggle (to), *v. tr.* e *intr.* fazer prestidigitações.
juggler, *s.* prestidigitador.
juice, *s.* sumo, suco.
juicy, *adj.* sucoso, sumarento.
July, *s.* Julho.
jumble, *s.* mistura, confusão.
jumble (to), *v. tr.* e *intr.* misturar, baralhar.
jumbling, *s.* confusão, baralhada.
jump, *s.* salto, pulo; acaso, sorte.
jump (to), *v. tr.* e *intr.* saltar, pular.
jumping, 1. *adj.* saltador; 2. *s.* salto.
junction, *s.* junção; ligamento; entroncamento.
June, *s.* Junho.

jungle, *s.* mato, matagal, selva.
junior, *adj.* novo, o mais novo.
junk, *s.* junco; coisas velhas; velharias.
junket (to), *v. tr.* e *intr.* banquetear.
jurat, *s.* jurado.
juridical, *adj.* jurídico.
jurisconsult, *s.* advogado, jurista.
jurisdiction, *s.* jurisdição.
jurisprudence, *s.* jurisprudência.
jurist, *s.* jurista, jurisconsulto.
juror, *s.* jurado.
jury, *s.* júri.
juryman, *s.* jurado.
just, 1. *adj.* justo; equitativo; 2. *adv.* justamente, exactamente; mal; apenas; quase, somente.
justice, *s.* justiça, equidade.
justifiable, *adj.* justificável.
justification, *s.* justificação, defesa.
justificative, justificatory, *adj.* justificativo.
jjustify (to), *v. tr.* justificar.
jut, *s.* projecção, saliência.
jutting, *adj.* saliente, arqueado.
juvenile, 1. *adj.* juvenil, jovem; 2. *s.* pessoa nova.
juvenility, *s.* juventude, mocidade.

K

K, k, *s.* décima primeira letra do alfabeto.
kale, *s.* couve-lombarda.
kaleidoscope, *s.* caleidoscópio.
kangaroo, *s.* canguru.
kaolin, *s.* caulino.
kayak, *s.* caiaque, nome de um barco de pesca usado na Gronelândia, feito com pele de foca.
kedge (to), *v. tr.* e *intr.* rebocar um navio.
keen, *adj.* afiado, aguçado; perspicaz; profundo.
keep, *s.* torre de menagem; guarda, protecção.
keep (to), *v. tr.* e *intr.* (*pret.* e *p.p.* **kept**), guardar, conservar, ter, reter, ocupar, possuir; sustentar; administrar; olhar por; **to keep a secret:** guardar um segredo; **to keep away:** manter afastado.
keeper, *s.* guarda, defensor; possuidor, dono.
keeping, *s.* guarda, custódia.
keg, *s.* barril; barrica.
kelp, *s.* algas marinhas.
ken (to), *v. tr.* e *intr.* ver ao longe, enxergar.
kennel, *s.* canil; covil, toca, sarjeta.
kept, *adj.* guardado, conservado, tido.
kerchief, *s.* lenço de cabeça; coifa.
kernel, *s.* amêndoa, pevide.
kerseymere, *s.* casimira.
ketch, *s.* chalupa; caíque.
kettle, *s.* caldeira, chaleira, panela.
kettledrum, *s.* timbale.
key, *s.* chave; tom.
key (to), *v. tr.* fechar à chave.
keyboard, *s.* teclado.

keyring, *s.* chaveiro; porta-chaves.
keystone, *s.* pedra angular.
kibe, *s.* frieira.
kick, *s.* pontapé; coice, patada.
kick (to), *v. tr.* e *intr.* dar pontapés; chutar.
kid, *s.* cabrito; pele de cabrito; rapazito, garoto.
kiddle, *s.* represa à borda dos rios.
kidnap (to), *v. tr.* furtar; raptar; sequestrar.
kidnapper, *s.* raptor, sequestrador.
kidnapping, *s.* rapto, sequestro.
kidney, *s.* rim; temperamento, disposição.
kill (to), *v. tr.* matar; anular; neutralizar.
killer, *s.* assassino, matador.
killing, 1. *s.* assassinato; 2. *adj.* assassino.
kilo, *s.* quilo.
kilobyte, *s. (inform.)* kilobyte.
kilogramme, *s.* quilograma.
kilometre, *s.* quilómetro.
kilt, *s.* saiote escocês usado pelos montanheses; saia pregueada de tipo escocês.
kin, *s.* parentesco, parentes, família.
kind, 1. *s.* raça, espécie, género; 2. *adj.* amável, simpático, generoso.
kindergarten, *s.* escola infantil.
kindle (to), *v. tr.* e *intr.* acender; excitar; atear.
kindler, *s.* incendiário; agitador.
kindling, *s.* fogo, entusiasmo.
kindly, 1. *adj.* benigno, afável; 2. *adv.* afavelmente, amavelmente.

kindness, s. amabilidade.

kindred, s. parentesco.

king, s. rei.

kingdom, s. reino; monarquia; região.

kinghood, s. soberania, realeza.

kinglike, adj. real, régio, majestoso.

kink, s. volta de cabo; dobra.

kink (to), v. tr. e intr. dar voltas num cabo, retorcer.

kinless, adj. sem parentes, sem família.

kinship, s. parentesco.

kinsman, s. parente.

kinswoman, s. parente.

kiosk, s. quiosque.

kipper (to), v. tr. curar peixe ao fumo.

kirsch, s. cereja.

kirschwasser, s. licor feito com cereja-brava.

kirtle, s. saiote, túnica.

kiss, s. beijo, ósculo.

kiss (to), v. tr. e intr. beijar; beijar-se.

kissing, s. beijo; acção de beijar.

kit, s. espécie de selha pequena.

kitchen, s. cozinha.

kitten, s. gatinho.

kittle, adj. intratável, rabugento.

kleptomania, s. cleptomania, mania do roubo.

kleptomaniac, adj. cleptomaníaco.

knack, s. destreza, habilidade.

knag, s. nó da madeira; cavilha.

knaggy, adj. nodoso, que tem nós.

knap, s. cume, elevação, eminência.

knap (to), 1. v. intr. estalar, ranger; 2. v. tr. fazer estalar.

knapsack, s. mochila de soldado, saco de campismo.

knar, s. nó de árvore.

knarry, adj. nodoso.

knave, adj. velhaco, maroto; valete (cartas).

knavery, s. velhacaria.

knavish, adj. velhaco; travesso.

knead (to), v. tr. amassar, unir, juntar.

kneading, 1. adj. que amassa; 2. s. massagem.

kneck, s. amarra torcida.

knee, s. joelho; curva; ângulo.

knee (to), v. tr. tocar ou bater com o joelho.

kneel (to), v. intr. (pret. e p.p. knelt), ajoelhar-se, dobrar o joelho.

kneeling, 1. s. genuflexão; 2. adj. ajoelhado.

knew, pret. do verbo **to know.**

knick-knack, s. brinquedo; ninharia.

knife, s. faca, navalha.

knife (to), v. tr. apunhalar.

knight, s. cavaleiro (título honorífico); campeão; companheiro; cavalo (no xadrez); valete (nas cartas.)

knighthood, s. dignidade de cavaleiro; cavalaria.

knit (to), v. tr. e intr. fazer renda, tricotar; unir.

knittle, s. cabo de ferrar; amarra.

knob, s. inchaço, protuberância, saliência; botão; puxador de porta, gaveta, etc.

knobby, adj. nodoso; inchado; protuberante.

knock, s. golpe, pancada, argolada.

knock (to), v. tr. e intr. bater; espancar; bater à porta.

knocking, s. acção de bater; golpe, pancada.

knoll, s. cume, cabeço, colina.

knoll (to), v. intr. dobrar a finados.

knop, s. botão de flor.

knot, s. nó, junta, laço, vínculo.

knot (to), v. tr. dar nós, atar, unir.

knotty, adj. nodoso, áspero; difícil.

knout (to), v. tr. chicotear.

know (to), v. tr. e intr. (pret. **knew,** p.p. **known**), conhecer, saber; distinguir; **to know by heart:** saber de cor; **to know by sight:** conhecer de vista.

knower, s. conhecedor, sabedor.

knowing, adj. instruído; hábil, sagaz.

knowledge, s. saber, ciência, conhecimento.

know-nothing, s. aquele que é muito ignorante.

knuckle, s. articulação; charneira.

knuckle (to), v. intr. render-se submeter-se; bater com os nós dos dedos.

knur, s. nó da madeira.

knurl, s. protuberância, saliência.

knurl (to), v. tr. serrilhar.

kola, s. cola, árvore tropical.

kraal, s. cabana, choça.

kremlin, s. cidadela.

kyle, s. estreito entre duas ilhas.

L

L, l, s. décima segunda letra do alfabeto.

la, s. (mús.) lá.

label, s. letreiro, rótulo.

label (to), v. tr. marcar com etiqueta, etiquetar.

labial, 1. adj. labial; **2.** s. letra labial.

labialize (to), v. tr. labializar.

labiodental, 1. adj. lábiodental; **2.** s. letra lábiodental.

laboratory, s. laboratório.

laborious, adj. laborioso; trabalhador.

laboriously, adv. laboriosamente.

labour, s. trabalho; lida.

labour (to), v. tr. e intr. afadigar-se.

labourer, s. trabalhador; operário.

labyrinth, s. labirinto, dédalo.

labyrinthine, adj. labiríntico.

lac, s. laca, goma-laca.

lace, s. cordão, atacador; renda.

lace (to), v. tr. atacar, apertar com atacador.

lacerate (to), v. tr. lacerar; dilacerar.

lacerative, adj. lacerante.

laceration, s. laceração.

lachrymose, adj. lacrimoso.

lack, s. falta, necessidade.

lack (to), v. tr. e intr. faltar, ter necessidade.

lackey, s. lacaio, pajem.

lacking, adj. falto de; necessitado.

laconic, adj. lacónico; conciso.

lacquer, s. laca, verniz.

lacquerer, s. envernizador.

lactation, s. lactação.

lactic, adj. láctico.

lacuna, s. lacuna, falta.

lad, s. moço; rapaz.

ladder, s. escada de mão.

laden, adj. carregado; prostrado.

ladle, s. colher grande; concha.

lady, s. senhora; dona de casa; dama.

ladybird, s. joaninha; escaravelho.

ladylike, adj. senhoril; efeminado.

lag, s. atraso; demora; condenado.

lag (to), v. intr. e tr. demorar-se, atrasar-se; condenar.

laggard, adj. e s. vagaroso; tardio.

lagging, adj. demorado; ronceiro.

lagoon, s. lagoa; laguna; charco.

laic, s. e adj. laico, leigo, secular.

laid, 1. pret. e p.p. de **to lay;** 2. adj. posto, colocado, deitado.

lain, p.p. de **to lie;** estar deitado.

lair, s. covil; lameiro; lamaçal; paul.

laird, s. senhor feudal; fidalgo; proprietário de terras.

laissez-faire, s. não intervenção; o deixar correr.

lake, s. lago; charco; laca; goma-laca.

lam (to), v. tr. e intr. bater.

lama, s. (zool.) lama; sacerdote no Tibete; lhama (tecido).

lamb, s. cordeiro.

lamb (to), v. intr. parir (a ovelha).

lambskin, s. pelica.

lame, adj. coxo; estropiado; aleijado.

lame (to), v. tr. e intr. estropiar; aleijar.

lament, s. lamento; lamentação.

lament (to), v. tr. e intr. lamentar-se; queixar-se.

lamentable, adj. lamentável.

lamina, s. lâmina; chapa.

laminated, adj. laminado.

lamination, s. laminação.

lamp, s. lanterna; candeeiro.

lampblack, s. fuligem.

lampion, s. lampião.

lamplight, s. luz de candeeiro.

lampoon, s. pasquim.

lampoon (to), v. tr. difamar; satirizar.

lamprey, s. lampreia.

lance, s. lança.

lancer, s. lanceiro; o que lanceta.

lancinating, adj. lancinante.

land, s. terra; terreno; país; nação.

land (to), v. tr. e intr. desembarcar; descarregar; aterrar, chegar; obter.

landau, s. landó.

landed, adj. descarregado, desembarcado.

landfall, s. primeira terra descoberta em viagem.

landing, s. desembarque; aterragem; patamar.

landlady, s. proprietária; senhoria; dona de pensão.

landlocked, adj. cercado de terras.

landlord, s. fazendeiro; dono de pensão.

landmark, s. limite; baliza, marco miliário.

landmine, s. mina terrestre.

landowner, s. proprietário de terras; fazendeiro.

landscape, s. paisagem, panorama.

landslide, s. desmoronamento.

landward, adv. do lado da terra.

lane, s. beco; travessa; caminho; vereda.

language, s. linguagem; língua.

languid, adj. lânguido; frouxo.

languish (to), v. intr. enlanguescer; definhar.

languishing, adj. lânguido; desfalecido.

languor, s. langor; abatimento.

languorous, adj. débil; frouxo.

lank, adj. frouxo; mole; magro.

lankier, lankiest, comp. e sup. de **lanky.**

lanky, adj. frouxo; mole; magro.

lantern, s. lanterna, farol.

lanyard, s. passadeira, correia.

lap, s. aba (de vestuário); fralda; regaço.

lap (to), v. tr. e intr. dobrar; enrolar; embrulhar; lamber.

lapel, s. lapela.

lapis-lazuli, s. lápis-lazúli.

lapse, s. lapso, queda; escorregadela.

lapse (to), v. intr. cair, escorregar; cometer um lapso.

larboard, s. bombordo.

larceny, s. roubo, furto.

larch, s. larica (erva).

lard, s. toucinho; unto.

lard (to), v. tr. lardear; engordar.

larder, s. despensa; (náut.) alvaçuz.

large, adj. grande, volumoso; vasto; generoso.

largely, adv. largamente, grandemente.

largeness, s. grandeza; grossura; amplidão.

largesse, s. dádiva; presente.

lark, s. calhandra, cotovia.

lark (to), v. intr. divertir-se.

larky, adj. travesso, brincalhão.

larva, s. larva.

laryngitis, s. laringite.

laryngology, s. laringologia.

larynx, s. laringe.

lascivious, adj. lascivo.

lasciviousness, s. lascívia, luxúria.

laser, s. laser.

lash, s. látego; azorrague; chicotada.

lash (to), v. tr. dar chicotadas; azorragar.

lashing, s. açoite; vergalhada.

lass, s. rapariga; namorada.

lassie, s. rapariguinha.

lassitude, s. fadiga; cansaço.

lasso, s. laço.

last, adj. último; passado.

last (to), v. tr. e intr. durar, permanecer; meter na forma.

lasting, adj. durável, duradouro.

lastingly, adv. permanentemente.

lastly, adv. ultimamente; por fim.

latch, s. trinco, fecho.

latch (to), v. tr. e intr. fechar com trinco ou aldrava.

late, 1. adj. tardio; remoto; atrasado; último; recente; falecido; **2.** adv. tarde.

lateen, adj. latino.

lately, adv. há pouco; ultimamente.

lateness, s. demora, atraso.

latent, adj. latente, oculto.

later, 1. adj. posterior, ulterior; **2.** adv. mais tarde.

lateral, adj. lateral, do lado.

laterally, adv. lateralmente.

latest, adj. (sup. de **late**); último; mais recente.

lath, s. ripa.

lathe, s. torno mecânico.

lather, s. escuma de sabão.

Latin, 1. s. latim; **2.** adj. latino.

latinize (to), v. tr. e intr. latinizar.

latitude, s. latitude; acepção.

latrine, s. latrina; retrete.

latter, adj. o último (de dois); o mais recente.

latterly, adv. recentemente.

lattice, s. janela de grade; gelosia.

laud, s. louvor.

laud (to), v. tr. louvar.

laudable, adj. louvável; são.

laudably, adv. louvavelmente.

laudanum, s. láudano.

laudatory, 1. adj. laudatório; **2.** s. panegírico.

laugh, s. riso, risada.

laugh (to), v. intr. rir, rir-se; escarnecer.

laughable, adj. risível.

laughing, 1. s. riso; **2.** adj. risonho; alegre; **laughing gas:** gás hilariante.

laughter, s. riso, risada.

launch, s. lancha; chalupa.

launch (to), v. tr. e intr. lançar ao mar (um navio); arremessar à água; iniciar.

launching, s. lançamento; **launching pad:** plataforma de lançamento.

launder, v. tr. lavar; **to launder money:** fazer lavagem de dinheiro (ilegal).

laundry, s. lavandaria.

laureate, adj. laureado.

laureate (to), v. tr. laurear; aplaudir.

laurel, s. loureiro; louro.

lava, s. lava.

lavabo, s. lavatório; lavabo.

lavatory, s. retrete.

lavender, s. alfazema.

lavish, adj. pródigo; gastador.

lavish (to), v. tr. esbanjar; dissipar.

law, s. lei; advocacia, direito; norma; **law and order:** lei e ordem.

law-abiding, adj. cumpridor da lei.

law-breaker, s. criminoso.

lawful, adj. legal, legítimo.

lawfulness, s. legalidade.

lawless, adj. ilegal; ilegítimo.

lawlessness, s. ilegalidade.

lawn, s. prado, campo relvado.

lawnmower, s. máquina para cortar relva.

lawyer, s. advogado; jurisconsulto.

lax, adj. lasso; mole.

laxative, 1. s. laxante; 2. adj. laxativo.

lay, 1. s. camada, leito; contorno, disposição; declive; fila; 2. pret. de **to lie.**

lay (to), v. tr. e intr. (pret. e p.p. **laid**), pôr, colocar; pousar; abater; assentar; armar (uma cilada); imputar; atribuir; impor; acalmar; pôr ovos.

layer, s. apontador de peça; assentador; estrato, camada, leito.

laying, s. acção de pôr ou colocar; colocação.

layman, s. leigo, secular.

layout, s. concepção; arranjo; disposição.

laze (to), v. intr. e tr. viver na ociosidade; mandriar.

lazier, laziest, comp. e sup. de **lazy.**

lazily, adv. indolentemente.

laziness, s. ociosidade.

lazy, adj. preguiçoso; ocioso.

lb., abreviatura de libra; 453 gramas.

leach, s. lixívia; barrela.

leach (to), v. tr. e intr. fazer lixívia ou barrela.

lead, s. chumbo; entrelinha; sonda; chefia, governo; precedência; dianteira.

lead (to), v. tr. e intr. (pret. e p.p. **led**), levar, conduzir, guiar; governar; passar; indicar o caminho; ser mão (no jogo).

leaden, adj. de chumbo; plúmbeo.

leader, s. condutor; guia; chefe.

leadership, s. direcção; chefia; regência.

leading, adj. principal; primeiro.

leaf, s. folha (de planta, de livro, etc.); aba (de mesa).

leaf (to), v. tr. e intr. deitar folhas.

leafier, leafiest, comp. e sup. de **leafy.**

leaflet, s. panfleto; folheto; folíolo.

leafy, adj. folhudo; frondoso.

league, s. liga; campeonato; aliança.

league (to), v. intr. ligar-se; associar-se.

leak, s. fenda, abertura; fuga; escape.

leak (to), v. tr. e intr. verter, escoar.

leakage, s. derrame, escoamento.

leakier, leakiest, comp. e sup. de **leaky.**

leaking, s. escoamento; derrame.

leaky, adj. que corre; que escoa.

lean, 1. s. carne magra; 2. adj. magro; pobre.

lean (to), v. tr. e intr. pender, incli-nar-se.

leaning, adj. inclinado; pendente.

leap, s. salto; pulo.

leap (to), v. tr. e intr. saltar; pular.

leapfrog, s. jogo do eixo.

leapyear, s. ano bissexto.

learn (to), v. tr. e intr. aprender, instruir-se; ficar a saber; ouvir dizer.

learned, adj. sábio, douto.

learner, s. aprendiz; aluno.

learning, s. ciência; saber.

lease, s. arrendamento.

lease (to), v. tr. arrendar.

leasehold, 1. adj. arrendado; 2. s. arrendamento.

leaseholder, s. arrendatário.

leash, s. trela.

leash (to), v. tr. atar; ligar.

least, 1. adj. (sup. de **little**); mí-nimo, o menor; 2. adv. menos.

leather, s. couro, pele; cabedal.

leathery, adj. semelhante ao couro; rijo.

leave, s. licença, permissão, par-tida, saída.

leave (to), v. tr. e intr. (pret. e p.p. **left**), deixar, abandonar, desam-parar; sair, despedir-se.

leaven, s. fermento; levedura.

leaven (to), v. tr. fermentar, leve-dar.

leaving, s. partida; saída; pl. res-tos.

lecherous, adj. luxurioso.

lechery, s. luxúria.

lectern, s. estante do coro.

lection, s. versão de um texto.

lecture, s. leitura; conferência, lição universitária; repreensão.

lecture (to), v. tr. e intr. fazer uma prelecção, fazer conferên-cias; reger um curso.

lecturer, s. prelector; professor; conferente.

lectureship, s. leitorado.

led, pret. e p.p. de **to lead.**

ledge, s. borda; saliência; filete.

lee, s. sotavento; lugar abrigad do vento.

leech, s. sanguessuga.

leek, s. alho-porro.

leer, s. olhar afectado; olhar de soslaio.

leeward, s. sotavento.

left, 1. s. esquerda (o lado es querdo); 2. adj. esquerdo; 3. adv para a esquerda; 4. pret. e p.p de **to leave.**

left-handed, adj. esquerdino.

leg, s. perna; pé; pata.

legacy, s. legado; doação.

legal, adj. legal; legítimo.

legality, s. legalidade.

legalize (to), v. tr. legalizar, legiti-mar.

legate, s. legado; delegado; em-baixador.

legate (to), v. tr. legar.

legation, s. legação; missão di plomática.

legend, s. lenda; legenda.

legendary, adj. lendário; fabuloso

leggings, s. pl. polainas.

leggy, adj. de pernas compridas e delgadas.

legibility, s. legibilidade.

legible, adj. legível.

legion, s. legião.

legislate (to), v. tr. e intr. legislar.

legislation, s. legislação.

legislative, adj. legislativo.

legislator, s. legislador.

legislature, s. legislatura.

legist, s. legista.

legitimacy, s. legitimidade.

legitimate, adj. legítimo.

legitimate (to), v. tr. legitimar.

leguminous, adj. leguminoso.

leisure, s. vagar; descanso.

leisured, adj. desocupado.

leisurely, *adv.* vagarosamente.

lemming, *s.* lemo.

lemon, *s.* limão; limoeiro.

lemonade, *s.* limonada.

lemur, *s.* lémure.

lend (to), *v. tr.* emprestar; dar, conceder.

lender, *s.* emprestador.

lending, *s.* empréstimo.

length, *s.* comprimento, extensão; duração.

lengthen (to), *v. tr.* e *intr.* estender, prolongar; alongar-se.

lengthier, lengthiest, *comp.* e *sup.* de **lengthy.**

lengthiness, *s.* comprimento.

lengthways, *adv.* longitudinalmente.

lengthy, *adj.* longo; prolongado.

leniency, *s.* brandura; clemência.

lenient, *adj.* brando; suave.

lenitive, *adj.* e *s.* lenitivo.

lens, *s.* lente.

Lent, *s.* Quaresma.

lentil, *s.* lentilha.

leonine, *adj.* leonino; poderoso.

leopard, *s.* leopardo.

leper, *s.* leproso.

leprosy, *s.* lepra.

lesbian, *s.* e *adj.* lésbica.

lesion, *s.* lesão; contusão.

less, 1. *adj.* (*comp.* de **little**); menos; menor; **2.** *s.* uma parte menor; o menor.

lessen (to), *v. tr.* e *intr.* diminuir; deprimir.

lesser, *adj.* menor; inferior.

lesson, *s.* lição; instrução.

lesson (to), *v. tr.* repreender; censurar.

lest, *conj.* com medo de; para que não.

let, *s.* estorvo.

let (to), *v. tr.* e *intr.* deixar, permitir, consentir; alugar.

lethal, *adj.* letal, mortal.

lethargic, *adj.* letárgico.

lethargy, *s.* letargia, letargo.

letter, *s.* letra; carta; alugador; *pl.* literatura.

letter (to), *v. tr.* pôr rótulos, estampar letras.

lettering, *s.* título; rótulo.

lettuce, *s.* alface.

leucocyte, *s.* leucócito.

levee, *s.* dique; represa.

level, 1. *adj.* horizontal; plano; igual; **2.** *s.* nível.

level (to), *v. tr.* e *intr.* nivelar; igualar, visar.

lever, *s.* alavanca, pé-de-cabra; manivela.

lever (to), *v. tr.* e *intr.* usar uma alavanca ou manivela.

leverage, *s.* força da alavanca.

leveret, *s.* lebre pequena.

leviathan, *s.* coisa desconforme; enormidade.

levied, *pret.* e *p.p.* de **to levy.**

levigation, *s.* pulverização.

levitation, *s.* acção de tornar leve; ligeireza; levitação.

levity, *s.* leveza; leviandade; inconstância.

levy, *s.* cobrança; imposto.

levy (to), *v. tr.* e *intr.* (*pret.* e *p.p.* **levied**), lançar impostos.

lewd, *adj.* lascivo; licencioso.

lexical, *adj.* lexical.

lexicographer, *s.* lexicógrafo.

lexicography, *s.* lexicografia.

lexicon, *s.* léxico; dicionário.

liability, *s.* responsabilidade; compromisso financeiro; débito; sujeição a; perigo, risco.

liable, *adj.* responsável, sujeito a.

liaison, *s.* concubinato; ligação de sons.

liar, *adj.* mentiroso; trapaceiro.

libate (to), *v. tr.* e *intr.* derramar, vazar (líquidos).

libation, *s.* libação.

libel, s. libelo; calúnia.
libel (to), v. tr. difamar por meio de libelos ou pasquins.
libellous, adj. difamatório.
liberal, s. e adj. liberal; generoso.
liberalism, s. liberalismo.
liberality, s. liberalidade; franqueza.
liberalize (to), v. tr. e intr. liberalizar.
liberate (to), v. tr. libertar; livrar.
liberation, s. libertação; alforria.
liberator, s. libertador.
libertine, s. libertino.
liberty, s. liberdade; imunidade.
libidinous, adj. libidinoso; lascivo.
libidinousness, s. desonestidade; lascívia.
Libra, s. libra; (Zodíaco) Balança.
libra, s. arrátel.
librarian, s. bibliotecário.
library, s. livraria; biblioteca.
librettist, s. autor de libretos.
libretto, s. libreto.
license, s. licença, permissão; liberdade excessiva; licenciosidade; licenciatura.
license (to), v. tr. permitir, autorizar; conceder um privilégio; licenciar.
licensed, adj. licenciado, autorizado.
licentious, adj. libertino, dissoluto.
lichen, s. líquen, musgo.
licit, adj. lícito, permitido.
lick, s. lambedura; pancada.
lick (to), v. tr. lamber; chupar; bater; vencer.
lickerish, adj. delicado, saboroso; guloso; lúbrico.
licking, s. lambedura; pancada; castigo.
lid, s. tampa; coberta; pálpebra.
lie, s. mentira; fábula; ficção.

lie (to), 1. (pret. e p.p. lied), v. tr. e intr. mentir; enganar; 2. v. intr. (pret. lay, p.p. lain), estar deitado; repousar, jazer; estar situado; permanecer.
lieu, s. lugar.
lieutenant, s. tenente.
life, s. vida, existência; modo de vida; biografia, porte, procedimento; vivacidade.
lifebelt, s. bóia de salvamento.
lifeboat, s. barco salva-vidas.
lifeguard, s. nadador salva-vidas.
lifejacket, s. colete salva-vidas.
lifeless, adj. inanimado, morto; sem vida.
lifelike, adj. real, que parece estar vivo; natural.
lifelong, adj. que dura toda a vida; vitalício.
lifetime, s. curso da vida; duração da vida.
lift, s. acção de levantar; ascensor, elevador; auxílio, ajuda; **to give a person a lift**: (fam.) ajudar uma pessoa; dar uma boleia.
lift (to), v. tr. e intr. levantar, erguer; elevar.
lifter, s. pessoa que levanta, que eleva; ladrão.
lifting, s. acção de levantar.
ligament, s. ligamento.
light, 1. s. luz, claridade, clarão; compreensão; 2. adj. leve; claro; fácil; alegre; 3. adv. levemente.
light (to), v. tr. e intr. (pret. e p.p. lit), acender; iluminar; alumiar; esclarecer; acender-se; iluminar-se.
lighten (to), 1. v. tr. alumiar; esclarecer; iluminar; alegrar, regozijar; aliviar; alijar; 2. v. intr. tornar-se leve; relampejar.
lighter, 1. s. acendedor, isqueiro; barcaça; batelão; 2. adj. comp. de **light**; mais claro, mais leve, mais ligeiro.

lighthouse, s. farol.

lighthouse-keeper, s. faroleiro.

lighting, s. iluminação artificial.

lightly, adv. levemente; ligeiramente; facilmente.

lightness, s. ligeireza; agilidade; destreza; facilidade.

lightning, s. iluminação; relâmpago.

like, 1. adj. semelhante; análogo; parecido; igual; provável; verosímil; disposto para; homogéneo; **2.** s. igual, coisa igual; **3.** conj. como, do mesmo modo que, igual a; **4.** prep. como.

like (to), v. tr. e intr. gostar de; desejar; estar contente com; convir; achar conveniente; querer.

likelihood, s. verosimilhança; probabilidade.

likelier, likeliest, comp. e sup. de **likely.**

likeliness, s. semelhança; igualdade; verosimilhança; aparência; probabilidade; conformidade.

likely, 1. adj. provável; verosímil; agradável; apto, idóneo, próprio para; **2.** adv. provavelmente; segundo as aparências.

liken (to), v. tr. comparar; assemelhar.

likeness, s. semelhança; aparência; aspecto, figura, ar.

likewise, adv. e conj. da mesma maneira; também.

liking, s. inclinação; simpatia; gosto; agrado; ensaio.

lilac, 1. s. lilás; **2.** adj. cor de lilás.

lilt (to), v. tr. e intr. cantar; dançar.

lily, s. lírio.

limb, s. membro (do corpo animal); orla; extremidade.

limber, adj. brando; flácido; flexível.

limbo, s. limbo; prisão; lugar de miséria.

lime, s. visco; cal; lodo; lima (fruto); limeira; tília.

limestone, s. pedra calcária.

limit, s. limite; baliza; fronteira; termo; fim; obstáculo.

limit (to), v. tr. limitar; restringir; determinar.

limitation, s. limitação; restrição.

limited, adj. limitado; restrito.

limitless, adj. ilimitado; indefinido.

limousine, s. limusina.

limp, 1. adj. mole; brando; **2.** s. coxeadura; **3.** v. intr. a coxear.

limp (to), v. intr. coxear, mancar.

limpet, s. lapa.

limpid, adj. límpido; puro; claro; lúcido.

limping, adj. coxo; manco.

limy, adj. calcário; viscoso.

linden, s. tília.

line, s. linha; traço; perfil; contorno; cabo; carreira de navegação; linha férrea; frota mercante; equador; fila; limite; confim; ruga; linha divisória; geração; linhagem; descendência; direcção; percurso; pl. versos.

line (to), 1. v. tr. forrar; guarnecer; debruar; traçar; riscar; alinhar; pôr em linha; pôr em fila; **2.** v. intr. estar em linha.

lineage, s. linhagem, raça, estirpe.

lineal, adj. linear; descendente.

lineament, s. lineamento; feição fisionómica.

linear, adj. linear.

lined, adj. debruado; pautado; guarnecido; orlado.

lineman, s. guarda de linhas (de comboio, telégrafo, etc.); juiz de linha (futebol).

linen, 1. s. linho; pano de linho; roupa branca; **2.** adj. de linho; alvo; pálido; branco; desmaiado.

liner, *s.* paquete; vapor de carreira.

linesman, *s.* soldado de linha; juiz de linha.

linger (to), *v. tr. e intr.* tardar; demorar-se; hesitar; parecer; prolongar, dilatar; demorar.

lingerer, *s.* pessoa indolente.

lingerie, *s.* roupa branca de senhora.

lingo, *s.* calão; gíria.

linguist, *s.* linguista; poliglota.

linguistic, *adj.* linguístico.

linguistics, *s.* linguística.

liniment, *s.* linimento; unguento.

lining, *s.* forro de vestido; parede interior; guarnição.

link, *s.* anel de cadeia; elo; archote; fuzil; enlace.

link (to), 1. *v. tr.* ligar; encadear; unir; **2.** *v. intr.* encadear-se, unir-se.

linseed, *s.* linhaça.

lint, *s.* fios de linho para feridas.

lintel, *s.* caixilho; verga de porta ou de janela.

lion, *s.* leão; homem valente; herói; homem célebre.

lioness, *s.* leoa.

lip, *s.* beiço; lábio; borda; extremidade.

lip (to), *v. tr.* beijar; balbuciar; tocar com os lábios.

lipstick, *s.* batom.

liquefaction, *s.* liquefacção.

liquefy (to), *v. tr. e intr.* liquefazer; derreter.

liqueur, *s.* licor.

liquid, 1. *adj.* líquido; suave, doce; claro; melífluo; **2.** *s.* líquido, substância líquida; bebida.

liquidate (to), *v. tr. e intr.* liquidar; pagar.

liquidation, *s.* liquidação.

liquidator, *s.* liquidatário.

liquidity, *s.* liquidez.

liquor, *s.* licor; bebida alcoólica.

lisp, *s.* cicio, ceceio, murmúrio.

lira, *s.* lira (moeda).

lisp, *s.* cicio, ceceio, murmúrio.

lisp (to), *v. tr. e intr.* cecear; pronunciar mal o S e o Z; murmurar, balbuciar.

list, *s.* lista; rol; registo; termo; inclinação de navio; *pl.* liça; arena.

list (to), *v. tr. e intr.* alistar, matricular; registar; catalogar; ouvir; dispor na arena.

listen (to), *v. tr. e intr.* escutar; prestar atenção; atender.

listener, *s.* ouvinte.

listening, *s.* acção de escutar.

listless, *adj.* negligente; descuidado; indiferente.

lit, *pret. e p.p.* de **to light.**

litany, *s.* ladainha.

liter, *s.* litro.

literacy, *s.* aptidão para as letras; instrução.

literal, *adj.* literal; exacto.

literally, *adv.* literalmente.

literary, *adj.* literário; devotado à literatura.

literate, *adj. e s.* literato; letrado; douto.

literati, *s. pl.* os literatos; os homens de letras.

literature, *s.* literatura; belas-letras; bibliografia.

lithe, *adj.* flexível; brando; maleável; mau; indolente.

lither, *adj. comp.* de **lithe.**

lithium, *s.* lítio.

lithograph (to), *v. tr.* litografar.

lithography, *s.* litografia.

Lithuanian, *s. e adj.* lituano.

litigant, *s. e adj.* litigante.

litigate (to), *v. tr. e intr.* litigar; contender.

litigation, *s.* litígio; pleito.

litigious, *adj.* litigioso; litigante; trapaceiro.

litmus, *s.* musgo donde se extrai o tornassol.

litre, s. litro.

litter, s. liteira; maca; cama de gado; ninhada; restos, detritos; lixo; (fig.) desordem, confusão.

litter (to), v. tr. e intr. parir (o animal); fazer a cama para o gado; causar desordem.

little, 1. adj. pequeno; pouco; insignificante; mesquinho; ruim; **2.** adv. escassamente, pouco, mal; **3.** s. pouco; pequena quantidade; curta distância ou espaço de tempo.

littoral, s. e adj. litoral.

liturgical, adj. litúrgico.

liturgy, s. liturgia.

live, adj. vivo; ardente; abrasador; brilhante; activo; eficaz; efectivo.

live (to), v. tr. e intr. viver; estar vivo; passar a vida; existir; habitar; residir; perpetuar-se; nutrir-se.

livelier, liveliest, comp. e sup. de **lively.**

livelihood, s. meio de subsistência.

liveliness, s. vida; vigor; vivacidade; agilidade; actividade; fermentação.

livelong, adj. longo; durável; eterno; inteiro; todo.

lively, 1. adj. vivo, animado; espirituoso; vigoroso, enérgico, galhardo, airoso; **2.** adv. vivamente.

liver, s. fígado.

livery, s. libré; posse; investidura.

livid, adj. lívido; pálido; plúmbeo (céu).

living, adj. vivo, existente; vivificante; evidente, manifesto; vigoroso.

lizard, s. lagarto.

llama, s. lama, quadrúpede do Peru.

lo!, interj. eis aí!, vede!

load, s. carga, fardo; peso; carregamento; opressão.

load (to), 1. v. tr. carregar; acumular; embaraçar; impedir; **2.** v. intr. carregar; receber carga.

loaf, s. pão, carcaça; mandriice.

loafer, s. mandrião, vadio.

loan, s. empréstimo; objecto ou valor emprestado.

loan (to), v. tr. emprestar.

loath, adj. contrário a; relutante.

loathe (to), v. tr. aborrecer, causar tédio; detestar.

loathing, s. aborrecimento, tédio; asco, repugnância.

loathsome, adj. repugnante; detestável; nauseabundo.

lob, adj. rústico; grosseiro.

lob (to), v. tr. e intr. lançar a bola bem alto; deixar cair por desleixo; deslocar-se, correr.

lobby, s. antecâmara; sala de espera, corredor, passadiço; salão de teatro; gabinete; grupo de pressão.

lobe, s. lobo, lóbulo.

lobotomy, s. lobotomia.

lobster, s. lagosta.

local, adj. e s. local.

locale, s. local, localidade.

localization, s. localização.

locality, s. localidade.

localize (to), v. tr. localizar.

locate (to), v. tr. pôr; colocar; situar; estabelecer.

located, adj. situado; sito; colocado.

location, s. colocação; posição; situação.

loch, s. lago.

lock, s. fechadura; fechos de armas de fogo; represa; molho de feno; froco de lã; anel de cabelo.

lock (to), v. tr. e intr. fechar à chave; encerrar; apertar (nos braços); fazer represas (num canal).

locker, s. compartimento de bordo; gaveta com chave; armário; caixão; paiol.

locket, s. colchete; broche; medalhão.

lockout, s. greve de patrões.

lockup, s. calabouço; prisão.

locomotion, s. locomoção.

locomotive, 1. s. locomotiva; **2.** adj. locomotor.

locus, s. lugar.

locust, s. gafanhoto.

locution, s. locução, frase.

lodge, s. cabana; casa pequena; cubículo.

lodge (to), v. tr. e intr. pôr, colocar; fixar; alojar.

lodgement, s. alojamento; depósito bancário.

lodger, s. hóspede; inquilino.

lodging, s. alojamento; casa; habitação.

lodging-house, s. casa de hóspedes; hospedaria.

loft, s. sótão; celeiro; palheiro; casa de arrecadação.

lofty, adj. alto, elegante, sublime, majestoso.

log, s. acha, cepo, lenho; barrote.

logarithm, s. logaritmo.

loggerhead, s. lorpa, estúpido.

logic, s. lógica.

logical, adj. lógico, coerente.

logician, s. lógico.

logistics, s. logística; estratégia.

logo, s. logotipo; emblema.

loin, s. lombo.

loiter (to), v. tr. e intr. tardar, demorar-se.

loll (to), v. intr. recostar-se, refastelar-se.

lollipop, s. caramelo.

lone, adj. solitário, só, isolado; solteiro.

lonelier, loneliest, comp. e sup. de **lonely.**

loneliness, s. solidão, isolamento.

lonely, s. solitário; abandonado.

lonesome, adj. solitário; deserto.

long, 1. adj. longo; comprido; extenso; lento; **2.** adv. muito tempo; durante muito tempo.

long (to), v. intr. desejar com ardor; ansiar por.

longevity, s. longevidade.

longhand, s. escrito por extenso.

longing, 1. s. anseio, desejo veemente; **2.** adj. ansioso, ardente, veemente.

longingly, adv. veementemente.

longitude, s. longitude.

longitudinal, adj. longitudinal.

look, s. olhar; vista de olhos; aspecto.

look (to), v. tr. e intr. ver, olhar, contemplar; parecer.

looker-on, s. espectador; contemplador.

looking, s. acção de olhar; olhar.

lookout, s. vigia, vigilância.

loom, s. tear.

loom (to), v. intr. parecer grande ao longe; assomar; luzir, reluzir.

loony, s. velhaco; bobo; estúpido.

loop, s. olhal; presilha, aselha, ilhó.

loop (to), v. tr. e intr. segurar com uma presilha; andar fazendo curvas.

loophole, s. buraco, abertura.

loose, 1. adj. solto, em liberdade; folgado; frouxo; indeterminado; negligente; **2.** s. liberdade.

loose (to), v. tr. desprender, soltar, libertar; desobrigar.

loosen (to), 1. v. tr. desprender, soltar, libertar, desatar; **2.** v. intr. soltar-se, libertar-se.

loot, s. saque, pilhagem; despojo.

loot (to), v. tr. e intr. saquear; pilhar.

looter, s. saqueador.

lop (to), v. tr. e intr. desbastar (as árvores); cortar a copa das árvores.

lope, s. galope rasgado.

lope (to), *v. tr.* e *intr.* galopar, saltar.

lop-sided, *adj.* inclinado; torto.

loquacious, *adj.* loquaz; palrador; tagarela.

lord, *s.* senhor, amo, dono; Lorde; marido; governador.

lord (to), *v. tr.* e *intr.* elevar à dignidade de Lord; senhorear, governar.

lordlier, lordliest, *comp.* e *sup.* de **lordly.**

lordly, 1. *adj.* senhoril, fidalgo, arrogante; **2.** *adv.* arrogantemente.

lordship, *s.* poder; domínio.

lore, *s.* saber; ciência; lição.

lorgnette, *s.* binóculo de teatro; óculo.

lorry, *s.* camioneta de carga; camião.

lose (to), *v. tr.* e *intr.* (*pret.* e *p.p.* lost), perder; arrastar para a perdição; desperdiçar.

loser, *s.* perdedor.

loss, *s.* perda, dano, prejuízo; privação, destruição.

lost, 1. *adj.* perdido, perplexo, desorientado; **2.** *pret.* e *p.p.* de **to lose.**

lot, *s.* lote, quinhão; quota-parte; sorte.

lot (to), *v. tr.* designar; dividir em lotes.

lotion, *s.* loção.

lottery, *s.* lotaria; rifa.

lotus, *s.* lódão; trevo-amarelo.

loud, *adj.* e *adv.* estrondoso; ruidoso; alto; ressonante.

loudly, *adv.* com muito ruído; ruidosamente.

loudness, *s.* ruído, barulho; sonoridade.

loudspeaker, *s.* altifalante.

lounge, *s.* ociosidade, mandriice; sala de estar; sofá.

lounge (to), *v. intr.* vaguear, vadiar; sentar-se preguiçosamente; recostar-se.

louse, *s.* piolho.

lousy, *adj.* piolhoso; miserável.

lout, *s.* pessoa estúpida; rústico.

loutish, *adj.* um tanto estúpido.

lovable, *adj.* amável; encantador; adorável.

love , *s.* amor; amizade; afeição.

love (to), *v. tr.* e *intr.* amar, gostar de, ter afeição a.

lovebird, *s.* periquito.

lovelier, loveliest, *comp.* e *sup.* de **lovely.**

lovely, *adj.* adorável; belo; gracioso.

lover, *s.* amante; namorado; amigo.

loving, *adj.* amante; amoroso.

low, 1. *adj.* baixo; profundo; humilde; abatido; humilhado; barato; fraco, débil; vil, ruim; servil; submisso, reverente; **2.** *adv.* baixo, profundamente; em voz baixa; **3.** *s.* mugido, balido.

low (to), *v. intr.* mugir, balir.

lower (to), *v. tr.* e *intr.* baixar, abaixar, descer, aviltar.

lowest, *adj.* o mais baixo; ínfimo.

lowlands, *s. pl.* terras baixas.

lowlier, lowliest, *comp.* e *sup.* de **lowly.**

lowly, 1. *adj.* baixo, abjecto; humilde; submisso; **2.** *adv.* humildemente.

loyal, *adj.* leal, fiel.

loyally, *adv.* lealmente.

loyalty, *s.* lealdade, sinceridade.

lozenge, *s.* losango; pastilha.

lubricant, *s.* e *adj.* lubrificante; escorregadio; untado; lúbrico.

lubricate (to), *v. tr.* lubrificar, amaciar; tornar escorregadio; untar.

lubrication, *s.* lubrificação.

lubricious, *adj.* lúbrico; escorregadio.

lucerne, s. luzerna.

lucid, adj. lúcido; claro; límpido.

lucidity, s. lucidez; claridade.

luck, s. fortuna, sorte, acaso, felicidade.

luckier, luckiest, comp. e sup. de **lucky.**

luckily, adv. felizmente, ditosamente.

luckless, adj. sem sorte; infeliz; desgraçado.

lucky, adj. feliz; afortunado; ditoso.

lucrative, adj. lucrativo.

lucre, s. lucro; proveito.

ludicrous, adj. burlesco, jocoso.

lug, s. pega; minhoca.

lug (to), v. tr. e intr. puxar com força; arrastar; alar; içar.

luggage, s. bagagem; trastes; tarecos.

lugubrious, adj. lúgubre, fúnebre, triste.

lukewarm, adj. morno, tépido; indiferente; insensível.

lull, s. coisa que faz dormir; murmúrio, calma.

lull (to), v. tr. e intr. embalar; acalentar; acalmar.

lullaby, s. cantiga para adormecer crianças.

lumbago, s. lumbago.

lumbar, adj. lombar.

lumber, s. coisa incómoda e de pouco valor; velharia; traste velho; madeira.

lumber (to), v. tr. e intr. amontoar sem ordem; mover-se com dificuldade; serrar madeira.

luminary, s. corpo que dá luz; intelectual.

luminosity, s. luminosidade.

luminous, adj. luminoso, resplandecente.

lump, s. massa informe; conjunto; bocado.

lump (to), v. tr. e intr. amontoar; comprar ou vender por junto; aglomerar-se.

lumpier, lumpiest, comp. e sup. de **lumpy.**

lumpy, adj. grumoso; granuloso.

lunacy, s. loucura.

lunar, adj. lunar; lunário.

lunatic, s. e adj. lunático; alienado.

lunch, s. almoço.

lunch (to), v. tr. e intr. almoçar.

luncheon, s. almoço muito completo.

lung, s. pulmão; pl. bofes, pulmões.

lunge, s. estocada; bote; investida; picadeiro.

lunge (to), v. tr. e intr. dar um bote ou estocada; investir.

lurch, s. desamparo, abandono; solavanco.

lurch (to), v. tr. e intr. enganar, trapacear; cambalear.

lure, s. atractivo; engodo; chamariz.

lure (to), v. tr. atrair; engodar; induzir.

lurid, adj. lúgubre; fúnebre; triste.

lurk (to), v. intr. ocultar-se; esconder-se.

luscious, adj. doce; agradável.

lush, 1. adj. suculento; fresco; luxuriante; **2.** s. bebida alcoólica.

lust, s. luxúria, concupiscência; cobiça; ambição; desejo veemente.

lustful, adj. cobiçoso; ambicioso; sensual.

lustier, lustiest, comp. e sup. de **lusty.**

lustre, s. brilho, fulgor.

lustrous, adj. lustroso, reluzente.

lusty, adj. forte; robusto; abundante.

lute, s. alaúde; luto; massa para fazer vedações.

luxation, s. luxação, desarticulação.

luxuriance, s. exuberância; viço.
luxuriant, adj. luxuriante; viçoso.
luxuriate (to), v. intr. vicejar; florescer com exuberância.
luxurious, adj. voluptuoso; luxurioso; luxuoso.
luxury, s. luxo; fausto.
lying, 1. s. mentira; embuste; **2.** adj. mentiroso; embusteiro; situado; deitado.

lymph, s. linfa; vacina.
lymphatic, 1. adj. linfático; fleumático, impassível; **2.** s. vaso linfático.
lynch (to), v. tr. linchar.
lynx, s. lince.
lyre, s. (mús.) lira.
lyric, 1. adj. lírico; **2.** s. lírica, poema lírico.
lyrical, adj. lírico.

M

M, m, s. décima terceira letra do alfabeto.
ma, s. mamã.
ma'am, s. contracção de **madam;** senhora.
macabre, adj. macabro.
macaroni, s. macarrão.
macaroon, s. espécie de bolo feito com amêndoa, açúcar e ovos.
mace, s. maça, clava.
Macedonian, s. e adj. macedónio.
Machiavellian, 1. s. maquiavelista; **2.** adj. maquiavélico.
machination, s. maquinação, trama; conluio.
machine, s. máquina; engenho; maquinismo.
machine (to), v. tr. trabalhar com máquinas.
machinery, s. mecanismo; máquinas.
machinist, s. maquinista; mecânico.
mackerel, s. cavala.
mackintosh, s. casaco impermeável.
macrobiotic, adj. macrobiótico.
mad, adj. doido; louco; excitado.
madam, s. senhora.

madcap, s. e adj. maluco; doido; doidivanas.
madden (to), v. tr. e intr. enlouquecer, ficar louco.
madder, maddest, comp. e sup. de **mad.**
made, pret. e p.p. de **to make;** feito, fabricado.
Madeira, s. vinho da Madeira.
Madeiran, adj. madeirense.
madhouse, s. manicómio.
madly, adv. loucamente; furiosamente.
madman, s. doido; maníaco.
madness, s. loucura; demência.
Madonna, s. Nossa Senhora.
madrigal, s. madrigal.
maestro, s. maestro.
magazine, s. armazém; revista; paiol de pólvora.
magenta, s. cor magenta (carmesim).
maggot, s. larva.
Magi, s. pl. reis magos.
magic, 1. adj. mágico; encantador; **2.** s. magia.
magical, adj. mágico; encantador.
magician, s. mago; prestidigitador, mágico.

magisterial, adj. magistral; autoritário.

magistrate, s. magistrado.

magistrature, s. magistratura.

magnanimity, s. magnanimidade.

magnanimous, adj. magnânimo.

magnate, s. magnate; pessoa grada.

magnesium, s. magnésio.

magnet, s. magnete.

magnetic, adj. magnético.

magnetize (to), v. tr. e intr. magnetizar.

magnification, s. ampliação, aumento; exaltação.

magnificent, adj. magnificente; sumptuoso.

magnifier, s. ampliador; vidro de aumento; lente.

magnify (to), v. tr. ampliar; aumentar.

magnifying, 1. adj. que amplia; que aumenta; **2.** s. aumento; amplificação.

magnitude, s. magnitude; grandeza; extensão.

magnolia, s. magnólia.

magnum, s. garrafa de cerca de dois litros.

magpie, s. pega.

mahogany, s. mogno.

Mahometan, s. e adj. maometano.

maid, s. donzela; menina; criada.

maiden, 1. adj. novo, por estrear; **2.** s. rapariga; donzela.

mail, s. armadura; mala do correio; correio.

mail (to), v. tr. envolver; expedir pelo correio.

mailbag, s. saco do correio.

maibox, s. caixa do correio.

mailman, s. carteiro.

maim (to), v. tr. mutilar, cortar.

main, 1. adj. principal, essencial; **2.** s. força, violência; oceano, mar alto.

mainland, s. terra firme; continente.

mainly, adv. principalmente.

mainspring, s. mola real.

maintain (to), v. tr. manter; defender; afirmar.

maintainable, adj. suportável; defensável.

maintenance, s. manutenção; sustento.

maize, s. milho.

majestic, adj. majestoso, imponente.

majesty, s. majestade.

major, 1. adj. maior, principal; **2.** s. major.

majority, s. maioria; maioridade; o posto de major.

make, s. forma, feitio; talho; figura; fabrico, manufactura.

make (to), v. tr. e intr. (pret. e p.p. made), fazer; produzir; fabricar; formar; criar; construir; efectuar; executar; realizar; causar; compor; estabelecer; ganhar; contar; calcular; forçar, obrigar; arranjar; perfazer; somar; amontoar.

make-believe, 1. s. pretexto; **2.** adj. falso, fictício.

make-believe (to), v. tr. pretender; fingir.

makeshift, 1. s. remédio provisório; paliativo; **2.** adj. temporário, provisório.

make-up, s. paginação; caracterização (de actor).

make-weight, s. contrapeso.

making, s. manufactura; fabrico.

maladjustment, s. má adaptação.

maladroit, adj. falto de jeito, inábil.

malady, s. doença.

malaise, s. mal-estar, indisposição.

malaria, s. malária.

malcontent, s. e adj. descontente.

male, 1. s. macho; varão; **2.** adj. masculino.

malediction, s. maldição.
malefaction, s. crime, injúria.
malefactor, s. malfeitor.
maleficient, adj. maléfico.
malevolence, s. malevolência; malignidade.
malevolent, adj. malfazejo; malévolo.
malformation, s. formação ou constituição defeituosa.
malice, s. malícia; maldade.
malicious, adj. malicioso; maldoso.
malign, adj. maligno.
malign (to), v. tr. difamar; caluniar.
malignancy, s. malignidade; malevolência.
malignant, adj. mau; maligno.
malinger (to), v. intr. fazer-se doente.
malingerer, s. doente fingido.
mall, s. malho, maço; passeio público.
mallard, s. adem, pato-bravo.
malleable, adj. maleável.
mallet, s. malho; maço; macete.
malt, s. malte.
Maltese, s. e adj. maltês.
maltreat (to), v. tr. maltratar.
maltreatment, s. mau tratamento.
mamma, s. mamã, mãe.
mammal, s. mamífero.
mammalian, adj. mamífero.
mammoth, s. mamute.
mammy, s. mãe, mamã; ama de leite; avó.
man, s. homem, marido; criado; servo; peão (no jogo de xadrez); pedra (no jogo das damas); alguém, uma pessoa; tripulante de um navio; um navio; uma embarcação.
man (to), v. tr. guarnecer, tripular, armar; fortalecer.
manacle, s. grilheta; pl. algemas.

manacle (to), v. tr. algemar, manietar.
manage (to), v. tr. e intr. dirigir; administrar; gerir; operar; conseguir.
manageable, adj. maneável; tratável; dócil.
management, s. manejo; direcção, administração; uso, emprego; empresa; corpos gerentes.
manager, s. director; gerente; empresário teatral.
managing, 1. s. administração; gerência; 2. adj. gerente.
mandarin, s. mandarim.
mandate, s. mandado; ordem.
mandatory, 1. adj. obrigatório; 2. s. mandatário.
mandible, s. mandíbula; queixada.
mandrill, s. (zool.) mandril.
mane, s. juba; crina.
manfully, adv. varonilmente.
manganese, s. manganés.
manger, s. manjedoura.
mangle, s. calandra.
mangle (to), v. tr. mutilar; calandrar; acetinar.
mango, s. manga (fruto).
mangrove, s. mangue.
mangy, adj. sarnoso.
manhole, s. poço de inspecção, limpeza ou manutenção.
manhood, s. natureza humana; virilidade.
mania, s. mania; loucura.
maniac, s. e adj. maníaco; louco.
maniacal, adj. maníaco.
manicure, s. manicura.
manicure (to), v. tr. tratar ou aformosear as mãos ou as unhas.
manifest, 1. s. manifesto, declaração; 2. adj. manifesto, claro.
manifest (to), v. tr. e intr. manifestar; exibir.

manifestation, s. manifestação; declaração.

manifesto, s. manifesto; declaração.

manifold, adj. muitos; numerosos; diversos.

manilla, s. manila; tabaco de Manila.

manipulate (to), v. tr. manipular; fabricar.

manipulation, s. manipulação.

manipulator, s. manipulador.

mankind, s. a espécie humana; humanidade.

manlier, manliest, comp. e sup. de **manly.**

manlike, adj. varonil.

manly, adj. varonil; animoso; corajoso.

manna, s. maná.

manned, adj. tripulado.

mannequin, s. manequim; modelo.

manner, s. maneira; modo; forma; costume.

mannered, adj. civil, cortês, delicado; afectado.

mannerism, s. uniformidade de maneiras; falta de gosto; afectação.

mannish, adj. viril, varonil.

manoeuvre, s. manobra, evolução; ardil.

manoeuvre (to), v. tr. e intr. manobrar; intrigar.

man-of-war, s. navio de guerra.

manor, s. feudo; senhorio; herdade.

manor-house, s. casa senhorial; solar.

manorial, adj. senhorial.

mansion, s. mansão; morada; solar.

manslaughter, s. homicídio involuntário; morticínio.

manslayer, s. homicida.

mantel, mantle, s. manto; manta; capa.

mantle (to), 1. v. tr. cobrir; tapar; **2.** v. intr. ficar coberto; estender-se como um manto.

manual, adj. manual.

manufacture, s. manufactura; fabrico.

manufacture (to), v. tr. manufacturar; fabricar.

manufacturer, s. manufactor; fabricante.

manure, s. estrume; adubo.

manure (to), v. tr. estrumar; adubar as terras.

manuscript, adj. e s. manuscrito.

many, adj. muitos; diversos.

map, s. mapa.

map (to), v. tr. delinear mapas; traçar planos.

maple, s. ácer.

mar (to), v. tr. estragar; desfigurar; interferir.

marathon, s. maratona.

maraud (to), v. tr. pilhar, saquear.

marauding, s. pilhagem.

marble, 1. s. mármore; **2.** adj. marmóreo.

marble (to) v. tr. marmorizar.

March, s. Março.

march, s. marcha; avanço; progresso; limite.

march (to), 1. v. intr. marchar; avançar; **2.** v. tr. pôr em marcha.

marcher, s. pessoa que marcha.

marching, 1. s. marcha; **2.** adj. que marcha.

marchioness, s. marquesa (título).

Mardi Gras, s. Terça-Feira de Carnaval.

mare, s. égua.

margarine, s. margarina.

margin, s. margem; borda; orla.

marginal, adj. marginal.

Marian, adj. mariano, relativo à Virgem Maria.

marigold, s. malmequer.

marinade, s. escabeche.

marine, 1. *adj.* marinho, marítimo; **2.** *s.* marinha; fuzileiro naval.

mariner, *s.* marinheiro.

marionette, *s.* marioneta; fantoche; roberto.

marital, *adj.* marital; conjugal.

maritime, *adj.* marítimo; naval.

mark, *s.* marca; sinal; prova; nota; aviso; advertência; símbolo; assinatura; marco (moeda); distinção; regra, norma.

mark (to), *v. tr.* marcar; notar; observar; assinalar.

markedly, *adv.* marcadamente; vincadamente.

marker, *s.* marcador; marca; ficha.

market, *s.* mercado; praça; feira.

market (to), *v. tr.* e *intr.* comprar ou vender no mercado; mercar.

marketable, *adj.* vendável.

marketing, *s.* compra ou venda no mercado; publicidade.

marking, 1. *s.* marca, marcação; **2.** *adj.* marcante.

marksman, *s.* atirador.

marmalade, *s.* compota.

marmoset, *s.* saguim, sagui.

marmot, *s.* arganaz; marmota.

maroon, 1. *s.* castanha; petardo; cor castanha; **2.** *adj.* castanho.

maroon (to), 1. *v. tr.* abandonar numa ilha deserta; **2.** *v. intr.* vaguear.

marquee, *s.* marquesa (espécie de toldo); barraca de campanha.

marquis, *s.* marquês.

marriage, *s.* casamento.

married, *adj.* casado; matrimonial.

marrow, *s.* medula; essência.

marry (to), *v. tr.* e *intr.* casar; unir; juntar; casar-se.

Mars, *s.* Marte.

marsh, *s.* pântano; paul.

marshal, *s.* marechal; mestre de cerimónias.

marshal (to), *v. tr.* dispor; ordenar; dirigir.

marsupial, *adj.* e *s.* marsupial.

mart, *s.* mercado; feira.

marten, *s.* marta; pele de marta.

martial, *adj.* marcial; guerreiro; **martial arts:** artes marciais; **martial law:** lei marcial.

Martian, *s.* marciano, habitante hipotético de Marte.

martin, *s.* gaivão.

martinet, *s.* oficial disciplinador.

martyr, *s.* mártir.

martyr (to), *v. tr.* martirizar; atormentar.

martyrdom, *s.* martírio; tormento.

marvel, *s.* maravilha; prodígio.

marvel (to), *v. intr.* maravilhar-se; admirar-se.

marvellous, *adj.* maravilhoso.

mascot, *s.* mascote.

masculine, 1. *adj.* masculino, macho; **2.** *s.* o género masculino.

mash, *s.* mistura; massa; puré de batata.

mash (to), *v. tr.* amassar; misturar; pôr de infusão.

mask, *s.* máscara; disfarce; pretexto.

mask (to), *v. tr.* e *intr.* mascarar; pôr a máscara.

masochist, *s.* masoquista.

mason, *s.* pedreiro; canteiro; maçon.

masonic, *adj.* maçónico.

masonry, *s.* maçonaria.

masquerade, *s.* mascarada.

masquerade (to), 1. *v. tr.* mascarar; **2.** *v. intr.* mascarar-se.

mass, *s.* missa; massa; montão; **mass media:** meios de comunicação de massas.

mass (to), *v. tr.* e *intr.* juntar, congregar, reunir; agregar-se.

massacre, *s.* massacre.

massacre (to), *v. tr.* massacrar.

massage, s. massagem.

masseur, s. massagista.

massive, adj. maciço; pesado; sólido.

mast, s. mastro; mastreação; bolota.

master, s. amo, patrão; mestre, professor.

master (to), v. tr. assenhorear-se de, dominar; governar.

masterful, adj. imperioso; autoritário; de mestre; hábil; perito.

masterly, adj. magistral; perfeito; imperioso.

masterpiece, s. obra-prima; obra de mestre.

mastership, s. magistério; poder; reitoria.

mastery, s. domínio, poder; mestria.

mast-head, s. tope; calcês.

masticate (to), v. tr. mastigar, mascar.

mastiff, s. mastim.

masturbate, v. tr. e intr. masturbar.

mat, s. esteira, capacho.

matador, s. matador.

match, s. igual; companheiro; semelhante; competidor; luta; porfia; carreira; contenda; aposta; regata; partida (ao jogo); desafio; fósforo; casamento.

match (to), 1. v. tr. igualar-se, condizer; proporcionar; dar em casamento; 2. v. intr. combinar.

matchable, adj. proporcionado; correspondente.

matchbox, s. caixa de fósforos.

matchless, adv. incomparável.

matchwood, s. madeira própria para fósforos.

mate, s. companheiro, companheira, colega; comensal; cônjuge; contramestre; macho ou fêmea (entre os animais); mate (no xadrez); (náut.) piloto; sargento de marinha de guerra.

mate (to), v. tr. e intr. igualar; unir; casar; competir.

material, 1. adj. material, corpóreo; 2. s. material; matéria; assunto.

materialist, s. materialista.

materialistic, adj. materialista, material.

materialize (to), v. tr. e intr. materializar; materializar-se.

maternal, adj. maternal.

maternally, adv. maternalmente.

maternity, s. maternidade.

mathematical, adj. matemático.

mathematician, s. matemático.

mathematics, s. matemática.

matin, 1. s. canto da manhã; pl. matinas; 2. adj. matutino.

matinée, s. espectáculo realizado de tarde.

matriarch, s. matriarca.

matriculate (to), v. tr. e intr. matricular, matricular-se.

matriculation, s. matrícula.

matrimonial, adj. matrimonial.

matrimony, s. matrimónio.

matrix, s. matriz; útero; molde.

matron, s. matrona; mãe de família.

matronly, adv. como uma matrona; respeitavelmente.

matt, adj. mate.

matter, s. matéria; substância; assunto, objecto; sentido; negócio; meio; importância; quantidade; porção indefinida.

matter (to), v. intr. importar; vir para o caso; supurar.

matting, s. esteira; esteirado.

mattock, s. alvião.

mattress, s. colchão; coxim.

maturation, s. maturação.

mature, adj. maduro, sazonado; pagável; vencido (o prazo para um pagamento).

mature (to), v. tr. e intr. amadurecer, sazonar; vencer-se um prazo.

maturity, s. madureza, maturidade; idade madura; acabamento, vencimento (de uma letra).

maudlin, 1. adj. sentimental; embriagado; (fig.) estúpido; 2. s. sentimentalismo piegas.

maul (to), v. tr. malhar, espancar, maltratar.

Maundy Thursday, s. Quinta-Feira Santa.

mausoleum, s. mausoléu.

mauve, s. e adj. cor de malva.

maverick, s. e adj. independente; solitário.

maw, s. bucho; papo, moela; ventre.

mawkish, adj. insípido; lamuriento.

maxim, s. máxima, axioma.

maximum, s. o máximo.

may, v. defective e auxiliar poder, ter licença ou permissão; ser possível; ser permitido, ser lícito.

May, s. Maio.

maybe, adv. talvez; porventura.

mayonnaise, s. maionese.

mayor, s. presidente da câmara municipal.

maze, s. labirinto, enredo.

me, pron. pess. eu, me, mim.

mead, s. hidromel; prado.

meadow, s. prado, campina.

meagre, adj. magro, descarnado.

meal, s. comida; refeição.

mealtime, s. hora das refeições.

mean, adj. baixo; medíocre; vil; abjecto; fraco; avarento.

mean (to), v. tr. (pret. e p.p. meant), significar; querer dizer.

meander, s. meandro; labirinto.

meander (to), v. intr. serpear; correr sinuosamente (um rio).

meaning, 1. s. significação, sentido; desígnio, propósito; 2. adj. expressivo.

meaningless, adj. sem sentido, sem significação.

meanness, s. baixeza, vileza.

means, s. meio, processo; bens.

meant, pret. e p.p. de **to mean.**

meantime, adv. entretanto.

meanwhile, adv. entretanto.

measles, s. sarampo; gafeira (dos porcos).

measurable, adj. mensurável, limitado.

measure, s. medida; cadência; modo; grau; moderação; medição; limite; arqueação; tamanho; capacidade; proporção.

measure (to), 1. v. tr. medir; avaliar; regular; arquear; graduar; ajustar; julgar; 2. v. intr. tomar medida.

measured, adj. medido; arqueado; cadenciado.

measurement, s. medição, medida.

measuring, s. medição; arqueação.

meat, s. carne; comida.

meaty, adj. carnudo.

mechanic, 1. adj. mecânico; 2. s. mecânico, artífice.

mechanical, adj. mecânico; maquinal.

mechanician, s. mecânico.

mechanism, s. mecanismo.

medal, s. medalha.

medallion, s. medalhão.

medallist, s. gravador de medalhas; coleccionador de medalhas.

meddle (to), v. intr. intrometer-se; interferir.

meddler, s. pessoa intrometida; intruso.

meddlesome, adj. intrometido, intruso.

meddling, 1. s. ingerência, intervenção; 2. adj. intrometido; oficioso.

media, s. meios de comunicação de massas.
median, adj. mediano; do meio.
mediate, adj. mediato; intermédio; indirecto.
mediate (to), v. tr. e intr. mediar; intervir.
mediation, s. mediação, intervenção.
mediator, s. mediador, intermediário.
medical, adj. médico; medicinal.
medicament, s. medicamento, remédio.
medicate (to), v. tr. medicinar; medicar.
medication, s. medicação.
medicinal, adj. medicinal, medicamentoso.
medicine, s. medicina; medicamento.
medieval, adj. medieval.
mediocre, adj. medíocre, vulgar.
meditate (to), v. tr. e intr. meditar; contemplar; idear.
meditation, s. meditação; reflexão.
meditative, adj. meditativo; contemplativo.
Mediterranean, adj. e s. mediterrâneo.
medium, s. meio-termo; meio; expediente; média.
meek, adj. meigo, dócil.
meet, adj. próprio, apto, conveniente.
meet (to), (pret. e p.p. met) **1.** v. tr. encontrar, achar; ir ter com, ir esperar; juntar, reunir; arrostar; convir em; refutar; combater, pelejar; ver, conhecer; **2.** v. intr. encontrar-se, juntar-se, reunir-se; avistar-se com; malquistar-se.
meeting, s. encontro; reunião; entrevista; junta; sessão; assembleia.

megalomania, s. megalomania.
megaphone, s. megafone; buzina.
melancholic, adj. melancólico.
melancholy, s. melancolia.
melanism, s. melanismo.
melée, s. peleja, refrega.
meliorate, v. tr. e intr. melhorar, aperfeiçoar.
mellifluous, adj. melífluo, doce.
mellow, adj. maduro, sazonado; melodioso, brando.
mellow (to), v. tr. e intr. amadurecer, sazonar; enternecer; tornar melodioso.
melodious, adj. melodioso, harmonioso.
melodrama, s. melodrama.
melodramatic, adj. melodramático.
melody, s. melodia; canção melodiosa.
melon, s. melão.
melt, s. substância derretida; fusão.
melt (to), 1. v. tr. derreter, fundir; consumir; **2.** v. intr. derreter-se, evaporar-se; desvanecer-se.
melting, s. que se derrete; fundição; derretimento.
member, s. membro; sócio.
membership, s. comunidade.
membrane, s. membrana.
memento, s. lembrança, recordação.
memoir, s. memória; autobiografia.
memorable, adj. memorável.
memorandum, s. memorando.
memorial, 1. adj. memorial; comemorativo; **2.** s. memorial, instância, petição.
memorize (to), v. tr. decorar, aprender de memória.
memory, s. memória; fama, glória; reminiscência.
menace, s. ameaça.

menace (to), v. tr. ameaçar.

menacing, 1. adj. ameaçador; **2.** s. ameaça.

ménage, s. governo doméstico; família; economia.

mend, s. emenda; reforma; melhoria.

mend (to), 1. v. tr. conservar, remendar; melhorar; remediar; **2.** v. intr. emendar-se, corrigir-se, restabelecer-se.

mendacious, adj. mentiroso, falaz.

mendacity, s. mentira; falsidade.

mendicant, s. e adj. mendigo, pobre, pedinte.

mending, s. reparação; remendagem; conserto.

menial, 1. adj. doméstico, servil; **2.** s. criado, lacaio.

meningitis, s. meningite.

menstrual, adj. menstrual.

menstruation, s. menstruação.

mensurable, adj. mensurável.

mental, 1. adj. mental, intelectual; **2.** s. débil mental.

mentality, s. mentalidade.

menthol, s. mentol.

mention, s. menção, alusão.

mention (to), v. tr. mencionar, citar.

mentor, s. mentor, guia.

menu, s. ementa.

mercantile, adj. mercantil; comercial.

mercenary, 1. adj. mercenário; venal; **2.** s. mercenário.

merchandise, s. mercadorias; géneros.

merchandise (to), v. tr. e intr. negociar, comerciar.

merchant, 1. s. comerciante; negociante; **2.** adj. mercantil.

merciful, adj. misericordioso.

merciless, adj. cruel; implacável.

mercurial, adj. mercurial; (fig.) vivo, enérgico.

mercury, s. mercúrio.

mercy, s. misericórdia; graça, perdão; discrição.

mere, 1. adj. mero, simples; **2.** s. pântano, charco.

merely, adv. meramente.

meretricious, adj. meretrício, de meretriz.

merge (to), 1. v. tr. submergir, fundir; **2.** v. intr. submergir-se.

merger, s. fusão (de sociedades industriais, etc.).

meridian, s. e adj. meridiano; zénite.

meridional, adj. meridional.

meringue, s. merengue.

merit, s. mérito; prémio.

merit (to), v. tr. merecer; ser digno de.

meritorious, adj. meritório; merecedor.

merle, s. melro.

mermaid, s. sereia.

merrily, adv. alegremente.

merriment, s. alegria, jovialidade.

merry, adj. alegre, contente.

merry-go-round, s. carrocel.

merry-making, s. festa, divertimento.

mesh, s. malha (de rede); obra de malha; armadilha; laço; pl. rede; galão franjado.

mesh (to), 1. v. tr. apanhar com a rede; enredar; **2.** v. intr. enredar-se.

mesmerism, s. mesmerismo.

mess, s. confusão, desordem; atrapalhação; messe (oficiais).

mess (to), v. tr. e intr. amarrotar; enxovalhar; dar de comer; pôr em desordem.

message, s. mensagem, recado.

messenger, s. mensageiro, núncio.

Messiah, s. Messias; Cristo.

messianic, adj. messiânico.

Messrs, s. pl. abreviatura de **messieurs;** senhores.

messy, adj. desordenado, desarrumado.

met, pret. e p.p. de **to meet.**

metabolism, s. metabolismo.

metal, s. metal; liga.

metallic, adj. metálico.

metallurgist, s. metalurgista.

metallurgy, s. metalurgia.

metamorphose (to), v. tr. e intr. metamorfosear; metamorfosear-se.

metamorphosis, s. metamorfose, transformação.

metaphor, s. metáfora.

metaphorical, adj. metafórico.

metaphysical, adj. metafísico.

metaphysics, s. metafísica.

mete (to), v. tr. medir; repartir; distribuir.

meteor, s. meteoro.

meteoric, adj. meteórico; atmosférico.

meteorite, s. meteorito.

meteorologic, adj. meteorológico.

meteorology, s. meteorologia.

meter, s. metro.

method, s. método; ordem, forma.

methodical, adj. metódico; ordenado.

Methodism, s. metodismo.

Methodist, s. metodista.

methodology, s. metodologia.

meticulous, adj. meticuloso; cuidadoso.

métier, s. ofício, profissão; negócio.

metre, s. metro.

metric, adj. métrico.

metronome, s. metrónomo.

metropolis, s. metrópole, capital.

metropolitan, s. e adj. metropolitano; bispo primaz.

mettle, s. brio; coragem; valor.

mew, s. mio; gaivota; gaiola para aves de grande porte.

mew (to), 1. v. intr. miar; 2. v. tr. engaiolar, encarcerar.

Mexican, s. e adj. mexicano.

mezzanine, s. sobreloja; casa no rés-do-chão.

mezzo-soprano, s. meio-soprano.

miaow (to), v. intr. miar (imitação).

miasma, s. miasma.

mica, s. mica.

microbe, s. micróbio.

microcosm, s. microcosmo.

microfilm, s. microfilme.

micro-organism, s. micro-organismo.

microphone, s. microfone.

microscope, s. microscópio.

microscopic, adj. microscópico.

microwave, s. microonda; **microwave oven:** forno de microondas.

mid, 1. adj. (na formação de compostos) médio, meio, do meio; 2. prep. (em poesia) entre, no meio de.

midday, s. meio-dia.

middle, 1. adj. do meio; central; 2. s. centro, meio.

middling, adj. médio; mediano; regular.

midge, s. melga; pessoa pequena.

midget, s. anão; rapaz travesso e vivo; mosquinha.

midland, 1. adj. central, interior; 2. s. a parte central de um país.

midnight, 1. s. meia-noite; 2. adj. escuro, oculto.

midriff, s. diafragma.

midship, 1. s. meia-nau, meio do navio; 2. adj. colocado no meio do navio.

midst, 1. s. meio, centro; 2. adv. no meio, no centro; 3. prep. entre.

midsummer, s. solstício do Verão.

midway, *adj.* e *adv.* a meio caminho, em posição intermédia.

midwife, *s.* parteira.

midwifery, *s.* obstetrícia.

midwinter, *s.* solstício do Inverno.

mien, *s.* semblante, ar; gesto.

miffed, *adj.* ofendido.

might, 1. *pret.* do verbo **may;** 2. *s.* poder, força, vigor.

mightily, *adv.* poderosamente.

mighty, *adj.* forte, poderoso.

migrant, *s.* e *adj.* emigrante; de arribação.

migrate (to), *v. intr.* emigrar.

migration, *s.* migração.

migratory, *adj.* migratório; errante.

mild, *adj.* suave; brando; temperado; calmo.

mildew, *s.* míldio; mangra.

mildly, *adv.* brandamente.

mile, *s.* milha (1609 metros).

mileage, *s.* comprimento expresso em milhas; quilometragem.

milestone, *s.* marco miliário.

militancy, *s.* combate; guerra.

militant, *adj.* militante; combatente.

militarism, *s.* militarismo.

military, *adj.* militar, bélico, guerreiro.

militate (to), *v. tr.* militar; combater; pelejar; guerrear.

militia, *s.* milícia; guarda nacional.

milk, *s.* leite; **milk tooth:** dente de leite.

milk (to), *v. tr.* e *intr.* mungir, ordenhar; mamar; dar leite.

milkmaid, *s.* leiteira.

milkman, *s.* leiteiro.

milk-shake, *s.* batido de leite.

milky, *adj.* lácteo, leitoso.

mill, *s.* moinho; manufactura; fábrica; laminador; máquina de estirar; fiação; serrilha; *(fam.)* pugilato; uma milésima parte.

mill (to), *v. tr.* e *intr.* moer, triturar, esmagar; serrilhar.

millenium, *s.* milénio, milenário.

miller, *s.* moleiro.

milligramme, *s.* miligrama.

millilitre, *s.* mililitro.

millimetre, *s.* milímetro.

milliner, *s.* modista de chapéus de senhora.

millinery, *s.* artigos para chapéus de senhora; estabelecimento de chapéus de senhora.

milling, *s.* moagem; acção de serrilhar a moeda.

million, *s.* milhão.

millionaire, *s.* e *adj.* milionário.

millionth, *num.* milionésimo.

millipede, *s.* centopeia.

millstone, *s.* mó de moinho.

mime, *s.* mimo; pantomina, farsa; bobo.

mimic, 1. *adj.* mímico, burlesco; 2. *s.* mimo, bobo.

mimic (to), *v. tr.* imitar, arremedar.

mimicry, *s.* mímica, pantomina; chocarrice, bobice.

minaret, *s.* minarete.

minatory, *adj.* ameaçador.

mince, *s.* picado de carne; afectação.

mince (to), *v. tr.* e *intr.* cortar muito miúdo; atenuar.

mincemeat, *s.* picado de carne.

mind, *s.* mente; entendimento; inteligência; memória; disposição; opinião; alma; espírito; ânimo; vontade; intenção.

mind (to), *v. tr.* e *intr.* notar; considerar; ter em vista; ocupar-se de; importar-se; lembrar-se; seguir o parecer de; estar alerta; recordar; prestar atenção a; ter vontade de; aplicar-se a; observar; obedecer.

minded, *adj.* inclinado, propenso.

mindful, *adj.* atento, cuidadoso.

mindless, *adj.* descuidado, negligente.

mine, 1. *pron. poss.* meu, minha, meus, minhas; **2.** *s.* mina (cavidade subterrânea); mina (explosiva).

mine (to), *v. tr. e intr.* minar; contraminar; destruir; explorar (uma mina); fazer uma mina.

minefield, *s.* campo de minas.

miner, *s.* mineiro; sapador.

mineral, *s. e adj.* mineral.

mineralogy, *s.* mineralogia.

mingle (to), 1. *v. tr.* misturar, juntar, confundir; **2.** *v. intr.* misturar-se.

miniature, 1. *s.* miniatura; **2.** *adj.* em miniatura.

minikin, 1. *s.* alfinetinho; **2.** *adj.* diminuto, pequeno.

minim, *s.* anão; mínimo; *(mús.)* mínima.

minimal, *adj.* muito pequeno, mínimo.

minimize (to), *v. tr.* diminuir; reduzir ao mínimo.

minimum, *s.* o mínimo.

mining, 1. *adj.* de minas; relativo a minas; **2.** *s.* trabalho das minas; exploração de minas.

minion, *s.* valido, favorito.

mini-skirt, *s.* mini-saia.

minister, *s.* ministro; sacerdote.

minister (to), *v. tr. e intr.* ministrar; administrar; atender, auxiliar; dizer missa; oficiar; contribuir.

ministerial, *adj.* ministerial; sacerdotal.

ministry, *s.* ministério; incumbência; sacerdócio.

mink, *s.* marta; pele de marta.

minor, *adj.* menor, inferior; insignificante, mínimo; secundário.

minority, *s.* menoridade; minoria.

minstrel, *s.* menestrel, trovador, bardo; cantor.

mint, *s.* casa da moeda; mina; tesouro.

mint (to), *v. tr.* cunhar moeda; inventar, forjar.

minus, *prep.* menos; sem; negativo; falto de.

minuscule, 1. *adj.* pequeno; minúsculo; **2.** *s.* letra minúscula.

minute, 1. *s.* minuto; minuta, rascunho, apontamento; **2.** *adj.* diminuto, pequeno.

minute (to), *v. tr.* minutar, anotar.

minutely, *adv.* minuciosamente.

minutiae, *s. pl.* particularidades, miudências.

miracle, *s.* milagre, prodígio.

miraculous, *adj.* miraculoso, milagroso.

mirage, *s.* miragem.

mire, *s.* atoleiro, lodaçal.

mirror, *s.* espelho; modelo.

mirror (to), *v. tr.* retratar; espelhar.

mirth, *s.* alegria; regozijo.

mirthful, *adj.* alegre, jovial.

mirthless, *adj.* triste.

misadventure, *s.* revés, infortúnio.

misanthrope, *s.* misantropo.

misanthropic, *adj.* misantrópico.

misanthropy, *s.* misantropia.

misapplication, *s.* má aplicação.

misapplied, *pret. e p.p.* de **to misapply.**

misapply (to), *v. tr.* dar má aplicação; fazer mau uso de.

misapprehend (to), *v. tr.* compreender mal.

misapprehension, *s.* má compreensão; equívoco.

misappropriate (to), *v. tr.* prevaricar.

misbehave (to), *v. intr.* portar-se mal.

misbehaviour, *s.* mau comportamento; mau porte.

miscalculate (to), *v. tr. e intr.* calcular erradamente.

miscarriage, *s.* aborto; extravio; falta.

miscarry (to), v. intr. abortar; malograr-se.

miscellaneous, adj. misto, misturado.

miscellany, s. miscelânea, mistura.

mischance, s. infortúnio, desgraça.

mischief, s. mal; dano; prejuízo.

mischievous, adj. malévolo, maligno, maldoso.

misconception, s. falsa noção; ideia errada.

misconduct, s. mau procedimento.

misconstruction, s. interpretação errónea.

misconstrue (to), v. tr. interpretar mal.

misdeed, s. acção indigna; falta, delito, culpa.

misdemeanour, s. mau procedimento; ofensa.

misdirect (to), v. tr. dirigir ou administrar mal.

miser, s. avaro, avarento.

miserable, adj. miserável, infeliz.

miserly, adj. avaro, avarento.

misery, s. miséria; desamparo, desgraça.

misfit, s. o que não assenta ou encaixa bem.

misfortune, s. infortúnio, desgraça.

misgiving, 1. s. receio, temor; **2.** adj. receoso, desconfiado.

misguided, adj. desencaminhado.

mishandle (to), v. tr. manejar mal; maltratar.

mishap, s. desgraça, contratempo.

misinform (to), v. tr. informar mal.

misinformation, s. má informação.

misinterpret (to), v. tr. interpretar mal.

misinterpretation, s. má interpretação.

misjudge (to), v. tr. e intr. formar um juízo falso de.

misjudg(e)ment, s. juízo falso; opinião errónea.

mislay (to), v. tr. (pret. e p.p. mislaid), tirar uma coisa do seu lugar; deslocar.

mislead (to), v. tr. desencaminhar; extraviar; guiar mal.

misleading, adj. ilusório, enganador.

misled, adj. extraviado, desencaminhado.

mismanage (to), v. tr. administrar mal; desgovernar.

mismanagement, s. mau governo; má administração.

misnomer, s. nome errado.

misogynist, s. misógino.

misplace (to), v. tr. colocar mal ou fora do seu lugar; extraviar.

misprint, s. erro tipográfico.

mispronounce (to), v. tr. e intr. pronunciar mal.

mispronounciation, s. má pronúncia.

misquote (to), v. tr. citar ou alegar falsamente.

misread (to), v. tr. ler ou interpretar mal.

misrepresent (to), v. tr. deturpar; adulterar.

misrule, s. desgoverno; desordem.

miss, s. menina; jovem, senhora (solteira); perda, falta; engano, erro.

miss (to), v. tr. falhar, errar; omitir; deixar de fazer; perder (o comboio, etc.); sentir a falta de; errar; faltar.

misshapen, adj. disforme.

missile, 1. adj. missivo; **2.** s. arma de arremesso, míssil.

missing, adj. desencaminhado, extraviado.

mission, s. missão; embaixada; incumbência.

missionary, s. e adj. missionário.

missive, s. missiva; carta.

misspell (to), *v. tr.* soletrar ou escrever mal.

misspend (to), *v. tr.* dissipar; esbanjar.

mist, *s.* névoa, neblina; cacimba.

mist (to), *v. tr.* e *intr.* enevoar; obscurecer.

mistake, *s.* erro, engano.

mistake (to), (*pret.* mistook, *p.p.* mistaken), 1. *v. tr.* compreender mal; trocar; 2. *v. intr.* enganar-se.

mistaken, 1. *p.p.* de **to mistake**; 2. *adj.* errado, errôneo.

mister, *s.* senhor (tratamento para homens).

mistletoe, *s.* visco.

mistook, *pret.* de **to mistake**.

mistranslate (to), *v. tr.* traduzir incorrectamente.

mistress, *s.* ama; patroa; dona de casa; senhora.

mistrust, *s.* desconfiança; suspeita.

mistrust (to), *v. tr.* desconfiar, suspeitar.

mistrustful, *adj.* desconfiado; receoso.

misty, *adj.* enevoado; nebuloso.

misunderstand (to), *v. tr.* compreender mal; enganar-se.

misunderstanding, *s.* mal-entendido; equívoco.

misuse, *s.* abuso; mau tratamento; uso ilegítimo.

misuse (to), *v. tr.* abusar de; empregar mal.

mite, *s.* gorgulho; bocado pequeno; nada.

mitigate (to), *v. tr.* e *intr.* mitigar, suavizar.

mitigation, *s.* mitigação, alívio.

mitre, *s.* mitra; ângulo de 90 graus; esquadria.

mitten, *s.* mitene, espécie de luvas sem dedos.

mix, *s.* mistura; confusão.

mix (to), 1. *v. tr.* misturar; associar; confundir; 2. *v. intr.* unir-se misturar-se.

mixed, *adj.* misturado; unido.

mixing, *s.* mistura (de vinhos, etc.)

mixture, *s.* mistura, misto, mescla.

mnemonic, *adj.* mnemónico.

mnemonics, *s.* mnemónica.

moan, *s.* choro; gemido; lamento.

moan (to), *v. tr.* e *intr.* lamentar deplorar; lamentar-se.

moat, *s.* fosso.

mob, *s.* populaça; ajuntamento turba; motim.

mob (to), *v. tr.* e *intr.* promover um tumulto; atacar; rodear.

mobile, *adj.* móvel; mudável.

mobility, *s.* mobilidade; instabilidade.

mobilize (to), *v. tr.* e *intr.* mobilizar.

moccasin, *s.* espécie de calçado feito com pele de gamo.

mock, *s.* zombaria, escárnio; troça.

mock (to), *v. tr.* e *intr.* zombar, ridicularizar; imitar; enganar; escarnecer, rir-se de.

mockery, *s.* escárnio; troça.

mocking, *adj.* escarnecedor; zombador.

modal, *adj.* modal.

modality, *s.* modalidade.

mode, *s.* modo; maneira; forma; método; moda; uso; estilo; costume.

model, *s.* modelo, molde; exemplar; tipo; desenho; amostra; pauta; norma; figurino.

model (to), *v. tr.* modelar; moldar; formar.

moderate, *adj.* moderado, módico; pacífico; bonançoso (vento); suave; sóbrio; razoável; de preço moderado.

moderate (to), *v. tr.* e *intr.* moderar; reprimir; acalmar; acalmar-se; conter-se.

moderately, *adv.* moderadamente.
moderation, *s.* moderação; circunspecção; calma; frugalidade; economia.
modern, *adj.* moderno; novo.
modernism, *s.* modernismo.
modernist, *s.* modernista.
modernize (to), *v. tr.* modernizar, actualizar.
modest, *adj.* modesto, humilde; casto.
modesty, *s.* modéstia, humildade; honestidade; decência.
modicum, *s.* bocadinho; pitança, ração.
modification, *s.* modificação; variação.
modifier, *s.* modificador.
modify (to), *v. tr. e intr.* modificar; ser modificado.
modish, *adj.* que está à moda; feito à moda.
modulate (to), *v. tr. e intr.* modular; variar de tom.
modulation, *s.* modulação.
modus, *s.* modo, maneira.
Mogul, *s. e adj.* mongol; *(fig.)* magnata.
mohair, *s.* pêlo de cabra.
Mohammedan, *s.* maometano.
moist, *adj.* húmido, molhado.
moisten (to), *v. tr. e intr.* humedecer, molhar levemente; molhar-se.
moisture, *s.* humidade; suco; orvalho.
molar, 1. *adj.* molar; 2. *s.* molar, dente molar.
molasses, *s.* melaço.
mole, *s.* molhe; dique; mole; toupeira; sinal na pele.
molecular, *adj.* molecular.
molecule, *s.* molécula, partícula.
molest (to), *v. tr.* molestar, incomodar.
mollify (to), *v. tr.* amolecer; abrandar; mitigar.

mollusc, *s.* molusco.
mollycoddle, *v. tr.* apaparicar; estragar com mimos.
molten, *adj.* fundido, vazado.
moment, *s.* momento, instante; minuto; importância; consequência; força; causa; princípio.
momentarily, *adv.* momentaneamente.
momentary, *adj.* momentâneo.
momentous, *adj.* momentoso; importante.
momentum, *s.* momento; ímpeto.
monarch, *s.* monarca; rei (ou rainha).
monarchical, *adj.* monárquico.
monarchist, *s.* monarquista, monárquico.
monarchy, *s.* monarquia; reino.
monastery, *s.* mosteiro; convento.
monastic, *adj.* monástico; claustral.
Monday, *s.* segunda-feira.
monetary, *adj.* monetário, pecuniário.
money, *s.* dinheiro; moeda; papel-moeda; prata; valores, riqueza; sistema monetário.
Mongol, *adj. e s.* mongol.
mongoose, *s.* mangusto.
mongrel, *s.* mestiço; mulato.
monitor, *s.* monitor; instrutor.
monk, *s.* monge; frade.
monkey, *s.* macaco.
monochrome, *adj.* monocromo.
monocle, *s.* monóculo.
monogamous, *adj.* monógamo.
monogamy, *s.* monogamia.
monogram, *s.* monograma.
monograph, *s.* monógrafo.
monolith, *s.* monólito.
monolithic, *adj.* monolítico.
monologue, *s.* monólogo.
monopolist, *s.* monopolista.
monopolize (to), *v. tr.* monopolizar.

monopoly, s. monopólio.
monorail, s. monocarril.
monosyllabic, adj. monossilábico.
monosyllable, s. monossílabo.
monotone, adj. monótono.
monotonous, adj. monótono, enfadonho.
monotony, s. monotonia.
monsoon, s. monção.
monster, 1. s. monstro; aborto; **2.** adj. enorme, espantoso.
monstrosity, s. monstruosidade.
monstrous, adj. monstruoso; prodigioso.
month, s. mês.
monthly, 1. s. publicação mensal; pl. menstruação; **2.** adj. mensal; **3.** adv. mensalmente.
monument, s. monumento comemorativo; marca; padrão; lápide sepulcral.
monumental, adj. monumental; grandioso.
moo, s. mugido.
moo (to), v. intr. mugir.
mooch (to), v. intr. vaguear; errar.
mood, s. temperamento, génio; humor; disposição, estado de espírito; modo gramatical.
moodier, moodiest, comp. e sup. de moody.
moody, adj. de mau humor; pesaroso.
moon, s. Lua; mês lunar.
moon (to), v. tr. e intr. andar na lua; andar errante.
moonless, adj. sem luar; escuro.
moonlight, s. luar.
moonshine, s. luar; tolice; mistificação.
moony, 1. adj. lunado, lunar; claro como a Lua; **2.** s. simplório.
moor, s. charco, pântano; charneca.

moor (to), 1. v. tr. amarrar, ancorar, atracar; **2.** v. intr. estar amarrado.
moorhen, s. galinhola.
mooring, s. amarra; ancoragem.
Moorish, adj. mouro, mourisco.
moorland, s. terra pantanosa; charneca.
moose, s. alce.
moot, s. discussão, debate.
moot (to), v. tr. debater, discutir.
mop, s. limpador de chão.
mop (to), v. tr. e intr. limpar com um esfregão; lavar com o lambaz.
mope (to), v. tr. e intr. atordoar, aparvalhar; esmorecer.
moral, 1. adj. moral; ético; virtuoso; **2.** s. moralidade; pl. costumes.
morale, s. moral; moralidade.
moralist, s. moralista; ético.
morality, s. moralidade; ética; honestidade; justiça.
moralize (to), v. tr. e intr. moralizar.
morally, adv. moralmente; honestamente.
morass, s. pântano, charco.
moratorium, s. (com.) moratória.
morbid, adj. mórbido; doentio.
morbidity, s. morbidez.
mordant, 1. adj. mordente, sarcástico; **2.** s. mordente (tinta).
more, adj. e adv. mais; em maior número; maior.
moreover, 1. adv. ademais, além disso, além de que; **2.** conj. bem como.
morgue, s. morgue, necrotério.
moribund, s. e adj. moribundo.
Mormon, s. mórmon.
morn, s. manhã (em poesia).
morning, s. manhã; alvorada.
Moroccan, s. e adj. marroquino.
morocco, s. marroquim.

morose, adj. impertinente; enfadado; melancólico.

morphine, s. morfina.

morphologic, adj. morfológico.

morphology, s. morfologia.

morris, s. dança mourisca; espécie de bolero.

morrow, s. amanhã.

morse, s. morsa; elefante marinho.

Morse code, s. alfabeto Morse.

morsel, s. bocado; pedaço.

mortal, 1. adj. mortal; fatal; **2.** s. mortal, ser humano.

mortality, s. mortalidade, mortandade.

mortar, s. almofariz; morteiro; argamassa.

mortgage, s. hipoteca.

mortgage (to), v. tr. hipotecar.

mortiferous, adj. mortífero, mortal.

mortify (to), 1. v. tr. mortificar; humilhar; fazer gangrenar; **2.** v. intr. mortificar-se.

mortise, s. encaixe; entalhe.

mortuary, 1. adj. mortuário; fúnebre; **2.** s. necrotério; cemitério.

mosaic, adj. e s. embutido; mosaico.

Moslem, s. muçulmano.

mosque, s. mesquita.

mosquito, s. mosquito.

moss, s. musgo; charco.

mossier, mossiest, comp. e sup. de **mossy**.

mossy, adj. musgoso, coberto de musgo.

most, 1. adj. o mais, a maior parte; **2.** adv. muito; mais; **3.** s. a maioria, a maior parte; o máximo.

mostly, adv. a maior parte das vezes; principalmente.

motel, s. motel.

moth, s. traça; mariposa.

mother, 1. s. mãe; abadessa, superiora (de um convento); causa;

origem; **2.** adj. natural, nativo; nacional.

mother (to), v. tr. servir de mãe a; perfilhar.

motherhood, s. maternidade.

motherland, s. pátria.

motherless, adj. órfão de mãe.

motherly, 1. adv. maternalmente; **2.** adj. maternal, materno.

motif, s. motivo, causa; tema, assunto.

motion, s. moção, movimento; mudança; ar; ímpeto, impulso; função; acção; operação.

motion (to), 1. v. intr. fazer sinais; **2.** v. tr. propor, aconselhar.

motionless, adj. imóvel, parado.

motivate, v. tr. motivar.

motive, 1. s. motivo, causa; **2.** adj. motriz, motor.

motley, 1. adj. matizado, mosqueado; **2.** s. trajo de cores variadas.

motor, 1. s. motor, móvel, máquina motriz; **2.** adj. motor, motriz.

motorbike, s. moto; motocicleta.

motorboat, s. barco a motor.

motorcycle, s. moto; motocicleta.

motorcyclist, s. motociclista.

motorist, s. automobilista, motorista.

motoring, 1. s. automobilismo; **2.** adj. motorizado.

mottled, adj. mosqueado; sarapintado.

motto, s. moto, divisa; epigrama, mote; epígrafe, legenda.

mould, s. molde, forma; bolor, mofo; solo rico.

mould (to), v. tr. moldar, modelar; formar; amassar; traçar.

moulder, s. moldador; carpinteiro de moldes; molde.

moulder (to), 1. v. tr. reduzir a pó; **2.** v. intr. desfazer-se; reduzir-se a pó.

mouldering, 1. adj. que se reduz a pó; **2.** s. desmoronamento.

mouldier, mouldiest, comp. e sup. de **mouldy.**

moulding, s. modelação; moldura, cornija, cordão.

mouldy, adj. bolorento.

moult (to), v. tr. e intr. mudar as penas.

mound, s. plataforma; barreira; muralha.

mount, s. monte; terreiro; eirado; baluarte.

mount (to), v. tr. e intr. subir, elevar-se; cavalgar; engastar (pedras preciosas); fazer uma remonta; pôr em cena (teatro).

mountain, 1. s. montanha, serra; **2.** adj. montanhês.

mountaineer, s. montanhês; alpinista; rústico; salteador.

mountaineering, s. a vida nas montanhas; alpinismo.

mountainous, adj. montanhoso; penhascoso; montês.

mountebank, s. saltimbanco; charlatão.

mourn (to), v. tr. e intr. chorar; lamentar; lamentar-se.

mourner, s. pessoa que lamenta; dorido.

mournful, adj. triste, melancólico; funesto; lutuoso.

mourning, 1. s. dor, lamento; lamentação; pranto; luto; **2.** adj. triste; lutuoso.

mouse, s. rato.

mouse (to), v. tr. caçar; dar um nó na ponta de um cabo.

mousetrap, s. ratoeira.

mousse, s. mousse.

moustache, s. bigode.

mousy, adj. como um rato; da cor do rato.

mouth, s. boca; goela; embocadura; foz de rio.

mouth (to), 1. v. tr. mastigar; comer; abocanhar; **2.** v. intr. declamar.

mouthful, s. bocado; gole.

mouthier, mouthiest, comp. e sup. de **mouthy.**

mouthpiece, s. embocadura; bocal; palheta, boquilha.

movable, 1. adj. móvel; mudável **2.** s. pl. bens móveis.

move, s. movimento; mudança vez de jogar.

move (to), 1. v. tr. mover; transportar; excitar; produzir; sacudir; impelir; fazer uma proposta persuadir; inclinar; comover; **2.** v. intr. mover-se; mudar; transportar-se; jogar; andar; pôr-se em marcha.

movement, s. movimento; agitação; marcha; manobra; acção incidente.

mover, s. motor, móvel; fautor.

movie, s. filme.

moving, 1. adj. em movimento, que faz mover; motriz; patético comovedor; **2.** s. movimento, mudança de residência.

mow, s. granel; celeiro; esgar.

mow (to), v. tr. e intr. ceifar segar; enceleirar.

mower, s. ceifeiro, segador.

Mr., abreviatura de **Mister.**

Mrs., abreviatura de **Mistress.**

Ms., abreviatura usada antes de um nome de mulher, quando não se especifica se ela é casada ou não.

much, 1. s. e adj. muito, bastante **2.** adv. muito, assaz; quase; pouco mais ou menos.

muchness, s. quantidade, grandeza.

muck, s. porcaria, esterco.

muck (to), v. tr. estrumar.

muckier, muckiest, *comp.* e *sup.* de **mucky.**

mucky, *adj.* imundo, porco.

mucous, *adj.* mucoso, viscoso.

mucus, *s.* muco.

mud, *s.* lama; lodo.

mud (to), *v. tr.* e *intr.* enlamear; enlamear-se.

muddier, muddiest, *comp.* e *sup.* de **muddy.**

muddle, *s.* lodo; *(fam.)* confusão.

muddle (to), 1. *v. tr.* turvar; misturar; embotar; **2.** *v. intr.* estar entontecido.

muddle-headed, *adj.* embrutecido, entontecido.

muddy, *adj.* turvo, toldado; lamacento; tonto; perturbado.

muddy (to), *v. tr.* sujar; toldar; turvar.

mudguard, *s.* guarda-lamas.

muezzin, *s.* almuadem.

muff, *s.* regalo (de senhora); torpor; falhanço.

muff (to), *v. tr.* falhar, fazer alguma coisa com pouca habilidade.

muffin, *s.* espécie de bolo muito leve.

muffle (to), 1. *v. tr.* cobrir; agasalhar; amordaçar; esconder; abafar um som; **2.** *v. intr.* rosnar, resmungar.

muffler, *s.* cachecol; capuz.

mug, *s.* caneca; cara; boca; *(fam.)* careta.

muggins, *s.* pacóvio; jogo do dominó.

muggy, *adj.* húmido, pesado (o tempo); bolorento (o feno).

mulberry, *s.* amora.

mulch, *s.* estrume e palha com que se cobrem as plantas.

mule, *s.* mula; macho.

muleteer, *s.* almocreve.

mulish, *adj.* como uma mula; teimoso.

mull (to), *v. tr.* pulverizar; triturar; *(fig.)* remoer.

mulled, *adj.* quente e aromatizado (uma bebida).

mullet, *s.* mugem, salmonete (peixe); estrela.

multicoloured, *adj.* colorido; caleidoscópico.

multifarious, *adj.* multiplicado, muito variado; diverso.

multiform, *adj.* multiforme, diverso.

multilateral, *adj.* multilateral.

multilingual, *adj.* poliglota; multilingue.

multimillionaire, *s.* multimilionário.

multinational, *s.* e *adj.* multinacional.

multiple, *adj.* multíplice, múltiplo.

multiplex, *adj.* multíplice.

multiplication, *s.* multiplicação.

multiplicity, *s.* multiplicidade.

multiply (to), 1. *v. tr.* multiplicar; **2.** *v. intr.* multiplicar-se.

multiracial, *adj.* multirracial.

multitude, *s.* multidão, chusma.

mum, 1. *interj.* caluda!, silêncio!; **2.** *s.* cerveja forte e doce; mamã, mãezinha; **3.** *adj.* calado, silencioso.

mum (to), *v. intr.* calar-se, guardar silêncio; mascarar-se; disfarçar-se.

mumble (to), *v. tr.* e *intr.* resmungar, rosnar; mastigar.

mummify (to), *v. tr.* mumificar.

mummy, *s.* múmia; mamã.

mumps, *s.* trasorelho.

munch (to), *v. tr.* e *intr.* comer; mastigar com a boca muito cheia.

mundane, *adj.* mundano.

municipal, *adj.* municipal.

municipality, *s.* municipalidade.

munificent, *adj.* munificente, liberal.

munitions, s. pl. munições.

mural, 1. adj. mural; escarpado; vertical; 2. s. pintura mural.

murder, s. assassinato; homicídio.

murder (to), v. tr. matar, assassinar.

murderer, s. assassino, homicida.

murderous, adj. assassino, homicida; cruel, bárbaro.

murkier, murkiest, comp. e sup. de **murky.**

murky, adj. obscuro; escuro.

murmur, s. murmúrio; sussurro.

murmur (to), v. tr. e intr. murmurar; sussurrar.

muscle, s. músculo; força muscular.

Muscovite, s. e adj. moscovita.

muscular, adj. muscular; musculoso.

muse, s. musa; inspiração; devaneio.

muse (to), v. tr. meditar; pensar; cismar; estar absorto.

museum, s. museu.

mush, s. papas de farinha de milho; polpa.

mushroom, s. cogumelo.

music, s. música; composição musical; melodia.

musical, adj. musical; harmonioso; melodioso.

musician, s. músico; compositor.

musing, 1. adj. contemplativo, meditativo; 2. s. êxtase; meditação.

musk, s. almíscar; almiscareiro.

musket, s. mosquete; arcabuz; gavião-macho.

musketeer, s. mosqueteiro.

muskrat, s. rato almiscarado.

musky, adj. almiscarado.

Muslim, s. e adj. mulçulmano.

muslin, 1. s. musselina; cassa; 2. adj. de musselina.

mussel, s. mexilhão.

mussulman, s. muçulmano.

must, s. mosto; sumo de uva; polpa da batata para a fermentação; mofo, bolor.

must, v. defectivo dever; ter que; estar obrigado a; ser preciso; ser necessário; ser conveniente; convir.

mustard, s. mostarda.

muster (to), v. tr. passar revista; fazer a chamada; mostrar; exibir.

musty, adj. rançoso, mofento, bolorento.

mutant, s. mutante.

mutate (to), v. tr. e intr. mudar; alterar.

mutation, s. mudança; variação.

mute, adj. e s. mudo.

mute (to), v. tr. fazer calar; suavizar; abafar (um som).

mutilate (to), v. tr. mutilar; cortar.

mutilation, s. mutilação, corte.

mutinous, adj. amotinado; sedicioso; revoltoso.

mutiny, s. motim; rebelião.

mutiny (to), v. intr. amotinar-se.

mutter (to), v. tr. e intr. murmurar, resmungar.

mutton, s. carne de carneiro.

mutual, adj. mutual, mútuo.

mutually, adv. mutuamente, reciprocamente.

muzzle, s. focinho; açaime.

muzzle (to), v. tr. açaimar, amordaçar; fazer calar.

muzzy, adj. distraído; com espírito confuso, aturdido.

my, adj. poss. meu, minha, meus minhas; **oh my!**: com os diabos!

myope, s. míope.

myopia, s. miopia.

myriad, s. miríade.

myrtle, s. mirto, murta.

myself, pron. refl. eu mesmo, me a mim.

mysterious, adj. misterioso, enigmático.

mysteriously, adv. misteriosamente.

mystery, s. mistério; enigma.

mystical, adj. místico, misterioso, enigmático.

mysticism, s. misticismo.

mystify (to), v. tr. mistificar; iludir.

myth, s. mito, fábula.

mythic, adj. mítico.

mythologic, adj. mitológico.

mythology, s. mitologia.

N

N, n, s. décima quarta letra do alfabeto.

nab (to), v. tr. apanhar de súbito; prender.

nacreous, adj. de nácar, nacarado.

nadir, s. nadir.

nag (to), v. tr. e intr. enfadar; importunar; incomodar; pegar (com alguém).

nail, s. unha, garra; taxa, prego; cravo.

nail (to), v. tr. pregar, cravar; encravar.

naive, adj. crédulo, ingénuo, cândido; natural.

naivety, s. inocência; simplicidade.

naked, adj. nu, despido; a descoberto; puro; simples.

namby-pamby, 1. adj. piegas; afectado; **2.** s. pieguice.

name, s. nome; título; pretexto.

name (to), v. tr. nomear; chamar; denominar.

nameless, adj. sem nome, anónimo.

namely, adv. nomeadamente; particularmente; isto é.

namesake, s. homónimo.

nankeen, s. nanquim (pano e tinta).

nanny, s. ama; **nanny goat:** cabra.

nap, s. sono ligeiro; sesta.

nap (to), v. intr. dormir a sesta; dormitar.

nape, s. nuca.

naphtha, s. nafta.

napkin, s. guardanapo.

nappy, adj. veloso; felpudo.

narcissism, s. narcisismo; egoísmo.

narcissus, s. narciso.

narcotic, s. narcótico.

narrate (to), v. tr. narrar, relatar.

narration, s. narração.

narrative, 1. s. narrativa; **2.** adj. narrativo.

narrator, s. narrador.

narrow, adj. estreito; apertado.

narrow (to), v. tr. estreitar, contrair.

narrowly, adv. estreitamente, apertadamente; com dificuldade.

nasal, s. som nasal; osso do nariz.

nasalization, s. nasalização.

nascent, adj. nascente.

nastier, nastiest, comp. e sup. de **nasty.**

nasty, adj. sujo, imundo; obsceno; difícil.

natal, adj. natal.

nation, s. nação, país.

national, adj. nacional.

nationalism, s. nacionalismo.

nationalist, s. e adj. nacionalista.

nationality, s. nacionalidade.

nationalize (to), *v. tr.* e *intr.* nacionalizar.

native, *adj.* nativo.

nativity, *s.* natividade.

natty, *adj.* elegante; garboso.

natural, *adj.* natural; originário.

naturalism, *s.* naturalismo.

naturalist, *s.* naturalista.

naturalization, *s.* naturalização.

naturalize (to), *v. tr.* e *intr.* naturalizar.

naturally, *adv.* naturalmente.

nature, *s.* natureza; índole; género.

naught, *s.* nada; zero.

naughty, *adj.* mau; travesso.

nausea, *s.* náusea.

nauseate (to), *v. tr.* e *intr.* provocar, sentir náuseas.

nauseous, *adj.* nauseabundo.

nautical, *adj.* náutico.

naval, *adj.* naval.

nave, *s.* nave (de igreja).

navel, 1. *s.* umbigo; 2. *adj.* central; umbilical.

navigable, *adj.* navegável.

navigate (to), *v. tr.* e *intr.* navegar.

navigation, *s.* navegação.

navigator, *s.* navegador.

navy, *s.* marinha.

near, *adj.*, *adv.* e *prep.* próximo; chegado; quase; perto de.

near (to), *v. tr.* e *intr.* aproximar; aproximar-se.

nearly, *adv.* perto; próximo; quase.

neat, *adj.* limpo, asseado.

nebulous, *adj.* nebuloso.

necessarily, *adv.* necessariamente.

necessary, *adj.* necessário.

necessitate (to), *v. tr.* necessitar.

necessity, *s.* necessidade; indigência.

neck, *s.* pescoço; garganta; istmo; gargalo.

neckerchief, *s.* lenço do pescoço; cachecol.

necklace, *s.* colar.

necktie, *s.* gravata.

necrology, *s.* necrologia.

necromancy, *s.* necromancia.

nectar, *s.* néctar.

nectarine, 1. *s.* espécie de pêssego; 2. *adj.* nectarino.

née, *adj.* nascida; com nome de solteira.

need, *s.* necessidade.

need (to), *v. tr.* e *intr.* necessitar.

needful, *adj.* necessário.

needier, neediest, *comp.* e *sup.* de **needy**.

needle, *s.* agulha; bússola.

needless, *adj.* inútil; supérfluo.

needlewoman, *s.* costureira.

needlework, *s.* trabalho feito à agulha; costura.

needn't, contracção de **need not**.

needy, *adj.* pobre; necessitado.

negation, *s.* negação, negativa.

negative, 1. *adj.* negativo; 2. *s.* negativa.

neglect, *s.* negligência.

neglect (to), *v. tr.* desprezar, negligenciar.

neglectful, *adj.* negligente, descuidado.

négligé, *s.* traje caseiro; roupão feminino.

negligence, *s.* negligência; descuido.

negligent, *adj.* negligente.

negligible, *adj.* desatendível; desprezível.

negotiable, *adj.* negociável.

negotiate (to), *v. tr.* e *intr.* negociar; tratar.

negotiating, *adj.* negociante; contratante.

negotiation, *s.* negociação.

negotiator, *s.* negociador.

negress, *s.* negra.

negro, *s.* e *adj.* negro.

neigh (to), *v. intr.* relinchar.

neighbour, 1. *adj.* vizinho; próximo; **2.** *s.* vizinho.

neighbour (to), *v. tr.* e *intr.* avizinhar; aproximar.

neighbourhood, *s.* vizinhança; proximidade.

neighbouring, *adj.* vizinho; próximo.

neighbourly, 1. *adj.* urbano; cortês; **2.** *adv.* cortesmente.

neighing, *s.* relincho.

neither, 1. *adj.* nenhum, nenhuma, nenhum dos dois; **2.** *conj.* nem (ordinariamente em correlação com **nor**).

neolithic, *adj.* neolítico.

neologism, *s.* neologismo.

neon, *s.* néon.

nephew, *s.* sobrinho.

nerve, *s.* nervo; força.

nerve (to), *v. tr.* dar força; vigorizar.

nerveless, *adj.* sem vigor.

nervous, *adj.* nervoso.

ness, sufixo que exprime qualidade ou estado.

nest, *s.* ninho; ninhada.

nest (to), *v. tr.* e *intr.* aninhar; abrigar; pôr num ninho.

nest-egg, *s.* (*fig.*) poupança.

nestle (to), *v. tr.* e *intr.* abrigar; instalar-se confortavelmente; abraçar; acariciar; esconder; pôr num ninho.

nestling, *s.* passarinho; pintainho.

net, 1. *s.* rede; laço; **2.** *adj.* limpo; puro; líquido.

net (to), *v. tr.* prender ou colher com rede.

nether, *adj.* mais baixo; inferior.

Netherlander, *s.* habitante dos Países Baixos.

netting, *s.* obra de rede; rede.

nettle, *s.* urtiga; (*náut.*) amarra; **to grasp the nettle:** agir; resolver rapidamente um problema.

neural, *adj.* neural.

neuralgia, *s.* nevralgia.

neurology, *s.* neurologia.

neurosis, *s.* nevrose.

neurotic, *adj.* neurótico; relativo a neurose.

neutral, *adj.* e *s.* neutral, neutro.

neutralism, *s.* neutralidade.

neutralization, *s.* neutralização.

neutralize (to), *v. tr.* neutralizar.

never, *adv.* nunca; jamais.

nevermore, *adv.* nunca mais.

nevertheless, *adv.* e *conj.* não obstante; contudo.

new, *adj.* novo; recente.

newborn, *s.* recém-nascido.

newcomer, *s.* recém-chegado.

news, *s.* novidade; notícias; informações.

newsagent, *s.* vendedor de jornais.

newspaper, *s.* diário; jornal.

newt, *s.* tritão.

next, 1. *adj.* próximo; imediato; seguinte; vizinho; **2.** *adv.* em seguida; depois.

nexus, *s.* nexo; vínculo.

nib, *s.* bico; ponta; extremo.

nibble, *s.* acção de morder.

nibble (to), *v. tr.* e *intr.* depenicar, debicar.

nice, 1. *adj.* belo, bonito; amável; **2.** *adv.* bem, bastante.

nicely, *adv.* agradavelmente.

nicety, *s.* delicadeza do paladar; primor.

niche, *s.* nicho.

nick, *s.* momento crítico; oportunidade; fenda.

nick (to), *v. tr.* e *intr.* acertar; dar no alvo.

nickel, *s.* níquel.

nickname, *s.* alcunha; sobrenome.

nicotine, *s.* nicotina.

niece, *s.* sobrinha.

niggardly, 1. *adv.* avaramente, mesquinhamente; **2.** *adj.* mesquinho.

nigger, *s.* negro, negra.

niggle (to), *v. tr.* zombar; escarnecer; perder tempo com ninharias.

nigh, *prep.* e *adv.* próximo; perto de.

night, *s.* noite; escuridão.

nightfall, *s.* entardecer.

nightingale, *s.* rouxinol.

nightly, 1. *adj.* nocturno; **2.** *adv.* de noite.

nightmare, *s.* pesadelo.

night-watch, *s.* guarda-nocturno.

nihilism, *s.* niilismo.

nil, *s.* nada; zero.

nimble, *adj.* ligeiro; ágil; vivo.

nimbus, *s.* auréola; nimbo.

nincompoop, *s.* palerma, pacóvio.

nine, *adj.* e *num.* nove.

nineteen, *adj.* e *num.* dezanove.

nineteenth, *adj.* e *num.* décimo nono.

ninetieth, *adj.* e *num.* nonagésimo.

ninety, *adj.* e *num.* noventa.

ninny, *s.* simplório, palerma.

ninth, 1. *adj.* e *num.* nono; **2.** *s.* a nona parte.

nip, *s.* unhada; beliscadela.

nip (to), *v. tr.* e *intr.* picar; arranhar.

nipple, *s.* bico do peito; mamilo.

nippy, *adj.* mordaz; satírico; cortante (vento); picante.

nit, *s.* lêndea.

nitrate, *s.* nitrato.

nitrogen, *s.* nitrogénio.

nitro-glycerine, *s.* nitroglicerina.

no, 1. *adv.* não; **2.** *adj.* nenhum, nenhuma; **3.** *s.* não.

no., abreviatura de **number.**

nobble (to), *v. tr.* enganar.

nobility, *s.* nobreza; aristocracia.

noble, *adj.* nobre; ilustre.

nobleman, *s.* pessoa nobre; fidalgo.

nobleness, *s.* nobreza; grandeza.

noblewoman, *s.* fidalga.

nobody, 1. *pron.* ninguém; nenhum; **2.** *s.* zé-ninguém; nulidade.

nocturnal, *adj.* nocturnal, noc turno.

nocturne, *s.* nocturno.

nod, *s.* aceno com a cabeça.

nod (to), 1. *v. intr.* cabecear; inclinar a cabeça em sinal de assentimento; **2.** *v. tr.* mostrar, indicar (com inclinação de cabeça).

noddle, *s.* *(fam.)* cabeça.

node, *s.* nó; enredo, trama.

nodule, *s.* nódulo.

Noel, *s.* Natal.

noggin, *s.* cubo; vaso.

noise, *s.* ruído; bulha.

noise (to), *v. tr.* e *intr.* espalhar divulgar.

noiseless, *adj.* sem barulho; si lencioso.

noisier, noisiest, *comp.* e *sup.* de **noisy.**

noisome, *adj.* nocivo; insalubre.

noisy, *adj.* ruidoso; estrondoso.

nomad, *s.* e *adj.* nómada.

nomadic, *adj.* nómada.

nomenclature, *s.* nomenclatura.

nominal, *adj.* nominal.

nominate (to), *v. tr.* nomear mencionar.

nomination, *s.* nomeação.

nominative, *s.* e *adj.* nominativo.

nominee, *s.* o nomeado.

non-, prefixo que descreve alg ou alguém como não tendo um propriedade ou uma qualidade.

non-aggression, *s.* não-agres são.

nonchalance, *s.* indiferença.

nonchalant, *adj.* indiferente.

nonconformist, *s.* dissidente.

nonconformity, *s.* dissidência.

nondescript, *adj.* indescritível; invulgar.

none, *pron.* nenhum; ninguém; nada.

nonentity, *s.* coisa nenhuma; nada.

nonplussed, *adj.* embaraçado.

nonsense, *s.* contra-senso; absurdo, disparate.

nonsensical, *adj.* absurdo; ridículo.

noodle, 1. *s.* simplório; basbaque; **2.** *pl.* massa; macarronete.

nook, *s.* canto; ângulo.

noon, *s.* meio-dia.

noonday, 1. *s.* meio-dia; **2.** *adj.* meridional.

noose, *s.* nó corredio; laço.

nor, *conj.* nem, não.

norm, *s.* norma.

normal, 1. *adj.* normal, regular; **2.** *s.* normalidade.

normality, *s.* normalidade.

normalize (to), *v. tr.* normalizar, tornar normal.

normally, *adv.* normalmente.

Norman, *adj.* e *s.* normando.

normative, *adj.* normativo.

north, *s.* norte.

north-east, *s.* e *adj.* nordeste.

north-easterly, *adj.* que se dirige para nordeste; do nordeste.

northerly, *adj.* do norte.

northern, *adj.* do norte; setentrional.

northerner, *s.* habitante do Norte.

northernmost, *adj.* mais ao norte.

North Pole, *s.* Pólo Norte.

northward, *adv.* e *adj.* para norte.

north-west, *s.* e *adj.* noroeste.

north-westerly, *adj.* que tem direcção do noroeste.

north-western, *adj.* pertencente ou situado a noroeste.

Norwegian, *s.* e *adj.* norueguês.

nose, *s.* nariz; focinho.

nose (to), *v. tr.* e *intr.* cheirar; farejar.

nose-band, *s.* focinheira (correia de cabeçada).

nosebleed, *s.* hemorragia nasal.

nosegay, *s.* ramalhete.

nostalgia, *s.* nostalgia.

nostalgic, *adj.* nostálgico.

nostril, *s.* fossa nasal; narina.

nostrum, *s.* panaceia.

nosy, *adj.* narigudo; *(fig.)* curioso.

not, *adv.* não; nem.

notable, *adj.* notável; memorável.

notably, *adv.* notavelmente.

notary, *s.* notário.

notation, *s.* notação, anotação.

notch, *s.* entalhe; corte.

notch (to), *v. tr.* entalhar.

note, *s.* nota; sinal; marca.

note (to), *v. tr.* notar; tomar nota; pôr sinal em.

noted, *adj.* notável.

notepad, *s.* bloco de notas.

nortworthy, *adj.* notável; interessante.

nothing, *pron.* e *s.* nada; zero; ninharia.

nothingness, *s.* nada; a não existência.

notice (to), *v. tr.* e *intr.* notar, reparar.

noticeable, *adj.* notável.

notifiable, *adj.* que deve ser notificado.

notification, *s.* notificação.

notify (to), *v. tr.* notificar, advertir.

notion, *s.* noção; ideia; parecer.

notional, *adj.* ideal, imaginário.

notoriety, *s.* notoriedade; publicidade.

notorious, *adj.* notório; manifesto; público.

notwithstanding, *adv.,* *prep.* e *conj.* não obstante; contudo; embora.

nougat, *s.* nogado.

nought, s. nada; zero.

noun, s. nome; substantivo.

nourish (to), v. tr. nutrir; alimentar.

nourishment, s. alimento; nutrição.

nous, s. mente; inteligência.

nouveau-riche, s. novo-rico.

novel, 1. adj. novo; original; **2.** s. romance; novela.

novelette, s. pequena novela.

novelist, s. novelista; romancista.

novelty, s. novidade; inovação.

November, s. Novembro.

novice, s. noviço; novato.

now, 1. adv. agora; presentemente; **2.** conj. uma vez que.

nowadays, adv. na actualidade; nos nossos dias.

nowhere, adv. em parte alguma.

noxious, adj. nocivo; prejudicial.

nozzle, s. bico; extremidade.

nuance, s. cambiante; matiz.

nuclear, adj. nuclear; **nuclear reactor:** reactor nuclear.

nude, 1. adj. nu; despido; **2.** s. nu; nudez.

nudge, s. toque ligeiro com o cotovelo.

nudge (to), v. tr. tocar com o cotovelo.

nudism, s. nudismo.

nudity, s. nudez; desabrigo.

nugget, s. grão ou pepita de ouro.

nuisance, s. aborrecimento; dano; incómodo.

null, adj. nulo, sem validade.

null (to), v. tr. anular.

nullify (to), v. tr. anular; invalidar.

numb, adj. entorpecido; paralisado.

numb (to), v. tr. tolher; paralisar.

number, s. número; harmonia.

number (to), v. tr. numerar.

numberless, adj. sem número; inumerável.

numbness, s. entorpecimento.

numeral, s. numeral; número; algarismo.

numerical, adj. numérico.

numerous, adj. numeroso; cadencioso.

numismatics, s. numismática.

numskull, s. pacóvio.

nun, s. religiosa; freira.

nunnery, s. convento de freiras.

nuptial, adj. conjugal; nupcial.

nurse, s. ama, aia; enfermeira.

nurse (to), v. tr. e intr. criar (uma criança); tratar doentes.

nursery, s. quarto destinado à crianças; infantário; viveiro.

nursing, s. criação; alimento; enfermagem.

nurture, s. criação; alimentação.

nurture (to), v. tr. criar; alimentar.

nut, s. noz; avelã; castanha; porca (de parafuso).

nut-brown, adj. de cor acastanhada.

nutcracker, s. quebra-nozes.

nutmeg, s. noz-moscada.

nutrient, adj. nutritivo.

nutriment, s. alimento; sustento.

nutrition, s. nutrição.

nutritious, adj. nutritivo.

nutritive, adj. nutritivo.

nutshell, s. casca de noz ou de avelã; **in a nutshell:** (fig.) resumidamente.

nutty, adj. que tem sabor a nozes.

nylon, s. nylon.

nymph, s. ninfa; crisálida.

nymphomaniac, s. e adj. ninfomaníaca.

O

O, o, s. décima quinta letra do alfabeto.

o, *interj.* oh!; oxalá!; queira Deus!

oaf, s. imbecil; idiota.

oak, s. carvalho.

oar, s. remo.

oar (to), *v. tr.* e *intr.* remar.

oasis, s. oásis.

oat, s. aveia.

oath, s. juramento; praga.

oatmeal, s. farinha de aveia.

obduracy, s. obstinação; teimosia.

obdurate, *adj.* obstinado; endurecido.

obedience, s. obediência.

obedient, *adj.* obediente; submisso.

obeisance, s. reverência; vénia.

obelisk, s. obelisco.

obese, *adj.* obeso; gordo.

obesity, s. obesidade.

obey (to), *v. tr.* e *intr.* obedecer; acatar.

obfuscate (to), *v. tr.* ofuscar; obscurecer.

obituary, s. necrologia; obituário.

object, s. objecto; fim.

object (to), *v. tr.* e *intr.* objectar; opor.

objection, s. objecção; oposição.

objectionable, *adj.* censurável; objectável.

objective, 1. *adj.* objectivo; **2.** s. objectiva (lente); objectivo.

objector, s. objector.

obligate (to), *v. tr.* obrigar; constranger.

obligation, s. obrigação.

obligatory, *adj.* obrigatório; forçoso.

oblige (to), *v. tr.* obrigar, forçar.

obliging, *adj.* obsequiador; serviçal.

oblique, *adj.* oblíquo; diagonal.

obliterate (to), *v. tr.* obliterar; apagar.

oblivion, s. esquecimento.

oblivious, *adj.* esquecido; desmemoriado.

oblong, 1. *adj.* oblongo; rectangular; **2.** s. quadrilongo; rectângulo.

obnoxious, *adj.* obnóxio; chocante.

oboe, s. oboé.

oboist, s. tocador de oboé.

obscene, *adj.* obsceno; imoral.

obscenity, s. obscenidade.

obscurantism, s. obscurantismo.

obscurantist, s. obscurantista.

obscure, *adj.* obscuro; tenebroso.

obscure (to), *v. tr.* escurecer; obscurecer; esconder.

obscurity, s. obscuridade; escuridão.

obsequious, *adj.* obsequioso; serviçal.

observable, *adj.* observável; notável.

observance, s. observância; cumprimento.

observant, *adj.* observador; submisso; cumpridor.

observation, s. observação; observância; exame.

observational, *adj.* observacional.

observatory, s. observatório.

observe (to), *v. tr.* e *intr.* observar; ver; examinar.

observer, s. observador; guarda.

obsess (to), v. tr. obcecar; atormentar; perseguir; assediar; cercar; sitiar.

obsession, s. obsessão.

obsessive, adj. obsessivo.

obsolescence, s. obsolescência.

obsolete, adj. obsoleto; antiquado.

obstacle, s. obstáculo; impedimento.

obstetric, adj. obstétrico.

obstetrician, s. obstetra; médico parteiro.

obstetrics, s. obstetrícia.

obstinacy, s. obstinação; pertinácia.

obstinate, adj. obstinado; teimoso.

obstreperous, adj. ruidoso.

obstruct (to), v. tr. e intr. obstruir; tapar; impedir.

obstruction, s. obstrução; estorvo.

obstructionist, s. obstrucionista.

obstructive, 1. s. impedimento; 2. adj. obstrutivo.

obtain (to), v. tr. e intr. obter; adquirir; conseguir.

obtainable, adj. que se pode conseguir ou obter.

obtrude (to), 1. v. tr. impor com violência; 2. v. intr. impor-se.

obtrusive, adj. intruso.

obtuse, adj. obtuso; rombo.

obtusion, s. embotamento.

obverse, s. obverso.

obviate (to), v. tr. obviar; prevenir; afastar; neutralizar.

obvious, adj. manifesto, evidente.

obviously, adv. obviamente.

occasion, s. ocasião; oportunidade.

occasion (to), v. tr. ocasionar; causar.

occasional, adj. ocasional; causal.

occident, s. ocidente.

occidental, adj. ocidental.

occult (to), v. tr. e intr. ocultar.

occult, adj. oculto; misterioso.

occupancy, s. posse; ocupação.

occupant, s. ocupante; inquilino.

occupation, s. ocupação; posse.

occupied, 1. pret. e p.p. de **to occupy**; 2. adj. ocupado, atarefado.

occupy (to), v. tr. ocupar; tomar posse.

occur (to), v. intr. ocorrer; vir à lembrança.

occurrence, s. ocorrência; acontecimento.

ocean, s. oceano.

oceanic, adj. oceânico.

oceanographer, s. oceanógrafo.

oceanography, s. oceanografia.

ochre, s. ocre.

o'clock, abreviatura de **on the clock** (no relógio).

octagon, s. octógono.

octagonal, adj. octogonal.

octave, s. (mús.) oitava.

October, s. Outubro.

octogenarian, s. e adj. octogenário.

octopus, s. polvo; pólipo.

oculist, s. oculista.

odd, adj. ímpar; excêntrico; extra; **against all odds:** (fig.) contra todas as probalidades.

oddity, s. singularidade; particularidade.

oddment, s. parte incidental; coisa supérflua; retalho.

ode, s. ode.

odious, adj. odioso; execrável.

odium, s. ódio; odiosidade.

odorous, adj. perfumado; fragrante.

odour, s. odor, aroma.

oesophagus, s. esófago.

of, prep. de; por; cerca de; devido a; entre; durante.

off, 1. prep. de; fora de; distante; 2. adv. longe, distante.

offal, s. vísceras.

offence, s. ofensa; pecado.

offend (to), v. tr. e intr. ofender; ultrajar.

offender, s. ofensor.

offensive, adj. ofensivo.

offer, s. oferta; oferecimsento.

offer (to), v. tr. e intr. oferecer; apresentar; oferecer-se.

offering, s. oferta; oferenda.

off-hand, 1. adj. improvisado, espontâneo; **2.** adv. imediatamente, de repente.

office, s. ofício; emprego; repartição; escritório.

officer, s. oficial; funcionário público; empregado.

official, 1. adj. oficial; **2.** s. funcionário.

officially, adv. oficialmente.

officiate (to), v. intr. oficiar; desempenhar um cargo.

officious, adj. oficioso; obsequioso.

offing, s. o alto mar; mar fora.

offset, 1. s. vergôntea; renovo; contrapeso; **2.** adj. deslocado.

offset (to), v. tr. e intr. balançar; equiparar.

offshoot, s. renovo; vergôntea.

offshore, adj. longe da costa; no mar alto.

offside, 1. s. mão direita; **2.** adv. fora do lugar próprio.

offspring, s. descendência; geração.

oft, often, adv. muitas vezes.

ogive, s. ogiva.

ogle, s. olhadela de soslaio.

ogle (to), v. tr. e intr. olhar de soslaio.

ogre, s. ogre; papão.

oh, interj. oh!

ohm, s. ohm.

oil, s. óleo; azeite; petróleo.

oil (to), v. tr. e intr. olear; azeitar; lubrificar.

oily, adj. oleoso; oleaginoso.

ointment, s. unguento; pomada.

OK, adj. (fam.) tudo bem.

old, adj. velho; idoso.

oleander, s. loendro.

olfactory, adj. olfactório.

oligarchy, s. oligarquia.

olive, s. azeitona; oliveira; **olive oil:** azeite.

Olympiad, s. olimpíada.

Olympic, adj. olímpico; **Olympic Games:** Jogos Olímpicos.

omega, s. ómega.

omelette, s. omeleta.

omen, s. agoiro; presságio.

ominous, adj. ominoso; agourento.

omission, s. omissão; exclusão.

omit (to), v. tr. omitir; excluir.

omnibus, s. autocarro carruagem.

omnipotence, s. omnipotência.

omnipotent, adj. omnipotente.

omnipresent, adj. ubíquo; omnipresente.

omniscient, adj. omnisciente.

omnivorous, adv. omnívoro.

on, prep. sobre; em; em cima de; perto; junto.

once, adv. uma vez; antigamente.

on-coming, 1. s. aproximação; **2.** adj. próximo.

one, adj., num. e pron. um, uma; só; único; um tal; certo.

one-eyed, adj. cego de um olho.

one-horse, adj. puxado por um só cavalo.

onerous, adj. oneroso; pesado.

oneself, pron. se; a si próprio; a si mesmo.

one-sided, adj. parcial; injusto; desigual; assimétrico.

ongoing, 1. adj. progressivo; **2.** s. avanço; progresso.

onion, s. cebola.

onlooker, s. espectador.

only, 1. adj. único, só; singular; **2.** adv. somente.

onomatopoeia, s. onomatopeia.

onomatopoeic, adj. onomatopaico.

onrush, s. carga, arremetida, investida; acesso.

onset, s. investida; ataque; arremetida.

onslaught, s. ataque furioso; assalto.

onus, s. ónus; encargo; carga; peso.

onward, adv. para diante.

onyx, s. ónix.

ooze, s. lama; lodo.

ooze (to), v. tr. e intr. suar; destilar; infiltrar-se; verter; gotejar.

opacity, s. opacidade.

opal, s. opala.

opalescent, adj. opalescente.

opaque, adj. opaco; sem brilho.

open, adj. aberto, exposto; declarado; claro, evidente; manifesto.

open (to), 1. v. tr. abrir; descobrir; destapar; achar; começar; inaugurar; expor; manifestar; **2.** v. intr. abrir-se; descobrir-se.

opener, s. abridor.

opening, s. abertura; brecha; fenda; inauguração.

openly, adv. manifestamente; claramente.

opera, s. ópera.

operate (to), v. tr. e intr. operar; obrar; produzir; funcionar.

operatic, adj. lírico; da ópera.

operating, 1. adj. operante; operador; **2.** s. funcionamento.

operation, s. operação; função.

operative, 1. s. operário; trabalhador; **2.** adj. operativo; eficaz.

operator, s. operador; operário; maquinista.

operetta, s. opereta.

ophthalmic, adj. oftálmico.

opiate, s. narcótico.

opine (to), v. tr. e intr. opinar; julgar.

opinion, s. opinião; parecer.

opinionated, adj. obstinado; teimoso.

opium, s. ópio.

opossum, s. sarigueia.

opponent, adj. oposto; contrário.

opportune, adj. oportuno; a tempo.

opportunism, s. oportunismo.

opportunist, s. oportunista.

opportunity, s. oportunidade.

oppose (to), v. tr. opor; impedir.

opposed, adj. contrário; oposto.

opposer, s. opositor; antagonista.

opposite, adj. oposto; fronteiro.

opposition, s. oposição; objecção.

oppress (to), v. tr. oprimir; vexar.

oppression, s. opressão; vexame.

oppressive, adj. opressivo; tirânico.

oppressor, s. opressor; tirano.

opprobrious, adj. infamante.

opprobrium, s. opróbrio; vergonha.

opt (to), v. tr. optar; escolher.

optic, 1. s. olho, vista; **2.** adj. óptico.

optical, adj. óptico.

optician, s. óptico; oculista.

optimism, s. optimismo.

optimist, s. optimista.

optimistic, adj. optimista.

optimum, adj. e s. óptimo; ideal.

option, s. opção; eleição; alternativa.

optional, adj. facultativo.

opulence, s. opulência; riqueza.

opulent, adj. opulento; rico.

opus, s. composição literária ou musical.

or, 1. conj. ou; quer; seja; **2.** adv. antes.

oracle, s. oráculo.

oracular, adj. oracular; dogmático.

oral, 1. *adj.* oral; verbal; **2.** *s.* exame oral.

orange, *s.* laranja; cor de laranja.

orangeade, *s.* laranjada.

orangery, *s.* laranjal.

orang-outang, *s.* orangotango.

oration, *s.* oração; alocução.

orator, *s.* orador.

oratorical, *adj.* oratório.

oratorio, *s. (mús.)* oratória.

oratory, *s.* oratória; eloquência; oratório.

orb, *s.* orbe; esfera.

orbit, *s.* órbita.

orbital, *adj.* orbital.

orchard, *s.* pomar.

orchestra, *s.* orquestra.

orchestral, *adj.* orquestral.

orchestrate (to), *v. tr.* instrumentar; orquestrar.

orchestration, *s.* orquestração; instrumentação.

orchid, *s.* orquídea.

ordain (to), *v. tr.* ordenar; mandar.

ordeal, *s.* prova; exame; ensaio.

order, *s.* ordem; regra; método; encomenda.

order (to), *v. tr.* ordenar; dirigir; governar; mandar vir; encomendar.

orderliness, *s.* ordem; método.

orderly, 1. *adj.* ordenado; metódico; **2.** *s.* ordenança; **3.** *adv.* em ordem; ordeiramente.

ordinal, 1. *adj.* ordinal; **2.** *s.* numeral ordinal.

ordinance, *s.* ordenança; lei; mandado.

ordinary, *adj.* ordinário; comum; vulgar.

ordination, *s.* arranjo; boa ordem.

ordnance, *s.* artilharia; canhões.

ordure, *s.* excremento; porcaria.

ore, *s.* minério; ouro.

organ, *s.* órgão; realejo.

organdie, *s.* organdi (tecido).

organic, *adj.* orgânico.

organism, *s.* organismo.

organist, *s.* organista.

organization, *s.* organização; organismo.

organize (to), *v. tr.* e *intr.* organizar; dispor.

organizer, *s.* organizador.

orgasm, *s.* orgasmo.

orgy, *s.* orgia.

orient, *s.* oriente; leste.

orient (to), *v. tr.* e *intr.* orientar; orientar-se.

oriental, *s.* e *adj.* oriental.

orientate (to), *v. tr.* e *intr.* orientar; orientar-se.

orientation, *s.* orientação.

orifice, *s.* orifício; boca.

origin, *s.* origem; princípio.

original, *adj.* original; primitivo.

originality, *s.* originalidade.

originate (to), *v. tr.* e *intr.* originar; dar origem a.

originator, *s.* originador; criador; autor.

ornament, *s.* ornamento; ornato.

ornament (to), *v. tr.* ornamentar; embelezar.

ornamental, *adj.* ornamental.

ornate, *adj.* ornado, ataviado.

ornithology, *s.* ornitologia.

orphan, *adj.* e *s.* órfão.

orphan (to), *v. tr.* deixar alguém órfão.

orphanage, *s.* orfandade; orfanato.

orthodox, *adj.* ortodoxo.

orthodoxy, *s.* ortodoxia.

orthography, *s.* ortografia.

orthopaedic, *adj.* ortopédico.

oscillate (to), *v. tr.* e *intr.* oscilar; vibrar; flutuar.

oscillation, *s.* oscilação.

osier, *s.* vime; vimeiro.

osmosis, *s.* osmose.

ossify (to), v. tr. e intr. ossificar; ossificar-se.

ostensible, adj. ostensível.

ostentation, s. ostentação; alarde.

ostentatious, adj. ostentoso; faustoso.

osteology, s. osteologia.

osteopath, s. osteopata.

ostracism, s. ostracismo.

ostracize (to), v. tr. condenar ao ostracismo.

ostrich, s. avestruz.

other, 1. adj. outro, outra, outros, outras; 2. pron. o outro, a outra.

otherwise, adv. doutro modo; doutra sorte.

otherworldly, adj. que pertence ao outro mundo.

otter, s. lontra.

ought, s. e adj. alguma coisa; de qualquer modo; absolutamente nada.

ought, v. defectivo dever; ter obrigação moral; ser provável; ser conveniente.

ounce, s. onça (peso).

our, adj. poss. o nosso, a nossa, os nossos, as nossas.

ours, pron. poss. o nosso, a nossa, os nossos, as nossas.

ourself, pron. refl. nós mesmos; nós.

oust (to), v. tr. tirar; esbulhar.

out, adv. e prep. fora; para fora; de fora.

out (to), v. tr. e intr. expulsar; deitar fora.

outbid (to), v. tr. cobrir o lanço (em leilão).

outboard, adj. (náut.) de fora da borda.

outbreak, s. erupção; paixão; revolta.

outbuilding, s. anexo; edifício exterior.

outburst, s. explosão; erupção.

outcast, 1. adj. expulso; 2. s. proscrito.

outclass (to), v. tr. exceder; sobrepujar.

outcome, s. resultado; êxito.

outcry, s. grito; clamor.

outdo (to), v. tr. (pret. **outdid**, p.p. **outdone**), sobrepujar; exceder.

outdoor, adj. que está fora de casa; exterior.

outdoors, adv. ao ar livre; fora de casa.

outer, adj. exterior; externo.

outermost, adj. o mais exterior; extremo.

outfit, s. equipamento; despesa de instalação.

outfitter, s. abastecedor; provedor.

outflank (to), v. tr. flanquear; (fig.) levar vantagem.

outflow, s. jorro de água.

outgoing, s. saída; ida; partida.

outgoings, s. pl. despesas.

outgrow (to), v. tr. (pret. **outgrew**, p.p. **outgrown**), exceder em crescimento.

outgrowth, s. crescimento demasiado.

outhouse, s. alpendre.

outing, s. passeio; excursão.

outlandish, adj. estrangeiro; rude; grosseiro.

outlast (to), v. tr. exceder em duração.

outlaw, s. proscrito; salteador.

outlaw, v. tr. banir; expulsar.

outlay, s. desembolso; gasto.

outlay (to), v. tr. gastar; desembolsar.

outlet, s. passagem; saída.

outline, s. esboço; perfil.

outline (to), v. tr. esboçar; delinear.

outlive (to), v. tr. durar mais; sobreviver.

outlook, s. vista; aspecto; atalaia.

outlook (to), v. tr. e intr. olhar fixamente para alguém.

outlying, adj. distante; exterior.

outmanoeuvre (to), v. tr. manobrar melhor.

outnumber (to), v. tr. exceder em número.

out-patient, s. doente externo (de um hospital).

outpost, s. posto avançado.

outpouring, s. efusão; emanação.

output, s. produção; rendimento.

outrage, s. ultraje; afronta.

outrage (to), v. tr. ultrajar; ofender.

outrageous, adj. ultrajante; ofensivo.

outré, adj. excessivo; exagerado.

outrider, s. batedor; picador.

outright, 1. adj. franco; sincero; 2. adv. imediatamente.

outrun (to), v. tr. e intr. exceder na corrida; passar.

outsell (to), v. tr. vender mais; vender mais caro.

outset, s. princípio; início.

outshine (to), v. tr. e intr. exceder em brilho.

outside, 1. adj. exterior; externo; de fora; superficial; 2. adv. fora; lá fora; 3. prep. fora de; sem; além de; 4. s. o exterior; a parte de fora.

outsider, s. forasteiro; intruso.

outskirts, s. pl. borda; limite; arrabaldes.

outspoken, adj. franco; aberto.

outspread (to), v. tr. difundir; espalhar.

outstanding, adj. saliente; pendente; ilustre.

outstay (to), v. tr. demorar-se mais do que os outros.

outstrech (to), v. tr. estender; alargar; ultrapassar.

outstrip (to), v. tr. exceder; ultrapassar.

outvote (to), v. intr. alcançar a maioria de votos.

outward, 1. adj. exterior, externo; 2. adv. em direcção ao exterior; para fora; 3. s. parte exterior; mundo externo.

outwardly, adv. exteriormente.

outweigh (to), v. tr. preponderar; pesar mais.

outwit (to), v. tr. exceder em astúcia.

outworn, adj. gasto pelo uso; usado.

oval, adj. e s. oval.

ovary, s. ovário.

ovation, s. ovação.

oven, s. forno.

over, prep. e adv. sobre; em cima; por cima; defronte; do outro lado de.

overact (to), v. tr. e intr. exagerar.

overall, 1. adj. total; global; a todos os respeitos; 2. s. bata.

overalls, s. pl. fato-macaco.

overawe (to), v. tr. intimidar; amedrontar.

overbalance (to), v. tr. preponderar; levar vantagem.

overbearing, adj. despótico; tirânico.

overboard, adv. ao mar; à água.

overburdened, adj. sobrecarregado.

overcast, adj. sombrio; enevoado.

overcharge (to), v. tr. sobrecarregar.

overcoat, s. sobretudo; gabão.

overcome (to), v. tr. e intr. submeter; vencer.

overcrowd (to), v. tr. e intr. encher em extremo; abarrotar.

overdo (to), v. tr. e intr. (pret. **overdid**, p.p. **overdone**), fazer mais do que o necessário; exceder-se.

overdone, 1. *p.p.* de **to overdo;**
2. *adj.* exagerado; cozido de
mais; muito passado.

overdose, *s.* dose excessiva.

overdraft, *s.* ordem de pagamento
ou cheque que não tem cobertura.

overdraw (to), *v. tr.* sacar a descoberto; exagerar.

overdress (to), *v. tr.* e *intr.* vestir
com esmero.

overdue, *adj.* que passou o dia
do pagamento (uma letra); em
atraso (um navio).

overeat (to), *v. intr.* comer em
excesso.

over-estimate (to), *v. tr.* avaliar
em mais.

overflow, *s.* inundação; superabundância.

overflow (to), 1. *v. tr.* inundar;
2. *v. intr.* derramar-se.

overgrow (to), *v. tr.* e *intr.* cobrir
com vegetação; crescer depressa.

overhang (to), *v. intr.* pender
sobre; sobressair.

overhaul (to), *v. tr.* rever; inspeccionar.

overhead, *adv.* em cima; por cima.

overhear (to), *v. tr.* ouvir casualmente.

overheat (to), *v. tr.* aquecer;
aquentar muito.

overjoy (to), *v. tr.* arrebatar;
transportar em êxtase.

overjoyed, *adj.* cheio de alegria.

overland, *adj.* que vai por terra.

overlap (to), 1. *v. tr.* sobrepor;
cobrir; **2.** *v. intr.* sobrepor-se.

overlap, *s.* envoltório; sobreposição.

overlay, *s.* capa; cobertura; colcha.

overlay (to), *v. tr.* cobrir; dar uma
camada de tinta.

overload, *s.* carga excessiva.

overload (to), *v. tr.* sobrecarregar; abarrotar.

overlook (to), *v. tr.* dominar; divisar.

overlord, *s.* suserano; senhor feudal.

overmuch, *adj.* e *adv.* demasiado.

overnight, *adv.* de noite; durante
a noite.

overpass (to), *v. tr.* transpor; atravessar.

overpower (to), *v. tr.* subjugar;
predominar.

overpowering, *adj.* opressor.

overprize (to), *v. tr.* exagerar o
valor de.

overrate (to), *v. tr.* exagerar o
valor de.

overreach (to), *v. tr.* e *intr.* exceder em astúcia; enganar.

override (to), *v. tr.* exceder; destruir; ultrapassar; sobrepor-se.

overrule (to), *v. tr.* dominar; predominar; governar.

overrun (to), *v. tr.* (*pret.* **overran,**
p.p. **overrun**), infestar; invadir.

overseas, *adj.* para além do mar.

oversee (to), *v. tr.* (*pret.* **oversaw,**
p.p. **overseen**), inspeccionar; rever; vigiar.

overseer, *s.* inspector; superintendente.

overshadow (to), *v. tr.* ofuscar;
obscurecer.

overshoot (to), *v. tr.* ultrapassar
os limites; errar o tiro.

oversight, *s.* erro; engano; equívoco.

oversize (to), *v. tr.* exceder em
tamanho.

oversleep (to), *v. tr.* e *intr.* dormir
demasiado.

overstate (to), *v. tr.* exagerar.

overstatement, *s.* exagero.

overt, *adj.* aberto; claro; patente.

overtake (to), v. tr. (pret. **overtook**, p.p. **overtaken**), apanhar; ultrapassar.

overtax (to), v. tr. sobrecarregar com impostos.

overthrow, s. queda; derrota.

overthrow (to), v. tr. derrubar; malograr.

overtime, adv. fora do tempo marcado.

overture, s. abertura; sinfonia.

overturn, s. queda; ruína.

overturn (to), v. tr. deitar abaixo; subverter.

overvalue (to), v. tr. encarecer; exagerar o valor.

overweening, adj. altivo; arrogante.

overweight (to), v. tr. exceder em peso.

overweight, s. peso excessivo.

overwhelm (to), v. tr. oprimir; subjugar; submergir; cobrir completamente; destruir; confundir.

overwhelming, adj. opressivo; preponderante.

overwork, s. trabalho feito fora das horas regulamentares; trabalho excessivo.

overwork (to), 1. v. tr. obrigar a trabalhar em excesso; 2. v. intr. trabalhar em excesso.

ovum, s. ovo.

owe (to), 1. v. tr. ser devedor; dever; 2. v. intr. estar endividado.

owl, s. mocho.

owlish, adj. semelhante ao mocho.

own, adj. próprio; pertencente a; peculiar.

own (to), v. tr. e intr. possuir; ter; ser dono de; confessar.

owner, s. dono; proprietário.

ownership, s. posse; domínio.

ox, s. boi.

oxen, pl. de **ox**.

oxidation, s. oxidação.

oxide, s. óxido.

oxidize (to), v. tr. e intr. oxidar; oxigenar; oxidar-se.

oxygen, s. oxigénio; **oxygen mask**: máscara de oxigénio.

oxygenate (to), v. tr. oxigenar; oxidar.

oxymoron, s. oxímoro.

oyster, s. ostra.

oz., abreviatura de **ounce**.

ozone, s. ozono.

P

P, p, s. décima sexta letra do alfabeto.

pace, s. passo; marcha.

pace (to), v. intr. andar a passo; passear.

pachyderm, s. paquiderme.

pacific, adj. pacífico; calmo.

Pacific, s. o oceano Pacífico.

pacifier, s. pacificador.

pacifist, s. pacifista.

pacify (to), v. tr. pacificar; acalmar.

pack, s. pacote; fardo; baralho; quadrilha; matilha.

pack (to), v. tr. e intr. enfardar; empacotar; fazer as malas.

package, s. fardo; pacote.

packet, s. pacote; fardo pequeno.

packet (to), v. tr. enfardar; empacotar.

packing, s. enfardamento; embalagem.

pact, s. tratado; pacto.

pad, s. almofada; estrada; vereda.

pad (to), v. tr. e intr. almofadar; caminhar sem ruído.

padding, s. chumaço.

paddle, s. remo de pá.

paddle (to), v. tr. e intr. remar; chapinhar.

paddock, s. tapada.

Paddy, s. alcunha que se dá aos irlandeses.

padlock, s. aloquete; cadeado.

padlock (to), v. tr. fechar com um aloquete.

paean, s. canto de triunfo.

paediatrics, s. pediatria.

pagan, s. e adj. pagão; infiel.

paganism, s. paganismo.

page, s. página; pajem.

page (to), v. tr. paginar; folhear.

pageant, s. pompa; arco triunfal; cortejo.

pageantry, s. pompa; fausto.

pagination, s. paginação.

pagoda, s. pagode; templo chinês.

paid, pret. e p.p. de to pay.

pail, s. cuba; balde.

pain, s. pena; dor; esforço.

pain (to), v. tr. e intr. afligir; contristar; doer; magoar.

pained, adj. aflito; doloroso.

painful, adj. doloroso.

painfully, adv. penosamente.

painkiller, s. analgésico.

painless, adj. sem dor.

painstaking, adj. activo; cuidadoso; trabalhador.

paint, s. tinta; pintura.

paint (to), v. tr. e intr. pintar; colorir; retratar.

painter, s. pintor.

painting, s. pintura.

pair, s. par; parelha; junta; casal.

pair (to), v. tr. emparelhar; casar.

pal, s. companheiro; amigalhaço.

palace, s. palácio.

palatable, adj. gostoso; saboroso.

palate, s. paladar.

palatial, adj. palacial; majestoso.

palaver, s. palavreado; conferência.

pale, 1. adj. pálido; desmaiado; **2.** s. estaca.

pale (to), v. tr. e intr. fazer empalidecer; cercar; rodear.

palette, s. paleta.

palisade, s. paliçada.

pall, s. mortalha; pano mortuário.

pall (to), v. intr. tornar-se insípido.
pallet, s. cama pequena.
palliative, adj. e s. paliativo.
pallid, adj. pálido.
pallor, s. palidez.
palm, s. palma da mão; palmeira; **palm oil:** óleo de palma.
palm (to), v. tr. empalmar; trapacear.
palmistry, s. quiromancia.
Palm-Sunday, s. Domingo de Ramos.
palpable, adj. palpável; manifesto.
palpitate (to), v. intr. palpitar; latejar.
palpitation, s. palpitação.
palsied, adj. paralítico.
palsy, s. paralisia.
paltrier, paltriest, comp. e sup. de **paltry.**
paltry, adj. vil; miserável.
pampas, s. pampas.
pamper (to), v. tr. engordar; regalar; amimar; acarinhar.
pamphlet, s. panfleto; folheto.
pamphleteer, s. panfletário.
pan, s. panela; caçarola.
pan (to), 1. v. intr. separar o ouro; 2. v. tr. fritar.
panacea, s. panaceia.
panache, s. penacho; topete.
panama, s. panamá (chapéu).
pancake, s. sonho (espécie de filhó).
pancreas, s. pâncreas.
pandemic, 1. adj. pandémico; geral; 2. s. epidemia.
pandemonium, s. pandemónio; barafunda.
pander (to), v. tr. e intr. alcovitar.
pane, s. vidro (de vidraça); placa.
panegyric, 1. s. panegírico, apologia; 2. adj. panegírico.
panel, s. caixilho; almofada de porta; quadro de instrumentos.

panel (to), v. tr. almofadar (portas, janelas, etc.).
pang, s. angústia; agonia.
panic, 1. s. pânico; terror; 2. adj. de terror; de pânico.
panicky, adj. que produz pânico; alarmante.
pannier, s. cabaz; cesto.
panoply, s. panóplia.
panorama, s. panorama.
panoramic, adj. panorâmico.
pant (to), v. intr. palpitar; anelar, arquejar.
pantaloons, s. pl. calças.
pantheism, s. panteísmo.
pantheistic, adj. panteísta.
pantheon, s. panteão.
panther, s. pantera.
pantomime, s. pantomima; pantomimo.
pantry, s. copa; despensa.
pants, s. pl. ceroulas.
pap, s. papa.
papa, s. papá.
papacy, s. pontificado; papado.
papal, adj. papal, pontifical.
paper, 1. s. papel; folha de papel; ensaio; dissertação; jornal; 2. adj. de papel.
paper (to), v. tr. forrar com papel.
papier-mâché, s. massa de papel.
papyrus, s. papiro.
par, s. igualdade; equivalência; par; média.
parable, s. parábola.
parabola, s. (geometria) parábola.
parabolic, adj. parabólico.
parachute, s. pára-quedas.
parachutist, s. pára-quedista.
parade, s. parada (militar); revista.
parade (to), v. tr. dispor em parada; passar revista.
paradigm, s. paradigma.
paradise, s. paraíso; céu.

paradox, s. paradoxo.
paradoxical, adj. paradoxal.
paraffin, s. parafina.
paragon, s. modelo ideal.
paragraph, s. parágrafo.
paragraph (to), v. tr. dividir em parágrafos.
parakeet, s. periquito.
parallel, adj. paralelo; igual; semelhante.
parallel (to), v. tr. e intr. pôr em paralelo.
parallelogram, s. paralelograma.
paralyse (to), v. tr. paralisar.
paralysis, s. paralisia; paralisação.
paralytic, s. e adj. paralítico.
parameter, s. parâmetro.
paramount, adj. proeminente; superior; supremo.
paranoia, s. paranóia.
paranoiac, adj. e s. paranóico.
parapet, s. parapeito; baluarte.
paraphernalia, s. ornamentos; atavios.
paraphrase, s. paráfrase.
paraphrase (to), v. tr. parafrasear.
paraplegic, adj. paraplégico.
parasite, s. parasita.
parasitic, adj. parasítico.
parasol, s. sombrinha; chapéu (de sol).
parboil (to), v. tr. cozer ligeiramente.
parcel, s. parcela; porção; embrulho; encomenda.
parcel (to), v. tr. empacotar; distribuir.
parch (to), v. tr. e intr. queimar; crestar; queimar-se.
parchment, s. pergaminho.
pardon, s. perdão.
pardon (to), v. tr. perdoar; desculpar.
pardonable, adj. perdoável.
pare (to), v. tr. aparar; descascar.

parent, s. pai; mãe; autor.
parentage, s. parentesco; família.
parental, adj. parental.
parenthesis, s. parêntese.
parenthetical, adj. parentético.
parents, s. pl. pais.
par excellence, adj. por excelência.
pariah, s. pária.
parish, s. paróquia; freguesia.
parishioner, s. paroquiano.
Parisian, s. e adj. parisiense.
parity, s. paridade.
park, s. parque.
park (to), v. tr. e intr. estacionar; parar.
parking, s. estacionamento de veículos; **parking lot:** parque de estacionamento; **parking meter:** parcómetro.
parlance, s. conversação; linguagem.
parley, s. conferência; debate.
parliament, s. parlamento.
parliamentarian, s. parlamentário.
parliamentary, adj. parlamentar.
parlour, s. saleta; sala de estar; locutório.
parlous, adj. vivo; esperto.
Parmesan, 1. adj. parnesão; 2. s. queijo de Parma.
parochial, adj. paroquial.
parochialism, s. paroquialismo; espírito provinciano.
parodist, s. parodista.
parody, s. paródia.
parody (to), v. tr. parodiar.
parole, s. palavra; promessa; fiança.
parole (to), v. tr. afiançar.
paroxysm, s. paroxismo.
parquet, s. parquete.
parricide, s. parricida; parricídio.
parrot, s. papagaio.
parry (to), v. tr. e intr. desviar; desviar-se; fazer evasivas.

parse (to), v. tr. analisar.

parsimonious, adj. parcimonioso.

parsimony, s. parcimónia; economia.

parsley, s. salsa.

parsnip, s. cenoura branca.

parson, s. clérigo; sacerdote.

parsonage, s. presbitério.

part, 1. s. parte; quinhão; papel; 2. adv. em parte.

part (to), v. tr. e intr. partir; repartir; partir-se.

partake (to), v. tr. e intr. (pret. **partook,** p.p. **partaken**), participar; partilhar.

partial, adj. parcial, local.

partially, adv. parcialmente.

participant, adj. participante; partícipe.

participate (to), v. tr. e intr. participar; tomar parte em.

participation, s. participação.

participial, adj. participial.

participle, s. particípio.

particle, s. partícula.

particular, adj. particular; privado; miudinho.

particularize (to), v. tr. particularizar.

particularly, adv. particularmente.

parting, 1. s. separação; adeus; despedida; 2. adj. de separação; divisório.

partisan, s. partidário.

partition, s. partição; divisão.

partition (to), v. tr. dividir; repartir.

partly, adv. em parte; de certo modo.

partner, s. companheiro; sócio.

partner (to), v. tr. associar-se com.

partnership, s. sociedade; associação.

partook, pret. de **to partake**.

partridge, s. perdiz.

party, s. partido; facção; grupo; festa familiar.

parvenu, s. adventício; novo-rico.

pass, s. passo; passagem.

pass (to), v. tr. e intr. passar; exceder; decorrer; cessar; morrer.

passable, adj. transitável; tolerável.

passage, s. passagem; trânsito.

passenger, s. passageiro; viajante.

passer-by, s. viandante.

passim, adv. a cada passo; aqui e ali.

passing, 1. adj. passageiro; transitório; 2. adv. muito.

passion, s. paixão; fervor; **passion fruit:** maracujá.

passionate, adj. apaixonado; arrebatado.

passive, 1. adj. passivo; quieto; 2. s. passiva.

Passover, s. páscoa dos Hebreus.

passport, s. passaporte; salvo-conduto.

password, s. palavra de passe; santo-e-senha.

past, 1. s. e adj. passado; último; 2. adv. em frente; 3. prep. fora de.

paste, s. massa; pasta.

paste (to), v. tr. colar; pegar.

pasteboard, s. papelão; cartão.

pastel, s. pastel (pintura ou desenho).

pasteurize (to), v. tr. pasteurizar; esterilizar.

pastille, s. pastilha; pastel (pintura).

pastier, pastiest, comp. e sup. de **pasty**.

pastime, s. passatempo; diversão.

pastor, s. pastor espiritual.

pastoral, adj. pastoral; pastoril.

pastry, s. pastelaria; massa; folhados.

pasture, s. pasto.

pasture (to), v. intr. e tr. pastar; apascentar.

pasty, 1. adj. pastoso; 2. s. pastel.

pat, 1. adj. próprio; apto; **2.** s. palmadinha; afago.

pat (to), v. tr. e intr. acariciar; afagar.

patch, s. remendo; embutido.

patch (to), v. tr. remendar.

patchwork, s. obra de fancaria; remendo.

patchy, adj. com muitos remendos.

patella, s. patela; rótula do joelho.

patent, s. e adj. patente; manifesto.

patent (to), v. tr. patentear.

paternal, adj. paterno; paternal.

paternalism, s. paternalismo.

paternity, s. paternidade.

paternoster, s. o padre nosso.

path, s. caminho; senda.

pathetic, adj. patético; comovente.

pathfinder, s. explorador; pioneiro.

pathological, adj. patológico.

pathologist, s. patologista.

pathology, s. patologia.

pathos, s. patético; sentimento.

pathway, s. vereda; caminho.

patience, s. paciência; resignação.

patient, 1. adj. paciente; sofredor; **2.** s. doente.

patina, s. pátina.

patois, s. dialecto; algaravia.

patriarch, s. patriarca.

patriarchal, adj. patriarcal.

patrician, s. e adj. patrício; nobre.

patrimony, s. património.

patriot, s. patriota.

patriotic, adj. patriótico.

patriotism, s. patriotismo; civismo.

patrol, s. patrulha; ronda.

patrol (to), v. tr. e intr. patrulhar; rondar.

patron, s. patrono; defensor.

patronage, s. patrocínio; padroado.

patronize (to), v. tr. patrocinar; proteger.

patronizing, adj. protector.

patter, s. pateada; tagarelice.

patter (to), v. tr. e intr. patear; sapatear.

pattern, s. modelo; amostra.

pattern (to), v. tr. copiar; imitar.

patty, s. torta; empada.

paucity, s. pouquidade; escassez.

paunch, s. barriga; abdómen.

pauper, s. pobre; indigente.

pauperism, s. pobreza; indigência.

pauperize (to), v. tr. empobrecer; depauperar.

pause, s. pausa; intervalo.

pause (to), v. intr. cessar; parar; interromper.

pave (to), v. tr. pavimentar; empedrar.

pavement, s. pavimento; calçada.

pavilion, s. pavilhão; barraca.

paving, s. pavimento; piso.

paw, s. garra; pata.

paw (to), v. tr. e intr. escavar a terra (animal).

pawn, s. peão (xadrez).

pawn (to), v. tr. empenhar.

pawnbroker, s. penhorista; prestamista.

pawnshop, s. casa de penhores.

pax, s. paz.

pay, s. paga; soldo; ordenado.

pay (to), v. tr. pagar; satisfazer; prestar; dar.

payable, adj. pagável.

payee, s. pessoa a quem se paga; sacador.

payer, s. pagador; sacador.

paymaster, s. pagador; contador; tesoureiro.

payment, s. pagamento; paga.

payoff, s. recompensa.

pea, s. ervilha.

peace, s. paz; calma.

peaceable, adj. pacífico; sossegado.

peaceful, adj. pacífico; sossegado.

peacemaker, s. pacificador; medianeiro.

peach, s. pêssego.
peacock, s. pavão.
peahen, s. pavoa.
peak, s. cume; cimo; auge.
peak (to), v. tr. e intr. atingir o ponto máximo; definhar.
peaked, adj. pontiagudo.
peal, s. bulha; estrépito; toque dos sinos.
peal (to), s. tr. e intr. retinir; ressoar.
peanut, s. amendoim.
pear, s. pêra.
pearl, s. pérola.
pearly, adj. de pérola.
peasant, s. camponês; aldeão.
pease, s. pl. ervilhas.
peat, s. turfa.
peatier, peatiest, comp. e sup. de **peaty**.
peaty, adj. de turfa.
pebble, s. seixo; calhau.
pebbly, adj. seixoso; pedregoso.
peccadillo, s. pecadilho.
peck, s. grande quantidade; bicada.
peck (to), v. tr. e intr. picar; espi-caçar.
pecker, s. pássaro que dá bica-das; picanço.
peckish, adj. (fam.) esfomeado.
pectoral, adj. peitoral.
peculiar, adj. peculiar; particular.
peculiarity, s. particularidade.
peculiarly, adv. particularmente; peculiarmente.
pecuniary, adj. pecuniário.
pedagogic, adj. pedagógico.
pedagogy, s. pedagogia.
pedal, s. pedal.
pedal (to), v. tr. e intr. pedalar.
pedant, s. pedante.
pedantic, adj. pedante.
pedantry, s. pedantismo.
peddle (to), v. intr. fazer ofício de bufarinheiro.
peddler, s. bufarinheiro.
pedestal, s. pedestal.

pedestrian, 1. s. peão; caminhan-te; 2. adj. pedestre; **pedestrian crossing**: passadeira de peões.
pedestrianism, s. pedestrianismo.
pedestrianize (to), v. intr. fazer grandes caminhadas a pé.
pedicure, s. pedicuro; calista.
pedigree, s. genealogia.
pediment, s. frontão.
pedlar, s. bufarinheiro; revendedor.
peduncle, s. pedúnculo.
peduncular, adj. peduncular.
pee, s. (cal.) urina; mijo.
pee (to), v. tr. e intr. (cal.) urinar; mijar.
peek (to), v. intr. olhar, espreitar.
peel, s. casca; pele.
peel (to), v. tr. e intr. descascar; pelar; pelar-se.
peeler, s. pelador; montador.
peelings, s. pl. cascas.
peep, s. pl. assomo; indício; pio.
peep (to), v. intr. olhar; espreitar; piar.
peer, s. par; companheiro.
peer (to), v. tr. espreitar; olhar; ri-valizar.
peerage, s. dignidade de par.
peerless, adj. incomparável.
peevish, adj. impertinente.
peewit, s. pavoncinho.
peg, s. cavilha; taco.
peg (to), v. tr. e intr. cavilhar; mar-car com estacas.
pejorative, adj. pejorativo.
pelican, s. pelicano.
pellet, s. pelota; péla.
pell-mell, adv. em confusão.
pellucid, adj. claro; diáfano.
pelt, s. pele; couro; golpe.
pelt (to), v. tr. e intr. lançar; arre-messar.
pelvic, adj. pélvico.
pelvis, s. pélvis; bacia.
pen, s. pena; caneta; bico de es-crever.

pen (to), v. tr. escrever; redigir.

penal, adj. penal.

penalize (to), v. tr. declarar penal; penalizar.

penalty, s. penalidade; castigo; **penalty area:** grande área.

penance, s. castigo; penitência.

pence, pl. de penny.

penchant, s. inclinação; tendência.

pencil, s. lápis; pincel fino.

pendant, s. pendente; pingente.

pending, adj. pendente; suspenso.

pendulous, adj. pendente; suspenso; pendular.

pendulum, s. pêndulo.

penetrate (to), v. tr. e intr. penetrar; entrar.

penetrating, adj. penetrante.

penguin, s. pinguim.

penicillin, s. penicilina.

peninsula, s. península.

penis, s. pénis.

penitence, s. penitência.

penitent, adj. e s. penitente.

penitential, adj. penitencial.

penitentiary, s. penitenciária; prisão.

penknife, s. canivete.

penmanship, s. caligrafia.

pennant, s. bandeirola; galhardete.

penniless, adj. pobre.

penny, s. péni.

pension, s. pensão; retiro; reforma.

pension (to), v. tr. dar uma pensão.

pensioned, adj. pensionista.

pensive, adj. pensativo.

pentagon, s. pentágono.

pentameter, s. pentâmetro.

pentathlon, s. pentatlo.

Pentecost, s. Pentecostes.

penthouse, s. alpendre; telheiro; apartamento luxuoso.

penultimate, adj. penúltimo.

penurious, adj. avarento; miserável.

penury, s. penúria; miséria.

people, s. povo; gente; nação; vulgo.

people (to), v. tr. povoar; colonizar.

pepper, s. pimenta; pimenteira.

pepper (to), v. tr. apimentar.

peppercorn, s. grão de pimenta.

peppered, adj. picante; fogoso.

peppermint, s. hortelã-pimenta.

peppery, adj. apimentado.

peptic, adj. digestivo; **peptic ulcer:** úlcera péptica.

per, prep. por; conforme.

perambulate (to), v. tr. e intr. percorrer; ver; examinar.

perceive (to), v. tr. perceber; compreender; entender.

per cent, adj. por cento.

percentage, s. percentagem.

perceptible, adj. perceptível; palpável.

perception, s. percepção.

perceptive, adj. perceptivo.

perch, s. perca (peixe).

perch (to), v. tr. e intr. empoleirar; empoleirar-se.

perchance, adv. por acaso; talvez.

percipient, adj. perceptivo; observador.

percolate (to), v. tr. e intr. filtrar; coar; filtrar-se.

percolation, s. filtração; infiltração.

percolator, s. filtro; coador.

percussion, s. percussão; choque.

percussionist, s. percussionista.

perdition, s. perdição; ruína.

peregrine, 1. adj. estranho; peregrino; migratório; **2.** s. espécie de falcão.

peregrination, s. peregrinação; viagem.

peremptory, adj. peremptório; decisivo.

perennial, adj. perene; perpétuo.

perfect, adj. perfeito; acabado.

perfect (to), v. tr. aperfeiçoar; completar.

perfection, s. perfeição.

perfectionist, s. perfeccionista.

perfectly, adv. perfeitamente; completamente.

perfidious, adj. pérfido; falso.

perfidy, s. perfídia; traição.

perforate, adj. perfurado.

perforate (to), v. tr. e intr. perfurar.

perforation, s. perfuração; furo.

perforce, adv. à força; necessariamente.

perform (to), v. tr. e intr. executar; realizar.

performance, s. execução; desempenho; realização.

performer, s. executante; realizador.

performing, adj. executante; amestrado.

perfume, s. perfume; odor.

perfume (to), v. tr. perfumar; aromatizar.

perfunctory, adj. negligente; superficial.

pergola, s. caramanchel; pérgula.

perhaps, adv. talvez; possivelmente; por acaso.

peril, s. perigo; risco.

peril (to), v. tr. expor ao perigo.

perilous, adj. perigoso; arriscado.

perimeter, s. perímetro.

period, s. período; circuito; tempo lectivo.

periodic, adj. periódico.

periodical, 1. adj. periódico; 2. s. publicação periódica.

periodically, adv. periodicamente.

peripatetic, adj. peripatético.

peripheral, adj. periférico.

periphery, s. periferia.

periscope, s. periscópio.

perish (to), v. intr. perecer; morrer.

perishable, adj. perecedoiro; frágil.

peritonitis, s. peritonite.

periwinkle, s. caramujo; pervinca (planta).

perjure (to), v. tr. e intr. perjurar.

perjury, s. perjúrio.

perk, adj. vivo; alegre.

perk (to), v. tr. enfeitar; ataviar.

perky, adj. galhardo.

perm, s. permanente (cabelo).

perm (to), v. tr. e intr. fazer uma permanente (cabelo).

permanence, s. permanência; perseverança.

permanent, adj. permanente; perseverante.

permeable, adj. permeável; penetrável.

permeate (to), v. tr. penetrar; passar.

permissible, adj. permissível; sofrível.

permission, s. permissão; licença.

permissive, adj. permissivo; permitido.

permit, s. licença; permissão.

permit (to), v. tr. e intr. permitir; consentir.

permutation, s. troca; permuta.

pernicious, adj. pernicioso; nocivo.

pernickety, adj. (fam.) fastidioso; melindroso.

peroration, s. peroração.

peroxide, s. peróxido.

perpendicular, adj. perpendicular.

perpetrate (to), v. tr. perpetrar.

perpetrator, s. perpetrador.

perpetual, adj. perpétuo; contínuo.

perpetuate (to), v. tr. perpetuar; imortalizar.

perpetuity, s. perpetuidade.

perplex (to), v. tr. tornar perplexo.

perplexed, adj. perplexo; duvidoso.

perplexity, s. perplexidade.

perquisite, s. emolumento; gratificação.

per se, adv. por si mesmo.

persecute (to), v. tr. perseguir; importunar.

persecution, s. perseguição; opressão.

persecutor, s. perseguidor; opressor.

perseverance, s. perseverança; persistência.

persevere (to), v. intr. perseverar; persistir.

Persian, adj. persa; pérsico.

persimmon, s. dióspiro; diospireiro.

persist (to), v. intr. persistir; perseverar; insistir.

persistence, s. persistência; teima; porfia.

persistent, adj. persistente; perseverante.

persistently, adv. persistentemente.

person, s. pessoa; indivíduo; personalidade.

persona, s. pessoa; indivíduo; personagem.

personage, s. personagem; personalidade.

personal, adj. pessoal; particular; **personal assistant:** assistente pessoal; **personal computer:** computador pessoal.

personality, s. personalidade; individualidade.

personalize (to), v. tr. personalizar; tornar pessoal.

personification, s. personificação.

personify (to), v. tr. personificar.

personnel, s. pessoal; número de empregados.

perspective, 1. s. perspectiva; 2. adj. que está em perspectiva.

perspicacious, adj. perspicaz; penetrante.

perspicacity, s. perspicácia; agudeza.

perspiration, s. transpiração; suor.

perspire (to), v. tr. suar; transpirar.

persuade (to), v. tr. persuadir; induzir.

persuasion, s. persuasão; crença.

persuasive, 1. adj. persuasivo. 2. s. persuasiva.

pert, adj. atrevido, descarado.

pertain (to), v. intr. pertencer; tocar; concernir.

pertinacious, adj. pertinaz; obstinado.

pertinent, adj. pertinente; referente a.

perturb (to), v. tr. perturbar; inquietar.

perturbation, s. perturbação; desordem.

perusal, s. leitura cuidadosa; lição.

peruse (to), v. tr. ler com atenção; examinar detidamente.

Peruvian, adj. e s. peruano.

pervade (to), v. tr. atravessar; penetrar; minar.

pervading, adj. dominante.

pervasive, adj. penetrante.

perverse, adj. perverso; mau; malvado.

perversion, s. perversão; corrupção.

perversity, s. perversidade; depravação.

pervert, s. renegado; apóstata; pervertido.

pervert (to), v. tr. perverter; corromper; viciar.

peseta, s. peseta (moeda).

pessimism, s. pessimismo.

pessimist, s. pessimista.

pessimistic, adj. pessimista.

pest, s. peste; praga.

pester (to), v. tr. incomodar; enfadar.

pesticide, s. pesticida.

pestilence, s. pestilência; peste.

pestle, s. pilão.

pet, *s.* animal doméstico; mimalho.

pet (to), *v. tr.* afagar; acariciar.

petal, *s.* pétala.

petard, *s.* petardo.

peter (to), *v. intr.* diminuir; desaparecer.

petition, *s.* petição; instância.

petition (to), *v. tr.* e *intr.* peticionar; rogar.

petitioner, *s.* suplicante.

petrify (to), *v. tr.* e *intr.* petrificar; petrificar-se.

petrol, *s.* gasolina; **petrol station:** bomba de gasolina.

petroleum, *s.* petróleo; óleo mineral.

petticoat, *s.* saia; saiote.

pettifogging, 1. *s.* chicana; **2.** *adj.* chicaneiro; velhaco.

pettish, *adj.* rabugento; áspero.

petty, *adj.* mesquinho; insignificante; **petty cash:** fundo de maneio.

petulance, *s.* petulância; mau génio.

petulant, *adj.* petulante; insolente.

petunia, *s.* petúnia.

pew, *s.* banco reservado (na igreja); estrado.

pewter, *s.* peltre.

phalanx, *s.* falange.

phantasmagoria, *s.* fantasmagoria.

phantom, *s.* fantasma; espectro.

pharaoh, *s.* faraó.

pharisee, *s.* fariseu.

pharmaceutical, *adj.* farmacêutico.

pharmacist, *s.* farmacêutico.

pharmacology, *s.* farmacologia.

pharmacy, *s.* farmácia.

pharynx, *s.* faringe.

phase, *s.* fase; aspecto.

pheasant, *s.* faisão.

phenomena, *s. pl.* de **phenomenon.**

phenomenal, *adj.* fenomenal.

phenomenon, *s.* fenómeno.

phew!, *interj.* expressão que indica enfado ou impaciência.

phial, *s.* frasco de vidro; redoma.

philanderer, *s.* galanteador.

philanthropic, *adj.* filantrópico.

philanthropy, *s.* filantropia.

philatelist, *s.* filatelista.

philately, *s.* filatelia.

Philippine, *s.* e *adj.* filipino.

Philistine, *s.* e *adj.* filistino.

Philistinism, *s.* filistinismo.

philology, *s.* filologia.

philosopher, *s.* filósofo.

philosophic, *adj.* filosófico.

philosophize (to), *v. intr.* filosofar.

philosophy, *s.* filosofia.

phlegm, *s.* fleuma; indiferença.

phlegmatic, *adj.* fleumático.

phobia, *s.* fobia.

phoenix, *s.* fénix.

phone, *s.* telefone; **phone book:** lista telefónica; **phone booth:** cabina telefónica.

phone (to), *v. tr.* e *intr.* telefonar.

phonetic, *adj.* fonético.

phoney, *s.* falso.

phonograph, *s.* fonógrafo.

phonology, *s.* fonologia.

phosphate, *s.* fosfato.

phosphorescence, *s.* fosforescência.

phosphorescent, *adj.* fosforescente.

phosphorus, *s.* fósforo.

photo, *s.* fotografia; retrato.

photocopier, *s.* fotocopiadora.

photocopy, *s.* fotocópia.

photogenic, *adj.* fotogénico.

photograph, *s.* fotografia.

photograph (to), *v. tr.* fotografar.

photographer, *s.* fotógrafo.

photographic, *adj.* fotográfico.

photography, *s.* fotografia.

phrase, *s.* frase; expressão.

phrase (to), v. tr. frasear; exprimir.

phraseology, s. fraseologia.

phrasing, s. fraseologia.

phrenology, s. frenologia.

physical, adj. físico; material; **physical education:** educação física.

physician, s. médico.

physicist, s. físico.

physics, s. física.

physiognomic, adj. fisionómico.

physiological, adj. fisiológico.

physiology, s. fisiologia.

physiotherapist, s. fisioterapeuta.

physiotherapy, s. fisioterapia.

physique, s. figura; estrutura física de uma pessoa.

pi, s. nome da letra grega.

pianissimo, adv. e s. (mús.) pianíssimo.

pianist, s. pianista.

piano, 1. s. piano; 2. adv. (mús.) piano; lentamente.

piazza, s. praça.

piccalilli, s. legumes de conserva.

piccolo, s. flautim; requinta.

pick, s. picareta; gazua; mancha de uma folha impressa; colheita.

pick (to), v. tr. e intr. picar; furar; esburacar; apanhar; colher.

pickaxe, s. picareta; picão.

picker, s. pessoa que colhe, apanha ou separa.

picket, s. estaca pontiaguda.

picket (to), v. tr. rodear com estacas; pôr de guarda.

pickle, s. salmoira; escabeche; conserva em vinagre.

pickpocket, s. gatuno; carteirista.

pick-up, s. carrinha.

picnic, s. piquenique.

picnic (to), v. intr. fazer um piquenique.

picnicker, s. aquele que toma parte num piquenique.

pictorial, adj. pictórico; da pintura; de pintor.

picture, s. pintura; retrato; quadro gravura; recordação; pl. filme cinema.

picture (to), v. tr. e intr. pintar desenhar; debuxar; descrever imaginar.

picturesque, adj. pitoresco.

pidgin, s. língua adulterada.

pie, s. pega (ave); pastel; empada torta.

piebald, adj. malhado (cavalo).

piece, s. peça; pedaço; bocado moeda.

piece (to), v. tr. acrescentar; unir remendar.

piecemeal, adv. em pedaços pouco a pouco.

piecework, s. empreitada.

pier, s. pilar; cais; dique.

pierce (to), v. tr. furar; penetrar em

piercer, s. furador.

piercing, adj. agudo; perfurante cortante.

pierrot, s. palhaço.

piety, s. piedade; devoção; santidade.

piffle, s. disparate; ninharia; tolice bagatela.

pig, s. porco; latão; barra (de metal).

pig (to), v. tr. e intr. parir (a porca); viver num chiqueiro.

pigeon, s. pombo; pomba; borracho.

piggery, s. chiqueiro; porcaria.

piggin, s. selha.

pig-headed, adj. cabeçudo; teimoso.

piglet, s. leitão.

pigment, s. pigmento; pintura.

pigskin, s. pele de porco.

pigtail, s. rabo de porco.

pike, s. lúcio (peixe); pique; chuço.

pikestaff, s. chuço de pau.

pilchard, s. sardinha.

pile, s. monte; montão; pilha.

pile (to), v. tr. e intr. empilhar; amontoar.

piles, s. pl. hemorróidas.

pilfer (to), v. tr. e intr. furtar; surripiar (coisas de pouco valor); burlar; enganar.

pilferer, s. gatuno.

pilgrim, s. peregrino; romeiro.

pilgrimage, s. peregrinação; romaria.

pill, s. pílula; coisa enfadonha; sensaboria.

pillage, s. pilhagem.

pillage (to), v. tr. e intr. pilhar; saquear; roubar; esbulhar.

pillar, s. pilar; coluna; pilastra.

pillion, s. albardilha; chumaço de albarda; atafal.

pillory, s. pelourinho.

pillory (to), v. tr. expor no pelourinho.

pillow, s. almofada.

pillow (to), v. intr. descansar sobre o travesseiro ou sobre uma almofada.

pillowcase, s. fronha.

pilot, s. piloto.

pilot (to), v. tr. pilotar.

pimento, s. pimenta ou pimento da Jamaica.

pimp, s. alcoviteiro; (cal.) chulo; proxeneta.

pimple, s. empola; borbulha.

pimply, adj. cheio de empolas; com borbulhas.

pin, s. alfinete; cavilha; eixo de roldana.

pin (to), v. tr. pregar com alfinetes; prender.

pinafore, s. bibe.

pince-nez, s. lunetas.

pincers, s. pl. pinça; tenaz; alicate.

pinch, s. beliscão; apertão.

pinch (to), 1. v. tr. beliscar; apertar com pinça ou tenaz; 2. v. intr. economizar; beliscar.

pincushion, s. pregadeira de alfinetes.

pine, s. pinheiro; madeira de pinho.

pine (to), v. intr. desfalecer; ansiar.

pineapple, s. ananás.

pinewood, s. pinho (madeira).

ping, s. silvo; sibilo.

ping (to), v. intr. sibilar.

ping-pong, s. pingue-pongue; ténis de mesa.

pinion (to), v. tr. algemar.

pink, 1. adj. cor-de-rosa; vermelho pálido; 2. s. cravo (flor).

pink (to), v. tr. furar; picar; ornar.

pinkish, adj. rosado.

pinnacle, s. pináculo; torre.

pinpoint, v. tr. identificar; salientar.

pint, s. pinto (5,68 cm³).

pioneer, s. sapador; explorador; pioneiro.

pioneer (to), v. tr. e intr. abrir caminhos; explorar.

pious, adj. pio; piedoso; devoto.

pip, s. gosma; semente; pevide.

pipe, s. cachimbo; gaita-de-foles; gaita pastoril; cano; tubo.

pipe (to), v. tr. e intr. tocar instrumento de sopro; pôr canalizações.

pipeline, s. oleoduto.

piper, s. flautista; gaiteiro.

pipette, s. pipeta; sonda; proveta.

piping, 1. adj. aflautado; 2. s. toque de gaita-de-foles; canalização.

piquancy, s. aspereza; acrimónia.

piquant, adj. picante; áspero.

pique, s. má vontade; melindre.

pique (to), v. tr. e intr. ofender; irritar.

piracy, s. pirataria.

pirate, s. pirata; corsário.

pirate (to), v. tr. e intr. pilhar; furtar; plagiar.

pirouette, s. pirueta.

pirouette (to), v. intr. fazer piruetas.

piss, s. (cal.) mijo; urina.
piss, v. tr. e intr. (cal.) mijar; urinar;
  piss off!: vai-te lixar!
pistol, s. pistola.
piston, s. êmbolo; pistão.
pit, s. fosso; buraco; cova; poço
  de mina.
pit-a-pat, s. tiquetaque; palpitação do coração.
pitch, s. piche; campo (futebol,
  hóquei, etc.).
pitch (to), v. tr. e intr. fixar; firmar;
  lançar.
pitcher, s. bilha; cântaro; lançador.
pitchfork, s. forcado (de lavrador).
piteous, adj. lastimoso; terno.
pitfall, s. armadilha; engodo.
pith, s. seiva; medula; força; vigor.
pithy, adj. enérgico; forte.
pitiable, adj. lastimoso; lastimável.
pitiful, adj. lastimoso; lamentável.
pitiless, adj. desapiedado; cruel.
pittance, s. ração; pequena porção.
pitted, adj. corroído; picado.
pity, s. piedade; dó.
pity (to), v. tr. ter piedade; ter pena.
pitying, adj. lamentável.
pivot, s. eixo; gonzo.
pivot (to), v. tr. e intr. colocar sobre
  um eixo; girar.
pixie, s. fada.
pizzicato, s. pizzicato.
placard, s. cartaz; letreiro.
placate (to), v. tr. aplacar; acalmar.
place, s. sítio; lugar; posição; chão;
  terreno.
place (to), v. tr. pôr; fixar; colocar;
  estabelecer.
placenta, s. placenta.
placid, adj. plácido; calmo.
plagiarism, s. plagiato.
plagiarist, s. plagiário.
plagiarize (to), v. tr. plagiar.
plague, s. praga; peste.

plague (to), v. tr. atormentar; afligir
plaice, s. solha.
plaid, s. manta escocesa em xadrez.
plain, 1. adj. plano; liso; simples
  singelo; fácil; **2.** s. planície.
plain (to), v. tr. e intr. aplanar; explicar.
plainly, adv. simplesmente; francamente.
plaint, s. queixa; queixume.
plaintiff, s. querelante; queixoso.
plaintive, adj. triste; lamentoso.
plait, s. prega; dobra.
plait (to), v. tr. fazer pregas; franzir; enrugar.
plan, s. plano; projecto.
plan (to), v. tr. traçar um plano
  planear; projectar.
plane, s. plano; superfície plana
  aeroplano; avião.
plane (to), v. tr. e intr. aplainar
  alisar; viajar de avião.
planet, s. planeta.
planetarium, s. planetário.
planetary, adj. planetário.
plane-tree, s. plátano silvestre.
plank, s. prancha; tábua grossa.
planking, s. tabuado; forro.
planner, s. autor de um plano ou
  de um projecto.
plant, s. planta; vegetal; instalação fabril; fábrica.
plant (to), v. tr. plantar; fundir; assentar.
plantation, s. plantação; estabelecimento; fazenda.
planter, s. plantador; cultivador.
plaque, s. placa; chapa; broche
  medalha.
plasma, s. plasma.
plaster, s. gesso; cal; emplastro.
plaster (to), v. tr. caiar; estucar
  rebocar.
plasterer, s. caiador; estucador.
plastic, adj. plástico.

plasticine, s. plasticina.

plate, s. chapa; lâmina; folha (de metal ou de vidro); prato; guarda de fechadura.

plateau, s. planalto; bandeja; mesa.

plateful, s. um prato cheio; pratada.

platform, s. plataforma; tablado; estrado.

plating, s. chapas; chapeado.

platinum, s. platina.

platitude, s. vulgaridade; trivialidade.

platitudinous, adj. vulgar; trivial; insípido.

platonic, adj. platónico.

platoon, s. pelotão.

platter, s. prato grande; travessa.

plaudits, s. pl. aplauso; aclamação.

plausible, adj. plausível.

play, s. jogo; divertimento; brincadeira; representação teatral.

play (to), v. tr. e intr. jogar; brincar; tocar (um instrumento); representar.

playback, s. repetição.

play-bill, s. cartaz; programa de espectáculos.

player, s. jogador; actor; músico.

playful, adj. brincalhão; divertido; travesso.

playground, s. local do recreio.

playhouse, s. teatro; cinema.

playmate, s. companheiro.

playoff, s. jogo de desempate.

plaything, s. brinquedo; ninharia; joguete.

playtime, s. tempo de recreio.

playwright, s. dramaturgo; autor dramático.

plea, s. causa; processo; argumento; apelo; pleito.

plead (to), v. tr. e intr. advogar; alegar; sustentar.

pleasant, adj. deleitável; agradável.

pleasantry, s. gracejo; graça; mofa.

please (to), v. tr. e intr. agradar; contentar; satisfazer.

pleasing, adj. agradável; amável; complacente.

pleasurable, adj. agradável; prazenteiro; amável.

pleasure, s. prazer; deleite; agrado.

plebeian, s. e adj. plebeu; proletário; vulgar.

plectrum, s. plectro; pua.

pledge, s. penhor; sinal; saúde; brinde.

pledge (to), v. tr. empenhar; hipotecar; afiançar; prometer; brindar.

plenary, adj. plenário; pleno; inteiro.

plenipotentiary, s. e adj. plenipotenciário.

plentiful, adj. copioso; abundante; fértil.

plenty, s. fartura; abundância.

plethora, s. pletora; superabundância; fartura.

pleurisy, s. pleurisia.

plexus, s. plexo; entrelaçamento.

pliable, adj. flexível; dócil; brando.

pliant, adj. flexível; brando.

pliers, s. pl. alicate.

plight, s. promessa; empenho; penhor; caução; estado; condição.

plight (to), v. tr. empenhar; dar de penhor.

plinth, s. plinto.

plod (to), v. intr. caminhar com esforço; arrastar-se; afadigar-se; meditar; cismar.

plop (to), v. intr. cair de repente (na água).

plot, s. pedaço de terra; projecto; ardil; enredo; conspiração.

plot (to), v. tr. e intr. trabalhar; urdir; conspirar; planear.

plotter, s. conspirador; traçador.

plough, s. arado; charrua; cultura; agricultura.

plough (to), v. tr. e intr. lavrar; arar a terra; sulcar; fender.

ploughman, s. lavrador; rústico; campónio.

plover, s. tarambola (ave).

pluck, s. valor; ânimo; coragem; frescura.

pluck (to), v. tr. tirar; puxar; colher; depenar.

pluckier, pluckiest, comp. e sup. de **plucky.**

plucky, adj. valente, corajoso, animoso.

plug, s. batoque; rolha; cavilha; êmbolo; registo; torneira; tomada; ficha.

plug (to), v. tr. e intr. tapar; rolhar; obturar; ligar (à corrente eléctrica).

plum, s. ameixa.

plumage (to), s. plumagem; adorno; atavio.

plumb (to), v. tr. aprumar; sondar; nivelar.

plumber, s. picheleiro.

plumbing, s. obra de picheleiro; sondagem.

plume, s. pena; pluma; penacho.

plume (to), 1. v. tr. limpar as penas; ornar com plumas ou com penas; 2. v. intr. jactar-se.

plumed, adj. plumoso; empenachado.

plummet, s. prumo; nível; sonda.

plump, adj. nédio; gordo; brusco; rude.

plump (to), v. tr. e intr. arrojar; deixar cair; soltar.

plum-puding, s. pudim inglês.

plunder (to), v. tr. pilhar; roubar.

plunge (to), v. tr. e intr. mergulhar; abismar; enterrar; submergir.

plunge, s. mergulho; submersão; salto; aflição; dificuldade.

plunger, s. mergulhador; (fam.) jogador.

pluperfect, adj. e s. mais-que-perfeito.

plural, adj. e s. plural.

pluralism, s. pluralismo; pluralidade.

pluralist, s. pluralista.

plurality, s. pluralidade; maioria.

plus, adj. mais; adicional; extra; positivo.

plush, s. pelúcia; riço (pano).

plushy, adj. felpudo.

plutocracy, s. plutocracia.

plutocrat, s. plutocrata.

plutonium, s. plutónio.

ply, s. prega; dobra; propensão; tendência.

ply (to), v. tr. e intr. aplicar-se a; trabalhar com afinco; dispor; exercer; praticar; navegar.

plyer, s. aquele que trabalha ou que guia; navio que bordeja; pl. alicate.

p. m., abreviatura de post meridiem, depois do meio-dia; de tarde.

pneumatic, adj. pneumático.

pneumonia, s. pneumonia.

poach (to), v. tr. e intr. dar uma fervura; escalfar ovos; caçar furtivamente.

poacher, s. caçador furtivo.

pock, s. bexigas.

pocket, s. algibeira; bolso; cavidade.

pocket (to), v. tr. meter ao bolso; embolsar.

pocketful, s. tanto quanto cabe num bolso.

pod, s. casca; vagem; casulo.

pod (to), v. tr. e intr. descascar; encher-se; inchar.

podgy, adj. gordo; grosso.

poem, s. poema; poesia.

poesy, s. poesia; arte poética.

poet, s. poeta; vate; bardo.

poetic, adj. poético.

poetry, s. poesia; poética.

pogrom, s. pogromo; devastação.

poignancy, s. acrimónia; aspereza.

poignant, *adj.* acerbo; pungente.

point, *s.* ponta; bico; ponto; objecto; lugar; situação; pundonor; brio; agudeza; chiste; **point of view:** ponto de vista.

point (to), *v. tr.* e *intr.* aguçar; fazer ponto; pontuar; apontar; assestar (uma peça).

point-blank, *adv.* directamente; positivamente; categoricamente.

pointed, *adj.* pontiagudo; agudo.

pointer, *s.* índex; ponteiro; indicador.

pointing, *s.* pontuação; pontaria.

pointless, *adj.* sem ponta; obtuso.

poise, *s.* peso; equilíbrio; contrapeso.

poise (to), *v. tr.* e *intr.* equilibrar; balancear.

poison, *s.* veneno; tóxico.

poison (to), *v. tr.* envenenar; intoxicar.

poisoner, *s.* envenenador; corruptor; sedutor.

poisonous, *adj.* venenoso.

poke, *s.* impulso; empurrão.

poke (to), *v. tr.* e *intr.* apalpar; tentear; empurrar; interferir; intrometer-se.

poker, *s.* atiçador do fogo; fantasma; duende.

poky, *adj.* lento; estúpido; triste.

polar, *adj.* polar.

polarize (to), *v. tr.* polarizar.

pole, *s.* pólo; viga; estaca; baliza; varapau; vergôntea; **pole vault:** salto à vara.

Pole, *s.* polaco.

polecat, *s.* doninha.

polemic, *adj.* polémico; controverso.

polemics, *s.* polémica.

police, *s.* polícia.

policeman, *s.* polícia.

policy, *s.* política; programa político.

policyholder, *s.* segurado.

polish, *s.* polimento; lustro; cortesia; urbanidade.

polish (to), 1. *v. tr.* polir; alisar; brunir; 2. *v. intr.* receber lustro ou polimento.

polished, *adj.* polido; brunido; culto; ilustrado.

polisher, *s.* polidor.

polite, *adj.* cortês; polido; delicado.

politic, *adj.* político; sagaz.

political, *adj.* político.

politician, *s.* estadista; político.

polity, *s.* constituição política; comunidade política.

polka, *s.* polca (dança).

poll, *s.* sondagem; lista eleitoral.

poll (to), *v. tr.* efectuar uma sondagem; votar.

pollard, *s.* árvore a que se cortaram os ramos.

pollard (to), *v. tr.* podar as árvores.

pollen, *s.* pólen.

polling, *s.* votação; escrutínio.

pollute (to), *v. tr.* poluir; manchar; macular.

polluter, *s.* profanador; contaminador.

pollution, *s.* poluição; corrupção.

polygamy, *s.* poligamia.

polyglot, *s.* e *adj.* poliglota.

polygon, *s.* polígono.

Polynesian, *adj.* e *s.* polinésio.

polyp, *s.* pólipo (animal).

polysyllable, *s.* polissílabo.

polytechnic, *adj.* politécnico.

pomegranate, *s.* romã.

pommel, *s.* castão; botão de punho (da espada).

pomp, *s.* pompa; fausto.

pompon, *s.* arrebique; enfeite.

pomposity, *s.* pomposidade; ostentação.

pompous, *adj.* pomposo; aparatoso.

pond, *s.* tanque; lago.

ponder (to), v. tr. e intr. ponderar; meditar.

ponderous, adj. ponderoso; pesado; grave.

pontiff, s. pontífice.

pontifical, adj. pontifical; pontifício.

pontificate, s. pontificado; papado.

pontoon, s. pontão; barcaça.

pony, s. garrano.

poodle, s. cão-d'água.

pooh!, interj. basta!

pooh-pooh (to), v. tr. desprezar.

pool, s. charco; lago; lagoa.

pool (to), v. tr. formar um bolo (em alguns jogos); mancomunar interesses.

poop, s. popa; tombadilho.

poor, adj. pobre; necessitado; mendigo; falto; escasso.

poorly, adv. pobremente; infelizmente.

pop, s. música popular; estalo; estoiro; ruído seco.

pop (to), v. tr. e intr. saltar (uma rolha); dar um estalo; detonar.

popcorn, s. pipocas.

Pope, s. papa; pontífice.

popery, s. papismo; catolicismo.

popish, adj. papista; papal; católico.

poplar, s. álamo; choupo.

poplin, s. popelina (tecido).

populace, s. populaça; povo; plebe.

popular, adj. popular.

popularize (to), v. tr. popularizar; vulgarizar.

popularly, adv. popularmente; vulgarmente.

populate (to), 1. v. tr. povoar; 2. v. intr. propagar-se; divulgar-se.

population, s. população; povoação.

populous, adj. populoso.

porcelain, s. porcelana.

porch, s. pórtico; átrio.

porcupine, s. porco-espinho.

pore, s. poro.

pork, s. carne de porco.

pornographic, adj. pornográfico, porco.

pornography, s. pornografia.

porous, adj. poroso.

porpoise, s. porco-marinho.

porridge, s. papa de aveia.

port, s. porto; vinho do Porto.

port (to), v. tr. e intr. levar; conduzir.

portable, adj. portátil; manual.

portal, s. portal; portada.

portcullis, s. ponte levadiça.

portend (to), v. tr. predizer; agoirar.

portent, s. presságio; mau agoiro.

portentous, adj. prodigioso; maravilhoso; portentoso.

porter, s. porteiro; carregador.

portfolio, s. pasta; carteira; (fig.) ministério.

porthole, s. vigia.

portico, s. pórtico; átrio.

portion, s. porção; pedaço; parte.

portmanteau, s. mala; maleta.

portrait, s. retrato.

portraiture, s. retrato; esboço.

portray (to), v. tr. retratar; pintar.

portrayal, s. representação gráfica; pintura.

Portuguese, adj. e s. português.

pose, s. postura; atitude.

pose (to), v. tr. e intr. colocar em certa atitude ou posição.

position, s. posição; colocação; atitude.

positive, adj. positivo; formal.

positively, adv. positivamente; formalmente.

positivism, s. positivismo; certeza.

posse, s. milícia; turba.

possess (to), v. tr. possuir; ter; gozar.

possessed, adj. possuído; possesso.

possession, s. possessão; posse; poder.

possessive, adj. e s. possessivo.

possessor, s. possuidor.

possibility, s. possibilidade; contingência.

possible, adj. possível.

possibly, adv. possivelmente.

post, s. correio; posto; posta; graduação; poste; baliza; guarnição; emprego.

post (to), v. tr. e intr. postar; colocar; deitar ao correio; pregar; afixar.

postage, s. porte; franquia postal.

postal, adj. postal.

postcard, s. bilhete-postal.

postcode, s. código postal.

postdate (to), v. tr. pós-datar.

poster, s. cartaz.

poste restante, s. posta-restante.

posterior, adj. posterior; ulterior.

posterity, s. posteridade.

posthumous, adj. póstumo.

postman, s. carteiro; correio.

postmark, s. carimbo de correio.

postmaster, s. chefe do correio.

post-mortem, adv. depois da morte.

post office, s. correio; repartição postal.

postpone (to), v. tr. e intr. propor; adiar; diferir.

postponement, s. adiamento; transferência.

postscript, s. pós-escrito.

postulate, s. postulado.

postulate (to), v. tr. postular; requerer; estipular.

posture, s. postura; posição; estado.

posy, s. ramalhete de flores.

pot, s. panela; vaso; pote; jarro.

pot (to), 1. v. tr. meter ou conservar em vasos ou panelas; **2.** v. intr. embriagar-se.

potash, s. potassa.

potassium, s. potássio.

potato, s. batata.

potency, s. potência; força; poder; autoridade.

potent, adj. potente; forte; eficaz.

potentate, s. potentado; soberano.

potential, adj. potencial; possível.

potentiality, s. potencialidade; virtualidade.

potion, s. poção.

potter, s. oleiro.

pottery, s. olaria.

pouch, s. algibeira; bolso; bolsa.

pouffe, s. pufo.

poultice, s. cataplasma; emplastro.

poultry, s. aves domésticas.

pounce (to), v. tr. e intr. polvilhar; furar; saltar sobre.

pound, s. libra; arrátel; libra esterlina.

pound (to), v. tr. e intr. triturar.

pounding, s. trituração; pancadaria.

pour (to), v. tr. e intr. verter; espalhar; soltar; derramar; arremessar; chover torrencialmente.

pout, s. mau humor; amuo.

pout (to), v. tr. e intr. fazer beicinho; estar aborrecido.

poverty, s. pobreza.

powder, s. pó.

powder (to), v. tr. e intr. pulverizar; polvilhar.

powdery, adj. poeirento.

power, s. poder; faculdade; força; influência; autoridade; potência.

powerful, adj. poderoso; forte; potente; eficaz.

powerless, adj. impotente; ineficaz.

pox, s. pústula.

practicable, adj. praticável.

practical, adj. prático; perito; versado.

practicality, s. praticabilidade.

practically, *adv.* praticamente; virtualmente.

practice, *s.* prática; uso; exercício.

practise (to), *v. tr.* e *intr.* praticar; experimentar; exercer (uma profissão).

practitioner, *s.* profissional.

pragmatic, *adj.* pragmático.

pragmatism, *s.* pragmatismo.

prairie, *s.* pradaria.

praise, *s.* louvor; elogio; fama.

praise (to), *v. tr.* louvar; elogiar; aplaudir.

praiseworthy, *adj.* digno de louvor; louvável.

pram, *s.* carrinho de criança.

prance (to), *v. tr.* e *intr.* curvetear; cabriolar (o cavalo).

prank, *s.* logro; burla.

prattle (to), *v. tr.* e *intr.* balbuciar; murmurar.

prawn, *s.* gamba.

pray (to), *v. tr.* e *intr.* rezar; rogar; suplicar.

prayer, *s.* oração; reza; súplica; rogo.

preach (to), *v. tr.* e *intr.* pregar; orar.

preacher, *s.* pregador.

preamble, *s.* preâmbulo.

prearrange (to), *v. tr.* combinar previamente.

precarious, *adj.* precário; incerto; duvidoso.

precaution, *s.* precaução; cautela.

precautionary, *adj.* preventivo.

precede (to), *v. tr.* e *intr.* preceder.

precedence, *s.* precedência; prioridade.

precedent, *s.* precedente; antecedente.

precept, *s.* preceito.

precinct, *s.* limite; raia; distrito.

precious, *adj.* precioso; raro.

precipice, *s.* precipício; despenhadeiro.

precipitate, *adj.* precipitado; imprudente.

precipitate (to), *v. tr.* e *intr.* precipitar; derrubar.

precipitation, *s.* precipitação.

precipitous, *adj.* precipitado; arrojado.

précis, *s.* resumo; sumário.

precise, *adj.* preciso; exacto; pontual.

precisely, *adv.* precisamente.

precision, *s.* precisão; exactidão.

preclude (to), *v. tr.* excluir; impedir.

precocious, *adj.* precoce; prematuro.

preconceive (to), *v. tr.* preconceber.

preconception, *s.* preconceito; preocupação.

precursor, *s.* precursor.

predate (to), *v. tr.* antedatar.

predation, *s.* depredação.

predatory, *adj.* voraz; de rapina.

predecessor, *s.* predecessor; antecessor.

predestination, *s.* predestinação.

predestine (to), *v. tr.* predestinar.

predetermine (to), *v. tr.* predeterminar; prefixar.

predicament, *s.* predicamento; categoria.

predicate, *s.* predicado; atributo.

predicate (to), *v. tr.* afirmar; dar por atributo.

predicative, *adj.* predicativo; afirmativo.

predict (to), *v. tr.* predizer; prognosticar.

predictable, *adj.* profetizável; predizível.

prediction, *s.* predição; profecia.

predictive, *adj.* profético.

predilection, *s.* predilecção; preferência.

predispose (to), *v. tr.* predispor.

predisposition, *s.* predisposição; tendência.

redominance, s. predomínio; superioridade.

redominant, adj. predominante.

redominate (to), v. tr. e intr. predominar; prevalecer.

re-eminence, s. preeminência; primazia.

re-eminent, adj. preeminente; supremo; superior.

reface, s. prefácio; preâmbulo; prólogo.

reface (to), v. tr. prefaciar.

refect, s. prefeito.

refer (to), v. tr. preferir; eleger; escolher.

referable, adj. preferível; melhor.

reference, s. preferência; primazia.

referential, adj. preferencial.

referment, s. promoção; emprego.

refix, s. prefixo.

regnancy, s. gravidez.

regnant, adj. prenhe; grávida; fértil.

rehensible, adj. que pode ser apreendido.

rehistoric, adj. pré-histórico.

rejudge (to), v. tr. julgar antecipadamente.

rejudice, s. preconceito; prejuízo.

rejudice (to), v. tr. influenciar; lesar.

rejudicial, adj. prejudicial.

relate, s. prelado.

reliminary, s. preliminar; prelúdio.

relude, s. prelúdio; prólogo.

remature, adj. prematuro; temporão; precoce.

remeditate (to), v. tr. e intr. premeditar.

remeditation, s. premeditação.

remier, 1. s. primeiro-ministro; **2.** adj. primeiro.

remise (to), v. tr. explicar; expor de antemão.

premise, s. premissa; pl. edifício; prédio.

premium, s. prémio; brinde; recompensa.

premonition, s. pressentimento; presságio.

preoccupation, s. preocupação; posse anterior.

preoccupied, adj. preocupado; absorto.

preoccupy (to), v. tr. preocupar.

prepaid, adj. pago adiantadamente.

preparation, s. preparação; preparativo; disposição; preliminar.

preparative, 1. adj. preparatório; **2.** s. preparativo.

preparatory, adj. preparatório.

prepare (to), v. tr. preparar; aprontar; equipar; dispor.

preparedness, s. preparação; prevenção.

preponderance, s. preponderância; prepotência.

preponderant, adj. preponderante; predominante.

preposition, s. preposição.

prepossessing, adj. agradável; simpático; atraente.

preposterous, adj. prepóstero; absurdo; importuno.

prerrogative, s. prerrogativa; privilégio.

presage, s. presságio; auspício.

presage (to), v. tr. pressagiar; prognosticar.

presbytery, s. presbitério.

prescience, s. presciência.

prescient, adj. presciente.

prescribe (to), v. tr. e intr. prescrever; receitar.

prescription, s. prescrição; preceito.

prescriptive, adj. prescritivo; sancionado.

presence, s. presença; porte; aspecto.

present, 1. adj. presente; actual; atento; pronto; **2.** s. presente; tempo actual.

present (to), v. tr. apresentar; introduzir; dar; presentear; oferecer; indicar; sugerir.

presentable, adj. apresentável.

presentation, s. apresentação; introdução; exibição.

presentiment, s. pressentimento.

presently, adv. presentemente.

preservative, s. e adj. preservativo; defesa.

preserve, s. conserva; compota.

preserve (to), v. tr. preservar; conservar; guardar; proteger.

preserved, adj. de conserva.

preserver, s. preservador; conservador.

preside (to), v. tr. e intr. presidir; dirigir.

presidency, s. presidência.

president, s. presidente; chefe.

presidential, adj. presidencial.

press, s. prensa; lagar; imprensa; força.

press (to), v. tr. e intr. apertar; pressionar; pisar; espremer.

pressing, 1. adj. urgente; importante; enfadonho; **2.** s. insistência; compressão; diligência.

pressman, s. jornalista; repórter; impressor.

pressure, s. pressão; opressão; urgência.

prestige, s. prestígio; influência.

presumably, adv. presumivelmente.

presume (to), v. tr. e intr. presumir; supor; conjecturar.

presumption, s. presunção; conjectura; suspeita.

presumptive, adj. presuntivo.

presumptuous, adj. presunçoso; vaidoso.

presuppose (to), v. tr. pressu por; conjecturar.

presupposition, s. pressupos ção; conjectura.

pretence, s. pretensão; simula ção; pretexto.

pretend (to), v. tr. e intr. fingi pretextar; afectar; pretender; ale gar ou afirmar falsamente.

pretender, s. pretendente; o qu finge; o que aparenta.

pretension, s. pretensão.

pretentious, adj. pretensioso; va doso.

preternatural, adj. preternatura extraordinário.

pretext, s. pretexto.

prettier, prettiest, comp. e sup de **pretty.**

pretty, 1. adj. bonito; elegante gentil; **2.** adv. bastante.

prevail (to), v. intr. prevalece. sobressair.

prevailing, adj. predominante geral; corrente.

prevalence, s. predomínio; ef cácia.

prevalent, adj. predominante preponderante.

prevaricate (to), v. intr. prevar car; tergiversar.

prevent (to), v. tr. prevenir; impe dir.

preventable, adj. que se pod prevenir.

preventive, adj. preventivo; impe ditivo.

previous, adj. prévio; anterior.

previously, adv. previamente antecipadamente.

prevision, s. previsão.

prey, s. presa; pilhagem; rapina.

prey (to), v. tr. pilhar; devora roubar; saquear.

price, s. preço; valor; valia.

price (to), v. tr. avaliar; valoriza estimar; fixar o preço.

priceless, *adj.* inestimável.

prick, *s.* instrumento agudo; ferrão; aguilhão; mordedura, alfinetada; *(fig.)* remorso.

prick (to), *v. tr.* picar; furar; ferir; perfurar.

prickle, *s.* bico; ferrão; pua.

prickly, *adj.* cheio de espinhos.

pride, *s.* orgulho; soberba; vaidade; brio; fausto; pompa; ostentação; jactância; infâmia.

pride (to), *v. tr. e intr.* orgulhar-se; vangloriar-se

priest, *s.* padre; sacerdote.

priestess, *s.* sacerdotisa.

priesthood, *s.* sacerdócio; clero.

priestly, *adj.* sacerdotal; eclesiástico.

prig, *s.* tolo; asno; bonifrate.

priggish, *adj.* pretensioso; afectado.

prim, *adj.* afectado; empertigado.

primacy, *s.* primazia; supremacia; superioridade.

prima donna, *s.* prima-dona.

primal, *adj.* primeiro; original.

primarily, *adv.* em primeiro lugar; principalmente; primitivamente.

primary, *adj.* primário; primeiro; primitivo.

primate, *s.* primaz.

prime, *adj.* primeiro; primitivo.

prime (to), *v. tr. e intr.* aparelhar; instruir.

primer, *s.* cartilha; livro elementar.

primeval, *adj.* primitivo; primordial; original.

primitive, *adj.* primitivo; original.

primordial, *adj.* primordial; primitivo.

primrose, 1. *s.* primavera (flor); **2.** *adj.* amarelo esverdeado.

primula, *s.* prímula.

prince, *s.* príncipe; soberano; monarca.

princely, *adj.* principesco; nobre; grande.

princess, *s.* princesa.

principal, *adj.* principal.

principality, *s.* principado.

principally, *adv.* principalmente.

principle, *s.* princípio; origem; fundamento; causa.

print, *s.* impressão; estampa; gravura.

print (to), *v. tr. e intr.* imprimir; estampar.

printer, *s.* impressora; impressor; tipógrafo.

printing, *s.* impressão; tipografia.

prior, *adj.* anterior; precedente.

priority, *s.* prioridade; anterioridade.

priory, *s.* priorado (convento).

prise (to), *v. tr.* apreciar; avaliar.

prism, *s.* prisma; espectro solar.

prison, *s.* prisão; cárcere.

prison (to), *v. tr.* prender; aprisionar.

prisoner, *s.* preso; prisioneiro.

pristine, *adj.* prístino; primitivo.

privacy, *s.* segredo; retiro; solidão; intimidade.

private, 1. *adv.* privado; particular; secreto; **2.** *s.* soldado raso.

privation, *s.* privação; carência; destruição.

privet, *s.* alfeneiro (arbusto).

privilege, *s.* privilégio; regalia.

privileged, *adv.* privilegiado; isento.

privy, *adj.* privado; particular; secreto; escondido.

prize, *s.* prémio; recompensa; galardão.

prize (to), *v. tr. e intr.* apreciar; avaliar; taxar.

pro, 1. *s.* profissional; **2.** *prep.* pró.

probability, *s.* probabilidade; verosimilhança.

probable, *adj.* provável; verosímil.

probably, *adv.* provavelmente.

probation, *s.* prova; exame; ensaio; estágio.

probationer, s. candidato; concorrente; noviço; estagiário.

probe (to), v. tr. e intr. sondar; explorar; investigar.

problem, s. problema.

problematic, adj. problemático.

proboscis, s. probóscida; tromba de elefante.

procedure, s. procedimento.

proceed (to), v. intr. seguir; prosseguir; continuar; marchar; avançar.

proceeding, s. procedimento; porte; proceder.

process, s. procedimento; operação; tratamento; processo.

process (to), v. tr. proceder (judicialmente); produzir; processar; preparar.

procession, s. procissão; cortejo; comitiva.

processional, adj. processional.

proclaim (to), v. tr. proclamar; publicar; anunciar.

proclamation, s. proclamação; promulgação.

proclivity, s. tendência; propensão.

procrastinate (to), v. tr. e intr. procrastinar; delongar.

procreate (to), v. tr. procriar; produzir.

procurator, s. procurador; delegado.

procure (to), v. tr. e intr. procurar; obter; conseguir; proporcionar; desempenhar as funções de procurador.

procurer, s. alcoviteiro; medianeiro.

procuress, s. alcoviteira; medianeira.

prod, s. picada; estímulo; punção.

prod (to), v. tr. picar; aguilhoar; pungir.

prodigal, adj. profuso; abundante; perdulário.

prodigious, adj. prodigioso; maravilhoso.

prodigy, s. prodígio; maravilha; portento.

produce, s. produto; ganho; produção.

produce (to), v. tr. produzir; criar; apresentar.

product, s. produto; produção.

production, s. produção; produto; composição.

productive, adj. produtivo; fecundo; fértil.

productivity, s. produtividade.

profane, adj. profano; blasfemo; ímpio.

profane (to), v. tr. profanar; violar.

profess (to), v. tr. e intr. professar; declarar.

professed, adj. professo; declarado.

profession, s. profissão; emprego; carreira; mister.

professional, adj. profissional.

professor, s. professor (de Universidade ou de Instituto Superior).

professorial, adj. professoral; pedagógico.

professorship, s. professorado.

proffer (to), v. tr. oferecer; apresentar.

proficiency, s. proficiência; perícia.

proficient, adj. proficiente; hábil; perito.

profile, s. perfil; contorno.

profit, s. ganho; lucro; proveito; utilidade.

profitable, adj. proveitoso; vantajoso.

profiteer, s. explorador.

profligacy, s. depravação; dissolução.

profligate, adj. e s. libertino; dissoluto.

profound, *adj.* profundo; intenso.

profundity, *s.* profundidade; profundeza.

profuse, *adj.* profuso; copioso.

profusion, *s.* profusão; prodigalidade; excesso.

progenitor, *s.* progenitor; ascendente.

progeny, *s.* progénie; prole.

prognosis, *s.* vaticínio; prognóstico.

prognostication, *s.* prognosticação; presságio.

programme, *s.* programa; aviso.

programme (to), *v. tr.* programar.

progress, *s.* progresso; avanço; desenvolvimento.

progress (to), *v. intr.* adiantar; levar adiante; progredir; fazer progredir.

progression, *s.* progressão.

progressive, *adj.* progressivo.

prohibit (to), *v. tr.* proibir; impedir.

prohibition, *s.* proibição; interdição.

prohibitionist, *s.* proibicionista.

prohibitive, *adj.* proibitivo.

project, *s.* projecto; plano; ideia.

project (to), *v. tr. e intr.* projectar; delinear; planear.

projectile, *s. e adj.* projéctil.

projection, *s.* projecção; saliência.

projector, *s.* projector; holofote.

proletarian, *s. e adj.* proletário.

proletariat, *s.* proletariado.

proliferate, *v. tr. e intr.* proliferar.

prolific, *adj.* prolífico; fértil.

prolix, *adj.* prolixo; verboso.

prologue, *s.* prólogo; preâmbulo.

prolonged, *adj.* prolongado; adiado.

promenade, *s.* lugar de passeio; esplanada; acção de passear.

promenade (to), *v. tr. e intr.* levar a passeio; passear.

prominence, *s.* proeminência.

prominent, *adj.* proeminente; saliente.

promiscuity, *s.* promiscuidade.

promiscuous, *adj.* promíscuo; misturado; indistinto.

promise, *s.* promessa; palavra; compromisso.

promise (to), *v. tr. e intr.* prometer.

promising, *adj.* prometedor.

promissory, *adj.* promissório.

promontory, *s.* promontório; cabo.

promote (to), *v. tr.* promover; aumentar; desenvolver; fomentar; animar.

promoter, *s.* promotor.

promotion, *s.* promoção; adiantamento.

prompt, *adj.* pronto; expedito; vivo; penetrante.

prompt (to), *v. tr.* incitar; instigar; sugerir.

prompter, *s.* (teatro) ponto.

prompting, *s.* sugestão; instigação.

promptly, *adv.* prontamente.

promulgate (to), *v. tr.* promulgar; publicar.

prone, *adj.* curvado; inclinado; propenso a.

prong, *s.* forcado; dente de garfo.

pronominal, *adj.* pronominal.

pronoun, *s.* pronome.

pronounce (to), *v. tr. e intr.* pronunciar; articular; afirmar.

pronounced, *adj.* pronunciado; marcado; acentuado.

pronouncement, *s.* declaração formal.

pronunciation, *s.* pronunciação; pronúncia; articulação.

proof, *s.* prova; demonstração; evidência.

proof-reader, *s.* revisor.

prop, *s.* apoio; suporte; amparo.

prop (to), *v. tr. e intr.* apoiar; suportar; especar.

propaganda, *s.* propaganda.

propagandist, *s.* propagandista.

propagate (to), v. tr. e intr. propagar; espalhar; divulgar.

propel (to), v. tr. impelir; propulsionar; mover.

propellant, adj. propulsor; motor.

propeller, s. propulsor; motor; hélice.

propelling, 1. adj. propulsor; **2.** s. propulsão.

propensity, s. propensão; tendência.

proper, adj. próprio; apropriado; conveniente.

properly, adv. propriamente; correctamente.

propertied, adj. com posses; com propriedades.

property, s. propriedade; peculiaridade; disposição; tendência; atributo; domínio.

prophecy, s. profecia; vaticínio; augúrio.

prophesy (to), v. tr. e intr. profetizar; predizer.

prophet, s. profeta.

prophetess, s. profetisa.

prophetic, adj. profético.

prophylactic, 1. adj. profiláctico; **2.** s. preservativo.

propinquity, s. propinquidade; proximidade; parentesco.

propitiate (to), v. tr. propiciar; tornar favorável.

propitiatory, adj. propiciatório.

propitious, adj. propício; benigno.

proportion, s. proporção; relação; regra; parte.

proportional, adj. proporcional.

proportionate, adj. proporcionado; harmónico.

proposal, s. proposta; projecto.

propose (to), v. tr. e intr. propor; apresentar.

proposer, s. proponente.

proposition, s. proposição; oferta; proposta.

propound (to), v. tr. propor; expor; oferecer.

proprietary, 1. adj. proprietário; **2.** s. proprietário; propriedade.

proprietor, s. proprietário; dono; amo.

propriety, s. propriedade; correcção; dignidade.

propulsion, s. propulsão; impulso.

prosaic, adj. prosaico.

proscenium, s. proscénio; palco.

proscribe (to), v. tr. proscrever; condenar.

proscription, s. proscrição; condenação.

prose, s. prosa.

prosecute (to), v. tr. e intr. processar; prosseguir; continuar; querelar; seguir um pleito.

prosecution, s. prossecução; prosseguimento; libelo.

prosecutor, s. prosseguidor; querelante.

proselytize (to), v. tr. e intr. fazer prosélitos; converter.

prosody, s. prosódia.

prospect, s. perspectiva; aspecto; vista; panorama.

prospect (to), v. tr. e intr. explorar; sondar; buscar (minas); prometer; dar boas esperanças.

prospective, adj. em perspectiva; antecipado.

prospector, s. explorador; operador (nas minas).

prospectus, s. prospecto; programa.

prosper (to), v. tr. e intr. fazer prosperar; progredir; prosperar.

prosperity, s. prosperidade; felicidade.

prosperous, adj. próspero; feliz; venturoso.

prostate, s. próstata.

prostitute, 1. s. prostituta; **2.** adj. prostituído; venal.

prostitute (to), v. tr. prostituir; degradar.

prostitution, s. prostituição; venalidade; desonra.

prostrate, adj. prostrado; deitado.

prostrate (to), v. tr. prostrar; derribar; demolir.

prosy, adj. prosaico; insípido.

protagonist, s. protagonista.

protean, adj. volúvel; versátil.

protect (to), v. tr. proteger; defender; patrocinar.

protection, s. protecção; ajuda.

protectionism, s. proteccionismo.

protective, 1. adj. protector; protectivo; 2. s. resguardo; abrigo.

protector, s. protector; tutor; defensor.

protectorate, s. protectorado.

protein, s. proteína.

protest, s. protesto.

protest (to), v. tr. e intr. protestar.

Protestant, adj. e s. protestante.

Protestantism, s. protestantismo.

protestation, s. protestação; protesto.

protester, s. protestador; protestante.

protocol, s. protocolo.

prototype, s. protótipo.

protracted, adj. prolongado; adiado.

protractor, s. transferidor (instrumento); músculo extensor.

protrude (to), v. tr. e intr. sobressair.

protrusion, s. saliência.

protuberance, s. protuberância; bossa; corcova.

protuberant, s. protuberante; saliente.

proud, adj. altivo; orgulhoso; arrogante; sumptuoso.

provable, adj. provável; demonstrável.

prove (to), v. tr. e intr. provar; demonstrar; ensaiar.

provenance, s. proveniência; origem; procedência.

provender, s. forragem.

proverb, s. provérbio; adágio; sentença.

proverbial, adj. proverbial.

provide (to), v. tr. e intr. prover; abastecer; sortir.

provided, 1. adj. provido; abastecido; 2. conj. contanto que; desde que.

providence, s. providência; previdência; provisão.

providential, adj. providencial.

provider, s. fornecedor; abastecedor; provisor.

province, s. província; competência.

provincial, adj. provincial; rústico.

provincialism, s. provincialismo.

provision, s. provisão; abastecimento; fornecimento.

provision (to), v. tr. abastecer; fornecer.

provisional, adj. provisional; provisório.

proviso, s. condição; cláusula.

provocation, s. provocação; estímulo.

provocative, adj. provocante; provocativo.

provoke (to), v. tr. provocar; irritar; excitar; impacientar; incitar.

provost, s. preboste.

prow, s. (náut.) proa.

prowess, s. façanha; proeza.

prowl (to), v. tr. e intr. errar; vaguear.

prowler, s. ladrão.

proximity, s. proximidade; vizinhança.

proxy, s. procurador; delegado; procuração.

prude, s. snob; puritano.

prudence, s. prudência; discrição.
prudent, adj. prudente; discreto.
prudery, s. falsa modéstia.
prudish, adj. modesto com afectação.
prune, s. ameixa passada.
prune (to), v. tr. cortar; aparar; podar.
pruning, s. poda.
prurience, s. prurido; comichão; luxúria.
prurient, adj. pruriente; sensual.
prussic, adj. prússico.
pry, s. inspecção; exame rigoroso.
pry (to), v. tr. e intr. espreitar; espiar; pesquisar.
psalm, s. salmo.
pseudonym, s. pseudónimo.
psychiatric, adj. psiquiátrico.
psychiatry, s. psiquiatria.
psychic, adj. psíquico.
psychoanalyse, s. psicanálise.
psychological, adj. psicológico.
psychologist, s. psicólogo.
psychology, s. psicologia.
psychopath, s. e adj. psicopata.
psychosis, s. psicose.
pub, s. abreviatura de public house; taberna; cervejaria.
puberty, s. puberdade.
pubescent, adj. pubescente; púbero.
public, s. e adj. público; comum.
publican, s. taberneiro.
publication, s. publicação; livro; obra publicada.
publicist, s. publicista.
publicity, s. publicidade; notoriedade.
publish (to), v. tr. publicar; tornar público.
publisher, s. publicador; editor.
pucker (to), v. tr. e intr. enrugar; vincar.
pudding, s. pudim; chouriço de sangue.
puddle, s. lamaçal; poça de água.

puerile, adj. pueril; infantil.
puff, 1. s. sopro; lufada; **2.** interj. puf!
puff (to), v. tr. e intr. soprar; inchar; entumecer.
puffin, s. mergulhão (ave).
puffy, adv. inchado; túmido.
pugnacious, adj. pugnaz; belicoso.
puke (to), v. tr. e intr. vomitar.
pull, s. puxão; repelão; abalo; sacudidela; tracção.
pull (to), v. tr. e intr. puxar; arrancar; rasgar.
pullet, s. frango.
pulley, s. roldana.
pullman, s. carruagem-salão; autocarro de luxo.
pullover, s. pulôver.
pulmonary, adj. pulmonar.
pulp, s. polpa; medula; massa; pasta.
pulpit, s. púlpito; tribuna.
pulpy, adj. polposo; carnudo; mole.
pulsate (to), v. intr. pulsar; bater; palpitar.
pulse, s. pulso; pulsação.
pulse (to), v. intr. pulsar; bater; palpitar.
pulverize (to), v. tr. e intr. pulverizar; desintegrar-se.
puma, s. puma.
pumice, s. pedra-pomes.
pump, s. bomba; escarpim.
pump (to), v. tr. e intr. dar à bomba; sondar.
pumpernickel, s. pão integral.
pumpkin, s. abóbora-menina.
pun, s. trocadilho; equívoco.
punch, s. punção; furador; ponche (bebida).
punch (to), v. tr. furar com punção; bater; (fam.) dar pancada em.
punctilious, adj. miudinho; exacto; pundonoroso.

punctual, *adj.* pontual; exacto; rigoroso.

punctuate (to), *v. tr. e intr.* pontuar; realçar.

punctuation, *s.* pontuação.

puncture (to), *v. tr.* picar; furar.

puncture, *s.* picadura; picada; furo (automóvel).

pungency, *s.* acidez; acrimónia; mordacidade.

pungent, *adj.* pungente; acrimonioso; cáustico.

punish (to), *v. tr.* punir; castigar.

punishable, *adj.* punível.

punishment, *s.* castigo; pena; punição.

punitive, *adj.* punitivo.

punk, *s.* «punk».

punnet, *s.* cestinha para flores e frutos.

punt, *s.* barca; barco de fundo chato.

punt (to), *v. tr. e intr.* impelir uma barca com uma vara.

punter, *s.* ponto (em jogos de azar).

puny, *adj.* insignificante; pequeno.

pup, *s.* cachorro.

pupa, *s.* ninfa; crisálida.

pupil, *s.* aluno; aluna; discípulo; pupilo.

puppet, *s.* boneca; fantoche.

puppy, *s.* cachorro; cachorrinho.

purchase, *s.* compra; aquisição.

purchase (to), *v. tr.* comprar; adquirir; lograr; ganhar.

purchaser, *s.* comprador; adquiridor.

pure, *adj.* puro; genuíno; mero; simples.

purely, *adv.* puramente; simplesmente.

purgative, 1. *adj.* purgativo; purificador; 2. *s.* purga; purgante.

purgatory, 1. *s.* Purgatório; 2. *adj.* purgatório.

purge, *s.* purga; purgante; purgação.

purge (to), *v. tr. e intr.* purgar; limpar; purificar.

purify (to), *v. tr.* purificar; depurar.

purist, *s.* purista.

puritan, *s. e adj.* puritano; pessoa severa.

puritanic, *adj.* puritano; severo; rigoroso.

puritanism, *s.* puritanismo.

purity, *s.* pureza; integridade; castidade.

purl (to), *v. tr. e intr.* rodopiar; envolver.

purlieu, *s.* confim; raia; limite; *pl.* arredores.

purloin (to), *v. tr.* furtar; roubar.

purple, 1. *s.* púrpura; 2. *adj.* purpúreo.

purplish, *adj.* purpurino; violáceo.

purport, *s.* significação; significado; sentido; alcance.

purport (to), *v. tr. e intr.* significar; querer dizer.

purpose, *s.* intento; fim; desígnio; projecto.

purpose (to), *v. tr. e intr.* tencionar; projectar; fazer tenção de.

purposeful, *adj.* que tem um fim em vista.

purposeless, *adj.* sem intenção; sem um fim em vista.

purposely, *adv.* de propósito; deliberadamente.

purr, *s.* ronrom de gato.

purr (to), *v. tr. e intr.* ronronar como os gatos.

purse, *s.* bolsa; carteira; porta-moedas; dinheiro; prémio; riqueza.

purse (to), *v. tr. e intr.* embolsar; enrugar; franzir.

purser, *s.* comissário de bordo; empregado da contabilidade.

pursuance, *s.* prosseguimento; continuação; seguimento.

pursue (to), v. tr. e intr. prosseguir; perseguir; adoptar.

pursuer, s. perseguidor.

pursuit, s. perseguição; busca; seguimento; prossecução.

purvey (to), v. tr. e intr. prover; fornecer; sortir.

purveyor, s. fornecedor; abastecedor.

pus, s. pus; matéria.

push, s. empurrão; impulso; assalto; esforço.

push (to), v. tr. e intr. empurrar; impelir; impulsionar.

pusher, s. o que impele; (cal.) passador (de droga).

pushing, adj. empreendedor; activo; diligente.

pusillanimity, s. pusilanimidade.

pusillanimous, adj. pusilânime; cobarde.

puss, s. bichano; gatinho.

pussy, s. gatinha.

pustule, s. pústula.

put (to), v. tr. e intr. pôr; colocar; situar; propor.

put, s. lançamento; o acto de pôr.

putative, adj. putativo.

putrefaction, s. putrefacção; corrupção.

putrefy (to), v. tr. e intr. putrefazer; corromper.

putrescent, adj. em estado de putrefacção.

putrid, adj. pútrido; corrompido.

putt, s. pancada na bola (no jogo do golfe).

putt (to), v. tr. e intr. bater na bola (no jogo do golfe).

putter, s. aquele que põe ou coloca; taco (de golfe).

putting, s. acção de bater a bola (no jogo do golfe).

put-up, adj. bem arranjado.

puzzle, s. adivinha; enigma; confusão.

puzzle (to), v. tr. e intr. embaraçar; confundir.

pygmy, adj. e s. pigmeu.

pyjamas, s. pl. pijama.

pyramid, s. pirâmide.

pyramidal, adj. piramidal.

pyre, s. pira; fogueira.

pyrex, s. pírex.

pyrotechnics, s. pirotecnia.

python, s. jibóia.

Q

Q, q, s. décima sétima letra do alfabeto.

qua, *prep.* na qualidade de; como.

quack, s. grasnido de pato; curandeiro; charlatão.

quack (to), *v. tr. e intr.* grasnar; basofiar.

quadrangle, s. quadrângulo; pátio.

quadrilateral, *adj. e s.* quadrilateral; quadrilátero.

quadrille, s. quadrilha (dança); quadrícula.

quadruped, s. e adj. quadrúpede.

quadruple, s. e adj. quádruplo.

quadruple (to), *v. tr. e intr.* quadruplicar.

quaff (to), *v. tr.* beber em longos goles.

quagmire, s. pântano; paul.

quail, s. codorniz.

quail (to), *v. intr.* desanimar; descoroçoar.

quaint, *adj.* estranho; exótico; belo; bonito; gentil.

quake, s. estremecimento; tremor de terra.

quake (to), *v. intr.* tremer; tiritar.

qualification, s. qualificação; talento.

qualified, *adj.* apto; capaz.

qualifier, s. qualificativo; qualificador.

qualify (to), 1. *v. tr.* habilitar; tornar capaz para; **2.** *v. intr.* preparar-se.

quality, s. qualidade; natureza; dote.

qualm, s. desmaio; delíquio.

quandary, s. dúvida; incerteza; embaraço.

quantic, s. quântico.

quantitative, *adj.* quantitativo.

quantity, s. quantidade; soma.

quantum, s. total; quantidade; porção.

quarantine, s. quarentena.

quarantine (to), *v. tr.* impor quarentena.

quarrel, s. questão; altercação.

quarrel (to), *v. intr.* altercar; discutir.

quarrelsome, *adj.* bulhento; rixoso.

quarry, s. pedreira; pedra de calçada presa.

quarry (to), *v. tr.* extrair pedra de uma pedreira.

quart, s. quarto de galão (medida inglesa de 1,136 l).

quarter, s. quarto; a quarta parte; bairro; trimestre.

quarter (to), *v. tr.* dividir em quartos; esquartejar.

quarterly, 1. *adj.* trimestral; **2.** *adv.* trimestralmente.

quartermaster, s. (náut.) contramestre.

quartet, s. quarteto; quarto.

quartz, s. quartzo.

quash (to), *v. tr.* quebrar; anular.

quasi, *adv.* como se; quase.

quatrain, s. quadra.

quaver (to), *v. tr. e intr.* trinar; trilar.

quay, s. cais; molhe.

queasy, *adj.* nauseabundo; enjoado.

queen, s. rainha; soberana.

queenly, *adj.* régio; próprio de uma rainha.

queer, *adj.* original; excêntrico; singular.

quell (to), *v. tr.* sufocar; reprimir; debelar.

quench (to), *v. tr.* extinguir; apagar; saciar.

querulous, *adj.* queixoso; plangente.

query, *s.* quesito; pergunta.

query (to), *v. tr. e intr.* perguntar; interrogar; inquirir.

quest, *s.* busca; procura.

quest (to), *v. intr.* averiguar; investigar.

question, *s.* pergunta; interrogação; assunto.

question (to), *v. tr. e intr.* perguntar; interrogar.

questionable, *adj.* questionável; duvidoso.

questionably, *adv.* de modo contestável.

questioning, *s.* acção de examinar ou interrogar; interrogatório.

question mark, *s.* ponto de interrogação.

queue, *s.* bicha, fila.

quibble (to), *v. intr.* sofismar; chicanar.

quick, *adj.* veloz; vivo; sagaz; destro.

quicken (to), *v. tr.* acelerar; vivificar; animar.

quicklime, *s.* cal viva.

quickly, *adv.* rapidamente; prontamente.

quicksand, *s.* areia movediça.

quicksilver, *s.* mercúrio.

quick step, *s.* passo dobrado; passo acelerado.

quid, *s. (fam.)* libra esterlina.

quid-pro-quo, *s.* engano; equívoco.

quiescent, *adj.* quieto.

quiet, 1. *adj.* quieto; tranquilo; **2.** *s.* calma; silêncio.

quiet (to), *v. tr. e intr.* aquietar; acalmar; tranquilizar.

quietism, *s.* quietismo; quietação.

quietly, *adv.* sossegadamente; calmamente.

quill, *s.* pena (de ave); pico; espinho.

quilt, *s.* colcha.

quince, *s.* marmelo.

quintessence, *s.* quinta-essência.

quintuple (to), *v. tr. e intr.* quintuplicar.

quip, *s.* troça; sarcasmo; ironia.

quirk, *s.* subtileza; astúcia.

quit (to), *v. tr. e intr.* deixar; abandonar; liquidar.

quite, *adv.* inteiramente; perfeitamente.

quiver, 1. *s.* tremura; **2.** *adj.* vivo; ágil.

quiver (to), *v. intr.* tremer; estremecer.

quixotic, *adj.* quixotesco.

quiz, *s.* enigma; jogo; mistificação.

quiz (to), *v. tr.* mistificar; ridicularizar.

quizzical, *adj.* zombador; motejador.

quoit, *s.* conca; malha (no jogo do chinquilho).

quorum, *s.* número suficiente de vogais para deliberar.

quota, *s.* cota; cota-parte; contingente.

quotable, *adj.* que se pode citar.

quotation, *s.* citação; trecho.

quotation marks, *s. pl.* aspas.

quote (to), *v. tr.* citar (um trecho, uma passagem).

quotidian, *adj.* quotidiano.

quotient, *s.* quociente.

R

R, r, s. décima oitava letra do alfabeto.
rabbi, s. rabino.
rabbit, s. coelho.
rabble, s. turba; multidão.
rabid, adj. raivoso; furioso.
rabies, s. raiva.
race, s. raça; geração; corrida.
race (to), v. tr. e intr. correr; competir.
racer, s. cavalo de corrida; carro de corrida; barco de corrida; corredor.
racial, adj. racial.
racing, 1. s. corrida; rapidez; **2.** adj. que corre depressa; acelerado.
racism, s. racismo.
rack, s. tortura; suplício; tormento; bastidor; cabide; prateleira; cavalete.
rack (to), v. tr. torturar; vexar.
racket, s. bulha; barafunda; raqueta (ténis).
racket (to), v. intr. fazer algazarra.
racy, adj. forte; espirituoso.
radar, s. radar.
radial, adj. radial.
radiance, s. brilho; fulgor.
radiant, adj. radiante; brilhante; fulgente.
radiate (to), v. tr. e intr. irradiar; brilhar; fulgir.
radiation, s. irradiação.
radiator, s. radiador.
radical, adj. radical.
radicalism, s. radicalismo.
radio, s. rádio; radiograma.
radioactive, adj. radioactivo.
radiograph, s. radiografia.
radiology, s. radiologia.

radiotelephony, s. radiotelefonia.
radish, s. rábano.
radium, s. (quím.) rádio.
radius, s. rádio (osso); raio (geometria).
raffia, s. ráfia.
raffle, s. rifa; sorteio; lotaria.
raffle (to), v. tr. e intr. rifar; sortear.
raft, s. jangada; balsa; piroga.
rafter, s. viga; barrote.
rag, s. trapo; farrapo; andrajo; algazarra.
rag (to), v. tr. e intr. (fam.) escarnecer.
ragamuffin, s. miserável; esfarrapado.
rage, s. raiva; fúria; furor; grande moda.
rage (to), v. intr. enfurecer-se; encolerizar-se.
ragged, adj. esfarrapado; roto.
raging, adj. furioso; violento.
ragtag, s. gentalha; rebotalho; ralé.
raid, s. incursão; invasão.
raid (to), v. tr. e intr. invadir; fazer uma incursão.
raider, s. invasor; incursor.
rail, s. varão (de grade); grade; corrimão; carril.
railing, s. balaustrada; grade; parapeito.
rail (to), v. tr. cercar com grades ou balaústres.
railroad, s. via-férrea.
railway, s. caminho-de-ferro.
rain, s. chuva.
rain (to), v. tr. e intr. chover.
rainbow, s. arco-íris.
raincoat, s. gabardine.
rainfall, s. aguaceiro; pluviosidade.

rainforest, s. floresta tropical.

raininess, s. estado chuvoso.

rainy, adj. chuvoso; de chuva.

raise, s. elevação.

raise (to), v. tr. levantar; erguer; cultivar; criar.

raised, adj. levantado; em relevo.

raisin, s. uva passa.

rake, s. ancinho; raspadura.

rake (to), v. tr. e intr. raspar; limpar; varrer.

rakish, adj. libertino; devasso.

rally, s. reunião; zombaria; restabelecimento.

rally (to), v. tr. e intr. reunir; juntar; reanimar.

ram, s. carneiro; aríete.

ram (to), v. tr. calcar; atulhar.

ramble, s. passeio; excursão.

ramble (to), v. intr. rodar; vaguear; divagar.

rambler, s. passeante.

rambling, 1. s. excursão; passeio; **2.** adj. errante.

ramification, s. ramificação.

ramp, s. rampa; declive.

rampage, s. barulho; agitação.

rampage (to), v. intr. levantar alvoroto; fazer barulho.

rampant, adj. exuberante; furioso.

rampart, s. baluarte; talude; muro.

ramrod, s. vareta (de espingarda).

ramshackle, adj. desmoronado; em ruínas.

ran, pret. de **to run.**

ranch (to), v. tr. e intr. criar gado; dirigir um rancho.

rancher, s. vaqueiro; boieiro.

rancid, adj. râncido; rançoso.

rancorous, adj. rancoroso; vingativo.

rancour, s. rancor; ódio.

random, s. acaso; destino; **at random:** ao acaso.

rang, pret. de **to ring.**

range, s. fila; fileira; série; cadeia; cordilheira; amplitude; limites.

range (to), v. tr. e intr. alinhar; ordenar.

ranger, s. coiteiro; batedor.

rank, s. fila; fileira; classe; ordem.

ranking, s. classificação.

rankle (to), v. intr. inflamar-se; agravar-se.

ransack (to), v. tr. saquear; roubar; violar.

ransom, s. resgate; multa.

ransom (to), v. tr. resgatar; pagar resgate por.

rant, s. linguagem afectada; estilo bombástico.

rant (to), v. intr. declarar; gritar; berrar.

rap, s. pancada rápida; piparote; (mús.) «rap».

rap (to), v. tr. e intr. bater com rapidez; dar uma pancada seca.

rapacious, adj. rapace; ávido.

rapacity, s. rapacidade.

rape, s. extorsão; roubo; rapto; estupro; violação.

rape (to), v. tr. violar; desflorar.

rapid, adj. rápido; veloz.

rapidity, s. rapidez; velocidade.

rapier, s. espadim; estoque; florete.

rapprochement, s. aproximação; reconciliação.

rapt, adj. transportado; arrebatado.

rapture, s. êxtase; enlevo; transporte.

rapturous, adj. arrebatador; encantador.

rare, adj. raro; escasso.

rarefy (to), v. tr. e intr. rarefazer; rarear.

rarely, adv. raramente.

rarity, s. raridade; rareza.

rascal, adj. velhaco; cobarde.

rascally, adj. ignóbil; vil.

rash, 1. adj. arrojado; atrevido; **2.** s. borbulha; erupção da pele.

rasher, s. talhada de toucinho.

rasp, s. grosa; lima; raspadeira.

raspberry, s. framboesa.

rat, s. rato; ratazana.

rat (to), v. tr. e intr. furar uma greve; mudar de partido.

ratchet, s. dente de tambor (de relógio); dente de engrenagem.

rate, s. preço; valor; taxa; ordem; classe; proporção.

rate (to), v. tr. avaliar; taxar; apreciar; fixar ou pôr preço em.

rateable, adj. tributável.

rather, adv. antes; melhor; um pouco; muito.

ratify (to), v. tr. ratificar; aprovar.

rating, s. classe; classificação.

ratio, s. razão; relação.

ration, s. ração.

ration (to), v. tr. racionar.

rational, 1. adj. racional; razoável; 2. s. ente racional.

rationale, s. análise racional.

rationalism, s. racionalismo.

rationalist, adj. racionalista.

rationalistic, adj. racionalista.

rationalize (to), v. tr. e intr. racionalizar; raciocinar; ponderar.

rattle, s. estrondo; barulho; algazarra; chocalho.

rattle (to), v. tr. e intr. chocalhar; assustar.

rattlesnake, s. cascavel.

rattling, adj. retumbante; alegre.

raucous, adj. rouco; roufenho.

ravage, s. devastação; saque.

ravage (to), v. tr. e intr. assolar; devastar.

rave (to), v. intr. delirar; tresvariar; bramir; rugir.

raven, 1. s. corvo; 2. adj. negro; lustroso.

ravenous, adj. voraz; esfomeado; rapace.

ravine, s. barranco; fosso; desfiladeiro.

raving, 1. s. devaneio; desvario; 2. adj. furioso.

ravish (to), v. tr. arrebatar; tirar.

ravishing, adj. encantador; arrebatador.

raw, adj. cru; verde; em bruto; esfolado.

rawhide, s. couro cru.

ray, s. raio (de luz, etc.); risca; fila; raia.

raze (to), v. tr. arrasar; derribar; demolir.

razor, s. navalha de barba.

re, s. (mús.) a nota ré.

reach, s. extensão; poder; alcance.

reach (to), v. tr. e intr. estender; estirar; atingir; alcançar; conseguir.

react (to), v. intr. reagir; refluir.

reaction, s. reacção.

reactionary, 1. adj. reaccionário; 2. s. retrógrado.

reactivate (to), v. tr. e intr. reactivar.

reactor, s. reactor.

read (to), v. tr. e intr. (pret. e p.p. read), ler; estudar; interpretar; prever.

readable, adj. legível.

reader, s. leitor; declamador; livro de leitura.

readership, s. cargo de leitor.

readily, adv. prontamente; imediatamente.

readiness, s. prontidão; presteza.

reading, s. leitura; lição.

readjust (to), v. tr. reajustar.

readjustment, s. reajustamento.

ready, adj. pronto; preparado; imediato; diligente; hábil; vivo.

reaffirm (to), v. tr. reafirmar.

real, adj. real; verdadeiro.

realism, s. realismo.

realist, s. e adj. realista.

realistic, adj. realístico; realista; prático.

reality, s. realidade; verdade.

realizable, *adj.* realizável.

realize (to), *v. tr.* verificar; notar; realizar; efectuar.

really, *adv.* realmente; efectivamente.

realm, *s.* reino; região; domínio.

ream, *s.* resma.

reap (to), *v. tr. e intr.* ceifar; segar; colher.

reaper, *s.* ceifeiro.

reaping, *s.* ceifa; colheita.

reappear (to), *v. intr.* reaparecer.

reappearance, *s.* reaparição.

rear, *s.* retaguarda; parte traseira.

rear (to), *v. tr. e intr.* levantar; erguer; educar; criar.

rearguard, *s.* retaguarda.

rearmost, *adj.* último; da cauda.

rearrange (to), *v. tr.* pôr em ordem novamente.

reason, *s.* razão; entendimento.

reason (to), *v. tr. e intr.* debater; raciocinar.

reasonable, *adj.* racional; razoável; equitativo.

reasonably, *adv.* racionalmente.

reasoning, *s.* raciocínio; argumento.

reassemble (to), *v. tr. e intr.* reunir novamente.

reassert (to), *v. tr.* afirmar de novo.

reassurance, *s.* resseguro (contra riscos).

reassure (to), *v. tr.* ressegurar (contra riscos); tranquilizar; reassegurar.

rebate, *s.* desconto; redução.

rebel, *s. e adj.* rebelde; revoltoso.

rebel (to), *v. intr.* revoltar-se; insurgir-se.

rebellion, *s.* rebelião; revolta.

rebellious, *adj.* rebelde; desobediente.

rebound, *s.* ressalto; repercussão.

rebound (to), *v. intr.* repercutir; ressoar.

rebuff, *s.* resistência; recusa; repulsa.

rebuff (to), *v. tr.* repelir; recusar.

rebuild (to), *v. tr.* reconstruir; reedificar.

rebuke, *s.* censura; repreensão.

rebuke (to), *v. tr.* repreender; increpar.

rebut (to), *v. tr. e intr.* refutar; rebater.

rebuttal, *s.* refutação.

recalcitrant, *s. e adj.* teimoso; obstinado.

recall, *s.* revogação; novo chamamento.

recall (to), *v. tr.* chamar de novo; relembrar; evocar.

recant (to), *v. tr. e intr.* retractar-se; desdizer-se.

recapitulate (to), *v. tr.* recapitular.

recapture, *s.* recaptura.

recapture (to), *v. tr.* recapturar.

recast (to), *v. tr.* refundir; tornar a formar.

recede (to), *v. intr.* recuar; retroceder.

receipt, *s.* recibo; quitação.

receipt (to), *v. tr. e intr.* passar recibo de.

receive (to), *v. tr.* receber; aceitar.

receiver, *s.* pessoa que recebe; destinatário; auscultador (de telefone); receptáculo; cobrador.

recent, *adj.* recente; novo.

recently, *adv.* recentemente; ultimamente.

receptacle, *s.* receptáculo; recipiente.

reception, *s.* recepção; acolhimento.

receptionist, *s.* recepcionista.

receptive, *adj.* receptivo.

recess, *s.* retirada; partida; recorte; lugar recôndito; intervalo; férias.

recession, *s.* recessão.

recharge, *s.* recarga.

recharge (to), v. tr. recarregar.

recipe, s. receita.

recipient, s. recipiente.

reciprocal, adj. recíproco; mútuo.

reciprocate (to), v. tr. e intr. reciprocar; alternar; permutar.

reciprocity, s. reciprocidade.

recital, s. narração; exposição; relação.

recitation, s. recitação; declamação.

recite (to), v. tr. e intr. recitar; contar; narrar.

reckless, adj. negligente; descuidado.

reckon (to), v. tr. e intr. contar; calcular; computar.

reckoning, s. conta; cálculo; cômputo.

reclaim (to), v. tr. reclamar; reivindicar; emendar; reter; reformar.

reclamation, s. reclamação; demanda.

recline (to), v. tr. e intr. pender; inclinar; apoiar; repousar; estar deitado.

recluse, 1. adj. recluso; encerrado; **2.** s. eremita; asceta; monge.

recognition, s. reconhecimento; identificação.

recognizable, adj. reconhecível.

recognize (to), v. tr. reconhecer.

recoil (to), v. intr. recuar; retroceder.

recollect (to), v. tr. lembrar-se de; recordar.

recollection, s. reminiscência; lembrança.

recommend (to), v. tr. recomendar.

recommendation, s. recomendação; encarecimento; elogio.

recompense, s. recompensa; compensação.

recompense (to), v. tr. recompensar: compensar.

recompose (to), v. tr. recompor; recombinar.

reconcile (to), v. tr. reconciliar.

reconciliation, s. reconciliação; conciliação.

recondite, adj. recôndito; oculto.

reconnaisance, s. reconhecimento; exame minucioso.

reconnoitre (to), v. tr. e intr. reconhecer; inspeccionar.

reconsider (to), v. tr. e intr. reconsiderar.

reconstitute (to), v. tr. reconstituir; reorganizar.

reconstruct (to), v. tr. reconstruir; restabelecer.

record, s. registo; inscrição; relação; documento; relatório; disco.

record (to), v. tr. registar; gravar; inscrever; mencionar; contar.

recorder, s. registador; gravador.

recording, s. registador (aparelho).

recount (to), v. tr. recontar.

recoup (to), v. tr. indemnizar.

recover (to), v. tr. e intr. tornar a cobrir ou a tapar; recobrar; reaver; recuperar; retomar.

recoverable, adj. recuperável; curável.

recovery, s. recuperação; restabelecimento.

recreate (to), v. tr. e intr. recrear; divertir; divertir-se.

recreation, s. recreação; recreio; divertimento.

recreation, s. recriação.

recriminate (to), v. intr. recriminar.

recrimination, s. recriminação.

recruit, s. soldado recruta; aprendiz; principiante.

recruit (to), v. tr. e intr. recrutar; alistar.

recruitment, s. recrutamento; alistamento.

rectangle, s. rectângulo.
rectangular, adj. rectangular.
rectify (to), v. tr. rectificar; corrigir.
rectilinear, adj. rectilíneo.
rectitude, s. rectidão; equidade.
rector, s. reitor; cura; pároco; árbitro.
rectory, s. reitoria; presbitério.
rectum, s. recto.
recumbent, adj. deitado; encostado.
recuperate (to), v. tr. e intr. recuperar; recobrar.
recur (to), v. intr. ocorrer; vir à memória.
recurrence, s. volta; renovação; recurso.
recurrent, adj. recorrente.
recycle (to), v. tr. reciclar.
red, 1. adj. vermelho; encarnado; rubro; sanguíneo; 2. s. cor vermelha; (fam.) comunista.
redden (to), v. tr. e intr. avermelhar; ruborizar-se; avermelhar-se; corar.
redder, reddest, comp. e sup. de **red.**
reddish, adj. avermelhado.
redecorate (to), v. tr. redecorar.
redeem (to), v. tr. remir; resgatar; libertar; tornar a comprar.
redeemable, adj. remível; resgatável.
redemption, s. redenção; resgate; libertação.
redirect (to), v. tr. dirigir de novo.
redistribute (to), v. tr. distribuir de novo.
redness, s. vermelhidão.
redolent, adj. fragrante; perfumado.
redouble (to), 1. v. tr. redobrar, repetir; 2. v. intr. repetir-se; redobrar-se.
redoubt, s. reduto (de fortaleza).
redoubtable, adj. formidável; terrível.

redress, s. reforma; emenda; reparação.
redress (to), v. tr. reparar; desagravar; aliviar.
redskin, s. Pele-Vermelha.
redstart, s. pisco-ferreiro.
red tape, s. oficialismo; formalidades excessivas.
reduce (to), v. tr. e intr. reduzir; praticar; executar.
reduction, s. redução; diminuição.
redundancy, s. redundância.
redundant, adj. redundante; excessivo.
reed, s. cana; junco; haste; palheta.
reedy, adj. cheio de canas; feito de cana ou de junco.
reef, s. recife; escolho; baixios.
reefer, s. jaquetão.
reek, s. fumo; vapor.
reek (to), v. tr. e intr. fumegar; encher de fumo; exalar vapores.
reel, s. dobadoira; sarilho; torniquete; carreto.
reel (to), 1. v. tr. dobar; 2. v. intr. cambalear; vacilar.
re-elect (to), v. tr. reeleger.
re-enact (to), v. tr. ordenar novamente; restabelecer.
re-enter (to), v. tr. e intr. reentrar.
re-examine (to), v. tr. reexaminar.
refectory, s. refeitório.
refer (to), v. tr. e intr. referir; remeter; dirigir; entregar; atribuir; classificar; apresentar; submeter; compreender; aludir, referir-se a.
referee, s. árbitro; avaliador.
reference, s. referência; alusão; relação.
referendum, s. referendo; plebiscito.
refill (to), v. tr. encher de novo.
refine (to), v. tr. e intr. purificar; refinar; depurar.
refined, adj. refinado; purificado; clarificado.

refinement, *s.* refinação; clarificação; purificação.

refinery, *s.* refinaria.

refit (to), *v. tr.* compor; consertar.

reflect (to), *v. tr. e intr.* reflectir; considerar; meditar; discorrer.

reflection, *s.* reflexão; reflexo; consideração.

reflective, *adj.* reflectivo; meditativo.

reflector, *s.* reflector.

reflex, *s. e adj.* reflexo; revérbero.

reflexive, *adj.* reflexo; reflexivo.

reform, *s.* reforma.

reform (to), *v. tr. e intr.* reformar; emendar; corrigir.

re-form (to), *v. tr. e intr.* voltar a formar.

reformer, *s.* reformador; reformista.

refract (to), *v. tr.* refranger; refractar.

refractory, *adj.* refractário; teimoso.

refrain, *s.* estribilho.

refrain (to), *v. tr. e intr.* refrear; abster-se de.

refresh (to), *v. tr. e intr.* refrescar; refrigerar; renovar; vivificar.

refresher, *s.* pessoa ou coisa que refresca ou renova; refresco; refrigerante.

refreshing, *adj.* repousante; que refresca.

refreshment, *s.* refrigério; repouso; refresco.

refrigerate (to), *v. tr. e intr.* refrigerar; refrescar.

refrigerator, *s.* frigorífico; refrigerador.

refuge, *s.* refúgio; asilo; amparo.

refuge (to), *v. tr. e intr.* dar asilo a; abrigar; refugiar-se.

refugee, *s.* refugiado; asilado.

refund (to), *v. tr. e intr.* entregar; restituir; amortizar.

refurbish (to), *v. tr.* brunir; polir de novo.

refusal, *s.* recusa.

refuse, *s.* refugo; rebotalho; lixo.

refuse (to), *v. tr. e intr.* recusar; rejeitar; negar.

refute (to), *v. tr.* refutar; impugnar.

regain (to), *v. tr.* tornar a ganhar; recuperar.

regal, *adj.* real; régio.

regale (to), *v. tr. e intr.* regalar; regozijar; festejar.

regalia, *s. pl.* insígnias reais.

regard, *s.* atenção; consideração; estima; *pl.* cumprimentos.

regard (to), *v. tr.* olhar; observar; atender; ter atenção a; considerar; estimar; venerar; julgar; reputar.

regarding, *prep.* relativamente a; em relação a.

regardless, *adj.* negligente; descuidado; indiferente.

regatta, *s.* regata.

regency, *s.* regência.

regenerate, *adj.* regenerado.

regenerate (to), *v. tr. e intr.* regenerar; reformar; regenerar-se.

regent, *s. e adj.* regente; reinante.

regicide, *s.* regicídio; regicida.

regimen, *s.* regime.

regiment, *s.* regimento.

regimental, *adj.* regimental; relativo a regimento.

region, *s.* região; território; país.

regional, *adj.* regional.

register, *s.* registo; protocolo; rol; registador; livro de lembranças.

register (to), *v. tr. e intr.* registar; inscrever; indicar.

registrar, *s.* registador; conservador do registo civil.

registration, *s.* acção de registar; registo.

registry, *s.* registo; arquivo.

regress, *s.* regresso; volta.

regress (to), *v. intr.* regressar; voltar.

regression, *s.* regressão.

regressive, *adj.* regressivo.

regret, *s.* pesar; desgosto; sentimento.

regret (to), 1. *v. tr.* lamentar; sentir; deplorar; **2.** *v. intr.* arrepender-se de.

regretful, *adj.* pesaroso; arrependido.

regrettably, *adv.* lamentavelmente.

regular, *adj.* regular; em regra; exacto.

regularity, *s.* regularidade.

regularize (to), *v. tr.* regularizar.

regulate (to), *v. tr.* regular; ajustar.

regulation, *s.* regulação; método.

regulator, *s.* regulador; guia.

rehabilitate (to), *v. tr.* reabilitar.

rehearsal, *s.* ensaio.

rehearse (to), *v. tr.* ensaiar.

reign (to), *v. intr.* reinar; dominar; imperar.

reign, *s.* reino; reinado; soberania.

reigning, *adj.* reinante; predominante.

reimburse (to), *v. tr.* reembolsar.

reimbursement, *s.* reembolso.

rein, *s.* rédea; *(fig.)* governo; direcção.

rein (to), *v. tr.* guiar com rédeas; *(fig.)* governar.

reincarnation, *s.* reincarnação.

reindeer, *s.* rena.

reinforce (to), *v. tr.* reforçar; fortificar.

reinforced, *adj.* reforçado.

reinforcement, *s.* reforço.

reinstate (to), *v. tr.* restabelecer; reintegrar.

reissue (to), *v. tr.* emitir novamente.

reiterate (to), *v. tr.* reiterar; repetir.

reiteration, *s.* reiteração; repetição.

reject (to), *v. tr.* rejeitar; renunciar.

rejection, *s.* rejeição; recusa.

rejoice (to), *v. tr.* e *intr.* causar alegria a; regozijar-se; alegrar-se.

rejoicing, 1. *adj.* deleitável; alegre; **2.** *s.* alegria.

rejoin (to), *v. tr.* tornar a juntar; reunir de novo.

rejoinder, *s.* réplica; resposta.

rejuvenate (to), *v. intr.* e *tr.* rejuvenescer; remoçar; tornar mais novo.

rekindle (to), *v. tr.* e *intr.* reacender; atear de novo; reacender-se.

relapse, *s.* recaída; reincidência.

relapse (to), *v. intr.* recair; reincidir.

relate (to), 1. *v. tr.* relatar; referir, contar, narrar; **2.** *v. intr.* ser referente a; relacionar-se com.

related, *adj.* relativo a; referente.

relation, *s.* relação; respeito; narrativa; relato.

relationship, *s.* parentesco; afinidade.

relative, 1. *adj.* relativo; referente; **2.** *s.* parente.

relatively, *adv.* relativamente.

relax (to), *v. tr.* e *intr.* relaxar; afrouxar; alargar; repousar.

relaxation, *s.* afrouxamento; relaxamento; descanso.

relaxing, *adj.* que permite descansar.

relay, *s.* muda (de cavalos de posta); motor auxiliar.

relay (to), *v. tr.* e *intr.* retransmitir.

release, *s.* acção de soltar; liberdade.

release (to), *v. tr.* soltar; libertar; livrar.

relegate (to), *v. tr.* afastar; exilar; banir.

relent (to), *v. intr.* enternecer-se; abrandar; acalmar-se.

relentless, *adj.* empedernido; inexorável.

relevance, *s.* relevância.

relevant, *adj.* relevante.

reliability, *s.* confiança; segurança.

reliable, *adj.* digno de confiança; seguro; fidedigno.

reliance, s. confiança.

reliant, adj. confiado.

relic, s. relíquia; pl. relíquias; ruínas; vestígios.

relief, s. alívio; auxílio; remédio.

relieve (to), v. tr. aliviar; socorrer; reparar.

religion, s. religião.

religious, adj. religioso; devoto; pio.

religiously, adv. religiosamente.

relinquish, v. tr. abandonar; desistir de.

reliquary, s. relicário.

relish, s. gosto; sabor; prazer; gozo.

relish (to), v. tr. e intr. saborear; apreciar.

reluctance, s. relutância; repugnância.

reluctant, adj. relutante; hesitante.

rely (to), v. intr. fiar-se; confiar em.

remain (to), v. intr. ficar; permanecer.

remainder, s. resto; parte restante; resíduo.

remains, s. pl. restos; relíquias.

remake (to), v. tr. refazer; fazer de novo.

remand (to), v. tr. reenviar; tornar a mandar.

remark, s. observação; nota; reparo.

remark (to), v. tr. e intr. observar; notar.

remarkable, adj. notável; considerável.

remarriage, s. segundas núpcias.

remarry (to), v. tr. e intr. casar-se novamente.

remedial, adj. remediador; reparador.

remedy, s. remédio; medicamento; recurso.

remedy (to), v. tr. remediar; curar.

remember, v. tr. e intr. recordar; lembrar.

remembrance, s. lembrança; recordação.

remind (to), v. tr. e intr. lembrar; recordar.

reminder, s. recordação; lembrança; advertência.

reminisce (to), v. intr. contar de novo (casos antigos).

reminiscence, s. reminiscência; pl. memórias.

reminiscent, adj. memorativo.

remiss, adj. remisso; desleixado.

remission, s. remissão; perdão.

remit (to), 1. v. tr. remeter; enviar; mandar; entregar; 2. v. intr. acalmar; debilitar-se.

remittance, s. remessa (de dinheiro); letra de câmbio.

remnant, s. remanescente; resto.

remodel (to), v. tr. remodelar; reformar.

remonstrance, s. queixa; admoestação.

remonstrate (to), v. tr. e intr. protestar; admoestar.

remorse, s. remorso.

remorseful, adj. cheio de remorsos.

remorseless, adj. sem remorsos.

remote, adj. remoto; afastado.

remotely, adv. remotamente; afastadamente.

remould (to), v. tr. remodelar.

remount (to), v. tr. e intr. remontar.

removable, adj. amovível; removível.

removal, s. remoção; afastamento; separação.

remove, s. mudança; remoção; transferência.

remove (to), v. tr. e intr. remover; afastar; demitir; destituir; desviar; mudar.

remuneration, s. remuneração; prémio.

remunerative, adj. remunerativo; proveitoso.

Renaissance, *s.* Renascimento; Renascença.

rename (to), *v. tr.* nomear de novo.

rend (to), 1. *v. tr.* (*pret.* e *p.p.* rent), rasgar; fender; abrir; 2. *v. intr.* rasgar-se; dilacerar-se.

render (to), *v. tr.* entregar; retribuir; distribuir.

rendering, *s.* interpretação.

renegade, *s.* renegado.

renew (to), *v. tr.* e *intr.* renovar; restaurar.

renewable, *adj.* renovável.

renewal, *s.* renovação; reforma.

rennet, *s.* coalho; coalheira.

renounce (to), *v. tr.* renunciar a; renegar; abdicar.

renovate (to), *v. tr.* renovar; restaurar.

renown, *s.* renome; fama; celebridade.

renowned, *adj.* afamado; célebre; famoso.

rent, *s.* renda; aluguer.

rent (to), *v. tr.* e *intr.* arrendar; alugar.

rental, *s.* renda.

renunciation, *s.* renúncia.

reopen (to), *v. tr.* reabrir.

reorganization, *s.* reorganização.

reorganize (to), *v. tr.* reorganizar.

repair, *s.* reparo; conserto; reparação.

repair (to), *v. tr.* restaurar; reparar; consertar.

reparation, *s.* reparação; conserto.

repartee, *s.* réplica; resposta.

repass (to), *v. tr.* e *intr.* repassar.

repast, *s.* repasto.

repatriate (to), *v. tr.* repatriar.

repay (to), 1. *v. tr.* (*pret.* e *p.p.* **repaid**), tornar a pagar; reembolsar; 2. *v. intr.* efectuar um pagamento.

repayment, *s.* reembolso.

repeal, *s.* revogação; anulação.

repeal (to), *v. tr.* revogar; cancelar.

repeat, *s.* repetição.

repeat (to), *v. tr.* e *intr.* repetir.

repeatedly, *adv.* repetidamente; muitas vezes.

repeating, 1. *s.* repetição; 2. *adj.* de repetição.

repel (to), *v. tr.* repelir; expulsar; rejeitar.

repellent, *adj.* repelente; asqueroso.

repent (to), *v. tr.* e *intr.* arrepender-se.

repentance, *s.* arrependimento; pesar.

repentant, *adj.* arrependido; contrito.

repercussion, *s.* repercussão.

repertoire, *s.* reportório.

repertory, *s.* repertório; repositório.

repetition, *s.* repetição; reiteração.

repetitive, *adj.* repetitivo.

replace (to), *v. tr.* repor; restabelecer; substituir.

replaceable, *adj.* renovável; substituível.

replacement, *s.* substituição.

replay, *s.* repetição.

replenish (to), *v. tr.* tornar a encher; repovoar.

replete, *adj.* repleto; cheio.

replica, *s.* cópia; duplicação.

reply, *s.* resposta; réplica.

reply (to), *v. tr.* e *intr.* responder; replicar.

report, *s.* relatório; exposição; relação; boato; notícia.

report (to), *v. tr.* e *intr.* relatar; informar; referir; manifestar; dar a conhecer.

reporter, *s.* repórter; correspondente (de jornal).

reporting, *s.* apresentação de um relatório; reportagem.

repose, *s.* repouso; descanso; calma; silêncio.

repose (to), v. tr. e intr. repousar; descansar; confiar.

repository, s. repositório; armazém.

reprehensible, adj. censurável; repreensível.

represent (to), v. tr. representar; descrever; expor.

representation, s. representação.

representative, adj. e s. representativo; representante.

repress (to), v. tr. reprimir; conter; domar.

repression, s. repressão.

reprieve, s. suspensão temporária de uma pena; moratória.

reprieve (to), v. tr. suspender (a execução de uma pena); conceder uma moratória.

reprimand, s. repreensão; admoestação.

reprimand (to), v. tr. repreender; censurar.

reprint, s. reimpressão.

reprint (to), v. tr. reimprimir; reeditar.

reprisal, s. represália.

reproach, s. censura; repreensão.

reproach (to), v. tr. exprobrar; censurar; acusar.

reproachful, adj. injurioso; ultrajante; reprovador; acusador.

reprobate, s. e adj. réprobro; malvado.

reproduce (to), v. tr. e intr. reproduzir.

reproduction, s. reprodução.

reproductive, adj. reprodutivo.

reproof, s. repreensão; censura.

reprove (to), v. tr. reprovar; condenar.

reptile, 1. adj. réptil; vil; abjecto; **2.** s. réptil.

reptilian, adj. de réptil.

republic, s. república.

republican, adj. e s. republicano.

republicanism, s. republicanismo.

repudiate (to), v. tr. repudiar; rejeitar.

repugnance, s. repugnância; aversão.

repugnant, adj. repugnante; antipático.

repulse, s. repulsa; rejeição.

repulsion, s. repulsão; aversão.

repulsive, adj. repulsivo; repelente.

reputable, adj. honrado; honroso.

reputation, s. reputação; fama; crédito.

repute (to), v. tr. reputar; estimar; considerar.

reputed, adj. reputado.

request, s. pedido; solicitação; requisição.

request (to), v. tr. pedir; solicitar.

require (to), v. tr. pedir; reclamar; requerer.

requirement, s. pedido; exigência.

requisite, adj. requerido; necessário.

requisition, s. requisição; pedido.

requisition (to), v. tr. requisitar.

requite (to), v. tr. recompensar; remunerar.

rescind (to), v. tr. rescindir; cancelar.

rescue, s. salvação; socorro; resgate.

rescue (to), v. tr. livrar; salvar; socorrer.

rescuer, s. salvador; libertador.

research, s. investigação; averiguação.

research (to), v. tr. investigar; averiguar.

researcher, s. investigador; pesquisador.

reseat (to), v. tr. tornar a assentar; pôr novamente.

resell (to), v. tr. tornar a vender.

resemblance, s. semelhança; parecença.

resemble (to), v. tr. assemelhar-se a; parecer-se com.

resent (to), v. tr. e intr. saborear; ressentir; ressentir-se.

resentful, adj. ressentido; melindrado.

resentment, s. ressentimento; enfado.

reserve, s. reserva; restrição.

reserve (to), v. tr. reservar; pôr de reserva.

reserved, adj. reservado; circunspecto; discreto.

reservist, s. reservista.

reservoir, s. reservatório; tanque; depósito.

reset (to), v. tr. engastar ou montar de novo.

reside (to), v. intr. residir; morar; habitar.

residence, s. residência; morada.

resident, adj. e s. residente; morador.

residential, adj. residencial.

residual, adj. residual.

residue, s. resto; resíduo.

resign (to), v. tr. e intr. demitir-se; resignar; resignar-se.

resignation, s. demissão; resignação; renúncia.

resigned, adj. resignado; conformado.

resilience, s. ressalto; mola; elasticidade.

resilient, adj. que ressalta; elástico.

resin, s. resina.

resinous, adj. resinoso.

resist (to), v. tr. e intr. repelir; negar-se a; aguentar; suportar.

resistance, s. resistência; oposição; defesa.

resistant, adj. resistente.

resolute, adj. resoluto; decidido; determinado.

resolution, s. resolução; decisão; solução.

resolve, s. resolução; decisão; solução.

resolve (to), v. tr. e intr. resolver; decidir; dissolver.

resolved, adj. resolvido; decidido.

resonance, s. ressonância.

resonant, adj. ressonante.

resort, s. recurso; refúgio; concurso; estância.

resort (to), v. intr. recorrer a; valer-se de; afluir.

resound (to), v. tr. e intr. fazer ecoar; repetir.

resounding, 1. adj. ressonante. 2. s. ressonância.

resource, s. recurso; meio; expediente.

resourceful, adj. que tem recursos; com bastantes meios.

respect, s. respeito; reverência; veneração.

respect (to), v. tr. respeitar; venerar; honrar.

respectable, adj. respeitável; crível.

respecter, s. respeitador.

respectful, adj. respeitoso; cortês.

respective, adj. respectivo; relativo.

respectively, adv. respectivamente.

respiration, s. respiração.

respirator, s. respirador; filtro.

respiratory, adj. respiratório.

respire (to), v. tr. e intr. respirar; aspirar; exalar.

respite, s. descanso; pausa; demora.

respite (to), v. tr. dar folga a; suspender.

resplendent, adj. resplandecente; resplendente.

respond (to), v. tr. e intr. responder; corresponder.

respondent, adj. correspondente.

response, s. resposta; réplica.

responsibility, s. responsabilidade; obrigação.
responsible, adj. responsável; respeitável.
responsive, adj. respondente; que reage.
rest, s. repouso; sobra.
rest (to), v. tr. e intr. parar; descansar; repousar; folgar; ficar.
restaurant, s. restaurante.
restful, adj. quieto; sossegado; tranquilo.
resting, 1. s. descanso; 2. adj. de descanso.
restitution, s. restituição; devolução.
restive, adj. teimoso; obstinado.
restless, adj. inquieto; desassossegado.
restoration, s. restauração; restauro; reabilitação.
restorative, adj. restaurativo; restaurador; fortificante.
restore (to), v. tr. restaurar; restituir.
restorer, s. restaurador; tónico.
restrain (to), v. tr. reter; refrear; restringir.
restraint, s. constrangimento; restrição.
restrict (to), v. tr. restringir; limitar.
restriction, s. restrição; limitação.
restrictive, adj. restritivo.
result, s. resultado; consequência.
result (to), v. intr. resultar; seguir-se; provir.
resultant, adj. e s. resultante.
resume (to), v. tr. e intr. recomeçar; retomar; reatar.
résumé, s. recapitulação; sumário.
resumption, s. reatamento; recomeço.
resurrect (to), v. tr. e intr. fazer ressuscitar; ressuscitar.
resurrection, s. ressurreição.
resuscitate (to), v. tr. e intr. ressuscitar.

retail, s. retalho; venda a retalho.
retailer, s. retalhista.
retain (to), v. tr. reter; guardar.
retainer, s. retentor; aderente.
retake (to), v. tr. retomar.
retaliate (to), v. tr. e intr. vingar-se; retaliar.
retaliatory, adj. retaliatório.
retard (to), v. tr. e intr. retardar; demorar.
retardation, s. demora.
retell (to), v. tr. redizer; repetir.
retention, s. retenção; memória.
retentive, adj. retentivo; retentor.
reticence, s. reticência.
reticule, s. retículo.
retina, s. retina.
retinue, s. comitiva; séquito.
retire, s. ordem de retirada.
retire (to), v. tr. e intr. retirar-se; afastar-se; aposentar-se.
retired, adj. retirado; afastado; aposentado.
retirement, s. retirada; retiro; reforma.
retiring, adj. reservado; retraído.
retort (to), v. tr. replicar; ripostar.
retouch (to), v. tr. retocar; aperfeiçoar.
retrace (to), v. tr. referir-se de novo; rever.
retract (to), v. tr. e intr. retractar; retirar; retrair.
retraction, s. retracção; retraimento.
retreat, s. retiro; retirada.
retreat (to), v. tr. e intr. retirar-se; recuar.
retrenchment, s. diminuição; economia.
retrial, s. segundo julgamento.
retribution, s. vingança; castigo; retribuição; recompensa.
retributive, adj. retribuidor.
retrieve (to), v. tr. e intr. recuperar; reaver; recobrar.

retroactive, *adj.* retroactivo.

retrograde, *s.* e *adj.* retrógrado.

retrogressive, *adj.* retrógrado.

retrospect, *s.* retrospecto.

retrospective, *adj.* retrospectivo.

return, *s.* volta; regresso; lucro.

return (to), *v. tr.* e *intr.* voltar; regressar; responder; retribuir; devolver.

returnable, *adj.* restituível; devolutivo.

reunion, *s.* reunião; reconciliação; junta.

reunite (to), *v. tr.* e *intr.* reunir; juntar; conciliar.

reveal (to), *v. tr.* revelar; mostrar; dar a conhecer.

reveille, *s.* toque de alvorada.

revel (to), *v. intr.* divertir-se; folgar; fazer algazarra.

revel, *s.* prazer; folia.

revelation, *s.* revelação; divulgação.

reveller, *s.* folgazão; pândego; dissoluto.

revelry, *s.* festa ruidosa; orgia.

revenge, *s.* vingança; desforra.

revenge (to), *v. tr.* e *intr.* vingar; vingar-se de.

revengeful, *adj.* vingativo.

revenue, *s.* renda; rendimento; provento.

reverberate (to), *v. tr.* e *intr.* retinir; ecoar; retumbar; reflectir.

reverberation, *s.* repercussão; eco.

revere (to), *v. tr.* reverenciar; respeitar.

reverence, *s.* reverência; veneração.

reverend, 1. *adj.* venerável; 2. *s.* reverendo; sacerdote.

reverent, *adj.* reverente; respeitoso.

reverential, *adj.* reverencial; respeitoso.

reverie, *s.* fantasia; sonho; divagação.

reversal, *s.* inversão (de marcha, de corrente, etc.).

reverse, *s.* reverso; inverso; revés.

reverse (to), *v. tr.* e *intr.* inverter; anular; abolir.

reversible, *adj.* reversível; versátil.

reversing, *s.* inversão.

reversion, *s.* reversão.

revert (to), *v. tr.* e *intr.* retroceder.

review, *s.* revista; inspecção.

review (to), 1. *v. tr.* rever, examinar; comentar; criticar; 2. *v. intr.* escrever uma revista.

reviewer, *s.* examinador; inspector; crítico.

revile (to), *v. tr.* e *intr.* injuriar; ultrajar.

revise (to), *v. tr.* rever; reler; repassar.

revision, *s.* revisão.

revisit (to), *v. tr.* tornar a visitar; rever.

revival, *s.* revivificação; renascimento.

revive (to), *v. tr.* e *intr.* revivificar; voltar à vida.

revivify (to), *v. tr.* revivificar; fazer reviver.

revocation, *s.* revogação.

revoke (to), *v. tr.* e *intr.* revogar; anular.

revolt, *s.* revolta.

revolt (to), 1. *v. intr.* revoltar-se; amotinar-se; 2. *v. tr.* revoltar; sublevar.

revolting, *adj.* revoltante; repugnante.

revolution, *s.* revolução; rotação.

revolutionary, *s.* e *adj.* revolucionário.

revolutionize (to), *v. tr.* sublevar; revolucionar.

revolve (to), *v. tr.* e *intr.* revolver; fazer girar.

revolver, s. revólver.

revolving, adj. giratório.

revulsion, s. revulsão; reacção; afastamento.

reward, s. recompensa; prémio.

reward (to), v. tr. recompensar; remunerar.

rewrite (to), v. tr. (pret. **rewrote,** p.p. **rewritten**), tornar a escrever.

rhapsodic, adj. rapsódico.

rhapsody, s. rapsódia.

rhetoric, s. retórica.

rhetorical, adj. retórico.

rhetorician, s. orador ou escritor retórico.

rheumatic, 1. adj. reumático; **2.** s. pessoa que sofre de reumatismo.

rheumaticky, adj. e s. reumático.

rheumatism, s. reumatismo.

rhinoceros, s. rinoceronte.

rhombus, s. rombo (geometria).

rhubarb, s. ruibarbo.

rhyme, s. rima.

rhythm, s. ritmo; cadência.

rhythmic, adj. rítmico; harmónico.

rib, s. costela; escora; costado do navio.

ribald, s. e adj. grosseiro; depravado.

ribbon, s. fita; tira; banda.

rice, s. arroz.

rich, adj. rico; opulento; abastado.

riches, s. pl. riquezas.

richly, adv. ricamente.

richness, s. riqueza; opulência.

rick, s. montão; pilha; meda.

rickets, s. raquitismo.

rickety, adj. raquítico.

rickshaw, s. riquexó.

ricochet (to), v. intr. ressaltar; ricochetear.

rid, adj. livre; desembaraçado; **to get rid of:** livrar-se de.

rid (to), v. tr. livrar; desembaraçar.

riddle, s. enigma; adivinha; mistério.

ride, s. passeio (a cavalo, de carro, etc.); percurso.

ride (to), v. tr. e intr. (pret. **rode,** p.p. **ridden**), cavalgar; montar; andar (a cavalo, de carro, de bicicleta, de automóvel); submeter.

rider, s. pessoa que anda a cavalo, de bicicleta, de mota, etc.

ridge, s. espinhaço; cume; crista; cordilheira.

ridicule, s. ridículo.

ridicule (to), v. tr. ridicularizar; escarnecer.

ridiculous, adj. ridículo; burlesco; grotesco.

riding, s. passeio a cavalo ou de carro; cavalgada; equitação.

rife, adj. corrente; comum; notório; abundante.

rifle, s. carabina.

rifleman, s. carabineiro.

rift, s. fenda; racha.

rig, s. motim; algazarra; vigarice.

rig (to), v. tr. e intr. ataviar; adornar; armar; montar.

rigging, s. aparelho (de navio); cordame; cordoaria.

right, 1. adj. direito; recto; justo; bom; honesto; sincero; verdadeiro; franco; conveniente; próprio; legítimo; natural; razoável; honesto; idóneo; certo; **2.** s. direito; razão; **3.** adv. justamente.

right (to), v. tr. endireitar; fazer justiça; corrigir; emendar.

righteous, adj. recto; direito; justo.

rightful, adj. legítimo; justo; recto.

rigid, adj. rígido; severo; hirto.

rigidity, s. rigidez; inflexibilidade.

rigidly, adv. rigidamente; severamente.

rigmarole, s. algaravia.

rigorous, adj. rigoroso; duro.

rigour, s. rigor; severidade.

rile (to), v. tr. encolerizar; (fam.) irritar.

rim, s. borda; extremidade; orla.

rime, s. rima; consonância; verso; geada.

rime (to), v. tr. e intr. versificar; metrificar; cobrir de geada.

rind, s. casca; pele (de fruto); cortiça.

ring, s. anel; argola; círculo; aro; anilha; roda.

ring (to), v. tr. e intr. (pret. **rang**, p.p. **rung**), cercar; circundar; tocar; retinir.

ringer, s. sineiro.

ringing, 1. adj. ressonante; retumbante; **2.** s. repique de sinos.

ringlet, s. anel pequeno; argolinha; círculo.

ringworm, s. impigem.

rink, s. ring.

rinse (to), v. tr. lavar; enxaguar.

riot, s. tumulto; barulho.

rioter, s. amotinador.

riotous, adj. turbulento; tumultuoso.

rip, s. rasgão; fenda.

rip (to), v. tr. e intr. rasgar; dilacerar.

ripe, adj. maduro; sazonado; oportuno.

ripen (to), v. tr. e intr. amadurecer.

ripper, s. pessoa que rasga ou que despedaça.

ripple, s. ondulação; onda.

ripple (to), v. tr. e intr. encapelar; ondear.

rise, s. levantamento; subida; pequena elevação; ascensão; origem.

rise (to), v. tr. e intr. (pret. **rose**, p.p. **risen**), levantar-se; erguer-se; aumentar; subir.

riser, s. pessoa que se levanta; degrau (de escada).

risible, adj. risível; irrisório.

rising, 1. adj. que se eleva ou sobe; nascente; crescente; **2.** s. subida; aparecimento.

risk, s. risco; acaso; perigo.

risky, adj. arriscado; temeroso.

rissole, s. almôndega.

rite, s. rito; cerimónia.

ritual, adj. e s. ritual; cerimonial.

ritualism, s. ritualismo.

ritualistic, adj. ritualista.

rival, s. e adj. rival.

rival (to), v. tr. e intr. competir.

rivalry, s. rivalidade; emulação.

riven, s. racha; fenda.

river, s. rio.

rivet, s. cravo; prego.

rivet (to), v. tr. fixar com rebites.

riveting, s. acção de cravar; cravação.

rivulet, s. regato.

roach, s. ruivo (peixe).

road, s. estrada; via; caminho.

roadside, s. borda de estrada.

roam (to), v. tr. e intr. errar; vaguear; percorrer.

roan, s. e adj. ruão; ruano.

roar, s. rugido; bramido; estampido.

roar (to), v. tr. e intr. rugir; berrar; bramar.

roaring, s. rugido; bramido; berro.

roast, adj. e s. assado; tostado.

roast (to), v. tr. e intr. assar; tostar; calcinar.

rob (to), v. tr. roubar; furtar; saquear.

robber, s. ladrão; salteador.

robbery, s. roubo; saque; furto.

robe, s. robe; trajo; manto.

robe (to), v. tr. e intr. revestir; ataviar.

robin, s. pintarroxo (ave).

robot, s. autómato.

robust, adj. robusto; forte.

rock, s. rocha; rochedo.

rock (to), v. tr. e intr. baloiçar; agitar; embalar.

rocker, s. embaladeira (de berço, etc.).

rocket, s. foguete; foguetão.

rocking, 1. *s.* acção de embalar; balanço; 2. *adj.* oscilante.

rocky, *adj.* pedregoso.

rococo, *adj.* e *s.* rococó.

rod, *s.* vara; varinha; ponteiro.

rodent, *s.* e *adj.* roedor.

roe, *s.* ovas de peixe.

rogue, *s.* velhaco; vadio; mandrião.

roguery, *s.* velhacaria; patifaria.

roguish, *adj.* velhaco; maldoso; mau.

role, *s.* papel (teatro).

roll, *s.* rolo; cilindro; acção de rolar; pãozinho.

roll (to), *v. tr.* e *intr.* rolar; fazer girar; revolver; voltear; enrolar; enroscar; cilindrar; enfaixar.

roller, *s.* rolo; cilindro; faixa; ligadura.

rolling, *adj.* que rola; ondulante; ondulado.

roly-poly, *adj.* rechonchudo; atarracado.

Roman, *s.* e *adj.* romano.

romance, *s.* romance; novela.

romance (to), *v. intr.* inventar; imaginar.

romantic, *adj.* romântico; romanesco.

romanticism, *s.* romanticismo.

Romany, *s.* e *adj.* cigano; gitano.

romp, *s.* graça.

romp (to), *v. intr.* brincar doidamente.

rondo, *s. (mús.)* rondó.

roof, *s.* tecto; telhado.

roof (to), *v. tr.* cobrir com telhado.

roofing, *s.* telhado.

rook, *s.* gralha; torre (xadrez).

rook (to), *v. tr.* roubar; lograr; rocar (xadrez).

rookie, *adj.* novato.

room, *s.* quarto; sala; aposento; câmara; camarote (de bordo); espaço; lugar; sítio; alojamento.

roomy, *adj.* espaçoso; vasto; amplo.

roost, *s.* poleiro.

roost (to), *v. intr.* empoleirar-se.

rooster, *s.* galo.

root, *s.* raiz; origem; causa.

root (to), *v. tr.* e *intr.* arraigar; enraizar.

rooted, *adj.* enraizado; radical.

rope, *s.* corda; cordame; cabo; fio.

rope (to), *v. tr.* e *intr.* atar ou amarrar com uma corda.

rosary, *s.* rosário; grinalda de rosas; roseiral.

rose, *s.* rosa; roseta; roseira.

roseate, *adj.* cor-de-rosa.

rosemary, *s.* rosmaninho.

rosette, *s.* roseta; florão.

rosewood, *s.* pau-rosa.

roster, *s.* regulamento militar; ordenança.

rostrum, *s.* rostro; bico; tribuna; focinho.

rosy, *adj.* rosado; róseo; cor-de-rosa.

rot, *s.* putrefacção; podridão.

rot (to), *v. tr.* e *intr.* apodrecer; decompor; corromper-se.

rota, *s.* rol; lista.

rotary, *adj.* giratório; rotativo.

rotate, *adj.* em forma de roda; circular.

rotate (to), *v. tr.* e *intr.* girar; rodar; dar voltas.

rotation, *s.* rotação; alternativa; volta.

rote, *s.* rotina; o que se aprende de cor.

rotten, *adj.* podre; cariado.

rotund, *adj.* redondo; esférico.

rotunda, *s.* rotunda.

rouble, *s.* rublo.

rouge, *adj.* e *s.* vermelho; encarnado.

rouge (to), *v. tr.* e *intr.* pintar o rosto; arrebicar.

rough, 1. *adj.* áspero; desigual; escabroso; grosseiro; bruto; tosco; mal-acabado; peludo; encrespado; **2.** *s.* rudeza.

rough (to), *v. tr.* e *intr.* domar; domesticar; tornar áspero.

round, *adj.* redondo; esférico; arredondado; circular; cheio; sonoro; claro; rápido; veloz; grande; considerável.

roundabout, 1. *adj.* indirecto; vago; indefinido; **1.** *s.* carrocel.

rounded, *adj.* curvo.

roundly, *adv.* em forma redonda; claramente.

rouse (to), *v. tr.* e *intr.* acordar; despertar; excitar; levantar (a caça).

rousing, *adj.* excitante; grande; forte; violento.

rout, *s.* derrota; destroço.

rout (to), *v. tr.* e *intr.* derrotar; desbaratar.

route, *s.* caminho; direcção; rumo; via.

routine, *s.* rotina; hábito.

rove, *s.* fiado; correria; passeio.

rove (to), *v. tr.* e *intr.* desfiar; percorrer; errar.

row, *s.* fileira; fila; fiada; remada; bulha; tumulto; motim.

row (to), *v. tr.* e *intr.* conduzir remando; remar; armar um motim.

rowdy, *adj.* e *s.* amotinador; turbulento.

rower, *s.* remador.

rowing, *s.* acção de remar; remadura.

rowlock, *s.* forqueta.

royal, *adj.* real; régio; majestoso; magnificente.

royalist, *s.* realista.

royalty, *s.* realeza; dignidade real.

rub, *s.* fricção; atrito; polimento; sarcasmo.

rub (to), *v. tr.* e *intr.* esfregar; friccionar; limpar.

rubber, *s.* borracha; goma elástica; esfregão; pedra de afiar; grosa (lima).

rubbing, *s.* fricção; acção de roçar.

rubbish, *s.* entulho; lixo.

rubble, *s.* cascalho; seixos.

rubicund, *adj.* rubicundo; corado; vermelho.

rubric, *s.* rubrica.

ruby, 1. *s.* rubi; carmim; **2.** *adj.* vermelho; rubro.

ruck, *s.* prega; dobra; vinco.

ruck (to), *v. tr.* e *intr.* vincar; dobrar.

ruction, *s.* tumulto.

rudder, *s.* leme; governo.

ruddy, *adj.* vermelho; rubro.

rude, *adj.* rude; grosseiro; tosco.

rudimentary, *adj.* rudimentar; elementar.

rue (to), *v. tr.* e *intr.* lastimar; chorar.

rueful, *adj.* pesaroso; lamentável; lastimável.

ruff, *s.* rufo.

ruffian, 1. *s.* rufião; biltre; **2.** *adj.* brutal.

ruffle, *s.* folho; punhos de renda; agitação; rufo.

ruffle (to), *v. tr.* e *intr.* franzir; machear; fazer pregas em; rufar.

rug, *s.* tapete.

rugged, *adj.* áspero; escarpado; rude; violento.

rugby, *s.* ráguebi.

ruin, *s.* ruína; destruição.

ruin (to), *v. tr.* e *intr.* arruinar; aniquilar.

ruination, *s.* ruína; perdição.

ruinous, *adj.* ruinoso; pernicioso.

rule, *s.* regra; norma; governo.

rule (to), *v. tr.* e *intr.* governar; reger; dirigir; regrar; riscar; dominar; moderar.

ruler, *s.* governador; administrador; regente; régua.

ruling, 1. *adj.* dominante; predominante; **2.** *s.* disposição regulamentar.

rum, 1. *s.* rum; aguardente; **2.** *adj.* estranho; esquisito.

rumble, *s.* rumor; ruído surdo.

rumble (to), *v. tr.* e *intr.* murmurar; sussurrar.

rumbling, 1. *adj.* que faz estrondo; **2.** *s.* estrondo surdo; ruído.

ruminate (to), *v. tr.* e *intr.* ruminar; meditar; ponderar.

rumination, *s.* ruminação; reflexão.

rummage, *s.* busca minuciosa; procura; investigação.

rummage (to), *v. tr.* e *intr.* procurar; pesquisar.

rumour, *s.* rumor; boato.

rumour (to), *v. tr.* espalhar; fazer correr um boato.

rump, *s.* garupa; anca.

rumple (to), *v. tr.* e *intr.* amarrotar; enrugar.

rumpus, *s.* motim; barulho.

run, *s.* corrida; carreira; curso; marcha.

run (to), *v. tr.* e *intr.* correr; voar; fazer uma corrida.

runaway, 1. *s.* trânsfuga; fugitivo; rapto; **2.** *adj.* fugitivo; desertor.

rung, *s.* extremidade do porão; degrau de escada.

runner, *s.* corredor; andarilho; peão; correio; mensageiro; fugitivo.

running, 1. *s.* carreira; corrida; curso; contrabando; **2.** *adj.* corredor; veloz.

rupee, *s.* rupia (moeda).

rupture, *s.* rotura; rompimento.

rupture (to), *v. tr.* e *intr.* quebrar; romper; fracturar.

rural, *adj.* rural; campestre.

ruse, *s.* manha; ardil.

rush, *s.* ímpeto; choque; violência; investida; arremetida; movimento rápido.

rush (to), *v. tr.* e *intr.* empurrar; activar; acelerar; abrir caminho; precipitar-se.

rusk, *s.* tosta; biscoito.

russet, *adj.* avermelhado; vermelho.

Russian, *s.* e *adj.* russo.

rust, *s.* ferrugem; bolor; mofo; ranço.

rust (to), *v. tr.* e *intr.* enferrujar; enfraquecer-se.

rustic, 1. *adj.* rústico; campestre; grosseiro; ordinário; **2.** *s.* labrego; campónio.

rustle, *s.* murmúrio; sussurro.

rustle (to), *v. intr.* murmurar; sussurrar.

rusty, *adj.* ferrugento; rançoso.

rut, *s.* carril; vestígio (de roda); sulco; mugido; bramido; alvoroto.

ruthless, *adj.* que não tem compaixão; desumano.

rye, *s.* centeio.

S

S, s, *s.* décima nona letra do alfabeto.

sable, 1. *adj.* negro; sombrio; **2.** *s.* marta.

sabotage, *s.* sabotagem.

sabre, *s.* sabre.

sac, *s.* saco; bolsa.

saccharine, 1. *s.* sacarina; **2.** *adj.* sacarino.

sachet, *s.* perfumador.

sack, *s.* saco; saque.

sack (to), *v. tr.* ensacar; saquear; despedir.

sacking, *s.* pano (para sacos); lona (para camas); serapilheira.

sacrament, *s.* sacramento.

sacred, *adj.* sacro; sagrado.

sacrifice, *s.* sacrifício.

sacrifice (to), *v. tr.* e *intr.* imolar; sacrificar.

sacrificial, *adj.* sacrificial.

sacrilege, *s.* sacrilégio.

sacrilegeous, *adj.* sacrílego.

sacristy, *s.* sacristia.

sacrosanct, *adj.* sacrossanto.

sad, *adj.* triste; melancólico.

sadden (to), *v. tr.* e *intr.* entristecer.

saddle, *s.* sela; selim.

saddle (to), *v. tr.* selar; albardar; carregar.

saddlebag, *s.* alforge.

saddler, *s.* seleiro; albardeiro.

sadism, *s.* sadismo.

sadistic, *adj.* sádico.

safari, *s.* safari.

safe, *adj.* salvo; livre de perigo.

safeguard, *s.* salvaguarda.

safely, *adv.* em segurança.

safety, *s.* segurança; salvamento.

safety-belt, *s.* cinto de segurança.

saffron, 1. *s.* açafrão; **2.** *adj.* cor de açafrão.

sag, *s.* dobra; curva.

sag (to), *v. tr.* e *intr.* vergar; curvar; pender.

sagacious, *adj.* sagaz; astuto.

sagacity, *s.* sagacidade.

sage, *adj.* prudente; discreto.

sail, *s.* vela (de navio); pano.

sail (to), *v. tr.* e *intr.* fazer-se à vela; partir; navegar.

sailboat, *s.* navio à vela; veleiro.

sailcloth, *s.* lona.

sailor, *s.* marinheiro; navegador.

saint, *s.* santo; santa.

sake, *s.* causa; motivo; fim; intento; consideração; propósito; respeito.

salacious, *s.* lascivo; obsceno.

salad, *s.* salada.

salaried, *adj.* assalariado.

salary, *s.* salário; ordenado.

sale, *s.* venda; consumo; mercado.

saleable, *adj.* vendável.

salesman, *s.* vendedor; caixeiro-viajante.

salient, *adj.* saliente.

saline, 1. *s.* salina; **2.** *adj.* salino.

saliva, *s.* saliva.

salivary, *adj.* salivar; salivoso.

salivate (to), *v. tr.* e *intr.* fazer salivar; produzir a salivação; salivar.

sallow, *adj.* pálido; macilento.

salmon, *s.* salmão.

salon, *s.* sala de visitas; salão.

saloon, *s.* salão; sala grande.

salt, 1. *s.* sal; sabor; gosto; chiste; espírito; **2.** *adj.* salgado; picante.

salt (to), *v. tr.* salgar.

salt-cellar, *s.* saleiro de mesa.

saltpetre, *s.* salitre.

salty, *adj.* salgado.

salubrious, *adj.* salubre.

salutary, *adj.* salutar; saudável.

salutation, *s.* saudação.

salute, *s.* saudação; vénia.

salute (to), *v. tr.* e *intr.* saudar; beijar; receber; acolher.

salvage, *s.* salvados; recuperação de objectos; despesas de salvamento.

salvage (to), *v. tr.* salvar (de naufrágio, de prisão, etc.).

salvation, *s.* salvação.

salve, *s.* unguento; pomada.

salve (to), *v. tr.* salvar; curar.

salver, *s.* salva.

salvo, *s.* salva de tiros.

Samaritan, *adj.* e *s.* samaritano.

same, *adj.* e *pron.* mesmo; idêntico.

sameness, *s.* identidade; igualdade.

samovar, *s.* sâmovar.

sample, *s.* amostra; prova; exemplo.

sample (to), *v. tr.* dar amostra; tirar amostra.

sampler, *s.* amostra; espécimen.

samurai, *s.* samurai.

sanatorium, *s.* sanatório.

sanctify (to), *v. tr.* santificar.

sanctimonious, *adj.* santimonial; beato.

sanction, *s.* sanção; confirmação.

sanction (to), *v. tr.* sancionar; ratificar.

sanctity, *s.* santidade.

sanctuary, *s.* santuário.

sand, *s.* areia; saibro.

sand (to), *v. tr.* e *intr.* arear; cobrir de areia.

sandal, *s.* sandália; alpercata.

sandstone, *s.* arenito; grés.

sandwich, *s.* sanduíche; sande.

sandy, *adj.* arenoso; areento.

sane, *adj.* são de espírito.

sanguinary, *adj.* sanguinário.

sanguine, *adj.* sanguíneo; ardente; vivo.

sanitary, *adj.* sanitário.

sanitation, *s.* higiene; saneamento.

sanity, *s.* sanidade; juízo perfeito.

Santa Claus, *s.* Pai-Natal.

sap, *s.* seiva.

sap (to), *v. tr.* e *intr.* sapar; minar.

sapphire, *s.* safira.

sarcasm, *s.* sarcasmo.

sarcastic, *adj.* sarcástico.

sarcophagus, *s.* sarcófago.

sardine, *s.* sardinha de conserva.

sardonic, *adj.* sardónico; cínico.

sash, *s.* cinto; banda.

Satan, *s.* Satanás.

satanic, *adj.* satânico.

satchel, *s.* saca ou mala de estudante.

sate (to), *v. tr.* saciar; fartar.

satellite, *s.* satélite.

satiate (to), *v. tr.* saciar; satisfazer.

satiety, *s.* saciedade.

satin, *s.* cetim.

satire, *s.* sátira; ironia.

satirical, *adj.* satírico.

satirize (to), *v. tr.* satirizar.

satisfaction, *s.* satisfação.

satisfactory, *adj.* satisfatório.

satisfy (to), *v. tr.* e *intr.* satisfazer; contentar.

saturate (to), *v. tr.* saturar.

saturation, *s.* saturação.

Saturday, *s.* sábado.

satyr, *s.* sátiro; pessoa devassa.

sauce, *s.* molho.

saucepan, *s.* caçarola.

saucer, *s.* pires.

saucy, *adj.* insolente.

sauna, *s.* sauna.

saunter (to), *v. intr.* vadear; vaguear.

sausage, *s.* salsicha; linguiça.

savage, *adj.* e *s.* selvagem.

savannah, *s.* savana.

save, 1. *prep.* excepto; salvo; **2.** *conj.* a não ser que.

save (to), *v. tr.* e *intr.* salvar; poupar; economizar.

saver, *s.* salvador; libertador.

saving, *s.* economia; *pl.* poupanças.

saviour, *s.* salvador.

savour, *s.* sabor; gosto.

savour (to), *v. tr.* e *intr.* saborear; provar; apreciar.

savoury, *adj.* saboroso; gostoso; apetitoso.

saw, *s.* serra; serrote.

saw (to), *v. tr.* (*pret.* **sawed,** *p.p.* **sawn**), serrar.

Saxon, *s.* e *adj.* saxão; saxónico.

saxophone, *s.* saxofone.

say, *s.* palavra; discurso; fala; afirmação.

say (to), *v. tr.* e *intr.* (*pret.* e *p.p.* **said**), dizer; recitar; contar; declarar; alegar.

saying, *s.* rifão; provérbio; ditado.

scab, *s.* crosta.

scabies, *s.* sarna.

scaffold, *s.* cadafalso; estrado; andaime.

scaffolding, *s.* andaime.

scald, *s.* queimadura; escaldadura.

scald (to), *v. tr.* queimar; escaldar.

scalding, *adj.* escaldante.

scale, *s.* escada (de mão); prato ou concha (de balança); escala; escama (de peixe, etc.).

scale (to), *v. tr.* e *intr.* escalar; escamar.

scales, *s. pl.* balança.

scalp, *s.* escalpelo.

scalp (to), *v. tr.* esfolar; criticar.

scalpel, *s.* bisturi; escalpelo.

scaly, *adj.* escamoso.

scamp, *s.* velhaco; patife.

scamper, *s.* fuga precipitada.

scamper (to), *v. intr.* fugir apressadamente; abalar.

scan (to), *v. tr.* e *intr.* esquadrinhar; perscrutar; estudar.

scandal, *s.* escândalo.

scandalize (to), *v. tr.* e *intr.* escandalizar; difamar.

scandalous, *adj.* escandaloso.

scant, scanty, *adj.* escasso; raro.

scapegoat, *s.* bode expiatório.

scar, *s.* cicatriz.

scar (to), *v. tr.* e *intr.* marcar com cicatrizes.

scarce, *adj.* escasso; raro.

scarcely, *adv.* mal; dificilmente.

scare, *s.* susto; alarme.

scare (to), *v. tr.* assustar; amedrontar.

scarecrow, *s.* espantalho.

scarf, *s.* cinto; banda; faixa; cachecol.

scarlet, *adj.* escarlate.

scathe (to), *v. tr.* prejudicar; danificar.

scatter (to), *v. tr.* e *intr.* espalhar; dispersar.

scattered, *adj.* disseminado.

scavenge (to), *v. tr.* e *intr.* varrer; limpar.

scene, *s.* cena; vista.

scenery, *s.* cenário; vista; panorama.

scenic, *adj.* cénico.

scent, *s.* cheiro; aroma.

scent (to), *v. tr.* e *intr.* perfumar; cheirar.

scented, *adj.* perfumado.

sceptic, *adj.* céptico.

scepticism, *s.* cepticismo.

sceptre, *s.* ceptro.

schedule, *s.* cédula; catálogo; horário; tabela.

schema, *s.* esquema.

scheme, *s.* esquema; plano.

scheme (to), *v. tr.* e *intr.* esquematizar.

schism, *s.* cisma.

schizophrenic, *s.* e *adj.* esquizofrénico.

scholar, s. erudito; escolar; estudante.

scholarly, adj. sábio; ilustrado.

scholarship, s. estado escolar; erudição; saber; bolsa de estudos.

scholastic, adj. escolástico.

school, s. escola; colégio; classe; aula.

school (to), v. tr. e intr. educar; instruir; ensinar.

schoolboy, 1. s. rapaz que vai à escola; **2.** adj. imaturo.

schooling, s. instrução; ensino.

school-leaver, s. pessoa que deixou a escola e procura o primeiro emprego.

schoolroom, s. sala de aula.

schoolwork, s. trabalho escolar.

schooner, s. escuna.

science, s. ciência; sabedoria.

scientific, adj. científico.

scientist, s. cientista; sábio.

scintillating, adj. cintilante; brilhante.

scintillate (to), v. intr. cintilar; brilhar.

scissors, s. pl. tesoura.

scoff, s. zombaria; escárnio.

scoff (to), v. tr. e intr. escarnecer; zombar.

scold (to), v. tr. e intr. censurar; ralhar.

scoot (to), v. intr. correr; fugir apressadamente.

scooter, s. motoreta.

scope, s. fim; intento; alcance; extensão de conhecimentos.

scorch (to), v. tr. e intr. queimar.

score, s. pontos; bolas marcadas.

scorer, s. marcador; goleador.

scorn, s. desprezo; desdém.

scorn (to), v. tr. desprezar; escarnecer.

scornful, adj. desdenhoso.

scorpion, s. escorpião.

scot, s. escocês.

scotch, s. corte; incisão.

Scotch, adj. escocês.

scot-free, adj. isento de pagamento; grátis.

Scotsman, s. escocês.

Scottish, adj. escocês.

scoundrel, s. velhaco; patife.

scour (to), v. tr. e intr. limpar; arear; explorar.

scourge, s. açoite; flagelo.

scourge (to), v. tr. azorragar; açoitar.

scouring, s. esfrega; branqueamento; purga.

scout, s. adueiro; escuteiro.

scout (to), v. intr. ir à descoberta; explorar.

scowl (to), v. intr. mostrar-se carrancudo.

scrabble (to), v. tr. e intr. fazer garatujas; escrevinhar.

scraggy, adj. magro.

scramble, s. esforço.

scramble (to), v. tr. e intr. trepar; andar de rastos; mexer (ovos).

scrap, s. bocado; pedaço.

scrape, s. embaraço; dificuldade.

scrape (to), v. tr. e intr. raspar; arranhar.

scratch, adj. improvisado.

scratch (to), v. tr. e intr. raspar; arranhar.

scrawl (to), v. tr. e intr. fazer garatujas; sarrabiscar.

screak (to), v. intr. ranger; chiar.

scream, s. guincho; pio.

scream (to), v. intr. dar gritos agudos.

screaming, s. rangido; gritaria; apito.

screen, s. tela; ecrã.

screen (to), v. tr. abrigar; cobrir; proteger; transmitir; apresentar.

screw, s. parafuso; rosca.

screw (to), v. tr. e intr. aparafusar; atarraxar.

screwdriver, s. chave de parafusos.

scribble (to), v. tr. e intr. rabiscar; garatujar.

scribe, s. escriba; copista; autor.

scrimmage, s. contenda; escaramuça.

scrimp (to), v. tr. encurtar; diminuir.

script, s. escrito; argumento; guião; letra redonda.

Scripture, s. a Sagrada Escritura.

scroll, s. rolo (de papel ou de pergaminho); rascunho.

scrotum, s. escroto.

scrub, s. esfrega.

scrub (to), v. tr. esfregar.

scrubby, adj. mau; sem préstimo.

scruff, s. nuca.

scrunch (to), v. tr. esmagar; aniquilar.

scruple, s. escrúpulo; dúvida.

scrupulous, adj. escrupuloso.

scrutinize (to), v. tr. examinar cuidadosamente.

scrutiny, s. investigação; pesquisa.

scud (to), v. intr. fugir; abalar.

scuffle, s. altercação; algazarra.

scuffle (to), v. intr. altercar; disputar.

scull, s. barco pequeno; remo pequeno e curto.

scullery, s. copa.

sculpt (to), v. tr. esculpir.

sculptor, s. escultor.

sculptural, adj. escultural.

sculpture, s. escultura.

sculpture (to), v. tr. esculpir.

scum, s. escuma.

scum (to), v. tr. e intr. escumar.

scurrility, s. graça pesada; insolência.

scurrilious, adj. indecente; insolente.

scurry, s. pressa; fuga precipitada.

scurry (to), v. intr. abalar; fugir precipitadamente.

scurvy, s. escorbuto.

scuttle, s. cesto; cabaz.

scuttle (to), v. tr. e intr. correr; fugir.

sea, s. mar; oceano; vaga.

seafarer, s. navegante; marinheiro.

sea-going, adj. de alto mar.

seal, s. selo; carimbo; sinete; foca.

seal (to), v. tr. selar; gravar; confirmar.

sealskin, s. pele de foca.

seam, s. costura; cicatriz.

seaman, s. marinheiro.

seamanship, s. marinhagem; náutica.

séance, s. sessão.

seaplane, s. hidroavião.

seaport, s. porto de mar.

sear, adj. seco; queimado; árido.

sear (to), v. tr. e intr. queimar; cauterizar.

search, s. busca; pesquisa.

search (to), v. tr. e intr. procurar; buscar.

searching, s. pesquisa; busca.

seascape, s. paisagem marítima.

seashore, s. costa; litoral; praia.

seasick, adj. enjoado.

season, s. estação; quadra; época.

season (to), v. tr. e intr. sazonar; adubar; temperar.

seasonable, adj. oportuno; conveniente.

seasonal, adj. sazonal.

seasoning, s. adubo; tempero; aclimatação.

seat, s. assento; cadeira; banco; sede; centro.

seat (to), v. tr. assentar; colocar.

seating, s. assento; montagem.

seaward, adv. em direcção ao mar.

secede (to), v. intr. separar-se; retirar-se.

secession, s. apartamento; separação.

seclude (to), v. tr. separar; desviar.

seclusion, s. separação; retiro; solidão.

second, 1. adj. segundo; inferior; outro; **2.** s. segundo; momento.

second (to), v. tr. secundar; apoiar.

secondary, adj. secundário.

second-hand, adj. em segunda mão.

secondly, adv. segundo; em segundo lugar.

secrecy, s. segredo; sigilo.

secret, 1. adj. secreto; oculto; **2.** s. segredo.

secretary, s. secretário.

secrete (to), v. tr. esconder; ocultar; segregar.

secretion, s. segregação; secreção.

secretive, adj. secretório; calado.

sect, s. seita.

sectarian, s. e adj. sectário; fanático.

section, s. secção; divisão; parte.

sector, s. sector.

secular, adj. secular; profano; mundano.

secularize (to), v. tr. secularizar.

secure, adj. seguro; certo.

secure (to), v. tr. pôr em segurança; assegurar; segurar; conseguir.

securely, adv. seguramente.

security, s. segurança; protecção; certeza.

sedate, adj. tranquilo; calmo.

sedative, s. e adj. sedativo; calmante.

sedentary, adj. e s. sedentário; inactivo.

sediment, s. sedimento.

sedimentary, adj. sedimentar.

sedition, s. sedição; tumulto.

seditious, adj. sedicioso; revoltoso.

seduce (to), v. tr. seduzir.

seduction, s. sedução.

seductive, adj. sedutor; atraente.

see, s. sé; catedral.

see (to), v. tr. e intr. ver; olhar; compreender; visitar; cuidar de.

seed, s. semente; gérmen; grão.

seed (to), v. tr. e intr. semear.

seedy, adj. cheio de sementes.

seek (to), v. tr. procurar; buscar; tentar.

seem (to), v. intr. parecer; aparentar.

seeming, s. aparência; parecer; opinião.

seemly, adj. decoroso; decente.

seer, s. vidente; profeta.

seesaw, s. balancé.

seethe (to), v. tr. e intr. ferver; cozer.

segment, s. segmento.

segregate, adj. segregado; separado.

segregate (to), v. tr. e intr. segregar; separar.

segregation, s. segregação; separação.

seismic, adj. sísmico.

seismograph, s. sismógrafo.

seize (to), v. tr. e intr. agarrar; apanhar.

seizure, s. tomada; captura.

seldom, 1. adv. raramente; **2.** adj. raro.

select (to), v. tr. escolher; optar por.

selection, s. selecção; escolha.

selective, adj. selectivo.

selector, s. selector.

self, pron. mesmo, mesma; eu próprio, tu próprio; ego.

self-confidence, s. autoconfiança.

self-control, s. autocontrolo.

self-defence, s. autodefesa.

selfish, adj. interesseiro; egoísta.

selfsame, adj. mesmo; idêntico.

self-service, s. «self-service».

self-sufficient, adj. auto-suficiente.

sell (to), *v. tr. e intr. (pret. e p.p. sold),* vender; comerciar.
seller, *s.* vendedor; comerciante.
selling, *s.* venda; acção de vender.
semantic, *adj.* semântico.
semblance, *s.* semelhança; parecença.
semester, *s.* semestre.
semi-colon, *s.* ponto e vírgula.
semi-final, *s.* meia-final.
seminary, *s.* seminário.
senate, *s.* senado.
senator, *s.* senador.
senatorial, *adj.* senatorial.
send (to), *v. tr. e intr.* mandar; expedir; enviar.
sender, *s.* remetente.
send-off, *s.* partida.
senile, *adj.* senil; caduco.
senior, *s.* sénior; ancião.
seniority, *s.* antiguidade.
sensation, *s.* sensação.
sensational, *adj.* sensacional.
sense, *s.* sentido; razão; bom senso.
senseless, *adj.* insensível; insensato.
sensibility, *s.* sensibilidade.
sensible, *adj.* sensato; razoável.
sensitive, *adj.* sensitivo; sensível.
sensory, *adj. e s.* sensório.
sensual, *adj.* sensual.
sensuous, *adj.* terno; sensível.
sentence, *s.* sentença; máxima; adágio.
sentence (to), *v. tr.* sentenciar; condenar.
sententious, *adj.* sentencioso; conceituoso.
sentient, *adj.* sensível.
sentiment, *s.* sentimento; emoção.
sentimental, *adj.* sentimental.
sentry, *s.* sentinela.
separable, *adj.* separável; divisível.
separate, *adj.* separado; dividido.
separate (to), *v. tr. e intr.* separar; dividir.

separation, *s.* separação; desunião.
September, *s.* Setembro.
septic, *adj.* séptico.
septuagenarian, *adj. e s.* septuagenário.
sepulchral, *adj.* sepulcral.
sepulture, *s.* sepultura.
sequel, *s.* consequência; resultado.
sequence, *s.* sequência.
sequential, *adj.* sequencial.
sequester (to), *v. tr.* apartar; separar.
sequestrate (to), *v. tr.* sequestrar.
seraph, *s.* serafim.
Serb, *s. e adj.* sérvio.
serenade (to), *v. tr.* dar serenatas.
serene, *adj.* sereno; tranquilo.
serenity, *s.* serenidade.
serf, *s.* servo; escravo.
serge, *s.* sarja.
sergeant, *s.* sargento; esbirro.
series, *s.* série; sucessão.
serious, *adj.* sério; grave.
seriously, *adv.* seriamente.
sermon, *s.* sermão; censura.
sermonize (to), *v. tr. e intr.* pregar; admoestar.
serpent, *s.* serpente; cobra.
serpentine, 1. *adj.* serpentino; sinuoso; **2.** *s.* serpentina.
serum, *s.* soro.
servant, *s.* criado; servo.
serve (to), *v. tr. e intr.* servir; estar ao serviço de; contentar; satisfazer.
server, *s.* servidor.
service, *s.* serviço; préstimo; utilidade.
serviceable, *adj.* serviçal; oficioso.
serviette, *s.* guardanapo.
servile, *adj.* servil; desprezível.
servitude, *s.* servidão; escravidão.
session, *s.* sessão; audiência.
set, 1. *adj.* fixo; imóvel; **2.** *s.* estojo; série; aparelho; colocação; ocaso; partida (de jogos).

set (to), v. tr. e intr. pôr; colocar; fixar; estabelecer; assentar; deitar; pôr a chocar; arranjar; dispor; plantar.

setback, s. revés; contrariedade.

settee, s. sofá; poltrona.

setter, s. cão perdigueiro.

setting, s. colocação; fixação; estabelecimento.

settle, s. cadeira; assento.

settle (to), v. tr. e intr. fixar; estabelecer; dispor; regular; instituir; ordenar; resolver.

settled, adj. regulado; determinado; combinado.

settlement, s. estabelecimento; instituição; regulamento; fixação; ajustamento; colonização.

settler, s. colonizador; povoador.

set-to, s. luta; combate.

seven, s. e num. sete.

seventeen, s. e num. dezassete.

seventeenth, adj. décimo sétimo.

seventh, adj. sétimo.

sever (to), v. tr. e intr. separar; desunir.

several, adj. diversos; vários; alguns.

severance, s. separação; disjunção; rotura.

severe, adj. severo; austero; rígido; rigoroso.

severity, s. severidade; rigor.

sew (to), v. tr. e intr. (pret. sewed, p.p. sewn), coser; fazer costura.

sewer, s. escoadouro; esgoto.

sewing, s. costura.

sex, s. sexo.

sexism, s. sexismo.

sextant, s. sextante.

sextet, s. (mús.) sexteto.

sexual, adj. sexual.

sexuality, s. sexualidade.

sexy, adj. sensual; atraente.

shabby, adj. andrajoso.

shackle, s. ferros; grilhões; algemas.

shackle (to), v. tr. atar; amarrar; algemar.

shade, s. sombra; escuridão; estore.

shade (to), v. tr. e intr. fazer sombra a; escurecer.

shading, s. sombreado.

shadow, s. sombra; abrigo.

shadow (to), v. tr. dar sombra a; sombrear.

shadowy, adj. sombrio; tenebroso.

shady, adj. sombrio; opaco.

shaft, s. frecha; seta.

shag, s. felpa; pelúcia.

shagged, adj. felpudo.

shaggy, adj. peludo; felpudo.

shake, s. abalo; sacudidela; agitação; terramoto.

shake (to), v. tr. e intr. sacudir; abanar; abalar.

shaker, s. sacudidor; aparelho para agitar líquidos.

shaking, 1. s. tremor; meneio; 2. adj. tremente.

shaky, adj. trémulo; vacilante.

shale, s. xisto.

shall, verbo auxiliar para formar o futuro, dever; ser obrigado a.

shallow, adj. baixo; superficial.

sham, s. fingimento; simulação.

sham (to), v. tr. e intr. fingir; enganar; simular.

shamble, s. passo vacilante.

shamble (to), v. intr. andar vacilantemente.

shame, s. vergonha; pejo; pudor; pena; lástima.

shame (to), v. tr. e intr. envergonhar; humilhar.

shamefaced, adj. envergonhado; tímido.

shameful, adj. vergonhoso; escandaloso.

shamefully, *adv.* vergonhosamente.

shameless, *adj.* sem vergonha; descarado.

shank, *s.* perna; tíbia; o osso da perna.

shanty, *s.* cabana; choça.

shape, *s.* forma; feitio; molde; figura.

shape (to), *v. tr. e intr.* formar; criar; construir; moldar.

shapeless, *adj.* disforme.

share, *s.* parte; partilha; quinhão; acção (da bolsa).

share (to), *v. tr. e intr.* partilhar; participar; dividir; repartir.

shareholder, *s.* accionista.

sharp, 1. *adj.* afiado; agudo; **2.** *adv.* em ponto.

sharp (to), *v. tr. e intr.* afiar; aguçar.

sharpen (to), *v. tr. e intr.* amolar; afiar.

sharpener, *s.* amolador; aguçador.

shatter (to), *v. tr. e intr.* quebrar; esmigalhar.

shave (to), *v. tr. e intr.* barbear; aparar.

shaver, *s.* máquina de barbear.

shaving, *s.* acção de barbear.

shawl, *s.* xaile; manta.

she, *pron. pess. f. 3ª pessoa sg.* ela; aquela.

sheaf, *s.* molho; feixe.

shear, *s.* tosquiadela; tosquia.

shear (to), *v. tr. e intr.* tosquiar.

sheath, *s.* bainha; estojo; vagem.

sheathe (to), *v. tr.* embainhar.

shed, *s.* alpendre; oficina; efusão; derramamento.

shed (to), *v. tr. e intr.* derramar; verter.

sheen, *s.* brilho; esplendor.

sheep, *s.* carneiro; ovelha.

sheer, *adj.* puro; simples.

sheet, *s.* lençol; folha; lâmina; camada.

shelf, *s.* prateleira; estante.

shell, *s.* casca; concha.

shell (to), *v. tr. e intr.* descascar; bombardear.

shelter, *s.* abrigo; refúgio.

shelter (to), *v. tr. e intr.* abrigar; resguardar.

shelving, *adj.* inclinado.

shepherd, *s.* pastor.

sheriff, *s.* xerife.

shield, *s.* escudo.

shield (to), *v. tr.* escudar; defender.

shift, *s.* expediente; meio; recurso.

shift (to), *v. tr. e intr.* mudar; alterar; deslocar.

shiftless, *adj.* desajeitado; indolente; inepto.

shifty, *adj.* astuto; velhaco.

shilling, *s.* xelim.

shimmer, *s.* brilho; luz trémula.

shin, *s.* canela da perna.

shine, *s.* brilho; clarão.

shine (to), *v. tr. e intr. (pret. shone, p.p. shined)* brilhar; luzir; cintilar; fazer brilhar.

shiny, *adj.* brilhante; cintilante.

ship, *s.* navio; embarcação.

ship (to), *v. tr. e intr.* embarcar; remeter por navio.

shipmate, *s.* companheiro de navio.

shipping, *s.* navios; esquadra; embarque; navegação.

shipwreck, *s.* naufrágio.

shipwreck (to), *v. tr.* fazer naufragar.

shipyard, *s.* estaleiro.

shirt, *s.* camisa (de homem).

shit, *s.* fezes; *(cal.)* merda.

shiver, *s.* tremor; pedaço; fragmento.

shiver (to), *v. tr.* romper; quebrar; tremer.

shivering, *s.* arrepio; calafrio.

shivery, *adj.* frágil; quebradiço; tremente.

shoal, s. cardume.

shock, s. choque; encontro.

shock (to), v. tr. e intr. chocar; topar.

shocking, adj. que choca; ofensivo; escandaloso.

shock-wave, s. onda de choque.

shoe, s. sapato; calçado; ferradura.

shoehorn, s. ferradura.

shoelace, s. atacador (de sapato):

shoemaker, s. sapateiro.

shoot, s. tiro; rebento; vergôntea; gomo.

shoot (to), v. tr. e intr. atirar; disparar; ferir.

shooter, s. atirador.

shop, s. loja; armazém; estabelecimento.

shop (to), v. tr. e intr. ir às compras; fazer compras.

shopkeeper, s. lojista; comerciante.

shopping, s. acto de ir às compras; **shopping centre:** centro comercial.

shore, s. praia; costa; margem.

short, 1. adj. pequeno; baixo; curto; breve; reduzido; **2.** s. défice; **in short:** em resumo.

shortage, s. deficiência; falta.

short-circuit, s. curto-circuito.

shorten (to), v. tr. e intr. encurtar; abreviar; reduzir.

shortening, s. redução; encurtamento.

shorthand, s. estenografia.

shorts, s. pl. calções.

shot, s. tiro de arma de fogo.

shotgun, s. metralhadora.

should, verbo modal, dever; ter obrigação de.

shoulder, s. ombro; espádua.

shoulder (to), v. tr. e intr. pôr ou carregar aos ombros.

shout, s. exclamação; brado; grito.

shout (to), v. tr. e intr. gritar; aclamar.

shove (to), v. tr. e intr. empurrar; impelir com força.

shovel, s. pá de ferro.

shovelful, s. pazada.

show, s. exibição; espectáculo; aparência; indício.

show (to), v. tr. mostrar; expor; patentear.

shower, s. duche; aguaceiro; chuveiro.

shower (to), v. tr. e intr. tomar duche; molhar.

showery, adj. chuvoso.

showman, s. empresário.

showy, adj. pomposo; vistoso.

shred, s. pedaço; fragmento.

shred (to), v. tr. retalhar.

shrew, s. víbora; fúria.

shrewd, adj. astuto; perspicaz.

shriek, s. guincho.

shriek (to), v. intr. guinchar; gritar.

shrill (to), v. tr. e intr. produzir um som agudo.

shrimp, s. camarão; lagostim.

shrine, s. relicário; urna; santuário.

shrink, s. contracção; abatimento.

shrink (to), v. tr. e intr. (pret. **shrank**, p.p. **shrunk**), encolher; diminuir.

shrivel (to), v. tr. e intr. enrugar; franzir.

shrub, s. arbusto.

shrug (to), v. tr. e intr. encolher; contrair.

shudder (to), v. intr. estremecer.

shuffle, s. confusão; mistura.

shun (to), v. tr. evitar; fugir de.

shut (to), v. tr. e intr. fechar; encerrar; tapar; interromper.

shutter, s. persiana; obturador.

shy, adj. tímido; acanhado; discreto.

sick, adj. doente; enjoado.
sicken (to), v. tr. e intr. adoecer; fazer adoecer; debilitar; extenuar.
sickening, adj. nauseabundo; repugnante.
sickly, adj. adoentado; fraco; débil.
sickroom, s. quarto de doente.
side, s. lado; flanco; ilharga.
sideboard, s. aparador; guarda-louça.
sidelong, adj. lateral.
sidewalk, s. passeio (da rua).
siege, s. sítio; cerco.
sieve, s. peneira; joeira.
sift (to), v. tr. e intr. peneirar; passar pelo crivo.
sigh, s. suspiro.
sigh (to), v. tr. e intr. suspirar.
sight, s. vista; visão; olhar.
sight (to), v. tr. e intr. avistar.
sighted, adj. assinalado; com vista.
sightless, adj. sem vista.
sign, s. sinal; marca; indício.
sign (to), v. tr. e intr. assinar; firmar.
signal, s. sinal; aviso.
signal (to), v. tr. e intr. fazer sinais; indicar.
signalman, s. sinaleiro.
signature, s. assinatura.
signboard, s. tabuleta.
signet, s. sinete; selo.
significance, s. significação.
significant, adj. significativo.
signify (to), v. tr. e intr. significar; exprimir.
silence, s. silêncio.
silence (to), v. tr. impor silêncio.
silent, adj. silencioso; calado.
silk, s. seda.
silken, adj. de seda.
silkworm, s. bicho-da-seda.
silky, adj. sedoso; acetinado.
sill, s. soleira (da porta).
silly, s. louco; estúpido.
silt, s. lama; lodo.
silver, s. prata.

silversmith, s. ourives de prata.
silverware, s. artigos de prata.
silvery, adj. prateado.
similar, adj. similar; parecido.
similarity, s. semelhança; conformidade.
simple, adj. simples; singelo; puro; ingénuo; cândido.
simpleton, s. simplório; pateta.
simplify (to), v. tr. simplificar.
simply, adj. simplesmente.
simulate (to), v. tr. simular.
simulation, s. simulação.
simultaneous, adj. simultâneo.
sin, s. pecado; culpa.
sin (to), v. intr. pecar.
since, 1. adv. e prep. desde; desde então; **2.** conj. visto que.
sincere, adj. sincero; franco.
sincerity, s. sinceridade.
sinecure, s. sinecura.
sinew, s. tendão; nervo.
sinful, adj. pecaminoso; pecador.
sing (to), v. tr. e intr. (pret. **sang**, p.p. **sung**), cantar.
singe (to), v. tr. e intr. chamuscar.
singer, s. cantor; cantora.
singing, s. canto; canção.
single, adj. só; único; singular; solteiro.
singly, adv. simplesmente; sozinho.
sing-song, s. canto monótono.
singular, s. singular.
sinister, adj. sinistro; funesto.
sink, s. banca (de cozinha).
sink (to), v. tr. e intr. meter a pique; afundar; diminuir.
sinner, s. pecador.
sinuous, adj. sinuoso.
sinus, s. cavidade; sinusite.
sip, s. sorvo; pequeno gole.
sip (to), v. tr. e intr. beberricar.
siphon, s. sifão.
sir, s. senhor.
siren, s. sereia; sirene.

sirloin, s. lombo de vaca.
sister, s. irmã; mana; freira.
sister-in-law, s. cunhada.
sit (to), v. tr. e intr. sentar-se; colocar-se; empoleirar-se.
site, s. sítio; colocação.
sitter, s. o que está sentado.
sitting, s. acção de sentar-se; posição de quem está sentado.
sitting-room, s. sala de estar.
situation, s. situação.
six, num. e s. seis.
sixteen, num. e s. dezasseis.
sixteenth, num. e s. décimo sexto.
sixth, num. e s. sexto; a sexta parte.
sixtieth, num. e s. sexagésimo.
sixty, num. e s. sessenta.
size, s. tamanho; grandeza.
skate, s. patim.
skate (to), v. intr. patinar.
skater, s. patinador.
skating, s. patinagem.
skeleton, s. esqueleto.
sketch, s. esboço; rascunho.
sketch (to), v. tr. e intr. esboçar.
skew, adj. oblíquo; inclinado.
ski, s. esqui.
skiff, s. esquife (barco).
skilful, adj. hábil; destro.
skill, s. perícia; habilidade.
skilled, adj. perito; hábil.
skin, s. pele; coiro; casca.
skin (to), v. tr. e intr. tirar a pele.
skinny, adj. magro; descarnado.
skip, s. salto; pulo.
skip (to), v. tr. e intr. pular; saltar.
skirt, s. saia; aba; fralda.
skirt (to), v. tr. e intr. orlar.
skull, s. crânio.
sky, s. céu; firmamento.
sky-scraper, s. arranha-céus.
slack, adj. frouxo; indolente.
slacken, v. tr. e intr. afrouxar.
slam (to), v. tr. e intr. fechar com força.
slander, s. calúnia; difamação.

slandering, 1. s. calúnia; difamação; **2.** adj. caluniador.
slanderous, adj. caluniador; difamador.
slang, s. calão; gíria.
slap, s. bofetada; palmada.
slap (to), v. tr. e intr. dar uma palmada ou uma bofetada.
slash, s. cutilada; golpe; corte.
slate, s. ardósia; lousa.
slaughter, s. matança; carnificina; morticínio; chacina.
slaughter (to), v. tr. matar cruelmente; trucidar.
slaughterhouse, s. matadouro.
slave, s. servo; escravo.
slaver, s. baba.
slaver (to), v. tr. e intr. sujar com baba; babar-se.
slavish, adj. abjecto; servil; baixo.
slay (to), v. tr. matar.
slayer, s. matador; assassino.
sleazy, adj. fino; delgado.
sledge, s. trenó.
sleek, adj. liso; polido.
sleep, s. sono; descanso.
sleep (to), v. tr. e intr. (pret. e p.p. slept), dormir; descansar.
sleeping, s. sono; descanso.
sleeping-bag, s. saco-cama.
sleepwalker, s. sonâmbulo.
sleepy, adj. sonolento; letárgico.
sleet, s. neve misturada com chuva.
sleeve, s. manga.
slender, adj. delgado; magro; pequeno.
slice, s. fatia; talhada.
slice (to), v. tr. cortar em fatias.
slide, s. desmoronamento; declive; diapositivo.
slide (to), v. tr. e intr. resvalar.
slight, 1. adj. leve; delicado; trivial; insignificante; **2.** s. indiferença; desprezo; negligência.
slight (to), v. tr. desdenhar; desprezar; desrespeitar.

slim, *adj.* airoso; esbelto.
slime, *s.* lodo; limo.
slimy, *adj.* viscoso; glutinoso.
sling, *s.* funda (para atirar pedras).
slink (to), *v. tr. e intr.* escapar-se; fugir.
slip, *s.* escorregadela; falta.
slip (to), *v. tr. e intr.* escorregar; resvalar; deslizar.
slipper, *s.* chinela; chinelo.
slipway, *s.* plano inclinado.
slit, *s.* abertura; racha; fenda.
slit (to), *v. tr. e intr.* rachar; fender.
slither (to), *v. tr. e intr.* fazer escorregar; resvalar; escorregar.
slithery, *adj.* escorregadio.
sliver, *s.* lasca; tira.
slobber, *s.* baba.
slogan, *s.* lema; mote.
slop, *s.* zurrapa.
slope, *s.* declive; encosta.
slope (to), *v. tr. e intr.* inclinar.
sloppy, *adj.* lamacento; sujo.
slot, *s.* pista; rasto; fenda.
sloth, *s.* preguiça.
slothful, *adj.* indolente; preguiçoso.
slough, *s.* lamaçal.
slow, *adj.* vagaroso; lento.
slow (to), *v. tr. e intr.* diminuir a velocidade.
slowly, *adv.* vagarosamente; lentamente.
slug, *s.* lesma.
sluggish, *adj.* lento; vagaroso.
sluice, *s.* comporta; saída.
slumber, *s.* sono leve; repouso.
slump, *s.* queda brusca (de preços).
slump (to), *v. intr.* enterrar-se; atolar-se; sofrer uma baixa (súbita) de preços.
slur, *s.* insulto; nódoa.
slur (to), *v. tr.* manchar; sujar.
slush, *s.* lama; lodo.
slushy, *adj.* lamacento.
slut, *s.* mulher desmazelada.

sly, *adj.* astuto; esperto.
smack (to), *v. tr.* esmurrar.
small, *adj.* pequeno; ténue; exíguo; miúdo; pouco.
smart, *adj.* elegante; bonito; agudo; activo; vivo.
smarten (to), *v. tr.* tornar bonito.
smash, *s.* rompimento; quebra; falência; choque.
smash (to), *v. tr. e intr.* quebrar; despedaçar; falir; esmagar-se.
smell, *s.* cheiro; olfacto; aroma; mau cheiro.
smell (to), *v. tr. e intr.* (*pret. e p.p.* **smelled** ou **smelt**), cheirar; farejar.
smelly, *adj.* malcheiroso.
smelt (to), *v. tr.* fundir minério para separar o metal.
smile, *s.* sorriso; aspecto agradável.
smile (to), *v. tr. e intr.* sorrir-se; mostrar-se favorável.
smiling, *s. e adj.* risonho; alegre.
smite (to), *v. tr.* ferir; matar.
smith, *s.* ferreiro.
smithy, *s.* forja.
smog, *s.* fumo e nevoeiro.
smoke, *s.* fumo; fumaça; fumarada.
smoke (to), *v. tr. e intr.* fumar; fumegar; arder; defumar.
smokeless, *adj.* sem fumo.
smoker, *s.* fumador.
smoking, *s.* acção de fumar.
smooth, *adj.* macio; liso; polido; suave; calmo.
smooth (to), *v. tr.* amaciar; alisar.
smudgy, *adj.* sujo; fumegante; sufocante.
smug, *adj.* elegante; presumido.
smuggler, *s.* contrabandista.
smut, *s.* fuligem.
smutty, *adj.* enfarruscado.
snack, *s.* refeição ligeira; bocado.
snag, *s.* saliência; protuberância.
snail, *s.* caracol.

snake, s. cobra; serpente.
snaky, adj. serpentino.
snap, s. quebra de um objecto; instantâneo; dentada.
snap (to), v. tr. e intr. quebrar; despedaçar.
snappish, adj. grosseiro.
snapshot, s. instantâneo (fotografia).
snare, s. laço; armadilha.
snare (to), v. tr. enredar.
snarl, s. rosnadura; contenda; rixa.
snatch, s. arrebatamento; bocado.
snatch (to), v. tr. e intr. arrebatar.
sneaking, adj. vil; baixo.
sneaky, adj. vil; subserviente.
sneer, s. mofa; escárnio.
sneer (to), v. tr. e intr. escarnecer; mofar.
sneeze, s. espirro.
sneeze (to), v. intr. espirrar.
sniff, s. olfacto; aspiração.
sniff (to), v. tr. e intr. fungar.
snipe, s. narceja; tolo; idiota; ponta de cigarro.
sniper, s. atirador escondido.
snivel (to), v. intr. deitar monco.
snob, s. pretensioso.
snobbery, s. snobismo.
snooker, s. «snooker».
snooze, s. soneca; sesta.
snooze (to), v. intr. dormir a sesta; dormitar.
snore, s. acto de ressonar.
snore (to), v. intr. ressonar.
snot, s. monco.
snout, s. focinho.
snow, s. neve; nevada.
snow (to), v. tr. e intr. cobrir de neve; nevar.
snowball, s. bola de neve.
snowfall, s. nevão.
snowflake, s. floco de neve.
snowman, s. boneco de neve.
snowstorm, s. tempestade de neve.

snowy, adj. nevoso; níveo; imaculado.
snuff (to), v. tr. e intr. tomar rapé; aspirar.
snuffle, s. som fanhoso.
snug, adj. abrigado; agasalhado.
snuggle (to), v. tr. e intr. aconchegar-se; enroscar-se.
so, adv. e conj. assim; deste modo; portanto.
soak, s. acção de embeber.
soak (to), v. tr. e intr. molhar; embeber; impregnar; pôr de molho.
so-and-so, s. fulano.
soap, s. sabão; sabonete.
soap (to), v. tr. ensaboar; lisonjear.
soar (to), v. tr. subir; ascender rapidamente.
sob, s. soluço; suspiro.
sob (to), v. intr. soluçar; suspirar.
sober, adj. sóbrio; moderado.
sober (to), v. tr. e intr. desembriagar; acalmar.
so-called, adj. assim chamado; chamado; suposto.
soccer, s. futebol.
sociable, adj. sociável.
social, adj. social; sociável.
socialism, s. socialismo.
socialist, adj. e s. socialista.
society, s. sociedade; comunidade.
sociology, s. sociologia.
sock, s. soco; peúga.
socket, s. encaixe; tomada de parede.
soda, s. soda.
sodium, s. sódio.
sodomy, s. sodomia.
sofa, s. sofá.
soft, adj. macio; brando; mole.
soften (to), v. tr. amaciar; suavizar.
software, s. «software»; programas de computador.
soil, s. solo; terra; estrume.
soil (to), v. tr. estrumar; sujar.

sojourn, s. residência temporária.

solace, s. consolação; alívio.

solace (to), v. tr. consolar; confortar.

solar, adj. solar.

solder (to), v. tr. soldar.

soldier, s. soldado; militar.

sole, s. planta do pé; sola de sapato; (zool.) linguado.

solely, adv. unicamente; somente.

solemn, adj. solene; majestoso.

solicit (to), v. tr. e intr. solicitar; pedir; rogar.

solicitor, s. solicitador; procurador.

solicitous, s. solícito; ansioso.

solicitude, s. solicitude.

solid, adj. sólido; firme.

solidarity, s. solidariedade.

solidify (to), v. tr. e intr. solidificar.

solidity, s. solidez; firmeza.

solitaire, s. solitário.

solitary, adj. solitário.

solitude, s. solidão.

solo, s. solo (música ou jogo).

solution, s. solução; explicação.

solvable, adj. solúvel.

solve (to), v. tr. resolver; explicar.

solvency, s. solvência; solvabilidade.

solvent, adj. solvente.

sombre, adj. sombrio; escuro.

some, adj., pron. e adv. algum, alguma, alguns, algumas; um pouco de; um tanto.

somebody, pron. e s. alguém.

somehow, adv. de qualquer modo; seja como for.

someone, pron. alguém.

something, s. e pron. alguma coisa; qualquer coisa.

sometime, adv. em alguma ocasião; antigamente.

sometimes, adv. algumas vezes.

somewhat, adv. um tanto.

somewhere, adv. em alguma parte.

son, s. filho.

song, s. canção; canto.

sonic, adj. sónico.

son-in-law, s. genro.

sonnet, s. soneto.

sonorous, adj. sonoro.

soon, adv. depressa; cedo; prontamente; em breve.

soot, s. fuligem.

soothe (to), v. tr. acalmar; aliviar.

sophisticated, adj. sofisticado.

soporific, adj. soporífero.

soprano, s. soprano.

sorbert, s. sorvete.

sorcery, s. feitiçaria; bruxaria.

sorcerer, s. feiticeiro; bruxo.

sorceress, s. feiticeira.

sordid, adj. sórdido.

sore, 1. s. chaga; ferida; **2.** adj. inflamado; dorido.

sorrow, s. mágoa; aflição; dor.

sorrow (to), v. intr. sentir pena.

sorrowful, adj. pesaroso; triste.

sorry, adj. triste; desgostoso.

sort, s. espécie; maneira.

sorting, s. escolha; distribuição.

so-so, adj. assim-assim.

sot, s. ébrio.

souffle, s. sussurro; murmúrio.

sough, s. suspiro; murmúrio; ramalhar do vento.

soul, s. alma; espírito.

sound, 1. adj. são; puro; seguro; certo; **2.** s. som; rumor.

sound (to), v. tr. e intr. soar; sondar; examinar.

sounding, adj. sonoro; sonante.

soup, s. sopa; caldo.

sour, adj. azedo; amargo.

sour (to), v. tr. e intr. azedar; avinagrar.

source, s. nascente; fonte.

south, s. sul; vento sul.

south-east, s., adj. e adv. sudeste.

southerly, adj. do sul; meridional; austral.

southerner, s. habitante do Sul.

southward, 1. adj. situado para o sul; **2.** adv. em direcção ao sul.

south-west, s., adj. e adv. sudoeste.

south-westerly, adj. na direcção ou vindo do sudoeste.

sovereign, 1. s. soberano; **2.** adj. supremo.

sovereignty, s. soberania.

Soviet, adj. e s. soviético.

sow (to), v. tr. (pret. **sowed,** p.p. **sown**), semear; disseminar; espalhar.

space, s. espaço.

space (to), v. tr. espaçar.

spacecraft, s. nave espacial.

spacious, adj. espaçoso; vasto.

spade, s. pá; enxada.

spaghetti, s. esparguete.

span, s. período de tempo.

Spaniard, s. espanhol.

Spanish, s. e adj. espanhol; a língua espanhola.

spank, s. palmada.

spar (to), v. intr. questionar; altercar.

spare, adj. sóbrio; poupado; extra; livre; sobresselente.

spare (to), v. tr. poupar; economizar.

spark, s. faísca; faúlha.

sparkle, s. centelha; faúlha.

sparkle (to), v. intr. brilhar.

sparkling, adj. cintilante; **sparkling wine:** vinho espumoso.

sparrow, s. pardal.

sparse, adj. disperso; espalhado.

spasm, s. espasmo.

spatial, adj. espacial.

speak (to), v. tr. e intr. (pret. **spoke,** p.p. **spoken**), falar; dizer; conversar; proferir; exprimir; declarar.

speaker, s. falador; orador.

spear, s. lança.

spearmint, s. menta; mentol.

special, adj. especial; particular.

specialist, s. e adj. especialista.

speciality, s. especialidade.

specialize (to), v. tr. e intr. especializar; especializar-se.

species, s. espécie; classe.

specific, adj. específico.

specimen, s. amostra; espécime.

specious, adj. plausível.

speck, s. nódoa; mancha.

spectacle, s. espectáculo; exibição; pl. óculos.

spectator, s. espectador.

spectral, adj. espectral.

spectre, s. espectro; fantasma.

speculate (to), v. tr. e intr. especular.

speech, s. fala; palavra; linguagem; discurso.

speed, s. rapidez; velocidade.

speed (to), v. tr. e intr. (pret. **sped,** p.p. **speeded**), apressar; acelerar; apressar-se.

speedy, adj. ligeiro; rápido.

spell, s. encanto; feitiço; breve espaço de tempo.

spell (to), v. tr. e intr. soletrar; escrever.

speller, s. o que soletra; corrector ortográfico.

spelling, s. soletração; ortografia.

spend (to), v. tr. gastar; despender; consumir; passar (tempo).

spender, s. gastador.

spendthrift, s. pródigo; gastador.

spermatozoon, s. espermatozóide.

spew (to), v. tr. e intr. vomitar; lançar.

sphere, s. esfera; globo.

spherical, adj. esférico.

spice (to), v. tr. condimentar; temperar com especiarias.

spicy, adj. aromático; picante.

spider, s. aranha.

spike, s. espigão.

spill (to), v. tr. e intr. (pret. e p.p. **spilled** ou **spilt**), verter; derramar.

spin, s. volta; passeio; giro.

spin (to), v. tr. e intr. (pret. e p.p. spun), rodar; fiar; tecer.

spinach, s. espinafre.

spinal, adj. espinal.

spine, s. espinho; espinha dorsal.

spinner, s. fiandeiro.

spinning, 1. s. fiação; **2.** adj. giratório.

spinster, s. mulher solteira.

spiral, s. e adj. espiral.

spire, s. espiral; rosca.

spirit, s. espírito; alma; carácter.

spirited, adj. animado; vivo; brioso.

spiritual, adj. espiritual.

spirituous, adj. espirituoso; alcoólico.

spit, s. saliva; espeto (para assar).

spit (to), v. tr. e intr. (pret. e p.p. spat), cuspir; espetar.

spite, s. despeito; rancor; ódio; **in spite of:** apesar de.

spite (to), v. tr. despeitar; ofender.

spiteful, adj. rancoroso.

spittle, s. cuspo; saliva; escarro.

spittoon, s. escarradeira.

splash, s. salpico de lama.

splash (to), v. tr. e intr. esparrinhar; chapinhar.

splatter (to), v. tr. e intr. esparrinhar.

splay (to), v. tr. e intr. alargar.

spleen, s. baço.

splendid, adj. esplêndido; magnificente.

splendour, s. esplendor; pompa.

splice, s. enlaçamento de duas pontas de uma corda.

splinter, s. lasca; estilhaço.

splinter (to), v. tr. e intr. fazer em lascas.

split, s. fenda; greta.

split (to), v. tr. e intr. fender; rachar.

splotchy, adj. sujo; manchado.

splutter (to), v. tr. e intr. balbuciar.

spoil, s. despojo; presa.

spoil (to), v. tr. e intr. estragar; roubar; saquear.

spokesman, s. porta-voz; intérprete.

sponge, s. esponja.

spongy, adj. esponjoso.

sponsor, s. fiador; patrocinador.

spontaneous, adj. espontâneo.

spool, s. carretel; rolo.

spoon, s. colher.

spoonful, s. colherada.

spoor, s. pista; rasto de animal.

sport, s. desporto; passatempo.

sport (to), v. tr. e intr. alardear; brincar; divertir-se.

sporting, s. desporto.

sportive, adj. desportivo; brincalhão.

sportsman, s. desportista.

spot, s. mancha; sítio.

spot (to), v. tr. e intr. manchar; sujar.

spotless, adj. sem manchas; limpo.

spotlight, s. holofote.

spouse, s. esposa.

spout, s. cano; torneira.

spout (to), v. tr. e intr. esguichar; jorrar.

sprain, s. entorse.

sprain (to), v. tr. torcer.

sprat, s. carapau.

sprawl, s. posição desajeitada; atitude ou movimentos indolentes.

spray, s. espuma do mar; borrifo; pulverizador; rebento.

spray (to), v. tr. borrifar.

spread, s. extensão; expansão.

spread (to), v. tr. e intr. estender; espalhar; derramar; exibir; espalhar-se.

sprig, s. vergôntea; rebento.

spring, s. salto; fonte; causa; mola; Primavera.

spring (to), v. tr. e intr. (pret. sprang, p.p. sprung), levantar a caça; abrir uma fenda; partir; saltar; brotar; nascer.

springy, adj. elástico; ágil.

sprinkle, s. borrifo.

sprint, s. corrida pedestre; corrida rápida.

sprint (to), v. intr. correr a toda a velocidade; arrancar.

sprinter, s. corredor.

sprout, s. rebento.

sprout (to), v. tr. e intr. germinar; brotar.

spruce, adj. enfeitado; asseado.

spud, s. (fam.) batata.

spume, s. espuma.

spur, s. espora.

spur (to), v. tr. esporear; encorajar.

spurious, adj. espúrio; ilegítimo.

spurn, s. desdém; desprezo.

spurn (to), v. tr. e intr. desprezar; repelir.

spurt, s. esguicho; jorro.

spurt (to), v. tr. e intr. fazer esguichar; jorrar.

spy, s. espião.

spy (to), v. tr. e intr. ver; espiar; examinar; vigiar.

squabble, s. questão; rixa; contenda.

squadron, s. esquadrão.

squalid, adj. esquálido.

squalor, s. sordidez; sujidade.

squander (to), v. tr. dissipar; desperdiçar.

square, s. e adj. quadrado; praça; largo.

square (to), v. tr. e intr. quadrar; ajustar.

squash, s. «squash» (jogo); massa.

squash (to), v. tr. e intr. esmagar; espremer.

squat (to), v. tr. e intr. agachar-se; acocorar-se.

squawk, s. grito agudo.

squawk (to), v. intr. gritar; grasnar.

squeak, s. grito estridente.

squeal, s. grito agudo.

squeamish, adj. melindroso; enjoado.

squeeze (to), v. tr. e intr. apertar; abraçar.

squelch (to), v. tr. esmagar.

squib (to), v. tr. e intr. satirizar.

squint, s. olhar de soslaio.

squire, s. escudeiro.

squirrel, s. esquilo.

stab (to), v. tr. e intr. apunhalar; injuriar.

stability, s. estabilidade.

stable, 1. adj. estável; firme; **2.** s. estábulo; cavalariça.

stack, s. meda; pilha.

stadium, s. estádio.

staff, s. pessoal (de uma empresa, etc.).

stag, s. veado.

stage, s. estrado; tablado; andaime; palco; teatro; estádio; período.

stage (to), v. tr. e intr. pôr em cena; representar.

stagger, s. vacilação.

stagger (to), v. tr. e intr. cambalear; hesitar; vacilar.

stagnant, adj. estagnante; parado.

stagnate (to), v. intr. estagnar.

stagy, adj. teatral.

stain, s. nódoa; mancha.

stain (to), v. tr. manchar.

stainless, adj. sem mancha; imaculado.

stair, s. degrau; pl. escadas; escadaria.

staircase, s. escada; lanço de escada; escadaria.

stake, s. estaca; aposta; pelourinho.

stake (to), v. tr. e intr. pôr estacas; apostar; escorar.

stale, adj. velho; usado.

stalactite, s. estalactite.

stalagmite, s. estalagmite.

stalemate, s. xeque (no xadrez); beco sem saída.

stalk, *s.* haste; pé; talo.

stall, *s.* estrebaria; cavalariça.

stall (to), *v. tr.* encurralar; adiar.

stamen, *s. (bot.)* estame.

stammer, *s.* gaguez.

stammer (to), *v. intr.* gaguejar.

stamp, *s.* selo; cunho.

stamp (to), *v. tr.* e *intr.* estampar; imprimir; gravar.

stance, *s.* sítio; local.

stand, *s.* lugar; posto; suporte; tenda; quiosque; plataforma; tribuna.

stand (to), 1. *v. tr. (pret.* e *p.p.* **stood)**, pôr de pé; suster; suportar; colocar; aguentar; tolerar; 2. *v. intr.* estar de pé; estar situado.

standard, *s.* padrão; tipo.

standardize (to), *v. tr.* aferir; construir por séries; uniformizar.

standby, *s.* espera.

standing, *s.* posição; postura; consideração; reputação; crédito.

staple, *s.* grampo; agrafo.

stapler, *s.* agrafador.

star, *s.* estrela; astro.

starboard, *s.* estibordo.

stare (to), *v. tr.* e *intr.* olhar fixamente; encarar.

staring, *adj.* fito; espantado; admirado.

stark, *adj.* forte; teso; rígido.

starlight, *s.* a luz das estrelas.

starling, *s. (zool.)* estorninho.

starry, *adj.* estrelado.

start, *s.* início; sobressalto; estremecimento.

start (to), *v. intr.* partir; pôr-se em movimento; começar; desviar-se; sair com ímpeto; estremecer.

startle (to), *v. tr.* espantar.

startling, *adj.* assustador; alarmante.

starvation, *s.* fome; miséria; morte pela fome.

starve (to), *v. tr.* e *intr.* matar à fome; morrer à fome.

state, *s.* estado; condição; ordem; governo; país.

state (to), *v. tr.* declarar; expor; informar.

statement, *s.* alegação; exposição; declaração.

statesman, *s.* homem de Estado; estadista.

static, *adj.* estático.

station, *s.* estação; sítio; lugar; classe; ofício.

stationary, *adj.* estacionário.

stationer, *s.* dono de papelaria.

statistical, *adj.* estatístico.

statuary, *s.* estatuário.

statue, *s.* estátua.

statuette, *s.* estatueta.

stature, *s.* tamanho; estatura.

statute, *s.* estatuto.

staunch, *adj.* firme; constante.

stay, *s.* estadia; residência; demora; obstáculo; escora.

stay (to), *v. intr.* ficar; permanecer; demorar-se; deter-se; parar.

stead, *s.* lugar; sítio.

steady, *adj.* firme; seguro; sólido; constante.

steady (to), *v. tr.* e *intr.* firmar; fixar; equilibrar-se.

steak, *s.* bife.

steal, *s.* roubo; furto.

steal (to), *v. tr.* e *intr. (pret.* **stole**, *p.p.* **stolen)**, furtar; roubar; reduzir; surripiar; sair às escondidas.

stealer, *s.* gatuno; ladrão.

stealth, *s.* reserva; recato.

stealthy, *adj.* clandestino; escondido.

steam, *s.* vapor; fumo.

steam (to), *v. tr.* e *intr.* gerar vapor; fumegar.

steamer, *s.* barco a vapor.

steamy, *adj.* cheio de vapor.

steel, *s.* aço.

steep, 1. *s.* precipício; abismo; 2. *adj.* íngreme; escarpado.

steep (to), *v. tr.* molhar; ensopar.
steeple, *s.* torre; campanário.
steer (to), *v. tr. e intr.* governar; navegar; conduzir.
steering, *s.* acto de guiar; governo; direcção.
stem, *s.* caule; talo; tronco.
stenographer, *s.* estenógrafo.
step, *s.* passo; passada; pegada; degrau.
step (to), *v. tr. e intr.* dar passos; andar; caminhar; passear.
stepbrother, *s.* filho do padrastro ou da madrasta.
stepchild, *s.* enteado; enteada.
stepdaughter, *s.* enteada.
stepfather, *s.* padrasto.
stepmother, *s.* madrasta.
stepsister, *s.* filha do padrasto ou da madrasta.
stepson, *s.* enteado.
stereo, *adj.* estéreo.
stereotype, *s.* estereótipo.
sterile, *adj.* estéril; infecundo.
sterilize (to), *v. tr.* esterilizar; desinfectar.
sterling, *adj.* puro; genuíno; esterlino.
stern, 1. *s.* popa; 2. *adj.* duro; rigoroso; severo.
stew, *s.* estufado; guisado.
stew (to), *v. tr. e intr.* guisar; estufar.
steward, *s.* despenseiro; mordomo.
stewardess, *s.* hospedeira.
stick, *s.* pau; vara; bengala.
stick (to), *v. tr. e intr.* (*pret. e p.p.* stuck), pregar; cravar; colar.
sticking, *adj.* aderente.
sticky, *adj.* tenaz; viscoso.
stiff, *adj.* teso; duro.
stiffen (to), *v. tr. e intr.* enrijecer; endurecer.
stifling, *adj.* sufocante.
stigma, *s.* estigma; ferrete.
stigmatize (to), *v. tr.* estigmatizar.

still, 1. *s.* silêncio; sossego; 2. *adj.* quieto; calmo; sossegado; 3. *adv.* ainda.
still (to), *v. tr. e intr.* acalmar.
stimulant, *adj. e s.* estimulante.
stimulate (to), *v. tr.* estimular; instigar.
stimulus, *s.* estímulo.
sting, *s.* ferrão; aguilhão; ferroada.
sting (to), *v. tr. e intr.* aguilhoar; picar com ferrão.
stink, *s.* fedor; mau cheiro.
stink (to), *v. intr.* cheirar mal.
stipend, *s.* estipêndio; salário.
stipulate (to), *v. tr. e intr.* estipular; estabelecer.
stir, *s.* movimento.
stir (to), *v. tr. e intr.* mover; mexer; agitar; agitar-se.
stirring, *s.* movimento; agitação.
stirrup, *s.* estribo; grampo.
stitch, *s.* ponto (costura).
stitch (to), *v. tr. e intr.* coser; costurar.
stock, *s.* fornecimento.
stock (to), *v. tr.* fornecer; prover.
stock exchange, *s.* bolsa de valores.
stockholder, *s.* accionista.
stocking, *s.* meia.
stodge, *s.* amálgama; refeição pesada.
stoic, *adj.* estóico.
stoicism, *s.* estoicismo.
stoke (to), *v. tr.* atiçar o lume.
stolid, *adj.* fleumático.
stomach, *s.* estômago.
stomach (to), *v. tr.* tolerar.
stone, *s.* pedra; caroço; grainha; cálculo (na bexiga); pedra preciosa.
stone (to), *v. tr.* apedrejar.
stonemason, *s.* pedreiro.
stony, *adj.* pedregoso; duro.
stool, *s.* banco.
stoop (to), *v. tr. e intr.* inclinar; abaixar; inclinar-se.

stop, *s.* pausa; paragem; suspensão.

stop (to), *v. tr.* e *intr.* tapar; parar; fechar; obturar; deter; suspender.

stoppage, *s.* obstrução; paragem.

stopper, *s.* rolha.

stopwatch, *s.* cronómetro.

storage, *s.* armazenagem.

store, *s.* provisão; fornecimento; abundância; armazém.

store (to), *v. tr.* fornecer; abastecer; armazenar.

storey, *s.* andar (de casa).

stork, *s.* cegonha.

storm, *s.* tempestade; temporal; comoção.

storm (to), *v. tr.* e *intr.* atacar; assaltar; chover torrencialmente.

stormy, *adj.* tempestuoso; tormentoso.

story, *s.* história; narração; conto.

story (to), *v. tr.* historiar.

stout, 1. *s.* cerveja preta; cerveja forte; **2.** *adj.* robusto; forte; valente.

stove, *s.* fogão; estufa; fogareiro.

straddle (to), *v. intr.* escarranchar-se.

straight, *adj.* direito; recto; justo.

straighten (to), *v. tr.* e *intr.* endireitar.

strain, *s.* esforço; puxão; tensão.

strain (to), *v. tr.* e *intr.* forçar; torcer.

strained, *adj.* fatigado; forçado.

strait, 1. *adj.* estreito; acanhado; rigoroso; **2.** *s.* garganta; estreito; canal.

straiten (to), *v. tr.* estreitar; apertar.

strange, *adj.* estranho; alheio; raro.

stranger, *s.* estranho; estrangeiro.

strangulate (to), *v. tr.* estrangular.

strangulation, *s.* estrangulação.

strap, *s.* correia; tirante.

stratagem, *s.* estratagema.

strategic, *adj.* estratégico.

strategy, *s.* estratégia.

straw, *s.* palha.

strawberry, *s.* morango; morangueiro.

stray (to), *v. intr.* extraviar-se.

streak (to), *v. tr.* e *intr.* listrar.

stream, *s.* corrente; ribeiro.

stream (to), *v. tr.* e *intr.* correr.

street, *s.* rua.

streetlamp, *s.* candeeiro de rua.

strength, *s.* força; fortaleza; vigor.

strengthen (to), *v. tr.* e *intr.* fortalecer; robustecer; fortalecer-se.

strenuous, *adj.* enérgico.

stress, *s.* força; pressão.

stress (to), *v. tr.* insistir em; sublinhar; acentuar.

stretch, *s.* tensão; dilatação; área.

stretch (to), *v. tr.* e *intr.* estender; alargar; esticar; espalhar-se.

stretcher, *s.* maca.

strew (to), *v. tr.* derramar.

strict, *adj.* estrito; rigoroso.

stride, *s.* passo largo.

strident, *adj.* estridente.

strife, *s.* luta; contenda.

strike, *s.* golpe; greve.

strike (to), *v. tr.* e *intr.* bater em; dar pancadas; ferir; chocar; fazer greve; impressionar; penetrar; arremessar.

striker, *s.* percutor; grevista.

striking, *adj.* admirável; notável.

string, *s.* cordel; cordão; fio.

strip, *s.* tira; faixa.

strip (to), *v. tr.* tirar; despojar; desnudar.

stripe, *s.* listra; risca.

stripe (to), *v. tr.* listrar.

strive (to), *v. intr.* (*pret.* **strove,** *p.p.* **striven**), esforçar-se; empenhar-se.

stroke, *s.* pancada; golpe; remada; rasgo.

stroke (to), *v. tr.* afagar; acariciar.

stroll, *s.* excursão; giro; volta.

stroll (to), *v. intr.* dar um passeio; vaguear.

strong, *adj.* forte; vigoroso; robusto.

structural, *adj.* estrutural.

structure, *s.* estrutura.

struggle, *s.* esforço; luta.

struggle (to), *v. intr.* lutar; esforçar-se; debater-se.

strut, *s.* esteio.

strut (to), *v. tr.* e *intr.* pavonear-se.

stub, *s.* tronco; acha de lenha; cepo.

stubborn, *adj.* teimoso; obstinado.

stud, *s.* prego de cabeça larga; barrote; trave; botão (de punho, colarinho).

student, *s.* estudante; aluno.

studious, *adj.* estudioso; aplicado.

study, *s.* estudo; quarto de estudo; gabinete.

study (to), *v. tr.* e *intr.* estudar; investigar.

stuff, *s.* matéria; material; elemento; droga; tecido.

stuff (to), *v. tr.* encher.

stuffy, *adj.* abafado; mal ventilado.

stumble, *s.* tropeção.

stumble (to), *v. tr.* e *intr.* fazer tropeçar; embaraçar.

stump, *s.* tronco; cepo.

stunned, *adj.* admirado; espantado.

stunt, *s.* acrobacia.

stupefy (to), *v. tr.* entorpecer; estupeficar.

stupendous, *adj.* estupendo; assombroso.

stupid, *s.* estúpido; néscio.

stupor, *s.* estupor; torpor.

sturdy, *adj.* forte; robusto; firme.

sturgeon, *s.* esturjão.

stutter, *s.* gaguez.

stutter (to), *v. intr.* gaguejar.

stutterer, *s.* gago; tartamudo.

sty, stye, *s.* chiqueiro.

style, *s.* estilo; dicção; linguagem; modo; género; gosto; expressão.

stylish, *adj.* elegante; moderno.

stylist, *s.* estilista.

suave, *adj.* suave; macio; agradável.

subdivide (to), *v. tr.* e *intr.* subdividir.

subdue (to), *v. tr.* conquistar; vencer.

subject, 1. *adj.* sujeito; submetido; exposto; 2. *s.* súbdito; vassalo.

subject (to), *v. tr.* sujeitar; submeter.

subjective, *adj.* subjectivo.

subjugate (to), *v. tr.* subjugar; dominar.

subjunctive, 1. *adj.* conjuntivo; 2. *s.* modo conjuntivo.

sublimation, *s.* sublimação; exaltação.

sublime, *adj.* sublime.

submarine, *s.* e *adj.* submarino.

submerge (to), *v. tr.* e *intr.* imergir; submergir.

submission, *s.* submissão.

submit (to), *v. tr.* e *intr.* submeter; submeter-se.

subordinate, *s.* e *adj.* subordinado; subalterno.

subordinate (to), *v. tr.* subordinar; sujeitar.

subscribe (to), *v. tr.* subscrever; firmar.

subscriber, *s.* subscritor; assinante.

subscription, *s.* subscrição.

subsequent, *adj.* subsequente.

subservience, *s.* subserviência.

subside (to), *v. intr.* assentar no fundo.

subsidiary, *adj.* subsidiário; auxiliar.

subsidize (to), *v. tr.* subsidiar; auxiliar.

subsidy, *s.* subsídio; ajuda.

subsist (to), *v. tr.* e *intr.* alimentar; subsistir; durar.

subsistence, s. subsistência.
subsoil, s. subsolo.
substance, s. substância.
substancial, adj. substancial.
substantive, s. substantivo; nome.
substitute, s. e adj. substituto.
substitute (to), v. tr. substituir.
subterfuge, s. subterfúgio.
subterranean, adj. subterrâneo.
subtle, adj. subtil; ténue; fino.
subtlety, s. subtileza; finura.
subtraction, s. subtracção.
suburb, s. subúrbio; arredor.
suburban, adj. suburbano.
subvention, s. subvenção.
subversion, s. subversão.
subvert (to), v. tr. subverter; destruir.
succeed (to), v. tr. e intr. suceder;
seguir-se a; ser bem sucedido.
success, s. sucesso; êxito.
successful, adj. afortunado; bem
sucedido.
succession, s. sucessão; seguimento; linhagem.
successive, adj. sucessivo.
succint, adj. sucinto.
succour, s. ajuda; socorro.
succour (to), v. tr. socorrer; ajudar.
succumb (to), v. intr. sucumbir;
morrer.
such, adj. tal; semelhante; igual.
suck (to), v. tr. e intr. chupar; sugar.
sucker, s. (fam.) simplório.
suckle (to), v. tr. amamentar.
suction, s. sucção.
sudden, adj. repentino; súbito.
suddenly, adv. subitamente.
sue (to), v. tr. e intr. demandar judicialmente; processar.
suet, s. sebo.
suffer (to), v. tr. e intr. sofrer; tolerar.
suffering, 1. s. sofrimento; dor;
2. adj. sofredor.
suffice (to), v. tr. e intr. satisfazer; bastar.

sufficiency, s. suficiência; eficácia
sufficient, adj. suficiente; bastante
suffix, s. sufixo.
suffocate (to), v. tr. e intr. sufocar
asfixiar.
suffrage, s. sufrágio; voto.
sugar, s. açúcar.
suggest (to), v. tr. sugerir; insinuar.
suggestion, s. sugestão; insinuação.
suggestive, adj. sugestivo.
suicide, s. suicídio; suicida.
suit, s. fato completo; série; seguimento; sucessão; petição.
suit (to), v. tr. e intr. adaptar; ajustar; convir.
suitable, adj. conveniente; apropriado.
suitcase, s. mala.
suite, s. séquito; «suite» (hotel).
suited, adj. apropriado.
sulky, s. rabugento; mal-humorado.
sullen, adj. rabugento; taciturno.
sully, s. mancha; nódoa.
sully (to), v. tr. manchar; enodoar.
sultan, s. sultão.
sultry, adj. abafado; sufocante (o
tempo).
sum, s. soma; total.
sum (to), v. tr. e intr. somar; adicionar.
summarize (to), v. tr. sumariar;
resumir.
summary, 1. s. sumário; resumo;
2. adj. sumário; resumido.
summer, s. Verão.
summit, s. cimeira.
summon (to), v. tr. convocar; citar;
notificar.
summons, s. citação.
summons (to), v. tr. citar; intimar.
sumptuous, adj. sumptuoso.
sun, s. Sol.
sunbeam, s. raio de sol.
sunburn, s. queimadura do sol.
Sunday, s. domingo.

sunflower, s. girassol.
sunglasses, s. pl. óculos de sol.
sunlight, s. luz do Sol.
sunny, adj. soalheiro; cheio de luz.
sunrise, s. o nascer do Sol.
sunset, s. o pôr do Sol.
sunshade, s. sombrinha.
sunshine, s. brilho do Sol; calor.
sunstroke, s. insolação.
suntan, s. bronzeado do sol.
sup, s. gole.
super, adj. fantástico; (fam.) bestial.
superadd (to), v. tr. acrescentar; aumentar.
superb, adj. soberbo; magnífico.
supercilious, adj. arrogante; altivo.
superficial, adj. superficial.
superfluous, adj. supérfluo.
superimpose (to), v. tr. sobrepor.
superintend (to), v. tr. superintender.
superintendent, s. superintendente.
superior, adj. e s. superior.
superiority, s. superioridade.
superlative, s. e adj. superlativo.
superman, s. super-homem.
supermarket, s. supermercado.
supernatural, adj. sobrenatural.
superpower, s. superpotência.
supersonic, adj. supersónico.
superstition, s. superstição.
superstitious, adj. supersticioso.
supervision, s. supervisão.
supper, s. jantar; ceia.
supple, adj. flexível.
supplement, s. suplemento.
supplicant, s. e adj. suplicante.
supplication, s. súplica; rogo; petição.
supply, s. suprimento; abastecimento.
supply (to), v. tr. prover; fornecer.
support, s. sustento; apoio; ajuda.
support (to), s. sustentar; manter; escorar; suportar.

supporter, s. apoiante; seguidor.
suppose (to), v. tr. supor; imaginar.
supposition, s. suposição; conjectura; hipótese.
suppress (to), v. tr. suprimir; reprimir.
suppression, s. supressão; repressão.
suppurate (to), v. intr. supurar.
supremacy, s. supremacia; predomínio.
supreme, adj. supremo.
surcharge, s. sobrecarga.
sure, adj. seguro; certo; infalível.
surely, adv. seguramente; certamente.
surety, s. certeza; segurança; confiança.
surface, s. superfície.
surfeit, s. indigestão.
surge, s. onda; vaga.
surgeon, s. cirurgião.
surgery, s. cirurgia.
surgical, adj. cirúrgico.
surly, adj. áspero; rude.
surmise, s. desconfiança; suspeita.
surmise (to), v. tr. e intr. conjecturar.
surmount (to), v. tr. vencer; superar.
surname, s. sobrenome; cognome.
surpass (to), v. tr. ultrapassar.
surplice, s. sobrepeliz.
surplus, s. excesso; sobra.
surprise, s. surpresa; admiração.
surprise (to), v. tr. surpreender; espantar.
surprising, adj. surpreendente.
surrealist, adj. e s. surrealista.
surrender (to), v. tr. e intr. render; entregar; renunciar.
surreptitious, adj. subreptício.
surrogate, s. substituto.
surround (to), v. tr. cercar; rodear.

surrounding, *adj.* circundante.
surtax, *s.* sobretaxa.
survey (to), *v. tr. e intr.* ver; inspeccionar; vigiar.
surveyor, *s.* superintendente; agrimensor.
survive (to), *v. tr. e intr.* sobreviver.
survivor, *s.* sobrevivente.
susceptibility, *s.* susceptibilidade.
susceptible, *adj.* susceptível.
suspect, *s.* suspeito.
suspect (to), *v. tr. e intr.* suspeitar.
suspend (to), *v. tr.* suspender.
suspense, *s.* suspense.
suspension, *s.* suspensão.
suspicion, *s.* suspeita; desconfiança.
suspicious, *adj.* suspeitoso; desconfiado.
sustain (to), *v. tr.* sustentar; suster.
sustenance, *s.* sustento; sustentação.
suture, *s.* sutura.
swab (to), *v. tr.* esfregar; limpar com um pano.
swagger (to), *v. intr.* bazofiar; blasonar.
swain, *s.* jovem camponês.
swallow, *s.* andorinha; deglutição.
swallow (to), *v. tr.* engolir; tragar; absorver.
swamp, *s.* paul; pântano.
swampy, *adj.* pantanoso.
swan, *s.* cisne.
swap, *s.* troca; permuta; barganha.
swarm, *s.* enxame; multidão.
swashbuckler, *s.* fanfarrão.
sway, *s.* agitação; manejo.
sway (to), *v. tr. e intr.* brandir; manejar; oscilar.
swear (to), *v. tr. e intr.* (*pret.* **swore,** *p.p.* **sworn**) jurar; blasfemar.
swearing, *s.* juramento; blasfémia.
sweat, *s.* suor; fadiga.
sweat (to), *v. intr.* suar.
Swede, *s.* sueco.

Swedish, 1. *adj.* sueco; **2.** *s.* a língua sueca.
sweep, *s.* varredura.
sweep (to), *v. tr.* varrer; limpar a chaminé; vasculhar.
sweeper, *s.* varredor.
sweeping, *adj.* vasto; arrebatador.
sweet, 1. *adj.* doce; suave; saboroso; **2.** *s.* doce.
sweeten (to), *v. tr. e intr.* adoçar; dulcificar.
sweetheart, *s.* namorado, querido.
swell, *s.* bojo; aumento de volume; protuberância.
swell (to), *v. tr. e intr.* (*pret.* **swelled,** *p.p.* **swelled** ou **swollen**), inchar; intumescer; avultar.
swelling, *s.* inchação; tumefacção; tumor.
swelter (to), *v. tr. e intr.* abafar; sufocar.
swift, 1. *s.* gavião; **2.** *adj.* veloz.
swim, *s.* natação.
swim (to), *v. intr.* (*pret.* **swam,** *p.p.* **swum**), nadar; flutuar; boiar.
swimmer, *s.* nadador.
swimming, *s.* natação; vertigem; **swimming costume:** fato de banho; **swimming pool:** piscina.
swimsuit, *s.* fato de banho.
swindle (to), *v. tr.* lograr; enganar.
swindler, *s.* burlista.
swine, *s.* porco.
swing, *s.* balanço; baloiço.
swing (to), *v. tr.* balançar; voltear.
swipe, *s.* pancada violenta.
switch, *s.* chibata; desvio; interruptor.
switch (to), *v. tr.* mudar; transferir; **switch on:** ligar; **switch off:** desligar.
swollen, 1. *p.p.* de **to swell; 2.** *adj.* inchado.
swoop (to), *v. tr. e intr.* colher; agarrar.
sword, *s.* espada.
swordfish, *s.* peixe-espada.

swordsman, s. esgrimista.
syllable, s. sílaba.
syllable (to), v. tr. exprimir por sílabas; articular.
syllabus, s. resumo; sumário; programa.
symbol, s. símbolo.
symbolic, adj. simbólico.
symbolism, s. simbolismo.
symmetrical, adj. simétrico.
sympathetic, adj. complacente; compreensivo; simpático.
sympathize (to), v. intr. compadecer-se; condoer-se; apresentar pêsames.

sympathy, s. simpatia; pêsames.
symphonic, adj. sinfónico.
symphony, s. sinfonia.
symptom, s. sintoma.
synchronize (to), v. tr. sincronizar.
syncope, s. síncope.
syndicate, s. associação.
syndrome, s. síndroma.
synonymous, adj. sinónimo.
synopsis, s. sinopse.
syntax, s. sintaxe.
synthetic, adj. sintético.
system, s. sistema.
systematic, adj. sistemático.

T

T, t, s. vigésima letra do alfabeto.
tab, s. projecção; apêndice; aba.
tabernacle, s. tabernáculo.
table, s. mesa; banca; tábua; lâmina; chapa; quadrado; painel; tabuleiro.
table (to), v. tr. mostrar; exibir; pôr à mesa.
tablecloth, s. toalha de mesa.
tablespoon, s. colher de sopa.
tabloid, s. tablóide.
taboo, s. tabu.
tabular, adj. tabular.
tabulate (to), v. tr. dispor em quadros; aplicar; alisar.
tabulation, s. disposição em quadros; classificação.
tacit, adj. tácito.
taciturn, adj. taciturno; reservado.
tack, s. tacha; preguinho.
tackle (to), v. tr. lidar; resolver; confrontar.
tacky, adj. viscoso; esfarrapado.
tact, s. tacto; discernimento.
tactic, adj. táctico.

tactical, adj. táctico; estratégico.
tactile, adj. táctil; palpável.
tactless, adj. falto de tacto; disparatado.
tadpole, s. girino.
taffeta, s. tafetá.
tag, s. agulheta; etiqueta; madeixa.
tag (to), v. tr. pôr etiqueta; terminar; ligar; rimar.
tail, s. cauda; rabo; rabiça; traseira (de carro); assento traseiro.
tail (to), v. tr. e intr. puxar pela cauda; prender à cauda.
tailor, s. alfaiate.
taint, s. mancha; nódoa; mácula.
taint (to), v. tr. e intr. manchar; viciar; tingir.
take, s. acção de tomar ou de pegar; pescaria; caçada.
take (to), v. tr. e intr. tomar; pegar; receber; tirar; arrebatar; agarrar; prender; comer; beber; aspirar; levar; conduzir; aceitar; adaptar; escolher; precisar; necessitar; subtrair.

takeaway, s. restaurante que vende comida pronta que os clientes comem noutro sítio.
take-in, s. decepção, fraude.
takeoff, s. descolagem (avião).
taker, s. tomador; comprador.
takeup, s. esticador.
taking, s. tomada; captura; arresto.
talc, s. talco.
tale, s. história; conto.
talent, s. talento; génio.
talented, adj. talentoso.
talisman, s. talismã.
talk, s. conversa; conversação; boato; rumor.
talk (to), v. tr. e intr. conversar; falar.
talkative, adj. palrador; falador.
talker, s. palrador; falador.
talking, s. conversação; tagarelice.
tall, adj. alto; elevado; grande; excessivo.
tallow (to), v. tr. e intr. ensebar; engordar.
Talmud, s. Talmude.
talon, s. garra; unha.
tamarind, s. tamarindo.
tamarisk, s. tamargueira.
tame, adj. manso; domesticado; dócil.
tame (to), v. tr. domesticar; amansar.
tamer, s. domesticador; domador.
tamp (to), v. tr. embuchar; carregar (tiros nas pedreiras).
tampon, s. tampão (para feridas).
tan (to), v. tr. e intr. curtir; queimar.
tandem, s. carro puxado a dois cavalos; bicicleta para dois ciclistas.
tang, s. travo; mau gosto.
tangent, s. e adj. tangente.
tangential, adj. tangencial.
tangerine, s. tangerina.
tangible, adj. tangível.
tangle, s. enredo; complicação.

tangle (to), v. tr. e intr. emaranhar; enredar.
tango, s. tango.
tank, s. tanque; cisterna; carro de assalto.
tankard, s. caneca; pichel.
tanker, s. navio-cisterna; petroleiro.
tannery, s. fábrica de curtumes.
tanner, s. curtidor.
tannic, adj. tânico.
tannin, s. tanino.
tantamount, adj. equivalente.
tap, s. pancada ligeira; punção; torneira.
tap (to), v. tr. e intr. abrir um tonel; fazer espichar; subtrair.
tape, s. fita; nastro; liga.
tape (to), v. tr. guarnecer com fita; gravar.
taper, s. vela pequena; círio.
tape-recorder, s. gravador.
tapestry, s. tapeçaria.
tapeworm, s. ténia; solitária.
tapioca, s. tapioca.
tapir, s. tapir.
tar, s. alcatrão.
tar (to), v. tr. alcatroar.
tarantula, s. tarântula.
tardy, adj. vagaroso; moroso.
tariff, s. tarifa.
tarnish, s. mancha; nódoa; desdouro.
tarnish (to), v. tr. e intr. embaciar; manchar; deslustrar.
tart, 1. s. torta; 2. adj. ácido; azedo.
tartar, s. e adj. tártaro.
task, s. tarefa, empreitada.
taste, s. gosto; sabor; paladar.
taste (to), v. tr. e intr. provar; saborear; saber a.
tasteful, adj. saboroso; gostoso.
tasteless, adj. sem gosto; insípido.
taster, s. provador.
tasty, adj. gostoso; saboroso.
tatter (to), v. tr. e intr. esfarrapar.
tattle, s. tagarelice; palrice.

taunt, s. mofa; escárnio.

taunt (to), v. tr. escarnecer; zombar.

taut, adj. entesado; esticado.

tautological, adj. tautológico.

tautology, s. tautologia.

tavern, s. taberna; estalagem.

tawdry, adj. espalhafatoso; vistoso.

tawny, adj. fulvo; trigueiro.

tax, s. imposto; taxa.

tax (to), v. tr. taxar.

taxable, adj. sujeito a imposto.

tax-free, adj. livre de imposto.

taxi, s. táxi; automóvel de praça.

taxicab, s. automóvel ou carro com taxímetro.

taxonomy, s. taxonomia.

tea, s. chá.

teach (to), v. tr. e intr. ensinar; mostrar; indicar.

teachable, adj. que pode aprender; dócil.

teacher, s. professor; mestre; instrutor.

teaching, s. ensino; instrução.

teacup, s. chávena de chá.

team, s. parelha; junta; equipa.

team (to), v. tr. juntar; jungir.

teapot, s. bule.

tear, s. lágrima; choro; gota; rasgão; rotura.

tear (to), v. tr. rasgar; dilacerar; despedaçar.

tearful, adj. choroso; lacrimoso.

tearing, s. dilaceração.

tease, s. arrelia; enfado.

tease (to), v. tr. ralar; afligir; (fam.) entrar com.

teasel, s. cardo.

teasing, adj. importuno; arreliador.

teaspoon, s. colher de chá.

teat, s. teta; úbere.

technical, adj. técnico.

technique, s. técnica; execução.

technological, adj. tecnológico.

technology, s. tecnologia.

tedious, adj. fastidioso; aborrecido.

tedium, s. tédio; aborrecimento.

teem (to), v. tr. e intr. produzir; conceber; abundar.

teenager, s. adolescente.

teens, s. pl. os numerais terminados em teen; idade dos 13 aos 19 anos.

teeny, adj. muito pequeno; impertinente.

teeth, pl. de **tooth.**

teething, s. dentição.

teetotaller, s. o que se abstém de bebidas alcoólicas.

telecommunications, s. pl. telecomunicações.

telegram, s. telegrama.

telegraph, s. telégrafo.

telegraph (to), v. tr. e intr. telegrafar.

telegraphic, adj. telegráfico.

telepathic, adj. telepático.

telepathy, s. telepatia.

telephone, s. telefone.

telephone (to), v. tr. e intr. telefonar.

telephonist, s. telefonista.

telescope, s. telescópio.

telescopic, adj. telescópico.

television, s. televisão.

tell (to), v. tr. dizer; referir; contar; informar; avisar; revelar; distinguir.

teller, s. narrador; relator.

telling, s. narração.

telltale, s. intriguista.

temerity, s. temeridade.

temper, s. temperamento; índole.

temper (to), v. tr. temperar; acomodar.

temperament, s. temperamento; compleição.

temperance, s. temperança.

temperate, adj. moderado; temperado.

temperature, *s.* temperatura; disposição.

tempest, *s.* tempestade; tormenta.

tempestuous, *adj.* tempestuoso.

temple, *s.* templo; igreja.

temporal, *adj.* temporal; secular.

temporary, *adj.* temporário; provisório.

temporize (to), *v. tr.* e *intr.* temporizar; transigir.

tempt (to), *v. tr.* tentar; experimentar.

temptation, *s.* tentação.

tempting, 1. *adj.* tentador; sedutor; **2.** *s.* tentação.

ten, *s.*, *adj.* e *num.* dez.

tenacious, *adj.* tenaz; persistente.

tenacity, *s.* tenacidade.

tenancy, *s.* locação; arrendamento.

tenant, *s.* inquilino; locatário.

tench, *s.* tenca.

tend (to), *v. tr.* e *intr.* cuidar; tender; guardar; velar; vigiar.

tendency, *s.* tendência; propensão.

tender, 1. *s.* oferta; oferecimento; vigia; **2.** *adj.* tenro; delicado; terno.

tender (to), *v. tr.* e *intr.* oferecer.

tenderly, *adv.* ternamente.

tenderness, *s.* ternura; brandura.

tendon, *s.* tendão.

tenebrous, *adj.* tenebroso.

tenement, *s.* habitação; morada.

tenner, *s.* nota de 10 libras.

tennis, *s.* ténis.

tenor, *s.* tenor.

tense, 1. *s.* tempo; **2.** *adj.* tenso; esticado.

tension, *s.* tensão; retesamento.

tent, *s.* tenda; barraca.

tentacle, *s.* tentáculo.

tentative, *s.* tentativa; ensaio.

tenth, 1. *adj.* e *num.* décimo; **2.** *s.* a décima parte.

tenuous, *adj.* ténue; delgado; fino.

tepid, *adj.* tépido; morno.

tercentenary, *s.* tricentenário.

term, *s.* termo; limite; fim; prazo período lectivo.

term (to), *v. tr.* chamar; nomear.

terminal, *adj.* e *s.* terminal.

terminate (to), *v. tr.* e *intr.* terminar; concluir.

terminology, *s.* terminologia.

terminus, *s.* término; termo.

termite, *s.* térmite; formiga-branca.

terrace, *s.* terraço; eirado.

terrain, *s.* terreno.

terrestrial, *adj.* terrestre; mundano.

terrible, *adj.* terrível; pavoroso.

terrific, *adj.* terrífico; espantoso.

terrify (to), *v. tr.* terrificar.

terrifying, *adj.* espantoso.

territorial, *s.* e *adj.* territorial.

territory, *s.* território.

terror, *s.* terror; pavor.

terrorism, *s.* terrorismo.

terrorist, *s.* terrorista.

terrorize (to), *v. tr.* aterrorizar.

test, *s.* prova; ensaio; teste.

test (to), *v. tr.* e *intr.* provar; testar; examinar; ensaiar.

testament, *s.* testamento.

testicle, *s.* testículo.

testify (to), *v. tr.* testemunhar; atestar.

testimonial, *s.* certidão; testemunho.

testimony, *s.* testemunho; prova.

testing, *s.* teste; prova; ensaio.

testy, *adj.* teimoso; obstinado; irascível.

tetanus, *s.* tétano.

tether, *s.* peia; trava; sujeição; corda.

text, *s.* texto.

textbook, *s.* livro escolar.

textile, *adj.* têxtil.

textual, *adj.* textual.

textually, *adv.* textualmente.

texture, *s.* textura; tecido.

than, *conj.* que; do que.

thank, *s.* agradecimento.

thank (to), v. tr. agradecer.
thankful, adj. grato; agradecido.
thankless, adj. ingrato.
thankworthy, adj. que merece agradecimento.
that, 1. adj. e pron. dem. esse, essa; aquele, aquela; isso; aquilo; pl. those; **2.** pron. rel. que, quem; o qual, a qual, os quais, as quais; o que (depois de all); **3.** conj. que; para que; de modo que; a fim de que.
thatch, s. cobertura de colmo.
thatch (to), v. tr. cobrir com colmo.
thatching, s. cobertura de colmo, palha, etc.
thaw (to), v. tr. e intr. derreter.
the, art. def. o, a, os, as.
theatre, s. teatro.
theatrical, adj. teatral.
theft, s. roubo; furto.
their, adj. poss. seu, sua, seus, suas (deles ou delas).
theirs, pron. poss. o seu, a sua, os seus, as suas (deles ou delas).
them, pron. pess. 3.ª pessoa pl. os, as, eles, elas, lhes.
theme, s. tema, assunto.
themselves, pron. refl. 3.ª pessoa pl. eles mesmos, elas mesmas; se; a si mesmos.
then, 1. adv. então; naquele tempo; depois; em seguida; **2.** conj. por isso.
thence, adv. dali; daquele lugar; daí; por isso.
thenceforth, adv. desde então.
theocracy, s. teocracia.
theologian, s. teólogo.
theology, s. teologia.
theorem, s. teorema.
theoretical, adj. teórico.
theory, s. teoria.
therapeutic, adj. terapêutico.
therapist, s. terapeuta.
there, adv. ali; lá; acolá.

thereabout(s), adv. por aí; por ali.
thereafter, adv. depois disso; subsequentemente.
thereby, adv. por aí; por esse meio; com isso; com aquilo.
therefore, adv. e conj. por conseguinte; portanto; por esta razão.
therein, adv. ali; lá; dentro; nisto; nisso.
thereof, adv. disto; disso; daquilo.
thereupon, adv. nisto; nisso; naquilo; por causa disso.
thermal, adj. termal.
thermometer, s. termómetro.
thesaurus, s. léxico.
thesis, s. tese; dissertação.
they, pron. pess. 3.ª pessoa pl. eles, elas.
thick, adj. espesso; denso; turvo; grosso; cerrado; frequente; compacto.
thicken (to), v. tr. e intr. engrossar; condensar; espessar.
thicket, s. mata; bosque cerrado.
thickness, s. espessura; grossura.
thief, s. ladrão; ladra; gatuno.
thieve (to), v. intr. roubar; furtar.
thigh, s. coxa.
thimble, s. dedal.
thin, adj. delgado; ralo; fino; franzino.
thin (to), v. tr. adelgaçar; atenuar; aclarar.
thing, s. coisa; objecto; negócio; acção.
think (to), v. tr. e intr. pensar; julgar; crer; imaginar; supor.
thinker, s. pensador.
thinking, s. pensamento; meditação.
third, 1. adj. e num. terceiro; **2.** s. a terça parte.
thirst, s. sede.
thirteen, num. e s. treze.
thirteenth, 1. adj. e num. décimo terceiro; **2.** s. a décima terceira parte.

thirtieth, 1. *adj.* e *num.* trigésimo; 2. *s.* a trigésima parte.

thirty, *num.* e *s.* trinta.

this, *adj.* e *pron. dem.* este, esta; isto.

thistle, *s.* cardo.

thong, *s.* correia; tira.

thoracic, *adj.* torácico.

thorax, *s.* tórax; peito.

thorn, *s.* espinho; pico.

thorny, *adj.* espinhoso; penoso; incómodo.

thorough, *adj.* inteiro; completo.

thoroughfare, *s.* via pública; passagem.

thoroughgoing, *adj.* completo.

thoroughly, *adv.* inteiramente.

those, *adj.* e *pron. dem. pl.* de **that;** esses, essas; aqueles, aquelas.

though, *conj.* não obstante; contudo; ainda que.

thoughtful, *adj.* pensativo; meditativo.

thoughtless, *adj.* irreflectido; descuidado.

thousand, 1. *adj.* e *num.* mil; 2. *s.* milhar.

thrall, *s.* escravo; servo.

thrash (to), *v. tr.* e *intr.* malhar; debulhar; bater; sovar.

thread, *s.* fio; linha; fibra.

thread (to), *v. tr.* enfiar.

threat, *s.* ameaça.

threaten (to), *v. tr.* e *intr.* ameaçar.

threatening, 1. *adj.* ameaçador; 2. *s.* ameaça.

three, *num.* e *s.* três.

threshing-floor, *s.* eira.

threshold, *s.* limiar; soleira.

thrice, *adv.* três vezes.

thrift, *s.* economia; sobriedade.

thrifty, *adj.* económico; sóbrio.

thrill, *s.* estremecimento; emoção.

thrilling, 1. *v. tr.* fazer estremecer; abanar; 2. *adj.* comovedor; terno.

thrive (to), *v. intr.* prosperar; medrar.

thriving, *adj.* próspero; florescente.

throat, *s.* garganta; goela.

throaty, *adj.* gutural.

throb, *s.* pulsação; latejo.

throb (to), *v. intr.* pulsar; palpitar.

throe, *s.* agonia; dor.

throne, *s.* trono.

throng, *s.* multidão; tropel.

throng (to), *v. tr.* e *intr.* amontoar; apinhar; apinhar-se.

through, *prep.* e *adv.* através de; por entre; por causa de; devido a; mediante.

throughout, *prep.* e *adv.* através; completamente; em toda a parte.

throw, *s.* lançamento; arremesso; tiro.

throw (to), *v. tr.* e *intr.* (*pret.* **threw,** *p.p.* **thrown**), atirar; arremessar.

thrum (to), *v. tr.* tamborilar.

thrust, *s.* empurrão; impulso.

thrust (to), *v. tr.* (*pret.* e *p.p.* **thrust**), empurrar; impelir; apertar; comprimir; furar, ferir.

thud, *s.* baque; ruído surdo.

thud (to), *v. intr.* baquear.

thug, *s.* rufião; assassino.

thumb, *s.* dedo polegar.

thump, *s.* murro; soco.

thump (to), *v. tr.* e *intr.* espancar.

thumping, *adj.* que bate; muito grande.

thunder, *s.* trovão; trovoada; raio.

thunder (to), *v. tr.* e *intr.* trovejar; ribombar.

thundering, 1. *s.* trovão; trovoada; 2. *adj.* trovejante.

thunderous, *adj.* fulminante; terrível.

thunderstruck, *adj.* fulminado; assombrado.

Thursday, *s.* quinta-feira.

thus, *adv.* assim; desta maneira.

thwart, 1. adj. atravessado; transversal; **2.** adv. transversalmente; **3.** prep. através de.

tiara, s. tiara.

tibia, s. tíbia.

tick, s. tiquetaque; toque leve.

tick (to), v. intr. fazer tiquetaque; roçar.

ticket, s. bilhete; passe; cédula.

tickle, s. cócegas.

tickle (to), v. tr. e intr. fazer cócegas a.

ticklish, adj. que tem cócegas; caprichoso.

tick-tack, s. tiquetaque.

tide, s. maré; curso; corrente; marcha; ocasião.

tidings, s. pl. notícias; novas.

tidy, adj. asseado; limpo.

tidy (to), v. tr. assear; limpar.

tie, s. laço; ligadura; gravata.

tie (to), v. tr. e intr. amarrar; atar; ligar.

tiff, s. trago; gole.

tiger, s. tigre.

tight, adj. apertado; firme; teso; fechado; cerrado; avarento.

tighten (to), v. tr. e intr. apertar; estreitar.

tigress, s. tigre-fêmea.

tilde, s. til (sinal ortográfico).

tile, s. azulejo; telha.

tile (to), v. tr. telhar; cobrir com telha.

till, 1. prep. até; **2.** conj. até que.

till (to), v. tr. cultivar; lavrar.

tiller, s. lavrador.

tilt, s. torneio; justa; tenda; barraca; inclinação; encosta.

tilt (to), v. tr. e intr. inclinar; pender; cobrir com toldo.

timber, s. madeira; vigamento.

timbered, adj. com madeira; arborizado.

timbre, s. timbre.

time, s. tempo; época; horas; espaço de tempo; vez; oportunidade; compasso; intervalo.

time (to), v. tr. cronometrar; fazer uma coisa a tempo.

time-bomb, s. bomba-relógio.

timekeeper, s. cronómetro.

timeless, adj. eterno.

timely, adj. oportuno; a propósito.

timetable, s. horário; programa.

timid, adj. tímido; medroso.

timing, s. momento certo.

timorous, adj. tímido; medroso.

tin, s. estanho; lata.

tin (to), v. tr. enlatar.

tincture, s. tintura; coloração; essência.

tinder, s. mecha.

tinfoil, s. folha de estanho.

ting, s. tinido.

ting (to), v. tr. e intr. tinir; tilintar.

tinge, s. sabor; cor; matiz.

tinge (to), v. tr. tingir.

tingle, s. zunido.

tingle (to), v. intr. zunir; zumbir.

tinker, s. caldeireiro; latoeiro.

tinkle (to), 1. v. intr. zunir (aos ouvidos); tinir; **2.** v. tr. fazer tinir.

tinned, adj. metido em latas de conserva.

tinny, adj. de estanho.

tinsel, s. lentejoula; ouropel.

tint, s. tinta; cor.

tint (to), v. tr. tingir.

tiny, adj. delgado; muito pequeno.

tip, s. ponta; ponteira; gorjeta.

tip (to), v. tr. pôr uma ponteira em; bater levemente em; dar gorjeta.

tipple, s. bebida alcoólica.

tippler, s. bebedor.

tipsy, adj. ébrio.

tiptoe, s. ponta dos pés.

tiptoe (to), v. intr. andar na ponta dos pés.

tiptop, 1. s. o mais alto grau; auge; **2.** adj. excelente.

tirade, s. discurso comprido; diatribe.

tire, s. adorno; pneu.

tire (to), v. tr. e intr. cansar; fatigar; aborrecer; ataviar.

tired, adj. fatigado; cansado.

tireless, adj. incansável; infatigável.

tiresome, adj. enfadonho; incómodo; penoso.

tiring, adj. enfadonho; fatigante.

tissue, s. tecido; encadeamento.

tit, s. chapim.

titanic, adj. gigantesco; titânico.

titbit, s. escândalo; gulodice.

tithe, s. dízimo; décima.

titillate (to), v. tr. titilar; fazer cócegas.

title, s. título; epígrafe.

title (to), v. tr. intitular; dar um título a.

titled, adj. intitulado; titular.

titular, adj. e s. titular.

to, prep. a; para; em; até; para com; segundo; em comparação com.

toad, s. sapo.

toady, adj. adulador; servil.

toast, s. torrada; brinde.

toast (to), v. tr. e intr. torrar; tostar; beber à saúde de alguém.

toaster, s. torradeira.

tobacco, s. tabaco; fumo.

tobacconist, s. fabricante ou negociante de tabaco.

toboggan, s. tobogã.

today, adv. e s. hoje; o dia de hoje.

toddle (to), v. intr. vacilar; titubear.

toddler, s. criança que começa a andar.

toe, s. dedo do pé.

toga, s. toga.

together, adv. juntamente; simultaneamente.

toil, s. fadiga; rede; cilada; armadilha.

toil (to), v. intr. afadigar-se; atarefar-se.

toilet, s. toucador; casa de banho.

token, s. sinal; marca; indício; testemunho.

tole (to), v. tr. atrair.

tolerable, adj. tolerável; suportável.

tolerance, s. tolerância; indulgência.

tolerant, adj. tolerante; indulgente.

tolerate (to), v. tr. tolerar; suportar.

toll (to), v. tr. e intr. pagar ou cobrar direitos de portagem; tocar a finados.

tomato, s. tomate.

tomb, s. sepultura; túmulo.

tombola, s. tômbola.

tomboy, s. rapariga atrevida e desembaraçada.

tombstone, s. pedra tumular.

tomcat, s. gato.

tome, s. tomo; volume.

tomorrow, 1. adv. amanhã; 2. s. o dia de amanhã.

ton, s. tonelada.

tonality, s. tonalidade.

tone, s. tom; som; toada; metal de voz; timbre; acento; inflexão.

tone (to), v. tr. e intr. afinar; entoar; dar o tom.

tongs, s. pl. tenazes.

tongue, s. língua; idioma.

tonic, s. e adj. tónico.

tonight, adv. e s. hoje à noite; esta noite.

tonnage, s. tonelagem.

tonsure, s. tonsura; coroa.

too, 1. adv. muito; demasiadamente; excessivamente; 2. conj. também.

tool, s. ferramenta; instrumento.

toot, s. toque (de trompa de caça, de cláxon, etc.).

tooth, s. dente.

toothache, s. dor de dentes.

toothbrush, s. escova dos dentes.

toothless, adj. desdentado.

toothpaste, s. pasta dos dentes.

toothpick, s. palito.

top, s. cume; alto; cimo; copa (de árvore); remate; peão; cabeceira (de mesa); último grau; chefe; cabeça; pessoa principal; pião.

top (to), v. tr. coroar; encimar; cobrir; sobrepor; rematar.

topaz, s. topázio.

topic, s. tópico; tema; assunto.

topical, adj. tópico.

topmost, adj. superior; o mais alto.

topographic, adj. topográfico.

topography, s. topografia.

topping, 1. s. ponta; extremidade; **2.** adj. elevado; altaneiro.

topple (to), v. tr. e intr. fazer cair; derrubar; cair.

torch, s. archote; tocha.

torment, s. angústia; tormento; dor.

torment (to), v. tr. atormentar; afligir.

tornado, s. tornado; furacão.

torpedo, s. torpedo.

torpidity, s. torpor; entorpecimento.

torrent, s. torrente; corrente.

torrential, adj. torrencial; impetuoso.

torrid, adj. tórrido.

torsion, s. torção.

torso, s. torso.

tort, s. dano; prejuízo.

tortoise, s. tartaruga.

tortuous, adj. tortuoso; sinuoso.

torture, s. tortura; tormento.

torture (to), v. tr. torturar; atormentar.

torturer, s. atormentador.

Tory, s. membro ou apoiante do Partido Conservador.

toss, s. arremesso; sacudidela.

toss (to), v. tr. atirar; arremessar.

tot (to), v. tr. e intr. somar.

total, 1. s. total; soma; **2.** adj. total; completo.

total (to), v. tr. somar; totalizar.

totality, s. totalidade; total.

totally, adv. totalmente.

totter (to), v. intr. cambalear; vacilar.

touch, s. tacto; apalpadela.

touch (to), v. tr. e intr. tocar; apalpar; mexer em; chegar a.

touching, 1. adj. tocante; comovedor; **2.** s. contacto.

touchstone, s. pedra de toque; exame; critério.

touchy, adj. irritável; irascível.

tough, adj. duro; rijo; tenaz.

toughen (to), v. tr. e intr. tornar ou tornar-se duro; enrijecer.

tour, s. volta; giro; viagem.

tour (to), v. tr. viajar; dar um passeio.

tourism, s. turismo.

tourist, s. turista; viajante.

tournament, s. justa; torneio; competição.

tousled, adj. despenteado; desgrenhado.

tout (to), v. tr. e intr. angariar; aliciar.

tow, s. estopa; reboque.

tow (to), v. tr. rebocar.

toward(s), prep. para; em direcção a; para com; com respeito a.

towel, s. toalha.

tower, s. torre; fortaleza, cidadela.

tower (to), v. intr. elevar-se; dominar.

towering, adj. elevado; alto.

town, s. cidade; vila; **town council:** assembleia municipal; **town hall:** edifício da câmara municipal.

toxical, adj. venenoso; tóxico.

toy, s. brinquedo.

toy (to), v. intr. brincar; divertir-se.

trace, s. sinal; vestígio; pista.

trace (to), v. tr. e intr. traçar; seguir a pista.

tracing, *s.* decalque; traçado; desenho.

track, *s.* vestígio; pegada; rasto, trilho, pista.

track (to), *v. tr.* e *intr.* seguir a pista de.

tract, *s.* extensão; região; curso.

tractable, *adj.* tratável, dócil.

traction, *s.* tensão; tracção.

trade, *s.* comércio; negócio; arte; ofício; emprego; ocupação; indústria.

trade (to), *v. tr.* e *intr.* negociar; comerciar.

trademark, *s.* marca comercial.

trader, *s.* negociante; comerciante.

tradesman, *s.* lojista; comerciante.

trade union, *s.* sindicato; associação de trabalhadores.

trading, 1. *s.* comércio; negócio; 2. *adj.* comercial.

tradition, *s.* tradição.

traditional, *adj.* tradicional.

traduce (to), *v. tr.* caluniar; difamar; criticar; censurar.

traffic, *s.* tráfico; comércio; trânsito.

traffic (to), *v. intr.* comerciar; negociar.

trafficker, *s.* comerciante.

tragedy, *s.* tragédia.

tragic, *adj.* trágico.

tragicomedy, *s.* tragicomédia.

tragicomic, *adj.* tragicómico.

trail, *s.* rasto; pista; pegada.

trail (to), *v. tr.* e *intr.* seguir a pista de; rastejar.

trailer, *s.* atrelado.

train, *s.* comboio; cauda; séquito.

train (to), *v. tr.* arrastar; amestrar; instruir.

trainer, *s.* o que arrasta; domesticador; treinador.

training, *s.* treino; instrução.

trait, *s.* traço; característica.

traitor, *s.* traidor.

trajectory, *s.* trajectória.

tram, *s.* carro eléctrico.

tramp, *s.* vagabundo; pedinte.

trample (to), *v. tr.* pisar aos pés; calcar.

tranquillity, *s.* tranquilidade; calma

tranquillize (to), *v. tr.* tranquilizar

transact (to), *v. tr.* e *intr.* transaccionar.

transaction, *s.* transacção; negociação.

transcend (to), *v. tr.* e *intr.* transcender; exceder.

transcendent, *adj.* transcendente

transcendental, *adj.* transcendente; transcendental.

transcribe (to), *v. tr.* transcrever copiar.

transcript, *s.* traslado; cópia.

transcription, *s.* transcrição.

transept, *s.* transepto.

transfer, *s.* transferência.

transferable, *adj.* transferível.

transference, *s.* transferência.

transfigure (to), *v. tr.* transfigurar.

transfix (to), *v. tr.* trespassar.

transform (to), *v. tr.* transformar.

transformer, *s.* transformador.

transfusion, *s.* transfusão.

transgress (to), *v. tr.* transgredir violar.

transient, *adj.* passageiro; transitório.

transit, *s.* trânsito; passagem.

transition, *s.* transição; passagem.

transitive, *adj.* transitivo.

transitory, *adj.* transitório, passageiro.

translate (to), *v. tr.* traduzir; explicar.

translation, *s.* tradução; transferência.

translator, *s.* tradutor.

translucent, *adj.* translúcido; diáfano.

transmission, *s.* transmissão.

transmit (to), v. tr. transmitir; enviar.

transmitter, s. transmissor.

transmuter, s. transmutador.

transparent, adj. transparente.

transpire (to), v. tr. e intr. transpirar; exalar.

transplant (to), v. tr. transplantar.

transport, s. transporte; entusiasmo.

transport (to), v. tr. transportar.

transportation, s. transportação; transporte.

transporter, s. transportador.

transpose (to), v. tr. transpor.

transposition, s. transposição.

transverse, adj. transversal.

trap, s. armadilha; laço.

trap (to), v. tr. e intr. apanhar no laço.

trapeze, s. trapézio.

trapper, s. o que apanha no laço.

trappings, s. pl. arreios; enfeites.

trash, s. refugo; rebotalho.

trashy, adj. vil; desprezível.

traumatic, adj. e s. traumático.

travel, s. viagem; jornada; **travel agency:** agência de viagens.

travel (to), v. intr. viajar.

traveller, s. viajante.

travelling, 1. s. viagem; **2.** adj. que viaja.

traverse (to), v. tr. e intr. atravessar; cruzar.

travesty, s. paródia.

trawler, s. barco de arrasto; traineira.

tray, s. tabuleiro; bandeja; selha.

treacherous, adj. traidor; desleal.

treachery, s. traição; perfídia.

tread, s. andadura; passo.

tread (to), v. tr. e intr. andar; caminhar; pôr o pé no chão; passar por cima.

treadle, s. pedal.

treason, s. traição; deslealdade; perfídia.

treasure, s. tesouro; riquezas.

treasure (to), v. tr. entesourar.

treasurer, s. tesoureiro.

treasury, s. tesouraria; erário.

treat, s. festim; prazer; regalo.

treat (to), v. tr. e intr. tratar; negociar; obsequiar; festejar.

treatise, s. dissertação; tratado.

treatment, s. tratamento; trato.

treaty, s. negociação; tratado.

tree, s. árvore.

trefoil, s. trevo.

tremble (to), v. intr. tremer; vacilar.

tremendous, adj. tremendo; formidável.

tremor, s. tremor; agitação.

tremulous, adj. trémulo; tremente.

trench, s. trincheira; fosso.

trenchant, adj. cortante; agudo; severo.

trend, s. inclinação; tendência.

trend (to), v. intr. tender; dirigir-se a.

trepidation, s. trepidação.

trespass, s. infracção; violação.

trespass (to), v. intr. infringir; ofender.

trespasser, s. transgressor; ofensor.

tress, s. trança; madeixa.

trial, s. ensaio; prova; julgamento; experiência; exame judicial.

triangle, s. triângulo.

triangular, adj. triangular.

tribal, adj. tribal.

tribe, s. tribo; raça; família.

tribesman, s. membro de uma tribo.

tribulation, s. tribulação.

tribunal, s. tribunal.

tributary, s. e adj. tributário.

tribute, s. tributo; contribuição.

trice, s. instante; momento.

trick, s. truque; engano; fraude.

trick (to), v. tr. e intr. enganar; iludir; pregar partidas.

trickery, s. velhacaria; impostura.

trickle, s. gota; pingo; fio de água.

trickle (to), v. tr. e intr. gotejar; pingar.

trickster, s. velhaco; impostor.

tricky, adj. difícil; complicado.

tricolour, s. bandeira tricolor.

tricycle, s. triciclo.

trier, s. ensaiador; julgador.

trifle, s. ninharia; frivolidade.

trifling, 1. adj. frívolo; **2.** s. ninharia; frivolidade.

trigonometry, s. trigonometria.

trill, s. trilo; trinado.

trill (to), v. tr. e intr. trinar; gorjear; fazer trinados.

trillion, s. trilião.

trilogy, s. trilogia.

trim, 1. s. ornato; enfeite; trajo; **2.** adj. elegante.

trim (to), v. tr. preparar; arranjar; aparelhar; adaptar; enfeitar.

trimming, s. enfeite; adorno.

trinity, s. trindade.

trinket, s. berloque; ninharia.

trio, s. trio; terceto.

trip, s. excursão.

trip (to), v. tr. e intr. fazer cair; fazer tropeçar; obstruir.

tripartite, adj. tripartido.

tripe, s. tripa (de boi, etc.) para alimentos.

triple, adj. triplo; tríplice; **triple jump:** triplo salto.

triplicate, adj. triplicado.

tripod, s. trípode; tripeça; tripé.

tripper, s. turista; excursionista.

triptych, s. tríptico.

trite, adj. trivial; vulgar.

triumph, s. triunfo.

triumph (to), v. intr. triunfar; vencer.

triumphal, adj. triunfal.

triumphant, adj. triunfante; vitorioso.

triumvirate, s. triunvirato.

trivial, adj. trivial; vulgar.

triviality, s. trivialidade.

trivialize (to), v. tr. tornar trivial.

trolley, s. trólei.

trollop, s. mulher pouco recatada.

trombone, s. trombone.

troop, s. rancho; bando; companhia; pl. tropas.

troop (to), v. intr. reunir-se em bandos; marchar.

trooper, s. soldado de cavalaria.

trophy, s. troféu.

tropic, 1. s. trópico; **2.** adj. tropical.

tropical, adj. tropical.

trot, s. trote.

trot (to), v. tr. e intr. fazer trotar; trotar.

troubadour, s. trovador.

trouble, s. perturbação; confusão; incómodo.

trouble (to), v. tr. e intr. perturbar; incomodar; importunar; afligir; causticar.

troublemaker, s. agitador; perturbador.

troublesome, adj. penoso; enfadonho.

trough, s. selha; pia; tina.

trounce (to), v. tr. castigar; denunciar.

troupe, s. companhia teatral.

trousers, s. pl. calças.

trousseau, s. enxoval de noiva.

trout, s. truta.

trowel, s. colher de trolha.

truancy, s. vagabundagem; vadiagem.

truant, s. mandrião; madraço; vadio.

truce, s. armistício; tréguas.

truck, s. troca; permuta; camião; camioneta de carga.

truck (to), v. tr. e intr. trocar; permutar; transportar de camião.

trucker, s. condutor de camião.

truckle (to), v. intr. ceder; sujeitar-se.

truculence, s. truculência.

truculent, *adj.* cruel; truculento.
trudge (to), *v. intr.* andar a custo; afadigar-se.
true, *adj.* verdadeiro; genuíno; perfeito.
truly, *adv.* verdadeiro; de boa fé.
trump, *s.* trombeta; clarim; trunfo.
trump (to), *v. tr.* trunfar; jogar trunfo.
trumpet, *s.* trombeta.
trumpet (to), *v. tr.* proclamar.
trumpeter, *s.* trombeteiro; pregoeiro.
truncate (to), *v. tr.* truncar; mutilar.
trunk, *s.* tronco; baú; cofre; caixão; mala grande.
truss, *s.* armação para suporte (de tecto, ponte, etc.); feixe; trouxa, fardo.
truss (to), *v. tr.* enfardar; entrouxar.
trust, *s.* confiança.
trust (to), *v. tr. e intr.* confiar; ter confiança em; esperar.
trustee, *s.* depositário; guarda.
trustful, *adj.* confiado.
trusting, 1. *s.* confiança; **2.** *adj.* confiado.
trustworthy, *adj.* merecedor de confiança.
trusty, *adj.* fiel; constante; firme.
truth, *s.* verdade; realidade.
truthful, *adj.* verdadeiro; verídico.
try, *s.* prova; ensaio.
try (to), *v. tr. e intr.* experimentar; ensaiar; provar.
trying, *adj.* experimental; de ensaio; penoso.
tub, *s.* tina; cuba; selha.
tuba, *s.* tuba.
tubby, *adj.* gordo; corpulento.
tube, *s.* tubo; cano; metropolitano de Londres.
tubeless, *adj.* sem câmara de ar.
tubercular, *adj.* tubercular.
tuberculosis, *s.* tuberculose.

tubing, *s.* tubos; canos.
tubular, *adj.* tubular.
tuck, *s.* prega; *(cal.)* comida.
tuck (to), *v. tr.* arregaçar; dobrar; fazer pregas em.
Tuesday, *s.* terça-feira.
tuft, *s.* penacho.
tug (to), *v. tr. e intr.* puxar com força; arrastar; rebocar.
tug, *s.* rebocador.
tuition, *s.* instrução; ensino.
tulip, *s.* túlipa.
tulle, *s.* tule (tecido).
tumble (to), *v. intr.* cair; tropeçar; dar um tombo; desabar.
tumbler, *s.* acrobata; copo sem pé.
tumescent, *adj.* intumescente.
tumour, *s.* tumor.
tumult, *s.* motim; tumulto; amotinação.
tumultuous, *adj.* tumultuoso; turbulento.
tun, *s.* tonel; pipa; casco.
tuna, *s.* atum.
tune, *s.* melodia; cantiga.
tune (to), *v. tr. e intr.* afinar; ajustar.
tuneful, *adj.* melodioso; afinado.
tuneless, *adj.* dissonante; desarmonioso.
tuner, *s.* afinador.
tunic, *s.* túnica; roupão.
tunnel, *s.* túnel; cano de chaminé.
turban, *s.* turbante.
turbid, *adj.* turvo; lodoso; confuso.
turbine, *s.* turbina.
turbo, *s.* turbo.
turbot, *s.* rodovalho.
turbulence, *s.* turbulência.
turbulent, *adj.* turbulento; confuso.
tureen, *s.* terrina; saladeira.
turf, *s.* turfa; gleba; torrão.
turgid, *adj.* túrgido; inchado.
Turk, *s.* turco.
turkey, *s.* peru.
Turkish, 1. *adj.* turco; **2.** *s.* a língua turca.

turmoil, s. perturbação; confusão.

turn, s. volta; giro; passeio; turno; vez; procedimento; serviço; curva; favor.

turn (to), v. tr. e intr. voltar; virar; fazer girar; mudar; alterar; tornear; fazer pender; transformar; verter; traduzir; adaptar; aproveitar.

turncoat, s. desertor; vira-casaca.

turning, s. cano; esquina; volta.

turnip, s. nabo.

turntable, s. plataforma giratória.

turpentine, s. terebintina.

turpitude, s. torpeza; vileza.

turquoise, s. turquesa.

turret, s. torreão.

turtle, s. tartaruga.

tusk, s. presa; colmilho.

tussle, s. rixa; contenda; bulha.

tussle (to), v. tr. e intr. lutar; brigar.

tussock, s. tufo (de ervas, ramos, etc.).

tut (to), v. intr. mostrar desprezo por.

tutelage, s. tutela; tutoria.

tutor, s. tutor; instrutor; orientador universitário.

tutor (to), v. tr. ensinar; instruir.

tutorial, s. seminário (aula).

tuxedo, s. fraque.

TV, s. televisão.

twaddle, s. palratório; bisbilhotice.

twain, 1. adj. dois; 2. s. um par.

twang, s. som agudo.

twang (to), v. intr. zunir; assobiar.

tweed, s. pano de duas cores; tecido de lã axadrezado.

twelfth, adj. duodécimo.

twelve, num. e adj. doze.

twentieth, num. e adj. vigésimo.

twenty, num. e adj. vinte.

twice, adv. duas vezes.

twig, s. rebento; vara; ramal; varinha mágica.

twig (to), v. tr. espreitar; observar.

twilight, s. crepúsculo; noitinha.

twin, s. e adj. gémeo.

twine, s. fio de vela; cordel.

twine (to), v. tr. e intr. torcer; retorcer.

twinge, s. dor aguda; beliscão.

twinge (to), v. tr. atormentar; afligir.

twinkle, s. cintilação; pestanejo.

twinkle (to), v. intr. cintilar; brilhar; pestanejar.

twinkling, s. momento, cintilação.

twirl, s. volta; giro; rotação.

twirl (to), v. tr. e intr. fazer girar; girar.

twist, s. trança; cordão; fio; flexão; nome de dança.

twist (to), v. tr. e intr. torcer; retorcer.

twitch, s. beliscadura.

twitch (to), v. tr. e intr. beliscar.

twitter (to), v. tr. gorjear; chilrear.

two, num. e adj. dois.

twofold, 1. adj. duplicado; 2. adv. duplamente.

tycoon, s. magnata.

type, s. tipo; símbolo.

type (to), v. tr. digitar; dactilografar.

typewriter, s. máquina de escrever.

typhoid, 1. adj. tifóide; 2. s. febre tifóide.

typhoon, s. tufão; furacão.

typical, adj. típico; normal.

typically, adv. tipicamente.

typify (to), v. tr. simbolizar.

typist, s. dactilógrafo.

typography, s. tipografia.

tyrannical, adj. tirânico; cruel.

tyrannize (to), 1. v. tr. tiranizar; 2. v. intr. proceder como um tirano.

tyranny, s. tirania; despotismo.

tyrant, s. tirano; déspota.

tyro, adj. novato; principiante.

U

U, u, s. vigésima primeira letra do alfabeto.
ubiquitous, adj. ubíquo.
ubiquity, s. ubiquidade.
ugly, adj. feio; vil; torpe.
U.K., abreviatura de *United Kingdom,* Reino Unido.
ulcer, s. ferida; úlcera.
ulcerate (to), v. tr. e intr. ulcerar.
ulterior, adj. ulterior; posterior.
ultimate, adj. último; derradeiro.
ultimatum, s. ultimato.
ultramarine, adj. ultramarino.
ultraviolet, adj. ultravioleta.
ululate (to), v. intr. ulular; uivar.
umber, adj. sombreado.
umbilical, adj. umbilical.
umbrage, s. sombra; suspeita.
umbrella, s. guarda-chuva.
umpire (to), v. tr. e intr. arbitrar.
umpire, s. árbitro.
unabashed, adj. descarado.
unable, adj. incapaz; impotente.
unabridged, adj. completo; inteiro.
unacceptable, adj. inaceitável.
unaccompanied, adj. desacompanhado; só.
unaccountable, adj. inexplicável.
unaccounted, adj. que não tem explicação.
unaccustomed, adj. não habituado.
unacknowledged, adj. não reconhecido.
unacquainted, adj. desconhecido.
unaffected, adj. franco; leal; sincero.
unafraid, adj. intimorato; sem medo.
unalloyed, adj. sem mistura; puro.

unalterable, adj. inalterável.
unaltered, adj. inalterado.
unambiguous, adj. claro, que não é ambíguo.
unanimity, s. unanimidade.
unanimous, adj. unânime.
unannounced, adj. não anunciado.
unanswerable, adj. irrespondível.
unanswered, adj. não impugnado; sem resposta.
unapproachable, adj. inacessível.
unarmed, adj. desarmado; inerme.
unashamed, adj. sem vergonha; descarado.
unasked, adj. não solicitado.
unassailable, adj. inexpugnável.
unassisted, adj. sem ajuda.
unassuming, adj. despretensioso; modesto.
unattached, adj. desligado.
unattainable, adj. inacessível.
unattended, adj. sozinho; desacompanhado.
unattractive, adj. pouco atraente.
unauthorized, adj. não autorizado.
unavailing, adj. inútil; vão.
unavoidable, adj. inevitável.
unaware, adj. desconhecedor.
unawares, adv. de improviso; de surpresa.
unbalance (to), v. tr. desequilibrar.
unbearable, adj. insuportável; intolerável.
unbecoming, adj. indecente; impróprio.
unbeknown, adj. desconhecido.
unbelief, s. descrença.
unbelievable, adj. incrível.

unbeliever, *adj.* infiel; céptico.
unbend (to), *v. tr.* e *intr.* (*pret.* e *p.p.* **unbent**), afrouxar; soltar.
unbending, *adj.* firme; intransigente.
unbent, 1. *pret.* e *p.p.* de **to unbend; 2.** *adj.* solto; frouxo.
unbiased, *adj.* imparcial.
unbidden, *adj.* espontâneo.
unbind (to), *v. tr.* desatar; desligar.
unblemished, *adj.* sem mancha; puro.
unborn, *adj.* que está por nascer; futuro.
unbound, *adj.* não encadernado; liberto.
unbounded, *adj.* sem limite; imenso.
unbridled, *adj.* licencioso; desenfreado.
unbroken, *adj.* não quebrado; ininterrupto.
unbuckle (to), *v. tr.* desafivelar.
unburden (to), *v. tr.* descarregar; aliviar.
unbutton (to), *v. tr.* desabotoar.
uncalled, *adj.* não chamado; não pedido.
uncannily, *adv.* severamente; misteriosamente.
uncared, *adj.* desamparado.
unceasing, *adj.* incessante; contínuo.
unceremonious, *adj.* familiar; descortês.
uncertain, *adj.* incerto; duvidoso.
uncertainty, *s.* incerteza; dúvida; irresolução.
unchain (to), *v. tr.* desencadear.
unchangeable, *adj.* imutável, constante.
unchanged, *adj.* inalterado.
unchanging, *adj.* imutável; inalterável.
uncharitable, *adj.* não generoso.
unchecked, *adj.* desenfreado; não verificado.

uncivil, *adj.* incivil; grosseiro.
uncivilized, *adj.* bárbaro.
unclaimed, *adj.* não reclamado.
unclasp (to), *v. tr.* desabotoar.
uncle, *s.* tio.
unclean, *adj.* sujo; porco; impuro.
unclothed, *adj.* despido; nu.
uncoil (to), *v. tr.* e *intr.* estender; desenrolar.
uncoloured, *adj.* incolor; descorado.
uncomfortable, *adj.* desconfortável.
uncommon, *adj.* incomum, extraordinário.
uncommunicative, *adj.* pouco comunicativo.
uncompromising, *adj.* irreconciliável; inflexível.
unconcern, *s.* indiferença.
unconcerned, *adj.* indiferente.
unconditional, *adj.* sem condições; incondicional.
unconfirmed, *adj.* não confirmado.
uncongenial, *adj.* incompatível.
unconnected, *adj.* separado; desconexo.
unconscionable, *adj.* injusto; excessivo.
unconscious, *adj.* inconsciente; insensível.
unconsidered, *adj.* inconsiderado.
unconstitutional, *adj.* inconstitucional.
uncontrollable, *adj.* ingovernável.
uncontrolled, *adj.* sem governo; sem direcção.
unconventional, *adj.* despreocupado.
uncooked, *adj.* não cozinhado.
uncork (to), *v. tr.* destapar; desarrolhar.
uncouth, *adj.* tosco; grosseiro.
uncover (to), *v. tr.* descobrir; destapar.
uncrowned, *adj.* não coroado.

unction, s. unção; fervor.

unctuous, adj. untuoso.

uncultivated, adj. não cultivado.

uncultured, adj. inculto.

uncut, adj. inteiro; não cortado.

undamaged, adj. ileso; indemne.

undated, adj. sem data.

undaunted, adj. corajoso; intrépido.

undecided, adj. irresoluto; indeciso.

undeniable, adj. inegável; incontestável.

under, prep. e adv. por baixo de; sob; abaixo de; inferior a; sob a protecção de; menos que.

underclothes, s. pl. roupa interior; roupa de baixo.

undercover, adj. disfarçado; secreto.

undercut (to), v. tr. cortar por baixo.

underdone, adj. mal passada (a carne).

underestimate, s. subavaliação.

underestimate (to), v. tr. subavaliar.

underfeed (to), v. tr. subalimentar.

undergarment, s. peça de roupa interior.

undergo (to), v. tr. (pret. **underwent,** p.p. **undergone**), sofrer; suportar.

undergraduate, s. estudante que ainda não recebeu o grau.

underground, s. e adj. subterrâneo.

undergrowth, s. crescimento de pequenas plantas entre outras maiores.

underhand, 1. adv. por baixo da mão; às ocultas; 2. adj. secreto; oculto.

underlie (to), v. intr. (pret. **underlay,** p.p. **underlain**), estar por baixo de.

underline, s. sublinha.

underline (to), v. tr. sublinhar.

underlying, adj. subjacente; fundamental.

undermine (to), v. tr. minar; destruir.

underneath, adv. debaixo; em baixo.

underpay, s. retribuição insuficiente.

underpants, s. pl. ceroulas.

underplay (to), v. tr. jogar ou representar mal.

underrate (to), v. tr. subavaliar.

under-secretary, s. subsecretário.

undershirt, s. camisola interior.

underside, s. lado de baixo.

understand (to), v. tr. e intr. (pret. e p.p. **understood**), entender; compreender; ter conhecimento de.

understandable, adj. compreensível.

understanding, s. entendimento; compreensão.

understudy, s. substituto.

undertake (to), v. tr. empreender; tomar a seu cargo; comprometer-se a.

undertaker, s. cangalheiro.

undertaking, s. empreendimento; empresa.

undertone, s. meia-voz.

undervalue (to), v. tr. subavaliar; subestimar.

underwear, s. roupa interior.

underworld, s. submundo.

underwrite (to), v. tr. subscrever.

undeserved, adj. imerecido.

undesirable, adj. indesejável; inconveniente.

undeveloped, adj. não desenvolvido; elementar.

undignified, adj. com falta de dignidade.

undiluted, adj. não diluído.

undisciplined, *adj.* indisciplinado.
undiscovered, *adj.* oculto; encoberto.
undisguised, *adj.* franco; sem disfarce.
undismayed, *adj.* animoso; corajoso.
undisputed, *adj.* incontestável.
undistinguished, *adj.* indistinto.
undisturbed, *adj.* impassível.
undivided, *adj.* indiviso; inteiro.
undo (to), *v. tr.* (*pret.* **undid,** *p.p.* **undone**), desfazer; desmanchar.
undoing, *s.* desmancho, desconcerto; ruína.
undone, *adj.* arruinado; perdido (pessoa).
undoubted, *adj.* indubitável; certo.
undreamed, *adj.* não sonhado.
undress (to), 1. *v. tr.* despir; desvendar; 2. *v. intr.* despir-se.
undue, *adj.* indevido; ilegal.
undulate (to), *v. tr. e intr.* ondular; ondear.
unduly, *adv.* indevidamente.
undying, *adj.* imorredouro; imortal.
unearned, *adj.* imerecido.
unearth (to), *v. tr.* desenterrar.
unearthly, *adj.* sobrenatural; espantoso; aterrador.
uneasy, *adj.* penoso; custoso; enfadonho.
uneducated, *adj.* sem educação.
unemotional, *adj.* não emotivo; calmo.
unemployed, *adj.* desempregado; desocupado.
unemployment, *s.* desemprego.
unending, *adj.* eterno; duradoiro.
unendurable, *adj.* insuportável.
unenviable, *adj.* que não é invejável.
unequal, *adj.* desigual; irregular.
unequalled, *adj.* sem igual; incomparável.

unequivocal, *adj.* inequívoco; evidente.
unerring, *adj.* infalível.
uneven, *adj.* desigual.
uneventful, *adj.* calmo; sossegado.
unexceptionable, *adj.* irrepreensível.
unexceptional, *adj.* usual; corrente.
unexpected, *adj.* inesperado; imprevisto.
unexpectedness, *s.* caso imprevisto.
unfailing, *adj.* certo; infalível.
unfair, *adj.* injusto; desleal; falso.
unfaithful, *adj.* infiel; desleal.
unfamiliar, *adj.* estranho; desconhecido.
unfashionable, *adj.* desusado; raro.
unfasten (to), *v. tr.* soltar, desligar.
unfathomable, *adj.* impenetrável.
unfavourable, *adj.* desfavorável; desvantajoso.
unfeeling, *adj.* insensível.
unfetter (to), *v. tr.* soltar; pôr em liberdade.
unfinished, *adj.* não acabado; imperfeito.
unfit, *adj.* impróprio; incapaz.
unfit (to), *v. tr.* tornar incapaz ou impróprio.
unflagging, *adj.* constante; persistente.
unflattering, *adj.* pouco lisonjeiro.
unfold (to), *v. tr. e intr.* descobrir; revelar.
unforgettable, *adj.* inesquecível.
unforgivable, *adj.* imperdoável.
unforgiving, *adj.* implacável; inexorável.
unformed, *adj.* informe.
unfortunate, *adj.* infeliz; desgraçado.
unfounded, *adj.* infundado.
unfrequented, *adj.* não frequentado; deserto.

unfriendly, *adj.* não amistoso; inimigo.

unfruitful, *adj.* estéril; infrutífero.

unfulfilled, *adj.* não executado; não cumprido.

unfurl (to), *v. tr.* e *intr.* estender; desdobrar.

unfurnished, *adj.* desguarnecido; despojado.

ungainly, *adj.* tosco; rude.

ungenerous, *adj.* mesquinho; pouco generoso.

ungodly, *adj.* ímpio; malvado.

ungovernable, *adj.* ingovernável; indócil.

ungracious, *adj.* rude.

ungrateful, *adj.* ingrato.

unguarded, *adj.* sem guarda.

unhampered, *adj.* desembaraçado.

unhappily, *adv.* infelizmente.

unhappy, *adj.* infeliz; desventurado.

unharmed, *adj.* incólume; ileso.

unhealthy, *adj.* insalubre; doente.

unheard, *adj.* não ouvido.

unheeded, *adj.* desprezado; despercebido.

unhesitating, *adj.* que não vacila; resoluto.

unholy, *adj.* ímpio; irreligioso.

unhook (to), *v. tr.* e *intr.* desenganchar; desprender-se.

unhurt, *adj.* ileso.

unicorn, *s.* unicórnio.

unification, *s.* unificação.

uniform, *s.* e *adj.* uniforme.

uniformity, *s.* uniformidade.

unify (to), *v. tr.* unificar.

unilateral, *adj.* unilateral.

unimaginable, *adj.* inconcebível.

unimaginative, *adj.* sem imaginação.

unimpaired, *adj.* intacto; ileso.

unimpeachable, *adj.* irrepreensível.

unimportant, *adj.* sem importância.

uninformed, *adj.* incauto; ignorante.

uninhabitable, *adj.* inabitável.

uninhabited, *adj.* inabitado.

uninspired, *adj.* sem inspiração.

unintelligent, *adj.* estúpido; ignorante.

unintelligible, *adj.* ininteligível.

unintentional, *adj.* não propositado.

uninterested, *adj.* desinteressado.

uninteresting, *adj.* sem interesse; insípido.

uninterrupted, *adj.* ininterrupto; contínuo.

uninvited, *adj.* não convidado.

union, *s.* união; coligação.

unionism, *s.* unionismo.

unionist, *s.* unionista.

unique, *adj.* único; sem igual.

unisex, *adj.* unissexo.

unison, 1. *adj.* uníssono; **2.** *s.* unissonância.

unit, *s.* unidade.

unite (to), *v. tr.* e *intr.* unir; ligar.

united, *adj.* unido; reunido.

unity, *s.* unidade; união.

universal, *adj.* universal.

universe, *s.* universo.

university, *s.* universidade.

unjust, *adj.* injusto.

unjustifiable, *adj.* injustificável.

unkempt, *adj.* despenteado.

unkind, *adj.* grosseiro.

unknowable, *adj.* que não pode ser conhecido.

unknowing, *adj.* ignorante.

unknown, *adj.* desconhecido; ignorado.

unlawful, *adj.* ilegal; ilícito.

unlearn (to), *v. tr.* desaprender.

unleavened, *adj.* ázimo; sem fermento.

unless, *conj.* a não ser que; a menos que.

unlike, adj. desigual; diferente.

unlikely, adj. desigual; dissemelhante.

unlimited, adj. ilimitado.

unload (to), v. tr. e intr. descarregar.

unlock (to), v. tr. abrir.

unlooked-for, adj. inesperado; imprevisto.

unloving, adj. sem ternura.

unlucky, adj. desgraçado; infeliz.

unman (to), v. tr. desanimar.

unmanageable, adj. indomável.

unmanly, adj. efeminado.

unmarked, adj. sem marca.

unmarried, adj. solteiro.

unmask (to), v. tr. e intr. desmascarar.

unmatched, adj. único; sem par.

unmentionable, adj. que não se pode mencionar.

unmerciful, adj. sem piedade; cruel.

unmistakable, adj. evidente; manifesto.

unmitigated, adj. duro.

unmolested, adj. sossegado; não molestado.

unmoved, adj. fixo; impassível.

unmusical, adj. desarmonioso.

unnamed, adj. anónimo.

unnatural, adj. contrário à natureza; anormal.

unnecessary, adj. desnecessário; escusado.

unnerve (to), v. tr. enervar; enfraquecer.

unnumbered, adj. inumerável.

unobserved, adj. despercebido.

unobtrusive, adj. discreto.

unoccupied, adj. desocupado; vago.

unofficial, adj. não oficial.

unopened, adj. fechado.

unpack (to), v. tr. e intr. desembrulhar.

unpaid, adj. que não está pago; não remunerado.

unpalatable, adj. que tem mau gosto; intragável.

unpardonable, adj. imperdoável.

unpick (to), v. tr. desfazer; desatar.

unpleasant, adj. desagradável; enfadonho.

unplug (to), v. tr. desligar.

unpolluted, adj. impoluto; despoluído.

unpopular, adj. impopular.

unprepared, adj. sem preparação.

unpretentious, adj. despretensioso.

unprincipled, adj. sem princípios.

unproductive, adj. improdutivo.

unprofessional, adj. impróprio; pouco profissional.

unprofitable, adj. inútil.

unprovoked, adj. não provocado.

unpublished, adj. inédito; não publicado.

unpunished, adj. impune.

unqualified, adj. inábil; inepto; impróprio para.

unquestionable, adj. indiscutível.

unquestioned, adj. não interrogado; incontestado.

unquestioning, adj. sem interrogar ou examinar; incondicional.

unravel (to), v. tr. e intr. desenredar; decifrar.

unread, adj. não lido.

unreal, adj. irreal; falso.

unreasonable, adj. desarrazoado; imoderado.

unrecognizable, adj. irreconhecível.

unrecognized, adj. não reconhecido.

unrefined, adj. não refinado.

unrelated, adj. que não tem relação.

unrelenting, *adj.* inflexível; implacável.

unreliable, *adj.* que não merece confiança.

unremitting, *adj.* persistente; contínuo.

unremovable, *adj.* imóvel; invariável.

unrepresented, *adj.* não representado.

unreserved, *adj.* franco; sem reserva.

unrest, *s.* inquietação; mal-estar.

unrestrained, *adj.* desenfreado; licencioso.

unrewarded, *adj.* não recompensado.

unripe, *adj.* verde; não maduro.

unrivalled, *adj.* sem rival; sem par.

unroll (to), *v. tr.* e *intr.* desenrolar; desenrolar-se.

unruffled, *adj.* calmo; sossegado.

unruly, *adj.* desenfreado; indómito.

unsaddle (to), *v. tr.* tirar a sela.

unsafe, *adj.* perigoso; arriscado.

unsaid, *adj.* não dito; não proferido.

unsaleable, *adj.* não vendável.

unsatisfactory, *adj.* insatisfatório.

unsatisfied, *adj.* insatisfeito; não farto.

unsatisfying, *adj.* deficiente.

unsavoury, *adj.* fétido.

unscrew (to), *v. tr.* desaparafusar.

unscrupulous, *adj.* pouco escrupuloso.

unseasonable, *adj.* intempestivo.

unseat (to), *v. tr.* derrubar; destituir; depor.

unseeing, *adj.* cego.

unseemly, *adj.* indecente; indecoroso.

unseen, *adj.* invisível; oculto.

unselfish, *adj.* desinteressado; generoso.

unsettle (to), *v. tr.* desarranjar; perturbar; tornar incerto.

unsettled, *adj.* variável; incerto.

unshaken, *adj.* firme; imóvel.

unshaven, *adj.* por barbear.

unsightly, *adj.* feio; disforme.

unskilled, *adj.* sem experiência.

unsociable, *adj.* insociável; intratável.

unsold, *adj.* não vendido.

unsolicited, *adj.* não solicitado.

unsolved, *adj.* por resolver; obscuro.

unsound, *adj.* deteriorado; doente.

unspeakable, *s.* e *adj.* inefável; inexprimível.

unspecified, *adj.* não especificado.

unspoiled, *adj.* intacto; não saqueado.

unspoken, *adj.* não falado.

unstable, *adj.* instável; variável.

unsteady, *adj.* hesitante; irresoluto.

unstoppable, *adj.* imparável.

unsuccessful, *adj.* que não foi bem sucedido; infeliz.

unsuitable, *adj.* impróprio; inconveniente.

unsullied, *adj.* puro; sem mancha.

unsupported, *adj.* sem apoio.

unsuspected, *adj.* insuspeito.

unsuspecting, *adj.* confiado; confiante.

untamable, *adj.* indomável.

untangle (to), *v. tr.* desenredar; desembaraçar.

untenable, *adj.* insustentável.

unthinking, *adj.* inconsiderado; irreflectido.

untidy, *adj.* desleixado; sujo.

untie (to), *v. tr.* e *intr.* desatar; desprender.

until, 1. *prep.* até; **2.** *conj.* até que.

untimely, *adj.* intempestivo; precoce.

unto, *prep.* para; em; dentro.

untold, *adj.* que não foi dito; secreto.

untouched, *adj.* intacto; inteiro; ileso; insensível.

untoward, *adj.* desagradável; enfadonho.

untrained, *adj.* indisciplinado; indócil.

untrammelled, *adj.* sem entraves; livre.

untried, *adj.* não experimentado.

untroubled, *adj.* quieto; calmo; claro.

untrue, *adj.* falso; inexacto.

untrustworthy, *adj.* não merecedor de confiança.

untruth, *s.* mentira; falsidade.

untruthful, *adj.* falso; infiel.

unused, *adj.* desusado; insólito.

unusual, *adj.* raro; pouco vulgar.

unutterable, *adj.* inexprimível.

unvarying, *adj.* invariável.

unveil (to), *v. tr.* e *intr.* tirar o véu; descobrir.

unwanted, *adj.* indesejado.

unwarranted, *adj.* não garantido; não autorizado.

unwary, *adj.* incauto; imprudente.

unwavering, *adj.* que não treme; firme.

unwell, *adj.* adoentado; indisposto.

unwholesome, *adj.* insalubre; mau; doentio.

unwieldy, *adj.* pesado; pouco manejável.

unwilling, *adj.* de má vontade; relutante.

unwind (to), *v. tr.* desenredar, desembaraçar.

unwise, *adj.* imprudente; indiscreto.

unwitting, *adj.* inconsciente; involuntário.

unwonted, *adj.* raro; invulgar.

unworkable, *adj.* impraticável; difícil de trabalhar.

unworthy, *adj.* indigno; impróprio.

unwrap (to), *v. tr.* desembrulhar; desenrolar.

unwritten, *adj.* verbal; não escrito.

up, 1. *prep.* acima de; para cima de; **2.** *adv.* em cima; acima; para cima; completamente; em posição vertical; a pé; **3.** *adj.* ascendente.

upbraid (to), *v. tr.* censurar; vituperar.

upbringing, *s.* educação.

update (to), *v. tr.* e *intr.* modernizar.

upgrade (to), *v. tr.* e *intr.* melhorar; actualizar.

uphill, 1. *adj.* ascendente; árduo; **2.** *s.* rampa; **3.** *adv.* monte acima.

uphold (to), *v. tr.* (*pret.* e *p.p.* **upheld**), levantar; erguer; proteger.

upholder, *s.* apoio; sustentáculo.

upholstered, *adj.* acolchoado.

upland, 1. *adj.* elevado; montanhoso; **2.** *s.* terreno elevado.

uplift (to), *v. tr.* levantar; erguer.

upon, *prep.* sobre; em cima de; junto; próximo a; cerca; ao; à; por.

upper, *adj.* superior; mais alto; elevado.

uppermost, *adj.* supremo; mais alto; predominante.

uppish, *adj.* arrogante; altivo.

upraised, *adj.* levantado; elevado.

upright, *adj.* direito; perpendicular; arrumado; honesto.

uprising, *s.* levantamento.

uproar, *s.* tumulto; confusão; vozearia.

uproarious, *adj.* ruidoso; tumultuoso.

uproot (to), *v. tr.* desarraigar.

upset, 1. *s.* transtorno; desarranjo; **2.** *adj.* fixo; transtornado.

upset (to), *v. tr.* e *intr.* contrariar; transtornar.

upside, *s.* a parte superior.

upstairs, *adv.* no andar superior; acima.

upstart (to), *v. intr.* elevar-se repentinamente.

upstream, *adv.* na direcção da parte superior da corrente; rio acima.

uptake, s. acto de levantar.

up-to-date, adj. moderno; recente.

uptown, adj. pertencente à parte alta da cidade.

upturn, s. melhoria.

upwards, adj. e adv. dirigido para cima; mais além; mais além de.

uranium, s. urânio.

urban, adj. urbano; da cidade.

urbane, adj. cortês; urbano.

urge (to), v. tr. apertar; instar.

urgency, s. urgência; pressa.

urgent, adj. urgente.

urinal, s. urinol.

urine, s. urina.

urn, s. urna; vaso.

us, pron. pess. nos; a nós.

usage, s. uso; costume; prática; tratamento.

use, s. uso; costume; prática.

use (to), v. tr. e intr. usar; servir-se de; empregar.

used, adj. acostumado.

useful, adj. útil; vantajoso; proveitoso.

useless, adj. inútil; desnecessário.

user, s. utilizador.

usual, adj. usual; costumado; vulgar.

usually, adv. usualmente; vulgarmente.

usurer, s. usurário.

usurp (to), v. tr. usurpar.

usury, s. usura.

utensil, s. utensílio.

uterus, s. útero.

utilitarian, adj. e s. utilitário.

utility, s. utilidade; vantagem.

utilize (to), v. tr. utilizar; fazer uso.

utmost, adj. extremo; último.

utopia, s. utopia.

utopian, adj. utópico; quimérico.

utter, adj. completo.

utter (to), v. tr. proferir; anunciar.

utterance, s. pronunciação; elocução.

utterly, adv. totalmente; inteiramente.

V

V, v, s. vigésima segunda letra do alfabeto.
vacancy, s. vácuo; vazio; lacuna.
vacant, adj. vazio; vago; negligente.
vacate (to), v. tr. desocupar; abandonar.
vacation, s. férias; descanso.
vaccinate (to), v. tr. vacinar.
vaccination, s. vacinação; vacina.
vaccine, s. vacina.
vacillate (to), v. intr. vacilar; hesitar.
vacuity, s. vacuidade; inanidade.
vacuous, adj. vácuo; mentecapto.
vacuum, s. vácuo.
vacuum-cleaner, s. aspirador.
vagabond, s. e adj. vagabundo.
vagary, s. mania; capricho.
vagina, s. vagina.
vagrancy, s. vadiagem; vadiação.
vagrant, s. e adj. vagabundo.
vague, adj. vago; indefinido.
vain, adj. vão; frívolo.
vainglorious, adj. vaidoso; vanglorioso.
valance, s. sanefa.
valence, s. valência.
valency, s. valência.
valet, s. criado; pajem.
valiant, adj. valente; corajoso.
valid, adj. válido; forte.
validate (to), v. tr. validar.
valise, s. mala; alforge.
valley, s. vale.
valour, s. valor; valentia.
valuable, adj. valioso; precioso.
valuation, s. avaliação.
value, s. valor; preço.
value (to), v. tr. avaliar; estimar.

valueless, adj. sem valor.
valuer, s. avaliador; perito.
valve, s. válvula.
vampire, s. vampiro.
van, s. carro de mercadorias; furgão.
vandal, adj. vândalo.
vandalism, s. vandalismo.
vane, s. cata-vento; grimpa.
vanguard, s. vanguarda.
vanilla, s. baunilha.
vanish (to), v. intr. dissipar-se; desaparecer.
vanity, s. vaidade.
vanquish (to), v. tr. vencer; conquistar.
vantage, s. vantagem; oportunidade.
vapid, adj. desenxabido; insípido.
vaporize (to), v. tr. e intr. vaporizar.
vaporous, adj. vaporoso.
vapour, s. vapor; fumo; vaidade.
variability, s. variabilidade.
variable, adj. variável; inconstante.
variance, s. mudança; variação.
variant, s. e adj. variante; variável.
variation, s. variação; mudança.
variegate (to), v. tr. variegar; matizar.
variety, s. variedade.
various, adj. vário; variado.
varnish, s. verniz.
varnish (to), v. tr. envernizar.
vary (to), v. tr. e intr. variar; mudar.
vascular, adj. vascular.
vase, s. vaso; jarrão.
vaseline, s. vaselina.
vassal, s. vassalo; súbdito.
vast, adj. vasto; grande.
vat, s. tina; cuba; dorna.

VAT, s. abreviatura de *value added tax,* Imposto sobre o Valor Acrescentado (IVA).

vault, s. abóbada; caverna.

vaunt, s. vaidade; ostentação.

vaunt (to), v. tr. e intr. louvar; exaltar; gabar-se.

veal, s. carne de vitela.

vegetable, s. vegetal; planta.

vegetarian, adj. e s. vegetariano.

vegetate (to), v. intr. vegetar.

vegetation, s. vegetação.

vehemence, s. veemência; impetuosidade.

vehement, adj. veemente; impetuoso.

vehicle, s. veículo.

veil, s. véu; disfarce.

veil (to), v. tr. cobrir com véu; disfarçar.

vein, s. veia; veio; filão.

velocity, s. velocidade; rapidez.

velvet, 1. s. veludo; **2.** adj. de veludo.

velvety, adj. aveludado.

venal, adj. venal.

vend (to), v. tr. vender.

vendetta, s. vingança.

vendor, s. vendedor.

venerable, adj. venerável.

venerate (to), v. tr. venerar; respeitar.

vengeance, s. vingança.

vengeful, adj. vingativo.

venial, adj. venial.

venison, s. carne de veado.

venom, s. veneno; peçonha.

venomous, adj. venenoso; peçonhento.

vent, s. saída; abertura.

ventilate (to), v. tr. arejar; ventilar.

ventilator, s. ventilador.

ventricle, s. ventrículo.

ventriloquist, s. ventríloquo.

venture, s. aventura; risco.

venture (to), v. tr. e intr. aventurar; arriscar.

veracious, adj. verdadeiro; verídico.

veracity, s. veracidade.

veranda, s. varanda.

verb, s. verbo.

verbal, adj. verbal; literal.

verbalize (to), v. tr. e intr. verbalizar.

verbiage, s. verbosidade.

verdant, adj. verde; verdejante.

verdict, s. veredicto.

verdigris, s. verdete.

verdure, s. verdura.

verge, s. peito; margem.

verge (to), v. intr. aproximar-se de.

verger, s. meirinho; bedel.

verifiable, adj. verificável.

verify (to), v. tr. verificar; comprovar.

veritable, adj. verdadeiro; real.

verity, s. verdade; veracidade.

vermilion, adj. vermelhão.

vermin, s. bicharia; pulguedo.

verminous, adj. verminoso.

vernacular, adj. vernáculo; nacional.

verruca, s. verruga.

versatile, adj. versátil; inconstante.

verse, s. verso; poesia.

versed, adj. versado; douto.

version, s. versão; tradução.

versus, prep. contra.

vertebra, s. vértebra.

vertebrate, s. vertebrado.

vertical, adj. vertical.

vertiginous, adj. vertiginoso.

vertigo, s. vertigem.

very, adv. muito; inteiramente.

vesper, s. tarde; véspera.

vessel, s. navio; embarcação.

vest, s. colete; camisola.

vest (to), v. tr. e intr. vestir; revestir; colocar; pôr; investir.

vestibule, s. vestíbulo; átrio.

vestige, s. vestígio; pegada.
vestment, s. veste; vestuário.
vestry, s. sacristia.
veteran, adj. e s. veterano.
veterinary, s. veterinário.
veto, s. veto.
veto (to), v. tr. e intr. vetar.
vex (to), v. tr. vexar; humilhar.
vexation, s. vexação; vexame.
vexed, adj. vexado; incomodado.
via, s. via; caminho.
viaduct, s. viaduto.
vial, s. ampulheta; frasco.
viand, s. carne.
vibrant, adj. vibrante; sonoro.
vibrate (to), v. tr. e intr. vibrar.
vibrator, s. vibrador.
vicar, s. vigário; cura.
vice, s. vício; defeito.
vicinity, s. vizinhança.
vicious, adj. vicioso; perverso.
vicissitude, s. vicissitude.
victim, s. vítima.
victimize (to), v. tr. vitimar.
victor, s. vencedor; triunfador.
victorious, adj. vitorioso.
victory, s. vitória; triunfo.
victuals, s. pl. provisões, víveres.
video, s. vídeo; **video cassette:** videocassete; **video recorder:** videogravador.
video (to), v. tr. gravar em vídeo.
vie (to), v. tr. e intr. rivalizar.
view, s. vista; estampa; panorama; exame; inspecção.
view (to), v. tr. ver; observar.
viewer, s. observador; telespectador.
vigil, s. vigília.
vigilance, s. vigilância.
vigilant, adj. vigilante.
vigorous, adj. vigoroso; forte.
vigour, s. vigor; força; energia.
vile, adj. vil; baixo.
vilify (to), v. tr. difamar.
villa, s. vila; vivenda; casa de campo.

village, s. aldeia; burgo.
villager, s. aldeão.
villain, s. vilão.
villainy, s. vilania; vileza.
vindicate (to), v. tr. justificar; sustentar.
vindictive, adj. vingativo.
vine, s. vinha; videira.
vinegar, s. vinagre.
vinegary, adj. avinagrado.
vineyard, s. vinha; vinhedo.
vintage, 1. s. vindima; 2. adj. clássico; seleccionado.
violate (to), v. tr. violar; infringir.
violence, s. violência; impetuosidade.
violent, adj. violento; impetuoso.
violet, s. e adj. violeta.
violin, s. violino; rabeca.
violinist, s. violinista.
viper, s. víbora.
virago, s. virago.
virgin, s. virgem; donzela.
virile, adj. viril; varonil.
virtual, adj. virtual.
virtue, s. virtude; mérito.
virtuous, adj. virtuoso.
virulence, s. virulência.
virulent, adj. virulento.
virus, s. vírus.
visage, s. rosto; aspecto.
viscera, s. pl. vísceras.
viscosity, s. viscosidade.
viscount, s. visconde.
viscountess, s. viscondessa.
viscous, adj. viscoso; pegajoso.
visible, adj. visível.
vision, s. visão; fantasma.
vision (to), v. tr. visionar; imaginar.
visionary, s. sonhador; visionário.
visit, s. visita.
visit (to), v. tr. e intr. visitar; viajar; frequentar.
visitor, s. visita; hóspede.
visor, s. máscara; viseira.
vista, s. vista; perspectiva.

visual, *adj.* visual.

visualize (to), *v. tr.* visualizar.

vital, *adj.* vital; essencial.

vitality, *s.* vitalidade.

vitamin, *s.* vitamina.

vitiate (to), *v. tr.* viciar; corromper.

vitreous, *adj.* vítreo.

vitriol, *s.* vitríolo.

vituperation, *s.* vituperação; vitupério.

vivacious, *adj.* vivaz; esperto.

vivacity, *s.* vivacidade; viveza.

vivid, *adj.* vívido; esperto.

vocabulary, *s.* vocabulário.

vocal, *adj.* vocal.

vocalist, *s.* vocalista; cantor.

vocation, *s.* vocação; tendência.

vocative, *s.* e *adj.* vocativo.

vociferous, *adj.* vociferante; clamoroso.

vogue, *s.* voga; fama.

voice, *s.* voz; palavra.

voice (to), *v. tr.* divulgar; publicar; exprimir.

voiced, *adj.* com voz; sonante; sonoro.

voiceless, *adj.* sem voz; mudo.

void, *s.* vácuo; vacuidade.

volatile, *adj.* volátil.

volcano, *s.* vulcão.

volition, *s.* volição.

voleyball, *s.* voleibol.

volt, *s.* volt.

volubility, *s.* volubilidade.

voluble, *adj.* volúvel.

volume, *s.* volume.

voluminous, *adj.* volumoso.

voluntary, *adj.* voluntário.

volunteer, *s.* voluntário.

volunteer (to), *v. tr.* e *intr.* servir como voluntário.

voluptuous, *adj.* voluptuoso.

vomit, *s.* vómito.

vomit (to), *v. tr.* e *intr.* vomitar.

voracious, *adj.* voraz.

vortex, *s.* turbilhão.

vote, *s.* voto; sufrágio.

vote (to), *v. tr.* e *intr.* eleger; votar.

voter, *s.* votante; eleitor.

vouch (to), *v. tr.* e *intr.* invocar o testemunho de.

vouch, *s.* garantia; caução.

voucher, *s.* fiador; responsável; talão.

vow, *s.* voto; promessa.

vow (to), *v. tr.* e *intr.* jurar; votar; dedicar.

vowel, *s.* vogal.

voyage, *s.* viagem por mar.

voyage (to), *v. tr.* e *intr.* viajar.

voyager, *s.* viajante.

vulgar, *adj.* vulgar; comum.

vulnerable, *adj.* vulnerável.

vulture, *s.* abutre.

vulva, *s.* vulva.

W

W, w, *s.* vigésima terceira letra do alfabeto.

wadding, *s.* forro.

waddle (to), *v. intr.* bambolear-se; cambalear.

wade, *s.* vau.

wafer, *s.* hóstia.

waffle, *s.* espécie de pastel folhado ou bolo.

waft (to), *v. tr.* e *intr.* flutuar; vogar.

wag (to), *v. tr.* e *intr.* sacudir; abanar.

wage, *s.* salário.

wager, *s.* aposta; parada.

wager (to), *v. tr.* e *intr.* apostar.

waggish, *adj.* divertido; jocoso.

waggle (to), *v. tr.* e *intr.* menear-se; agitar-se.

wagon, *s.* carro; camião; vagão.

waif, *s.* objecto perdido.

wail, *s.* lamento; gemido.

wail (to), *v. tr.* e *intr.* lamentar; chorar.

waist, *s.* cinta; cintura.

waistcoat, *s.* colete.

wait, *s.* espera.

wait (to), *v. tr.* esperar; aguardar; ficar.

waiter, *s.* criado; empregado de mesa.

waitress, *s.* criada; empregada de mesa.

waive (to), *v. tr.* renunciar a; desistir de.

wake, *s.* velada; vigília.

wake (to), *v. tr.* e *intr.* (*pret.* **wolke,** *p.p.* **woken**), acordar; despertar; velar.

wakeful, *adj.* vigilante.

walk, *s.* passeio; avenida.

walk (to), *v. tr.* e *intr.* caminhar; atravessar; percorrer; andar; passear.

walker, *s.* passeante; transeunte.

walking, *s.* modo de andar; andadura.

wall, *s.* muro; muralha; parede.

wall (to), *v. tr.* murar; emparedar.

wallet, *s.* carteira.

wallop, *s.* sova; murro.

wallop (to), *v. tr.* e *intr.* sovar; ferver; borbulhar.

wallow (to), *v. intr.* chafurdar; espojar-se.

wallpaper, *s.* papel de parede.

walnut, *s.* noz; a nogueira.

waltz, *s.* valsa (música e dança).

waltz (to), *v. intr.* valsar.

wan, *s.* pálido; descorado.

wand, *s.* vara; varinha.

wander (to), *v. intr.* errar; vaguear.

wanderer, *s.* vagabundo.

wandering, *s.* vadiagem; vida errante.

wane, *s.* decadência; declinação.

wane (to), *v. intr.* minguar; decrescer.

want, *s.* falta; carência.

want (to), *v. tr.* e *intr.* ter precisão de; carecer; desejar; querer.

wanting, *adj.* falto de; deficiente.

wanton, *adj.* dissoluto; desenfreado.

war, *s.* guerra.

war (to), *v. intr.* guerrear; estar em guerra.

warble, *s.* trinado; gorjeio.

warble (to), *v. tr.* e *intr.* cantar; gorjear.

ward, *s.* guarda; defesa; pupilo.

ward (to), *v. tr.* proteger; guardar; defender.

warden, *s.* guarda; guardião.

warder, *s.* guarda.

wardrobe, *s.* guarda-roupa; roupa.

ware, *s.* mercadoria; género.

warehouse, *s.* armazém.

warfare, *s.* guerra; luta.

warlike, *adj.* semelhante a guerra; belicoso.

warm, *adj.* quente; morno; tépido.

warm (to), *v. tr.* e *intr.* aquecer; aquecer-se.

warmth, *s.* calor moderado.

warn (to), *v. tr.* avisar; prevenir.

warning, *s.* admoestação; aviso.

warrant, *s.* poder; autorização; fiança.

warrant (to), *v. tr.* autorizar; justificar; garantir.

warranty, *s.* fiança; garantia; penhor.

warrior, *s.* guerreiro; soldado.

warship, *s.* navio de guerra.

wary, *adj.* cauto; prudente.

wash, *s.* lavagem; barrela.

wash (to), *v. tr.* e *intr.* lavar; limpar.

washbasin, *s.* bacia.

washing, *s.* lavagem.

washing-machine, *s.* máquina de lavar a roupa.

wasp, *s.* vespa.

waspish, *adj.* rabugento; impertinente.

waste, *s.* estrago; refugo; destruição; gasto; deserto.

waste (to), *v. tr.* e *intr.* desperdiçar; devastar; assolar.

wastebasket, *s.* caixote do lixo.

wasteful, *adj.* destruidor.

waster, *s.* pródigo; gastador.

watch, *s.* vigia; relógio de pulso; relógio de bolso.

watch (to), *v. tr.* e *intr.* vigiar; guardar.

watcher, *s.* vigia; guarda.

watchful, *adj.* vigilante; atento.

water, *s.* água; maré; chuva; suor; lágrimas.

water (to), *v. tr.* banhar; regar.

waterfall, *s.* queda de água; catarata.

waterless, *adj.* sem água.

waterlily, *s.* nenúfar.

watermelon, *s.* melancia.

waterproof, *s.* e *adj.* impermeável.

watery, *adj.* aquoso; húmido.

wave, *s.* onda; vaga.

wave (to), *v. tr.* e *intr.* brandir; agitar; ondear; ondular; acenar.

waver (to), *v. intr.* vacilar; hesitar.

wax, *s.* cera; cerume.

wax (to), *v. tr.* encerar.

waxen, *adj.* de cera.

waxy, *adj.* de cera.

way, *s.* caminho; via; estrada; rumo; meio; processo.

wayfarer, *s.* viajante; passageiro.

wayward, *adj.* mau; travesso.

we, *pron. pess.* 1.ª pessoa pl. nós.

weak, *adj.* fraco; delicado; débil.

weaken (to), *v. tr.* enfraquecer.

weakness, *s.* fraqueza; debilidade.

wealth, *s.* riqueza; fortuna.

wealthy, *adj.* opulento; rico.

weapon, *s.* arma.

wear, *s.* uso, gasto.

wear (to), *v. tr.* e *intr.* usar; trazer vestido; gastar; consumir.

wearing, *s.* uso; desgaste.

wearisome, *adj.* trabalhoso.

weary, *adj.* cansado; fatigado.

weary (to), *v. tr.* cansar; fatigar.

weather, *s.* tempo; estado atmosférico.

weathercock, *s.* cata-vento.

weave (to), *v. tr.* e *intr.* (*pret.* **wove,** *p.p.* **woven**), tecer; tramar.

weaver, *s.* tecelão; tecedor.

web, *s.* tecido; teia.

wed (to), *v. tr.* e *intr.* casar com; desposar.

wedding, s. casamento; enlace.

wedding-ring, s. anel de casamento.

wedge, s. cunha.

wedlock, s. matrimónio; casamento.

Wednesday, s. quarta-feira.

weed, s. erva má; erva daninha.

weed (to), v. tr. arrancar as más ervas.

week, s. semana.

weekday, s. dia de semana.

weekend, s. fim-de-semana.

weekly, 1. adj. semanal; **2.** adv. semanalmente.

weep (to), v. tr. e intr. chorar; prantear; carpir.

weigh (to), v. tr. e intr. pesar; ter o peso de.

weight, s. peso; valor; importância; ponderação.

weighted, adj. carregado com um peso.

weighty, adj. pesado; grave.

weird, adj. misterioso; sobrenatural; fatídico.

welcome, adj. bem-vindo; bem recebido.

welcome (to), v. tr. dar as boas-vindas a alguém.

welcoming, s. acolhimento; boa recepção.

weld (to), v. tr. e intr. caldear; ligar.

well, 1. s. poço; depósito de água; nascente; **2.** adj. bom; de boa saúde; feliz; confortável; **3.** adv. bem.

well (to), v. intr. brotar; nascer.

welt, s. orla; debrum.

wend (to), v. tr. e intr. encaminhar; dirigir; ir.

werewolf, s. lobisomem.

west, 1. s. oeste; poente; ocidente; **2.** adv. para oeste.

westerly, adj. ocidental.

western, adj. ocidental; do ocidente.

westernmost, adj. o mais ocidental.

westward, 1. adj. que vai para oeste; **2.** adv. em direcção ao oeste.

wet, adj. húmido; molhado.

wet (to), v. tr. molhar; humedecer.

whack (to), v. tr. e intr. espancar.

whale, s. baleia; cachalote.

whaler, s. pescador de baleias.

whaling, s. pesca da baleia.

wharf, s. cais; molhe.

what, 1. pron. int. que; que coisa; **2.** pron. rel. o que; aquilo que; a coisa que.

whatever, adj. e pron. tudo aquilo que; qualquer coisa que.

whatsoever, adj. e pron. tudo quanto; tudo o que; seja o que for.

wheat, s. trigo.

wheedle, s. engano; engodo; lisonja.

wheel, s. roda; revolução; rotação.

wheel (to), v. tr. e intr. fazer rodar; fazer girar.

wheelchair, s. cadeira de rodas.

wheeze (to), v. intr. respirar a custo.

when, adv. e conj. quando; logo que; então; no tempo em que; depois que; ao passo que.

whence, adv. de onde; de que lugar.

whenever, adv. e conj. sempre que; em qualquer tempo que.

where, adv. onde; em que lugar; aonde.

whereabouts, 1. s. paradeiro; **2.** adv. perto; próximo.

whereas, conj. visto que; considerando que; ao passo que.

whereby, adv. por que; pelo que; por onde.

wherein, adv. em quê; no quê.

whereof, adv. de que; do que.

whereupon, adv. sobre o que; no que; e nisso.

wherever, *adv.* onde quer que seja; para onde quer que seja.

whet (to), *v. tr.* aguçar; afiar; amolar; exasperar.

whether, 1. *pron. rel.* e *int.* qual dos dois; 2. *conj.* se; **whether... or ...:** quer... quer; ou... ou; **whether or not:** em todo o caso.

whey, *s.* soro de leite.

which, *adj., pron. rel.* e *int.* que; o qual, a qual, os quais, as quais; o que; a coisa que.

whichever, *adj.* e *pron.* qualquer; quaisquer.

while, 1. *conj.* enquanto; ainda que; 2. *s.* espaço de tempo; momento.

while (to), *v. tr.* passar; entreter o tempo.

whim, *s.* capricho; fantasia.

whimper, *s.* lamúria; queixume.

whimper (to), *v. intr.* choramingar; lastimar-se.

whimsical, *adj.* caprichoso.

whimsy, *s.* capricho; extravagância.

whine, *s.* queixume; lamento.

whine (to), *v. intr.* lamuriar-se; gemer.

whinny (to), *v. intr.* rinchar; relinchar.

whip, *s.* chicote; açoite.

whip (to), *v. tr.* e *intr.* açoitar; fustigar.

whirl, *s.* giro; rotação; remoinho.

whirl (to), *v. tr.* e *intr.* rodopiar; redemoinhar.

whirr, *s.* zunido; zumbido.

whirr (to), *v. intr.* zumbir; zunir.

whisk, *s.* sopro repentino.

whisk (to), *v. tr.* e *intr.* espanar.

whisky, *s.* uísque.

whisper, *s.* sussurro; murmúrio.

whisper (to), *v. tr.* e *intr.* murmurar; sussurrar.

whistle, *s.* assobio; sibilo; apito.

whistle (to), *v. intr.* assobiar; silvar.

white, 1. *adj.* branco; alvo; de cor alva; de cor branca; 2. *s.* branco; brancura.

whiten (to), *v. tr.* e *intr.* branquear; corar.

whitewash, *s.* aguada (de cal, cimento, etc.).

whitewash (to), *v. tr.* caiar.

whither, *adv.* para onde.

whitish, *adj.* esbranquiçado.

who, *pron. rel.* e *int.* que; quem; o qual, a qual, os quais, as quais; aquele que, aquela que, aqueles que, aquelas que.

whoever, *pron. rel.* quem quer que; todo aquele que.

whole, 1. *adj.* todo; total; completo; inteiro; são; intacto; 2. *s.* o todo; a totalidade; 3. *adv.* inteiramente.

wholesale, *s.* venda por grosso ou por atacado.

wholesome, *adj.* saudável; são; útil.

wholly, *adv.* completamente; totalmente.

whom, *pron. rel.* que; quem; o qual, a qual, os quais, as quais; aquele que, aquela que, aqueles que, aquelas que.

whore, *s.* (cal.) prostituta.

whose, *pron. rel.* do qual, da qual, dos quais, das quais; de quem; cujo.

why, 1. *adv.* porquê; por que razão; 2. *conj.* porque.

wick, *s.* torcida; mecha.

wicked, *adj.* mau; malvado.

wicker, *s.* vime; vimeiro.

wicket, *s.* postigo; portinhola; cancela.

wide, *adj.* largo; amplo; vasto; extenso; remoto; distante.

widen (to), v. tr. alargar; estender.
widow, s. viúva.
widower, s. viúvo.
width, s. largura; extensão.
wield (to), v. tr. empunhar; manejar.
wife, s. esposa; dona de casa.
wig, s. cabeleira postiça.
wigged, adj. que usa cabeleira.
wild, adj. selvagem; inculto; silvestre; bravo; rústico; impetuoso; volúvel.
wilderness, s. deserto; ermo; estado inculto.
wile, s. ardil; engano.
wilful, adj. obstinado; teimoso.
will, s. vontade; arbítrio; desejo; inclinação; testamento.
will, verbo auxiliar do tempo futuro, querer; resolver; determinar.
willing, adj. desejoso; voluntário.
willow, s. salgueiro.
wily, adj. manhoso; astuto.
win (to), v. tr. e intr. (pret. e p.p. won), ganhar; conseguir; ficar vitorioso; alcançar; induzir; persuadir.
wince (to), v. intr. retrair-se; recalcitrar.
wince, s. retraimento.
winch, s. manivela; cabrestante.
wind, s. vento; sopro; hálito.
wind (to), v. tr. arejar; expor ao vento.
wind (to), v. tr. e intr. torcer; enrolar; retorcer; dar corda.
windfall, s. sorte inesperada.
windmill, s. moinho de vento.
window, s. janela; postigo.
windpipe, s. traqueia.
windscreen, s. pára-brisas.
windsurfing, s. «windsurf».
windward, 1. s. barlavento; **2.** adv. a barlavento.
windy, adj. ventoso.
wine, s. vinho.

wing, s. asa; voo; ala; flanco.
winged, adj. que tem asas; alado.
wink, s. pestanejo; piscadela.
wink (to), v. intr. pestanejar; piscar os olhos.
winner, s. ganhador; vencedor.
winning, s. ganho; lucro; prémio.
winnow (to), v. tr. e intr. joeirar.
winsome, adj. atraente.
winter, s. Inverno.
winter (to), v. intr. invernar; hibernar.
wintry, adj. invernoso; invernal.
wipe, s. limpeza; enxugo.
wipe (to), v. tr. limpar; enxugar.
wire, s. arame; fio de metal.
wire (to), v. tr. prender com arame; telegrafar.
wireless, adj. sem fios.
wisdom, s. sabedoria; saber; ciência.
wise, 1. adj. sábio; douto; prudente; discreto; sério; **2.** s. modo; maneira; sorte.
wish, s. desejo; vontade.
wish (to), v. tr. desejar; querer; apetecer.
wishful, adj. desejoso; ansioso; ávido.
wisp, s. paveia; punhado; feixe.
wisp (to), v. tr. escovar; fazer um feixe.
wistful, adj. desejoso; ávido.
wit, s. agudeza de espírito; finura; engenho.
wit (to), v. tr. e intr. saber; dar a notícia.
witch, s. bruxa; feiticeira.
witchcraft, s. bruxaria; feitiçaria.
with, prep. com; por; de; contra; com respeito a; em; entre.
withdraw (to), v. tr. e intr. (pret. **withdrew,** p.p. **withdrawn**), retirar; tirar; apartar; separar; desviar; remover.
withdrawal, s. afastamento; retirada; retiro.

withered, *adj.* murcho; seco; mirrado.

withhold (to), *v. tr.* (*pret.* e *p.p.* **withheld**), reter; deter.

within, *prep.* e *adv.* dentro de; em; na parte de dentro; no espaço de; à distância.

without, *prep.* e *adv.* sem; fora de; exteriormente.

withstand (to), *v. tr.* (*pret.* e *p.p.* **withstood**), resistir a; impugnar.

witness, *s.* testemunha; testemunho; prova; indício.

witness (to), *v. tr.* e *intr.* testemunhar; atestar; presenciar; ver.

witty, *adj.* engenhoso; arguto.

wizard, *s.* feiticeiro; bruxo.

wizen (to), *v. tr.* e *intr.* murchar; secar.

wizened, *adj.* murcho; seco.

wobble (to), *v. intr.* vacilar; hesitar.

woe, *s.* mágoa; dor.

woeful, *adj.* desgraçado; aflito.

wolf, *s.* lobo.

woman, *s.* mulher; o sexo feminino.

womanish, *adj.* mulheril; feminino.

womankind, *s.* o sexo feminino.

womanly, *adj.* mulheril; adamado.

womb, *s.* ventre; seio; entranhas.

wonder, *s.* admiração; espanto.

wonder (to), 1. *v. tr.* desejar saber; ter curiosidade; **2.** *v. intr.* admirar-se; pasmar-se; perguntar a si mesmo.

wonderful, *adj.* admirável; maravilhoso; espantoso.

wonderment, *s.* admiração; pasmo.

wondrous, *adj.* extraordinário; maravilhoso.

wont, *adj.* acostumado.

woo (to), *v. tr.* e *intr.* namorar; requestar.

wood, *s.* bosque; floresta; mata; selva.

wooded, *adj.* arborizado; coberto de mato.

wooden, *adj.* de madeira; de pau.

woodland, *s.* bosque; mata; selva.

woody, *adj.* lenhoso; de madeira.

wooer, *s.* galanteador.

wool, *s.* lã; pêlo; penugem.

woollen, 1. *adj.* de lã; feito de lã; **2.** *s.* tecido de lã.

woolly, *adj.* lanoso; lanígero.

word, *s.* palavra; vocábulo; expressão; linguagem.

word (to), *v. tr.* exprimir; redigir; escrever.

wording, *s.* enunciação; redacção.

wordless, *adj.* silencioso; calado.

wordy, *adj.* verbal; prolixo; verboso.

work, *s.* trabalho; ocupação; ofício; produção; emprego; negócio.

work (to), *v. tr.* e *intr.* trabalhar; obrar; surtir efeito; funcionar; ocupar-se.

worker, *s.* trabalhador; operário.

working, *adj.* trabalhador; que trabalha.

workman, *s.* trabalhador; operário.

workmanship, *s.* mão-de-obra.

workshop, *s.* oficina; loja.

world, *s.* mundo; universo; gente; sociedade; globo terrestre; Terra.

worldly, *adj.* mundano; secular.

worm, *s.* verme; bicho; caruncho; lombriga.

wormy, *adj.* bichoso.

worried, *adj.* inquieto; preocupado.

worry, *s.* incómodo; cuidado; inquietação.

worry (to), *v. tr.* e *intr.* maçar; importunar; afligir-se.

worse, *adj. comp.* de **bad.**

worsen (to), *v. tr.* e *intr.* piorar.

worship, *s.* adoração; culto.

worship (to), *v. tr.* e *intr.* adorar; honrar.

worshipful, *adj.* adorável; venerável.

worshipper, *s.* adorador; venerador.

worst, 1. *adj. sup.* de **bad**; pior; **2.** *s.* o pior.

worst (to), *v. tr.* vencer; derrotar.

worsted, *s.* lã fiada.

worth, *adj.* digno; merecedor.

worthy, *adj.* digno; merecedor; respeitável; virtuoso.

wound, *s.* ferida; lesão; chaga.

wound (to), *v. tr.* e *intr.* ferir; lastimar.

wounded, *adj.* ferido.

wraith, *s.* fantasma.

wrangle (to), *v. tr.* disputar; altercar.

wrap, *s.* agasalho.

wrap (to), *v. tr.* e *intr.* embrulhar; enroscar.

wrath, *s.* raiva; furor; ira.

wreak (to), *v. tr.* vingar; saciar.

wreath, *s.* festão; grinalda.

wreathe (to), *v. tr.* e *intr.* enroscar; entrelaçar.

wreck, *s.* naufrágio; destruição; perda.

wreck (to), *v. tr.* e *intr.* fazer naufragar; perder; arruinar-se.

wreckage, *s.* naufrágio.

wrench, *s.* arranco; repelão.

wrench (to), *v. tr.* arrancar; arrebatar.

wrest (to), *v. tr.* arrancar.

wrestle (to), *v. intr.* lutar; combater.

wrestler, *s.* lutador; atleta.

wrestling, *s.* luta; briga.

wretch, *s.* desgraçado; infeliz; patife; canalha.

wriggle, *s.* agitação; tremor.

wriggle (to), *v. tr.* e *intr.* menear; torcer.

wring (to), *v. tr.* torcer.

wrinkle, *s.* ruga; vinco.

wrinkle (to), *v. tr.* enrugar; fazer rugas.

wrinkled, *adj.* engelhado; enrugado.

wrist, *s.* pulso.

write (to), *v. tr.* e *intr.* (*pret.* **wrote,** *p.p.* **written**), escrever; redigir; compor.

writer, *s.* escritor.

writhe (to), *v. tr.* e *intr.* torcer; retorcer.

writing, *s.* escrito; manuscrito; letra; caligrafia.

wrong, 1. *adj.* mau; errado; falso; **2.** *adv.* incorrectamente; indevidamente; mal; **3.** *s.* mal; dano; prejuízo; injustiça; agravo; erro; engano; falsidade.

wrong (to), *v. tr.* lesar; prejudicar; fazer mal.

wry, *adj.* torcido; torto.

X

X, x, s. vigésima quarta letra do alfabeto.

Xmas, s. abreviatura de **Christmas.**

xenophobia, s. xenofobia.

xenophobic, adj. xenofóbico.

X-ray, s. raio X.

x-ray (to), v. tr. e intr. radiografar; tirar uma radiografia.

xylophone, s. xilofone.

Y

Y, y, s. vigésima quinta letra do alfabeto.

yacht, s. iate.

yachtsman, s. timoneiro de um iate.

yak, s. iaque.

Yankee, s. ianque.

yap (to), v. intr. ladrar; ganir.

yard, s. pátio; curral; jarda.

yard (to), v. tr. encurralar; fechar num pátio.

yarn, s. fio.

yawn, s. bocejo; sorvedouro.

yawn (to), v. intr. bocejar; ficar de boca aberta.

year, s. ano; idade.

yearly, 1. adj. anual; **2.** adv. anualmente.

yearn (to), v. intr. ansiar; aspirar; estar com saudades.

yearning, s. saudade.

yeast, s. espuma; fermento.

yell, s. grito; bramido.

yell (to), v. tr. e intr. bramir; vociferar.

yellow, 1. adj. amarelo; **2.** s. cor amarela.

yellowish, adj. amarelado.

yellowy, adj. amarelo; amarelado.

yelp, s. latido; uivo; ganido.

yelp (to), v. intr. latir; ganir.

yes, adv. sim; certamente.

yesterday, adv. ontem.

yet, 1. adv. ainda; todavia; por ora; por enquanto; até aqui; ao menos; **2.** conj. contudo; sem embargo.

yew, s. teixo.

yield, s. produção; rendimento.

yield (to), v. tr. dar; produzir; conceder; ceder; condescender; entregar; outorgar.

yoga, s. ioga.

yoghurt, s. iogurte.

yoke, s. jugo; canga.

yoke (to), v. tr. jungir; pôr a canga em; emparelhar.

yokel, s. rústico; camponês.

yolk, s. gema de ovo.

you, pron. pess. tu; vós.

young, adj. jovem; moço; novo; juvenil.

younger, adj. (comp. de **young**), mais novo.

youngest, adj. (sup. de **young**), o mais novo; o mais moço.

youngster, *s.* jovem; rapaz.

your, *adj. poss.* o teu, a tua, os teus, as tuas; o vosso, a vossa, os vossos, as vossas.

yours, *pron. poss.* o teu, a tua, os teus, as tuas; o vosso, a vossa, os vossos, as vossas.

yourself, *pron. refl.* tu mesmo vós mesmos.

youth, *s.* juventude; mocidade

youthful, *adj.* juvenil; jovem.

yo-yo, *s.* ioió.

Yugoslav, *s.* e *adj.* jugoslavo.

Z

Z, z, *s.* vigésima sexta letra do alfabeto.

zany, *s.* bobo; palhaço.

zeal, *s.* zelo; fervor.

zealot, *adj.* fanático; entusiasta.

zealous, *adj.* zeloso; entusiasta.

zebra, *s.* zebra.

zenith, *s.* zénite; apogeu.

zephyr, *s.* zéfiro; vento brando.

zero, *s.* zero; cifra; nada.

zest, *s.* gosto; prazer.

zigzag, *s.* ziguezague.

zigzag (to), *v. tr.* e *intr.* ziguezaguear.

zinc, *s.* zinco.

zip, *s.* fecho de correr.

zip (to), *v. tr.* fechar com fecho de correr.

zodiac, *s.* Zodíaco.

zone, *s.* zona; cinta; faixa.

zoo, *s.* jardim zoológico.

zoology, *s.* zoologia.

zoom, *s.* «zoom» (de câmara fotográfica).

Zulu, *adj.* e *s.* zulu.

Verbos irregulares

Infinitive	Past	Past participle	Tradução
be	was	been	*ser; estar*
beat	beat	beaten	*bater*
begin	began	begun	*começar*
bite	bit	bitten	*morder*
blow	blew	blown	*soprar*
break	broke	broken	*quebrar*
bring	brought	brought	*trazer*
build	built	built	*construir*
buy	bought	bought	*comprar*
catch	caught	caught	*apanhar*
choose	chose	chosen	*escolher*
come	came	come	*vir*
cost	cost	cost	*custar*
do	did	done	*fazer*
draw	drew	drawn	*desenhar*
drink	drank	drunk	*beber*
drive	drove	driven	*guiar*
eat	ate	eaten	*comer*
fall	fell	fallen	*cair*
feel	felt	felt	*sentir*
fight	fought	fought	*lutar*
find	found	found	*encontrar*
flee	fled	fled	*fugir*
fly	flew	flown	*voar*
forbid	forbade	forbidden	*proibir*
forget	forgot	forgotten	*esquecer*
freeze	froze	frozen	*gelar*
get	got	got	*obter*
give	gave	given	*dar*
go	went	gone	*ir*
grow	grew	grown	*crescer*
hang	hung	hung	*pendurar*
have	had	had	*ter*
hear	heard	heard	*ouvir*
hide	hid	hidden/hid	*esconder*
hit	hit	hit	*bater*
hold	held	held	*segurar*
keep	kept	kept	*manter*
know	knew	known	*saber*
lay	laid	laid	*colocar*
learn	learnt/learned	learnt/learned	*aprender*

Infinitive	Past	Past participle	Tradução
leave	left	left	*partir*
lend	lent	lent	*emprestar*
let	let	let	*deixar*
lose	lost	lost	*perder*
make	made	made	*fazer*
meet	met	met	*encontrar*
pay	paid	paid	*pagar*
put	put	put	*pôr*
read	read	read	*ler*
ring	rang	rung	*tocar*
rise	rose	risen	*erguer-se*
run	ran	run	*correr*
say	said	said	*dizer*
see	saw	seen	*ver*
sell	sold	sold	*vender*
send	sent	sent	*enviar*
set	set	set	*pôr*
shake	shook	shaken	*sacudir*
show	showed	shown/showed	*mostrar*
sing	sang	sung	*cantar*
sink	sank/sunk	sunk/sunken	*afundar*
sit	sat	sat	*sentar-se*
sleep	slept	slept	*dormir*
smell	smelt/smelled	smelt/smelled	*cheirar*
speak	spoke	spoken	*falar*
spend	spent	spent	*gastar*
stand	stood	stood	*estar de pé*
steal	stole	stolen	*roubar*
strike	struck	struck	*bater*
sweep	swept	swept	*varrer*
swim	swam	swum	*nadar*
take	took	taken	*pegar; levar*
teach	taught	taught	*ensinar*
tear	tore	torn	*rasgar*
tell	told	told	*dizer; contar*
think	thought	thought	*pensar*
throw	threw	thrown	*atirar*
understand	understood	understood	*compreender*
wake	woke	woken	*acordar*
win	won	won	*ganhar*
write	wrote	written	*escrever*

	Numbers	*Números*
1	one	*um*
2	two	*dois*
3	three	*três*
4	four	*quatro*
5	five	*cinco*
6	six	*seis*
7	seven	*sete*
8	eight	*oito*
9	nine	*nove*
10	ten	*dez*
11	eleven	*onze*
12	twelve	*doze*
13	thirteen	*treze*
14	fourteen	*catorze*
15	fifteen	*quinze*
16	sixteen	*dezasseis*
17	seventeen	*dezassete*
18	eighteen	*dezoito*
19	nineteen	*dezanove*
20	twenty	*vinte*
30	thirty	*trinta*
40	forty	*quarenta*
50	fifty	*cinquenta*
60	sixty	*sessenta*
70	seventy	*setenta*
80	eighty	*oitenta*
90	ninety	*noventa*
100	a/one hundred	*cem*
200	two hundred	*duzentos*
300	three hundred	*trezentos*
1000	a/one thousand	*mil*
2000	two thousand	*dois mil*

Abreviaturas

adj.	adjectivo	*m.*	masculino
adv.	advérbio	*(med.)*	medicina
(arq.)	arquitectura	*(mús.)*	música
art.	artigo	*(náut.)*	náutica
(bot.)	botânica	*num.*	numeral
(cal.)	calão	*p.p.*	particípio passado
(com.)	comércio	*p.pres.*	particípio presente
comp.	comparativo	*pess.*	pessoal
compl.	complemento	*pl.*	plural
conj.	conjunção	*poss.*	possessivo
contr.	contracção	*prep.*	preposição
def.	definido	*pret.*	pretérito
dem.	demonstrativo	*pron.*	pronome
dim.	diminutivo	*(quím.)*	química
(econ.)	economia	*refl.*	reflexo
f.	feminino	*rel.*	relativo
(fam.)	familiar	*s.*	substantivo
(fig.)	figurado	*sup.*	superlativo
indef.	indefinido	*tr.*	transitivo
(inform.)	informática	*top.*	topónimo
int.	interrogativo	*v.*	verbo
interj.	interjeição	*vd.*	veja
intr.	intransitivo	*(zool.)*	zoologia

A

a, 1. *s. m.* first letter of the alphabet; **2.** *art. def.* the; **3.** *pron. dem.* that; the one; **4.** *pron.* her; it; **5.** *prep.* to; on; of; at; by.

à, *contracção da preposição* **a** *com o artigo* **a:** to; on; of; at.

aba, *s. f.* brim (of a hat); side, bank (of a river); flap (of a coat); edge; extremity; foot (of a mountain).

abacate, *s. m.* avocado pear.

abacaxi, *s. m.* pineapple.

abade, *s. m.* abbot (of a monastery or abbey); parish priest.

abadessa, *s. f.* abbess.

abadia, *s. f.* abbey; parish.

abafado, *adj.* smothered; sultry, stifling, muffled, thick.

abafador, 1. *adj.* suffocating; oppressive; **2.** *s. m.* damper (of a piano); silencer, muffler (of a sound).

abafamento, *s. m.* suffocation; oppression.

abafar, *v. tr.* to suffocate, to choke, to stifle, to smother; to hush up; to silence, to overlay, to suppress; **abafar uma questão:** to hush up an affair; **abafar uma revolta:** to stifle a rebellion.

abafo, *s. m.* warming cloth; muffler.

abaixamento, *s. m.* lowering; abatement, falling; humiliation; **abaixamento de nível:** lowering (of the surface level); **abaixamento de pressão:** pressure drop.

abaixar, 1. *v. tr.* to lower, to pull down, to bring down; to let down; to throw down; to abate, to depress; **2.** *v. refl.* to stoop; to demean; to bend down.

abaixo, *adv.* down, under, beneath; **abaixo de:** below; **acima e abaixo:** up and down.

abaixo-assinado, *s. m.* undersigned; signed petition.

abalada, *s. f.* departure; leaving; **estar de abalada:** to be about to leave.

abalado, *adj.* upset; disturbed.

abalançar, 1. *v. tr.* to balance; **2.** *v. refl.* to venture; to dare; to risk; to rush on.

abalar, 1. *v. tr.* to affect; **2.** *v. intr.* to go away, to depart, to decamp; **abalar a saúde:** to affect one's health.

abalizado, *adj.* marked out (by bounds); celebrated; experienced, distinguished, renowned.

abalizar, *v. tr.* to survey, to measure.

abalo, *s. m.* shake, shock, jerk; commotion; **abalo sísmico:** earthquake; **foi um grande abalo para ela:** it was a great blow to her.

abalroamento, *s. m.* collision; crash; shock.

abalroar, *v. tr. e intr.* to board; to collide; to crash.

abanão, *s. m.* shake; big jerk.

abanar, *v. tr. e intr.* to shake; **abanar a cabeça em sinal de desaprovação:** to shake one's head; **abanar a cabeça em sinal de aprovação:** to nod; **com as mãos a abanar:** empty-handed.

abancar, *v. intr. e refl.* to sit down (at table, on a bench).

abandalhar, *v. tr.* e *refl.* to debase; to debase oneself.

abandonado, *adj.* abandoned; given up; deserted, forsaken, left alone; left behind; **crianças abandonadas:** waifs and strays.

abandonar, *v. tr.* to abandon; to give up; **abandonar o concurso:** to give up the competition; **abandonar os maus hábitos:** to forsake bad habits; **abandonar os negócios:** to give up business, to retire from business; **abandonar uma acção judicial:** to drop a lawsuit; **abandonar um amigo:** to let down a friend; **abandonar uma ideia:** to lay (set) an idea aside; **abandonar um lugar:** to leave a post.

abandono, *s. m.* abandonment; desertion; **abandono do trabalho:** stoppage (cessation) of work; **ao abandono:** in disorder, neglected, abandoned.

abano, *s. m.* fire-fan.

abarcar, *v. tr.* to include; to enclose; to reach; to embrace; to monopolize; to grasp.

abarracar, *v. tr.* to pitch tents; to encamp in.

abarrotado, *adj.* full, filled (up, with), glutted (with); overloaded; overcrowded.

abarrotar, *v. tr.* to fill up, to glut to stuff, to gorge; to overload.

abastado, *adj.* wealthy, well off, rich.

abastança, *s. f.* abundance; plenty; wealth; **viver na abastança:** to live in plenty.

abastardar, 1. *v. tr.* to debase, to degrade; **2.** *v. refl.* to degenerate, to corrupt.

abastecedor, *s. m.* provider, supplier.

abastecer, *v. tr.* to provide, to supply; **abastecer o mercado:** to supply the market; **abastecer-se de:** to provide oneself with; **abastecer-se da casa...:** to get one's supplies from...

abastecimento, *s. m.* supply, provisions, stock.

abater, *v. tr.* to abate; to diminish, to reduce (price); to take off; to lessen; to throw down; to slaughter (cattle); to fell (trees); to shoot down (aeroplane, man); **abater (com o peso):** to collapse, to yield, to give way (under the weight).

abatido, *adj.* abased; depressed, downcast; shot; **abatido pelo sofrimento:** crushed down by grief; **estar abatido:** to be in the dumps, to be in low spirits.

abatimento, *s. m.* discount; deduction; reduction (shop); depression; **abatimento de terreno:** subsidence of the ground.

abaular, *v. tr.* to swell; to make convex; to arch.

abcesso, *s. m.* abscess.

abcissa, *s. f.* absciss, abscissa.

abdicação, *s. f.* abdication; resignation; renunciation.

abdicar, *v. tr.* to abdicate, to resign, to renounce, to give up.

abdómen, *s. m.* abdomen.

abeberar, *v. tr.* to give drink to; to water; to soak.

abecedário, *s. m.* alphabet.

abeirar, *v. tr.* e *refl.* to approach, to come near, to draw near, to walk up (to a person).

abelha, *s. f.* bee; **abelha macho:** drone; **enxame de abelhas:** a swarm of bees; **o zumbido das abelhas:** the hum of bees.

abelha-mestra, *s. f.* queen bee.

abençoado, *adj.* blessed, blest.

abençoar, *v. tr.* to bless; to consecrate, to hallow; to praise.

aberração, s. f. aberration; deviation.

aberta, s. f. opening (weather); opportunity; break; gap.

aberto, adj. open; frank, open-hearted; broad, wide; **aberto de par em par:** wide-open; **conta aberta:** open account; **deixar em aberto:** to leave unfinished.

abertura, s. f. opening, hole; leak; outlet; (mús.) overture.

abespinhado, adj. angry; peevish, acrimonious, resentful.

abespinhar-se, v. refl. (fam.) to get angry, to fly into a passion, to get mad at; to bristle.

abeto, s. m. fir, fir-tree.

abismado, adj. astonished; absorbed.

abismal, adj. abyssal, bottomless.

abismar-se, v. refl. to be astonished; to be shocked; to drown.

abismo, s. m. abyss; precipice; depth.

abissal, adj. huge; abyssal.

abjecção, s. f. abjection, baseness, degradation; vileness.

abjecto, adj. abject; mean; worthless; degraded; vile, base.

abjurar, v. tr. to abjure; to renounce, to give up.

abnegação, s. f. abnegation; renunciation; self-denial.

abnegar, v. tr. to abnegate, to refuse; v. refl. to sacrifice oneself.

abóbada, s. f. vault, arch; archway; **abóbada celeste:** heavenly vault.

abobadado, adj. vaulted; dome-shaped; arched.

abobadar, v. tr. to vault; to arch; to bend.

abobado, adj. silly, simple, foolish.

abobar-se, v. refl. to play the fool.

abóbora, s. f. pumpkin, squash, gourd.

aboboral, s. m. pumpkin-field, squash-field, gourd-field.

aboboreira, s. f. gourd-plant.

abocanhar, v. tr. to bite; to snap.

abocar, v. tr. to catch with the mouth, to snatch.

abolição, s. f. abolition, extinction; eradication.

abolicionismo, s. m. abolitionism.

abolicionista, s. m. f. abolitionist.

abolir, v. tr. to abolish, to do away with; to annul, to cancel; to rescind.

abolorecer, v. intr. to grow mouldy or musty.

abominação, s. f. abomination, repulsion, abhorrence.

abominar, v. tr. to abominate, to hate, to detest, to abhor.

abominável, adj. abominable, detestable, hateful, heinous.

abonação, s. f. warranty, guarantee; bail; (fig.) approbation, esteem.

abonado, adj. wealthy, rich; creditable; **bem abonado:** well measured (weighed, etc.).

abonador, s. m. guarantor; warrantor.

abonar, v. tr. to guarantee, to warrant, to vouch for, to support.

abonatório, adj. guaranteeing; warranting.

abono, s. m. guarantee; **abono de família:** family allowance; **falar em abono de alguém:** to speak on (in) someone's behalf.

abordagem, s. f. boarding; approach.

abordar, v. tr. to board; to approach, to broach (a subject); to accost (a person).

abordável, adj. accessible, approachable, attainable; accostable.

aborígene, *adj.* Aborigine.

aborrecedor, 1. *s. m.* abhorrer; bore; **2.** *adj.* abhorrent; boring, tiresome, annoying.

aborrecer, 1. *v. tr.* to annoy, to bore; **2.** *v. intr.* to displease; **3.** *v. refl.* to grow weary, to become bored; *(fam.)* to be fed up with; to be sick of.

aborrecido, *adj.* tedious, dull, tiresome, wearisome, annoying; **assunto aborrecido:** tiresome subject; **que aborrecido que você é!:** what a bore you are!

aborrecimento, *s. m.* loathing; tediousness; weariness; repugnance; **que aborrecimento!:** what a bore!

abortar, *v. tr.* to miscarry, to abort; *(fig.)* to fail; to come to nothing; **abortar a missão:** to abort mission.

aborto, *s. m.* abortion; miscarriage; *(fig.)* monster.

abotinar, *v. tr.* to make boot-shaped.

abotoadura, *s. f.* set of buttons; the act of buttoning.

abotoar, *v. tr.* to button (up); **casaco de abotoar até acima:** a button-up coat.

abraçadeira, *s. f.* band; stripe.

abraçar, *v. tr.* to hug; to embrace, to clasp; to espouse (a religion, a cause); to include, to comprise; **abraçar um partido político:** to attach oneself to a political party.

abraço, *s. m.* hug, embrace, clasp.

abrandamento, *s. m.* softening; relenting; slacking (of speed); slowing down.

abrandar, 1. *v. tr.* to soften, to soothe, to appease; **2.** *v. intr.* to fall (the wind); to decrease; **abrandar a marcha:** to slow down, to slacken speed.

abranger, *v. tr.* to comprise, to include, to comprehend; **abranger com a vista:** to be within sight; **abranger muitos assuntos:** to embrace many subjects.

abrasador, *adj.* burning, scorching; *(fig.)* ardent, devouring; **um dia abrasador:** a scorching day, a blazing hot day; **sob um sol abrasador:** under a blazing sun.

abrasamento, *s. m.* conflagration.

abrasante, *adj.* burning, flaming.

abrasar, *v. tr.* to burn; to set on fire; to scorch, to scald, to fire, to kindle, to glow; **abrasar com calor:** to burn with heat.

abrejeirar-se, *v. refl.* to grow (to become) naughty.

abre-latas, *s. m.* tin-opener; can-opener.

abreviação, *s. f.* abbreviation abridging; abridg(e)ment.

abreviadamente, *adv.* briefly, in brief, for short, in short, in a few words.

abreviar, *v. tr.* to abbreviate; to abridge; to shorten.

abreviatura, *s. f.* abbreviation; shortening.

abrigado, *adj.* sheltered, well-covered.

abrigar, 1. *v. tr.* to shelter; to cover, to protect; to lodge; to shield; **2.** *v. refl.* to take shelter (from).

abrigo, *s. m.* shelter, cover; protection; refuge; **abrigo antiaéreo:** air-raid shelter; **ao abrigo de:** under the cover of, favoured by, according to; **procurar abrigo:** to seek shelter.

Abril, *s. m.* April; **primeiro de Abril:** All Fools' day.

abrilhantar, *v. tr.* to brighten; to embellish.

abrir, 1. *v. tr.* to open; to unlock (a door); to unfasten; to cut open, to split (the trunk of a tree, a man's head); to make public (a park, a garden); to bore (a hole); **2.** *v. intr.* to open, to expand, to blossom (flowers); to clear up (weather); to break (the day); **abrir o apetite:** to sharpen the appetite; **abrir a luz:** to switch on the light; **abrir a torneira:** to turn the water-tap; **abrir as asas:** to spread the wings; **abrir caminho:** to make way; to lead the way, to work one's way through, to clear the way, to break through; **não abrir boca:** not to utter a word; **num abrir e fechar de olhos:** in the twinkling of an eye, in less than no time; **abrir excepção:** to make an exception; **abrir uma loja:** to set up a shop.

abrolho, *s. m.* thorn; *(fig.)* pain, trouble.

abrunheiro, *s. m.* bullace; plum-tree; blackthorn.

abrunho, *s. m.* plum; sloe.

abruptamente, *adv.* abruptly, suddenly, hastily; rudely.

abrupto, *adj.* abrupt, sudden; steep.

abrutalhado, *adj.* coarse, brutish; rude, uncivil.

abrutar, *v. tr. e intr.* to brutify, to besot; to grow stupid; to become rude.

absentismo, *s. m.* absenteeism.

abside, *s. f. (arq.)* apse, vault, reliquary, shrine.

absinto, *s. m.* absinth.

absolutamente, *adv.* absolutely; positively; quite; utterly; wholly; by all means.

absolutismo, *s. m.* absolutism.

absolutista, *s. m. f.* absolutist.

absoluto, *adj.* absolute, complete; unlimited, unconditional.

absolver, *v. tr.* to absolve; to free, to set free; to release, to pardon, to acquit, to discharge.

absolvição, *s. f.* acquittal; remission; pardon, forgiveness; discharge.

absorção, *s. f.* absorption.

absorto, *adj.* amazed; engrossed; absorbed; lost, deep (in thought); **ficar absorto:** to be lost in thought.

absorvedor, 1. *adj.* absorbent; **2.** *s. m.* absorber.

absorvente, *adj.* absorbent; *(fig.)* absorbing, taking up the attention.

absorver, *v. tr.* to absorb; to suck up, to drink in; to swallow up.

abstemia, *s. f.* abstemiousness; teetotalism.

abstémio, *adj.* abstemious, moderate; abstinent.

abstenção, *s. f.* abstention.

abstencionismo, *s. m.* abstentionism.

abstencionista, *s. m. f.* abstentionist.

abster, *v. tr. e refl.* to restrain, to keep back; to abstain.

abstergente, *adj. e s. m.* abstergent, detergent.

abstinência, *s. f.* abstinence, abstention, continence.

abstinente, 1. *adj.* abstinent, sober; **2.** *s. m. f.* abstainer.

abstracção, *s. f.* abstraction; absent-mindedness.

abstracto, *adj.* abstract; abstracted; ideal; *(fig.)* lost in thought, sunk in meditation.

abstrair, *v. tr. e refl.* to abstract; to be absent-minded; to concentrate; to remove; to leave out; **abstrair-se do que está à volta:** to be lost in thoughts.

absurdo, 1. *adj.* absurd; incongruous; unreasonable; nonsensical; **2.** *s. m.* nonsense, foolishness, absurdity.

abulia, *s. f.* lack of will; abulia.

abúlico, *adj.* abulic; irresolute.

abundância, *s. f.* abundance, fullness; plenty; abounding; copiousness, affluence; **com abundância:** in plenty; abundantly.

abundante, *adj.* abundant, overflowing, plentiful.

abundar, *v. intr.* to abound; to be rich in; to teem with, to overflow.

aburguesar-se, *v. refl.* to become a bourgeois; to behave like a bourgeois.

abusar, *v. tr.* to abuse, to misuse; to deceive, to delude; **abusar da bondade de alguém:** to trespass on a person's kindness; **abusar do álcool:** to take alcohol to excess; to overindulge in spirits; **abusar da paciência de alguém:** to try someone's patience.

abusivo, *adj.* abusive; wrong.

abuso, *s. m.* abuse, misuse; violation; **abuso de confiança:** breach of trust; **abuso do álcool:** overuse of alcohol; **abuso de autoridade:** abuse of authority.

abutre, *s. m.* vulture.

acabado, *adj.* finished, complete; worn out; old, decayed; **estar acabado:** to be over, to look old.

acabamento, *s. m.* final touch.

acabar, *v. tr., intr. e refl.* to finish, to end, to bring to an end, to put an end to; to consume, to die; to be over, to be all up with (a person); to be up (time); **acabar de fazer:** to have just done; **acabar de uma vez para sempre:** to finish once and for all (for good); **está a acabar:** it's drawing near the end; **é um nunca acabar:** there is no end to; **vou acabar com:** I'm going to put an end to; **ainda bem que tudo acabou:** I'm glad it's all over (now); **bem está o que bem acaba:** all is well that ends well; **o prazo acabou:** the term expired.

acabrunhado, *adj.* despondent, downhearted, downcast, in low spirits; weighed down (by troubles).

acabrunhar, 1. *v. tr.* to oppress, to overload; to vex; to burden; **2.** *v. refl.* to lose courage; to be distressed.

acácia, *s. f.* acacia, acacia-tree.

academia, *s. f.* academy.

académico, 1. *adj.* academical; **2.** *s. m.* academist.

academista, *s. m. f.* academician.

açafrão, *s. m.* saffron.

açafroar, *v. tr.* to saffron, to make yellow.

açaimar, *v. tr.* to muzzle; *(fig.)* to repress.

açaime, *s. m.* muzzle; noseband.

acalentar, *v. tr.* to rock (a child); to warm, to cuddle; to hush, to lull; to calm; **acalentar esperanças:** hold out hopes.

acalmar, *v. tr. e refl.* to appease; to calm; to allay; to quiet, to hush, to soften; **acalma-te!:** calm down!; **acalmar as dores:** to soothe the pain; to lessen the pain.

acalmia, *s. f.* pause; appeasement; soothing; **período de acalmia:** a lull (in a storm, in conversation, in the traffic).

acalorado, *adj.* heated; excited; inflamed; **uma discussão acalorada:** a heated discussion.

acalorar, *v. tr.* to warm, to excite; to rouse.

acamar, 1. *v. tr.* to lay, to arrange in layers; **2.** *v. intr.* to lie in bed.

açambarcamento, *s. m.* monopoly; forestalling.

açambarcar, *v. tr.* to monopolize; to hoard; to forestall; to buy up.

acampamento, s. m. camp; camping; **levantar o acampamento:** to break up the camp.

acampar, v. intr. to camp, to encamp.

acanalhar, v. tr. e refl. to make roguish; to become a rogue or a rascal.

acanhado, adj. shy, bashful, timid; tight, narrow; close; **acanhado de espírito:** narrow-minded.

acanhamento, s. m. shyness, narrowness.

acanhar, 1. v. tr. e intr. to intimidate; to tighten, to narrow; **2.** v. refl. to be shy.

acantonamento, s. m. cantonment.

acantonar, v. tr. to canton; to quarter.

acareação, s. f. confronting, facing.

acarear, v. tr. to confront, to face; to bring face to face; to bring into the presence of.

acariciar, acarinhar, v. tr. to caress; to fondle; to stroke; to cherish.

ácaro, s. m. acarus; mite; tick.

acarretar, v. tr. to carry; (fig.) to cause; **acarretar com as consequências:** to take the consequences; **acarretar dificuldades:** to bring about (some) difficulties.

acasalar, v. tr. to couple; to mate (animals).

acaso, s. m. chance, hazard; luck; **ao acaso:** at random; **mero acaso:** mere chance; **por acaso:** by chance, incidentally; **por um feliz acaso:** by a fluke.

acastanhado, adj. chestnut-coloured, nut-brown; brownish.

acatadamente, adv. respectfully; regardfully.

acatador, adj. e s. m. respectful; obedient; **ser acatador da lei:** to be law-abiding.

acatamento, s. m. obedience; respect; esteem.

acatar, v. tr. to respect; to obey; to accept; **acatar as regras:** to observe the rules.

acautelar, 1. v. tr. to prevent; to ward off; to advise, to warn; to caution, to guard against; **2.** v. refl. to take precautions; to be on one's guard; to be cautious; to beware of; to take care.

acção, s. f. action; activity; deed; operation; subject or plot (of a play, a poem, etc.); process, suit, lawsuit; (com.) share, stock; **acção combinada:** joint action; **acção da luz:** action (effect) of light; **acção de graças:** thanksgiving; **acção do medicamento:** action (effect) of the medicine; **acção do tempo:** the effect of weather (or time); **intentar uma acção de divórcio:** to sue for divorce; **homem de acção:** a man of action; **uma boa (má) acção:** a good (an evil) deed; **ter acções:** (econ.) to hold shares.

accionar, v. tr. to bring into action; to sue (law); **fazer accionar:** to bring into action; to start, to set off, to put in motion.

accionista, s. m. f. shareholder; stockholder.

aceder, v. intr. to accede to, to agree to; to assent; to acquiesce; **aceder a um pedido:** to grant a wish, to comply with a request.

acefalia, s. f. acephalia.

acéfalo, adj. acephalous.

aceiro, s. m. steel-worker.

aceitação, s. f. approval; acceptance; agreement; approbation; **ter boa aceitação:** to be well received.

aceitar, v. tr. to accept; to agree to; to admit; **aceitar propostas:**

to accept proposals; **aceitar uma proposta:** to accept a proposition; **aceitar um desafio:** to take up a challenge.

aceitável, *adj.* acceptable.

aceleração, *s. f.* acceleration; haste; **aceleração da marcha:** increase in rate, speeding up.

acelerado, *adj.* accelerated, quickened; **movimento acelerado:** accelerated motion; fast forward; **passo acelerado:** quick march.

acelerador, *s. m.* accelerator; **carregar no acelerador:** to step on the accelerator.

acelerar, *v. tr.* to accelerate, to hasten; to speed up; to quicken; to hurry.

acenar, *v. tr.* to wave; to beckon, to nod, to make a sign.

acendalha, *s. f.* chip, dry stick; tinder-box, match.

acendedor, *s. m.* lighter; lamp-lighter.

acender, 1. *v. tr.* to light; to turn on; to put on, to switch on (lights); 2. *v. refl.* to catchfire, to glow, to burn up; to be excited; to brighten up; **acender os faróis:** to switch on the headlights (of a car); **acender o lume:** to light the fire; **acender um fósforo:** to strike a match.

aceno, *s. m.* nod, sign, wave.

acento, *s. m.* accent; stress (in speech); tone (of the voice).

acentuação, *s. f.* accentuation, accent, stress; emphasis.

acentuar, *v. tr.* to accentuate, to accent; to lay stress on, to stress; to emphasize.

acepção, *s. f.* acceptation (of a word); meaning; **na acepção mais larga da palavra:** in the broadest sense of the word; **na acepção verdadeira da palavra:** in the best sense of the word.

acepilhador, *s. m.* planer.

acepilhar, *v. tr.* to plane; to polish; to smoothen; to perfect.

acepipe, *s. m.* dainty, titbit, delicacy; *pl.* hors-d'œuvre.

acerbar, *v. tr.* to make sour; to embitter; to cause ill-feeling to; to irritate.

acerbidade, *s. f.* acerbity; bitterness, sharpness; sourness; fierceness.

acerbo, *adj.* acerb; sour; severe.

acerca, *prep.* **acerca de:** about, concerning, as to, as regards.

acercar, *v. refl.* to draw near, to come near, to approach.

acérrimo, *adj.* very sour; *(fig.)* obstinate; violent.

acertar, 1. *v. tr.* to hit upon; to adjust; 2. *v. intr.* to target; **acertar um relógio:** to set a watch (clock) right; **acertar no alvo:** to hit the target; **acertar em cheio:** to hit the nail on the head; **não acertar:** to miss, to fail.

acerto, *s. m.* wisdom; skill; **falar com acerto:** to speak to the point; **feito com acerto:** rightly done.

acervo, *s. m.* pile, heap, mass.

aceso, *adj.* lighted, switched or (light); lit, kindled; *(fig.)* hot fierce, fiery; **no mais aceso da luta:** in the thick of the fight.

acessibilidade, *s. f.* accessibility.

acessível, *adj.* accessible, approachable; **preços acessíveis:** low prices.

acesso, *s. m.* access, admittance, admission; approach; **acesso de fúria:** a fit of anger; **os acessos à cidade:** the approaches to the city; **acesso difícil:** difficult approach.

acessório, 1. *adj.* additional, non essential; 2. *s. m.* accessory; **acessórios de automóvel**

accessories of a car; **acessórios de cama:** bedding; **acessórios de casa de banho:** bathroom fittings.

acetato, s. m. acetate.

acético, adj. acetic; sour.

acetileno, s. m. acetylene.

acetona, s. f. acetone.

acha, s. f. billet, log; battle-axe; **deitar achas na fogueira:** (fig.) to rouse a fight.

achacado, adj. sickly, faint; **achacado à doença:** prone to sickness.

achacar, v. intr. to grow sick.

achado, 1. adj. found; **2.** s. m. find; bargain; **não se dar por achado:** to ignore; **um verdadeiro achado:** a real find.

achamento, s. m. finding; discovery.

achaque, s. m. ailment; vice.

achar, v. tr. to find; to hit upon; to invent, to discover, to find out; to mean; to think, to judge; **achar conveniente:** to think advisable (convenient); **acho que não:** I don't think so; **acho que sim:** I think so; **que tal achas (o peixe)?:** how do you like (the fish)?

achatado, adj. flattened.

achatamento, s. m. flattening.

achatar, v. tr. to flatten, to make flat.

achega, s. f. addition; increase; help, aid, assistance.

achincalhamento, s. m. scoffing, mockery; humiliation.

achincalhar, v. tr. to scoff, to mock, to make fun of; to debase.

achinesar, v. tr. to make Chinese-like.

achocolatado, adj. chocolate-like.

acicatar, v. tr. to spur; to prick; to stimulate; to excite.

acicate, s. m. spur; stimulant.

acidentado, adj. uneven, hilly (the ground); chequered (life, career).

acidental, adj. accidental; casual; occasional.

acidentalmente, adv. accidentally, casually, by chance.

acidentar, v. tr. to alter; to vary; to make uneven.

acidente, s. m. accident; mishap; misfortune.

acidez, s. f. acidity; sourness; sharpness; **acidez do estômago:** gastric acidity.

acidificação, s. f. acidification.

acidificar, v. tr. e refl. to acidify, to turn sour; to become acid.

ácido, 1. adj. acid, sour; **2.** s. m. acid.

aciganado, adj. gipsy-like.

aciganar-se, v. refl. to become gipsy-like; to behave like a gipsy.

acima, adv. above; beyond; over; up; **acima de qualquer suspeita:** above (beyond) all suspicion; **acima de zero:** above zero; **acima do nível do mar:** above sea level; **acima mencionado:** above-mentioned; **mais acima:** higher up; **pela rua acima:** up the street.

acinte, s. m. spite; malice; grudge; ill-will; **de acinte:** on purpose; **por acinte:** out of spite.

acintosamente, adv. spitefully, maliciously; intentionally.

acintoso, adj. spiteful; malicious; ill-minded.

acinzentado, adj. greyish.

acirrar, v. tr. to irritate, to excite anger in; to spur; to tease.

aclamação, s. f. acclamation; shout; applause; **por aclamação:** by acclamation.

aclamar, v. tr. to acclaim; to applaud, to cheer; to praise.

aclaração, s. f. explanation.

aclarar, v. tr. to clear; to explain; to brighten.

aclimatação, s. f. acclimation, acclimatization.

aclimatar, 1. v. tr. to acclimatize; to acclimate; **2.** v. refl. to get acclimatized.

acne, s. m. acne.

aço, s. m. steel; **aço duro:** hard steel; **aço fino:** fine steel; **aço macio:** mild steel; **caldeira de aço:** steel boiler; **aço inoxidável:** stainless steel; **liga de aço:** steel alloy; **limalha de aço:** steel filings; **nervos de aço:** nerves of steel.

acobardamento, s. m. cowardice; faint-heartedness.

acobardar, 1. v. tr. to discourage; **2.** v. refl. to be discouraged; to become a coward.

acobertar, v. tr. to cover; to conceal, to disguise.

acocorar-se, v. refl. to squat; to crouch.

açodar, v. tr. to hasten; to speed up; to incite.

açoitamento, s. m. scourging.

acoitar, v. tr. to shelter, to protect, to shield; to defend.

açoitar, v. tr. to scourge, to whip, to flog; to beat.

açoite, s. m. scourge; whipping, flogging; slap.

acolá, adv. there, over there; **acolá em cima:** up there; **acolá em baixo:** down there.

acolchetar, v. tr. to clasp.

acolchoado, adj. wadded, padded; upholstered.

acolchoar, v. tr. to wad, to pad; to quilt.

acolhedor, adj. welcoming; inviting; cordial.

acolher, v. tr. to receive; to welcome, to greet; to admit.

acolhimento, s. m. reception; welcome; **acolhimento cordial:** hearty welcome; **ter bom acolhimento:** to meet with a favourable reception.

acólito, s. m. acolyte.

acometer, v. tr. to assault, to attack; to fight against; to go against (a person).

acometida, s. f. assault, attack; attempt; undertaking.

acomodação, s. f. accommodation; arrangement; adaptation; pl. lodgings.

acomodado, adj. accommodated, arranged; **bem acomodado:** comfortably installed.

acomodar, v. tr. e refl. to accommodate; to adapt; to lodge.

acompanhamento, s. m. attendance; retinue, train; (mús.) accompaniment; **acompanhamento fúnebre:** funeral train.

acompanhante, s. m. f. companion; follower.

acompanhar, v. tr. e intr. to accompany, to attend; to follow; to be present at; **acompanhar a casa:** to take home; **acompanhar uma visita à sala:** to show a visitor into the drawing-room.

aconchegar, v. tr. e refl. to bring near; to make cosy; to wrap close; to snuggle.

aconchego, s. m. snugness, warmth; cosiness; protection.

acondicionamento, s. m. accommodation; arrangement; packing (of goods).

acondicionar, v. tr. to accommodate; to pack (goods); to arrange; to place suitably.

aconselhadamente, adv. wisely; prudently.

aconselhado, adj. wise, prudent, judicious; sensible; **bem acon-**

selhado: well-advised; **mal aconselhado:** ill-advised.

aconselhar, 1. *v. tr.* to advise, to give advice to, to counsel; **2.** *v. refl.* to consult; **aconselhar-se com o travesseiro:** to sleep on it, to sleep over.

acontecer, *v. intr.* to happen, to chance; **aconteça o que acontecer:** whatever happens, whatever may happen; **aconteceu como eu previra:** it turned out as I foretold, it happened as I'd told (you); **coisas que acontecem todos os dias:** everyday occurrences; **se tal acontecer:** in that event; in that case.

acontecimento, *s. m.* event, occurrence; incident, issue; happening; **acontecimento desportivo:** a sport event; **foi um acontecimento:** it was quite an event; **o curso normal dos acontecimentos:** the natural course of events; **um ano cheio de acontecimentos:** an eventful year.

açor, *s. m.* goshawk; falcon.

açorda, *s. f.* bread-soup.

acordado, *adj.* awake; agreed; **estar bem acordado:** to be wide-awake.

acórdão, *s. m.* sentence (in a law court).

acordar, 1. *v. tr.* to waken; to wake up; to awake, to rouse; **2.** *v. intr.* to agree; to come to an agreement.

acorde, *s. m. (mús.)* accord, harmony.

acordeão, *s. m.* accordion.

acordo, *s. m.* agreement, accord, harmony, assent; arrangement; undertaking; treaty, pact; **acordo escrito:** written agreement; **acordo oral:** agreement by word of mouth; **acordo secreto:** secret

understanding; **chegar a acordo:** to come to terms, to come to an agreement; **de acordo com:** according to; **de comum acordo:** by mutual consent; **fazer um acordo:** to make an agreement; **estar de acordo:** to agree; **não estar de acordo:** to disagree.

açoriano, 1. *adj.* of the Azores; **2.** *s. m.* Azorean; native of the Azores.

acorrentar, *v. tr.* to chain, to fetter; to link; to enslave.

acorrer, *v. intr.* to come in haste for help; to help quickly.

acossamento, *s. m.* pursuit; persecution; chase; harass.

acossar, *v. tr.* to pursue; to harass; to chase; to drive away.

acostagem, *s. f.* approaching; coasting, boarding.

acostar, *v. tr.* to approach, to coast along.

acostumado, *adj.* accustomed, used to, familiar with, in the habit of.

acostumar, *v. refl.* to become accustomed to; to get used to.

açoteia, *s. f.* belvedere, terrace.

acotovelamento, *s. m.* elbowing.

acotovelar, *v. tr.* to elbow, to jostle, to thrust (with the elbows).

acovardar, *v. tr. e refl.* to discourage; to behave like a coward.

açougue, *s. m.* slaughter-house.

açougueiro, *s. m.* butcher.

acre, 1. *adj.* acrid, bitter, sharp; **2.** *s. m.* acre.

acreditado, *adj.* accredited; believed; recognized.

acreditar, *v. tr.* to believe in, to trust; to give credit to; to accredit, to warrant.

acrescentamento, *s. m.* increase; addition; enlargement.

acrescentar, *v. tr.* to increase, to add to; **acrescentar com água:** to water, to add water to.

acrescer, *v. tr.* to increase, to add to.

acrescido, *adj.* increased, augmented, enlarged.

acréscimo, *s. m.* increase, addition, enlargement; surplus.

acriançado, *adj.* childish.

acrimónia, *s. f.* acrimony; sharpness; bitterness.

acrobacia, *s. f.* acrobatics; **acrobacia aérea:** aerobatics.

acrobata, *s. m. f.* acrobat; tumbler.

acrobático, *adj.* acrobatic.

acrópole, *s. f.* acropolis.

acta, *s. f.* minutes, proceedings.

activação, *s. f.* activation.

activar, *v. tr.* to activate; to set in motion.

actividade, *s. f.* activity; energy, liveliness; **em actividade:** on the move, at work; **em plena actividade:** in full swing; **manter-se em actividade:** to keep the pot boiling.

activo, *adj.* active, diligent; nimble, agile; busy; assiduous; **activo e passivo:** assets and liabilities; **tomar parte activa em:** to take an active part in; **um espírito activo:** an active mind; **voz activa:** active voice.

acto, *s. m.* act; deed.

actor, *s. m.* actor, player, performer.

actriz, *s. f.* actress.

actuação, *s. f.* acting; performance; exhibition.

actual, *adj.* present; up-to-date; **no estado de coisas actual:** in the present state of affairs.

actualidade, *s. f.* present; present times; *pl.* news; **na actuali-**dade: nowadays, in these days, at the present time.

actualização, *s. f.* modernization, updating.

actualizar, *v. tr.* to update; to modernize.

actualmente, *adv.* at present; today; nowadays.

actuar, *v. tr.* to play, to act; to do; to activate.

açúcar, *s. m.* sugar; **açúcar em pó:** powdered sugar; **açúcar em cubos:** cube sugar; **açúcar mascavado:** raw sugar; **açúcar queimado:** burnt sugar; **cana-de-açúcar:** sugar-cane; **plantação de açúcar:** sugar plantation; **refinaria de açúcar:** sugar refinery.

açucarar, *v. tr.* to sugar, to sweeten.

açucareiro, *s. m.* sugar-bowl, sugar-basin.

açucena, *s. f.* white lily.

açude, *s. m.* dam, weir.

acudir, *v. tr.* to help, to assist; to arise; **acudir ao chamamento:** to answer a call.

acuidade, *s. f.* acuteness, sharpness.

açular, *v. tr.* to incite; to instigate; to set on; to halloo (dogs).

acume, *s. m.* summit, top; acumen; height.

acumulação, *s. f.* accumulation; heaping; **acumulação de cargos:** cumulation of charges; **acumulação de juros:** cumulation of interest.

acumulador, *s. m.* accumulator; **acumulador eléctrico:** storage battery.

acumular, *v. tr.* to accumulate; to heap up; to pile up; to amass (riches); to collect.

acupunctura, *s. f.* acupuncture.

acusação, s. f. accusation; charge; prosecution; indictment, impeachment; **estar sob acusação:** to be under an accusation of; **fazer uma acusação contra:** to bring an accusation against.

acusado, s. m. accused; defendant; prisoner; **ser acusado de:** to be charged with.

acusador, s. m. accuser, plaintiff; **acusador público:** public prosecutor.

acusar, v. tr. to accuse; to indict; to impeach (of a crime); to charge with; to blame.

acusativo, adj. e s. m. accusative.

acústica, s. f. acoustics.

acústico, adj. acoustic; **condições acústicas:** acoustics.

acutângulo, adj. acutangular.

acutilamento, s. m. slashing.

acutilante, adj. slashing, gashing; aggressive.

acutilar, v. tr. to slash.

adaga, s. f. dagger.

adagial, adj. proverbial.

adágio, s. m. adage, proverb; (mús.) adagio.

adamar-se, v. refl. to be effeminate; to have womanish manners.

adamascar, v. tr. to damask.

adaptação, s. f. adaptation; fitness; suitability; adjustment.

adaptar, 1. v. tr. to adapt, to fit (together), to adjust; to apply; **2.** v. refl. to adapt oneself, to get used to.

adaptável, adj. adaptable, adjustable.

adega, s. f. cellar; wine-cellar.

adejar, v. intr. to flicker; to flutter.

adelgaçado, adj. thin; slender.

adelgaçamento, s. m. lessening, thinning, thinness.

adelgaçar, v. tr. to thin, to make thin.

ademanes, s. m. pl. affected manners.

adensar, v. tr. to thicken.

adentar, v. intr. to tooth; to teethe (babies); to bite.

adentro, adv. within; indoors; **ele correu portas adentro:** he rushed in.

adepto, s. m. adherent, follower; partisan.

adequação, s. f. adequacy; adequateness; fitness, suitability.

adequado, adj. fit, suitable, adequate, proper, correct.

adequar, v. tr. to adapt; to adjust.

adereçar, v. tr. to adorn, to trim up, to attire.

adereço, s. m. finery; attire, ornament; set (of jewels); props.

aderência, s. f. adherence; attachment; compliance.

aderente, 1. adj. adherent; sticky; **2.** s. m. adherent, follower.

aderir, v. intr. to adhere; to stick to; to join; to support.

adesão, s. f. adhesion, agreement; approval.

adesivo, 1. adj. sticky; **2.** s. m. adhesive; adhesive tape; adhesive plaster.

adestrado, adj. skilful; trained.

adestrador, s. m. trainer, tamer; instructor.

adestramento, s. m. training, managing, teaching; skill.

adestrar, 1. v. tr. to train, to manage, to instruct; **2.** v. refl. to practise.

adeus!, interj. good-bye!; farewell!; cherrio!; **dizer adeus a:** to say good-bye to, to bid a person good-bye.

adiamento, s. m. adjournment, postponement.

adiantado, adj. in advance; **o meu relógio está adiantado:** my watch is fast, my watch gains; **adiantado na idade:** elderly; **adiantado nos estudos:** ahead in one's studies.

adiantamento, s. m. advancement, anticipation; improvement; advance.

adiantar, 1. v. tr. to advance; to anticipate; to improve; to pay beforehand, to lend money; **2.** v. intr. e refl. to improve; to go too far; to exceed oneself; **o relógio adianta-se:** the watch gains; **adiantar o relógio:** to put the clock forth.

adiante, adv. forward, onward, onwards, ahead; **mais adiante:** farther on; **passar adiante:** to get ahead.

adiar, v. tr. to adjourn, to defer, to postpone; to delay; to send back; to put off, to advance (a date).

adição, s. f. addition.

adicionação, s. f. addition; affix, supplement.

adicional, adj. additional; added; extra.

adicionar, v. tr. to add up, to sum up; to join, to unite.

adido, s. m. attaché.

adiposidade, s. f. fat, obesity.

adiposo, adj. adipose; fatty.

adir, v. tr. to add, to adjoin.

aditamento, s. m. supplement.

aditivo, adj. additive.

adivinha, s. f. riddle, puzzle.

adivinhação, s. f. divination; prediction; guesswork.

adivinhar, v. tr. to guess, to foretell; to find out; **coisa fácil de adivinhar:** an easy guess; **deitar-se a adivinhar:** to speak at random.

adivinho, s. m. fortune-teller.

adjacência, s. f. adjacency, contiguity, nearness.

adjacente, adj. adjacent, contiguous; near-by, close at hand.

adjazer, v. intr. to lie near to; to be contiguous.

adjectivação, s. f. use of adjectives.

adjectivar, v. tr. to use adjectives, to change into an adjective.

adjectivo, 1. adj. adjectival; **2.** s. m. adjective.

adjudicação, s. f. adjudication.

adjudicar, v. tr. to adjudicate.

adjudicatário, s. m. (com.) vendee; allottee.

adjunto, 1. adj. adjoined, annexed, adjunct; **2.** s. m. assistant; adjunct.

adjuvante, adj. adjuvant, helpful, auxiliary.

administração, s. f. administration; management; direction; **conselho de administração:** board of directors.

administrador, s. m. administrator; manager; trustee.

administrar, v. tr. to administer, to manage, to superintend, to handle; **administrar um remédio:** to give a medicine.

administrativo, adj. administrative.

admiração, s. f. admiration; wonder, surprise, amazement; **ponto de admiração:** exclamation mark.

admirado, adj. surprised, amazed, astonished.

admirar, 1. v. tr. to admire, to astonish, to amaze, to surprise; **2.** v. refl. to wonder at, to marvel at, to be astonished at; **não é para admirar:** it's no wonder.

admirável, adj. admirable, wonderful, astonishing, rare.

admissão, s. f. admission, admittance, inlet.

admissível, adj. admissible.

admitir, v. tr. to admit; to allow, to concede, to grant; to acknowledge; to accept; **não admite dúvidas:** it leaves no room for doubts, there is no doubt about it.

admoestação, s. f. admonition, warning; reproof, reproach.

admoestar, v. tr. to admonish, to reprove, to warn.

adoçamento, s. m. sweetening.

adoçar, v. tr. to sweeten.

adocicado, adj. sweetish.

adoecer, v. intr. to become ill, to fall ill, to be taken ill.

adoentado, adj. unwell; indisposed, out of sorts, sickish.

adolescência, s. f. adolescence.

adolescente, adj. adolescent, teenager.

adopção, s. f. adoption.

adoptar, v. tr. to adopt.

adoptivo, adj. adoptive.

adoração, s. f. adoration, worship; veneration; reverence.

adorar, v. t. to adore, to worship; to love, to enjoy.

adorável, adj. adorable.

adormecer, 1. v. intr. to sleep, to fall asleep, to drop off to sleep, to get to sleep; **2.** v. tr. to put to sleep.

adormecido, adj. asleep; **ele está profundamente adormecido:** he is fast asleep.

adormecimento, s. m. drowsiness, heaviness, sleepiness, numbness (of a limb).

adormentar, v. tr. to lull to sleep; to render insensible.

adornar, 1. v. tr. to adorn, to decorate, to embellish, to trim; **2.** v. intr. (náut.) to turn over (on one side).

adorno, s. m. adornment, ornament, decoration.

adquiridor, s. m. buyer; acquirer.

adquirir, v. tr. to acquire; to buy; to get.

adro, s. m. churchyard, porch.

adstringência, s. f. astringency.

adstringente, adj. astringent.

adstrito, adj. astringed, bound up.

aduaneiro, adj. pertaining to the customs.

adubação, s. f. manuring.

adubar, v. tr. to manure (lands); to season (meat).

adubo, s. m. manure; spices, condiment, seasoning.

adufe, s. m. timbrel, tambourine.

adufeiro, s. m. timbrel-player; timbrel-maker.

adulação, s. f. adulation; fawning, flattering, flattery.

adulador, 1. adj. fawning, flattering; **2.** s. m. adulator, flatterer.

adular, v. tr. to adulate, to flatter; to fawn upon (a person).

adulteração, s. f. adulteration; falsification.

adulterado, adj. spurious; falsified; fake; adulterated.

adulterar, v. tr. to adulterate, to corrupt, to debase; to falsify.

adultério, s. m. adultery.

adúltero, 1. adj. adulterous; **2.** s. m. adulterer.

adulto, 1. adj. grown up; adult; **2.** s. m. adult.

adunco, adj. crooked, hooked; **nariz adunco:** hawk-nose.

adustão, s. f. burning up, scorching, adustion.

aduzir, v. tr. to adduce, to cite, to bring forward.

adventício, adj. adventitious; foreign; accidental; added.

advento, s. m. advent; coming; arrival.

adverbial, adj. adverbial.

advérbio, s. m. adverb.

adversamente, adv. adversely, unfortunately.

adversário, 1. adj. adversary, opposed; **2.** s. m. adversary, opponent, enemy.

adversativo, adj. adversative.

adversidade, s. f. adversity; misfortune, bad fortune; misery.

adverso, adj. adverse, opposite, contrary; unfavourable; **ventos adversos:** adverse winds.

advertência, s. f. warning; remark, observation; reproach.

advertir, v. tr. to admonish; to advise; to warn.

advir, v. tr. to come upon; to happen; to result of.

advocacia, s. f. advocacy.

advogado, s. m. lawyer; **advogado de defesa:** advocate, barrister; **advogado de acusação:** prosecution advocate.

advogar, v. tr. to advocate; to plead for, to support.

aéreo, adj. aerial; airy, lofty, light; **estar aéreo:** (fig.) to be absentminded; **Força Aérea:** air force; **ataque aéreo:** air raid.

aeróbica, adj. aerobic; **ginástica aeróbica:** aerobics.

aeróbio, adj. aerobic.

aerodinâmica, s. f. aerodynamics.

aerodinâmico, adj. aerodynamic; **carro aerodinâmico:** streamlined car.

aeródromo, s. m. aerodrome; airfield.

aeromecânica, s. f. aeromechanics.

aeronáutica, s. f. aeronautics.

aeronáutico, adj. aeronautical.

aeronave, s. f. airship, aircraft.

aeroplano, s. m. (aero)plane.

aeroporto, s. m. airport.

aerossol, s. m. aerosol.

aeróstato, s. m. aerostat.

afã, s. m. solicitude; activity; **trabalhar com afã:** to work hard.

afabilidade, s. f. affability, politeness.

afadigar-se, v. refl. to toil, to work hard; to get tired.

afagar, v. tr. to caress; to flatter, to fondle (a baby).

afago, s. m. caress, stroke.

afamado, adj. renowned, famous, well-known, celebrated, known all over the world.

afanar, v. refl. to toil, to labour.

afastado, adj. remote, distant, far.

afastamento, s. m. parting; departure; distance.

afastar, 1. v. tr. to remove, to put aside, to drive away; **2.** v. refl. to go away; to turn away from.

afável, adj. affable; courteous; kind, friendly; polite.

afazeres, s. m. pl. work, task; affairs; business.

afear, 1. v. tr. to uglify; to deform, to deface; **2.** v. refl. to grow ugly.

afectação, s. f. affectation; airs; assumption.

afectado, adj. affected; **modos afectados:** affected manners.

afectar, v. tr. to affect; to feign; to pretend, to make a show.

afectivo, adj. affective, emotional; loving, tender, tender-hearted.

afecto, s. m. affection, fondness, tenderness, love.

afectuoso, adj. affectionate, tender, loving; **recepção afectuosa:** warm welcome.

afeição, s. f. affection; fondness; love.

afeiçoado, adj. addicted; inclined to; loving; devoted.

afeiçoamento, s. m. affection, tenderness.

afeiçoar-se, v. refl. to devote oneself to, to become fond of.

aferente, adj. afferent.

aférese, s. f. apheresis.

aferição, *s. f.* gauging; checking.

aferidor, *s. m.* surveyor of weights and measures; gauger.

aferimento, *s. m.* gauging.

aferir, *v. tr.* to gauge; to check.

aferradamente, *adv.* obstinately, stubbornly, with all one's might.

aferrar-se, *v. refl.* to insist, to be obstinate; **aferrar-se à sua opinião:** to stick to one's opinion.

aferroar, 1. *v. tr.* to prick, to sting; **2.** *v. intr.* to stimulate.

aferventar, *v. tr.* to parboil.

afervorar, *v. tr.* to excite, to stimulate.

afia, *s. f.* pencil-sharpener.

afiação, *s. f.* sharpening; whetting.

afiado, *adj.* sharpened, whetted; sharp; keen (knife).

afiador, *s. m.* grinder, whetstone; strop (for a razor).

afiambrado, *adj.* ham-like; *(fig.)* spruce, smart; neat.

afiançador, *s. m.* warranter.

afiançar, *v. tr.* to warrant, to guarantee, to bail out.

afiar, *v. tr.* to sharpen, to whet; **afiar o lápis:** to sharpen the pencil.

aficionado, *s. m.* amateur; enthusiast, follower.

afidalgado, *adj.* gentlemanly.

afidalgar, *v. tr.* to make noble.

afiguração, *s. f.* fancy, apprehension, imagination.

afigurar-se, *v. refl.* to fancy; to seem; **afigura-se-me que sim:** I fancy so.

afilado, *adj.* thin, slender.

afilamento, *s. m.* slendering; tapering.

afilar, *v. tr.* to slender; to taper; to halloo (dogs).

afilhado, *s. m.* godson.

afiliação, *s. f.* affiliation; adoption; connection.

afiliar, *v. tr.* to affiliate; to adopt.

afim, *adj.* like, similar, alike, related; **são assuntos afins:** they are allied subjects.

afinação, *s. f.* refining; harmony; tuning up.

afinador, *s. m.* refiner; tuner.

afinal, *adv.* finally; at last; actually; **afinal de contas:** after all.

afinar, *v. tr.* to refine; to clear; to tune up (instrument; motor).

afincadamente, *adv.* earnestly, eagerly; **trabalhar afincadamente:** to work hard, to work in earnest.

afincado, *adj.* earnest, hard; **um trabalhador afincado:** an earnest worker.

afincar, *v. intr. e refl.* to fix, to drive; **afincar-se ao trabalho:** to stick to one's task.

afinco, *s. m.* tenacity; doggedness.

afinidade, *s. f.* affinity; kinship, likeness.

afirmação, *s. f.* affirmation; statement, assertion.

afirmar, *v. tr.* to affirm, to assert; to maintain; to declare.

afirmativo, *adj.* affirmative.

afistular-se, *v. refl.* to grow into a fistula, to become fistulous.

afivelar, *v. tr.* to buckle.

afixação, *s. f.* affixing; **afixação proibida:** post no bills; stick no bills.

afixar, *v. tr.* to affix, to attach, to stick, to post.

afixo, *s. m.* affix.

aflição, *s. f.* affliction, distress, woe, anguish, grief, trouble.

afligir, 1. *v. tr.* to afflict, to cast down, to trouble, to grieve, to torment; **2.** *v. refl.* to worry.

aflitivo, *adj.* afflicting; distressing; grievous.

aflito, adj. afflicted, distressed, worried.

afloramento, s. m. outcrop.

aflorar, 1. v. intr. to crop out; mention; **2.** v. tr. to mention.

afluência, s. f. affluence, concourse; flow, crowd.

afluente, 1. adj. flowing; **2.** s. m. tributary (stream).

afluir, v. intr. to flow; **afluir em grande número:** to flock, to come (to go) together in great numbers; to flood in.

afluxo, s. m. afflux; gathering.

afocinhar, v. tr. to fall on one's nose; to dive.

afofamento, s. m. softening.

afofar, v. tr. to soften; to snuggle.

afogado, adj. drowned; suffocated.

afogamento, s. m. drowning.

afogar, v. tr. to drown; to suffocate.

afogueado, adj. glowing, blushing; excited; **faces afogueadas:** rosy cheeks.

afoguear, 1. v. tr. to inflame; to make blush; **2.** v. refl. to blush, to redden.

afoiteza, s. f. boldness, courage, bravery.

afoito, adj. bold, courageous; brave.

afónico, adj. aphonic; voiceless.

aforar, v. tr. to let by lease, to lease, to rent.

aforismo, s. m. aphorism.

aformoseamento, s. m. embellishment; adorning.

aformosear, v. tr. to embellish, to adorn, to beautify.

aforquilhado, adj. forked.

aforrar, v. tr. to free slaves.

aforro, s. m. savings; **certificado de aforro:** saving bond.

afortunado, adj. happy, fortunate, lucky.

afortunar, v. tr. to make happy.

afrancesado, adj. Frenchified.

afrancesar, v. tr. to Frenchify.

afreguesar-se, v. refl. to become a customer.

africano, adj. e s. m. African.

afrodisíaco, adj. aphrodisiac.

afronta, s. f. affront, insult, outrage, offence, injury.

afrontado, adj. offended, outraged, hurt; suffocated; **estar afrontado:** to be sick.

afrontamento, s. m. feeling nauseous.

afrontar, v. tr. to insult, to outrage; to face (danger).

afrouxamento, s. m. slowdown; softening.

afrouxar, v. tr. e intr. to relax, to slow down; to slacken.

afta, s. f. aphta.

aftoso, adj. aphtous.

afugentar, v. tr. to chase, to drive away, to scare.

afundado, adj. sunken.

afundamento, s. m. sinking; submersion.

afundar, v. tr. to sink; to dig.

afunilado, adj. funnel-shaped.

afunilamento, s. m. narrowing.

afunilar, v. tr. to funnel.

agá, s. m. the letter **h.**

agachar-se, v. refl. to crouch, to squat.

agarotado, adj. roguish, naughty.

agarotar-se, v. refl. to become roguish.

agarrar, 1. v. tr. to seize, to catch, to lay hold of, to grasp, to clutch; **2.** v. refl. to stick to, to cling, to catch hold of, to hold (fast); **agarrar alguém pelo braço:** to seize a person by the arm.

agasalhar, 1. v. tr. to warm; to shelter; **2.** v. refl. to keep oneself warm, to wrap up; to put on a woolly.

agasalho, *s. m.* muffler; woolly.

agastadiço, *adj.* irascible; peevish; hot-tempered, touchy.

agastamento, *s. m.* anger; ill humour; weariness.

agastar-se, *v. refl.* to grow angry.

ágata, *s. f.* agate.

agência, *s. f.* agency; activity; action; **agência noticiosa:** news agency; **agência de informações:** inquiry office; **agência de viagens:** travel agency.

agenciar, *v. tr.* to manage; to negotiate.

agenda, *s. f.* memorandum-book; note-book.

agente, *s. m.* agent, broker; **agente de publicidade:** advertising agent; **agente de seguros:** insurance agent.

agigantado, *adj.* gigantic; extraordinary.

ágil, *adj.* agile; quick, nimble.

agilidade, *s. f.* agility; quickness.

agiota, *s. m. f.* usurer, money-lender.

agiotagem, *s. f.* agiotage.

agiotar, *v. intr.* to gamble; to speculate.

agir, *v. intr.* to act; to do; **agir de acordo com:** to act in accordance with.

agitação, *s. f.* agitation; commotion, perturbation, disturbance.

agitado, *adj.* excited, agitated; **mar agitado:** rough sea.

agitador, *s. m.* agitator.

agitar, *v. tr.* to agitate; to excite; to disturb; to shake; to stir.

aglomeração, *s. f.* agglomeration; mass, heap; cluster.

aglomerado, 1. *adj.* heaped up; agglomerated; **2.** *s. m.* agglomerate.

aglomerar, *v. tr.* to agglomerate, to heap up, to cluster.

aglutição, *s. f.* agglutition.

aglutinação, *s. f.* agglutination.

aglutinar, *v. tr.* to agglutinate.

agoirar, *v. tr.* to augur, to predict, to foretell; to pressage.

agoireiro, 1. *adj.* unlucky, ill-omened; **2.** *s. m.* fortune-teller.

agoiro, *s. m.* omen, prediction, foreboding.

agonia, *s. f.* agony; anguish.

agoniado, *adj.* afflicted; sick.

agoniar, *v. tr. e refl.* to tease, to afflict; to grieve; to make sick.

agonizante, *adj.* agonizing.

agonizar, *v. tr.* to agonize, to be on the point of death.

agora, 1. *adv.* now, at present; **2.** *conj.* but; **agora mesmo:** just now, right now; **até agora:** up to now, so far; **por agora:** for the time being, for the present.

Agosto, *s. m.* August.

agracimento, *s. m.* award.

agraciar, *v. tr.* to award, to invest (with).

agradar, *v. intr. e refl.* to please; to oblige.

agradável, *adj.* agreeable; pleasant.

agradecer, *v. tr.* to thank; to thank for; **não tem que agradecer:** not at all.

agradecimento, *s. m.* thanks.

agrado, *s. m.* pleasure, consent; satisfaction; **não é do meu agrado:** it's not to my liking; I don't like it.

agrafador, *s. m.* stapler.

agrafar, *v. tr.* to staple.

agrafo, *s. m.* staple.

agrário, *adj.* agrarian.

agravamento, *s. m.* aggravation; worsening.

agravante, *adj.* aggravating.

agravar, 1. *v. tr.* to aggravate; to add weight to; to worsen; **2.** *v. refl.* to grow worse.

agravo, *s. m.* offense; damage; abuse.

agredir, *v. tr.* to beat, to hit; to attack; to assault.

agregação, *s. f.* aggregate; association.

agregar, *v. tr.* to aggregate; to collect; to add; to anex.

agremiação, *s. f.* association.

agremiar, *v. tr.* to associate.

agressão, *s. f.* aggression; attack; offense.

agressividade, *s. f.* aggressiveness; belligerence.

agressivo, *adj.* aggressive, belligerent; quarrelsome.

agressor, *s. m.* aggressor; attacker.

agreste, *adj.* rustic; wild; discourteous.

agrião, *s. m.* watercress.

agrícola, *adj.* agricultural.

agricultor, *s. m.* farmer.

agricultura, *s. f.* agriculture, farming.

agridoce, *adj.* sourish.

agrilhoar, *v. tr.* to chain, to fetter; to restrain.

agronomia, *s. f.* agronomy.

agrupamento, *s. m.* group; gathering; crowd.

agrupar, *v. tr.* to group; to gather.

agrura, *s. f.* sourness; roughness; sorrow, grief.

água, *s. f.* water; **água doce:** fresh water; **água salgada:** salt water; **água da torneira:** tap water; **de primeira água:** *(fig.)* first rate.

aguaceiro, *s. m.* shower.

água-forte, *s. f.* aqua-fortis.

água-oxigenada, *s. f.* oxygenated water.

aguar, *v. tr.* to wet; to water; to mix with water.

aguardar, *v. tr.* to wait; **aguardar a sua vez:** to wait for one's turn.

aguardent, *s. f.* brandy.

aguarela, *s. f.* water-colour, aquarelle.

aguça, *s. f.* pencil-sharpener.

aguçadeira, *s. f.* grindstone; pencil-sharpener.

aguçado, *adj.* pointed, spiked; sharpened.

aguçador, *s. m.* grinder, sharpener, pencil-sharpener.

aguçar, *v. tr.* to sharpen, to whet; to grind; *(fig.)* to excite, to stimulate; **aguçar o apetite:** to whet one's appetite.

agudeza, *s. f.* sharpness; acuteness.

agudo, *adj.* sharp-pointed; keen; acute.

aguentar, *v. tr.* to support; to sustain; to hold; to endure; to bear; to put up with; **aguentar as despesas:** to bear the expenses; **não aguento mais!:** *(fam.)* I can't stand it any longer.

aguerrido, *adj.* war-like; belligerent.

águia, *s. f.* eagle.

aguilhão, *s. m.* goad; prick; sting (of insects); *(fig.)* spur.

aguilhoar, *v. tr.* to goad, to prick; to spur; to urge; to incite; to stir up.

agulha, *s. f.* needle; point (railway); peak (of a mountain); **buraco da agulha:** needle's eye; **encontrar uma agulha no palheiro:** to find a needle in a haystack; **enfiar a agulha:** to thread the needle.

ah!, *interj.* ah!

ai, *interj.* oh!; **ai jesus!:** oh dear!, dear me!; **num ai:** in less than no time.

aí, *adv.* there; **aí está:** there it is!; **aí mesmo:** right there; **ora aí está!:** there it is!; **vá por aí:** go that way.

aia, *s. f.* chambermaid; nurse; *(fam.)* nanny.

ainda, *adv.* still; yet; again; **ainda agora:** right now, just now; **ainda assim:** all the same; even so; **ainda bem:** fortunately (enough); **ainda não:** not yet; **ainda que:** although; though.

aio, *s. m.* preceptor; tutor; chamberlain.

aipo, *s. m.* celery.

airosidade, *s. f.* grace; elegance.

ajaezar, *v. tr.* to harness.

ajanotar-se, *v. refl.* to become a dandy; to dress up.

ajantarado, *adj.* hearty (meal); **lanche ajantarado:** high-tea.

ajardinar, *v. tr.* to garden; to lay out as a garden.

ajeitar, *v. tr.* to arrange; to adapt, to fit.

ajoelhar, *v. intr.* to kneel, to kneel down.

ajuda, *s. f.* help; assistance, aid; **prestar ajuda a:** to help; to lend a hand to.

ajudante, *s. m. f.* helper, assistant; **ajudante de cozinha:** kitchenmaid; kitchen-boy.

ajudar, *v. tr.* to help, to lend a hand to; to aid; to assist; **em que posso ajudar?:** can I be of any help?

ajuizar, *v. tr.* to judge; to estimate.

ajuntamento, *s. m.* gathering, crowd, mob.

ajustamento, *s. m.* fitting; adjustment, adjusting; arrangement.

ajustar, *v. tr.* to fit; to adjust; to adapt; **ajustar contas:** to settle accounts; to get even.

ala, *s. f.* file; row; rank; tier; wing.

alabastro, *s. m.* alabaster.

alacridade, *s. f.* alacrity, sprightliness, liveliness.

alado, *adj.* winged.

alagamento, *s. m.* inundation, overflowing; flooding.

alagar, *v. tr.* to inundate; to deluge; to overflow, to flood.

alambazar-se, *v. refl.* to eat (to drink) like a glutton.

alambique, *s. m.* still; alembic.

alameda, *s. f.* walk; alley.

álamo, *s. m.* white poplar.

alar, 1. *adj.* wing-shaped; **2.** *v. tr.* to give wings to.

alaranjado, *adj.* orange-coloured.

alarde, *s. m.* show, ostentation.

alardear, *v. tr.* to boast, to brag, to puff up, to show off.

alargamento, *s. m.* widening, enlargement, stretching out; extension.

alargar, *v. tr.* to widen; to expand, to stretch; to prolong, to lengthen.

alarido, *s. m.* outcry; uproar; ado.

alarmante, *adj.* alarming; frightening.

alarmar, *v. tr.* to alarm; to give warning.

alarme, *s. m.* alarm; fear; fright; tumult; bawling.

alarmista, *s. m. f.* alarmist.

alarve, *s. m.* boor, churl, lout; glutton; **ele é um alarve:** *(fam.)* he is a perfect boor.

alastramento, *s. m.* spreading; widening; expansion.

alastrar, *v. intr.* to spread; to strew; to extend; to expand.

alatinar, *v. tr.* to latinize.

alaúde, *s. m.* lute.

alavanca, *s. f.* handle; lever; handspike.

albarda, *s. f.* pack-saddle; *(fig.)* burden.

albatroz, *s. m.* albatross.

albergamento, *s. m.* lodging.

albergar, *v. tr.* to lodge.

albergaria, *s. f.* inn.

albergue, *s. m.* lodging-house; guest-house.

albinismo, *s. m.* albinism.

albino, *s. m.* albino.

albufeira, *s. f.* lagoon, dam.

álbum, *s. m.* album.

albumina, *s. f.* albumin.

albuminoso, *adj.* albuminous, albuminose.

alça, *s. f.* strap (of a piece of clothing); *pl.* braces.

alcachofra, *s. f.* artichoke.

alcáçova, *s. f.* fortress; citadel.

alçada, *s. f.* jurisdiction; power; competence; sphere.

alcaide, *s. m.* alcayde.

alcalinidade, *s. f.* alkalinity.

alcalinizar, *v. tr.* to alkalize.

alcançar, *v. tr.* to reach; to get to; to arrive at; to catch; to obtain; **alcançar o limite:** to reach the limit; **alcançar um bom resultado:** to obtain a good result.

alcance, *s. m.* reach; attainment; range.

alçapão, *s. m.* trap-door.

alcaparra, *s. f.* caper.

alçar, *v. tr.* to raise; to lift up.

alcateia, *s. f.* pack.

alcatifa, *s. f.* carpet.

alcatifar, *v. tr.* to carpet.

alcatrão, *s. m.* tar; pitch.

alcatraz, *s. m.* albatross.

alcatroamento, *s. m.* tarring.

alcatroar, *v. tr.* to tar.

alce, *s. m.* moose.

alcofa, *s. f.* basket.

álcool, *s. m.* alcohol.

alcoolemia, *s. f.* alcoholaemia.

alcoólico, 1. *adj.* alcoholic; **2.** *s. m.* drinker; drunkard.

alcoolismo, *s. m.* alcoholism, drunkenness.

alcoolização, *s. f.* alcoholization.

alcoolizar, *v. tr.* to alcoholize.

alcova, *s. f.* alcove.

alcovitar, *v. tr. e intr.* to pander; to gossip, to tell tales.

alcoviteiro, *s. m.* pander; procurer; telltale.

alcovitice, *s. f.* intrigue; gossip.

alcunha, *s. f.* nickname.

aldeão, 1. *adj.* rustic; churlish; simple; **2.** *s. m.* countryman, villager; peasant.

aldeia, *s. f.* village; **vou à aldeia:** I'm going to the country.

aldeola, *s. f.* hamlet.

aldraba, *s. f.* latch (of the door); knocker.

aldrabada, *s. f.* stroke (with the knocker).

aldrabão, *s. m.* liar, deceiver; bungler.

aldrabar, *v. tr.* to lie, to tell lies; to deceive, to cheat.

aldrabice, *s. f.* lie, falsehood; cheat, fraud; (dishonest) trick.

álea, *s. f.* walk; alley (garden).

aleatório, *adj.* aleatory, contingent, uncertain.

alecrim, *s. m.* rosemary.

alegação, *s. f.* allegation; statement, assertion.

alegar, *v. tr.* to allege; to affirm; to state; to declare.

alegoria, *s. f.* allegory.

alegórico, *adj.* allegoric.

alegrar, *v. tr. e refl.* to cheer (up); to rejoice; to delight; to brighten.

alegre, *adj.* cheerful; lively; merry; light-hearted; **ele está um pouco alegre (com o vinho):** he is a bit tipsy.

alegria, *s. f.* gaiety, cheerfulness, mirth, merriment, joy, rejoicing; **cheio de alegria:** overjoyed.

alegro, *s. m. (mús.)* allegro.

aleijado, *adj.* e *s. m.* crippled.

aleijar, *v. tr.* to cripple, to lame, to hurt.

aleitação, *s. f.* suckling; nursing.

aleitar, *v. tr.* to suckle; to nurse.

aleivosia, *s. m.* calumny, slander; treachery, disloyalty.

aleluia, *s. f.* allelluia, hallelujah.

além, *adv.* beyond; there; in that place; **além de:** besides, in addition to; **além disso:** moreover, besides.

alemão, *adj.* e *s. m.* German.

alentar, *v. tr.* to encourage, to comfort; to stimulate; to incite, to urge on.

alentejano, 1. *adj.* of Alentejo; **2.** *s. m.* native of Alentejo.

alento, *s. m.* breath; courage; incitement, encouragement.

alergia, *s. f.* allergy.

alérgico, *adj.* allergic.

alerta, 1. *adj.* alert, watchful; **2.** *s. m.* alarm; **estar alerta:** to be on the watch; to be on the alert; to be wide-awake.

alertar, *v. tr.* to alert; to rouse, to stir up; to awaken.

aletria, *s. f.* vermicelli.

alexandrino, *adj.* Alexandrine.

alfa, *s. m.* alpha.

alfabeticamente, *adv.* alphabetically; in alphabetical order.

alfabético, *adj.* alphabetic.

alfabetização, *s. f.* alphabetizing.

alfabetizar, *v. tr.* to alphabetize.

alface, *s. f.* lettuce.

alfaia, *s. f.* household furniture; ornament; tool; **alfaia agrícola:** farm implements.

alfaiataria, *s. f.* tailor's (workshop).

alfaiate, *s. m.* tailor.

alfândega, *s. f.* custom-house, customs; **despachante de alfândega:** customs agent; **empregado de alfândega:** custom-officer, official in the Customs.

alfarrábio, *s. m.* old second-hand book.

alfarrabista, *s. m. f.* second-hand bookseller; antiquarian.

alfarroba, *s. f.* carob.

alfavaca, *s. f.* basil.

alfazema, *s. f.* lavender.

alferes, *s. m.* second lieutenant; **fazer pé-de-alferes:** to court, to pay one's addresses to.

alfinetada, *s. f.* pin-prick.

alfinete, *s. m.* pin; **alfinete de cabeça:** dressmaker's pin; **alfinete de segurança:** safety pin.

alfineteira, *s. f.* pin-case, pin-cushion.

alforge, *s. m.* bag; saddle-bag.

alforreca, *s. f.* medusa, jelly-fish.

alforria, *s. f.* exemption, enfranchisement.

alforriar, *v. tr.* to enfranchise; to set free (a slave).

alga, *s. f.* algae; seaweed.

algália, *s. f.* catheter, probe.

algaliar, *v. tr.* to probe.

algaravia, *s. f.* Arabic language; gibberish.

algaraviada, *s. f.* noise; bawling, prattle (of a child); hubbub.

algarismo, *s. m.* figure cipher.

algarvio, 1. *adj.* of the Algarve; **2.** *s. m.* native of the Algarve.

algazarra, *s. f.* hubbub, outcry, uproar.

álgebra, *s. f.* algebra.

algemar, *v. tr.* to manacle, to shackle, to fetter.

algemas, *s. f. pl.* handcuffs, shackles, manacles, fetters.

algibeira, *s. f.* pocket.

algidez, *s. f.* algidity, coldness; chilliness.

álgido, *adj.* algid, cold; chilly.

algo, 1. *pron. indef.* something; **2.** *adv.* somewhat.

algodão, *s. m.* cotton; **tecido de algodão:** cotton cloth.

algodão-em-rama, *s. m.* raw cotton.

algodoaria, *s. f.* cotton-mill.

algoz, *s. m.* hangman; executioner.

alguém, *pron. indef.* someone, somebody; anyone, anybody.

alguidar, *s. m.* bowl.

algum, *pron. indef.* some; any; **algum tanto:** somewhat; **de modo algum:** not at all, by no means, not in the least; **em algum lugar:** somewhere.

algures, *adv.* somewhere.

alhada, *s. f.* a quantity of garlic; *(fig.)* mess; **meter-se numa alhada:** to get into a mess, to get into trouble.

alheamento, *s. m.* alienation; abstraction.

alhear, *v. tr.* to alienate.

alheio, 1. *adj.* alien (to) of others; strange; foreign; absent-minded, inattentive; **2.** *s. m.* other people's property; **amigo do alheio:** *(fig.)* thief; pickpocket; crook.

alheira, *s. f.* garlic-sausage.

alho, *s. m.* garlic.

ali, *adv.* there; over there; in there; **ali em cima:** up there; **ali mesmo:** in that very place, there and then; **ali vem ele!:** there he comes!

aliado, 1. *adj.* allied, associated; **2.** *s. m.* ally; **aliado a:** in alliance with, together with; **as Potências Aliadas:** the Allied Powers; **os Aliados:** the Allies.

aliança, *s. f.* alliance; treaty, league, pact; wedding-ring.

aliar, *v. tr.* to ally, to unite, to associate; to combine; to match.

aliás, *adv. e conj.* besides; otherwise, else; if not.

álibi, *s. m.* alibi.

aliável, *adj.* alliable.

alicate, *s. m.* pliers.

alicerçar, *v. tr.* to lay the foundation(s) (base) of; set up.

alicerce, *s. m.* foundation; base; support.

aliciador, *s. m.* enticer; seducer.

aliciamento, *s. m.* alluring, seduction; enticement.

aliciante, *adj.* alluring; enticing; fascinating.

aliciar, *v. tr.* to allure; to entice, to attract, to seduce.

alienação, *s. f.* alienation; madness; insanity; separation.

alienado, 1. *adj.* alien; estranged; **2.** *s. m.* lunatic, madman.

alienar, *v. tr.* to alienate; to estrange; to hallucinate, to madden.

aligeirar, *v. tr.* to lighten; to ease.

alijar, *v. tr.* to jettison, to throw (goods) overboard; to get rid of.

alimária, *s. f.* beast.

alimentação, *s. f.* food; nourishment.

alimentar, 1. *adj.* nourishing; **2.** *v. tr.* to nourish; to feed; to supply; to sustain.

alimentício, *adj.* nutritious; **géneros alimentícios:** food-stuffs.

alimento, *s. m.* food, nutriment; nourishment.

alindamento, *s. m.* embellishment, trimming.

alindar, *v. tr.* to embellish; to trim.

alínea, *s. f.* paragraph.

alinhamento, *s. m.* line; row; alignment; arrangement (in a straight line).

alinhar, *v. tr.* to align, to range; to level.

alinhavar, *v. tr.* to baste, to tack.

alinhavo, *s. m.* basting.

alisador, 1. *adj.* polishing; **2.** *s. m.* polisher.

alisar, *v. tr.* to polish, to smooth.

alistamento, *s. m.* enrolment; registration; enlistment.

alistar, *v. tr. e refl.* to enrol, to enlist; **alistar-se no exército:** to join the army.

aliteração, *s. f.* alliteration.

aliterar, *v. intr.* to alliterate.

aliviado, *adj.* alleviated, relieved, soothed; **luto aliviado:** half-mourning.

aliviar, *v. tr.* to alleviate; relieve; to lessen, to mitigate, to relieve, to ease; **aliviar as dores:** to soothe pains, to lessen pains.

alívio, *s. m.* alleviation; relief, mitigation, ease; **que alívio:** what a relief!

aljube, *s. m.* prison; den.

alma, *s. f.* soul; spirit; *(fig.)* courage; **alma penada:** ghost; **ser um paz de alma:** *(fam.)* to be a good soul.

almanaque, *s. m.* almanac.

almejado, *adj.* desired, wished.

almejar, *v. tr.* to covet, to long for, to wish for.

almirante, *s. m.* admiral; **vice-almirante:** vice-admiral.

almíscar, *s. m.* musk.

almoçar, *v. intr.* to lunch, to have lunch.

almoço, *s. m.* lunch, luncheon.

almofada, *s. f.* pillow, cushion; **almofada de ar:** air-cushion; **almofada de molas:** spring cushion; **almofada de porta:** door-panel.

almofadar, *v. tr.* to furnish with cushions; to pad; to panel.

almofariz, *s. m.* mortar; **pilão de almofariz:** pestle.

alocução, *s. f.* allocution; speech; address.

aloirar, *v. tr.* to peroxide (hair); to brown (meat).

alojamento, *s. m.* lodgement; lodging; quartering.

alojar, *v. tr. e refl.* to lodge; to billet.

alongamento, *s. m.* lengthening, elongation.

alongar, 1. *v. tr.* to lengthen, to prolong; **2.** *v. refl.* to stretch, to make stretch (a subject); to extend.

aloquete, *s. m.* padlock.

alpaca, *s. f.* alpaca.

alpendrada, *s. f.* large porch.

alpendre, *s. m.* porch; shed.

alpercata, *s. f.* sandal; slipper.

alperce, *s. m.* apricot.

alpinismo, *s. m.* alpinism, mountaineering.

alpinista, *s. m. f.* Alpinist, mountaineer.

alpista, *s. f.* canary-seed.

alquebrado, *adj.* worn out, bent (with age), stooping.

alquebramento, *s. m.* debility, weakness.

alquebrar, *v. tr.* to break, to weaken.

alqueive, *s. m.* fallow land.

alquimia, *s. f.* alchemy.

alquimista, *s. m. f.* alchemist.

alsaciano, *adj. e s. m.* Alsatian.

alta, *s. f.* rise in prices, temperature); boom; *(com.)* increase; discharge (from hospital).

altamente, *adv.* highly; greatly; *(fam.)* great; cool.

altaneiro, *adj.* soaring, towering, proud, arrogant, conceited.

altar, *s. m.* altar.

alta-roda, *s. f.* high life; upper class society.

alteamento, *s. m.* heightening.

altear, 1. *v. tr.* to heighten; to raise; **2.** *v. refl.* to rise.

alteração, *s. f.* alteration, change.

alterar, 1. *v. tr.* to alter; to modify; to change; **2.** *v. refl.* to grow angry; **alterar o sentido:** to twist the meaning of.

altercação, *s. f.* altercation; contention; dispute, quarrel.

altercar, *v. intr.* to altercate, to dispute, to wrangle.

alternação, *s. f.* alternation; turn.

alternador, *s. m.* alternator.

alternância, *s. f.* alternation, turn.

alternar, *v. tr.* to alternate; to relieve.

alternativa, *s. f.* alternative.

alteroso, *adj.* high; grand; superb;
mar alteroso: rough sea.

alteza, *s. f.* highness; **Vossa
Alteza:** your Highness.

altifalante, *s. m.* loudspeaker.

altímetro, *s. m.* altimeter.

altíssimo, 1. *adj.* very high; **2.** *s. m.*
the Almighty.

altitude, *s. f.* altitude.

altivez, *s. f.* haughtiness, arrogance; pride.

altivo, *adj.* haughty, arrogance;
proud.

alto, 1. *adj.* high; tall; elevated;
2. *s. m.* height; top; **de alto a
baixo:** from top to bottom; **alto e
bom som:** loud and clear; **por
alto:** superficially.

alto-relevo, *s. m.* high relief.

altruísmo, *s. m.* altruism; unself-
ishness.

altruísta, *s. m. f.* altruist; unselfish.

altruístico, *adj.* altruistic.

altura, *s. f.* height; altitude; eminence, summit; greatness; **estar
à altura da situação:** to be up to
the situation; **salto em altura:**
high jump.

aluado, *adj.* lunatic; odd.

alucinação, *s. f.* hallucination;
delusion.

alucinante, *adj.* hallucinating.

alucinar, *v. tr.* to hallucinate.

aludir, *v. tr.* to allude, to refer (to);
to mention; to hint at.

alugar, *v. tr.* to hire; to employ, to
let; to rent (land); **alugar à hora:**
to hire out by the hour; **casa para
alugar:** house to let; **alugar uma
bicicleta:** to hire a bicycle.

aluguer, *s. m.* hire; hiring; rent;
carro de aluguer: car for hire.

aluimento, *s. m.* slide, landslide;
landslip; collapse (of a roof).

aluir, 1. *v. tr.* to ruin; **2.** *v. intr.* to
slide; to fall in; to fall down; to
collapse, to crumble.

alumiar, *v. tr.* to light.

alumínio, *s. m.* aluminium.

aluno, *s. m.* pupil; schoolboy;
aluno externo: day-boy; **aluno
interno:** boarder; **aluno semi-
-interno:** day-boarder.

alusão, *s. f.* allusion, reference,
hint, suggestion; **fazer alusão a:**
to make an allusion to, to refer
to.

aluvial, *adj.* alluvial; **terreno aluvial:** alluvial soil.

aluvião, *s. f.* alluvium.

alva, *s. f.* dawn, daybreak; **estrela
de alva:** morning star.

alvacento, *adj.* whitish; light grey.

alvará, *s. m.* charter; letters-patent;
warrant.

alvejar, 1. *v. tr.* shoot; to aim at;
2. *v. intr.* to whiten.

alvéloa, *s. f.* wagtail.

alvenaria, *s. f.* masonry; stone-
work.

alvéolo, *s. m.* alveole; cell (of a
honeycomb); tooth-socket.

alvíssaras, *s. f. pl.* gratuity; reward.

alvitrar, *v. tr.* to suggest, to hint
at; to propose; to arbitrate.

alvitre, *s. m.* suggestion, hint; proposal; opinion.

alvo, 1. *adj.* white; pure; clear;
2. *s. m.* white; aim; end; target;
tiro ao alvo: target-firing (practice); **atirar ao alvo:** to shoot;
acertar no alvo: to hit the bull's
eye; **atingir o alvo:** to hit the
mark; **errar o alvo:** to miss the
mark; **ser alvo de:** to be the target for; to be an object of.

alvorada, *s. f.* dawn; reveille;
(mús.) aubade; **tocar a alvorada:**
to sound the reveille.

alvorecer, v. intr. to dawn, to grow light.

alvoroçar, v. tr. to alarm; to move; to stir up; to excite; to trouble.

alvoroço, s. m. commotion; agitation; perturbation; disturbance; riot, uproar.

ama, s. f. nurse, mistress (of a house); (fam.) nanny.

amabilidade, s. f. kindness, affability; mildness; gentleness; **que amabilidade a sua!:** how kind of you!

amachucar, v. tr. to wrinkle; to crumple, to crush.

amaciar, v. tr. to smooth, to soften, to sweeten.

amador, s. m. lover; amateur; **fotógrafo amador:** amateur photographer; **trabalho de amador:** amateurish work.

amadorismo, s. m. amateurism.

amadurecer, v. tr. e intr. to ripen; to mature.

amadurecido, adj. ripe, mellow; **amadurecido pela idade:** ripened over the years.

amadurecimento, s. m. ripeness, matureness.

âmago, s. m. pith; heart; core; main point; essence.

amainar, 1. v. tr. to lower, to calm down; to appease; **2.** v. intr. to fall (wind); to abate (storm).

amaldiçoado, adj. cursed, accursed.

amaldiçoar, v. tr. to curse; to damn.

amálgama, s. m. amalgam; mixture.

amalgamar, v. tr. to amalgamate; to mix, to mingle.

amamentação, s. f. suckling.

amamentar, v. tr. to suckle.

amanhã, adv. tomorrow; **depois de amanhã:** the day after tomorrow.

amanhar, 1. v. tr. to till; to arrange, to repair; **2.** v. refl. to manage, to get along.

amanhecer, 1. s. m. dawn, daybreak, daylight; **2.** v. intr. to dawn.

amansar, v. tr. to tame; to subdue; to mitigate, to calm (down).

amante, 1. adj. fond of; lover; **2.** s. m. lover.

amanteigado, adj. buttery.

amar, v. tr. to love; to like; to be fond of; to be in love with.

amarar, v. intr. to sail off.

amarelado, adj. yellowish.

amarelecer, v. intr. to grow yellow; to turn pale; to turn yellow, to become yellow.

amarelecido, adj. yellowed; **amarelecido pelo tempo:** yellowed with age.

amarelo, adj. yellow; **sorriso amarelo:** grin; unpleasant smile.

amarfanhar, v. tr. to crumple, to wrinkle, to crease, to ruffle.

amargamente, adv. bitterly; **sorrir amargamente:** to smile a bitter smile.

amargar, 1. v. tr. to embitter; to suffer for; **2.** v. intr. to taste bitter.

amargo, adj. bitter; sharp; acrid; harsh, virulent; piercing; painful.

amargor, s. m. bitterness.

amargura, s. f. bitterness; sorrow, grief.

amargurado, adj. troubled, distressed.

amargurar, v. tr. to endure pain, to suffer.

amarra, s. f. cable, hawser; (fig.) support, aid; protection; **soltar amarras:** to cast off.

amarração, s. f. anchorage; mooring.

amarrar, 1. v. tr. to fasten, to fix; to tie; **2.** v. intr. to moor (ship); **3.** v. refl. to attach oneself to.

amarrotar, *v. tr.* to crumple; to crease; to rumple; to wrinkle.

ama-seca, *s. f.* nanny; dry nurse.

amassar, *v. tr.* to knead (bread); to work up; to mix; to temper (mortar).

amável, *adj.* amiable, lovely, nice, kind; **é muito amável:** you are very kind, it's very kind of you.

amazona, *s. f.* amazon; lady-rider; **traje de amazona:** riding-habit; **montar à amazona:** to ride side-saddle.

amazónico, *adj.* Amazonian.

âmbar, *s. m.* amber.

ambição, *s. f.* ambition; eager desire; dream; **ter ambição:** to be filled with ambition, to fly high, to be ambitious.

ambicionar, *v. tr.* to covet, to desire, to aspire to.

ambicioso, *adj.* ambitious, covetous, high-flying.

ambidextrismo, *s. m.* ambidexterity.

ambidextro, *adj.* ambidexterous.

ambiência, *s. f.* ambiency; atmosphere.

ambiente, 1. *s. m.* environment, atmosphere; surroundings; milieu; **2.** *adj.* environmental; ambient; **temperatura ambiente:** ambient temperature; **meio ambiente:** environment.

ambientalista, *adj. e s. m. f.* environmentalist.

ambiguidade, *s. f.* ambiguity, double meaning.

ambíguo, *adj.* ambiguous; doubtful.

âmbito, *s. m.* bounds, scope, sphere (of action).

ambos, *pron. indef.* both; **de ambos os lados:** on both sides; **nós ambos:** both of us; **quero-os a ambos:** I want you both.

ambulância, *s. f.* ambulance.

ambulante, *adj.* ambulant; strolling, moving; **vendedor ambulante:** pedlar.

ameaça, *s. f.* threat, menace.

ameaçador, 1. *adj.* threatening, menacing; **2.** *s. m.* threatener.

ameaçar, *v. tr.* to threaten, to menace.

amealhar, *v. tr.* to hoard up, to economize, to save.

amedrontado, *adj.* frightened, scared.

amedrontar, *v. tr.* to frighten, to scare away; to intimidate.

ameia, *s. f.* battlement.

ameigar, *v. tr.* to stroke; to caress; to tame.

amêijoa, *s. f.* cockle.

ameixa, *s. f.* plum; **ameixa seca:** prune.

ameixieira, *s. f.* plum-tree.

amém, ámen, 1. *interj.* amen!; so be it; **2.** *s. m.* amen.

amêndoa, *s. f.* almond.

amendoeira, *s. f.* almond-tree.

amendoim, *s. m.* peanut, groundnut.

amenidade, *s. f.* amenity; pleasantness; mildness.

ameninado, *adj.* childish; childlike.

ameninar-se, *v. refl.* to grow childish.

amenizar, *v. tr.* to mitigate; to make pleasant to make agreeable.

ameno, *adj.* pleasant, agreeable, mild; **tempo ameno:** mild weather.

americanizar, *v. tr. e refl.* to Americanize.

americano, *adj. e s. m.* American.

amesquinhar, *v. tr.* to humiliate; to undervalue; to depreciate.

amestrado, *adj.* trained; performing; **urso amestrado:** performing bear.

amestrador, *s. m.* instructor; trainer.

amestrar, *v. tr.* to instruct, to train, to drill; **amestrar um cão:** to train a dog; **amestrar um cavalo:** to train a horse; to break in a horse.

ametista, *s. f.* amethyst.

amianto, *s. f.* asbestos; amianthus.

amido, *s. m.* amide; starch.

amigalhaço, *s. m.* old chap, old boy, old pal.

amigável, *adj.* friendly.

amígdala, *s. m.* tonsil.

amigdalite, *s. f.* tonsillitis.

amigo, *s. m.* friend; **amigos amigos, negócios à parte:** business is business; **os amigos são para as ocasiões:** a friend in need is a friend indeed; **ser amigo de:** to be fond of; **somos grandes amigos:** we are great (good) friends; **tinha cara de poucos amigos:** he had an unfriendly look; there was an ugly look in his eye; **tornar-se amigo de:** to make friends (with), to become (the) friend of; **um amigo dedicado:** a faithful friend; **um amigo íntimo:** a close friend; **um amigo meu:** a friend of mine; **um verdadeiro amigo:** a true friend, a steady friend.

amimado, *adj.* spoilt; fondled.

amimar, *v. tr.* to spoil; to fondle, to pet.

amistoso, *adj.* friendly; **ter relações amistosas com:** to have friendly relations with.

amiúde, *adv.* often.

amizade, *s. f.* friendship; fellowship; **travar amizade com:** to make friends with.

amnésia, *s. f.* amnesia.

amnistia, *s. f.* amnesty.

amnistiar, *v. tr.* to give amnesty to, to pardon.

amo, *s. m.* master; landlord; owner.

amochar, *v. intr.* e *refl.* to bend down.

amodorrar, *v. tr.* e *refl.* to drowse.

amofinação, *s. f.* anguish, torment, torture, vexation.

amofinar, 1. *v. tr.* to torment, to torture, to vex; **2.** *v. refl.* to be vexed or grieved.

amolador, *s. m.* grinder; whetter.

amolar, *v. tr.* e *refl.* to grind, to sharpen, to whet; (*fig.*) to put in a fix; to get into a bad fix.

amolecedor, 1. *adj.* softening, mollifying; **2.** *s. m.* softener.

amolecer, *v. tr.* e *intr.* to soften, to grow soft; to mollify.

amolecimento, *s. m.* softening; mollification.

amolgadela, *s. f.* squashing, bruise; crushing.

amolgar, *v. tr.* to squash, to bruise, to crush.

amoníaco, *s. m.* ammonia.

amontoação, *s. f.* mass; pile; accumulation.

amontoar, *v. tr.* to pile up; to heap up.

amor, *s. m.* love; fondness; devotion; sweetheart; **ele é um amor de pessoa:** he is a delightful person; **amor com amor se paga:** one good turn deserves another; **ela é um amor:** she's a dear; (*fam.*) she's a peach; **morrer de amores:** to be love-sick; **não morremos de amores um pelo outro:** there is no love lost between us; **pelo amor de Deus:** for God's sake; for goodness' sake; **uma história de amor:** a love story; **um casamento de amor:** a love-match; **um casamento sem amor:** a loveless marriage.

amora, s. f. mulberry; **amora silvestre:** blackberry.

amoral, adj. amoral.

amoralismo, s. m. amoralism.

amordaçar, v. tr. to gag.

amoreira, s. f. mulberry-tree.

amorfia, s. f. amorphism.

amorfo, adj. amorphous, apathetic, listless; shapeless.

amornar, v. tr. e intr. to warm slightly, to make lukewarm.

amoroso, adj. amorous; in love; loving; sweet, kind.

amor-perfeito, s. m. (bot.) pansy.

amor-próprio, s. m. self esteem.

amorrinhar-se, v. refl. to be taken with murrain, to grow feeble, to enfeeble.

amortalhador, s. m. man who shrouds corpses.

amortalhar, v. tr. to shroud.

amortecedor, s. m. shock absorber.

amortecer, v. t. e intr. to benumb; to deaden (sounds); to damp; to weaken, to lessen.

amortecimento, s. m. weakening; deadening.

amortização, s. f. paying off; amortization; **fundo de amortizações:** sinking-fund.

amortizar, v. tr. to pay off; to amortize; to redeem (by a sinking-fund).

amostra, s. f. sample; pattern; sign; mark; show; specimen; (fig.) example, illustration; **amostra sem valor:** sample of no value; **colecção de amostras:** set of samples; **livro de amostras:** pattern-book.

amotinação, s. f. mutiny, uproar, rebellion, insurrection.

amotinador, 1. adj. mutinous; **2.** s. m. mutineer, rioter.

amotinar, v. tr. to mutiny, to rebel, to revolt, to rise against; to stir up.

amovibilidade, s. f. removability dispossession.

amovível, adj. removable; transferable.

amparar, v. tr. to prop; to help to aid; to protect; to lean on, to rest on.

amparo, s. m. aid, protection support, stand-by, assistance prop; **o amparo da família:** the prop and stay of the home.

ampere, s. m. ampere.

amplexo, s. m. embrace; hug.

ampliação, s. f. amplification, development; enlargement; **ampliação máxima:** maximum magnification.

ampliador, s. m. enlarger; amplifier.

ampliar, v. tr. to amplify, to enlarge, to magnify, to increase. **ampliar os limites:** to extend the limits; **ampliar uma fotografia:** to enlarge a photo.

amplidão, s. f. ampleness; breadth, amplitude, largeness, extent, spaciousness.

amplificação, s. f. amplification; diffuseness; **poder de amplificação:** magnifying power.

amplificador, s. m. amplifier, magnifier.

amplificar, v. tr. to amplify.

amplitude, s. f. amplitude; largeness; **amplitude da maré:** range of tide; **amplitude da onda:** wave amplitude.

amplo, adj. ample; vast; wide, great, spacious, roomy.

ampola, s. f. blister; vial, ampoule.

ampulheta, s. f. sand-glass.

amputação, s. f. amputation, cutting off (of a limb).

amputar, *v. tr.* to amputate, to cut off.

amuar, *v. intr. e refl.* to pout; to sulk.

amuleto, *s. m.* amulet, talisman; lucky charm.

amuo, *s. m.* sulkiness, pouting.

amurada, *s. f.* bulwark.

anacrónico, *adj.* anachronic; anachronistic.

anacronismo, *s. m.* anachronism.

anafado, *adj.* fat; plump, stout.

anafar, *v. tr.* to fatten; to become plump.

anáfora, *s. f.* anaphora.

anagrama, *s. m.* anagram.

anais, *s. m. pl.* annals; chronicles.

anal, *adj.* anal.

analfabetismo, *s. m.* illiteracy, illiterateness.

analfabeto, *adj.* illiterate, unlearned, untaught, unread.

analgésico, *adj.* analgesic.

analisador, *s. m.* analyser.

analisar, *v. tr.* to analyse; to examine.

analisável, *adj.* analysable.

análise, *s. f.* analysis.

analista, *s. m. f.* analyst.

analogia, *s. f.* analogy, similitude, likeness, resemblance, similarity, conformity.

analógico, *adj.* analogic.

análogo, *adj.* analogous; resembling; similar.

ananás, *s. m.* pineapple; **sumo de ananás:** pineapple juice.

anão, 1. *adj.* dwarfish, undersized; **2.** *s. m.* dwarf.

anarquia, *s. f.* anarchy; disorder.

anárquico, *adj.* anarchic.

anarquismo, *s. m.* anarchism.

anarquista, *s. m. f.* anarchist.

anarquizar, *v. tr.* to make anarchic; to revolt; to cause disorder in.

anástrofe, *s. f.* anastrophe.

anatado, *adj.* creamy.

anatar, *v. tr.* to cover with cream.

anátema, *s. m.* anathema; excommunication.

anatomia, *s. f.* anatomy.

anatómico, *adj.* anatomic.

anavalhar, *v. tr.* to stab (with a knife); to knife.

anca, *s. f.* haunch; hip.

ancestral, *adj.* ancestral.

anchova, *s. f.* anchovy.

ancianidade, *s. f.* oldness, ancientness, old age.

ancião, 1. *adj.* ancient; **2.** *s. m.* old man; an elderly man.

ancinho, *s. m.* rake.

âncora, *s. f.* anchor; **lançar a âncora:** to cast anchor, to drop anchor; **içar a âncora:** to weigh anchor.

ancoradouro, *s. m.* anchorage; anchor-ground; moorings.

ancoragem, *s. f.* anchorage dues; anchoring; port charges.

ancorar, *v. intr.* to anchor, to cast anchor, to come to anchor, to moor.

andaime, *s. m.* scaffold.

andaluz, *adj. e s. m.* Andalusian.

andamento, *s. m.* going; pacing; process; proceeding; measure; *(mús.)* movement; **o primeiro andamento de uma sinfonia:** the first movement of a symphony; **o carro pôs-se em andamento:** the car slid into gear.

andança, *s. f.* pacing; adventure; **passar todo o dia em andanças:** to be on the hop all day.

andante, *adj.* going; errant, bustling, wandering; knight-errant.

andar, *v. intr.* to walk, to go; to step; to advance; to stroll; **andar a cavalo:** to ride on horseback; **andar à chuva:** to be out in the rain; **andar a monte:** to take to the hills; **andar aos tropeções:** to stumble along; **andar a passos largos:** to stride along; **andar a pé:** to go on foot, to walk; **andar às apalpadelas:** to grope along, to feel about; **andar à solta:** to be at large; **andar com a cabeça à roda:** to be dizzy; **andar com a cabeça levantada:** to hold one's head up; **andar com os tempos:** to go with the tide; **andar de automóvel:** to drive, to ride in a car; **andar de avião:** to travel by air, to fly, to go by plane; **andar de bicicleta:** to ride on a bicycle; **andar de carroça:** to ride on a cart; **andar de comboio:** to travel (to go) by train; **andar de cabeça perdida:** to be off one's head; **andar de gatas:** to go on all fours; **andar de um lado para o outro:** to go (to walk) about; **andar em bicos dos pés:** to go on tiptoe; **andar numa roda viva:** to be on the go; **andar para a frente:** to go foward(s), to go on; **andar para cá e para lá:** to go to and fro; **andar para trás:** to go backwards; **andar sem pressas:** to walk leisurely; **andar sobre brasas:** to walk on hot bricks.

andar, *s. m.* floor; flat; walking; **o último andar:** the top floor; **uma casa com cinco andares:** a five-storied building; **um andar desajeitado:** an awkward walking; **com o andar dos tempos:** as time goes on.

andarilho, *s. m.* runner, rambler; good walker; errand-boy.

andas, *s. f. pl.* stilts.

andebol, *s. m.* handball.

andor, *s. m.* bier; litter for conveying religious images.

andorinha, *s. f.* swallow.

andrajo, *s. m.* rag, tatter; **em andrajos:** in tatters.

andrajoso, *adj.* ragged, tattered.

androginia, *s. f.* androgyne; hermaphrodite.

anedota, *s. f.* joke; anecdote.

anedótico, *adj.* anecdotic.

anel, *s. m.* ring; link (of a chain); **anel de cabelo:** curl, ringlet; **anel de casamento:** wedding-ring; **anel de noivado:** engagement ring.

anelar, 1. *adj.* annular; **2.** *v. tr.* to curl; to long for; to covet; **dedo anelar:** ring-finger.

anelo, *s. m.* desire, coveting; pant, gasp; (a) longing (for).

anemia, *s. f.* anaemia.

anémico, *adj.* anaemic; pale.

anemografia, *s. f.* anemography.

anémona, *s. f.* anemone.

anestesia, *s. f.* anaesthesia.

anestesiante, *adj.* anaesthetizing.

anestesiar, *v. tr.* to anaesthetize.

anexação, *s. f.* annexation.

anexar, *v. tr.* to annex; to unite; to add; to attach; to append to.

anexo, 1. *adj.* annexed; joined; incorporated; attached; **2.** *s. m.* enclosed; enclosure; annex(e); outbuilding; additament.

anfíbio, 1. *adj.* amphibious; **2.** *s. m.* amphibian.

anfiteatro, *s. m.* amphitheatre.

anfitrião, *s. m.* amphitryon; host.

ânfora, *s. f.* amphora.

anfractuosidade, *s. f.* anfractuosity; **anfractuosidade da costa:** indentation of the coast-line.

anfractuoso, *adj.* anfractuous.

angariar, *v. tr.* to allure; to procure; to engage; to canvass; to enlist; to collect.

angelical, *adj.* angelic.

angélico, *adj.* angelic, saintly.

angina, *s. f.* angina; tonsillitis; **angina de peito:** angina pectoris.

anglicanismo, *s. m.* Anglicanism.

anglicano, *adj.* e *s. m.* Anglican.

anglicismo, *s. m.* Anglicism.

anglo, *s. m.* Anglo; **anglo-americano:** Anglo-American; **anglo-saxão:** Anglo-Saxon.

anglófilo, *adj.* Anglophil.

anglofobia, *s. f.* Anglophobia.

angolano, *adj.* e *s. m.* from Angola; native of Angola.

angra, *s. f.* bay, creek, bight.

angulado, *adj.* angled; angulate.

angular, *adj.* angular; pointed; **pedra angular:** corner-stone.

ângulo, *s. m.* angle; corner; **ângulo agudo:** acute, angle; **ângulo recto:** right angle; **ângulos verticalmente opostos:** opposite angles.

anguloso, *adj.* angulous; *(fig.)* bony.

angústia, *s. f.* anguish, pang.

angustiado, *adj.* in anguish, afflicted, distressed.

angustiante, *adj.* anguishing; tormenting; agonizing.

angustiar, *v. tr.* e *refl.* to afflict, to distress; to grieve, to be in anguish.

anho, *s. m.* lamb.

anichar, *v. tr.* e *refl.* to crouch; to hide.

anil, *s. m.* anil, indigo.

anilar, *v. tr.* to dye with indigo.

anileira, *s. f.* indigo-plant.

anilha, *s. f.* washer (of a joint or screw); ring.

animação, *s. f.* animation; liveliness; **cinema de animação:** animation.

animado, *adj.* animated; lively; encouraged; **animado de bons propósitos:** animated by good wishes; **estar muito animado:** to be in high spirits; **desenhos animados:** cartoons.

animador, 1. *adj.* animating, encouraging; **2.** *s. m.* animator.

animal, *s. m.* animal; beast; **animal amestrado:** trained animal; **animal de carga:** beast of burden; **animal doméstico:** domestic animal; **animal selvagem:** wild animal.

animalejo, *s. m.* little animal; *(fig.)* blockhead.

animar, 1. *v. tr.* to animate, to vivify, to give life to; to stir up; to urge on; to comfort; to incite, to give confidence to; to encourage; **2.** *v. refl.* to embolden, to liven up; **animar uma festa:** to enliven a party; **isto animou-me a...:** this emboldened me to..., this gave me the courage to... .

animatógrafo, *s. m.* cinematograph.

anímico, *adj.* spiritual; **força anímica:** self-confidence.

animismo, *s. m.* animism.

ânimo, *s. m.* soul; vigour; courage; **dar ânimo:** to encourage; **perder o ânimo:** to be discouraged; to lose heart; **recobrar ânimo:** to lift one's spirits.

animosidade, *s. f.* animosity, ill-feeling, dislike, hatred.

aninhar, *v. tr.* e *refl.* to nestle; to shelter; to snuggle; **aninhar-se (na cama):** to snuggle down (in bed); **aninhar uma criança nos braços:** to nestle a baby in the arms; **a criança aninhou-se na mãe:** the child nestled close to its mother.

aniquilação, *s. f.* annihilation; destruction; extinction.

aniquilar, *v. tr.* to annihilate; to destroy; to wipe out; to demolish; to extinguish.

anis, *s. m.* aniseed; **licor de anis:** anisette.

aniversário, *s. m.* anniversary; birthday; **feliz aniversário!:** happy birthday to you; **no seu aniversário:** on your birthday; **presente de aniversário:** birthday present.

anjo, *s. m.* angel.

anjo-da-guarda, *s. m.* guardian angel.

ano, *s. m.* year; **ano bissexto:** leap-year; **ano lectivo:** academic year; **de ano para ano:** from year to year; **de dois em dois anos:** every other year; **de hoje a um ano:** today a year; **dia de ano novo:** new year's day; **dentro de um ano:** within a year; **durante dois anos:** for two years; **festa de anos:** birthday party; **há um ano:** a year ago; **na passagem do ano:** at the turn of the year; **feliz ano novo!:** happy new year!; **todo o ano:** all the year round; **todos os anos:** every year, yearly; **uma vez por ano:** once a year.

anoitecer, 1. *v. tr.* to grow dark; **2.** *s. m.* nightfall; **anoiteceu:** the night fell; **ao anoitecer:** at nightfall; **antes do anoitecer:** before dark.

anojado, *adj.* nauseated; in mourning.

anojar, *v. tr.* to nauseate; to anger, to annoy, to disgust.

ano-luz, *s. m.* light year.

anomalia, *s. f.* anomaly.

anómalo, *adj.* anomalous; irregular, abnormal.

anonimato, *s. m.* anonymity; **manter o anonimato:** to retain the anonymity.

anónimo, *adj.* anonymous; nameless.

anorexia, *s. f. (med.)* anorexia; lack of appetite.

anormal, *adj.* abnormal.

anormalidade, *s. f.* abnormality; irregularity; deformity.

anoso, *adj.* old, aged, advanced in years.

anotação, *s. f.* annotation, explanation, explanatory note.

anotador, *s. m.* annotator, explainer, commentator.

anotar, *v. tr.* to annotate, to explain; to make notes; to mark down, to write down.

anseio, *s. m.* longing, desire; wishfulness; anxiety.

ânsia, *s. f.* anxiety, uneasiness; worry; **ânsia de aprender:** thirst for knowledge; **as ânsias da morte:** the pangs of death; **estar em ânsias:** to be anxious.

ansiar, *v. tr.* to long for; to pine for.

ansiedade, *s. f.* anxiety; anguish; pain; **esperar com ansiedade:** to wait with anxiety, to wait anxiously.

ansioso, *adj.* anxious, troubled.

anta, *s. f.* dolmen; *(zool.)* tapir.

antagónico, *adj.* antagonistic, opposing, hostile.

antagonismo, *s. m.* antagonism; opposition, hostility; incompatibility; **entrar em antagonismo com:** to antagonize, to act in opposition to.

antagonista, *s. m. f.* antagonist; opponent, adversary, opposer.

antárctico, *adj.* antarctic; **pólo antárctico:** Antarctic pole.

ante, *prep.* before.

antebraço, *s. m.* forearm.

antecâmara, *s. f.* antechamber; anteroom; waiting-room.

antecedência, *s. f.* antecedence, precedence, priority; **com antecedência:** beforehand, in advance.

antecedente, *adj.* antecedent, anterior, foregoing, preceding; **ter antecedentes criminais:** to have a record.

anteceder, *v. intr.* to precede, to come before.

antecessor, *s. m.* predecessor; forerunner; *pl.* ancestors.

antecipação, *s. f.* anticipation, expectation, forestalling.

antecipadamente, *adv.* beforehand, in anticipation.

antecipar, *v. tr.* to anticipate; to forestall, to prevent; **antecipar o pagamento:** to advance the payment; **antecipar uma data:** to advance a date.

antegozar, *v. tr.* to foretaste, to taste beforehand; to look forward to, to anticipate (a pleasure); to enjoy in anticipation.

antegozo, *s. m.* foretaste, anticipation (of a pleasure).

antemanhã, *s. f.* dawn.

antemão, *adv.* forehand; **de antemão:** beforehand, previously.

antemeridiano, *adj.* antemeridian.

antena, *s. f.* antenna; aerial (of a wireless set); spar (of a ship); **antena parabólica:** dish aerial, parabolic aerial.

antenome, *s. m.* first name, title of rank, title of nobility.

anteontem, *adv.* the day before yesterday.

anteparto, *s. m.* pre-natal period.

antepassado, 1. *adj.* bygone, past; 2. *s. m.* ancestor, forefather, predecessor.

antepenúltimo, *adj.* the last but two; antepenultimate.

antepor, *v. tr.* to set before; to prefer.

anteposição, *s. f.* precedency; precedence.

anteprojecto, *s. m.* scheme, groundwork, draft.

anterior, *adj.* anterior, preceding, former, prior; earlier; previous.

anterioridade, *s. f.* anteriority, precedency.

anteriormente, *adv.* before, previously, formerly.

antes, *adv.* before; better; **antes de mais nada:** first of all; **antes queria ficar:** I would rather stay; **antes isso:** so much the better; **pouco antes:** shortly before, little before; **quanto antes:** as soon as possible; **quanto antes melhor:** the sooner the better.

antever, *v. tr.* to foresee.

antevéspera, *s. f.* the day before the eve.

antevisão, *s. f.* forecast; prognostic.

antiácido, *adj. e s. m.* antacid, antiacid.

antiaéreo, *adj.* anti-aircraft; **canhão antiaéreo:** anti-aircraft gun; **defesa antiaérea:** anti-aircraft defence.

antibiótico, *adj. e s. m.* antibiotic.

anticanceroso, *adj.* anticancerous.

anticatólico, *adj.* anti-catholic.

anticiclone, *s. m.* anticyclone.

anticívico, *adj.* anticivic.

anticivismo, *s. m.* anticivism.

anticlerical, *adj.* anticlerical.

anticonceptivo, *s. m.* contraceptive.

anticonstitucional, *adj.* anticonstitutional.

anticristão, *adj. e s. m.* antichristian.

Anticristo, *s. m.* Antichrist.

antidemocrático, *adj.* antidemocratic.

antidesportivo, *s. m.* antisportive.

antídoto, *s. m.* antidote.

antiespasmódico, *adj.* antispasmodic.

antiestético, *adj.* anti-aesthetic.

antifilosófico, *adj.* antiphilosophic; antiphilosophical.

antifisiológico, *adj.* antiphysiological.

antigamente, *adv.* formerly; in past times, in olden times, once.

antigo, *adj.* ancient; past; former; old; antique.

antigualha, *s. f.* old thing, antique, curiosity.

antiguidade, *s. f.* antiquity; **loja de antiguidades:** (old) curiosity shop.

anti-higiénico, *adj.* anti-hygienic.

antílope, *s. m.* antelope.

antimilitarismo, *s. m.* antimilitarism.

antimonárquico, *adj.* antimonarchical.

antimoral, *adj.* immoral.

antinacional, *adj.* antinational.

antinomia, *s. f.* antinomy; contradiction; opposition; paradox.

antipatia, *s. f.* antipathy; aversion; dislike; **ter antipatia por:** to have antipathy to, to have a deep dislike for, to have a strong feeling against.

antipático, *adj.* antipathetic, displeasing, hostile; disagreeable, unpleasant.

antipatizar, *v. intr.* to feel (to show) antipathy to, to dislike.

antipatriota, *s. m. f.* antipatriot.

antipatriotismo, *s. m.* antipatriotism.

antipirina, *s. f.* antipyrin.

antípodas, *s. m. pl.* antipodes.

antiquado, *adj.* antiquated; out of date; old-fashioned.

antiquar, *v. tr. e refl.* to antiquate; to make old; to fall into disuse.

antiquário, *s. m.* antique shop; antiquarian.

anti-semitismo, *s. m.* anti-Semitism.

anti-séptico, *adj. e s. m.* antiseptic.

antítese, *s. f.* antithesis, opposition; exact opposite.

antitóxico, *adj.* antitoxic.

antologia, *s. f.* anthology.

antonímia, *s. f.* antonymy.

antónimo, 1. *adj.* antonymic; **2.** *s. m.* antonym; opposite of, contrary (in meaning).

antonomásia, *s. f.* antonomasia.

antracite, *s. f.* anthracite.

antro, *s. m.* cave, cavern, den, cavity; *(med.)* antrum.

antropofagia, *s. f.* anthropophagy; cannibalism.

antropófago, 1. *adj.* anthropophagous; **2.** *s. m.* cannibal.

antropofobia, *s. f.* anthropophobia, misanthropy.

antropóide, *adj. e s. m. f.* anthropoid.

antropologia, *s. f.* anthropology.

antropológico, *adj.* anthropological.

antropólogo, *s. m.* anthropologist.

antropomorfismo, *s. m.* anthropomorphism.

anual, *adj.* annual; yearly.

anuário, *s. m.* annual, yearbook; **anuário comercial:** commercial directory; **anuário da marinha:** navy list.

anuência, *s. f.* assent, agreement.

anuidade, *s. f.* annuity; yearly grant.

anuir, *v. intr.* to assent, to agree, to consent, to acquiesce; **anuir aos desejos de alguém:** to comply with someone's wishes; **anuir a uma proposta:** to assent to a proposal.

anulação, *s. f.* annulment, cancellation; abolition; rescission; invalidation; **anulação de contrato:** cancellation of contract.

anular, v. tr. to annul, to cancel; to abolish; to do away with; to rescind; **anular uma encomenda:** to cancel an order.

anulável, adj. annullable, defeasible.

anunciação, s. f. announcement; revelation.

anunciador, 1. adj. announcing; **2.** s. m. announcer.

anunciante, s. m. announcer; advertiser.

anunciar, v. tr. to announce, to publish, to advertise; to reveal.

anúncio, s. m. announcement; advertisement; notice; proclamation; **anúncio luminoso:** electric sign, neon sign.

ânus, s. m. anus.

anuviar, v. tr. e refl. to cloud; to darken, to overcloud; to look gloomy; to grow cloudy.

anverso, s. m. obverse, head (of a coin or medal).

anzol, s. m. fish-hook; **iscar o anzol:** to bait the hook.

ao, contracção da preposição a com o artigo **o** e pron. dem. to the; for the; by; to that; for the one; to what.

aonde, adv. where, whither; **aonde vais?:** where are you going?

aorta, s. f. aorta.

apadrinhar, v. tr. to be a godfather to; to protect; to sponsor, to support.

apagado, adj. put out, switched off; out; erased; rubbed out; dull; dim; **a letra estava muito apagada:** the writing was blurred; **ela é uma pessoa apagada:** she's a person of no account; **o fogo está apagado:** the fire is out; **o fogo tinha-se apagado:** the fire had died down.

apagador, s. m. extinguisher; **apagador (do quadro):** duster.

apagar, v. tr. to extinguish; to put out (a candle, fire); to switch off; to turn off (gas, electric light, radio); to clean (blackboard); to rub out (pencil marks); to quench (fire, hope, thirst); **apagar o fogo:** to let the fire out.

apainelar, v. tr. to panel.

apaixonado, adj. passionate; excited; in love; partial; **discurso apaixonado:** an impassioned speech; **olhos apaixonados:** fiery eyes; **é um apaixonado da música:** he is a lover of music.

apaixonar, v. tr. e refl. to impassion, to stir to ardour (passion); **apaixonar-se por:** to fall in love with.

apalavrar, v. tr. to settle; to bind by word; to engage beforehand.

apalermado, adj. silly, foolish.

apalermar-se, v. refl. to grow silly.

apalpação, s. f. palpation, groping, feeling; touch.

apalpadela, s. f. groping, feeling, touching; **andar às apalpadelas:** to feel one's way, to grope one's way (about, along, through); **procurar a fechadura às apalpadelas:** to fumble at the lock.

apalpar, v. tr. to grope, to feel (about); **apalpar o terreno:** to spy out the land; (fig.) to feel one's way; to touch; to fumble about; **o médico apalpou-me o pulso:** the doctor felt my pulse.

apanágio, s. m. ap(p)anage; attribute.

apancado, adj. lunatic, crazy.

apanha, s. f. gathering, reaping; harvest; **o tempo da apanha da azeitona:** olive harvest time.

apanhado, 1. s. m. summary; resumé; (fig.) crazy; **2.** adj. gathered, collected, caught; overtaken, taken; tucked; **apanhado**

de surpresa: taken by surprise; **apanhado pela polícia:** caught by the police; **apanhado pela tempestade:** overtaken by the storm; **apanhado por um automóvel:** run down by a car; **ser apanhado em flagrante:** to be caught in the act; **ele é apanhado:** (fam.) he is nuts.

apanhador, s. m. dust-pan.

apanhar, v. tr. to pick up; to seize, to lay hold of; to catch; to grasp; to reap; to take; to collect; to get; to be beaten; to hit; to take in; **apanhar desprevenido:** to be caught napping, to be taken unawares; **apanhar flores:** to pick up flowers; **apanhar o autocarro:** to catch the bus; **apanhar o sentido:** to grasp the meaning; **apanhar uma constipação:** to catch a bad cold; **apanhar uma doença:** to contract a disease; **apanhar uma desilusão:** to get a slap in the eye (face); **apanhar um susto:** to take a fright, to get a fright; **já te apanho:** I'll soon catch you up.

apaparicar, v. tr. to fondle, to caress; to spoil.

apara, s. f. shred, scrap; snip.

aparadeira, s. f. bedpan.

aparador, s. m. sideboard.

aparafusar, v. tr. to rotate a screw; to fasten with a screw.

aparar, v. tr. to trim, to cut off; to clip (a hedge, sheep); to prune (branches); **aparar a barba:** to clip the beard; **aparar o cabelo:** to trim the hair; to cut the hair; **aparar um lápis:** to sharpen a pencil.

aparato, s. m. ostentation; display, pomp, grandeur.

aparatoso, adj. showy, pompous, stately.

aparcamento, s. m. parking; parking-lot.

aparcar, v. tr. to park.

aparcelar, v. tr. to parcel out; to divide into portions.

aparecer, v. intr. to appear, to come into sight; to come out; to turn up; to show up; **este livro apareceu há uma semana:** this book came out a week ago; **apareceu terra à vista:** land came into sight; **não aparecer:** not to turn up; not to show up; **o sol apareceu no horizonte:** the sun appeared on the horizon.

aparecido, adj. appeared; **seja bem aparecido!:** long time no seeing!; be welcome!

aparecimento, s. m. appearing, appearance, coming into sight.

aparelhagem, s. f. implement, tool; hi-fi.

aparelhamento, s. m. preparing; installation; rigging; fitting.

aparelhar, v. tr. to prepare; to fit; to equip; **aparelhar um navio:** to rig a ship; **aparelhar os cavalos:** to harness horses.

aparelho, s. m. apparatus; gadget; harness; equipment; appliance; **aparelho digestivo:** digestive apparatus.

aparência, s. f. appearance; aspect; look; semblance; **sob a aparência de:** under the cloak of; **as aparências iludem:** still waters run deep; **guardar as aparências:** to keep up appearances; **pelas aparências:** judge by appearances; **feia aparência:** ugly-looking; **ter boa aparência:** to look well, to have a good look.

aparentado, adj. related, allied (by marriage); connected with; **bem aparentado:** well-connected.

aparentar, v. tr. to have the appearance of; to feign; to pretend; to affect; **aparentar menos idade:** to look younger.

aparente, adj. apparent; seeming; fake; **causa aparente:** apparent cause.

aparição, s. m. appearance; apparition; spectre, ghost.

aparo, s. m. nib.

apartação, s. f. separation.

apartado, s. m. PO Box.

apartamento, s. m. separation; division; apartment, flat.

apartar, v. tr. to separate; to set apart; to part; to remove; **apartar do caminho:** to remove from (one's) way; **apartaram-se com tristeza:** they parted in sorrow; **tentaram apartar os desordeiros:** they tried to part the fighters.

aparte, s. m. incidental remark; **falar em apartes:** to speak aside.

aparvalhado, adj. silly; puzzled; bewildered; **ficou meio aparvalhado:** he looked bewildered; **olhou para ele com um ar aparvalhado:** he stared at him with a silly look on his face.

aparvalhar, v. tr. to puzzle, to bewilder, to confuse, to confound, to make silly.

apascentamento, s. m. pasturing; feeding.

apascentar, v. tr. to feed, to pasture.

apassivar, v. tr. to put into the passive; to give a passive form to.

apatetado, adj. silly, simple, idiotic, foolish, doltish.

apatetar, v. tr. to make silly.

apatia, s. f. apathy, insensibility, indifference; indolence (of mind).

apático, adj. apathetic, insensible, indifferent.

apavorado, adj. frightened, terrified, filled with fear.

apavorante, adj. frightful; appalling, dreadful, terrific.

apavorar, v. tr. to frighten, to appal, to dismay, to terrify.

apaziguador, s. m. pacifier, peacemaker.

apaziguamento, s. m. appeasement, pacification.

apaziguar, v. tr. to appease, to pacify, to quiet (down), to calm; to quieten; to soothe.

apeadeiro, s. m. halt; stopping-place; small railway station.

apear, v. tr. e refl. to get off; to alight; **apear-se do cavalo:** to dismount, to get off a horse; **apeio-me na próxima estação:** I'm getting off at the next station.

apeçonhar, v. tr. to poison, to corrupt.

apedrejamento, s. m. stoning.

apedrejar, v. tr. to stone, to throw stones at.

apegadamente, adv. affectionately, devotedly; stickily.

apegado, adj. stuck, fastened (to); affectionate; **apegado a:** addicted to.

apegar, v. tr. e refl. to infect; to be contagious; to stick to, to cling to; to attach oneself to.

apego, s. m. attachment, affection; fondness, love; obstinacy; **sentir apego por:** to feel affection for, to be deeply attached to.

apelação, s. f. appellation; appeal.

apelar, v. tr. e intr. to appeal; to resort; to implore; **apelar da sentença:** to appeal against the judge's decision.

apelidação, s. f. nomination, naming.

apelidar, v. tr. to name; to nickname.

apelido, s. m. surname; nickname; **apelido de solteira:** maiden name.

apelo, *s. m.* appeal, supplication, entreaty; **um apelo à força:** an appeal to force.

apenas, 1. *adv.* only; hardly; scarcely; merely; just; but; **2.** *conj.* as soon as; **apenas lhe perguntei o nome:** I merely asked his name; **apenas o viu sair, seguiu-o:** as soon as he saw him go out, he followed him; **havia apenas meia dúzia de pessoas presentes:** there were scarcely half a dozen persons present; **isto é apenas um exemplo:** this is only an example; **saiu apenas há uma hora:** he left but an hour ago; **tinha apenas chegado, quando soube...:** no sooner had he arrived, than he knew...

apêndice, *s. m.* appendix; supplement; addition.

apendicite, *s. f. (med.)* appendicitis.

apendicular, *adj.* appendicular.

apendículo, *s. m.* appendicle.

apensar, *v. tr.* to append, to add.

apenso, 1. *adj.* added, annexed, enclosed; **2.** *s. m.* appendage.

apequenar, *v. tr.* to shorten; to humiliate.

aperaltado, *adj.* foppish; **todo aperaltado:** all dressed up.

aperaltar-se, *v. refl.* to dress up; to put on one's Sunday clothes (Sunday best).

aperceber, *v. tr.* to perceive, to distinguish; to prepare.

aperfeiçoado, *adj.* perfected; improved; well finished.

aperfeiçoamento, *s. m.* improvement, perfection; finish.

aperfeiçoar, *v. tr.* to improve, to perfect, to make better; **aperfeiçoar-se numa língua estrangeira:** to perfect oneself in a foreign language; **pouco se pode**

aperfeiçoar: this can hardly be improved.

aperitivo, 1. *adj.* appetizing; **2.** *s. m.* aperitif (wine); appetizer; hors d'œuvre.

aperrear, *v. tr.* to torment, to vex, to restrain.

apertado, *adj.* narrow, tight; pressing; scanty.

apertão, *s. m.* pressure; squeeze.

apertar, *v. tr.* to bind; to clasp; to tie; *(fig.)* to press, to urge; to close, to tighten; to hurt; to pinch (shoes, boots, clothes); **apertar a mão:** to shake hands; **apertar com alguém:** to urge a person; **apertar os parafusos:** to screw up; **os sapatos apertam-me os pés:** my shoes pinch my feet.

aperto, *s. m.* pressing; binding, clasping; pressure; embarrassment; squeeze; urgent need; **estar num aperto:** *(fam.)* to be in a jam; to be in a tight squeeze.

apesar de, *locução preposicional* in spite of, notwithstanding, none the less, neverthless; still; despite.

apetecer, *v. tr.* to have an appetite for; to wish; to desire, to covet; **não me apetece sair:** I don't feel like going out; **quando lhe apetecer:** when you feel like it, when you please.

apetência, *s. f.* appetence, competence; ability.

apetite, *s. m.* appetite; desire, relish (for food); sensuality; **o passeio abriu-lhe o apetite:** the walk gave him a good appetite; **perder o apetite:** to lose one's appetite.

apetitoso, *adj.* appetizing; pleasant; agreeable.

apetrechar, *v. intr.* to supply; to provide; to furnish; to equip; to fit out; to rig (a ship).

apetrecho, s. m. tool, implement; supply; equipment, outfit; ammunition; **apetrechos de pesca:** fishing-tackle.

apiário, 1. adj. apiarian; **2.** s. m. apiary.

ápice, s. m. apex, tip, top, summit; **num ápice:** in the twinkling of an eye.

apícola, 1. adj. apicultural; **2.** s. m. bee-keeper, apiarist.

apicultor, s. m. apiarist, bee-keeper.

apicultura, s. f. apiculture, bee-keeping.

apiedar-se, v. refl. to feel sorry for, to feel pity (for), to be moved, to take pity on.

apimentar, v. tr. to sprinkle with pepper; to season with pepper; to spice.

apinhar, 1. v. tr. to heap up; **2.** v. refl. to crowd, to press together; **apinhar-se de gente:** to swarm with people.

apitar, v. intr. to whistle, to blow the whistle, to pipe (a boat-swain); **o carro apitou:** the car hooted.

apito, s. m. whistle; pipe; hoot.

aplacar, v. tr. to appease, to calm down, to soothe (pain); to assuage (pain, passions); to pacify.

aplainar, v. tr. to plane, to level, to smooth, to make even.

aplanamento, s. m. levelling, smoothing.

aplanar, v. tr. to level; to remove (a difficulty).

aplaudir, v. tr. to applaud; to approve, to praise; to clap (hands); **aplaudir um grupo desportivo:** to root for a team, to cheer, to shout in support; **foi muito aplaudido:** he was loudly applauded.

aplauso, s. m. applause; praise, commendation, approval; **aplau-sos estrondosos:** loud applause; **uma série de aplausos:** a round of cheers.

aplicação, s. f. application; fitting; care; appliance; diligence.

aplicado, adj. diligent, studious, industrious.

aplicar, v. tr. to apply; to put on, to lay on; to suit; **aplicar a vista:** to strain one's eyes; **aplicar o ouvido:** to listen, to set one's ear to; **aplicar-se ao estudo:** to devote oneself to study; **aplicar-se ao trabalho:** to apply oneself to work, to work hard.

apocalipse, s. m. apocalypse.

apocalíptico, adj. apocalyptic, apocalyptical.

apócope, s. f. apocope.

apócrifo, adj. apocryphal; spurious, false.

apoderar-se, v. refl. to seize, to lay hold on, to get hold of.

apodrecer, v. refl. to rot, to decompose, to decay.

apodrecimento, s. m. rot, putrefaction, decay.

apófise, s. f. apophysis.

apogeu, s. m. apogee; culmination, the top.

apógrafo, s. m. apograph.

apoiado, 1. s. m. applause; **2.** interj. bravo!; hear!, hear!; well done!

apoiar, v. tr. to support, to second, to back; to applaud; to bear upon; to help; to stick by; to lean on, to rest; **apoiar energicamente:** to give strong support to; **apoiar o braço:** to rest one's arm; **apoiar-se no meu braço:** to lean on my arm; **apoiar um partido político:** to support a political party; **apoiar um plano:** to back a plan.

apoio, s. m. support; protection; prop, stay; supporter.

apólice, s. f. policy; **apólice de seguro:** insurance policy.

apologia, s. f. apology, vindication.

apontamento, s. m. note, annotation, remark; **livro de apontamentos:** note-book, jotter; **tirar apontamentos:** to jot down, to take notes.

apontar, v. tr. to aim; to take aim; to point out, to mark; to note, to jot (down); to write down; to make a note of; to hint (at); to appoint, to designate; **apontar, fogo!** take aim, fire!

apontoar, v. tr. to prop; to shore up, to stitch (loosely).

apoplexia, s. f. apoplexy.

apoquentação, s. f. vexation; affliction, worry; **uma vida cheia de apoquentações:** a life full of worries.

apoquentador, adj. vexing, tormenting; worrying.

apoquentar, v. tr. e refl. to vex, to afflict, to tease; to worry, to be troubled; to be distressed; **não me apoquentes!:** don't bother me!; **não se apoquente** don't worry!

apor, v. tr. to put up; to append; to affix; to add.

aportar, v. intr. to enter a port.

aportuguesar, v. tr. to make Portuguese; to give a Portuguese form.

após, 1. prep. after; behind; **2.** adv. after; afterwards.

aposentação, s. f. retirement, retreat; pensioning off.

aposentado, adj. retired, pensioned off.

aposentadoria, s. f. retirement, pension.

aposentar, v. tr. e refl. to lodge; to retire, to pension off.

aposento, s. m. house; home, dwelling; room; apartment.

apossar-se, v. refl. to seize; to get hold of.

aposta, s. f. bet.

apostador, s. m. better, bettor.

apostar, v. tr. e intr. to bet; **apostar num cavalo:** to bet on a horse.

apóstata, adj. e s. m. f. apostate.

aposto, 1. adj. added; appended; **2.** s. m. noun in apposition.

apostolado, s. m. apostolate, apostleship.

apostolar, v. tr. to preach, to evangelize.

apóstolo, s. m. apostle.

apóstrofo, s. m. apostrophe.

apoteose, s. f. apotheosis.

apoucar, v. tr. to lessen; to debase, to lower; to belittle.

aprazamento, s. m. appointment; assignation; convocation.

aprazar, v. tr. to appoint; to summon; to fix (a date).

aprazibilidade, s. f. kindness; pleasantness.

aprazimento, s. m. contentment, pleasure.

aprazível, adj. pleasant, agreeable; charming.

apre!, interj. fie!; by Jove!

apreçar, v. tr. to price, to ask the price of; to estimate, to value.

apreciação, s. f. appreciation; estimate; criticism; estimation; judgement; valuation (of a person's character).

apreciador, s. m. appreciator; **é um apreciador de música:** he is a lover of music.

apreciar, v. tr. to appreciate; to estimate; to appraise; to value; **aprecio muito a sua gentileza:** I greatly appreciate your kindness.

apreciável, adj. appreciable; considerable; **uma distância apreciável:** a considerable distance.

apreço, s. m. esteem, regard; consideration; value; **como prova do nosso grande apreço:** as a mark of our high esteem; **tenho-o em muito apreço:** I have a high opinion of him.

apreender, v. tr. to apprehend, to understand; to seize, to arrest; to lay hold of.

apreensão, s. f. apprehension; arrest; fear; seizure; **cheio de apreensão:** filled with apprehension.

apreensivo, adj. apprehensive; worried; uneasy.

apregoar, v. tr. e intr. to proclaim; to divulge; to cry; to shout.

aprender, v. tr. e intr. to learn; **aprender a escrever:** to learn (how) to write.

aprendiz, s. m. apprentice.

aprendizagem, s. f. learning.

apresamento, s. m. capture, arrest.

apresar, v. tr. to capture, to arrest, to seize, to apprehend.

apresentação, s. f. presentation; introduction; exhibition; **carta de apresentação:** letter of introduction.

apresentador, s. m. presenter; announcer.

apresentar, v. tr. e refl. to present; to introduce (a person to another); to exhibit; **apresentar cumprimentos:** to present one's respects; **apresentar contas:** to render accounts; **posso apresentar-lhe o meu irmão?:** may I introduce you to my brother?

apressar, v. tr. e refl. to hasten, to hurry, to quicken, to make haste, to speed up; to press; to accelerate; **apressar o passo:** to quicken the pace; **apressa-te!:** hurry up!; make haste!

aprimorar, 1. v. tr. to improve; to perfect; **2.** v. refl. to do one's best.

aprisionamento, s. m. capture, imprisonment.

aprisionar, v. tr. to capture, to imprison, to take prisoner, to lock up; to send to jail.

aprofundamento, s. m. study, research; **fazer o aprofundamento de uma questão:** to go deep into a matter.

aprofundar, v. tr. to deepen; to go through (a matter); to investigate.

aprontar, v. tr. to prepare, to get ready; to finish; **aprontar-se para um exame:** to prepare for an examination.

apropriação, s. f. appropriation.

apropriado, adj. adequate, appropriate, fit, suitable, proper, becoming; **em momento apropriado:** at a suitable moment.

apropriar, v. tr. e refl. to appropriate; to adapt; to fit up; **apropriar-se de:** to take to oneself, to take possession of.

aprovação, s. f. approval, approbation, consent; **acenou com a cabeça em sinal de aprovação:** he nodded in approval; **tem a minha aprovação:** you have my approval.

aprovar, v. tr. to approve, to confirm, to uphold; to commend; to pass; **aprovar um plano:** to assent to a plan; **aprovar o comportamento de alguém:** to uphold a person's conduct.

aprovativo, adj. approving, approbative.

aproveitador, s. m. profiteer.

aproveitamento, s. m. profit; advantage, gain; using up of (old clothes).

aproveitar, v. tr. e refl. to profit; to use; to save, to make use of; to avail, to take advantage of, to profit; **aproveitar a ocasião enquanto é tempo:** to make hay while the sun shines; **aproveitar a oportunidade:** to seize the opportunity; **aproveitar todas as oportunidades:** to use every opportunity.

aprovisionamento, *s. m.* provision; supply.

aprovisionar, *v. tr.* to supply; to provision.

aproximação, *s. f.* approximation; approach.

aproximar, *v. tr. e refl.* to approximate, to approach, to draw near; to come; to get near; to get close; **aproximar-se do fim:** to draw to a close, to come to an end; **aproximar-se sem ruído:** to steal upon; **aproxima-te!:** come nearer!

aproximativo, *adj.* approximative; approaching.

aprumado, *adj.* upright, steady; **um rapaz aprumado:** a steady young man.

aprumar, 1. *v. tr.* to plumb; to put upright; **2.** *v. refl.* to straighten oneself; to hold oneself upright.

aprumo, *s. m.* upright position; self-assurance; straight-forwardness; correctness.

aptidão, *s. f.* aptitude; aptness; fitness, suitability; ability, capacity; **aptidão física:** physical fitness; **aptidão comercial:** business capacities; **exame de aptidão:** entrance examination; **ter aptidão para:** to be fit for.

apto, *adj.* apt, fit; suitable; proper; able; skilled; **está apto para fazer isso:** he is quite able to do that.

apunhalar, *v. tr.* to stab; **apunhalar pelas costas:** to stab in the back.

apupar, *v. tr.* to hiss; to jeer, to hoot, to shout at; **apupar um actor:** to hiss an actor; **apupar um orador:** to hoot and jeer at a speaker.

apupo, *s. m.* uproar; hiss, jeer.

apuração, *s. f.* purifying; liquidation.

apurado, *adj.* refined, elegant; **linguagem apurada:** refined language.

apuramento, *s. m.* research, inquiry, verification; liquidation; selection; **apuramento de contas:** settlement of accounts.

apurar, *v. tr.* to purify; to select; to infer, to conclude; to verify; to perfect; to clear up; **apurar a verdade:** to find out the truth.

apuro, *s. m.* purifying; refinement; affliction; **estar em apuros:** to be in a mess, to be in trouble; *(fam.)* to be in a jam.

aquário *s. m.* aquarium; fishbowl; Aquarius.

aquartelamento, *s. m.* barracking, quartering; barracks.

aquartelar, *v. tr.* to quarter; to lodge in barracks, to billet.

aquático, *adj.* aquatic; **desportos aquáticos:** water sports.

aquecedor, *s. m.* heater.

aquecer, *v. tr., intr. e refl.* to heat; to warm, to excite; to get warm; **aquecer as mãos ao lume:** to warm one's hands at the fire; **o leite está a aquecer:** the milk is warming up; **o tempo está a aquecer:** the weather is getting warmer.

aquecimento, *s. m.* heating; **aquecimento central:** central heating.

aqueduto, *s. m.* aqueduct.

aquela, *adj.* e *pron. dem.* that; that one; she; her; *pl.* those; **aquela que:** she who; she whom.

àquela, *contracção da preposição* **a** *com o pronome demonstrativo* **aquela:** to that; to that one, to the one that.

aquele, *adj. e pron. dem.* that; that one; he; him; *pl.* those; **aquele que:** he who(m); him whom; **aqueles que:** they who, those who; those whom; **todo aquele que:** whoever.

àquele, *contracção da preposição* **a** *com o pronome demonstrativo* **aquele:** that; to that one.

aquém, *adv.* on this side; **estar aquém de:** not to come up to, to fall short of.

aqui, *adv.* here; here it is! **aqui está!:** here lies; **aqui tem!:** here!; you are!; **por aqui:** this way.

aquiescência, *s. f.* acquiescence, assent, agreement.

aquiescer, *v. intr.* to acquiesce, to assent to, to accede, to agree.

aquietação, *s. f.* appeasing, calm, peace, tranquility.

aquietar, 1. *v. tr. e refl.* to appease, to quiet; to become quiet.

aquilino, *adj.* aquiline, eaglelike, hooked; **nariz aquilino:** hooked nose.

aquilo, *pron. dem.* that; it.

àquilo, *contracção da preposição* **a** *com o pronome demonstrativo* **aquilo:** to that.

aquisição, *s. f.* acquisition; purchase.

aquoso, *adj.* aqueous, watery.

ar, *s. m.* air; breeze; climate; countenance, look; **ar comprimido:** compressed air; **ares afectados:** affected manners; **ar puro:** fresh air; **ar viciado:** foul air, polluted air; **ao ar livre:** in the open air; **apanhar ar:** to have some fresh air; **à prova de ar:** air-tight;

bolha de ar: air-bubble; **ar condicionado:** air-conditioning; **corrente de ar:** draught; **dar-se ares:** to put on airs; to give oneself airs; **fazer as coisas no ar:** to do things inconsiderately; **fazer castelos no ar:** to build castles in the air, to build castles in Spain; **ir ao ar:** to burst up; **poço de ar:** air-bump; **por ar:** by air; **refrigeração do ar:** air-cooling; **ir para o ar:** (radio) be on the air.

árabe, *adj. e s.* Arab, Arabian.

arabesco, *s. m.* arabesque.

arado, *s. m.* plough.

aragem, *s. f.* breeze; **uma leve aragem:** a light breeze; **não corre uma aragem:** there isn't much of a breeze; **um dia em que corre muita aragem:** a breezy day.

arame, *s. m.* wire; **arame farpado:** barbed wire; **ir aos arames:** *(fam.)* to fly into a passion, to see red; **rede de arame:** wire nett.

aranha, *s. f.* spider; **andar às aranhas:** to be at a loss; **tirar as teias de aranha a alguém:** to blow away the cobwebs from someone's brain; **ver-se em palpos de aranha:** to be in trouble, to get into trouble.

aranha-do-mar, *s. f.* weaver-fish.

arar, *v. tr.* to plough.

arara, *s. f.* macaw; *(fam.)* fib, lie.

arauto, *s. m.* herald.

arável, *adj.* arable; tillable.

arbitragem, *s. f.* arbitration; umpiring.

arbitral, *adj.* arbitral.

arbitrar, *v. tr.* to arbitrate; to settle; to referee, to umpire.

arbitrariedade, *s. f.* arbitrariness.

arbitrário, *adj.* arbitrary; despotic.

arbítrio, *s. m.* discretion; freedom of choice; determination; decision; vote; arbitration; **de seu livre arbítrio:** of his own free will.

árbitro, *s. m.* arbitrator; judge; referee.

arbóreo, *adj.* arboreal, arboreous.

arborescência, *s. f.* arborescence.

arborescer, *v. intr.* to become a tree; to grow up.

arborização, *s. f.* arborization.

arborizar, *v. tr.* to plant trees.

arbustivo, *adj.* shrubby.

arbusto, *s. m.* shrub, bush.

arca, *s. f.* box, chest; reservoir; **arca de Noé:** Noah's ark.

arcaboiço, *s. m.* chest; framework (of a building).

arcada, *s. f.* arcade; arch.

arcaico, *adj.* archaic; old-fashioned, antiquated.

arcaísmo, *s. m.* archaism.

arcanjo, *s. m.* archangel.

arcano, *s. m.* arcanum; secret, mystery.

arção, *s. m.* saddle-bow.

arcar, 1. *v. tr.* to bow; to hoop (casks); **2.** *v. intr.* to grapple; to struggle; **arcar com uma dificuldade:** to face a difficulty; to cope with a difficulty; **arcar com uma responsabilidade:** to take the responsibility.

arcebispo, *s. m.* archbishop.

arcediago, *s. m.* archdeacon.

archeiro, *s. m.* halberdier, archer.

archote, *s. m.* torch, torchlight.

arco, *s. m.* arc, arch; bow; hoop; **arco de uma ponte:** span of a bridge; **arco do violino,** bow.

arco-da-velha, *s. m.* rainbow; **história do arco-da-velha:** fantastic story.

arco-íris, *s. m.* rainbow.

árctico, *adj.* arctic.

ardência, *s. f.* ardency; ardour; burning.

ardente, *adj.* ardent; burning; or fire; glowing, fierce, fiery; eager **amor ardente:** ardent love **desejo ardente:** fierce desire **olhos ardentes:** fiery eyes.

arder, *v. intr.* to burn, to flame; to rage; to smart; to blaze; **arder de entusiasmo:** to glow with enthusiasm; **arder de raiva:** to boi over with rage; **arder em febre** to burn with fever.

ardil, *s. m.* trick, cunning trick artifice, stratagem; **cheio de ardil:** full of cunning; **usar de ardil:** to dodge.

ardiloso, *adj.* crafty; knavish, artful, shy, shrewd.

ardina, *s. m.* newsboy; newspaper vendor.

ardor, *s. m.* ardour; fierce heat flame, eagerness; zeal, warmth **no ardor do entusiasmo:** in the glow of enthusiasm.

ardósia, *s. f.* slate; **ardósia para telhados:** roofing slate; **lápis para a ardósia:** slate-pencil.

árduo, *adj.* arduous; difficult strenuous, laborious; **caminhe árduo:** steep way; **trabalho árduo:** hard work.

are, *s. m.* are.

área, *s. f.* area; extent; **área de serta:** desert area; **área de uma superfície:** area of a surface **área suburbana:** suburbar area; (football) penalty area.

areal, *s. m.* strand; sand; sand-pit sands.

arear, *v. tr. e intr.* to cover or sprinkle with sand; to refine (sugar); to polish (metals).

areia, *s. f.* sand; gravel, grit; **areia movediça:** quicksand; **banco de areia:** sandbank; **banco de areia movediça:** shifting-sand; **castelos na areia:** castles on the sand

monte de areia: heap of sand, sand heap; **tempestade de areia:** sand-storm.

arejado, *adj.* airy, well-ventilated; **quarto arejado:** airy room.

arejar, *v. tr.* to air (room), to ventilate.

arena, *s. f.* arena.

arenoso, *adj.* arenose, sandy; **terreno arenoso:** sandy soil.

arenque, *s. m.* herring; **arenque fumado:** red herring.

aresta, *s. f.* awn (of corn); edge; ridge (of a mountain); **aresta viva:** sharp edge.

arfante, *adj.* pitching; panting.

arfar, *v. intr.* to pant; to gasp for breath; to heave; to pitch.

argamassa, *s. f.* mortar.

argamassar, *v. tr.* to mortar; to join, to plaster.

arganaz, *s. m.* dormouse.

argelino, *s. m.* Algerian.

argentar, *v. tr.* to silver.

argênteo, *adj.* argent, silvery-white; argentine; clear.

argentino, 1. *adj.* argentine, silvery; Argentine; **2.** *s. m.* Argentine.

argila, *s. f.* argil, white clay, potter's earth.

argiloso, *adj.* argillaceous; clayey; **terreno argiloso:** clayey soil.

argola, *s. f.* ring; **cabelo em argolas:** curly hair.

argonauta, *s. m.* argonaut.

argúcia, *s. f.* astuteness, subtlety, wit.

arguente, *s. m. f.* arguer; opponent.

arguido, *adj.* accused.

arguidor, *s. m.* accuser; arguer.

arguir, *v. tr. e intr.* to accuse; to plead; to debate.

argumentação, *s. f.* argumentation; reasoning; debate.

argumentar, *v. intr.* to argue, to discuss; to debate.

argumento, *s. m.* argument; proof, reason, demonstration; summary, plot, subject (of an opera); **argumento cinematográfico:** script; screen-play.

arguto, *adj.* argute, shrewd, sharp, witty, cunning.

ária, *s. f.* air, aria, song.

arianismo, *s. m.* Arianism.

ariano, *adj. e s. m.* Arian (of Arius); Aryan.

aridez, *s. f.* aridity; dryness, barrenness.

árido, *adj.* arid, dry, parched, barren, bare.

arisco, *adj.* sandy; *(fig.)* harsh, hard; wild, shy.

aristocracia, *s. f.* aristocracy; nobility.

aristocrata, *s. m. f.* aristocrat.

aristocrático, *adj.* aristocratic.

aristotélico, *adj.* Aristotelian, Aristotelic.

aritmética, *s. f.* arithmetic.

aritmético, 1. *adj.* arithmetical; **2.** *s. m.* arithmetician; **média aritmética:** arithmetical mean.

arlequim, *s. m.* harlequin; clown.

arlequinada, *s. f.* harlequinade.

arma, *s. f.* arm, weapon; **arma branca:** cold steel weapon; **arma de fogo:** fire-arm; **arma de infantaria:** infantry arm; **arma nuclear:** nuclear weapon; **armas ligeiras:** side-arms; **apresentar armas!:** present arms!; **às armas!:** to arms!; **homem de armas:** man-at-arms.

armação, *s. f.* framework; structure; horns (of an animal); **armação da cama:** bedstead; **armação da janela:** casement; **armação de pesca:** fishing-net; **armação do navio:** rig; **armação do veado:** antlers; **armação para óculos:** spectacle rims.

armada, s. f. fleet, navy; **a armada:** the Navy; **a Armada Invencível:** the Spanish Armada.

armadilha, s. f. snare; trap; stratagem; **apanhar na armadilha:** to catch in a trap; **armar uma armadilha:** to set a trap for, to dig a pitfall, to trap; **cair na armadilha:** to fall into the trap.

armado, adj. armed; fitted out; prepared; **armado até aos dentes:** armed to the teeth; **à mão armada:** by force of arms; **está armado em parvo:** (fam.) he is making a fool of himself.

armador, s. m. shipowner; undertaker (of funerals); decorator (of a church).

armadura, s. f. armour; horns (of the animals); **revestido por uma armadura:** armour-clad.

armamento, s. m. armament; armoury; **corrida ao armamento:** armament race.

armante, adj. (fig.) smug; prig.

armar, v. tr. e refl. to arm; to furnish, to equip; to adorn; to set, to raise; **armar uma cilada:** to trap, to lay a snare; **armar-se de coragem:** to pluck up courage, to take one's courage in both hands; **armar-se de paciência:** to exercise patience.

armário, s. m. cupboard; press (for clothes); chest; **armário de cozinha:** kitchen cabinet.

armazém, s. m. store, warehouse; **armazéns gerais da alfândega:** bonded warehouses; **cadeia de armazéns:** chain-stores; **em armazém:** in stock.

armazenagem, s. f. storage.

armazenar, v. tr. to store (up), to put in storage (furniture).

armazenista, s. m. e f. stockist; wholesaler.

armilar, adj. armillary; **esfera armilar:** armillary sphere.

arminho, s. m. ermine.

armistício, s. m. armistice.

armoriar, v. tr. to emblazon.

aro, s. m. hoop; ring; **aros dos óculos:** spectacle rims.

aroma, s. m. aroma, fragrance; scent; perfume; flavour.

aromático, adj. aromatic; fragrant; sweet-smelling.

aromatização, s. f. aromatization.

aromatizar, v. tr. to aromatize.

arpão, s. m. harpoon, spear; **cabeça do arpão:** harpoon-head; **pesca com o arpão:** spear-fishing.

arpoação, s. f. harpooning.

arpoador, s. m. harpooner.

arpoar, v. tr. to harpoon, to strike; to spear.

arqueação, s. f. (náut.) tonnage gauging; arching; vaulting.

arqueamento, s. m. vault, curvity; curvature (of the spine).

arquear, v. tr. e refl. to arch; to curve; to warp; (náut.) to gauge.

arqueiro, s. m. hoop-maker; archer.

arquejar, v. intr. to pant for breath; to gasp for breath.

arquejo, s. m. quick-breathing; gasp, panting.

arqueologia, s. f. archaeology.

arqueológico, adj. archaeologic; archaeological.

arqueólogo, s. m. archaeologist.

arquétipo, s. m. archetype; pattern.

arquiduque, s. m. archduke.

arquipélago, s. m. archipelago.

arquitectar, v. tr. to build, to edify; to plan, to imagine; to frame.

arquitecto, s. m. architect.

arquitectónico, adj. architectonic;

arquitectura, s. f. architecture.

arquitrave, s. f. architrave.

arquivar, v. tr. to put in archives; to keep; to save.

arquivista, s. m. f. archivist; filing clerk.

arquivo, s. m. archives; filing cabinet.

arrabalde, s. m. suburbs; outskirts, environs.

arraia, s. f. ray; frontier.

arraial, s. m. camp; country festival.

arraia-miúda, s. f. populace; mob, rabble.

arraigado, adj. deep-rooted; implanted; inveterate; **hábitos arraigados:** engrained habits.

arraigar, v. tr. to root, to take root; to implant; to fix.

arrancada, s. f. start; uprooting, pulling out; pull, jerk.

arrancamento, s. m. uprooting; puling out; pull; jerk.

arrancar, v. tr. to pull out; to snatch; to pluck out, to pluck away, to pluck off; to start (a car); to dig up (plants), to grub up (weeds); **arrancar os cabelos:** to tear one's hair; **arrancar pela raiz:** to pull up by the root, to root up; **arrancar um dente:** to pull out a tooth, to extract a tooth; **arrancar um segredo:** to pry out a secret, to take a secret from.

arranha-céus, s. m. sky-scraper.

arranhadela, s. f. scratch; **escapou sem uma arranhadela:** he escaped without a scratch.

arranhadura, s. f. scratch.

arranhão, s. m. scratch.

arranhar, v. tr. e refl. to scratch, to scrape; **arranhar uma língua:** to mangle a language; **a pintura está arranhada:** the paint is scratched; **caiu e arranhou o**

joelho: he fell and scraped his knee; **o gato arranhou-me:** the cat scratched me.

arranjar, v. tr. e refl. to arrange; to settle; to adjust, to put in order, to set in order; to get; to manage; **arranjar dinheiro:** to get money; **arranjar tempo:** to find time for; **arranjar um emprego:** to get a job; **cá me arranjarei:** I'll make it do!; I'll manage!; **tenho de me arranjar:** I must tidy myself, I must make myself tidy; **tens de arranjar os travões do carro:** you must adjust the brakes of your car.

arranjo, s. m. arrangement; settlement; good order; **arranjo de flores:** bouquet.

arranque, s. m. start; spring; **aos arrancos:** by fits and starts; **arranco final:** last gasp.

arrapazar-se, v. refl. to become boy-like.

arrasado, adj. destroyed; wasted; demolished; **ele está arrasado:** (fam.) he is run down.

arrasador, 1. adj. demolishing, ravaging; **2.** s. m. destroyer.

arrasamento, s. m. razing, demolition; overthrow.

arrasar, v. tr. to raze, to pull down; to level; to demolish; **arrasar uma cidade:** to raze a city.

arrastado, adj. drawn; dragged; slow; delayed; **voz arrastada:** drawling voice.

arrastamento, s. m. crawling; creeping; dragging; **por arrastamento:** as a consequence.

arrastão, s. m. (náut.) trawler.

arrastar, v. tr. to drag, to haul, to trail; to drag away, to bring over; to induce; **arrastar a asa:** to be in love with; to pay one's addresses to; **arrastar os pés:** to drag one's feet; **mal se podia arrastar:** he could scarcely drag himself along.

arrasto, *s. m.* dragging; crawling; **rede de arrasto:** drag-net; trawling-net.

arrátel, *s. m.* pound; **ao arrátel:** by the pound.

arrazoado, 1. *adj.* reasonable; **2.** *s. m.* speech; plea, defense.

arrazoamento, *s. m.* reasoning.

arrazoar, *v. tr.* to plead; to defend; to debate; to discuss.

arre!, *interj.* gee-up!; hang it!

arrear, *v. tr.* to harness; to lower, to take down; **arrear a bandeira:** to take in the colours.

arrebanhar, *v. tr.* to gather; to assemble; to herd; *(fam.)* to snatch away.

arrebatadamente, *adv.* hastily; on a sudden; passionately; impetuously.

arrebatado, *adj.* hasty, rash, fiery; impetuous; hot-tempered; carried away, enraptured; caught.

arrebatamento, *s. m.* ravishment; warmth; passion; burst; haste, enthusiasm; **grande arrebatamento:** over-hastiness.

arrebatar, *v. tr.* to snatch, to sweep off; to excite; to entrance, to enrapture; **deixar-se arrebatar:** to fly into a passion.

arrebicar, *v. tr. e refl.* to embellish; to trim; to make up.

arrebique, *s. m.* cosmetic; embellishment, make-up; affectation (of style).

arrebitado, *adj.* turned up; bold, saucy.

arrebitar, *v. tr. e refl.* to turn up; to get proud; to be saucy.

arrecadação, *s. f.* box-room; storehouse; depot.

arrecadado, *adj.* locked up, kept away.

arrecadar, *v. tr.* to deposit; to lay up; to keep.

arreda!, *interj.* get back!, out of the way!

arredar, *v. tr. e refl.* to put away, to remove, to turn aside; to get out of the way; **não arredar pé:** to sit tight, to stay up.

arredio, *adj.* lonesome, retired; shy.

arredondamento, *s. m.* rounding-off, roundness.

arredondar, *v. tr.* to round; **arredondar uma conta:** to make a round sum, to round off an account.

arredores, *s. m. pl.* suburbs, environs, surroundings, outskirts; **os arredores da cidade:** the outskirts of the town; **viver nos arredores:** to live in the suburbs.

arrefecer, *v. tr. e intr.* to cool, to grow; to get cool; to cool down; **a comida arrefece:** the meal is getting cold.

arrefecimento, *s. m.* coolness, cooling.

arregaçar, *v. tr.* to turn up, to tuck up; **arregaçar as mangas:** to tuck up one's sleeves.

arregalar, *v. tr.* to stare (at); **arregalar os olhos:** to open one's eyes wide.

arreganhar, *v. tr. e intr.* to grin; to split; **arreganhar os dentes:** to grin one's teeth; to show one's teeth.

arreio, *s. m.* harness; *pl.* horse-trappings.

arrelia, *s. f.* worry, annoyance, vexation; quarrel; **arrelia sem fim:** a world of trouble, an endless trouble; **ter muitas arrelias:** to have many things to worry about, to have many worries.

arreliar, v. tr. e refl. to tease, to vex, to anger, to plague; **arrelia-se facilmente:** she gets angry easily; **está sempre a arreliar a mãe:** she is always teasing her mother; **não me arrelies mais!:** don't plague me any more!; **porque é que está arreliado?:** what are you fretting about?

arrelvar, v. tr. to turf.

arrematante, s. m. f. bidder.

arrematar, v. tr. to sell by auction; to buy by auction.

arremate, s. m. finishing.

arremedo, s. m. apishness; mimicry; counterfeit; **arremedos de fidalguia:** show of nobility; **arremedos de guerra:** mock fights.

arremessar, v. tr. to throw, to fling; to throw away, to cast away; to toss; **arremessar-se de cabeça:** to run headlong into; **arremessar-se para a frente:** to rush forward; **arremessaram-lhe com pedras:** they threw stones at him.

arremesso, s. m. hurl, throw, cast; outbreak, impetus; threat; menace; **entrar de arremesso:** to rush in.

arremeter, v. intr. to assail, to dash against, to rush at.

arremetida, s. f. assault, attack, onset; dash.

arrendamento, s. m. lease; rent, renting; hire; **arrendamento a longo prazo:** lease; **contrato de arrendamento:** lease contract.

arrendar, v. tr. to lease; to rent; to let; to hire.

arrendatário, s. m. renter, tenant; leaseholder.

arrepanhar, v. tr. to shrink; to gather together.

arrepelar, v. tr. e refl. to dishevel, to tug, to pull (the hair); to lament, to deplore.

arrepender-se, v. refl. to repent; to regret; to retract, to change one's mind; **hás-de arrepender-te!:** you'll live to rue it; you'll regret it!; **não se arrepender de:** not to be sorry for...

arrepiante, adj. shivery; scaring.

arrepiar, v. tr. e refl. to wrinkle; to frighten, to chill, to shiver; to shudder; **arrepiar caminho:** to retrace one's steps; **arrepiei-me de medo:** it gave me the creeps.

arrepio, s. m. chill, cold fit, shiver, shivering fit; **ter arrepios de frio:** to have cold shivers, to shiver with cold; **isso causa-me arrepios:** it gives me the creeps.

arrestar, v. tr. to arrest, to apprehend, to seize.

arresto, s. m. arrest, seizure.

arrevesado, adj. reversed; confused, difficult.

arrevesar, v. tr. to turn upside-down; to make rather difficult.

arriar, v. tr. to lower, to take down, to haul down; **arriar a bandeira:** to lower the flag, to strike the colours; **arriar a carga:** to lower the load.

arribação, s. f. arrival; **ave de arribação:** bird of passage, migratory bird.

arribar, v. intr. to anchor; to arrive at a harbour; to put into a port; to get better (from an illness).

arrimo, s. m. support, protection; **o único arrimo dos pais:** the only support of his parents, the prop and stay of his parents.

arriscado, adj. riskful; hazardous, risky.

arriscar, v. tr. e refl. to risk, to venture, to hazard; to venture; **arriscar a pele:** to risk one's neck; **arriscar a vida:** to risk one's life; **arriscar uma opinião:** to venture an opinion.

arroba, *s. f.* thirty-two pounds.

arrogação, *s. f.* arrogation.

arrogância, *s. f.* arrogance, pride, haughtiness.

arrogante, *adj.* arrogant, haughty, assuming; *(fam.)* high and mighty.

arrogar, *v. tr.* e *refl.* to arrogate, to claim, to assume.

arrojadiço, *adj. (fig.)* audacious, inconsiderate.

arrojado, *adj.* bold, daring, dashing; **um ataque arrojado:** a dashing attack.

arrojar, *v. tr.* e *refl.* to cast, to throw; to drag; to reject; to rush; to dare.

arrojo, *s. m.* boldness; courage, audacity, impudence.

arrolamento, *s. m.* inventory, enrolment, enlistment.

arrolar, *v. tr.* to make an inventory of, to enlist, to enrol; to rock (a child).

arromba, *s. f.* noisy song; **uma festa de arromba:** a grand party; **um espectáculo de arromba:** quite a big show.

arrombador, *s. m.* burglar, housebreaker.

arrombamento, *s. m.* breaking in; forcing open.

arrombar, *v. tr.* to break in, to force in, to burst open; **arrombar uma casa:** to break into a house; **arrombar uma porta:** to break a door open.

arrostar, *v. tr.* to brave, to defy, to face; **arrostar com as dificuldades:** to encounter difficulties; **arrostar com a tempestade:** to brave the storm; **arrostar com um perigo:** to face danger.

arrotar, *v. intr.* to belch; to eructate.

arroteamento, *s. m.* clearing (the ground).

arrotear, *v. tr.* to clear (the ground).

arroto, *s. m.* belch, eructation.

arroubar, *v. tr.* e *refl.* to enrapture, to be thrown into ecstasies.

arroubo, *s. m.* rapture; ecstasy; transport; delight.

arroxear, *v. tr.* to make violet.

arroz, *s. m.* rice; **arroz com casca:** rough rice; **farinha de arroz:** rice-flour; **papel de arroz:** rice-paper; **plantação de arroz:** rice plantation.

arrozal, *s. m.* rice paddy; rice field.

arroz-doce, *s. m.* creamed rice.

arrozeiro, 1. *adj.* fond of rice; **2.** *s. m.* rice-producer; rice-merchant.

arruaça, *s. f.* riot, tumult, uproar.

arruaceiro, *s. m.* rioter.

arruamento, *s. m.* row, line (of buildings), frontage.

arruar, *v. tr.* to divide into streets; to lay out streets.

arrufar-se, *v. refl.* to grow angry; to pout; to sulk; to take the huff; to take offense.

arrufo, *s. m.* ill-humour; pique; **ter um arrufo:** to get into a huff.

arruinado, *adj.* ruined, damaged; ravaged; **arruinado de saúde:** broken in health, broken-down; **face arruinada pela doença:** a face ravaged by disease.

arruinar, *v. tr.* e *refl.* to ruin; to destroy, to overthrow; to damage; to fall in ruins, to fail; **arruinar a vida:** to ruin one's life.

arruivado, *adj.* reddish.

arrulhar, *v. intr.* to coo (pigeons); *(fig.)* to make love, to caress; to lull (a child).

arrumação, *s. f.* arrangement; ordering; **arrumação da carga:** trim of the hold; **arrumação da casa:** tidiness of the house; **quarto de arrumação:** box-room.

arrumadela, *s. f.* cleaning up.

arrumador, *s. m.* arranger; usher (in a cinema).

arrumar, *v. tr.* to clean up; to set in order; to put aside; to tidy up, to clear up; **arrumar um filho:** to establish a son in life; **arrumar um quarto:** to do (to tidy) a room; **estou arrumado!:** that has done me!; I'm done with.

arsenal, *s. m.* arsenal.

arsénico, *s. m.* arsenic.

arte, *s. f.* art; **arte aplicada:** applied art; **artes e ofícios:** arts and crafts; **artes mágicas:** Black Arts; **artes plásticas:** plastic arts; **a arte pela arte:** art for art's sake; **belas artes:** Fine Arts; **com arte:** artistically; **de tal arte:** in such a manner (way); **exposição de arte:** art-exhibition; **obra de arte:** work of art; **sétima arte:** cinema, movies; **artes e manhas:** artifices.

artefacto, *s. m.* workmanship, artefact; product.

arteirice, *s. f.* cunning; slyness.

artéria, *s. f.* artery; **as artérias da cidade:** the thoroughfares of a city; **as principais artérias:** the main roads.

arterial, *adj.* arterial; **sangue arterial:** arterial blood; **tensão arterial:** blood pressure.

arteriosclerose, *s. f.* arteriosclerosis.

arterite, *s. f. (med.)* arteritis.

artesanal, *adj.* handmade.

artesanato, *s. m.* handicraft.

artesão, *s. m.* artisan.

articulação, *s. f.* articulation; utterance, speech; joint; **articulação dos dedos:** knuckle-bone.

articular, 1. *adj.* articular; **2.** *v. tr.* to articulate, to join; **ela não conseguiu articular uma palavra:** she couldn't utter a word.

artífice, *s. m.* artificer, craftsman; artisan.

artificial, *adj.* artificial; unreal, artful; **flores artificiais:** artificial flowers; **luz artificial:** artificial light.

artificialidade, *s. f.* artificiality.

artificialismo, *s. m.* artificialness.

artifício, *s. m.* art, craft; dodge; feigning; trick, trickery; **fogo de artifício:** fireworks.

artificioso, *adj.* artful, crafty, dodgy.

artigo, *s. m.* article, subject; commodity; item; **artigo definido:** definite article; **artigo indefinido:** indefinite article; **artigo de fundo:** leading article; **artigos de importação:** imports; **artigos de luxo:** luxury goods; **artigos para exportação:** exports; **um artigo de vestuário:** piece of clothing.

artilhamento, *s. m.* mounting of artillery.

artilhar, *v. tr.* to mount artillery in; to supply with guns.

artilharia, *s. f.* artillery; **artilharia ligeira:** light artillery; **artilharia pesada:** heavy artillery.

artilheiro, *s. m.* artilleryman, gunner.

artimanha, *s. f.* trick; dodge.

artista, *s. m. f.* artist; performer; artisan; craftsman.

artístico, *adj.* artistical; **acontecimento artístico:** art event; **capacidade artística:** artistry; **com pretensões artísticas:** arty.

artrite, *s. f.* arthritis.

artritismo, *s. m. (med.)* arthritism.

arvorar, *v. tr.* to set upright; to hoist (a flag); to plant (with trees); **arvorar-se em...:** to pretend to be...

árvore, *s. f.* tree; **árvore de fruto:** fruit-tree; **árvore de Natal:** Christmas tree; **árvore genealógica:** family tree, pedigree, genealogical table; **cortar árvores:** to fell trees; **sem árvores:** treeless.

arvoredo, *s. m.* grove of trees; wood.

arvorejar, *v. tr.* to cover with trees; to forest.

ás, *s. m.* ace; hero, champion; **ás de copas:** the ace of hearts; **és um ás:** you're an ace.

asa, *s. f.* wing (of a bird or aircraft); handle (of a basket or pot); **abrir as asas:** to stretch the wings; **bater as asas:** to flutter the wings; *(fam.)* to run away; **ter asas nos pés:** to be wing-footed; to be swift.

asar, *v. tr.* to wing.

ascendência, *s. f.* ancestry; ascendancy; influence, power; **de ascendência estrangeira:** of foreign origin.

ascendente, 1. *adj.* ascendant; rising; **2.** *s. m.* ascendant, ascendancy, influence; *pl.* ancestors; **curso ascendente:** upward stroke; **sentido ascendente:** upward direction; upwards; **ter ascendente sobre...:** to gain ascendency over.

ascender, *v. intr.* to ascend, to rise, to be raised; to go up; **ascender aos mais altos cargos:** *(fig.)* to reach the top of the tree.

ascensão, *s. f.* ascension; ascent, rising; **dia da Ascensão:** Ascension Day.

ascensor, *s. m.* lift, elevator.

asceta, *s. m. f.* ascetic, hermit.

ascetismo, *s. m.* asceticism.

asco, *s. m.* aversion; loathing, abhorrence; disgust; **tenho-lhe asco:** I loathe him; he makes me sick.

ascoroso, *adj.* loathing; sordid, disgusting; **cheiro ascoroso:** loathsome smell, evil smell.

aselha, *s. f.* loop, tab, tag; sunday driver; clumsy person.

asfaltar, *v. tr.* to asphalt; **estrada asfaltada:** an asphalt road.

asfalto, *s. m.* asphalt; **cobrir com asfalto:** to cover with asphalt.

asfixia, *s. f.* asphyxia; suffocation.

asfixiante, *adj.* choking, suffocating, asphyxiating; stifling; **calor asfixiante:** stifling heat.

asfixiar, *v. tr.* to asphyxiate, to suffocate, to choke; **asfixiar de raiva:** to choke with anger; **o fumo asfixiou-me:** smoke choked me.

asiático, *adj. e s. m.* Asiatic.

asilar, *v. tr. e refl.* to lodge in an asylum; to shelter.

asilo, *s. m.* asylum; shelter; refuge; **pedir asilo político:** to ask for political asylum; **pedir asilo:** to ask for shelter; **procurar asilo,** to seek refuge.

asma, *s. f.* asthma.

asmático, *adj. e s. m.* asthmatic.

asnada, *s. f.* drove of asses; *(fig.)* gross blunder.

asnear, *v. intr.* to talk nonsense.

asneira, *s. f.* silliness, foolishness; blunder; nonsense; mistake; **dizer asneiras:** to talk nonsense; **dizer asneiras pela boca fora:** to blunder something out; **é uma asneira pegada:** that's all nonsense; **fazer asneiras:** to play tricks, to do naughty things; **uma grande asneira:** a downright nonsense.

asnice, *s. f.* stupidity; silliness.

asno, *s. m.* ass, donkey; *(fig.)* stupid fellow.

aspas, *s. f.* inverted commas, quotation marks.

aspecto, *s. m.* aspect; appearance, expression; look; feature; point of view; **aspecto cómico**

do caso: the funny side; **aspecto feroz:** fierce aspect; **aspecto geral de uma cidade:** general aspect of a town; **assemelham-se num aspecto:** they resemble each other in one respect; **considerar todos os aspectos de um problema:** to consider a problem in all its aspects; **dar a um assunto um aspecto completamente diferente:** to put an entirely new face on a matter; **mudar de aspecto:** to put a new face on, to change the appearance of; **ter aspecto de doente:** to have a sickly appearance; **ter bom aspecto:** to look well, to have a good mien.

aspereza, s. f. asperity (of temper); roughness (of surface); harshness (of sound); severity (of the weather); **falar com aspereza:** to speak roughly.

aspergir, v. tr. to asperge, to besprinkle.

áspero, adj. rough; harsh; severe; coarse; **caminho áspero:** rough path; **palavras ásperas:** harsh words; **superfície áspera:** rough surface; **tecido áspero:** rough cloth; **modos ásperos:** crude manners.

aspersão, s. f. aspersion, sprinkling; spraying.

aspiração, s. f. aspiration; breathing; longing, strong desire; **aspiração a seco:** dry suction; **aspiração da água:** inlet of water; **aspiração do ar:** drawing off the air.

aspirador, s. m. vacuum cleaner; fan; **aspirador de ventilação:** suction ventilator.

aspirante, 1. adj. aspiring; **2.** s. m. candidate; (náut.) midship-man.

aspirar, v. tr. to inspire; to suck, to aspire, to desire; **aspirar a um emprego:** to aspire to a situation; **aspirar por uma vida melhor:** to long for a better life.

aspirina, s. f. aspirin.

asquerosidade, s. f. uncleanliness; impurity; filthiness, foulness.

asqueroso, adj. disgusting; loathsome.

assacar, v. tr. to slander; to impute calumniously.

assadeira, s. f. turnspit; roasting pan.

assado, 1. adj. roasted; **2.** s. m. roast meat; **assado de mais:** over-roasted, overdone; **carne assada:** roast meat; **nem assim, nem assado:** neither this way nor the other; **ver-se em assados:** to be in a fix; to be in trouble.

assalariado, s. m. employee.

assalariamento, s. m. taking in pay; payment (of wages).

assalariar, v. tr. to hire, to pay; to engage (an employee).

assaltante, 1. adj. assailing; **2.** s. m. f. assailant, aggressor.

assaltar, v. tr. to assault, to attack; to storm; **ser assaltado pelo desejo de...:** to feel like; **ser assaltado por uma ideia:** to be struck by an idea; **assaltar um banco:** to rob a bank.

assalto, s. m. assault; attack; **assalto à mão armada:** armed assault; **ao primeiro assalto:** at the first onset; **tomar de assalto:** to take by assault; **tropas de assalto:** shock troops.

assanhar, v. tr. e refl. to anger, to excite, to provoke.

assapar, v. tr. to crouch; (fig.) to speed up.

assar, v. tr. to roast; to bake; **assar na grelha:** to broil.

assarapantado, adj. confused; confounded; disconcerted; frightened; upset.

assarapantamento, *s. m.* confusion; disconcertment.

assarapantar, *v. tr.* to frighten, to terrify, to trouble; to confound, to scare.

assassinar, *v. tr.* to assassinate, to kill, to murder.

assassinato, *s. m.* assassination.

assassínio, *s. m.* murder; manslaughter.

assassino, 1. *adj.* murderous; **2.** *s. m.* assassin; murderer, manslaughterer.

assaz, *adv.* enough; quite, rather; **assaz longe:** a good way; **conhecer assaz bem:** to know well enough.

asseado, *adj.* clean, neat, proper, spotless.

assear, *v. tr. e refl.* to clean; to adorn, to tidy up.

assediado, *adj.* besieged; **ser assediado por:** to be harassed by; to be besieged with.

assediar, *v. tr.* to harass; to besiege; to assail; **assediar com perguntas:** to bombard with questions; to assail with questions.

assédio, *s. m.* harassment; siege; besieging; **assédio sexual:** sexual harassment.

assegurar, *v. tr. e refl.* to assure, to assert, to guarantee; **assegurar o bem-estar:** to ensure one's comfort; **assegurar o êxito:** to ensure the success.

asseio, *s. m.* cleanliness, cleanness; neatness.

asselvajamento, *s. m.* savageness; rudeness.

asselvajar, *v. tr. e refl.* to become savage.

assembleia, *s. f.* assembly; meeting; company, club; gathering; **assembleia de credores:** meeting of creditors; **Assembleia da República:** Parliament.

assemelhar, *v. tr. e refl.* to be alike, to resemble, to look like, to be similar to; **assemelham-se muito:** they are very much alike, they resemble each other very much.

assentada, *s. f.* sitting; at once; **duma assentada:** all at once, all together, at one sitting.

assentamento, *s. m.* registration, record (of facts); agreement.

assentar, *v. tr. e refl.* to seat; to sit; to register; to record; to settle; to agree (with); to write down; to lay down, to place; **assentar uma mesa no chão:** to place a table on the ground; **assentámos em ir juntos:** we agreed to go together; **esta comida não me assenta bem:** this food doesn't agree with me; **este vestido não lhe assenta bem:** this dress doesn't fit you.

assente, *adj.* firm, steady; decided; **estar bem assente:** to stand firmly; **isso fica assente:** that's settled.

assentimento, *s. m.* assent, consent, agreement; **dar assentimento a:** to give one's assent to.

assentir, *v. intr.* to assent, to agree, to consent; to accept.

assento, *s. m.* seat, place; **assento duma cadeira:** seat of a chair.

asséptico, *adj.* aseptic.

asserção, *s. f.* assertion, statement; affirmation.

asserir, *v. tr.* to assert, to affirm; to declare.

assertivo, *adj.* assertive.

assessor, *s. m.* attaché; **assessor de imprensa:** press attaché.

asseveração, *s. f.* affirmation; assertion.

asseverante, 1. adj. asseverating; **2.** s. m. assertor.

asseverar, v. tr. to assert.

assexuado, assexual, adj. asexual.

assiduidade, s. f. assiduity, frequency.

assíduo, adj. assiduous; frequent; **visitante assíduo:** a frequent visitor.

assim, adv. thus; so, therefore; in this manner; in this way; **assim, assim:** so so; **assim como:** as well as; **assim como assim:** in that case, as it is; **assim Deus me ajude!:** so help me God!; **assim ou assado:** one way or the other; **assim que soube isso:** as soon as he knew it; **ainda assim:** even so; **e assim por diante:** and so on; **por assim dizer:** so to say, as it were; **pronto, então ficamos assim!:** so that's that!; **seja assim:** be it so.

assimetria, s. f. asymmetry; irregularity.

assimétrico, adj. asymmetrical.

assimilação, s. f. assimilation.

assimilar, v. tr. to assimilate; to incorporate; to absorb.

assinado, adj. signed; subscribed.

assinalado, adj. marked; distinguished; celebrated, renowned.

assinalamento, s. m. marking; signalizing.

assinalar, v. tr. e refl. to mark, to make noteworthy, to point out; to specify, to appoint, to limit; to become famous.

assinalável, adj. remarkable.

assinante, s. m. f. subscriber.

assinar, v. tr. to sign; to subscribe, to underwrite; to point; **assinar uma revista:** to subscribe to a magazine.

assinatura, s. f. signature; subscription (of a magazine); **preços de assinatura:** subscription rates.

assistência, s. f. audience, company; assistance, relief; help, aid; **assistência médica:** medical attendance; **a assistência aplaudiu:** the audience applauded; **o sinistrado recebeu assistência no hospital:** the injured man received attention at the hospital.

assistente, 1. adj. assistant; auxiliary; **2.** s. m. f. assistant, helper; pl. audience.

assistir, v. tr. e intr. to assist, to be present; to help; **assistir o direito de:** to have a right to; **assistir um doente:** to attend a sick person.

assoalhar, v. tr. to floor, to plank.

assoar, v. tr. e refl. to blow, to wipe (one's nose).

assoberbar, v. tr. to treat with contempt; to overwhelm (with work).

assobiadela, s. f. whistling; hissing.

assobiador, s. m. whistler.

assobiar, v. intr. to hiss; to whistle; **assobiar uma canção:** to whistle a tune; **assobiar um actor:** to hiss an actor; **a cobra assobia:** the snake hisses; **o vento assobia:** the wind whistles.

assobio, s. m. whistle; hiss; **assobio da cobra:** the hiss of a snake; **correr um actor do palco com assobios:** to hiss off the stage.

associação, s. f. association; society; partnership; relationship; **associação de beneficiência:** benefit society, cooperative society.

associado, 1. adj. linked; associated; **2.** s. m. associate; part-

ner; member; **ele é meu associado:** he is my associate; **isto
associado a muitas outras coisas:** this together with many
other things.

associar, *v. tr.* e *refl.* to associate;
to join (persons); to unite (things);
to combine, to connect; to take
as a partner; to accompany; **associar-se a más companhias:**
to associate with bad company;
**associar o nome de alguém
com:** to associate somebody's
name with.

associativo, *adj.* associative.

assolar, *v. tr.* to devastate, to ravage; to spoil; to destroy; to
harass; **assolado pela tempestade:** devastated by the storm;
assolado pelos Vikings: harassed by the Vikings.

aassomadiço, *adj.* irascible; irritable; hot tempered.

assomar, *v. tr.* e *refl.* to appear;
to look out; **assomar ao cimo
do monte:** to appear at the top
of the hill; **assomar-se à janela:**
to look out of the window.

assombração, *s. f.* ghost.

assombrado, *adj.* shady; astonished; frightened; **casa assom-
brada:** haunted house; **ficar
assombrado:** to be astonished.

assombramento, *s. m.* shading;
fright, astonishment, amazement.

assombrar, *v. tr.* to shade; to
darken; to frighten; to astonish,
to amaze; to haunt.

assombro, *s. m.* amazement;
wonder; prodigy; **és um assombro!:** you're a genius!; you're
amazing!

assombroso, *adj.* amazing; wonderful; marvellous.

assomo, *s. m.* appearing; outburst; **assomo de energia:** outburst of energy.

assonância, *s. f.* assonance.

assoreamento, *s. m.* silting.

assorear, *v. tr.* to silt; to sand.

assumir, *v. tr.* to assume, to
undertake; **assumir a responsabilidade:** to assume the responsibility; **assumir um ar importante:** to assume an air of importance; **assumir um ar inocente:**
to assume a look of innocence.

assunção, *s. f.* assumption.

assunto, *s. m.* matter, subject;
topic; business; **assunto de
carácter literário:** literary matter; **assunto de discussão:** subject of discussion; **assunto do
livro:** subject of a book; **estou
farto desse assunto:** I'm tired of
the whole business; **mudar de
assunto:** to change the subject;
não é assunto para rir: it's no
laughing matter; **quanto a esse
assunto:** for that matter; in this
regard, so far as that is concerned.

assustadiço, *adj.* timid, fearful,
easily frightened.

assustado, *adj.* frightened; **assustado com:** afraid of, alarmed at.

assustador, *adj.* frightful; frightening; startling; alarming; **notícias assustadoras:** alarming
news.

assustar, 1. *v. tr.* to frighten, to terrify; to alarm, to startle; 2. *v. refl.*
to be frightened; **não se assus-
te!:** don't be afraid!

asterisco, *s. m.* asterisk.

asteróide, *s. m.* asteroid.

astigmatismo, *s. m. (med.)* astigmatism.

astral, *adj.* astral, sideral; **corpo
astral:** heavenly body.

astro, *s. m.* planet; star; comet.

astrofísica, *s. f.* astrophysics.

astrolábio, *s. m.* astrolabe.

astrologia, *s. f.* astrology.

astrológico, *adj.* astrologic.

astrólogo, *s. m.* astrologer.

astronauta, *s. m. f.* astronaut.

astronomia, *s. f.* astronomy.

astronómico, *adj.* astronomic; **preço astronómico**: high price.

astrónomo, *s. m.* astronomer.

astúcia, *s. f.* astuteness, cunning; **a astúcia da raposa**: the cunning of the fox.

astucioso, *adj.* astute; shrewd; clever; cunning, sly, artful.

atabalhoadamente, *adv.* disorderly; hastily; **aprender atabalhoadamente**: to cram up a subject.

atabalhoado, *adj.* hasty, done in a hurry; reckless, crammed.

atabalhoar, *v. tr.* to do disorderly; to do hastily or in a hurry, to scamp (work).

atacado, *adj.* attacked; **atacado por uma doença**: seized with an illness; **comerciante por atacado**: wholesale dealer; **comprar por atacado**: to buy (goods) wholesale; **preços por atacado**: wholesale prices.

atacador, *s. m.* lace; **atacador dos sapatos**: shoe-lace.

atacante, *s. m. f.* assailant; attacker.

atacar, *v. tr.* to attack; to fall upon, to assault, to assail.

atado, **1.** *adj.* timid; tied; **2.** *s. m.* bundle, faggot; **ficar com as mãos atadas**: to have one's hands tied; **pessoa atada**: awkward person.

atafulhar, *v. tr.* to cram, to stuff; **atafulhar uma criança com comida**: to stuff a child with food.

atalaia, *s. f.* sentinel; guard; watchtower; **estar de atalaia**: to be on the look-out; to be on the watch.

atalhamento, *s. m.* stop, obstacle, drawback; shortcut.

atalhar, *v. tr.* to stop; to intercept; to cut short.

atalho, *s. m.* crossway, shortcut; obstruction.

atapetar, *v. tr.* to carpet; **atapetar as escadas**: to carpet the stairs; **atapetado de flores**: carpeted with flowers.

ataque, *s. m.* attack, assault; **ataque aéreo**: air-raid; **ao ataque!**: charge!; **um ataque de tosse**: a fit of coughing.

atar, *v. tr.* to bind, to tie, to fasten; **atar as mãos a alguém**: to tie a person's hands; **atar de pés e mãos**: *(fig.)* to bind hand and foot; **atar bem um cordel**: to fasten a thread well off; **atar os sapatos**: to lace up one's shoes; **atar um embrulho**: to tie up a parcel; **ele não ata nem desata**: he shilly-shallyies.

atarantação, *s. f.* confusion; disturbance; embarrassment.

atarantar, **1.** *v. tr.* to trouble, to disturb; to embarrass; **2.** *v. refl.* to be confused; to get perplexed.

atarefado, *adj.* busy, occupied; **andar atarefado**: to be busy.

atarefar, **1.** *v. tr.* to task, to keep busy; **2.** *v. refl.* to be busy.

atarracado, *adj.* thickset; short and stout.

atarraxador, *s. m.* screwdriver.

atarraxar, *v. tr.* to rivet, to screw.

ataúde, *s. m.* coffin, bier.

ataviamento, *s. m.* dressing; attiring.

ataviar, **1.** *v. tr.* to attire; to adorn; **2.** *v. refl.* to spruce (up), to make oneself smart.

atávico, *adj.* atavistic, atavic.

atavio, *s. m.* attire; ornament.

atavismo, *s. m.* atavism.

até, 1. *prep.* till, until; to; up to; as far as (place); **2.** *adv.* even; **até agora:** as yet, up to now; **até amanhã!:** till tomorrow!; see you tomorrow!; **até aqui tudo bem:** so far so good; **até que enfim!:** at last!

ateador, *s. m.* lighter; instigator.

atear, *v. tr.* to light, to fire; to set fire to, to excite.

ateísmo, *s. m.* atheism.

ateísta, *s. m. f.* atheist, godless person.

atemorizador, 1. *adj.* alarming, frightening; **2.** *s. m.* alarmist.

atemorizar, 1. *v. tr.* to affright; to daunt; **2.** *v. refl.* to take fright at, to be filled with fear at, to get frightened.

atenção, *s. f.* attention; care; kindness; consideration; notice; esteem, respect; **atenção!:** mind!; look out!; **chamar a atenção:** to call one's attention to; **digno de atenção:** noteworthy; **dispensar atenções:** to show attentions; **em atenção a:** in respect to, with regard to, in consideration of, taking into account; **não estava a prestar atenção:** I wasn't paying attention; **prestar pouca atenção:** to pay little attention to; **preste atenção!:** pay attention!; **sem prestar atenção:** regardless, heedless.

atencioso, *adj.* kind, respectful, attentive, considerate.

atender, *v. tr.* to pay attention to; to attend on, to wait on; to consider, to take into consideration; **atender o telefone:** to answer the phone.

ateneu, *s. m.* athenaeum.

atentado, *s. m.* outrage; assault.

atentamente, *adv.* attentively; **observar atentamente:** to watch narrowly.

atentar, *v. tr.* to pay attention to, to consider; to mind; to outrage; to break (a law); **atente no que está a fazer:** mind what you are doing.

atento, *adj.* attentive; polite, obliging; **um auditório atento:** an attentive audience.

atenuação, *s. f.* attenuation; diminution; emaciation.

atenuante, 1. *adj.* extenuating; **2.** *s. m.* attenuant; extenuation; **como atenuante de:** in extenuation of.

atenuar, *v. tr.* to attenuate, to diminish, to thin; to lessen; to soften; to extenuate.

aterrado, *adj.* frightened; horrified.

aterrador, *adj.* frightening, appalling, awesome.

aterragem, *s. f.* landing; descent; **aterragem forçada:** forced landing; **campo de aterragem:** landing field; **fazer uma boa aterragem:** to make a safe landing; **pista de aterragem:** landing-strip; **pista de aterragem de emergência:** landing mat.

aterrar, 1. *v. tr.* to astound, to frighten, to appal, to fill with awe; to cover with earth; **2.** *v. intr.* to land (a plane).

aterro, *s. m.* embankment.

aterrorizado, *adj.* terrified.

aterrorizar, *v. tr.* to terrify.

ater-se, *v. refl.* to stick to; *(fig.)* to confide in; **ater-se à palavra dada:** to stick to one's word.

atestado, *s. m.* certificate; **atestado médico:** doctor's certificate.

atestar, *v. tr.* to attest, to testify, to confirm.

ateu, *adj. e s. m.* atheist.

atiçamento, *s. m.* poking.

atiçar, *v. tr.* to poke, to rouse; to stir up, to instigate, to provoke; to stoke up (a fire).

atilado, *adj.* witty; intelligent; smart.

atilar, *v. tr.* to embellish, to adorn; to improve.

atilho, *s. m.* band, tie, string; **atilho de sapato:** shoe-lace.

atinado, *adj.* wise, clever, discreet.

atinar, *v. tr.* to guess right; *(fig.)* to find out; **vê se atinas!:** *(cal.)* cool down!; grow up!; concentrate!

atingir, *v. tr.* to attain; to reach, to gain; to arrive at; **atingir a maioridade:** to attain to man's estate, to reach manhood.

atiradiço, *adj.* daring, forward.

atirar, *v. tr., intr. e refl.* to throw; to draw; to cast; to shoot; to shoot, to discharge; to rush; **atirar ao ar:** to throw up in the air; **atirar a matar:** to shoot to kill; **atirar ao chão:** to throw (to the floor); **atirar com a porta:** to bang (to slam) the door; **atirar fora:** to throw away; **atirar-se ao trabalho:** to settle down to work; **atirar-se para a frente:** to elbow oneself forward; **ele atira bem:** he shoots well; **atirar ao alvo:** to shoot at a target; **o cão atirou-se a mim:** the dog set upon me.

atitude, *s. f.* attitude; **manter uma atitude firme:** to maintain a firm attitude; **tomar atitudes teatrais:** to put on an act.

atlântico, *adj.* atlantic; **o Oceano Atlântico:** the Atlantic Ocean.

atlas, *s. m.* atlas.

atleta, *s. m. f.* athlete.

atlético, *adj.* athletic.

atletismo, *s. m.* athletics.

atmosfera, *s. f.* atmosphere; **atmosfera agradável:** pleasant atmosphere; **atmosfera quente:** warm atmosphere; **uma atmosfera de paz:** an atmosphere of peace.

atmosférico, *adj.* atmospheric; **condições atmosféricas:** atmospheric conditions; **poluição atmosférica:** atmospheric pollution.

atoarda, *s. f.* rumour.

atol, *s. m.* atoll.

atoladiço, *adj.* muddy, miry.

atolar, 1. *v. tr.* to stick in the mire, **2.** *v. refl.* to sink in the mud; *(fig.)* to get into trouble.

atoleimar, *v. tr.* to make silly.

atoleiro, *s. m.* mud.

atomicidade, *s. f.* atomicity.

atómico, *adj.* atomic; **bomba atómica:** atomic bomb; **guerra atómica:** atomic war.

átomo, *s. m.* atom.

atonia, *s. f.* atony, enervation.

atónito, *adj.* astonished, amazed.

átono, *adj.* atonic, unstressed.

atordoado, *adj.* dizzy, stunned; **atordoado pelas notícias:** stunned by the news.

atordoamento, *s. m.* dizziness; dizzing.

atordoar, *v. tr.* to dizzy, to stun; to amaze.

atormentado, *adj.* tortured; **atormentado pela dor:** racked with grief; **estar atormentado por uma dor de dentes:** to suffer torture from toothache.

atormentador, 1. *adj.* tormenting; **2.** *s. m.* torturer, tormentor.

atormentar, 1. *v. tr.* to torture, to torment; **2.** *v. refl.* to afflict oneself, to fret; **atormentar o espírito:** to rack one's brains; **porque se está a atormentar?:** what are you fretting about?

atóxico, *adj.* not toxic.

atracar, *v. tr.* to land, to moor.

atracção, *s. f.* attraction; allurement; enticement; charm; **as atracções da cidade:** the allurements of the city; the attractions of the city; **resistir à atracção:** to resist the attraction.

atractivo, 1. *adj.* attractive; alluring, attracting; **2.** *s. m.* attraction, allurement; *pl.* charms.

atraente, *adj.* attracting, charming, alluring, enticing; **sorriso atraente:** charming smile.

atraiçoado, *adj.* betrayed.

atraiçoamento, *s. m.* treason; treachery.

atraiçoar, *v. tr.* to betray; **atraiçoar um amigo:** to go back on a friend.

atrair, *v. tr.* to attract; to allure, to entice, to draw; **atrair alguém para o mal:** to entice a person to do something wrong; **o cinema atrai-me pouco:** the cinema has very little attraction for me.

atrapalhação, *s. f.* confusion; embarrassment; **num estado de grande atrapalhação:** in a state of great disorder.

atrapalhar, *v. tr. e refl.* to confound; to embarrass; to trouble; to embroil, to muddle; to be uneasy; to be puzzled.

atrás, *adv.* behind; after; at the back (of), at one's back; **atrás da porta:** behind the door; **atrás das costas:** behind one's back; **algumas semanas atrás:** some weeks earlier; **algum tempo atrás:** some time ago; **andar atrás de:** to be after; **deixar para trás:** to leave behind; **estar de pé atrás:** to be mistrustful; **não ficar atrás:** not to be inferior to; **voltar atrás:** to go back; **voltar com a palavra atrás:** to take back one's word.

atrasado, 1. *adj.* late; slow (a watch); **2.** *s. m.* late-comer; **chegar atrasado:** to arrive late; **cri-**

ança atrasada: backward child; **estar atrasado nos pagamentos:** to be behind in one's payments; **estou atrasado:** I'm late; **o comboio chegou uma hora atrasado:** the train was delayed one hour.

atrasar, *v. tr.* to delay, to retard; to defer; (a watch or clock) to set back; **atrasar a viagem:** to delay the journey; **não me atrases mais!:** don't delay me any longer!

atraso, *s. m.* delay, retardation; slowness (of watches); **um atraso de meia hora:** a delay of half an hour.

atravancar, *v. tr.* to jam; to clog.

através, *adv.* through.

atravessado, *adj.* laid across; half-bred; **estar atravessado na garganta:** to stick in one's throat; **tenho-o atravessado na garganta:** I have a grudge against him.

atravessar, 1. *v. tr.* to cross; to go through; **2.** *v. intr.* to bring to, to heave to; **atravessar a correr:** to run across; **atravessar a rua:** to cross the road; **atravessar-se no caminho de:** to cross a person's path.

atreito, *adj.* given to; disposed inclined; **ser atreito a apanhar constipações:** he is subject to colds.

atrelado, *s. m.* trailer.

atrelar, 1. *v. tr.* to leash; to hook to harness; **2.** *v. refl.* to join; (*fig.*) to associate oneself with.

atrever-se, *v. refl.* to dare; to attempt, to venture, to face; **atrever-se a dar uma opinião:** to venture an opinion; **como te atreves?:** how dare you?

atrevido, *adj.* impudent; saucy; bold; courageous, daring, fearless; audacious; **rapaz atrevido:** forward young man; **resposta atrevida:** impudent answer; **sorriso atrevido:** saucy smile.

atrevimento, *s. m.* impudence; boldness; **teve o atrevimento de me perguntar...:** he had the cheek to ask me...

atribuição, *s. f.* attribution; granting; function; **não faz parte das minhas atribuições:** that's not in my line.

atribuir, *v. tr.* to attribute; to accredit; to impute; **atribuir à falta de saúde:** to ascribe to ill-health; **a peça é atribuída a...:** the play is accredited to...

atribulação, *s. f.* trouble; woe.

atribular, *v. tr.* to afflict; to grieve, to pain, to torment; **viagem atribulada:** troublesome journey.

atributo, *s. m.* attribute; characteristic.

atrigueirado, *adj.* brownish.

átrio, *s. m.* hall; porch.

atrito, *s. m.* attrition; *pl.* difficulties; **levantar atritos:** *(fig.)* to raise a disturbance.

atroar, *v. tr.* to shake (with noise); to thunder, to roar; **atroar os ares:** to fill the air with a loud noise; to stun.

atrocidade, *s. f.* atrocity, cruelty; barbarism.

atrofia, *s. f.* atrophy.

atrofiado, *adj.* withered.

atrofiar, *v. tr.* to atrophy.

atropelamento, *s. m.* running over, running down.

atropelar, *v. tr.* to run over, to run down, to knock down.

atropelo, *s. m.* trampling; overturning, overthrowing, offence.

atroz, *adj.* atrocious; fierce, violent; cruel.

atulhamento, *s. m.* filling up; blocking up.

atulhar, *v. tr.* to fill up; to block up; to cram; to heap up.

atum, *s. m.* tunny; **atum de conserva:** canned tunny.

atumultuar, *v. tr.* to rouse, to stir up.

aturar, 1. *v. tr.* to bear, to endure; to put up with; **2.** *v. intr.* to last, to persevere.

audácia, *s. f.* audacity; courage; daring; boldness.

audacioso, *adj.* audacious; bold; daring; spirited.

audaz, *adj.* bold, brave, courageous.

audição, *s. f.* audition; hearing; *(mús.)* recital; **audição das testemunhas:** hearing of witnesses.

audiência, *s. f.* audience; session, meeting, court; **o rei concedeu-lhe uma audiência:** the king granted him an audience; **receber em audiência:** to receive in audience.

audio, *adj.* audio.

audiovisual, *adj.* audio-visual.

auditivo, *adj.* auditory.

auditor, *s. m.* auditor; listener.

auditoria, *s. f.* audit.

auditório, *s. m.* audience; auditorium.

audível, *adj.* audible.

auferir, *v. tr.* to get, to gain, to reap.

auge, *s. m.* top, climax; height; peak; **no auge da sua carreira:** in full career.

augurar, *v. tr.* to augur, to presage; to foretell.

augúrio, *s. m.* augury; omen.

aula, *s. f.* class; **receber aulas de culinária:** to take classes in cookery; **sala de aula:** classroom, schoolroom.

aumentar, v. tr. to augment; to increase, to extend, to enlarge; to amplify; **aumentar as dificuldades:** to increase the difficulties; **aumentar de peso:** to put on weight; **aumentar o preço:** to raise the price; **aumentar uma fotografia:** to enlarge a photograph.

aumentativo, adj. augmentative.

aumento, s. m. addition, increase; rise; **o aumento do custo de vida:** the advance in the cost of living; **pedir aumento:** to ask for a rise; **lente de aumento:** magnifying lens.

áureo, adj. golden.

auréola, s. f. aureole, halo; **rodeado pela auréola da glória:** surrounded by the glamour of glory.

auricular, adj. auricular.

aurífero, adj. auriferous.

aurora, s. f. dawn; beginning, daybreak; **aurora boreal:** northern lights, aurora borealis; **ao romper da aurora:** at the break of the day.

auscultação, s. f. auscultation; sounding (of the lungs); examination.

auscultador, s. m. headphone; ear-phone; receiver (of a telephone).

auscultar, v. tr. to sound (the lungs); to check.

ausência, s. f. absence; lack, want; **longa ausência:** long absence; **na ausência de provas:** in the absence of evidence; **na minha ausência:** in my absence.

ausentar-se, v. refl. to leave, to go away.

ausente, adj. absent; away; distracted; **estar ausente:** to be away, not to be present, to be absent; **olhar com ar ausente:** to look in an absent way.

auspício, s. m. auspices; protection, favour; patronage; **sob os auspícios de:** under the auspices of, with the patronage of, favoured by.

auspicioso, adj. auspicious; promising.

austeridade, s. f. austerity; sternness, severity.

austero, adj. austere; harsh; stern, severe.

austral, adj. southern; austral.

australiano, adj. e s. m. Australian.

austríaco, adj. e s. m. Austrian.

autarquia, s. f. local government.

autenticação, s. f. authentication.

autenticar, v. tr. to authenticate; to attest.

autenticidade, s. f. authenticity.

autêntico, adj. authentic; real; trustworthy, credible; **autêntico disparate:** sheer nonsense; **provou-se que era autêntico:** it proved to be authentic.

autismo, s. m. autism.

autista, s. m. f. autistic.

auto, s. m. act; document; play; **levantar um auto contra:** to draw up information against.

autobiografia, s. f. autobiography.

autobiográfico, adj. autobiographic, autobiographical.

autocarro, s. m. bus; **autocarro de dois andares:** double-decker; **cobrador de autocarro:** (bus) conductor; **ir de autocarro:** to go by bus; **paragem de autocarro:** bus stop.

autoclismo, s. m. cistern; **puxar o autoclismo:** to flush the toilet.

autoconfiança, s. f. self-assertion; self-assurance; self-confidence.

autoconfiante, adj. self-assertive; self-confident.

autocracia, s. f. autocracy.

autóctone, adj. autochthonal, autochthonous.

auto-de-fé, s. m. auto-da-fé.

autodefesa, s. f. self-defence.

autodidacta, s. m. f. self-taught person.

autodomínio, s. m. self-control; self-command.

autódromo, s. m. racing circuit.

auto-estrada, s. f. motorway; expressway.

autografar, v. tr. to autograph; to sign.

autógrafo, s. m. autograph; signature.

autolatria, s. f. self-worship.

automático, adj. automatic; self-moving; **aquecimento automático:** self-heating; **arranque automático:** self-starter; **piloto automático:** automatic pilot; **um acto automático:** an automatic act.

automatismo, s. m. automatism.

autómato, s. m. automaton.

automobilismo, s. m. motor racing; motoring.

automobilista, s. m. f. driver.

automotora, s. f. railcar; railbus.

automóvel, 1. s. m. car; automobile; **2.** adj. automobile; **indústria automóvel:** automobile industry.

autonomia, s. f. autonomy; self-government.

autonómico, adj. autonomic.

autónomo, adj. autonomous; self-governed.

autópsia, s. f. autopsy; post-mortem.

autopsiar, v. tr. to make an autopsy.

autor, s. m. author; producer.

autoria, s. f. authorship.

autoridade, s. f. authority; power, weight; **dar autoridade para:** to give authority to.

autoritário, adj. authoritarian, dominating; dictatorial; **falar em tom autoritário:** to speak in authoritative tones; **modo autoritário:** authoritative manner.

autorização, s. f. permission; authorization.

autorizado, adj. authorized, allowed; legitimate; **não autorizado:** unauthorized; **opinião autorizada:** authoritative opinion.

autorizar, v. tr. to allow; to consent; to authorize.

auto-serviço, s. m. self-service.

auto-suficiência, s. f. self-sufficiency.

auto-suficiente, adj. self-sufficient.

autuar, v. tr. to fine; to charge.

auxiliar, v. tr. to help, to aid; to assist; to attend.

auxílio, s. m. help, aid; assistance; **sem auxílio:** helpless; **vir em auxílio de:** to come to the help of.

aval, s. m. guarantee; **dar o seu aval a:** to approve of.

avalancha, s. f. avalanche; snow-slip.

avaliação, s. f. estimation; evaluation; appraisement.

avaliado, adj. appraised, rated; esteemed.

avaliador, s. m. valuator, appraiser; (fig.) appreciator.

avaliamento, s. m. valuation.

avaliar, v. tr. to evaluate; to value, to estimate.

avançado, adj. advanced, onward; forward; **centro-avançado:** centre forward; **de idade avançada:** elderly, advanced in years; **hora avançada:** late hour.

avançar, v. tr. e intr. to advance; to move forward; to push onward; (mil.) to attack.

avanço, s. m. advancement; improvement; progress; **avanço**

da ciência: progress of science; **avanço lento:** slow progress; **de avanço:** beforehand.

avantajado, adj. plump; fat; enormous, corpulent.

avante, 1. adv. forward; onward; **2.** interj. on!; go on! **levar a sua avante:** to carry one's point; **passar avante:** to move forward.

avarento, 1. adj. avaricious; tight-fisted, stingy; **2.** s. m. miser, skinflint.

avareza, s. f. avarice; greediness.

avaria, s. f. damage; breakdown.

avariar, 1. v. tr. to damage; **2.** v. intr. to break down.

avaro, adj. miser.

avassalador, adj. overwhelming.

ave, s. f. bird, fowl; **ave canora:** song-bird; **ave de arribação:** bird of passage; **ave de rapina:** bird of prey; **aves domésticas:** fowl, poultry.

aveia, s. f. oats.

avelã, s. f. hazel-nut.

aveleira, s. f. hazel-tree.

avelhado, adj. oldish.

aveludado, adj. velvety; soft.

aveludar, v. tr. to make soft (like velvet).

avenca, s. f. (bot.) maidenhair.

avenida, s. f. avenue, alley.

avental, s. m. apron.

aventar, v. tr. to air; to suspect; to suggest; **aventar uma opinião:** to suggest an opinion.

aventura, s. f. adventure; **à aventura:** at all adventures; **história de aventuras:** story of adventure.

aventurar, v. tr. to adventure, to risk, to try one's chance; **aventurar-se a:** to adventure oneself on, to take the risk.

aventureiro, adj. e s. m. adventurer.

aventuroso, adj. adventurous; hazardous.

averbar, v. tr. to register.

averiguação, s. f. inquiry; inquest; search; investigation; **fazer averiguações:** to make inquiries about; **para averiguação:** on inquiry.

averiguar, v. tr. to inquire; to investigate; to search out; **averiguar o nome de uma pessoa:** to inquire a person's name; **averiguar um assunto:** to inquire into a matter.

avermelhado, adj. reddish.

aversão, s. f. aversion; dislike; hatred; disgust.

avessas, s. f. pl. **às avessas:** upside-down; inside out.

avesso, 1. adj. contrary; inverted, reverted; adverse; **2.** s. m. wrong side; reverse side; **o avesso do tecido:** the wrong side of the cloth; **ser avesso a:** to be contrary to; **voltado do avesso:** inside out.

avestruz, s. m. ostrich.

aviação, s. f. aviation; air force; **aviação comercial:** commercial aircraft; **campo de aviação:** flying field.

aviador, s. m. airman; flyer.

avião, s. m. aeroplane, aircraft; **avião de caça:** fighter; **avião a jacto:** jet plane.

aviar, 1. v. tr. to dispatch; to hasten; to sell, to serve; **2.** v. refl. to hurry; to make haste; **avie-se!:** hurry up!, make haste!

aviário, s. m. aviary; poultry farm.

avidez, s. f. greediness; avidity; eagerness.

ávido, adj. avid; greedy, covetous; desirous.

avilanar, v. refl. to disgrace oneself; to degrade.

aviltamento, s. m. degradation, debasement; abasement.

aviltante, *adj.* degrading; debasing; **procedimento aviltante:** disgraceful behaviour.

aviltar, *v. tr. e refl.* to revile, to debase, to abase, to degrade.

avinagrar, 1. *v. tr.* to sour; **2.** *v. refl.* to turn sour.

avinhar, 1. *v. tr.* to put into wine; to mix with wine; **2.** *v. refl.* to get drunk.

avioneta, *s. f.* small aeroplane.

avir, *v. tr.* to agree; to reconcile.

avisadamente, *adv.* wisely.

avisado, *adj.* wise; warned; informed; **ser avisado do perigo:** to be warned of the danger.

avisar, *v. tr.* to inform; to advise; to counsel; to warn; **avisar a polícia:** to warn the police; **avisar com um mês de antecedência:** to give (someone) a month's warning.

aviso, *s. m.* advice; notice; admonition; advertisement (in newspapers); **aviso de recepção:** acknowledgment of receipt; **não prestou atenção aos meus avisos:** he paid no attention to my warnings; **que isto lhe sirva de aviso:** let this be a warning to you; **sem aviso prévio:** at short notice.

avistar, 1. *v. tr.* to discern; to notice; to catch sight of; **2.** *v. refl.* to have an interview with.

avivamento, *s. m.* enlivening.

avivar, 1. *v. tr.* to enliven; to excite; to quicken; to make brisk; **2.** *v. refl.* to cheer up.

avizinhar, *v. tr. e refl.* to approach; to get near, to near; **avizinhar-se do fim:** to near one's end.

avo, *s. m.* fraction; **três doze avos:** three twelfths.

avó, *s. f.* grandmother.

avô, *s. m.* grandfather.

avolumar, *v. tr. e refl.* to swell; to increase; to magnify; to grow bulky.

à-vontade, *s. m.* ease.

avós, *s. m. pl.* grandparents; ancestors, forefathers.

avulso, *adj.* separated; torn away; detached; **artigos avulsos:** sundry articles; sundry items; **papéis avulsos:** sundry papers; single copies.

avultado, *adj.* bulky, large; big; great; **quantia avultada:** large sum of money.

avultar, 1. *v. tr.* to augment, to enlarge; **2.** *v. intr.* to increase.

avultoso, *adj.* voluminous, corpulent.

axadrezado, *adj.* checkered.

axial, *adj.* axial.

axila, *s. f.* arm-pit; *(bot.)* axilla.

axioma, *s. m.* axiom; maxim.

axiomático, *adj.* axiomatic.

azado, *adj.* apt; propitious.

azáfama, *s. f.* haste, flurry, bustle; **em grande azáfama:** in a flurry.

azafamado, *adj.* busy; hectic.

azar, *s. m.* bad luck; hazard; accident; **entregar-se ao jogo de azar:** to gamble; **estar com azar:** to be down on one's luck; **ter azar:** to have bad luck; **ter azar a alguém:** to take a dislike to a person; **vida cheia de azares:** life full of hazards.

azarado, azarento, *adj.* luckless, ill-fated, ill-omened; **dia azarento:** luckless day.

azedamente, *adv.* sharply.

azedamento, *s. m.* souring; embittering.

azedar, 1. *v. tr.* to sour, to embitter; **2.** *v. refl.* to make or become acid or cross in temper; to turn sour; **o calor azedou o leite:** the hot weather has soured the milk.

azedo, *adj.* sour, acid; tart; *(fig.)* harsh, rough; ill-tempered; bad-tempered; cross (in temper); **fruto azedo:** sour fruit.

azedume, *s. m.* sourness, acid-ness; tartness; harshness; acri-mony.

azeitado, *adj.* oily.

azeitar, *v. tr.* to oil; to lubricate; *(fam.)* to spoil.

azeite, *s. m.* olive-oil.

azeiteiro, 1. *s. m.* oil-man; 2. *adj.* *(fam.)* grotesque; vulgar.

azeitona, *s. f.* olive.

azémola, *s. f.* beast of burden; *(fig.)* blockhead.

azenha, *s. f.* water-mill.

azeviche, *s. m.* jet; **cor de aze-viche:** jetty.

azevinho, *s. m. (bot.)* holly.

azia, *s. f.* heart-burn; acidity.

aziago, *adj.* unlucky; omened; **um dia aziago:** an ill-omened day.

ázimo, *adj.* azymous; unleavened bread.

azinhaga, *s. f.* country lane.

azinheira, *s. f.* holm-oak.

azo, *s. m.* motive; occasion, oppor-tunity; **dar azo a:** to give occasion for.

azorragar, *v. tr.* to scourge; to whip.

azótico, *adj.* azotic, nitric.

azoto, *s. m. (quím.)* nitrogen, azote.

azougar, *v. tr.* to mix with mer-cury; to enliven.

azougue, *s. m.* mercury.

azul, *adj.* e *s. m.* blue; azure; **azul escuro:** dark blue; **azul marinho,** navy-blue.

azulado, *adj.* bluish, azured.

azular, *v. tr.* to blue.

azulejo, *s. m.* glazed tile.

B

b, *s. m.* the second letter of the alphabet.

baba, *s. f.* drool; slaver, slobber.

babão, *s. m.* driveller; idiot.

babar, *v. tr.* e *refl.* to slaver; to slob-ber; to dribble; to drool; **babar-se por:** to be crazy about.

babeiro, *s. m.* bib.

babel, *s. f. (fig.)* confusion; **a torre de Babel:** the tower of Babel.

baboseira, *s. f.* folly, stupidity; nonsense.

bacalhau, *s. m.* cod, codfish; **ba-calhau seco:** stockfish; **óleo de fígado de bacalhau:** cod-liver oil; **pesca do bacalhau:** cod-fishery; cod-fishing; **pescador de baca-lhau:** codfisher; **ficar tudo em**

águas de bacalhau: to come to nothing.

bacalhoada, *s. f.* cod-meal.

bacalhoeiro, *s. m.* cod-seller; codfisher (a ship).

bacanal, 1. *adj.* bacchanalian; 2. *s. f.* bacchanal.

bacento, *adj.* dull, dim.

bacharel, *s. m.* bachelor; **bacha-rel em Direito:** Bachelor of Law; **bacharel em Letras:** Bachelor of Arts; **bacharel em Ciências:** Bachelor of Science.

bacharelado, *s. m.* bachelorhood.

bacia, *s. f.* basin, vase; pond; plain; pelvis; **bacia hidrográfia:** hydrological basin.

bacilo, *s. m.* bacillus.

bacio, *s. m.* chamber-pot; potty.

baço, 1. *adj.* tarnished, dull; dim; **2.** *s. m.* (*med.*) spleen.

bacoco, 1. *adj.* foolish, silly; **2.** *s. m.* ninny; fool; moron; simpleton.

bácoro, *s. m.* sucking-pig.

bactéria, *s. f.* bacterium.

bacteriologia, *s. f.* bacteriology.

bacteriologista, *s. m. f.* bacteriologist.

badalada, *s. f.* the sound of a bell; clang (of a bell).

badalar, *v. intr.* to clang; to ring; (*fig.*) to chatter, to pratte, to gossip.

badalhoco, *adj.* dirty, grubby; indecent.

badalhoquice, *s. f.* dirtiness, grubbiness.

badalo, *s. m.* bell clapper.

badameco, *s. m.* (*fig.*) prig.

badana, *s. f.* sheep-leather; flap (of a piece of clothing); fin (of a codfish).

badejo, *s. m.* codfish.

bafejar, *v. tr.* to breathe in; to puff; to favour.

bafiento, *adj.* mouldy, musty; (*fig.*) old-fashioned; **ideias bafientas:** musty ideas.

bafio, *s. m.* musty smell; **cheirar a bafio:** to smell musty; to smell mouldy.

bafo, *s. m.* breath; breeze; (*fig.*) protection; inspiration.

baforada, *s. f.* whiff (of fresh air, of a cigar); puff (of smoke, of a railway engine); gust; blast (of hot air); breath (of air); **baforada gelada:** icy blast.

baforar, *v. intr.* to whiff; to belch.

baga, *s. f.* berry; drop; **baga de suor:** pearl of sweat.

bagaceira, *s. f.* cask; brandy.

bagaço, *s. m.* husk.

bagageira, *s. f.* boot; trunk; luggage carrier.

bagageiro, *s. m.* porter.

bagagem, *s. f.* luggage; baggage; carriage; **bagagem pessoal:** personal luggage; **depósito de bagagem:** luggage depot; **grade porta-bagagem:** luggage grid; **etiqueta da bagagem:** luggage-label; **ter uma boa bagagem de conhecimentos:** to have a considerable amount of knowledge.

bagatela, *s. f.* trifle, trash; cheap; **custar uma bagatela:** to cost a trifle; **não se prender com bagatelas:** not to stick at trifles; **comprar por uma bagatela:** to buy at low price; to buy on the cheap.

bago, *s. m.* grain; **bago de uva:** grape.

baía, *s. f.* bay; inlet.

baila, *s. f.* dance, ball; perch (fish); **vir à baila:** to come upon the carpet.

bailado, *s. m.* dance; ballet.

bailador, *s. m.* dancer.

bailar, *v. tr.* to dance.

bailarico, *s. m.* dance-party.

bailarino, *s. m.* dancer; ballet-dancer.

baile, *s. m.* ball, dance; **dar um baile:** to hold a dance; **salão de baile:** ball-room; **levar um baile:** (*fig.*) to be mocked; **baile de máscaras:** fancy dress ball.

bainha, *s. f.* hem; sheath; scabbard (of a sword).

baioneta, *s. f.* bayonet.

bairrismo, *s. m.* localism; parochialism.

bairrista, *s. m. f.* localist; parochial.

bairro, *s. m.* district, area; quarter (of a town).

baixa, *s. f.* decrease, abatement, fall, lowering; downtown; **baixa de preços:** cut-price.

baixa-mar, *s. f.* low tide; ebb.

baixar, *v. tr. e refl.* to descend, to fall; to step down; to lower; to abate (price); **baixar a bandeira:** to lower the flag; **baixar a maré:** to ebb; **baixar a renda da casa:** to lower the rent of the house; **a temperatura baixou:** the temperature fell.

baixaria, *s. f.* shabiness; rudeness.

baixela, *s. f.* table-ware; silver-plate; **uma peça de baixela:** a piece of plate.

baixeza, *s. f.* lowness, baseness.

baixio, *s. m.* shoal, sandbank; shallow; **costa com baixios:** shoaled coast.

baixo, 1. *adj.* low; short, small; shallow; mean, humble; base; vile; obscure; **2.** *adv.* down; **3.** *prep.* beneath; bass; **baixo profundo:** deep bass; **água baixa:** shallow water; **andar na mó de baixo:** to be on the down grade; **andar por baixo:** to be out of sorts, to be in low spirits; **a parte de baixo:** the lower part; **de cabeça baixa:** down looking; **de cima a baixo:** from top to toe; **lá em baixo:** down there; **para cima e para baixo:** up and down; **os altos e baixos:** the ups and downs (of life); **por baixo de:** beneath; **procedimento baixo:** mean behaviour; base behaviour; **voltar de cima para baixo:** to turn upside down; **vou já para baixo:** I' ll come down soon, I'll be down right away.

baixo-ventre, *s. m.* abdomen.

bajulação, *s. f.* flattery; adulation; cajolery; toadyism.

bajulador, *s. m.* flatterer; toady; crawler.

bajular, *v. tr.* to flatter; to cajole; to toady.

bala, *s. f.* bullet; shot; **à prova de bala:** bullet-proof; **nem à lei da bala:** for naught in the world; **um revólver de seis balas:** a six shooter.

balada, *s. f.* ballad.

balança, *s. f.* balance; scales; libra; **a balança da justiça:** the scales of justice; **fiel da balança:** tongue of the balance; **prato de balança:** pan (or dish) of a balance; **balança de pagamentos:** balance of payments.

balançar, *v. tr. e intr.* to hesitate; to swing, to toss; to rock.

balancé, *s. m.* seesaw; swing.

balanceamento, *s. m.* swinging; hesitation.

balanço, *s. m.* swing, tossing; rolling (of a ship); *(com.)* balance, account; **fazer um balanço:** to see how things are; to measure things; **o balanço do pêndulo:** the swing of the pendulum.

balão, *s. m.* balloon; air-balloon; **balão de vidro:** flask.

balaustrada, *s. f.* balustrade, banister.

balaustrar, *v. tr.* to provide with balusters.

balbuciação, *s. f.* stuttering, stammering.

balbuciar, *v. tr. e intr.* to stammer, to stutter.

balbúrdia, *s. f.* confusion, disorder; **que balbúrdia!:** what a mess!, what a bustle!

balcão, *s. m.* counter (of a shop); balcony.

balda, *s. m.* defect; mania; renounce (cards); **é tudo uma balda!:** *(cal.)* no one gives a damn!

baldado, *adj.* frustrated, vain; **tentativa baldada:** vain attempt.

baldão, *s. m.* reproach, affront; **andar aos baldões:** to move with sudden stops and starts, to jolt along, to move with bumps.

baldar, 1. *v. tr.* to frustrate; to hinder; **2.** *v. refl.* to discard (in a play).

balde, *s. m.* bucket; pail; **deitar um balde de água fria:** to put a damper on.

baldio, 1. *adj.* common, fallow, untilled; uncultivated; barren; **2.** *s. m.* waste land, barren land.

baldroca, *s. f.* cheat, fraud; **trocas e baldrocas:** fraudulent contracts.

baleeira, *s. f.* whaler; whale ship.

baleeiro, *s. m.* whaler; whaleman.

baleia, *s. f.* whale; **ir à pesca da baleia:** to go whaling, to hunt whales; **pescador de baleias:** whaler.

balela, *s. f.* false report, lie, fib.

balido, *s. m.* bleat.

balir, *v. intr.* to bleat.

balística, *s. f.* ballistics.

baliza, *s. f.* (sport) goal; mark; boundary, bourn.

balizador, *s. m.* a setter of marks.

balizagem, *s. f.* marking; fixing of boundaries.

balizar, *v. tr.* to buoy; to set up a landmark.

balnear, *adj.* balneary; **estância balnear:** seaside resort.

balneário, *s. m.* dressing room.

balofo, *adj.* puffed up, flabby, swollen; *(fig.)* light-headed.

balouçar, *v. tr.* to swing.

balouço, *s. m.* swing; seesaw.

balsa, *s. f.* raft.

balsâmico, *adj.* balsamic, balmy.

balsamina, *s. f. (bot.)* balsamine.

bálsamo, *s. m.* balsam; balm.

balseiro, *adj.* raftsman, ferryman.

baluarte, *s. m.* bulwark, bastion; *(fig.)* defence, support; **o baluarte da sociedade:** the bulwark of society.

bambaleante, *adj.* reeling; swinging; wavering.

bambalear, *v. intr. e refl.* to swing; to shake; to reel.

bambo, *adj.* slack; loose.

bambolear, *v. intr. e refl.* to swing; to waddle.

bamboleio, *s. m.* swinging, shaking, jogging.

bambu, *s. m. (bot.)* bamboo.

banal, *adj.* trivial, banal, commonplace.

banalidade, *s. f.* triviality; banality, commonplace.

banalizar, *v. tr.* to render trivial.

banana, *s. f.* banana; **ele é um banana:** *(fig.)* he is such a simpleton; he is a moron; **casca de banana:** skin of a banana.

bananeira, *s. f.* banana-tree.

banca, *s. f.* writing-desk; sink (in the kitchen); lanking; **abrir banca:** to set up (as a lawyer).

bancada, *s. f.* tier; row of seats; workbench.

bancário, 1. *s. m.* bank clerk; **2.** *adj.* banking; **caderneta bancária:** bank-book; **empréstimo bancário:** bank loan; **conta bancária:** bank account; **actividade bancária:** banking.

bancarrota, *s. f.* bankruptcy; **abrir bancarrota:** to go bankrupt, to turn bankrupt.

banco, *s. m.* bank; bench, stool, form, seat; **banco de areia:** sandbank; **banco de carpinteiro:** carpenter's bench; **banco de Inglaterra:** the Bank of England; **banco de jardim:** park bench; **banco de piano:** piano stool; **banco de três pernas:** three-legged stool; **depositar num banco:** to bank; **filial de banco:** branch bank; **nota de banco:** bank-note.

banda, *s. f.* band; side; scarf; sash; bank (of a river); **banda de música:** band; **banda de frequência:** band of frequency; **a banda contrária:** the reverse side; **músico da banda:** bandsman; **pôr de banda:** to lay aside; to set aside.

banda-desenhada, *s. f.* comic, comic book.

bandalheira, *s. f.* shabiness; meanness; frenzy.

bandalho, *s. m.* rogue; villain.

bandeira, *s. f.* ensign, banner, flag; colours; **bandeira a meia haste:** flag at the dip; **bandeira de sinais:** signal flag; **bandeira dos piratas:** black flag; **arriar a bandeira:** to strike the flag; **descer a bandeira:** to lower the flag; **pau da bandeira:** flagpole; **içar a bandeira:** to hoist the flag; **rir a bandeiras despregadas:** to burst out laughing.

bandeja, *s. f.* tray, salver; platter; **bandeja de chá:** tea-tray; **bandeja de prata:** silver-tray, salver.

bandido, *s. m.* bandit; outlaw, robber, gangster.

banditismo, *s. m.* act (or life) of a bandit; robbery; ruffianism.

bando, *s. m.* band, flock, gang; faction; **bando de pássaros:** flock of birds; **bando de ladrões:** gang of thieves; **bando de salteadores:** band of robbers; **bando de trabalhadores:** gang of workmen; **vir em bandos:** to come in flocks.

bandolim, *s. m.* mandoline.

bandolinista, *s. m. f.* mandoline-player.

bandulho, *s. m.* (*cal.*) belly, guts; **encher o bandulho:** to eat like a glutton.

banha, *s. f.* fat; lard.

banhado, *adj.* watered; wetted; bathed; **banhado pela luz do luar:** bathed in moonlight; **banhado pelo Atlântico:** bathed by the Atlantic (Ocean).

banhar, *v. tr. e refl.* to bathe, to water; to wash.

banheira, *s. f.* bath, bath-tub.

banheiro, *s. m.* bather, bath-keeper.

banhista, *s. m. f.* bather.

banho, *s. m.* bath; bathing; **banho de sol:** sunbath; **banho quente:** hot bath; **touca de banho:** bathing cap; **banhos de casamento:** banns; **casa de banho:** bathroom; **estação de banhos:** the bathing season; **tomar banho (em casa):** to have a bath; **tomar banho de mar:** to bathe.

banho-maria, *s. m.* water-bath.

banido, *adj.* banished; outlawed.

banir, *v. tr.* to banish; to exclude; to exile; **banir do espírito:** to banish from one's mind.

banjo, *s. m.* banjo.

banqueiro, *s. m.* banker; **banqueiro no jogo:** croupier.

banquete, *s. m.* banquet.

banqueteador, *s. m.* banqueter, feaster.

banquetear, *v. tr. e refl.* to banquet, to feast.

banzar, *v. tr. e refl.* to astonish; to wonder.

banzé, *s. m.* disorder, tumult; **armar um banzé:** to make a scandal.

baptismal, *adj.* baptismal; **pia baptismal:** baptistery font.

baptismo, *s. m.* baptism; **baptismo de fogo:** baptism of fire.

baptizado, *s. m.* christening.

baptizar, *v. tr.* to baptize; to christen.

baque, *s. m.* a fall; thud; throb (of the heart); **foi um baque para ele:** it was a shock to him.

bar, *s. m.* bar; pub; **empregado de bar:** barman, bartender.

baraço, *s. m.* rope; cord; bond; tie; flowing knot.

barafunda, *s. f.* bustle; confusion; tumult; **andar numa barafunda:** to bustle about; **estava tudo numa barafunda:** everything was in a muddle.

barafustar, *v. tr.* to struggle; to strive; to make a fuss.

baralhar, *v. tr.* to shuffle (cards); to entangle; to disorder; **baralhaste tudo:** you've muddled everything.

baralho, *s. m.* pack (of cards).

barão, *s. m.* baron.

barata, *s. f. (zool.)* cockroach, black-beetle.

barateiro, *s. m.* man who sells cheap.

barateza, *s. f.* cheapness.

barato, 1. *adj.* cheap; **2.** *adv.* cheaply; at a low price; **barato e mau:** cheap and nasty; **comprar barato:** to get something cheap; **dar de barato:** to grant, to take for granted; **o barato sai caro:** the cheapest is not always the best.

barba, *s. f.* beard; **barba bem feita:** clean close shave; **fazer a barba:** to shave; **põe as barbas de molho:** let it be a warning to you; **sem barba:** beardless; **isso já tem barbas!:** that's old news!

barbar, *v. intr.* to begin to have a beard; to strike root.

barbaramente, *adv.* barbarously; cruelly.

barbárico, *adj.* savage; merciless; barbarous; uncultivated; **hostes barbáricas:** barbarian hosts.

barbárie, *s. f.* barbarism; **viver em estado de barbárie:** to live in barbarism.

barbarismo, *s. m.* barbarism; cruelty.

barbarizar, *v. tr.* to barbarize.

bárbaro, 1. *adj.* barbarous; barbarian; uncivilized; cruel; **2.** *s. m.* barbarian; savage.

barbatana, *s. f.* fin.

barbeado, *adj.* shaven; **bem barbeado:** well(-)shaven.

barbear, *v. tr.* to shave.

barbearia, *s. f.* barber's (shop).

barbeiro, *s. m.* barber.

barbela, *s. f.* double chin; dewlap (of cattle).

barbirruivo, *adj.* red-bearded.

barbitúrico, *s. m.* barbiturate, tranquillizer.

barbo, *s. m.* barbel; **barbo do mar:** surmullet.

barbudo, *adj.* full-bearded, thick-bearded.

barca, *s. f.* barque; barge; ferry-boat.

barcaça, *s. f.* barge; lighter; **ponte de barcaças:** pontoon-bridge; **transportar (mercadorias) em barcaça:** to lighter, to carry (goods) in a lighter.

barcarola, *s. f.* barcarole.

barco, *s. m.* boat; ship; **barco a motor:** motor-boat; **barco a remos:** rowing-boat; **barco a vapor:** steamer; **barco à vela:** sailing-boat; **barco de pesca:** fishing-boat; **barcos para alugar:** boats for hire; **corrida de barco:** boat-race; **fundo do barco:** bottom of the ship; **tomar um barco para:** to take a boat for.

bardo, *s. m.* bard; poet.

bargantear, *v. intr.* to ramble; to be a vagabond.

bário, *s. m.* barium.

barítono, *s. m.* barytone, baritone.

barlavento, *s. m.* windward; **a barlavento:** the windward side.

barométrico, *adj.* barometrical; **altura barométrica:** barometrical height; **escala barométrica:** barometrical scale.

barómetro, *s. m.* barometer; **escala do barómetro:** barometer scale.

baronato, *s. m.* barony.

baronesa, *s. f.* baroness.

baronete, *s. m.* baronet; **dignidade de baronete:** baronetage, baronetcy.

baronia, *s. f.* barony; **conferir a baronia a alguém:** to confer a barony on a person.

baroscópio, *s. m.* baroscope.

barqueiro, *s. m.* boatman; ferryman; bargee.

barquejar, *v. intr.* to govern a boat.

barra, *s. f.* bar; stripe; flounce (of a dress); **barra de chocolate:** chocolate bar; **barras da prisão:** prison bars; **barra da baliza:** crossbar; **barra de ouro:** bullion of gold; **barras paralelas:** parallel bars; **barra transversal:** cross-bar (piece) **ouro em barras:** gold in bars.

barraca, *s. f.* hut; tent; stall (in a market); **armar barraca:** to make a scandal.

barraco, *s. m.* hut, shovel.

barracão, *s. m.* shed; penthouse.

barragem, *s. f.* dam barrage; **fogo de barragem:** barrage fire, drum-fire.

barranco, *s. m.* ravine; precipice; gully; ditch.

barrar, *v. tr.* to cover with clay; to bar; to obstruct; to coat; to flounce.

barreira, *s. f.* stockade; fence; bar; barrier; hindrance; (sports) hurdle; **corrida de barreiras:** hurdle race; **saltar as barreiras:** to hurdle; **barreira de som:** sound barrier.

barrento, *adj.* clayey; argillaceous.

barrete, *s. m.* cap; bonnet; **enfiar o barrete:** to take it personally; to feel cheated.

barricada, *s. f.* barricade.

barricar, *v. tr.* to barricade; to obstruct; to block.

barriga, *s. f.* belly; paunch (of a fat man); **barriga da perna:** calf; **com a barriga vazia:** with an empty belly; **encher a barriga:** to stuff; **ter o rei na barriga:** to be full of oneself.

barrigada, *s. f.* bellyful.

barrigudo, *adj.* big-bellied; pot-belly; pot-bellied.

barril, *s. m.* barrel; cask; **fundo de barril:** barrel-head.

barrista, *s. m. f.* potter.

barro, *s. m.* clay, pottery; **louça de barro:** crockery, earthenware.

barroco, 1. *adj.* baroque; grotesque; 2. *s. m.* baroque; **estilo barroco:** baroque style.

barroso, *adj.* clayey.

barrote, *s. m.* rafter, beam.

barulheira, *s. f.* loud noise; hubbub.

barulhento, *adj.* noisy; tumultuous; boisterous.

barulho, *s. m.* noise, tumult, scuffle, squabble; **fazer barulho por nada:** to squabble; much ado about nothing; **meter-se ao barulho:** to get into a scuffle.

basáltico, *adj.* basaltic.

basalto, *s. m.* basalt.

basbaque, *s. m. (fam.)* dolt; ninny; moron.

báscula, *s. f.* bascule; weighing machine.

base, *s. f.* base, basis; foundation; support; **base aérea:** air base; **base de operações:** base of operations; **base naval:** naval base.

basear, v. tr. e refl. to base on, to base upon; to found; **basear as suas esperanças em:** to base one's hopes upon; **basear um argumento em factos:** to found an argument on facts; **basear-se em:** to base in.

basebol, s. m. baseball; **jogador de basebol:** baseball player.

basicamente, adv. basically.

básico, adj. basic; **ensino básico:** primary school; **preço básico:** base price.

basilar, adj. basic, fundamental.

basílica, s. f. basilica.

basquetebol, s. m. basketball.

basquetebolista, s. m. f. basketball player.

basta!, interj. stop!, enough!, that will do!; **já me basta!:** I've had enough of it!

bastante, adj. e adv. enough, sufficient, a good deal; **bastante grande:** large enough; **bastante caro:** rather expensive; **conheço-o bastante bem:** I know him well enough; **ela está bastante melhor:** she's much better, she's a good deal better; **temos bastante tempo:** we have enough time; we have time enough.

bastão, s. m. baton, truncheon, stick.

bastar, v. intr. to suffice, to be enough; **basta de palavras!:** no more words!; **basta dizer que...:** suffice it to say that...; **isso basta:** that's enough; **isto basta para as minhas necessidades:** this will suffice for my needs.

bastardear, v. intr. to degenerate.

bastardia, s. f. bastardy.

bastardo, 1. adj. bastard; degenerate, debased; **2.** s. m. bastard.

bastião, s. m. bastion.

bastidores, s. m. pl. side-scenes, stagewings (in a theater).

basto, adj. thick, close; plentiful.

bata, s. f. gown, dressing gown; overall.

batalha, s. f. battle; fight; strife; contest; **batalha campal:** pitched battle; **batalha naval:** seafight; **campo de batalha:** battlefield, battle ground.

batalhador, 1. s. m. champion; fighter; battler; **2.** adj. fighting; (fig.) persevering.

batalhão, s. m. battalion.

batalhar, v. intr. to fight, to battle; to struggle hard; (fig.) to persevere.

batata, s. f. potato; **batata doce:** sweet potato; **doença da batata:** potato-blight; **escaravelho da batata:** potato beetle; **puré de batata:** mashed potatoes.

batatada, s. f. large quantity of potatoes; **correr à batatada:** (cal.) to fend off; to ward off.

batatal, s. m. potato-field.

batedeira, s. f. churn; beater.

batedor, s. m. beater; scout.

bátega, s. f. wash-basin; shower.

batel, s. m. little boat.

batelada, s. f. boat-load; a great number (of things); a lot of, lots of.

batente, s. m. side, fold, rabbet (of a door); door-post; knocker (of a door).

bater, v. tr. to beat; to strike, to knock; to thrash (or thresh); **bater à porta:** to knock at the door; **bater contra:** to thrash against; **bater ovos:** to beat up eggs; **bater a manteiga:** to churn butter; **aí é que bate o ponto:** there's the rub.

bateria, s. f. battery; (mús.) drums; **a bateria precisa de ser carregada:** the battery needs charging; **assestar uma bateria:** to raise up a battery; **caixa da bateria:** battery box.

batido, 1. adj. beaten; vulgar; **2.** s. m. shake; **batido de leite:** milk shake; **estar batido desde o princípio:** to be beaten from the start; **navio batido pela tempestade:** tempest-tossed ship.

batina, s. f. cassock, gown, soutane.

batocar, v. tr. to bung; to close up.

batom, s. m. lipstick.

batoque, s. m. bung; stopper; (fig.) dumpy.

batota, s. f. fraud, false play, cheat.

batotear, v. intr. to defraud, to cheat.

batoteiro, s. m. defrauder, cheater.

batotice, s. f. cheat.

batuque, s. m. drum.

batuta, s. f. wand, conductor's baton.

baú, s. m. trunk, chest for clothes.

baunilha, s. f. vanilla.

bazar, s. f. bazaar; market.

bazófia, 1. s. f. boast; boastfulness; brag; swagger; **2.** s. m. swaggerer, braggart, boaster; **ele só tem bazófia:** he is so full of himself.

bazofiar, v. intr. to boast; to brag.

bê-á-bá, s. m. the alphabet, ABC.

beata, s. f. butt, stub, cigarette end; old church hen.

beatice, s. f. bigotry, hypocrisy.

beatificação, s. f. beatification.

beatificar, v. tr. to beatify.

beato, adj. blessed.

bêbado, adj. drunken, drunk, tipsy; **completamente bêbado:** dead-drunk.

bebé, s. m. baby; **carro de bebé:** pram, perambulator; **ela não passa de um bebé:** she's but a baby.

bebedeira, s. f. drunkenness.

bêbedo, adj. drunk; drunkard.

bebedor, s. m. drinker.

bebedouro, s. m. watering place; drinking fountain; **bebedouro para animais:** drinking-trough.

bebé-proveta, s. m. test-tube baby.

beber, v. tr. to drink; **beber à saúde de:** to drink a toast to; **beber as palavras:** to drink in every word of; **beber de mais:** to be half seas over; to drink too much.

beberagem, s. f. drink, drinking.

beberete, s. m. drinking party; cocktail party.

bebericar, v. tr. e intr. to sip, to tipple.

bebida, s. f. drink; **bebida fermentada:** brewage; **entregar-se à bebida:** to take to drink; **gastar tudo em bebida:** to drink all one's earnings.

bebível, adj. drinkable.

beco, s. m. alley, lane; **beco sem saída:** blind alley; dead end; (fig.) deadlock.

bedelho, s. m. latch; little trump; **meter o bedelho em:** to poke one's nose into.

bege, adj. e s. m. beige.

begónia, s. f. (bot.) begonia.

beiça, s. f. pout; **fazer beiça:** to pout.

beiço, s. m. lip; **andar pelo beiço:** to be in love.

beiçudo, adj. blobber-lipped.

beija-mão, s. m. a sovereign's levee; hand-kissing.

beijar, v. tr. to kiss.

beijo, s. m. kiss; **dar um beijo de boas-noites:** to kiss someone good-night.

beijoca, s. f. (fam.) a loud kiss; smack.

beira, *s. f.* bank, brink, edge, border; brim, rim; verge; **à beira da bancarrota:** on the verge of bankruptcy; **à beira da estrada:** by the side of the road; **a beira de uma chávena:** the brim of a cup; **à beira do esgotamento:** on the verge of exhaustion; **a beira do prato:** the edge of the plate.

beiral, *s. m.* eaves.

beira-mar, *s. f.* sea-coast; **à beira--mar:** at the seaside.

belas-artes, *s. f. pl.* the Fine Arts.

beldade, *s. f.* beauty.

beldroega, *s. f. (bot.)* purslane.

beleza, *s. f.* beauty, handsomeness.

belga, *adj. e s. m. f.* Belgian.

beliche, *s. m.* bunk bed.

bélico, *adj.* warlike; bellicose.

belicosidade, *s. f.* bellicosity.

belicoso, *adj.* bellicose; warlike, martial; valiant.

beligerância, *s. f.* belligerency.

beligerante, *adj. e s. m. f.* belligerent.

beliscadura, *s. f.* pinching; small injury; scratch; **escapou sem uma beliscadura:** he escaped without a scratch.

beliscão, *s. m.* pinch, tweak.

beliscar, *v. tr.* to pinch, to tweak.

belo, *adj.* fair, beautiful; charming, elegant, fine, graceful, handsome; pretty; **o belo sexo:** the fair sex; **a Bela Adormecida:** the Sleeping Beauty.

bel-prazer, *adj.* free-will; **a seu bel-prazer:** as one wishes.

bem, 1. *s. m.* good; **2.** *adv.* well, right, much, very; **está bem!:** that is all right!; **está bem?:** are you all right?; **muito bem:** very well; **a luta entre o bem e o mal:** the conflict between good and evil.

bem-amado, *adj.* well-beloved, darling.

bem-aventurado, 1. *adj.* blessed; fortunate; **2.** *s. m. pl.* the blessed.

bem-dizer, *v. tr.* to bless; to praise.

bem-educado, *adj.* well-bred, polite; well-mannered.

bem-estar, *adj.* welfare, well-being; comfort.

bem-fadado, *adj.* well-fated, fortunate, lucky.

bem-falante, *adj.* well-spoken.

bem-feito!, 1. *interj.* serve him (her) good!; **2.** *adj.* well-done; *(fig.)* elegant.

bem-humorado, *adj.* good-humoured.

bem-intencionado, *adj.* well-minded; well-meant, well-meaning.

bem-me-quer, *s. m. (bot.)* ox-eye; daisy; **mal-me-quer, bem-me-quer:** she (he) loves me not, she (he) loves me.

bemol, *s. m. (mús.)* flat.

bem-parecido, *adj.* good-looking; fair; handsome.

bem-querer, 1. *s. m.* affection; **2.** *v. tr.* to love.

bem-vindo, *adj.* welcome; **ser bem-vindo:** to be welcome.

bênção, *s. f.* blessing; benediction.

bendito, *adj.* blessed; hallowed; **almas benditas:** the blessed.

bendizer, *v. tr.* to bless.

beneficência, *s. f.* beneficence; well-doing, goodness; **concerto de beneficência:** benefit concert; **obra(s) de beneficência:** benefaction(s).

beneficente, *adj.* beneficent; charitable; helpful; generous.

beneficiação, *s. f.* improvement.

beneficiador, *adj.* beneficent, kind.

beneficiar, *v. tr. e intr.* to do good, to improve; to favour, to benefit; **beneficiar com:** to benefit by.

beneficiário, s. m. beneficiary; recipient.

benefício, s. m. benefit, advantage, profit; privilege; **em benefício de:** for the benefit of.

benemérito, 1. adj. well-deserving, very worthy; **2.** s. m. beneficent; well-doer.

beneplácito, s. m. leave, permission.

benevolência, s. f. benevolence, goodwill; willingness; kindness.

benevolente, adj. charitable; benevolent; benign.

benévolo, adj. benevolent, kind, favourable.

benfeitor, s. m. benefactor; well-doer.

bengala, s. f. cane, stick; walking-stick.

bengalada, s. f. stroke with a cane.

bengaleiro, s. m. cane-maker (or seller); hallstand.

benignidade, s. f. benignity, kindness; goodness.

benigno, adj. kind; **doença benigna:** benign disease.

benquistar, v. tr. to conciliate.

benquisto, adj. well-beloved; esteemed.

bens, s. m. pl. estate, riches; goods; **bens imóveis:** real estate; **bens vitalícios:** life estate.

bento, adj. holy, consecrated.

benzer, 1. v. tr. to consecrate, to bless; to hallow; **2.** v. refl. to make the sign of the cross, to cross oneself.

benzido, adj. consecrated, blessed.

benzina, s. f. benzine.

berbequim, s. m. hand drill; breast-drill; **berbequim e broca:** brace and bit.

berço, s. m. cradle; birth; bearer; (fig.) origin, beginning; **desde o berço:** from the cradle.

bergantim, s. m. brigantine.

beribéri, s. m. beriberi.

berimbau, s. m. jew's-harp.

beringela, s. f. (bot.) mad apple, aubergine.

berlinda, s. f. berline; **estar na berlinda:** (fig.) to be in the limelight.

berlinde, s. m. marble.

berloque, s. m. trinket; bauble.

berma, s. f. berm; side; **na berma da estrada:** by the side of the road.

bermudas, s. f. pl. shorts.

berra, s. f. rut; **estar na berra:** (fig.) to be in vogue.

berrante, adj. gay, striking, gaudy; **cores berrantes:** gaudy colours, bright colours.

berrar, v. intr. to bellow; to cry; to shout; to shriek.

berraria, s. f., **berreiro,** s. m. bawling, screaming.

berro, s. m. scream; shout; shriek.

besouro, s. m. (zool.) may-bug.

besta, s. f. beast; (fig.) blockhead; **besta de carga:** beast of burden.

besta, s. f. cross-bow.

besteiro, s. m. archer, crossbow-man.

bestial, adj. beastly; brutish; (fig.) great.

bestialidade, s. f. bestiality, stupidity.

bestializar, v. tr. to stupify.

besuntadela, s. f. greasing.

besuntar, v. tr. to grease; to oil.

beta, s. f. beta.

betão, s. m. concrete; **betão armado:** reinforced concrete.

beterraba, s. f. (bot.) beet.

betonar, v. tr. to concrete, to cement.

betoneira, s. f. concrete mill.

betumar, v. tr. to bituminize; to apply putty, to fix with putty.

betume, *s. m.* bitumen; putty.

betuminoso, *adj.* bituminous.

bexiga, *s. f.* bladder; *pl.* smallpox; **bexigas loucas:** chicken-pox; **marcas das bexigas:** pock hollows; pock marks.

bexiguento, *adj.* that suffers from smallpox; pock-marked.

bezerra, *s. f.* heifer; calf skin; **pensar na morte da bezerra:** to be in a brown study.

bezerro, *s. m.* calf, bullock.

bibe, *s. m.* bib.

biberão, *s. m.* feeding-bottle; **criar uma criança a biberão:** to bring up a child on the bottle.

Bíblia, *s. f.* the Bible.

bíblico, *adj.* biblical.

bibliografia, *s. f.* bibliography.

bibliográfico, *adj.* bibliographical.

bibliógrafo, *s. m.* bibliographer.

biblioteca, *s. f.* library; **biblioteca de consulta:** reference library; **biblioteca particular:** private library; **biblioteca pública:** free library.

bibliotecário, *s. m.* librarian, library-keeper.

bica, *s. f.* water-outlet; *(fam.)* espresso; **em bica:** gushing out; pouring out, streaming; **suar em bica:** to pour with sweat; **estar à bica:** to be on the point of.

bicada, *s. f.* peck.

bicarbonato, *s. m.* bicarbonate; **bicarbonato de sódio:** bicarbonate of soda.

bicéfalo, *adj.* bicephalous.

bicelular, *adj.* bicellular.

bicentenário, *s. m.* bicentenary.

bíceps, *s. m.* biceps.

bicha, *s. f.* leech; serpent; file, line, queue; *(cal.)* gay; **fazer bicha:** to stand in a queue, to queue up; **fazer bicha para o autocarro:** to queue up for the bus; **tomar**

lugar na bicha: to take one's place in a queue; **ficar como uma bicha:** to see red.

bicha-cadela, *s. f.* earwig.

bichanar, *v. intr.* to whisper, to speak in whispers.

bichano, *s. m. (fam.)* puss, pussy cat; pussy.

bicharada, *s. f.* animals; beasts.

bicharoco, *s. m.* bug; worm.

bicha-solitária, *s. f.* taenia; **parece que tens a bicha-solitária!:** *(cal.)* you look just like a glutton!

bicho, *s. m.* worm; animal.

bicho-carpinteiro, *s. m.* woodworm; **ter bichos-carpinteiros no corpo:** *(fig.)* not to be able to stand still.

bicho-da-seda, *s. m.* silkworm.

bicho-de-conta, *s. m.* woodlouse.

bicicleta, *s. f.* bicycle; *(fam.)* bike.

bicípite, *s. m.* biceps.

bico, *s. m.* beak; bill (of a bird); nib, pen (of a penholder); spout (of a vessel); nipple (of a woman's breast); **bico de gás:** gas-jet; **calar o bico:** *(fam.)* to shut up; **ir em bicos de pés:** to go on tip-toe.

bicolor, *adj.* bicolour.

biconvexo, *adj.* biconvex.

bicorne, 1. *adj.* bicorn; **2.** *s. m.* cocked hat.

bicudo, *adj.* beaked, sharp, pointed; **um caso bicudo:** *(fig.)* a difficult; matter.

bidão, *s. m.* can; **bidão de óleo:** oil can.

bidé, *s. m.* bidet.

bidente, *s. m.* pitch-fork.

bienal, *adj.* biennial.

biénio, *s. m.* biennium.

bife, *s. m.* beefsteak; steak.

bifendido, *adj.* bifid, bifidate.

bifocal, *adj.* bifocal.

bifurcação, s. f. bifurcation; **bifurcação de estradas**: the fork of a road.

bifurcar, v. tr. e refl. to bifurcate.

bigamia, s. f. bigamy.

bígamo, 1. adj. bigamous; 2. s. m. bigamist.

bigle, s. m. beagle.

bigode, s. m. moustache; whiskers (of a cat or rat).

bigodi, s. m. curler; **enrolar o cabelo num bigodi**: to wind one's hair on a curler.

bigorna, s. f. anvil.

bilabial, adj. bilabial.

bilateral, adj. bilateral.

bilha, s. f. earthen pot, jar.

bilhar, s. m. billiards; **mesa de bilhar**: billiard-table; **pano de bilhar**: billiard-cloth; **sala de bilhar**: billiard-room; **taco de bilhar**: cue.

bilhete, s. m. ticket; billet, note; fare; **bilhete de autocarro**: bus-ticket; **bilhete de cinema**: cinema ticket; **bilhete de comboio**: railway ticket; **bilhete de entrada**: admission ticket; **bilhete de ida**: single ticket; **bilhete de ida e volta**: return ticket; **bilhete directo**: through ticket; **reservar um bilhete**: to book a passage.

bilheteira, s. f. purse; (railway-station) booking-office; box-office (in a cinema or theatre).

bilheteiro, s. m. box-office clerk; ticket-seller.

bilhete-postal, s. m. postcard.

bilião, s. m. billion.

biliar, adj. biliary; **vesícula biliar**: gall-bladder.

bilingue, adj. bilingual.

bilionário, s. m. billionaire.

bilioso, adj. bilious; (fig.) bad tempered.

bílis, s. f. bile; choler; anger; gall; **ataque de bílis**: biliousness, bilious attack.

bimensal, bimestral, adj. bi monthly, bimensal.

binário, adj. binary.

bingo, s. m. bingo.

binóculo, s. m. binoculars.

binómio, s. m. binomial.

biodegradável, adj. biodegrad able.

biogénese, s. f. biogenesis.

biogenético, adj. biogenetic.

biografar, v. tr. to write the bio graphy of.

biografia, s. f. biography.

biográfico, adj. biographic.

biógrafo, s. m. biographer.

biologia, s. f. biology.

biológico, adj. biological; **arm biológica**: biological weapon.

biólogo, s. m. biologist.

biombo, s. m. screen.

bioquímica, s. f. biochemistry.

biosfera, s. f. biosphere.

bipartição, s. f. bipartition.

bipartido, adj. bipartite.

bípede, 1. adj. bipedal; two-foot ed; 2. s. m. f. biped.

bipolar, adj. bipolar.

bipolaridade, s. f. bipolarity.

biqueira, s. f. extremity; gutter (o a roof); toe-cap.

biquini, s. f. bikini.

birra, s. f. obstinacy, aversion; te uma birra: to be in the sulks.

birrento, adj. obstinate; stubborn sulky.

bis, 1. adv. again; 2. interj. encore (mús.) bis.

bisar, v. tr. to ask for the repet tion of, to repeat; **pediram-lh para bisar**: he got an encore, h was encored.

bisavô, s. m. great-grandfather.

bisavó, s. f. great-grandmother.

bisavós, s. m. pl. great-grandparents.

bisbilhotar, v. intr. to intrigue; to gossip.

bisbilhoteiro, s. m. intriguer, peeping Tom.

bisbilhotice, s. f. intrigue; chit-chat.

biscate, s. m. small work; small task.

biscoito, s. m. biscuit.

bisel, s. m. bevel.

bisnaga, s. f. tube.

bisneta, s. f. great-granddaughter.

bisneto, s. m. great-grandson.

bisnetos, s. m. pl. great-grandchildren.

bisonho, adj. inexperienced; dull.

bisonte, s. m. (zool.) bison; American buffalo.

bispo, s. m. bishop.

bissecção, s. f. bisection.

bissemanal, adj. semi-weekly; bi-weekly.

bissexto, adj. bissextile; **ano bissexto:** leap-year.

bissexual, adj. bisexual.

bissulfato, s. m. bisulphate.

bisturi, s. m. bistoury; scalpel.

bitesga, s. f. lane; blind alley.

bitola, s. f. standard measure; gauge, pattern; **seguir na mesma bitola:** to follow the steps of.

bivalve, adj. bivalve.

bivaque, s. m. bivouac.

bizantino, adj. e s. m. Byzantine.

bizarro, adj. bizarre; strange.

blasfemador, s. m. blasphemer.

blasfemar, v. intr. to blaspheme; to curse, to swear.

blasfémia, s. f. blasphemy.

blasfemo, adj. blasphemous.

blasonador, s. m. boaster; bragger.

blasonar, 1. v. intr. to boast; 2. v. tr. to show off.

blindado, adj. armoured; **veículo blindado:** armoured vehicle.

blindagem, s. f. armour; shield; armature.

blindar, v. tr. to plate, to shield.

bloco, s. m. block; **bloco de apontamentos:** note-pad; **bloco de papel:** writing-pad.

bloqueador, s. m. blockader.

bloqueante, adj. blockading.

bloquear, v. tr. to blockade, to block; **bloquear uma estrada:** to close up a road.

bloqueio, s. m. blockade, siege; **levantar um bloqueio:** to raise a blockade; **romper o bloqueio:** to run the blockade.

blusa, s. f. blouse.

boa, 1. adj. good; 2. s. f. (zool.) boa; **boa nova:** good news; **essa é boa!:** well I never!, Indeed!; **em boa hora:** all in good time; **boa!:** there's a good one!; **escapou de boa:** he has had a narrow shave; **estar metido em boa:** to be in a fix.

boa-fé, s. f. sincerity; gullibleness.

boa-noite!, interj. good evening!, good night!

boas-festas!, interj. merry Christmas!

boas-vindas, s. f. pl. welcome.

boa-tarde!, interj. good afternoon!

boamente, adv. **de boamente:** willingly; sincerely.

boataria, s. f. false reports.

boateiro, s. m. rumour-monger.

boato, s. m. rumour; gossip, hearsay; **espalhar boatos:** to spread rumours.

bobina, s. f. bobbin; reel; spool.

bobinador, s. m. bobbin winder.

bobo, s. m. jester; fool; clown; **o bobo da companhia:** the standing jest.

boca, s. f. mouth; **estar com água na boca**: to whet one's appetite; **à boca cheia**: (fig.) openly, freely; **abrir a boca (com sono)**: to yawn; **abrir a boca de espanto**: to gape; **andar de boca em boca**: to be in everybody's mouth; **andar nas bocas do mundo**: to be ill spoken of; **calar a boca a alguém**: to stop someone's mouth; **cale a boca!**: hold your tongue!; **espalhou-se de boca em boca**: it spread from mouth to mouth; **ficar de boca aberta**: to stand with open mouth, to stand with the mouth wide open; **pela boca morre o peixe**: much talk brings much woe; **ter a boca cheia**: to have one's mouth full; **tirar as palavras da boca**: to take the words out of a person's mouth.

boca-de-incêndio, s. f. fire-hydrant; fireplug.

bocado, s. m. bit; a little; morsel, scrap; **há bocado**: a little while ago; **por um bocado**: for a while; **um bocado de cada vez**: a bit at a time.

bocadura, s. f. mouth of a cannon.

bocal, s. m. mouthpiece; socket (of a lamp); brim (of a well); mouth (of a flask).

boçal, adj. ignorant; rude.

boçalidade, s. f. ignorance, rudeness.

bocarra, s. f. big mouth.

bocejar, v. intr. to yawn.

bocejo, s. m. yawning.

boceta, s. f. little box.

bochecha, s. f. cheek; **dar uma palmada nas bochechas**: to slap on the cheeks.

bochechar, v. intr. to wash one's mouth, to rinse.

bochechudo, adj. round-cheeked; chubby-faced.

bócio, s. m. goitre.

boda, s. f. wedding; **bodas de prata**: silver wedding; **bodas de ouro**: golden wedding; **bodas de diamante**: diamond wedding.

bode, s. m. he-goat, billy-goat.

bodega, s. f. joint, bar; dirtiness, filth.

bodeguice, s. f. filthiness.

bodo, s. m. distribution of food (or money) to the poor.

boémia, s. f. bohemianism; free-and-easy habits.

boémio, s. m. Bohemian; (fig.) idle fellow; vagrant.

bofes, s. m. pl. the lungs; lights; (fig.) courage, heart; **deitar os bofes pela boca fora**: to be dead tired, to be out of breath, to be done up.

bofetada, s. f. blow, slap; **dar uma bofetada na cara**: to slap someone in the face.

bofetão, s. m. slap.

boi, s. m. (zool.) bull, ox; **boi castrado**: bullock; **ir a passo de boi**: to go at a snail's pace.

bóia, s. f. buoy; **bóia de salvação**: life buoy.

boiada, s. f. herd of oxen.

boião, s. m. pot; jar.

boiar, v. intr. to float; to buoy.

boicotar, v. tr. to boycott.

boicote, s. f. boycott.

boieiro, s. m. herdsman, ox-driver.

boina, s. f. beret; cap.

bojador, adj. prominent, jutting.

bojarda, adj. kind of pear; (fam.) obscenity.

bojo, s. m. belly (of a bottle, sail); capacity; bulge.

bojudo, adj. big-bellied; pot-bellied.

bola, s. f. ball; **bola de borracha**: rubber ball; **bola de neve**: ball of snow; **bola de sabão**: soapbubble; **fazer bolas de sabão**: to blow bubbles; **jogar à bola:** to play with a ball; to play football.

bolacha, s. f. biscuit; (fam.) slap.

bolada, s. f. stroke of a ball.

bolandas, s. f. pl. falls; **em bolandas:** in all haste; tossed up and down.

bolar, v. tr. to tip; to hit; to throw the ball.

bolas, 1. s. m. stupid (or worthless) fellow; **2.** interj. (fam.) **bolas para ti!:** damned you!; **ora bolas!:** damn it!

bolbo, s. m. bulb.

bolboso, adj. bulbous.

bolçar, v. tr. to vomit; to throw up.

boleia, s. f. driver's seat; (fam.) lift; **ir à boleia:** to hitch-hike.

bolero, adj. bolero.

boletim, s. m. bulletin; official report; **boletim de voto:** ballot (paper); **boletim meteorológico:** weather-report.

bolha, s. f. bubble, bladder (of water); blister (on the skin).

bólide, s. m. bolide.

bolina, s. f. (náut.) bowline, tack; **andar à bolina:** to haul close.

bolinar, v. intr. to haul a sail to windward.

boliviano, adj. e s. m. Bolivian.

bolo, s. m. cake; stroke (with a ruler); **bolo de anos:** birthday cake; **bolo de noiva:** wedding-cake; **massa do bolo:** cake batter; **cozer um bolo:** to bake a cake.

bolor, s. m. mouldiness, mould.

bolorento, adj. mouldy.

bolota, s. f. acorn, mast.

bolsa, s. f. purse, bag; the Stock Exchange; **bolsa de estudo:** scholarship.

bolseiro, s. m. bursar; scholar.

bolsista, s. m. f. stockbroker.

bolso, s. m. pocket; **paleta do bolso:** pocket flap.

bom, adj. good; fit, proper; pleasant; sound; kind, well; nice; **bom génio:** good nature; **bom homem:** good-natured man; **bom tempo:** fine weather.

bomba, s. f. bomb; shell; pump (for water); **bomba alimentadora:** feed pump; **bomba atómica:** atomic bomb; **bomba de ar:** air-pump; **bomba de bicicleta:** bicycle-pump; **bomba de gasolina:** gasoline pump; **bomba de incêndio:** fire-engine; **à prova de bomba:** bombproof; **cratera de bomba:** bombcrater; **cair como uma bomba:** (fig.) to fall like a bombshell.

bombardeamento, s. m. bombardment; shelling; bombing.

bombardear, v. tr. to bombard; to shell; to bomb; **o avião bombardeou em voo picado:** the aeroplane dived steeply and dropped its bombs.

bombardeiro, s. m. bombardier, bomber, bombing-plane.

bombástico, adj. bombastic; inflated, high-sounded.

bombazina, s. f. bombazine.

bombear, v. tr. to bombard; to pump.

bombeiro, s. m. fireman; **capacete de bombeiro:** helmet; **carro dos bombeiros:** fire-engine; **corporação dos bombeiros:** fire-brigade.

bombista, s. m. f. terrorist.

bombo, s. m. drum.

bombom, s. m. bonbon.

bombordo, s. m. (náut.) port; larboard.

bom-dia!, interj. good morning!

bom-tom, s. m. politeness, good-manners.

bonacheirão, *adj.* good, honest; good-natured.

bonança, *s. f.* calm weather (at sea); *(fig.)* calm, calmness.

bondade, *s. f.* goodness; kindness.

bondoso, *adj.* kind, good, good-natured; kind-hearted.

boné, *s. m.* cap.

boneca, *s. f.* doll.

boneco, *s. m.* puppet, doll; **boneco de neve:** snowman; **boneco de palha:** man of straw.

bonificação, *s. f.* bonus; improvement.

bonificar, *v. tr.* to improve; to give a bonus.

bonifrate, *s. m.* puppet, prig; *(fig.)* puppy.

bonito, *adj.* pretty, fine, nice, beautiful; **fizeste-a bonita!:** a pretty mess you've made of it!; **ter bonito gosto:** to have a fine taste; **uma rapariga bonita:** a pretty girl; **um dia bonito:** a fine day, a nice day.

bonomia, *s. f.* good-nature; goodness.

bons-dias!, *interj.* good morning!, good day!

bónus, *s. m.* bonus; allowance.

boquejar, 1. *v. intr.* to gape, to mutter; to yawn; 2. *v. tr.* to blame.

boquejo, *s. m.* gaping.

boquiaberto, *adj.* gaping, open-mouthed; astonished; **ficar boquiaberto:** to stand with one's mouth wide open, to gape.

boquilha, *s. f.* cigar-holder, cigarette-holder.

borato, *s. m.* borate; **borato de sódio:** borate of soda.

borboleta, *s. f. (zool.)* butterfly; **borboleta da traça:** moth.

borboletear, *v. intr.* to flit; to muse.

borbotar, 1. *v. intr.* to gush, to spout, to bubble; to bud; 2. *v. tr.* to spout.

borboto, *s. m.* bud, shoot, button.

borbulha, *s. f.* pimple.

borbulhar, *v. intr.* to bubble up.

borco, *s. m.* **de borco:** mouth downwards, face downwards.

borda, *s. f.* bank, shore, side; brink edge; border; skirt; **ir pela borda fora:** *(náut., fig.)* to go over board to go by the board.

bordadeira, *s. f.* embroideress.

bordado, 1. *adj.* embroidered 2. *s. m.* embroidery.

bordão, *s. m.* staff, stick; aid, sup port.

bordar, *v. tr.* to embroider; to border.

bordejar, *v. intr. (náut.)* to tack; to totter.

bordel, *s. m.* brothel.

bordo, *s. m.* side, board (of a ship); broadside; tack, course (of a ship); **bordo de navio:** ship board; **a bordo:** on board; **ir a bordo:** to go aboard; to go on board ship; **livro de bordo:** ship's journal; **seguir a bordo:** to take ship; **todos a bordo:** all aboard! **tripulação de bordo:** ship's company, crew.

bordoada, *s. f.* knock, stroke (with a stick).

borga, *s. f.* fun; wild party.

boreal, *adj.* northern, boreal **aurora boreal:** aurora borealis.

borla, *s. f.* tassel (of a cap, a curtain); doctor's cap; **borla de pó-de-arroz:** powder-puff; **de borla** *(fam.)* gratis, for nothing, free o charge.

borne, *s. m.* sapwood; electrica terminal.

borra, *s. f.* dregs, grounds; trash **borra de alcatrão:** dregs of tar **borras de café:** coffee-grounds **borras de vinho:** wine dregs.

borracha, s. f. rubber; eraser; **almofada de borracha:** rubber pad; **árvore da borracha:** rubber-tree; **barco de borracha:** rubber boat.

borrachão, s. m. drunkard.

borracheira, s. f. drunkenness.

borracho, 1. adj. drunk, drunken; (cal.) screwed; **2.** s. m. young dove or pigeon.

borralho, s. m. embers.

borrão, s. m. blot (of ink), spot; rough draft; sketch; stain; **um borrão na pintura:** a blot on the painting.

borrar, 1. v. tr. to blot; to stain; to daub; **2.** v. intr. defecate; to excrete.

borrasca, s. f. tempest, storm.

borratar, v. tr. to stain.

borrego, s. m. lamb.

borrifar, 1. v. tr. e refl. to sprinkle; **2.** v. intr. to drizzle (with rain); **estar a borrifar-se para:** (fam.) not to give a damn to.

bosque, s. m. wood; forest; grove; **bosque pequeno:** spinney.

bosquejar, v. tr. to sketch, to trace, to outline.

bosquejo, s. m. sketch, outline; rough draft.

bossa, s. f. lump; hump (of a camel or person); protuberance.

bosta, s. f. dung.

bota, s. f. boot; **bota alta:** high boot; **botas de borracha:** gumboots; **bota de montar:** jackboot, riding boot; **lamber as botas a alguém:** (fam.) to lick someone's boots; **um par de botas:** a pair of boots.

bota-fora, s. m. send-off; departure; launching.

botânica, s. f. botany.

botânico, 1. adj. botanical; **2.** s. m. botanist; **jardim botânico:** botanical gardens.

botão, s. m. button; bud (of a plant); **botão de rosa:** rosebud; **botão de punho:** cuff-link; **casa de botão,** buttonhole; **em botão:** in bud.

botar, 1. v. tr. to put away, to cast, to throw; to pour out; **2.** v. refl. to set oneself to.

bote, s. m. boat; pass, thrust (fencing).

botequim, s. m. café; pub.

botica, s. f. apothecary's (shop).

boticário, s. m. apothecary.

botija, s. f. flagon.

botim, s. m. half-boot.

botoeira, s. f. buttonhole.

bouça, s. f. thicket.

bovino, adj. bovine; **gado bovino:** cattle.

boxe, s. m. boxing; **desafio de boxe:** boxing match; **campeonato de boxe:** boxing championship.

boxeador, s. m. boxer.

braçada, s. f. armful; **às braçadas:** by armfuls; **dar uma braçada:** to swim a stroke.

braçadeira, s. f. leather-handle; curtain-band; armlet.

bracelete, s. m. bracelet, armlet, bangle.

braço, s. m. arm; **braço de uma árvore:** branch, bough; **braço de mar:** inlet; **braço de terra:** neck of land; **a braços com:** coping with; **à força de braços:** by strength of arms; **braços abertos:** open arms; **debaixo do braço:** under one's arms; **de braço dado:** arm-in-arm; **não dá o braço a torcer:** he doesn't give in.

bradar, v. tr. e intr. to cry out, to squall, to bawl; **de bradar aos céus!:** for crying out loud!

brado, s. m. cry, shout, squall; roar; clamour; **dar brado:** to win notoriety.

braguilha, s. f. flap (of the trousers).

braille, s. m. Braille.

bramar, v. intr. to roar; to rut (the deer).

bramido, s. m. roar; howl (of the dog or the wolf); bluster (of the wind, of angry persons); yell (of terror or hate).

bramir, v. intr. to roar, to howl, to bluster, to yell.

branca, s. f. white hair; pl. grey hair.

branco, adj. white; **branco como a cal:** as white as a sheet; **armas brancas:** cold steel; **assinar em branco:** to give a blank signature; **deixar em branco:** to pass over a thing in silence; **em branco:** blank; **preencher os espaços em branco:** to fill in the blank spaces; **ter carta branca:** to have full power; **uma folha de papel em branco:** a blank sheet of paper; **verso branco:** blank verse.

brancura, s. f. whiteness.

brandir, 1. v. tr. to brandish, to wave, to vibrate; 2. v. intr. to swing.

brando, adj. soft, gentle, mild.

brandura, s. f. softness, gentleness.

branqueação, s. f. bleaching, whitening.

branquear, v. tr. to whiten, to bleach, to make white.

branquejar, v. intr. to grow white; to look white.

brasa, s. f. live coal; ember; **chegar a brasa à sua sardinha:** (fig.) to bring grist to one's mill; **estar em brasas:** to be anxious; **ferro em brasa:** red-hot iron.

brasão, s. m. coat of arms.

braseira, s. f. brazier, brasier; charcoal pan.

braseiro, s. m. fire-pan.

brasileiro, adj. e s. m. Brazilian.

braveza, s. f. bravery, courage; heroism; ferocity.

bravio, adj. untilled; wild; rude; savage; (fig.) sullen.

bravo, adj. brave, courageous; daring; valiant; ferocious, fierce; wild; rough (sea); **bravo!:** bravo!

bravura, s. f. wildness; bravery; courage.

breca, s. f. cramp; **ser levado da breca:** to play the devil; **com a breca!:** I'll be damned!

brecha, s. f. breach, gap (in a hedge, in a wall).

brejeirice, s. f. impertinence; rudeness.

brejeiro, 1. adj. saucy; impertinent; naughty; 2. s. m. scum.

brejo, s. m. marsh, bog, fen.

bretão, adj. e s. m. British.

breu, s. m. pitch; **escuro como breu:** pitch-dark, pitch-black.

breve, 1. adj. short, brief, concise; 2. adv. soon; 3. s. m. brief; **estará aqui dentro em breve:** he will soon be here.

breviário, s. m. breviary; brevier.

brevidade, s. f. brevity, shortness, conciseness, briefness; **com a possível brevidade:** in the shortest time possible.

bricabraque, s. m. bric-à-brac; **loja de bricabraque:** old curiosity shop.

brida, s. f. bridle, reins; **a toda a brida:** at full gallop, at full speed.

briga, s. f. strife, quarrel; dispute.

brigada, s. f. brigade.

brigadeiro, s. m. brigadier.

brigão, 1. adj. contentious, quarrelsome; quick-tempered; 2. s. m. brawler.

brigar, v. intr. to quarrel; to disagree, to fight.

brilhante, 1. adj. brilliant; shiny, shining; bright; glittering; **2.** s. m. brilliant; **cores brilhantes:** bright colours; **futuro brilhante:** bright future; **um sol brilhante:** a brilliant sunshine, a bright sunshine.

brilhantina, s. f. brilliantine.

brilhantismo, s. m. brilliancy, brilliantness.

brilhar, v. intr. to shine, to brighten, to glitter; to sparkle; **as estrelas brilham no céu:** the stars glitter in the sky; **o brilhar do Sol:** the sunshine; **o diamante brilhava:** the diamond sparkled.

brilho, s. m. brightness; brilliance, brilliancy; flare; **tirar o brilho:** to take the shine out of.

brincadeira, s. f. fun, play, jest; joke.

brincalhão, 1. adj. playful, funny; **2.** s. m. jester, sport.

brincar, v. intr. to play, to sport, to toy; **gosta de brincar:** he is fond of fun.

brinco, s. m. ear-ring.

brincos-de-princesa, s. m. pl. (bot.) fuchsia.

brindar, 1. v. tr. to offer a gift to; **2.** v. intr. to toast; **brindar à saúde da noiva:** to drink a toast to the bride.

brinde, s. m. gift, present; toast; **fazer um brinde:** to propose a toast, to drink a toast.

brinquedo, s. m. toy; plaything.

brio, s. m. honour; pride; mettle; valour; **um homem de brio:** a man of mettle.

brioso, adj. brave; proud; mettlesome; high-spirited.

brisa, s. f. breeze; **brisa marítima:** sea-breeze.

britador, s. m. stonebreaker.

britânico, adj. British, Britannic; pl. the British.

britar, v. tr. to break (stones).

broa, s. f. bread (made of maize).

broca, s. f. drill; **broca mecânica:** drilling machine.

brocado, s. m. brocade.

brocar, v. tr. to bore, to drill.

brocha, s. f. boss, stud, tack; paintbrush.

brochar, v. tr. to stitch (books); to nail (shoes).

broche, s. m. brooch, clasp.

brochura, s. f. stitching (of books); brochure; pamphlet; paperback.

brócolos, s. m. pl. (bot.) broccoli.

bronco, adj. coarse; stupid.

broncopneumonia, s. f. (med.) bronchopneumonia.

bronquial, adj. bronchial.

brônquio, s. m. bronchus.

bronquite, s. f. (med.) bronchitis.

bronquítico, adj. bronchitic.

bronze, s. m. bronze; gun metal; **fundição de bronze:** bronze casting.

bronzeado, adj. sun-burnt, tanned, bronzed, bronzy.

bronzeamento, s. m. bronzing; tan.

bronzear, v. tr. to bronze; to tan (by the sun).

brônzeo, adj. bronzy.

broquear, v. tr. to bore, to drill.

broquel, s. m. buckler, shield.

brossa, s. f. printer's brush; horse-brush.

brotar, v. intr. to bud (a flower, a leaf); to spout out (blood, water); to issue out (blood, smoke); to spring (weeds, water); to gush (oil); to break out (a fire).

broxa, s. f. brush.

bruços, s. m. pl. **deitado de bruços:** lying flat on the breast.

bruma, s. f. fog; mist; haze.

brumoso, *adj.* foggy, misty.

brunideira, *s. f.* shirt dresser, collar dresser.

brunidor, *s. m.* burnisher; polisher; burnishing-stick.

brunir, *v. tr.* to burnish, to polish; to starch, to iron.

brusco, *adj.* brusque; blunt, rough, abrupt; **curvas bruscas:** abrupt turns; **modos bruscos:** rough manners; abrupt manners; **resposta brusca:** rough reply.

brusquidão, *s. f.* abruptness; brusqueness.

brutal, *adj.* brutal, brutish.

brutalidade, *s. f.* brutality, brutishness, beastliness; coarseness.

brutalizar, *v. tr.* to brutalize.

brutamontes, *s. m.* brute; blockhead.

brutesco, *adj.* grotesque; rough.

bruto, *adj.* brute; rough, coarse; rude, senseless; **carvão em bruto:** raw coal; **diamante em bruto:** rough diamond; **peso bruto:** gross weight.

bruxa, *s. f.* witch, sorceress.

bruxaria, *s. f.* sorcery, witchcraft, witchery, bewitchment.

bruxedo, *s. m.* witchcraft.

bruxo, *s. m.* sorcerer, wizard.

bruxuleante, *adj.* flickering.

bruxulear, *v. intr.* to flicker.

bubónico, *adj.* bubonic; **peste bubónica:** bubonic plague.

bucho, *s. m.* maw; *(fam.)* stomach, paunch.

buço, *s. m.* down; soft hair.

bucólico, *adj.* bucolic, pastoral.

bucolismo, *s. m.* bucolic poetry.

budismo, *s. m.* Buddhism.

budista, *s. m. f.* Buddhist.

bueiro, *s. m.* drain-trap; sewer.

búfalo, *s. m. (zool.)* buffalo.

bufar, *v. intr.* to puff; to blow; **bufar de indignação:** to huff and puff;

bufar alguém: *(fig.)* to grass on someone.

bufarinheiro, *s. m.* peddler, pedlar.

bufete, *s. m.* buffet, cupboard, sideboard.

bufo, 1. *adj.* burlesque; **2.** *s. m.* puffing; spy, informer; *(zool.)* owl; **ópera bufa:** comic opera.

bugalho, *s. m. (bot.)* gall-nut; **misturar alhos com bugalhos:** *(fig.)* to mix up things.

bugiar, *v. tr.* to play tricks; **mandar bugiar:** to send packing.

bugiganga, *s. f.* trifle.

buldogue, *s. m.* bulldog.

bule, *s. m.* tea-pot.

búlgaro, *adj. e s. m.* Bulgarian.

bulha, *s. f.* quarrel; noise; strife; fight; row; **andar à bulha:** to quarrel.

bulhar, *v. intr.* to quarrel; to fight.

bulhento, *adj.* quarrelsome.

bulício, *s. m.* stir, stirring; rush; bustle.

bulir, *v. tr. e intr.* to move, to stir; *(fam.)* to touch.

buraco, *s. m.* hole; gap, cavity; hollow; **buraco da agulha:** eye; **buraco num dente:** a hole in a tooth; **um buraco no solo:** a hollow in the ground.

burburinho, *s. m.* murmur, rumour; uproar.

burguês, *adj. e s. m.* bourgeois.

burguesia, *s. f.* bourgeoisie.

burilar, *v. tr.* to engrave; to perfect.

burla, *s. f.* trick, fraud, swindle; cheat.

burlão, *s. m.* tricker; fiddler; swindler.

burlar, *v. tr.* to dupe, to cheat, to trick, to swindle.

burlesco, *adj.* burlesque, comic; jesting; ludicrous.

burlista, *s. m. f.* swindler, fiddler.

burocracia, *s. f.* bureaucracy.

burocrata, s. m. f. bureaucrat.
burocrático, adj. bureaucratic.
burrice, s. f. stupidity.
burro, s. m. (zool.) ass, donkey; (fig.) stupid fellow, fool, donkey.
busca, s. f. search, quest; **a busca do ouro:** the quest for gold; **em busca de:** in search of, in quest of; **ordem de busca:** search-warrant; **fazer uma busca:** to make a search.
buscar, v. tr. to seek (for, after); to search; to look for; to quest; **ir buscar:** to fetch, to go for, to go and bring; **mandar buscar:** to send for.
busílis, s. m. (fam.) knotty point, rub; **aí é que está o busílis:** there's the rub.
bússola, s. f. compass; **agulha da bússola:** compass needle; **desvio da bússola:** compass deviation.
busto, s. m. bust.
buzina, s. f. horn, hooter.
buzinar, v. intr. to blow a horn, to sound a horn; to hoot; to toot.
búzio, s. m. shellfish.

C

C, s. m. the third letter of the alphabet.
cá, adv. here.
cã, s. f. white hair.
cabaça, s. f. bottle-gourd.
cabaceira, s. f. (bot.) bottlegourd plant.
cabal, adj. just, complete, exact.
cabala, s. f. cabal; plot, intrigue.
cabana, s. f. hut, cot.
cabaz, s. m. basket, pannier.
cabazada, s. f. basketful.
cabeça, s. f. head; chief; mind; thought; **cabeça de um alfinete:** head of a pin; **cabeça de burro:** dunderhead; **cabeça de gado:** head of cattle; **ser um cabeça no ar:** feather-brained; **abanar a cabeça:** to shake one's head (at); **acenar com a cabeça:** to nod; **atirar-se de cabeça:** to take a headlong decision; **cair de cabeça:** to fall head first; **calcular de cabeça:** to reckon in one's head; **dar volta à cabeça a alguém:** to turn someone's head; **de cabeça para baixo:** upside-down, head over heels, topsy-turvy; **de cabeça perdida:** off one's head; **dizer de cabeça:** to say from memory; **estar à cabeça de:** to be at the head of; **ir à cabeça de:** to go at the head of; **meter-se na cabeça de alguém:** to take (something) into one's head; **não lho pude tirar da cabeça:** I couldn't get it out of his head; **perder a cabeça:** to lose one's head; **sem pés nem cabeça:** without rhyme or reason; **sofrer de dores de cabeça:** to suffer from headache(s); **ter a cabeça no seu lugar:** to have a head on one's shoulders; **ter boa cabeça:** to be clever, to have good sense; **ter fraca cabeça:** to be weak in the head; **ter pouca cabeça para os negócios:** to have a poor head for business.

cabeçada, *s. f.* blow with the head; **dar uma cabeçada:** to bang one's head against; **dar uma cabeçada na bola:** to head the ball.

cabeça-de-série, *s. m.* (sport) seeded team.

cabeçalho, *s. m.* title, heading, headline (of a newspaper).

cabecear, *v. intr.* to nod; to shake the head.

cabeceira, *s. f.* upper end (of a table); top; head (of a bed); headband (of a book); **estar à cabeceira da mesa:** to sit at the top of the table; **sentar-se à cabeceira de um doente:** to sit at a patient's bedside.

cabecilha, *s. m.* head (of a faction), ringleader.

cabeço, *s. m.* top, top of a hill, hilltop; hillock.

cabeçudo, *adj.* headstrong; obstinate.

cabedal, *s. m.* leather; capital; means; stock; fortune.

cabedelo, *s. m.* sand-bank, bar (at the mouth of a river).

cabeleira, *s. f.* hair; wig; nebula (of a comet).

cabeleireiro, *s. m.* hairdresser; **salão de cabeleireiro:** hair-dressing saloon.

cabelo, *s. m.* hair; **cabelo brilhante:** glossy hair; shining hair; **cabelo comprido:** long hair; **cabelo curto:** short hair; **cabelo liso:** straight hair; **cabelo encaracolado:** locky hair; **cabelo grisalho:** gray hair; **cabelo louro:** fair hair; **arranjar o cabelo:** to dress someone's hair, to have one's hair dressed; **cortar o cabelo:** to cut someone's hair, to have one's hair cut; **estar pelos cabelos:** *(fig.)* to be on edge;

perder o cabelo: to loose one's hair; **cabelo oleoso:** greasy hair.

cabeludo, *adj.* hairy, long-haired.

caber, *v. intr.* to fit, to be suitable to have room; **caber em sorte:** to fall to one's lot; **não caber em si de contente:** to be overjoyed.

cabide, *s. m.* rack; peg; coat-hanger, clothes-hanger.

cabidela, *s. f.* stewed giblets (of a hen, goose, etc.).

cabimento, *s. m.* capacity, reason, room; opportunity; **não tem cabimento:** there is no reason for that, it's nonsense.

cabine, *s. f.* cabin; **cabine telefónica:** telephone-box.

cabisbaixo, *adj.* sorrowful, downcast.

cabo, *s. m.* cape; end; headland; handle (of a knife); cable; **cabo de vassoura:** broomstick; **cabo metálico:** wire rope, stranded wire; **cabo subterrâneo:** underground cable; **ao cabo de alguns dias:** at the end of some days, some days afterwards; **levar a cabo:** to conclude, to end, to finish.

cabotagem, *s. f.* cabotage, coasting; coasting-trade.

cabotino, *s. m.* bad actor; charlatan; hypocrite.

cabra, *s. f.* she-goat.

cabra-cega, *s. f.* blindman's buff.

cabrão, *s. m.* billy-goat.

cabriola, *s. f.* skip, leap, gambol.

cabriolar, *v. intr.* to caper; to leap, to skip.

cabriolé, *s. m.* cabriolet, cab.

cabrito, *s. m. (zool.)* kid.

cábula, **1.** *adj.* lazy; idle; **2.** *s. m. f.* lazy pupil, truant.

caça, *s. f.* chase; hunting, hunt chasing, pursuit, shooting; game; **caça grossa:** big game; **caça**

miúda: small game; **a caça ao ouro:** the hunt for gold; gold rush; **dar caça a:** to chase, to hunt down; **guarda de caça:** game-keeper; **ir à caça:** to go (out) hunting; **licença de caça:** game-licence.

caçada, s. f. hunt; hunting-party; chase; **foi uma boa caçada:** it was a good hunt.

caçadeira, s. f. hunting-gun.

caçador, s. m. hunter; **caçador furtivo:** poacher.

caçar, v. tr. to hunt, to chase; to pursue, to shoot; to catch; **caçar em terreno proibido:** to poach.

cacarejar, v. intr. to cluck (a hen), to crow (a cock), to cackle (a hen, a goose).

cacarejo, s. m. cackle, cluck.

caçarola, s. f. basin, pan.

cacatua, s. f. (zool.) cockatoo.

cacau, s. m. cocoa.

cacetada, s. f. blow (with a club).

cacete, s. m. club, cudgel, stick; **cacete de polícia:** baton.

cachaça, s. f. rum; brandy.

cachaço, s. m. nape.

cachalote, s. m. (zool.) sperm-whale.

cachão, s. m. bubble (of boiling water); **ferver em cachão:** to boil hard.

cachecol, s. m. scarf.

cachimbo, s. m. pipe; **cachimbo pequeno:** cutty; **tubo de cachimbo:** stem.

cacho, s. m. bunch; cluster; **cacho de uvas:** bunch of grapes.

cachoeira, s. f. waterfall.

cachopo, s. m. (fam.) boy, lad; pl. rocks, reefs, kids.

cachorro, s. m. pup, cub; puppy.

cachorro-quente, s. m. hot dog.

cacifo, s. m. locker; file-case.

cacimba, s. f. drizzle; dew.

cacique, s. m. Indian chief; cacique.

caco, s. m. potsherd; piece; **desfeito em cacos:** smashed to pieces; (fig.) gone to pieces.

caçoada, s. f. mockery, jest.

caçoar, v. intr. e tr. to jest, to mock.

cacofonia, s. f. cacophony.

caçoila, s. f. saucepan; (fam.) village girl.

cacto, s. m. (bot.) cactus.

cada, pron. indef. each; every; **cada qual:** everyone; **cada um deles:** each and every one of them; **cada vez mais:** more and more; **cada vez pior:** worse and worse; **tem cada uma!:** you have such whims!; what an idea!; **uma loja de cada lado:** a shop on each side.

cadafalso, s. m. scaffold.

cadastrado, s. m. lag.

cadastro, s. m. criminal record; dossier.

cadáver, s. m. corpse, dead body.

cadavérico, adj. cadaverous; **estado cadavérico:** cadaverousness.

cadeado, s. m. chain, padlock.

cadeia, s. f. chain; prison; series.

cadeira, s. f. chair, seat; (school) discipline; pl. hips; **cadeira de baloiço:** rocking-chair; **cadeira de braços:** arm-chair; **cadeira de rodas:** wheelchair; **cadeira de palhinha:** wicker chair.

cadela, s. f. bitch, she-dog.

cadência, s. f. cadence, tone.

cadenciado, adj. cadenced.

cadenciar, v. tr. to cadence.

cadente, adj. decaying; falling; **estrela cadente:** falling star.

caderneta, s. f. pass-book (of a bank); notebook.

caderno, s. m. copybook, exercise-book.

cadete, *s. m.* cadet.

caducar, *v. intr.* to become decrepit; to weaken; to expire.

caduco, *adj.* decrepit, old; frail; crazy.

café, *s. m.* coffee; **café com leite:** white coffee; **café moído:** ground coffee; **café simples:** black coffee; **borra de café:** coffee-grounds; **grão de café:** coffee bean; **moinho de café:** coffee-mill.

cafeína, *s. f.* caffeine.

cafeteira, *s. f.* coffee-pot.

cágado, *s. m. (zool.)* fresh water tortoise; scamp.

caiador, *s. m.* whitewasher.

caiadura, *s. f.* whitewashing.

caiar, *v. tr.* to whitewash.

cãibra, *s. f.* cramp.

caibro, *s. m.* rafter.

caída, *s. f.* fall; drop.

caído, *adj.* fallen, decayed.

cair, *v. intr.* to fall (down); to tumble, to sink, to drop down; to collapse; **cair pela base:** to fall flat; **lutar até cair:** to die game, to fight to the death.

cais, *s. m.* quay, wharf.

caixa, *s. f.* box, chest; case; *(com.)* cash; **caixa de chocolates:** box of chocolates; **caixa de fósforos:** box of matches; **caixa de velocidades:** change-gear; **caixa do correio:** letter-box; **caixa forte:** iron chest; **caixa registadora:** cash register; **livro de caixa:** cash-book; **o caixa de uma loja:** cashier, cash-keeper; **pôr a tampa na caixa:** to put the lid back on the box.

caixão, *s. m.* coffin.

caixeiro, *s. m.* cashier, clerk; shop-assistant; **caixeiro viajante:** travelling salesman; commercial traveller.

caixilho, *s. m.* frame; window-frame, door-case, door-frame.

caixote, *s. m.* chest, box, case.

cajadada, *s. f.* blow (with a sheep-hook); **matar dois coelhos de uma cajadada:** to kill two birds with one stone.

cajado, *s. f.* crook, sheep-hook.

caju, *s. m. (bot.)* cashew-nut.

cal, *s. f.* lime; fat lime, white lime; chalk.

calabouço, *s. m.* dungeon.

calaceiro, *adj.* idle, lazy.

calada, *s. f.* silence; quietness; **pela calada:** secretly; on the sly.

calado, *adj.* silent, reserved; discreet; **é melhor estares calado:** you had better hold your tongue.

calafetar, *v. tr.* to caulk.

calafrio, *s. m.* shivering, chill.

calamidade, *s. f.* calamity.

calamitoso, *adj.* calamitous.

calão, *s. m.* jargon, slang.

calar, 1. *v. intr.* to keep silent; to silence; **2.** *v. refl.* to keep quiet; **cale-se!:** shut up!, be quiet!

calça, *s. f.* trousers.

calçada, *s. f.* pavement.

calçadeira, *s. f.* shoehorn, boot-strap.

calçado, *s. m.* footwear.

calcanhar, *s. m.* heel; **calcanhar de Aquiles:** Achilles heel.

calção, *s. m.* shorts, trunks, breeches.

calcar, *v. tr.* to tread, to crush, to grind; to trample (down).

calçar, *v. tr.* to put on shoes; to provide shoes for; to pave (streets).

calcário, *adj.* calcareous; **pedra calcária:** limestone.

calças, *s. f. pl.* trousers, a pair of trousers; **calças de bombazine:** cords; **calças de ganga:** blue jeans; **calças de montar:** riding-breeches.

calcetamento, *s. m.* paving.

calcetar, *v. tr.* to pave.

calceteiro, *s. m.* paviour, paver.

calcificar, *v. tr.* to calcify.

calcinação, *s. f.* calcination.

calcinar, *v. tr.* to burn to ashes.

cálcio, *s. m.* calcium.

calções, *s. m. pl.* breeches.

calculadora, *s. f.* calculator.

calcular, *v. tr.* to estimate, to calculate, to reckon up; **bem calculado:** well-judged.

calculista, *adj.* calculating, scheming.

cálculo, *s. m.* estimate, calculation; computation; reckoning; **cálculo aproximado:** on a rough estimate.

caldas, *s. f. pl.* hot springs; spa.

caldeira, *s. f.* kettle, boiler; **caldeira a gás:** gas-fired boiler.

caldeirada, *s. f.* kettleful; fishstew.

caldeirão, *s. m.* cauldron.

caldeireiro, *s. m.* copper-smith, boiler-maker.

caldo, *s. m.* broth, soup.

caleidoscópio, *s. m.* kaleidoscope.

caleira, *s. f.* gutter.

calejado, *adj.* hardened; calloused; **mãos calejadas:** horny hands.

calejar, *v. tr.* to harden, to inure.

calendário, *s. m.* calendar; almanac.

calendarização, *s. f.* scheduling.

calha, *s. f.* trough, trench, gutter.

calhamaço, *s. m. (fam.)* large book; old second-hand book.

calhambeque, *s. m. (fam.)* old motor-car.

calhandra, *s. f. (zool.)* lark.

calhar, *v. intr.* to happen; to fit, to be suitable; **ao calhar:** at random, at a venture; **calhou eu ir a passar:** I chanced to be passing; **calhou eu não poder ir:** it so happened that I couldn't go; **se calhar:** who knows?, perhaps.

calhau, *s. m.* flint, stone, pebble.

calibrar, *v. tr.* to calibrate.

calibre, *s. m.* gauge; calibre; quality, capacity; **deste calibre:** of this kind.

cálice, *s. m.* goblet; chalice.

cálido, *adj.* calid, warm.

califa, *s. m.* caliph, calif.

caligrafia, *s. f.* calligraphy; handwriting.

calinada, *s. f.* nonsense; gaffe; blunder; howler.

calista, *s. m. f.* chiropodist; pedicure.

calma, *s. f.* calmness; quietness; **perder a calma:** to lose one's temper; **calma!:** take it easy!; keep calm!

calmante, 1. *adj.* calming, calmative; **2.** *s. m.* tranquillizer.

calmar, *v. tr.* to calm, to still, to appease; to quiet.

calmaria, *s. f.* calm; dead calm.

calmeirão, *s. m. e adj. (fam.)* big, indolent man.

calmo, *adj.* calm, quiet, serene; still; **manter-se calmo:** to keep calm, to keep one's temper; *(fig.)* to keep one's hair on.

calo, *s. m.* corn; callus; **pisar os calos a alguém:** *(fig.)* to tread on someone's corns.

caloiro, *s. m.* freshman; fresher.

calor, *s. m.* heat, warmth, hotness; *(fig.)* eagerness, zeal; ardour; **está muito calor:** it's very hot.

caloria, *s. f.* calorie.

calorífero, *s. m.* heater, heating stove.

caloroso, *adj.* hot; glowing; **calorosa recepção:** warm welcome.

caloso, *adj.* callous; hardened; **mão calosa:** rough hand, horny hand.

calote, *s. m.* trick, swindle; **pregar o calote:** not to pay a debt.

caloteiro, *s. m.* bad payer; swindler.

caluda!, *interj.* hush!

calúnia, *s. f.* calumny, slander; defamation.

caluniador, *s. m.* slanderer; scurrilous.

caluniar, *v. tr.* to slander; to smear.

calunioso, *adj.* slanderous.

calva, *s. f.* baldness.

calvário, *s. m.* Calvary.

calvície, *s. f.* baldness.

calvo, *adj.* bald; arid; **ficar calvo:** to become bald.

cama, *s. f.* bed; **cama de casal:** double bed; **cama de solteiro:** single bed; **cama e mesa:** board and lodging; **cabeceira da cama:** head of the bed; **cair de cama:** to be taken ill; **estar de cama:** to keep to one's bed, to be in bed; **estar deitado na cama:** to lie in bed; **fazer a cama:** to make the bed; **ir para a cama:** to go to bed; **pés da cama:** foot of the bed.

camada, *s. f.* layer; stratum; **camada de gelo:** sheet of ice; **bolo em camadas:** layer cake.

camafeu, *s. m.* cameo; *(fam.)* ugly woman.

camaleão, *s. m. (zool.)* chameleon.

câmara, *s. f.* chamber; cabin; **Câmara Municipal:** Town Hall; **Câmara dos Comuns:** Lower Chamber; **Câmara dos Lordes:** Upper Chamber; **música de câmara:** chamber music; **câmara lenta:** slow motion.

câmara-ardente, *s. f.* mourning chamber.

camarada, *s. m. f.* comrade, companion; fellow; schoolmate; schoolfellow.

camaradagem, *s. f.* companionship; fellowship; **espírito de camaradagem:** team spirit.

câmara-de-ar, *s. f.* inner-tube.

camarão, *s. m. (zool.)* shrimp.

camarata, *s. f.* dormitory.

camareiro, *s. m.* chamberlain.

camarim, *s. m.* dressing-room.

camarote, *s. m.* box (in a theatre); cabin (in a ship).

cambada, *s. f. (fig.)* band; rabble mob; fellows.

cambado, *adj.* bandy-legged.

cambalacho, *s. m.* cheat; fraud.

cambalear, *v. intr.* to reel, to totter, to stagger.

cambalhota, *s. f.* somersault; **dar uma cambalhota:** to turn a somersault.

cambial, *adj.* belonging to exchange; **cotação cambial:** rate of exchange.

cambiante, 1. *adj.* shot-coloured. **2.** *s. f.* shade, tint, nuance.

cambiar, *v. tr.* to change; to exchange.

câmbio, *s. m.* change; *(com.)* exchange; **câmbio do dia:** current exchange; **casa de câmbio:** exchange bank; **preço do câmbio:** rate of exchange.

cambista, *s. m. f.* money-changer; exchanger.

cambota, *s. f.* crankshaft.

cambraia, *s. f.* cambric.

camélia, *s. f. (bot.)* camellia.

camelo, 1. *s. m. (zool.)* camel. **2.** *adj. (fig.)* stupid, idiot.

camião, *s. m.* truck, motor truck, lorry.

caminhada, *s. f.* long walk.

caminhante, *s. m. f.* passer-by walker.

caminhar, *v. intr.* to walk, to go.

caminho, *s. m.* way, road; passage; path; track; **caminho trans-**

versal: cross-way; **abrir caminho por entre a multidão:** to elbow one's way through the crowd; **afastar do caminho:** to put out of way; **de caminho:** on passing; **fora do caminho:** out of the way; **no caminho para casa:** on the way home; **perdemo-nos no caminho:** we lost our way; **preparar o caminho:** to pave the way for, to prepare (for, to).

caminho-de-ferro, s. m. railway.

camionagem, s. f. carting; transport.

camioneta, s. f. truck, lorry.

camionista, s. m. f. truck-driver; lorry-driver.

camisa, s. f. shirt (of a man); chemise (of a woman); wrapper; cover, envelope; **camisa de noite:** nightdress; nightgown; **em fralda de camisa:** in one's shirt tails.

camiseta, s. f. chemisette.

camisola, s. f. sweat-shirt; **camisola de lã:** pullover, woollen jersey; **camisola interior:** singlet, vest.

camomila s. f. (bot.) chamomile.

campa, s. f. grave-stone, tombstone; grave, tomb.

campainha, s. f. bell, handbell; (bot.) bell-flower; **campainha de alarme:** bell.

campal, adj. rural; **batalha campal:** pitched battle.

campanário, s. m. steeple, belfry; bell tower.

campanha, s. f. campaign; field (military); **campanha política:** political campaign.

campânula, s. f. campanula; **campânula de vidro:** bell-glass.

campeão, s. m. champion, winner.

campeonato, s. m. championship; competition; **campeonato de ténis:** tennis competition.

campesino, adj. rural, country-like.

campestre, adj. belonging to the country; rustic, rural.

campino, s. m. countryman; herdsman.

campismo, s. m. camping; **parque de campismo:** campground, campsite.

campo, s. m. field; camp (military); country; matter, theme; subject; ground; range; **campo de arroz:** rice-field; **campo de aterragem:** landing field; **campo de aviação:** flying field; **campo de batalha:** battle-field, field of battle; **campo de futebol:** football field (ground); **campo experimental:** experimental station; **homem do campo:** countryman.

camponês, 1. adj. rural; rustic; 2. s. m. countryman; peasant.

camuflagem, s. f. camouflage.

camuflar, v. tr. to camouflage; **camuflar um navio:** to dazzle a ship.

camurça, s. f. chamois-leather.

cana, s. f. cane, reed; **cana de pesca:** fishing rod.

cana-de-açúcar, s. f. sugarcane.

canadianas, s. f. pl. crutches.

canadiano, adj. e s. m. Canadian.

canal, s. m. channel; strait; gutter; canal, dike, water-way; **canal da Mancha:** English Channel; **canal lacrimal:** tear duct.

canalha, s. f. rabble; wicked person, rogue.

canalização, s. f. plumbing.

canalizador, s. m. plumber.

canalizar, v. tr. to plumb in; to canalize.

canapé, s. m. couch, settee, sofa.

canário, s. m. (zool.) canary.

canastra, s. f. great basket.

canavial, s. m. cane-plantation.

canção, s. f. song, ballad; **canção popular:** folk-song; **canção infantil:** nursery-rhyme; **canção de Natal:** Chistmas carol.

cancela, s. f. gate.

cancelamento, s. m. rescission, cancellation.

cancelar, v. tr. to cancel; to call off; to annul; to rescind.

canceroso, adj. cancerous.

cancioneiro, s. m. song-book.

cançonetista, s. m. f. singer; vocalist.

cancro, s. m. (med.) cancer.

candeeiro, s. m. lamp; **candeeiro de mesa:** table lamp; **candeeiro de mesa-de-cabeceira:** bedside lamp; **candeeiro de iluminação pública:** street-lamp, lamp-post.

candeia, s. f. lamp, oil-lamp.

candelabro, s. m. candelabrum; candlestick.

candidatar-se, v. refl. to stand as a candidate; **candidatar-se a um emprego:** to apply for a job.

candidato, s. m. candiday; candidate.

candidatura, s. f. candidacy; candidature.

candidez, s. f. whiteness; simplicity.

cândido, adj. white; (fig.) candid, sincere, frank.

candonga, s. f. smuggling; black market.

candura, s. f. mildness.

caneca, s. f. mug.

canela, s. f. cinnamon; shin (of a leg).

canelada, s. f. blow on the shin.

canelado, adj. grooved, fluted; **cartão canelado:** corrugated cardboard.

caneleira, s. f. (sport) leg-quarts, legpads.

caneta, s. f. pen; **caneta de tinta permanente:** fountain-pen.

cânfora, s. f. camphor.

cangalhas, s. f. pl. (fam.) spectacles; **de cangalhas:** backwards, upside-down.

canguru, s. m. (zool.) kangaroo.

cânhamo, s. m. hemp.

canhão, s. m. cannon; **bala de canhão:** cannon-ball; **tiro de canhão:** cannon-shot.

canhoto, adj. left-handed.

canibal, s. m. cannibal.

canibalismo, s. m. cannibalism.

canícula, s. f. heat, hot weather.

canil, s. m. kennel.

canino, adj. canine; **dente canino:** canine tooth.

canivete, s. m. penknife.

canja, s. f. chicken-soup, broth.

cano, s. m. pipe, tube; **cano da bota:** leg of the boot; **cano da chaminé:** shaft of the chimney; **cano da espingarda:** barrel of a gun; **cano de água:** waterpipe; **cano de esgoto:** drain; **canos entupidos:** bunged-up drains.

canoa, s. f. canoe.

cânone, s. m. canon; pl. canon law.

canónico, adj. canonic.

canonização, s. f. canonization.

canonizar, v. tr. to canonize; to beatify.

canoro, adj. melodious; **ave canora:** song-bird.

cansaço, s. m. fatigue, weariness, tiredness.

cansado, adj. tired; weary; **sentir-se cansado:** to feel tired; to feel exhausted.

cansar, 1. v. tr. to tire, to fatigue, to harass; **2.** v. refl. to tire oneself; to take pains; **3.** v. intr. to be tired (of), to tire.

canseira, s. f. fatigue, toil, hardship.

cantão, s. m. canton, district.

cantar, v. intr. to sing.

cântaro, *s. m.* water-pot; **chover a cântaros:** to pour; to rain cats and dogs.

cantarolar, *v. tr. e intr.* to trill, to hum.

cantata, *s. f.* cantata.

canteiro, *s. m.* flower-bed.

cântico, *s. m.* canticle; hymn.

cantiga, *s. f.* song; **cantiga de embalar:** lullaby.

cantil, *s. m.* flask, water-bottle.

cantilena, *s. f.* ditty; *(fam.)* sing-song.

cantina, *s. f.* canteen.

canto, *s. m.* corner, angle; extremity; singing; **canto de cima à esquerda:** top left-hand corner; **lição de canto:** singing lesson; **pôr para o canto:** to lay; **visto deste canto:** seen from this angle.

cantoneiro, *s. m.* roadmender.

cantor, *s. m.* singer.

canudo, *s. m.* tube, pipe.

canzarrão, *s. m.* big dog.

canzoada, *s. f.* rabble.

cão, *s. m.* dog; **cão de água:** poodle; **cão de caça:** hound; **cão que ladra não morde:** barking dogs don't bite.

caos, *s. m.* chaos, disorder, confusion.

caótico, *adj.* chaotic; disordered, confused.

capa, *s. f.* cloak; mantle; cover (of a book).

capacete, *s. m.* helmet.

capachinho, *s. m.* wig.

capacho, *s. m.* mat, door-mat, foot-mat.

capacidade, *s. f.* capacity; ability.

capacitar, *v. tr.* to convince, to enable.

capar, *v. tr.* to castrate.

capataz, *s. m.* foreman, boss.

capaz, *adj.* capable, fit, able; apt; **ser capaz de:** to be able to.

capcioso, *adj.* insidious, deceitful.

capela, *s. f.* chapel.

capelão, *s. m.* chaplain.

capilar, *adj.* capillary.

capital, *s. m.* capital, money, stock; main, chief; metropolis; **emprego de capital:** investment; **pena capital:** capital punishment.

capitalismo, *s. m.* capitalism.

capitalista, *s. m. f.* capitalist.

capitalização, *s. f.* capitalization.

capitalizar, *v. tr.* to capitalize.

capitanear, *v. tr.* to command, to lead, to head.

capitão, *s. m.* captain; **capitão do porto:** harbour-master.

capitel, *s. m. (arq.)* capital.

capitólio, *s. m.* Capitol.

capitulação, *s. f.* capitulation.

capitular, *v. intr.* to capitulate; to surrender.

capítulo, *s. m.* chapter.

capoeira, *s. f.* coop, poultry yard.

capota, *s. f.* hood; *(E.U.A.)* bonnet.

capote, *s. m.* cloak.

caprichar, *v. intr.* to perfect something.

capricho, *s. m.* whim; fancy; freak.

caprichoso, *adj.* capricious; freakish.

capricórnio, *s. m.* Capricorn; the Goat.

cápsula, *s. f.* capsule; **cápsula de garrafa:** cap of a bottle.

captação, *s. f.* attraction; apprehension.

captar, *v. tr.* to capture, to catch; **captar a atenção:** to attract attention.

captura, *s. f.* capture; arrest.

capturar, *v. tr.* to capture, to apprehend; to catch; to arrest.

capuchinho, *s. m.* small hood; **Capuchinho Vermelho:** Little Red-Riding Hood.

capuz, *s. m.* hood.

caquéctico, *adj.* cachectic.

cara, *s. f.* face; visage; look; aspect; mien; **cara a cara:** face to face; **cara de poucos amigos:** forbidding face; **cara ou coroa:** pitch-and-toss, heads or tails; **pessoa de duas caras:** double-face; **dar com a porta na cara:** to slam the door in a person's face; **dizer na cara:** to say to one's face; **fazer cara feia:** to pull a face (faces), to pull a long face; **rir-se na cara de alguém:** to laugh in someone's face.

carabina, *s. f.* rifle, carabine.

carabineiro, *s. m.* rifleman; carabineer.

caraça, *s. f.* mask; *(fig.)* great face.

caracol, *s. m. (zool.)* snail; curl (of hair); **escada de caracol:** winding staircase.

carácter, *s. m.* character, condition; letter, character; type; **homem de carácter:** man of character; **traços de carácter:** traits of character.

característica, *s. f.* characteristic.

característico, *adj.* characteristic.

caracterização, *s. f.* make-up.

caracterizar, *v. tr.* to characterize; to distinguish.

caramanchão, *s. m.* bower; pergola.

caramba!, *interj.* good grief!; gee!

caramelo, *s. m.* caramel.

caramujo, *s. m.* periwinkle.

caranguejo, *s. m. (zool.)* crab; Cancer; the Crab.

carantonha, *s. f.* mask; ugly face; *pl.* grimaces; **fazer carantonhas:** to make grimaces.

carapau, *s. m. (zool.)* mackerel.

carapuça, *s. f. (fam.)* cap; **qual carapuça!:** nonsense!; **enfiar a carapuça:** to take it personally.

carapuço, *s. m.* cap.

caravana, *s. f.* caravan.

caravela, *s. f.* caravel.

carbonato, *s. m. (quím.)* carbonate.

carbónico, *adj.* carbonic; **óxido carbónico:** carbonic oxyde.

carbonizar, *v. tr.* to carbonize; to burn to cinders.

carbono, *s. m.* carbon.

carburador, *s. m.* carburettor.

carcaça, *s. f.* carcass; a loaf of bread.

carcela, *s. f.* fly.

cárcere, *s. m.* prison, jail.

carcereiro, *s. m.* jailer, gaoler, warder.

carcomer, *v. tr.* to eat into; to gnaw.

carcomido, *adj.* worm-eaten; old.

cardeal, *s. m.* e *adj.* cardinal; **pontos cardeais:** the cardinal points.

cardíaco, *adj.* cardiac; **ataque cardíaco:** heart attack, cardiac arrest.

cardinal, *adj.* chief; principal; cardinal; **números cardinais:** cardinal numbers.

cardiologia, *s. f.* cardiology.

cardiologista, *s. m. f.* cardiologist.

cardo, *s. m. (bot.)* thistle.

cardume, *s. m.* shoal; **cardume de salmões:** run of salmon.

careca, 1. *s. m.* bald man; **2.** *s. f.* baldness; **3.** *adj.* bald.

carecer, *v. intr.* to want, to need; to lack; to stand in need of, to be short of.

carecido, *adj.* wanting, poor.

carência, *s. f.* want, need; lack.

carente, *adj.* helpless; vulnerable; wanting.

carestia, *s. f.* high prices; want, need.

careta, *s. f.* face, grimace; **fazer caretas:** to make faces; to make grimaces.

carga, *s. f.* load, burden, freight; cargo; **carga completa:** full cargo; **carga de responsabilidades:** *(fig.)* load of responsibility; **carga eléctrica:** electric charge; **animal de carga:** beast of burden; **navio de carga:** cargo-boat, trading-ship.

cargo, *s. m.* post, position; employment; charge; **ter a seu cargo:** to be in charge of; **tomar a seu cargo:** to take charge of; **demitir-se do cargo:** to resign one's position.

cargueiro, *s. m.* cargo-boat, cargo-steamer.

cariado, *adj.* carious; **dente cariado:** carious tooth.

caricato, *adj.* bizarre; grotesque.

caricatura, *s. f.* caricature; cartoon.

caricaturar, *v. tr.* to caricature.

caricaturista, *s. m. f.* caricaturist.

carícia, *s. f.* caress; fondle; stroke.

caridade, *s. f.* charity; almsgiving; tolerance; **instituição de caridade:** charitable institution; **irmãs de caridade:** sisters of mercy; **por caridade:** out of charity.

caridoso, *adj.* charitable; benevolent, lenient.

cárie, *s. f.* caries, decay.

caril, *s. m.* curry.

carimbar, *v. tr.* to stamp; to postmark; to cancel a stamp.

carimbo, *s. m.* stamp, postmark.

carinho, *s. m.* tenderness; kindness; love, fondness.

carinhoso, *adj.* kind, loving, sweet.

cariz, *s. m.* countenance, aspect.

carlinga, *s. f.* cockpit; cabin.

carmesim, *adj.* crimson.

carmim, *s. m.* carmine.

carnal, *adj.* carnal; fleshly.

Carnaval, *s. m.* carnival.

carne, *s. f.* flesh (of a person); meat (to eat); **carne assada:** roastbeef,

baked meat; **carne cozida:** boiled meat; **carne crua:** raw meat; **carne de carneiro:** mutton; **carne de porco:** pork; **carne de vaca:** beef; **carne de vitela:** veal; **carne guisada:** stewed meat; **carne picada:** minced meat; **carne viva:** raw flesh; **cor de carne:** flesh coloured; **empadão de carne:** meat-pie; **ser unha com carne:** to be bosom friends.

carneiro, *s. m.* sheep; Aries; Ram.

carnicão, *s. m.* core of an abcess.

carniceiro, 1. *adj.* carnivorous, voracious; **2.** *s. m.* butcher.

carnificina, *s. f.* carnage, butchery; slaughter.

carnívoro, *adj.* carnivorous.

carnudo, *adj.* fleshy; plump; pulpy (a fruit).

caro, *adj.* dear, costly, expensive, loved; **caro senhor:** Dear Sir; **foi caro:** it was very expensive; **meu caro:** my dear; **vender caro:** to sell at a high price.

carocha, *s. f. (zool.)* beetle.

carochinha, *s. f. (zool.)* little beetle; **contos da carochinha:** nursery tales.

caroço, *s. m.* stone (of a fruit).

carolice, *s. f.* devotion; fanaticism.

carpa, *s. f. (zool.)* carp.

carpintaria, *s. f.* carpentry; joinery.

carpinteiro, *s. m.* carpenter, joiner.

carpir, *v. intr.* to mourn, to lament, to complain, to weep.

carraça, *s. f. (zool.)* tick, mite.

carrada, *s. f.* cart-load; **às carradas:** by cart-loads, lots and lots of.

carranca, *s. f.* frown; grimace.

carrancudo, *adj.* sullen, surly.

carrapata, *s. f.* tick; mite; **armar uma carrapata:** to embroil.

carrapato, *s. m.* tick.

carrapito, *s. m.* bun.

carrascão, *adj.* rough (wine).

carrasco, *s. m.* hangman; executioner; beheader; *(fig.)* cruel man.

carregado, *adj.* charged, loaded; heavy; oppressed; full; **ambiente carregado:** heavy atmosphere; stuffy air; **céu carregado:** overcast sky; **semblante carregado:** surly countenance.

carregador, *s. m.* loader; shipper; porter.

carregamento, *s. m.* load.

carregar, *v. tr.* to load; to charge, to burden, to put a burden on; **carregar o sobrolho:** to knit one's brows.

carreira, *s. f.* road; career, profession; row, rank, file; **carreira de tiro:** rifle-range; **carreira militar:** military career.

carreiro, *s. m.* footpath.

carril, *s. m.* rail; **sair dos carris:** *(fig.)* to go off the rails.

carrilar, *v. tr.* to place on rails.

carrilhão, *s. m.* chimes, carillon.

carrinho, *s. m.* little cart; reel; **carrinho de bebé:** pram; **carrinho de linhas:** reel of cotton; **carrinho de mão:** wheelbarrow.

carripana, *s. f.* old motor-car.

carro, *s. m.* car; **carro de praça:** cab, taxi-cab; **carro do lixo:** dustcart; **andar de carro:** to drive, to go by car; **dar um passeio de carro:** to go for a drive.

carroça, *s. f.* cart.

carruagem, *s. f.* carriage, coach, railway car; **carruagem de primeira classe:** first class carriage; **carruagem para não fumadores:** non-smoking carriage.

carta, *s. f.* letter; card; **carta de amor:** love letter; **carta anónima:** anonymous letter; **carta de apresentação:** letter of introduction;

carta de crédito: letter of credit; **carta de navegação:** pilot chart; **carta devolvida:** returned letter; **carta registada:** registered letter; **baralho de cartas:** pack of cards; **dar as cartas:** to deal the cards; **dar carta branca:** to give a free hand to.

cartada, *s. f.* trick (at cards); **jogar a última cartada:** to stake everything on one throw.

cartão, *s. m.* card; cardboard; **cartão canelado:** corrugated cardboard; **caixa de cartão:** cardboard box; **cartão de visita:** visiting card.

cartaz, *s. m.* bill, showcard, placard; **é proibido afixar cartazes:** stick no bills.

carteira, *s. f.* wallet; purse; writing-desk.

carteirista, *s. m. f.* pickpocket.

carteiro, *s. m.* postman.

cartel, *s. m.* challenge; cartel.

cartilagem, *s. f.* cartilage.

cartografia, *s. f.* cartography.

cartola, *s. f.* top-hat.

cartolina, *s. f.* cardboard; pasteboard, paperboard.

cartomancia, *s. f.* cartomancy.

cartomante, *s. m. f.* fortune-teller.

cartório, *s. m.* notary's office; register office; registry.

cartucheira, *s. f.* cartridge-belt, cartridge-band.

cartucho, *s. m.* cartridge; packet, parcel; **cartucho de papel:** paper bag, sack.

caruncho, *s. m.* rot, worm, woodfretter.

carunchoso, *adj.* worm-eaten, wormy; *(fig.)* very old; **madeira carunchosa:** fox-wood.

carvalho, *s. m. (bot.)* oak.

carvão, *s. m.* coal; **carvão de lenha:** charcoal; **carvão em bruto:**

raw-coal; **mina de carvão:** coal-mine; **mina de carvão de pedra:** coal-pit.

cãs, *s. f. pl.* white hair.

casa, *s. f.* house; home; **casa bancária:** banking house; **casa cheia:** full house; **casa comercial:** firm; **casa da moeda:** mint; **casa das máquinas:** engine-room; **casa de botão:** buttonhole; **casa de campo:** country-house; **casa de jogo:** gambling-house; **casa de três assoalhadas:** a three-roomed flat; **arrumar a casa:** to do the house; **em casa:** at home; **fora de casa:** outdoors.

casaca, *s. f.* tuxedo; **ser vira-casacas:** to be a turncoat; **cortar na casaca de:** to speak ill of.

casaco, *s. m.* coat, jacket; **casaco comprido:** top-coat, a greatcoat; **casaco de desporto:** blazer; **casaco de lã:** cardigan; **casaco de peles:** fur coat.

casado, *adj.* married; **casado de fresco:** newly married.

casal, *s. m.* couple.

casamenteiro, *s. m.* matchmaker.

casamento, *s. m.* marriage, wedding.

casar, 1. *v. tr. e intr.* to marry; **2.** *v. refl.* to get married.

casca, *s. f.* bark (of a tree); shell (of a nut, egg); peel (of a peach); husk (of rice, corn, etc.); pod (of leguminous fruits); rind (of cheese); skin (of grapes, onions, etc.); **tirar a casca:** to shell, to skin, to peel, to husk; **sair da casca:** *(fig.)* to crawl out of the shell.

cascalho, *s. m.* broken stone, gravel.

cascar, *v. intr.* to strike, to beat.

cascata, *s. f.* cascade, waterfall.

cascavel, *s. m.* rattle; *(zool.)* rattle-snake.

casco, *s. m.* hoof (of cattle); helmet; cask (of wine); hull (of a ship).

casebre, *s. m.* shack; hovel.

caseiro, 1. *adj.* stay-at-home person; home-made, homely; **2.** *s. m.* tenant; farmer.

caserna, *s. f.* barracks.

casino, *s. m.* casino.

casmurrice, *s. f.* stubbornness.

casmurro, *adj.* stubborn, headstrong, obstinate.

caso, *s. m.* case; accident; event; chance; **em caso de necessidade:** in case of need; **em qualquer caso:** in any case, at all costs; **não faz ao caso:** it's not to the purpose; **não fazer caso de:** to ignore, to take no notice of.

casota, *s. f.* little house; kennel (of a dog).

caspa, *s. f.* dandruff.

casquilho, *s. m.* beau.

casquinha, *s. f.* plated metal; thin rind.

cassar, *v. tr.* to annul.

cassete, *s. f.* cassette.

casta, *s. f.* caste; race; lineage, generation.

castanha, *s. f.* chestnut.

castanheiro, *s. m. (bot.)* chestnut-tree.

castanho, 1. *adj.* brown; **2.** *s. m.* chestnut-tree wood; **castanho-escuro:** dark brown.

castanholas, *s. f. pl.* castanets.

castelão, *s. m.* castellan.

castelhano, *adj. e s. m.* Castilian.

castelo, *s. m.* castle; **fazer castelos no ar:** to build castles in the air; to build castles in Spain.

castiçal, *s. m.* candlestick; candle-holder.

castiço, *adj.* vernacular; typical.

castidade, *s. f.* chastity, continence.

castigar, *v. tr.* to punish.

castigo, *s. m.* punishment.

casto, *adj.* chaste; continent, pure, clean.

castor, *s. m. (zool.)* castor, beaver.

castração, *s. f.* castration, gelding.

castrar, *v. tr.* to castrate; to geld; to emasculate.

casual, *adj.* casual, accidental, unexpected.

casualidade, *s. f.* chance, luck; accident.

casulo, *s. m.* cocoon.

cata, *s. f.* search; **andar à cata de:** to search, to hunt for.

cataclismo, *s. m.* cataclysm, deluge; catastrophe.

catacumba, *s. f.* catacomb.

catadupa, *s. f.* waterfall; **em catadupa:** never ceasing.

catalão, *adj. e s. m.* Catalonian, Catalan.

catalisar, *v. tr.* to catalyse.

catálise, *s. f.* catalysis.

catalogar, *v. tr.* to catalogue.

catálogo, *s. m.* catalogue; list.

catana, *s. f.* cutlass, hanger.

catanada, *s. f.* stroke with a cutlass.

catapulta, *s. f.* catapult.

catar, *v. tr.* to delouse; to look for, to search.

catarata, *s. f.* waterfall.

catarro, *s. m.* catarrh.

catástrofe, *s. f.* catastrophe; cataclysm.

cata-vento, *s. m.* weathercock.

catecismo, *s. m.* catechism.

catedral, *s. f.* cathedral.

catedrático, 1. *adj.* cathedratic; **2.** *s. m.* University professor.

categoria, *s. f.* category, class, rank.

categórico, *adj.* categorical; positive, explicit, direct; absolute; **recusa categórica:** point-blank refusal.

catequese, *s. f.* catechesim.

catequizar, *v. tr.* to catechize.

cateto, *s. m.* cathetus.

cativar, *v. tr.* to capture, to take; to captivate; *(fig.)* to attract.

cativeiro, *s. m.* captivity.

cativo, *adj. e s. m.* captive; slave.

catódico, *adj.* cathodic; **corrente catódica:** cathodic current.

catolicismo, *s. m.* catholicism.

católico, *adj. e s. m.* Catholic.

catorze, *num.* fourteen.

catraio, *s. m.* little boat; *(fam.)* little boy, kid.

catre, *s. m.* small bedstead; folding-bed.

caução, *s. f.* caution; bail; guarantee; **sob caução:** out on bail.

caucionar, *v. tr.* to bail; to give bail; to guarantee.

cauda, *s. f.* tail; end, extremity; **abanar a cauda:** to wag the tail (a dog), to flap the tail (a big fish).

caudal, 1. *adj.* abundant, plentiful; **2.** *s. m.* torrent; discharge of a river or channel.

caudaloso, *adj.* copious, plentiful; **rio caudaloso:** mighty river.

caule, *s. m.* stem, stalk.

causa, *s. f.* cause; reason; motive, ground; lawsuit, case; **com conhecimento de causa:** with due knowledge; **por causa de:** for the sake of, on account of; **sem causa justificada:** without good cause.

causar, *v. tr.* to cause, to be the cause of; to occasion, to produce; to bring about; **causar alegria:** to give joy to; **causar piedade:** to move to pity.

cáustico, *adj.* caustic; burning, hot, corrosive.

cautela, *s. f.* caution, foresight; precaution; wariness; cautiousness; part-share (of a lottery-ticket).

cauteleiro, *s. m.* lottery-ticket seller.

cauteloso, *adj.* careful; cautious; wary.

cauterizar, *v. tr.* to cauterize, to burn.

cauto, *adj.* cautious, prudent; guarded (answer).

cava, *s. f.* digging, delving (of vines); armhole (of a coat).

cavaco, *s. m. (fam.)* chat; **não dar cavaco:** not to say a word.

cavala, *s. f. (zool.)* mackerel.

cavalaria, *s. f.* cavalry.

cavalariça, *s. f.* (horse-)stable.

cavaleiro, *s. m.* rider; knight; **cavaleiro andante:** knight-errant.

cavalete, *s. m.* easel.

cavalgada, *s. f.* cavalcade.

cavalgadura, *s. f.* beast.

cavalgar, *v. tr. e intr.* to ride.

cavalheirismo, *s. m.* kindness; gentility.

cavalheiro, *s. m.* gentleman; nobleman.

cavalo, *s. m.* horse; knight (in chess); **cavalo de carga:** packhorse; **cavalo de corrida:** racehorse; **cavalo de pau:** rockinghorse, hobby-horse; **cavalo de raça:** blood-horse; **cavalo procriador:** stallion; **andar a cavalo:** to ride (on horseback); **negociante de cavalos:** horse-dealer.

cavaqueador, *s. m.* talker.

cavaquear, *v. intr. (fam.)* to talk, to chat.

cavaqueira, *s. f.* chat.

cavaquinho, *s. m.* little guitar; ukulele.

cavar, *v. tr.* to dig; to excavate, to delve, to hollow.

cave, *s. f.* cellar.

caveira, *s. f.* skull.

caverna, *s. f.* den, cavern.

cavidade, *s. f.* cavity.

cavilha, *s. f.* peg; pin, bolt; **cavilha de ferro:** iron bolt.

cavo, *adj.* hollow; concave.

caxemira, *s. f.* cashmere.

CD, *s. m.* CD, compact disc.

CD-ROM, *s. m. (inform.)* CD-ROM.

cê, *s. m.* the letter c.

cear, *v. intr.* to have supper.

cebola, *s. f. (bot.)* onion; **casca de cebola:** onion-skin.

cedência, *s. f.* yielding; giving in.

ceder, 1. *v. tr.* to give; to transfer; **2.** *v. intr.* to submit; to assent, to surrender; **ceder terreno:** to give way.

cedilha, *s. f.* cedilla.

cedilhar, *v. tr.* to mark with a cedilla.

cedo, *adv.* soon; early; **de manhã cedo:** early in the morning; **levantar-se cedo:** to get up early.

cedro, *s. m. (bot.)* cedar.

cédula, *s. f.* registration certificate; certificate.

cegar, *v. tr. e intr.* to blind; to dazzle.

cego, 1. *adj.* blind; **2.** *s. m.* blind man.

cegonha, *s. f. (zool.)* stork.

cegueira, *s. f.* blindness; fascination.

ceia, *s. f.* supper.

ceifa, *s. f.* crop, harvest, reaping.

ceifar, *v. tr.* to reap, to harvest, to crop, to mow.

ceifeiro, *s. m.* reaper.

cela, *s. f.* cell.

celebração, *s. f.* celebration.

celebrar, *v. tr.* to celebrate.

célebre, *adj.* celebrated, famous, renowned, well-known.

celebridade, *s. f.* celebrity.

celebrizar, *v. tr.* to celebrate; to render famous.

celeiro, *s. m.* barn.

celerado, 1. *adj.* villainous; **2.** *s. m.* scoundrel.

célere, *adj.* swift, quick.

celeridade, *s. f.* celerity, swiftness, quickness.

celeste, celestial, *adj.* celestial, heavenly; **corpos celestes:** celestial bodies; **esfera celeste:** celestial sphere.

celeuma, *s. f.* uproar; polemic.

celibatário, *adj. e s. m.* bachelor.

celibato, *s. m.* celibacy.

celofane, *s. f.* cellophane.

celta, *adj. e s. m. f.* Celt.

céltico, *adj.* Celtic.

célula, *s. f.* cell; *(med.)* cellule; **células brancas e vermelhas:** *(med.)* red and white corpuscules.

celular, *adj.* cellular; **tecido celular:** cellular tissue.

celulóide, *s. f.* celluloid; **folha de celulóide:** celluloid foil.

celulose, *s. f.* cellulose.

cem, *num.* one hundred; a hundred; **cem por cento:** a hundred per cent.

cemitério, *s. m.* cemetery; churchyard.

cena, *s. f.* scene; stage; **não faças cenas!:** don't make a scene.

cenário, *s. m.* scenery.

cenografia, *s. f.* scenography.

cenográfico, *adj.* scenographic, scenographical.

cenógrafo, *s. m.* scenographer.

cenoura, *s. f.* carrot.

censo, *s. m.* census.

censor, *adj.* censor, proctor.

censório, *adj.* censorious.

censura, *s. f.* censure; blame; reproach; censorship.

censurador, *s. m.* censor.

censurar, *v. tr.* to censure; to blame; to rebuke; to censor.

censurável, *adj.* censurable.

centauro, *s. m.* centaur; Centaur.

centavo, *s. m.* **sem um centavo:** penniless.

centeio, *s. m.* rye.

centelha, *s. f.* spark; **centelha de luz:** flash of light.

centena, *s. f.* a hundred.

centenário, 1. *adj.* centenary; **2.** *s. m.* centenary.

centesimal, *adj.* centesimal.

centésimo, *adj.* hundredth.

centígrado, *adj.* centigrade.

centigrama, *s. m.* centigram(me).

centilitro, *s. m.* centilitre.

centímetro, *s. m.* centimetre; **centímetro cúbico:** cubic centimetre (c.c.).

cêntimo, *s. m.* centime.

cento, *s. m.* a hundred; **cento e um:** a hundred and one.

centopeia, *s. f. (zool.)* centipede.

central, 1. *adj.* central; **2.** *s. f.* central station; **central telefónica:** telephone exchange; **aquecimento central:** central heating; **ideia central:** central idea; **uma casa muito central:** a very central house.

centralista, *s. m. f.* centralist.

centralização, *s. f.* centralization.

centralizar, *v. tr.* to centralize.

centrar, *v. tr.* to centre; to place in the centre; to be at a centre.

centrífugo, *adj.* centrifugal; **força centrífuga:** centrifugal force, centrifugal power.

centrípeto, *adj.* centripetal.

centro, *s. m.* centre, center, middle; **centro comercial:** shopping centre; **centro de gravidade:** centre of gravity; **centro de mesa:** center-piece; **centro de transmissões:** signal center; **avançado-centro:** (sports) centre forward.

centuplicar, *v. tr.* to centuplicate.

cêntuplo, *adj.* centuple, hundredfold.

centúria, *s. f.* century.

centurião, *s. m.* centurion.

cepa, *s. f.* vine-plant; **não passar da cepa torta:** to make no progress.

cepo, *s. m.* stump; block, log.

cepticismo, *s. m.* scepticism.

céptico, *adj.* e *s. m.* sceptical, incredulous.

ceptro, *s. m.* sceptre.

cera, *s. f.* wax; **cera dos ouvidos:** cerumen.

cerâmica, *s. f.* ceramics; pottery, earthenware.

cerca, 1. *s. f.* enclosure; hedge; **2.** *adv.* near, nigh, about; **cerca das três horas:** about three o'clock; **deve ter cerca de quarenta anos:** he must be forty or so.

cercado, 1. *adj.* surrounded; **2.** *s. m.* pound; enclosure.

cercadura, *s. f.* border; ornament.

cercanias, *s. f. pl.* surroundings, environs.

cercar, *v. tr.* to enclose; to surround; to besiege; to hedge.

cerco, *s. m.* siege; circle; frame.

cereal, *s. m.* cereal, grain; *pl.* corn.

cerealífero, *adj.* cerealic; cerealian.

cerebelo, *s. m.* cerebellum.

cerebral, *adj.* cerebral.

cérebro, *s. m.* brain; *(fig.)* intelligence.

cereja, *s. f. (bot.)* cherry; brandy; **caroço de cereja:** cherrystone; **cor de cereja:** cerise.

cerejeira, *s. f. (bot.)* cherry-tree.

cerimónia, *s. f.* ceremony; **fazer cerimónia:** to stand upon ceremony.

cerimonial, *s. m.* ceremonial.

cerimonioso, *adj.* ceremonious, formal.

cerne, *s. m.* heart.

ceroulas, *s. f. pl.* drawers.

cerração, *s. f.* mist; fog, haze.

cerrado, *adj.* shut; closed; locked; dark, gloomy; thick.

cerrar, 1. *v. tr.* to shut, to close, to lock; to wring; **2.** *v. refl.* to close in.

certame, *s. m.* fight; contest; exhibition.

certamente, *adv.* certainly.

certeiro, *adj.* sure; well-aimed.

certeza, *s. f.* certainty; certitude; assurance; **com toda a certeza:** for sure; **ter a certeza:** to be sure; **ter certeza absoluta:** to be pretty sure; **vou de certeza:** I'll go for sure.

certidão, *s. f.* certificate; **certidão de casamento:** certificate of marriage, marriage lines; **certidão de nascimento:** birth certificate; **certidão médica:** health certificate.

certificado, *s. m.* certificate.

certificar, *v. tr.* to certify; to assure; to testify; to attest.

certo, 1. *adj.* certain, sure, positive, true, right; fixed; **2.** *adv.* certainly; **certo homem:** a certain man; **de certa idade:** of a certain age; **dia certo:** fixed day; **estar absolutamente certo de...:** to be quite sure, to be positive about...; **isso é certo:** that is true; **nada lhe sai certo:** nothing seems to go right with him; **não está certo:** that's not right; **o relógio está certo:** the watch is right; **sempre a horas certas:** always at the same time; **sob certas condições:** under certain conditions; **tem horas certas?:** what is the right time?; **não sei ao certo:** I don't quite know, I don't know for sure.

cerveja, *s. f.* beer; **fábrica de cerveja:** brewery.

cervejaria, *s. f.* beerhouse, alehouse; brewery.

cervejeiro, *s. m.* brewer.

cervical, *adj.* cervical.

cerviz, *s. f.* neck; head; nape (of the neck).

cervo, *s. m.* stag.

cerzir, *v. tr.* to mend perfectly.

cessação, *s. f.* cessation, suspension; **cessação de pagamentos:** suspension of payment.

cessar, *v. tr.* to cease; to leave off; to give over; to end; **cessar fogo:** cease fire; **sem cessar:** ceaselessly, never ending.

cetáceo, 1. *adj.* cetaceous; 2. *s. m.* cetacean.

cetim, *s. m.* satin.

cesto, *s. m.* basket; **cesto dos papéis:** wastepaper basket.

céu, *s. m.* heaven; sky; **céu limpo:** blue sky; **céu da boca:** palate; **céus!:** Good Heavens!

cevada, *s. f.* barley.

cevar, *v. tr.* to fatten; to feed.

chá, *s. m.* tea; **chá dançante:** tea-dance; **caixa para o chá:** tea-caddy; **chávena de chá:** tea-cup, cup of tea; **colher de chá:** tea-spoon; **folhas de chá:** tea-leaves; **hora do chá:** tea-time; **serviço de chá:** tea-service; tea-set; **tomar uma chávena de chá:** to have a cup of tea.

chã, *s. f.* plain.

chacal, *s. m.* *(zool.)* jackal.

chacina, *s. f.* slaughter.

chacinar, *v. tr.* to kill, to slay, to butcher, to slaughter.

chacota, *s. f.* jest; **fazer chacota de:** to laugh at, to make fun of.

chacotear, *v. intr.* to jest, to mock.

chafariz, *s. f.* fountain.

chafurdar, *v. intr.* to spatter; to splatter; to wallow.

chaga, *s. f.* ulcer, wound, sore.

chagado, *adj.* ulcerated.

chagar, *v. tr.* to wound.

chalaça, *s. f.* jest, joke.

chalado, *adj.* *(fam.)* crazy, nuts.

chaleira, *s. f.* tea-pot, kettle.

chama, *s. f.* flame; blaze; fire; *(fig.)* ardour; **chama de entusiasmo:** flame of enthusiasm; **estar em chamas:** to be in flames.

chamada, *s. f.* call; marginal note; **chamada telefónica:** telephone call; **fazer a chamada:** to call the roll; **responder à chamada:** to answer the call.

chamamento, *s. m.* calling; convocation.

chamar, 1. *v. tr.* to call; to name; 2. *v. refl.* to be called; **chamar a atenção:** to call attention to; **chamar à ordem:** to call to order; **chamar à parte:** to call aside; **chamar nomes:** to call names; **como te chamas?:** what is your name?; **mandar chamar:** to send for.

chamariz, *s. m.* attraction; bait.

chamejar, 1. *v. intr.* to flame; to sparkle; 2. *v. tr.* to dart.

chaminé, *s. f.* chimney; funnel (of a steamship or railway engine).

champanhe, *s. m.* champagne.

champô, *s. m.* shampoo.

chamuscar, *v. tr.* to singe; **estás a chamuscar o cabelo:** you are singeing your hair.

chanca, *s. f.* brogue; clog.

chancela, *s. f.* seal.

chancelaria, *s. f.* chancellorship.

chanceler, *s. m.* chancellor.

chanfrado, *adj.* canted, bevelled; *(fam.)* mad.

chantagem, *s. f.* blackmail; **fazer chantagem:** to blackmail.

chantagista, *s. m. f.* blackmailer.

chão, 1. *adj.* level, smooth; humble; 2. *s. m.* ground; soil; floor (in a house); **apanhar do chão:** to pick up (from the ground or floor); **deitar ao chão:** to throw down.

chapa, *s. f.* plate; glass; **chapa de ferro:** iron plate.

chapado, *adj.* plated; **idiota chapado:** *(fam.)* drivelling idiot; **ser a cara chapada:** *(fam.)* to look alike.

chaparro, *s. m. (bot.)* holm-oak.

chapear, *v. tr.* to plate.

chapelada, *s. f.* hatful; salute with the hat.

chapéu, *s. m.* hat; **chapéu de coco:** bowler; *(fam.)* pot-hat; **chapéu de palha:** straw hat; **tirar o chapéu:** to take off one's hat.

chapinhar, *v. intr.* to splash; **chapinhar na água:** to paddle in the water.

charada, *s. f.* charade; riddle.

charco, *s. m.* puddle; pond.

charlatanice, *s. f.* fraud.

charlatanismo, *s. m.* trickery.

charlatão, *s. m.* charlatan.

charneca, *s. f.* heath, moor.

charneira, *s. f.* hinge, joint.

cheirete, *s. m.* stink; **que cheirete!:** it stinks.

charrua, *s. f.* plough.

charuto, *s. m.* cigar.

chasco, *s. m.* sarcasm, biting jest.

chasquear, *v. tr.* to banter; to joke at.

chato, *adj.* flat, level; boring; pain in the arse; **fundo chato:** flat-bottom.

chave, *s. f.* key; **chave de parafusos:** screw-driver; **chave falsa:** master key; **chave inglesa:** screw shifting; spanner; **molho de chaves:** bunch of keys.

chaveiro, *s. m.* key-keeper.

chávena, *s. f.* cup.

chaveta, *s. f.* gib, cotter.

chavo, *s. m.* penny; **estar sem chavo:** to be penniless.

checo, *adj. e s. m.* Czech.

chefe, *s. m.* chief, head, headman, boss; leader; **chefe da oposição:** boss of opposition; **chefe de cozinha:** head-cook; **chefe de estação:** station-master; **chefe de mesa:** headwaiter.

chefia, *s. f.* leadership; headship.

chefiar, *v. tr.* to be at the head of, to lead.

chegada, *s. f.* arrival.

chegado, *adj.* contiguous, near; arrived; **parente chegado:** near relation.

chegar, *v. intr.* to arrive; to approach; to come; to draw near; to reach; to be enough; **chegar atrasado:** to be late; **chegar mesmo a tempo:** to come right in time; **por hoje chega:** so much for today, that's enough for today.

cheia, *s. f.* flood.

cheio, *adj.* full; filled up; complete; plenty; **cheio a abarrotar:** full to overflowing; **casa cheia:** full house; **comeu até ficar cheio:** he went on eating till he was full; **em cheio:** right on the spot; **está cheio de ideias:** he's brimful of new ideas.

cheirar, *v. tr. e intr.* to smell, to scent; **cheira mal:** it stinks.

cheiro, *s. m.* smell, odour; scent; **cheiro fétido:** stench; **mau cheiro:** foul smell.

cheque, *s. m.* cheque; **cheque em branco:** blank cheque; **cheque sem cobertura:** rubber check; **livro de cheques:** chequebook.

cheta, *s. f.* small coin; **não ter cheta:** to be penniless; to be broke.

chiadeira, *s. f.* creaking, squeaking.

chiar, *v. intr.* to creak, to squeak.

chicharro, *s. m. (zool.)* horse-mackerel.

chichi, s. m. (fam.) wee; pee.

chicória, s. f. (bot.) endive.

chicotada, s. f. stroke with a whip; lash.

chicote, s. m. whip.

chicotear, v. tr. to whip; to lash.

chifre, s. m. horn; **chifre de carneiro:** ram's horn.

chileno, adj. e s. m. Chilean.

chilreada, s. f. chirping.

chilrear, v. intr. to chirp.

chimpanzé, s. m. (zool.) chimpanzee.

chinelo, s. m. slipper.

chinês, adj. e s. m. Chinese; Chinaman.

chinesice, s. f. knick-knack.

chinfrim, s. m. uproar, row; **fazer chinfrim:** (fam.) to kick up a shindy.

chique, s. m. stylish, smart.

chiqueiro, s. m. pigsty.

chispa, s. f. spark.

chispar, v. intr. to sparkle; to flash; to gleam; to fire up.

chispe, s. m. pig-foot.

chiste, s. m. jest, witticism.

chita, s. f. chintz.

choça, s. f. hut.

chocado, adj. shocked; **ficou muito chocado com as notícias:** he was shocked by the news.

chocalho, s. m. bell; jingle.

chocar, v. tr. to collide; to offend, to shock; to affect; **chocar os ovos:** to hatch eggs; **choquei com ele:** I clashed into him.

chocho, adj. weak.

choco, s. m. brooding; (zool.) cuttlefish; **ovo choco:** an addled egg; **água choca:** stagnant water.

chocolate, s. m. chocolate.

chofre, s. m. showk; blow; **de chofre:** unexpectedly.

choldra, s. f. rascal, rogue.

choque, s. m. shock, collision, clash, blow; impact; **choque de frente:** head-on collision; **choque em cadeia:** pile-up.

choradeira, s. f. wailing.

choramingar, v. intr. to whimper; crying.

choramingas, s. m. f. whimperer.

chorão, s. m. weeper; weepy person; (bot.) weeping-willow.

chorar, v. tr. to cry, to weep, to mourn; **chorar como uma madalena:** (fig.) to cry one's eyes out; **chorar de alegria:** to weep for joy; **desatar a chorar:** to burst into tears.

choro, s. m. weeping, tears.

chorrilho, s. m. flow; series; **chorrilho de asneiras:** a lot of nonsense.

choupal, s. m. plantation of poplars.

choupana, s. f. hut, hovel.

choupo, s. m. (bot.) poplar.

chouriço, s. m. sausage.

chover, v. intr. to rain; to shower; **chover a cântaros, chover a potes:** to rain hard, to pour with rain, to rain in buckets; **parece que vai chover:** it looks like rain; **está a chover torrencialmente:** it's raining cats and dogs.

chuchar, v. tr. to suck, to draw; to mock.

chuço, s. m. pike; (fam.) umbrella.

chumaço, s. m. wadding, padding.

chumbar, v. tr. to lead; (fam.) to plough (a pupil); to fail in an examination; **chumbar um dente:** to stop a tooth.

chumbo, s. m. lead; shot; **chumbo de caça:** sporting shot.

chupa-chupa, s. m. lollipop.

chupar, v. tr. to suck.

chupeta, s. f. dummy, rubber nipple; sucker.

chusma, s. f. crew; throng, crowd.

chutar, v. tr. e intr. to kick.

chuto, s. m. kick.

chuva, s. f. rain; **chuva torrencial:** pour, heavy rain; **água da chuva:** rain-water; **estação das chuvas:** rainy season, the rains; **pingo de chuva:** rain-drop; **está um dia de chuva:** it's a rainy day; **faça chuva ou sol:** make rain or shine.

chuvada, s. f. shower, downpour.

chuveiro, s. m. shower.

chuviscar, v. intr. to drizzle; to sprinkle.

chuvisco, s. m. mizzle, drizzle.

chuvoso, adj. rainy; showery; **tempo chuvoso:** rainy weather.

ciática, s. f. sciatica.

cibernética, s. f. cybernetics.

cicatriz, s. f. scar.

cicatrizar, v. tr. to scar, to heal.

cicerone, s. m. guide.

ciciar, v. intr. to lisp, to whisper.

ciclame, s. m. (bot.) cyclamen.

cíclico, adj. cyclical.

ciclismo, s. m. cycling.

ciclista, s. m. f. cyclist.

ciclo, s. m. cycle, period, age.

ciclone, s. m. cyclone; hurricane.

ciclónico, adj. cyclonic; **vento ciclónico:** stormy wind.

cicuta, s. f. (bot.) hemlock.

cidadão, s. m. citizen.

cidade, s. f. city, town.

cidra, s. f. cider.

cidreira, s. f. (bot.) citron-tree.

cieiro, s. m. chap.

ciência, s. f. science; **ciência pura:** pure science; **ciências exactas:** exact sciences.

ciente, adj. aware, cognizant.

científico, adj. scientific.

cientista, s. m. f. scientist.

cifra, s. f. cipher; naught.

cifrar, 1. v. tr. to cipher; to code; 2. v. refl. to be summed up in; to amount (to).

cigano, s. m. gipsy.

cigarra, s. f. (zool.) cicada.

cigarreira, s. f. cigarette-case.

cigarreiro, s. m. cigarette-maker.

cigarrilha, s. f. cigarette-holder.

cigarro, s. m. cigarette; **acender um cigarro:** to light up a cigarette.

cilada, s. f. snare, trap; ambush.

cilindrar, v. tr. to roll; (sports) to rout.

cilíndrico, adj. cylindrical.

cilindro, s. m. cylinder; **cilindro para estradas:** roller.

cima, s. f. top, summit; **por cima:** above; **para cima:** upwards; **saltar por cima:** to jump over.

címbalo, s. m. cymbal.

cimeira, s. f. crest; apex; conference.

cimentar, v. tr. to cement; to case-harden; to confirm.

cimento, s. m. cement; **cimento armado:** reinforced concrete.

cimo, s. m. top, summit; **cimo da árvore:** tree top; **no cimo da página:** at the head of the page; **no cimo de:** at the top of.

cinco, num. five; **o dia cinco:** the fifth.

cindir, v. tr. to divide, to sever.

cineasta, s. m. f. film director.

cinema, s. m. cinema; movies; **cinema de animação:** animated cartoon.

cinematografia, s. f. cinematography.

cinematográfico, adj. cinematographic; **público cinematográfico:** cinema-going public.

cingir, 1. v. tr. to belt, to gird; to surround; 2. v. refl. to limit, to keep close to.

cínico, adj. cynical, contemptuous.

cinismo, s. m. cynicism, impudence.

cinquenta, *num.* fifty.

cinta, *s. f.* girdle; waist; band.

cintar, *v. tr.* to bind up; to tighten (a coat).

cintilar, *v. intr.* to scintillate; to sparkle.

cinto, *s. m.* belt; **cinto de segurança:** safety belt.

cintura, *s. f.* waist; **com as mãos na cintura:** with arms akimbo.

cinza, *s. f.* ash, cinder; **cinza do cigarro:** cigarette ash; **ficar reduzido a cinzas:** to be burnt to ashes; **quarta-feira de cinzas:** Ash Wednesday.

cinzeiro, *s. m.* ash-tray.

cinzel, *s. m.* chisel, graver.

cinzelar, *v. tr.* to chisel, to engrave, to carve.

cinzento, *adj.* grey.

cio, *s. m.* rut, rutting.

cioso, *adj.* jealous.

cipreste, *s. m. (bot.)* cypress.

circo, *s. m.* circus; **pista de circo:** circus track.

circuito, *s. m.* circuit.

circulação, *s. f.* circulation; currency; **a circulação do sangue:** the circulation; **má circulação:** poor circulation; **retirar da circulação:** to withdraw from circulation.

circular, 1. *adj.* circular; round; **2.** *s. f.* circular letter; **3.** *v. tr.* to circle, to move around; to circulate.

círculo, *s. m.* circle; ring; **círculo vicioso:** vicious circle.

circum-navegação, *s. f.* circumnavigation.

circuncidar, *v. tr.* to circumcise.

circuncisão, *s. f.* circumcision.

circundar, *v. tr.* to surround; to enclose.

circunferência, *s. f.* circumference.

circunflexo, *adj.* circumflex; bent; **acento circunflexo:** circumflex accent.

circunscrever, 1. *v. tr.* to circumscribe; to enclose, **2.** *v. refl.* to limit oneself (to).

circunspecção, *s. f.* circumspection.

circunspecto, *adj.* circumspect, cautious.

circunstância, *s. f.* circumstance; accident; event; **dadas as circunstâncias:** under the circumstances; **depender das circunstâncias:** to depend on circumstances; **em nenhuma circunstância:** in no circumstances.

circunstancial, *adj.* circumstantial.

circunvalação, *s. f.* circumvallation.

circunvizinhança, *s. f.* environs; surroundings.

círio, *s. m.* taper, torch.

cirrose, *s. f. (med.)* cirrhosis.

cirurgia, *s. f. (med.)* surgery.

cirurgião, *s. m.* surgeon.

cirúrgico, *adj.* surgical.

cisão, *s. f.* scission, severing.

cisco, *s. m.* dust, filth.

cisma, 1. *s. m.* schism; **2.** *s. f.* mania.

cismar, *v. intr.* to dream; to rack one's brains; to meditate.

cisne, *s. m.* swan.

cisterna, *s. f.* cistern, reservoir; tank.

citação, *s. f.* citation, quotation; summons.

citar, *v. tr.* to summon; to cite; to quote; to name, to mention.

cítara, *s. f.* zither.

cítrico, *adj.* citric; **ácido cítrico:** citric acid.

citrino, *adj.* citrine.

ciúme, *s. m.* jealousy; envy; **ter ciúmes de:** to be jealous of.

ciumento, *adj.* jealous.

cível, *adj.* civil.

cívico, *adj.* civic; **educação cívica:** civics.

civil, 1. *adj.* civil; gentle; courteous; **2.** *s. m.* civilian; **casamento civil:** civil marriage; **direito civil:** civil law; **direitos civis:** civil rights; **engenharia civil:** civil engineering; **entrar na vida civil:** to enter civil life; **guerra civil:** civil war.

civilidade, *s. f.* civility; politeness.

civilização, *s. f.* civilization.

civilizar, *v. tr.* to civilize.

civismo, *s. m.* respect.

clã, *s. m.* clan; set.

clamar, *v. tr.* to cry out.

clamor, *s. m.* uproar.

clamoroso, *adj.* clamorous.

clandestino, *adj.* clandestine; concealed, secret; **viajante clandestino:** stowaway.

clangor, *s. m.* clangour.

clangoroso, *adj.* clangorous.

claque, *s. f.* supporters; claque.

clara, *s. f.* white (of an egg).

clarabóia, *s. f.* skylight; glass roof.

claramente, *adv.* clearly; plainly.

clarão, *s. m.* gleam, glimmer, glimpse; flash.

clarear, 1. *v. tr.* to make clear, to grow clear; **2.** *v. intr.* to clear.

clareira, *s. f.* clearing; glade.

clareza, *s. f.* clearness.

claridade, *s. f.* light; clearness, brightness.

clarificação, *s. f.* clarification.

clarificar, *v. tr.* to clarify, to make clear.

clarividência, *s. f.* clear-sightedness.

claro, 1. *adj.* clear, bright; light, light-coloured; **2.** *adv.* clearly, plainly, evidently; **claro como cristal:** crystal clear; **às claras:** above-board; **falar claro:** to speak plain.

classe, *s. f.* class; rank, order; kind, sort; form; **de primeira classe:** first class.

classicismo, *s. m.* classicism.

clássico, *adj.* classical, classic.

classificação, *s. f.* classification.

classificar, *v. tr.* to class, to classify.

claudicar, *v. tr.* to be lame, to limp; *(fig.)* to hesitate.

claustro, *s. m.* cloister; convent.

cláusula, *s. f.* clause, condition.

clausura, *s. f.* reclusion, conventual life.

clava, *s. f.* club.

clave, *s. f. (mús.)* clef, key.

clemência, *s. f.* clemency, mercy.

clemente, *adj.* forgiving, merciful.

cleptomania, *s. f.* kleptomania.

cleptómano, *s. m.* kleptomaniac.

clericalismo, *s. m.* clericalism.

clérigo, *s. m.* clergyman; priest.

clero, *s. m.* clergy.

cliché, *s. m.* stereotype.

cliente, *s. m. f.* customer; client.

clientela, *s. f.* the customers, clients.

clima, *s. m.* climate; environment.

climatérico, *adj.* climaterical.

clímax, *s. m.* climax.

clínica, *s. f.* clinic; medical practice; medical establishment; **ter grande clínica:** to have a large practice.

clínico, 1. *adj.* clinical; **2.** *s. m.* physician.

clister, *s. m.* clyster, enema.

conta-quilómetros, *s. m.* speedometer.

cloro, *s. m.* chlorine.

clorofila, *s. f.* chlorophyl.

clube, *s. m.* club, team.

coabitação, *s. f.* cohabitation.

coabitante, *s. m. f.* cohabitant.

coabitar, *v. intr.* to cohabit.

coacção, s. f. coercion, compulsion.

coadjutor, s. m. coadjutor; assistant.

coadjuvação, s. f. coadjuvancy.

coadjuvante, adj. helping, coadjuvant.

coadjuvar, v. tr. to help.

coador, s. m. strainer; **coador de chá:** tea-strainer.

coadunação, s. f. assemblage; adaptation.

coadunar, v. tr. to join; to mix; to unite.

coagir, v. tr. to coerce, to constrain, to compel.

coagulação, s. f. coagulation.

coagular, v. tr. e intr. to coagulate, to curdle; to clot.

coágulo, s. m. coagulum, clot.

coalhar, v. tr. e intr. to curdle; to clot, to coagulate.

coar, v. tr. to strain, to filter.

coarctação, s. f. restraint.

coarctar, v. tr. to restrain.

co-autor, s. m. co-author.

coaxar, v. intr. to croak.

cobaia, s. f. (zool.) guinea-pig, cavy.

cobalto, s. m. cobalt.

cobarde, adj. e s. m. f. coward; **não sejas cobarde!:** don't be yellow!

cobardia, s. f. cowardice.

coberta, s. f. cover, covering; coverlet; quilt.

coberto, 1. adj. covered; hid, hidden; secret; **2.** s. m. shed, shelter.

cobertor, s. m. blanket.

cobertura, s. f. covering; coating (of a cake).

cobiça, s. f. covetousness; cupidity; greediness.

cobiçar, v. tr. to covet.

cobiçoso, adj. covetous.

cobra, s. f. (zool.) snake.

cobrador, s. m. receiver; collector; **cobrador de impostos:** tax-collector.

cobrança, s. f. receiving; collecting.

cobrar, v. tr. to receive, to recover, to collect; **cobrar ânimo:** to take courage; **cobrar forças:** to gather strength; **cobrar juros:** to collect interests.

cobre, s. m. copper; **deu-lhe uns cobres:** he gave him a few coppers; **liga de cobre:** copper alloy.

cobrir, v. tr. e refl. to cover; to wrap up; to roof (a house); to protect; to hide.

cobro, s. m. receiving; **pôr cobro a:** to repress, to put an end to.

coca, s. f. look; **estar à coca:** to be on the look-out.

coça, s. f. beating, thrashing.

coçado, adj. scratched; worn out (clothes).

cocaína, s. f. cocaine.

coçar, v. tr. to scratch.

cóccix, s. m. coccyx.

cócegas, s. f. pl. tickling; **fazer cócegas:** to tickle.

coceira, s. f. itch.

coche, s. m. coach, carriage.

cocheiro, s. m. cabman, coach driver, coachman.

cochichar, v. intr. to whisper.

cochicho, s. m. whispering; (zool.) skylark.

coco, s. m. (bot.) coconut.

cócoras, s. f. pl. **estar de cócoras:** to squat.

cocuruto, s. m. top (of a thing).

côdea, s. f. crust; (med.) scab.

codificação, s. f. codification.

codificar, v. tr. to codify.

código, s. m. code; **código de sinais:** signal-book, code of signals; **código militar:** military law; **código penal:** penal code; **có-**

digo postal: postcode; *(E.U.A.)* zip code.

codorniz, *s. f. (zool.)* quail.

coeficiente, *s. m.* coefficient.

coelho, *s. m.* rabbit; **matar dois coelhos de uma cajadada:** to kill two birds with one stone.

coentro, *s. m. (bot.)* coriander.

ccoercivo, *adj.* coercive; **meios coercivos:** coercive methods.

coerência, *s. f.* congruity, coherence.

coerente, *adj.* congruous; consistent, coherent.

coesão, *s. f.* cohesion; union.

coexistência, *s. f.* coexistence.

coexistir, *v. intr.* to coexist, to exist together.

cofiar, *v. tr.* to smooth (the beard).

cofre, *s. m.* coffer, chest; **cofre de um banco:** coffer of a bank; **cofre pequeno:** casket.

cogitação, *s. f.* cogitation.

cogitar, *v. intr.* to cogitate, to think.

cognitivo, *adj.* cognitive.

cognome, *s. m.* surname.

cognominar, *v. tr.* to cognominate.

cognoscível, *adj.* cognoscible; cognizable.

cogumelo, *s. m. (bot.)* mushroom.

coibição, *s. f.* repression.

coibir, *v. tr.* e *refl.* to repress; to restrain.

coice, *s. m.* kick, spurn.

coima, *s. f.* fine.

coincidência, *s. f.* coincidence.

coincidir, *v. intr.* to coincide, to agree.

coiro, *s. m.* hide, leather; **coiro cabeludo:** scalp.

coisa, *s. f.* thing; **coisa de três semanas:** a matter of three weeks; **alguma coisa:** something; **coisas para deitar fora:** throwaways; **não é coisa para rir:** it's no laughing matter; **põe**

as tuas coisas na mesa: put your things on the table.

coitado, *adj.* miserable, pitiful; **coitado!:** poor thing!, poor fellow!

coito, *s. m.* coitus; copulation.

cola, *s. f.* glue, paste; **frasco de cola:** bottle of paste.

colaboração, *s. f.* collaboration, contribution.

colaborador, *s. m.* collaborator; associate.

colaborar, *v. tr.* to collaborate.

colagem, *s. f.* gluing, pasting.

colapso, *s. m.* collapse, breakdown; **colapso cardíaco:** heartfall; **colapso nervoso:** nervous breakdown.

colar, 1. *v. tr.* to glue, to paste, to stick; **2.** *s. m.* necklace; **colar de pérolas:** string of pearls.

colarinho, *s. m.* collar; neckband; **botões de colarinho:** collar studs.

colateral, *adj.* collateral; indirect.

colcha, *s. f.* bedspread, quilt, counterpane.

colchão, *s. m.* mattress; **colchão de molas:** spring mattress; **colchão de palha:** straw mattress; **colchão de penas:** feather-bed.

colchete, *s. m.* clasp, hook; **colchete e colcheta:** hook and eye.

coldre, *s. m.* holster.

colecção, *s. f.* collection.

coleccionador, *s. m.* collector; **coleccionador de selos:** stamp collector.

coleccionar, *v. tr.* to collect; to gather.

colecta, *s. f.* collect.

colectânea, *s. f.* collection.

colectar, *v. tr.* to collect; to tax, to levy.

colectividade, *s. f.* association.

colectivo, *adj.* collective; **substantivo colectivo:** collective noun.

colector, s. m. collector.

colega, s. m. f. fellow, colleague.

colegial, 1. adj. collegial; **2.** s. m. school-boy, school-girl.

colégio, s. m. boarding school.

coleira, s. f. collar.

cólera, s. f. anger, wrath, passion; rage; (med.) cholera.

colérico, adj. choleric, angry.

colete, s. m. waistcoat; vest; **colete de salvação:** life-jacket; **colete de forças:** strait-jacket.

colheita, s. f. crop, harvest; gathering (of flowers).

colher, s. f. spoon; **colher de café:** coffee-spoon; **colher de chá:** tea-spoon; **colher de sobremesa:** dessert-spoon; **colher de sopa:** table-spoon; **ele é pau para toda a colher:** he's game for anything; **uma colher cheia:** a spoonful.

colher, v. tr. to catch; to gather; to crop; to pick.

colherada, s. f. spoonful.

colibri, s. m. (zool.) colibri, humming-bird.

cólica, s. f. colic.

colidir, v. intr. to collide; to clash against.

coligação, s. f. coalition; alliance, union.

coligar, v. tr. to ally, to bind together; to colligate.

coligir, v. tr. to gather.

colina, s. f. hill; **pequena colina:** hillock.

colírio, s. m. eyewash; eyewater.

colisão, s. f. collision; crash; shock.

colmatar, v. tr. to fill in; to clog up; to end.

colmeia, s. f. beehive.

colmo, s. m. thatch, stem, stalk, straw.

colo, s. m. lap; neck; **criança de colo:** child in arms; **trazer ao colo:** to take in one's arms.

colocação, s. f. collocation, arrangement; situation; post; place.

colocar, v. tr. to place; to set; to put.

cólon, s. m. colon.

colónia, s. f. colony.

colonização, s. f. colonization.

colonizar, v. tr. to colonize.

colono, s. m. farmer, husbandman; colonist, settler.

colóquio, s. m. colloquium; seminar.

coloração, s. f. colouring; hue.

colorido, adj. coloured.

colorir, v. tr. to colour, to dye.

colossal, adj. colossal, gigantic, huge.

colosso, s. m. colossus.

coluna, s. f. column; post; pillar; support; **coluna vertebral:** spinal column; vertebral column.

com, prep. with.

coma, s. f. coma.

comadre, s. f. godmother.

comandante, s. m. f. commander.

comandar, v. tr. e intr. to command.

comando, s. m. command; order; leadership; (soldier) comando; ranger; **lugar de comando:** the lead; **tomar o comando:** to take the lead.

comarca, s. f. judicial district.

combalido, adj. sickly, infirm; rotten.

combate, s. m. fight, combat, battle, struggle; **morto em combate:** killed in action; **fora de combate:** knock out, K. O.

combatente, s. m. f. fighter.

combater, v. tr. e intr. to fight, to struggle.

combinação, s. f. combination, agreement; association; petticoat.

combinar, v. tr. to agree; to settle.

comboio, s. m. train; convoy; **comboio directo:** through train; **comboio expresso:** express train; **máquina do comboio:** engine; **vir de comboio:** to come by train.

combustão, s. f. combustion.

combustível, s. m. fuel.

começar, v. tr. e intr. to begin, to start; **começar a corrida:** to start the race.

começo, s. m. beginning, start; **o começo de uma doença:** the onset of a disease.

comédia, s. f. comedy; play; **comédia de costumes:** comedy of manners.

comediante, s. m. f. player, comedian.

comedido, adj. modest; discreet.

comedimento, s. m. modesty; discretion.

comediógrafo, s. m. comedy writer.

comedir-se, v. refl. to behave modestly; to compose oneself.

comemoração, s. f. commemoration.

comemorar, v. tr. to commemorate.

comemorativo, adj. commemorative.

comensal, s. m. messmate, fellow-boarder.

comensurabilidade, s. f. commensurability.

comensurar, v. tr. to commensurate.

comentador, s. m. commentator.

comentar, v. tr. to comment; to criticize.

comentário, s. m. commentary.

comer, 1. s. m. food, eating; meal; 2. v. tr. (chess) to take a piece; **dar de comer a:** to feed.

comercial, adj. commercial; **anuário comercial:** trade directory, year book; **carta comercial:** commercial letter; **Direito Comercial:** commercial law.

comercializar, v. tr. to commercialize.

comerciante, s. m. f. merchant, trader, tradesman, dealer; **comerciante de retalho:** retailer; **comerciante por grosso:** wholesale-merchant, wholesaler.

comerciar, v. tr. e intr. to trade, to deal in.

comércio, s. m. commerce, business, trade; traffic; intercourse; fellowship; **comércio de exportação:** export trade; **comércio de importação:** import trade; **comércio livre:** free-trade.

comestível, adj. comestible, eatable.

cometa, s. m. comet.

cometer, v. tr. to commit; to entrust (with); to appoint.

cometimento, s. m. undertaking.

comezinho, adj. plain.

comichão, s. m. itch, itching.

comício, s. m. meeting, rally; assembly.

cómico, 1. adj. comical, funny; 2. s. m. comedian.

comida, s. f. food; fare; board.

comigo, pron. pess. with me; **isso é comigo:** that's my affair, that's my business.

comilão, adj. e s. m. glutton.

comiseração, s. f. commiseration; compunction; pity.

comissão, s. f. commission; committee; trust; **em comissão:** in commission; **receber uma comissão de 5 por cento em cada venda:** to receive a commission of 5 per cent on everything one sells.

comissário, *s. m.* commissioner; **alto comissário:** High Commissioner.

comissionista, *s. m. f.* agent; broker; commissioner.

comitiva, *s. f.* retinue; train, attendants.

como, 1. *conj.* as; like; **2.** *adv.* how, in what way; **como assim!:** how then!, how!; **como está?:** how are you?, how do you do?; **como se diz...?:** how do you say...?; **como se fosse:** as though it were; **assim como:** as well as; **faz como ele:** do as he does; **seja como for:** however it may be.

comoção, *s. f.* commotion; shock, trouble, disturbance.

cómoda, *s. f.* chest of drawers.

comodidade, *s. f.* comfort, cosiness; ease.

comodista, *s. m. f. e adj.* slacker; selfish.

cómodo, *adj.* comfortable; cosy; snug.

comovente, *adj.* moving; touching.

comover, *v. tr.* to move; to disturb; to touch, to stir.

comovido, *adj.* touched; moved.

compacto, 1. *adj.* compact, dense; **2.** *s. m.* compact; **disco compacto:** compact disc (CD).

compadecer, 1. *v. tr.* to pity; **2.** *v. refl.* to sympathize with, to be filled with compassion (pity) for; to have pity for.

compadre, *s. m.* colleague; godfather.

compaixão, *s. f.* compassion, pity, sympathy; **fazer compaixão:** to move to pity; **ter compaixão:** to pity, to have compassion on.

companheiro, *s. m.* companion; fellow; chap; **companheiro de desgraça:** companion in misfortune; **companheiro de viagem:** fellow-traveller.

companhia, *s. f.* company; society; companionship; fellowship; **andar na companhia de:** to keep company with; **companhia de caminho-de-ferro:** railway company; **companhia de seguros:** insurance company; **companhia de teatro:** theatrical company; **fazer companhia:** to keep a person company; **na companhia de:** in company (with); **vou-lhe fazer companhia:** I'll go with you for company.

comparação, *s. f.* comparison; estimate; **em comparação com:** in comparison with, when compared with; **fazer comparações:** to make a comparison.

comparar, *v. tr.* to compare, to confront.

comparecer, *v. intr.* to appear; to turn up; to show up; **comparecer numa reunião:** to attend a meeting.

comparência, *s. f.* appearance; presence.

comparsa, *s. m. f.* chap, friend; (theatre) dumb actor; figurant.

comparticipar, *v. intr.* to share; to take part in.

compartilhar, *v. tr.* to partake, to share.

compartimento, *s. m.* division; compartment.

compassado, *adj.* measured; moderate.

compassar, *v. tr.* to measure (with compasses); *(mús.)* to beat time.

compassivo, *adj.* compassionate; warm-hearted, merciful.

compasso, *s. m.* compass; *(mús.)* time measure; Easter procession; **sair do compasso:** *(mús.)* not to keep time.

compatibilidade, *s. f.* compatibility.

compatível, *adj.* compatible.

compatriota, *s. m. f.* compatriot; fellow-countryman.

compelir, *v. tr.* to compel; to oblige, to force.

compêndio, *s. m.* textbook.

compenetração, *s. f.* conviction.

compenetrar, *v. tr.* to convince; to meditate.

compensação, *s. f.* compensation.

compensador, 1. *adj.* remunerative, compensating; **2.** *s. m.* compensator.

compensar, *v. tr.* to compensate, to counterbalance; **nada pode compensar a perda de...:** nothing can compensate for the loss of...

competência, *s. f.* competence.

competente, *adj.* competent; qualified.

competição, *s. f.* competition; **acesa competição:** keen competition.

competidor, *s. m.* competitor; contestant.

competir, *v. intr.* to compete; to strive, to contest.

compilação, *s. f.* compilation.

compilar, *v. tr.* to compile, to collect.

complacência, *s. f.* complaisance.

complacente, *adj.* complaisant, obliging.

compleição, *s. f.* constitution; complexion.

complementar, *adj.* complementary.

complemento, *s. m.* complement; **complemento directo:** direct object.

completamente, *adv.* completely, thoroughly; absolutely.

completar, *v. tr.* to complete; to finish, to fill up, to end.

completo, *adj.* complete, thorough, perfect, finished, whole; **disparate completo:** utter nonsense; **limpeza completa:** thorough cleaning; **obra completa:** complete work.

complexidade, *s. f.* complexity.

complexo, 1. *adj.* complex; complicated; arduous; **2.** *s. m.* assemblage, union; **complexo de inferioridade:** inferiority complex.

complicação, *s. f.* complication.

complicar, *v. tr. e refl.* to complicate, to entangle, to involve.

componente, *adj. e s. m. f.* component, constituent; **partes componentes:** component parts.

compor, *v. tr. e refl.* to compose; to adjust; to mend, to repair; **a água é composta de...:** water is composed of...; **compor uma música:** to compose a piece of music.

comporta, *s. f.* gate, dam.

comportamento, *s. m.* conduct; behaviour; **bom comportamento:** good behaviour; **mau comportamento:** ill-behaviour, bad behaviour.

comportar, 1. *v. tr.* to contain; to comport with, to suit, to befit. **2.** *v. refl.* to behave (oneself); **comportar-se mal:** to misbehave, to behave badly.

composição, *s. f.* arrangement, composition, agreement; (school) essay; **composição do solo:** the composition of the soil.

compositor, *s. m.* composer.

composto, 1. *adj.* compound; composite; **2.** *s. m.* compound; **composto de:** consisting of, composed of, made up of.

compostura, s. f. composition, construction; proportion; **portar-se com compostura:** to be collected, to act with composure.

compota, s. f. jam, compote; **frasco de compota:** pot of jam.

compra, s. f. purchase, buying; **ir às compras:** to go shopping; **compra a crédito:** purchase on credit; **compra a dinheiro:** cash transaction; **compra a prazo:** purchase on account; **compra e venda:** purchase and sale.

comprador, s. m. buyer, purchaser.

comprar, v. tr. to buy, to purchase.

comprazer, 1. v. tr. to please; **2.** v. refl. to delight in, to take pleasure in.

comprazimento, s. m. complaisance.

compreender, v. tr. to understand; to comprehend, to comprise, to consist of, to be composed of; to take in; **datas compreendidas entre o dia 4 e o dia 20:** dates that fall between the 4th and the 20th.

compreensão, s. f. comprehension; understanding; **compreensão rápida:** quick apprehension; **de compreensão lenta:** slow apprehension; **isso ultrapassa a minha compreensão:** beyond my comprehension.

compreensível, adj. understandable; comprehensible.

compressa, s. f. compress.

compressão, s. f. compression.

compressor, s. m. compressor.

comprido, adj. long; extended; diffuse; **ao comprido:** at full length.

comprimento, s. m. length; **comprimento de onda:** wave-length; **tem cinco metros de comprimento:** it is five meters long.

comprimido, 1. adj. compressed; **2.** s. m. tablet, pill; **ar comprimido:** compressed air.

comprimir, v. tr. to compress, to press, to condense.

comprometedor, adj. compromising.

comprometer, 1. v. tr. to compromise, to jeopardize, to engage; **2.** v. refl. to sign up for; to get involved.

comprometido, adj. engaged; implicated, involved; (fig.) uneasy, uncomfortable.

comprometimento, s. m. engagement; compromise; commitment.

compromisso, s. m. compromise; appointment, engagement; **quebrar um compromisso:** to break an engagement; **satisfazer os seus compromissos:** to meet one's engagements.

comprovação, s. f. confirmation; corroboration.

comprovar, v. tr. to confirm; to prove; to ratify; to corroborate.

compulsivo, adj. compulsory.

compungido, adj. compunctious; regretful, contrite.

compungir, 1. v. tr. to touch; **2.** v. refl. to be contrite.

computação, s. f. computing.

computador, s. m. computer.

cômputo, s. m. computation; reckoning.

comum, adj. common; public; vulgar; **Casa dos Comuns:** The House of Commons; **de comum acordo:** by common consent; **em comum:** in common; **gente comum:** common people; **lugar comum:** common-place; **pouco comum:** out of the way, unusual; **substantivo comum:** common noun; **senso comum:** common sense.

comummente, adv. commonly.

comungar, v. tr. e intr. to communicate; to share; to receive Holy Communion.

comunhão, s. f. communion; participation, sharing.

comunicação, s. f. communication; **acabo de receber a sua comunicação:** I've just received your communication; **meios de comunicação:** means of communication; **meios de comunicação social:** media, mass media.

comunicado, 1. adj. communicated; **2.** s. m. communiqué; **comunicado à imprensa:** press release.

comunicar, v. tr. to communicate; to announce, to inform, to report; to tell; to transmit.

comunicativo, adj. communicative; talkative.

comunidade, s. f. community.

comunismo, s. m. communism.

comunista, s. m. f. communist.

comutador, s. m. commutator; switch.

comutar, v. tr. to commute; to exchange.

concavidade, s. f. hole, cavity, hollow.

côncavo, adj. concave, hollow.

conceber, v. tr. to conceive; to think, to imagine; to give birth; **mal concebido:** badly conceived.

conceder, v. tr. to grant; to allow; to admit.

conceito, s. m. concept, thought; conception, judg(e)ment.

conceituado, adj. esteemed, respected; **bem conceituado:** accredited.

conceituar, v. tr. to judge, to esteem; to repute.

concelho, s. m. council; local government; region.

concentração, s. f. concentration; **campo de concentração:** concentration camp; **poder de concentração:** power of concentration; **uma concentração de tropas:** a concentration of troops.

concentrado, adj. concentrated; **concentrado de tomate:** tomato ketchup.

concentrar, v. tr. to concentrate.

concêntrico, adj. concentric; **círculos concêntricos:** concentric circles.

concepção, s. f. conception; concept; **ter uma concepção clara:** to have a clear conception.

concernir, v. intr. to concern, to regard, to relate to.

concertar, 1. v. tr. to concert; to plan; to accord; **2.** v. intr. to agree.

concerto, s. m. concert; **concerto de câmara:** chamber concert; **concerto de rock:** gig, live performance, rock concert.

concessão, s. f. concession; grant; conferment.

concessionário, 1. adj. concessionary; **2.** s. m. concessionaire.

concha, s. f. shell, conch; **concha da sopa:** soup-ladle.

concidadão, s. m. fellow-citizen.

conciliação, s. f. conciliation; **espírito de conciliação:** conciliatory spirit.

conciliador, 1. adj. conciliatory; **2.** s. m. conciliator, peacemaker.

conciliar, v. tr. to conciliate; to reconcile; to propitiate.

concílio, s. m. council.

concisão, s. f. conciseness, concision, brevity.

conciso, adj. concise, brief, short.

concludente, adj. concluding, conclusive; **prova concludente:** conclusive proof.

concluir, v. tr. to end; to conclude; to finish.

conclusão, s. f. conclusion; end; **chegar a uma conclusão:** to come to a conclusion; **em conclusão:** in conclusion; **tirar uma conclusão:** to draw a conclusion from; **tirar uma conclusão precipitada:** to rush to a conclusion.

conclusivo, adj. conclusive.

concordância, s. f. concordance, agreement; **em concordância com:** in accordance with; in compliance with.

concordar, v. tr. e intr. to agree; to conform, to comply; **concordar com um plano:** to agree to a plan.

concórdia, s. f. concord; harmony.

concorrência, s. f. competition.

concorrente, 1. adj. competitive; 2. s. m. f. competitor, rival; concurrent.

concorrer, v. intr. to compete; **concorrer a um lugar:** to apply to a position.

concretização, s. f. fulfilment.

concretizar, v. tr. to make real; **concretizar um sonho:** to make a dream come true; to fulfil a dream.

concreto, adj. e s. m. concrete.

concubina, s. f. concubine, mistress.

concupiscência, s. f. concupiscence, lust.

concupiscente, adj. concupiscent, lustful.

concurso, s. m. contest; examination; **preenchido por meio de concurso:** filled by competitive examinations.

condado, s. m. county, shire.

condão, s. m. prerogative, privilege; gift; **varinha de condão:** magic wand.

conde, s. m. count, earl.

condecoração, s. f. badge, decoration.

condecorar, v. tr. to decorate.

condenação, s. f. condemnation.

condenado, 1. adj. condemned; 2. s. m. convict; **condenado à morte:** sentenced to death.

condenar, 1. v. tr. to condemn, to sentence, to doom; 2. v. refl. to condemn oneself; to compel oneself.

condensação, s. f. condensation.

condensado, adj. condensed; **leite condensado:** condensed milk.

condensador, s. m. condenser.

condensar, v. tr. to condense, to liquefy; to compress.

condescendência, s. f. condescension.

condescendente, adj. condescending, patronizing.

condescender, v. intr. to condescend, to deign.

condessa, s. f. countess.

condição, s. f. condition; state, position; quality; rank; circumstance; **com a condição de...:** on condition that; **em boas condições:** in good condition; **em condição alguma:** on no condition; **em condições favoráveis:** under favourable conditions; **em que condições?:** on what condition?; **nesta condição:** on this condition; **nas condições presentes:** under existing conditions.

condicional, adj. conditional; **oração condicional:** conditional clause.

condicionar, v. tr. to condition.

condignamente, adv. condignly; fitly; suitably.

condigno, adj. deserved; suitable.

condimentar, v. tr. to season.

condimento, *s. m.* seasoning; spice, condiment.

condiscípulo, *s. m.* schoolfellow, fellow-student.

condizente, *adj.* matching; suitable.

condizer, *v. intr.* to agree, to suit.

condoer-se, *v. refl.* to pity.

condoído, *adj.* affected, touched.

condolência, *s. f.* condolence; **as minhas condolências:** please accept my condolences.

condomínio, *s. m.* condominium.

condor, *s. m.* (*zool.*) king-vulture.

condução, *s. f.* conducting; driving.

conduta, *s. f.* conduct; (water) conduit; **regras de boa conduta:** rules of conduct.

condutor, *s. m.* driver; conductor; **condutor de autocarro:** bus-driver; **ser bom condutor de electricidade:** to be a good conductor of electricity.

conduzir, 1. *v. tr.* to drive; to conduct, to lead; **2.** *v. refl.* to behave, to conduct oneself, to act.

cone, *s. m.* cone.

cónego, *s. m.* canon.

conexão, *s. f.* connexion.

confecção, *s. f.* confection; **loja de confecções de homem:** men's clothing store.

confeccionar, *v. tr.* to make; to manufacture.

confederação, *s. f.* confederation.

confeitaria, *s. f.* confectioner's shop.

conferência, *s. f.* conference; lecture; **conferência de imprensa:** press conference.

conferenciar, *v. intr.* to lecture; to confer; to consult.

conferencista, *s. m. f.* lecturer.

conferir, *v. tr.* to confer; to bestow; to check.

confessar, *v. tr.* to confess, to acknowledge, to admit, to avow.

confessionário, *s. m.* confessional box.

confessor, *s. m.* confessor.

confeti, *s. m.* confetti.

confiança, *s. f.* confidence; trust, reliance; intimacy, familiarity; **com toda a confiança:** in full confidence; **digno de confiança:** trustworthy; **falta de confiança:** want of confidence; **ter confiança com alguém:** to be familiar with.

confiar, *v. tr.* to confide, to entrust, to trust; **confiar ao cargo de:** to confide to the care of; **confiar em alguém:** to rely upon a person; **confiar uma coisa a alguém:** to entrust someone with something; **confiar um segredo:** to confide a secret.

confidência, *s. f.* confidence; **fazer confidências a:** to take a person into one's confidence; **trocar confidências:** to exchange confidences.

confidencial, *adj.* confidential; **informações confidenciais:** confidential information; top secret.

confidente, *s. m. f.* confidant; confidante (woman).

configuração, *s. f.* configuration; shape.

confinar, 1. *v. intr.* to border (upon); **2.** *v. refl.* to confine oneself to; **confinar com:** to abut; **estar confinado ao quarto:** to be confined to one's room.

confins, *s. m. pl.* confines, borders.

confirmação, *s. f.* confirmation.

confirmar, *v. tr.* to confirm; to strengthen; to ratify; to assure.

confiscação, *s. f.* confiscation.

confiscar, *v. tr.* to confiscate.

confissão, s. f. confession; acknowledgment; avowal.

conflagração, s. f. conflagration; war.

conflagrar, v. intr. to burn; to convulse.

conflito, s. m. conflict; struggle; **estar em conflito com:** to conflict with.

conflituoso, adj. quarrelsome.

confluência, s. f. confluence.

confluir, v. tr. to flow into.

conformação, s. f. conformation; structure, shape, form.

conformado, adj. resigned; formed, shaped.

conformar, 1. v. tr. to conform (to); to adapt; **2.** v. refl. to give in; to accept.

conforme, adj. suitable; resigned; according as; **conforme as circunstâncias:** accordingly, according to circumstances; **isso é conforme:** that depends.

conformidade, s. f. conformity; compliance with; resignation; **em conformidade com:** according to, in compliance with.

conformista, s. m. f. conformist.

confortar, v. tr. to fortify; to comfort, to console.

confortável, adj. comfortable.

conforto, s. m. comfort; welfare; ease.

confrangedor, adj. tormenting, heart-breaking.

confranger, 1. v. tr. to break; to oppress; **2.** v. refl. to grieve.

confrangimento, s. m. constraint; oppression.

confraria, s. f. brotherhood.

confraternização, s. f. fraternization.

confraternizar, v. intr. to fraternize.

confrontação, s. f. confrontation.

confrontar, 1. v. tr. to confront; to face; to oppose; **2.** v. intr. to border upon, to be opposite to; **ser confrontado por dificuldades:** to be confronted by difficulties.

confronto, s. m. confrontation.

confundido, adj. confounded, bewildered, embarrassed.

confundir, 1. v. tr. to confound, to mix, to mingle, to abash; **2.** v. refl. to get confused.

confusão, s. f. confusion; disorder; tumult; abashment; **que grande confusão!:** what a mess!

confuso, adj. confused; hazy, mixed up; confounded.

congelado, adj. chilled, frozen; **carne congelada:** chilled meat.

congelador, s. m. freezer; deep freezer.

congelamento, s. m. congelation; **ponto de congelamento:** the freezing-point.

congelar, v. tr. to freeze.

congeminar, v. tr. to think; (fig.) to double; to muse.

congénere, adj. similar.

congénito, adj. congenital.

congestão, s. f. congestion.

congestionado, adj. congested; **tráfego congestionado:** traffic jam.

congestionar, v. tr. e refl. to congest.

conglomeração, s. f. conglomeration.

congratulação, s. f. congratulation.

congratular, v. tr. e refl. to congratulate.

congregação, s. f. congregation; assembly; attendance (at church).

congregar, v. tr. to congregate, to assemble.

congresso, s. m. congress.

congro, s. m. (zool.) conger.

congruência, s. f. congruence.

congruente, *adj.* congruent.

conguês, 1. *adj.* of Congo; **2.** *s. m.* native of Congo, Congoese.

conhecedor, *s. m.* expert, connoisseur.

conhecer, *v. tr.* to know; to understand, to perceive; to be acquainted with; to acknowledge; to discern; **conhecer de nome:** to know by name; **conhecer de vista:** to know by sight; **dar-se a conhecer:** to make oneself known.

conhecido, 1. *adj.* known; public; well-known; **2.** *s. m.* acquaintance; **ser conhecido como:** to be known as; **ser conhecido de:** to be known to.

conhecimento, *s. m.* knowledge; acquaintance; **chegar ao conhecimento de:** to come to one's knowledge; **tomar conhecimento:** to take notice; **travar conhecimento:** to make the acquaintance of.

conivência, *s. f.* connivance.

conivente, *s. m. f.* accomplice; **ser conivente:** to connive.

conjectura, *s. f.* conjecture, supposition, guessing.

conjecturar, *v. tr.* to conjecture, to guess.

conjugação, *s. f.* conjugation.

conjugal, *adj.* conjugal.

conjugar, *v. tr.* to conjugate; to unite.

cônjuge, *s. m. f.* spouse.

conjunção, *s. f.* conjunction; union, association.

conjuntivite, *s. f. (med.)* conjunctivitis.

conjuntivo, *adj.* conjunctive.

conjunto, 1. *adj.* conjoined; **2.** *s. m.* assemblage, collection; set; **acções conjuntas:** conjoint actions.

conjuntura, *s. f.* structure.

conjurado, *s. m.* conspirator, plotter.

conjurar, *v. tr.* to conjure.

conluio, *s. m.* conspiracy, plot.

connosco, *pron. pess.* with us; about us.

conotação, *s. f.* connotation.

conquanto, *conj.* although, though.

conquista, *s. f.* conquest.

conquistador, *s. m.* conqueror; *(fig.)* lady-killer.

conquistar, *v. tr.* to conquer; to subdue; **conquistar o coração:** to win the heart.

consagração, *s. f.* consecration; *(fig.)* victory.

consagrar, 1. *v. tr.* to consecrate; to hallow; **2.** *v. refl.* to devote oneself to.

consanguinidade, *s. f.* blood-relationship.

consciência, *s. f.* conscience, perception; consciousness; **consciência culpada:** a guilty conscience; **consciência limpa:** a clear conscience; **perder a consciência:** to lose consciousness; **recuperar a consciência:** to recover consciousness; **ter consciência de:** to be aware of.

consciencioso, *adj.* conscientious; scrupulous; honest.

consciente, *adj.* conscious; aware.

cônscio, *adj.* conscious.

consecutivo, *adj.* consecutive, following; **em dias consecutivos:** on consecutive days.

conseguinte, *adj.* consecutive; **por conseguinte:** consequently, in consequence.

conseguir, *v. tr.* to get, to obtain, to achieve; **conseguir passar no exame:** to succeed in passing one's examination.

conselheiro, s. m. counsellor; adviser.

conselho, s. m. advice; counsel; council; **dar um conselho:** to give a piece of advice; **conselho de administração:** board of trustees; managing directors; **conselho fiscal:** investigation commitee; **conselho de ministros:** cabinet council.

consenso, s. m. assent, consent, consensus.

consentimento, s. m. consent; agreement, assent.

consentir, 1. v. tr. to agree to; to approve; **2.** v. intr. to consent.

consequência, s. f. consequence; effect, result; **aceitar as consequências:** to take the consequences; **em consequência:** in consequence of, accordingly; **por consequência:** therefore.

consequente, adj. consequent.

consertar, v. tr. to repair, to mend.

conserto, s. m. repair.

conserva, s. f. conserve; canned food.

conservação, s. f. preservation.

conservador, 1. adj. conservative; **2.** s. m. conservator, conserver; **conservador de museu:** keeper of a museum; **Partido Conservador:** Conservative Party.

conservar, v. tr. to conserve; to preserve, to keep; to maintain; **conservar as aparências:** to keep up appearances; **conservar fruta:** to conserve fruit; **conservar na memória:** to keep in mind; **conservar-se calmo:** to keep calm, to keep one's temper.

conservatório, s. m. conservatory.

consideração, s. f. consideration, respect; regard; **sem a menor consideração:** without the slightest compunction; **tomar**

em consideração: to take into consideration.

considerar, v. tr. to consider; to look upon; to mind; to take into account; to judge; **considerar muito uma pessoa:** to hold a person in high regard.

considerável, adj. considerable; important; valuable.

consignação, s. f. consignment; **receber à consignação:** to take on consignment; **remeter à consignação:** to consign.

consignar, v. tr. to consign; to deposit; to assign (money).

consigo, pron. pess. with himself, with herself; with you.

consistência, s. f. consistency; cohesion; stability; **consistência própria:** the right consistence.

consistente, adj. consistent; (fig.) firm, solid.

consistir, v. intr. to consist of; to be composed of.

consoada, s. f. Christmas supper.

consoante, 1. adj. e s. m. consonant; **2.** prep. according to.

consola, s. f. console.

consolação, s. f. consolation, comfort; **prémio de consolação:** consolation prize.

consolar, v. tr. to console, to comfort.

consolidação, s. f. consolidation.

consolidar, v. tr. to consolidate, to make solid; to strengthen.

consolo, s. m. consolation; solace.

consonância, s. f. consonance; consonancy, concord.

consonante, adj. consonant, harmonious.

consorte, s. m. f. consort; partner.

conspícuo, adj. conspicuous.

conspiração, s. f. conspiracy.

conspirador, s. m. conspirator.

conspirar, *v. intr.* to conspire; to plot.

conspurcação, *s. f.* staining; pollution.

conspurcar, *v. tr.* to spoil, to stain; to corrupt; to pollute.

constância, *s. f.* constancy; stability; perseverance.

constante, *adj.* constant; firm, unchanging, continual.

constar, *v. intr.* to be reported; to appear; to be said; to consist of.

constelação, *s. f.* constellation.

consternação, *s. f.* consternation; dismay.

consternar, *v. tr.* to consternate, to dismay.

constipação, *s. f.* cold; **apanhar uma constipação:** to catch (a) cold; **ter uma constipação:** to have a cold.

constipar-se, *v. refl.* to catch a cold, to have a bad cold.

constitucional, *adj.* constitutional; natural; inherent; **governo constitucional:** constitutional government.

constitucionalidade, *s. f.* constitutionality.

constituição, *s. f.* constitution; composition; temper; **constituição débil:** *(med.)* poor constitution.

constituir, *v. tr.* to constitute; to set up, to establish; to form; to compose; **pessoa bem constituída:** well-set person.

constranger, *v. tr.* to constrain, to inhibit.

constrangido, *adj.* constrained, embarrassed; **voz constrangida:** constrained voice.

constrangimento, *s. m.* constraint.

construção, *s. f.* construction, building; **em construção:** under construction.

construir, *v. tr.* to construct, to build.

construtor, *s. m.* constructor, builder; **construtor naval:** shipbuilder, shipwright.

cônsul, *s. m.* consul.

consulado, *s. m.* consulate.

consulta, *s. f. (med.)* appointment; consultation; opinion; conference.

consultar, *v. tr.* to consult; to take advice with; **consultar o dicionário:** to consult the dictionary; **consultar o médico:** to see a doctor.

consultório, *s. m.* consulting room.

consumação, *s. f.* consummation, completion.

consumado, *adj.* consummate; accomplished.

consumar, *v. tr.* to consummate, to complete.

consumição, *s. f.* vexation, annoyance; distress.

consumido, *adj.* lean, spent, exhausted; annoyed; **estar consumido por:** to be consumed with.

consumidor, *s. m.* consumer, purchaser.

consumir, *v. tr.* to consume; to waste; to spend.

consumo, *s. m.* use, consumption; sale.

conta, *s. f.* account; bill; esteem, value; amount; bead (of a rosary); **conta corrente:** current account; **conta por liquidar:** outstanding account; **abrir uma conta:** to open an account; **afinal de contas:** in the long run; **dar-se conta de:** to be aware of, to realize; **isso não é da minha conta:** that's not my pidgin; **pagar uma conta:** to pay off a bill; **sem conta:** countless; **ter umas contas para ajustar:** to have an account to settle with; **tomar conta:** to take care, to take charge of.

contabilidade, s. f. accountancy.

contabilista, s. m. f. accountant.

contacto, s. m. contact, touch; **contactos sociais:** social contacts; **entrar em contacto:** to contact (a person); **estar em contacto:** to be in contact; **lentes de contacto:** contact lens.

contador, s. m. counter; controller.

contagem, s. f. counting; **contagem decrescente:** countdown; **na primeira contagem apuraram-se 3200 votos:** the first count showed 3200 votes.

contagiar, v. tr. to contaminate, to infect.

contágio, s. m. contagion, infection.

contagioso, adj. contagious, infectious; **doença contagiosa:** contagious disease.

conta-gotas, s. m. dropper.

contaminação, s. f. contamination, pollution.

contaminar, v. tr. to contaminate.

conta-quilómetros, s. m. speedometer.

contanto que, conj. as long as; so long as.

contar, v. tr. to count, to reckon; to number; to tell, to relate, to include; **contar com:** to rely on; to calculate on; **contar com alguém:** to bank on person; **conte com isso:** rely upon it.

contemplação, s. f. contemplation; **em profunda contemplação:** deep in contemplation.

contemplar, v. tr. to contemplate, to consider.

contemplativo, adj. contemplative; **vida contemplativa:** contemplative life.

contemporaneidade, s. f. contemporaneity.

contemporâneo, adj. contemporary, contemporaneous.

contemporização, s. f. condescension.

contemporizador, s. m. condescending.

contemporizar, v. intr. to condescend; to adapt.

contenção, s. f. effort; endeavour.

contencioso, adj. contentious.

contenda, s. f. contest; dispute.

contender, v. intr. to contend, to contest, to quarrel.

contendor, s. m. competitor; contender.

contentamento, s. m. contentment, pleasure.

contentar, v. tr. to content, to satisfy; **temos que contentar-nos com isto:** we shall have to content ourselves with this.

contente, adj. pleased, contented; **estar contente:** to be pleased; to be glad; **um ar contente:** a contented look.

contento, s. m. satisfaction; contentment; **a contento:** to one's satisfaction, to one's heart's content.

conter, 1. v. tr. to contain, to hold, to keep back; to include; **2.** v. refl to refrain (from), to keep one's temper, to contain oneself.

conterrâneo, 1. adj. of the same country; **2.** s. m. compatriot, fellow-countryman.

contestação, s. f. contest, contestation.

contestar, v. tr. to contest; to confirm; to deny; to contradict.

conteúdo, 1. adj. contained; **2.** s. m. contents.

contexto, s. m. context; **fora do contexto:** out of context.

contido, adj. contained; included held.

contigo, *pron. pess.* with you.

contiguidade, *s. f.* contiguity; nearness.

contíguo, *adj.* contiguous; joining.

continência, *s. f.* continence, chastity; (military) salute.

continental, *adj.* continental.

continente, *adj.* e *s. m.* continent.

contingência, *s. f.* contingency; accident.

contingente, 1. *adj.* contingent; accidental; **2.** *s. m.* levy; **contingente de tropas:** (military) contingent (of troops).

continuação, *s. f.* continuation.

continuar, *v. tr.* to continue; to persevere in; to go on; **continua no próximo episódio:** to be continued.

continuidade, *s. f.* continuity; continuation.

contínuo, 1. *adj.* continuous, uninterrupted; **2.** *s. m.* messenger (in a department); porter (in a school).

contista, *s. m. f.* short-story writer.

conto, *s. m.* tale, story; fable; **conto popular:** folk-tale.

contorção, *s. f.* contortion.

contorcer, *v. tr.* to contort, to twist; **contorcer com dor:** to contort with pain.

contorcionista, *s. m. f.* contortionist.

contornar, *v. tr.* to skirt; to go round.

contorno, *s. m.* circuit; outline; **linhas de contorno:** contour lines; **mapa de contornos:** contour map.

contra, *prep.* against, contrary; **dez contra um:** ten to one; **os prós e os contras:** the pros and cons.

contra-ataque, *s. m.* counter-attack.

contrabalançar, *v. tr.* to counterbalance.

contrabandista, *s. m. f.* smuggler.

contrabando, *s. m.* contraband, smuggling; **contrabando de guerra:** contraband of war.

contracção, *s. f.* contraction, shrinking, shortening.

contracepção, *s. f.* contraception.

contraceptivo, *s. m.* contraceptive.

contracurva, *s. f.* counter-curve.

contradição, *s. f.* contradiction, denial, denying, opposition; **cair em contradição:** to contradict oneself; **espírito de contradição:** spirit of contradiction.

contraditório, *adj.* contradictory, inconsistent.

contradizer, *v. tr.* to contradict.

contra-espionagem, *s. f.* counter-espionage.

contrafazer, *v. tr.* to counterfeit; to distort.

contrafeito, *adj.* constrained, forced; ill at ease.

contraforte, *s. m.* counterfort; prop; buttress; abutment.

contra-indicação, *s. f.* contra-indication.

contrair, *v. tr.* to contract; to acquire, to get; to catch; to shorten.

contralto, *s. m. (mús.)* contralto.

contraluz, *s. m.* counter-light.

contrapartida, *s. f.* counter-part; **dizer em contrapartida:** to say in retort.

contrapeso, *s. m.* counterpoise; counterweight.

contraplacado, *s. m.* plywood.

contraponto, *s. m.* counterpoint.

contrapor, 1. *v. tr.* to place opposite, to compare; **2.** *v. refl.* to oppose.

contraposição, *s. f.* contraposition.

contraposto, adj. opposite, compared to.

contraproducente, adj. giving the opposite result; self-defeating.

contraprova, s. f. second proof; revise.

contra-revolução, s. f. counter-revolution.

contrariar, v. tr. to contradict; to thwart (a plan); to oppose; to annoy, to bother; **estar contrariado:** to be annoyed (bored, bothered).

contrariedade, s. f. contrariety; annoyance.

contrário, adj. contrary, adverse, opposite; unlike; **acção em contrário:** counterwork; **ao contrário do irmão:** unlike his brother; **de contrário:** otherwise, else; **em contrário:** to the contrary; **pelo contrário:** on the contrary; **precisamente o contrário:** quite the opposite.

contra-senso, s. m. nonsense, absurdity.

contrastar, v. tr. e intr. to contrast; to assay.

contraste, s. m. contrast; assay (of gold or silver); **contraste flagrante:** harsh contrast; **fazer um bonito contraste:** to contrast well with.

contratador, s. m. contractor, undertaker.

contratante, 1. adj. contracting; **2.** s. m. contractor.

contratar, v. tr. to contract; to settle, to agree; to engage.

contratempo, s. m. reverse, accident, contretemps, drawback.

contrato, s. m. contract; agreement; **redigir um contrato:** to draw up a contract; **ter contrato com:** to sign on.

contravenção, s. f. contravention.

contraveneno, s. m. antidote.

contribuição, s. f. contribution; tax.

contribuinte, s. m. f. contributor; taxpayer.

contribuir, v. intr. to contribute, to help on; to subscribe.

contrição, s. f. contrition, compunction.

contristar, v. tr. to grieve.

contrito, adj. sorrowful, contrite.

controlador, s. m. controller, comptroller.

controlar, 1. v. tr. to control, to hold back, to get under control; **2.** v. refl. to control oneself.

controlo, s. m. control; **sem controlo:** beyond control; out of control; **sob o controlo de:** under the control of; **ter controlo sobre:** to have control over; **perder o controlo:** to lose control.

controvérsia, s. f. controversy, debate; **fora de controvérsia:** beyond controversy.

controverso, adj. controversial.

contudo, conj. nevertheless, however; yet; nonetheless.

contumácia, s. f. obstinacy.

contumaz, adj. obstinate, stubborn.

contundente, adj. contusing, bruising; aggressive.

contundir, v. tr. to contuse, to bruise.

conturbar, v. tr. to trouble, to agitate.

contusão, s. f. bruise, contusion.

convalescença, s. f. convalescence, recovery.

convalescente, adj. e s. m. f. convalescent.

convalescer, v. intr. to convalesce, to recuperate.

convenção, s. f. convention, agreement.

convencer, v. tr. e refl. to convince, to persuade; **convencer-se a si próprio:** to convince oneself.

convencimento, s. m. convincement.

convencional, adj. conventional.

convencionar, v. tr. to agree; to stipulate.

conveniência, s. f. convenience; propriety; decorum; **casamento de conveniência:** marriage of convenience; **loja de conveniência:** convenience store; **satisfazer as conveniências de:** to suit someone's conveniences.

conveniente, adj. convenient, suitable, fit, conformable; **ser muito conveniente:** to be a great convenience.

convénio, s. m. convention.

convento, s. m. convent; **ir para o convento:** to go into a convent.

convergência, s. f. convergence.

convergente, adj. convergent.

convergir, v. intr. to converge.

conversa, s. f. conversation; talk, chat; **conversa fiada:** double talk; **conversa fútil:** chit-chat.

conversação, s. f. conversation.

conversão, s. f. conversion; **conversão ao Cristianismo:** conversion to Christianity.

conversar, v. intr. to converse, to talk, to chat.

converter, 1. v. tr. to convert, to change; **2.** v. refl. to become converted.

convertido, 1. adj. converted; **2.** s. m. convert.

convertível, adj. convertible.

convés, s. m. deck.

convexo, adj. convex.

convicção, s. f. conviction; persuasion; **falar com convicção:** to speak convincingly.

convicto, adj. convinced.

convidado, 1. adj. invited; **2.** s. m. guest.

convidar, v. tr. to invite.

convidativo, adj. inviting.

convincente, adj. convincing.

convir, v. intr. to agree; to suit; **como lhe convier:** at your (own) convenience; **se lhe convier:** if it's convenient for you.

convite, s. m. invitation.

convivência, s. f. sociability.

conviver, v. intr. to live together; to be sociable.

convívio, s. m. banquet; (fig.) sociability, social contact.

convocação, s. f. convocation; **convocação de reunião:** notice of a meeting.

convocar, v. tr. to convoke, to summon, to call together.

convosco, pron. pess. with you.

convulsão, s. f. convulsion; contraction; agitation.

convulsionar, v. tr. to convulse, to agitate.

cooperação, s. f. co-operation.

cooperar, v. intr. to co-operate.

cooperativa, s. f. co-operative society; **cooperativa para construção de casas:** building society.

cooperativismo, s. m. co-operativism.

coordenação, s. f. co-ordination.

coordenadas, s. f. pl. co-ordinates.

coordenado, adj. co-ordinate; **oração coordenada:** co-ordinate clause.

coordenar, v. tr. to co-ordinate; **coordenar ideias:** to co-ordinate ideas.

copa, s. f. pantry; crown (of a hat); top, tree-top.

copas, s. f. pl. hearts.

cópia, s. f. copy; duplication; imitation.

copiar, v. tr. to copy; to transcribe; to imitate.

copioso, adj. copious, plentiful.

copo, s. m. glass, cup; **copo de dados:** dice-box; **copo de vinho:** wine-glass; **copo dos dentes:** tooth mug; **beber um copo de água** to drink a glass of water.

copo-d'água, s. m. wedding-breakfast.

co-proprietário, s. m. co-proprietor.

cópula, s. f. copulation.

copular, v. intr. to copulate.

coqueiro, s. m. (bot.) coco-tree, coconut palm.

coqueluche, s. f. (med.) whooping-cough; **ser a coqueluche do momento:** to be the fad, to be the thing of the moment; to be the rage, to be all the fashion.

cor, s. f. colour; **cor contrastante:** contrasting colour; **cor de carne:** flesh colour; **cor macilenta:** pale complexion; **cor garrida:** gaudy colour; **cor local:** local colour; **cores cruas:** raw colouring; **cores quentes:** warm colours; **sem cor:** colourless; **tomar cor:** to colour.

cor, s. m. heart; **saber de cor:** to know by heart.

coração, s. m. heart; affection; centre, middle; core (of fruits); **coração puro:** pure in heart; **ataque de coração:** heart-attack; **de bom coração:** kind-hearted; **de todo o coração:** with all one's heart; **do coração:** from one's heart; **do fundo do coração:** from the bottom of the heart; **fazer das tripas coração:** to make the best of a bad job; **no fundo do coração:** in one's heart of hearts; **ter o coração ao pé da boca:** to wear one's heart on one's sleeve; **tocar o coração:** to touch the heart of.

coradouro, s. m. bleaching-place, clothes-line.

coragem, s. f. courage, boldness, pluck; **encher-se de coragem:** to pluck up courage, to take courage; **ganhar coragem:** to take heart; **perder a coragem:** to lose heart; **ter a coragem de:** to have the guts to.

corajoso, adj. courageous, bold; plucky, brave, daring.

coral, 1. adj. choral; **2.** s. m. chorus, choir; **banco de coral:** coral-reef; **colar de coral:** string of corals.

corar, v. intr. to blush; to colour, to bleach (in the sun).

corça, s. f. (zool.) doe, hind.

corcel, s. m. steed, charger.

corcova, s. f. hump, hunch.

corcovado, adj. hunchbacked, round-shouldered.

corcovar, v. intr. to stoop, to bow.

corcunda, s. m. f. hump; hunchback.

corda, s. f. rope; (mús.) string, chord; spring (of watches); **corda de roupa:** clothes-line; **corda de sino:** bell-rope; **cordas vocais:** vocal cords; **atar com corda:** to cord up; **dar corda ao relógio:** to wind up; **instrumentos de corda:** the strings.

cordão, s. m. string; shoes string; shoelace; **cordão policial:** police cordon; **cordão umbilical:** umbilical cord.

cordato, adj. friendly; wise.

cordeiro, s. m. lamb.

cordel, s. m. string; **atar com cordel:** to string (up); **rolo de cordel:** ball of string; **romance de cordel:** trashy novel.

cor-de-laranja, s. m. e adj. orange.

cor-de-rosa, s. m. e adj. pink.

cordial, adj. cordial, sincere; affable.

cordialidade, s. f. cordiality; politeness.

cordilheira, s. f. chain, ridge.

coreografia, s. f. choreography.

coreográfico, adj. choreographic.

coreano, adj. e s. m. Korean.

coreto, s. m. bandstand.

corisco, s. m. flash of lightening;
lançar raios e coriscos: to insult.

corista, 1. s. m. f. chorister; **2.** s. f.
chorus-girl.

corja, s. f. rabble; mob.

cornada, s. f. thrust (with a horn).

córnea, s. f. cornea.

córneo, adj. corneous, horny.

corneta, s. f. bugle; trumpet.

corneteiro, s. m. bugler; trumpeter.

cornetim, s. m. cornet.

cornija, s. f. cornice.

corno, s. m. horn.

cornucópia, s. f. cornucopia.

coro, s. m. choir; chorus; choristers; **em coro:** in chorus; **menino do coro:** choir-boy; **fazer coro:** to back someone up.

coroa, s. f. crown; **coroa de flores:** wreath of flowers; **coroa de louros:** laurel wreath; **oficial da Coroa:** an officer of the crown; **pôr uma coroa num dente:** to crown a tooth.

coroação, s. f. coronation; crowning.

coroar, v. tr. to crown; to wreathe; **coroar de glória:** to crown with glory.

corola, s. f. (bot.) corolla; eye.

corolário, s. m. corollary, consequence.

coronel, s. m. colonel.

coronha, s. f. gun-stock; butt.

corpanzil, s. m. (fam.) big body.

corpete, s. m. bodice.

corpo, s. m. body; **luta corpo a corpo:** hand-to-hand fight; **corpo de bailado:** corps de ballet; **corpo de delito:** proof of evidence; **Corpo de Deus:** Corpus Christi; **corpo diplomático:** the Corps Diplomatique; **corpo médico:** Medical Corps; **corpos celestes:** heavenly bodies; **fugir com o corpo:** to dodge.

corporação, s. f. corporation.

corporal, adj. corporal; **castigo corporal:** corporal punishment; **ofensas corporais:** bodily offences.

corpóreo, adj. corporeal.

corpulência, s. f. corpulence, obesity.

corpulento, adj. corpulent, bulky.

corpúsculo, s. m. corpuscle.

correcção, s. f. correction; correctness, accuracy, punishment; **casa de correcção:** house of correction.

correccional, adj. correctional.

correcto, adj. correct; accurate; right, proper.

corrector, s. m. corrector; **líquido corrector:** correction fluid.

corredio, adj. running, soft; **nó corredio:** slip-knot.

corredor, s. m. corridor; (sports) runner, racer; **corredor central:** gangway.

correio, s. m. postman; mail; correspondence, letters; **os Correios:** Post Office (P. O.); **correio aéreo:** air mail; **caixa do correio:** letter-box; post-box, mailbox; **deitar no correio:** to post (a letter); **mala do correio:** postbag; **mandar pelo correio:** to send by post; **marco do correio:** pillar-box; **na volta do correio:** by return of post.

correlação, *s. f.* correlation; correlativeness.

correlacionar, *v. tr.* to correlate.

correlativo, *adj.* correlative.

correligionário, *s. m.* fellow-believer; co-religionist.

corrente, 1. *adj.* current; running; fluent; **2.** *s. f.* chain; *pl.* fetters; (electricity) current; **corrente ano:** present year; **corrente de ar:** draught; **corrente de relógio:** chain; **a favor da corrente:** down stream; **contra a corrente:** up stream; **entrar no uso corrente:** to come into currency; **moeda corrente:** current money; **no dia 1 do corrente:** on the 1st inst.; **opinião corrente:** current opinion.

correnteza, *s. f.* row; ease.

correr, 1. *v. intr.* to run, to race; to flow; to elapse (time); to circulate (a report); to be said; **2.** *v. tr.* to travel over; **correr a cortina:** to draw the curtain; **correr a toda a pressa:** to run at full speed; **correr atrás de:** to run after; **correr o risco:** to run the risk; **corre o boato de que:** it is said that; **atravessar a correr:** to run across; **deixar correr:** to let sleeping dogs lie; **o rio corre para o mar:** the river falls into the sea.

correria, *s. f.* scurry, rushing around.

correspondência, *s. f.* correspondence, letters; conformity; **correspondência comercial:** commercial correspondence; **ensinar por correspondência:** to teach by correspondence; **manter correspondência com:** to keep up a correspondence with.

correspondente, 1. *adj.* corresponding; suiting; answerable; **2.** *s. m. f.* correspondent; *(fam.)* pen-friend; **correspondente de guerra:** war-correspondent.

corresponder, 1. *v. tr.* to reciprocate; **2.** *v. intr.* to correspond to, to suit, to fit; **3.** *v. refl.* to correspond with.

corretor, *s. m.* broker; **corretor da alfândega:** custom-house broker; **corretor de câmbios:** bill-broker, change-broker, bill-discounter; **corretor de seguros:** insurance-broker.

corrida, *s. f.* run, race; course; **corrida contra-relógio:** race against time; **corrida de touros:** bull-fight; **cavalo de corrida:** racehorse; **entrar numa corrida:** to run a race.

corrigir, 1. *v. tr.* to correct, to amend; to punish; **corrigir provas tipográficas:** to read proofs; **2.** *v. refl.* to correct oneself.

corrimão, *s. m.* banister; head rail.

corrimento, *s. m.* discharge.

corriqueiro, *adj.* vulgar, trivial; well-worn.

corroboração, *s. f.* corroboration, confirmation.

corroborar, *v. tr.* to corroborate, to confirm.

corroer, *v. tr.* to corrode, to consume, to eat up.

corromper, *v. tr.* to corrupt.

corrompido, *adj.* corrupt; depraved; defiled.

corrosão, *s. f.* corrosion, wasting; erosion.

corrosivo, *adj.* corrosive.

corrupção, *s. f.* corruption; putrefaction.

corrupto, *adj.* corrupt; depraved; dishonest.

corsário, *s. m.* pirate; bucaneer.

cortadela, *s. f.* cut.

corta-mato, *s. m.* cross-country.

cortante, *adj.* cutting; sharp; **vento cortante:** keen wind.

cortar, *v. tr.* to cut; to cut down, to fell (a tree); to trump (a card); to interrupt; to divide (a pack of cards); to cut off; **cortar a direito:** to make a clean sweep; **cortar aos bocados:** to cut to pieces; **cortar as asas a alguém:** to thwart; **cortar cerce:** to cut short; **cortar na casaca:** to backbite; **cortar o coração:** to break one's heart; **ir cortar o cabelo:** to have one's hair cut.

corte, 1. *s. m.* edge, cut; incision; section; cutting; felling (of timber); **corte de cabelo e barba:** haircut and shave; 2. *s. f.* stable (for horses); ox-stall; sheepfold.

corte, *s. f.* court; **fazer a corte a:** to woo, to court, to pay one's compliments to; **homem da corte:** courtier.

cortejador, *s. m.* wooer; flatterer.

cortejar, *v. tr.* to court, to woo; to flatter.

cortejo, *s. m.* attendance, suite, train.

cortês, *adj.* courteous, polite.

cortesão, 1. *adj.* courtly; 2. *s. m.* courtier.

cortesia, *s. f.* civility, courtesy.

córtex, *s. m. (med.)* cortex.

cortiça, *s. f.* cork.

cortiço, *s. m.* hive, bee-hive.

cortina, *s. f.* curtain; **cortina de ferro:** iron-curtain; **cortina de fumo:** curtain of smoke; **janelas tapadas por cortinas:** curtained-windows; **por trás da cortina:** *(fig.)* behind the scenes.

cortinado, *s. m.* curtain.

coruja, *s. f. (zool.)* owl; **coruja diurna:** day-owl.

corvo, *s. m.* crow, raven.

cós, *s. m.* waistband, neckband.

coscuvilhar, *v. intr.* to gossip.

coscuvilheiro, *s. m.* gossiper.

cosedura, *s. f.* sewing.

coser, *v. tr.* to sew, to stitch.

cosmético, *s. m.* cosmetic; make-up.

cósmico, *adj.* cosmic; **irradiação cósmica:** cosmic radiation; **raios cósmicos:** cosmic rays.

cosmogonia, *s. f.* cosmogony.

cosmologia, *s. f.* cosmology.

cosmonauta, *s. m. f.* cosmonaut.

cosmopolita, *s. m. f. e adj.* cosmopolitan, international.

cosmopolitismo, *s. m.* cosmopolitanism.

cosmos, *s. m.* cosmos.

cossaco, *s. m.* Cossack.

costa, *s. f.* coast, shore; *pl.* back; **às costas:** on one's back; **dor de costas:** backache; **deitar-se de costas:** to lie on one's back; **virar as costas:** to turn one's back on a person; **dar à costa:** to be washed ashore.

costeiro, *adj.* coasting; **navio costeiro:** coaster.

costela, *s. f.* rib.

costeleta, *s. f.* cutlet.

costumado, *adj.* accustomed; habitual, usual.

costumar, *v. intr.* to accustom; to use to; **costumava viver aqui:** I used to live here.

costume, *s. m.* custom, tradition; usual; **como de costume:** as usual; **tem o costume de:** it is his custom to.

costumeiro, *adj.* customary, usual.

costura, *s. f.* seam, sewing, needlework; *(fig.)* scar; **máquina de costura:** sewing-machine.

costurar, *v. tr. e intr.* to sew, to seam.

costureira, *s. f.* seamstress.

cota, *s. f.* quota; ratio.

cotação, *s. f.* quotation; *(fig.)* credit, reputation; **cotação bancá-**

ria: bank rate; **cotação de câmbios:** course of exchange.

cotão, *s. m.* dust; down, nap; fluff.

cotar, *v. tr.* to quote; to indicate the level of.

cotejar, *v. tr.* to check, to compare.

correia, *s. f.* leather strap.

cotovelada, *s. f.* nudge.

cotovelo, *s. m.* elbow; **abrir caminho com os cotovelos:** to elbow one's way through a crowd; **com os cotovelos de fora:** out at elbows; **cotovelo da estrada:** hairpin bend; **falar pelos cotovelos:** to talk nineteen to the dozen; **dor de cotovelo:** *(fig.)* jealousy.

cotovia, *s. f.* (*zool.*) lark.

coudelaria, *s. f.* stud; stud farm.

couro, *s. m.* leather.

coutada, *s. f.* game reserve, hunting-ground.

couve, *s. f.* cabbage, cole; **couve fermentada:** sauerkraut; **olho da couve:** head of a cabbage, heart of a cabbage.

couve-de-bruxelas, *s. f.* sprout, brussels sprout.

couve-flor, *s. f.* cauliflower.

cova, *s. f.* hole, ditch, pit; **com os pés para a cova:** on the brink of the grave.

covarde, *adj.* coward; *(fam.)* chicken.

covardia, *s. f.* cowardice.

coveiro, *s. m.* grave-digger.

covil, *s. m.* den; burrow; **covil de raposa:** fox-burrow.

coxa, *s. f.* thigh.

coxear, *v. intr.* to walk lamely; to limp, to hobble; **um homem que coxeia:** a man with a limp.

coxia, *s. f.* gangway, aisle.

coxim, *s. m.* cushion.

coxo, 1. *adj.* lame; **2.** *s. m.* cripple.

cozedura, *s. f.* baking; boiling.

cozer, *v. tr. e intr.* to boil; **cozer o pão:** to bake bread.

cozinha, *s. f.* kitchen; cooking; **arte de cozinha:** cookery, cooking; **livro de cozinha:** cookery-book.

cozinhado, *s. m.* dish.

cozinhar, *v. tr. e intr.* to cook.

cozinheiro, *s. m.* cook.

crachá, *s. m.* badge.

crânio, *s. m.* skull, cranium.

crápula, 1. *s. f.* debauchery; **2.** *adj.* depraved; corrupt.

craque, *s. m. f.* ace, idol.

crasso, *adj.* thick, gross, crass; **erro crasso:** gross mistake, blunder.

cratera, *s. f.* crater; **cratera de granada:** shell-hole.

cravar, *v. tr.* to nail; to fix; to set; to rivet; *(fam.)* to ask for money.

craveira, *s. f.* size; standard measure; **craveira acima do normal:** above the ordinary run of mankind.

cravo, *s. m.* nail; wart (on the skin); *(mús.)* harpsichord; *(bot.)* carnation.

creche, *s. f.* day-nursery, crèche.

credência, *s. f.* credence-table.

credencial, *adj. e s. m.* credential; *pl.* credentials.

credibilidade, *s. f.* credibility.

creditar, *v. tr.* to credit.

crédito, *s. m.* credit; honour; esteem; reputation; trust; **comprar a crédito:** to buy on trust, to buy on credit; *(fam.)* to buy on tick; **dar crédito:** to trust, to believe, to give credit to; **digno de crédito:** worthy of credit; **merecer todo o crédito:** to deserve full credit; **não se vende a crédito nesta loja:** no credit is given at this shop; **ter crédito ilimitado:** to be given unlimited credit.

credo, 1. *s. m.* creed; **2.** *interj.* God forbid!

credor, *s. m.* creditor.

credulidade, *s. f.* credulity.

crédulo, *adj.* credulous.

cremação, *s. f.* cremation.

cremar, *v. tr.* to cremate.

crematório, 1. *adj.* burning; **forno crematório:** crematoria, crematorium; **2.** *s. m.* crematory.

creme, *s. m.* cream.

crença, *s. f.* belief, faith.

crente, 1. *adj.* believing, faithful; **2.** *s. m. f.* believer.

crepe, *s. f.* pancake.

crepitação, *s. f.* crackling.

crepitar, *v. intr.* to crackle.

crepúsculo, *s. m.* twilight, dusk.

crer, *v. tr.* to believe, to think; to suppose; to trust; **crer em Deus:** to trust in God; **fazer crer:** to make believe; **creio que sim:** I believe so, I suppose so, I think so; **não creio:** I don't think so, I believe not.

crescente, *adj.* crescent, growing; increasing; **quarto crescente:** First Quarter.

crescer, *v. intr.* to grow, to increase; to swell; to rise; **crescer em população:** to increase in population; **as crianças crescem:** children grow up; **cresceu e fez-se uma linda rapariga:** she has grown into a very fine young girl; **deixar crescer a barba:** to grow a beard; **deixar crescer o cabelo:** to let one's hair grow.

crescido, *adj.* grown, increased; **pessoas crescidas:** grown-up people, grown-ups.

crescimento, *s. m.* growth; increase.

crespo, *adj.* woolly, curled.

crestar, *v. tr.* to singe.

cretino, *s. m.* cretin; idiot.

cria, *s. f.* cub.

criação, *s. f.* creation; invention; education; breed (animals); bringing up.

criadagem, *s. f.* servants.

criado, 1. *adj.* reared, brought up; **2.** *s. m.* servant; waiter; **criado de bordo:** steward, cabin-boy.

criador, 1. *adj.* creative; **2.** *s. m.* creator.

criança, *s. f.* child.

criancice, *s. f.* childishness.

criar, *v. tr.* to create; to invent; to rear; **criar uma criança:** to bring up a child; **criar ao peito:** to suckle; **criar bolor:** to grow mouldy; **criar raízes:** to put forth roots, to take roots.

criatividade, *s. f.* creativity.

criatura, *s. f.* creature; **pobre criatura!:** poor soul!

crime, *s. m.* crime; **punir o crime:** to punish crime.

criminalidade, *s. f.* criminality.

criminoso, 1. *adj.* criminal; **acto criminoso:** criminal act; **2.** *s. m.* criminal.

crina, *s. f.* mane.

crioulo, *s. m.* creole.

cripta, *s. f.* crypt.

crisálida, *s. f.* chrysalis.

crisântemo, *s. m. (bot.)* chrysanthemum.

crise, *s. f.* crisis; emergency; **entrar em crise:** to come to a crisis; **levar a uma crise:** to cause a crisis.

crisma, *s. m.* chrism.

crismar, *v. tr.* to confirm.

crispação, *s. f.* wrinkling.

crispar, *v. tr.* to wrinkle, to curl.

crista, *s. f.* cockscomb; **crista da onda:** crest; **estar na crista da onda:** *(fig.)* to be in vogue; **crista da montanha:** ridge.

cristal, *s. m.* crystal; **claro como cristal:** crystal clear.

cristalino, *adj.* crystalline; clear.

cristalização, *s. f.* crystallization.

cristalizar, *v. tr. e intr.* to crystallize.

Cristandade, *s. f.* Christianity.

cristão, *adj. e s. m.* Christian; **era cristã**: Christian era.

cristianismo, *s. m.* Christianism.

cristianizar, *v. tr.* to christianize.

Cristo, *s. m.* Christ.

critério, *s. m.* criterion.

criterioso, *adj.* sensible, intelligent.

crítica, *s. f.* criticism; critique; review.

criticar, *v. tr.* to criticize.

crítico, 1. *adj.* critical; dangerous; 2. *s. m.* critic; criticizer; **em situação crítica**: in a critical condition.

crivar, *v. tr.* to riddle; **crivar de balas**: to riddle with shot.

croché, *s. m.* crochet; **agulha de croché**: crochet-hook.

crocitar, *v. intr.* to croak.

crocodilo, *s. m. (zool.)* crocodile.

cromado, *adj.* chromium-plated.

cromático, *adj.* chromatic.

crónica, *s. f.* chronicle; review.

crónico, *adj.* chronic; periodical.

cronologia, *s. f.* chronology.

cronológico, *adj.* chronological; **ordem cronológica**: chronological order.

croquete, *s. m.* croquette.

crosta, *s. f.* crust, scab (of a wound).

cru, *adj.* raw, crude; blunt; **peixe cru**: raw fish; **um tanto cru**: rawish.

cruamente, *adv.* rudely.

crucial, *adj.* crucial.

cruciante, *adj.* mortifying; heart-breaking.

crucificação, *s. f.* crucifixion.

crucificar, *v. tr.* to crucify.

crucifixo, *s. m.* crucifix.

cruel, *adj.* cruel.

crueldade, *s. f.* cruelty.

crustáceo, *adj.* crustaceous.

cruz, *s. f.* cross; *(fig.)* trouble; **Cruz Vermelha**: Red Cross; **assinar de cruz**: to make one's cross; **em cruz**: crosswise; **levar a cruz ao calvário**: to finish a hard work; **suportar a sua cruz**: to bear one's cross, to take up one's cross.

cruzada, *s. f.* crusade.

cruzado, 1. *adj.* crossed; **estar de braços cruzados**: to be with one's arms crossed; *(fig.)* to be idle; **fogo cruzado**: crossfire; 2. *s. m.* crusader.

cruzamento, *s. m.* crossing; **cruzamento de estradas**: crossroads.

cruzar, *v. tr.* to cross; to pass across; **cruzar as pernas**: to cross one's legs; **cruzar-se no caminho**: to cross one's path.

cruzeiro, *s. m. (náut.)* cruise; cross, market-cross (of a village); **cruzeiro à volta do mundo**: a round-the-world cruise; **Cruzeiro do Sul**: Southern Cross.

cruzeta, *s. f.* hanger; coat-hanger.

cu, *s. m. (cal.)* arse.

cuba, *s. f.* wine vat.

cubano, *adj. e s. m.* Cuban.

cúbico, *adj.* cubic; **centímetro cúbico**: cubic centimeter; **raiz cúbica**: cube root.

cubículo, *s. m.* cubicle.

cubismo, *s. m.* cubism.

cubista, *s. m. f.* cubist.

cubo, *s. m.* cube; **3 ao cubo são 27**: the cube of 3 is 27.

cuco, *s. m. (zool.)* cuckoo.

cuecas, *s. f. pl.* underpants; *(E.U.A.)* shorts.

cuidado, 1. *s. m.* care; diligence, attention; study; anxiety; **ao cui-**

dado de: c/o, care of; **faz isso com mais cuidado:** do that with more care; **tenha cuidado:** take care; **ter ao seu cuidado:** to have the care of; **2.** *adj.* cared for; **ser muito bem cuidado:** to have the best of care.

cuidadoso, *adj.* careful; diligent, painstaking; **exame cuidadoso:** careful examination; **seja mais cuidadoso!:** be more careful!

cuidar, *v. tr.* to take care of; to look after; **cuidar da casa:** to mind the house; to look after the house.

cujo, *pron. rel.* whose, of whom, of which, whereof.

culatra, *s. f.* breech; **sair o tiro pela culatra:** to backfire.

culinária, *s. f.* cookery.

culminar, *v. tr.* to culminate; to reach the highest point.

culpa, *s. f.* fault; sin; guilt; blame; **aceitar a responsabilidade das suas culpas:** to bear the blame; **atirar as culpas para alguém:** to blame one's faults on a person; **de quem é a culpa?:** who is to blame?; **não tenho culpa:** it's not my fault, I'm not to blame.

culpabilidade, *s. f.* culpability.

culpado, *adj.* guilty; **ar culpado:** guilty looks; **consciência culpada:** guilty conscience; **declarar-se culpado:** to plead guilty; **provou-se que era culpado:** he was proved guilty.

culpar, *v. tr.* to inculpate, to accuse, to incriminate; **culpar alguém de:** to lay the blame for something on someone.

cultismo, *s. m.* cultism.

cultivar, *v. tr.* to cultivate, to till; **cultivar flores:** to grow flowers; **cultivar o espírito:** to cultivate the mind; **cultivar uma amizade:** to cultivate a person's friendship.

cultivo, *s. m.* culture, tilling; cultivation.

culto, 1. *adj.* cultured, refined, cultivated; **2.** *s. m.* cult, worship; homage.

cultura, *s. f.* culture; cultivation, husbandry, tilling; agriculture; **cultura de espírito:** the culture of the mind; **cultura física:** physical culture (training); **cultura geral:** general knowledge.

cultural, *adj.* cultural.

culturismo, *s. m.* body-building.

cume, *s. m.* top, summit; *(fig.)* apex, climax.

cúmplice, *adj. e s. m. f.* accomplice.

cumplicidade, *s. f.* complicity; **cumplicidade num crime:** aiding and abetting, partnership in crime.

cumpridor, *adj.* dutiful, diligent.

cumprimentar, *v. tr.* to compliment, to greet, to salute.

cumprimento, *s. m.* compliment, salutation, accomplishment; execution; **com os melhores cumprimentos:** *(com.)* yours sincerely; yours faithfully.

cumprir, *v. tr.* to accomplish, to fulfil, to perform; **cumprir serviço militar:** to do one's military service.

cumular, *v. tr.* to accumulate; **cumular de favores:** to heap a person with favours, to heap favours upon a person.

cumulativo, *adj.* cumulative.

cúmulo, *s. m.* height, top, pitch.

cunha, *s. f.* wedge; *(fig.)* recommendation; **casa à cunha:** *(fig.)* bumper house.

cunhada, *s. f.* sister-in-law.

cunhado, *s. m.* brother-in-law.

cunhar, *v. tr.* to coin, to turn out; *(fig.)* to invent.

cunho, *s. m.* stamp, die.

cupão, *s. m.* coupon.

cupidez, *s. f.* cupidity, covetousness, greed.

cúpula, *s. f.* cupola, dome.

cura, 1. *s. m.* vicar; **2.** *s. f.* cure, healing; **cura de repouso:** rest-cure; **descobriu a cura de...:** he found a cure for...; **não tem cura:** there is no cure to it; **ter cura:** to be curable.

curandeiro, *s. m.* quack.

curar, 1. *v. tr.* to cure, to heal; to harden; **curar presunto:** to cure bacon; **curar uma ferida:** to dress a wound; **2.** *v. refl.* to recover.

curativo, 1. *adj.* curative; **2.** *s. m.* dressing, treatment.

curiosidade, *s. f.* curiosity.

curioso, *adj.* curious; eager.

curral, *s. m.* ox-stall.

currículo, *s. m.* curriculum.

curso, *s. m.* course; **curso comercial:** Commercial Course; **o curso dos acontecimentos:** the run of events; **viagem de longo curso:** long voyage.

cursor, *s. m.* slide; *(inform.)* pointer.

curtimento, *s. m.* tanning.

curtir, *v. tr.* to tan; to pickle; *(fam.)* to have fun.

curto, *adj.* short, brief; **curto de vista:** short-sighted; **distância curta:** a short way off; **os fatos estão-lhe a ficar curtos:** she has grown out of her clothes.

curto-circuito, *s. m.* short-circuit.

curva, *s. f.* curve, bend; **curva da perna:** bend of the leg; **curva fechada:** sharp bend; **curva perigosa:** an abrupt turn.

curvar, 1. *v. tr.* to bend, to curve; **2.** *v. refl.* to bend down, to stoop, to bow.

curvo, *adj.* curved, crooked, bent.

cuspidela, *s. f.* spitting.

cuspir, *v. tr.* to spit.

cuspo, *s. m.* spittle, saliva.

custa, *s. f.* charge; **à custa de:** at the cost of; **à minha custa:** at my expense; on my own.

custar, 1. *v. tr.* to cost; **custe o que custar:** at any price; **pode custar-lhe a vida:** it may cost you your life; **quanto custa?:** how much does it cost?; **2.** *v. intr.* to be painful; to be difficult.

custo, *s. m.* cost, price; *(fig.)* difficulty, pain; **custo de vida:** cost of living; **a custo:** with difficulty; **a todo o custo:** at any rate, at all costs; **com grande custo:** painfully, at great cost; **sem grande custo:** without much difficulty.

custódia, *s. f.* custody, keeping; **pôr sob a custódia de:** to place in the custody of.

cutâneo, *adj.* cutaneous.

cutelo, *s. m.* cutlass, chopper.

cútis, *s. f.* cutis.

czar, *s. m.* czar, tsar, tzar.

D

D, d, *s. m.* the fourth letter of the alphabet.

da, contracção da preposição **de** com o artigo definido **a,** from the, of.

dactilografar, *v. tr.* to type, to type-write.

dactilografia, *s. f.* typewriting; typing.

dactilógrafo, *s. m.* typist.

dádiva, *s. f.* gift.

dado, 1. *adj.* affable; kind; given to; **2.** *s. m.* die; *pl.* dice; facts, data.

dado que, *locução conjuncional* provided that, assuming that.

dador, *s. m.* giver; *(med.)* donor.

daí, *adv.* from there; thence; **daí em diante:** ever since, from then on; thenceforth.

dalém, contracção da preposição **de** com o advérbio **além,** from there.

dália, *s. f. (bot.)* dahlia.

dálmata, *adj.* e *s. m.* Dalmatian.

daltonismo, *s. m.* daltonism.

dama, *s. f.* lady; queen (at cards); **jogo das damas:** draughts; **primeira dama:** the first lady; **tabuleiro das damas:** draught-board.

damasco, *s. m.* damask; *(bot.)* apricot.

damasqueiro, *s. m. (bot.)* apricot-tree.

danação, *s. f.* damnation; rage.

danado, *adj.* damned; wicked; angry; **estava danado:** he was furious.

danar, 1. *v. tr.* to make mad; to irritate; **2.** *v. refl.* to become mad, to render mad (furious).

dança, *s. f.* dance; ball.

dançar, *v. intr.* e *tr.* to dance; **quer dançar comigo?:** will you dance with me?

dançarino, *s. m.* dancer.

danificação, *s. f.* damnification; damage.

danificar, *v. tr.* to damage, to spoil.

daninho, *adj.* harmful; wicked; **erva daninha:** weed.

dano, *s. m.* loss; damage.

dantes, *adv.* formerly; before.

daquele, contracção da preposição **de** e do pronome ou adjectivo demonstrativo **aquele,** that, of that; from that; of him who.

daqui, *adv.* hence; from here; **daqui a pouco:** shortly, soon, in a short time; **daqui a um mês:** in a month's time, within a month; **daqui em diante:** from now on, henceforth.

daquilo, contracção da preposição **de** com o pronome demonstrativo **aquilo,** of that; from that.

dar, 1. *v. tr.* to give; to meet with, to find; **2.** *v. intr.* to hit, to strike; **3.** *v. refl.* to give oneself up to, to devote oneself to; **dar à costa:** to run aground (ship); to be washed ashore (body); **dar alarme:** to give alarm; **dar com uma coisa:** to find, to come across; **dar em doido:** to get mad; **dar fruto:** to bear fruit; **dar os bons-dias:** to say good-morning; **dar uma vista de olhos:** to glance over, to take a glance at; **dar-se a conhecer:** to make oneself known; **dar-se com:** to be on good terms with; **ir dar a:** to lead to.

dardejar, *v. tr.* e *intr.* to dart (an angry look at); to throw the javelin.

dardo, *s. m.* dart; **lançar o dardo:** to throw the javelin.

data, *s. f.* date; **data do nascimento:** date of birth; **nessa data:** at that date; **pôr a data:** to date.

datar, *v. tr.* e *intr.* to date; to reckon.

dativo, 1. *adj.* dative; **2.** *s. m.* dative case.

de, *prep.* of; from; on; upon; in; out of.

dê, *s. m.* the letter **d**.

dealbar, *v. tr.* to whiten; to dawn.

deambulação, *s. f.* deambulation, walking about.

deambular, *v. intr.* to roam, to rove, to wander.

debaixo, *adv.* underneath; under; below.

debalde, *adv.* in vain.

debandada, *s. f.* rout; **pôr em debandada:** to put to rout.

debandar, *v. tr.* e *intr.* to rout out; to split.

debate, *s. m.* debate; dispute; discussion; **depois de longo debate:** after much debate; **iniciar o debate:** to open the debate.

debater, 1. *v. tr.* to argue; to debate; **2.** *v. refl.* to struggle, to strive.

debelação, *s. f.* extinction; suppression, subduing.

debelar, *v. tr.* to extinguish; to overcome; to subdue.

debicar, *v. tr.* to peck.

débil, *adj.* weak, feeble.

debilidade, *s. f.* debility; weakness.

debilitar, *v. tr.* to debilitate; to enfeeble; to weaken.

debitar, *v. tr.* to debit.

débito, *s. m.* debit; debt.

debochar, *v. tr.* to debauch; to lead astray.

debruado, *adj.* hemmed, edged (with crochet).

debruar, *v. tr.* to hem.

debruçar, 1. *v. tr.* to lean (over); to stoop; **2.** *v. refl.* **debruçar-se da janela:** to lean out of the window; **debruçar-se para a frente:** to lean forward.

debulhadora, *s. f.* threshing-machine.

debulhar, 1. *v. tr.* to thresh, to thrash; **2.** *v. refl.* **debulhar-se em lágrimas:** to melt into tears.

debutante, *s. m.* f. débutant.

debutar, *v. intr.* to make one's début.

década, *s. f.* decade.

decadência, *s. f.* decay; decrease.

decadente, *adj.* decaying; decadent.

decair, *v. intr.* to fall away; to decay.

decalcar, *v. tr.* to transfer; to trace; to imitate, to copy.

decalque, *s. m.* tracing; copy.

decano, *s. m.* dean.

decantação, *s. f.* decantation; decanting.

decantar, *v. tr.* to celebrate; to praise; to decant; to pour out.

decapitação, *s. f.* decapitation; beheading.

decapitar, *v. tr.* to decapitate; to behead.

decassílabo, *s. m.* decasyllable.

decência, *s. f.* decency, modesty; propriety.

decénio, *s. m.* decennium.

decente, *adj.* decent, proper, moderate, respectable.

decepar, *v. tr.* to mutilate; to cut off, to maim.

decepção, *s. f.* deception; disappointment.

decerto, *adv.* surely; maybe.

decidido, *adj.* decided; determined; resolute; bold; settled; **estar decidido a:** to be bent on; to be determined.

decidir, 1. *v. tr.* to decide; to determine; to settle; **2.** *v. refl.* to make up one's mind.

decifrar, *v. tr.* to decipher; to decode; to discover; to detect; to make out; **decifrar adivinhas:** to read riddles.

decimal, *adj.* decimal; **fracção decimal:** decimal fraction; **sistema decimal:** decimal system.

décimo, *adj.* e *s. m.* tenth.

decisão, *s. f.* decision; resolution; conclusion; **ainda não tomei uma decisão:** I haven't quite made up my mind yet.

decisivo, *adj.* decisive; conclusive; **batalha decisiva:** decisive battle; **resposta decisiva:** decisive answer.

declamação, *s. f.* declamation.

declamador, *s. m.* declaimer; reciter.

declamar, *v. tr.* e *intr.* to declaim; to recite.

declaração, *s. f.* declaration; affirmation; **declaração de guerra:** a declaration of war; **declaração de amor:** love declaration.

declarar, *v. tr.* to declare, to proclaim, to affirm; **tem alguma coisa a declarar?:** have you anything to declare?

declinação, *s. f.* declination; decay.

declinar, *v. tr.* e *intr.* to decline; to refuse; to decrease; to decay.

declínio, *s. m.* decline, close, decay.

declive, 1. *adj.* sloping; **2.** *s. m.* slope.

decolar, *v. tr.* to lift off, to take off.

decompor, *v. tr.* to decompose; to decay: to rot: to separate.

decomposição, *s. f.* decomposition.

decoração, *s. f.* decoration; ornamentation; **decoração da casa:** house decoration.

decorar, *v. tr.* to decorate; to adorn; to learn by heart.

decoro, *s. m.* decorum; decency.

decorrente, *adj.* as a consequence.

decorrer, *v. intr.* to run away; to elapse; to pass; **com o decorrer dos tempos:** as time goes on, in process of time.

decotado, *adj.* low-necked.

decote, *s. m.* low neck; **decote subido:** high neck.

decrépito, *adj.* decrepit; decayed; worn out; broken down.

decrepitude, *s. f.* decrepitude.

decrescer, *v. intr.* to decrease; to decay; to lessen.

decréscimo, *s. m.* decrease; decay; lessening; **decréscimo de população:** a decrease in population; **em decréscimo:** on the decrease, decreasing.

decretar, *v. tr.* to decree; to determine; to order.

decreto, *s. m.* decree; edict; order.

decurso, 1. *adj.* elapsed; passed; **2.** *s. m.* course; lapse (of time).

dedada, *s. f.* finger-print.

dedal, *s. m.* thimble.

dedeira, *s. f.* finger-stall.

dedicação, *s. f.* devotion; affection.

dedicar, 1. *v. tr.* to dedicate; to devote; **2.** *v. refl.* to apply oneself to; to devote oneself to.

dedicatória, *s. f.* dedication.

dedilhação, *s. f.* fingering.

dedilhar, *v. tr.* to finger.

dedo, *s. m.* finger (hand); toe (foot); **pontas dos dedos:** tips of the fingers; **pôr o dedo na ferida:** to put one's finger on.

dedução, s. f. deduction; inference; subtraction.

deduzir, v. tr. to deduct, to subtract; to infer; to deduce, to work out.

defecar, v. tr. to defecate.

defectivo, adj. defective; incomplete; **verbos defectivos:** defective verbs.

defeito, s. m. defect; fault; failure.

defeituoso, adj. defective, faulty.

defender, v. tr. to defend; to guard; to protect.

defensiva, s. f. defensive; **na defensiva:** on the defensive.

defensor, s. m. defender.

deferência, s. f. deference; respect; **por especial deferência:** through the courtesy of.

deferimento, s. m. granting, compliance.

deferir, v. tr. to confer; to grant; to concede.

defesa, s. f. defense; defence; protection; **defesa nacional:** national defence; **advogado de defesa:** the lawyer for the defence; **actuar em legítima defesa:** to act on the defensive.

défice, s. m. deficit; shortage.

deficiência, s. f. handicap; deficiency.

deficiente, adj. e s. m. f. handicapped; deficient.

deficit, s. m. deficit.

definhamento, s. m. decay; wasting; pining away.

definhar, v. intr. to wither, to wane; to pine away.

definição, s. f. definition.

definido, adj. definite; determined; **artigo definido:** definite article; **bem definido:** well-defined.

definir, v. tr. to define; to set out; to explain.

definitivo, adj. definite; conclusive; decisive.

deflagração, s. f. explosion.

deflagrar, v. intr. to burst; to explode.

deflorar, v. tr. to deflower.

deformação, s. f. deformation; disfigurement; deformity.

deformar, v. tr. to deform; to disfigure.

deformidade, s. f. deformity; malformation.

defraudar, v. tr. to defraud; to cheat.

defrontar, v. tr. e intr. to face.

defronte, adv. opposite to, before, in front (of).

defumação, s. f. smoking, curing.

defumar, v. tr. to smoke.

defunto, 1. adj. deceased; late; dead; **2.** s. m. ceased; pl. dead.

degelo, s. m. thaw.

degeneração, s. f. degeneration.

degenerado, adj. degenerate; corrupted.

degenerar, v. intr. to degenerate; to grow worse.

degenerescência, s. f. degeneration.

deglutir, v. tr. to swallow.

degolação, s. f. beheading; decollation.

degradação, s. f. degradation.

degradante, adj. degrading.

degradar, v. tr. to degrade; to debase.

degrau, s. m. step; degree.

degredado, 1. adj. banished; exiled; **2.** s. m. convict.

degredar, v. tr. to banish, to exile.

degredo, s. m. banishment; exile.

deidade, s. f. deity.

deificar, v. tr. to deify.

deitar, 1. v. tr. to lay; to pour; to cast; **deitar a âncora:** to cast anchor; **deitar fora:** to throw away; **deitar pela borda fora:** to throw overboard; **deitar por**

terra: to throw down; **2.** *v. refl.* to go to bed, to lie down; **deitar-se aos pés:** to throw oneself at a person's feet; **deitar-se ao trabalho:** to apply oneself to work, to throw oneself into work.

deixa, *s. f.* cue.

deixar, *v. tr.* to leave; to let; to allow; to give up; **deixar cair:** to drop; **deixar ficar mal:** to let someone down; **deixar o trabalho:** to leave off work; **deixar para outro dia:** to put off; **deixar para trás:** to leave behind; **deixe lá isso!:** leave it alone; **deixe-me ver:** let me see; **deixo isso consigo:** I'll leave it to you; **não posso deixar de:** I can't help; **o pai não a deixou ir:** her father wouldn't let her go.

dejecto, *s. m.* dirt; faeces.

dela, contracção da preposição **de** com o pronome pessoal **ela,** of her; from her; her; hers.

delator, *s. m.* informant.

dele, contracção da preposição **de** com o pronome pessoal **ele,** of him, from him, his.

delegação, *s. f.* delegation.

delegado, *s. m.* delegate; agent; commissioner.

delegar, *v. tr.* to delegate.

deleitação, *s. f.* joy; pleasure; delight.

deleitar, *v. tr. e refl.* to delight (in) to please; to take pleasure in.

deleite, *s. m.* delight; pleasure; enjoyment.

delfim, *s. m. (zool.)* dolphin.

delgado, *adj.* thin; slender; lean.

deliberação, *s. f.* deliberation; **depois de longa deliberação:** after long deliberation.

deliberar, *v. tr. e intr.* to deliberate; to decide.

delicadeza, *s. f.* delicacy; fineness; kindness; politeness.

delicado, *adj.* delicate; tender; kind, polite.

delícia, *s. f.* delight, pleasure; dainty.

deliciar, *v. refl.* to delight; to please; to charm.

delicioso, *adj.* delicious; lovely; delightful.

delimitar, *v. tr.* to delimit; to mark out.

delineação, *s. f.* delineation; sketch.

delinear, *v. tr.* to delineate; to trace; to draw; to outline.

delinquência, *s. f.* delinquency; guilt; **delinquência juvenil:** juvenile delinquency.

delinquente, *adj. e s. m. f.* delinquent; criminal; offender.

delíquio, *s. m.* fainting; faintness; deliquium.

delirante, *adj.* delirious; raving; ecstatic.

delirar, *v. intr.* to rave; to be delirious.

delírio, *s. m.* delirium; enthusiasm; ecstasy.

delito, *s. m.* offence; crime.

delonga, *s. f.* delay; **sem mais delongas:** without delay.

demagogia, *s. f.* demagogy.

demagógico, *adj.* demagogic.

demais, *adv.* besides, moreover.

demanda, *s. f.* lawsuit; demand; request; plea.

demandar, *v. tr.* to demand; to sue at law; to claim; to want; to seek.

demarcação, *s. f.* demarcation; boundary; limit.

demarcar, *v. tr.* to mark; to limit; to demarcate.

demasia, *s. f.* surplus; excess; **em demasia:** in excess.

demasiado, 1. *adj.* excessive; **2.** *adv.* excessively; **demasiado grande:** (far) too big.

demência, *s. f.* insanity; madness; folly.

demente, *adj.* mad; insane; demented.

demissão, *s. f.* dismissal; resignation.

demitir, 1. *v. tr.* to dismiss; to send away; to discharge; **2.** *v. refl.* to resign.

democracia, *s. f.* democracy.

democrata, *s. m. f. e adj.* democrat.

democrático, *adj.* democratic.

democratizar, *v. tr.* to democratize.

demografia, *s. f.* demography.

demográfico, *adj.* demographic.

demolhar, *v. tr.* to soak; to steep.

demolição, *s. f.* demolition.

demolidor, 1. *adj.* demolishing; **2.** *s. m.* demolisher.

demolir, *v. tr.* to demolish; to knock down.

demoníaco, *adj.* demoniac; devilish; fiendish.

Demónio, *s. m.* demon; devil.

demonstração, *s. f.* proof; demonstration; show; **demonstração pública:** public demonstration; **fazer uma demonstração:** to give a demonstration.

demonstrar, *v. tr.* to demonstrate; to exhibit; to prove.

demonstrativo, *adj.* demonstrative; proving; **adjectivos demonstrativos:** demonstrative adjectives.

demora, *s. f.* delay; **sem mais demora:** without (further) delay.

demorar, 1. *v. tr.* to delay; **2.** *v. intr.* to stay; to dwell; **3.** *v. refl.* to linger, to loiter.

demover, *v. tr.* to remove; to dissuade.

denegrir, *v. tr.* to blacken; to stain.

dengoso, *adj.* prim; affected; prudish.

denodo, *s. m.* intrepidity.

denominação, *s. f.* denomination; name.

denominador, *s. m.* denominator.

denominar, *v. tr.* to name; to call; to designate.

denotar, *v. tr.* to denote; to indicate; to signify.

densidade, *s. f.* density.

denso, *adj.* dense, compact.

dentada, *s. f.* bite.

dentadura, *s. f.* set of teeth; **dentadura postiça:** false teeth; dentures.

dente, *s. m.* tooth; **dente canino:** eye-tooth; **dente do siso:** wisdom-tooth; **dente incisivo:** incisive tooth; **dentes molares:** molar teeth; **dentes de leite:** milk-teeth; **arrancar um dente:** to have a tooth out; **arreganhar os dentes:** to show one's teeth; **dar com a língua nos dentes:** *(fig.)* to blab; **dor de dentes:** toothache; **falar entre dentes:** mutter, to mumble.

dentição, *s. f.* teething; dentition.

dentífrico, *adj.* tooth-cleaning; **pasta dentífrica:** toothpaste.

dentista, *s. m. f.* dentist.

dentro, *adv.* in; within; inside; **dentro da caixa:** in the box; **dentro da casa:** inside the house; **dentro de uma hora:** within an hour.

denúncia, *s. f.* denunciation; accusation.

denunciar, *v. tr.* to denounce; to accuse.

deontologia, *s. f.* deontology.

deparar-se, *v. refl.* to find; to meet with.

departamento, *s. m.* department.

depauperação, *s. f.* impoverishment; weakening.

depauperar, *v. tr.* to weaken; to impoverish.

depenado, *adj.* plucked; *(fam.)* penniless, broke.

depenar, v. tr. to pluck.

dependência, s. f. dependence; pl. rooms; **dependência política:** political dependency.

dependente, adj. dependent, dependant.

depender, v. intr. to depend; to rely (on, upon); **isso depende:** that depends, it all depends.

dependurado, adj. hanging.

dependurar, v. tr. to suspend; to hang.

depenicar, v. tr. to nibble (food).

depilação, s. f. depilation.

depilar, v. tr. to depilate.

depilatório, s. m. depilatory.

deplorar, v. tr. to deplore; to grieve; to regret.

deplorável, adj. deplorable; lamentable.

depoimento, s. m. evidence; testimony.

depois, 1. adv. afterwards; then; next; 2. prep. e conj. after; **depois disso:** after that, next; **um depois do outro:** one after the other.

depor, v. tr. to lay down; to testify.

deportação, s. f. deportation; exile.

deportar, v. tr. to deport; to banish; to exile.

deposição, s. f. deposition.

depositar, v. tr. to deposit; to entrust; **depositar dinheiro:** to deposit in the bank.

depósito, s. m. deposit; trust; warehouse; sediment; **depósito à ordem:** money at call; **depósito a prazo:** deposit account; **depósito de água:** reservoir.

deposto, adj. deposed; dismissed; dethroned.

depravação, s. f. depravation; corruption.

depravado, adj. depraved; corrupt.

depravar, v. tr. to deprave; to corrupt; to vitiate.

depreciação, s. f. depreciation; contempt; dispraise.

depreciar, v. tr. to depreciate; to belittle; to undervalue.

depreciativo, adj. depreciative.

depreender, v. tr. to perceive; to deduce; to infer.

depreensão, s. f. deprehension.

depressa, adv. quickly; fast; **ande depressa:** be quick!, hurry up!; **muito depressa:** very quickly; double quick.

depressão, s. f. depression; abasement; **depressão atmosférica:** atmospheric depression; **depressão de terreno:** a depression of soil; **em estado de depressão:** in a state of depression.

depressivo, adj. depressive.

deprimente, adj. depressing; humiliating.

deprimir, v. tr. to depress.

depuração, s. f. depuration; cleansing.

depurar, v. tr. to purify.

deputado, s. m. deputy.

derivação, s. f. derivation.

derivado, 1. adj. derived (from); derivative; 2. s. m. by-product, derivative.

derivar, 1. v. intr. to derive; to proceed from; 2. v. tr. to deviate.

dermatologia, s. f. dermatology.

dermatologista, s. m. f. dermatologist.

derme, s. f. skin.

derradeiro, adj. last.

derramado, adj. shed; spread, spilt.

derramamento, s. m. scattering; dispersion; overflowing; **derramamento de sangue:** bloodshed.

derramar, v. tr. to spill; to pour; to splash.

derrame, s. m. leakage.

derrapar, v. intr. to slide.

derreado, adj. broken-backed, worn out.

derrear, v. tr. to exhaust; to break one's back; to wear out.

derredor, adv. around.

derreter, v. tr. e refl. to melt; to dissolve, to thaw (ice, snow).

derretido, adj. melted, molten.

derretimento, s. m. melting; dissolution.

derrocada, s. f. destruction; downfall; collapse.

derrocar, v. tr. to demolish; to collapse; to crumble.

derrogação, s. f. annulling.

derrogar, v. tr. to annul; to suppress; to detract.

derrota, s. f. rout; defeat.

derrotar, v. tr. to defeat; to rout.

derrubar, v. tr. to demolish; to crumble; to throw down.

derrube, s. m. demolition, destruction; throw down.

desabafar, v. intr. to open one's heart; to talk.

desabafo, s. m. relief; ease; confidence.

desabamento, s. m. crumbling; crashing; falling; collapse.

desabar, 1. v. tr. to pull down; **2.** v. intr. to crumble down.

desabitado, adj. uninhabited.

desabituado, adj. unaccustomed.

desabituar, v. tr. to disaccustom.

desabotoar, v. tr. to unbutton.

desabrido, adj. sharp; bitter; violent; wild; curt.

desabrigado, adj. unsheltered; exposed; roofless.

desabrigar, v. tr. to unshelter.

desabrochar, v. intr. to bloom; to blossom.

desacato, s. m. disrespect, insolence.

desacautelado, adj. careless.

desacertadamente, adv. inconsiderately; wrongly.

desacerto, s. m. fault; mistake; blunder; error.

desaconselhar, v. tr. to dissuade.

desacordo, s. m. disagreement; dissension; unfitness.

desacostumado, adj. unaccustomed; unusual.

desacostumar-se, v. refl. to lose the habit of.

desacreditado, adj. discredited, disgraced.

desacreditar, 1. v. tr. to discredit; to slander; **2.** v. refl. to bring discredit on.

desafectação, s. f. unaffectedness.

desafiador, 1. adj. challenging, defying; **2.** s. m. challenger, defier.

desafiar, v. tr. to defy; to challenge; **desafio-te a negar a verdade:** I dare you to deny the truth.

desafinação, s. f. dissonance.

desafinado, adj. dissonant; discordant; out of tune.

desafinar, 1. v. tr. to untune; **2.** v. intr. to get out of tune.

desafio, s. m. challenge; competition; (sports) match, contest; **desafio de futebol:** football-match.

desafogado, adj. easy; well-off.

desafogar, v. tr. to ease; to clear.

desafogo, s. m. relief; ease; comfort.

desaforar, 1. v. tr. to make insolent; **2.** v. refl. to become insolent.

desaforo, s. m. insolence; impudence; sauciness.

desafortunado, adj. unlucky.

desagasalhado, adj. unsheltered; lightly dressed.

desagasalhar, v. tr. to clothe lightly; to uncover.

desagradar, v. intr. to displease; to discontent; to offend.

desagradável, adj. unpleasant; displeasing; disagreeable; **ele é uma pessoa desagradável:** he's a very disagreeable sort of fellow; **uma experiência desagradável:** an unpleasant experience.

desagrado, s. m. displeasure, unpleasantness; disagreeableness; rudeness.

desagravo, s. m. reparation; satisfaction; redress.

desagregar, v. tr. to disaggregate; to break up; to scatter.

desaguadouro, s. m. ditch; drain.

desaguamento, s. m. drainage.

desaguar, v. intr. to discharge; to flow into (a river); to drain.

desaguisado, s. m. dispute; quarrel.

desaire, s. m. rout; set-back; clumsiness.

desajeitado, adj. awkward; clumsy.

desajustar, v. tr. to separate; to break off; to disjoint.

desalentado, adj. despondent; dejected; **estar desalentado:** to be in low spirits.

desalentar, 1. v. tr. to discourage; to dishearten; 2. v. refl. to lose heart; 3. v. intr. to despond.

desalento, s. m. discouragement, despondency, dismay.

desalinhado, adj. sluttish; untidy; disorderly.

desalinhar, v. tr. to put out of order; to disorder; to rumple; to misplace.

desalinho, s. m. negligence; slovenliness.

desalmadamente, adv. cruelly.

desalmado, adj. inhuman; cruel.

desalojamento, s. m. dislodging; dispossession.

desalojar, 1. v. tr. to dislodge; to dispossess; 2. v. refl. to decamp.

desamarrar, 1. v. tr. to unbind; to loosen; to untie, to unfasten; 2. v. intr. (náut.) to unmoor, to weigh anchor; 3. v. refl. to get loose.

desamarrotar, v. tr. to unwrinkle, to smooth.

desamor, s. m. aversion; hatred; hate.

desamparado, adj. forlorn; helpless, miserable, wretched.

desamparar, v. tr. to forsake; to abandon.

desamparo, s. m. abandonment; forsaking, helplessness.

desancar, v. tr. to beat; to thrash.

desandar, 1. v. tr. to pull; to turn back; to unlock; 2. v. intr. (fig.) to run away, to decamp; **desanda!:** get going; beat it!

desanimação, s. f. discouragement, disheartening.

desanimado, adj. low-spirited, out of sorts; discouraged.

desanimar, 1. v. tr. to discourage; 2. v. intr. to lose courage; to despond.

desânimo, s. m. discouragement; despondency.

desanuviar, v. tr. e intr. to clear up; (fig.) to cheer (up).

desaparafusado, adj. unscrewed.

desaparafusar, v. tr. to unscrew.

desaparecer, v. intr. to disappear; to vanish; to be lost.

desaparecimento, s. m. disappearance; vanishing.

desapego, s. m. indifference.

desapertar, v. tr. to unlace; to loosen; to untie; to unbutton.

desapoio, s. m. want of support; helplessness.

desapontado, adj. disappointed.

desapontamento, *s. m.* disappointment; frustration; **com grande desapontamento meu:** to my great disappointment.

desapontar, *v. refl.* to disappoint; to frustrate.

desaprender, *v. tr.* to unlearn.

desaprovação, *s. f.* disapproval; dislike.

desaprovar, *v. tr.* to disapprove; to reject.

desaproveitado, *adj.* unprofitable; wasted.

desaproveitar, *v. tr.* to waste; to squander.

desarmamento, *s. m.* disarmament.

desarmar, *v. tr.* to disarm; to pacify.

desarmonia, *s. f.* disharmony; disagreement.

desarmonizar, *v. tr.* to disharmonize.

desarranjar, *v. tr.* to disarrange; to disorder; to trouble; to upset.

desarranjo, *s. m.* confusion; disorder.

desarrazoar, *v. intr.* to talk nonsense; to rave.

desarrumação, *s. f.* untidiness, disorder,

desarrumado, *adj.* untidy.

desarrumar, *v. tr.* to displace; to unsettle; to mess up.

desarticulação, *s. f.* disarticulation.

desarvorar, *v. intr.* to decamp; to fly away.

desassombrado, *adj. (fig.)* brave; bold; unshaded, unshadowed.

desassombrar, *v. tr.* to encourage, to embolden.

desassombro, *s. m.* courage; boldness; decision; straightforwardness.

desassorear, *v. tr.* to remove the sand from; to dredge.

desassossegar, *v. tr.* to trouble; to disquiet; to disturb.

desassossego, *s. m.* trouble; uneasiness, disquiet.

desastrado, *adj.* awkward; clumsy.

desastre, *s. m.* disaster; calamity; accident; **desastre de automóvel:** car accident.

desastroso, *adj.* disastrous; calamitous.

desatado, *adj.* untied; loose.

desatar, 1. *v. tr.* to untie; to undo; to unlace (shoes); to unfasten; **desatar a língua:** to loosen one's tongue; **2.** *v. intr.* to begin to, to start; **desatar a chorar:** to burst into tears; **desatar a correr:** to start running; **desatar a rir:** to burst into laughter; **3.** *v. refl.* to get untied.

desatarraxar, *v. tr.* to unscrew.

desataviar, *v. tr.* to take off (ornaments); to disrobe.

desatenção, *s. f.* inattention, absence of mind.

desatento, *adj.* absent-minded.

desatinado, *adj.* inconsiderate; stunned; hot-headed.

desatinar, 1. *v. tr.* to madden; **2.** *v. intr.* to be crazy.

desatino, *s. m.* madness, folly; confusion.

desatracar, *v. tr.* to unmoor.

desatrelar, *v. tr.* to unleash.

desaustinado, *adj.* turbulent; restless, rash.

desautorização, *s. f.* discredit.

desautorizar, *v. tr.* to discredit; to disrepute.

desavença, *s. f.* disagreement; dissension; quarrel.

desavergonhado, *adj.* shameless; impudent.

desavergonhar-se, *v. refl.* to grow impudent.

desavindo, *adj.* disagreed.

desavir, 1. *v. tr.* to set at variance; **2.** *v. refl.* to disagree.

desbaratar, *v. tr.* to defeat; to sell cheap.

desbarato, *s. m.* defeat; waste; **ao desbarato:** at a loss; in low-price; on the cheap.

desbastar, *v. tr.* to chip off; to polish, to spall (stones); to pare.

desbaste, *s. m.* thinning; rough-hewing.

desbloquear, *v. tr.* to raise the blockade of.

desbobinar, *v. tr.* to spool off.

desbocado, *adj.* foul-mouthed.

desbocamento, *s. m.* impudence; insolence.

desbotar, *v. intr.* to lose its colour; to fade, to discolour.

desbragado, *adj.* impudent; insolent; dissolute.

desbragar-se, *v. refl.* to become dissolute.

desbravar, *v. tr.* to grub up; to tame.

descabelado, *adj.* bald; hairless; *(fig.)* saucy.

descabido, *adj.* improper; unbecoming.

descafeinado, 1. *adj.* decaffeinated; **2.** *s. m.* cup of decaffeined coffee.

descaída, *s. f.* slip, fall; *(fig.)* a slip of the tongue.

descaimento, *s. m.* decay; degeneracy; weakness.

descair, *v. intr.* to decay; to decline; to fall; to droop.

descalabro, *s. m.* damage; loss; break down.

descalçar, *v. tr.* to take off; to remove (the shoes).

descalço, *adj.* barefooted; **ser apanhado descalço:** *(fig.)* to be taken unawares.

descambar, *v. intr.* to slide down; to degenerate.

descaminho, *s. m.* going astray; misconduct; **levar descaminho:** to go astray.

descampado, *s. m.* desert, open country.

descansado, *adj.* quiet; calm; easy; rested; slow; **esteja descansado:** don't worry.

descansar, 1. *v. intr.* to rest; **2.** *v. tr.* to relieve; to alleviate; to rely on.

descanso, *s. m.* rest; pause; tranquility.

descaracterizar, *v. tr.* to take away the character of.

descapotável, *adj.* having no hood; **carro descapotável:** convertible.

descarado, *adj.* impudent; shameless; cheeky.

descaramento, *s. m.* impudence; shamelessness; **ter o descaramento de perguntar:** to have the cheek to ask.

descarga, *s. f.* discharge; unloading; outlet; dischargement; **descarga atmosférica:** lightning discharge; **descarga de electricidade:** discharge of electricity.

descargo, *s. m.* discharge; relief; **por descargo de consciência:** for conscience sake.

descarnado, *adj.* fleshless; lean, bony.

descarnar, *v. tr.* to strip off (the flesh); to make lean; to bare (teeth).

descarregamento, *s. m.* unloading; discharge.

descarregar, *v. tr.* to unburden; to unload; to discharge; **descarregar a cólera:** to vent one's anger; **descarregar uma pistola:** to discharge a gun; to unload; to fire off.

descarreirar, *v. tr.* to lead astray, to mislead.

descarrilamento, *s. m.* derailment.

descarrilar, *v. intr.* to derail, to run off the rails, to leave the rails.

descartar, 1. *v. tr.* to discard; to remove; **2.** *v. refl.* to get rid of, to discard.

descarte, *s. m.* discarding; discard (at cards); evasion.

descascador, *s. m.* peeler.

descascamento, *s. m.* peeling.

descascar, *v. tr.* to peel; to shell; to husk; **descascar ervilhas:** to shell peas; **descascar fruta:** to peel fruit.

descendência, *s. f.* descent; lineage.

descendente, 1. *adj.* descending; **2.** *s. m. f.* descendant; **ser descendente de:** to be descended from.

descender, *v. intr.* to proceed from; to descend from; to spring from.

descentralização, *s. f.* decentralization.

descentralizar, *v. tr.* to decentralize.

descer, 1. *v. intr.* to come down; to go down; to descend; **a temperatura desceu:** the temperature fell; **descer as escadas:** to go downstairs; **2.** *v. tr.* to pull down; to lower.

descerramento, *s. m.* disclosure; unveiling ceremony.

descerrar, *v. tr.* to unveil; to break open; to disclose.

descida, *s. f.* fall; slope; way down.

desclassificação, *s. f.* disqualification.

desclassificado, *adj.* disqualified.

desclassificar, *v. tr.* to disqualify.

descoberta, *s. f.* discovery, find; revelation.

descoberto, *adj.* uncovered; discovered; bare-headed; **pôr a descoberto:** to uncover.

descobridor, *s. m.* discoverer.

descobrimento, *s. m.* discovery; finding.

descobrir, 1. *v. tr.* to discover; to find out; to notice; to disclose; to reveal; to detect; **2.** *v. intr.* to grow clear (the weather); **3.** *v. refl.* to uncover.

descolagem, *s. f.* takeoff.

descolar, 1. *v. tr.* to unglue; **2.** *v. intr.* to take off (an aircraft).

descoloração, *s. f.* discolouring; bleaching.

descolorido, *adj.* uncoloured.

descolorir, *v. tr.* to discolour; to tarnish; to bleach.

descomedido, *adj.* immoderate; unmeasured.

descomedimento, *s. m.* excess; unmannerliness.

descomedir-se, *v. refl.* to be rash; to become immoderate; to behave unbecomingly.

descompensação, *s. f.* decompensation.

descompor, 1. *v. tr.* to discompose; to unsettle; to scold; **2.** *v. refl.* to expose oneself.

descomposto, *adj.* disorderly; immodest; indecorous.

descompostura, *s. f.* immodesty; discomposure; reprehension; scold; **dar uma descompostura:** to give someone a good talking-to, to give someone a lecture.

descomunal, *adj.* excessive; enormous, huge.

descomunalmente, *adv.* excessively, enormously; **descomunalmente grande:** frightfully big.

desconceituar, *v. tr.* to discredit, to slander.

desconcertado, *adj.* perplexed; puzzled; confused; **ficar desconcertado:** to be bewildered.

desconcertar, 1. *v. tr.* to disorder; to puzzle; **2.** *v. intr.* to disagree; to talk nonsense.

desconcerto, *s. m.* misconduct; disorder; nonsense.

desconexão, *s. f.* disconnexion.

desconexo, *adj.* disconnected; incoherent; scrappy.

desconfiado, *adj.* suspicious; distrustful; mistrustful.

desconfiança, *s. f.* suspicion, distrust; doubt.

desconfiar, **1.** *v. tr.* to suspect; **2.** *v. intr.* to distrust; to doubt.

desconformidade, *s. f.* discordance, disagreement; disproportion.

desconfortável, *adj.* uncomfortable.

desconforto, *s. m.* discomfort; uncomfortableness.

descongelação, *s. f.* thaw.

descongelar, *v. tr.* to unfreeze; to thaw; to defrost.

descongestionar, *v. tr.* to relieve; to clear.

desconhecer, *v. tr.* to ignore.

desconhecido, *adj.* unknown; strange.

desconhecimento, *s. m.* ignorance.

desconjuntar, **1.** *v. tr.* to dislocate; to disunite; to disjoin; **2.** *v. refl.* to break up.

desconsideração, *s. f.* offence; disrespect.

desconsiderar, *v. tr.* to offend; to disrespect, to disregard; to humiliate.

desconsolado, *adj.* inconsolable; cheerless; insipid; dull; **estar desconsolado**: to be dispirited; **ser desconsolado**: to be disconsolate.

desconsolar, *v. tr.* to discomfort; to discourage, to dishearten.

desconsolo, *s. f.* discomfort; boredom.

descontar, *v. tr.* to discount; to deduct; to deduce; to take off the price; to make allowances for.

descontentamento, *s. m.* displeasure; discontent; grief.

descontentar, *v. tr.* to discontent; to dissatisfy.

descontente, *adj.* dissatisfied, displeased; discontented.

descontinuidade, *s. f.* discontinuity.

desconto, *s. m.* discount; reduction; abatement; **dar desconto**: *(fig.)* to make allowances for; **sem qualquer desconto**: strictly net cash; **um desconto de cinco por cento**: a five per cent discount.

descontracção, *s. f.* relaxation.

descontrair, *v. tr.* e *refl.* to relax.

descoordenação, *s. f.* lack of co-ordination; disconnectedness.

descoroçoamento, *s. m.* discouragement.

descoroçoar, *v. tr.* e *intr.* to dishearten; to lose heart.

descortês, *adj.* impolite, discourteous; ill-mannered.

descortesia, *s. f.* impoliteness, discourtesy.

descortinar, *v. tr.* to discover; to see; to descry; to disclose.

descoser, **1.** *v. tr.* to unsew; to unstitch; **2.** *v. refl.* to come unsewn.

descosido, *adj.* unstitched, unsewn.

descrédito, *s. m.* discredit; dishonour; disgrace; **lançar o descrédito sobre**: to throw discredit on.

descrença, *s. f.* incredulity; disbelief.

descrente, **1.** *adj.* incredulous; **2.** *s. m. f.* disbeliever; unbeliever.

descrer, *v. tr.* e *intr.* to disbelieve.

descrever, *v. tr.* to describe; to draw (lines); to explain.

descrição, *s. f.* description; **corresponde à descrição:** it answers to the description.

descruzar, *v. tr.* to uncross; **descruzar as pernas:** to straighten the legs.

descuidado, *adj.* careless; negligent.

descuidar, 1. *v. tr.* to neglect; 2. *v. refl.* to be careless; to disregard.

descuido, *s. m.* negligence; carelessness.

desculpa, *s. f.* excuse; apology; **apresente-lhe as minhas desculpas:** please give him my excuses; **inventar uma desculpa:** to feign an excuse; **pedir desculpa:** to apologize (oneself) for, to make an apology; **sem desculpa:** without excuse.

desculpar, *v. tr.* to excuse; **desculpe-me chegar atrasado:** excuse me for coming late, excuse my coming late.

descurar, *v. tr.* to neglect.

desde, *prep.* from; since; **desde então:** ever since; **desde há muito tempo:** for a long time; **desde que nasci:** since I was born; **desde que:** as long as.

desdém, *s. m.* disdain; scorn; **tratar com desdém:** to treat with disdain; *(fam.)* to spit upon.

desdenhar, *v. tr.* to disdain; to scorn.

desdenhoso, *adj.* disdainful; scornful.

desdentado, *adj.* toothless.

desdentar, 1. *v. tr.* to draw the teeth; 2. *v. refl.* to lose one's teeth.

desdita, *s. f.* misfortune; distress; bad luck.

desditoso, *adj.* unfortunate.

desdizer, *v. tr.* to contradict.

desdobramento, *s. m.* duplicate; unfolding; development.

desdobrar, *v. tr.* to unfold; to develop.

desejar, *v. tr.* to desire; to want; to wish; **desejar muito:** to long for; **desejava poder:** I wish I could.

desejo, *s. m.* desire; wish.

deselegância, *s. f.* clumsiness.

deselegante, *adj.* clumsy.

desemaranhar, *v. tr.* to disentangle, to unravel; to untwist.

desembaciar, *v. tr.* to untarnish.

desembalar, *v. tr.* to unpack.

desembaraçadamente, *adv.* rapidly; easily; promptly; readily.

desembaraçado, *adj.* quick; prompt; easy; agile; ready.

desembaraçar, 1. *v. tr.* to disentangle; to clear; 2. *v. refl.* to get rid of; **desembaraçar-se de alguém:** to get rid of someone.

desembaraço, *s. m.* promptness; ease; forwardness; **com desembaraço:** with dispatch.

desembarcadouro, *s. m.* jetty; wharf; pier.

desembarcar, *v. tr. e intr.* to disembark; to land.

desembargo, *s. m.* restraint; deliverance.

desembarque, *s. m.* unloading; landing; disembarkation.

desembocadura, *s. f.* mouth (of a river); outlet.

desembocar, *v. intr.* to discharge into (a river); to lead to (a street); to run into.

desembolsar, *v. tr.* to disburse; to expend; to pay out.

desembolso, *s. m.* disbursement.

desembrulhar, *v. tr.* to unfold; to unpack; to unwrap; to disentangle.

desembuchar, 1. *v. tr.* to disgorge; 2. *v. intr.* **desembuche:** speak out; spit it out!

desempacotar, *v. tr.* to unpack.

desempatar, *v. tr.* to resolve; to break a tie; (sports) to play-off a tie.

desempate, *s. m.* breaking of a tie; **jogo de desempate:** play-off.

desempenar, *v. tr.* to repair; to straighten.

desempenhar, 1. *v. tr.* to perform, to carry out; **desempenhar um papel:** to play a part, to play a role; **2.** *v. refl.* to acquit oneself; to pay off (one's debts).

desempenho, *s. m.* performance, acting.

desempoeirado, *adj. (fig.)* open-minded.

desempoar, *v. tr.* to clean; to shake off (the dust).

desempregado, *adj.* unemployed.

desempregar, 1. *v. tr.* to dismiss; **2.** *v. refl.* to lose one's job.

desemprego, *s. m.* unemployment; **subsídio de desemprego:** unemployment benefit; unemployment pay; dole; **estar no desemprego:** *(fam.)* to be on the dole.

desencadear, 1. *v. tr.* to unchain; to let loose; **2.** *v. intr.* to break out.

desencaminhar, 1. *v. tr.* to lead astray; to mislead; to pervert; **2.** *v. refl.* to go astray.

desencantamento, *s. m.* disenchantment; disappointment.

desencantar, *v. tr.* to disenchant; to disappoint.

desencanto, *s. m.* disillusion; disenchantment.

desencardir, *v. tr.* to whiten, to bleach.

desencher, *v. tr.* to empty.

desencontrar-se, *v. refl.* to fail to meet; to diverge.

desencorajado, *adj.* despondent, discouraged; downcast.

desencorajamento, *s. m.* discouragement.

desencorajar, *v. tr.* to discourage.

desencostar, 1. *v. tr.* to remove; **2.** *v. refl.* to stand up.

desencravar, *v. tr.* to unnail; to get out of a fix.

desenfadar, 1. *v. tr.* to recreate; to cheer; **2.** *v. refl.* to amuse oneself.

desenfado, *s. m.* diversion; pleasantness, amusement.

desenfastiar, *v. tr.* to whet one's appetite; to divert.

desenfeixar, *v. tr.* to untie.

desenferrujar, *v. tr.* to remove the rust.

desenfiar, *v. tr.* to unthread.

desenfreado, *adj.* unbridled; licentious, unruly.

desenganado, *adj.* undeceived; about to die.

desenganar, *v. tr.* to undeceive.

desenganchar, *v. tr.* to unhook.

desengano, *s. m.* undeceiving; disillusion.

desengatar, *v. tr.* to unhook; to disengage.

desengonçado, *adj.* unhinged; tottering.

desengonçar, *v. tr.* to dislocate; to unhinge; to disjoint.

desengraçado, *adj.* ungraceful; insipid; ill-favoured.

desengrossar, *v. tr.* to make thin.

desenhar, *v. tr.* to draw; **desenhado por:** designed by.

desenho, *s. m.* drawing; design; sketch; **desenhos animados:** cartoons; animation.

desenjoativo, 1. *adj.* aperitive; **2.** *s. m.* aperitif, appetizer.

desenlace, *s. m.* outcome; upshot; **feliz desenlace:** successful issue, happy ending.

desenlamear, *v. tr.* to clear, to take the mud off.

desenraizar, *v. tr.* to unroot.

desenrascar-se, *v. refl.* to manage.

desenrodilhar, *v. tr.* to unroll; to develop.

desenrolar, *v. tr.* to unroll, to develop.

desenroscar, *v. tr.* to unscrew.

desenrugar, *v. tr.* to unwrinkle; to smooth (the eyebrows).

desentendido, *adj.* ignorant; **fazer-se desentendido:** to feign ignorance.

desentendimento, *s. m.* variance, disagreement; misunderstanding.

desenterramento, *s. m.* exhumation.

desenterrar, *v. tr.* to exhume; to dig up; to unearth.

desentorpecer, *v. tr.* to remove stiffness; **desentorpecer as pernas:** to stretch one's legs.

desentorpecimento, *s. m.* quickening reviving.

desentrançar, *v. tr.* to unplait.

desentupimento, *s. m.* drainage.

desentupir, *v. tr.* to drain.

desenvencilhar, 1. *v. tr.* to loosen; to disengage; **2.** *v. refl.* to get free from.

desenvolto, *adj.* brisk; nimble.

desenvoltura, *s. f.* nimbleness; agility; briskness.

desenvolver, *v. tr.* to develop; to evolve.

desenvolvido, *adj.* developed; **bem desenvolvido:** well-grown.

desenvolvimento, *s. m.* development; growth; progress.

desenxabido, *adj.* insipid; dull.

desequilibrado, *adj.* unbalanced; *(fam.)* crazy; foolish.

desequilibrar, 1. *v. tr.* to unbalance; **2.** *v. refl.* to lose one's balance.

desequilíbrio, *s. m.* unbalance; derangement.

deserção, *s. f.* desertion.

deserdar, *v. tr.* to disinherit.

desertar, *v. intr.* to desert; to run away.

desertificar, *v. tr.* to desert.

deserto, 1. *adj.* solitary; desert; **2.** *s. m.* desert.

desertor, *s. m.* deserter.

desesperado, 1. *adj.* desperate; mad; **2.** *s. m.* desperado.

desesperar, 1. *v. tr.* to torment; **2.** *v. intr.* to despair, to give up all hope; **3.** *v. refl.* to become desperate.

desespero, *s. m.* despair; anger; **com desespero:** in despair.

desestabilizar, *v. tr.* to disturb; to disrupt.

desfaçatez, *s. f.* effrontery; impudence.

desfalcamento, *s. m.* defalcation, fraud.

desfalcar, *v. tr.* to defalcate; to embezzle (money); to swindle.

desfalecer, *v. intr.* to faint, to swoon; to depress; to lose heart.

desfalecimento, *s. m.* faintness.

desfalque, *s. m.* defalcation; embezzlement.

desfavor, *s. m.* dislike; disregard.

desfavorável, *adj.* unfavourable.

desfavorecer, *v. tr.* to disfavour.

desfavorecido, *adj.* ill-favoured; poor.

desfazer, *v. tr. e refl.* to undo; to unmake; to dissolve; **desfazer-se de:** to get rid of, to do away with; **desfazer-se em desculpas:** to offer many excuses; **des-**

fazer um contrato: to break a contract.

desfear, *v. tr.* to deface; to disfigure.

desfechar, *v. tr.* to discharge; to fire (a gun); to strike (a blow).

desfecho, *s. m.* ending; outcome; solution.

desfeita, *s. f.* outrage; insult.

desfeitear, *v. tr.* to affront; to insult; to deceive.

desfeito, *adj.* undone; dissolved; *(fig.)* disfigured, weary.

desferir, *v. tr.* to strike; to vibrate.

desfiar, *v. tr.* to unweave; to untwist.

desfigurado, *adj.* disfigured.

desfigurar, 1. *v. tr.* to disfigure; to distort; **2.** *v. refl.* to grow disfigured.

desfiladeiro, *s. m.* gorge; ravine; canyon.

desfilar, *v. intr.* to parade; to march.

desfile, *s. m.* parade.

desfloração, *s. f.,* **desfloramento,** *s. m.* defloration; violation.

desflorar, *v. tr.* to deflower; to violate.

desfocado, *adj.* out of focus.

desfolhada, *s. f.* husking.

desforra, *s. f.* revenge.

desforrar, *v. tr.* to take revenge; to have one's turn.

desfraldar, *v. tr.* to unfurl (the sails); to hoist (a flag).

desfrutar, *v. tr.* to enjoy; to jest at; to mock.

desgarrar-se, *v. refl.* to miss one's way; to straggle; to go astray.

desgastar, *v. tr.* to consume; to wear away, to use up.

desgostar, 1. *v. tr.* to displease; to disgust; to grieve; **2.** *v. refl.* to be displeased.

desgosto, *s. m.* sorrow, grief; **morrer de desgosto:** to die of grief.

desgostoso, *adj.* displeased; sad, regretful, sorrowful; **sentir-se desgostoso:** to sorrow at, to feel sad.

desgoverno, *s. m.* disorder; confusion.

desgraça, *s. f.* misery; misfortune, ill-fortune; **cair em desgraça:** to incur someone's displeasure.

desgraçado, *adj.* unfortunate; unhappy; wretched; ill-fated.

desgraçar, 1. *v. tr.* to ruin; to make unhappy; **2.** *v. refl.* to ruin oneself.

desgrenhado, *adj.* dishevelled.

desguarnecer, *v. tr.* to deprive (of ornaments); to unfurnish.

desiderato, *s. m.* desideratum; aim.

desidratar, *v. tr.* to dehydrate.

designação, *s. f.* designation; denomination.

designadamente, *adv.* namely.

designar, *v. tr.* to designate; to appoint.

designio, *s. m.* intention; meaning.

desigual, *adj.* unequal; unlike, uneven.

desigualar, *v. tr.* to make unequal.

desigualdade, *s. f.* inequality.

desiludido, *adj.* disappointed; disillusioned.

desiludir, *v. tr.* to disillusion; to disappoint.

desilusão, *s. f.* disillusion; disappointment.

desimpedir, *v. tr.* to clear up.

desinchar, *v. intr.* to shrink.

desinência, *s. f.* desinence.

desinfecção, *s. f.* disinfection.

desinfectante, 1. *adj.* disinfecting; **2.** *s. m.* disinfectant; antiseptic.

desinfectar, *v. tr.* to disinfect.

desinfestar, *v. tr.* to clear off, to free from.

desinquietação, *s. f.* uneasiness; disquiet.

desinquietar, *v. tr.* to disturb; to disquiet.

desinquieto, *adj.* restless; impatient; uneasy.

desintegração, *s. f.* disintegration.

desintegrar, *v. tr.* to disintegrate; to separate.

desinteligência, *s. f.* misunderstanding; disagreement.

desinteressar, *v. tr.* to disinterest.

desinteresse, *s. m.* disinterestedness; impartiality.

desintoxicação, *s. f.* unpoisoning.

desintoxicar, *v. tr.* to unpoison.

desipotecar, *v. tr.* to pay off a mortgage.

desirmanado, *adj.* unmatched; odd.

desirmanar, *v. tr.* to break a set; to unmatch.

desistência, *s. f.* giving up; withdrawal.

desistir, *v. intr.* to give up.

deslaçar, *v. tr.* to untie.

deslavado, *adj.* discoloured; pale.

desleal, *adj.* disloyal; false; unfair; unfaithful.

deslealdade, *s. f.* disloyalty; falseness.

desleixado, *adj.* careless; negligent, slovenly.

desleixar-se, *v. refl.* to grow careless.

desleixo, *s. m.* negligence; slovenliness, carelessness.

desligar, *v. tr.* to turn off; to loosen; to separate; to untie; to disconnect; **desligar da corrente:** to unplug; **desligar a electricidade:** to cut off the electricity; **desligar o telefone:** to hang up, to ring off.

deslindar, *v. tr.* to clear up; to solve.

deslizar, *v. intr.* to slide; to slip.

deslize, *s. m.* sliding; slip; flop.

deslocação, *s. f.* dislocation; luxation; displacement.

deslocar, *v. tr.* to dislocate (a shoulder), to luxate; to displace.

deslumbramento, *s. m.* dazzling; fascination.

deslumbrante, *adj.* dazzling; fascinating.

deslumbrar, *v. tr.* to dazzle.

desmaiado, *adj.* fainted, senseless; pale; colourless.

desmaiar, *v. intr.* to faint; to swoon.

desmaio, *s. m.* fainting; swoon.

desmamar, *v. tr.* to wean.

desmancha-prazeres, *s. m.* killjoy; spoilsport.

desmanchar, 1. *v. tr.* to undo; to take to pieces; **2.** *v. refl.* **desmanchar-se a rir:** to burst out laughing.

desmando, *s. m.* disorder.

desmantelar, *v. tr.* to dismantle; to demolish.

desmascarar, *v. tr.* to unmask, to take off one's mask; to expose.

desmazelado, *adj.* careless; slovenly; scruffy.

desmazelar-se, *v. refl.* to become slovenly.

desmazelo, *s. m.* negligence.

desmedido, *adj.* excessive; enormous.

desmembramento, *s. m.* dismemberment.

desmembrar, *v. tr.* to dismember; to carve up.

desmentido, *s. m.* contradiction; denial.

desmentir, *v. tr.* to contradict; to deny.

desmesurado, *adj.* immoderate; excessive.

desmiolado, *adj.* hare-brained.
desmistificação, *s. m.* revelation; disclosure.
desmistificar, *v. tr.* to reveal; to disclose.
desmobilização, *s. f.* demobilization.
desmobilizar, *v. tr.* to demobilize.
desmontar, *v. tr.* to dismount; to get off; to undo; to take to pieces.
desmoralização, *s. f.* demoralization.
desmoralizar, *v. tr.* to demoralize; to corrupt.
desmoronamento, *s. m.* downfall; falling down.
desmoronar, 1. *v. tr.* to throw down; **2.** *v. intr. e refl.* to fall down; to collapse; to crumble.
desmotivação, *s. m.* lack of interest.
desmotivar, *v. tr.* to lose interest.
desnacionalizar, *v. tr.* to denationalize.
desnaturado, *adj.* inhuman; cruel.
desnecessário, *adj.* unnecessary; useless; needless.
desnível, *s. m.* unlevelling.
desnivelar, *v. tr.* to unlevel.
desnortear, 1. *v. tr.* to mislead; to lead astray; to bewilder; **2.** *v. refl.* to lose one's way; to baffle.
desnudar, *v. tr.* to denude, to strip of.
desobedecer, *v. intr.* to disobey.
desobediência, *s. f.* disobedience.
desobstrução, *s. f.* clearing.
desobstruir, *v. tr.* to clear away.
desocupado, *adj.* unoccupied; idle.
desocupar, *v. tr.* to evacuate; to empty; to quit (a house).
desodorizante, *s. m.* deodorizer, deodorant.
desofuscar, *v. tr.* to clear up, to enlighten.

desolação, *s. f.* desolation; solitude; affliction.
desolado, *adj.* desolate; solitary; comfortless, grieved.
desolador, *adj.* desolating; grievous.
desonestidade, *s. f.* dishonesty.
desonesto, *adj.* dishonest.
desonra, *s. f.* dishonour; ignominy.
desonrar, 1. *v. tr.* to dishonour; to degrade; to seduce; **2.** *v. refl.* to disgrace oneself.
desonroso, *adj.* dishonourable; disgraceful.
desopilar, *v. tr.* to clear up; *(fig.)* to cheer up.
desoprimir, *v. tr.* to free (from oppression); to relax.
desoras, *adv.* late; **a desoras:** very late, unseasonably; **vir para casa a desoras:** to keep late hours.
desordeiro, *s. m.* rioter.
desordem, *s. f.* disorder; riot; quarrel; **em desordem:** in disorder, confusedly.
desordenar, *v. tr.* to disorder; to disturb.
desorganização, *s. f.* disorganization.
desorganizar, *v. tr.* to disorganize, to upset.
desorientação, *s. f.* bewilderment.
desorientar, *v. tr. e refl.* to mislead; to lose track.
desova, *s. f.* spawn (of a fish).
desovar, *v. intr.* to spawn.
desoxidação, *s. f.* deoxidization.
despachado, *adj.* resolved; settled; quick; prompt.
despachante, *s. m. f.* clearing agent.
despachar, 1. *v. tr.* to dispatch; to register; to label (luggage); **2.** *v. refl.* to make haste; **despacha-te!:** hurry up!

despacho, *s. m.* dispatch; judgment; clearing (of goods).

despedaçar, *v. tr.* to tear to pieces; *(fig.)* to rend.

despedida, *s. f.* farewell; dismissal.

despedido, *adj.* dismissed; discharged; **foi despedido:** he got the sack; he was fired.

despedir, 1. *v. tr.* to dismiss; to discharge; to send away; **2.** *v. refl.* to say goodbye to; **ir despedir-se de alguém:** to see someone off; **tenho que me despedir:** I must say goodbye.

despeitado, *adj.* spiteful.

despeitar, 1. *v. tr.* to spite; to vex; **2.** *v. refl.* to fret.

despeito, *s. m.* spite; displeasure; **a despeito de:** in spite of, despite; **por despeito:** out of spite.

despejar, 1. *v. tr.* to empty; to evacuate; **2.** *v. refl.* to get empty.

despejo, *s. m.* emptying; boldness; impudence; **receber ordem de despejo:** to have a notice to quit.

despender, *v. tr.* to spend.

despenhadeiro, *s. m.* precipice; cliff; slope.

despenhar, 1. *v. tr.* to hurl down; to crash; **2.** *v. refl.* to fall headlong.

despensa, *s. f.* pantry; larder.

despenteado, *adj.* dishevelled.

despentear, *v. tr.* to undress (the hair).

desperceber, *v. tr.* not to perceive, not to notice.

despercebido, *adj.* unnoticed; unnoted.

desperdiçado, *adj.* wasted; prodigal.

desperdiçar, *v. tr.* to waste; **desperdiçar dinheiro:** to throw money away.

desperdício, *s. m.* waste; *pl.* waste products.

despertador, *s. m.* alarm-clock.

despertar, *v. tr.* to wake; to wake up; to awake; to excite.

despesa, *s. f.* expense; cost; **grandes despesas:** heavy expenses; **livre de despesas:** free of charge; **sem atender a despesas:** without regard to cost.

despique, *s. m.* revenge; competition.

despir, *v. tr.* to take off clothes; to undress; to unclothe.

despistado, *adj.* off the track, misled; distracted.

despistar, *v. tr.* to mislead; to crash.

despiste, *s. m.* car accident, crash.

desplante, *s. m.* impudence, sauciness; *(fam.)* nerve.

despojar, *v. tr.* to spoil; to strip; to shear.

despojo, *s. m.* booty; spoils.

despoletar, *v. tr.* to defuse; to cause.

despoluído, *adj.* unpolluted.

despoluir, *v. tr.* to clean; to disinfect.

despontar, 1. *v. tr.* to blunt; **2.** *v. intr.* to sprout; to appear; to peep (out).

desportista, *s. m. f.* sportsman, sportswoman.

desportivismo, *s. m.* sportsmanship; fairplay.

desportivo, *adj.* sportive; sporting; **camisa desportiva:** sports shirt; **provas desportivas:** sporting events; **carro desportivo:** sports car.

desporto, *s. m.* sport; **desportos aquáticos:** aquatic sports.

desposar, *v. intr.* to marry; to get married.

déspota, *s. m.* despot; tyrant.

velar, *v. tr.* to veil; to conceal; to disguise; to watch; to cloud.

veleidade, *s. f.* caprice; whim; fancy.

velejar, *v. intr.* to sail.

velha, *s. f.* old woman.

velhacaria, *s. f.* knavery.

velhaco, 1. *adj.* knavish; crafty; **2.** *s. m.* knave; rogue.

velharia, *s. f.* old rubbish; old thing; *pl.* antiques.

velhice, *s. f.* old age.

velho, 1. *adj.* old; aged; ancient; elderly; **2.** *s. m.* old man; **ficar velho:** to grow old; to get old; **os velhos:** the old; old people.

velhote, *s. m.* old man.

velocidade, *s. f.* velocity; speed; rapidity, quickness; **adquirir velocidade:** to gather speed; **a toda a velocidade:** at full speed; at full swing.

velocímetro, *s. m.* speedometer.

velocípede, *s. m.* velocipede.

veloz, *adj.* swift; quick; speedy.

velozmente, *adv.* swiftly; quickly, speedily.

veludo, *s. m.* velvet.

venal, *adj.* venal.

venatório, *adj.* venatic.

vencedor, 1. *adj.* winning; **2.** *s. m.* winner; victor; conqueror.

vencer, 1. *v. tr.* to vanquish; to overcome (bad habits, temptations); to repress (feelings); to defeat (an enemy, a football team); to subdue (infection); to surmount; **2.** *v. intr.* to win, to triumph.

vencida, *s. f.* victory; **levar de vencida:** to get the better of.

vencido, *adj.* vanquished; overpowered (by superior force); defeated; overcome.

vencimento, *s. m.* pay, wage.

vencível, *adj.* vincible; *(com.)* surmountable; becoming due.

venda, *s. f.* sale; selling; shop; inn; bandage (over the eyes).

vendar, *v. tr.* to blindfold.

vendaval, *s. m.* storm; gale.

vendável, *adj.* saleable; marketable.

vendedeira, *s. f.* woman seller; saleswoman.

vendedor, *s. m.* seller; salesman.

vendeiro, *s. m.* inn-keeper.

vender, *v. tr.* to sell; to deal into trade.

vendido, *adj.* sold; *(fig.)* betrayed.

vendível, *adj.* saleable.

veneno, *s. m.* poison; venom (of a snake); *(fig.)* malice, spite.

venenosamente, *adv.* poisonously.

venenoso, *adj.* poisonous; venomous; *(fig.)* malignant.

venerabilidade, *s. f.* venerability.

veneração, *s. f.* veneration; worship; honour; reverence.

venerador, 1. *adj.* venerating; **2.** *s. m.* venerator.

venerar, *v. tr.* to venerate; to respect; to worship; to honour.

venerável, *adj.* venerable; respectable.

venéreo, 1. *adj.* venereal; libidinous; **2.** *s. m.* syphilis.

vénia, *s. f.* low courtsy; bow.

venial, *adj.* venial; pardonable.

venoso, *adj.* venous (blood); veiny.

venta, *s. f.* nostril; *pl.* nose.

ventania, *s. f.* high wind, gale.

ventar, *v. intr.* to blow.

ventilação, *s. f.* ventilation.

ventilador, 1. *adj.* ventilating; **2.** *s. m.* ventilator.

ventilar, *v. tr.* to ventilate.

vento, *s. m.* wind; breeze; gale; flatulence; *(fig.)* vanity; **está muito vento:** the wind is blowing hard.

ventoinha, *s. f.* fan; blower.

ventosa, *s. f.* cupping-glass.

ventoso, *adj.* windy; flatulent; *(fig.)* vain.

ventral, *adj.* ventral.

ventre, *s. m.* venter; belly; womb; **prisão de ventre:** constipation.

ventrículo, *s. m.* ventricle.

ventríloquo, 1. *adj.* ventriloquial; **2.** *s. m.* ventriloquist.

ventura, *s. f.* fortune; venture; hazard; risk; chance.

venturosamente, *adv.* luckily; fortunately.

venturoso, *adj.* lucky; fortunate; auspicious.

vénus, *s. f.* Venus; beautiful woman.

ver, *v. tr.* to see; to look; to notice; to examine; to discern; to perceive; **a meu ver:** as far as I can see, in my opinion; **não ter nada que ver com:** to have nothing to do with.

veracidade, *s. f.* veracity; truthfulness.

veranear, *v. intr.* to spend the summer; to summer.

Verão, *s. m.* summer, summertime.

verba, *s. f.* item; sum; article; appropriation; fund.

verbal, *adj.* verbal; oral.

verbalizar, *v. tr.* to verbalize.

verbalmente, *adv.* verbally; orally.

verberar, *v. tr.* to reprove; to strike; to beat.

verbete, *s. m.* account; bill; note; card.

verbo, *s. m.* verb; word.

verborreia, *s. f.* verbosity; loquacity.

verbosidade, *s. f.* verbosity; wordiness.

verboso, *adj.* prolix; verbose; loquacious; wordy.

verdade, *s. f.* truth, veracity; sincerity; truthfulness.

verdadeiramente, *adv.* indeed; truly; really, truthfully.

verdadeiro, *adj.* true; loyal; truthful; veracious; reliable; veritable; real.

verde, *adj.* green; undried; unripe; tart (wine); fresh; youthful; **verde claro:** light; green; **verde escuro:** dark green.

verdejante, *adj.* fresh; verdant; grassy; viridescent.

verdejar, *v. intr.* to become green; to green.

verdura, *s. f.* verdure; greenness; foliage; vegetables; greens.

vereação, *s. f.* town-council; the aldermen.

vereador, *s. m.* town-councillor; alderman.

verear, 1. *v. tr.* to administer (as a town councillor); **2.** *v. tr.* to be a town-councillor.

vereda, *s. f.* foot-path.

veredicto, *s. m.* verdict; judgement.

vergalho, *s. m.* whip.

vergão, *s. m.* weal (left on the flesh by a stroke).

vergar, 1. *v. tr.* to bend; to abase; to lower; **2.** *v. intr.* to bend; **3.** *v. refl.* to bow, to stoop.

vergasta, *s. f.* switch.

vergastar, *v. tr.* to switch; to whip.

vergonha, *s. f.* shame; modesty; decency; ignominy; blush; confusion; **corar de vergonha:** to flush with shame.

vergonhoso, *adj.* shameful; bashful.

veridicidade, *s. f.* veracity.

verídico, *adj.* truthful; veracious.

verificação, *s. f.* verification; examination; checking.

verificador, 1. *adj.* verifying; **2.** *s. m.* verifier; inspector.

verificar, 1. *v. tr.* to verify; to examine; to confirm the truth of; to check; **2.** *v. refl.* to bear out, to verify.

verificável, *adj.* verifiable.

verme, *s. m.* worm; grub.

vermelhão, *s. m.* vermilion; redness.

vermelhar, v. intr. to redden.
vermelhidão, s. f. redness; blush; flush.
vermelho, adj. red; ruddy; crimson.
vermute, s. m. vermuth.
vernáculo, adj. e s. m. vernacular.
verniz, s. m. varnish; polish; nail polish.
verosímil, adj. likely; probable.
verosimilhança, s. f. verisimilitude; probability.
verrina, s. f. lampoon; diatribe.
verruga, s. f. wart; verruca.
verruma, s. f. drill; gimlet.
verrumar, v. tr. to drill; to perforate; to bore.
versado, adj. versed; skilled; proficient.
versão, s. f. version; turning; description; report.
versar, 1. v. tr. to turn; to manage; to roll; 2. v. intr. to deal with; to consist; to verse; to make verses.
versátil, adj. versatile; changeable; variable.
versatilidade, s. f. versatility.
versejador, s. m. versifier; versemonger.
versejar, v. intr. to versify; to make verses.
versículo, s. m. versicle.
verso, s. m. verse; stanza; poetry; verso; reverse.
vértebra, s. f. vertebra.
vertebrado, 1. adj. vertebrate(d); 2. s. m. vertebrate; pl. Vertebrata.
vertebral, adj. vertebral.
vertente, 1. adj. spilling; 2. s. f. slope; side.
verter, 1. v. tr. to spill; to shed (tears); to turn into; 2. v. intr. to leak; to ooze; to overflow.
vertical, adj. e s. f. vertical.
verticalidade, s. f. verticality.
verticalmente, adv. vertically.
vértice, s. m. vertex; top; apex.
vertigem, s. f. vertigo; dizziness; giddiness.

vesgo, 1. adj. squinting, squint-eyed; 2. s. m. squinter.
vesícula, s. f. vesicle; bubble; bladder; blister.
vespa, s. f. wasp.
vespão, s. m. hornet.
vespeiro, s. m. wasp's nest.
véspera, s. f. eve; evening; day before; **véspera de Natal:** Christmas Eve.
vespertino, 1. adj. vespertine; 2. s. m. evening paper.
vestal, s. f. vestal.
veste, s. f. dress; clothing; garment; vestment.
vestiário, s. m. cloak-room.
vestibular, adj. vestibular.
vestíbulo, s. m. vestibule; hall; porch; lobby.
vestido, s. m. dress; garment; gown; frock; **vestido justo:** close fitting dress.
vestígio, s. m. vestige; footprint; sign; trail; trace; evidence.
vestimenta, s. f. clothes; dress; garment; vestment.
vestir, 1. v. tr. to put on; to dress; to clothe; to wear; to adorn; 2. v. refl. to dress oneself.
vestuário, s. m. clothes; dress; clothing.
vetar, v. tr. to veto.
veterano, adj. e s. m. veteran.
veterinária, s. f. veterinary science.
veterinário, 1. adj. veterinary; 2. s. m. veterinarian; vet.
veto, s. m. veto; prohibition; interdiction.
vetusto, adj. old; ancient.
véu, s. m. veil; disguise; curtain.
vexação, s. f. annoyance; trouble; vexation.
vexame, s. m. shame; affront.
vexar, v. tr. to vex; to humble; to harass; to shame.
vez, s. f. time; turn; occasion; opportunity; **às vezes:** sometimes, at times; **cada vez mais:**

more and more, increasingly; **de vez em quando:** now and then; **é a sua vez de jogar:** it's your turn to play, it's your play; **em vez de:** instead of, in place of; **era uma vez:** once upon a time; **mais de uma vez:** more than once; **muitas vezes:** many times, many a time.

via, *s. f.* way; road; track; direction; manner; motive; **por via aérea:** by air-mail.

viabilidade, *s. f.* viability.

viação, *s. f.* conveying; transport; transportation.

viaduto, *s. m.* viaduct.

viagem, *s. f.* travel; journey (by land); voyage (by sea); trip; tour; **viagem de dois dias:** a two days' journey.

viajado, *adj.* travelled.

viajante, 1. *adj.* travelling; **2.** *s. m. f.* traveller; voyager (by sea).

viajar, *v. intr.* to travel; to journey; to voyage.

viatura, *s. f.* vehicle; carriage; coach; van.

viável, *adj.* practicable; executable; passable.

víbora, *s. f.* viper; adder.

vibração, *s. f.* vibration; oscillation; thrill.

vibrador, *s. m.* vibrator.

vibrante, *adj.* vibrant; vibrating; thrilling.

vibrar, *v. tr.* to vibrate; to brandish; to cause to quiver; to strike; to throb; to thrill.

vice-almirante, *s. m.* vice-admiral.

vice-chanceler, *s. m.* vice-chancellor.

vice-cônsul, *s. m.* vice-consul.

vice-governador, *s. m.* vice-governor; deputy governor.

vicejar, *v. intr.* to grow luxuriantly; to flourish.

vice-presidência, *s. f.* vice-chairmanship; vice-presidency.

vice-presidente, *s. m.* deputy chairman; vice-chairman; vice-president.

vice-rainha, *s. f.* vice-queen.

vice-realeza, *s. f.* viceroyalty.

vice-rei, *s. m.* viceroy.

vice-reinado, *s. m.* viceroyalty.

vice-reitor, *s. m.* vice-rector.

viciado, *adj.* addict; vitiated; **ar viciado:** vitiated air.

viciador, 1. *adj.* vitiating; **2.** *s. m.* vitiator.

viciar, *v. tr.* to vitiate; to corrupt; to adulterate; to forge.

vício, *s. m.* vice, defect; blemish; fault; depravity.

viciosamente, *adv.* viciously.

vicioso, *adj.* vicious; faulty; imperfect; corrupt; depraved.

vicissitude, *s. f.* vicissitude; change; revolution; reverse (of fortune).

viço, *s. m.* exuberance; luxuriance; lushness.

viçoso, *adj.* verdant; flourishing; lush; exuberant.

vida, *s. f.* life; existence; lifetime; livelihood; vivacity; animation; **ganhar a vida como professor:** to make a living as a teacher; **mete-te na tua vida!:** mind your own business!; **modo de vida:** living, manner of life; **que dura toda a vida:** lifelong; **questão de vida ou de morte:** matter of life and death.

videira, *s. f.* vine; grape-vine.

vidente, *s. m. f.* seer; prophet.

vídeo, *s. m.* video.

vidraça, *s. f.* window-pane.

vidraçaria, *s. f.* glass-windows; glazier's shop.

vidraceiro, *s. m.* glazier.

vidrado, *adj.* glazed; dim.

vidrar, *v. tr.* to glaze; to make dim.

vidraria, *s. f.* glass-work; glass-shop; glass-making.

vidreiro, s. m. glassmaker.

vidro, s. m. glass; flask; pane (of a window); *(fig.)* a touchy person.

viela, s. f. alley, lane.

viés, s. m. obliquity; **cortado em viés:** cut on the bias.

viga, s. f. beam; girder; joist.

vigamento, s. m. beams; frame (of a building).

vigar, v. tr. to put beams to.

vigararia, s. f. vicarage; vicariate.

vigarice, s. f. cheat, trick.

vigário, s. m. vicar.

vigarista, s. m. f. swindler; confidence man, cheat, sharper.

vigarizar, v. tr. to cheat; to swindle.

vigésimo, num. twentieth.

vigia, s. f. watch; vigilance; sentinel; sentry-box; peep-hole; lookout; vigil.

vigiador, 1. adj. watching; **2.** s. m. watcher; watchman.

vigiar, 1. v. tr. to watch; to look out for; to keep an eye on; to keep guard over; **2.** v. intr. to watch; to be on the watch.

vigilância, s. f. vigilance; watch; watchfulness; lookout; care; supervision; **manter vigilância:** to keep watch.

vigilante, adj. vigilant; watchful; cautious; attentive.

vigília, s. f. vigil; insomnia; sleeplessness; eve (of a festival).

vigor, s. m. vigour; strength; energy; force; activity; **entrar em vigor:** to come into effect.

vigorar, 1. v. tr. to invigorate; **2.** v. intr. to be in force.

vigoroso, adj. vigorous; strong; robust; forceful.

vil, adj. vile; base; mean.

vila, s. f. small town; country-house, villa.

vilania, s. f. villainy; meanness.

vilão, 1. adj. rustic; boor; plebeian; **2.** s. m. villager; countryman; villain; serf.

vileza, s. f. meanness; vileness; wickedness.

vilipendiar, v. tr. to vilipend; to vilify; to defame; to slander.

vime, s. m. osier; withe.

vinagre, s. m. vinegar.

vinagreiro, s. m. vinegar-seller; vinegar-maker.

vincar, v. tr. to crease; *(fig.)* to emphasize.

vinco, s. m. crease (of a pair of trousers); fold; plait; wale (on the flesh).

vinculado, adj. entailed; bound.

vincular, 1. adj. entailing; **2.** v. tr. to entail; to tie; to bind.

vínculo, s. m. entail; link; tie.

vinda, s. f. coming; arrival.

vindicar, v. tr. to vindicate; to claim; to recover.

vindicativo, adj. vindicative.

vindima, s. f. grape harvest.

vindimador, s. m. vintager.

vindimar, v. tr. to gather grapes.

vindo, adj. come; arrived.

vindouro, s. m. future; forthcoming.

vingador, 1. adj. avenging; **2.** s. m. avenger; revenger.

vingança, s. f. vengeance; revenge; retaliation.

vingar, 1. v. tr. to avenge; to revenge (an injustice, a person); **2.** v. intr. to thrive; **3.** v. refl. to revenge oneself.

vingativo, adj. vindictive; revengeful; vindicatory.

vinha, s. f. vineyard.

vinhal, s. m. vineyard.

vinhedo, s. m. vineyard.

vinho, s. m. wine; **vinho de mesa:** table wine; **vinho do Porto:** port, port wine; **vinho seco:** dry wine; **vinho tinto:** red wine.

vinicultor, s. m. viniculturist.

vinicultura, s. f. viniculture.

vinil, s. m. vinyl.

vinte, *num.* twenty.

viola, *s. f.* French guitar.

violação, *s. f.* rape; outrage; violation; infringement; breaking.

violáceo, *adj.* violaceous.

violador, 1. *adj.* violative; **2.** *s. m.* violator; ravisher.

violar, *v. tr.* to violate; to infringe; to ravish; to deflower; to break (a law).

violável, *adj.* violable.

violência, *s. f.* violence; outrage; vehemence; impetuosity.

violentador, 1. *adj.* forcing; **2.** *s. m.* ravisher.

violentamente, *adv.* violently.

violentar, *v. tr.* to force; to coerce; to do violence (to); to ravish.

violento, *adj.* violent; impetuous; furious; tumultuous.

violeta, 1. *adj.* violaceous; violet; **2.** *s. f.* violet.

violinista, *s. m. f.* violinist.

violino, *s. m.* violin, fiddle.

violoncelista, *s. m. f.* violoncellist.

violoncelo, *s. m.* cello, violoncello.

viperino, *adj.* viperine; venomous; malignant; viper-like.

vir, *v. intr.* to come; to proceed from; to arrive; to happen; to come back; to return; to descend; to reach; to be derived; **vir à cabeça:** to come into one's head; **vir para casa:** to come home; **vir para dentro:** to come in.

viração, *s. f.* breeze.

viradela, *s. f.* turn; turning.

viragem, *s. f.* changes.

virar, *v. tr.* to turn; to turn over; to tack; **virar a casaca:** *(fig.)* to turn one's coat; **virar as costas:** to turn one's back on.

virgem, 1. *adj.* spotless; pure; chaste; virgin; maiden; **2.** *s. f.* virgin; maid.

virginal, *adj.* virginal; chaste; pure.

virgindade, *s. f.* virginity; maidenhood.

vírgula, *s. f.* comma; **ponto e vírgula:** semicolon.

viril, *adj.* manly; virile; vigorous; strong; masculine.

virilha, *s. f.* groin.

virilidade, *s. f.* virility; manhood; vigour; energy.

virose, *s. f.* virus disease.

virtual, *adj.* virtual; possible; apparent.

virtualidade, *s. f.* virtuality.

virtude, *s. f.* virtue; rectitude; goodness; efficacy; chastity; virtuousness.

virtuosamente, *adv.* virtuously.

virtuosidade, *s. f.* virtuousness; virtuosity.

virtuoso, *adj.* virtuous; chaste.

virulento, *adj.* virulent; acrimonious; malignant.

vírus, *s. m.* virus.

visão, *s. f.* vision; sight; apparition; (range) of vision.

visar, 1. *v. tr.* to aim at; to take aim at; to visa (documents); **2.** *v. intr.* to aim; to aspire, to tend to.

visceral, *adj.* visceral.

vísceras, *s. f. pl.* viscera.

visconde, *s. m.* viscount.

viscondessa, *s. f.* viscountess.

viscosidade, *s. f.* viscosity; viscousness.

viscoso, *adj.* viscous; adhesive; sticky.

viseira, *s. f.* visor; eye-shade.

visibilidade, *s. f.* visibility.

visionar, 1. *v. tr.* to vision; to fancy; **2.** *v. intr.* to have visions.

visionário, 1. *adj.* visionary, viewy; **2.** *s. m.* castle-builder, visionary.

visita, *s. f.* visit; call; inspection; visitor, caller.

visitação, *s. f.* visitation; visiting.

visitante, *adj. e s. m. f.* visiting; visitor.

visitar, *v. tr.* to visit; to call on; to call upon; to see; to inspect.

visível, *adj.* visible (to the eye); open; apparent.

visivelmente, *adv.* visibly.

vislumbrar, 1. *v. tr.* to conjecture; to catch a glimpse; **2.** *v. intr.* to glimmer.

vislumbre, *s. m.* glimmer; glimpse; appearance; mark.

viso, *s. m.* sight; countenance; glimmer; sign; hillock.

vista, *s. f.* sight; view; aspect; intention; purpose; picture; drawing; eyesight; design; *pl.* views; **à primeira vista:** at first sight; **até à vista:** see you soon; till we meet again; **pessoa com vistas largas:** broadminded person; **ponto de vista:** viewpoint; **que dá nas vistas:** showy; **ter em vista:** to have in view; **uma vista de olhos:** a glance.

visto, 1. *adj.* seen; known; skilled; **2.** *s. m.* visa; visé.

vistoria, *s. f.* survey; inspection.

vistoso, *adj.* showy; ostentatious.

visual, *adj.* visual; **meios visuais:** visual aids, views.

visualidade, *s. f.* visuality; visibleness; mirage.

visualização, *s. f.* visualization.

visualizar, *v. tr.* to visualize.

visualmente, *adv.* visually.

vital, *adj.* vital; essential.

vitalício, *adj.* for life; lifelong; **pensão vitalícia:** life annuity.

vitalidade, *s. f.* vitality.

vitalização, *s. f.* vitalization.

vitalizar, *v. tr.* to vitalize; to animate.

vitalmente, *adv.* vitally.

vitamina, *s. f.* vitamin.

vitamínico, *adj.* vitaminic.

vitela, *s. f.* calf; veal (the flesh).

vitelino, *adj.* vitelline.

vitelina, *s. f.* vitellin.

vitelo, *s. m.* calf.

viticultor, *s. m.* wine-grower; viticulturist, viticulterer.

viticultura, *s. f.* viticulture.

vítima, *s. f.* victim; sufferer.

vitimar, *v. tr.* to victimize; to sacrifice.

vitória, *s. f.* victory; triumph; success.

vitoriosamente, *adv.* victoriously.

vitorioso, *adj.* victorious; triumphant.

vitral, *s. m.* stained-glass window.

vítreo, *adj.* vitreous; glassy; glasslike; vitric.

vitrificar, *v. tr.* to vitrify; to convert into glass.

vitrificável, *adj.* vitrifiable.

vitrina, *s. f.* shop-window; showcase.

vituperação, *s. f.* vituperation; injury; reproof.

vituperar, *v. tr.* to vituperate; to reprimand; to rebuke; to abuse; to slander; to blame.

vitupério, *s. m.* vituperation; shame; ignominy; infamy.

viúva, *s. f.* widow.

viuvez, *s. f.* widowhood.

viúvo, *s. m.* widower.

viva, 1. *s. m.* shout; cry; **2.** *interj.* hurrah!; hurray!; **viva a rainha!:** long live the Queen!

vivacidade, *s. f.* vivacity; liveliness; spirit; vividness.

vivamente, *adv.* lively; quickly.

vivaz, *adj.* vivacious; lively; animated; buoyant.

viveiro, *s. m.* fish-pond; nursery, vivarium.

vivenda, *s. f.* villa; country house; cottage; dwelling.

viver, *v. intr.* to live; to be alive; to exist; to subsist; to survive; **viver à altura de:** to live up to; **viver até à idade de:** to live to the age of; **viver de:** to live on; **viver sozinho:** to live alone; **maneira de viver:** way of living.

víveres, *s. m. pl.* provisions.

vívido, *adj.* vivid; lively; intense; bright; vigorous.

vivificação, *s. f.* vivification.

vivo, *adj.* live; alive; living; keen; vivid; ready; quick; sharp (contrast); bright (colour); lively (colour, imagination, feeling); **ao vivo:** live; **à viva força:** forcibly.

vizinhança, *s. f.* vicinity; neighbourhood; nearness.

vizinho, 1. *adj.* near; **2.** *s. m.* neighbour.

voador, *adj.* flying; hurried.

voar, *v. intr.* to fly; to soar; to flee; to run away; to burst.

vocabular, *adj.* relating to a word.

vocabulário, *s. m.* vocabulary.

vocábulo, *s. m.* word.

vocação, *s. f.* vocation; calling; inclination; **ter vocação:** to have vocation (for).

vocal, *adj.* vocal.

vocálico, *adj.* vocalic.

vocalista, *s. m. f.* vocalist.

vocalização, *s. f.* vocalization.

vocalizar, *v. tr.* to vocalize.

vocalmente, *adv.* vocally.

você, *pron. pess.* you.

vociferação, *s. f.* vociferation; shout; outcry.

vociferante, *adj.* vociferant.

vociferar, *v. tr. e intr.* to vociferate; to bawl; to shout.

voga, *s. f.* vogue; fashion; currency; usage; rowing; **estar muito em voga:** to be all the rage; to be all the fashion.

vogal, 1. *adj.* vocal; vocalic; **2.** *s. m.* voter; member of a board, etc.; **3.** *s. f.* vowel.

volante, 1. *adj.* flying; volant; **2.** *s. m.* steering-wheel; fly-wheel.

volatear, *v. intr.* to flutter.

volátil, *adj.* volatile; flighty.

volatilização, *s. f.* volatilization.

volatilizar, 1. *v. tr.* to volatilize; to pass off as vapor; **2.** *v. refl.* to volatilize.

volfrâmio, *s. m.* wolfram.

volitante, *adj.* fluttering.

volitar, *v. intr.* to flutter.

volt, *s. m.* volt.

volta, *s. f.* turn; turning; bend; curve; deflexion; vicissitude; alteration; rotation; return; **andar à volta:** to go round; **andar às voltas:** to go round and round; **à nossa volta:** all around us; **à volta de:** about; **ir dar uma volta:** to go for a stroll; **por volta dos quarenta:** about forty; forty odd; **viagem de ida e volta:** return journey; return voyage.

voltagem, *s. f.* voltage.

voltar, 1. *v. intr.* to come back; to return; to turn in (an overcoat, to the right); to turn again; to rotate; to move round; to reverse; to reply; to transmute; to capsize (a boat); to turn over; **voltar à esquerda:** to turn to the left; **2.** *v. refl.* to turn away.

voltear, 1. *v. intr.* to turn round; to vault; **2.** *v. tr.* to whirl; to wave, to swing round.

volteio, *s. m.* vaulting.

volteiro, *adj.* fluttering; unsteady.

voltímetro, *s. m.* voltmeter.

vóltio, *s. m.* volt.

volubilidade, *s. f.* volubility; inconstance.

volume, *s. m.* volume; bulk; book; tome; corpulence; fullness.

volumétrico, *adj.* volumetric; volumetrical.

voluminoso, *adj.* voluminous; intense; strong; full; loud.

voluntariado, *s. m.* volunteering; the volunteers.

voluntariamente, *adv.* willingly; voluntarily.

voluntário, 1. *adj.* voluntary; spontaneous; **2.** *s. m.* volunteer.

volúpia, *s. f.* voluptuousness; sensuality.

voluptuosamente, *adv.* voluptuously.

voluptuosidade, *s. f.* voluptuousness.

voluptuoso, *adj.* voluptuous; sensual.

volúvel, *adj.* inconstant; changeable; fickle.

volver, 1. *v. tr.* to turn; to transform; to convert into; to revolve; **2.** *v. intr.* to return; to come back.

vomitar, 1. *v. tr.* to vomit; to throw up; to belch forth; **2.** *v. intr.* to vomit; to spew.

vómito, *s. m.* vomit; vomiting; spewing; spew.

vomitório, *s. m.* e *adj.* vomitory; emetic.

vontade, *s. f.* will; wish; determination; purpose; caprice; desire; volition; **à vontade:** informal; at ease, at will; **de boa vontade:** willingly; **pôr-se à vontade:** to make oneself easy.

voo, *s. m.* flight; flying; **voo de avião:** a flight in a plane; **levantar voo:** to take off, to take flight.

voracidade, *s. f.* voracity; greediness; ravenousness.

voraz, *adj.* voracious; ravenous; greedy; ravening.

vos, *pron. pess.* you; to you.

vós, *pron. pess.* you.

vosso, 1. *adj. poss.* your; **2.** *pron. poss.* yours.

votação, *s. f.* voting; poll.

votante, 1. *adj.* voting; **2.** *s. m. f.* voter.

votar, 1. *v. tr.* e *intr.* to vote; to cast a vote; to vow; **2.** *v. refl.* to devote; to apply oneself.

voto, *s. m.* vow; promise; oath; wish; desire; suffrage; vote.

vovó, *s. f.* grandma, granny, grannie, gran.

vovô, *s. m.* grandpa.

voz, *s. f.* voice; speech; language; outcry; noise; report.

vozear, *v. intr.* to bawl; to halloo; to cry out.

vozearia, *s. f.* outcry; bawling; uproar.

vozeirão, *s. m.* thundering voice.

vulcânico, *adj.* volcanic.

vulcanite, *s. f.* vulcanite; ebonite.

vulcanização, *s. f.* vulcanization; metallization (of rubber).

vulcanizar, *v. tr.* to vulcanize.

vulcão, *s. m.* volcano.

vulgar, 1. *adj.* vulgar; common; ordinary; coarse; low; **2.** *s. m.* the vernacular.

vulgaridade, *s. f.* vulgarity; triviality.

vulgarização, *s. f.* vulgarization.

vulgarizar, *v. tr.* to vulgarize; to popularize.

vulgarmente, *adv.* commonly; usually; vulgarly.

vulgo, *s. m.* the populace; the vulgar; the common people.

vulnerabilidade, *s. f.* vulnerability.

vulnerar, *v. tr.* to wound; to offend; to hurt.

vulnerário, *adj.* vulnerary.

vulnerável, *adj.* vulnerable.

vulto, *s. m.* face; visage; form; figure; aspect.

vultuoso, *adj.* voluminous; bulky.

vulva, *s. f.* vulva.

W

W, w, *s. m.* the twenty-third letter of the alphabet.

western, *s. m.* western.

X

X, x, *s. m.* the twenty-fourth letter of the alphabet.
xá, *s. m.* shah.
xácara, *s. f.* romance; ballad.
xadrez, *s. m.* chess; check; **em xadrez:** chequered.
xaile, *s. m.* shawl.
xanteína, *s. f.* xanthein.
xantina, *s. f.* xanthine.
xântio, *s. m.* Xanthium.
xaque, *s. m.* check.
xaquear, *v. tr.* to check.
xaroco, *s. m.* sirocco.
xaropada, *s. f.* (cough) syrup.
xarope, *s. m.* syrup.
xaroposo, *adj.* syrupy.
xaveco, *s. m.* xebec; old boat; old car.
xelim, *s. m.* shilling.

xénon, *s. m.* xenon.
xenófico, *adj.* xenophobe.
xenofobia, *s. f.* xenophobia.
xenófobo, *s. m.* xenophobe.
xeque, *s. m.* check; repulse; failure; sheik(h) (in Arabia).
xeque-mate, *s. m.* checkmate.
xerez, *s. m.* sherry.
xerifado, *s. m.* sheriffdom.
xerife, *s. m.* sheriff.
xícara, *s. f.* cup.
xileno, *s. m.* xylene, xylol.
xilófago, *adj.* xylophag.
xilofone, *s. m.* xylophone.
xilografia, *s. f.* xylography.
xilógrafo, *s. m.* xylographer.
xilonite, *s. f.* xylonite.
xisto, *s. m.* schist; xystus.
xistoso, *adj.* schistous; schistose.

Y

Y, y, *s. m.* the twenty-fifth letter of the alphabet.

yoga, *s. m.* yoga.

Z

Z, z, *s. m.* the twenty-sixth letter of the alphabet.

zagaia, *s. f.* assagai; assegai.

zagala, *s. f.* shepherdess.

zagalote, *s. m.* small bullet; buck-shot.

zagunchar, *v. tr.* to spear.

zaguncho, *s. m.* spear.

zambujal, *s. m.* wild olive grove.

zambujo, *s. m.* wild olive.

zambulho, *s. m.* wild olive.

zampar, *v. tr. e intr.* to eat greedily; to eat up.

zanga, *s. f.* anger; rage; aversion; dislike; quarrel; tiff; falling-out.

zangado, *adj.* angry; cross.

zangão, *s. m.* drone.

zangar, 1. *v. tr.* to anger; to make angry; **2.** *v. refl.* to get angry; to be cross.

zarabatana, *s. f.* blow-gun.

zaragata, *s. f.* disturbance; disorder; riot; uproar; quarrel.

zaragateiro, 1. *adj.* noisy, rowdy; **2.** *s. m.* rioter, rowdy.

zarcão, *s. m.* red lead; minium.

zarco, *adj.* light-blue-eyed.

zarelhar, *v. intr.* to meddle; to intrigue.

zarelho, *s. m.* busybody.

zarolho, *adj.* one-eyed; squint-eyed.

zebra, *s. f.* zebra.

zebrado, *adj.* striped.

zebrar, *v. tr.* to stripe.

zefire, *s. m.* zephyr.

zéfiro, *s. m.* zephyr; breeze.

zelador, 1. *adj.* watching; **2.** *s. m.* watchman; overseer.

zelar, 1. *v. tr.* to watch over; to take care; **2.** *v. intr.* to be jealous.

zelo, *s. m.* zeal; care; solicitude; caution, keenness.

zelosamente, *adv.* zealously.

zeloso, *adj.* zealous; careful; solicitous.

zenital, *adj.* zenithal.

zénite, *s. m.* zenith.

zepelim, *s. m.* Zeppelin.

zero, *s. m.* zero; nought.

zeugma, *s. f.* zeugma.

zeugmático, *adj.* zeugmatic.

ziguezague, *s. m.* zigzag.

ziguezagueante, *adj.* zigzagging.

ziguezaguear, *v. intr.* to zigzag; to reel about.

zimbral, *s. m.* juniper-grove.

zimbro, *s. m.* juniper; juniper-tree.

zimogenia, *s. f.* zymogenesis.

zimologia, *s. f.* zymology.

zimose, *s. f.* zymosis.

zinco, *s. m.* zinc.

zincogravura, *s. f.* zincography; zincotype.

zingração, *s. m.* mockery; scoffing.

zingrar, 1. *v. tr.* to mock; **2.** *v. intr.* to scoff.

zircónio, *s. m.* zirconium.

zirro, *s. m.* sea swallow.

zodiacal, *adj.* zodiacal.

zodíaco, *s. m.* zodiac.

zoina, *adj.* giddy.

zombador, 1. *adj.* mocking; **2.** *s. m.* mocker, jester.

zombar, *v. intr.* to mock; to scoff, to jeer.

zombaria, *s. f.* derision; mockery; scoffing.

zombeteiro, *adj.* mocking.

zona, *s. f.* zone, area.

zonal, *adj.* zonal.

zoobiologia, *s. f.* zoobiology.

zoobiológico, *adj.* zoobiological.
zoófago, *adj.* zoophagous.
zoófilo, *adj.* zoophilist.
zoófito, *s. m.* zoophyte.
zoogenia, *s. f.* zoogeny.
zoogeografia, *s. f.* zoogeography.
zoografia, *s. f.* zoography.
zoográfico, *adj.* zoographical.
zoógrafo, *s. m.* zoographer.
zoólatra, *adj.* zoolatrous; zoolater.
zoolatria, *s. f.* zoolatry.
zoólito, *s. m.* zoolite.
zoologia, *s. f.* zoology.
zoológico, *adj.* zoological; **jardim zoológico:** zoological garden; *(fam.)* zoo.
zoólogo, *s. m.* zoologist.
zoomagnético, *adj.* zoomagnetic.
zoometria, *s. f.* zoometry.
zoomorfia, *s. f.* zoomorphism.
zoomórfico, *adj.* zoomorphic.
zoonómico, *adj.* zoonomic.
zooplastia, *s. f.* zooplasty.
zooquímica, *s. f.* zoochemistry.
zooscópico, *adj.* zooscopic.
zootecnia, *s. f.* zootechny, zootechnics.
zootécnico, *adj.* zootechnic.
zooterapia, *s. f.* zootherapy.
zootomia, *s. f.* zootomy.
zootomista, *s. m. f.* zootomist.

zorra, *s. f.* truck; sledge.
zorral, *s. m.* starling.
zorro, *s. m.* dog-fox.
zoupeiro, *adj.* sluggish.
zulo, *s. m.* Zulu.
zumbaia, *s. f.* profound bow.
zumbido, *s. m.* buzz; rustling; whirring; hum; zoom.
zumbidor, *adj.* buzzing; whirring; humming.
zumbir, *v. intr.* to buzz; to whir; to hum.
zumbo, *s. m.* buzzing; report; rumour.
zunir, *v. intr.* to whistle; to hum; to whiz; to buzz.
zunzum, *s. m.* rumour; intrigue; hum.
zupar, *v. intr.* to beat; to strike.
zurrada, *s. f.* braying.
zurrador, *adj.* braying.
zurrapa, *s. f.* bad wine, cat-lap.
zurrar, *v. intr.* to bray.
zurro, *s. m.* bray; braying.
zurvada, *s. f.* shower.
zurzidela, *s. f.* cudgelling; drubbing; thrashing.
zurzir, *v. intr.* to whip; to cudgel; to chastise; to scold; to strike; to thrash.

despotismo, s. m. despotism; tyranny.

despovoado, 1. adj. depopulated, unpeopled; **2.** s. m. desert, desert place.

despovoar, v. tr. to depopulate.

desprazer, 1. s. m. displeasure; grief; **2.** v. intr. to displease.

despregar, 1. v. tr. to unnail; to unscrew; **2.** v. refl. to get loose.

desprender, 1. v. tr. to unfasten; to loose; **2.** v. refl. to get loose, to get untied.

desprendimento, s. m. unfastening; abnegation; falling.

despreocupação, s. f. carelessness.

despreocupado, adj. careless, carefree; thoughtless; **pessoa despreocupada:** an easy-going person.

despreocupar, 1. v. tr. to free from care; to ease someone's mind; **2.** v. refl. to cease worrying about, to cast to the winds.

desprestigiar, 1. v. tr. to depreciate; to discredit; to disrepute; **2.** v. refl. to fall into disrepute.

desprestígio, s. m. depreciation; discredit; disrepute.

despretensioso, adj. unassuming; modest.

desprevenido, adj. unprovided; unwary; **ser apanhado desprevenido:** to be taken unawares, to be caught napping.

desprevenir, v. tr. to neglect; to countermand.

desprezar, v. tr. to despise; to scorn; to contemn.

desprezível, adj. contemptible; mean; despicable.

desprezo, s. m. disdain; contempt; scorn; **dar-se ao desprezo:** to become despicable.

desprimor, s. m. unfairness.

desproporção, s. f. disproportion; disparity.

desproporcionado, adj. disproportionate; unsuitable.

despropósito, s. m. nonsense; absurdity.

desproteger, v. tr. to deprive of protection; to forsake.

desprotegido, adj. unprotected.

desqualificação, s. f. disqualification.

desqualificar, v. tr. to disqualify.

desquitar, 1. v. tr. to cause a divorce; **2.** v. refl. to get rid of; to divorce.

desquite, s. m. divorce.

desratização, s. f. mice extermination.

desratizar, v. tr. to exterminate mice.

desregramento, s. m. immorality; excess.

desregrar, 1. v. tr. to lead astray; **2.** v. refl. to misconduct oneself.

desrespeitar, v. tr. to disrespect.

desrespeito, s. m. disrespect.

desse, contracção da preposição **de** com o pronome ou adjectivo demonstrativo **esse,** of that; from that.

dessedentar, v. tr. to quench one's thirst.

destacamento, s. m. detachment; prominence.

destacar, 1. v. tr. to detach; to detail; **2.** v. refl. to stand out.

destapar, v. tr. to uncover; to open.

destaque, s. m. evidence; **estar em destaque:** to be in the limelight; **de destaque:** outstanding; **pôr em destaque:** to point out.

destarte, adv. thus.

deste, contracção da preposição **de** com o pronome ou adjectivo demonstrativo **este,** of this; from this.

destemido, *adj.* fearless; courageous.

destemor, *s. m.* fearlessness.

destemperar, *v. tr.* to untemper; to untune; to disconcert.

destempero, *s. m.* disorder; disturbance.

desterrar, *v. tr.* to exile; to banish.

desterro, *s. m.* exile; banishment; wilderness.

destilação, *s. f.* distillation.

destilar, *v. tr.* to distil; to exude; to trickle down.

destilaria, *s. f.* distillery.

destinar, *v. tr.* to destine; to appoint; to design.

destinatário, *s. m.* addressee; **caso não se encontre o destinatário devolver a:** if undelivered return to.

destino, *s. m.* destiny; destination; fate; **com destino a:** bound for; **chegaram ao seu destino:** they arrived at their destination; **decidir do destino de:** to decide someone's fate.

destituição, *s. f.* destitution; dismissal.

destituído, *adj.* dismissed.

destituir, *v. tr.* to dismiss; to deprive of.

destoar, *v. intr.* to discord; to unfit.

destrambelhado, *adj.* foolish; insane; raving.

destrambelhar, 1. *v. intr.* to rave; **2.** *v. refl.* to become deranged.

destrancar, *v. tr.* to unbar.

destravar, *v. tr.* to unfetter; to release the brake.

destreinado, *adj.* out of training; out of practice.

destreza, *s. f.* skill; cunning, cleverness.

destrinçar, *v. tr.* to specify; to disentangle; to extricate.

destroçar, *v. tr.* destroy; to annihilate.

destroço, *s. m.* spoil; wreck (of a ship).

destronamento, *s. m.* dethronement.

destronar, *v. tr.* to dethrone.

destruição, *s. f.* destruction; ruin; ravage.

destruidor, 1. *adj.* destructive; destroying; **2.** *s. m.* destroyer.

destruir, *v. tr.* to destroy; to waste; to annihilate; to blot out.

destrunfar, *v. tr.* to draw the trump.

destrutivo, *adj.* destructive; ruinous; wasteful.

desumanidade, *s. f.* inhumanity; cruelty.

desumano, *adj.* inhuman; unfeeling; cruel.

desunião, *s. f.* disunion.

desunir, *v. tr.* to disjoin; to separate.

desusado, *adj.* unusual; obsolete.

desuso, *s. m.* disuse; **cair em desuso:** to fall into disuse, to go out of use.

desvairado, *adj.* deranged.

desvairamento, *s. m.* distraction; hallucination; frenzy.

desvairar, 1. *v. tr.* to hallucinate; **2.** *v. intr.* to get distracted.

desvalorização, *s. f.* depreciation; devaluation; undervaluation.

desvalorizar, *v. tr.* to depreciate; to devaluate; to undervalue.

desvanecer, 1. *v. tr.* to dissipate; **2.** *v. refl.* to vanish; to disappear; to melt away.

desvanecimento, *s. m.* dissipation.

desvantagem, *s. f.* disadvantage.

desvario, *s. m.* raving; incongruity; madness.

desvelado, *adj.* careful; unveiled.

desvelo, *s. m.* care; zeal; devotion.

desvendar, *v. tr.* to discover; to reveal.

desventura, *s. f.* misfortune.

desviar, 1. *v. tr.* to remove; to lead astray; to divert; to mislead; **desviar a conversa:** to beat about the bush; **desviar dinheiro:** to embezzle; **desviar um avião:** to hijack a plane; 2. *v. intr.* to deviate; 3. *v. refl.* to swerve from.

desvincar, *v. tr.* to unwrinkle.

desvio, *s. m.* deviation; error; detour; **tivemos que fazer um desvio (de caminho):** we had to make a detour.

desvirtuar, *v. tr.* to depreciate.

desvitalização, *s. f.* devitalization.

desvitalizar, *v. tr.* to devitalize.

detalhar, *v. tr.* to detail.

detalhe, *s. m.* detail; **entrar em detalhes:** to go into details.

detecção, *s. f.* detection.

detectar, *v. tr.* to detect; to discover.

detective, *s. m. f.* detective.

detector, *s. m.* detector; **detector de metais:** metal detector.

detenção, *s. f.* detention.

detentor, *s. m.* detainer; holder.

deter, 1. *v. tr.* to detain; to hold; 2. *v. refl.* to stop at; to stand still.

detergente, *s. m.* detergent.

deterioração, *s. f.* deterioration; waste.

deteriorar, *v. tr.* to deteriorate.

determinação, *s. f.* determination; resolution; decision.

determinado, *adj.* determined; definite; stubborn; resolute.

determinante, *adj. e s. m. f.* determinant.

determinar, *v. tr.* to determine; to settle; to appoint.

determinativo, *adj. e s. m.* determinative.

determinismo, *s. m.* determinism.

detestar, *v. tr.* to detest; to abhor; to loathe.

detido, *adj.* detained; hindered.

detonação, *s. f.* detonation; explosion; bang.

detonador, *s. m.* detonator.

detonar, *v. intr.* to detonate; to explode.

detractor, *s. m.* detractor; slanderer.

detrás, *adv.* after; behind.

detrimento, *s. m.* prejudice; detriment; loss; **em detrimento de:** to the detriment of.

detrito, *s. m.* remains; detritus.

deturpação, *s. f.* disfigurement; corruption.

deturpar, *v. tr.* to disfigure.

Deus, *s. m.* God; **Deus nos livre:** God forbid; **Deus o ouça:** may God hear you; **Deus te abençoe:** God bless you; **graças a Deus:** thank God (goodness); **pelo amor de Deus:** for God's sake; for goodness' sake; **só Deus sabe:** God only knows; **vá com Deus:** God be with you.

deusa, *s. f.* goddess.

devagar, *adv.* slowly.

devanear, *v. intr.* to rave; to muse; to meditate; to daydream.

devaneio, *s. m.* fancy; daydream.

devassar, *v. tr.* to make licentious, to debauch; to penetrate into.

devassidão, *s. f.* licentiousness.

devasso, *adj. e s. m.* licentious; libertine.

devastação, *s. f.* devastation.

devastador, 1. *adj.* devastating; 2. *s. m.* destroyer.

devastar, *v. tr.* to devastate; to destroy; to ravage.

devedor, *s. m.* debtor.

dever, *s. m.* duty; *pl.* homework; **cumprir o seu dever:** to fulfill one's duty.

dever, 1. *v. tr.* to owe; to have to do; **2.** *v. intr.* to be in debt; **3.** *v. imp.* **dever-se a:** to be due to; **deve ser assim:** it must be so.

deveras, *adv.* indeed; truly.

devido, *adj.* due; **na altura devida:** in due course, at the right time.

devoção, *s. f.* devotion.

devolução, *s. f.* devolution; restitution.

devoluto, *adj.* vacant.

devolver, *v. tr.* to return (to); to give back.

devorar, *v. tr.* to eat up; to consume; to waste, to raven.

devotado, *adj.* devoted; dedicated.

devotar, *v. tr. e refl.* to devote; to dedicate.

devoto, 1. *adj.* devout; pious; **2.** *s. m.* devotee.

dextra, *s. f.* the right hand.

dez, *num.* ten.

dezanove, *num.* nineteen.

dezasseis, *num.* sixteen.

dezassete, *num.* seventeen.

Dezembro, *s. m.* December.

dezena, *s. f.* ten; half a score.

dezoito, *num.* eighteen.

dia, *s. m.* day; **dia a dia:** day by day; **dia após dia:** day after day; **dia de anos:** birthday; **dia de féria:** pay day; **dia sim, dia não:** day in day out; **certo dia:** one day, on a certain day; **durante o dia:** by day, during the day; **de dia para dia:** from day to day; **hoje em dia:** nowadays; **qualquer dia:** some day; **noite e dia:** day and night; **todo o dia:** all day long; **todos os dias:** every day, daily.

diabetes, *s. f. (med.)* diabetes.

diabético, *adj. e s. m.* diabetic.

Diabo, *s. m.* devil.

diabólico, *adj.* devilish; diabolical; diabolic.

diabrura, *s. f.* trick.

diadema, *s. m.* diadem, crown.

diáfano, *adj.* diaphanous; transparent.

diafragma, *s. m.* diaphragm.

diagnosticar, *v. tr.* to diagnose.

diagnóstico, 1. *adj.* diagnostic; **2.** *s. m.* diagnosis.

diagonal, *adj. e s. f.* diagonal.

diagrama, *s. m.* diagram.

dialecto, *s. m.* dialect.

diálise, *s. f.* dialysis.

dialogar, 1. *v. tr.* to dialogue; **2.** *v. intr.* to converse.

diálogo, *s. m.* dialogue.

diamante, *s. m.* diamond; **bodas de diamante:** diamond wedding.

diametralmente, *adv.* diametrically; **diametralmente opostos:** diametrically opposed.

diâmetro, *s. m.* diameter.

diante, *adv.* before; in front; **de hoje em diante:** henceforth, from now on.

dianteira, *s. f.* forepart; front; **na dianteira:** in the lead.

diapasão, *s. m.* tuning-fork.

diapositivo, *s. m.* slide, transparency.

diário, 1. *adj.* daily; **uso diário:** daily use; **2.** *s. m.* diary; daily paper; **escrever um diário:** to keep a diary.

diarreia, *s. f.* diarrhoea.

diatribe, *s. f.* invective; diatribe.

dica, *s. f.* hint.

dicção, *s. f.* diction.

dicionário, *s. m.* dictionary.

dicionarista, *s. m. f.* lexicographer.

dicotomia, *s. f.* dichotomy.

didáctico, *adj.* didactic.

dieta, *s. f.* diet.

dietética, *s. f.* dietetics.

dietético, adj. dietetic.

difamação, s. f. defamation; slander.

difamador, 1. adj. defaming; **2.** s. m. slanderer; detractor.

difamar, v. tr. to defame; to slander; to detract.

diferença, s. f. difference; disagreement; subtraction; **faz diferença:** it makes difference; **não faz diferença:** it makes no difference.

diferencial, adj. differential.

diferenciar, v. tr. e refl. to distinguish; to differentiate.

diferendo, s. m. disagreement

diferente, adj. different (from); unlike; distinct.

diferentemente, adv. differently.

diferir, 1. v. intr. to differ (from); to disagree; **2.** v. tr. to defer; to postpone.

difícil, adj. difficult; hard; obscure.

dificilmente, adv. hardly.

dificuldade, s. f. difficulty; hardness; objection; **dificuldades de dinheiro:** money difficulties; **isso não opõe dificuldades:** that's a matter of course; **levantar dificuldades:** to raise difficulties.

dificultar, v. tr. to make difficult, to make things harder.

difracção, s. f. diffraction.

difteria, s. f. diphtheria.

difundir, v. tr. to diffuse; to spread; to publish; to broadcast.

difusão, s. f. diffusion; expansion.

difuso, adj. diffuse; scattered.

digerir, v. tr. e intr. to digest.

digestão, s. f. digestion; **comida de fácil digestão:** easily digested food; **comida de difícil digestão:** hard digested food.

digestivo, adj. digestive; **aparelho digestivo:** digestive apparatus.

digital, adj. digital; **impressões digitais:** fingerprints.

dígito, s. m. digit.

digladiar, v. intr. to fight; to struggle.

dignar-se, v. refl. to deign; to condescend.

dignidade, s. f. dignity; honour; merit.

dignificar, v. tr. to dignify; to honour.

dignitário, s. m. dignitary.

digno, adj. worthy; honest; honourable; **digno de confiança:** reliable.

digressão, s. f. tour; digression.

dilaceração, s. f. laceration.

dilacerar, v. tr. to tear to pieces; to lacerate; to pierce.

dilapidação, s. f. dilapidation.

dilatação, s. f. dilatation; expansion.

dilatar, v. tr. to dilate; to extend; to expand.

dilema, s. m. dilemma.

diletantismo, s. m. dilettantism.

diligência, s. f. diligence, industry; proceeding; stage-coach.

diligenciar, v. tr. to endeavour; to do one's best.

diligente, adj. diligent, hard-working, industrious.

diluente, 1. adj. dilute; **2.** s. m. diluent.

diluição, s. f. dilution.

diluir, v. tr. to dilute.

dilúvio, s. m. deluge; flood.

dimanar, v. intr. to emanate; to stream.

dimensão, s. f. dimension.

diminuição, s. f. diminution; decrease; abatement; lessening; **diminuição de velocidade:** drop of speed.

diminuir, 1. v. tr. to diminish; to subtract; to lower; to lessen;

diminuir a velocidade: to slacken speed, to slow down; **2.** *v. intr.* to decrease; to abate; to fall off; **3.** *v. refl.* to demean oneself (by).

diminutivo, *s. m.* diminutive.

diminuto, *adj.* small; minute.

dinamarquês, 1. *adj.* Danish; **2.** *s. m.* Dane.

dinâmica, *s. f.* dynamics.

dinâmico, *adj.* dynamic; active.

dinamismo, *s. m.* dynamism.

dinamitar, *v. tr.* to dynamite.

dinamite, *s. f.* dynamite.

dinamizar, *v. tr.* to conduct; to carry out; to animate.

dínamo, *s. m.* dynamo.

dinamómetro, *s. m.* dynamometer.

dinastia, *s. f.* dynasty.

dinheiro, *s. m.* money; **em dinheiro:** cash; **dinheiro falso:** false money; counterfeit money; **estar sem dinheiro:** to be short of money; to be penniless; **fazer dinheiro:** to make money; **ganhar muito dinheiro:** to make lots of money; **o tempo é dinheiro:** time is money; **valer a pena o dinheiro:** to get one's money's worth.

dinossauro, *s. m.* dinosaur.

diocese, *s. f.* diocese.

dioptria, *s. f.* dioptric.

dióspiro, *s. m. (bot.)* persimon.

diploma, *s. m.* diploma; certificate.

diplomacia, *s. f.* diplomacy.

diplomado, 1. *adj.* certificated; **2.** *s. m.* graduate.

diplomata, *s. m. f.* diplomat.

diplomático, *adj.* diplomatic; **corpo diplomático:** diplomatic corps, diplomatic body.

dípode, *adj.* two-footed, dipode.

dique, *s. m.* dam; dike; barrier.

direcção, *s. f.* direction; address (in letters); management; board of directors; **em direcção a:** towards; **em direcção oposta:** in the opposite direction; **gabinete da direcção:** manager's office.

directo, *adj.* direct; straight; immediate; **acção directa:** direct action; **comboio directo:** through train; **discurso directo:** direct speech; **resposta directa:** direct answer.

director, *s. m.* director; manager; headmaster (of school), principal (of college); editor.

directoria, *s. f.* directorship; board of directors.

directório, *s. m. (inform.)* directory.

direita, *s. f.* right side; **homem às direitas:** an upright man.

direito, 1. *adj.* right; upright; straight; **2.** *adv.* directly, straight, right; **3.** *s. m.* right, privilege, law; *pl.* duties; **direitos alfandegários:** customs duties; **direitos de autor:** author's fee; **de direito:** by right; **renunciar aos seus direitos:** to give up one's rights.

dirigente, *s. m. f.* leader.

dirigir, 1. *v. tr.* to direct; to lead; **2.** *v. refl.* **dirigir-se a:** to contact (a person), to take one's way to.

dirigível, *s. m.* dirigible, airship.

discar, *v. tr.* to dial.

discernimento, *s. m.* discernment; judgement.

discernir, *v. tr.* to discern; to perceive; to distinguish.

disciplina, *s. f.* discipline; order; instruction; correction.

disciplinar, 1. *adj.* disciplinary; **pena disciplinar:** disciplinary punishment; **2.** *v. tr.* to discipline; to regulate.

discípulo, *s. m.* disciple.

disco, *s. m.* disk; record; **discos voadores:** flying saucers; **disco compacto:** compact disc, CD; **disco rígido:** *(inform.)* hard disc.

discordância, *s. f.* disagreement; discordance.

discordante, *adj.* discordant; dissonant; disagreeing; opposite.

discordar, *v. intr.* to disagree.

discórdia, *s. f.* disagreement; quarrel; discord; **pomo de discórdia:** apple of discord.

discorrer, *v. intr.* to reason; to discourse.

discoteca, *s. f.* discotheque, disco; club.

discrepância, *s. f.* discrepancy.

discreto, *adj.* cautious; prudent; discreet.

discrição, *s. f.* discretion; caution; prudence.

discricionário, *adj.* discretionary; arbitrary.

discriminação, *s. f.* discrimination; discernment; distinction.

discriminar, *v. tr.* to discriminate, to distinguish; to select.

discursar, *v. intr.* to make a speech.

discurso, *s. m.* speech.

discussão, *s. f.* discussion; argument; **discussão acesa:** bitter quarrel, heated discussion; **o assunto em discussão:** the matter in dispute; **sem discussão:** beyond dispute.

discutir, *v. intr.* to discuss; to argue; to dispute.

disenteria, *s. f. (med.)* dysentery.

disfarçar, *v. tr.* to disguise; to dissemble; **disfarçar um bocejo:** to suppress a yawn, to stifle a yawn.

disfarce, *s. m.* disguise.

disforme, *adj.* deformed; disfigured; enormous.

disformidade, *s. f.* deformity.

disjunção, *s. f.* disjunction; separation.

dislate, *s. m.* nonsense.

díspar, *adj.* unequal, unlike.

disparador, *s. m.* shooter; trigger; shutter.

disparar, 1. *v. tr.* to shoot; to fire; to discharge; **disparar à queima-roupa:** to fire at point-blank range; **2.** *v. refl.* to go off.

disparatado, *adj.* extravagant; foolish; nonsensical, silly.

disparatar, *v. intr.* to talk foolishly; to blunder.

disparate, *s. m.* nonsense; folly; blunder; **disparate!:** rubbish!; **dizer disparates:** to talk nonsense; **é um disparate pegado:** it's all rubbish.

disparidade, *s. f.* disparity.

disparo, *s. m.* shot.

dispêndio, *s. m.* expense; disbursement; **com grande dispêndio de energia:** with great effort.

dispendioso, *adj.* expensive; dear.

dispensa, *s. f.* exemption; absolving.

dispensar, *v. tr.* to dispense; to exempt.

dispensável, *adj.* dispensable.

dispersão, *s. f.* dispersion; scattering.

dispersar, *v. tr.* to disperse; to disband; to scatter.

disperso, *adj.* scattered.

displicência, *s. f.* negligence.

disponibilidade, *s. f.* availability; willingness.

disponível, *adj.* disposable; available.

dispor, 1. *v. tr.* to dispose; to determine; to fix; to place; to arrange; **2.** *v. intr.* to possess; **o homem põe e Deus dispõe:** man proposes, God disposes; **3.** *v. refl.* to get ready.

disposição, *s. f.* disposition; arrangement; order; **estar com boa disposição:** to be in a good mood; **má disposição:** crossness.

dispositivo, *s. m.* gear; apparatus; device.

disposto, *adj.* disposed; prepared; ordered; alert; **bem disposto:** good-tempered; **estar mal disposto:** to be out of sorts; **mal disposto:** bad-tempered, grumpy, cross, ill-tempered.

disputa, *s. f.* dispute; quarrel; controversy; struggle.

disputar, 1. *v. tr.* to contend for; to dispute; **disputar a vitória:** to dispute the victory; **2.** *v. intr.* to debate.

disquete, *s. f.* disquette, floppy disk.

dissabor, *s. m.* displeasure; annoyance; nuisance.

dissecação, *s. f.* dissection.

dissecar, *v. tr.* to dissect.

dissemelhança, *s. f.* dissimilitude; unlikeness.

disseminação, *s. f.* dissemination.

disseminar, *v. tr.* to disseminate; to diffuse; to scatter.

dissentir, *v. intr.* to dissent; to disagree.

dissertação, *s. f.* dissertation; essay.

dissertar, *v. intr.* to discourse.

dissidência, *s. f.* dissidence.

dissidente, *adj.* dissident.

dissimilar, *adj.* dissimilar; unlike.

dissimulação, *s. f.* dissimulation; feigning.

dissimulado, *adj.* dissembling; crafty.

dissimular, *v. tr. e intr.* to dissimulate; to disguise; to conceal; to feign; to hide (one's feelings).

dissipação, *s. f.* dissipation.

dissipar, 1. *v. tr.* to dissipate; to waste; **2.** *v. refl.* to vanish.

disso, contracção da preposição **de** com o pronome demonstrativo **isso,** of that; about that.

dissociação, *s. f.* dissociation.

dissociar, 1. *v. tr.* to dissociate; to disunite; to disconnect; **2.** *v. refl.* to dissociate oneself from.

dissolução, *s. f.* dissolution; liquefaction.

dissoluto, *adj.* dissolute; licentious.

dissolver, *v. tr.* to dissolve; to rescind; to break up.

dissonância, *s. f.* dissonance; discord.

dissuadir, *v. tr.* to dissuade.

dissuasão, *s. f.* dissuasion.

distância, *s. f.* distance; interval; **distância percorrida:** length of route; **a que distância fica?:** how far is it?; **a curta distância:** within easy distance of; **a grande distância:** at great distance, a long way off; **manter à distância:** to hold at arm's length, to keep at a distance; **manter-se à distância:** to keep one's distance.

distanciar, 1. *v. tr. e refl.* to distance; to space; to leave behind; **2.** *v. refl.* to move away.

distante, *adj.* distant; far away; remote.

distar, *v. intr.* to be distant; to be away; **distar uma milha:** to be one mile distant.

distender, *v. tr.* to distend; to enlarge; to expand.

distensão, *s. f.* distension.

distinção, *s. f.* distinction; difference; honour; superiority; eminence; rank; mark; **conferir uma distinção:** to confer a distinction on; **sem fazer distinção:** without making any distinction.

distinguir, v. tr. e refl. to distinguish; to differentiate; **distinguir um do outro:** to distinguish one from the other.

distintivo, 1. adj. distinctive; **2.** s. m. badge; sign.

distinto, adj. distinct; clear; eminent; **é uma pessoa com maneiras distintas:** he has great distinction of manner; **serviços distintos:** distinguished services.

disto, contracção da preposição **de** com o pronome demonstrativo **isto,** of this; about this.

distorcer, v. tr. to distort; to twist.

distorção, s. f. distortion.

distracção, s. f. absent-mindedness; distraction; amusement; **para distracção:** for pleasure; **por distracção:** absent-mindedly.

distraído, adj. absent-minded; distracted; inattentive.

distrair, 1. v. tr. to distract; **2.** v. refl. to amuse oneself; to be inattentive.

distribuição, s. f. distribution.

distribuidor, s. m. distributor; wholesaler.

distribuir, v. tr. to distribute; to hand out; to share.

distrito, s. m. district.

distúrbio, s. m. disturbance; trouble; disorder.

ditado, s. m. dictation; saying; proverb.

ditador, s. m. dictator; tyrant.

ditadura, s. f. dictatorship; tyranny.

ditar, v. tr. to dictate; to impose.

dito, 1. adj. named; aforesaid; said; **dito e feito:** no sooner said than done; **2.** s. m. saying.

ditongo, s. m. diphthong.

ditoso, adj. fortunate; happy.

diurno, adj. daily; diurnal.

diuturnidade, s. f. diuturnity.

diva, s. f. (fig.) goddess.

divã, s. m. couch; divan; sofa.

divagação, s. f. digression; wandering.

divagar, v. intr. to digress; to wander; to stray; to rave.

divergência, s. f. divergence; discordance.

divergir, v. intr. to diverge; to differ.

diversão, s. f. diversion; amusement, pastime; **parque de diversões:** amusement park; funfair.

diversidade, s. f. diversity; difference; variety.

diversificar, v. tr. to diversify; to branch out.

diverso, adj. different; various; diverse.

divertido, adj. amusing; funny; entertaining; enjoyable.

divertimento, s. m. amusement; pastime.

divertir, 1. v. tr. to amuse; to please; to distract; **2.** v. refl. to have a good time; to have fun.

dívida, s. f. debt; **crivado de dívidas:** deep in debt, head over ears in debt; **estar em dívida (para) com:** to be in debt to.

dividendo, s. m. dividend.

dividir, v. tr. to divide; to distribute; to share.

divindade, s. f. divinity; deity; God.

divinizar, v. tr. to deify.

divino, adj. divine; godlike.

divisão, s. f. division; distribution; room; (sports) league.

divisar, v. tr. to see; to discern; to descry.

divisibilidade, s. f. divisibility.

divisível, adj. divisible.

divisória, s. f. demarcation; partition.

divorciar, v. tr. e refl. to divorce.

divórcio, s. m. divorce.

divulgação, s. f. revelation; information; divulgation.

divulgar, *v. tr.* to divulge, to disclose; **divulgar um segredo:** to let out a secret.

dizer, *v. tr.* to say; to tell; **dizer bem:** to fit, to match well with; **dizer pelas costas:** to backbite; **porque diz isso?:** why do you say so?; **bem lhe disse!:** I told you so!; **bem o podes dizer!:** you may well say so!; **diz-se que:** they say; it is said; **que quer dizer?:** what do you mean?; **tem muito que se lhe diga:** *(fig.)* there's more in it than meets the eye; **não me digas!:** I say!; don't tell me that...

dízima, *s. f.* tithe; tax.

dizimação, *s. f.* decimation; annihilation.

dizimar, *v. tr.* to decimate; to wipe out.

do, contracção da preposição **de** com o artigo definido **o,** of; from the.

dó, *s. m.* pity; mourning; compassion; *(mús.)* do, C.

doação, *s. f.* donation.

doador, *s. m.* contributor.

doar, *v. tr.* to bestow; to give.

dobar, *v. tr.* to reel; to wind.

dobra, *s. f.* fold.

dobradiça, *s. f.* hinge.

dobrar, *v. tr.* to double; to fold; **dobrar o joelho:** to bow the knee.

dobro, *s. m.* double; **o dobro:** twice as much; twice as many.

doca, *s. f.* dock; **doca flutuante:** floating dock; **doca seca:** dry docky.

doce, 1. *adj.* sweet; soft; gentle; **doce como mel:** honeyed; **doce e amargo:** bitter-sweet; 2. *s. m.* sweet.

docemente, *adv.* sweetly; mildly; softly.

docente, *s. m. f.* teacher.

dócil, *adj.* docile; tractable.

docilidade, *s. f.* docility.

documentação, *s. f.* documentation.

documental, *adj.* documentary; **prova documental:** documentary proof.

documentar, 1. *v. tr.* to document; to supply with documents; 2. *v. refl.* to study; to get information.

documentário, *s. m.* documentary.

documento, *s. m.* document; writing; **redigir um documento:** to draw up a document.

doçura, *s. f.* sweetness; smoothness; meekness.

doença, *s. f.* sickness; infirmity; illness; **doença contagiosa:** contagious disease; **doença mortal:** mortal disease.

doente, 1. *adj.* sick; ill; 2. *s. m. f.* patient; **doente de consulta externa:** an out-patient.

doentio, *adj.* sickly; unhealthy.

doer, 1. *v. intr.* to ache; to hurt; 2. *v. refl.* to resent.

dogma, *s. m.* dogma.

dogmático, *adj.* dogmatic.

dogmatismo, *s. m.* dogmatism.

doidice, *s. f.* silliness; madness.

doidivanas, *s. m. f.* hare-brained person.

doido, 1. *adj.* foolish, mad, insane; 2. *s. m.* fool; maniac; madman; **doido varrido:** raving mad, a downright fool.

dois, *num.* two; **os dois:** both of them, the two of them; **os dois livros:** both books.

dólar, *s. m.* dollar.

dolente, *adj.* mournful; sorrowful.

dólmen, *s. m.* dolmen.

dolo, *s. m.* treachery; fraud.

doloroso, *adj.* distressing; painful; sorrowful.

dom, *s. m.* donation; gift; **o dom de:** the knack of.

domador, *s. m.* tamer.

domar, *v. tr.* to tame; to domesticate.

domesticar, *v. tr.* to domesticate; to tame.

doméstica, *s. f.* housewife.

doméstico, *adj.* domestic; **animais domésticos:** domestic animals.

domicílio, *s. m.* dwelling; residence; home; domicile.

dominação, *s. f.* domination.

dominador, 1. *adj.* domineering; overpowering; **2.** *s. m.* master; ruler, dominator.

dominar, 1. *v. tr.* to dominate, to overpower; to govern; to repress; **dominar a situação:** to have the upper hand of; **dominado por altas montanhas:** dominated by high mountains; **2.** *v. refl.* to control oneself; to choke down; to keep one's temper.

domingo, *s. m.* Sunday.

domingueiro, *adj.* belonging to Sunday; **fatos domingueiros:** one's Sunday clothes (best).

domínio, *s. m.* domination; rule; estate; property; domain; **domínio público:** public property.

dominó, *s. m.* domino.

dona, *s. f.* mistress; lady; **dona de casa:** housewife.

donativo, *s. m.* gift; donation.

donde, contracção da preposição **de** com o advérbio **aonde,** from where; whence; thence.

doninha, *s. f.* weasel.

dono, *s. m.* master; owner; **dono da casa:** the master of the house.

donzela, *s. f.* young lady; maid.

dopar, *v. tr.* to dope.

dor, *s. f.* ache; pain; sorrow.

doravante, *adv.* henceforth.

dorido, *adj.* aching; painful; sore.

dormida, *s. f.* lodging (for the night).

dorminhoco, *s. m.* sleepyhead.

dormir, *v. intr.* to sleep; **dormir profundamente:** to sleep soundly; to sleep deeply; **conseguir dormir:** to get to sleep; **estar meio a dormir:** to be half asleep; **muitas noites sem dormir:** many sleepless nights; **pôr a dormir:** to put a person to sleep; **quase não consegui dormir:** I didn't get much sleep.

dormitar, *v. intr.* to slumber; to drowse.

dormitório, *s. m.* dormitory.

dorsal, *adj.* dorsal; **espinha dorsal:** spinal column.

dorso, *s. m.* back; reverse.

dosagem, *s. f.* dosage.

dosar, *v. tr.* to dose.

dose, *s. f.* dose; portion.

dossel, *s. m.* canopy; **cama de dossel:** four-poster bed.

dotação, *s. f.* donation; gift; bestowal.

dotar, *v. tr.* to endow; to portion; to give a dowry.

dote, *s. m.* dowry; gift.

dourado, *adj.* golden; gilt; gold plated.

dourar, *v. tr.* to gild; to gilt.

doutor, *s. m.* doctor.

doutorado, *adj.* doctor.

doutoramento, *s. m.* doctor's degree; doctorate.

doutrina, *s. f.* doctrine.

doutrinação, *s. f.* indoctrination.

doze, *num.* twelve.

dracma, *s. m.* drachma.

draga, *s. f.* dredge; drag.

dragagem, *s. f.* dredging.

dragão, *s. m.* dragon.

dragar, *v. tr.* to dredge.

drama, *s. m.* drama; tragedy.

dramaticamente, *adv.* dramatically.

dramático, *adj.* dramatic; striking; **arte dramática:** dramatics.

dramatização, *s. f.* dramatization.

dramatizar, *v. tr.* to dramatize.

dramaturgo, *s. m.* dramatist; playwright.

drástico, *adj.* drastic; rigorous.

drenagem, *s. f.* drainage.

drenar, *v. tr.* to drain.

droga, *s. f.* drug.

drogado, 1. *adj.* addicted; **2.** *s. m.* addict, drug addict.

drogar, 1. *tr.* to drug; **2.** *v. refl.* to consume drugs.

drogaria, *s. f.* drug trade; druggist's (shop).

dromedário, *s. m.* dromedary.

dualidade, *s. f.* duality.

dualismo, *s. m.* dualism.

dúbio, *adj.* doubtful; dubious; hesitating; vague.

duche, *s. m.* shower.

dúctil, *adj.* ductile; flexible; malleable.

ductilidade, *s. f.* ductility.

duelo, *s. m.* duel; **bater-se em duelo:** to fight a duel, to duel.

duende, *s. m.* goblin; elf.

dueto, *s. m.* duet.

dulcificação, *s. f.* dulcification.

dulcificar, *v. tr.* to dulcify; to sweeten.

duna, *s. f.* dune.

duo, *s. m.* duet; duo.

duodécimo, *num.* twelfth; duodecimal.

duplicação, *s. f.* duplication; doubling.

duplicado, *adj.* duplicate; **duplicado de uma chave:** duplicate key; **fazer em duplicado:** to make in duplicate.

duplicador, *s. m.* duplicator.

duplicar, *v. tr.* to duplicate; to double.

duplicidade, *s. f.* duplicity.

duplo, 1. *adj.* double; twofold; **2.** *s. m.* (cinema) stuntman.

duque, *s. m.* duke; deuce (at cards).

duquesa, *s. f.* duchess.

durabilidade, *s. f.* durability.

duração, *s. f.* duration; **de curta duração:** of short duration.

duradouro, *adj.* lasting.

durante, *prep.* during; for; throughout.

durar, *v. intr.* to last (for).

dureza, *s. f.* hardness; rudeness; callosity; resistance.

duro, *adj.* hard; firm; solid; cruel; rude; **duro de coração:** hard-hearted; **duro de ouvido:** hard of hearing; **pão duro:** stale bread; **duro de roer:** hard to bear.

dúvida, *s. f.* doubt; hesitation; **fora de dúvida:** beyond a doubt; **não tenho dúvidas:** I have no doubt; **sem dúvida:** no doubt, without doubt.

duvidar, *v. tr. e intr.* to doubt; to hesitate; **duvido muito:** I very much doubt.

duvidoso, *adj.* doubtful; questionable; suspicious; **pessoa duvidosa:** doubtful character.

duzentos, *num.* two hundred.

dúzia, *s. f.* dozen; **às dúzias:** in dozens; **à dúzia:** by the dozen; **meia dúzia:** half a dozen.

E

E, e, *s. m.* the fifth letter of the alphabet.

ébano, *s. m.* ebony.

ebonite, *s. m.* ebonite, vulcanite.

ebriedade, *s. f.* drunkenness; intoxication.

ébrio, 1. *adj.* drunk; intoxicated; drunken; **2.** *s. m.* drunkard.

ebulição, *s. f.* boiling, ebulition; ebullience.

eclesiástico, 1. *adj.* ecclesiastical; **2.** *s. m.* clergyman; priest.

eclímetro, *s. m.* eclimeter.

eclipsar, 1. *v. tr.* to eclipse; to darken; to overshadow; **2.** *v. refl.* to disappear.

eclipse, *s. m.* eclipse.

eclodir, *v. intr.* to break out; to bloom.

écloga, *s. f.* eclogue.

eclosão, *s. f.* onset.

eclusa, *s. f.* dam, flood-gate.

eco, *s. m.* echo.

ecoar, *v. tr.* to resound; to echo; to repeat.

ecografia, *s. f. (med.)* echography.

ecologia, *s. f.* ecology.

ecologista, *s. m. f.* ecologist.

economia, *s. f.* economy; economics.

económico, *adj.* economic; economical; frugal; thrifty, saving.

economista, *s. m. f.* economist.

economizar, *v. tr.* to economize; to save; to cut costs.

ecossistema, *s. f.* ecosystem.

ecrã, *s. m.* screen.

ecuménico, *adj.* ecumenical.

eczema, *s. m.* eczema.

éden, *s. m.* paradise; Eden.

edição, *s. f.* edition; issue; **edição de bolso:** pocket edition.

edificação, *s. f.* edification.

edificar, *v. tr.* to edify; to build up; to construct; to instruct (spiritually); to enlighten.

edifício, *s. m.* building; edifice.

edital, *s. m.* placard; bill; proclamation, edict.

editar, *v. tr.* to publish; to issue; to edit.

édito, *s. m.* proclamation; order; edict.

editor, *s. m.* publisher; editor.

editora, *s. f.* publisher; publishing house.

editorial, 1. *adj.* editorial; **2.** *s. m.* editorial; leader; leading article.

edredão, *s. m.* eiderdown.

educação, *s. f.* education; good manners; **boa educação:** good upbringing; **falta de educação:** impoliteness, rudeness.

educado, *adj.* educated; well-bred; polite.

educar, *v. tr.* to educate; to bring up.

efe, *s. m.* the letter f.

efectivamente, *adv.* really; in fact; actually.

efectivo, *adj.* effective; real; actual; operative.

efectuação, *s. f.* accomplishment.

efectuar, 1. *v. tr.* to accomplish; to achieve; to fulfil; **2.** *v. refl.* to be accomplished; to take place.

efeito, *s. m.* effect; **causa e efeito:** cause and effect; **com efeito:** indeed, in fact, really; **levar a efeito:** to bring into effect; **sem efeito:** of no effect;

surtir efeito: to take effect;
efeito secundário: side-effect;
efeito de estufa: greenhouse
effect.
efémero, *adj.* ephemeral.
efeminado, *adj.* effeminate;
womanish; unmanly.
efervescência, *s. f.* effervescence;
bubbling.
efervescente, *adj.* effervescent;
(fig.) hot-headed.
eficácia, *s. f.* efficacy.
eficaz, *adj.* efficacious; efficient;
capable.
eficiência, *s. f.* efficiency.
eficiente, *adj.* efficient.
efígie, *s. f.* effigy.
efusão, *s. f.* effusion; pouring out,
outpouring.
efusivo, *adj.* effusive, enthusiastic.
égide, *s. f.* aegis; protection.
egípcio, *adj.* e *s. m.* Egyptian.
egoísmo, *s. m.* selfishness.
egoísta, 1. *adj.* selfish; **2.** *s. m. f.*
egoist.
egotismo, *s. m.* egotism; selfcon-
ceit; vanity.
egrégio, *adj.* remarkable; eminent.
égua, *s. f.* mare.
eia!, *interj.* by Jove!, now!
ei-lo, contracção do advérbio **eis**
com o artigo definido **o,** there he
is!; there it is!
eira, *s. f.* barn-floor; treshing-floor.
eis, *adv.* here is; here are; here
come; here comes.
eito, *s. m.* **a eito:** uninterruptedly;
following one after another.
eixo, *s. m.* axle of a cart; shaft;
leap-frog (game); (geometry) axis;
sair dos eixos: *(fig.)* to be off the
hinges.
ejaculação, *s. f.* ejaculation; ejec-
tion.
ejacular, *v. tr.* to ejaculate; to eject.
ela, *pron. pess.* she, her; **ela por
ela:** blow for blow, tit for tat.

elaboração, *s. f.* elaboration.
elaborar, *v. tr.* to elaborate.
elasticidade, *s. f.* elasticity.
elástico, 1. *adj.* elastic; flexible;
2. *s. m.* elastic, rubber band.
ele, *pron. pess.* he; it; him.
ele, *s. m.* the letter l.
electrão, *s. m.* electron.
electricidade, *s. f.* electricity; **contador de electricidade:** electric
meter; **movido a electricidade:**
worked by electricity.
electricista, *s. m. f.* electrician.
eléctrico, 1. *adj.* electric; electrical;
cadeira eléctrica: electric chair;
2. *s. m.* tramcar.
electrificar, *v. tr.* to electrify.
electrização, *s. f.* electrization;
electrifying.
electrizar, *v. tr.* to electrify; to
electrize; to thrill; to ravish; **electrizar o público:** to electrify an
audience.
electrocardiograma, *s. m.* elec-
trocardiogram.
electrocussão, *s. f.* electrocution.
electrocutar, *v. tr.* to electrocute.
electrodomésticos, *s. m. pl.* white
goods.
electrólito, *s. m.* electrolyte.
electrónica, *s. f.* electronics.
electrónico, *adj.* electronic; **microscópio electrónico:** electronic
microscope.
electrotecnia, *s. f.* electrotechnics.
elefante, *s. m.* elephant; **elefante
branco:** white elephant.
elegância, *s. f.* elegance; gracefulness.
elegante, *adj.* elegant; fashionable;
smart; graceful; handsome; dainty;
dressy.
eleger, *v. tr.* to elect; to choose.
elegia, *s. f.* elegy.
eleição, *s. f.* election; choice; poll.
eleitor, *s. m.* elector; voter.

eleitorado, *s. m.* electorate.

eleitoral, *adj.* electoral; **campanha eleitoral:** election campaign.

elemento, *s. m.* element.

elenco, *s. m.* list; (theater) cast.

elevação, *s. f.* elevation; eminence; height; **elevação da voz:** raising of the voice.

elevado, *adj.* elevated; high; raised; **ponto elevado:** raised place.

elevador, *s. m.* lift; elevator.

elevar, 1. *v. tr.* to elevate (voice, morals); to raise (up); to lift up; **2.** *v. refl.* to amount to; to rise; to ascend.

elfo, *s. m.* elf.

eliminação, *s. f.* elimination; cutting off; exclusion; expulsion.

eliminar, *v. tr.* to eliminate; to cut off; to strike (to leave) out; to cancel; to exclude.

eliminatória, *s. f.* heat; preliminary heat; **(provas) eliminatórias:** eliminating tests.

elipse, *s. f.* ellipse.

elite, *s. f.* elite.

elixir, *s. m.* elixir.

elmo, *s. m.* helmet.

elo, *s. m.* link; (*bot.*) tendril; **elo de uma cadeia:** the link of a chain.

elogiar, *v. tr.* to praise; to commend.

elogio, *s. m.* praise; commendation; compliment; **digno de elogio:** creditable, praiseworthy.

eloquência, *s. f.* eloquence.

eloquente, *adj.* eloquent.

elucidação, *s. f.* elucidation.

elucidar, *v. tr.* to elucidate; to explain; to make clear.

em, *prep.* in; at; by; on; **em casa:** at home; **em baixo:** below; **em cima:** above; **em dois dias:** in two days.

emaciar, *v. tr. e intr.* to emaciate; to grow lean.

emagrecer, 1. *v. tr.* to make lean; **2.** *v. intr.* to grow lean; to become thin.

emagrecimento, *s. m.* emaciation; thinning.

emanação, *s. f.* emanation; effluence; flowing forth.

emanar, *v. intr.* to emanate; to come from, to proceed from.

emancipação, *s. f.* emancipation.

emancipar, *v. tr.* to emancipate; to free; to release (from); to liberate.

emaranhado, 1. *adj.* entangled; tangled; **2.** *s. m.* entanglement.

emaranhar, 1. *v. tr.* to entangle; to ravel; **2.** *v. refl.* to involve oneself in, to get entangled; (*fig.*) to get into a mess.

embaciar, *v. tr.* to sully; to tarnish; to grow dim; **o pára-brisas embaciou:** the wind-screen tarnished.

embainhar, *v. tr.* to hem (clothes); to sheathe (a sword).

embaixada, *s. f.* embassy.

embaixador, *s. m.* ambassador.

embalagem, *s. f.* package.

embalar, *v. tr.* to rock; to lull; to pack (a box).

embalo, *s. m.* lulling.

embalsamar, *v. tr.* to embalm.

embandeirar, *v. tr.* to flag; to adorn with flags.

embaraçar, 1. *v. tr.* to embarrass; to hinder; **2.** *v. refl.* to cumber oneself; to grow uncomfortable.

embaraço, *s. m.* embarrassment; hindrance; impediment; trouble; unease.

embaraçoso, *adj.* troublesome; perplexing; awkward.

embarcação, *s. f.* vessel; ship; boat.

embarcadouro, *s. m.* wharf; pier; landing-place.

embarcar, v. tr. e intr. to embark (for); to ship; to go aboard; to take the train.

embaratecer, v. tr. e intr. to cheapen.

embargar, v. tr. to embargo, to ban.

embargo, s. m. embargo; impediment.

embarque, s. m. shipping; shipment; embarkation.

embarrar, v. intr. to touch; to strike upon; to run against.

embarrilar, v. tr. to barrel.

embasbacar, v. tr. e intr. to gape; to be taken aback; to be stupefied.

embate, s. m. shock; knocking; clash; blow; collision.

embater, v. intr. to shock; to dash; to collide with.

embatucar, 1. v. tr. to perplex, to confound; 2. v. intr. to be dumbfounded.

embebedar, v. refl. to get drunk (tipsy).

embeber, 1. v. tr. to imbibe; to drink in; to drench; 2. v. refl. to soak in.

embelezamento, s. m. embellishment.

embelezar, v. tr. to embellish.

embevecer, 1. v. tr. to charm; 2. v. refl. to be transported with.

embevecimento, s. m. rapture.

embezerrar, v. intr. to frown; to scowl; to be in the sulks.

embirração, s. f. stubbornness; antipathy; dislike; hobby.

embirrante, adj. obstinate, pigheaded.

embirrar, v. intr. to be stubborn; to be obstinate; to be stiff; to sulk; to dislike; to hold in dislike.

emblema, s. m. emblem; badge.

emblemático, adj. emblematical.

embocadura, s. f. mouth (of a river); mouthpiece (of an instrument); bit (of bridle).

embolia, s. f. (med.) embolism.

êmbolo, s. m. piston; plunger; sucker (of a pump).

embolsar, v. tr. to pocket; to reimburse; to pay.

embonecar, v. tr. to trim.

embora, 1. conj. though; although; **muito embora:** although; 2. adv. **ir-se embora:** to go away, to leave; **vai-te embora:** go away!; off you go!; **vamos embora:** go, let's get on the move now.

emborcar, v. tr. to dump; to empty; to turn (a glass) upside-down.

emboscada, s. f. ambush.

emboscar, 1. v. tr. to ambush; 2. v. refl. to lie in ambush.

embraiagem, s. f. clutch; **disco de embraiagem:** clutch-plate; **pedal de embraiagem:** clutch-stop.

embranquecer, 1. v. tr. to grow white; 2. v. intr. e refl. to whiten; to bleach.

embravecer, 1. v. tr. to enrage; to irritate; 2. v. refl. to get wild.

embravecimento, s. m. anger; rage; enragement.

embrenhar-se, v. refl. to penetrate into.

embriagado, adj. drunk; intoxicated; tipsy; (fig.) enraptured.

embriagar, 1. v. tr. to intoxicate; to tipple; to inebriate; 2. v. refl. to get drunk; (fig.) to be enraptured.

embriaguez, s. f. drunkenness; intoxication; rapture.

embrião, s. m. embryo.

embrionário, adj. in embryo, embryonic.

embrulhada, s. f. confusion; imbroglio; intrigue; entanglement;

embroilment; trouble; **que embrulhada!:** what a mess!

embrulhar, 1. *v. tr.* to wrap up; to pack up; **2.** *v. refl.* **embrulhar-se numa discussão:** to become mixed up in a quarrel.

embrulho, *s. m.* packet; bundle; parcel.

embrutecer, *v. tr.* to brutify.

embrutecimento, *s. m.* brutishness; brutalization.

embuste, *s. m.* cheat; trick.

embusteiro, *adj.* e *s. m.* liar; impostor; humbug.

embutido, *s. m.* inlaid work.

embutir, *v. tr.* to inlay.

eme, *s. m.* the letter **m**.

emenda, *s. f.* amendment; correction.

emendar, 1. *v. tr.* to correct; to amend; to emend (proofs); **2.** *v. refl.* to mend one's ways, to turn over a new leaf.

ementa, *s. f.* menu.

emergência, *s. f.* emergency; **porta de emergência:** an emergency door; **saída de emergência:** emergency exit.

emergir, *v. intr.* to emerge; to appear; to come up; to come into view; to loom.

emérito, *adj.* emeritus; remarkable; eminent.

emigração, *s. f.* emigration.

emigrante, *s. m. f.* emigrant.

emigrar, *v. intr.* to emigrate.

eminência, *s. f.* eminence; celebrity; height; **Sua Eminência:** His Eminence.

eminente, *adj.* eminent; lofty; remarkable; distinguished.

emir, *s. m.* emir.

emissão, *s. f.* emission; issue (of shares); broadcast.

emissário, *s. m.* emissary; messenger.

emissor, 1. *adj.* issuing, emitting; **2.** *s. m.* sender, transmitter, broadcasting station.

emitir, *v. tr.* to emit; to issue; to send out; to broadcast; to utter (an opinion); to put out (a bank-note).

emoção, *s. f.* emotion; excitement.

emocional, *adj.* emotional.

emocionante, *adj.* emotional; thrilling.

emocionar, *v. tr.* to move.

emoldurar, *v. tr.* to frame.

emolumento, *s. m.* emolument; salary; fees.

emotividade, *s. f.* emotionality.

emotivo, *adj.* emotional, emotive.

empacotamento, *s. m.* packing; casing.

empacotar, *v. tr.* to pack up; to bale.

empada, *s. f.* pie (of meat).

empadão, *s. m.* meat pie.

empalar, *v. tr.* to impale.

empalhar, *v. tr.* to pack up with straw; to stuff animals.

empalidecer, *v. intr.* to grow pale.

empanturrar, *v. tr.* to glut; to gorge; to eat one's fill.

empapar, 1. *v. tr.* to soak; to drench; **2.** *v. refl.* to get soaked.

emparceirar, *v. tr.* to join; to match.

emparedar, *v. tr.* to wall up.

emparelhar, 1. *v. tr.* to couple; to match; **2.** *v. intr.* to rival; **2.** *v. refl.* to pair.

empatar, *v. tr.* to tie up; to hinder; **empatar capital:** to invest; **as duas equipas empataram:** the two teams tied.

empate, *s. m.* tie; hindrance; **o jogo acabou com um empate de 1 a 1:** the game ended in a tie, 1-1.

empecilhar, *v. tr.* to embarass, to obstruct.

empecilho, s. m. impediment; obstacle; tie; **ser um empecilho:** to be a snag.

empeçonhar, v. tr. to poison.

empedernir, v. tr. to petrify; to harden; to make hard-hearted.

empedrado, 1. adj. paved; **2.** s. m. pavement.

empedrar, 1. v. tr. to pave; **2.** v. intr. e refl. to harden; to become stony.

empenar, v. tr. e intr. to warp.

empenhar, 1. v. tr. to pawn; to engage; **2.** v. refl. to run into debt; to bind oneself to; to take interest in.

empenho, s. m. diligence; zeal; recommendation.

emperrar, v. intr. to harden; to be stiff; to stick.

empertigado, adj. proud; stiff-necked.

empertigar, 1. v. tr. to make stiff; **2.** v. refl. to strut.

empestar, v. tr. to infect.

empilhamento, s. m. heaping up.

empilhar, v. tr. to heap up.

empinar-se, v. refl. to rear (the horse); to raise.

empírico, 1. adj. empiric; **2.** s. m. quack; empiric.

empirismo, s. m. empirism.

emplastro, s. m. plaster.

emplumar, v. tr. to feather.

empoar, v. tr. to powder.

empobrecer, 1. v. tr. to impoverish; **2.** v. intr. to grow poor.

empobrecimento, s. m. impoverishment.

empoçar, v. intr. to form puddles.

empoeirar, v. tr. to dust.

empola, s. f. blister; ampoule.

empolar, 1. v. intr. to rise up in blisters; to puff up; **2.** v. refl. to grow proud.

empoleirar, 1. v. tr. to grow proud; to roost (bird); **2.** v. refl. to perch.

empolgante, adj. overpowering; thrilling; entrancing.

empolgar, v. tr. to grasp; to seize; to thrill.

empório, s. m. emporium.

empossar, 1. v. tr. to put in possession; **2.** v. refl. to take possession.

empreendedor, 1. adj. enterprising, pushing; **2.** s. m. undertaker; pusher; enterpriser.

empreender, v. tr. e intr. to undertake; to try; to ruminate.

empreendimento, s. m. enterprise; undertaking.

empregado, 1. adj. employed; **2.** s. m. employee; clerk; **empregado de loja:** shop assistant.

empregador, s. m. employer.

empregar, 1. v. tr. to employ; to engage; to use; to lay out; **2.** v. refl. to get a job.

emprego, s. m. employment; post; place; job.

empreitada, s. f. contract work.

empreiteiro, s. m. contractor.

empresa, s. f. enterprise; undertaking; business; purpose; company; **empresa privada:** private enterprise.

empresário, s. m. contractor; manager.

emprestar, v. tr. to lend (money), to loan.

empréstimo, s. m. lending; loan; **fazer um empréstimo:** to make advances; **pedir um empréstimo:** to ask somebody for the loan of.

emproado, adj. proud; haughty; arrogant.

empunhar, v. tr. to handle; to seize; to grasp; to grip.

empurrão, s. m. push; shove; knock; thrust; poke; **dar um empurrão:** to give a shove.

empurrar, v. tr. to push; to shove.

emudecer, 1. v. tr. to silence; to make silent; **2.** v. intr. to be silent; to grow dumb.

emular, v. intr. to emulate; to vie; to stand in rivalry.

emulsão, s. f. emulsion.

emurchecer, v. intr. to fade; to wither.

ena!, interj. wow!; gosh!

enaltecer, v. tr. to exalt; to praise.

enamorar-se, v. refl. to fall in love with.

encabeçamento, s. m. capitation; tax-roll; heading.

encabeçar, v. tr. to assess; to register; to head.

encadeamento, s. m. chaining; concatenation.

encadear, v. tr. to chain; to link; to connect; to dazzle (by a light).

encadernação, s. f. cover; binding.

encadernar, v. tr. to bind.

encaixar, v. tr. to box; to incase; to engage; **encaixar na cabeça:** (fam.) to get into one's head.

encaixe, s. m. groove; notch.

encaixilhar, v. tr. to frame.

encaixotamento, s. m. boxing; package, packing up.

encaixotar, v. tr. to box.

encalacrar, 1. v. tr. to put in a sad pickle; **2.** v. refl. to run into debt.

encalço, s. m. pursuit; track; **ir no encalço de:** to follow, to track, to trace.

encalhar, 1. v. tr. to strand; **2.** v. intr. to run ashore.

encaminhar, 1. v. tr. to guide; to lead, to direct; **2.** v. intr. e refl. to set out for, to bend one's steps towards.

encandear, v. tr. to dazzle.

encantado, adj. delighted; enchanted, overjoyed; under a charm.

encantador, 1. adj. charming, delightful; lovely; cute; **2.** s. m. charmer.

encantamento, s. m. charm; enchantment; fascination; spell.

encantar, v. tr. to charm; to delight; to enchant.

encanto, s. m. charm; spell; enchantment; **quebrar o encanto:** to break the spell.

encapar, v. tr. to cloak; to wrap up; to put a cover on (a book).

encapelar-se, v. refl. to get rough (the sea).

encapotar, v. tr. to cloak; to disguise.

encaracolar, v. tr. to curl.

encarar, v. tr. to face; to stare at; to meet.

encarceramento, s. m. incarceration; imprisonment.

encarcerar, v. tr. to incarcerate; to imprison.

encardir, v. intr. to soil; to foul.

encarecer, 1. v. tr. to exalt; to praise; to raise the price of; **2.** v. intr. to get dearer.

encarecimento, s. m. dearness; praising; high price.

encargo, s. m. charge; office; duty; commission; **caderno de encargos:** specification(s).

encarnado, 1. adj. incarnate, embodied; red; **2.** s. m. red.

encarnar, 1. v. refl. to incarnate; **2.** v. tr. to paint red; to embody.

encarniçar-se, v. refl. to grow obstinate; to become fierce.

encarquilhar, 1. v. tr. to wrinkle; **2.** v. tr. to wither; to get wrinkled, to be wrinkled.

encarrapitar-se, v. refl. to perch.

encarregado, s. m. foreman; manager.

encarregar, 1. v. tr. to charge; to entrust (with); **2.** v. refl. to undertake; to take charge of; **encarregar-se de:** to engage (oneself) to.

encarrilar, 1. v. tr. to put on the rails; to direct; **2.** v. intr. to go right.

encartar, v. tr. to register.

encasacar-se, v. refl. to put on a coat; to dress formally.

encastelar, v. tr. to heap up; to pile; to fortify.

encavacar, v. tr. e intr. to pout; to be embarrassed.

encefálico, adj. encephalic.

encéfalo, s. m. brain.

encenação, s. f. staging (of a play).

encenador, s. m. stage-manager.

encenar, v. tr. to stage-manage.

encerar, v. tr. to wax.

encerramento, s. m. closing.

encerrar, v. tr. to shut; to close; to limit; to bound.

encetar, v. tr. to begin; to start; to cut.

encharcar, v. tr. to drench, to soak, to wet.

enchente, s. f. overflow; abundance; flood.

encher, 1. v. tr. to fill; **encher um pneu:** to pump up a tyre; **2.** v. intr. to rise (the tide).

enchimento, s. m. filling up.

enchumaçar, v. tr. to pad; to stuff.

enciclopédia, s. f. encyclopaedia.

encimar, v. tr. to top; to surmount; to head.

enciumar, 1. v. tr. to make jealous; **2.** v. refl. to feel jealous.

enclausurar, v. tr. to enclose, to shut up.

encoberto, adj. hidden; disguised; concealed; **céu encoberto:** overcast sky.

encobrimento, s. m. concealing; concealment; hiding.

encobrir, 1. v. tr. to conceal; to hide; **2.** v. refl. to hide oneself.

encolerizar, 1. v. tr. to anger; to enrage; **2.** v. refl. to get angry; to flare up, to burst out into a rage.

encolher, 1. v. tr. to shorten; to shrink; **encolher os ombros:** to shrug one's shoulders; **2.** v. refl. to shrink (back, from, in); to retract.

encomenda, s. f. order; parcel; commission.

encomendar, 1. v. tr. to order; **2.** v. refl. to rely upon; **encomendar-se a Deus:** to commend oneself to God.

encómio, s. m. praise; panegyric.

encontrão, s. m. shove; shock.

encontrar, v. tr. e refl. to find; to discover; to meet; **encontrar-se por acaso:** to chance upon, to happen to find, to come across.

encontro, s. m. meeting; collision; athletic meeting; **ir de encontro a:** to clash into; **encontros imediatos:** close encounters.

encorajamento, s. m. encouragement.

encorajar, v. tr. to encourage; to hearten, to urge, to embolden.

encorrilhar, 1. v. tr. to shut up; **2.** v. refl. to wrinkle; to corrugate.

encosta, s. f. slope; declivity.

encostar, v. tr. to lean (against); to prop.

encosto, s. m. prop; stay; back (of a chair).

encovar, v. tr. to shut up; to bury.

encravado, adj. enclosed; embarrassed; stuck; nailed; **estar encravado:** (fam.) to be in a fix; **unha encravada:** an ingrowing nail.

encravar, v. tr. to nail; to spike (guns); to get stuck; to set (jewels).

encrenca, s. f. fix, tight corner.

encrespar, 1. *v. tr.* to curl; to crisp; **2.** *v. refl.* to frizzle (the hair); to wrinkle; to foam (the sea); *(fig.)* to get cross.

encruzilhada, *s. f.* cross-way, crossroads, crossing.

encurralar, *v. tr.* to house in a stable; to pen up; to confine.

encurtamento, *s. m.* shortening; retrenchment.

encurtar, *v. tr.* to shorten; to abridge.

endémico, *adj.* endemic.

endereçar, 1. *v. tr.* to address; **2.** *v. refl.* to go to.

endereço, *s. m.* address.

endeusar, *v. tr.* to deify.

endiabrado, *adj.* devilish; mischievous; naughty.

endinheirado, *adj.* moneyed; rich.

endireita, *s. m.* bone-setter.

endireitar, 1. *v. tr.* to set right; to straighten; to correct; **2.** *v. refl.* to stand upright.

endividado, *adj.* in debt.

endividar-se, *v. refl.* to run into debt.

endoidecer, 1. *v. tr.* to madden; **2.** *v. intr.* to go mad.

endoscopia, *s. f. (med.)* endoscopy.

endossado, 1. *adj.* endorsed; **2.** *s. m.* endorsee.

endossar, *v. tr.* to endorse; **endossar em branco:** to endorse in blank.

endurecido, *adj.* hardened, insensitive.

endurecimento, *s. m.* hardening; hardness.

ene, *s. m.* the letter **n**.

enegrecer, 1. *v. tr.* to blacken; to darken; **2.** *v. intr.* to grow dark.

enegrecimento, *s. m.* blackening.

energia, *s. f.* energy; vigour; **energia atómica:** atomic energy; **energia eléctrica:** electrical energy; **com energia:** energetically; **fornecer energia:** to provide energy; **gastar energias:** to waste one's energies.

enérgico, *adj.* energetic.

energúmeno, *s. m.* energumen; fanatic.

enervante, *adj.* enervating.

enervar, 1. *v. tr.* to excite; to provoke; to upset; **2.** *v. refl.* to be upset.

enevoar, 1. *v. tr.* to cloud; **2.** *v. refl.* to grow foggy.

enfadar, 1. *v. tr.* to annoy; to trouble; to disgust; **2.** *v. refl.* to fret at.

enfado, *s. m.* displeasure; disgust; annoyance.

enfadonho, *adj.* tiresome; tedious; irksome; boring.

enfaixar, *v. tr.* to swaddle.

enfarinhar, *v. tr.* to flour; to powder.

enfarruscar, *v. tr.* to blacken.

enfartado, *adj.* fed up; full.

enfartar, *v. tr.* to glut.

enfarte, *s. m.* glutting; stuffing; *(med.)* infarct.

ênfase, *s. f.* emphasis; stress.

enfatuar, *v. tr.* to infatuate; to make vain.

enfeitar, *v. tr.* to adorn; to trim; to pipe (the cream on a cake); to dress (a shop-window).

enfeite, *s. m.* attire; ornament; trimming.

enfeitiçar, *v. tr.* to bewitch, to cast a spell.

enfeixar, *v. tr.* to bundle up.

enfermagem, *s. f.* nursing.

enfermaria, *s. f.* infirmary; ward (in a hospital).

enfermeiro, *s. m.* nurse.

enfermidade, *s. f.* disease; illness.

enfermo, 1. *adj.* sick; ill; **2.** *s. m.* patient.

enferrujar, 1. *v. tr.* to rust; **2.** *v. refl.* to grow rusty.

enfezado, *adj.* rachitic; stunted; rickety.

enfiada, *s. f.* file; range; **de enfiada:** one after another, at a stretch.

enfiar, 1. *v. tr.* to thread; to string; **2.** *v. intr.* to go straight through; *(fig.)* to grow pale.

enfileirar, *v. tr.* to range.

enfim, *adv.* finally; at length; in short.

enforcamento, *s. m.* hanging.

enforcar, 1. *v. tr.* to hang; **2.** *v. refl.* to hang oneself.

enfraquecer, 1. *v. tr. e intr.* to enfeeble; to enervate; **2.** *v. refl.* to grow weak.

enfraquecimento, *s. m.* weakness; enfeeblement.

enfrascar, 1. *v. tr.* to bottle; **2.** *v. refl.* to get drunk.

enfrentar, *v. tr.* to face; to envisage.

enfurecer, *v. tr. e refl.* to enrage; to infuriate; to rage (the sea).

enfurecimento, *s. m.* rage; fury.

engaiolar, *v. tr.* to cage; *(fig.)* to imprison; *(fam.)* to be cooped up in.

engajamento, *s. m.* engagement.

engalanar, *v. tr.* to adorn; to ornament.

engalfinhar-se, *v. refl.* to wrestle; to fight; to brawl.

enganador, 1. *adj.* deceitful; misleading; **2.** *s. m.* deceiver.

enganar, 1. *v. tr.* to deceive; to cheat; to mislead; **2.** *v. refl.* to be mistaken; to misunderstand.

enganchar, *v. tr.* to hook; to grapple.

engano, *s. m.* deceit; delusion; fraud; **por engano:** by mistake (accident).

engarrafamento, *s. m.* bottling; obstruction; **engarrafamento de trânsito:** traffic jam.

engarrafar, *v. tr.* to bottle.

engasgar, *v. tr. e refl.* to choke.

engatar, *v. tr.* to cramp; to hook; to couple (carriages); to link.

engate, *s. m.* cramp; coupling.

engatilhar, *v. tr.* to cock.

engelhar, *v. tr.* to wrinkle.

engendrar, *v. tr.* to engender; to contrive; to engineer; **engendrar uma conspiração:** to plot.

engenharia, *s. f.* engineering.

engenheiro, *s. m.* engineer; **engenheiro de som:** monitor man.

engenho, *s. m.* art; skill; engine; mill.

engenhoso, *adj.* ingenious; skillful.

engessar, *v. tr.* to plaster.

englobar, *v. tr.* to include; to contain.

engodar, *v. tr.* to allure; to decoy; to bait, to ensnare.

engodo, *s. m.* allurement; bait; lure; enticement.

engolir, *v. tr.* to swallow.

engomar, *v. tr.* to iron.

engordar, *v. tr. e intr.* to fatten.

engordurar, *v. tr.* to grease.

engraçado, *adj.* funny; amusing; cute; merry; pleasant.

engraçar, *v. intr.* to like; **engraçar com:** to feel an inclination towards; to take a fancy to.

engrandecer, *v. tr.* to enlarge; to extol; to magnify.

engrandecimento, *s. m.* enlargement; increase; growth; rise.

engravatar-se, *v. refl.* to put a tie on.

engravidar, 1. *v. tr.* to render pregnant; **2.** *v. intr.* to become pregnant.

engraxar, v. tr. to clean (boots); (fam.) to grease.

engrenagem, s. f. gearing; cogwheel, gear.

engrenar, v. tr. to put into gear, to gear (up, down).

engripar, v. intr. to catch a cold, to catch a flu.

engrossar, v. tr. e intr. to swell; to thicken.

enguia, s. f. eel.

enguiçar, v. tr. to stunt; to bring ill luck to.

enguiço, s. m. ill luck; ill omen.

enigma, s. m. puzzle; enigma; riddle.

enigmático, adj. enigmatical; puzzling.

enjaular, v. tr. to jail; to put in jail; to cage.

enjeitado, 1. adj. rejected; abandoned; **2.** s. m. foundling.

enjeitar, v. tr. to reject; to abandon; to repudiate.

enjoado, adj. seasick; disgusted.

enjoar, 1. v. tr. to feel sick at; **2.** v. intr. to be seasick.

enjoativo, adj. nasty; nauseous.

enjoo, s. m. seasickness.

enlaçar, v. tr. to bind; to entangle; to clasp.

enlace, s. m. entangling; wedding.

enlamear, 1. v. tr. to dirty; to splash; **2.** v. refl. to get muddy.

enlanguescer, v. intr. to languish; to pine away.

enlatar, v. tr. to can, to tin.

enlear, v. tr. to entangle; to perplex, to dumbfound.

enleio, s. m. perplexity; shyness.

enlevar, 1. v. tr. to ravish; to transport; **2.** v. refl. to be in rapture.

enlevo, s. m. rapture; ecstasy.

enlouquecer, v. tr. e intr. to go mad; to madden; to drive someone mad.

enlouquecimento, s. m. madness.

enobrecer, v. tr. to ennoble; to elevate.

enobrecimento, s. m. ennoblement.

enodoar, v. tr. to stain; to soil.

enojar, v. tr. to disgust; to weary; to make sick.

enorme, adj. enormous; huge.

enormidade, s. f. enormity; hugeness.

enovelar, 1. v. tr. to wind into; to entangle; **2.** v. refl. to roll oneself up.

enquadramento, s. m. framing.

enquadrar, v. tr. to enchase; to frame; to fit in.

enquanto, conj. as long as, while; **enquanto puder:** as long as I can; **por enquanto:** for the moment, for the present.

enraivecer, v. tr. to enrage.

enraizar, 1. v. tr. to implant; **2.** v. refl. to root.

enredar, v. tr. to embroil; to ensnare.

enredo, s. m. intrigue; plot (of a play).

enregelar, v. tr. to freeze; to chill.

enrijar, enrijecer, v. tr. e intr. to harden (the body); to strengthen; to grow strong.

enriquecer, v. tr. e intr. to grow rich.

enriquecimento, s. m. enrichment.

enrodilhar, v. tr. to roll up; to crush (a dress); to entangle; to embroil.

enrolar, v. tr. to roll up; to wrap up.

enroscar, v. tr. to roll; to coil; to curl up.

enroupar, v. tr. to clothe; to muffle up.

enrouquecer, v. intr. to get hoarse.

enrouquecimento, s. m. hoarseness.

enrubescer, v. intr. to redden.

enrugar, v. tr. to wrinkle; **enrugar a testa:** to frown.

ensaboadela, s. f. soaping; **precisar de uma ensaboadela:** (fam.) to need a good talking-to.

ensabar, v. tr. to soap.

ensacar, v. tr. to put into a sack; to sack.

ensaiar, v. tr. to attempt; to try; to rehearse (at theatre).

ensaio, s. m. essay; rehearsal (of a play); **ensaio geral:** dress rehearsal.

ensandecer, v. intr. to go mad.

ensanguentado, adj. bloody.

ensarilhar, v. tr. to entangle; to pile; to embroil.

enseada, s. f. inlet; creek.

ensebar, v. tr. to grease.

ensejo, s. m. opportunity.

ensinadela, s. f. scolding; punishment.

ensinamento, s. m. teaching; lesson.

ensinar, v. tr. to teach; to instruct.

ensino, s. m. teaching; education.

ensombrar, v. tr. to shade; to shadow.

ensonado, adj. sleepy, drowsy.

ensopar, v. tr. to soak; to wet; to stew (a meat).

ensurdecedor, adj. deafening.

ensurdecer, v. tr. e intr. to deafen; to grow deaf.

entabular, v. tr. to board; to floor; to arrange; to begin; to enter into (negotiations); to start (a conversation).

entaipar, v. tr. to enclose; to shut up; to wall up.

entalado, adj. squeezed; pressed; (fam.) in a tight corner.

entalar, v. tr. to press; to squeeze; to tighten; to pinch.

entalhar, v. tr. to engrave; to carve.

entalhe, s. m. carving; carved (work); cut; notch.

entanto, adv. in the meantime; **no entanto:** however; nevertheless.

então, 1. adv. then; by then; **até então:** till then; **desde então:** since then; **ou então:** or else; **2.** interj. how now!

entaramelar, v. tr. to stutter.

entardecer, 1. v. intr. to draw on (the evening); **2.** s. m. evening.

ente, s. m. being.

enteado, s. m. stepson.

entediar, v. tr. to bore.

entender, 1. v. tr. to understand; to know; to mean; **dar a entender:** to give a hint, to suggest, to imply; **não entender bem o sentido:** not to grasp the meaning; **fazer-se entender:** to make oneself clear (understood); **2.** s. m. meaning; opinion; **no meu entender:** in my opinion.

entendido, adj. understood; skilled; expert in.

entendimento, s. m. understanding; judgement; agreement; **chegar a um entendimento:** to reach an understanding.

enternecedor, adj. moving; affecting; touching.

enternecer, 1. v. tr. to move; to affect; **2.** v. refl. to be stirred, to feel for.

enternecimento, s. m. emotion; tenderness; fondness.

enterrar, 1. v. tr. to inter, to bury; **2.** v. refl. (fig.) to be caught out.

enterro, s. m. burial; funeral; **com cara de enterro:** (fig.) with a funereal expression on one's face.

entesourar, v. tr. to treasure; to store; to lay up.

entidade, s. f. entity; being.

entoação, s. f. tuning; intonation.

entoar, v. tr. e intr. to intone; to chant.

entomologia, s. f. entomology.

entontecer, 1. v. tr. to make giddy; to stun; **2.** v. intr. to grow dizzy, to giddy.

entornar, v. tr. to pour out; to spill.

entorpecer, v. tr. to (be) numb; to enfeeble.

entorpecido, adj. (be) numbed by; numb with cold.

entorpecimento, s. m. numbness; torpor.

entorse, s. f. sprain.

entortar, 1. v. tr. to bend; to crook; **2.** v. intr. to grow awry.

entrada, s. f. entry; entrance, hall; mouth; opening; way-in; entrance money; first course (of a meal); **entrada livre:** admission free; **entrada proibida:** no admittance.

entrançar, v. tr. to plait.

entranhado, adj. deep; profound; inveterate; deeply rooted.

entranhar, v. tr. to penetrate; to pierce; to go deep.

entranhas, s. f. pl. entrails.

entrar, v. intr. to enter, to go into; to step in; to penetrate; **entrar à força:** to rush in by force; **entrar em acção:** to come into play; **entrar em moda:** to come into fashion; **entrar no jogo:** to join in the game; **entrar numa competição:** to enter a competition; **mandar entrar:** to call in, to admit; **posso entrar?:** may I come in?

entravar, v. tr. to hamper; to embarrass; to clog.

entrave, s. m. hindrance; encumbrance; obstacle.

entre, prep. between (two); among (more than two); amongst; **entre a espada e a parede:** between the devil and the deep blue sea.

entrecortar, v. tr. to intersect; to interrupt; **com voz entrecortada:** in broken accents.

entrega, s. f. delivery; surrender.

entregar, 1. v. tr. to deliver; to give up; to betray; **2.** v. refl. to give oneself up to; to surrender (to the enemy).

entrelaçamento, s. m. interlacing; interweaving.

entrelinha, s. f. interlineation; **ler nas entrelinhas:** to read between the lines.

entreluzir, v. intr. to glimmer.

entremeio, s. m. lace insertion; interval.

entrementes, adv. meanwhile.

entreolhar-se, v. refl. to look at each other.

entreposto, s. m. warehouse; emporium.

entretanto, adv. in the meantime; meanwhile; however.

entretela, s. f. buckram.

entretenimento, s. m. amusement, entertainment.

entreter, v. tr. to divert; to amuse.

entretido, adj. amused; engaged (in conversation).

entrevado, adj. e s. m. paralytic.

entrevar, v. intr. to become a paralytic.

entrevista, s. f. interview.

entrevistador, s. m. interviewer.

entrevistar, v. tr. to interview.

entrincheirar, v. tr. to entrench; to defend.

entristecer, v. tr. e intr. to sadden.

entroncado, adj. well-set; broad-shouldered.

entroncamento, s. m. junction.

entroncar, 1. v. tr. to loin; **2.** v. intr. to converge; to thicken.

entronização, s. f. enthronement.

entronizar, v. tr. to enthrone.

Entrudo, s. m. Carnival; **Terça-Feira de Entrudo:** Pancake Day.

entulhar, v. tr. to fill up; to heap up; to store up.

entulho, *s. m.* rubbish.

entupido, *adj.* choked; obstructed; blocked up.

entupir, *v. tr.* to obstruct; to choke.

entusiasmar, 1. *v. tr.* to fill with enthusiasm; **2.** *v. intr.* to be enthusiastic.

entusiasmo, *s. m.* enthusiasm, zest; **dedicar-se a um plano com entusiasmo:** to enter into a plan with zest, excitement.

entusiasta, *s. m. f.* enthusiast.

enumeração, *s. f.* enumeration.

enumerar, *v. tr.* to enumerate; to number; to name.

enunciação, *s. f.* enunciation.

enunciado, *s. m.* statement; test sheet.

enunciar, *v. tr.* to enunciate, to pronounce; to express.

envaidecer, 1. *v. tr.* to make vain; **2.** *v. refl.* to grow vain.

envasilhar, *v. tr.* to put into vessels; to cask; to barrel.

envelhecer, *v. intr.* to grow old; to age.

envelhecido, *adj.* old; aged; old-looking.

envelhecimento, *s. m.* aging.

envelope, *s. m.* envelope.

envenenamento, *s. m.* poisoning.

envenenar, *v. tr.* to poison.

enveredar, *v. tr. e intr.* to follow; to set out; to bend one's steps to.

envergadura, *s. f.* ability; skill; importance.

envergar, *v. tr.* to put on (clothes).

envergonhado, *adj.* ashamed; shy.

envergonhar, *v. tr. e refl.* to disgrace; to shame; to humble.

envernizar, *v. tr.* to varnish.

enviado, 1. *adj.* sent; **2.** *s. m.* messenger; envoy.

enviar, *v. tr.* to send; to dispatch; to forward (to).

envidar, *v. tr.* to endeavour; to strive; **envidar os melhores esforços:** to do one's best.

envidraçar, *v. tr.* to glaze.

enviesar, *v. tr.* to slant.

envilecer, 1. *v. tr.* to debase; to revile; **2.** *v. intr.* to degrade oneself.

envio, *s. m.* shipment; remittance (of money).

enviuvar, *v. intr.* to become a widow (or widower).

envolto, *adj.* wrapped up; involved; enveloped in.

envolvente, *adj.* enveloping; including.

envolver, 1. *v. tr.* to wrap in; to envelop; to enfold; to involve; **2.** *v. refl.* to wrap oneself in, to engage.

envolvimento, *s. m.* enveloping; envelopment; wrapping up.

enxada, *s. f.* hoe; spade.

enxadrezar, *v. tr.* to checker.

enxaguar, *v. tr.* to rinse.

enxame, *s. m.* swarm.

enxaqueca, *s. f.* headache.

enxergar, *v. tr.* to discern; to distinguish; to see.

enxertar, *v. tr.* to graft.

enxerto, *s. m.* graft(ing).

enxofre, *s. m.* sulphur.

enxotar, *v. tr.* to drive away; to scare; to hunt out; **enxotar as moscas:** to flap away the flies.

enxoval, *s. m.* outfit; **enxoval de bebé:** layette.

enxovalhar, *v. tr.* to blacken; to dirty; to stain.

enxovia, *s. f.* dungeon.

enxugar, *v. tr.* to dry; to wipe.

enxurrada, *s. f.* torrent; shower.

enxuto, *adj.* dried; dry.

enzima, *s. f.* enzyme.

eólico, *adj.* aeolian; eolic.

eólio, 1. *adj.* aeolian; **2.** *s. m.* aeolic.

epicentro, s. m. epicentre.

épico, adj. epic.

epidemia, s. f. epidemic.

epidémico, adj. epidemic.

epiderme, s. f. epidermis.

Epifania, s. f. Epiphany.

epígrafe, s. f. epigraph.

epilepsia, s. f. epilepsy.

epiléptico, adj. e s. m. epileptic; **ataque epiléptico:** an epileptic fit.

epílogo, s. m. epilogue; summary.

episódio, s. m. episode.

epístola, s. f. epistle; letter.

epitáfio, s. m. epitaph.

epíteto, s. m. epithet; title.

época, s. f. epoch; age; **naquela época:** at that time; **ter a sua época:** to have one's day.

epopeia, s. f. epic.

equação, s. f. equation.

equacionar, v. tr. to equate.

equador, s. m. equator.

equatorial, adj. equatorial.

equestre, adj. equestrian.

equidade, s. f. equity; impartiality; right.

equidistância, s. f. equidistance.

equidistante, adj. equidistant.

equilibrar, v. tr. to balance.

equilíbrio, s. m. equilibrium; balance.

equilibrista, s. m. f. equilibrist.

equimose, s. f. bruise; contusion.

equino, adj. equine.

equinócio, s. m. equinox.

equipa, s. f. team.

equipamento, s. m. equipment; outfit.

equipar, v. tr. to equip; to furnish.

equiparar, v. tr. to compare; to put on the same footing.

equitação, s. f. riding; horsemanship.

equitativo, adj. equitable.

equivalência, s. f. equivalence.

equivalente, adj. equivalent (to); corresponding; equal.

equivocar, 1. v. tr. to render equivocal; 2. v. refl. to mistake.

equívoco, s. m. equivocation; mistake; ambiguity.

era, s. f. era; epoch.

erário, s. m. exchequer.

erecção, s. f. erection.

erecto, adj. erect, upright; **manter-se erecto:** to stand erect.

eremita, s. m. hermit.

eremitério, s. m. hermitage.

erguer, 1. v. tr. to raise; to construct; to uplift; 2. v. refl. to rise up, to stand up.

eriçar, v. tr. to bristle.

erigir, v. tr. to erect, to build, to raise.

ermida, s. f. hermitage; little church.

ermo, 1. adj. solitary, lonely, waste; 2. s. m. wilderness.

erosão, s. f. erosion.

erótico, adj. erotic.

erotismo, s. m. erotism.

erradicação, s. f. eradication.

erradicar, v. tr. to eradicate; to root out.

errado, adj. erroneous; mistaken; false; **é errado da parte dele:** it is quite wrong of him; **está errado:** it's wrong.

errante, adj. wandering, vagrant; **cavaleiro errante:** knight-errant.

errar, 1. v. tr. to err; to make mistakes; **errar o alvo:** to miss the target; 2. v. intr. to wander; to ramble.

errata, s. f. erratum.

erva-cidreira, s. f. (bot.) balm.

erro, s. m. error; mistake; **erro crasso:** blunder, gross mistake.

erróneo, adj. erroneous.

eructação, s. f. eructation; belching.

erudição, s. f. erudition; learning.

erudito, 1. adj. erudite; learned; 2. s. m. scholar, learned person.

erupção, *s. f.* eruption; outbreak.

erva, *s. f.* grass; herb.

ervanário, *s. m.* herbalist.

ervilha, *s. f. (bot.)* pea.

esbaforir-se, *v. refl.* to get out of breath.

esbanjador, 1. *adj.* lavishing; prodigal; **2.** *s. m.* squanderer.

esbanjamento, *s. m.* wasting; dissipation; squandering.

esbanjar, *v. tr.* to squander; to splash out; to dissipate.

esbarrar, *v. intr.* to clash against, to hit; to strike; to collide.

esbater, *v. tr.* to diminish; to attenuate; to dilute.

esbelto, *adj.* elegant; slender.

esboçar, *v. tr.* to sketch.

esboço, *s. m.* sketch; framing.

esbofetear, *v. tr.* to slap.

esboroamento, *s. m.* crumbling.

esboroar-se, *v. refl.* to crumble.

esborrachar, *v. tr.* to crush; to burst; to squash.

esbracejar, *v. intr.* to wave one's arms; to struggle.

esbugalhado, *adj.* goggled (eyes).

esburacar, *v. tr.* to bore; to make holes.

escabeche, *s. m.* pickle for fish; marinade; *(fig.)* row.

escabroso, *adj.* rugged; craggy; coarse; ticklish; gross.

escacar, *v. tr.* to break into pieces.

escachar, *v. tr.* to part; to break; to straddle (the legs).

escada, *s. f.* staircase; stairs; **escada de caracol:** winding stairs; **escada de mão:** ladder; **escada rolante:** escalator.

escadaria, *s. f.* staircase.

escadote, *s. m.* ladder.

escafandro, *s. m.* diving-dress.

escala, *s. f.* scale; measure; sea port; *(mús.)* gamut, scale; **escala decimal:** decimal scale; **escala social:** social scale; **em larga escala:** on a large scale; **em pequena escala:** on a small scale; **fazer escala:** *(náut.)* to touch a port.

escalada, *s. f.* scaling; climbing.

escalão, *s. m.* step; rung.

escalar, *v. tr.* to scale; to climb over (a mountain).

escaldadela, *s. f.* scalding.

escaldante, *adj.* hot.

escaldar, *v. tr. e intr.* to burn; to scald.

escaler, *s. m.* boat; life-boat.

escalfar, *v. tr.* to poach (eggs).

escalonar, *v. tr.* to post at intervals.

escalpe, *s. m.* scalp.

escama, *s. f.* scale.

escamar, 1. *v. tr.* to scale; **2.** *v. refl. (fam.)* to get angry (mad).

escamotear, *v. tr.* to juggle away; to conjure, to palm; to pilfer.

escancarar, *v. tr.* to set wide open.

escandalizar, *v. tr.* to scandalize; to shock; to outrage.

escândalo, *s. m.* scandal; outrage.

escandinavo, *adj. e s. m.* Scandinavian.

escangalhar, 1. *v. tr.* to disjoint; to disconnect; to break to pieces; to ruin; **2.** *v. refl.* to go wrong, to breakdown.

escanzelado, *adj.* very thin.

escapadela, *s. f.* escape; escapade; evasion.

escapar, 1. *v. intr.* to escape; to get away; to steal away; **deixar escapar:** to let fall, to drop; **escapar por um triz:** to have a narrow escape, to escape by the skin of one's teeth; **2.** *v. refl.* to evade; **escapar-se pela janela:** to bolt through the window; **escapar-se da memória:** to slip out of one's memory.

escaparate, *s. m.* showcase.

escapatória, *s. f.* subterfuge; excuse.

escape, *s. m.* outlet, leak; exhaust; **tubo de escape:** exhaust manifold, gas shaft.

escapulir-se, *v. refl.* to get away; to break loose.

escaqueirar, *v. tr.* to break into pieces; to shatter.

escarafunchar, *v. tr.* to scratch.

escaramuça, *s. f.* skirmish.

escaravelho, *s. m.* beetle.

escarcéu, *s. m.* billow; *(fam.)* uproar.

escarlate, *adj. e s. m.* scarlet.

escarlatina, *s. f.* scarlet fever.

escarmentar, **1.** *v. intr.* to punish; **2.** *v. refl.* to learn by experience.

escarnecer, *v. tr. e intr.* to mock; to sneer; to scorn; to make fun of; to scoff at.

escarninho, *adj.* mocking; scornful; sarcastic.

escárnio, *s. m.* mockery; raillery; scorn.

escarpa, *s. f.* slope.

escarpado, *adj.* steep; sloped.

escarrapachar, *v. tr.* to fall flat; to open the legs.

escarrar, *v. intr.* to spit.

escarro, *s. m.* spit; phlegm.

escarvar, *v. tr.* to scrape.

escassear, *v. intr.* to lack; to become scarce, to fall short.

escassez, *s. f.* lacking; scarcity; shortage.

escasso, *adj.* scanty; sparing.

escavação, *s. f.* digging, excavation.

escavacar, *v. tr.* to chip; to splinter.

escavadora, *s. f.* excavator, steam-shovel.

escavar, *v. tr.* to dig (out); to excavate.

esclarecer, **1.** *v. tr.* to clear up; to explain; **2.** *v. tr. e refl.* to enlighten.

esclarecimento, *s. m.* explanation; clearing up; enlightenment.

esclerose, *s. f.* sclerosis.

escoadouro, *s. m.* drain; sewer; gutter; sluice.

escoamento, *s. m.* flowing off; drainage.

escoar, **1.** *v. tr.* to drain (away); to flow off; to empty; **2.** *v. refl.* to glide (to flow) away.

escocês, **1.** *adj.* Scotch; Scottish; **2.** *s. m.* Scotchman.

escol, *s. m.* cream (of society); flower.

escola, *s. f.* school; **escola primária:** elementary school; **escola secundária:** secondary school.

escolar, *adj.* scholastic; **idade escolar:** school age; **em idade escolar:** schoolable; **trabalho escolar:** school-work.

escolha, *s. f.* selection; choice.

escolher, *v. tr.* to choose; to select.

escolho, *s. m.* rock; reef.

escolta, *s. f.* guard; escort.

escoltar, *v. tr.* to escort; to convoy.

escombros, *s. m. pl.* ruins.

esconder, **1.** *v. tr.* to hide; to conceal; to hold back; **esconder algo de:** to keep something from; **2.** *v. refl.* to hide oneself, to go into hiding.

esconderijo, *s. m.* hiding-place.

escondidas, *s. f. pl.* **às escondidas:** stealthily, on the sly; **jogo das escondidas:** hide-and-seek.

esconjurar, *v. tr.* to exorcise.

esconso, **1.** *adj.* sloping; oblique; **2.** *s. m.* corner; angle.

escora, *s. f.* stay; shore; prop.

escorar, *v. intr.* to prop; to hold up; to cross-brace.

escorbuto, *s. m.* scurvy.

escória, *s. f.* clinker; dross; dregs (of society).

escoriação, *s. f.* scratch.

escorpião, *s. m.* scorpion; Scorpio.

escorraçar, *v. tr.* to drive away, to expel.

escorrega, *s. m.* slide.

escorregadela, *s. f.* slipping; slide; slip.

escorregadio, *adj.* slippery.

escorregar, *v. intr.* to slip; to slide; to take a false step.

escorreito, *adj.* healthy; sound.

escorrer, 1. *v. tr.* to drain; **2.** *v. intr.* to flow off.

escorripichar, *v. tr.* to drink dry; to drain.

escoteiro, *s. m.* scout.

escotilha, *s. f.* hatchway.

escova, *s. f.* brush; **escova de dentes:** tooth-brush; **escova de sapatos:** shoe-brush; **escova do cabelo:** hair-brush.

escravatura, *s. f.* slavery; slave-trade.

escravidão, *s. f.* slavery; bondage.

escravizar, *v. tr.* to enslave.

escravo, 1. *adj.* slavish; servile; **2.** *s. m.* slave.

escrever, *v. tr.* to write; **escrever a lápis:** to write in pencil; **escrever à máquina:** to type-write; **escrever com erros:** to spell badly, to make mistakes; **escrever por extenso:** to write in full.

escrevinhar, *v. tr. e intr.* to scrawl, to scribble.

escriba, *s. m.* scribe.

escrita, *s. f.* writing; hand-writing.

escrito, 1. *adj.* written; **2.** *s. m.* writing; bill, letter; **por escrito:** in writing.

escritor, *s. m.* writer.

escritório, *s. m.* office; study.

escritura, *s. f.* writing; script; bond; deed; writ; **Sagrada Escritura:** Holy Writ, Holy Scripture.

escrituração, *s. f.* book-keeping.

escriturar, *v. tr.* to keep books; to register.

escriturário, *s. m.* clerk; book-keeper.

escrivaninha, *s. f.* desk.

escrivão, *s. m.* clerk (of Court of Law).

escrúpulo, *s. m.* scruple, reluctance; hesitation; **pessoa sem escrúpulos:** person without scruple, person of no scruples.

escrupuloso, *adj.* scrupulous; careful; conscientious; **ser escrupuloso:** to be exact in.

escrutinar, *v. tr.* to scrutinize.

escrutínio, *s. m.* scrutiny.

escudar, *v. tr.* to shield; to protect.

escudeiro, *s. m.* squire; valet.

escudo, *s. m.* shield; (currency) escudo.

esculpir, *v. tr.* to sculpt; to carve.

escultor, *s. m.* sculptor; carver.

escultura, *s. f.* sculpture; carving.

escuma, *s. f.* foam (of a wave); scum (boiling liquid).

escumalha, *s. f.* (*fig.*) scum.

escuna, *s. f.* schooner.

escurecer, 1. *v. tr.* to darken; to dim; **2.** *v. intr.* to grow dark.

escuridão, *s. f.* darkness.

escuro, *adj.* dark; **está a ficar escuro:** it's getting dark.

escusa, *s. f.* excuse.

escusado, *adj.* useless; superfluous; needless; **escusado será dizer:** it goes without saying.

escusar, 1. *v. tr.* to excuse; **2.** *v. refl.* to apologize for.

escutar, *v. tr.* to listen; to hear, to give ear to; **escutar às portas:** to eavesdrop.

escuteiro, *s. m.* boy-scout.

esfacelamento, *s. m.* destruction; downfall.

esfacelar, *v. tr.* to ravage, to smash.

esfalfamento, *s. m.* exhaustion.

esfalfar, v. tr. to exhaust; to overtire; to wear out.

esfaquear, v. tr. to knife; to stab.

esfarelar, v. tr. e refl. to crumble.

esfarrapado, adj. ragged; torn.

esfera, s. f. sphere; **esfera celeste:** celestial sphere.

esférico, 1. adj. spheric; round; 2. (sports) ball.

esferográfica, s. f. ball-pen, pen.

esferovite, s. f. styrofoam.

esfinge, s. f. sphinx.

esfolar, 1. v. tr. to skin; to flay; (fig.) to fleece (a client); 2. v. refl. to graze oneself.

esfomeado, adj. starving.

esforçar, 1. v. tr. to incite, to force; 2. v. refl. to strive, to endeavour.

esforço, s. m. effort; endeavour; strain; struggle; **farei todos os esforços:** I'll make every effort, I'll do my best; **não se poupar a esforços:** to spare no pains; **sem esforço:** without effort.

esfrangalhar, v. tr. to break to pieces; to shatter.

esfregão, s. m. scrub-cloth; mop; dishcloth.

esfregar, v. tr. to rub; to polish; to clean; to scrub; **enquanto o Diabo esfrega um olho:** in the twinkling of an eye.

esfriar, 1. v. tr. to cool; 2. v. intr. to grow cool, to grow cold.

esfuziante, adj. hissing; lively; beaming (with happiness).

esgadanhar, v. tr. to scratch.

esganar, v. tr. to strangle, to choke; to stifle.

esganiçar-se, v. refl. to yelp.

esgar, s. m. grimace.

esgaratujar, v. tr. e intr. to scrawl, to scribble.

esgaravatar, v. tr. to scrape; to search.

esgazeado, adj. wide-eyed.

esgazear, v. tr. to stare at; to glare upon.

esgotado, adj. (ticket) sold out; exhausted; tired.

esgotamento, s. m. prostration; exhaustion.

esgotar, v. tr. to exhaust; to wear out; to empty; to drain; to sell out.

esgoto, s. m. drain; gutter; **cano de esgoto:** sewer.

esgrima, s. f. fencing.

esgueirar-se, v. refl. to glide out; to steal away.

esguelha s. f. oblique; **olhar de esguelha:** to look askance, to squint.

esguichar, v. intr. to spring; to squirt.

esguicho, s. m. jet; squirt.

esguio, adj. slender.

esmaecer, v. intr. to faint; to grow pale; to weaken.

esmagador, adj. crushing.

esmagamento, s. m. crushing.

esmagar, v. tr. to crush (up); to press; to overwhelm.

esmalte, s. m. enamel.

esmerado, adj. careful; perfect; faultless.

esmeralda, s. f. emerald; **anel de esmeraldas:** an emerald ring.

esmerar-se, v. refl. to endeavour; to take pains.

esmero, s. m. care; accuracy; diligence; thoroughness.

esmigalhar, v. tr. to crush to pieces; to crumble.

esmiuçar, v. tr. to pick; to analyse; to search; to inquire minutely.

esmola, s. f. alms; charity.

esmolar, v. tr. to beg.

esmorecer, 1. v. intr. to lose heart; 2. v. tr. to discourage; to despond.

esmorecimento, s. m. discouragement, despondency.

esmurrar, v. tr. to box; to cuff.

esófago, *s. m.* oesophagus.

espaçamento, *s. m.* delay; prorogation; spacing.

espaçar, *v. tr.* to delay; to adjourn; to space.

espacial, *adj.* spatial; **nave espacial:** space ship.

espaço, *s. m.* space; room; interval; **espaço de tempo:** space of time; **espaço em branco:** blank space; **deixar espaço:** to leave room for.

espada, *s. f.* sword; *pl.* (cards) spades; **arrancar da espada:** to draw the sword.

espadarte, *s. m.* swordfish.

espadaúdo, *adj.* broad-shouldered.

espádua, *s. f.* shoulder.

espairecer, **1.** *v. intr.* to amuse; to ramble; **2.** *v. tr.* to stroll.

espairecimento, *s. m.* amusement; recreation.

espalda, *s. f.* shoulder.

espaldar, *s. m.* chair back.

espalha-brasas, *s. m. f.* showoff; panicmonger.

espalhafato, *s. m.* disorder; bustle; confusion; show; fuss.

espalhar, **1.** *v. tr.* to spread; to scatter; **2.** *v. refl.* to fall flat.

espalmar, *v. tr.* to flatten.

espampanante, *adj.* extravagant; showy.

espanador, *s. m.* duster; dusting-brush.

espancar, *v. tr.* to beat; to cudgel.

espanhol, **1.** *adj.* Spanish; **2.** *s. m.* Spaniard; Spanish.

espantalho, *s. m.* scarecrow.

espantar, **1.** *v. tr.* to frighten; to scare; to amaze; to astonish; **2.** *v. refl.* to be astonished.

espanto, *s. m.* amazement; astonishment.

espantoso, *adj.* dreadful; frightful; wonderful.

espargimento, *s. m.* scattering; effusion.

espargir, *v. tr.* to spread; to pour out; to spill.

espargo, *s. m.* asparagus.

esparguete, *s. m.* spaghetti.

esparrela, *s. f.* snare; noose.

esparso, *adj.* spread; scattered; sparse.

espartilho, *s. m.* corset.

espasmo, *s. m.* spasm; cramp.

espatifar, *v. tr.* to break to pieces; to waste (money).

espátula, *s. f.* spatula.

espavento, *s. m.* ostentation.

espaventoso, *adj.* ostentatious; showy.

espavorido, *adj.* frightened; scared.

especar, **1.** *v. tr.* to prop; to support; **2.** *v. refl.* to stand still.

especial, *adj.* special.

especialidade, *s. f.* speciality; *(E.U.A.)* specialty.

especialista, *s. m. f.* specialist; expert.

especialização, *s. f.* specialization.

especializar, **1.** *v. tr.* to particularize; **2.** *v. refl.* to specialize in.

especiaria, *s. f.* spices.

espécie, *s. f.* species; kind; class.

especificação, *s. f.* specification.

especificar, *v. tr.* to specify; to particularize.

específico, *adj.* specific; definite.

espécime, espécimen, *s. m.* specimen; sample.

espectacular, *adj.* spectacular; fantastic.

espectáculo, *s. m.* spectacle; show; **o mundo do espectáculo:** showbizz, showbusiness.

espectador, *s. m.* spectator; viewer; *pl.* audience.

espectro, *s. m.* spectre; ghost.

especulação, *s. f.* speculation.

especulador, *s. m.* speculator.

especular, *v. intr.* to speculate.

espelhar, *v. tr.* to reflect; to shine; to mirror.

espelho, *s. m.* mirror; looking-glass.

espelunca, *s. f. (cal.)* joint.

espera, *s. f.* waiting, wait; ambuscade; **sala de espera:** waiting-room.

esperança, *s. f.* expectation; hope; **contra todas as esperanças:** against expectation; **não lhe dês muitas esperanças:** don't raise his hopes too much; **sem esperança:** hopeless; **sem qualquer esperança:** past hope.

esperançado, *adj.* hopeful.

esperançar, *v. tr.* to give hope.

esperanto, *s. m.* Esperanto.

esperar, *v. tr.* to hope; to wait for, to await; to expect; to trust; **conforme se esperava:** according to expectation(s); **diga-lhe para esperar:** tell him to wait; **espero que sim:** I hope so; **espero que não:** I hope not; **fazer esperar:** to keep someone waiting.

esperma, *s. f.* sperm.

espermatozóide, *s. m.* spermatozoon.

espernear, *v. intr.* to kick; to struggle.

espertalhão, *adj. e s. m.* smart.

esperteza, *s. f.* cunning; sagacity; cleverness.

esperto, *adj.* clever; skilful; artful; smart; sharp.

espesso, *adj.* thick.

espessura, *s. f.* thickness; density.

espetar, **1.** *v. tr.* to spit; to pierce; to prick; **2.** *v. refl. (fig.)* to crash, to smash.

espeto, *s. m.* skewer.

espevitar, *v. tr.* to stimulate; to spur.

espezinhar, *v. tr.* to tread on; to trample down; to despise.

espião, *s. m.* spy.

espiar, *v. tr.* to spy; to watch.

espicaçar, *v. tr.* to peck; to pierce; to spur; to prick.

espiga, *s. f. (bot.)* ear (of corn).

espigado, *adj.* eared; *(fam.)* tallish, grown-up.

espigão, *s. m.* sting (of bees).

espinafre, *s. m.* spinach.

espingarda, *s. f.* gun; rifle.

espinha, *s. f.* thorn, prickle; fishbone; backbone; pimple (of skin).

espinheiro, *s. m.* thorn-bush.

espinho, *s. m.* thorn; prickle.

espinhoso, *adj.* thorny; prickly; brambly.

espiolhar, *v. tr.* to clear (of lice); to pick; to spy into.

espionagem, *s. f.* spying, espionage.

espionar, *v. tr. e intr.* to spy.

espiral, *s. f.* spire; spiral.

espiritismo, *s. m.* spiritism.

espírito, *s. m.* mind; wit; spirit; ghost; **espírito aberto:** open-minded person; **espírito fraco:** feeble-minded person, flabby will; **aguça o espírito:** it sharpens the wits; **cheio de espírito:** full of wit; **estado de espírito:** state of mind; **manter um espírito aberto:** to keep an open mind.

espiritual, *adj.* spiritual.

espirituoso, *adj.* clever; witty; spirituous (alcoholic drink).

espirrar, *v. intr.* to sneeze.

espirro, *s. m.* sneeze.

esplanada, *s. f.* esplanade.

esplêndido, *adj.* splendid; magnificent; stunning.

esplendor, *s. m.* splendour; glamour.

espoliação, *s. f.* spoliation; pillage; plunder.

espoliar, v. tr. to despoil; to plunder; to rob.

espolinhar-se, v. refl. to wallow.

espólio, s. m. remains; booty.

esponja, s. f. sponge; **passar uma esponja sobre:** (fig.) to draw a curtain over, to throw up the sponge.

esponjoso, adj. spongy; porous; spongeous.

esponsais, s. m. pl. betrothal; marriage.

espontaneidade, s. f. spontaneousness; spontaneity.

espontâneo, adj. spontaneous.

espora, s. f. spur.

esporádico, adj. sporadic.

esporear, v. tr. to spur.

esposa, s. f. wife.

esposar, v. tr. to marry; to wed.

esposo, s. m. husband.

espraiar, 1. v. tr. to spread; 2. v. refl. to spread abroad.

espreguiçadeira, s. f. couch.

espreguiçar-se, v. refl. to stretch.

espreitar, v. tr. to lurk; to spy; to peep; **espreitar a oportunidade:** to wait one's opportunity.

espremer, v. tr. to press; to squeeze (a lemon); to wring (clothes); to crush out.

espuma, s. f. foam.

espumante, s. m. champagne.

espumar, v. intr. to foam; **espumar pela boca:** to froth at the mouth.

esquadra, s. f. police-station.

esquadrão, s. m. squadron.

esquadro, s. m. square; set-square.

esquálido, adj. squalid; foul.

esquartejar, v. tr. to quarter.

esquecer, v. tr. to forget.

esquecido, adj. forgotten; forgetful.

esquecimento, s. m. forgetfulness; oblivion; **deixar cair um**

assunto em esquecimento: to let a matter drop.

esquelético, adj. skeletal, lean.

esqueleto, s. m. skeleton; (fig.) framework.

esquema, s. m. scheme; outline, plan.

esquematizar, v. tr. to diagrammatize, to schematize.

esquentador, s. m. heater; gasheater, warming-pan.

esquentar, v. tr. to warm; to overheat.

esquerda, s. f. left; (politics) leftwing; **virar à esquerda:** to turn left.

esquerdista, s. m. f. left-winger.

esquerdo, adj. left.

esqui, s. m. ski; **andar de esqui:** to go skiing, to ski.

esquiador, s. m. ski-runner.

esquiar, v. intr. to ski.

esquife, s. m. coffin.

esquilo, s. m. squirrel.

esquimó, s. m. Eskimo.

esquina, s. f. corner; edge.

esquisitice, s. f. eccentricity; oddity.

esquisito, adj. odd; strange; singular.

esquivar, 1. v. tr. to evade; to avoid; 2. v. refl. to escape; to shun.

esquivo, adj. coy; shy.

esse, pron. e adj. dem. that; that one; the former.

esse, s. m. the letter **s**.

essência, s. f. essence; nature; perfume; scent.

essencial, adj. essential; necessary.

estabelecer, 1. v. tr. to establish; to settle; 2. v. refl. to set up.

estabelecido, adj. established; set up; settled.

estabelecimento, s. m. establishment; settlement; shop.

estabilidade, s. f. stability; firmness; steadiness.

estabilização, s. f. stabilization.

estabilizador, s. m. stabilizer.

estabilizar, v. tr. to stabilize.

estábulo, s. m. stable.

estaca, s. f. stake.

estação, s. f. season (of the year); station; **estação de caminho-de-ferro:** railway-station; **estação emissora:** broadcasting station.

estacar, v. tr. to stake.

estacionamento, s. m. parking; **parque de estacionamento:** car park; (E.U.A.) parking lot; **estacionamento proibido:** no parking.

estacionar, v. intr. to park.

estacionário, adj. stationary.

estada, s. f. stay; staying; sojourn.

estadear, 1. v. tr. to display; 2. v. refl. to boast; to show off.

estadia, s. f. stay; sojourn.

estádio, s. m. stadium.

estadista, s. m. f. statesman.

estado, s. m. state; condition; situation; status; **estado de saúde:** state of health; **estado de sítio:** state of siege; **estado civil:** marital status; **Estado livre:** free state; **em bom estado:** in good condition; **neste estado de coisas:** in this state of affairs.

estado-maior, s. m. staff; General Staff.

estafado, adj. tired; dog-tired.

estafar, v. tr. to harass; to weary; to tire; to fatigue.

estafeta, s. m. f. courier; messenger.

estagiário, 1. adj. probational; 2. s. m. probationer; trainee.

estágio, s. m. stay; probation.

estagnação, s. f. stagnation; deadlock.

estagnar, v. tr. to stagnate.

estalactite, s. f. stalactite.

estalada, s. f. slap (in the face).

estalagem, s. f. inn.

estalagmite, s. f. stalagmite.

estalajadeiro, s. m. host; innkeeper.

estalar, v. intr. to crackle; to clap; to crack.

estaleiro, s. m. dockyard, shipyard.

estalido, s. m. clapping; cracking.

estalo, s. m. crack; noise; (fam.) slap.

estame, s. m. stamen.

estampa, s. f. print; picture.

estampado, 1. adj. printed; **vestido estampado:** printed dress; 2. s. m. print.

estampagem, s. f. stamping; printing.

estamparia, s. f. print-shop; stamping works.

estampido, s. m. noise; crack; report (of a gun).

estancar, 1. v. tr. to stop; to drain; to stanch (blood); 2. v. intr. to run dry.

estância, s. f. resort; **estância balnear:** seaside resort.

estandardizado, adj. standardized.

estandardizar, v. intr. to standardize.

estandarte, s. m. standard; banner; colours.

estanho, s. m. tin; **mina de estanho:** stannary.

estanque, 1. adj. tight; 2. s. m. stanching.

estante, s. f. bookshelf; **estante de música:** music-stand.

estapafúrdio, adj. extravagant.

estar, v. intr. to be; to stay; **estar bem com:** to be on good terms with; **estar deitado:** to lie; **estar de pé:** to stand; **estar em si:** to be in one's right mind; **estar fora de si:** to be out of one's mind, to be beside oneself.

estardalhaço, *s. m.* noise; bustle.
estarola, *s. m. f.* light-headed.
estarrecer, 1. *v. intr.* to strike with terror; **2.** *v. tr.* to frighten.
estatelar, 1. *v. tr.* to throw down; **2.** *v. refl.* to fall flat down.
estática, *s. f.* statics.
estático, *adj.* static; motionless.
estatística, *s. f.* statistics.
estátua, *s. f.* statue.
estatueta, *s. f.* statuette.
estatura, *s. f.* stature; height.
estatuto, *s. m.* statute; rule; regulation.
estável, *adj.* stable; lasting.
este, 1. *adj.* this; **2.** *pron. dem.* this one; the latter.
este, *s. m.* east.
estearina, *s. f.* stearin; wax.
esteio, *s. m.* prop; stay; support.
esteira, *s. f.* straw mat; **ir na esteira de:** to follow in the wake of.
estelar, *adj.* stellar; starry.
estendal, *s. m.* drying ground; drying string; **fazer estendal:** to make a (show) display (of); **que estendal!:** what a spread!
estender, *v. tr.* to spread; to stretch out; **estender-se sobre um assunto:** to dwell upon a subject.
estenografia, *s. f.* stenography; shorthand.
estepe, *s. f.* steppe.
esterco, *s. m.* dung; manure.
estereofonia, *s. f.* stereophony.
estereofónico, *adj.* stereophonic; stereo.
estereotipado, *adj.* stereotyped.
estereótipo, *s. m.* stereotype.
estéril, *adj.* sterile; unfruitful; barren.
esterilidade, *s. f.* sterility.
esterilização, *s. f.* sterilization.
esterilizar, *v. tr.* to sterilize.
esterno, *s. m.* sternum.

esterqueira, *s. f.* dunghill.
estertor, *s. m.* death-rattle.
esteta, *s. m. f.* aesthete; aesthetician.
estética, *s. f.* aesthetics.
estético, *adj.* aesthetic, esthetic.
estetoscópio, *s. m.* stethoscope.
estibordo, *s. m.* starboard.
esticão, *s. m.* pull; tug; yank.
esticar, *v. tr.* to extend; to stretch; to draw tight.
estigma, *s. m.* scar; stigma.
estigmatizar, *v. tr.* to stigmatize; to mark; to blame; to censure.
estilete, *s. m.* stylet; stiletto.
estilhaçar, *v. tr.* to break to pieces; to splinter.
estilhaço, *s. m.* splinter.
estilista, *s. m. f.* designer.
estilística, *s. f.* art of style.
estilo, *s. m.* style.
estima, *s. f.* estimation; regard; **ser tido em grande estima:** to be held in high estimation.
estimação, *s. f.* estimation; **animal de estimação:** pet.
estimar, *v. tr.* to estimate; to value, to prize; to take good care.
estimativa, *s. f.* valuation; **fazer uma estimativa:** to estimate, to take a gauge of.
estimulante, *adj.* stimulant; exciting; stimulating.
estimular, *v. tr.* to stimulate; to spur; to urge.
estímulo, *s. m.* stimulus, stimulation; spur.
Estio, *s. m.* summer.
estiolar, *v. tr. e intr.* to blight; to weaken.
estipulado, *adj.* stipulate(d).
estipular, *v. tr.* to stipulate; to settle.
estiraçar, *v. tr.* to stretch.
estirar, *v. tr. e refl.* to extend; to stretch.

estirpe, s. f. race; lineage.

estivador, s. m. docker; (E.U.A.) stevedore.

estocada, s. f. stab; lunge.

estofar, v. tr. to upholster; to stuff; to cushion.

estofo, s. m. stuff; wadding; (fig.) kind, sort.

estoicismo, s. m. stoicism; severity.

estóico, 1. adj. stoical; severe; **2.** s. m. stoic.

estoirar, 1. v. intr. to burst; to explode; **2.** v. tr. to break open.

estoiro, s. m. burst; crash.

estojo, s. m. case; set.

estola, s. f. stole.

estômago, s. m. stomach; **estômago cheio:** full stomach; **estômago vazio:** empty stomach; **dar volta ao estômago:** to turn one's stomach, to make one's stomach rise.

estomatologia, s. f. stomatology.

estonteamento, s. m. stunning, disturbance.

estonteante, adj. fascinating; stunning.

estontear, v. tr. to stun; to fascinate; to astound.

estopa, s. f. tow; oakum.

estorcegar, v. tr. to dislocate; to pinch; to twist; to sprain.

estorninho, s. m. starling.

estorricar, v. tr. to overroast.

estorvar, v. tr. to embarrass; to hinder; to constrain.

estorvo, s. m. embarrassment; hindrance.

estourar, 1. v. tr. to burst; to explode; **2.** v. intr. to break open.

estouro, s. m. burst; crash.

estouvado, adj. hare-brained; foolish.

estrábico, adj. cross-eyed; squint-eyed.

estrabismo, s. m. strabism.

estrada, s. f. road; way; highway; **estrada de mau piso:** rough road; **beira da estrada:** road side.

estrado, s. m. platform.

estragado, adj. wasted; damaged; ruined.

estragar, v. tr. to spoil; to ruin; to damage.

estragão, s. m. (bot.) tarragon.

estrago, s. m. damage; waste.

estrambólico, adj. queer; strange; odd.

estrangeirismo, s. m. foreign word, foreignism.

estrangeiro, 1. adj. foreign, outlandish; strange, alien; **2.** s. m. foreigner; stranger; **ir ao estrangeiro:** to go abroad; **no estrangeiro:** abroad.

estrangulamento, s. m. strangulation; strangling; suffocation.

estrangular, v. tr. to strangle; to throttle.

estranhar, v. tr. to find strange; to wonder; to be surprised; to feel uneasy.

estranheza, s. f. strangeness; oddness; surprise; shyness.

estranho, adj. strange; extraordinary; odd, queer; shy, coy; **por mais estranho que pareça:** strangely enough.

estratagema, s. m. stratagem; artifice; trick.

estratégia, s. f. strategy; strategics.

estratificação, s. f. stratification.

estrato, s. m. stratus; layer.

estratosfera, s. f. stratosphere.

estrear, v. tr. to begin; to inaugurate.

estrebaria, s. f. stables.

estrebuchamento, s. m. struggle.

estrebuchar, v. intr. to struggle.

estreia, s. f. début; beginning; outset.

estreitar, v. tr. to straiten; to shorten; to narrow; to diminish; to draw closely.

estreiteza, s. f. narrowness.

estreito, 1. adj. narrow; tight; **2.** s. m. strait.

estrela, s. f. star; **estrela de cinema:** film-star; **luz das estrelas:** starlight.

estrela-cadente, s. f. shooting-star, falling-star; meteorite.

estrelado, adj. starry; starred; starlit; **ovos estrelados:** fried eggs.

estrela-do-mar, s. f. starfish.

estrelar, v. tr. to star; to fry (eggs).

estremar, v. tr. to demarcate; to distinguish.

estreme, adj. genuine; pure.

estremeção, s. f. shaking; shudder; shock; thrill.

estremecer, 1. v. tr. to shake; to shiver; to cherish; **2.** v. intr. to tremble; to quake.

estremecimento, s. m. shake; shudder.

estremunhado, adj. suddenly awakened; bewildered.

estrépito, s. m. noise.

estria, s. f. groove; stria.

estribeira, s. f. stirrup; **perder as estribeiras:** to lose one's temper.

estribilho, s. m. refrain; burden.

estribo, s. m. stirrup; support.

estridência, s. f. shrillness.

estridente, adj. creaking; shrill; whistling.

estripar, v. tr. to disembowel.

estrito, adj. strict; precise.

estrofe, s. f. strophe, stanza.

estroina, 1. adj. hare-brained; **2.** s. m. f. frolic, romp.

estroinice, s. f. folly; extravagance; spree.

estrondo, s. m. roar; smash; crash; sound; (fig.) pomp.

estrondoso, adj. noisy; clamorous; riotous; magnificent; showy.

estropiado, adj. maimed.

estropiar, v. tr. to maim; to cripple.

estrugido, s. m. fried onions.

estrugir, 1. v. tr. to fry onions in oil or butter; **2.** v. intr. to burst; to resound.

estrume, s. m. dung; manure.

estrutura, s. f. structure; frame.

estrutural, adj. structural.

estuário, s. m. estuary.

estudante, s. m. f. student; pupil.

estudar, v. tr. e intr. to study; to learn; **andar a estudar:** to be studying.

estúdio, s. m. studio.

estudioso, adj. studious; diligent; hard-working.

estudo, s. m. study; learning.

estufa, s. f. greenhouse, glasshouse; **efeito de estufa:** greenhouse effect.

estufado, 1. adj. stewing; **2.** s. m. stewed meat; stew.

estufar, v. tr. to stew.

estugar, v. tr. to hasten; to quicken one's steps.

estultícia, s. f. folly; silliness.

estupefacção, s. f. stupefaction; amazement.

estupefaciente, s. m. drug; narcotic; dope.

estupefacto, adj. amazed; stupefied; dumbfounded.

estupendo, adj. amazing; astonishing; **estupendo!:** fantastic!

estupidez, s. f. stupidity.

estupidificar, v. tr. to stupefy.

estúpido, 1. adj. stupid; dull; senseless; **2.** s. m. dunce; idiot; (cal.) moron.

estupor, s. m. stupor; (fam.) bastard.

estupro, *s. m.* rape; violation.

estuque, *s. m.* plaster.

estúrdio, *adj.* frolicsome.

esturjão, *s. m. (zool.)* sturgeon.

esturrar, *v. tr.* to burn up; to scorch; to overroast.

esturro, *s. m.* burning; **cheirar a esturro**: to smell of burning; *(fig.)* to smell a rat.

esvaído, *adj.* exhausted; faint.

esvair-se, *v. refl.* to swoon; to dissipate; **esvair-se em sangue**: to bleed to death.

esvaziamento, *s. m.* emptying.

esvaziar, *v. tr.* to empty.

esverdeado, *adj.* greenish.

esvoaçar, *v. intr.* to flutter.

etapa, *s. f.* (sports) stage; halting-place; step.

etc., and so on, etc.

éter, *s. m.* ether.

etéreo, *adj.* ethereal; airy; heavenly.

eternidade, *s. f.* eternity.

eternizar, *v. tr.* to eternize.

eterno, 1. *adj.* eternal; perpetual; everlasting; 2. *s. m.* the Eternal; God.

ética, *s. f.* ethics.

ético, *adj.* ethical.

etileno, *s. m.* ethylene.

étimo, *s. m.* etymon.

etimologia, *s. f.* etymology.

etíope, *adj. e s. m. f.* Ethiopian.

etiqueta, *s. f.* etiquette; good manners; label, tab (in a bag).

etiquetar, *v. tr.* to label, to tag.

etnia, *s. f.* race; people.

étnico, *adj.* ethnical.

etnografia, *s. f.* ethnography.

etnologia, *s. f.* ethnology.

eu, *pron. pess.* I, me; **eu próprio**: myself.

eucalipto, *s. m. (bot.)* eucalyptus.

eucaristia, *s. f.* Eucharist; Lord's Supper.

eufemismo, *s. m.* euphemism.

eufonia, *s. f.* euphony.

euforia, *s. f.* euphoria.

eunuco, *s. m.* eunuch.

euro, *s. m.* Euro (currency).

euro-asiático, *adj.* Eurasian.

europeizar, *v. tr.* to europeanize.

europeu, *adj. e s. m.* European.

eutanásia, *s. f.* euthanasia.

evacuação, *s. f.* evacuation; discharge.

evacuar, 1. *v. tr.* to evacuate; to withdraw from; 2. *v. intr.* to defecate.

evadir, 1. *v. tr.* to avoid; to get away from; 2. *v. refl.* to escape.

evanescente, *adj.* evanescent; vanishing; fleeting.

Evangelho, *s. m.* the Gospel.

evangelização, *s. f.* evangelization.

evangelizar, *v. tr.* to evangelize.

evaporação, *s. f.* evaporation.

evaporar, *v. tr. e refl.* to evaporate; to vanish.

evasão, *s. f.* evasion; escape; **tentativa de evasão**: attempt to escape.

evasiva, *s. f.* evasion; subterfuge; **respondeu com evasivas**: his answers were only evasions.

evento, *s. m.* happening, event.

eventual, *adj.* occasional.

eventualidade, *s. f.* possibility; chance.

evidência, *s. f.* evidence; testimony.

evidenciar, 1. *v. tr.* to prove; to evince; to prove; 2. *v. refl.* to stand out.

evidente, *adj.* evident; clear; obvious; plain.

evitar, *v. intr.* to avoid; **evitar alguém**: to keep away from.

evocação, *s. f.* evocation.

evocar, *v. tr.* to evoke; to call to mind; to summon up (spirits).

evolar-se, *v. refl.* to fly away.

evolução, *s. f.* evolution; development.

evolucionismo, *s. m.* evolutionism.

evolutivo, *adj.* evolutive.

exacerbamento, *s. m.* exacerbation; exaggeration.

exacerbar, *v. tr.* to exacerbate; to worsen, to aggravate.

exactamente, *adv.* exactly, just so.

exactidão, *s. f.* exactness; precision, accuracy.

exacto, *adj.* exact; accurate; **ciências exactas:** exact sciences.

exagerar, *v. tr.* to exaggerate; to increase; to overdo.

exagero, *s. m.* exaggeration.

exalação, *s. f.* exhalation; emanation; vapour.

exalar, *v. tr.* to exhalate; to emit; to breathe out.

exaltação, *s. f.* exaltation; excitement.

exaltado, *adj.* exalted; excited; high-flown; hot-headed.

exaltar, 1. *v. tr.* to exalt; to praise; **2.** *v. refl.* to lose one's temper; **não se exalte:** keep your temper.

exame, *s. m.* examination; *(fam.)* exam; **exame de admissão:** entrance examination; **exame médico:** medical examination; **exame minucioso:** narrow inquiry; **passar num exame:** to pass an examination; **reprovar num exame:** to fail in an examination.

examinar, *v. tr.* to examine; to inspect; to scrutinize.

exangue, *adj.* bloodless.

exânime, *adj.* lifeless.

exasperação, *s. f.* exasperation; irritation.

exasperante, *adj.* exasperating.

exasperar, *v. tr.* to exasperate; to irritate.

exaurir, *v. tr.* to extinguish; to wear off.

exaustão, *s. f.* exhaustion.

exaustivo, *adj.* exhaustive; wearisome.

exausto, *adj.* exhausted; deadtired.

excedente, 1. *adj.* exceeding; **2.** *s. m.* surplus.

exceder, *v. tr.* to exceed; to surpass; to excel; **exceder em:** to exceed by.

excelência, *s. f.* excellence; superiority; **Sua Excelência:** His Excellency; Your Excellency.

excelente, *adj.* excellent; eminent; first-rate.

excelentíssimo, *adj.* most excellent; **Excelentíssimo Senhor:** Dear Sir (letter).

excelso, *adj.* sublime; eminent; high.

excentricidade, *s. f.* eccentricity; extravagance.

excêntrico, *adj.* eccentric; odd; unconventional, whimsical.

excepção, *s. f.* exception; **excepção a uma regra:** an exception to a rule; **abrir uma excepção:** to make an exception, to stretch a point; **com excepção de:** with the exception of; **sem excepção:** without exception.

excepcional, *adj.* exceptional; extraordinary.

excepto, *prep.* except; save.

exceptuar, *v. tr.* to except; to exclude.

excerto, *s. m.* excerpt; extract.

excessivo, *adj.* excessive; exceeding.

excesso, *s. m.* excess; superabundance.

excitação, *s. f.* excitement; commotion; stimulation; arousal; **causar excitação:** to cause excitement; **momento de excitação:** exciting moment.

excitado, *adj.* jumpy; excited.

excitante, *adj.* exciting; stimulating.

excitar, *v. tr.* to excite; to stimulate; to inflame; to stir up.

exclamação, *s. f.* exclamation; outcry; **ponto de exclamação:** exclamation mark.

exclamar, *v. tr.* to exclaim, to cry out.

excluir, *v. tr.* to exclude; to except; to reject; to bolt out.

exclusão, *s. f.* exclusion; omission; rejection; **com exclusão de:** excluding.

exclusive, *adv.* exclusive of.

exclusivo, 1. *adj.* exclusive; **2.** *s. m.* exclusive; privilege.

excomungado, 1. *adj.* excommunicated; expelled; **2.** *s. m.* excommunicate.

excomungar, *v. tr.* to excommunicate.

excomunhão, *s. f.* excommunication.

excremento, *s. m.* excrement.

excretar, *v. tr.* to excrete; to eject.

excruciante, *adj.* excruciating; painful.

excursão, *s. f.* excursion; trip.

excursionista, *s. m. f.* excursionist; tripper.

execrar, *v. tr.* to execrate; to detest.

execrável, *adj.* execrable; detestable; abysmal.

execução, *s. f.* execution; accomplishment; **pôr em execução:** to put in execution.

executante, *s. m. f.* performer.

executar, *v. tr.* to execute; to accomplish; to perform (a task, a play); to carry out.

executivo, *adj.* executive.

executor, *s. m.* executioner.

exemplar, 1. *adj.* exemplary; **2.** *s. m.* copy; pattern; **exemplar grátis:** free copy.

exemplaridade, *s. f.* edification.

exemplificação, *s. f.* exemplification.

exemplificar, *v. tr.* to exemplify.

exemplo, *s. m.* example; instance; **dar um bom exemplo:** to give a good example to; **por exemplo:** for instance, for example.

exéquias, *s. f. pl.* obsequies; funeral rites.

exequibilidade, *s. f.* execution; workability.

exercer, *v. tr.* to exercise; to act; to practise.

exercício, *s. m.* exercise; task; lesson.

exercitar, 1. *v. tr.* to exercise; to practise (sports); to school (one's patience); **2.** *v. refl.* to exercise oneself in.

exército, *s. m.* army; **corpo de exército:** army-corps.

exibição, *s. f.* exhibition; display; performance.

exibicionismo, *s. m.* exhibitionism.

exibicionista, *s. m. f.* exhibitionist; show-off.

exibir, 1. *v. tr.* to exhibit; to display, to flaunt; **2.** *v. refl.* to make an exhibition of oneself.

exigência, *s. f.* demand; requirement; exaction.

exigente, *adj.* demanding; pressing; urgent.

exigir, *v. tr.* to require; to demand; to claim.

exiguidade, *s. f.* narrowness; scantiness.

exíguo, *adj.* exiguous; scanty.

exilado, 1. *adj.* exiled; **2.** *s. m.* exile.

exilar, *v. tr.* to exile; to banish.

exílio, *s. m.* exile; banishment.

exímio, *adj.* excellent; notable; distinguished.

eximir, 1. *v. tr.* to exempt; to free; **2.** *v. refl.* to shun, to avoid.

existência, *s. f.* existence; life; being.

existencialismo, *s. m.* existentialism.

existir, *v. intr.* to exist; to live; to be.

êxito, *s. m.* success.

ex-líbris, *s. m.* ex-libris.

êxodo, *s. m.* exodus.

exoneração, *s. f.* exoneration; dismissal; discharge.

exonerar, *v. tr.* to exonerate; to dismiss; to relieve.

exorbitância, *s. f.* exorbitance.

exorbitante, *adj.* exorbitant; excessive.

exorbitar, *v. intr.* to exorbitate; to overreact.

exorcismo, *s. m.* exorcism.

exorcista, *s. m. f.* exorcist.

exórdio, *s. m.* exordium; preface; introduction.

exortação, *s. f.* exhortation.

exótico, *adj.* exotic; foreign.

exotismo, *s. m.* exoticism.

expandir, 1. *v. tr.* to expand; to spread; **2.** *v. refl.* to open one's heart.

expansão, *s. f.* expansion; enlargement; distension; **expansão territorial:** territorial expansion.

expansionismo, *s. m.* expansionism.

expansividade, *s. f.* expansiveness.

expansivo, *adj.* expansive; effusive; open-hearted.

expatriação, *s. f.* expatriation; banishment.

expatriar, *v. tr.* to expatriate; to banish.

expectativa, *s. f.* expectation; expectancy; **viver na expectativa:** to live in the prospect of.

expectoração, *s. f.* expectoration.

expectorar, *v. intr.* to expectorate.

expedição, *s. f.* expedition; voyage; enterprise.

expedicionário, 1. *adj.* expeditionary; **2.** *s. m.* expeditionist.

expediente, *s. m.* expedient; device.

expedir, *v. tr.* to dispatch; to send; to deliver; to speed up; **expedir um telegrama:** to send a telegram.

expedito, *adj.* expeditious; ready; active; quick.

expelir, *v. tr.* to expel; to eject; to force out.

expensas, *s. f. pl.* expense; cost.

experiência, *s. f.* experience; **à experiência:** on trial; **aprender por experiência própria:** to learn by experience; **fazer uma experiência:** to make an experiment in; **ter experiência:** to have experience in.

experiente, *adj.* experienced; skilled, skilful.

experimentação, *s. f.* experiment.

experimentar, *v. tr.* to experiment; to try; to test; **experimente!:** give it a try!, try it!; **experimentar grandes dificuldades:** to experience great difficulty.

expiação, *s. f.* expiation.

expiar, *v. tr.* to expiate.

expiração, *s. f.* expiration; end.

expirar, 1. *v. tr.* to expire; **2.** *v. intr.* to breathe at; to terminate; to die; to end.

explanação, *s. f.* explanation.

explanar, *v. tr.* to explain; to expound.

explicação, *s. f.* explanation; **dar explicações:** *(fam.)* to coach a pupil for examination; **pedir uma explicação:** to ask for an explanation.

explicador, *s. m.* tutor; private teacher.

explicar, *v. tr.* to explain.

explícito, *adj.* explicit; clear.

explodir, *v. intr.* to explode; to burst out; to blow up.

exploração, *s. f.* exploration; exploitation; *(fig.)* exploit.

explorador, *s. m.* explorer; *(fig.)* exploiter.

explorar, *v. tr.* to explore; to inquire; to search into.

explosão, *s. f.* explosion; bursting; outburst.

explosivo, *adj. e s. m.* explosive.

expoente, *s. m.* exponent.

expor, 1. *v. tr.* to expose; to show; to exhibit; to display, to lay; **2.** *v. refl.* to expose oneself.

exportação, *s. f.* exportation; export.

exportador, *s. m.* shipper; exporter.

exportar, *v. tr.* to export.

exposição, *s. f.* exhibition; show; exposure; **exposição de pintura:** art exhibition; **tempo de exposição:** (photography) time of exposure.

expressão, *s. f.* expression; phrase; diction.

expressar, *v. tr.* to express.

expressividade, *s. f.* expressiveness.

expressivo, *adj.* expressive.

expresso, 1. *adj.* express; formal; **2.** *s. m.* express (train).

exprimir, *v. tr.* to express; to declare; to voice; to explain.

expropriação, *s. f.* dispossession; expropriation.

expropriar, *v. tr.* to dispossess; to expropriate; to seize.

expugnar, *v. tr.* to storm, to overcome.

expulsão, *s. f.* expulsion; eviction; expelling.

expulsar, *v. tr.* to expel; to cast out; to banish; to eject.

expulso, *adj.* expelled; outcast; banished.

expurgar, *v. tr.* to expurgate; to clear; to purify; to blot out.

exsudação, *s. f.* exudation.

êxtase, *s. m.* ecstasy; rapture; entrancement.

extasiado, *adj.* ecstatic; ravished; enraptured.

extasiar, *v. tr.* to transport; to enrapture; to entrance.

extemporâneo, *adj.* extemporaneous, extempore.

extensão, *s. f.* extension; extent; expanse (of sand); enlargement; stretch (of road); compass (of the voice).

extenso, *adj.* extensive; large; ample; broad; **por extenso:** in full.

extenuante, *adj.* extenuating; tiresome.

extenuar, *v. tr.* to wear out; to extenuate.

exterior, 1. *adj.* exterior; external; outward (signs); **2.** *s. m.* exterior; outside.

exteriorização, *s. f.* exteriorization.

exteriorizar, *v. tr.* to utter; to express.

exterminação, *s. f.* extermination; destruction.

exterminador, 1. *adj.* exterminating; destroying; **2.** *s. m.* exterminater.

exterminar, *v. tr.* to exterminate; to destroy; to root out.

extermínio, *s. m.* extermination.

externato, *s. m.* day-school.

externo, *adj.* external; outward; **dívida externa:** Foreign Debt.

extinção, *s. f.* extinction; suppression; destruction.

extinguir, 1. *v. tr.* to extinguish; to suppress; **2.** *v. refl.* to die away.

extinto, *adj.* extinct; extinguished; lifeless, dead.

extintor, *s. m.* fire extinguisher.

extirpar, *v. tr.* to exterminate.

extorquir, *v. tr.* to extort.

extorsão, *s. f.* extortion.

extra, 1. *adj.* extra, additional; **2.** *s. m.* extra.

extracção, *s. f.* extraction; drawing (of a lottery).

extraconjugal, *adj.* extra-marital.

extracto, *s. m.* extract; passage; **extracto de baunilha:** vanilla extract; **extracto de um poema:** an extract from a poem.

extradição, *s. f.* extradition.

extraditar, *v. tr.* to extradite.

extrair, *v. tr.* to extract; to take out; to pull out (a tooth).

extraordinário, *adj.* extraordinary; wonderful; strange; remarkable.

extraterrestre, 1. *adj.* extraterrestrial; **2.** *s. m. f.* alien.

extravagância, *s. f.* extravagance; oddity; excess.

extravagante, *adj.* extravagant; strange; prodigal; wasteful.

extravasar, 1. *v. tr.* to pour; **2.** *v. intr.* to express.

extraviar, 1. *v. tr.* to lead astray; to mislead; **2.** *v. refl.* to go astray.

extravio, *s. m.* deviation; embezzlement; loss.

extremar, *v. tr.* to exalt; to radicalize; to separate.

extrema-unção, *s. f.* extreme unction.

extremidade, *s. f.* extremity; end.

extremista, *s. m. f.* extremist.

extremo, 1. *adj.* extreme; excessive; **extrema esquerda:** the extreme left; **Extremo Oriente:** Far East; **2.** *s. m.* extremity.

extremoso, *adj.* loving; fond; affectionate; tender.

extrínseco, *adj.* exterior; extrinsic.

exuberância, *s. f.* exuberance; luxury.

exuberante, *adj.* exuberant; overflowing; highflown.

exultação, *s. f.* exultation; jubilation.

exultar, *v. intr.* to exult; to rejoice.

exumação, *s. f.* exhumation.

exumar, *v. tr.* to exhume.

F

F, f, *s. m.* the sixth letter of the alphabet.

fá, *s. m. (mús.)* fa, F; **clave de fá:** bass-clef.

fã, *s. m. f.* fan, supporter.

fábrica, *s. f.* factory; mill; **preço de fábrica:** cost price.

fabricar, *v. tr.* to make; to fabricate; to manufacture.

fabrico, *s. m.* manufacture, production, fabrication.

fábula, *s. f.* fable; fiction.

fabuloso, *adj.* fictitious; fabulous.

faca, *s. f.* knife; **afiar uma faca:** to put an edge on a knife; **amolador de facas:** knife-grinder; **lâmina de faca:** knife blade.

facada, *s. f.* stab.

façanha, *s. f.* deed; feat; exploit; achievement.

facção, *s. f.* party; faction.

faccioso, *adj.* factious; seditious; partisan.

face, *s. f.* face; cheek; visage; front; head (of a coin); **em face de:** in view of, in the presence of (danger); **face a face:** face to face; **fazer face a:** to meet, to face up.

facécia, *s. f.* joke, facetiousness; jest.

faceta, *s. f.* facet; feature.

facetado, *adj.* faceted.

fachada, *s. f.* front; façade; frontage.

facho, *s. m.* torch.

facial, *adj.* facial.

fácies, *s. m.* countenance; look.

fácil, *adj.* easy.

facilidade, *s. f.* facility, ease; readiness; fluency; **com facilidades de pagamento:** on easy terms; **com toda a facilidade:** quite easily, with ease.

facilitar, 1. *v. tr.* to facilitate; to make easy; **2.** *v. refl.* to become easy.

facilmente, *adv.* easily, with ease.

facínora, *adj. e s. m.* criminal.

facto, *s. m.* fact; deed; reality; circumstance; **de facto:** as a matter of fact, really, indeed; **vamos ao facto:** let us come to the point.

factor, *s. m.* factor; railway-official; postman.

factura, *s. f.* invoice; bill of parcels.

facturar, *v. intr.* to invoice.

faculdade, *s. f.* faculty; ability.

facultar, *v. tr.* to permit.

facultativo, 1. *adj.* optional; **2.** *s. m.* doctor, physician.

facúndia, *s. f.* eloquence; glibness (of speech).

fada, *s. f.* fairy; **conto de fadas:** fairy tale.

fadar, *v. tr.* to destine; to fate.

fadário, *s. m.* pain; hard life; **que fadário!:** what a fag!

fadiga, *s. f.* fatigue; weariness.

fadista, *s. m. f.* "fado" singer.

fado, *s. m.* fate, destiny.

fagote, *s. m. (mús.)* bassoon.

fagulha, *s. f.* flame; spark.

faia, *s. f. (bot.)* beech-tree.

faiança, *s. f.* earthenware.

faina, *s. f.* toil; labour.

faisão, *s. m. (zool.)* pheasant.

faísca, *s. f.* spark; flash; lightning.

faiscar, *v. intr.* to sparkle; to flash.

faixa, *s. f.* band; belt; **faixa de rodagem:** carriageway, lane.

fala, s. f. speech; talk; voice; language; **ficar sem fala:** to remain speechless, to lose one's speech.

fala-barato, s. m. gasbag; windbag.

falácia, s. f. fallacy; misconception.

falacioso, adj. fallacious; deceitful.

falador, 1. adj. talkative; **2.** s. m. talker; chatterbox.

falange, s. f. phalange.

falangeta, s. f. terminal phalange.

falanginha, s. f. middle phalanx.

falar, v. tr. e intr. to speak; to say; to talk; to tell; to utter; **falar por alguém:** to speak for; **fala muito e não faz nada:** he is all talk.

falatório, s. m. talk; chit-chat.

falcão, s. m. (zool.) hawk.

falcatrua, s. f. trick; fraud; cheat.

falecer, v. intr. to die, to pass away.

falecido, adj. deceased.

falecimento, s. m. death; decease.

falência, s. f. failure; bankruptcy; **abrir falência:** to go bankrupt.

falésia, s. f. cliff.

falha, s. f. fissure; fault; defect; flaw; crack.

falhar, 1. v. intr. to fail; to miss; to be a failure; **2.** v. tr. to crack.

falibilidade, s. f. fallibility.

falido, adj. broken.

falir, v. intr. to bankrupt.

falsear, v. tr. to betray, to distort (the truth).

falsete, s. m. falsetto; **voz de falsete:** shrill voice.

falsidade, s. f. falsehood; lie.

falsificação, s. f. falsification; counterfeit; faking.

falsificador, s. m. forger; falsifier; counterfeiter; faker.

falsificar, v. tr. to falsify; to counterfeit; to forge; to fake.

falso, adj. false; deceitful; counterfeit; **moeda falsa:** false coin; **nome falso:** fictitious name.

falta, s. f. want; lack; defect; error; (sports) foul; **falta de cuidado:** want of care; **falta de provas:** absence of evidence; **estar em falta:** to owe, to be owing; **sentir a falta:** to miss.

faltar, v. intr. to fail; to lack; to fall short of; **faltar à palavra:** to break one's word.

falua, s. f. barge.

fama, s. f. fame; renown; good name.

famigerado, adj. famous; notorius.

família, s. f. family.

familiar, 1. adj. familiar; **2.** s. m. relative.

familiaridade, s. f. familiarity; intimacy.

familiarizar, 1. v. tr. to familiarize; to habituate; **2.** v. refl. to grow familiar with; **familiarizar-se com:** to become closely acquainted with.

faminto, adj. famished.

famoso, adj. famous.

fanar, v. tr. to mutilate; (fam.) to steal.

fanático, adj. e s. m. fanatic.

fanatismo, s. m. fanaticism.

faneca, s. f. (zool.) whiting-pout.

fanfarra, s. f. fanfare.

fanfarrão, 1. adj. bragging; **2.** s. m. braggart, boaster; show-off.

fanfarronada, s. f. boasting; blustering; swaggering.

fanhoso, 1. adj. snuffling; nasal; **2.** s. m. snuffler.

fanico, s. m. fainting, swoon.

fantasia, s. f. fancy; fantasy.

fantasiar, v. tr. to fancy.

fantasma, s. m. ghost; phantom.

fantasmagórico, adj. ghostly; sinister.

fantástico, adj. fantastic, fanciful; terrific.

fantochada, s. f. puppet-show.

fantoche, s. m. puppet.

faqueiro, s. m. knife-case.

faquir, s. m. fakir.

faraó, s. m. Pharaoh.

faraónico, adj. Pharaonic; (fig.) gigantic.

farda, s. f. uniform; regimentals (of soldiers); livery (of a servant).

fardo, s. m. burden; pack; load; (fig.) strain.

farejar, 1. v. intr. to get the scent; **2.** v. tr. to scent; to smell; to nose out.

farelo, s. m. bran.

farináceo, adj. farinaceous.

faringe, s. f. pharynx.

faringite, s. f. (med.) pharyngitis.

farinha, s. f. flour; meal.

farmacêutico, 1. adj. pharmaceutic; **2.** s. m. chemist.

farmácia, s. f. chemist's shop; pharmacy.

farmacologia, s. f. pharmacology.

farnel, s. m. knapsack; provisions (for a trip).

faro, s. m. scent; smell.

farol, s. m. headlight, light; lighthouse; beacon; **faróis de nevoeiro:** mist-lights.

faroleiro, s. m. lighthouse keeper; (fig.) boaster.

farpa, s. f. barb; splitter.

farra, s. f. party.

farrapo, s. m. rag; **em farrapos:** in rags (tatters).

farrusco, adj. sooty.

farsa, s. f. farce; fun.

farsante, s. m. f. buffoon.

fartar, 1. v. tr. to satiate; to overfeed; **2.** v. refl. to gorge oneself; to be fed up.

farto, adj. satiated; fed up; abundant; **estar farto de:** (fig.) to be sick of.

fartura, s. f. abundance; great deal.

fascículo, s. m. fascicle.

fascinação, s. f. fascination, charm.

fascinante, adj. fascinating.

fascinar, v. tr. to fascinate; to charm.

fascínio, s. m. fascination.

fascismo, s. m. Fascism.

fascista, adj. e s. m. f. Fascist.

fase, s. f. phase; view; aspect; phasis (of the moon or planets).

fasquia, s. f. lath.

fastidioso, adj. tedious; fastidious; wearisome.

fastio, s. m. lack of appetite.

fatal, adj. fatal; mortal; deadly; inevitable.

fatalidade, s. f. fate; destiny; calamity.

fatalismo, s. m. fatalism.

fatia, s. f. slice; piece; **em fatias:** sliced.

fatídico, adj. fatidical.

fatigante, adj. tiresome; weary; wearisome.

fatigar, v. tr. to tire; to fatigue; to weary of.

fato, s. m. suit; **fato de banho:** bathing-suit; bathing costume.

fato-macaco, s. m. overalls.

fátuo, adj. fatuous; foolish.

faúlha, s. f. spark.

faulhar, v. intr. to sparkle.

fauna, s. f. fauna.

fausto, s. m. pomp; show.

faustoso, adj. pompous; luxurious; ostentatious.

fava, s. f. broad bean; **vai à fava!:** get lost!; **pagar as favas:** to take the responsibility.

favo, s. m. honeycomb.

favor, s. m. favour; goodwill; kindness; **faz favor!:** please!; **faz-me um favor:** do me a favour.

favorável, adj. favourable.

favorecer, v. tr. to favour; to benefit; to help; **não o favorece:** that doesn't flatter him.

favoritismo, s. m. favouritism.

favorito, adj. e s. m. favourite.

faxina, s. f. housework.

fazedor, s. m. maker.

fazenda, s. f. cloth, material; farm; land; **peças de fazenda:** pieces of cloth.

fazendeiro, s. m. farmer.

fazer, v. tr. to make; to do; to perform; **andar a fazer que faz:** to dilly-dally; **não foi feito para:** he was not cut out for; **não saber que fazer:** to be at a loss; **feito por medida:** made-to-measure; **fazer pouco:** to make fun; **não faz mal:** it doesn't matter.

fax, s. m. fax.

fé, s. f. faith; **de boa fé:** in good faith, in earnest; **por minha fé:** by my faith.

fealdade, s. f. ugliness.

febra, s. f. fibre; filament.

febre, s. f. fever; **febre amarela:** yellow fever; **febre alta:** a high fever; **acesso de febre:** an outbreak of fever.

febril, adj. feverish.

fechado, adj. close(d); shut; locked (with a key).

fechadura, s. f. lock; **buraco da fechadura:** keyhole.

fechar, v. tr. to close; to shut; to fasten; **fechar à chave:** to lock; **fechar com ferrolho:** to bolt.

fecho, s. m. bolt; lock; fastener; finish; close; **fecho de correr:** zip fastener, zipper.

fecundação, s. f. fecundation.

fecundar, v. tr. to fecundate; to make fruitful.

fecundidade, s. f. fecundity.

fecundo, adj. fecund; fruitful; fertile.

fedelho, s. m. brat.

feder, v. intr. to stink.

federação, s. f. federation; alliance.

federal, adj. federal.

federalismo, s. m. federalism.

fedor, s. m. stink.

fedorento, adj. stinking.

feição, s. f. figure; feature; shape; form; pl. features.

feijão, s. m. bean.

feio, adj. ugly.

feira, s. f. market; fair; **feira popular:** amusement park.

feirante, s. m. f. marketer.

feitiçaria, s. f. sorcery.

feiticeira, s. f. witch; sorceress.

feiticeiro, s. m. sorcerer; wizard.

feitiço, s. m. sorcery; witchcraft; fetish; charm.

feitio, s. m. form; shape; fashion; sort; mood; **de todas as formas e feitios:** in any shape or form; **ter bom feitio:** to be good-tempered; **ter mau feitio:** to be bad-tempered.

feito, 1. adj. made; done; **bem feito!:** well done!; it serves him (her) right!; **dito e feito:** no sooner said than done; **2.** s. m. deed; act; fact; achievement; exploit.

feitor, s. m. manager; overseer; steward.

feitoria, s. f. trading depot.

feixe, s. m. faggot (of sticks); bundle (of clothes); truss (of hay); sheaf (of wheat).

fel, s. m. bile; (fig.) bitterness.

felicidade, s. f. happiness; felicity; bliss; luck.

felicitação, s. f. congratulation.

felicitar, v. tr. to congratulate (on); to felicitate.

felino, adj. e s. m. feline; catlike.

feliz, adj. happy; blessed; fortunate; lucky.

felpo, s. m. shag; nap.

felpudo, adj. shaggy; nappy.

feltro, s. m. felt.

fêmea, s. f. female; **tigre fêmea:** she-tiger.

feminilidade, *s. f.* feminity; femininity.

feminino, *adj.* feminine.

feminismo, *s. m.* feminism.

feminista, *adj.* e *s. m. f.* feminist.

fémur, *s. m.* femur.

fenda, *s. f.* crevice; split; crack.

fender, *v. tr.* to chink; to crack; to cleave; to slit.

fenecer, *v. intr.* to die; to fade; to end; to wither.

feno, *s. m.* hay.

fenomenal, *adj.* phenomenal; prodigious; remarkable.

fenómeno, *s. m.* phenomenon.

fenomenologia, *s. f.* phenomenology.

fera, *s. f.* wild beast; wild animal.

féretro, *s. m.* bier; coffin.

féria, *s. f.* wages; pay; *pl.* holidays; **dia de féria:** payday; **fazer férias:** to take a holiday; **férias grandes:** summer holidays.

feriado, *s. m.* holiday; day off.

ferida, *s. f.* wound; cut.

ferimento, *s. m.* wound, injury.

ferir, *v. tr.* to wound; to hurt; *(fig.)* to offend; to vex; **ferido em combate:** wounded in action; **ferir os sentimentos de alguém:** to hurt someone's feelings; **muito ferido:** badly wounded.

fermentação, *s. f.* fermentation.

fermentar, *v. tr.* e *intr.* to ferment; to leaven.

fermento, *s. m.* ferment; leaven.

ferocidade, *s. f.* ferocity; wildness; cruelty.

feroz, *adj.* fierce; wild; cruel.

ferradela, *s. f.* bite; nip.

ferradura, *s. f.* horseshoe.

ferragem, *s. f.* hardware; iron fitting; **loja de ferragens:** ironmonger's.

ferramenta, *s. f.* tool; **caixa de ferramentas:** tool box.

ferrão, *s. m.* sting; prick.

ferrar, *v. tr.* to bite; to shoe a horse.

ferreiro, *s. m.* blacksmith; ironsmith.

ferrenho, *adj.* iron-like; inflexible; **adepto ferrenho:** adherent, follower.

ferro, *s. m.* iron; **ferro de engomar:** (flat)-iron; **ferro forjado:** wrought iron; cast-iron; **ferro em brasa:** red-hot iron.

ferrolho, *s. m.* bolt.

ferro-velho, *s. m.* scrap-iron; fripperer; second-hand dealer.

ferrovia, *s. f.* railroad.

ferroviário, 1. *adj.* railway; **2.** *s. m.* railway-worker.

ferrugem, *s. f.* rust.

ferrugento, *adj.* rusty.

fértil, *adj.* fertile; fruitful.

fertilidade, *s. f.* fertility.

fertilização, *s. f.* fertilization.

fertilizante, *adj.* fertilizing.

fertilizar, *v. tr.* to fertilize; to fecundate.

fervedor, *s. m.* boiler.

fervedouro, *s. m.* ebullition.

fervente, *adj.* boiling; fervent.

ferver, *v. tr.* e *intr.* to boil; to effervesce; **ferver em pouca água:** *(fig.)* to flare up for nothing; **a ferver:** boiling.

fervilhar, *v. intr.* to boil; to swarm.

fervor, *s. m.* fervour; heat; ardour; fervency; zeal.

fervoroso, *adj.* fervent; ardent; zealous; vehement.

fervura, *s. f.* bubbling; boil; effervescence.

festa, *s. f.* party; feast; **dar uma festa:** to give a party; **fazer festas:** to stroke.

festejar, *v. intr.* to feast; to celebrate.

festejo, *s. m.* feast; commemoration.

festim, *s. m.* feast; banquet.

festival, *s. m.* festival; festivity; contest.

festividade, *s. f.* festivity.

festivo, *adj.* festive (season, scene); joyous, festal (occasion).

fétido, *adj.* fetid; stinking.

feto, *s. m. (bot.)* fern; (unborn baby) foetus.

feudal, *adj.* feudal.

feudalismo, *s. m.* feudalism.

feudo, *s. m.* feud; fee.

Fevereiro, *s. m.* February.

fezes, *s. f. pl.* faeces, excrement.

fiação, *s. f.* spinning; **fiação de seda:** silk mill.

fiado, *adj.* spun; **comprar fiado:** to buy on credit.

fiador, *s. m.* guarantor, bailsman; **servir de fiador:** to stand surety.

fiambre, *s. m.* cold ham.

fiança, *s. f.* guaranty; bail; **pagar a fiança a alguém:** to bail a person out; **sair sob fiança:** to be out on bail.

fiar, *v. tr., intr. e refl.* to spin; to trust; to sell on credit; **fiar-se em:** to trust to, to rely on.

fiasco, *s. m.* fiasco; failure.

fibra, *s. f.* fibre; nerve.

fibrocimento, *s. m.* fibrocement.

ficar, *v. intr.* to remain; to stay; **ficar com:** to keep; **ficar na sua:** to stick to one's point; **não ficou nada:** there was nothing left; **o vestido fica-te bem:** the dress suits you; the dress fits you.

ficção, *s. f.* fiction.

ficha, *s. f.* card; chip; slip; plug; **meter a ficha na tomada:** to put the plug in the socket.

ficheiro, *s. m.* file.

fictício, *adj.* fictitious; counterfeit.

fidalgo, 1. *adj.* gentle; noble; **2.** *s. m.* nobleman; lord.

fidalguia, *s. f.* nobility; the nobles.

fidedigno, *adj.* credible; trustworthy.

fidelidade, *s. f.* fidelity; faithfulness; loyalty.

fiel, 1. *adj.* faithful; loyal; true; exact; **2.** *s. m.* warden; keeper; **fiel da balança:** pointer.

fífia, *s. f.* blunder; slip.

figa, *s. f.* amulet; lucky-charm.

figadal, *adj.* intense; **ódio figadal:** mortal hate.

fígado, *s. m.* liver.

figo, *s. m.* fig.

figueira, *s. f.* fig-tree.

figura, *s. f.* figure; shape; form; appearance; **figura geométrica:** geometrical figure; **fazer uma triste figura:** to cut a poor figure; **tem má figura:** he has a poor figure; **boa figura:** fine figure.

figurado, *adj.* figurative; figured.

figurar, 1. *v. tr.* to figure; to represent; **2.** *v. intr.* to show off.

fila, *s. f.* file; queue; row; **em fila:** in (a) file; **em fila indiana:** in single file; in Indian file; **primeira fila:** first row, front rank; **última fila:** rear rank.

filamento, *s. m.* filament.

filantropia, *s. f.* philanthropy.

filantropismo, *s. m.* philanthropism.

filantropo, *s. m.* philanthropist.

filão, *s. m.* vein.

filar, *v. tr.* to catch.

filarmónica, *s. f.* band.

filarmónico, *adj.* philharmonic; **orquestra filarmónica:** Philharmonic Orchestra.

filatelia, *s. f.* philately.

fileira, *s. f.* rank; file; row; **cerrar as fileiras:** to close the ranks.

filete, *s. m.* fillet; edging, border; filament.

filha, *s. f.* daughter.

filhote, *s. m.* cub (of a bear); nestling.

filiação, *s. f.* filiation; affiliation.

filial, 1. *adj.* filial; **2.** *s. f.* branch.

filiar-se, *v. refl.* to join; to affiliate.

filigrana, *s. f.* filigree.

filmagem, *s. f.* reeling.

filmar, *v. tr.* to film.

filme, *s. m.* film; movie; **filme de longa metragem:** feature film; **rodar um filme:** to shoot a film.

filologia, *s. f.* philology.

filosofia, *s. f.* philosophy.

filósofo, *s. m.* philosopher.

filoxera, *s. f.* phylloxera.

filtração, *s. f.* filtering; filtration.

filtragem, *s. f.* filtering.

filtrar, *v. tr.* to filter; to filtrate; to percolate.

filtro, *s. m.* filter; percolator.

fim, *s. m.* end; conclusion, finality; aim; purpose; **alcançar os seus fins:** to gain one's ends; **até ao fim:** right to the end; **a fim de:** in order to; to the end that; **a fim de que:** so that; in order that; **por fim:** at last; **sem fim:** endlessly, endless, without end.

fimbria, *s. f.* fringe.

fim-de-semana, *s. m.* weekend. ·

finado, 1. *adj.* deceased; **2.** *s. m.* dead man; **dia de Finados:** All Soul's Day.

final, 1. *adj.* final; ending; **2.** *s. m.* end; ending; *(mús.)* finale; **3.** *s. f.* (sports) finals.

finalidade, *s. f.* finality; purpose; **com esta finalidade:** to this effect; **sem finalidade:** aimless, purposeless.

finalista, *s. m. f.* (sports) finalist; **aluno finalista:** senior pupil.

finalizar, *v. tr.* to finish; to conclude; to bring to an end; to end up with.

finança, *s. f.* finance; **finanças públicas:** finances; **ministro das Finanças:** Minister of Finance.

financeiro, 1. *adj.* financial; **dificuldades financeiras:** financial difficulties; **2.** *s. m.* financier.

financiamento, *s. m.* financing.

financiar, *v. tr.* to finance.

finar-se, *v. refl.* to die; to pine away; to consume.

fincar, 1. *v. tr.* to fix; to stick; **2.** *v. refl.* to hold fast.

findar, 1. *v. tr.* to finish; to complete; **2.** *v. intr.* to finish, to draw to a close; to come to an end.

fineza, *s. f.* fineness; kindness; favour; delicacy.

fingidor, *s. m.* feigner.

fingimento, *s. m.* feigning; dissimulation; pretence.

fingir, *v. tr.* to feign; to simulate; to pretend; to sham; to act; **ela está a fingir:** she's only acting.

finito, *adj.* finite; limited.

finlandês, 1. *adj.* Finnish; **2.** *s. m.* Finn.

fino, *adj.* thin; delicate; fine, refined; keen-witted.

finório, *adj. e s. m.* smart guy.

finta, *s. f.* tax; feint.

fintar, *v. tr.* to tax; to feint; to cheat.

finura, *s. f.* fineness; *(fig.)* craft, cunning.

fio, *s. m.* thread; yarn; wire; cord (of an electric percolator); edge (of a razor); stream (of water); trickle (of blood); **fio de ouro:** gold thread; **fio do telefone:** telephone wire; **estar por um fio:** to hang by a thread; **a fio:** uninterruptedly; **horas a fio:** hours on end; **andar horas a fio:** to walk for hours and hours.

fio-de-prumo, *s. m.* plumb-line.

firma, *s. f.* firm; business company.

firmamento, *s. m.* sky; firmament.

firmar, 1. *v. tr.* to make steady; to secure; to sign; **2.** *v. refl.* to lean upon, to base upon.

firme, *adj.* firm; fixed; stable; immutable.

firmeza, *s. f.* steadiness; constancy.

fiscal, 1. *adj.* fiscal; **2.** *s. m.* surveyor; controller.

fiscalização, *s. f.* control; inspection.

fiscalizar, *v. tr.* to control; to inspect.

fisco, *s. m.* exchequer.

fisgar, *v. tr.* to harpoon.

física, *s. f.* physics.

físico, 1. *adj.* physical; **2.** *s. m.* physicist.

físico-química, *s. f.* physical-chemistry.

fisiologia, *s. f.* physiology.

fisionomia, *s. f.* countenance; look; aspect.

fissura, *s. f.* fissure.

fístula, *s. f.* fistula.

fita, *s. f.* ribbon; film; **fita adesiva:** self-adhesive tape; **fita métrica:** tape-measure; **fazer fita:** *(fig.)* to make a scene.

fitar, *v. tr.* to fix; to stare at.

fito, *s. m.* purpose; aim; intention.

fivela, *s. f.* buckle.

fixação, *s. f.* fixation; setting; fastening.

fixar, *v. tr.* to fix; to name (a day); to attach; to establish; to stare at.

fixidez, *s. f.* fixedness; fixity.

fixe, *adj.* sane; *(fam.)* cool, great.

fixo, *adj.* fixed; firm; settled; **a preços fixos:** at fixed prices; **ideia fixa:** fixed idea.

flacidez, *s. f.* flaccidity; laxness, flabbiness.

flácido, *adj.* flaccid; lax; flabby; limp.

flagelação, *s. f.* flagellation.

flagelar, *v. tr.* to flagellate; to whip; to scourge.

flagelo, *s. m.* calamity; plague; atrocity.

flagrante, *adj.* flagrant; **ser apanhado em flagrante:** to be caught red-handed; to be caught in the act.

flama, *s. f.* flame.

flamejar, *v. intr.* to blaze.

flamengo, 1. *adj.* Flemish; **2.** *s. m.* Fleming, flamenco.

flamingo, *s. m.* *(zool.)* flamingo.

flâmula, *s. f.* flag; pennant.

flanco, *s. m.* flank; side.

flanela, *s. f.* flannel.

flato, *s. m.* flatulence.

flatulência, *s. f.* flatulency.

flauta, *s. f.* flute; pipe.

flautista, *s. m. f.* flutist; flute-player.

flecha, *s. f.* arrow; dart.

flectir, *v. tr.* to flex; to bend.

fleuma, *s. f.* phlegm; coolness.

fleumático, *adj.* phlegmatic; impassible.

flexão, *s. f.* flexion; bending.

flexibilidade, *s. f.* flexibility.

flexionar, *v. tr.* to inflect.

flexível, *adj.* flexible; versatile.

flibusteiro, *s. m.* filibuster; buccaneer; rover.

floco, *s. m.* flock; flake; **flocos de neve:** snowflakes.

flor, *s. f.* flower; blossom (of a fruit-tree); **dar flor:** to blossom; **estar em flor:** to be in full bloom; to be in flower; **na flor da juventude:** in the bloom of youth.

flora, *s. f.* flora.

flor-de-lis, *s. f.* fleur-de-lis.

floreado, *adj.* flowery; florid.

florear, *v. tr. e intr.* to flower.

floreira, *s. f.* flower-pot, flower-vase.

florentino, *adj. e s. m.* Florentine.

florescer, *v. intr.* to flower; to bloom; to blossom.

floresta, *s. f.* forest; wood.

floricultura, *s. f.* floriculture; flower-growing.

florim, *s. m.* florin.

florir, *v. intr.* to flower; to bloom; to blossom.

florista, *s. m. f.* florist.

fluência, *s. f.* fluency.

fluente, *adj.* fluent; easy; eloquent.

fluidez, *s. f.* fluidity.

fluido, *adj.* e *s. m.* fluid.

fluir, *v. intr.* to flow; to ooze.

flúor, *s. m.* fluor.

fluorescência, *s. f.* fluorescence.

fluorescente, *adj.* fluorescent.

fluoreto, *s. m.* fluoride.

flutuabilidade, *s. f.* fluctuability; buoyancy.

flutuação, *s. f.* fluctuation; wavering.

flutuador, *s. m.* float.

flutuar, *v. intr.* to float.

fluvial, *adj.* fluvial.

fluxo, *s. m.* flux; flowing.

fobia, *s. f.* dislike; phobia.

foca, *s. f.* (zool.) seal.

focar, *v. tr.* to focus; to bring into focus; to point out.

foçar, *v. intr.* to rout; to root up.

focinho, *s. m.* muzzle; snout.

foco, *s. m.* focus; foci; source; **pôr em foco:** (fig.) to spotlight.

fofo, *adj.* smooth; spongy; soft.

fogão, *s. m.* stove; range; **fogão de gás:** gas stove; **fogão eléctrico:** electric oven; **fogão de sala:** fireplace.

fogareiro, *s. m.* little stove.

fogo, *s. m.* fire; **fogo posto:** arson; **à prova de fogo:** fireproof; **arma de fogo:** fire-arm; **atiçar o fogo:** to stir the fire; **cessar fogo:** to cease fire; **fazer fogo:** to open fire; **debaixo de fogo:** under fire; **deitar fogo:** to set fire to, to set on fire.

fogo-de-artifício, *s. m.* fireworks.

fogo-fátuo, *s. m.* will-o'-the-wisp.

fogosidade, *s. f.* impetuosity.

fogoso, *adj.* impetuous; fiery; hot-tempered.

fogueira, *s. f.* fire; bonfire.

foguetão, *s. m.* rocket; missile.

foguete, *s. m.* rocket.

foice, *s. f.* scythe.

folar, *s. m.* Easter gift; Easter cake.

folclore, *s. m.* folklore.

fole, *s. m.* bellows.

fôlego, *s. m.* breath; **sem fôlego:** out of breath, breathless; **tomar fôlego:** to take breath.

folga, *s. f.* rest; break; clearance; play; free day; **estar de folga:** to be off duty.

folgar, *v. intr.* to rest; to amuse; to rejoice.

folha, *s. f.* leaf; sheet (of paper, glass, metal); blade (of sharp instruments); paper; **novo em folha:** spick and span; **virar a folha:** to turn over the leaf.

folhagem, *s. f.* foliage.

folhear, *v. tr.* to turn over the leaves of.

folhelho, *s. m.* husk; carpel.

folhetim, *s. m.* serial; series; soap opera.

folheto, *s. m.* booklet; pamphlet; leaflet.

folho, *s. m.* flounce; ruffle (of a dress).

folia, *s. f.* amusement; recreation.

fome, *s. f.* hunger; famine; **morrer à fome:** to starve; **estar com fome:** to be hungry.

fomentar, *v. tr.* to foment; to promote; to stir up.

fomento, *s. m.* fomentation.

fonema, *s. m.* phoneme.

fonética, *s. f.* phonetics.

fonógrafo, *s. m.* phonograph.

fonologia, *s. f.* phonology.

fontanário, *s. m.* public fountain.

fonte, *s. f.* fountain; spring; source; (inform.) font; **fonte de informa-**

ção: source; **fontes de riqueza:** sources of revenue.

fora, 1. *adv.* out; without; **lá fora:** abroad, outside; **2.** *prep.* besides; except.

fora-da-lei, *s. m. f.* e *adj.* outlaw.

fora-de-jogo, *s. m.* off-side.

foragido, *adj.* wandering; outlaw; fugitive.

forasteiro, *s. m.* foreigner; stranger; outsider.

forca, *s. f.* gallows.

força, *s. f.* power; strength; force; **Força Aérea:** Air Force; **Forças Armadas:** Armed Forces; **recorrer à força:** to resort to force.

forçar, *v. tr.* to force; to compel; to strain; to break open.

forçoso, *adj.* urgent; necessary; strong; forcible.

forja, *s. f.* forge.

forjar, *v. tr.* to forge; to invent; to feign (an excuse); **forjar um documento:** *(fig.)* to fabricate a document.

forma, *s. f.* form; shape; mode; manner; rank; line; **de forma alguma:** by no means; **de qualquer forma:** in any way; **desta forma:** in this way; **de tal forma que:** in such a way that; **em forma:** (sports) in shape; **manter-se em forma:** to keep fit; **sob a forma de:** in the shape of.

forma, *s. f.* mould; (cooking) tin.

formação, *s. f.* formation; arrangement; **formação cerrada:** close formation.

formal, *adj.* formal; explicit.

formalidade, *s. f.* formality; ceremony; **formalidades legais:** legal formalities.

formalismo, *s. m.* formalism.

formalizar-se, *v. refl.* to materialize.

formar, 1. *v. tr.* to form; to make; to mould; **2.** *v. refl.* to take a degree.

formato, *s. m.* size, shape.

formatura, *s. f.* forming; formation; graduation, university degree; (army) order.

fórmica, *s. f.* formica.

formicida, *s. m.* ant-killer.

fórmico, *adj.* formic.

formidável, *adj.* formidable; dreadful; wonderful.

formiga, *s. f.* ant.

formigueiro, *s. m.* ant-hill; ant-hole, swarm of ants.

formoso, *adj.* beautiful; handsome; nice.

formosura, *s. f.* beauty.

fórmula, *s. f.* formula; **fórmula química:** chemical formula.

formulação, *s. f.* formulation.

formular, *v. tr.* to formulate; to express; to prescribe.

fornada, *s. f.* baking; batch.

fornalha, *s. f.* furnace.

fornecedor, *s. m.* furnisher; purveyor; supplier.

fornecer, *v. tr.* to furnish; to provide; to supply; **fornecer informações:** to supply information.

fornecimento, *s. m.* supply; furnishing; storing.

forno, *s. m.* stove; oven.

foro, *s. m.* court of justice; the bar; quit-rent.

forquilha, *s. f.* branch-pipe; fork; jaw.

forragem, *s. f.* fodder.

forrar, *v. tr.* to face (a wall); to line; to double; **forrado de pele:** fur-lined, lined with fur.

forreta, *s. m.* miser; niggard.

forro, *s. m.* lining; skinning.

fortalecer, 1. *v. tr.* to fortify; to strengthen; **2.** *v. refl.* to grow stronger.

fortalecimento, *s. f.* strengthening.

fortaleza, s. f. fortress; strength, fortitude.

forte, 1. adj. strong; vigorous; powerful; **2.** s. m. fort.

fortificação, s. f. fortification.

fortificante, 1. adj. fortifying; **2.** s. m. tonic, fortifier.

fortificar, v. tr. to strengthen.

fortuito, adj. fortuitous.

fortuna, s. f. fortune; chance; wealth; **fazer fortuna:** to make a fortune; **por fortuna:** luckily enough.

fosco, adj. dim; dull; tarnished.

fosfato, s. m. phosphate.

fosforeira, s. f. match-box.

fosforescência, s. f. phosphorescence.

fosforescente, adj. phosphorescent.

fósforo, s. m. match; **caixa de fósforos:** a box of matches; **acender um fósforo:** to strike a match.

fossa, s. f. cesspit.

fóssil, adj. e s. m. fossil.

fossilização, s. f. fossilization.

fossilizar, v. tr. e intr. to fossilize.

fosso, s. m. trench; ditch.

fotão, s. m. photon.

foto, s. m. photo.

fotocópia, s. f. photocopy.

fotocopiadora, s. f. photocopier.

fotoeléctrico, adj. photoelectric; **célula fotoeléctrica:** photoelectric cell, electric eye.

fotogénico, adj. photogenic; **ser fotogénico:** to screen well; to be photogenic.

fotografar, v. tr. to photograph.

fotografia, s. f. photography; photograph, snapshot; **tirar uma fotografia:** to take a photo.

fotográfico, adj. photographic; **máquina fotográfica:** camera.

fotógrafo, s. m. photographer.

fotossíntese, s. f. photosynthesis.

foz, s. f. mouth (of a river).

fracassar, v. intr. to fall; to break down; to end in failure, to meet with failure.

fracasso, s. m. failure; misfortune; fiasco.

fracção, s. f. fraction.

fraccionamento, s. m. division; fragmentation.

fraccionar, v. tr. to break up.

fraco, 1. adj. weak; feeble; poor; coward; frail; **2.** s. m. weakness, weak point; **ter um fraco por:** to have a weakness for; **não dar parte de fraco:** not to give in.

fractura, s. f. fracture; crack.

fracturar, v. tr. to fracture; to break.

frade, s. m. monk; friar.

fraga, s. f. rock; crag.

fragata, s. f. lighter; frigate.

frágil, adj. fragile; weak; frail; feeble.

fragilidade, s. f. fragility; frailty.

fragmentação, s. f. breaking up; splitting.

fragmentar, 1. v. tr. to break up; to split; **2.** v. refl. to break up.

fragmento, s. m. fragment.

fragor, s. m. noise; crack.

fragrância, s. f. fragrance.

fralda, s. f. diaper.

framboesa, s. f. (bot.) raspberry.

francamente, adv. openly; frankly; honestly.

francês, 1. adj. French; **2.** s. m. Frenchman; **despedir-se à francesa:** to take French leave.

francesismo, s. m. Gallicism.

franciscano, adj. e s. m. Franciscan.

franco, 1. adj. frank; sincere; open; **2.** s. m. Frank; franc (coin).

franco-americano adj. Franco-American.

frangalho, s. m. rag; tatter.

frango, s. m. chicken, chick.

franja, s. f. fringe; **usar franja:** to wear a fringe.

franquear, v. tr. to clear; to frank, to stamp (a letter); to grant free access to.

franqueza, s. f. frankness; freedom; liberality; **para dizer com franqueza:** as a matter of fact.

franquia, s. f. freedom; postage.

franzido, 1. adj. shrunk; **2.** s. m. plaits; folds.

franzino, adj. slender; feeble; thin.

franzir, v. tr. to wrinkle; to corrugate; **franzir o sobrolho:** to frown.

fraque, s. m. morning coat.

fraquejar, v. intr. to fail; to become weak.

fraqueza, s. f. weakness, feebleness.

frasco, s. m. bottle (of medicine); flask (of perfume); jar (of jam).

frase, s. f. sentence; phrase; **frase feita:** catchword; **frase idiomática:** idiomatic sentence.

frasqueira, s. f. cellaret.

fraternal, adj. fraternal; brotherly.

fraternidade, s. f. fraternity.

fraterno, adj. brotherly.

fratricídio, s. m. fratricide.

fraude, s. f. fraud; deceit.

fraudulento, adj. fraudulent.

frecha, s. f. arrow.

freguês, s. m. customer; client.

freguesia, s. f. customers; parish.

freio, s. m. bit; brake; check (of a machine); **tomar o freio nos dentes:** to take the bit between one's teeth.

freira, s. f. nun.

freixo, s. m. (bot.) ash-tree.

frémito, s. m. quivering.

frenesim, s. m. frenzy; fury.

frenético, adj. frantic; furious; phrenetic.

frenite, s. f. phrenitis.

frenologia, s. f. phrenology.

frente, s. f. front; façade; face; **à frente:** ahead; **de frente:** in front; **em frente de:** in front of, opposite to; **para a frente:** forwards; **fazer frente:** to face, to make head against; **ir à frente:** to lead the way; **mesmo em frente:** straight ahead; **sai da frente!:** come out of the way!

frequência, s. f. frequency; frequence; attendance (at school).

frequentar, v. tr. to frequent; to haunt; to attend; to associate with; **frequentar direito:** to read law.

frequente, adj. frequent; common.

fresca, s. f. cool air; **à fresca:** in the cool air; lightly clad.

fresco, 1. adj. fresh; cool; new; green; licentious; **2.** s. m. cool, freshness; (painting) fresco; **pintado de fresco:** fresh paint; **pão fresco:** new bread.

frescura, s. f. freshness; coolness.

fresta, s. f. skylight; gap.

fretar, v. tr. to charter; to freight.

frete, s. m. freight; (fig.) nuisance.

fricção, s. f. friction; rubbing; chafing.

friccionar, v. tr. to rub.

frieira, s. f. chilblain.

frieza, s. f. coldness; indifference; **tratar com frieza:** to give a person the cold shoulder.

frigideira, s. f. frying-pan.

frigidez, s. f. frigidity.

frigir, v. tr. to fry.

frigorífico, s. m. refrigerator; cooler; (fam.) fridge.

frincha, s. f. crack; chink.

frio, 1. adj. cold; **a sangue frio:** in cold blood; **2.** s. m. cold; chill; **frio penetrante:** pinching cold; **fazer frio:** to be cold; **ter frio:** to be cold; **tremer de frio:** to shiver with cold.

friorento, adj. chilly.

frisa, s. f. box.

frisar, v. tr. to curl; to crisp; to frizzle; (fig.) to lay stress on.

friso, s. m. frieze.

fritadeira, s. f. frying-pan.

fritar, v. tr. to fry.

frito, adj. fried.

frivolidade, s. f. frivolity.

frívolo, adj. frivolous; flippant.

frondoso, adj. leafy.

fronha, s. f. pillow-case.

frontal, 1. adj. frontal; **2.** s. m. frontlet.

frontaria, s. f. front; façade.

fronte, s. f. forehead; brow.

fronteira, s. f. frontier; border; boundary.

fronteiriço, adj. bordering; **estação fronteiriça:** frontier station.

frontispício, s. m. frontispiece; forefront.

frota, s. f. fleet.

frouxidão, s. f. weakness; slackness.

frouxo, adj. slack; remiss; feeble; weak.

frufru, s. m. frou-frou, rustling.

frugal, adj. frugal; scanty; thrifty (person).

frugalidade, s. f. frugality.

fruição, s. f. fruition; enjoyment; satisfaction.

fruir, v. tr. to enjoy.

frustração, s. f. frustration.

frustrante, adj. frustrating.

frustrar, v. tr. to frustrate; to nullify.

fruta, s. f. fruit.

frutaria, s. f. fruiterer's.

fruteira, s. f. fruit-basket; fruit-seller, fruiteress.

frutífero, adj. fructiferous; fruitful.

frutificação, s. f. fructification.

frutificar, v. intr. to fructify.

fruto, s. m. fruit; **árvore de fruto:** fruit-tree; **dar fruto:** to bear fruit; **frutos secos:** dried fruit.

fuga, s. f. flight; escape; leak; (mús.) fugue; (fig.) evasion; **fuga de gás:** an escape of gas; **pôr em fuga:** to put to flight.

fugacidade, s. f. fugacity.

fugaz, adj. fugacious; ephemeral; fleeting.

fugida, s. f. flight; **de fugida:** in a hurry.

fugidio, adj. fleeting; passing.

fugir, 1. v. intr. to escape; to flee; **2.** v. tr. to run away from; to avoid.

fugitivo, adj. e s. m. fugitive.

fuinha, s. f. beech marten.

fulano, s. m. Mr. So-and-So, Mr. What's-his-name.

fulcro, s. m. fulcrum; prop; stay.

fulgor, s. m. glamour; shine.

fulgurante, adj. shining; fulgent; flashing.

fuligem, s. f. soot.

fulminante, 1. adj. fulminating; **2.** s. m. ignition charge.

fulminar, v. tr. to fulminate; to thunder.

fulo, adj. furious; wild (with anger).

fulvo, adj. tawny.

fumaça, s. f. smoke; (fig.) vanity.

fumado, adj. smoked.

fumador, s. m. smoker; **não fumador:** non-smoker.

fumar, v. tr. e intr. to smoke; **proibido fumar:** no smoking.

fumarada, s. f. great deal of smoke.

fumegar, v. intr. to smoke.

fumigar, v. intr. to fumigate.

fumo, s. m. smoke; fume (of incense); **enegrecido pelo fumo:** fumed.

funâmbulo, s. m. funambulist; rope-walker, rope-dancer.

função, s. f. function; duty, occupation; display; **desempenhar as funções de:** to act as; **nas**

minhas funções de: in my capacity as.

funcionamento, *s. m.* working, operation.

funcionar, *v. intr.* to work; to act; to function; to run; **não funciona:** it's out of order.

funcionário, *s. m.* clerk; civil servant; official; **funcionário do Estado:** civil servant.

fundação, *s. f.* foundation; establishment.

fundador, *s. m.* founder.

fundamental, *adj.* fundamental; essential.

fundamentar, *v. tr.* to found; to settle; to establish; to base on.

fundamento, *s. m.* reason; cause; foundation; ground; **com fundamento:** on good ground; **sem fundamento:** without foundation.

fundar, 1. *v. tr.* to found; to establish; **2.** *v. refl.* to rely on; to base on.

fundear, *v. intr.* e *tr.* to anchor.

fundição, *s. f.* foundry; casting; **fundição de ferro:** iron-foundry, iron-works.

fundir, *v. tr.* to melt; to cast.

fundo, 1. *adj.* deep; profound; **2.** *s. m.* bottom; **fundo do mar:** bed of the ocean; **fundos do clube:** club funds; **fundos disponíveis:** ready money; **artigo de fundo:** leading article; **chegar ao fundo da questão:** to get to the bottom of a subject; **do fundo do coração:** from the bottom of one's heart; **ir ao fundo:** to go to the bottom; **no fundo:** at bottom, after all; at the heart; **plano do fundo:** background.

fundura, *s. f.* profundity; depth.

fúnebre, *adj.* funereal; mournful; gloomy; **cortejo fúnebre:** funeral procession.

funeral, *s. m.* funeral; **ir a um funeral:** to attend a funeral.

funesto, *adj.* fatal; unlucky.

fungar, *v. tr.* e *intr.* to sniff.

fungicida, *s. m.* fungicide.

fungo, *s. m.* fungus.

funicular, *adj.* e *s. m.* funicular.

funil, *s. m.* funnel.

furacão, *s. m.* hurricane; whirlwind.

furador, *s. m.* borer; piercer.

furão, *s. m.* ferret.

furar, *v. tr.* to bore; to drill; to prick; **furar um pneu:** to puncture a tyre.

fura-vidas, *s. m. f.* industrious person; go-getter.

furgão, *s. m.* luggage-van.

furgoneta, *s. f.* van.

fúria, *s. f.* fury; rage; **explosão de fúria:** an outbreak of fury.

furibundo, furioso, *adj.* furious; frenzied; raging; raving; mad.

furna, *s. f.* den; cavern.

furo, *s. m.* bore; hole; puncture (in a tyre).

furor, *s. m.* rage; fury; **fazer furor:** *(fig.)* to be (all) the rage.

furta-cor, *adj.* iridescent; chatoyant.

furtar, 1. *v. tr.* to steal; to pilfer; **2.** *v. refl.* to steal away; to avoid.

furtivo, *adj.* furtive; sly; **caçador furtivo:** poacher.

furto, *s. m.* robbery; theft.

furúnculo, *s. m.* furuncle; boil; blotch.

fusa, *s. f.* demisemiquaver.

fusão, *s. f.* fusion; melting; **ponto de fusão:** melting-point.

fusco, *adj.* fuscous; dark.

fuselagem, *s. f.* fuselage.

fusível, *s. m.* fuse; **os fusíveis fundiram-se:** the fuses blew out.

fuso, *s. m.* spindle.

fustigar, *v. tr.* to whip; to flog; to cudgel.

futebol, s. m. football; **campo de futebol:** football field; **jogo de futebol:** football match.

futebolista, s. m. f. footballer, football player.

fútil, adj. frivolous; futile.

futilidade, s. f. frivolity; futility; trifle.

futurismo, s. m. futurism.

futurista, 1. adj. futurist(ic); 2. s. m. f. futurist.

futuro, s. m. future; **de futuro:** for the future, in future; **num futuro distante:** in the distant future; **num futuro próximo:** in the near future.

fuzilamento, s. m. shooting.

fuzilar, 1. v. tr. to shoot; 2. v. intr. to lighten; to sparkle.

fuzileiro, s. m. fusilier.

G

G, g, s. m. the seventh letter of the alphabet.

gabão, s. m. cloak; (zool.) gibbon.

gabar, 1. v. tr. to praise; 2. v. refl. to boast; to brag.

gabardina, s. f. raincoat; waterproof.

gabarola, s. m. f. boaster.

gabarolice, s. f. boasting.

gabinete, s. m. cabinet; office.

gabiru, adj. (fam.) naughty; provocative.

gadanha, s. f. scythe; reaping-hook.

gadanho, s. m. claw.

gado, s. m. cattle; **cabeças de gado:** head of cattle.

gafanhoto, s. m. grasshopper.

gago, s. m. stammerer.

gaguejar, v. intr. to stammer.

gaguez, s. f. stammering.

gaiato, s. m. urchin; boy.

gaio, s. m. (zool.) jay.

gaiola, s. f. cage.

gaita, s. f. pipe; reed.

gaita-de-beiços, s. f. mouth-organ; harmonica.

gaita-de-foles, s. f. bagpipes.

gaiteiro, s. m. bagpiper.

gaivota, s. f. (zool.) sea-gull.

gajo, s. m. (fam.) guy.

gala, s. f. pomp; show; ornament; gala.

galã, s. m. gallant; beau; leading man (in a play or film).

galanteador, s. m. gallant; beau; lover.

galantear, v. tr. to court; to woo.

galanteio, s. m. gallantry; courtship.

galão, s. m. lace; gallon (measure); stripe (military); cup of white coffee.

galardão, s. m. reward; prize.

galardoar, v. tr. to reward.

galáxia, s. f. galaxy.

galé, s. f. galley.

galeão, s. m. galleon.

galego, adj. e s. m. Gallician.

galeria, s. f. gallery; covered way.

galês, 1. adj. Welsh; 2. s. m. Welshman; Welsh (language).

galgar, 1. v. tr. to jump; to cross; 2. v. intr. to leap.

galgo, s. m. greyhound.

galhardete, s. m. pennant.

galhardia, s. f. grace; elegance; gallantry.

galhardo, adj. genteel; generous; gallant.

galheta, s. f. cruet; burette; (fam.) slap.

galheteiro, s. m. cruet-stand.

galho, s. m. horn (of beasts); branch (of trees).

galhofa, s. f. frolic; mirth; **fazer galhofa de:** to laugh at; to make fun of.

galicismo, s. m. Gallicism.

galinha, s. f. hen; **galinha choca:** broody hen; **galinha no choco:** a sitting hen; **quando as galinhas tiverem dentes:** (fig.) once in a blue moon.

galinheiro, s. m. poultry-yard; coop.

galinhola, s. f. woodcock.

galo, s. m. cock.

galocha, s. f. rubbers; golosh.

galopar, v. intr. to gallop.

galope, s. m. gallop; **a todo o galope:** at full gallop.

galvanização, s. f. galvanization.

galvanizador, 1. adj. galvanizing; **2.** s. m. galvanizer.

galvanizar, v. tr. to galvanize.

gama, s. f. gamut, scale.

gamão, s. m. backgammon.

gamba, s. f. (zool.) prawn.

gamela, s. f. wooden bowl; trough; bin.

gamo, s. m. (zool.) fallow-deer.

gana, s. f. desire; wish; **ter ganas de:** to have a good mind to.

ganância, s. f. ambition; covetousness.

ganancioso, adj. covetous.

gancho, s. m. hook; hair-pin.

ganga, s. f. gangue (of minerals); **calças de ganga:** jeans.

gânglio, s. m. ganglion.

gangrena, s. f. gangrene.

ganha-pão, s. m. (fam.) breadwinner; salary.

ganhar, v. tr. to win; to gain (one's living, experience, strength, ground, time, weight); to obtain; to reach; to get; **ganhar dinheiro:** to earn money.

ganho, s. m. gain; profit; pl. gainings, earnings.

ganido, s. m. bark; yelp.

ganir, v. intr. to yelp.

ganso, s. m. goose.

garagem, s. f. garage.

garanhão, s. m. stallion; sire.

garantia, s. f. guarantee; warrant; security.

garantir, v. tr. to warrant; to guarantee; to shield.

garatuja, s. f. scrawl; scribble.

garatujar, v. intr. to scrawl, to scribble.

garbo, s. m. garb; countenance; gallantry.

garboso, adj. genteel; graceful; sprightly.

garça, s. f. (zool.) heron.

gardénia, s. f. (bot.) gardenia.

gare, s. f. platform.

garfo, s. m. fork.

gargalhada, s. f. laugh; laughter; **desatar às gargalhadas:** to break into laughter.

gargalhar, v. tr. e intr. to laugh loudly.

gargalo, s. m. neck (of a bottle).

garganta, s. f. throat; gullet; narrow pass; **atravessar-se na garganta:** to stick in one's throat; **garganta seca:** dry throat.

gargantilha, s. f. necklace.

gargarejar, v. intr. to gargle.

gargarejo, s. m. gargle.

garimpeiro, s. m. prospector.

garoto, s. m. boy; lad; **garoto da rua:** slum kid; street kid.

garra, s. f. claw.

garrafa, s. f. bottle.

garrafão, s. m. demijohn; jug.

garrafeira, s. f. wine-cellar.

garrido, adj. showy; elegant; colourful.

garrote, s. m. garrotte.

garupa, s. f. buttocks; croup (of a horse).

gás, s. m. gas; **gás lacrimogénio:** tear gas; **máscara de gás:** gasmask; **morrer asfixiado pelo gás:** to be gassed; **câmara de gás:** gas chamber; **fuga de gás:** gas leak; **ter gases:** to be troubled with wind.

gasganete, s. m. (fam.) neck; throat.

gaseificação, s. f. gasification.

gaseificar, v. tr. to gasify.

gasoduto, s. m. gasholder; gasometer.

gasolina, s. f. petrol; (E.U.A.) gasoline; **bomba de gasolina:** petrol station; (E.U.A.) gas station.

gasoso, adj. gaseous; **água gasosa:** tonic water.

gastador, s. m. e adj. spendthrift; waster; spoilsport.

gastar, v. tr. to spend; to use up, to wear out; to waste (time, money, words).

gasto, 1. adj. worn; spent; used-up; 2. s. m. cost; expense.

gastrite, s. f. (med.) gastritis.

gastronomia, s. f. gastronomy.

gastronómico, adj. gastronomical.

guarda-florestal, s. m. f. forester.

gatilho, s. m. trigger.

gatinhar, v. intr. to crawl; to go on all fours.

gato, s. m. cat; **dar gato por lebre:** to give chalk for cheese.

gato-sapato, s. m. blind-man's-buff; **fazer gato-sapato de alguém:** to despise someone.

gatunagem, s. f. robbery.

gatuno, s. m. thief; pick-pocket; pilferer.

gáudio, s. m. pleasure; joy; **para gáudio de:** to the entertainment of.

gaulês, 1. adj. Gaulish; 2. s. m. Gaul.

gávea, s. f. top; round-top; (náut.) crow's-nest.

gaveta, s. f. drawer.

gavião, s. m. (zool.) sparrow-hawk.

gaze, s. f. gauze.

gazela, s. f. (zool.) gazzelle.

gazeta, s. f. newspaper; **fazer gazeta:** to truant.

gazua, s. f. picklock.

gê, s. m. the name of the letter **g**.

geada, s. f. frost.

gel, s. m. gel.

gelado, 1. adj. frozen, iced; frosted; 2. s. m. ice cream.

gelar, v. tr. e intr. to freeze; to chill; to congeal; **gelar o sangue:** to freeze one's blood.

gelatina, s. f. gelatine; jelly.

gelatinoso, adj. gelatinous.

geleia, s. f. jelly.

gélido, adj. frozen, gelid.

gelo, s. m. ice; **banco de gelo:** ice-bank, ice-floe; **cubo de gelo:** ice cube; **pista de gelo:** ice-rink.

gelosia, s. f. window blind.

gema, s. f. yolk (of an egg); gem (of a precious stone).

gémeo, adj. e s. m. twin; (Zodiac) Gemini.

gemer, v. intr. to moan; to wail; to groan.

gemido, s. m. groan; moan.

geminação, s. f. gemination.

geminado, adj. geminate; **casas geminadas:** twin-houses, semi-detached houses.

geminar, v. tr. to geminate; to double.

gene, s. m. gene.

genealogia, s. f. genealogy.

genealógico, adj. genealogical; **árvore genealógica:** family tree.

genebra, s. f. gin.

general, s. m. general.

generalidade, *s. f.* generality; **na generalidade:** in general.

generalização, *s. f.* generalization.

generalizar, *v. tr.* to generalize.

genérico, *adj.* generic.

género, *s. m.* kind; sort; gender; genus; **géneros alimentícios:** food-stuffs.

generosidade, *s. f.* generosity; kindness.

generoso, *adj.* generous; kind; open-handed; unselfish.

génese, *s. f.* genesis.

genética, *s. f.* genetics.

genético, *adj.* genetic.

gengibre, *s. m.* ginger.

gengiva, *s. f.* gum; **abcesso nas gengivas:** gum-boil.

genial, *adj.* genial; splendid.

genialidade, *s. f.* geniality.

genica, *s. f.* strength; energy; **ter genica:** *(fam.)* to have plenty of grit.

génio, *s. m.* genius; nature; humour; genie; **homem de génio:** a man of genius; **ter mau génio:** to have a bad temper.

genital, *adj.* genital; **órgãos genitais:** genitals.

genitivo, *s. m.* genitive.

genro, *s. m.* son-in-law.

gente, *s. f.* people.

gentil, *adj.* gentle; polite; kind.

gentileza, *s. f.* kindness; politeness; grace.

genuflexão, *s. f.* genuflexion.

genuíno, *adj.* genuine; pure.

geocentrismo, *s. m.* geocentricism.

geografia, *s. f.* geography.

geógrafo, *s. m.* geographer.

geologia, *s. f.* geology.

geólogo, *s. m.* geologist.

geometria, *s. f.* geometry.

geométrico, *adj.* geometric; geometrical; **desenhos geométricos:** geometric patterns.

geração, *s. f.* generation.

gerador, **1.** *adj.* generative; **2.** *s. m.* generator.

geral, *adj.* general; common; public; **conhecimento geral:** general knowledge; **de um modo geral:** on the whole.

gerânio, *s. m.* *(bot.)* geranium.

gerar, *v. tr.* to beget; to generate (electricity, hatred); to produce.

gerência, *s. f.* management; managership.

gerente, *s. m. f.* manager.

geringonça, *s. f.* contraption; gadget.

gerir, *v. tr.* to manage; to run.

germânico, *adj.* Germanic.

germe, *s. m.* germ; **em germe:** in germ.

germicida, *s. m.* germicide.

germinar, *v. intr.* to germinate; to sprout.

gerontologia, *s. f.* gerontology.

gerúndio, *s. m.* gerund.

gessar, *v. tr.* to plaster.

gesso, *s. m.* gypsum; plaster of Paris; **molde de gesso:** gypsum mold.

gesta, *s. f.* gest.

gestação, *s. f.* gestation; pregnancy.

gestão, *s. f.* management.

gesticulação, *s. f.* gesticulation.

gesticular, *v. intr.* to gesticulate; to gesture.

gesto, *s. m.* gesture; countenance.

gestor, *s. m.* manager.

giesta, *s. f.* broom.

gigante, **1.** *adj.* gigantic; **2.** *s. m.* giant.

gigantesco, *adj.* gigantic; huge; enormous.

gilete, *s. f.* razor, razor-blade.

ginásio, *s. m.* gymnasium.

ginasta, *s. m. f.* gymnast.

ginástica, *s. f.* gymnastics; **aula de ginástica:** gym lesson.

gincana, s. f. gymkhana.

ginecologia, s. f. gynaecology.

ginecologista, s. m. f. gynaecologist.

gingar, v. tr. e refl. to swing; to waddle; **gingar as ancas:** to swing the hips.

ginja, s. f. morello cherry.

gira-discos, s. m. record player.

girafa, s. f. (zool.) giraffe.

girar, v. intr. to turn round; to circulate; to gyrate.

girassol, s. m. (bot.) sunflower.

giratório, adj. gyratory; **cadeira giratória:** swivel-chair.

gíria, s. f. jargon; slang.

girino, s. m. tadpole.

giro, 1. s. m. turn; rotation; circuit; **dar um giro:** to go for a stroll; **fazer o giro:** to be on one's beat; **2.** adj. cute; beautiful; **que giro!:** that's nice; **ele é giro:** he is cute.

giz, s. m. chalk; **pau de giz:** piece of chalk; **pedaço de giz:** a bit of chalk.

gizar, v. tr. to delineate.

glabro, adj. glabrous; bald; smooth.

glacial, adj. glacial; frozen.

glaciar, s. m. glacier, ice-flow; **período glaciar:** ice-period; ice-age.

gladiador, s. m. gladiator.

gládio, s. m. sword.

gladíolo, s. m. (bot.) gladiole.

glande, s. f. acorn; mast.

glândula, s. f. gland.

glaucoma, s. m. (med.) glaucoma.

glicerina, s. f. glycerin; glycerine.

glicínia, s. f. (bot.) wistaria.

global, adj. global.

globo, s. m. globe; sphere; **globo ocular:** eyeball.

glóbulo, s. m. globule.

glória, s. f. glory; honour; fame.

glorificação, s. f. glorification; praise.

glorificar, v. tr. to glorify; to praise.

glorioso, adj. glorious; magnificent.

glosa, s. f. gloss; comment; explanation.

glosar, v. tr. to gloss; to explain; to comment upon.

glossário, s. m. glossary.

glucose, s. f. glucose.

gluglu, s. m. gobbling (of turkeys).

glutão, 1. adj. gluttonous; voracious; **2.** s. m. (bot.) glutton; gulper.

gnomo, s. m. gnome.

godo, s. m. Goth.

goela, s. f. throat; pipe; **molhar a goela:** (fam.) to wet one's whistle.

goiaba, s. f. guava.

goiabada, s. f. guava jam.

goiva, s. f. gouge; hollow-chisel.

goivo, s. m. (bot.) wallflower.

gola, s. f. collar, neckband (of shirt); **agarrar pela gola:** to seize by the collar; **levantar a gola:** to turn the collar up.

gole, s. m. gulp; swallow; **dum só gole:** at one gulp.

goleador, s. m. scorer.

golear, v. tr. e intr. to score.

golfada, s. f. gush; spout; **golfada de sangue:** jet of blood.

golfe, s. m. golf; **calças de golfe:** plus-fours.

golfinho, s. m. (zool.) dolphin.

golfo, s. m. gulf.

golo, s. m. goal; **meter um golo:** to score, to kick a goal.

golpe, s. m. cut; blow; stroke; slash; throw; **golpe de Estado:** coup d'état.

golpear, v. tr. to cut; to slash.

goma, s. f. gum; glue; starch (for linen).

gomar, 1. v. intr. to bud; to sprout; **2.** v. tr. to starch.

gomo, s. m. bud; shoot; **gomo de laranja:** orange segment.

gôndola, s. f. gondola.

gongo, s. m. gong.

gonzo, s. m. hinge.

gorar, v. tr. e intr. to frustrate; **sair gorado**: to fail, to fall through.

goraz, s. m. (zool.) sea-bream.

gordo, adj. fat; stout; **Domingo Gordo**: Shrove Sunday.

gordura, s. f. fatness; fleshiness; grease; dripping (of meat); **gordura de porco**: lard; **nódoa de gordura**: spot of grease.

gorgolejar, v. intr. to gurgle.

gorila, s. m. (zool.) gorilla.

gorjeio, s. m. warbling.

gorjeta, s. f. tip; **dar uma gorjeta**: to give a tip, to tip.

gorro, s. m. round cap.

gostar, v. tr. to like; to be fond of; to love.

gosto, s. m. taste; flavour; fondness; **gosto amargo**: bitter taste; **gostos não se discutem**: there is no accounting for tastes; **com gosto a chocolate**: with a chocolate flavour.

gostoso, adj. savoury; pleasing; tasty.

gota, s. f. drop; (med.) gout; **gota a gota**: drop by drop; **gota de chuva**: raindrop.

goteira, s. f. gutter.

gotejar, v. intr. to drop.

gótico, adj. Gothic.

governador, s. m. governor.

governante, 1. adj. governing; 2. s. m. f. leader; ruler.

governar, v. tr. to govern; to rule.

governo, s. m. government; **governo da casa**: housekeeping; **formar Governo**: to form a Government; **o Governo demitiu-se**: the Government resigned.

gozar, v. tr. to enjoy; to take delight in; to make fun of; to possess.

gozo, s. m. enjoyment; fun; pleasure; possession.

graça, s. f. grace; favour; jest, witty saying; thankfulness; **graças a:** thanks to; **ano da graça:** year of grace; **de graça:** for nothing; **estado de graça:** state of grace; **estar nas boas graças de:** to be in a person's good graces.

gracejar, v. intr. to jest; to joke.

gracejo, s. m. jest; joke.

graciosidade, s. f. graciousness; gracefulness.

gradação, s. f. gradation.

grade, s. f. grating; frame; harrow; rail.

gradeamento, s. m. railing.

gradear, v. tr. to rail; to grate.

grado, s. m. liking; will; **de bom grado**: in good will; willingly; **de mau grado**: unwillingly.

graduação, s. f. graduation.

graduado, 1. adj. graduated; 2. s. m. graduate.

gradual, adj. gradual.

grafia, s. f. handwriting; spelling.

gráfico, 1. adj. graphical; 2. s. m. graph.

grafologia, s. f. graphology.

grainha, s. f. seeds (of grapes).

gralha, s. f. (zool.) jackdaw; misprint.

grama, s. m. gram; gramme.

gramática, s. f. grammar.

gramofone, s. m. gramophone.

grampo, s. m. clamp; cramp; holdfast.

granada, s. f. grenade.

grande, adj. large; great; tall; big; high; **grande quantidade:** a great deal of, a large quantity of.

grandeza, s. f. grandeur; greatness; vastness.

grandiloquência, s. f. grandiloquence.

grandiosidade, s. f. greatness; vastness; grandiosity.

grandioso, adj. grand; fine; magnificent; imposing.

granel, s. m. barn; **a granel:** in bulk; by heaps.

granito, s. m. granite.

granizo, s. m. hail.

granja, s. f. farm, grange.

granjear, v. tr. to cultivate; to get; to obtain.

grão, s. m. grain; corn; **grão de cereal:** grist; **grão a grão enche a galinha o papo:** many a mickle makes a muckle.

grão-de-bico, s. m. chickpea.

grão-duque, s. m. Grand Duke.

grão-mestre, s. m. Grand Master.

grasnada, s. f. croak; caw.

grasnar, v. intr. to croak; to caw; to quack.

grassar, v. intr. to spread.

gratidão, s. f. gratitude; thankfulness.

gratificação, s. f. reward; tip; gratuity.

gratificar, v. tr. to reward; to favour with; to gratify.

grátis, adv. gratis; free; costless.

grato, adj. grateful; thankful.

gratuito, adj. free; gratuitous.

grau, s. m. degree; grade; **em alto grau:** to a high degree; **zero graus centígrados:** nought degrees centigrade.

graúdo, adj. big; great; grown-up.

gravação, s. f. engraving; recording.

gravador, s. m. engraver; recorder; tape recorder.

gravar, v. tr. to engrave; to tape; to record.

gravata, s. f. necktie, tie.

grave, adj. serious; solemn; dangerous.

grávida, 1. adj. pregnant; **2.** s. f. pregnant woman.

gravidade, s. f. gravity; importance; seriousness; gravitation; **lei da gravidade:** law of gravity.

gravidez, s. f. pregnancy.

gravitar, v. intr. to gravitate.

gravoso, adj. grievous; painful.

gravura, s. f. engraving; illustration; picture.

graxa, s. f. polish.

greco-latino, adj. Greco-Latin.

gregário, adj. gregarious.

grego, adj. e s. m. Greek; **é grego para mim:** (fam.) it is Greek to me.

gregoriano, adj. Gregorian.

grei, s. f. the people.

grelha, s. f. grid; grate.

grelhador, s. m. grill.

grelo, s. m. sprout; shoot.

grémio, s. m. club; society.

greta, s. f. crack; crevice.

gretar, v. tr. e intr. to crack; to chap.

greve, s. f. strike; **fazer greve:** to strike, to go on strike.

grevista, adj. e s. m. f. striker.

grilo, s. m. (zool.) cricket.

grinalda, s. f. wreath.

gripe, s. f. (med.) influenza; flu.

grisalho, adj. grey hair.

gritar, v. intr. to cry; to shout; to call out; **gritar por:** to cry for; **gritar por socorro:** to cry for help; **não me grites!:** don't shout at me!

gritaria, s. f. clamour; shouting; uproar.

grito, s. m. cry; shout; yell; scream; shriek; **grito agudo:** sharp cry; **grito de socorro:** a call for help; **é de gritos:** (fig.) it's a perfect scream.

groselha, s. f. gooseberry.

grosseiro, adj. coarse, vulgar; impolite; **tecido grosseiro:** harsh material.

grosseria, s. f. coarseness; rudeness.

grosso, adj. stout; bulky; big; great; thick; **por grosso e a retalho:** wholesale and retail; **voz grossa:** thick voice.

grossura, *s. f.* size; bigness; thickness.

grotesco, *adj.* grotesque; bizarre; extravagant.

grua, *s. f.* crane; derrick.

grudar, *v. tr.* to glue.

grude, *s. m.* glue; paste.

grunhido, *s. m.* grunt.

grunhir, *v. intr.* to grunt; *(fig.)* to grumble.

grupo, *s. m.* group; band.

gruta, *s. f.* den; grotto; cave.

guarda, *s. m. f.* watchman; keeper; defence; custody; guard; **estar de guarda:** to keep watch, to be on guard; **o render da guarda:** the changing of the guard; **render a guarda:** to relieve guard.

guarda-chuva, *s. m.* umbrella.

guarda-costas, *s. m.* body-guard.

guarda-fato, *s. m.* wardrobe.

guarda-fiscal, *s. m. f.* coastguard.

guarda-florestal, *s. m. f.* forester.

guarda-jóias, *s. m.* jewel-case.

guarda-lama, *s. m.* mudguard.

guarda-livros, *s. m.* book-keeper.

guardanapo, *s. m.* napkin.

guarda-nocturno, *s. m.* night-watchman.

guardar, *v. tr.* to keep; to watch; to guard; to put back (in a drawer); **guardar na memória um segredo:** to keep a secret.

guarda-redes, *s. m.* goalkeeper.

guarda-roupa, *s. m.* wardrobe.

guarda-sol, *s. m.* parasol.

guarda-vestidos, *s. m.* wardrobe.

guardião, *s. m.* guardian.

guarida, *s. f.* shelter; cave; den.

guarita, *s. f.* sentry-box.

guarnecer, *v. tr.* to furnish; to garnish; to adorn.

guarnição, *s. f.* garrison (of troops); trimming (of a garment); beading.

guedelha, *s. f.* tuft of hair.

guedelhudo, *adj.* hairy.

guelra, *s. f.* gill.

guerra, *s. f.* war; **guerra fria:** cold war; **guerra mundial:** world war; **guerra civil:** civil war; **barco de guerra:** warship; **declarar guerra:** to declare war; **em guerra com:** at war with; **em pé de guerra:** in arms, on a war footing.

guerrear, *v. tr. e intr.* to fight; to make war.

guerreiro, *s. m.* warrior.

guerrilha, *s. f.* guerilla.

guerrilheiro, *s. m.* guerilla fighter.

gueto, *s. m.* ghetto.

guia, *s. m.* guide; guide-book.

guiador, *s. m.* steering-wheel.

guião, *s. m.* script.

guiar, *v. tr.* to lead; to guide; to govern; to ride (a bike); to drive.

guiché, *s. m.* window.

guilhotina, *s. f.* guillotine; paper-cutter.

guilhotinar, *v. tr.* to guillotine; to behead.

guinada, *s. f.* twinge; twist (of the body); yaw.

guinar, *v. intr.* to yaw; to fall off.

guinchar, *v. intr.* to shriek; to squeal.

guincho, *s. m.* shriek; squeal; winch (machine).

guindar, *v. tr.* to hoist.

guindaste, *s. m.* crane.

guineense, *s. m. f. e adj.* Guinean.

guinéu, 1. *adj.* of Guinea; **2.** *s. m.* guinea (coin).

guisado, 1. *adj.* stewed; **2.** *s. m.* stew.

guisar, *v. tr.* to stew; **carne para guisar:** stewing meat.

guita, *s. f.* string; *(fam.)* money.

guitarra, *s. f.* guitar; **guitarra eléctrica:** electric guitar.

guitarrista, *s. m. f.* guitar-player.
guizo, *s. m.* little bell.
gula, *s. f.* gluttony.
gulodice, *s. f.* sweet; candy.
guloseima, *s. f.* candy; goody; sweet.

guloso, 1. *adj.* greedy; gluttonous; **2.** *s. m.* gourmand; **ser guloso:** to have a sweet tooth.
gume, *s. m.* edge.
guru, *s. m.* guru.
gutural, *adj.* guttural.

H

H, h, *s. m.* the eighth letter of the alphabet.
hábil, *adj.* skilful; able.
habilidade, *s. f.* ability; skill; cleverness; cunning.
habilidoso, *adj.* adroit; able; skilful.
habilitação, *s. f.* capacity; qualification.
habilitar, *v. tr. e refl.* to enable; to qualify.
habitação, *s. f.* house; residence.
habitante, *s. m. f.* inhabitant.
habitar, 1. *v. tr.* to inhabit; **2.** *v. intr.* to live; to dwell.
habitat, *s. m.* habitat.
hábito, *s. m.* habit; dress; costume; **cair no hábito de:** to get into the habit of.
habituação, *s. f.* habit.
habituado, *adj.* used to.
habitual, *adj.* usual.
habituar, 1. *v. tr.* to habituate; **2.** *v. refl.* to get accustomed; to get used.
hálito, *s. m.* breath; exhalation; **mau hálito:** foul breath, halitosis.
halo, *s. m.* halo.
halogéneo, *adj.* halogenous.
haltere, *s. m.* dumbbell.
hamburger, *s. m.* hamburger.
hangar, *s. m.* hangar.
«hardware», *s. m. (inform.)* hardware.

harém, *s. m.* harem.
harmonia, *s. f.* harmony; agreement; consonancy; **em harmonia com:** up to, in harmony with.
harmónica, *s. f.* harmonica, mouth organ.
harmónico, *adj.* harmonic.
harmónio, *s. m.* harmonium.
harmonioso, *adj.* harmonious; tuneful.
harmonização, *s. f.* harmonization; arrangement.
harmonizar, *v. tr.* to harmonize; to arrange; to adjust.
harpa, *s. f. (mús.)* harp.
harpejo, *s. m.* harping.
harpia, *s. f.* harpy.
hasta, *s. f.* lance; pike; auction.
haste, *s. f.* staff; spindle; stem (of a plant); horn (of a bull).
hastear, *v. tr.* to hoist; to run up (flags).
havaiano, *adj. e s. m.* Hawaiian.
havanês, *adj. e s. m.* Havanese.
haver, *v. tr.* there to be; to have; to possess; to hold; to get; to happen; **há:** there is; *pl.* there are.
haxixe, *s. m.* cannabis.
hebraico, 1. *adj.* Hebraic; Hebrew; **2.** *s. m.* Hebrew.
hebraísmo, *s. m.* Hebraism.
hecatombe, *s. f.* hecatomb.
hectare, *s. m.* hectare.

héctica, s. f. hectic; phthisis.
hediondez, s. f. hideousness.
hediondo, adj. hideous; vile; base; mean.
hedonismo, s. m. hedonism.
hegemonia, s. f. hegemony.
helenismo, s. m. Hellenism.
hélice, s. f. propeller; rotor, roter blades (of an helicopter).
helicóptero, s. m. helicopter.
hélio, s. m. helium.
heliporto, s. m. heliport.
hematoma, s. m. (med.) haematoma.
hemiciclo, s. m. hemicycle.
hemisfério, s. m. hemisphere; **hemisfério Sul;** Southern hemisphere.
hemitropia, s. f. hemitropy.
hemofilia, s. f. haemophilia.
hemorragia, s. f. haemorrhage.
hemorróidas, s. f. pl. haemorrhoids; piles.
hendecassílabo, s. m. hendecasyllable.
hepatite, s. f. hepatite (stone); (med.) hepatitis.
heptágono, s. m. heptagon.
hera, s. f. ivy; **coberto de hera:** ivy-clad.
heráldica, s. f. heraldry.
herança, s. f. inheritance; heritage.
herbáceo, adj. herbaceous.
herbanário, s. m. herbalist.
herbicida, s. m. herbicide.
herbívoro, 1. adj. herbivorous; **2.** s. m. herbivore.
hercúleo, adj. Herculean; strong.
herdade, s. f. farm; estate.
herdar, v. tr. to inherit.
herdeiro, s. m. heir; inheritor.
hereditariedade, s. f. heredity.
hereditário, adj. hereditary.
herege, 1. adj. heretical; **2.** s. m. heretic.
heresia, s. f. heresy.

herético, adj. heretic.
hermafrodita, 1. adj. hermaphroditic; **2.** s. m. hermaphrodite.
hermafroditismo, s. m. hermaphroditism.
hermenêutica, s. f. hermeneutics.
hermeticamente, adv. hermetically; **hermeticamente fechado:** tight-shut, airtight.
hermético, adj. hermetic.
hérnia, s. f. hernia; rupture.
herói, s. m. hero.
heroicidade, s. f. heroism.
heróico, adj. heroic.
heroína, s. f. heroine; (drug) heroin.
heroísmo, s. m. heroism.
herpes, s. m. pl. herpes.
hertziano, adj. **ondas hertzianas:** Hertzian waves.
hesitação, s. f. hesitation; vacillation; doubt.
hesitante, adj. hesitant; vacillating; undecided.
hesitar, v. intr. to hesitate; to waver; to be reluctant; **sem hesitar:** without flinching.
heterodoxo, adj. heterodox.
heterogeneidade, s. f. heterogeneity.
heterogéneo, adj. heterogeneous.
heurística, s. f. heuristic.
hexágono, s. m. hexagon.
hiacinto, s. m. hyacinth.
hiato, s. m. hiatus.
hibernação, s. f. hibernation.
hibernar, v. intr. to hibernate; to be dormant.
hibridismo, s. m. hybridism.
híbrido, adj. hybrid; crossbred.
hidático, adj. hydatic; **quisto hidático:** hydatid.
hidratação, s. f. hydration.
hidratar, v. tr. to hydrate.
hidrato, s. m. hydrate.
hidráulica, s. f. hydraulics.
hidráulico, adj. hydraulic.

hídrico, *adj.* hydric.
hidroavião, *s. m.* hydroplane.
hidrocarbonato, *s. m.* hydrocarbonate.
hidrocarboneto, *s. m.* hydrocarbon.
hidrodinâmica, *s. f.* hydrodynamics.
hidroeléctrico, *adj.* hydroelectric.
hidrofobia, *s. f.* hydrophobia.
hidrogénio, *s. m.* hydrogen; **bomba de hidrogénio:** hydrogen bomb.
hidrografia, *s. f.* hydrography.
hidrográfico, *adj.* hydrographical.
hidroplano, *s. m.* hydroplane.
hidropneumático, *adj.* hydropneumatic.
hidrosfera, *s. f.* hydrosphere.
hidroterapia, *s. f.* hydrotherapy.
hiena, *s. f. (zool.)* hyena; hyaena.
hierarquia, *s. f.* hierarchy.
hierárquico, *adj.* hierarchical.
hierarquizar, *v. tr.* to hierarchize.
hieróglifo, *s. m.* hieroglyph.
hierografia, *s. f.* hyerography.
hífen, *s. m.* hyphen; dash.
higiene, *s. f.* hygiene.
higiénico, *adj.* hygienic.
hilariante, *adj.* exhilarating; laughing.
himalaico, *adj. e s. m.* Himalayan.
hímen, *s. m.* hymen.
hindu, *adj. e s. m. f.* Hindu.
hino, *s. m.* hymn; **hino nacional:** national anthem.
hipérbole, *s. f.* hyperbole.
hiperbólico, *adj.* hyperbolic, hyperbolical.
hipericão, *s. m.* St. John's-wort.
hipermercado, *s. m.* hypermarket.
hipersensibilidade, *s. f.* hypersensitivity.
hipersensível, *adj.* hypersensitive.
hipertensão, *s. f.* hypertension.
hipertrofia, *s. f.* hypertrophy.
hípico, *adj.* hippic; **concurso hípico:** horse-race.
hipismo, *s. m.* horse-racing.
hipnose, *s. f.* hypnosis.
hipnotismo, *s. m.* hypnotism.
hipnotizador, *s. m.* hypnotist, hypnotizer.
hipnotizar, *v. tr.* to hypnotize.
hipocondria, *s. f.* hypochondria.
hipocondríaco, *adj. e s. m.* hypochondriac.
hipocrisia, *s. f.* hypocrisy; dissimulation.
hipócrita, 1. *adj.* hypocritical; 2. *s. m.* hypocrite; dissembler.
hipoderme, *s. f.* hyphoderm.
hipódromo, *s. m.* hippodrome.
hipófise, *s. f.* hypophysis.
hipopótamo, *s. m.* hippopotamus.
hipoteca, *s. f.* mortgage.
hipotecar, *v. tr.* to mortgage.
hipotensão, *s. f.* hypotension.
hipotenusa, *s. f.* hypotenuse.
hipótese, *s. f.* hypothesis; supposition.
hipotético, *adj.* hypothetical; conjectural.
hipotiroidismo, *s. m.* hypothyroidism.
hirsuto, *adj.* hirsute; rough.
hirto, *adj.* stiff; rigid.
hispânico, *adj.* Hispanic.
hispidez, *s. f.* hairiness.
híspido, *adj.* hispid; rough; hirsute.
histeria, *s. f.* hysteria.
histérico, *adj.* hysterical.
histerismo, *s. m.* hysteria.
história, *s. f.* history; story; tale; **história aos quadradinhos:** comic strip; **história da carochinha:** nursery tale; **contar histórias:** *(fig.)* to tell tales; **contar uma história:** to tell a story; **fazer história:** to make history.
historiador, *s. m.* historian.

historiar, *v. tr.* to chronicle.

histórico, *adj.* historical.

historiografia, *s. f.* historiography.

historiógrafo, *s. m.* historiographer.

histriónico, *adj.* histrionical.

hodierno, *adj.* contemporary.

hoje, *adv.* today; **hoje em dia:** nowadays; **até ao dia de hoje:** to this day; **de hoje em diante:** from this day on; **de hoje para amanhã:** any time in the future.

holandês, 1. *adj.* Dutch; Hollandish; **2.** *s. m.* Dutchman; Hollander.

holocausto, *s. m.* holocaust.

holofote, *s. m.* searchlight.

holograma, *s. m.* hologram.

hombridade, *s. f.* manliness; nobleness.

homem, *s. m.* man; human being; mankind; **homem público:** public man; **de homem para homem:** between man and man; **faz-te homem!:** *(fig.)* be a man!, play the man!

homem-rã, *s. m.* diver.

homenagear, *v. tr.* to pay homage to.

homenagem, *s. m.* homage; **prestar homenagem a:** to pay homage to.

homenzarrão, *s. m.* big man.

homeopata, *s. m. f.* homeopathist.

homeopatia, *s. f.* homeopathy.

homeopático, *adj.* homeopathic.

homérico, *adj.* Homeric; epic.

homicida, *s. m. f.* homicide; manslayer.

homicídio, *s. m.* homicide; manslaughter.

homilia, *s. f.* homily.

homiziar, 1. *v. tr.* to conceal; to shelter; **2.** *v. refl.* to escape; to take refuge.

homofonia, *s. f.* homophony.

homogeneidade, *s. f.* homogeneity.

homogeneizar, *v. tr.* to homogenize.

homogéneo, *adj.* homogeneous.

homologação, *s. f.* recognition.

homologar, *v. tr.* to recognize; to ratify.

homólogo, *adj.* homologous.

homónimo, 1. *adj.* homonymous; **2.** *s. m.* homonym.

homossexual, *adj.* homosexual; gay.

homúnculo, *s. m.* homuncule; little man.

honestidade, *s. f.* honesty; integrity; chastity.

honesto, *adj.* honest; virtuous; just; truthful.

honor, *s. m.* honour; **dama de honor:** maid of honour.

honorabilidade, *s. f.* integrity.

honorário, 1. *adj.* honorary; **2.** *s. m. pl.* fees; salaries.

honorífico, *adj.* honorary; honorific.

honra, *s. f.* honour; **honras militares:** military honours; **dar a honra:** to do a person the honour of; **dar a palavra de honra:** to give one's word of honour, to pledge one's honour; **é uma honra:** it's an honour; **fazer as honras:** to do the honours; **guarda de honra:** guard of honour; **palavra de honra:** upon my honour; **questão de honra:** affair of honour.

honradez, *s. f.* honour; honesty.

honrar, *v. tr.* to honour; to glorify; to exalt.

honrarias, *s. f. pl.* honours; distinction.

honroso, *adj.* honourable; creditable.

hóquei, *s. m.* hockey; **hóquei em campo:** field hockey; **hóquei em**

patins: roller-skate hockey; **taco de hóquei:** hockey stick.

hora, *s. f.* hour; **hora H:** zero hour; **hora legal:** standard time; **horas extraordinárias:** overtime; **horas de trabalho:** working hours; **a horas:** in time; **andar a dez milhas à hora:** to run at ten miles an hour; **até altas horas:** till all hours; **a toda a hora:** hourly; **dizer as horas:** to tell the time; **em boa hora:** in a good hour; **meia hora:** half an hour; **que horas são?:** what time is it?; what's the time?; **são duas horas:** it's two o'clock.

horaciano, *adj.* Horatian.

horário, 1. *adj.* hourly; **sinal horário:** time signal; **2.** *s. m.* timetable.

horda, *s. f.* horde; gang; multitude.

horizontal, *adj.* horizontal.

horizonte, *s. m.* horizon.

hormona, *s. f.* hormone.

horóscopo, *s. m.* horoscope.

horrendo, *adj.* horrible; dreadful; shocking.

horripilante, *adj.* horrifying.

horrível, *adj.* horrible; dreadful; appaling.

horror, *s. m.* horror; dread; **com grande horror seu:** to his great horror.

horrorizado, *adj.* horrified, in horror.

horrorizar, *v. tr.* to terrify; to horrify; to frighten; to appal.

horroroso, *adj.* dreadful; horrible; frightful; ugly.

horta, *s. f.* kitchen-garden.

hortaliça, *s. f.* vegetables.

hortaliceira, *s. f.* greengrocer.

hortelã, *s. f.* mint.

hortelão, *s. m.* kitchen-gardener.

hortelã-pimenta, *s. f. (bot.)* peppermint.

hortênsia, *s. f. (bot.)* hydrangea.

horticultor, *s. m.* horticulturalist.

horticultura, *s. f.* horticulture.

horto, *s. m.* kitchen-garden; plant nursery.

hospedagem, *s. f.* lodging; hospitality.

hospedar, *v. tr.* to lodge; to entertain.

hospedaria, *s. f.* inn, boarding-house.

hóspede, *s. m. f.* guest; client.

hospedeira, *s. f.* hostess, inn-keeper; **hospedeira do ar:** stewardess.

hospedeiro, *s. m.* host; inn-keeper; landlord.

hospício, *s. m.* asylum.

hospital, *s. m.* hospital.

hospitaleiro, *adj.* hospitable.

hospitalidade, *s. f.* hospitality.

hospitalização, *s. f.* hospitalization.

hospitalizar, *v. tr.* to hospitalize.

hóstia, *s. f.* Host; wafer.

hostil, *adj.* hostile; unfriendly; adverse.

hostilidade, *s. f.* hostility; enmity; unfriendliness; **abrir as hostilidades:** to open hostilities.

hostilizar, *v. tr.* to oppose; to fight against.

hotel, *s. m.* hotel.

hoteleiro, 1. *adj.* hospitable; **2.** *s. m.* hotel-keeper.

hulha, *s. f.* pit coal; blackcoal.

humanidade, *s. f.* humanity; mankind.

humanismo, *s. m.* humanism.

humanista, *adj. e s. m. f.* humanist.

humanitário, *adj.* humanitarian; philanthropic.

humanizar, *v. tr.* to humanize.

humano, *adj.* human; humane; **natureza humana:** human nature; manhood; **ser humano:** human being.

humanóide, s. m. humanoid.

humedecer, v. tr. to dampen; to moisten; to wet.

humedecimento, s. m. moistening; wetting.

humidade, s. f. humidity; moisture; dampness.

humidificar, v. tr. to humidify.

húmido, adj. humid; moist; wet; damp.

humildade, s. f. humility; humbleness; modesty.

humilde, adj. humble; modest; base; **de origem humilde:** low-born.

humilhação, s. f. humiliation; abasement.

humilhante, adj. humiliating.

humilhar, v. tr. to humiliate; to humble; to abase.

humor, s. m. humour; disposition; whim; **ter sentido de humor:** to have a good sense of humour.

humorismo, s. m. humour.

humorista, s. m. f. humorist.

humorístico, adj. humoristic; humorous (writer, look).

húmus, s. m. humus.

húngaro, adj. e s. m. Hungarian.

I

l, i, s. m. the ninth letter of the alphabet.

ianque, adj. e s. m. f. Yankee.

ião, s. m. ion.

iate, s. m. yacht.

ibérico, adj. Iberian.

ibero, adj. e s. m. Iberian.

íbis, s. f. (zool.) ibis.

içar, v. tr. to hoist; to haul up; to lift.

icebergue, s. m. iceberg.

ícone, s. m. icon.

iconoclasta, 1. adj. iconoclastic; **2.** s. m. iconoclast.

iconografia, s. f. iconography.

icterícia, s. f. (med.) jaundice.

ictiologia, s. f. ichthyology.

ida, s. f. going; departure; setting off; **idas e vindas:** the comings and goings.

idade, s. f. age; years; old age; **Idade da Pedra:** the Stone Age; **Idade Média:** the Middle Ages; **com idade entre os 13 e os 19 anos:** in one's teens; **curvado pela idade:** bent with age; **pessoa de idade:** an elderly person; **que idade tem?:** how old are you?; **um ano de idade:** one year old.

ideal, 1. adj. ideal; mental; fanciful; **2.** s. m. ideal.

idealismo, s. m. idealism.

idealista, 1. adj. idealistic; **2.** s. m. f. idealist.

idealizar, v. tr. to idealize.

ideia, s. f. idea; notion; conception; opinion; **cheio de ideias erradas:** full of silly notions; **meter ideias na cabeça:** to get ideas into one's head; **não fazia ideia:** I had no idea; **que ideia!:** what an idea!; **transmitir uma ideia:** to convey an idea.

idêntico, adj. identical; alike; similar.

identidade, s. f. identity; **bilhete de identidade:** identity card.

identificação, s. f. identification.

identificar, 1. *v. tr.* to identify; **2.** *v. refl.* to identify oneself; **não identificado:** unidentified.

ideologia, *s. f.* ideology.

ideólogo, *s. m.* ideologist.

idílico, *adj.* idyllic.

idílio, *s. m.* idyll.

idioma, *s. m.* idiom.

idiomático, *adj.* idiomatic.

idiossincrasia, *s. f.* idiosyncrasy.

idiota, 1. *adj.* idiot; idiotic; **2.** *s. m.* idiot; stupid; **idiota chapado:** tomfool, drivelling idiot.

idiotice, *s. f.* silliness, idiocy.

idólatra, 1. *adj.* idolatrous; pagan; **2.** *s. m. f.* idolater; pagan.

idolatrar, *v. tr.* to idolize; to adore.

idolatria, *s. f.* idolatry.

ídolo, *s. m.* idol; false god.

idoneidade, *s. f.* aptness; suitableness; fitness; competence.

idóneo, *adj.* reliable; suitable; fit; competent; capable.

idoso, *adj.* aged; old.

ignição, *s. f.* ignition.

ignóbil, *adj.* ignoble; dishonourable; mean; base.

ignomínia, *s. f.* ignominy; infamy, dishonour.

ignorado, *adj.* unknown; ignored.

ignorância, *s. f.* ignorance.

ignorante, *adj.* ignorant; unlearned.

ignorar, *v. tr.* to ignore; to disregard; not to know; **ignorar o facto:** to be ignorant of the fact, to be in entire ignorance of the fact.

ignoto, *adj.* unknown.

igreja, *s. f.* church; **Igreja Anglicana:** the Anglican Church, the Church of England; **Igreja Católica Apostólica Romana:** Roman Catholic Church; **ir à igreja:** to go to church.

igual, *adj.* equal; **sem igual:** without equal.

igualar, 1. *v. tr.* to equalize; to make equal; **2.** *v. intr.* to be equal to; **3.** *v. refl.* to cope with, to compare oneself to.

igualdade, *s. f.* equality.

igualha, *s. f. (fam.)* social class; **ser da mesma igualha:** to be of one's social standing.

iguaria, *s. f.* dish.

ilação, *s. f.* illation; deduction.

ilegal, *adj.* illegal.

ilegalidade, *s. f.* illegality.

ilegitimidade, *s. f.* illegitimacy.

ilegítimo, *adj.* illegitimate; bastard.

ilegível, *adj.* illegible.

ileso, *adj.* unhurt; safe and sound.

ilha, *s. f.* island; isle.

ilharga, *s. f.* flank; side; **de mãos nas ilhargas:** hands akimbo.

ilhéu, 1. *adj.* insular; **2.** *s. m.* islander.

ilhó, *s. m.* eyelet; lacing-hole.

ilhota, *s. f.* islet; eyot.

ilibado, *adj.* blameless, innocent; **foi ilibado de:** he was found not guilty of.

ilibar, *v. tr.* to rehabilitate; to declare not guilty of.

ilícito, *adj.* illicit; unlawful; **venda ilícita:** illicit sale.

ilimitado, *adj.* unlimited; infinite; boundless.

ilíquido, *adj.* not liquid; *(com.)* gross.

ilógico, *adj.* illogical; absurd.

iludir, 1. *v. tr.* to deceive; to mock; **2.** *v. refl.* to deceive oneself.

iluminação, *s. f.* lighting; illumination; **iluminação a gás:** gas-lighting.

iluminar, *v. tr.* to illuminate; to light up; to light on.

iluminismo, *s. m.* illuminism.

iluminura, *s. f.* illumination.

ilusão, *s. f.* illusion; delusion; deceiving.

ilusionismo, s. m. magic.

ilusionista, s. m. f. magician.

ilusório, adj. illusory; deceptive.

ilustração, s. f. illustration; magazine.

ilustrar, v. tr. to illustrate; to demonstrate.

ilustre, adj. illustrious; renowned; famous.

imaculado, adj. immaculate; pure.

imagem, s. f. image; effigy; **a imagem está desfocada:** the image is out of focus; **é a imagem do pai:** he's the very image of his father.

imaginação, s. f. imagination; fancy; fantasy; **sem imaginação:** unimaginative; **despertar a imaginação:** to quicken the imagination.

imaginar, 1. v. tr. to imagine; to conceive; to suppose; **imagine!:** just fancy!, fancy! **2.** v. refl. to imagine oneself.

imaginário, adj. imaginary; illusory; deceptive.

imaginativo, adj. imaginative.

íman, s. m. magnet.

imanência, s. f. immanence.

imanente, adj. immanent.

imaterial, adj. immaterial; spiritual.

imaturidade, s. f. immaturity.

imaturo, adj. immature.

imbecil, adj. stupid; imbecile.

imbecilidade, s. f. imbecility.

imberbe, adj. beardless; immature.

imbricar, v. tr. to imbricate.

imbróglio, s. m. imbroglio.

imbuir, v. tr. to imbibe; to drink in.

imediação, s. f. contiguity; pl. surroundings; environs.

imediatamente, adv. immediately; at once.

imediato, 1. adj. immediate; next; without delay; **2.** s. m. mate.

imemorial, adj. immemorial; **tempos imemoriais:** time immemorial, time out of mind.

imensidade, imensidão, s. f. immensity; vastness.

imenso, adj. immense; enormous; vast; immeasurable.

imergir, v. intr. e tr. to immerse; to dip; to submerge.

imersão, s. f. immersion; submersion.

imigração, s. f. immigration.

imigrante, 1. adj. immigrating; **2.** s. m. f. immigrant.

imigrar, v. intr. to immigrate.

iminência, s. f. imminence.

iminente, adj. imminent; impending.

imiscuir-se, v. refl. to interfere; to meddle.

imitação, s. f. imitation; copy; likeness.

imitador, 1. adj. imitating; **2.** s. m. imitator.

imitar, v. tr. to imitate; to resemble; to mimic.

imobiliário, adj. immovable; **sector imobiliário:** real estate.

imobilidade, s. f. immobility; impassibility.

imobilização, s. f. immobilization.

imobilizar, 1. v. tr. to immobilize; to stop; **2.** v. refl. to remain still.

imoderação, s. f. immoderation.

imolação, s. f. immolation.

imolar, v. tr. to immolate; to sacrifice.

imoral, adj. immoral; vicious.

imoralidade, s. f. immorality.

imortal, adj. immortal.

imortalidade, s. f. immortality.

imortalizar, v. tr. to immortalize; to render immortal.

imóvel, 1. adj. immobile; motionless; still; unalterable; **2.** s. m. pl. house-property.

impaciência, *s. f.* impatience.

impacientar, 1. *v. tr.* to make impatient; **1.** *v. refl.* to grow impatient.

impaciente, *adj.* impatient; anxious; eager; restless.

impacto, *s. m.* impact.

impagável, *adj.* priceless; funny.

ímpar, *adj.* odd (number); uneven, single.

imparcial, *adj.* impartial; equitable; just; disinterested; unbiassed.

imparcialidade, *s. f.* impartiality.

impassibilidade, *s. f.* impassibility.

impassível, *adj.* impassible; insensible; placid; quiet.

impávido, *adj.* fearless, intrepid.

impecável, *adj.* impeccable; faultless.

impedido, 1. *adj.* hindered, prevented, blocked up (to traffic); **2.** *s. m.* orderly.

impedimento, *s. m.* obstacle; impediment; hindrance.

impedir, *v. tr.* to impede; to obstruct; to prevent; to hinder; to hamper; **não o posso impedir:** I can't help it.

impeditivo, *adj.* impeditive.

impelir, *v. tr.* to impel; to compel; to force on.

impenetrabilidade, *s. f.* impenetrability.

impenetrável, *adj.* impenetrable; inscrutable; incomprehensible.

impensado, *adj.* thoughtless; unexpected; rash.

imperador, *s. m.* emperor.

imperar, *v. tr.* to reign; to rule; to command.

imperativo, *s. m. e adj.* imperative.

imperatriz, *s. f.* empress.

imperceptibilidade, *s. f.* imperceptibility.

imperceptível, *adj.* imperceptible; undiscernible.

imperdoável, *adj.* unforgivable.

imperecível, *adj.* imperishable.

imperfeição, *s. f.* imperfection; defect; deficiency.

imperfeito, *adj.* imperfect; incomplete; defective.

imperial, *adj.* imperial; arrogant; haughty.

imperialismo, *s. m.* imperialism.

império, *s. m.* empire.

imperioso, *adj.* imperious; arbitrary; arrogant; urgent; pressing.

impermeabilização, *s. f.* waterproofing.

impermeabilizar, *v. tr.* to waterproof.

impermeável, 1. *adj.* impermeable; showerproof; **2.** *s. m.* waterproof, mackintosh.

imperscrutável, *adj.* inscrutable; mysterious.

impertinência, *s. f.* impertinence; peevishness.

impertinente, *adj.* impertinent; peevish; unbecoming.

imperturbabilidade, *s. f.* imperturbability.

imperturbável, *adj.* imperturbable; unmoved; undisturbed.

impessoal, *adj.* impersonal.

ímpeto, *s. m.* impetus; impulse.

impetuosidade, *s. f.* impetuosity; violence; vehemence.

impetuoso, *adj.* impetuous; violent; hasty; passionate; hot-headed, rash.

impiedade, *s. f.* impiety; ungodliness; pitilessness.

impiedoso, *adj.* unmerciful, merciless, relentless; hard-hearted.

impingir, *v. tr.* to compel; to sell dear; to palm off; to impose upon.

ímpio, *adj.* impious; irreverent; wicked.

implacável, *adj.* implacable.

implantação, *s. f.* implanting.

implantar, v. tr. to implant; to set in; to establish; to fix.

implementar, v. tr. to implement.

implemento, s. m. implementation.

implicação, s. f. implication; entanglement.

implicância, s. f. annoyance; tease.

implicar, v. tr. to implicate; to entangle; to involve; to annoy.

implícito, adj. implicit; understood; implied.

imploração, s. f. imploration; supplication.

implorar, v. tr. to implore; **implorar misericórdia:** to call for mercy.

impoluto, adj. unpolluted.

imponderabilidade, s. f. imponderability.

imponderável, adj. imponderable.

imponência, s. f. magnificence; splendour.

imponente, adj. imposing; sumptuous; grand.

impopular, adj. unpopular.

impopularidade, s. f. unpopularity.

impor, v. tr. to impose; to compel.

importação, s. f. importation, import.

importador, s. m. importer.

importância, s. f. importance; amount; sum; cost; **não tem importância:** never mind; **sem importância:** unimportant, immaterial; **um ar de importância:** an air of importance.

importante, adj. important; considerable; **pessoas importantes:** top people; VIP.

importar, v. tr. to import; to amount; to cost; to concern; **não me podia importar menos!:** I couldn't care less; **se não se importa:** if you don't mind.

importunar, v. tr. to importune; to annoy; to harass.

importuno, adj. importunate; troublesome.

imposição, s. f. imposition.

impossibilidade, s. f. impossibility.

impossibilitado, adj. disabled, powerless.

impossibilitar, v. tr. to render impossible; to disable.

impossível, adj. impossible; impracticable; **é impossível!:** it's impossible!; that's not possible!

imposto, s. m. tax; duty.

impostor, s. m. impostor; deceiver.

impostura, s. f. imposture; fraud; cheat; deceit.

impotência, s. f. impotence.

impotente, adj. impotent; powerless.

impraticável, adj. impracticable.

imprecação, s. f. imprecation; curse.

imprecar, 1. v. tr. to beseech; to imprecate; **2.** v. intr. to swear; to curse.

imprecisão, s. f. inaccuracy.

impreciso, adj. inaccurate; undefined.

impregnação, s. f. impregnation.

impregnar, v. tr. to impregnate; to absorb.

imprensa, s. f. press; printing; **conferência de imprensa:** press conference.

impressão, s. f. impression; printing; **impressão digital:** fingerprint; **causar grande impressão:** to make a strong impression on; **tenho a impressão que:** I am under the impression that; it's my impression that; I have a fancy that.

impressionante, adj. moving; affecting; touching; impressive.

impressionar, v. tr. to move; to affect.

impressionismo, *s. m.* impressionism.

impresso, 1. *adj.* printed; impressed; **2.** *s. m.* printed matter.

impressora, *s. f. (inform.)* printer.

impreterível, *adj.* unavoidable.

impreterivelmente, *adv.* without delay.

imprevidência, *s. f.* improvidence; negligence.

imprevidente, *adj.* improvident; careless; heedless.

imprevisível, *adj.* unpredictable.

imprevisto, 1. *adj.* unforeseen; unexpected; **2.** *s. m.* event, accident.

imprimir, 1. *v. tr.* to print; **imprimir um jornal:** to print off a newspaper; **2.** *v. refl.* to appear in print.

improbabilidade, *s. f.* improbability.

improbidade, *s. f.* dishonesty.

improcedência, *s. f.* want of basis.

improdutivo, *adj.* unproductive.

improferível, *adj.* unutterable.

improfícuo, *adj.* unprofitable.

impropério, *s. m.* insult; affront.

impróprio, *adj.* improper; unsuitable.

improrrogável, *adj.* that cannot be postponed.

improvável, *adj.* improbable; unlikely.

improvisação, *s. f.* improvisation.

improvisado, *adj.* impromptu; improvised.

improvisador, *s. m.* improviser.

improvisar, *v. tr.* to improvise; to extemporize.

improviso, *s. m.* improvisation; **falar de improviso:** to speak impromptu; **fazer de improviso:** to do on the spur of the moment.

imprudência, *s. f.* imprudence; indiscretion.

imprudente, *adj.* imprudent; indiscreet; rash.

impudência, *s. f.* impudence; shamelessness.

impudente, *adj.* impudent; shameless.

impugnação, *s. f.* impugnment; contestation.

impugnar, *v. tr.* to impugn; to question.

impulsionar, *v. tr.* to push; to impel; to urge.

impulsivo, *adj.* impulsive.

impulso, *s. m.* impulse; instigation; impetus; **deixar-se guiar por um impulso:** to be guided by impulse; **num impulso:** on an impulse.

impune, *adj.* unpunished.

impunidade, *s. f.* impunity.

impureza, *s. f.* impurity; uncleanness; immodesty.

impuro, *adj.* impure; unchaste; adulterated.

imputação, *s. f.* imputation.

imputar, *v. tr.* to impute, to ascribe; to attribute.

imundice, *s. f.* dirt; rubbish.

imundo, *adj.* foul; unclean; filthy.

imune, *adj.* immune.

imunidade, *s. f.* immunity.

imunização, *s. f.* immunization.

imunizar, *v. tr.* to immunize.

imutável, *adj.* immutable, unalterable.

inabalável, *adj.* immovable; steadfast; unshaken.

inábil, *adj.* unapt, unskilful, unable.

inabitado, *adj.* deserted; uninhabited.

inacabado, *adj.* unfinished.

inacção, *s. f.* inaction; idleness; inertia.

inaceitável, *adj.* unacceptable.

inacessível, *adj.* inaccessible.

inacreditável, *adj.* incredible; unbelievable.

inactividade, *s. f.* inactivity; non-activity.

inactivo, *adj.* inactive; indolent.

inadaptação, *s. f.* inadaptation.

inadequado, *adj.* inadequate.

inadiável, *adj.* undelayable.

inadmissível, *adj.* inadmissible.

inadvertência, *s. f.* inadvertence; oversight.

inalação, *s. f.* inhalation.

inalador, *s. m.* inhaler.

inalar, *v. tr.* to inhale; to breathe in.

inalienável, *adj.* inalienable; unalienable.

inalterabilidade, *s. f.* inalterability.

inamovível, *adj.* irremovable.

inanição, *s. f.* inanition.

inanimado, *adj.* inanimate; lifeless; fainted.

inapelável, *adj.* inappellable.

inapetência, *s. f.* inappetence.

inaplicável, *adj.* inapplicable.

inapto, *adj.* inapt; unsuitable.

inatacável, *adj.* unassailable; unobjectionable.

inatingível, *adj.* unattainable.

inato, *adj.* innate; inborn.

inaudível, *adj.* inaudible.

inauguração, *s. f.* inauguration.

inaugurar, *v. tr.* to inaugurate.

incalculável, *adj.* incalculable; inestimable.

incandescência, *s. f.* incandescence.

incandescer, *v. tr. e intr.* to incandesce.

incansável, *adj.* indefatigable; untiring.

incapacidade, *s. f.* incapacity; inability; incapability; **incapacidade física:** physical disablement.

incapacitar, *v. tr.* to incapacitate; to disable.

incapaz, *adj.* incapable; unable.

incaracterístico, *adj.* uncharacteristic.

incarnação, *s. f.* incarnation.

incarnar, *v. tr.* to incarnate.

incauto, *adj.* incautious.

incendiar, **1.** *v. tr.* to fire; to set on fire; **2.** *v. refl.* to catch fire.

incendiário, *adj. e s. m.* incendiary; **bomba incendiária:** incendiary bomb, fire-bomb.

incêndio, *s. m.* fire; conflagration.

incenso, *s. m.* incense.

incentivar, *v. tr.* to stimulate; to encourage; to inspire.

incentivo, *s. m.* incentive; incitement.

incerteza, *s. f.* incertitude; uncertainty.

incerto, *adj.* uncertain.

incessante, *adj.* incessant; never ending; continual.

incesto, *s. m.* incest.

inchação, *s. f.* tumefaction; swelling; pride.

inchaço, *s. m.* tumour; swelling.

inchar, *v. tr. e intr.* to swell; to grow proud; *(fig.)* to puff up.

incidência, *s. f.* incidence; occurrence.

incidente, *s. m.* incident; occurrence.

incidir, *v. tr.* to fall upon; to light on.

incineração, *s. f.* incineration.

incinerador, *s. m.* incinerator.

incinerar, *v. tr.* to incinerate.

incipiente, *adj.* incipient.

incisão, *s. f.* incision; cut.

incisivo, *adj.* incisive; sharp; acute; **dentes incisivos:** incisors.

incitamento, *s. m.* incitement.

incitar, *v. tr.* to incite; to urge; to instigate; to stir up; **incitar a um crime:** to abet.

incivilidade, *s. f.* incivility; rudeness; impoliteness.

inclemência, s. f. inclemency; mercilessness.

inclemente, adj. inclement; severe; stormy.

inclinação, s. f. inclination; declivity; sloping; propension; affection; **ter inclinação natural para:** to have a natural bent for.

inclinado, adj. inclined; bent; prone.

inclinar, v. tr. e refl. to incline; to bow; to bend; to lean; **inclinar-se para a frente:** to bend forward.

ínclito, adj. famous; illustrious.

incluir, v. tr. to include.

inclusão, s. f. inclusion.

inclusivamente, adv. inclusively.

inclusive, adj. inclusive (of).

incluso, **1.** adj. enclosed; included; **2.** adv. herein; herewith.

incoerência, s. f. incoherence.

incoerente, adj. incoherent; disconnected; inconsistent.

incoesão, s. f. incohesion.

incógnita, s. f. mystery; enigma.

incógnito, adj. unknown; incognito.

incognoscível, adj. incognoscible.

incolor, adj. colourless.

incólume, adj. safe and sound; unhurt.

incombustibilidade, s. f. incombustibility.

incombustível, adj. incombustible; fireproof.

incomensurabilidade, s. f. immeasurableness.

incomensurável, adj. immeasurable.

incomodar, v. tr. to disturb; to trouble; **desculpe-me incomodá--lo:** excuse my troubling you; **não se incomode com isso:** never mind that.

incomodativo, adj. troublesome.

incómodo, s. m. ailing; trouble.

incomparável, adj. incomparable (with, to); unequalled.

incompatibilidade, s. f. incompatibility.

incompatibilizar, **1.** v. tr. to render incompatible; **2.** v. refl. to become incompatible.

incompatível, adj. incompatible.

incompetência, s. f. incompetence.

incompetente, adj. incompetent.

incompleto, adj. incomplete.

incomportável, adj. unbearable.

incompreensão, s. f. misunderstanding.

incompreensível, adj. incomprehensible; unintelligible.

inconcebível, adj. inconceivable; incredible.

inconciliável, adj. irreconcilable.

inconcludente, adj. inconclusive.

incondicional, adj. unconditional; absolute.

inconfessável, adj. unconfessable.

inconfidência, s. f. indiscretion; unfaithfulness.

inconfidente, adj. unfaithful.

inconfundível, adj. unmistakable.

incongruência, s. f. incongruity.

incongruente, adj. incongruous; improper; unsuitable.

inconquistável, adj. unconquerable.

inconsciência, s. f. unconsciousness.

inconsciente, adj. unconscious.

inconsequente, adj. inconsequential; illogical.

inconsiderado, adj. inconsiderate.

inconsistência, s. f. inconsistency.

inconsistente, adj. inconsistent; incongruous.

inconsolável, adj. inconsolable.

inconstância, s. f. inconstancy.

inconstante, adj. unsteady; changeable; fickle.

inconstitucional, *adj.* unconstitutional.

inconsumível, *adj.* inconsumable; indestructible.

incontaminado, *adj.* unpolluted.

incontável, *adj.* countless.

incontestável, *adj.* indisputable; undeniable.

incontinência, *s. f.* incontinence; lust.

incontinente, *adj.* incontinent; licentious.

incontornável, *adj.* unavoidable.

incontrolável, *adj.* uncontrollable.

incontroverso, *adj.* indisputable.

inconveniência, *s. f.* inconvenience; impropriety.

inconveniente, 1. *adj.* improper; unbecoming; **2.** *s. m.* inconvenience.

incorporação, *s. f.* incorporation; embodiment.

incorporar, *v. tr., intr. e refl.* to incorporate.

incorpóreo, *adj.* incorporeal; immaterial.

incorrecção, *s. f.* inaccuracy; impoliteness.

incorrecto, *adj.* inaccurate; wrong; faulty; impolite; **ser incorrecto:** to have bad manners.

incorrer, *v. intr.* to incur; to fall into.

incorrigível, *adj.* incorrigible.

incorruptível, *adj.* incorruptible.

incorrupto, *adj.* incorrupt; pure; honest.

incredibilidade, *s. f.* incredibility.

incredulidade, *s. f.* incredulity; unbelief.

incrédulo, *adj.* incredulous; sceptical.

incrementar, *v. tr.* to develop; to expand; to stimulate.

incremento, *s. m.* increment; increase; addition.

incriminação, *s. f.* incrimination; accusation.

incriminar, *v. tr.* to incriminate; to accuse.

incrível, *adj.* incredible; astounding; astonishing; **parece incrível:** it hardly seems credible.

incrustação, *s. f.* incrustation.

incrustar, *v. tr.* to incrust; to inlay.

incubação, *s. f.* incubation; hatching (of eggs).

incubadora, *s. f.* incubator.

incubar, *v. tr. e intr.* to incubate; to hatch; to brood.

íncubo, 1. *adj.* incubous; **2.** *s. m.* incubus; nightmare.

inculcar, *v. tr.* to inculcate; to comment; to reveal; to warn.

inculpar, *v. tr.* to incriminate; to inculpate.

inculto, *adj.* uncultivated; untilled; rude, uncultured.

incumbência, *s. f.* incumbency; charge; duty.

incumbir, 1. *v. tr. e intr.* to charge; **2.** *v. refl.* to take upon oneself.

incurável, *adj.* incurable.

incúria, *s. f.* carelessness; negligence.

incursão, *s. f.* incursion.

incutir, *v. tr.* to inspire; to impress.

indagação, *s. f.* inquiry.

indagar, *v. tr.* to search out; to investigate; to inquire.

indecência, *s. f.* indecency; immodesty; unseemliness.

indecente, *adj.* indecent; immodest; obscene.

indecifrável, *adj.* indecipherable; illegible.

indecisão, *s. f.* indecision; hesitation.

indeciso, *adj.* irresolute; hesitating.

indecomponível, *adj.* indecomposable.

indecoro, *s. m.* indecorum.

indecoroso, *adj.* indecorous; indecent.

indefectível, *adj.* faultless; infallible.

indefensável, *adj.* indefensible.

indeferido, *adj.* rejected; refused; not granted.

indeferimento, *s. m.* refusal.

indeferir, *v. tr.* to reject; to refuse.

indefeso, *adj.* defenceless, helpless.

indefinidamente, *adv.* indefinitely.

indefinido, *adj.* indefinite; vague.

indelével, *adj.* indelible.

indelevelmente, *adv.* indelibly.

indelicadeza, *s. f.* indelicacy, impoliteness.

indelicado, *adj.* coarse; indelicate; impolite.

indemnização, *s. f.* indemnity; **pagar uma indemnização por prejuízos causados:** to make good the damage.

indemnizar, *v. tr.* to indemnify; to compensate for.

independência, *s. f.* independence; freedom; autonomy.

independente, 1. *adj.* independent; free; autonomous; **2.** *s. m. f.* independent.

indescritível, *adj.* indescribable; extraordinary.

indesculpável, *adj.* inexcusable, unpardonable.

indesejável, *adj.* undesirable.

indestrutibilidade, *s. f.* indestructibility.

indestrutível, *adj.* indestructible.

indeterminação, *s. f.* indecision; vacillation.

indeterminado, *adj.* indeterminate; uncertain; irresolute.

indevido, *adj.* undue; improper; unjust.

índex, *s. m.* index.

indiano, *adj.* e *s. m.* Indian; **em fila indiana:** in Indian file.

indicação, *s. f.* indication; hint; **dar uma indicação a alguém:** to give a person a hint.

indicador, 1. *adj.* indicative; **dedo indicador:** forefinger; **2.** *s. m.* indicator.

indicar, *v. tr.* to indicate; to point out.

índice, *s. m.* index; (science) indices.

indiciado, *s. m.* criminal; indicted person.

indiciador, *s. m.* informer.

indiciar, *v. tr.* to denounce.

indício, *s. m.* sign; mark.

indiferença, *s. f.* indifference; apathy.

indiferente, *adj.* indifferent; apathetic; unconcerned; regardless; **é-me indiferente:** I don't care a bit; *(fam.)* I don't give a damn.

indígena, 1. *adj.* natural; indigenous; **2.** *s. m. f.* native.

indigência, *s. f.* want; poverty.

indigente, *adj.* indigent; poor; needy.

indigestão, *s. f.* indigestion; **ter uma indigestão:** to suffer from indigestion.

indigesto, *adj.* indigestible.

indigitado, *adj.* designated.

indigitar, *v. tr.* to point out; to designate.

indignação, *s. f.* indignation.

indignar, 1. *v. tr.* to cause indignation; **2.** *v. refl.* to grow indignant.

indignidade, *s. f.* indignity; insult; unworthiness.

indigno, *adj.* unworthy; undignified.

índio, *adj.* e *s. m.* Indian.

indirecto, *adj.* indirect; **complemento indirecto:** indirect object; **discurso indirecto:** reported speech.

indiscernível, *adj.* undiscernible; unfathomable.

indisciplina, *s. f.* indiscipline.

indisciplinado, *adj.* undisciplined, unruly.

indiscreto, *adj.* indiscreet.

indiscrição, *s. f.* indiscretion; imprudence.

indiscriminado, *adj.* indiscriminate; confused.

indiscutível, *adj.* unquestionable; undeniable.

indispensável, *adj.* indispensable; necessary.

indisponível, *adj.* unavailable; busy.

indisposição, *s. f.* indisposition.

indisposto, *adj.* indisposed; slightly ill.

indisputável, *adj.* indisputable.

indissolúvel, *adj.* indissoluble.

indistinto, *adj.* indistinct; confused; vague.

inditoso, *adj.* unhappy.

individual, *adj.* individual.

individualidade, *s. f.* individuality; personality.

individualismo, *s. m.* individualism; selfishness.

indivíduo, *s. m.* individual; person; fellow.

indivisível, *adj.* indivisible.

indiviso, *adj.* undivided.

indizível, *adj.* unutterable; unspeakable.

indócil, *adj.* unfriendly; wild.

índole, *s. f.* character; temper.

indolência, *s. f.* indolence; idleness; negligence.

indolente, *adj.* indolent; lazy.

indomado, *adj.* undomesticated; untamed.

indomável, *adj.* indomitable; untamable.

indómito, *adj.* indomitable; invincible.

indubitável, *adj.* indubitable; undoubted.

indução, *s. f.* induction.

indulgência, *s. f.* indulgence; tolerance; forbearance.

indulgente, *adj.* indulgent.

indultar, *v. tr.* to grant a pardon; to pardon.

indulto, *s. m.* indult; pardon; exemption.

indumentária, *s. f.* clothes; dresses; clothing.

indústria, *s. f.* industry; **indústria pesada:** heavy industry.

industrial, *adj.* e *s. m. f.* industrial.

industrialização, *s. f.* industrialization.

industrializar, *v. tr.* e *refl.* to industrialize.

induzir, *v. tr.* to induce; to influence.

inebriante, *adj.* inebriate; intoxicating.

inebriar, *v. tr.* to inebriate; to intoxicate.

inédito, *adj.* unpublished; original.

inefável, *adj.* ineffable.

ineficácia, *s. f.* inefficacy.

ineficaz, *adj.* ineffective; ineffectual.

ineficiência, *s. f.* inefficiency.

inegável, *adj.* undeniable.

inegociável, *adj.* unnegotiable.

inelutável, *adj.* ineluctable; inevitable.

inenarrável, *adj.* unspeakable; indescribable.

inépcia, *s. f.* ineptitude; stupidity; absurdity.

inepto, *adj.* inept, unapt; stupid; absurd.

inequívoco, *adj.* unequivocal; manifest; clear; unmistakable.

inércia, *s. f.* inertia; idleness; indolence.

inerente, *adj.* inherent; innate.

inerte, *adj.* inert; motionless.

inescrutável, *adj.* inscrutable; mysterious; unfathomable.

inesgotável, *adj.* inexhaustible; unceasing.

inesperadamente, *adv.* unexpectedly; suddenly.

inesquecível, *adj.* unforgettable.

inestimável, *adj.* inestimable; invaluable.

inevitável, *adj.* inevitable.

inexactidão, *s. f.* inaccuracy.

inexacto, *adj.* incorrect; inaccurate.

inexcedível, *adj.* unexcelled; insuperable, unsurpassable.

inexequível, *adj.* impracticable.

inexistência, *s. f.* inexistence.

inexorável, *adj.* inexorable; relentless.

inexperiência, *s. f.* inexperience.

inexperiente, *adj.* inexperienced; unexperienced; awkward.

inexplicável, *adj.* inexplicable; obscure.

inexplorável, *adj.* inexplorable.

inexpressivo, *adj.* inexpressive; unexpressive.

inexprimível, *adj.* unspeakable.

inexpugnável, *adj.* invincible.

infalibilidade, *s. f.* infallibility.

infalível, *adj.* infallible.

infame, *adj.* infamous; notorius; scandalous.

infâmia, *s. f.* infamy.

infância, *s. f.* infancy; childhood.

infantaria, *s. f.* infantry; **infantaria a cavalo:** mounted infantry.

infantário, *s. m.* kindergarten; nursery school.

infante, *s. m.* infant; foot soldier, infantryman.

infanticida, *s. m. f.* infanticide.

infanticídio, *s. m.* infanticide.

infantil, *adj.* infantile; childish.

infantilidade, *s. f.* childishness.

infatigabilidade, *s. f.* indefatigability.

infecção, *s. f.* infection; contagion; corruption; **a infecção alastrou:** the infection spread.

infeccionar, *v. tr.* to infect; to contaminate.

infeccioso, *adj.* infectious; catching.

infectado, *adj.* infected.

infectar, *v. tr.* to infect.

infecundo, *adj.* sterile; barren, unfertilized; unfruitful.

infelicidade, *s. f.* unhappiness, misery; ill-luck.

infeliz, *adj.* unhappy; unfortunate; unlucky.

inferior, 1. *adj.* lower; inferior; **classes inferiores:** lower classes; **membro inferior:** lower limb; **2.** *s. m.* inferior.

inferioridade, *s. f.* inferiority; **complexo de inferioridade:** inferiority complex.

inferiorizar, *v. tr.* to look down on; to scorn.

inferir, *v. tr.* to infer; to deduce; to conclude.

infernal, *adj.* infernal; diabolical; **barulheira infernal:** a hell of a noise.

inferno, *s. m.* hell.

infestar, *v. tr.* to infest.

infidelidade, *s. f.* infidelity.

infiel, 1. *adj.* unfaithful; infidel; cheater; **2.** *s. m. f.* infidel; disbeliever.

infiltração, *s. f.* infiltration.

infiltrar, *v. tr. e refl.* to infiltrate.

ínfimo, *adj.* lowest; meanest.

infindável, *adj.* endless; unending, unceasing; never ending.

infinidade, *s. f.* infinity; infinitude.

infinitesimal, *adj.* infinitesimal.

infinito, 1. *adj.* infinite; endless; **2.** *s. m.* infinite; (grammar) infinitive.

inflação, s. f. inflation.

inflamação, s. f. inflammation.

inflamar, v. tr. e refl. to inflame; to excite, to flame up.

inflamatório, adj. inflammatory.

inflamável, adj. inflammable.

inflectir, v. tr. to inflect; to bend; to curve.

inflexão, s. f. inflexion.

inflexibilidade, s. f. inflexibility; stiffness.

inflexível, adj. inflexible; implacable; stubborn.

infligir, v. tr. to inflict; to impose (a penalty on).

influência, s. f. influence; ascendancy; power; **exercer a sua influência:** to exercise one's influence; **sob a influência de:** under the influence of.

influenciar, v. tr. e refl. to influence; to bias; to sway; **não se deixe influenciar:** don't be influenced by.

influente, adj. influent; influential (politician).

influir, 1. v. tr. to prevail upon, to flow in; 2. v. intr. to inflow; to predominate.

influxo, s. m. influx.

informação, s. f. information; **é uma informação útil:** it's a useful piece of information; **serviços de informação:** Intelligence Department; **informação meteorológica:** weather report.

informador, 1. adj. informing; 2. s. m. informer.

informar, v. tr. to inform; to tell; to convey.

informática, s. f. computing.

informatizar, v. tr. to computerize.

infortúnio, s. m. misfortune; mishap, badluck.

infracção, s. f. violation; infringement.

infractor, s. m. infringer.

infra-estrutura, s. f. infrastructure.

infravermelho, adj. infrared; **raios infravermelhos:** ultra-red rays.

infringir, v. tr. to infringe; to transgress; to break (the law).

infrutífero, adj. unfruitful; fruitless.

infundado, adj. unfounded; groundless.

infundir, v. tr. to infuse; to instill; to inspire.

infusão, s. f. infusion; instillation.

ingenuidade, s. f. ingenuousness; candour; naïvety.

ingénuo, adj. ingenuous; candid; frank; open; naïve.

ingerência, s. f. meddling (with); interference.

ingerir, 1. v. tr. to swallow; 2. v. refl. to meddle with.

inglês, 1. adj. English; 2. s. m. Englishman.

inglesismo, s. m. Anglicism.

inglório, adj. inglorious; modest.

ingovernável, adv. ungovernable; unruly.

ingratidão, s. f. ingratitude; ungratefulness.

ingrato, adj. ungrateful.

ingrediente, s. m. ingredient.

íngreme, adj. steep.

ingresso, s. m. ticket; admission.

inibição, s. f. inhibition.

inibir, v. tr. to inhibit, to hold back.

iniciação, s. f. initiation; beginning.

inicial, 1. adj. beginning; incipient; 2. s. f. initial.

iniciar, v. tr. to initiate; to begin; to start; to inaugurate.

iniciativa, s. f. initiative; **por iniciativa própria:** on one's own initiative.

início, s. m. initiation; beginning; start; **dar início a uma corrida:** to start a race; **desde o início:** from the beginning; **ter início:** to start off.

inigualável, adj. unparalleled.

iniludível, adj. unmistakable; plain; manifest.

inimaginável, adj. unimaginable; inconceivable.

inimigo, 1. adj. inimical; hostile; **2.** s. m. enemy.

inimitável, adj. inimitable.

inimizade, s. f. enmity; hostility.

ininteligível, adj. unintelligible; obscure.

ininterrupto, adj. uninterrupted; constant.

iniquidade, s. f. iniquity.

injecção, s. f. injection.

injectar, v. tr. to inject.

injúria, s. f. injury; harm; affront.

injuriar, v. tr. to insult; to injure; to abuse; to do harm to.

injurioso, adj. injurious; insulting; abusive.

injustiça, s. f. injustice; unfairness.

injustificável, adj. unjustifiable.

injusto, adj. unjust; unfair; not equitable.

inocência, s. f. innocence; naivety.

inocente, adj. innocent; **declarar inocente:** (law) to declare not guilty.

inocular, v. tr. to inoculate; to imbue; to impregnate.

inócuo, adj. innocuous; harmless.

inodoro, adj. odourless.

inofensivo, adj. harmless.

inolvidável, adj. unforgettable.

inoperante, adj. inoperative.

inopinado, adj. unexpected.

inoportuno, adj. inopportune; unsuited.

inorgânico, adj. inorganic.

inóspito, adj. inhospitable; desolate.

inovação, s. f. innovation.

inovador, 1. adj. innovative; **2.** s. m. innovator.

inovar, v. tr. to innovate.

inoxidável, adj. stainless; **aço inoxidável:** stainless steel.

inqualificável, adj. unqualified; shameless; vile.

inquebrantável, adj. inflexible; stubborn.

inquérito, s. m. inquiry; enquiry; investigation.

inquestionável, adj. unquestionable; unimpeachable.

inquietação, s. f. restlessness; uneasiness anxiety.

inquietante, adj. disturbing, uneasy.

inquietar, v. tr. to disturb; to trouble; to alarm.

inquieto, adj. restless; anxious.

inquilino, s. m. lodger; tenant.

inquinar, v. tr. to infect, to pollute.

inquiridor, 1. adj. inquisitive; inquiring; **2.** s. m. inquirer; inquisitor.

inquirir, v. tr. to inquire; to find out; to interrogate; to ask.

inquisição, s. f. inquisition; the Holy Office.

insaciabilidade, s. f. insatiability; greediness.

insaciável, adj. insatiable; greedy; voracious.

insalubre, adj. insalubrious.

insalubridade, s. f. insalubrity.

insanidade, s. f. insanity.

inscrever, v. tr. e refl. to register; to enrol.

inscrição, s. f. inscription; entry (competition); enrolment; application (position; university).

insculpir, v. tr. to engrave; to inscribe.

insecticida, s. m. insecticide.

insecto, s. m. insect.

insegurança, s. f. insecurity.

inseguro, adj. insecure.

insensatez, s. f. imprudence; foolishness.

insensato, adj. foolish; unwise.

insensibilidade, s. f. insensibility; indifference.

insensível, adj. insensible; imperceptible; unaware; indifferent.

inseparável, adj. inseparable.

insersão, s. f. insertion.

inserir, v. tr. to insert; to introduce.

inserto, adj. inserted.

insídia, s. f. insidiousness; treachery; snare.

insidioso, adj. insidious.

insigne, adj. notable; remarkable.

insígnia, s. f. emblem; badge.

insignificância, s. f. insignificance; trifle.

insignificante, adj. insignificant; trivial; unimportant; **erro insignificante**: trifling error.

insinuação, s. f. insinuation; hint.

insinuante, adj. insinuating; **modos insinuantes**: engaging manners.

insinuar, v. tr. e refl. to insinuate; to hint.

insipidez, s. f. insipidity.

insípido, adj. insipid; tasteless.

insipiente, adj. unwise.

insistência, s. f. insistence (on); stubbornness; obstinacy.

insistente, adj. insistent; obstinate; stubborn.

insistir, v. intr. to insist on; to emphasize; to make a point of.

insociabilidade, s. f. unsociability.

insociável, adj. unsociable.

insofismável, adj. indubitable.

insofrível, adj. insufferable; intolerable.

insolação, s. f. sunstroke.

insolência, s. f. insolence; insult; offence; sauciness.

insolente, adj. insolent; offensive; insulting; saucy.

insólito, adj. unusual; extraordinary.

insolúvel, adj. insoluble; insolvable, extricable.

insolvência, s. f. insolvency.

insondável, adj. unsoundable; incomprehensible.

insónia, s. f. insomnia; sleeplessness.

insonoro, adj. soundless.

insosso, adj. unsalted; dull.

inspecção, s. f. inspection; overseeing; examination; surveying.

inspeccionar, v. tr. to inspect; to survey; to examine.

inspector, s. m. inspector; overseer; superintendent; **inspector de polícia**: police-inspector.

inspiração, s. f. inspiration; breathing; enthusiasm.

inspirar, v. tr. e intr. to inspire; to breathe; to inhale; to instil; to suggest.

instabilidade, s. f. instability; inconsistence; unsteadiness.

instalação, s. f. installation; fitting; accomodation; **instalação eléctrica**: electric light fittings, lighting installation.

instalar, v. tr. to install; to establish; to set.

instância, s. f. instance; urgency; solicitation; **em última instância**: as a last resource.

instantaneidade, s. f. instantaneity; instantaneousness.

instantâneo, 1. adj. immediate; sudden; **2.** s. m. (photo) snapshot.

instante, 1. adj. instant; pressing; **2.** s. m. instant; moment; **daí a um instante**: soon after.

instar, v. tr. to insist on; to press; to urge.

instauração, s. f. implantation.

instaurar, v. tr. to implant; to establish; **instaurar um processo**: to bring an action against.

instável, adj. unstable; inconsistent; changeable; moving.

instigar, v. tr. to incite; to instigate; to press; to spur.

instilar, *v. tr.* to instil; to inculcate.

instintivo, *adj.* instinctive; impulsive.

instinto, *s. m.* instinct, tendency; intuition; **agir por instinto:** to act on instinct.

instituição, *s. f.* institution; **instituição de caridade:** charitable institution.

instituir, *v. tr.* to establish; to set up.

instituto, *s. m.* institute; academy.

instrução, *s. f.* instruction; teaching; learning; education; **receber instruções para:** to be instructed to.

instruir, *v. tr.* to instruct; to teach.

instrumentação, *s. f.* instrumentation.

instrumentista, *s. m. f.* instrumentalist.

instrumento, *s. m.* instrument; tool; **instrumento musical:** musical instrument; **instrumento de sopro:** wind-instrument; **instrumentos eléctricos:** electrical appliances.

instrutor, *s. m.* instructor.

insubmergível, *adj.* unsinkable.

insubmisso, *adj.* unsubmissive; unruly; unyielding.

insubordinação, *s. f.* insubordination; mutiny; revolt.

insubordinado, *adj.* insubordinate; disobedient; mutinous.

insubstancial, *adj.* unsubstantial, insubstantial.

insubstituível, *adj.* irreplaceable.

insucesso, *s. m.* failure; unsuccess.

insuficiência, *s. f.* insufficiency.

insuficiente, *adj.* insufficient.

insuflar, *v. tr.* to blow; to breathe into; to insinuate.

insulação, *s. f.* insulation.

insularidade, *s. f.* insularity.

insulina, *s. f.* insulin.

insultar, *v. tr.* to insult; to abuse; to offend.

insulto, *s. m.* insult; affront; offence.

insultuoso, *adj.* insulting.

insuperabilidade, *s. f.* insuperability.

insuperável, *adj.* insuperable; insurmountable; invincible.

insuportável, *adj.* insupportable; unbearable; intolerable.

insurgir, 1. *v. tr.* to rouse; to stir up; **2.** *v. refl.* to rebel; to revolt.

insurrecto, *s. m.* insurgent; rascal.

insurreição, *s. f.* insurrection; rebellion.

insuspeito, *adj.* unsuspected.

insustentável, *adj.* untenable; unbearable.

intacto, *adj.* intact; untouched.

intangível, *adj.* intangible.

íntegra, *s. f.* totality; **na íntegra:** in full.

integração, *s. f.* integration.

integral, *adj.* integral; complete; entire.

integrante, *adj.* integrant; **parte integrante:** part and parcel.

integrar, *v. tr.* to integrate; to complete.

integridade, *s. f.* integrity; probity; rectitude.

íntegro, *adj.* whole; upright; **homem íntegro:** a man of integrity.

inteiramente, *adv.* entirely; completely; fully; outright.

inteirar, *v. tr.* to complete; to certify; to assure.

inteiro, *adj.* entire; whole; complete; **por inteiro:** fully.

intelecto, *s. m.* intellect; understanding.

intelectual, *adj.* intellectual.

inteligência, *s. f.* intelligence.

inteligente, *adj.* intelligent; clever; smart.

inteligibilidade, *s. f.* intelligibility.

intempérie, s. f. inclemency (of the weather).

intempestivo, adj. inopportune; instinctive.

intenção, s. f. intention.

intencional, adj. intentional.

intensidade, s. f. intensity.

intensificar, v. tr. to intensify.

intensivo, adj. intensive.

intenso, adj. intense; vehement; eager.

intentar, v. tr. to intend; to attempt; **intentar uma acção:** to bring judicial proceedings.

intentona, s. f. rebellion; riot; revolt.

interacção, s. f. interplay.

interactivo, adj. (inform.) interactive.

intercalar, v. tr. to interpolate; to insert.

intercâmbio, s. m. interchange.

interceder, v. intr. to intercede; to mediate.

intercepção, s. f. interception.

interceptar, v. tr. to intercept; to obstruct; to cut off.

intercessão, s. f. intercession.

intercessor, s. m. intercessor; mediator.

intercontinental, adj. intercontinental.

interdependência, s. f. interdependence.

interdependente, adj. interdependent.

interdição, s. f. forbidding.

interdisciplinar, adj. interdisciplinary.

interdito, adj. prohibited; forbidden.

interessado, 1. adj. interested; concerned; **2.** s. m. sharer; party.

interessante, adj. interesting.

interessar, 1. v. tr. to interest; to concern; **2.** v. intr. to be interesting; to please.

interesse, s. m. interest; **despertar o interesse:** to rouse interest; **olhar pelos seus próprios interesses:** to look after one's own interests; **perder o interesse:** to lose interest in.

interesseiro, adj. self-interested; egoistical; **motivos interesseiros:** interested motives.

interface, s. f. interface.

interferência, s. f. interference.

interferir, v. intr. to interfere.

interino, adj. interim; temporary; provisional; **presidente interino:** interim president.

interior, 1. adj. interior; inner; inward; **2.** s. m. interior; inside; **decoração de interiores:** interior decoration.

interioridade, s. f. interiority; inwardness.

interjeição, s. f. interjection; exclamation.

interlocução, s. f. interlocution; conversation; dialogue.

interlocutor, s. m. interlocutor.

interlúdio, s. m. interlude.

intermediar, v. intr. to intermediate; to intervene.

intermediário, 1. adj. intermediate; **2.** s. m. intermediary, go-between.

intermédio, s. m. intermezzo; **por intermédio de:** through, through the medium of.

interminável, adj. endless; never-ending.

intermitência, s. f. intermittence.

intermitente, adj. intermittent; fitful.

intermutável, adj. interchangeable.

internacional, adj. international.

internacionalização, s. f. internationalization.

internacionalizar, v. tr. to internationalize.

internado, s. m. inmate.

internamento, s. m. hospitalization.

internar, v. tr. to hospitalize.

interno, 1. adj. internal; interior; **comércio interno:** inland trade; 2. s. m. boarder.

interpelação, s. f. interpellation.

interpelar, v. tr. to interpellate.

interplanetário, adj. interplanetary; **espaço interplanetário:** interplanetary space.

interpolação, s. f. interpolation.

interpolar, v. tr. to interpolate; to insert.

interpor, 1. v. tr. to interpose; to insert; 2. v. refl. to come between.

interposto, s. m. emporium.

interpretação, s. f. interpretation.

interpretar, v. tr. to interpret; to explain.

intérprete, s. m. f. interpreter; performer, singer.

inter-racial, adj. interracial.

interregno, s. m. interregnum; interval.

inter-relação, s. f. interrelation.

interrogação, s. f. interrogation; question; **ponto de interrogação:** question mark.

interrogar, v. tr. to interrogate; to inquire; to question.

interrogativo, adj. interrogative; **pronome interrogativo:** interrogative pronoun.

interrogatório, s. m. cross-examination; interrogatory.

interromper, v. tr. to interrupt; to stop; to suspend.

interrupção, s. f. interruption; suspension; break.

interruptor, s. m. switch; **interruptor eléctrico:** electric light, electric switch.

intersecção, s. f. intersection.

interstício, s. m. interstice; crevice; chink.

interurbano, adj. interurban.

intervalo, s. m. interval; gap; break; intermission; **com curtos intervalos:** at short intervals; **com intervalos de:** at intervals of.

intervenção, s. f. intervention; **intervenção armada:** armed intervention.

interveniente, 1. adj. intervenient; 2. s. m. interposer.

intervir, v. intr. to intervene; to interfere.

intestino, s. m. intestine; gut.

intimação, s. f. intimation; (law) summons.

intimar, v. tr. to intimate; to summon; to notify.

intimidação, s. f. intimidation.

intimidade, s. f. intimacy; privacy.

intimidar, v. tr. to intimidate; to frighten; to challenge.

íntimo, adj. intimate; close; **amigos íntimos:** close friends; **no íntimo:** inwards, inwardly.

intitular, 1. v. tr. to entitle; 2. v. refl. to call oneself.

intocável, s. m. untouchable.

intolerância, s. f. intolerance.

intolerante, adj. intolerant.

intolerável, adj. intolerable.

intoxicação, s. f. intoxication; poisoning.

intoxicante, adj. intoxicating.

intoxicar, v. tr. to intoxicate; to poison.

intraduzível, adj. untranslatable.

intransigência, s. f. inflexibility; intransigency.

intransigente, adj. intransigent; inflexible.

intransitável, adj. impassable.

intransitivo, adj. intransitive.

intransmissível, adj. intransmissible.

intransponível, adj. unsurmountable.

intratável, *adj.* intractable; indocile; refractory.

intrépido, *adj.* intrepid; fearless; bold; dauntless.

intriga, *s. f.* intrigue; plot; scheme; **fazer intrigas:** to tell tales.

intrigado, *adj.* puzzled.

intrigar, *v. tr.* to intrigue; to perplex; to upset; to puzzle.

intriguista, *s. m. f.* intriguer; schemer.

intrincado, *adj.* intricate; complicated.

intrínseco, *adj.* intrinsic; inherent.

introdução, *s. f.* introduction; preface.

introduzir, 1. *v. tr.* to introduce; to lead in; to insert; to bring in; 2. *v. refl.* to let oneself in.

intróito, *s. m.* beginning; preface.

intrometer-se, *v. refl.* to meddle; to interfere; to intrude; **intrometer-se na conversa:** to cut into the conversation.

intrometido, 1. *adj.* meddlesome; bold; 2. *s. m.* busybody; intruder.

intromissão, *s. f.* intromission.

introspecção, *s. f.* introspection.

introspectivo, *adj.* introspective.

introvertido, 1. *adj.* introverted; 2. *s. m.* introvert.

intrujão, *s. m.* deceiver; impostor.

intrujar, *v. tr.* to deceive; to cheat; to take in.

intrujice, *s. f.* cheat, humbug.

intrusão, *s. f.* intrusion; invasion.

intruso, *s. m.* intruder.

intuição, *s. f.* intuition.

intuito, *s. m.* intention; finality.

intumescer, *v. intr.* to intumesce; to become turgid; to swell up.

inultrapassável, *adj.* unsurpassable.

inumação, *s. f.* inhumation; burial.

inumano, *adj.* inhuman; cruel; unfeeling.

inúmero, *adj.* numberless, countless.

inundação, *s. f.* inundation; flood, flooding.

inundar, *v. tr.* to inundate; to flood; to overflow.

inusitado, *adj.* unusual.

inútil, 1. *adj.* useless; needless; unnecessary; 2. *s. m.* a good-for-nothing.

inutilidade, *s. f.* inutility; uselessness.

inutilizar, *v. tr.* to damage; to disable.

invadir, *v. tr.* to invade; to conquer; to violate.

invalidação, *s. f.* invalidation; annulment.

invalidar, *v. tr.* to invalidate; to annul.

invalidez, *s. f.* invalidity.

inválido, *adj. e s. m.* invalid; infirm.

invariável, *adj.* invariable; unchangeable; firm.

invasão, *s. f.* invasion; raid.

invasor, 1. *adj.* invading; 2. *s. m.* invader.

invectiva, *s. f.* invective; vituperation.

invectivar, *v. tr.* to vituperate; to abuse; to inveigh.

inveja, *s. f.* envy.

invejar, *v. tr.* to envy.

invejoso, *adj.* envious; covetous; green-eyed.

invenção, *s. f.* invention; discovery; finding.

invencibilidade, *s. f.* invincibility.

invencível, *adj.* invincible.

inventar, *v. tr.* to invent; to find out; to devise; to feign.

inventariar, *v. tr.* to draw up an inventory; to register.

inventário, *s. m.* inventory; catalogue.

inventivo, *adj.* inventive; ingenious.

invento, s. m. invention.

inventor, s. m. inventor.

Inverno, s. m. winter.

invernoso, adj. wintry.

inverosímil, adj. unlikely.

inverosimilhança, s. f. unlikeliness; unlikelihood.

inversão, s. f. inversion.

inverso, 1. adj. inverse; contrary; **em ordem inversa:** in reverse order; **2.** s. m. inverse.

invertebrado, adj. e s. m. invertebrate.

inverter, v. tr. to invert; to turn upside down.

invés, s. m. contrary; **ao invés:** on the contrary.

investida, s. f. charge; assault.

investigação, s. f. investigation; research; **fazer investigações:** to make inquiries about; **trabalho de investigação:** research work.

investigador, s. m. investigator.

investigar, v. tr. to investigate; to inquire into.

investimento, s. m. investment.

investir, v. tr. to invest; to attack; to assault; **investir num cargo:** to invest someone with an office.

inveterado, adj. inveterate; obstinate; deep-rooted.

inviabilidade, s. f. impracticableness.

ínvio, adj. impassable.

inviolabilidade, s. f. inviolability.

invisibilidade, s. f. invisibility.

invisível, adj. invisible.

invocação, s. f. invocation.

invocar, v. tr. to invoke; to summon; to call upon.

invólucro, s. m. covering; wrapper; packing; envelope.

involuntário, adj. involuntary.

invulgar, adj. uncommon; unusual.

invulnerabilidade, s. f. invulnerability.

invulnerável, adj. invulnerable.

ião, s. m. ion.

iodo, s. m. iodine; **tintura de iodo:** tincture of iodine.

ioga, s. f. yoga.

iogurte, s. m. yoghurt.

ir, v. intr. e refl. to go; to depart; to start; to move; to be about to; **ir aos arames:** (fig.) to flare up; **ir atrás:** to go behind, to go after; **ir buscar:** to go for, to fetch, to go; **ir longe:** (fig.) to go far; **ir pela rua abaixo:** to go down the street; **ir por fora:** to boil over (milk); **ir-se embora:** to go away; **ir ter com:** to join a person; **vou contigo:** I'll go along with you.

ira, s. f. anger; rage; wrath.

iraniano, adj. e s. m. Iranian.

irar, 1. v. tr. to irritate; **2.** v. refl. to grow angry; to rage.

irascibilidade, s. f. irascibility.

irascível, adj. irascible; quick-tempered.

iridescente, adj. iridescent.

íris, s. f. iris.

irlandês, 1. adj. Irish; **2.** s. m. Irishman.

irmã, s. f. sister.

irmãmente, adv. fraternally.

irmanar, v. tr. to match; to pair.

irmandade, s. f. brotherhood; fraternity; community.

irmão, s. m. brother.

ironia, s. f. irony; mockery; **ironia do destino:** the irony of fate.

irónico, adj. ironical, ironic.

irra!, interj. hell!; Christ!

irracional, adj. irrational; absurd.

irracionalidade, s. f. irrationality.

irradiação, s. f. irradiation; splendour.

irradiar, 1. v. tr. to irradiate; **irradiar felicidade:** to irradiate happiness; **2.** v. intr. to shine; to radiate; to beam.

irreal, *adj.* unreal; imaginary.

irrealista, *adj.* e *s. m. f.* unrealistic; impracticable.

irrealizável, *adj.* unaccomplished; unfulfilled.

irreconciliável, *adj.* incompatible.

irrecuperável, *adj.* irrecoverable.

irrecusável, *adj.* irrefusable.

irredutível, *adj.* irreducible.

irreflectido, *adj.* inconsiderate; thoughtless.

irrefragável, *adj.* irrefutable.

irrefutável, *adj.* irrefutable.

irregular, *adj.* irregular.

irregularidade, *s. f.* irregularity.

irrelevância, *s. f.* irrelevance; irrelevancy.

irrelevante, *adj.* irrelevant.

irremediável, *adj.* irremediable.

irremissibilidade, *s. f.* irremissibility.

irremovível, *adj.* irremovable.

irreparável, *adj.* irreparable; irremediable, irretrievable.

irrepreensível, *adj.* irreproachable.

irreprimível, *adj.* unrestrained.

irrequieto, *adj.* turbulent; unsteady; restless.

irresistível, *adj.* irresistible.

irresolução, *s. f.* irresolution.

irresoluto, *adj.* irresolute; undecided.

irresolúvel, *adj.* insoluble.

irresponsabilidade, *s. f.* irresponsibility.

irresponsável, *adj.* irresponsible.

irreverência, *s. f.* irreverence.

irreverente, *adj.* irreverent; disrespectful.

irrevogabilidade, *s. f.* irrevocability.

irrevogável, *adj.* irrevocable.

irrigação, *s. f.* irrigation.

irrigador, 1. *adj.* irrigating, watering; **2.** *s. m.* irrigator.

irrigar, *v. tr.* to irrigate; to water.

irrisão, *s. f.* mockery; derision.

irrisório, *adj.* derisory; derisive; scoffing.

irritabilidade, *s. f.* irritability.

irritação, *s. f.* irritation; anger; itch (of the skin).

irritante, *adj.* irritant; irritating.

irritar, 1. *v. tr.* to irritate; to anger; to excite; **2.** *v. refl.* to grow angry.

irromper, *v. intr.* to spring; to spout out; **irromper em chamas:** to flame out.

irrupção, *s. f.* irruption; incursion; invasion.

isca, *s. f.* bait; allurement; enticement.

isco, *s. m.* bait.

isenção, *s. f.* exemption; abnegation.

isentar, *v. tr.* to exempt; to free from; **isentar do serviço militar:** to exempt from service in the army.

isento, *adj.* exempt.

islâmico, *adj.* Islamic; Islamitic.

islamismo, *s. m.* Islamism.

islandês, 1. *adj.* Icelandic; **2.** *s. m.* Icelander.

Islão, *s. m.* Islam.

ismaelita, *s. m. f.* Ishmaelite.

isolado, *adj.* isolated.

isolador, 1. *adj.* isolating; **caixa isoladora:** isolating box; **2.** *s. m.* isolator; insulator.

isolacionismo, *s. m.* isolationism.

isolamento, *s. m.* isolation.

isolar, *v. tr.* to isolate; to insulate (an electric wire).

isósceles, *adj.* isosceles.

isotérmico, *adj.* isothermal.

isótopo, *s. m.* isotope; **isótopos radioactivos:** radioactive isotopes.

isqueiro, *s. m.* lighter.

israelita, 1. *adj.* Israelitic; **2.** *s. m. f.* Israelite.

isso, *pron. dem.* that; it; **apesar disso:** nevertheless, in spite of that, notwithstanding; **é isso mesmo:** that's it, that's the very thing; **é só isso?:** is that all?; **por isso mesmo:** for that very reason; **nada disso!:** none of that!; **nem por isso!:** not really!; **não é isso:** that is not it.

istmo, *s. m.* isthmus.

isto, *pron. dem.* this; **isto é:** that is.

italiano, *adj.* e *s. m.* Italian.

itálico, *adj.* italic.

item, *s. m.* item.

iteração, *s. f.* iteration; repetition.

iterar, *v. tr.* to iterate; to repeat.

itinerante, *adj.* itinerant.

itinerário, 1. *adj.* e *s. m.* itinerary; 2. *s. m.* guide-book.

J

J, j, *s. m.* the tenth letter of the alphabet.

já, *adv.* already; at once; now; **já então:** even then; **já não:** no longer, no more; **já que:** since, seeing that; **desde já:** henceforth, henceforward, from now on; **vou já:** I'll go directly, I'm coming.

jacaré, *s. m.* alligator.

jacinto, *s. m. (bot.)* hyacinth.

jackpot, *s. m.* jackpot.

jacobino, *adj.* e *s. m.* Jacobin.

jactância, *s. f.* pride; boastfulness; bragging.

jacto, *s. m.* cast; throw; impetus; jet; stream (of water); sand-blast; **avião a jacto:** jet plane; **de um jacto:** at a stretch.

jaez, *s. m.* harness; kind; sort; horse's trappings.

jaguar, *s. m. (zool.)* jaguar.

jaleca, *s. f.* short jacket.

jamais, *adv.* never; ever.

Janeiro, *s. m.* January.

janela, *s. f.* window; **janela de guilhotina:** sash-window; **baixar a janela:** to lower the window; **subir a janela:** to raise the window; **olhar pela janela:** to look out of the window.

jangada, *s. f.* raft; float.

janota, 1. *adj.* foppish; dandish; smart; 2. *s. m.* dandy.

jantar, *s. m.* dinner; **convidar para jantar:** to ask to dinner; **ao jantar:** at dinner-time.

jantarada, *s. f.* big dinner.

japonês, *adj.* e *s. m.* Japanese.

jaqueta, *s. f.* short jacket.

jarda, *s. f.* yard.

jardim, *s. m.* garden; **jardim público:** public garden.

jardim-escola, *s. m.* kindergarten; nursery school.

jardinagem, *s. f.* gardening.

jardineiro, *s. m.* gardener.

jargão, *s. m.* jargon; language.

jarra, *s. f.* flower-pot; vase.

jarreta, *adj.* e *s. m. f.* old person.

jarro, *s. m.* jug; pitcher; *(bot.)* arum.

jasmim, *s. m. (bot.)* jasmine.

jaspe, *s. m.* jasper.

jaula, *s. f.* cage; jail.

javali *s. m. (zool.)* wild boar.

javanês, *adj.* e *s. m.* Javanese.

javardo, 1. *s. m. (zool.)* wild boar; 2. *adj. (fig.)* boor; nasty, filthy.

jazer, *v. intr.* to lie dead.

jazida, *s. f.* resting-place.

jazigo, *s. m.* tomb; grave; bed (of minerals); field.

jazz, *s. m.* jazz.

jeito, *s. m.* way; aptitude; skill; **com jeito:** gently; **ter jeito para:** to have a flair for.

jeitoso, *adj.* handy; nice.

jejuar, *v. intr.* to fast.

jejum, *s. m.* fast; fasting; **estar de jejum:** to be fasting; **quebrar o jejum:** to break one's fast.

jerico, *s. m.* ass; donkey.

jeropiga, *s. f.* unfermented wine.

jesuíta, *s. m.* Jesuit.

jibóia, *s. f.* boa.

jipe, *s. m.* jeep.

joalharia, *s. f.* jewellery; jeweller's (shop).

joalheiro, *s. m.* jeweller.

joanete, *s. m. (med.)* bunion; knuckle-bone.

joaninha, *s. f.* lady-bird.

jocosidade, *s. f.* humour; playfulness.

jocoso, *adj.* jocose; humorous.

joelheira, *s. f.* knee-piece; knee-cap.

joelho, *s. m.* knee; **até aos joelhos:** knee-deep; **de joelhos:** on one's knees; **deslocar um joelho:** to put one's knee out of joint; **dobrar o joelho:** to bend the knee; **estar de joelhos:** to be kneeling; **pôr-se de joelhos:** to go down on one's knees.

jogada, *s. f.* play; move (game); throw, hit; turn; stroke.

jogador, *s. m.* player; **jogador a dinheiro:** gambler.

jogar, *v. tr.* to play; **jogar a dinheiro:** to gamble, to play for money.

jogo, *s. m.* game; play; pastime; gambling; trick; cheat; **jogo a dinheiro:** gamble; **jogo de azar:** game of chance, gambling; **Jogos Olímpicos:** Olympic Games; **casa de jogo:** gambling house; **dívidas de jogo:** gambling debts; **jogo de cartas:** card game.

jogral, *s. m.* jester.

joguete, *s. m.* plaything; toy.

jóia, *s. f.* jewel; entrance fee; **jóia falsa:** fake jewel.

joio, *s. m.* darnel.

jóquei, *s. m.* jockey.

jornada, *s. f.* journey; a day's work; (sports) round.

jornal, *s. m.* newspaper; paper; **jornal diário:** daily paper.

jornaleiro, *s. m.* farmhand.

jornalismo, *s. m.* journalism.

jornalista, *s. m. f.* journalist.

jorrar, *v. tr.* to spout out; to gush out; to shoot out.

jorro, *s. m.* gush; spate; **a jorros:** in torrents.

jota, *s. m.* the letter **j**.

jovem, **1.** *adj.* young; youthful; **2.** *s. m. f.* young person.

jovial, *adj.* jovial; jolly; happy.

jovialidade, *s. f.* joviality.

juba, *s. f.* mane.

jubilação, *s. f.* jubilation; retirement.

jubilar, **1.** *v. tr.* to rejoice; to cheer; to pension off; **2.** *v. intr.* to jubilate; to exult.

jubileu, *s. m.* jubilee.

júbilo, *s. m.* jubilation; retirement.

jucundo, *adj.* gay; cheerful; joyous.

judaico, *adj.* Judaic; Jewish.

judaísmo, *s. m.* Judaism.

judeu, **1.** *adj.* Jewish; **2.** *s. m.* Jew; Hebrew; Israelite.

judicial, *adj.* judicial; **separação judicial:** judicial separation.

judicioso, *adj.* judicious; wise; prudent; sagacious.

judo, *s. m.* judo.

jugo, *s. m.* yoke; servitude; obedience.

jugoslavo, *adj.* e *s. m.* Jugoslav.

juiz, *s. m.* judge; **juiz de campo:** (sports) referee, umpire; **juiz de linha:** (sports) linesman; **juiz de instrução:** examining judge.

juízo, *s. m.* judgement; discernment; good sense; criticism; opinion; **Juízo Final:** the day of Judgement; **dar volta ao juízo:** to drive one mad; **estar de perfeito juízo:** to be in sound mind; **não estar no seu juízo perfeito:** to be out of one's mind.

julgamento, *s. m.* judgement; sentence; trial; **julgamento à revelia:** judgement by default.

julgar, *v. tr.* to judge; to pass sentence upon; to consider; to think, to suppose; **julgar pelas aparências:** to judge by externals; **até onde posso julgar:** as far as I can judge; **julgo que sim:** I think so; **julgo que não:** I think not, I don't think so.

Julho, *s. m.* July.

jumento, *s. m.* jackass.

junção, *s. f.* junction; joining; coupling.

juncar, *v. tr.* to strew; to spread; to cover with.

jungir, *v. tr.* to yoke; to couple; to link; to join.

Junho, *s. m.* June.

júnior, *adj.* e *s. m.* junior.

junquilho, *s. m.* jonquil.

junta, *s. f.* joint; board; council; pair; team; yoke (of oxen).

juntar, 1. *v. tr.* to join; to unite; to couple; to associate; to assemble; **2.** *v. refl.* to meet together.

junto, 1. *adj.* united; joined; **2.** *adv.* together; jointly; adjoining; enclosed; **junto de:** by, near; close; **por junto:** by wholesale; **todos juntos:** all together, all told.

juntura, *s. f.* juncture; junction; articulation.

jura, *s. f.* oath.

jurado, 1. *adj.* sworn; **2.** *s. m.* juryman, jurywoman, juror; member of a jury; **banco dos jurados:** jury-box.

juramento, *s. m.* oath; curse.

jurar, *v. tr.* e *intr.* to swear; to take an oath; to promise, to vow.

júri, *s. m.* jury; **decisão do júri:** decision of judges; **membro do júri:** member of the jury, juror.

jurídico, *adj.* juridical.

jurisdição, *s. f.* jurisdiction.

jurista, *s. m. f.* jurist.

juro, *s. m.* interest; **percentagem de juro:** rate of interest.

jus, *s. m.* right; **ter jus a:** to have a right to, to be entitled to.

jusante, *s. f.* ebb-tide; **a jusante:** downstream, down-river.

justamente, *adv.* exactly; precisely.

justapor, *v. tr.* to juxtapose.

justaposição, *s. f.* juxtaposition.

justeza, *s. f.* justness; correctness; precision; accuracy.

justiça, *s. f.* justice; **fazer justiça:** to do justice; **tratar com justiça:** to treat with justice.

justificação, *s. f.* justification.

justificar, *v. tr.* to justify; to prove; to exculpate.

justo, *adj.* just; equitable; upright; precise; fit; proper; **procedimento justo:** just conduct; **ser justo com:** to be just to.

juvenil, *adj.* young; juvenile; youthful.

juvenilidade, *s. f.* juvenility; youthfulness.

juventude, *s. f.* youth; youthfulness; **amigos da juventude:** the friends of one's youth.

K

K, k, *s. m.* the eleventh letter of the alphabet.
karaté, *s. m.* karate.
kart, *s. m.* go-kart.
karting, *s. m.* go-karting.
ketchup, *s. m.* ketchup.

kg, *s. m.* kg, kilogram.
kiwi, *s. m. (bot.)* kiwi.
km, *s. m.* kilometre; *(E.U.A.)* kilometer.
KO, *s. m.* KO; knockout.

L

L, l, *s. m.* the twelfth letter of the alphabet.
lá, 1. *adv.* there; **lá em cima:** up there; **anda lá!:** off you go!; come on!; **2.** *s. m. (mús.)* la, A.
lã, *s. f.* wool.
labareda, *s. f.* blaze; flame.
lábia, *s. f.* prattle, babble; **ter muita lábia:** to be honey-tongued.
labial, *adj.* labial.
labializar, *v. tr.* to labialize.
lábio, *s. m.* lip; **lábio superior:** upper lip; **lábio inferior:** lower lip; **lábios cerrados:** set lips; **de lábios grossos:** thick-lipped; **morder os lábios:** to bite one's lip.
labirinto, *s. m.* labyrinth; maze.
labor, *s. m.* toil; work; task.
laboração, *s. f.* working; activity.
laborar, *v. intr.* to work; to labour; to toil.
laboratório, *s. m.* lab, laboratory.
laborioso, *adj.* laborious; industrious; hard-working; hard; arduous; painful.

labrego, 1. *adj.* rustic; boorish; **2.** *s. m.* boor; yokel; bumpkin.
labuta, *s. f.* toiling; labouring; work.
labutar, *v. intr.* to labour; to take pains.
laca, *s. f.* lacquer; lac; hairspray.
lacaio, *s. m.* footman; lackey.
lacar, *v. tr.* to lacquer.
laçar, *v. tr.* to lace.
laçarotes, *s. m. pl.* bows.
laceração, *s. f.* laceration.
lacerar, *v. tr.* to lacerate; to tear; to rend; to mangle.
laço, *s. m.* bow; knot; snare; **laço corredio:** noose; **laços de amizade:** ties of friendship; **laços de família:** family ties.
lacónico, *adj.* laconic.
laconismo, *s. m.* laconism.
lacrar, *v. tr.* to seal (with wax).
lacrau, *s. m.* scorpion.
lacre, *s. m.* sealing-wax.
lacrimal, *adj.* lachrymal; **glândulas lacrimais:** lachrymal glands.
lacrimejar, *v. intr.* to whimper; to blubber.
lactação, *s. f.* lactation.

lactar, 1. *v. tr.* to nurse; to suckle; **2.** *v. intr.* to suck.

lácteo, *adj.* lacteous; milky; **Via Láctea:** Milky Way; Galaxy.

lacticínio, *s. m.* milk-food; *pl.* dairy products.

lacuna, *s. f.* gap.

ladainha, *s. f.* litany.

ladear, 1. *v. tr.* to go along; to flank; **2.** *v. intr.* to turn aside; to skirt.

ladeira, *s. f.* slope.

ladino, *adj.* cunning; sly; clever.

lado, *s. m.* side; flank; **lado a lado:** side by side; **ao lado de:** beside, by one's side, by the side of; **de lado:** sideways; **de todos os lados:** on all sides, on every side; **por outro lado:** on the other hand.

ladrão, *s. m.* thief; robber.

ladrar, *v. intr.* to bark.

ladrilho, *s. m.* brick; tile.

ladroagem, *s. f.* thievery; robbery.

lagar, *s. m.* press (for wine or olive oil).

lagarta, *s. f.* caterpillar.

lagartixa, *s. f. (zool.)* wall-lizard.

lagarto, *s. m. (zool.)* lizard.

lago, *s. m.* lake.

lagoa, *s. f.* lagoon.

lagosta, *s. f. (zool.)* lobster.

lagostim, *s. m. (zool.)* crawfish; Norway lobster.

lágrima, *s. f.* tear.

laia, *s. f.* kind, sort; **à laia de:** in the manner of, by way of.

laico, 1. *adj.* laic; lay; secular; **2.** *s. m.* layman.

laivo, *s. m.* spot; stain; **ter uns laivos de maldade:** *(fig.)* to have a streak of cruelty.

laje, *s. f.* flagstone.

lajear, *v. tr.* to pave; to flag.

lajedo, *s. m.* pavement of flag-stones; flagging.

lama, *s. f.* mud; *(zool.)* llama.

lamaçal, *s. m.* mire; quagmire.

lamacento, *adj.* miry; muddy.

lambada, *s. f.* slap; (dance) lam-bada.

lambareiro, 1. *adj.* gluttonous; sweet-toothed; **2.** *s. m.* glutton; sweet tooth.

lambarice, *s. f.* greediness.

lambedela, *s. f.* licking; fawning.

lamber, *v. tr.* to lick.

lambisgóia, *s. f.* prudish woman; affected girl.

lambreta, *s. f.* scooter.

lambuzar, *v. tr.* to besmear; to dirty; to stain.

lamecha, *adj.* mawkish; soppy.

lamentação, *s. f.* lamentation; lament; wail.

lamentar, 1. *v. tr.* to lament; to mourn over; **2.** *v. refl.* to wail.

lamentável, *adj.* lamentable; mournful; deplorable.

lamento, *s. m.* lamentation; moan.

lâmina, *s. f.* blade.

laminar, *v. tr.* to laminate; to roll.

lamiré, *s. m.* diapason.

lâmpada, *s. f.* bulb; light-bulb.

lamparina, *s. f.* night-lamp; rush-candle.

lampeiro, *adj.* bold; quick.

lampejo, *s. m.* gleam; glimpse; glare.

lampião, *s. m.* lantern; street-lamp.

lampreia, *s. f.* lamprey.

lamúria, *s. f.* lament.

lamuriar, *v. intr.* e *refl.* to lament.

lança, *s. f.* lance; spear.

lança-chamas, *s. m.* flame-thrower.

lançamento, *s. m.* casting; throwing; *(com.)* entry; launching.

lançar, *v. tr.* to throw; to cast; to launch; **lançar alguém na vida:** to launch a person into business.

lance, *s. m.* casting; throwing; risk; danger; bidding.

lancetar, *v. tr.* to lance.

lancha, *s. f.* launch; boat.

lanchar, *v. intr.* to eat a snack; to have tea.

lanche, *s. m.* snack; afternoon tea.

lancinante, *adj.* shooting; piercing; heart-rending.

lanço, *s. m.* throwing; casting; jet; bid (at an auction); tract (of a road); **lanço de escadas:** flight of stairs.

langor, *s. m.* lassitude.

languescer, *v. intr.* to languish; to weaken.

languidez, *s. f.* languor; lassitude; faintness; prostration.

lânguido, *adj.* languid; relaxed.

lanho, *s. m.* blow; cut.

lanífero, *adj.* laniferous.

lanifício, *s. m.* woollen manufacture.

lantejoula, *s. f.* sequin.

lanterna, *s. f.* torch; flashlight.

lapa, *s. f.* den.

lapela, *s. f.* lapel; **na lapela:** in the buttonhole.

lapidação, *s. f.* lapidation; stoning.

lapidar, 1. *adj.* lapidary; terse (style); 2. *v. tr.* to polish; to lapidate; to stone.

lápide, *s. f.* gravestone; plate.

lápis, *s. m.* pencil; **bico do lápis:** pencil-point.

lapiseira, *s. f.* propelling pencil.

lapso, *s. m.* lapse; space; slip.

laquear, *v. tr.* to tie the arteries.

lar, *s. m.* home.

laracha, *s. f.* joke; jest.

laranja, *s. f.* orange.

laranjada, *s. f.* orange juice.

laranjeira, *s. f.* orange-tree.

larápio, *s. m.* thief; pilferer.

lareira, *s. f.* fireplace.

larga, *s. f.* looseness; **à larga:** well-off; **dar largas:** to give vent to.

largada, *s. f.* leaving; putting off; sailing.

largar, *v. tr.* to release; to slacken; to let go; to sail, to set sail.

largo, 1. *adj.* broad; wide; 2. *adv.* largely; 3. *s. m.* square.

largueza, *s. f.* breadth; width.

largura, *s. f.* width; breadth.

laringe, *s. f.* larynx.

laringite, *s. f. (med.)* laryngitis.

larva, *s. f.* larva.

lasanha, *s. f.* lasagna.

lasca, *s. f.* chip; splinter; **lasca de pedra:** spall.

lascar, 1. *v. tr.* to splinter; 2. *v. intr.* e *refl.* to split.

lascívia, *s. f.* lasciviousness.

lascivo, *adj.* lascivious; lustful.

laser, *s. f.* laser; **raios laser:** laser beams.

lassidão, *s. f.* lassitude; prostration; weariness.

lasso, *adj.* tired; weary.

lástima, *s. f.* pity; pitiful thing.

lastimar, 1. *v. tr.* to deplore; to grieve; to regret; to sympathize; 2. *v. refl.* to complain (of a thing, to a person).

lastimoso, *adj.* pitiful.

lastro, *s. m.* ballast.

lata, *s. f.* tin; *(fig.)* cheek, nerve.

latagão, *s. m.* strong man.

latejar, *v. intr.* to throb; to pulse.

latente, *adj.* latent; hidden; concealed; **faculdades latentes:** dormant faculties.

lateral, *adj.* lateral.

latido, *s. m.* barking.

latim, *s. m.* Latin.

latinização, *s. f.* latinization.

latino, *adj.* Latin.

latir, *v. intr.* to bark.

latitude, *s. f.* latitude.

lato, *adj.* ample; wide; vast.

latoaria, *s. f.* tinker's shop.

latoeiro, *s. m.* tin-smith; tinker; brass beater.

latrina, *s. f.* water-closet; latrine, privy.

laurear, *v. tr.* to crown with laurel; to reward.

lauto, *adj.* plentiful; abundant; sumptuous.

lava, *s. f.* lava.

lavabo, *s. m.* finger-bowl.

lavadela, *s. f.* light washing.

lavadouro, *s. m.* washing place; wash-tub; sink.

lavagem, *s. f.* washing; hogwash; **lavagem a seco:** dry-cleaning.

lava-louça, *s. f.* sink.

lavandaria, *s. f.* laundry.

lavar, 1. *v. tr.* to wash; to cleanse; to bathe; **2.** *v. refl.* to wash oneself.

lavatório, *s. m.* wash-basin; sink.

lavoura, *s. f.* tillage; husbandry; farming; farm.

lavradio, *adj.* arable.

lavrador, *s. m.* farmer; tiller; countryman.

lavrar, *v. tr.* to plough (the land); to till; to chisel; to carve.

laxação, *s. f.* laxity; laxation.

laxante, *adj.* e *s. m.* laxative.

lazer, *s. m.* leisure; ease.

lãzudo, *adj.* wooly; *(fig.)* boor.

leal, *adj.* faithful; loyal; true; fair-minded; **ser leal:** to play fair.

lealdade, *s. f.* loyalty; faithfulness.

leão, *s. m.* lion.

lebre, *s. f.* hare; **comer gato por lebre:** to buy a pig in a poke.

leccionar, *v. tr.* to teach; to lecture.

lectivo, *adj.* academic; **ano lectivo:** school year.

ledo, *adj.* joyous; gay.

legado, *s. m.* legate.

legal, *adj.* legal.

legalidade, *s. f.* legality; lawfulness.

legalização, *s. f.* legalization.

legalizar, *v. tr.* to legalize.

legar, *v. tr.* to legate; to bequeath.

legenda, *s. f.* legend; inscription; (television) caption.

legião, *s. f.* legion.

legislação, *s. f.* legislation.

legislador, *s. m.* legislator.

legislar, *v. tr.* to legislate.

legitimar, *v. tr.* to legitimate; to justify.

legitimidade, *s. f.* legitimacy.

legítimo, *adj.* legitimate; lawful; legal; regular.

legível, *adj.* legible; readable.

légua, *s. f.* league.

legume, *s. m.* vegetable.

leguminoso, *adj.* leguminous.

lei, *s. f.* law; rule; **lei da oferta e da procura:** law of supply and demand; **lei do menor esforço:** line of least resistance; **previsto pela lei:** statutable; **projecto de lei:** bill; **infringir a lei:** to break the law; **observar a lei:** to keep the law.

leigo, *s. m.* lay; ignorant.

leilão, *s. f.* auction.

leiloar, *v. tr.* to auction; to sell by auction.

leiloeiro, *s. m.* auctioneer.

leitão, *s. m.* sucking-pig.

leitaria, *s. f.* dairy; milk-bar.

leite, *s. m.* milk; **leite condensado:** condensed milk; **leite em pó:** evaporated milk.

leite-creme, *s. m.* custard.

leiteiro, *s. m.* milkman.

leito, *s. m.* bed; **leito do rio:** river-bed, bottom.

leitor, *s. m.* reader:

leitura, *s. f.* reading.

leiva, *s. f.* clod; glebe.

lema, *s. m.* theme; motto; saying.

lembrança, *s. f.* recollection; souvenir; **em lembrança de:** in remembrance of.

lembrar, 1. *v. tr.* to remind (a person of something); to recall; to recollect; **2.** *v. refl.* to remember; to call to mind.

leme, s. m. helm.

lenço, s. m. handkerchief; hankie; **lenço do pescoço:** scarf.

lençol, s. m. sheet; **lençol de banho:** bath-towel; **estar em maus lençóis:** to be in a pickle.

lenda, s. f. legend; myth.

lendário, adj. legendary; mythic.

lêndea, s. f. nit.

lengalenga, s. f. rigmarole.

lenha, s. f. firewood.

lenhador, s. m. wood-cutter.

lenitivo, s. m. lenitive; palliative.

lente, 1. s. m. professor; **2.** s. f. lens; **lente de aumentar:** magnifying glass.

lentidão, s. f. slowness.

lentilha, s. f. lentil.

lento, adj. slow; tardy; lazy.

leoa, s. f. lioness.

leopardo, s. m. leopard.

lepra, s. f. leprosy.

leproso, 1. adj. leprous; **2.** s. m. leper.

leque, s. m. fan.

ler, v. tr. to read.

lesão, s. f. lesion; injury.

lesar, v. tr. to injure; to hurt.

lesma, s. f. slug; (fig.) lazy fellow.

leste, s. m. east.

lesto, adj. ready; smart; clever; brisk.

letal, adj. lethal; mortal.

letargia, s. f. lethargy; apathy; dullness.

letra, s. f. letter; handwriting; (com.) bill; **letra de música:** lyrics; **letras maiúsculas:** capital letters; **letras minúsculas:** small letters; **à letra:** to the letter; **homem de letras:** man of letters; **tomar à letra:** to take someone at their word.

letreiro, s. m. inscription; label; sign-board.

léu, s. m. **ao léu:** bare, naked.

levantamento, s. m. raising; land surveying; insubordination.

levantar, v. tr. to raise; to lift; to take up; to mutiny; **levantar ferro:** to weigh anchor; **levantar voo:** to take off; **levantar a mesa:** to clear the table.

levar, v. tr. to carry; to take away; to bear; **foste levado:** you've been had; **levar a sério:** to take it seriously; **levar a cabo:** to carry it out.

leve, adj. light; thin; **ao de leve:** lightly; **ter a mão leve:** (fam.) to have a light hand; to have light fingers.

levedação, s. f. leavening.

levedar, 1. v. tr. to leaven; **2.** v. intr. to ferment; to rise.

levedura, s. f. ferment; yeast.

leveza, s. f. lightness; frivolity; fickleness.

leviandade, s. f. inconsideration; frivolity.

leviano, adj. inconsiderate; frivolous; light-headed.

léxico, s. m. lexicon; dictionary.

lexicografia, s. f. lexicography.

lexicógrafo, s. m. lexicographer.

lezíria, s. f. marsh; marshy land.

lhano, adj. sincere; frank; plain.

lhe, pron. pess. him; her; it; to him; to her; to it; you; to you.

libelinha, s. f. (zool.) dragon-fly.

libelo, s. m. libel.

libélula, s. f. libellula.

liberal, adj. liberal; generous; broadminded.

liberalidade, s. f. liberality.

liberalismo, s. m. liberalism.

liberalizar, v. tr. to liberalize.

liberdade, s. f. liberty; freedom; frankness; **liberdade condicional:** probation; **tomar a liberdade de:** to take the liberty of.

libertação, s. f. liberation; deliverance.

libertar, *v. tr.* to set free; to release; to break free; to break loose.

libertino, *adj.* e *s. m.* libertine; licentious; debauchee.

libidinoso, *adj.* libidinous; lustful; lascivious.

libra, *s. f.* pound; **libra esterlina:** pound sterling.

lição, *s. f.* lesson; **dar uma lição:** to give a lesson to.

licença, *s. f.* licence; permission; leave; consent; **dá-me licença?:** excuse me!; may I?

licenciado, *s. m.* graduate.

licenciar, *v. tr.* to licentiate; to license; to graduate.

licenciatura, *s. f.* academic degree; graduation.

liceu, *s. m.* secondary school; grammar-school.

licitar, *v. tr.* e *intr.* to bid.

lícito, *adj.* licit; lawful; legal.

licor, *s. m.* liqueur; liquor.

lida, *s. f.* fatigue; toil; **lida caseira:** housework.

lidador, *s. m.* fighter; champion.

lidar, *v. intr.* to labour; to toil; to fight; **lidar com:** to deal with.

líder, *s. m. f.* leader.

liderança, *s. f.* leadership.

liderar, *v. tr.* to lead; to control.

liga, *s. f.* alliance; league; pact; (stocking) suspender.

ligação, *s. f.* connection; union; liaison; relationship.

ligadura, *s. f.* ligature; tie, bandage.

ligamento, *s. m.* ligament.

ligar, *v. tr.* to unite; to connect, to link; to tie; to join; to switch on, to turn on; **estar muito ligado a:** to be attached to; to be very fond of.

ligeireza, *s. f.* lightness; quickness.

ligeiro, *adj.* light; slight; sudden; quick.

lilás, *s. m.* lilac; mauve.

lima, *s. f.* file; *(bot.)* sweet lime.

limalha, *s. f.* file dust; filings (of iron).

limão, *s. m.* lemon; **sumo de limão:** lemon juice.

limar, *v. tr.* to file; to lime; to polish; to improve.

limbo, *s. m.* limbo.

limiar, *s. m.* threshold; doorstep; entrance.

limitação, *s. f.* limitation; restriction; **conhecer as suas limitações:** to know one's limitations.

limitar, 1. *v. tr.* to limit; to bound; to restrict; 2. *v. refl.* to confine to.

limite, *s. m.* limit; border; **não conhecer limites:** to know no limits.

limítrofe, *adj.* adjoining; close.

limoeiro, *s. m.* lemon-tree.

limonada, *s. f.* lemonade.

limonete, *s. m.* lemon-scented verbena.

limpa-chaminés, *s. m.* chimney-sweeper.

limpa-pára-brisas, *s. m.* screen-wiper.

limpar, *v. tr.* to clean; to cleanse; to clear.

limpeza, *s. f.* cleaning; neatness; **fazer limpezas:** to clean up.

limpidez, *s. f.* transparence; clearness.

límpido, *adj.* limpid; clear; neat.

limpo, *adj.* clean; neat.

lince, *s. m.* (zool.) lynx; **ter olhos de lince:** to be keen-sighted.

linchar, *v. tr.* to lynch.

lindeza, *s. f.* beauty; handsomeness; fineness.

lindo, *adj.* beautiful; pretty; handsome.

linear, *adj.* linear.

língua, *s. f.* tongue; language; **língua estrangeira:** foreign language; **dar à língua:** to blab; **não ter papas na língua:** to have a

flippant tongue; na ponta da língua: at one's fingers' ends; on the tip of one's tongue.

linguado, s. m. (zool.) sole.

linguagem, s. f. language.

linguareiro, adj. talkative.

linguiça, s. f. sausage.

linguista, s. m. f. linguist.

linguística, s. f. linguistics.

linha, s. f. line; thread; cable; limit; **linha aérea:** airline; **linha de partida:** (sports) mark; **linha de pesca:** fishing line; **linha recta:** straight line; **linha curva:** curved line; **em linha recta:** in direct line; **manter a linha:** to keep slim; **carrinho de linhas:** reel of thread, line; **traçar uma linha:** to draw a line.

linhagem, s. f. lineage; ancestry; pedigree.

linho, s. m. flax; linen.

linóleo, s. m. linoleum.

liquefazer, v. tr. to liquefy.

liquefeito, adj. liquefied.

líquen, s. m. (bot.) lichen.

liquidação, s. f. liquidation; settlement; clearance-sale.

liquidar, v. tr. e intr. to liquidate; to sell out; to close (an account); **liquidar uma dívida:** to pay off a debt.

líquido, 1. adj. liquid; fluid; (com.) net; **2.** s. m. liquid.

lira, s. f. lira; (mús.) lyre.

lírica, s. f. lyrics.

lírico, adj. lyric; lyrical.

lírio, s. m. (bot.) lily.

lirismo, s. m. lyricism.

liso, adj. smooth; plain; frank; sincere.

lisonja, s. f. flattery; adulation; cajolery.

lisonjaria, s. f. flattery.

lisonjear, v. tr. to flatter; to cajole.

lisonjeiro, adj. e s. m. flattering.

lista, s. f. list; roll; catalogue; **lista telefónica:** phone directory; **lista de espera:** waiting list.

listra, s. f. stripe.

lisura, s. f. smoothness; sincerity; honesty.

liteira, s. f. litter.

literal, adj. literal; exact; precise.

literário, adj. literary.

literatura, s. f. literature.

litígio, s. m. litigation; dispute; contention.

litigioso, adj. litigious; contentious.

litografia, s. f. lithography.

litoral, adj. e s. m. littoral; coast.

litro, s. m. litre; (E.U.A.) liter.

liturgia, s. f. liturgy.

litúrgico, adj. liturgic, liturgical.

lividez, s. f. lividness.

lívido, adj. livid; pale.

livrar, v. tr. e refl. to deliver; to set free; to free from; to release; **livrar-se de:** to get rid of; **Deus me livre!:** God forbid!

livraria, s. f. bookshop.

livre, adj. free; unreserved; frank.

livreiro, s. m. bookseller.

livresco, adj. bookish.

livro, s. m. book; **livro da escola:** school-book; **livro de consulta:** book of reference; **livro de facturas:** invoice book.

lixa, s. f. sandpaper.

lixar, v. tr. to sandpaper; (fam.) to fix.

lixeira, s. f. dump; dumping ground.

lixeiro, s. m. garbage collector.

lixívia, s. f. lye.

lixo, s. m. garbage; litter; **caixote do lixo:** dustbin; **carro do lixo:** dustcart; **homem do lixo:** dustman.

lobisomem, s. m. werewolf.

lobo, s. m. wolf; **meter-se na boca do lobo:** to put one's head into the lion's mouth.

lôbrego, *adj.* dark; gloomy; mournful.

lobrigar, *v. tr.* to perceive; to notice; to catch a glimpse of.

lóbulo, *s. m.* lobule; lobe; **lóbulo da orelha:** flap of the ear, earflap.

loca, *s. f.* hiding-place (of a fish).

local, 1. *adj.* local; **2.** *s. m.* place; locality.

localidade, *s. f.* place; locality.

localização, *s. f.* localization.

localizar, *v. tr.* to localize; to locate.

loção, *s. f.* lotion; **loção de barbear:** shaving lotion; **loção para depois da barba:** aftershave lotion.

locatário, *s. m.* lodger; tenant.

locomoção, *s. f.* locomotion.

locomotiva, *s. f.* railway-engine; locomotive.

locução, *s. f.* locution; speech; idiom.

locutor, *s. m.* radio announcer; speaker.

lodaçal, *s. m.* mudhole; bog.

lodo, *s. m.* mud; slime.

lógica, *s. f.* logic; reasoning.

logo, 1. *adv.* soon; by and by; **mais logo:** later; **até logo!:** see you later!; **logo que:** as soon as; **2.** *conj.* therefore, so, consequently.

lograr, *v. tr.* to obtain; to achieve; to succeed in; to cheat.

logro, *s. m.* deceit; cunning; delusion.

loiro, *adj.* blond.

loja, *s. f.* shop; **loja de brinquedos:** toyshop; **abrir uma loja:** to set up shop.

lojista, *s. m. f.* shopkeeper.

lomba, *s. f.* upland; lump; slope.

lombo, *s. m.* loin; reins; back.

lombriga, *s. f.* earth-worm; belly worm.

lona, *s. f.* canvas; sail-cloth.

londrino, *adj. e s. m.* Londoner; of London.

longe, *adv.* far; far away; far off; **ao longe:** a long way off; in the distance; **de longe:** from far away; by far (better); **longe da vista, longe do coração:** out of sight, out of mind; **longe disso!:** far from it!; **há-de ir longe!:** he will go far!; **mais longe:** farther (away); **nem de longe:** not by a long sight.

longevidade, *s. f.* longevity.

longínquo, *adj.* distant; remote; way back; far-away.

longitude, *s. f.* longitude.

longitudinal, *adj.* longitudinal.

longo, *adj.* long; lengthy; **ao longo de:** along.

lonjura, *s. f.* great distance.

lontra, *s. f.* (*zool.*) otter.

loquacidade, *s. f.* loquacity; loquaciousness.

loquaz, *adj.* loquacious; talkative; chattering.

lorde, *s. m.* lord.

lorpa, 1. *adj.* foolish; imbecile; silly; stupid; **2.** *s. m.* simpleton, loggerhead.

losango, *s. m.* lozenge; rhomb.

lota, *s. f.* fish market.

lotação, *s. f.* holding capacity; tonnage (of a ship); **lotação esgotada:** the house is sold out.

lotaria, *s. f.* lottery; **bilhete de lotaria:** lottery ticket.

lote, *s. m.* lot; share; portion; parcel.

loto, *s. m.* lotto.

louça, *s. f.* dishes; crockery; **louça de barro:** earthenware; **lavar a louça:** to wash up.

louco, 1. *adj.* mad; insane; lunatic; crazy; extravagant; **louco por:** mad about; **correr como louco:** to run like mad; **2.** *s. m.* madman.

loucura, s. f. madness; insanity; **fazer uma loucura:** to do a foolish thing.

loureiro, s. m. laurel; bay-tree.

louro, 1. adj. yellow; blond; fair; **cabelo louro:** fair hair; golden hair; **2.** s. m. laurel; **coroa de louros:** laurel wreath.

lousa, s. f. slate; tombstone (over a grave).

louvar, v. tr. to praise; to glorify; **louvar a Deus:** to praise God.

louvável, adj. laudable; praiseworthy.

louvor, s. m. praise; commendation; **digno de louvor:** praiseworthy.

lua, s. f. moon; **lua cheia:** full moon; **lua nova:** new moon; **andar na lua:** to moon about; **fases da Lua:** the phases of the moon; **meia lua:** halfmoon.

lua-de-mel, s. f. honeymoon.

luar, s. m. moonlight; **ao luar:** by moonlight; **iluminado pelo luar:** moonlit; **não havia luar:** there was no moon; **noite de luar:** moonlight night.

lubricidade, s. f. lubricity; lasciviousness; lewdness.

lúbrico, adj. lubricous; lascivious; lewd; slippery.

lubrificação, s. f. lubrication; oiling.

lubrificar, v. tr. to lubricate; to oil.

lucidez, s. f. lucidity; clearness; transparence.

lúcido, adj. lucid; clear-headed.

lucrar, v. tr. e intr. to gain; to profit; to benefit.

lucrativo, adj. lucrative, profitable.

lucro, s. m. gain; profit; **tirar lucro de tudo:** to make a profit on everything.

lucubração, s. f. cogitation.

ludibriar, v. tr. to deceive; to cheat.

ludíbrio, s. m. mockery; delusion; cheat.

lúdico, adj. entertaining.

lufada, s. f. blast; gust.

lufa-lufa, s. f. hurly-burly.

lugar, s. m. place; spot; position; situation; **lugar seguro:** safe place; **lugares em pé:** standing-room; **dar lugar a:** to give place to; **deixar lugar para:** to leave room for; **dois lugares para o cinema:** two seats for the cinema; **em lugar de:** instead of; **fora do lugar:** out of place; **perder o lugar:** to lose one's seat; **pôr-se no seu lugar:** to keep one's place.

lugar-comum, s. m. commonplace.

lugarejo, s. m. hamlet.

lúgubre, adj. lugubrious; mournful.

lula, s. f. (zool.) squid.

lume, s. m. fire; glare; **vir a lume:** (fig.) to come forward.

luminosidade, s. f. luminosity.

luminoso, adj. luminous; brilliant; bright.

lunar, adj. lunar; moony.

lunático, adj. lunatic; mad; frantic; crazy.

luneta, s. f. eyeglass.

lupa, s. f. magnifying glass.

lúpulo, s. m. hop.

lura, s. f. burrow; warren.

lusco-fusco, s. m. dusk.

lusitano, luso, adj. e s. m. Lusitanian.

lustrar, v. tr. to gloss; to polish; to purify.

lustre, s. m. chandelier; lustre; sheen; brightness.

lustro, s. m. polishing; shine.

lustroso, adj. lustrous; glossy; bright; shiny.

luta, s. f. strife; struggle; fight; contest; **luta corpo a corpo:** wrestle; **luta greco-romana:** wrestling,

French wrestling; **luta livre:** all-in wrestling.

lutador, *s. m.* fighter; wrestler.

lutar, *v. intr.* to struggle; to strive; to fight; to wrestle.

luteranismo, *s. m.* Lutheranism.

luto, *s. m.* mourning; **estar de luto:** to be in mourning.

lutuoso, *adj.* mournful; sad.

luva, *s. f.* glove; *pl. (fam.)* bribe; **assentar como uma luva:** to fit like a glove.

luxação, *s. f.* luxation; dislocation.

luxo, *s. m.* luxury; sumptuousness.

luxuoso, *adj.* luxurious.

luxúria, *s. f.* lust; lasciviousness.

luxuriante, *adj.* luxuriant; plentiful; exuberant; lascivious.

luz, *s. f.* light; **luzes do trânsito:** traffic lights; **à luz da vela:** by candle-light; **desligar a luz:** to switch off the light; to turn off the light; **lançar luz:** to throw light upon; **raio de luz:** light beam; **trazer à luz:** to bring to light.

luzidio, *adj.* glittering; shiny.

luzir, *v. intr.* to glitter; to gleam; to shine.

M

M, m, *s. m.* the thirteenth letter of the alphabet.

maca, *s. f.* stretcher.

maça, *s. f.* club; mace.

maçã, *s. f.* apple.

macabro, *adj.* macabre; gruesome.

macacão, *s. m.* big monkey; overall.

macaco, *s. m.* monkey; ape; (car) screw-jack.

maçada, *s. f.* worry; wearisomeness; bother; nuisance.

maçador, 1. *adj.* boring; tiresome; **2.** *s. m.* tiresome person; bore.

macaense, *adj. e s. m. f.* native of Macao.

macambúzio, *adj.* melancholic; sad; sullen.

maçaneta, *s. f.* knob.

maçapão, *s. m.* marzipan.

maçar, *v. tr.* to beat; to pound; *(fig.)* to bother; to bore; to pester.

maçarico, *s. m.* blowtorch; blow lamp.

macarrão, *s. m.* macaroni.

maceta, *s. f.* mallet.

machadada, *s. f.* blow with an axe.

machado, *s. m.* axe.

macho, *s. m.* male; pleat (of a shirt); *(zool.)* mule.

machucar, *v. tr.* to bruise; to batter; to pound; to crush.

maciço, 1. *adj.* massive; heavy; solid; **2.** *s. m.* massif.

macieira, *s. f.* apple-tree.

macieza, *s. f.* softness.

macilento, *adj.* wan, pale.

macio, *adj.* soft; smooth; mild.

maço, *s. m.* mallet; packet; **maço de cigarros:** a packet of cigarettes; **maço de cartas:** packet of cards.

maçonaria, *s. f.* Freemasonry.

maçónico, *adj.* Masonic.

má-criação, *s. f.* ill-breeding; coarseness; rudeness.

macrobiótica, *s. f.* macrobiotics.

macrocefalia, *s. f.* macrocephaly.

macrocosmo, *s. m.* macrocosm.

maçudo, *adj.* tiresome; wearisome; dull.

mácula, *s. f.* stain; spot; blot; taint.

macular, *v. tr.* to maculate; to stain; to sully.

madeira, *s. f.* wood; timber.

madeiramento, *s. m.* timberwork (of a house).

madeireiro, *s. m.* timber-merchant.

madeirense, *adj. e s. m. f.* native of Madeira.

madeixa, *s. f.* lock (of hair).

madona, *s. f.* Madonna.

madraço, 1. *adj.* idle; lazy; dull; **2.** *s. m.* lazy-bones.

madrasta, *s. f.* stepmother.

madrepérola, *s. f.* mother-of-pearl.

madressilva, *s. f. (bot.)* honeysuckle.

madrigal, *s. m.* madrigal.

madrileno, *adj. e s. m.* native of Madrid.

madrinha, *s. f.* godmother.

madrugada, *s. f.* dawn; daybreak.

madrugador, *s. m.* early riser.

madrugar, *v. intr.* to rise early; to anticipate.

madurar, *v. tr. e intr.* to mature; to ripen.

madureza, *s. f.* maturity; ripeness; eccentricity.

maduro, *adj.* mature; ripe; elderly.

mãe, *s. f.* mother.

má-educação, *s. f.* ill-breeding.

maestro, *s. m.* conductor.

mafarrico, *s. m.* deuce, devil.

maganão, *s. m.* rogue; wag.

magia, *s. f.* magic; sorcery; witchcraft; **magia negra:** black magic.

mágica, *s. f.* magic; witch; enchantment.

magicar, *v. intr.* to brood.

mágico, 1. *adj.* magical; **artes mágicas:** magic arts; **como por artes mágicas:** as if by magic; **2.** *s. m.* magician; wizard.

magistrado, *s. m.* magistrate.

magistral, *adj.* perfect; magnificent.

magistratura, *s. f.* judicature.

magma, *s. m.* magma.

magnanimidade, *s. f.* magnanimity.

magnânimo, *adj.* magnanimous; generous; munificent.

magnate, *s. m.* magnate.

magnésio, *s. m.* magnesium.

magnete, *s. m.* magnet.

magnético, *adj.* magnetic; **campo magnético:** magnetic field.

magnetismo, *s. m.* magnetism.

magnetizar, *v. tr.* to magnetize.

magnificência, *s. f.* magnificence; pomp.

magnífico, *adj.* magnificent; grand; excelent.

magnitude, *s. f.* magnitude; greatness; largeness.

magno, *adj.* great; grand.

magnólia, *s. f. (bot.)* magnolia.

mago, *s. m.* magician; **os três reis magos:** the three wise men.

mágoa, *s. f.* sorrow; grief; sadness.

magoado, *adj.* hurt; sore.

magoar, *v. tr.* to bruise; to hurt; to chagrin; to offend; **não queria magoá-lo:** I didn't mean to hurt you.

magote, *s. m.* band; heap, mass (of things); **aos magotes:** in knots.

magreza, *s. f.* leanness; thinness.

magricelas, *s. m. f. e adj.* skin and bone, raw-boned.

magro, *adj.* thin; meagre; lean; **alta e magra:** tall and slender; **muito magro:** raw-boned.

maia, *s. f. (bot.)* broom blossom.

Maio, *s. m.* May.

maionese, *s. f.* mayonnaise.

maior, *adj.* larger; greater; older; **a maior parte das pessoas:** most people.

maioral, *s. m.* chief; head.

maioria, *s. f.* majority; the greater part; the greater number.

maioridade, *s. f.* full age; majority; coming of age; **atingir a maioridade:** to come of age.

mais, *adv.* more; also; over; else; **mais alguém?:** anybody else?; **mais ou menos:** more or less; **mais uma vez:** once more, again; **mais do que:** more than; **gostar mais:** to like (something) better; **além do mais:** besides, moreover; **cada vez mais:** more and more; **de mais:** too much; **o mais tardar:** at the latest; **que mais?:** what else?; **quem mais?:** who else?

maiúscula, *s. f.* capital letter.

majestade, *s. f.* majesty; grandeur; dignity; **Sua Magestade:** His (Her) Majesty; **Vossa Majestade:** your Majesty.

majestático, *adj.* majestic.

majestoso, *adj.* majestic; stately.

major, *s. m.* major.

mal, 1. *s. m.* evil; ill; wrong; pain; ache; 2. *adv.* ill; badly; hardly, scarcely; **de mal a pior:** out of the frying-pan into the fire; **falar mal de:** to speak ill of; **fazer mal:** to do wrong; to do harm; **fica-te mal:** it doesn't become you; it doesn't suit you; **levar a mal:** to take amiss; **mal sabe ler:** he can hardly read; 3. *conj.* no sooner... than.

mala, *s. f.* bag; **mala de mão:** handbag, suitcase; **mala do carro:** trunk.

malabarista, *s. m. f.* juggler.

mal-agradecido, *adj.* ungrateful.

malagueta, *s. f.* Indian pepper.

malaio, *adj. e s. m.* Malay; Malayan.

malandragem, *s. f.* gang of rascals.

malandrar, *v. intr.* to idle.

malandrice, *s. f.* laziness; naughtiness.

malandrim, malandro, *s. m.* vagabond; thief; rascal; scamp.

mala-posta, *s. f.* mail-coach.

malar, *s. m.* cheekbone, malar.

malária, *s. f.* (*med.*) malaria.

mal-arranjado, *adj.* untidy; badly done.

malbaratar, *v. tr.* to dissipate; to waste; to squander.

malbarato, *s. m.* underselling; squandering.

malcheiroso, *adj.* ill-smelling; stinky.

malcriado, *adj.* ill-bred; impolite; rude.

maldade, *s. f.* malice; wickedness; evil.

maldição, *s. f.* malediction; imprecation; curse.

maldisposto, *adj.* ill-disposed; out of sorts; ill-humoured.

maldito, *adj.* cursed, damned; ill-omened.

maldizente, *adj.* slanderous; ill-tongued.

maldizer, *v. tr.* to slander; to defame; to curse; to complain.

maldoso, *adj.* wicked; bad; mischievous; ill-meant.

maleabilidade, *s. f.* malleability.

maleável, *adj.* malleable; pliable.

maledicência, *s. f.* evil-speaking; slander.

mal-educado, *adj.* ill-bred, rude, ill-mannered.

malefício, *s. m.* harm; damage.

maléfico, *adj.* malefactor; harmful; noxious.

maleita, *s. f.* ague.

mal-encarado, *adj.* evil-looking; ill-looking.

mal-entendido, *s. m.* misunderstanding; mistake.

mal-estar, *s. m.* indisposition; discomfort; uncomfortableness, uneasiness.

malévolo, *adj.* evil; harmful.

malfadado, *adj.* unlucky; ill-fated.

malfadar, *v. tr.* to curse.

malfeitor, *s. m.* malefactor; wrongdoer.

malga, *s. f.* bowl.

malha, *s. f.* mail (of armour); mesh (of a net); quoit (game); ladder (of a stocking).

malhada, *s. f.* threshing of corn; sheepfold.

malhar, *v. tr.* to thresh; to beat.

malho, *s. m.* mallet; hammer.

mal-humorado, *adj.* ill-humoured, ill-tempered.

malícia, *s. f.* malice; malevolence; cunning; shrewdness.

malicioso, *adj.* malicious; artful; roguish, catty; witty.

malignidade, *s. f.* malignity; malevolence.

maligno, *adj.* malign; pernicious; malevolent.

má-língua, *s. m. f. e adj.* gossiper.

mal-intencionado, *adj.* evil-minded; ill-disposed.

malmequer, *s. m.* (bot.) marigold.

malograr, **1.** *v. tr.* to frustrate, to baffle; **2.** *v. refl.* to fail; to miscarry; to fall through, to fall flat.

malogro, *s. m.* failure; ill success.

malparado, *adj.* precarious; in a tight fix.

malquisto, *adj.* hated; disliked.

malta, *s. f.* gang; band; mob.

malte, *s. m.* malt.

maltrapilho, **1.** *adj.* ragged; tattered; **2.** *s. m.* ragamuffin, scoundrel.

maltratar, *v. tr.* to abuse; to hurt; to ill-treat, to ill-use.

maluco, *adj.* mad, crazy; odd; extravagant; cracked; **isso põe-me maluco:** it drives me crazy.

maluqueira, maluquice, *s. f.* madness; foolishness.

malva, *s. f.* mallow; mauve.

malvadez, *s. f.* wickedness; malignancy.

malvado, *adj.* bad; wicked.

mama, *s. f.* breast; teat.

mamã, *s. f.* mamma, mammy, mum; mummy.

mamar, *v. tr. e intr.* to suck; **dar de mamar:** to suckle.

mamarracho, *s. m.* eyesore.

mamífero, **1.** *adj.* mammiferous; **2.** *s. m.* mammal; mammifer.

mamilo, *s. m.* nipple.

mamute, *s. m.* mammoth.

maná, *s. m.* manna.

manada, *s. f.* herd; drove.

manancial, *s. m.* fountain; source; spring.

manápula, *s. f.* large hand.

mancar, *v. intr.* to limp; to hobble.

mancebia, *s. f.* concubinage.

mancebo, **1.** *adj.* young; **2.** *s. m.* youth, young man.

mancha, *s. f.* spot; stain.

manchar, *v. tr.* to stain; to spot; (fig.) to sully, to blemish.

manco, **1.** *adj.* crippled; lame; **2.** *s. m.* cripple, lame person.

manda-chuva, *s. m.* (fig.) boss; magnate.

mandado, *s. m.* order; command; mandate; (police) warrant.

mandamento, *s. m.* commandment; order.

mandão, *adj. e s. m.* bossy.

mandar, *v. tr.* to command; to order; to send; **mandar buscar:** to send for; **mandar embora:** to send away; **mande-me fazer isto:** get this done for me.

mandarim, *s. m.* mandarin.

mandatário, *s. m.* mandatary.

mandato, *s. m.* mandate.

mandíbula, *s. f.* jaw bone; mandible.

mandioca, s. f. manioc.

mandrião, 1. adj. idle; lazy; **2.** s. m. idler; sluggard, lazy person.

mandriar, v. intr. to idle.

mandriice, s. f. idleness.

maneabilidade, s. f. handiness.

maneável, adj. handy; workable.

maneira, s. f. manner; mode; way; sort; kind; **à maneira de:** in the way of; in the manner of; **à minha maneira:** my way; **de boas maneiras:** well-mannered; **de certa maneira:** in a way, to a certain extent; **de maneira nenhuma:** by no means; not at all; **de outra maneira:** elsewise; **de que maneira?:** in what way?; **de qualquer maneira:** anyway, anyhow, in any case.

maneirismo, s. m. mannerism.

manejar, v. tr. e intr. to handle.

manejável, adj. handy; workable.

manequim, s. m. model; dummy.

maneta, s. m. f. one-handed person.

manga, s. f. sleeve; (bot.) mango.

manganésio, s. m. manganese.

mangar, v. intr. to mock; to tease; to cheat; to trick.

mangueira, s. f. hose; (bot.) mango-tree.

manha, s. f. cunning; craft; trick; **usar de manha:** to play the fox.

manhã, s. f. morning; **amanhã de manhã:** tomorrow morning; **de manhã:** in the morning; **de manhã cedo:** early in the morning.

manhoso, adj. crafty; artful.

mania, s. f. mania; hobby.

maníaco, 1. adj. maniac; crazy; lunatic; **2.** s. m. maniac.

manicómio, s. m. madhouse; lunatic asylum.

manicura, s. f. manicurist.

manifestação, s. f. demonstration.

manifestar, 1. v. tr. to show; **2.** v. refl. to demonstrate; to manifest.

manifesto, 1. adj. evident; clear; **2.** s. m. manifesto.

manigância, s. f. trick.

manipulação, s. f. manipulation.

manipulador, s. m. manipulator.

manipular, v. tr. to manipulate; to handle.

manípulo, s. m. handle.

manivela, s. f. handle; crank.

manjar, s. m. delicacy, titbit.

manjedoura, s. f. manger.

manjerico, s. m. (bot.) basil.

manobra, s. f. manoeuvre; evolution.

manobrar, v. tr. to handle; to operate.

mansão, s. f. mansion.

mansarda, s. f. garret.

mansidão, s. f. meekness.

manso, adj. meek; mild; gentle.

manta, s. f. rug.

manteiga, s. f. butter; **pão com manteiga:** bread and butter; **pôr manteiga:** to butter.

manteigueira, s. f. butter dish.

manter, v. tr. e refl. to maintain; to keep; to support; to affirm; **manter a palavra:** to keep one's word; **manter-se à altura:** to act up to; **manter-se calmo:** to keep calm.

mantilha, s. f. mantilla.

mantimentos, s. m. pl. provisions; victuals.

manto, s. m. mantle; cloak; **manto de neve:** a blanket of snow.

manual, 1. adj. manual, handmade; **2.** s. m. manual; handbook.

manufactura, s. f. manufacture.

manufacturar, v. tr. to manufacture.

manuscrito, adj. e s. m. manuscript.

manusear, v. tr. to handle; to thumb (a book).

manuseio, s. m. handling.

manutenção, s. f. maintenance; management.

mão, s. f. hand; **mãos ao alto!:** hands up!; **apertar a mão:** to shake hands; **deitar uma mão a:** to lend a hand to; **lançar a mão a:** to lay hands on; to reach for; **de mãos vazias:** empty-handed; **ir de mão dada:** to go hand in hand; **meter as mãos nos bolsos:** to stick one's hands in one's pockets; **pôr mãos à obra:** to set one's hand to; **ter à mão:** to have at hand; **ter entre mãos:** to have in hand.

mão-cheia, s. f. handful.

mão-de-obra, s. f. workmanship.

mapa, s. m. map; list; table; roll.

maqueiro, s. m. stretcher-bearer.

maqueta, s. f. sketch; model.

maquiavelismo, s. m. Machiavellism.

máquina, s. f. machine; **máquina de costura:** sewing-machine; **máquina de escrever:** typewriter; **máquina de lavar:** washer, washing-machine; **máquina de lavar a louça:** dish washing-machine; **máquina fotográfica:** camera.

maquinação, s. f. machination; plot; intrigue.

maquinar, v. tr. to machinate; to plot; to intrigue.

maquinaria, s. f. machinery.

maquinista, s. m. f. engine-driver.

mar, s. m. sea; **além-mar:** overseas; **alto mar:** open sea; **à beira-mar:** at the seaside; on the seashore; by the sea; **fundo do mar:** bottom of the sea; **homem ao mar!:** man overboard!; **por mar:** by sea.

maracotão, s. m. (bot.) melocoton.

marasmo, s. m. apathy; idleness.

maratona, s. f. marathon.

maravilha, s. f. marvel; wonder; prodigy; **fazer maravilhas:** to work wonders; **país das maravilhas:** wonderland.

maravilhar, 1. v. tr. to amaze; to astonish; **2.** v. refl. to marvel.

maravilhoso, adj. marvelous; wonderful.

marca, s. f. mark; (com.) brand; sign; characteristic; **marca registada:** trademark.

marcação, s. f. demarcation; marking.

marcador, s. m. marker; scorer; felt pen.

marcante, adj. leading; striking.

marcar, v. tr. to mark; to designate; to determine.

marcenaria, s. f. cabinet-making; joinery.

marceneiro, s. m. cabinet-maker; joiner.

marcha, s. f. march; advance; progress; **marcha forçada:** forced march; **marcha fúnebre:** dead march; **abrandar a marcha:** to slow down; **em marcha:** on the march.

marchar, v. intr. to march; to walk; to advance.

marcial, adj. martial.

marciano, adj. e s. m. Martian.

marco, s. m. boundary; landmark; (unit of money) mark; **marco do correio:** mail-box.

Março, s. m. March.

maré, s. f. tide; **maré alta:** floodtide, high water; **maré baixa:** ebbtide, low water; **remar contra a maré:** to swim against the tide.

marechal, s. m. marshal.

marejar, v. tr. to exude; to ooze; **olhos marejados de lágrimas:** eyes filled with tears.

maremoto, s. m. seaquake.

maresia, s. f. sea-smell.

marfim, s. m. ivory.

margarida, s. f. (bot.) daisy.

margarina, s. f. margarine.

margem, s. f. margin; border; riverside; river bank.

marginal, 1. adj. marginal; **2.** s. m. f. delinquent.

maricas, s. m. sissy, gay.

marido, s. m. husband.

marinha, s. f. navy; **marinha mercante:** merchant marine.

marinheiro, s. m. sailor; seaman.

marinho, adj. maritime; marine; **azul marinho:** navy blue; **cavalo marinho:** sea-horse.

mariola, 1. adj. roguish; knavish; **2.** s. m. knave; rascal; porter.

marioneta, s. f. puppet.

mariposa, s. f. (zool.) moth.

marisco, s. m. shellfish.

marital, adj. marital.

marítimo, 1. adj. maritime; naval; **brisa marítima:** sea-breeze; **2.** s. m. sailor, mariner.

marmanjão, s. m. rogue.

marmelada, s. f. quince jelly.

marmeleiro, s. m. quince-tree.

marmelo, s. m. quince.

marmita, s. f. kettle; pot.

mármore, s. m. marble.

marmota, s. f. (zool.) marmot.

marosca, s. f. trick; cheat.

maroto, adj. malicious; naughty.

marquês, s. m. marquis.

marquesa, s. f. (med.) (operating) table.

marrar, v. intr. to butt; (fam., fig.) to cram.

marreca, s. f. hump; hunchback.

marreco, 1. adj. hunchbacked; **2.** s. m. hunchback.

marreta, s. f. flogging; stonemason's hammer.

marroquino, 1. adj. Moorish; **2.** s. m. Moor.

marsupial, adj. e s. m. marsupial.

marta, s. f. (zool.) marten.

martelada, s. f. hammer-blow.

martelar, v. tr. e intr. to hammer; to annoy; to insist.

martelo, s. m. hammer.

mártir, s. m. f. martyr.

martírio, s. m. martyrdom; torture.

martirizar, v. tr. to torment; to torture.

marujo, s. m. sailor.

marulhar, v. intr. to surge.

marxismo, s. m. Marxism.

mas, conj. but; however; yet.

mascar, v. tr. e intr. to chew.

máscara, s. f. mask; disguise; **máscara de gás:** gas-mask; **baile de máscaras:** fancy-dress ball.

mascarada, s. f. masquerade.

mascarar, v. tr. to mask; to disguise.

mascarilha, s. f. half-mask.

mascarrar, v. tr. to stain; to taint; to daub; to besmear.

mascavado, adj. unrefined; **açúcar mascavado:** raw sugar.

mascote, s. m. mascot; talisman.

masculino, adj. masculine.

másculo, adj. robust; strong; manly.

masmorra, s. f. dungeon.

massa, s. f. paste; pastry, dough; mass; volume.

massacrar, v. tr. to massacre; to slaughter; (fig.) to badger.

massacre, s. m. massacre; slaughter.

massagem, s. f. massage.

massagista, s. m. f. masseur; (woman) masseuse.

massajar, v. tr. to massage, to rub.

masseira, s. f. kneading-trough.

massificação, s. f. mass media influence.

massificar, v. tr. to influence by the mass media.

massudo, adj. large; compact; solid; thick.

mastigação, s. f. chewing.

mastigar, v. tr. to masticate; to chew.

mastro, s. m. mast.

masturbação, s. f. masturbation.

mata, s. f. wood; thicket.

mata-borrão, s. m. blotting-paper.

matador, s. m. slaughterer; matador.

matadouro, s. m. slaughterhouse.

matagal, s. m. thicket; bush.

matança, s. f. slaughter; massacre.

matar, v. tr. e intr. to kill; to put to death; to slay; **matar à fome:** to starve; **matar a sede:** to quench one's thirst; **matar o tempo:** to while away the time; **fica-te a matar:** it suits you to perfection.

mate, s. m. mate (at chess).

matemática, s. f. mathematics, maths.

matemático, 1. adj. mathematical; 2. s. m. mathematician.

matéria, s. f. matter; affair; subject; issue.

material, adj. e s. m. material.

materialismo, s. m. materialism.

materialista, 1. adj. materialistic; 2. s. m. f. materialist.

materialização, s. f. materialization.

materializar, v. tr. to materialize.

matéria-prima, s. f. raw material.

maternal, adj. maternal; motherly.

maternidade, s. f. maternity; maternity hospital.

materno, adj. maternal.

matilha, s. f. pack.

matinal, adj. early.

matiz, s. m. hue; nuance; colouring.

matizar, v. tr. to shade; to adorn; to mingle colours.

mato, s. m. brushwood.

matreirice, s. f. craftiness; cunning.

matreiro, adj. crafty; sly.

matriarcado, s. m. matriarchy.

matricídio, s. m. matricide.

matrícula, s. f. matriculation; enrolment; (car) plate.

matricular, v. tr. e refl. to enrol; (University) to matriculate.

matrimónio, s. m. matrimony; marriage.

matriz, 1. adj. chief; principal; 2. s. f. matrix.

matrona, s. f. matron.

matulão, s. m. vagrant; strong boy; tramp.

maturação, s. f. maturation.

maturar, v. tr. e intr. to mature; to ripen.

maturidade, s. f. maturity.

matutar, v. intr. to muse; to ponder.

matutino, adj. early.

mau, adj. bad; evil; **maus modos:** rude manners.

mausoléu, s. m. mausoleum.

mavioso, adj. tender; suave; harmonious.

maxila, s. f. jawbone.

maxilar, 1. adj. maxillary; 2. s. m. jawbone.

máxima, s. f. maxim.

máximo, 1. adj. greatest; maximum; 2. s. m. maximum; top; **até ao máximo de:** to a maximum of; **no máximo:** at the most; **é o máximo que posso fazer:** that is the utmost I can do.

mazela, s. f. wound; sore; stain.

me, pron. pess. me; to me.

meada, s. f. skein; hank (of wool); **perder o fio à meada:** (fig.) to lose the thread of the story.

meado, adj. e s. m. middle; half; **em meados de Junho:** in mid-June.

mealheiro, s. m. money-box.

meandro, s. m. meander; (fig.) plot.

mecânica, s. f. mechanics.

mecânico, 1. adj. mechanical; **deficiência mecânica:** mechanical fault; **2.** s. m. mechanic.

mecanismo, s. m. mechanism.

mecha, s. f. lamp-wick; **na mecha:** (fig.) at full speed.

meda, s. f. heap; rick (of hay); stack (of straw).

medalha, s. f. medal; coin; **reverso da medalha:** reverse of the medal.

medalhão, s. m. medallion.

medalhística, s. f. study of medals.

média, 1. s. f. average; mean; **acima da média:** above the standard; **abaixo da média:** below the standard; **à média de:** at the rate of; **em média:** on an average; **2.** s. m. pl. mass media.

mediação, s. f. mediation; intervention.

mediador, 1. adj. mediatory; **2.** s. m. mediator.

medianeiro, 1. adj. intermediate; **2.** s. m. go-between, middleman.

mediania, s. f. average state.

mediano, adj. median; intermediate; middling.

mediante, prep. by means of; through.

medicação, s. f. medication.

medicamentar, v. tr. to medicate; to prescribe.

medicamento, s. m. medicament; medicine.

medição, s. f. measurement; measuring.

medicar, v. tr. to medicate.

medicina, s. f. medicine.

médico, 1. adj. medical; **investigação médica:** medical research; **2.** s. m. physician; doctor; **médico de clínica geral:** general practitioner.

medida, s. f. measure; measurement; size; **medida de compri-**

mento: measure of length; **medida de precaução:** precautionary measure; **à medida de:** according to; **à medida que:** as; **em certa medida:** in some measure, to some extent; **em larga medida:** in a great measure; **encher as medidas:** to fill one's expectation.

medidor, s. m. meter.

medieval, adj. mediaeval.

médio, adj. average; middle; **classe média:** the middle class; **de altura média:** of medium height; **Idade Média:** Middle Ages; **onda média:** (radio) medium wave; **temperatura média:** average temperature.

medíocre, adj. mediocre; inferior; commonplace.

mediocridade, s. f. mediocrity.

medir, v. tr. to measure; to weigh; to judge; **medir forças com:** to match one's strength with; **medir as palavras:** to weigh one's words.

meditação, s. f. meditation.

meditar, v. tr. to meditate; to ponder.

mediterrâneo, s. m. e adj. Mediterranean; **o mar Mediterrâneo:** the Mediterranean sea.

médium, s. m. medium.

medo, s. m. fear; fright; dread; **estar transido de medo:** to be frightened to death; **morrer de medo:** to die of fright; **ter medo:** to be afraid of; to fear.

medonho, adj. frightful; awsome; dreadful.

medrar, v. intr. to grow; to increase; to progress.

medricas, adj. chicken; yellow.

medronho, s. m. (bot.) arbutus.

medroso, adj. fearful; timid; fainthearted.

medula, *s. f.* medulla; marrow.

megafone, *s. m.* megaphone.

megalítico, *adj.* megalithic.

megalomania, *s. f.* megalomania.

megalómano, *s. m.* megalomaniac.

megera, *s. f. (fig.)* shrew.

meia, *s. f.* (men) sock; (women) stocking.

meia-idade, *s. f.* middle-age.

meia-noite, *s. f.* midnight.

meigo, *adj.* meek; tender.

meiguice, *s. f.* meekness; gentleness; tenderness.

meio, 1. *adj.* half; middle; mid; **2.** *adv.* half; almost; **3.** *s. m.* middle; midst; means; centre; **meio ambiente:** environment; **a meio caminho:** half-way; **a meia voz:** in an undertone; **cortar ao meio:** to cut into halves; **estar bem de meios:** to be well off.

meia-calça, *s. f.* stockings; tights.

meio-dia, *s. m.* midday.

meio-irmão, *s. m.* half-brother.

meio-tempo, *s. m.* part-time.

mel, *s. m.* honey.

melado, *adj.* honey-coloured.

melancia, *s. f. (bot.)* water-melon.

melancolia, *s. f.* melancholy; gloom; despondency.

melão, *s. m. (bot.)* melon.

melar, 1. *v. tr.* to sweeten with honey; **2.** *v. intr.* to become smutty (corn).

melena, *s. f.* long hair.

melga, *s. f. (zool.)* gnat, midge.

melhor, *adj. e adv.* better; **melhor do que nunca:** better than ever; **melhor seria:** it would be better; one would better; **cada vez melhor:** better and better; **fazer o melhor possível:** to do one's best; **levar a melhor:** to have the upper-hand of; to get the better of; **tanto melhor:** so much the better.

melhoras, *s. f. pl.* improvements; amelioration; **sentes algumas melhoras?:** are you feeling any better?

melhoramento, *s. m.* improvement.

melhorar, 1. *v. tr.* to ameliorate; to improve; **2.** *v. intr.* to get better.

melhoria, *s. f.* amelioration; improvement.

meliante, *s. m.* thief, burglar.

melífluo, *adj.* mellifluous; *(fig.)* sugary, honied, sweet-sounding.

melindrar, 1. *v. tr.* to offend; to vex; to hurt; **2.** *v. refl.* to be piqued; to take offence.

melindre, *s. m.* resentment; sensitiveness.

melindroso, *adj.* sensitive; susceptible; impressionable.

melodia, *s. f.* melody; tune.

melódico, *adj.* melodious.

melodioso, *adj.* melodious; harmonious.

melodrama, *s. m.* melodrama.

melodramático, *adj.* melodramatic.

melomania, *s. f.* melomania.

melopeia, *s. f.* tune.

melro, *s. m. (zool.)* blackbird.

membrana, *s. f.* membrane.

membro, *s. m.* member; limb; **membro do Parlamento:** Member of Parliament (M. P.); **membro superior:** upper limb; **membro inferior:** lower limb.

memorando, *s. m.* memorandum; memo.

memorável, *adj.* memorable; unforgettable.

memória, *s. f.* memory; recollection; *pl.* memoirs; **em memória de:** in memory of; **falar de memória:** to speak from memory; **perda de memória:** loss of memory.

menagem, *s. f.* homage; **torre de menagem:** donjon.

menção, *s. f.* mention; **fazer menção:** to mention; to make as if.

mencionar, *v. tr.* to mention; to refer; to allude to; **abaixo mencionado:** undermentioned.

mendicidade, *s. f.* vagrancy.

mendigar, *v. tr. e intr.* to beg.

mendigo, *s. m.* beggar; vagrant.

menear, 1. *v. tr.* to wag; to shake; **2.** *v. refl.* to waddle, to swing one's body.

meneio, *s. m.* swaying; wagging.

menestrel, *s. m.* minstrel.

menina, *s. f.* miss; girl.

meningite, *s. f. (med.)* meningitis.

meninice, *s. f.* childhood.

menino, *s. m.* little boy; kid; **desde menino:** from a child.

menisco, *s. m.* meniscus.

menopausa, *s. f.* menopause.

menor, 1. *adj.* less; lesser; smaller; minor; **2.** *s. m. f.* underage boy, underage girl.

menos, 1. *pron. indef.* less; **2.** *adv.* less; **3.** *prep.* except; save; **menos que todos:** least of all; **ainda menos:** even less; **a menos que:** unless; **cada vez menos:** less and less; **mais ou menos:** more or less; sort of; **nada menos de:** nothing less than; **pelo menos:** at least; **tanto menos:** so much the less.

menosprezar, *v. tr.* to despise; to undervalue.

menosprezo, *s. m.* contempt; scorn; disdain.

mensageiro, *s. m.* messenger; emissary.

mensagem, *s. f.* message.

mensal, *adj.* monthly.

mensalidade, *s. f.* monthly payment; monthly allowance.

menstruação, *s. f.* menstruation; menses.

mensurável, *adj.* measurable.

mental, *adj.* mental; **cálculo mental:** mental arithmetic; **doente mental:** mental patient.

mentalidade, *s. f.* mentality.

mente, *s. f.* mind; understanding; intellect; **de boa mente:** willingly; **ter em mente:** to have (something) on one's mind.

mentecapto, *adj.* mad; foolish.

mentir, *v. intr.* to lie.

mentira, *s. f.* lie; **dizer mentiras:** to tell lies.

mentiroso, 1. *adj.* lying; untruthful; **2.** *s. m.* liar.

mentol, *s. m.* menthol.

mentor, *s. m.* mentor.

mercado, *s. m.* market; **mercado financeiro:** money-market; **dia de mercado:** market-day.

mercador, *s. m.* merchant; **fazer ouvidos de mercador:** *(fig.)* to turn a deaf ear.

mercadoria, *s. f.* merchandise; goods; **entregar mercadorias:** to deliver goods.

mercante, *adj.* merchant.

mercê, *s. f.* grace; mercy; forbearance; **à mercê de:** at the mercy of.

mercearia, *s. f.* grocer's shop; *pl.* groceries.

merceeiro, *s. m.* grocer.

mercenário, *adj. e s. m.* mercenary.

mercúrio, *s. m.* mercury.

merecedor, *adj.* worthy; deserving.

merecer, *v. tr.* to deserve; to be worthy of.

merecimento, *s. m.* merit; worthiness.

merenda, *s. f.* afternoon snack; light refreshment.

merendar, *v. tr. e intr.* to take an afternoon snack.

meretriz, *s. f.* prostitute; whore.

mergulhador, s. m. diver.

mergulhar, 1. v. intr. to dive; to plunge; **2.** v. tr. e refl. to plunge; to dip.

mergulho, s. m. dive; plunge.

meridiano, adj. e s. m. meridian.

meridional, adj. meridional; southern; austral.

mérito, s. m. merit; worth.

meritório, adj. praiseworthy.

mero, adj. mere; absolute.

mês, s. m. month.

mesa, s. f. table; **cama e mesa:** board and lodging; **levantar a mesa:** to clear the table; **levantar-se da mesa:** to rise from table; **pôr a mesa:** to lay the table; **sentar-se à mesa:** to sit down to table.

mesada, s. f. monthly allowance; month's wages.

mesa-de-cabeceira, s. f. bedside-table.

mescla, s. f. mixture.

mesclar, v. tr. to mix.

mesmo, 1. adj. e pron. same, like; **2.** adv. even; **agora mesmo:** just now; right now; **ao mesmo tempo:** at the same time; **do mesmo modo:** in the same way; **estar quase na mesma:** to be much the same; **eu mesmo:** I myself; **mesmo assim:** even so; **mesmo agora:** even now; **mesmo que:** even if; even though; **por isso mesmo:** for that very reason.

mesopotâmico, adj. Mesopotamic; Mesopotamian.

mesolítico, adj. e s. m. mesolithic.

mesquinho, adj. mean; paltry.

mesquita, s. f. mosque.

messe, s. f. harvest; crop; (army) mess.

Messias, s. m. Messiah.

mestiço, 1. adj. half-blooded, half-bred; **2.** s. m. half-blood.

mestre, 1. adj. chief, main; **2.** s. m. master; teacher; schoolmaster; an expert.

mestre-de-obras, s. m. contractor.

mestria, s. f. mastery; expertness; skill.

mesura, s. f. bow.

meta, s. f. goal; limit; end.

metabolismo, s. m. metabolism.

metade, s. f. half.

metafísica, s. f. metaphysics.

metafísico, 1. adj. metaphysical; **2.** s. m. metaphysician.

metáfora, s. f. metaphor.

metal, s. m. metal; coin.

metálico, adj. metallic.

metalizar, v. tr. to metallize.

metalurgia, s. f. metallurgy.

metalúrgico, 1. adj. metallurgic; **2.** s. m. metallurgist.

metamorfose, s. f. metamorphosis; change.

metamorfosear, v. tr. to metamorphose; to transmute.

metástase, s. f. metastasis.

metediço, 1. adj. meddlesome; pushing; **2.** s. m. busybody; meddler.

meteórico, adj. meteoric.

meteorito, s. m. meteorite.

meteoro, s. m. meteor; shooting-star.

meteorologia, s. f. meteorology.

meteorológico, adj. meteorological; **boletim meteorológico:** weather report.

meteorologista, s. m. f. meteorologist.

meter, v. tr. e refl. to put; to set; **meter medo:** to frighten; **meter na cabeça:** to put into one's head; **meter o nariz:** to poke one's nose into; **meter-se a caminho:** to start; to set out; **meter-se com:** to meddle with; to pick a quarrel with someone.

meticuloso, *adj.* meticulous; painstaking.

metileno, *s. m.* methylene.

metódico, *adj.* methodical; **pessoa metódica:** methodical person.

metodismo, *s. m.* Methodism.

método, *s. m.* method; system; **os métodos mais modernos:** the latest methods.

metodologia, *s. f.* methodology.

metonímia, *s. f.* metonymy.

metralhadora, *s. f.* machine-gun.

métrica, *s. f.* metrics.

métrico, *adj.* metrical; **sistema métrico:** metric system.

metro, *s. m.* metre; *(E.U.A.)* meter.

metrópole, *s. f.* metropolis.

metropolitano, 1. *adj.* metropolitan; **2.** *s. m.* underground; tube.

meu, 1. *adj. poss.* my; **2.** *pron. poss.* mine; **um amigo meu:** a friend of mine.

mexer, 1. *v. tr.* to stir; to displace; to trouble; **2.** *v. intr.* to touch; **3.** *v. refl.* to stir.

mexericar, *v. intr.* to intrigue; to tell tales.

mexerico, *s. m.* tittle-tattle; intrigue.

mexeriqueiro, *s. m.* tale-bearer; intriguer; busybody.

mexeriquice, *s. f.* intrigue.

mexicano, *adj. e s. m.* Mexican.

mexida, *s. f.* convulsion; disorder.

mexido, *adj.* restless; **ovos mexidos:** scrambled eggs.

mexilhão, *s. m. (zool.)* mussel.

mi, *s. m. (mús.)* mi, E.

miadela, *s. f.* mewing.

miar, *v. intr.* to mew; to miaow.

miau, *s. m.* miaow.

micado, *s. m.* mikado.

micose, *s. f.* mycosis.

micróbio, *s. m.* microbe; bacterium.

microbiologia, *s. f.* microbiology.

microfone, *s. m.* microphone.

micrografia, *s. f.* micrography.

micrógrafo, *s. m.* micrograph.

microondas, *s. m.* microwave.

microscopia, *s. f.* microscopy.

microscópico, *adj.* microscopic.

microscópio, *s. m.* microscope.

mictório, 1. *adj.* diuretic; **2.** *s. m.* urinal.

migalha, *s. f.* crumb; **migalha de pão:** breadcrumb.

migração, *s. f.* migration.

migrante, *adj.* migrant.

migrar, *v. intr.* to migrate.

mil, *num.* thousand; **mil e uma coisas:** thousand and one things; **um em mil:** one in a thousand.

milagre, *s. m.* miracle; **fazer um milagre:** to work a miracle.

milagreiro, *s. m.* miracle-monger; miracle-worker.

milagroso, *adj.* miraculous.

míldio, *s. m.* mildew.

milenário, *adj. e s. m.* millenarian.

milénio, *s. m.* millenium.

milésimo, *num.* millesimal; thousandth.

milha, *s. f.* mile; **milha marítima:** nautical mile.

milhafre, *s. m.* kite.

milhão, *num.* million.

milhar, *num.* a thousand.

milho, *s. m.* maize; Indian corn.

milícia, *s. f.* militia.

miligrama, *s. m.* milligramme.

mililitro, *s. m.* millilitre.

milímetro, *s. m.* millimetre.

milionário, *s. m.* millionaire.

milionésimo, *num.* millionth.

militante, *adj. e s. m. f.* militant.

militar, 1. *adj.* military; **2.** *s. m.* soldier; **3.** *v. tr.* to serve as a soldier; to militate.

mim, *pron. pess.* me; **ainda não estou bem em mim:** I have not quite got over it yet; **a mim mesmo:** to myself; **para mim:** for myself.

mimalho, *adj.* spoilt; **criança mimalha:** spoilt child.

mimar, *v. tr.* to caress; to stroke; to spoil.

mimetismo, *s. m.* mimicry.

mímica, *s. f.* mimicry.

mímico, *adj.* mimic.

mimo, *s. m.* caress, petting; daintiness; present.

mimosa, *s. f. (bot.)* mimosa.

mimosear, *v. tr.* to make a gift to; to present with.

mimoso, *adj.* delicate; tender; sensitive.

mina, *s. f.* mine.

minar, *v. tr.* to mine; to dig; to undermine.

mineiro, 1. *s. m.* miner, collier; 2. *adj.* mining; **região mineira:** mining district.

mineral, *adj.* e *s. m.* mineral.

mineralogia, *s. f.* mineralogy.

minério, *s. m.* ore.

míngua, *s. f.* lack; want; need; **à míngua de:** for want of.

minguante, *adj.* decreasing; **quarto minguante:** last quarter.

minguar, *v. intr.* to decrease; to diminish; to become scarce.

minha, *adj.* e *pron. poss.* my; mine.

minhoca, *s. f. (zool.)* earthworm.

miniatura, *s. f.* miniature.

mínimo, 1. *adj.* least; smallest; slightest; **salário mínimo:** minimum wage; 2. *s. m.* minimum; little finger; **mínimo possível:** as little as possible.

mini-saia, *s. f.* mini-skirt.

ministério, *s. m.* ministry; **Ministério dos Negócios Estrangeiros:** the Foreign Office.

ministrar, *v. tr.* to furnish; to supply; to grant; to minister.

ministro, *s. m.* minister.

minoração, *s. f.* lessening; diminution.

minorar, *v. tr.* to diminish; to lessen.

minoria, *s. f.* minority.

minúcia, *s. f.* detail.

minucioso, *adj.* particular; accurate; precise; **descrições minuciosas:** minute descriptions.

minúscula, *s. f.* small letter, lower case.

minúsculo, *adj.* small; insignificant.

minuta, *s. f.* minute.

minuto, *s. m.* minute; **espere um minuto:** wait a minute.

miolo, *s. m.* kernel; pith; *pl.* the brain; **miolo do pão:** the crumb.

míope, 1. *adj.* myopic; short-sighted; 2. *s. m.* myope; short-sighted person.

miopia, *s. f.* short-sightedness, myopia.

mira, *s. f.* sight (of a gun); aim; end.

mirabolante, *adj.* pompous; showy.

miraculoso, *adj.* miraculous.

miradouro, *s. m.* belvedere.

miragem, *s. f.* mirage.

mirar, *v. tr.* to look at; to aim at; to stare at.

miríade, *s. f.* myriad.

mirificar, *v. tr.* to render wonderful.

mirolho, 1. *adj.* squinting; 2. *s. m.* squint-eyed person.

mirra, *s. f. (bot.)* myrrh.

mirrar, 1. *v. tr.* to dry; to fade; to wither; 2. *v. refl.* to grow lean; to dry up.

misantropia, *s. f.* misanthropy.

misantropo, 1. *adj.* misanthropic; 2. *s. m.* misanthrope.

miscelânia, *s. f.* miscellany; medley; confusion.

miserável, 1. adj. poor; worthless; **2.** s. m. f. beggar.

miséria, s. f. poverty; **viver na miséria:** to live in misery and want.

misericórdia, s. f. mercy; pity.

misericordioso, adj. merciful; compassionate.

missa, s. f. Mass.

missal, s. m. mass-book.

missanga, s. f. glass beads.

missão, s. f. mission.

míssil, s. m. missile; **rampa de lançamento de mísseis:** guided missile launching.

missionário, adj. e s. m. missionary.

missiva, s. f. missive; letter.

mistela, s. f. hotchpotch; medley.

mister, s. m. need; duty.

mistério, s. m. mystery; **mistério por resolver:** an unsolved mystery; **envolto em mistério:** wrapped in mystery; **fazer mistério:** to make a mystery of.

misterioso, adj. mysterious; obscure.

misticismo, s. m. mysticism.

místico, adj. mystic; occult; esoteric.

mistificação, s. f. mystification.

mistificador, 1. adj. mistifying; **2.** s. m. mystifier.

mistificar, v. tr. to mystify; to puzzle; to cheat.

misto, 1. adj. mixed; **2.** s. m. mixture.

mistura, s. f. mixture; medley; blending.

misturada, s. f. hotchpotch.

misturador, s. m. mixer.

misturar, v. tr. to mix; to blend; to mingle; to stir together.

mítico, adj. mythic; mythical.

mitigação, s. f. mitigation; moderation.

mitigar, v. tr. to mitigate; to alleviate; to soften.

mito, s. m. myth.

mitologia, s. f. mythology.

mitológico, adj. mythological.

mitra, s. f. mitre.

miudeza, s. f. minuteness; pl. small things.

miúdo, 1. adj. slender; slim; minute; **arraia miúda:** mob, rabble; **2.** s. m. kid.

mixórdia, s. f. hotchpotch; jumble.

mó, s. f. grindstone; millstone.

moagem, s. f. milling; grinding.

mobilar, v. tr. to fit up; to furnish.

mobília, s. f. furniture.

mobiliário, s. m. furniture.

mobilidade, s. f. mobility.

mobilização, s. f. mobilization.

mobilizar, v. tr. to mobilize.

moca, s. f. club; cudgel; mocha.

moça, s. f. girl.

mocada, s. f. blow with a club; (pop.) chip.

moçambicano, adj. e s. m. native of Mozambique.

moção, s. f. motion.

mocetão, s. m. stout young man.

mochila, s. f. knapsack.

mocho, s. m. stool; (zool.) owl.

mocidade, s. f. youth; youthfulness; **flor da mocidade:** bloom of youth.

moço, 1. adj. young; **2.** s. m. young man; servant; **moço de recados:** errand-boy.

moda, s. f. fashion; **à moda:** in fashion; **estar na moda:** to be all the fashion; **fora de moda:** out of fashion; old-fashioned.

modalidade, s. f. modality.

modelação, s. f. modelling; moulding; shaping.

modelar, 1. adj. exemplary; model; **2.** v. tr. to model; to mould; to shape.

modelo, 1. adj. model; **2.** s. m. model; pattern; standard; example.

modem, s. m. (inform.) modem.

moderação, s. f. moderation; temperance.

moderado, adj. moderate; temperate; mild (weather).

moderador, 1. adj. moderating; **2.** s. m. moderator.

moderar, v. tr. to moderate; to repress; to restrain; to slacken.

modernidade, s. f. modernity.

modernização, s. f. modernization.

modernizar, v. tr. to modernize.

moderno, adj. modern; recent; up-to-date.

modéstia, s. f. modesty; moderation.

modesto, adj. modest; moderate; humble.

módico, adj. small; moderate; **preço módico:** low price.

modificação, s. f. modification; alteration.

modificador, 1. adj. modifying; **2.** s. m. modifier.

modificar, v. tr. to modify; to alter; to change.

modista, s. f. dressmaker.

modo, s. m. mode; manner; way; method; **de certo modo:** in a certain way; **de modo que:** in order that; so that; **de modo nenhum:** by no means; **de qualquer modo:** anyway; all the same; at any rate; **do mesmo modo:** in the same way.

modorra, s. f. lethargy; torpor.

modulação, s. f. modulation.

módulo, s. m. module.

moeda, s. f. coin; money; currency; **atirar a moeda ao ar:** to toss up a coin; **casa da moeda:** the mint; **pagar na mesma moeda:** (fig.) to pay a man back in his own coin; to give tit for tat.

moela, s. f. gizzard.

moer, v. tr. to grind; to mill; (fig.) to harass; to annoy; to nag at.

mofa, s. f. mockery; scorn.

mofar, 1. v. tr. to mock; to scoff at; **2.** v. intr. to scoff.

mofo, s. m. mould; mouldiness; (fig.) out-of-date; **cheiro a mofo:** mouldy smell.

mogno, s. m. mahogany.

moído, adj. harassed; tired.

moinho, s. m. mill; **moinho de café:** coffee-grinder.

moita, s. f. wood.

mola, s. f. spring.

molar, 1. adj. molar; **2.** s. m. cheektooth, molar.

moldar, v. tr. to mould.

molde, s. m. mould; pattern; model.

moldura, s. f. picture frame.

mole, adj. soft; smooth; indolent.

molécula, s. f. molecule.

moleiro, s. m. miller.

molestar, v. tr. to molest; to tease.

moléstia, s. f. illness; nuisance.

moleza, s. f. softness; slackness.

molha, s. f. wetting; **apanhar uma molha:** to get a wetting; to get wet through.

molhado, adj. wet.

molhar, 1. v. tr. to wet; to moisten; **2.** v. refl. to get wet.

molhe, s. m. pier; mole; breakwater.

molho, s. m. sheaf; faggot.

molho, s. m. sauce; gravy; **pôr de molho:** to put to soak.

moliço, s. m. seaweeds used as manure.

molusco, s. m. (zool.) mollusc.

momentâneo, adj. momentary; transient; transitory.

momento, s. m. moment; instant; opportunity; **até ao momento:** up to now; **a todo o momento:** at any time; at any moment; **chegou o momento de:** the time is come for; **de momento:** for the moment; **depois de um momento:** after a while; **desde este momento:** from this moment; **naquele momento:** just then; **neste momento:** just now; **no momento próprio:** in the nick of time; **nos bons e nos maus momentos:** through fair and foul; **só um momento!:** just a moment!

momo, s. m. mime.

monarca, s. m. monarch.

monarquia, s. f. monarchy.

monárquico, adj. e s. m. monarchical; monarchist.

monástico, adj. monastic.

monção, s. f. monsoon.

monco, s. m. snot.

mondar, v. tr. to weed; to clear; to pull up.

monetário, adj. monetary.

monge, s. m. monk; friar.

monitor, s. m. monitor.

mono, s. m. ape; monkey.

monocelular, adj. unicellular.

monocórdico, adj. (mús.) singlestring.

monocromático, adj. monochromatic.

monóculo, s. m. monocle; eyeglass.

monogamia, s. f. monogamy.

monografia, s. f. monography.

monograma, s. m. monogram.

monolítico, adj. monolithic.

monólogo, s. m. monologue.

monopólio, s. m. monopoly.

monopolização, s. f. monopolization.

monopolizador, s. m. monopolizer.

monopolizar, v. tr. to monopolize.

monossilábico, adj. monosyllabic.

monotonia, s. f. monotony.

monótono, adj. monotonous; tedious; wearisome.

monsenhor, s. m. monsignor; monseigneur.

monstro, s. m. monster.

monstruosidade, s. f. monstrosity; deformity; eyesore.

monstruoso, adj. monstrous; enormous; shocking.

monta, s. f. amount; cost; **de monta:** of consequence; **coisa de pouca monta:** a trifle.

montada, s. f. mounting; riding-horse.

montador, s. m. fitter.

montagem, s. f. setting; fitting up; assembly; (film) editing; **secção de montagem:** assembly room.

montanha, s. f. mountain.

montanha-russa, s. f. roller coaster, big dipper.

montanhoso, adj. mountainous.

montante, s. m. amount; sum; **a montante:** upstream; **no montante de:** amounting to.

montão, s. m. heap; pile; **aos montões:** by heaps.

montar, v. tr. to mount; to ride; to fit up; to set; to assemble; **montar um negócio:** to establish oneself in trade.

monte, s. m. mount; heap; pile; wood; **montes de:** loads of; **andar a monte:** to live at large; **por montes e vales:** over hill and dale.

montês, adj. wild; rude.

montículo, s. m. monticle; mound; hillock.

montra, s. f. shop-window.

monumento, s. m. monument.

mor, adj. grand.

morada, s. f. address.

moradia, s. f. cottage; villa.

morador, s. m. dweller, lodger; tenant.

moral, 1. *adj.* moral; 2. *s. f.* morals.

moralidade, *s. f.* morality.

moralista, 1. *adj.* moralistic; 2. *s. m. f.* moralist.

moralização, *s. f.* moralization.

moralizador, 1. *adj.* moralizing; 2. *s. m.* moralizer.

moralizar, *v. tr.* to moralize.

morango, *s. m. (bot.)* strawberry.

morar, *v. intr.* to live.

morbidez, *s. f.* morbidity; morbidness.

mórbido, *adj.* morbid.

morcão, *s. m.* simpleton; booby.

morcego, *s. m. (zool.)* bat.

morcela, *s. f.* blood-sausage.

mordaça, *s. f.* gag.

mordacidade, *s. f.* mordacity.

mordaz, *adj.* mordant; sarcastic.

mordedela, *s. f.* bite.

morder, *v. tr., intr. e refl.* to bite; **morder-se de inveja:** to grow green with envy; **morder os lábios:** to bite one's lips.

mordiscar, *v. tr.* to nibble.

mordomo, *s. m.* butler.

moreira, *s. f. (bot.)* mulberry-tree.

morena, *s. f.* brunette.

moreno, *adj.* dark-skinned; **tez morena:** dark complexion.

morfina, *s. f.* morphine.

morfologia, *s. f.* morphology.

morfológico, *adj.* morphologic.

morgado, *s. m.* eldest son.

morgue, *s. f.* mortuary; morgue.

moribundo, 1. *adj.* moribund; dying; 2. *s. m.* dying man.

mormente, *adv.* mainly; especially.

morno, *adj.* lukewarm; tepid.

morosidade, *s. f.* slowness.

moroso, *adj.* slow; backward.

morra!, *interj.* down with!

morrer, *v. intr.* to die; to perish; to fade away; **morrer de fome:** to starve to death; **morrer de frio:** to freeze to death; **morrer de inveja:** to die with envy; **morrer de riso:** to die of laughing.

morro, *s. m.* hillock.

morsa, *s. f. (zool.)* morse.

mortal, 1. *adj.* mortal; deadly; **silêncio mortal:** deathlike silence; 2. *s. m.* mortal;

mortalha, *s. f.* shroud; smoking-paper.

mortalidade, *s. f.* mortality; **taxa de mortalidade:** death-rate.

mortandade, *s. f.* slaughter; massacre.

morte, *s. f.* death; **morte por afogamento:** death from drowning; **estertor da morte:** death-rattle.

morteiro, *s. m.* mortar.

morticínio, *s. m.* massacre.

mortiço, *adj.* dying; pale; dull; spiritless.

mortífero, *adj.* deadly.

mortificação, *s. f.* mortification; anguish; torment.

mortificar, *v. tr.* to mortify; to chagrin; to torment.

morto, 1. *adj.* dead; lifeless; killed; **águas mortas:** backwater; **cair morto:** to fall dead; **estar morto por:** to be itching for; **morto de cansaço:** dead tired; **ponto morto:** deadlock, standstill; 2. *s. m.* dead body.

mortuário, *adj.* mortuary; **casa mortuária:** dead house.

mosaico, *s. m.* mosaic.

mosca, *s. f.* fly; **mosca varejeira:** bluebottle.

mosca-morta, *adj. (fig.)* slowcoach.

moscovita, *adj. e s. m.* Muscovite; Russian.

mosquetão, *s. m.* snap hook.

mosqueteiro, *s. m.* musketeer.

mosquiteiro, *s. m.* mosquito curtain; mosquito-net.

mosquito, *s. m. (zool.)* mosquito; **mordedela de mosquito:** mosquito bite.

mossa, s. f. dent; emotion; **fazer mossa:** (fig.) to affect.

mostarda, s. f. mustard.

mosteiro, s. m. monastery.

mostra, s. f. show; showing; **à mostra:** uncovered, naked, bare; **dar mostras:** to show.

mostrador, s. m. dial; face; counter.

mostrar, v. tr. to show; to exhibit; to out; to display.

mostruário, s. m. show-case; shop window.

mota, s. f. motorcycle.

mote, s. m. motto.

motejar, 1. v. tr. to scoff at; to mock; 2. v. intr. to mock; to scoff; to jeer.

motejo, s. m. mockery.

motel, s. m. motel.

motim, s. m. riot; mutiny.

motivação, s. f. motivation.

motivar, v. tr. to motivate; to cause.

motivo, s. m. motive; cause; reason; **não há motivo para:** there is no ground for.

moto, s. m. motto; motorcycle; **de moto próprio:** of one's own accord.

motocicleta, s. f. motorcycle.

motociclismo, s. m. motorcycling.

motociclista, s. m. f. motorcyclist.

motociclo, s. m. motorcycle.

motor, 1. adj. motor; motive; 2. s. m. motor; engine; **motor de avião:** aircraft engine; **barco a motor:** motorboat.

motorista, s. m. f. driver.

motorizado, adj. motorized; motor driven.

motriz, adj. motive; **força motriz:** motive power; driving force.

mouco, 1. adj. deaf; 2. s. m. deaf person.

mouro, adj. e s. m. Moor; Moorish.

movediço, adj. changeable; moving; **areia movediça:** quicksand.

móvel, 1. adj. movable; 2. s. m. motive; cause; piece of furniture; pl. furniture.

mover, v. tr. to move; to carry; to affect; **mover céu e terra:** (fig.) to move heaven and earth; **mover uma acção:** to bring an action against.

movimentar, v. tr. to move.

movimento, s. m. movement; motion; activity; **em movimento:** in motion, on the move; **pôr em movimento:** to set in motion, to set going.

muco, s. m. mucus.

mucosidade, s. f. mucosity.

muçulmano, adj. e s. m. Moslem; Mussulman.

muda, s. f. change; removal; transformation.

mudança, s. f. shifting (of the wind); change; **camioneta das mudanças:** removal van; **fazer mudança de casa:** to move out; **mudança de velocidade:** (car) change of gear.

mudar, v. tr. to change; to transform; **mudar de casa:** to move; **mudar de vida:** to amend one's life.

mudez, s. f. muteness; dumbness; silence.

mudo, adj. dumb; mute; silent.

mugido, s. m. bellow; moo.

mugir, v. intr. to bellow; to moo.

muito, 1. adj. e pron. much; pl. many; **muita gente:** many people; **muitas vezes:** many times, many a time; **muito bom:** very good; **muito melhor:** much better; **muitos mais:** plenty more; **há muito tempo:** a long time ago; **não há muito tempo:** not long ago; **2.** *adv.* very; very much; too; most; **gostar muito:** to like (something) very much; **não muito:** not much; **por muito que faças:** whatever you do; **quando muito:** at (the) most.

mulato, *adj.* e *s. m.* coloured.

muleta, *s. f.* crutch.

mulher, *s. f.* woman.

mulher-a-dias, *s. f.* daily; charlady; charwoman.

mulherengo, *s. m.* lady-killer.

multa, *s. f.* fine; **pagar multa:** to pay a fine.

multar, *v. tr.* to fine.

multicelular, *adj.* multicellular.

multidão, *s. f.* crowd; mob.

multimédia, *s. m. (inform.)* multimedia.

multimilionário, *s. m.* multimillionaire.

multinacional, *s. f.* multinational.

multiplicação, *s. f.* multiplication.

multiplicador, 1. *adj.* multiplying; **2.** *s. m.* multiplier.

multiplicando, *s. m.* multiplicand.

multiplicar, *v. tr.* e *refl.* to multiply; to increase.

multiplicidade, *s. f.* multiplicity.

múltiplo, *adj.* multiple; **menor múltiplo comum:** the least common multiple (L. C. M.); **escolha múltipla:** multiple choice.

múmia, *s. f.* mummy.

mumificar, *v. tr.* to mummify.

mundano, *adj.* worldly; mundane.

mundial, *adj.* world-wide; **Primeira Guerra Mundial:** First World War.

mundo, *s. m.* world; the earth; **dar volta ao mundo:** to go round the world; **meio mundo:** all the world and his wife; **os confins do mundo:** the other end of the world.

mungir, *v. tr.* to milk.

munição, *s. f.* ammunition; munition; **falta de munições:** shortage of munitions.

municipal, *adj.* municipal.

municipalizado, *adj.* municipal; **serviços municipalizados:** municipal undertakings.

munícipe, *s. m. f.* citizen; townsman.

município, *s. m.* municipality.

munir, 1. *v. tr.* to provide with; to furnish; **2.** *v. refl.* to provide oneself with; to arm oneself with.

mural, *adj.* mural.

muralha, *s. f.* wall.

murar, *v. tr.* to wall.

murchar, 1. *v. intr.* to wither; to languish; **2.** *v. tr.* to cause to wither.

murcho, *adj.* withered.

murmurar, *v. tr.* e *intr.* to murmur; to grumble; to backbite.

murmúrio, *s. m.* murmur; whisper.

muro, *s. m.* wall.

murro, *s. m.* punch.

murta, *s. f. (bot.)* myrtle.

musa, *s. f.* muse; inspiration.

musculado, *adj.* brawny; strong; beefy.

muscular, *adj.* muscular; **tecido muscular:** muscular tissue.

musculatura, *s. f.* musculature.

músculo, *s. m.* muscle; **desenvolver os músculos:** to develop muscle.

musculoso, *adj.* brawny; strong; muscular; **homem musculoso:** man of muscle.

museu, *s. m.* museum.

musgo, *s. m. (bot.)* moss.

música, *s. f.* music; **música de câmara:** chamber music; **música de orquestra:** orchestral music.

musical, *adj.* musical; harmonious; **intrumento musical:** musical instrument.

musicalidade, s. f. musicality.

musicar, v. tr. to set to music.

músico, s. m. musician.

mutação, s. f. mutation; change; variation.

mutilação, s. f. mutilation; mangling.

mutilado, adj. mutilated; maimed.

mutilar, v. tr. to mutilate; to cut off; to maim; to mangle.

mutismo, s. m. muteness, dumbness.

mutuamente, adv. mutually; each other; one another.

mútuo, adj. mutual; reciprocal; **sociedade de socorros mútuos:** mutual benefit society.

N

N, n, s. m. the fourteenth letter of the alphabet.

nabiça, s. f. (bot.) turnip greens.

nabo, s. m. (bot.) turnip; **rama de nabo:** turnip-tops.

nação, s. f. nation; country.

nácar, s. m. nacre; mother-of-pearl.

nacional, adj. national; **produtos nacionais:** domestic goods.

nacionalidade, s. f. nationality.

nacionalismo, s. m. nationalism.

nacionalização, s. f. nationalization.

nacionalizar, v. tr. to nationalize.

naco, s. m. piece; chunk; slice.

nada, 1. pron. indef. e adv. nothing; naught; **nada feito:** nothing doing; **nada mais:** nothing else; **absolutamente nada:** not at all, not in the least; **acabar em nada:** to come to nothing; **antes de mais nada:** to begin with; **não há nada como:** there is nothing like; **não é nada contigo:** it is none of your business; **não ter nada que ver com:** to have nothing to do with; **por nada:** for nothing; **pouco ou nada:** little or nothing; **quase nada:** almost nothing, next to nothing; 2. s. m. nothingness; **saído do nada:** out of nowhere.

nadador, s. m. swimmer.

nadar, v. intr. to swim; **nadar em dinheiro:** (fig.) to roll in money; **ir nadar:** to go for a swim.

nádega, s. f. buttock.

nado, 1. adj. born; 2. s. m. swim; **ir a nado:** to go swimming.

nafta, s. f. naphta.

naftalina, s. f. naphtaline.

naipe, s. m. suit (of cards).

namorado, s. m. boy friend; lover; sweetheart.

namorador, 1. adj. flirtatious; 2. s. m. lover.

namorar, v. tr. to flirt; to date.

namoriscar, v. intr. to flirt.

namorisco, s. m. flirt; flirtation.

namoro, s. m. courtship; date.

não, adv. no; not.

não-agressão, s. f. non-aggression; **pacto de não-agressão:** non-aggression pact.

naquele, contracção da prep. **em** com o pron. ou adj. dem. **aquele,** in that, on that, at that.

narcisismo, s. m. narcissism.

narcisista, adj. narcissistic; self-centered.

narciso, s. m. (bot.) narcissus.

narcótico, adj. e s. m. narcotic.

narigudo, adj. long-nosed.

narina, s. f. nostril.

nariz, s. m. nose; **nariz arrebitado:** turned-up nose; **cana do nariz:** bridge of the nose; **falar pelo nariz:** to speak through the nose, to snuffle; **meter o nariz em tudo:** to poke one's nose into everything, to nose around; **ponta do nariz:** end of the nose; **subir a mostarda ao nariz:** to flare up.

narração, s. f. narration.

narrador, s. m. narrator.

narrar, v. tr. to relate; to narrate; to tell.

narrativa, s. f. narrative; tale.

nasal, adj. nasal; **hemorragia nasal:** nasal-bleeding.

nascença, s. f. birth; **de nascença:** from birth, by birth; **cego de nascença:** born blind.

nascente, 1. s. f. spring; **2.** s. m. east.

nascer, 1. v. intr. to be born; to come into existence; **o Sol nasce:** the sun rises; **2.** s. m. birth; **ao nascer do dia:** at peep of day.

nascido, adj. born; **nascido para ser feliz:** born under a lucky star.

nascimento, s. m. birth.

nata, s. f. cream.

natação, s. f. swimming.

Natal, adj. e s. m. Christmas.

natalidade, s. f. birth-rate.

nativo, 1. adj. native; innate; natural; **2.** s. m. native.

nato, adj. born.

natural, adj. natural; inborn; normal; instinctive; **água natural:** raw water; **selecção natural:** natural selection.

naturalidade, s. f. simplicity; casualness; birth-place.

naturalismo, s. m. naturalism.

naturalização, s. f. naturalization.

naturalizar, v. tr. to naturalize.

natureza, s. f. nature; kind; class; sort; character; **natureza humana:** human nature; **aberração da natureza:** a freak of nature; **coisas dessa natureza:** things of that nature.

nau, s. f. ship; vessel.

naufragar, v. intr. to shipwreck; to be shipwrecked.

naufrágio, s. m. shipwreck; wreck.

náufrago, s. m. shipwrecked.

náusea, s. f. nausea; seasickness.

nauseabundo, adj. nauseating; loathing.

náutico, adj. nautical; naval.

naval, adj. naval; **base naval:** naval base; **batalha naval:** sea-fight.

navalha, s. f. knife.

navalhada, s. f. cut with a knife.

nave, s. f. ship; craft; **nave espacial:** spacecraft; spaceship.

navegação, s. f. navigation; shipping; **companhia de navegação:** shipping company.

navegador, s. m. navigator.

navegar, v. intr. to navigate; to sail.

navio, s. m. ship; vessel; **navio de guerra:** warship; **navio mercante:** merchant ship.

navio-escola, s. m. training-ship.

neblina, s. f. mist.

nebuloso, adj. nebulous; cloudy; hazy.

necessário, adj. necessary; needful; indispensable; **fazer o que for necessário:** to do what is needful; **não é necessário que venhas:** it's not necessary for you to come.

necessidade, s. f. necessity; need; **a necessidade obrigou-o a:** necessity compelled him to; **em caso de necessidade:** in case of need; **estar em necessidades:** to be in necessity; **não tinhas necessidade de:** there was no need for; **sentir necessidade de dinheiro:** to feel the need of money; **ter necessidade de:** to be in want of; to need.

necessitado, *adj.* needy, in need; indigent.

necessitar, *v. tr. e intr.* to need; to be in need of.

necrologia, *s. f.* necrology; obituary.

necromancia, *s. f.* necromancy.

necrópole, *s. f.* necropolis.

necrotério, *s. m.* morgue.

néctar, *s. m.* nectar.

nédio, *adj.* fat; fleshy; sleek; plump.

nefasto, *adj.* baleful; ill-omened.

negação, *s. f.* negation; denial; refusal.

negar, *v. tr.* to deny; to negate; to refuse; to reject; **negar a pés juntos:** to deny flatly; **negar uma teoria:** to negative a theory; **não se pode negar que:** it cannot be denied that.

negativa, *s. f.* negative.

negativo, 1. *adj.* negative; denying; refusing; **2.** *s. m.* photographic negative.

negligência, *s. f.* negligence; carelessness; disregard.

negligenciar, *v. tr.* to neglect; to disregard.

negligente, *adj.* negligent; careless; neglectful.

negociação, *s. f.* negotiation; transaction; **entrar em negociações com:** to enter into negotiations with.

negociador, *s. m.* negotiator.

negociante, *s. m. f.* merchant; trader; businessman.

negociar, *v. tr. e intr.* to negotiate; to trade; **negociar com:** to do business with: to bargain with.

negócio, *s. m.* business; affair; **em negócios:** on business; **negócios são negócios:** a bargain's a bargain; **negócio fechado:** it's a deal; **falar de negócios:** to talk business; **fazer um negócio:** to do business.

negra, *s. f.* black woman; bruise.

negridão, *s. f.* darkness; blackness.

negro, 1. *adj.* black; gloomy; dark; **2.** *s. m.* negro.

negrume, *s. m.* darkness; gloom.

nele, contracção da *prep.* em com o *pron. pess.* **ele,** in him, in it.

nem, *conj.* nor, neither; **nem eu:** neither do I; **nem mesmo:** not even; **nem um nem outro:** neither one nor the other; **não sei nem me interessa:** I don't know and neither do I care.

nenhum, 1. *adj.* no; **2.** *pron. indef.* none; **nenhum deles:** none of them; **de modo nenhum:** in no way; **em nenhuma parte:** nowhere; **em nenhum dos casos:** in neither case.

nenhures, *adv.* nowhere.

nenúfar, *s. m.* (*bot.*) nenuphar.

neófito, *s. m.* neophyte; novice.

neologismo, *s. m.* neologism.

néon, *s. m.* neon; **luz de néon:** neon light.

nepotismo, *s. m.* nepotism.

nervo, *s. m.* nerve; **ter um ataque de nervos:** to have a fit of nerves; **que nervos!:** how upsetting!

nervosismo, *s. m.* nervousness.

nervoso, *adj.* nervous; nervy; upset; **agitação nervosa:** nervous state of mind; nervousness; **esgotamento nervoso:** nervous breakdown; **sistema nervoso:** nervous system.

néscio, *adj.* idiot; ignorant; foolish.

nesga, s. f. bit; piece; slice.

nêspera, s. f. (bot.) medlar.

nespereira, s. f. (bot.) medlar-tree.

nesse, contracção da prep. em com o pron. dem. esse, in that, at that, on that.

neste, contracção da prep. em com o pron. dem. este, in this, at this, on this.

neta, s. f. granddaughter.

neto, s. m. grandson; pl. grandchildren.

neurastenia, s. f. (med.) neurasthenia.

neurologia, s. f. neurology.

neurologista, s. m. f. neurologist.

neurónio, s. m. neuron; neurocell.

neurose, s. f. (med.) neurosis.

neutrão, s. m. neutron.

neutral, adj. neutral; impartial.

neutralidade, s. f. neutrality.

neutralização, s. f. neutralization.

neutralizar, v. tr. to neutralize.

neutro, adj. neuter; neutral.

neve, s. f. snow; **bola de neve:** snowball; **boneco de neve:** snowman; **bloqueado pela neve:** snowed in; snowbound; **cego pela neve:** snow-blind; **floco de neve:** snowflake; **tempestade de neve:** snowstorm.

nevão, s. m. snowfall.

nevar, v. intr. to snow; **neva:** it snows.

névoa, s. f. fog; mist.

nevoeiro, s. m. fog.

nevoento, adj. foggy.

nexo, s. m. nexus; link; **sem nexo:** incoherent.

nicada, s. f. pecking.

nicar, v. tr. to peck.

nicho, s. m. niche.

nicotina, s. f. nicotine.

nidificação, s. f. nesting.

nidificar, v. tr. to nest.

ninfa, s. f. nymph.

ninguém, pron. indef. no one; nobody; **mais ninguém:** nobody else.

ninhada, s. f. brood; offspring.

ninharia, s. f. trifle.

ninho, s. m. nest; (fig.) shelter.

nipónico, adj. Japanese, Nipponian.

níquel, s. m. nickel.

nisso, contracção da prep. em com o pron. dem. isso, in that, at that, on that.

nisto, contracção da prep. em com o pron. dem. isto, in this, at this, on this.

nitidez, s. f. clearness; neatness.

nítido, adj. clear; bright; neat; unmistakable.

nitrato, s. m. (quím.) nitrate.

nitrogénio, s. m. (quím.) nitrogen.

nível, s. m. level; **nível do mar:** sea level, level of the sea; **passagem de nível:** level crossing.

nivelador, s. m. leveller.

nivelamento, s. m. levelling.

nivelar, v. tr. to level.

no, contracção da prep. em com o art. def. o, in the.

nó, s. m. knot; bow; tie; union; (bot.) node; **nó cego:** dead knot; **nó corredio:** running (slip-)knot; noose; **nó dos dedos:** knuckle; **ter um nó na garganta:** to have a lump in one's throat; **dar o nó:** (fig.) to get married.

nobiliário, adj. nobiliary.

nobre, 1. adj. noble; illustrious; grand; magnificent; fine; **2.** s. m. noble; nobleman.

nobreza, s. f. nobility; dignity; **membro da nobreza:** member of the nobility.

noção, s. f. notion; idea; conception; concept; **não ter a menor noção:** not to have the slightest notion of.

nocivo, *adj.* noxious; pernicious; harmful.

noctívago, 1. *adj.* noctivagous; **2.** *s. m.* night-wanderer.

nocturno, *adj.* nocturnal; **clube nocturno:** night-club; **escola nocturna:** night-school.

nó-de-adão, *s. m.* Adam's apple.

nódoa, *s. f.* spot; stain; speck; **nódoa negra:** bruise.

nogueira, *s. f. (bot.)* walnut-tree.

noitada, *s. f.* evening-party; a night out; sleepless night.

noite, *s. f.* night; **noite após noite:** night after night; **noite e dia:** night and day; **noite passada em claro:** sleepless night; **pela calada da noite:** in the dead of night; **amanhã à noite:** tomorrow night; **à noite:** at night, nightly; **esta noite:** tonight; **ontem à noite:** last night; **toda a noite:** all night long.

noitibó, *s. m.* night-hawk; night-jar.

noiva, *s. f.* bride; fiancée.

noivado, *s. m.* wedding; engagement; **anel de noivado:** engagement ring.

noivo, *s. m.* bridegroom.

nojento, *adj.* nauseating; disgusting.

nojo, *s. m.* nausea; disgust; aversion; repugnance; **causar nojo:** to make sick, to disgust.

nómada, 1. *adj.* nomadic; **2.** *s. m. f.* nomad, wanderer.

nome, *s. m.* name; **nome de baptismo:** Christian name; **chamar nomes:** to call a person names; **ter nome:** *(fig.)* to have a reputation.

nomeação, *s. f.* nomination.

nomeada, *s. f.* fame; reputation.

nomeadamente, *adv.* namely.

nomear, *v. tr.* to designate; to call; to appoint.

nomenclatura, *s. f.* nomenclature; terminology.

nominal, *adj.* nominal.

nominativo, *adj.* e *s. m.* nominative.

nonagenário, *adj.* e *s. m.* nonagenarian.

nonagésimo, *num.* nonagesimal; ninetieth.

nono, *num.* ninth.

nora, *s. f.* daughter-in-law; (for water) scoop.

nordeste, *s. m.* northeast.

nórdico, *adj.* Nordic.

norma, *s. f.* norm; standard.

normal, *adj.* normal; usual; **em circunstâncias normais:** in an ordinary way.

normalidade, *s. f.* normality.

normalizar, *v. tr.* to normalize.

normando, *adj.* e *s. m.* Norman.

noroeste, *s. m.* northwest.

nortada, *s. f.* north wind.

norte, *s. m.* north; **estrela do norte:** the North Star; **ir para o norte:** to go north; **para o norte:** northwards.

nortear, *v. tr.* to guide; to lead.

nortenho, 1. *adj.* northern; **2.** *s. m.* northerner.

norueguês, *adj.* e *s. m.* Norwegian.

nós, 1. *pron. pess.* we; us; **2.** *pron. refl.* ourselves; **cá entre nós:** between you and me and the doorpost.

nos, *pron. pess.* us.

nosso, 1. *adj. poss.* our; **2.** *pron. poss.* ours; **um amigo nosso:** a friend of ours.

nostalgia, *s. f.* nostalgia.

nostálgico, *adj.* nostalgic.

nota, *s. f.* note; memorandum; annotation; *(mús.)* sound; mark (at school); **nota de aviso:** advice-note; **nota de banco:**

bank-note; **nota falsa:** forged note; **digno de nota:** noteworthy; **maço de notas:** wad; **tomar nota:** to take note; to write down; **tome nota:** mind you.

notabilizar, *v. tr.* to make notable.

notar, *v. tr.* to note; to mark; to observe; to set down.

notariado, *s. m.* notary's office.

notário, *s. m.* notary.

notável, *adj.* remarkable; eminent.

notícia, *s. f.* news; information; report; **uma notícia:** a piece of information; **dar uma notícia:** to break the news; **ter notícias de:** to hear from.

noticiar, *v. tr.* to publish; to inform.

noticiário, *s. m.* news service; the news.

notificação, *s. f.* notification.

notificar, *v. tr.* to notify; to summon.

notoriedade, *s. f.* notoriety.

notório, *adj.* evident.

noutro, contracção da *prep.* **em** e do *adj.* ou *pron.* **outro, noutro dia:** some other day; **noutro lugar:** somewhere else, elsewhere, in some other place; **noutro tempo:** long ago.

nova, *s. f.* news; novelty.

novato, *s. m.* novice.

nove, *num.* nine.

novecentos, *num.* nine hundred.

novela, *s. f.* novel; soap opera.

novelo, *s. m.* ball; hank.

Novembro, *s. m.* November.

novena, *s. f.* novena.

noventa, *num.* ninety.

noviça, *s. f.* novice.

noviço, 1. *adj.* inexperienced; **2.** *s. m.* novice; beginner; apprentice.

novidade, *s. f.* novelty; news; **contar as novidades:** to tell the

news; **isso é novidade para mim:** that's news to me.

novilho, *s. m.* steer; bullock.

novo, *adj.* new; modern; recent; fresh; young; **de novo:** again; **nada de novo:** nothing new.

novo-rico, *s. m.* newly-rich, nouveau riche.

noz, *s. f.* nut; walnut.

noz-moscada, *s. f.* nutmeg.

nu, *adj.* naked; nude; unclothed; bare; **a olho nu:** with the naked eye; **a verdade nua e crua:** the naked truth.

nubente, *adj.* e *s. m.* betrothed.

nublado, *adj.* cloudy.

nublar, 1. *v. tr.* to cloud; to overcast; **2.** *v. refl.* to grow cloudy.

nuca, *s. f.* nape; neck.

nuclear, *adj.* nuclear; **reactor nuclear:** nuclear reactor; atomic pile; **bomba nuclear:** nuclear bomb.

núcleo, *s. m.* nucleus; kernel; **núcleo do átomo:** the nucleus of the atom.

nudez, *s. f.* nudity; bareness; nakedness.

nudismo, *s. m.* nudism.

nudista, *s. m. f.* nudist.

nulidade, *s. f.* nullity; nothingness; insignificance.

nulo, *adj.* null; void; **tornar nulo:** to nullify.

numeração, *s. f.* numeration; numbering.

numeral, *adj.* e *s. m.* numeral.

numerar, *v. tr.* to number; to count.

numerário, 1. *adj.* nummary; **2.** *s. m.* money; cash; coin.

numérico, *adj.* numerical.

número, *s. m.* number; **número da casa:** house number; **número ímpar:** odd number; **número par:** even number; **números romanos:** Roman numerals;

grande número: a large number; **ser em número superior:** to outnumber.

numeroso, *adj.* numerous; countless; a great many.

numismática, *s. f.* numismatics.

nunca, *adv.* never; **nunca antes:** never before; **nunca mais:** no more, never again, nevermore; **agora ou nunca:** now or never; **mais do que nunca:** more than ever; **para nunca mais:** for never and never again.

nunciatura, *s. f.* nunciature.

nupcial, *adj.* nuptial.

núpcias, *s. f. pl.* nuptials; wedding.

nutrição, *s. f.* nutrition; nourishment.

nutrimento, *s. m.* nutriment; nourishment.

nutrir, 1. *v. tr.* to nourish; to feed; **2.** *v. refl.* to feed upon.

nutritivo, *adj.* nourishing; nutritive.

nuvem, *s. f.* cloud; **nuvens de mosquitos:** a cloud of mosquitoes; **andar nas nuvens:** *(fig.)* to be in the clouds; **coberto de nuvens:** cloudy, clouded; **levantar uma nuvem de poeira:** to raise a cloud of dust; **sem nuvens:** cloudless.

nylon, *s. m.* nylon.

O

O, o, *s. m.* the fifteenth letter of the alphabet.

o, 1. *art. def.* the; **2.** *pron. dem.* that; the one that; he; him; **3.** *pron. pess.* him; it.

oásis, *s. m.* oasis.

obcecação, *s. f.* obsession.

obcecar, *v. tr.* to obfuscate; to blind; to obsess.

obedecer, *v. intr.* to obey; **obedecer às leis:** to comply with rules; **obedecer às ordens:** to obey orders.

obediência, *s. f.* obedience; submission; compliance; **em obediência:** in compliance with; in obedience to.

obediente, *adj.* obedient.

obelisco, *s. m.* obelisk.

obesidade, *s. f.* obesity.

obeso, *adj.* obese; fat; fleshy.

óbice, *s. m.* hindrance; impediment.

óbito, *s. m.* obit; death.

objecção, *s. f.* objection; opposition; **fazer uma objecção:** to find an objection to; **levantar objecções:** to raise objections.

objectar, *v. tr.* to object; to oppose.

objectiva, *s. f.* objective.

objectividade, *s. f.* objectivity.

objectivo, 1. *adj.* objective; **2.** *s. m.* end; aim; purpose; **objectivos militares:** military objectives.

objecto, *s. m.* object; thing.

objector, *s. m.* objector; protester; **objector de consciência:** conscientious objector.

oblíquo, *adj.* oblique; slanting; evasive; ambiguous; sideways; **ângulo oblíquo:** an oblique angle; **olhar oblíquo:** sidelong glance.

obliteração, *s. f.* obliteration.

obliterar, *v. tr.* to obliterate; to efface.

oblongo, *adj.* oblong; oval.

oboé, *s. m.* oboe.

óbolo, *s. m.* obolus; alms; charity.

obra, *s. f.* work; action; deed; achievement; performance; **obra de arte:** work of art; **obras de caridade:** charities; **pôr mãos à obra:** to set to work, to get to business.

obra-prima, *s. f.* masterpiece.

obrar, *v. tr.* to work; to carry on; to evacuate.

obreiro, *s. m.* worker; workman.

obrigação, *s. f.* obligation; engagement; **cumprir com as suas obrigações:** to meet one's obligations; **faz parte da sua obrigação:** it's your business to.

obrigar, *v. tr., intr. e refl.* to oblige; to compel; to constrain.

obrigatório, *adj.* compulsory; obligatory.

obscenidade, *s. f.* obscenity.

obsceno, *adj.* obscene; repulsive; indecent; dirty.

obscurantismo, *s. m.* obscurantism.

obscurecer, *v. tr.* to obscure; to cloud; to outshine; to shade.

obscurecimento, *s. m.* obscuration; darkening.

obscuridade, *s. f.* obscurity; darkness.

obscuro, *adj.* obscure; dark; hidden.

obsequiar, *v. tr.* to oblige; to do someone a favour.

obséquio, *s. m.* kindness; favour.

obsequioso, *adj.* kind; obliging; obsequious.

observação, *s. f.* observation; notice; note; remark; comment; **posto de observação:** observation post; **fazer uma observação:** to let fall a remark, to remark upon; **sala de observações:** observation ward.

observador, 1. *adj.* observing; **2.** *s. m.* observer.

observância, *s. f.* observance.

observar, *v. tr.* to observe; to examine; to remark; to watch.

observatório, *s. m.* observatory.

obsessão, *s. f.* obsession.

obsessivo, *adj.* obsessive, obsessional.

obsidiar, *v. tr.* to besiege; to haunt; to watch; to spy.

obsoleto, *adj.* obsolete; out of date.

obstáculo, *s. m.* obstacle; impediment; obstruction; (sports) hurdle; **corrida de obstáculos:** obstacle race.

obstante, *conj.* **não obstante:** in spite of, nevertheless, although; notwithstanding (that).

obstar, *v. intr.* to be opposed (to).

obstetra, *s. m. f.* obstetrician.

obstinação, *s. f.* obstinacy; tenacity.

obstinado, *adj.* obstinate; stubborn; persistent; headstrong.

obstinar-se, *v. refl.* to stick to; to persist in.

obstrução, *s. f.* obstruction.

obstruir, *v. tr.* to obstruct; to hinder; to impede; to block up.

obtenção, *s. f.* obtaining; obtainment; attainment.

obter, *v. tr.* to obtain; to get; to procure; to reach.

obturação, *s. f.* obturation.

obturador, 1. *adj.* obturating; **2.** *s. m.* obturator; (camera) drop-shutter.

obturar, *v. tr.* to obturate; to close; to stop (a tooth).

obtuso, *adj.* obtuse; dull; stupid; **ângulo obtuso:** an obtuse angle.

obus, *s. m.* howitzer.

obviamente, *adv.* obviously.

obviar, *v. tr.* to obviate; to remove; to prevent.

óbvio, adj. obvious; manifest; evident; unmistakable.

ocarina, s. f. ocarina.

ocasião, s. f. occasion; opportunity; time; **ocasiões especiais:** special events; **aproveitar a ocasião:** to profit by the occasion; to take occasion to; **dar ocasião a:** to give occasion to; **em várias ocasiões:** on several occasions; **por ocasião de:** on the occasion of.

ocasional, adj. occasional; incidental.

ocasionar, v. tr. to occasion; to cause; to produce.

ocaso, s. m. sunset; end.

occipital, adj. occipital.

oceânico, adj. oceanic.

oceano, s. m. ocean; the sea.

ocidental, adj. western.

ocidente, s. m. west.

ócio, s. m. idleness; leisure.

ociosidade, s. f. idleness.

ocioso, 1. adj. idle, lazy; vain; **2.** s. m. idler; an idle man.

oclusão, s. f. occlusion.

oco, adj. empty; hollow; vain; futile.

ocorrência, s. f. occurrence; event.

ocorrer, v. intr. to occur; to take place; to happen; to come into one's mind.

ocre, s. f. ochre; (E.U.A.) ocher.

octogenário, 1. adj. octogenary; **2.** s. m. octogenarian.

octogésimo, num. eightieth.

octogonal, adj. octagonal.

octógono, s. m. octagon.

ocular, adj. ocular; **globo ocular:** eyeball; **testemunha ocular:** eyewitness.

oculista, s. m. f. oculist; optician; eye-doctor.

óculo, s. m. eyeglass; pl. spectacles, glasses; **óculos de sol:** sunglasses, shades; **um par de**

óculos: a pair of glasses; **usar óculos:** to wear glasses.

ocultação, s. f. occultation; concealment, hiding.

ocultar, v. tr. to conceal; to hide; **ocultar um segredo:** to hush up a secret.

ocultismo, s. m. occultism.

oculto, adj. occult; hidden; **ciências ocultas:** the occult sciences.

ocupação, s. f. occupation; **ocupação militar:** military occupation.

ocupado, adj. busy; occupied; (telephone) engaged; **este lugar está ocupado?:** is this seat taken?

ocupante, s. m. f. occupier; tenant, occupant.

ocupar, v. tr. e refl. to occupy; to fill; to employ.

ode, s. f. ode.

odiar, v. tr. to hate; to abhor.

ódio, s. m. hate; aversion; dislike.

odioso, adj. odious; repulsive; hateful.

odisseia, s. f. odyssey.

odontologia, s. f. odontology.

odor, s. m. odour; smell; fragrance.

odorífico, adj. odoriferous.

oeste, 1. adj. western; **2.** s. m. west.

ofegante, 1. adj. panting; out of breath, breathless; **2.** adv. breathlessly.

ofegar, v. intr. to pant, to gasp for breath; to breathe quickly.

ofender, 1. v. tr. to offend; to hurt (someone's feelings); to annoy; to shock; **2.** v. refl. to take offence, to take it amiss.

ofensa, s. f. offence; affront; insult; **sem ofensa:** no offence meant; **sofrer ofensas:** to suffer wrongs.

ofensiva, s. f. offensive; **tomar a ofensiva:** to act on the offensive.

ofensivo, adj. offensive; aggressive.

ofensor, *s. m.* offender.

oferecer, *v. tr. e refl.* to offer; to give; **oferecer resistência:** to offer resistance to.

oferecimento, *s. m.* offer.

oferta, *s. f.* gift; offering.

ofertar, *v. tr.* to offer.

oficial, 1. *adj.* official; **2.** *s. m.* officer; official.

oficializar, *v. tr.* to make it official.

oficina, *s. f.* workshop.

ofício, *s. m.* duty; charge; trade; service; letter.

oficioso, *adj.* non-official; off-the-record; obliging.

oftalmologia, *s. f.* optics.

oftalmologista, *s. m. f.* eye-doctor; optician.

ofuscação, *s. f.* darkening; dimness.

ofuscar, *v. tr.* to darken; to dazzle.

ogiva, *s. f.* ogive.

oh!, *interj.* oh!

ogre, *s. m.* ogre.

oitavo, *num.* eighth.

oitenta, *num.* eighty.

oito, *num.* eight.

oitocentos, *num.* eight hundred.

olá!, *interj.* hi!, hello!

olaia, *s. f.* Judas-tree.

olaria, *s. f.* pottery.

oleado, *s. m.* oilskin; linoleum.

olear, *v. tr.* to oil; to lubricate.

oleiro, *s. m.* potter.

óleo, *s. m.* oil; **óleo bruto:** raw oil; **bidões de óleo:** oilcans; **óleo de fígado de bacalhau:** cod-liver oil.

oleosidade, *s. f.* oiliness.

oleoso, *adj.* oily; greasy (hair).

olfacto, *s. m.* smell.

olhada, *s. f.* glimpse; glance; look.

olhadela, *s. f.* glimpse, look; **dar uma olhadela:** to keep an eye on.

olhar, 1. *s. m.* look; glance; **2.** *v. tr.* to look at; to stare; to observe; to behold; **3.** *v. intr.* to look; to gaze;

4. *v. refl.* to look at oneself; **olhar à volta:** to look round; **olhar com desprezo:** to look down upon; **olhar crítico:** a critical glance; **olhar de frente:** to stare in the face; **olhar duro:** stony stare; **olhar fixamente para:** to stare at; **olha para mim:** look at me; **olha pelo bébé:** look after the baby.

olheiras, *s. f. pl.* **ter olheiras:** to have rings round the eyes; to have circles round the eyes.

olho, *s. m.* eye; *(bot.)* bud; **olho por olho:** tit for tat; eye for eye; **a olho:** at sight, by eye; **olhos esbugalhados:** goggle-eyed; **dar uma vista de olhos:** to cast a glance; to skim; **em frente dos olhos:** under one's very nose; **fechar os olhos a:** to shut one's eyes to; **num abrir e fechar de olhos:** in the twinkling of an eye; **pôr os olhos em:** to set eyes on; **saltar aos olhos:** to stare in the face; **ter os olhos bem abertos:** to keep one's eyes wide open; **ter olho para:** to have an eye for; **trazer debaixo de olho:** to have an eye on.

oligarquia, *s. f.* oligarchy.

olimpíada, *s. f.* Olympiad.

olímpico, *adj.* Olympic; **Jogos Olímpicos:** Olympic Games.

oliva, *s. f. (bot.)* olive.

olival, *s. m.* olive grove.

oliveira, *s. f. (bot.)* olive-tree.

olivicultura, *s. f.* olive growing.

olmo, *s. m. (bot.)* elm-tree.

olvidar, *v. tr.* to forget; to overlook.

ombrear, *v. intr.* to rival.

ombreira, *s. f.* jamb; doorpost; shoulder-piece (of clothes).

ombro, *s. m.* shoulder; **ombro a ombro:** shoulder to shoulder; **ao ombro:** on one's shoulder; **largo de ombros:** broad-shouldered.

omeleta, *s. f.* omelet.

omissão, *s. f.* omission.

omisso, *adj.* omitted.

omitir, *v. tr.* to omit; to leave out; to neglect.

omnipotência, *s. f.* omnipotence.

omnipresença, *s. f.* omnipresence.

omnisciência, *s. f.* omniscience.

omnívoro, *adj.* omnivorous.

omoplata, *s. f.* omoplate; shoulder-blade; scapula.

onça, *s. f.* ounce; *(zool.)* lynx; jaguar.

onda, *s. f.* wave; **onda curta:** short wave; **onda de calor:** heat wave; **comprimento de onda:** wave-length.

onde, *adv.* where; in which; **onde quer que:** wherever; **de onde?:** where from?; **para onde?** where to?

ondeado, *adj.* wavy; undulating.

ondulação, *s. f.* undulation.

ondulado, *adj.* wavy; undulated; **chapa ondulada:** corrugated iron.

ondular, *v. intr.* to undulate; to wave; to corrugate.

onerar, *v. tr.* to burden; to charge.

ónibus, *s. m.* omnibus.

ónix, *s. m.* onyx.

onomástico, *adj.* onomastic.

onomatopeia, *s. f.* onomatopoeia.

ontem, *adv.* yesterday.

ontologia, *s. f.* ontology.

ónus, *s. m.* onus; burden; obligation.

onze, *num.* eleven.

opa, *s. f.* sleeveless surplice.

opacidade, *s. f.* opacity.

opaco, *adj.* opaque; dark.

opção, *s. f.* option; choice.

ópera, *s. f.* opera; **temporada de ópera:** opera season.

operação, *s. f.* operation; action; work; performance; **operação cirúrgica:** surgical operation; **in-terromper as operações:** (army) to break off action; **sala de operações:** operating theater.

operador, *s. m.* operator.

operar, *v. tr. e intr.* to operate; to act; to work; to be in action.

operariado, *s. m.* the workers.

operário, *s. m.* worker; workman; artisan; **classe operária:** working class.

operativo, *adj.* operative; **sistema operativo:** *(inform.)* operating system.

opereta, *s. f.* operetta.

opilação, *s. f.* oppilation.

opilar, *v. tr.* to oppilate; to obstruct.

opinar, *v. tr. e intr.* to give an opinion.

opinião, *s. f.* opinion; judgement; conviction; view; **opinião pública:** public opinion; **dar uma opinião:** to pass an opinion on; **formar uma opinião acerca de:** to form an estimate of; **sou de opinião que:** my opinion is that.

ópio, *s. m.* opium.

opíparo, *adj.* sumptuous; abundant.

oponente, 1. *adj.* opponent; opposing; adverse; antagonistic; **2.** *s. m. f.* opponent.

opor, *v. tr. e refl.* to oppose; to set against.

oportunidade, *s. f.* opportunity; occasion; chance; **aproveitar a oportunidade:** to seize the opportunity; **perder uma oportunidade:** to let slip an opportunity.

oportunismo, *s. m.* opportunism.

oportunista, *s. m. f.* opportunist.

oportuno, *adj.* opportune; providential; well-timed; **vir em momento oportuno:** to come at a most opportune moment.

oposição, s. f. opposition; **chefe da oposição:** leader of the opposition; **ser da oposição:** to be in opposition.

opositor, 1. adj. opposing; **2.** s. m. opposer.

oposto, adj. opposed; facing; opposite.

opressão, s. f. oppression; tyranny; suffocation.

opressivo, adj. oppressive.

oprimir, v. tr. to oppress; to overcome; to overburden; **sentir-se oprimido:** to feel oppressed with.

opróbrio, s. m. opprobrium; infamy; ignominy; shame.

optar, v. intr. to choose; to opt.

óptica, s. f. optics; **ilusão de óptica:** an optical illusion.

óptico, adj. optical; **instrumentos ópticos:** optical instruments.

optimismo, s. m. optimism.

optimista, 1. adj. optimistic; **2.** s. m. f. optimist.

óptimo, adj. very good; excellent; **condições óptimas:** optimum conditions.

opulência, s. f. opulence.

opulento, adj. opulent; rich; wealthy; abundant; profuse.

ora, 1. conj. but; therefore; **2.** adv. now; **por ora:** for the present, for the time being, for now.

oração, s. f. prayer; litany; sentence; discourse.

oráculo, s. m. oracle.

orador, s. m. orator; speaker.

oral, adj. oral; spoken.

orangotango, s. m. (zool.) orangoutang.

orar, v. intr. to pray; to preach.

oratória, s. f. oratory; eloquence.

órbita, s. f. orbit; path (of the earth or moon); eye-socket.

orçamento, s. m. budget.

orçar, 1. v. tr. to budget; **2.** v. intr. to estimate.

ordeiro, adj. orderly.

ordem, s. f. order; rule; regulation; rank; degree; **ordem de prisão:** warrant; **ordens menores:** (religion) lower orders; **até nova ordem:** until further notice; **em boa ordem:** in good order; **estar às ordens de:** to be at someone's disposal; **por ordem alfabética:** in alphabetical order; in ABC order; **pôr em ordem:** to settle; **restaurar a ordem:** to restore order; **sair da ordem:** to get out of order; **ser chamado à ordem:** to be called to order.

ordenação, s. f. classification; rule; law; (religion) ordination.

ordenado, 1. adj. ordered; **ser muito ordenado:** to have a great love of order; **2.** s. m. salary; wages.

ordenamento, s. m. order; (religion) ordination.

ordenar, v. tr. to order; to command; to regulate; to establish; (religion) to ordain; **ordenar as ideias:** to get one's ideas into shape.

ordenhar, v. tr. to milk.

ordinal, adj. ordinal.

ordinarice, s. f. vulgarity.

ordinário, adj. usual; common; ordinary; average; **de ordinário:** commonly; **homem ordinário:** commonplace man, rude man.

orégão, s. m. (bot.) marjoram.

orelha, s. f. ear; **endividado até às orelhas:** up to the eyes in debt; head over heels in debt; **lobo da orelha:** flap of the ear.

orelheira, s. f. pig's ears.

orfanato, s. m. orphanage.

órfão, s. m. orphan.

orfeão, s. m. choral society; choir.

orgânico, adj. organic.

organismo, *s. m.* organism.

organização, *s. f.* organization.

organizador, 1. *adj.* organizing; **2.** *s. m.* organizer.

organizar, *v. tr.* to organize; to draw up; to order; to arrange.

órgão, *s. m.* organ.

orgasmo, *s. m.* orgasm.

orgia, *s. f.* orgy.

orgulhar, 1. *v. tr.* to make proud; **2.** *v. refl.* to be proud of; to pride oneself upon; to take pride in.

orgulho, *s. m.* pride; arrogance.

orgulhoso, *adj.* proud.

orientação, *s. f.* orientation; guidance; **para sua orientação:** for your guidance; **sentido de orientação:** sense of direction; **sob a orientação de:** under the direction of.

orientador, *s. m.* supervisor.

oriental, 1. *adj.* eastern; **2.** *s. m. f.* Oriental.

orientar, 1. *v. tr.* to orient; to direct; to guide; to lead; **2.** *v. refl.* to orientate oneself.

oriente, *s. m.* orient; east; **Extremo Oriente:** Far East; **Médio Oriente:** Middle East; **Próximo Oriente:** Near East.

orifício, *s. m.* opening; orifice; mouth.

origem, *s. f.* origin; beginning; source; spring.

original, 1. *adj.* original; initial; **pecado original:** original sin; **2.** *s. m.* original; pattern; archetype; **ler no original:** to read in the original.

originalidade, *s. f.* originality.

originar, *v. tr. e refl.* to originate; to cause to begin; **ser originado por:** to grow out of.

originário, *adj.* native.

oriundo, *adj.* native.

orla, *s. f.* border; edge (of a forest); skirt.

orlar, *v. tr.* to border; to edge.

ornamentação, *s. f.* ornamentation; decoration.

ornamentador, 1. *adj.* ornamenting; **2.** *s. m.* decorator.

ornamentar, *v. tr.* to ornament; to adorn; to decorate.

ornamento, *s. m.* ornament; decoration.

ornitologia, *s. f.* ornithology.

orografia, *s. f.* orography.

orologia, *s. f.* orology.

orquestra, *s. f.* orchestra.

orquestração, *s. f.* orchestration.

orquestrar, *v. tr.* to orchestrate.

orquídea, *s. f. (bot.)* orchid.

ortodoxia, *s. f.* orthodoxy.

ortodoxo, *adj.* orthodox.

ortografia, *s. f.* orthography; spelling.

ortopedia, *s. f.* orthopaedics.

ortopédico, *adj.* orthopaedic; *(E.U.A.)* orthopedic.

orvalhada, *s. f.* dewfall.

orvalhar, *v. tr. e intr.* to dew.

orvalho, *s. m.* dew.

oscilação, *s. f.* oscillation; vacillation.

oscilante, *adj.* oscillating.

oscilar, *v. intr.* to oscillate; to swing; to vacillate.

ósculo, *s. m.* kiss.

osga, *s. f.* house lizzard.

osmose, *s. f.* osmosis.

ossada, *s. f.* bones.

ósseo, *adj.* bony.

ossificar, *v. tr. e refl.* to ossify; to fossilize.

osso, *s. m.* bone; **osso difícil de roer:** a hard nut to crack; **até aos ossos:** to the bone; **são ossos do ofício:** it is all part of the job.

ossudo, *adj.* bony.

ostensivamente, *adv.* ostensively.

ostensivo, *adj.* ostensive; showing; manifest.

ostentação, *s. f.* ostentation; parade; boasting; pomp.

ostentar, *v. tr.* to display; to boast.

ostra, *s. f.* oyster.

ostracismo, *s. m.* ostracism.

otite, *s. f. (med.)* otitis.

otomano, 1. *adj.* Ottoman; Turkish; **2.** *s. m.* Ottoman; Turk.

ou, *conj.* or; **ou... ou:** either... or.

ourar, *v. intr.* to feel dizzy.

ouriço, *s. m.* chestnut bur.

ouriço-cacheiro, *s. m.* hedgehog.

ourives, *s. m.* goldsmith.

ourivesaria, *s. f.* goldsmithery; goldsmith's shop.

ouro, *s. m.* gold; **ás de ouros:** ace of diamonds; **nem tudo o que luz é ouro:** all that glitters is not gold.

ousadia, *s. f.* boldness; daring.

ousado, *adj.* bold; fearless; courageous.

ousar, *v. tr.* to dare; to venture; to attempt.

outeiro, *s. m.* hillock.

outonal, *adj.* autumnal.

Outono, *s. m.* autumn; *(E.U.A.)* fall.

outorgar, *v. tr.* to grant; to consent.

outrem, *pron. indef.* somebody else; other people.

outro, *adj. e pron. indef.* other; another; **outro qualquer:** any other; **outro tanto:** as much more; **alguns outros:** a few others; **de outra maneira:** otherwise; **e outros que tal:** and the like; **nem um nem outro:** neither one nor the other; **um e outro:** one and the other; **um ao outro:** each other; **uns aos outros:** one another.

outrora, *adv.* formerly; once.

Outubro, *s. m.* October.

ouvido, *s. m.* ear; hearing; **dar ouvidos:** to give ear to; **dizer ao ouvido:** to whisper in someone's ears; **duro de ouvido:** dull of hearing; **entrar por um ouvido e sair pelo outro:** in at one ear and out at the other; **fazer ouvidos de mercador:** to turn a deaf ear to; **ser todo ouvidos:** to be all ears.

ouvinte, *s. m. f.* listener.

ouvir, *v. tr. e intr.* to hear; to listen; to understand.

ova, *s. f.* spawn; roe.

ovação, *s. f.* ovation.

ovacionar, *v. tr.* to acclaim; to applaud.

oval, *adj.* oval.

ovar, *v. intr.* to spawn (fish); to lay eggs.

ovário, *s. m.* ovary.

ovelha, *s. f.* ewe; **ovelha ranhosa:** *(fig.)* black sheep.

ovni, *s. m.* UFO, Unidentified Flying Object.

ovo, *s . m.* egg; **ovos cozidos:** hard-boiled eggs; **ovos escalfados:** poached eggs; **ovos mexidos:** scrambled eggs; **casca de ovo:** egg-shell; **clara de ovo:** egg-white; **cozer ovos:** to hardboil eggs; **gema de ovo:** yolk; **pôr ovos:** to lay eggs.

ovulação, *s. f.* ovulation.

oxalá!, *interj.* God grant!; I only wish!

oxidação, *s. f.* oxidation.

oxidar, *v. tr. e intr.* to oxidize.

óxido, *s. m. (quím.)* oxide.

oxigenação, *s. f.* oxygenation.

oxigenar, *v. tr.* to oxygenate.

oxigénio, *s. m.* oxygen.

oxítono, *adj.* oxytone.

ozono, *s. m. (quím.)* ozone; **camada de ozono:** ozone layer.

P

P, p, *s. m.* the sixteenth letter of the alphabet.

pá, *s. f.* spade; shovel; blade (of an oar).

pacatez, *s. f.* peacefulness; tranquillity, quietness.

pacato, *adj.* peaceful; quiet.

pachorra, *s. f.* sluggishness; *(pop.)* patience.

pachorrento, *adj.* sluggish; calm; slow.

paciência, *s. f.* patience; forbearance; **não ter paciência para:** to have no patience with; **perder a paciência:** to lose patience; **tentar a paciência:** to try someone's patience.

paciente, 1. *adj.* patient; persevering; **2.** *s. m. f.* patient.

pacificação, *s. f.* pacification.

pacificar, *v. tr.* to pacify; to appease; to calm.

pacífico, *adj.* pacific; peaceful.

pacifismo, *s. m.* pacifism.

pacifista, *s. m. f.* pacifist.

paço, *s. m.* palace; court.

pacote, *s. m.* parcel; pack; bundle; package.

pacóvio, *s. m.* simpleton; silly person.

pacto, *s. m.* pact; agreement.

pactuar, 1. *v. tr.* to make a pact; **2.** *v. intr.* to side with.

padaria, *s. f.* bakery; baker's shop.

padecer, *v. tr. e intr.* to suffer; to endure.

padecimento, *s. m.* suffering; pain.

padeiro, *s. m.* baker.

padiola, *s. f.* stretcher.

padrão, *s. m.* pattern; standard.

padrasto, *s. m.* stepfather.

padre, *s. m.* priest; clergyman; father.

padrinho, *s. m.* godfather.

padroeiro, *s. m.* patron, patron saint.

pagamento, *s. m.* pay; payment; **pagamento adiantado:** payment in advance; prepayment; **pagamento a dinheiro:** cash payment; **pagamento a prestações:** payment by instalments; **pagamento à vista:** payable at sight; **pagamento contra entrega:** cash on delivery; **a pronto pagamento:** ready payment; **dia de pagamento:** payday.

paganismo, *s. m.* paganism.

pagão, *s. m.* pagan; heathen.

pagar, *v. tr.* to pay; to compensate; **pagar na mesma moeda:** to give tit for tat; **pagar por inteiro:** to pay in full.

página, *s. f.* page; **na página 1:** on page 1.

paginação, *s. f.* pagination.

pagode, *s. m.* pagoda; *(fam.)* spree.

pai, *s. m.* father; *pl.* parents; **pais adoptivos:** foster parents; **Pai Natal:** Santa Claus; Father Christmas; Father Xmas.

painço, *s. m.* millet.

painel, *s. m.* panel.

Pai-Nosso, *s. m.* the Lord's Prayer.

paiol, *s. m.* powder-magazine.

pairar, *v. intr.* to hover; to soar.

país, *s. m.* country; nation.

paisagem, *s. f.* scenery; landscape.

paisana, *s. m.* civillian; **à paisana:** in civillian clothes; in mufti (plain clothes).

paixão, *s. f.* passion; grief; anger.

paixoneta, *s. f.* infatuation.

pajem, *s. m.* page.

pala, *s. f.* peak; eye-shade.

palacete, *s. m.* small palace.

palácio, *s. m.* palace.

paladar, *s. m.* palate; (sense of) taste; flavour.

palanque, *s. m.* platform.

palatalizar, *v. tr.* to palatalize.

palatino, *adj.* palatine; **véu palatino:** roof of the mouth.

palato, *s. m.* palate.

palavra, *s. f.* word; **palavra de honra:** upon my word; **palavra por palavra:** word for word; **palavras amargas:** bitter words; **em poucas palavras:** in short; **cumprir a palavra:** to keep one's word; **faltar à palavra:** to break one's word; **homem de poucas palavras:** man of few words; **passar a palavra:** to give the word about; **quero dizer-lhe uma palavra:** I would have a word with you; **tirar a palavra da boca:** to take the words out of one's mouth; **voltar com a palavra atrás:** to go back on one's word.

palavrão, *s. m.* obscenity; coarse word.

palavras-cruzadas, *s. f. pl.* crosswords.

palavreado, *s. m.* babbling; prattling.

palco, *s. m.* stage.

paleio, *s. m.* babbling, mumbo jumbo.

paleolítico, *adj.* paleolithic.

paleontologia, *s. f.* paleontology.

palerma, 1. *adj.* silly; **2.** *s. m. f.* prat, simpleton; silly person.

palermice, *s. f.* silliness; stupidity.

palestra, *s. f.* lecture; discussion.

paleta, *s. f.* palette.

palha, *s. f.* straw; **palha de aço:** iron shavings; **chapéu de palha:** straw hat.

palhaçada, *s. f.* clowning.

palhaço, *s. m.* clown; joker.

palheiro, *s. m.* hay-stack.

palhinha, *s. f.* straw.

paliativo, *adj.* e *s. m.* palliative.

paliçada, *s. f.* palisade; fence; stake.

palidez, *s. f.* paleness.

pálido, *adj.* pale; wan; faint.

pálio, *s. m.* canopy.

palitar, *v. tr.* to pick the teeth.

paliteiro, *s. m.* toothpick-case.

palito, *s. m.* toothpick.

palma, *s. f.* palm; *(bot.)* palm-tree; **levar a palma:** to outshine; to excel.

palmada, *s. f.* slap; **dar uma palmada:** to slap.

palmas, *s. f. pl.* applause; **bater palmas:** to clap hands.

palmatória, *s. f.* ferule; rod; candlestick.

palmeira, *s. f. (bot.)* palm-tree.

palmilha, *s. f.* inner sole (of a shoe); foot (of sock).

palmo, *s. m.* palm; span; **palmo a palmo:** inch by inch.

palpação, *s. f.* palpation.

palpar, *v. tr.* to palpate; to feel.

palpável, *adj.* palpable; plain; evident.

pálpebra, *s. f.* eyelid.

palpitação, *s. f.* palpitation; **sessenta palpitações por minuto:** sixty heart-beats a minute.

palpitante, *adj.* palpitating; throbbing; panting; thrilling.

palpitar, v. intr. to palpitate; to pulsate; to throb; **palpita-me:** I have an inkling; I guess.

palpite, s. m. hunch.

palpo, s. m. palpus; **em palpos de aranha:** in the soup.

palrar, v. intr. to prattle; to chatter; to babble (a child).

palude, s. m. swamp.

pampas, s. f. pl. pampas.

panaceia, s. f. panacea.

panado, adj. breaded.

panca, s. f. wooden lever; (fig.) crazyness; **ele tem uma panca:** he's got a screw loose.

pança, s. f. paunch; belly; **encher a pança:** to stuff one's belly; to polish off.

pancada, s. f. blow; stroke; knock; bang; **feito às três pancadas:** put together any old how.

pancadaria, s. f. brawl; beating; **cena de pancadaria:** a knock-about performance.

pâncreas, s. m. pancreas.

pançudo, adj. big-bellied.

panda, s. f. (zool.) panda.

pândega, s. f. spree; feast; frolic; lark; **andar na pândega:** to go on the spree.

pândego, 1. adj. gay, funny; **2.** s. m. merry-maker; gay dog.

pandeireta, s. f. tambourine.

pandemónio, s. m. pandemonium; confusion.

pandilha, s. f. gang.

panegírico, s. m. panegyric; eulogy.

panela, s. f. pot; pan.

panfleto, s. m. pamphlet.

pânico, s. m. panic; alarm; **tomado de pânico:** panic-stricken.

pano, s. m. cloth; **pano de boca:** (theater) curtain; **pano do pó:** wiper; duster; **pano para mangas:** (fig.) plenty to spare; enough

and to spare; **a todo o pano:** (náut.) under full sail.

panóplia, s. f. panoply.

panorama, s. m. panorama; landscape.

panorâmico, adj. panoramic.

panqueca, s. f. pancake.

pântano, s. m. marsh; swamp.

pantanoso, adj. marshy, swampy, fenny, boggy.

panteísmo, s. m. pantheism.

pantera, s. f. panther.

pantomima, s. f. pantomime; (fig.) swindle.

pantomimeiro, s. m. pantomimist; (fig.) cheater; swindler.

pantomina, s. f. pantomime.

pantufa, s. f. slipper.

pão, s. m. bread; loaf; **pão fresco:** new bread; **pão com manteiga:** bread and butter; **pão integral:** wholemeal bread.

pão-de-ló, s. m. sponge-cake.

pão-ralado, s. m. breadcrumbs.

papa, 1. s. m. Pope; **2.** s. f. pap; mush; poultice; **não ter papas na língua:** (fig.) to make no bones of.

papá, s. m. dad, dady.

papada, s. f. double-chin.

papagaio, s. m. (zool.) parrot; **papagaio de papel:** kite.

papaguear, v. intr. e tr. to parrot.

papaia, s. f. (bot.) papaw; papaya.

papa-léguas, s. m. great walker.

papalvo, adj. e s. m. prat; stupid.

papa-moscas, s. m. fly-catcher.

papão, s. m. bogey, bogeyman.

papar, v. tr. e intr. to eat.

papariçar, v. tr. to nibble (at food).

paparoca, s. f. tuck; grub.

papeira, s. f. mumps.

papel, s. m. paper; (theater) part; **papel de embrulho:** wrapping paper; brown paper; **papel de parede:** wall-paper; **papel higié-**

nico: toilet-paper; **papel pautado:** ruled paper; **papel químico:** carbon paper; **cesto de papéis:** paper-basket; **rolo de papel:** paper roll.

papelada, s. f. heap of papers; documents.

papelaria, s. f. stationer.

papiro, s. m. papyrus.

papo, s. m. swell; (bird) crop.

papo-seco, s. m. bread; roll.

papoila, s. f. (bot.) poppy.

paquete, s. m. liner; mail-boat; errand-boy.

paquiderme, s. m. pachyderm.

par, 1. adj. similar; alike; even (number); **2.** s. m. pair (of shoes); couple; partner; **abertas de par em par:** wide open; **aos pares:** in pairs; **sem par:** unparalleled, unmatched; **a par:** side by side; close together; **a par disto:** besides this.

para, prep. for; to; in order to; about to; **para com:** towards; **para onde?:** where to?; **para quê?:** what for?; **estar para:** to be about to.

parabéns, 1. s. m. pl. congratulations; **2.** interj. happy birthday.

parábola, s. f. allegory; parabola.

pára-brisas, s. m. windscreen; (E.U.A.) windshield.

pára-choques, s. m. bumper.

parada, s. f. parade; halt; stopping-place.

paradeiro, s. m. stopping-place; **o seu paradeiro é desconhecido:** his whereabouts are unknown.

paradigma, s. m. paradigm; pattern.

paradisíaco, adj. heavenly.

paradoxal, adj. paradoxical.

paradoxo, s. m. paradox.

parafina, s. f. paraffin.

paráfrase, s. f. paraphrase.

parafrasear, v. tr. to paraphrase.

parafuso, s. m. screw; bolt; **parafuso com porca:** nut screw; **chave de parafusos:** screwdriver.

paragem, s. f. stopping; halt; pause; stopping-place; stop; **paragem de autocarro:** bus-stop; bus-station.

parágrafo, s. m. paragraph.

paraíso, s. m. paradise; heaven.

paralelepípedo, s. m. parallelepiped; flag (in a street).

paralelismo, s. m. parallelism.

paralelo, 1. adj. parallel; similar; **barras paralelas:** parallel bars; **2.** s. m. parallel; **sem paralelo:** without parallel.

paralelogramo, s. m. parallelogram.

paralisação, s. f. stoppage.

paralisar, 1. v. tr. to suspend; to stop; to paralyse; (E.U.A.) to paralyze; **2.** v. intr. to be stupefied.

paralisia, s. f. paralysis; palsy; numbness.

paralítico, adj. e s. m. paralytic.

paramento, s. m. church-vestment.

parangona, s. f. paragon.

paranóia, s. f. paranoia.

paranóico, adj. paranoiac, paranoid.

parapeito, s. m. parapet; **parapeito de janela:** window sill.

pára-quedas, s. m. parachute; **atirar-se de pára-quedas:** to bail out.

pára-quedista, s. m. f. parachutist; **tropas pára-quedistas:** paratroops.

parar, v. tr. e intr. to stop; to check; to cease; to leave off; **mandar parar:** to halt; **sem parar:** unceasingly.

pára-raios, s. m. lightning conductor; (E.U.A.) lightning-rod.

parasita, s. m. parasite; (fig.) spongy person.

pára-sol, s. m. parasol; sunshade.

pára-vento, s. m. windshield.

parceiro, s. m. partner.

parcela, s. f. fragment; part; **parcela de terreno:** parcel of land.

parcelar, 1. adj. divided into parts; **2.** v. tr. to divide into parts; to parcel.

parcial, adj. partial.

parcialidade, s. f. partiality.

parcimónia, s. f. parsimony.

parco, adj. sober; scanty; **parcos meios:** slender means.

parcómetro, s. m. parking meter.

pardacento, adj. dark-grey.

pardal, s. m. sparrow.

pardieiro, s. m. hovel.

pardo, adj. grey; dun.

parecença, s. f. likeness; resemblance; **parecença de família:** family likeness; **grande parecença:** close resemblance.

parecer, 1. v. intr. to seem; to look; to appear; to resemble; **2.** v. refl. to resemble, to look like; **3.** s. m. aspect, look; opinion; **parecer que:** to seem, to appear; **pareceu-me ouvir:** I thought I heard; **está-me a parecer que:** I rather fancy that; **não se parecem em nada:** they resemble each other in no respects; **não parece bem:** it's not becoming; **que lhe parece?:** what do you think?

parecido, adj. alike; resembling; **bem parecido:** good-looking.

paredão, s. m. breakwater; pier.

parede, s. f. wall; **levar à parede:** (fig.) to drive someone to the wall.

parelha, s. f. couple; pair; team (of horses).

parente, s. m. f. relation; relative; **parentes próximos:** close relatives.

parentela, s. f. kindred; the relatives.

parentesco, s. m. relationship; kinship.

parêntesis, s. m. parenthesis; pl. brackets; **parêntesis recto:** square bracket.

pária, s. m. pariah; outcast.

paridade, s. f. parity; analogy.

parir, v. tr. to bring forth; to give birth.

parlamentar, adj. parliamentary.

parlamento, s. m. parliament.

parlapatão, s. m. swaggerer; braggart; impostor; liar.

pároco, s. m. parson; parish priest.

paródia, s. f. parody; feasting.

parodiar, v. tr. to parody.

parolo, adj. provincial; clumsy.

paronímia, s. f. paronymy.

paróquia, s. f. parish; parish church; **junta de paróquia:** parish council.

paroquiano, 1. adj. parochial; **2.** s. m. parishioner.

parque, s. m. park; **parque de campismo:** camping park; **parque de estacionamento:** car park; (E.U.A.) parking lot.

parquete, s. m. parquet.

parra, s. f. vine-leaf.

parricida, s. m. f. parricide.

parte, s. f. part; portion; side; place; share; lot; **parte interessada:** concerned party; **chamar à parte:** to call aside; **dar parte:** to inform, to report; **dar parte de doente:** to report sick; **em parte:** partly; em **parte alguma:** nowhere; **em mais nenhuma parte:** nowhere else; **em qualquer outra parte:** somewhere else; elsewhere; **em toda a parte:** everywhere; **na**

maior parte: for the most part; **pôr de parte:** to put aside; **por minha parte:** for my part; **por parte do pai:** on the father's side; **por toda a parte:** all over the place; **tomar parte:** to take part in.

parteira, s. f. midwife.

partição, s. f. partition.

participação, s. f. participation; communication.

participante, 1. adj. participant; **2.** s. m. f. participator; sharer.

participar, 1. v. tr. to communicate; to inform; **2.** v. intr. to partake; to take part.

particípio, s. m. participle.

partícula, s. f. particle.

particular, 1. adj. particular; peculiar; private; personal; intimate; **casa particular:** private house; **em particular:** privately; in particular; particularly; **2.** s. m. individual.

particularidade, s. f. particularity.

particularizar, v. tr. to particularize; to specify.

partida, s. f. departure; leaving; start; (sports) match; game; trick; (a practical) joke; **ponto de partida:** starting-point; **pregar uma partida a alguém:** to play a trick on someone.

partidário, s. m. partisan; supporter.

partido, 1. adj. broken; divided; gone; **2.** s. m. party; trick; **tirar partido de:** to take advantage of.

partilha, s. f. partition; division.

partilhar, v. tr. e intr. to share; to divide; to distribute; to partake.

partir, 1. v. tr. to break; to crack; **2.** v. intr. to depart; to go away; to start; to set forth; **partir a cabeça:** to cut one's head open; **partir ao meio:** to split asunder;

partir aos bocados: to break in pieces; **partir para:** to leave; to start for; **partir em dois:** to break in two; to halve; **a partir de 1 de Maio:** from the 1st May on; **estar para partir:** to be about to leave.

partitura, s. f. (mús.) score.

parto, s. m. delivery; labour; **morrer de parto:** to die in childbirth.

parturiente, s. f. woman in labour.

parvo, adj. stupid; **fazer figura de parvo:** to make a fool of oneself.

parvoíce, s. f. foolishness; silliness.

pascácio, s. m. idiot; stupid.

Páscoa, s. f. Easter; **férias da Páscoa:** Easter holidays.

pasmaceira, s. f. boredom; idleness; amazement.

pasmado, adj. astonished; amazed.

pasmar, 1. v. tr. to amaze; to astound; **2.** v. intr. to wonder.

pasmo, s. m. astonishment; amazement; surprise; **olhar com pasmo:** to stare in wonder.

paspalhão, s. m. silly person; scarecrow; bungler.

pasquim, s. m. rag.

passa, s. f. raisin.

passada, s. f. step; pace; **ouvir passadas:** to hear footsteps.

passadeira, s. f. zebra crossing; stair-carpet.

passadiço, s. m. way; footbridge; side-walk.

passado, 1. s. m. past; **2.** adj. gone; past; **o mês passado:** last month.

passador, s. m. strainer; colander; smuggler.

passageiro, 1. adj. passing; fleeting; **2.** s. m. passenger; traveller; **passageiro clandestino:** stowaway.

passagem, s. f. passage; way; corridor; fare; ticket; **passagem**

de nível: level crossing; **abrir passagem:** to make way.

passajar, *v. tr.* to stitch; to darn.

passaporte, *s. m.* passport.

passar, 1. *v. tr.* to pass; to go beyond; to cross; **passar à frente:** to get ahead; to move ahead of; **passar bem:** to do well; to be in good health; **passar de moda:** to grow out of fashion; **passar em revista:** to pass in review; **passar os olhos por:** to look over; to have a look at; **passar o tempo:** to while away the time; **passar por cima:** *(fig.)* to overlook; **passar um mês em:** to spend a month in; **2.** *v. intr.* to elapse; **3.** *v. refl.* to go over to.

passarada, *s. f.* crowd of birds.

passarinhar, *v. intr.* to catch birds; to loaf.

pássaro, *s. m.* bird.

passatempo, *s. m.* pastime; hobby.

passe, *s. m.* pass; licence; permit.

passear, 1. *v. intr.* to walk; **2.** *v. tr.* to stroll; to go for a walk; **mandar passear alguém:** *(fig.)* to send a person packing; to send a person about his business.

passeio, *s. m.* walk; stroll; sidewalk; pavement (of a street); **ir dar um passeio:** to go for a walk (on foot); to go for a drive (by car).

passional, *adj. e s. m.* passional.

passiva, *s. f.* (grammar) passive voice.

passividade, *s. f.* passivity.

passivo, *adj.* passive; inert; inactive; **resistência passiva:** passive resistance.

passo, *s. m.* pace; step; **passo a passo:** step by step; **a cada passo:** any time; **acertar o passo:** to be in step with; **a passos largos:** with great strides; **dar um grande passo:** to make a long step; **dar um passo:** to take a step; **dar um passo em falso:** to take a false step; **marcar passo:** to mark time; **qual é o próximo passo?:** what is the next move?

pasta, *s. f.* schoolbag; paste; portfolio; briefcase; tooth-paste.

pastagem, *s. f.* pasture.

pastar, 1. *v. tr.* to pasture; to feed; **2.** *v. intr.* to pasture; to graze.

pastel, *s. m.* pastry; pie; tart.

pastelaria, *s. f.* confectionery; confectioner.

pasteleiro, *s. m.* pastry-cook.

pasteurização, *s. f.* pasteurization.

pasteurizar, *v. tr.* to pasteurize.

pastilha, *s. f. (med.)* pill; lozenge; pastille; **pastilha elástica,** chewing-gum.

pasto, *s. m.* pasture land; pasture.

pastor, *s. m.* shepherd; (religion) parson, parish priest.

pastorear, *v. tr.* to keep a herd; to tend a herd.

pastoril, *adj.* pastoral; rustic.

pata, *s. f.* paw; *(zool.)* female duck.

patacoada, *s. f.* nonsense; boasting.

patada, *s. f. (fam.)* kick.

patamar, *s. m.* landing; plateau.

patarata, *s. m. f. e adj.* simpleton; fool.

pâté, *s. m.* pâté.

pateada, *s. f.* hissing; hooting.

patear, *v. tr.* to hiss; to hoot; to stamp with the feet.

patego, *adj. e s. m.* stupid.

patente, 1. *adj.* patent; obvious; manifest; **2.** *s. f.* patent; (army) rank; **titular de patente:** patentee; **tirar patente de:** to take out a patent for.

patentear, *v. tr.* to manifest; to patent.

paternal, *adj.* paternal; fatherly.

paternidade, s. f. paternity; fatherhood.

paterno, adj. paternal; fatherly.

pateta, 1. adj. foolish; **2.** s. m. f. simpleton; fool; blockhead.

patetice, s. f. nonsense; silliness.

patético, adj. pathetic.

patíbulo, s. m. scaffold; gibbet; gallows.

patifaria, s. f. dishonesty.

patife, s. m. rogue; rascal.

patilha, s. f. spangle; cantle.

patim, s. m. roller-skate.

patinador, s. m. skater.

patinagem, s. f. skating; **campo de patinagem:** skating-rink.

patinar, v. intr. to skate; **ir patinar:** to go skating.

patinhar, v. intr. to paddle; to wade.

pátio, s. m. yard; courtyard; **pátio da escola:** school yard.

pato, s. m. duck.

patologia, s. f. pathology.

patranha, s. f. fib; lie.

patrão, s. m. master; employer; boss.

pátria, s. f. fatherland; mother country.

patriarca, s. m. patriarch.

património, s. m. patrimony.

patriota, s. m. f. patriot.

patriótico, adj. patriotic.

patriotismo, s. m. patriotism.

patroa, s. f. mistress.

patrocinador, s. m. sponsor.

patrocinar, v. tr. to patronize; to sponsor.

patrocínio, s. m. patronage.

patronato, s. m. patronage; the employers.

patrono, s. m. patron; advocate; protector.

patrulha, s. f. patrol.

patrulhar, v. tr. to patrol.

patuscada, s. f. party.

pau, s. m. stick; rod; horn; pl. cubs (at cards); **pau de bandeira:**

flagstaff; **jogar com um pau de dois bicos:** (fig.) to play double-game; **servir de pau de cabeleira:** to play gooseberry.

paul, s. m. swamp; marsh.

paulada, s. f. blow (with a stick).

paulatinamente, adv. slowly.

paulatino, adj. slow.

paupérrimo, adj. very poor; indigent.

pausa, s. f. pause; stop; rest; intermission; **fazer uma pausa:** to make a pause.

pausadamente, adv. slowly.

pausar, v. tr. e intr. to pause; to stop.

pauta, s. f. (mús.) stave; register; tariff.

pautado, adj. ruled; moderate.

pautar, v. tr. to rule (paper); to direct; to moderate.

pavão, s. m. peacock.

pávido, adj. fearful; timid; astonished.

pavilhão, s. m. pavilion; turret.

pavimentar, v. tr. to pave.

pavimento, s. m. pavement; floor.

pavio, s. m. wick; **de fio a pavio:** from beginning to end.

pavonear, 1. v. tr. to display; **2.** v. refl. to boast; to brag.

pavor, s. m. dread; awe; terror.

pavoroso, adj. frightful; horrid; dreadful, fearful.

paz, s. f. peace; tranquillity; calmness; **paz de espírito:** peace of mind; **deixar em paz:** to leave alone; **fazer as pazes:** to make it up; to make friends again; to make one's peace with; **tratado de paz:** treaty of peace.

pazada, s. f. shovelful; blow with a shovel.

pé, s. m. foot (pl. feet); base; stem of a flower; standard (of a lamp); **pé de copo:** stem; **andar nas**

pontas dos pés: to go on tiptoe; **bater o pé:** *(fig.)* to put one's foot down; **da cabeça aos pés:** from top to toe; **em pé:** up; standing; **estar de pé:** to stand; **estar de pé atrás:** to be on one's guard; **ir a pé:** to go on foot; **pôr os cabelos em pé:** to make one's hair stand on end; **sem pés nem cabeça:** without rhyme or reason.

peão, *s. m.* walker; pedestrian; foot-soldier; (chess) pawn.

peça, *s. f.* piece; part; (theater) play.

pecado, *s. m.* sin; **pecado original:** original sin.

pecador, *s. m.* sinner.

pecaminoso, *adj.* sinful.

pecar, *v. intr.* to sin.

pecha, *s. f.* fault; blemish.

pechincha, *s. f.* bargain; find.

pechinchar, *v. tr.* to bargain.

peçonha, *s. f.* poison.

peçonhento, *adj.* poisonous; disgusting.

pecuária, *s. f.* cattle breeding, cattle raising.

peculiar, *adj.* peculiar; particular; special.

peculiaridade, *s. f.* peculiarity.

pecúlio, *s. m.* savings.

pecúnia, *s. f.* money.

pedaço, *s. m.* bit; piece; morsel; **feito em pedaços:** broken to pieces.

pedagogia, *s. f.* pedagogy.

pedagogo, *s. m.* pedagogue.

pedal, *s. m.* pedal.

pedalar, *v. intr.* to pedal.

pedante, 1. *adj.* pedantic; priggish; **2.** *s. m.* pedant.

pedantismo, *s. m.* pedantry.

pé-de-cabra, *s. m.* pinch bar; crow-bar.

pé-de-meia, *s. m.* savings; **ter um bom pé-de-meia:** to have some money put away.

pedestal, *s. m.* base, support; pedestal; **pôr num pedestal:** *(fig.)* to set on a pedestal.

pedestre, *adj.* pedestrian.

pé-de-vento, *s. m.* puff; blast.

pediatra, *s. m. f.* pediatrician.

pediatria, *s. f.* pediatrics.

pedido, *s. m.* request; demand; *(com.)* order; **pedido de casamento:** proposal of marriage; **a pedido de:** by desire of; at the request of.

pedinchão, 1. *adj.* whining; begging; **2.** *s. m.* beggar.

pedinchar, *v. tr. e intr.* to beg; to whine.

pedinte, *s. m. f.* beggar.

pedir, *v. tr.* to beg; to beseech; to ask; to demand; to request; **pedir indemnização:** to claim damages from; **pedir desculpa:** to apologize.

peditório, *s. m.* public collection.

pedra, *s. f.* stone; **pedra da calçada:** paving-stone; **pedra de sal:** grain of salt; **pedra no fígado:** gall-stone; **pedra preciosa:** precious stone; **coração de pedra:** *(fig.)* heart of stone; **estar de pedra e cal:** *(fig.)* to be a fixture; **dormir como uma pedra:** to sleep like a log.

pedrada, *s. f.* stone's throw; stoning.

pedra-pomes, *s. f.* pumice-stone.

pedraria, *s. f.* precious stones, gems; freestone.

pedregoso, *adj.* stony.

pedregulho, *s. m.* boulder.

pedreira, *s. f.* stone quarry, stone-pit.

pedreiro, *s. m.* mason.

pedúnculo, *s. m.* peduncle.

pega, *s. f.* hold; seizing; handle; *(fig.)* quarrel; **ter uma pega com:** *(fig.)* to have a row with.

pega, *s. f. (zool.)* magpie.

pegada, *s. f.* footprint; footmark; trace.

pegajoso, peganhento, *adj.* sticky.

pegar, 1. *v. tr.* to hold; to seize; to infect; **pegar em:** to seize, to take up; **pegar fogo:** to set fire to; to catch fire; **pegar no sono:** to fall asleep; **2.** *v. intr.* to take root; to stick; to be contiguous; **3.** *v. refl.* to cling to; *(med.)* to be catching; *(fig.)* to quarrel.

peia, *s. f.* hindrance; shackle; fetter.

peitilho, *s. m.* shirt-front; *(fam.)* dickey.

peito, *s. m.* breast; chest; bosom; **criança de peito:** breast-fed child; **tomar a peito:** to take to heart.

peitoral, *adj.* pectoral.

peitoril, *s. m.* parapet; window sill.

peixaria, *s. f.* fishmonger's.

peixe, *s. m.* fish; (Zodiac) Pisces; **filho de peixe sabe nadar:** *(fig.)* like father like son.

pejado, *adj.* filled; replete; **pejado de móveis:** encumbered with furniture.

pejar, 1. *v. tr.* to hinder; to obstruct; to encumber; **2.** *v. refl.* to become embarrassed; to be ashamed.

pejo, *s. m.* modesty; shyness.

pejorativo, *adj.* pejorative; disparaging.

péla, *s. f.* ball; sport; toy.

pelado, *adj.* bald; hairless; naked.

pelagem, *s. f.* fur; coat of hair (of a dog).

pelar, 1. *v. tr.* to pull off (the hair); **2.** *v. refl.* to peel; **pelar-se por:** *(fig.)* to do anything for.

pele, *s. f.* skin; fur; **pele oleosa:** oily skin; **pele seca:** dry skin; **só pele e osso:** only skin and bone; **à flor da pele:** skin-deep; **casaco de peles:** fur coat; **pele de galinha:** *(fig.)* gooseflesh; goose pimples.

peleja, *s. f.* fight; battle.

pelejador, 1. *s. m.* fighter; **2.** *adj.* quarrelsome; struggling.

pelejar, *v. intr.* to fight; to struggle; to quarrel.

Pele-Vermelha, *s. m. f.* red skin.

pelica, *s. f.* kid (leather).

pelicano, *s. m. (zool.)* pelican.

película, *s. f.* film.

pelintra, *adj.* penniless.

pelintrice, *s. f.* shabbiness.

pelo, contracção da *prep.* **por** com o *art. def.* **o,** through, by, for, at, on; **pelo contrário:** on the contrary; **pelo menos:** at least; **pelo que eu sei:** as far as I know; for all I know.

pêlo, *s. m.* hair; **contra o correr do pêlo:** against the nap.

pelota, *s. f.* leather pad; pelota; **em pelota:** stark naked.

pelotão, *s. m.* platoon; group.

pelourinho, *s. m.* pillory.

pelúcia, *s. f.* plush.

peludo, *adj.* hairy; shaggy.

pena, *s. f.* pain; pity; grief; feather; plume; **pena capital:** capital punishment; extreme penalty; **estar cheio de pena:** to be filled with pity; **não vale a pena:** it is no use; **ter pena de:** to be sorry for; to have pity on; **que pena!:** what a pity!; **vale a pena:** it's worthwhile.

penado, *adj.* feathered; suffering; painful; **alma penada:** soul in pain.

penal, *adj.* penal; **código penal:** penal code.

penalidade, s. f. penalty; punishment; **grande penalidade:** (sports) penalty.

penalizar, v. tr. to distress; to pain; to afflict.

penar, v. intr. to be in pain; to suffer.

penca, s. f. (bot.) white cabbage; (fam.) big nose.

pendão, s. m. pennant.

pendente, 1. adj. pendent; pending; suspended; undecided; **2.** s. m. pendant.

pender, v. intr. to be suspended; to hang.

pendor, s. m. declivity; slope; inclination; drift.

pêndulo, s. m. pendulum.

pendurar, v. tr. to hang up.

penedo, s. m. rock.

peneira, s. f. sieve.

peneirar, 1. v. tr. to sift; **2.** v. intr. to drizzle; **3.** v. refl. to strut.

penetração, s. f. penetration; acuteness.

penetrante, adj. piercing; clear-sighted; sharpy.

penetrar, v. tr. e intr. to penetrate; to pierce; to discern; to see into.

penhasco, s. m. cliff.

penhor, s. m. pawn; **casa de penhores:** pawnbroker; pawn shop.

penhora, s. f. seizure.

penhorar, v. tr. to seize; to impound; to oblige.

penhorista, s. m. f. pawnbroker.

penicilina, s. f. penicillin.

península, s. f. peninsula.

peninsular, adj. peninsular.

pénis, s. m. penis.

penitência, s. f. repentance; penitence; penance.

penitenciar, 1. v. tr. to penance; **2.** v. refl. to repent.

penoso, adj. painful; difficult.

pensamento, s. m. thought; **maus pensamentos:** evil thoughts; **vir ao pensamento:** to call to mind.

pensão, s. f. boarding-house; pension; **pensão completa:** room and board.

pensar, v. tr. e intr. to think; to meditate; to believe; **maneira de pensar:** way of thinking; **não pense mais nisso:** forget it; **pensando melhor:** on second thoughts; **pense bem!:** think it over!; **penso que...:** I think...

pensativo, adj. thoughtful; pensive.

pensionista, s. m. f. pensioner.

penso, s. m. (med.) dressing; **penso rápido:** band-aid; plaster; **penso higiénico:** sanitary towel.

pentágono, s. m. pentagon.

pente, s. m. comb; **dentes do pente:** the teeth of a comb.

penteadela, s. f. combing.

penteado, s. m. hair-dressing; hair-do.

pentear, v. tr. e refl. to comb.

penugem, s. f. down; fluff.

penúltimo, adj. the last but one.

penumbra, s. f. dark; dusk.

penúria, s. f. penury; **viver na penúria:** to live in want.

pepino, s. m. (bot.) cucumber.

pepita, s. f. nugget.

pequenada, s. f. children.

pequenez, s. f. smallness.

pequenino, 1. adj. very little; tiny; small; **2.** s. m. little one.

pequeno, 1. adj. small; little; short; **2.** s. m. child; boy.

pequeno-almoço, s. m. breakfast.

pequenote, 1. adj. smallish; **2.** s. m. boy; kid.

pêra, s. f. beard; (bot.) pear.

peralta, s. m. f. dandy; coxcomb.

peraltice, s. f. dandyism.

perante, *prep.* in the presence of; before.

perca, *s. f. (zool.)* perch; loss.

percalço, *s. m.* mishap; setback; annoyance.

perceber, *v. tr.* to understand; to discern; to conceive.

percentagem, *s. f.* percentage; **baixar a percentagem:** to bring down the rate.

percepção, *s. f.* perception; insight; discernment.

perceptibilidade, *s. f.* perceptibility.

perceptível, *adj.* perceptible.

percevejo, *s. m. (zool.)* bug.

percorrer, *v. tr.* to go through; to travel over; to look over.

percurso, *s. m.* course; route; distance; journey.

percussão, *s. f.* percussion.

perda, *s. f.* loss; failure; waste; **uma grande perda:** a heavy loss.

perdão, *s. m.* pardon; forgiveness; **peço perdão:** I beg your pardon.

perder, 1. *v. tr.* to miss; to lose; to waste; **deitar a perder:** to ruin; **perder ao jogo:** to gamble away; **perder contacto:** to lose track of; **2.** *v. refl.* to go astray; **perder-se na multidão:** to be lost in the crowd; **perder-se por:** to be mad about.

perdição, *s. f.* perdition; ruin.

perdido, *adj.* lost; depraved; **perdido em pensamentos:** lost in thought; sunk in meditation; **perdido por um perdido por cem:** in for a penny, in for a pound; **bala perdida:** random shot; **causa perdida:** lost cause.

perdigão, *s. m. (zool.)* male partridge.

perdigoto, *s. m.* dribble.

perdiz, *s. f. (zool.)* partridge.

perdoar, *v. tr.* to forgive; to pardon; to excuse.

perdulário, *adj. e s. m.* prodigal; wasteful; spendthrift.

perdurar, *v. intr.* to last long; to persist; to endure.

perecer, *v. intr.* to perish.

perecimento, *s. m.* death; decay.

perecível, *adj.* perishable.

peregrinação, *s. f.* pilgrimage; peregrination; **ir em peregrinação:** to go on a pilgrimage.

peregrino, 1. *adj.* foreign; excellent; rare; **2.** *s. m.* pilgrim.

pereira, *s. f. (bot.)* pear-tree.

peremptório, *adj.* peremptory; absolute; decisive; imperious.

perene, *adj.* perennial; unceasing; lasting; enduring.

perfazer, *v. tr.* to amount to.

perfeição, *s. f.* perfection.

perfeito, 1. *adj.* perfect; finished; faultless; **2.** *s. m.* perfect.

perfídia, *s. f.* perfidy; treachery.

pérfido, *adj.* perfidious; treacherous; faithless.

perfil, *s. m.* profile; outline; contour; **de perfil:** in profile.

perfilar, 1. *v. tr.* to profile; to straighten; **2.** *v. refl.* to draw up.

perfilhação, *s. f.* adoption; affiliation.

perfilhar, *v. tr.* to adopt; to affiliate.

perfumar, *v. tr.* to perfume; to scent.

perfumaria, *s. f.* perfumery; perfumer.

perfume, *s. m.* perfume; scent.

perfuração, *s. f.* perforation; boring.

perfuradora, *s. f.* drill.

perfurar, *v. tr.* to perforate; to pierce; to drill; to bore.

pergaminho, *s. m.* parchment.

pérgula, *s. f.* pergola.

pergunta, *s. f.* question; **fazer uma pergunta:** to ask a question; **responder a uma pergunta:** to answer a question; **fugir a uma pergunta:** to parry a question.

perguntar, v. tr. to ask; **perguntar a si próprio:** to wonder; **perguntar por alguém:** to inquire after somebody.

perícia, s. f. skill.

periclitante, adj. hesitating; wavering; risky; in danger.

periferia, s. f. periphery; outskirts.

periférico, adj. peripheral.

perífrase, s. f. periphrasis.

perigar, v. intr. to run a risk; to be in danger.

perigo, s. m. danger; risk; hazard; **cheio de perigos:** full of danger; **em perigo de:** in danger of; **fora de perigo:** out of danger; **há perigo?:** is there any danger?

perigoso, adj. dangerous.

perímetro, s. m. perimeter.

periodicidade, s. f. periodicity.

periódico, 1. adj. periodic; periodical; regular; **2.** s. m. periodical.

período, s. m. period; age; era; sentence; (school) term.

peripécia, s. f. incident; vicissitude.

periquito, s. m. (zool.) parakeet.

periscópio, s. m. periscope.

perito, 1. adj. skilful; clever; **2.** s. m. expert.

perjurar, v. tr. to perjure; to forswear.

perjúrio, s. m. perjury.

permanecente, adj. lasting; remaining; permanent.

permanecer, v. intr. to remain; to stay.

permanência, s. f. permanency; perseverance; persistence.

permanente, 1. adj. permanent; lasting; continuous; **2.** s. f. perm.

permeabilidade, s. f. permeability.

permeio, adv. in the middle; **de permeio:** between; among.

permissão, s. f. permission; leave.

permissivo, adj. permissive; permitting.

permitir, v. tr. to permit; to allow; to consent.

permuta, s. f. exchange; permutation.

permutar, v. tr. to permute; to exchange.

perna, s. f. leg; **de perna cruzada:** cross-legged; **de pernas para o ar:** upside-down; bottom up; **esticar as pernas:** to stretch one's legs.

pernicioso, adj. pernicious; noxious; dangerous.

pernil, s. m. slender leg; **esticar o pernil:** (fig.) to kick the bucket.

pernilongo, adj. long-legged.

perno, s. m. bodkin.

pernoitar, v. intr. to stay overnight.

pernóstico, adj. pedantic; assuming.

pérola, s. f. pearl; **deitar pérolas a porcos:** (fig.) to cast (one's) pearls before swine.

perpassar, v. intr. to pass by.

perpendicular, adj. perpendicular; upright; vertical.

perpendicularidade, s. f. perpendicularity.

perpetração, s. f. perpetration.

perpetrar, v. tr. to perpetrate; to perform; to commit.

perpetuação, s. f. perpetuation.

perpetuar, v. tr. to perpetuate.

perpétuo, adj. perpetual; everlasting; unending.

perplexidade, s. f. perplexity; hesitation; indecision.

perplexo, adj. perplexed; hesitating; irresolute; **ficar perplexo:** to be at one's wit's end; to be puzzled.

perrice, s. f. obstinacy; stubbornness.

persa, *adj.* Persian.

persecutório, *adj.* persecutory.

perseguição, *s. f.* persecution; importuning; **em perseguição de:** in pursuit of; **sofrer perseguições:** to suffer persecution.

perseguidor, **1.** *adj.* persecuting; **2.** *s. m.* persecutor.

perseguir, *v. tr.* to persecute; to pursue; to annoy; to harass.

perseverança, *s. f.* perseverance; persistence.

perseverante, *adj.* persevering.

perseverar, *v. intr.* to persevere (in); to persist in.

persiana, *s. f.* persienne; Persian blind; Venetian blind.

persistência, *s. f.* persistence; persistency; perseverance.

persistente, *adj.* persistent; persisting; persevering.

persistentemente, *adv.* persistently.

persistir, *v. intr.* to persist (in); to persevere.

personagem, *s. f.* personage; character (in a play or film).

personalidade, *s. f.* personality; individuality.

personalização, *s. f.* personalization.

personalizar, *v. tr.* to personalize; to impersonate.

personificação, *s. f.* personification.

personificar, *v. tr.* to personify; to personalize.

perspectiva, *s. f.* perspective; view.

perspectivar, *v. tr.* to put in perspective.

perspicácia, *s. f.* perspicacity; acumen; insight.

perspicaz, *adj.* perspicacious; discerning; penetrating.

persuadir, *v. tr.* to persuade; to induce; **persuadir alguém a:** to coax someone into.

persuasão, *s. f.* persuasion.

persuasivo, *adj.* persuasive.

pertença, *s. f.* property; *pl.* belongings.

pertencer, *v. intr.* to belong.

pertinácia, *s. f.* pertinacity; obstinacy.

pertinente, *adj.* pertinent; relevant.

perto, *adv.* near; close; at a short distance; within call; **de perto:** closely; close-by; **há perto de um ano:** about a year ago.

perturbação, *s. f.* disturbance; **perturbação mental:** mental derangement.

perturbador, **1.** *adj.* disturbing; **2.** *s. m.* perturber.

perturbar, *v. tr.* to disturb.

peru, *s. m. (zool.)* turkey.

peruca, *s. f.* wig.

perversão, *s. f.* perversion.

perversidade, *s. f.* perversity; wickedness.

perverso, *adj.* perverse; wicked.

perverter, *v. tr.* e *refl.* to pervert; to corrupt; to deprave.

pesadelo, *s. m.* nightmare.

pesado, *adj.* heavy; weighty; hard; fastidious; dull; **água pesada:** hard water; **ser pesado a:** to be a burden to.

pesagem, *s. f.* weighing.

pêsames, *s. m. pl.* condolences; **dar os pêsames a:** to present condolences to.

pesar, **1.** *v. tr.* to weigh; to ponder; to estimate; **2.** *v. intr.* to weigh upon; to grieve; **3.** *v. refl.* to weigh oneself; **4.** *s. m.* sorrow; grief; regret.

pesaroso, *adj.* sorrowful; sorry.

pesca, *s. f.* fishing; fishery.

pescada, *s. f. (zool.)* whiting.

pescador, *s. m.* fisherman; fisher.

pescar, *v. tr.* to fish; *(fig.)* to understand; **pescar à linha ou à cana:** to angle.

pescaria, *s. f.* fishing; fishery.

pescoço, *s. m.* neck; **até ao pescoço:** neck-deep; **com a corda ao pescoço:** *(fig.)* with a rope round one's neck.

peseta, *s. f.* peseta.

peso, *s. m.* weight; burden; load; gravity; **peso a menos:** under weight; **peso bruto:** weight; gross weight; **aumentar de peso:** to put on weight; **perder peso:** to lose weight; **tirar um peso de cima:** *(fig.)* to take a load off a person's mind.

pespegar, *v. tr.* to apply.

pesponto, *s. m.* quilting-stitch; backstitch.

pesquisa, *s. f.* search; research; inquiry.

pesquisar, *v. tr.* to search for; to inquire; to investigate.

pêssego, *s. m.* *(bot.)* peach.

pessegueiro, *s. m.* *(bot.)* peach-tree.

pessimismo, *s. m.* pessimism.

pessimista, 1. *adj.* pessimistic; 2. *s. m. f.* pessimist.

péssimo, *adj.* awful; very bad.

pessoa, *s. f.* person; *pl.* people; **boa pessoa:** good fellow; **qualquer pessoa:** any person; **em pessoa:** in person.

pessoal, 1. *adj.* personal; individual; **assunto pessoal:** private matter; 2. *s. m.* personnel; staff.

pestana, *s. f.* eyelash.

pestanejar, *v. intr.* to blink; to wink; **sem pestanejar:** without blinking.

peste, *s. f.* plague; pestilence; pest.

pestilência, *s. f.* pestilence.

peta, *s. f.* fib; lie.

pétala, *s. f.* petal.

petardo, *s. m.* petard.

petição, *s. f.* petition; request; prayer; supplication.

petiscar, *v. tr.* to nibble.

petisco, *s. m.* dainty.

petiz, *s. m.* child; boy.

petrificação, *s. f.* petrification.

petrificante, *adj.* petrifying.

petrificar, *v. tr.* to petrify.

petrografia, *s. f.* petrography.

petroleiro, *s. m.* oil-tanker.

petróleo, *s. m.* oil.

petulância, *s. f.* petulance.

petulante, *adj.* petulant; saucy; snobbish.

peúga, *s. f.* sock.

peugada, *s. f.* track; **ir na peugada:** to follow someone's tracks; to be on the track of.

pevide, *s. f.* pip.

pia, *s. f.* sink.

piada, *s. f.* joke; **piada estúpida:** silly joke; **boa piada!:** that's a good joke!; **dizer uma piada:** to crack a joke.

pianista, *s. m. f.* pianist.

piano, *s. m.* piano; **piano de cauda:** grand piano.

pião, *s. m.* top; **fazer girar o pião:** to spin the top.

piar, *v. intr.* to peep; to chirp.

piastra, *s. f.* piastre; piaster.

picada, *s. f.* prick; sting (animal).

picado, 1. *adj.* pricked; **mar picado:** rough sea; **voo picado:** nose-dive; 2. *s. m.* hash; minced meat.

picante, *adj.* pricking; piquant; pungent; spicy; biting; **gosto picante:** piquancy.

pica-pau, *s. m.* *(zool.)* woodpecker.

picar, 1. *v. tr.* to prick; to sting; to pierce; to mince; (bird) to peck; 2. *v. intr.* to prickle; to be sharp, to itch (a wound); to tickle (clothes); **3.** *v. refl.* to prick oneself.

picaresco, *adj.* picaresque; burlesque.

picareta, *s. f.* pickaxe; pick.

piche, *s. m.* pitch.

picheleiro, *s. m.* tinsmith.

pico, *s. m.* peak; sharp point; summit (of a mountain); thorn (of a plant); **uma libra e pico:** one pound odd.

pictórico, *adj.* pictorial.

picuinhas, *adj. e s. m. f.* fussy person; particular person.

piedade, *s. f.* piety; pity; mercy; compassion.

piedoso, *adj.* pitiful; merciful.

piegas, *adj.* maudlin; mawkish.

piela, *s. f.* drunkenness.

pífaro, *s. m.* fife.

pigarrear, *v. intr.* to clear the throat.

pigmentação, *s. f.* pigmentation.

pigmento, *s. m.* pigment.

pigmeu, *s. m.* pygmy.

pijama, *s. f.* pyjamas.

pilão, *s. m.* pestle.

pilar, *s. m.* pillar; pier; *(náut.)* stanchion.

pileca, *s. f.* jade; broken-down horse.

pilha, *s. f.* battery; pile; heap; **pilha eléctrica:** electric torch; flashlight.

pilhagem, *s. f.* pillage; plundering; looting.

pilhar, *v. tr.* to loot; to plunder; to pillage.

pilotar, *v. tr.* to pilot.

piloto, 1. *adj.* pilot; **2.** *s. m.* pilot; guide.

pílula, *s. f.* pill; pilule.

pimenta, *s. f.* pepper; **grão de pimenta:** peppercorn.

pimenteiro, *s. m.* pepper-box.

pimento, *s. m.* pimento; green pepper.

pimpão, 1. *adj.* spruce; **2.** *s. m.* boaster; dandy.

pimpolho, *s. m.* young shoot; youngster; urchin.

pináculo, *s. m.* pinnacle; culmination.

pinça, *s. f.* clip; pincers; tweezers.

píncaro, *s. m.* pinnacle; peak.

pincel, *s. m.* brush; **pincel de barbear:** shaving-brush.

pincelada, *s. f.* stroke (of the brush); **umas pinceladas de tinta:** a few dabs of paint.

pincelar, *v. tr.* to paint; to daub.

pinchar, 1. *v. intr.* to leap; to jump; **2.** *v. tr.* to pitch; to hurl; to tumble.

pincho, *s. m.* leap; jump.

pindérico, *adj. (fam.)* shabby.

pinga, *s. f.* drop; booze; **estar com a pinga:** *(fam.)* to be half seas over.

pingar, *v. intr.* to drop; to drip.

pingo, *s. m.* drop; dripping; **pingo do nariz:** snivel.

pingue-pongue, *s. m.* ping-pong.

pinguim, *s. m. (zool.)* penguin.

pinha, *s. f.* pine-cone; heap; *(fam.)* head.

pinhal, *s. m.* pine-wood.

pinhão, *s. m.* pine-seed.

pinheiral, *s. m.* pine-wood.

pinheiro, *s. m.* pine; pine-tree.

pinho, *s. m.* pine wood.

pino, *s. m.* peg; summit; pinnacle; height; **fazer o pino:** to stand on one's hands.

pinote, *s. m.* jump; leap; kick.

pinta, *s. f.* spot; mark.

pintainho, *s. m.* chick.

pintalgar, *v. tr.* to speckle; to spot; to variegate.

pintar, *v. tr.* to paint.

pintarroxo, *s. m. (zool.)* robin; redbreast.

pintassilgo, *s. m. (zool.)* goldfinch.

pinto, *s. m.* chicken; **encharcado como um pinto:** soaked to the skin.

pintor, *s. m.* painter.

pintura, *s. f.* painting; picture; paint; **pintura a óleo:** oil-painting.

pio, 1. *adj.* pious; devout; **2.** *s. m.* chirp; chirrup.

piolhento, *adj.* lousy.

piolho, *s. m.* louse.

pioneiro, *s. m.* pioneer.

pionés, *s. m.* drawing-pin.

pior, *adj. e adv.* worse; the worst; **na pior das hipóteses:** if the worst comes to the worst; **tanto pior:** so much the worse; **cada vez pior:** worse and worse; **ir de mal a pior:** to go from bad to worse.

piorar, *v. intr.* to grow worse.

pipa, *s. f.* cask; barrel.

piparote, *s. m.* fillip.

pipo, *s. m.* keg.

pipocas, *s. f. pl.* popcorn.

pique, *s. m.* pike; quarrel; pique; **ir a pique:** to sink.

piquenique, *s. m.* picnic.

piquete, *s. m.* picket; guard.

pira, *s. f.* pyre.

pirâmide, *s. f.* pyramid.

pirata, *s. m.* pirate.

pires, *s. m.* saucer.

pirilampo, *s. m. (zool.)* glow-worm.

piroga, *s. f.* pirogue.

pirotecnia, *s. f.* pyrotechnics.

pirueta, *s. f.* pirouette; whirl.

pisadura, *s. f.* bruise; treading; trampling.

pisa-papéis, *s. f.* paperweight.

pisar, *v. tr.* to tread; to trample; to press; to squeeze.

piscadela, *s. f.* twinkle; wink.

piscar, *v. tr.* to twinkle; to wink; to blink; **ela piscou-lhe o olho:** she winked at him.

piscina, *s. f.* swimming-pool.

pisco, 1. *adj.* winking; blinking; **2.** *s. m. (zool.)* bullfinch.

pisgar-se, *v. refl.* to steal away.

piso, *s. m.* pavement; floor; ground; storey; **edifício de dois pisos:** two-storied building.

pista, *s. f.* trail; trace; track; runway; **ir na pista de:** to trace.

pistácio, *s. m.* pistachio.

pistão, *s. m.* piston.

pistola, *s. f.* pistol; **pistola para pintar:** paint sprayer.

pistoleiro, *s. m.* gunman; gunner.

pitada, *s. f.* stench; bad smell; **pitada de sal:** pinch of salt.

pitéu, *s. m.* dainty; delicacy.

pitoresco, *adj.* pictorial; amusing; picturesque; creative.

pitosga, *adj.* short-sighted.

pivete, *s. m.* smart child; bad smell.

placa, *s. f.* plate; badge.

placar, *s. m.* scoreboard.

placenta, *s. f.* placenta.

placidez, *s. f.* placidity; calmness; tranquillity.

plácido, *adj.* placid; calm; tranquil; quiet.

plagiador, *s. m.* plagiarist.

plagiar, *v. tr.* to plagiarize.

plágio, *s. m.* plagiarism.

plaina, *s. f.* plane.

planador, *s. m.* glider.

planalto, *s. m.* upland; table-land; plateau.

planar, *v. intr.* to plane.

plâncton, *s. m.* plankton.

planear, planejar, *v. tr.* to project; to design; to plan.

planeta, *s. m.* planet.

planetário, 1. *adj.* planetary; **2.** *s. m.* planetarium.

plangência, *s. f.* plangency.

plangente, *adj.* plangent; sad.

planície, *s. f.* plain.

planificação, *s. f.* planning.
planificar, *v. tr.* to plan.
planisfério, *s. m.* planisphere.
plano, 1. *adj.* plane; flat; smooth; **2.** *s. m.* plane; plain; project; scheme; plan; **aprovar um plano:** to approve of a plan; **transtornar os planos:** to upset someone's plans.
planta, *s. f.* plant; plan (architecture).
plantação, *s. f.* plantation; planting; **plantação de açúcar:** sugar plantation.
plantão, *s. m.* sentry; guard.
plantar, *v. tr.* to plant; to set; to fix; to establish.
plantio, *s. m.* plantation.
planura, *s. f.* plain.
plasma, *s. m.* plasma.
plasticina, *s. f.* plasticine.
plástico, *adj. e s. m.* plastic; **cirurgia plástica:** plastic surgery.
plataforma, *s. f.* platform; terrace.
plátano, *s. m. (bot.)* plane-tree.
plateia, *s. f.* stalls and pit.
platina, *s. f.* platinum.
platónico, *adj.* platonic; ideal.
plausível, *adj.* plausible; reasonable.
plebe, *s. f.* the common people; mob; plebs.
plebeísmo, *s. m.* plebeianism.
plebeu, 1. *adj.* plebeian; vulgar; **2.** *s. m.* plebeian.
plebiscito, *s. m.* plebiscite.
plêiade, *s. f.* pleiad.
pleitear, *v. intr.* to plead; to litigate.
plenário, *adj.* plenary; complete; entire.
plenitude, *s. f.* plenitude; completeness; fullness.
pleno, *adj.* full; complete; entire.
pleonasmo, *s. m.* pleonasm.
pleura, *s. f.* pleura.

pleurisia, *s. f.* pleurisy.
pluma, *s. f.* feather; plume.
plumagem, *s. f.* plumage.
plural, *adj. e s. m.* plural.
pluralidade, *s. f.* plurality.
pluralismo, *s. m.* pluralism.
pluralizar, *v. tr.* to pluralize; to multiply.
plutocracia, *s. f.* plutocracy.
pluvial, *adj.* rainy; pluvial.
pluviosidade, *s. f.* rainfall.
pneu, *s. m.* tyre; **pneu sobresselente:** spare tyre.
pneumático, *adj.* pneumatic.
pneumonia, *s. f.* pneumonia.
pó, *s. m.* powder; dust; **cheio de pó:** dusty; covered with dust; **fazer pó:** to make dust; **limpar o pó:** to dust; **pano do pó:** duster.
pobre, 1. *adj.* poor; needy; miserable; **2.** *s. m. f.* poor person; beggar.
pobreza, *s. f.* poverty; indigence.
poça, *s. f.* pool; pond; puddle.
poção, *s. f.* potion.
pocilga, *s. f.* pigsty.
poço, *s. m.* well; **poço de ar:** bump.
poda, *s. f.* lopping; pruning.
podar, *v. tr.* to lop; to prune.
pó-de-arroz, *s. m.* face-powder; **borla de pó-de-arroz:** powder-puff.
poder, 1. *v. tr.* may; can; to be able to; to be allowed to; **não pode ser verdade:** it cannot be true; **posso entrar?:** may I come in?; **2.** *s. m.* power; force; authority; energy; strength; **assumir o poder:** to come into power; **cair em poder de:** to fall into the hands of; **plenos poderes:** full authority; **ter alguém em seu poder:** to have a person in one's power.
poderio, *s. m.* power; authority; might.

poderoso, *adj.* powerful; strong; mighty.

pódio, *s. m.* podium.

podre, *adj.* rotten; decayed; carious; **podre de rico:** dead rich.

podridão, *s. f.* rottenness.

poeira, *s. f.* dust; **deitar poeira nos olhos:** *(fig.)* to throw dust in one's eyes.

poeirento, *adj.* dusty.

poema, *s. m.* poem.

poente, 1. *adj.* setting; **2.** *s. m.* west.

poesia, *s. f.* poetry.

poeta, *s. m. f.* poet.

poética, *s. f.* poetics.

poético, *adj.* poetical; poetic.

pois, *conj.* because; then; so; since; **pois claro:** certainly; of course; **pois sim:** yes; of course; to be sure.

polaco, 1. *adj.* Polish; **2.** *s. m.* Pole.

polainas, *s. f. pl.* gaiters.

polar, *adj.* polar; **Estrela Polar:** Polaris; Pole Star; **urso polar:** polar bear.

polaridade, *s. f.* polarity.

polarização, *s. f.* polarization.

polarizar, *v. tr.* to polarize.

polegada, *s. f.* inch.

polegar, *s. m.* thumb.

poleiro, *s. m.* roost.

polémica, *s. f.* polemic; controversy.

polémico, *adj.* polemic.

pólen, *s. m.* pollen.

polícia, 1. *s. f.* police; **polícia a cavalo:** mounted police; **polícia de trânsito:** traffic police; **agente da polícia:** police-officer; **esquadra da polícia:** police station; **2.** *s. m.* policeman; *(fam.)* cop.

policial, *adj.* police; **romance policial:** detective story.

policiamento, *s. m.* policing; watching; patrolling.

policiar, *v. tr.* to police; to patrol.

policlínica, *s. f.* polyclinic.

policromático, *adj.* polychromatic.

polidamente, *adv.* politely.

polidez, *s. f.* politeness; civility.

polido, *adj.* polite; courteous; glossy.

polifonia, *s. f.* polyphony.

poligamia, *s. f.* polygamy.

poliglota, *adj.* e *s. m. f.* polyglot.

polígono, *s. m.* polygon.

polígrafo, *s. m.* polygraph; polygrapher.

polimento, *s. m.* polishing; polish.

poliomielite, *s. f.* *(med.)* poliomyelitis; polio.

pólipo, *s. m.* polypus; polyp.

polir, *v. tr.* to polish; *(fig.)* to civilize.

polissílabo, 1. *adj.* polysyllabic; **2.** *s. m.* polysyllable.

politécnica, *s. f.* polytechnic school.

politécnico, *adj.* polytechnic.

politeísmo, *s. m.* polytheism.

politeísta, 1. *adj.* polytheistic; **2.** *s. m. f.* polytheist.

política, *s. f.* politics; policy.

politicar, *v. intr.* to politicize.

político, 1. *adj.* political; politic; **asilo político:** political asylum; **crise política:** political crisis; **partido político:** political party; **prisioneiro político:** political prisoner; **reunião política:** caucus; **2.** *s. m.* politician.

politiquice, *s. f.* petty politics.

pólo, *s. m.* pole; **pólo aquático:** (sports) water-polo; **pólo negativo:** zinc pole; **Pólo Norte:** North Pole; **Pólo Sul:** South Pole.

polpa, *s. f.* pulp.

poltrão, 1. *adj.* coward; craven; **2.** *s. m.* poltroon; coward.

poltrona, *s. f.* armchair; easychair.

poluição, *s. f.* pollution.

poluir, *v. tr.* to pollute; to stain; to corrupt.

polvilhar, v. tr. to powder; (cooking) to sprinkle with.

polvo, s. m. octopus.

pólvora, s. f. powder; gunpowder.

polvorosa, s. f. flurry; hurly-burly.

pomada, s. f. salve; ointment.

pomar, s. m. orchard.

pomba, s. f. female dove.

pombal, s. m. dovecot.

pombo, s. m. dove; pigeon.

pombo-correio, s. m. homing pigeon; carrier-pigeon.

pomo, s. m. pome; **pomo de discórdia:** fire-brand; apple of discord.

pompa, s. f. pomp; ostentation; state.

pompom, s. m. pompom.

pomposo, adj. pompous; ostentatious; magnificent.

pómulo, s. m. cheek-bone.

ponche, s. m. punch.

poncho, s. m. poncho.

ponderação, s. f. ponderation; gravity; importance.

ponderar, v. tr. e intr. to ponder; to think over.

ponderável, adj. ponderable.

ponderoso, adj. ponderous; heavy; important.

pónei, s. m. pony.

ponta, s. f. extremity; end; point; tip; **ponta de cigarro:** a stub of a cigarette; **de ponta a ponta:** from tip to tip; **na ponta da língua:** on the tip of one's tongue; **pôr-se na ponta dos pés:** to stand on the point of one's toes; **tomar de ponta:** to take a pique against.

pontada, s. f. stitch; twinge.

pontão, s. m. prop; pontoon.

pontapé, s. m. kick; **pontapé de saída:** kick-off; **dar um pontapé:** to kick.

pontaria, s. f. aim; aiming; **errar a pontaria:** to miss one's aim; **fazer pontaria:** to take aim.

ponte, s. f. bridge; deck (of a ship); **ponte de desembarque:** gangway.

pontear, v. tr. to dot; to stitch; to stipple; to baste.

ponteiro, s. m. rod; pointer (at school); hand (of watch or balance).

pontiagudo, adj. sharp; pointed.

pontificado, s. m. pontificate; papacy.

pontificar, v. intr. to pontificate.

pontífice, s. m. the Pope.

ponto, s. m. point; dot; (med.) stitch; position; test (at schools); (sports) score; **ponto fraco:** tender spot; **ponto decimal:** decimal point; **ponto de ebulição:** boiling point; **ponto de encontro:** place of call; **ponto final:** full stop; **ponto de interrogação:** question mark; **ponto de vista:** stand point; point of view; **ponto e vírgula:** semicolon; **ponto por ponto:** word for word; leaving nothing out; **aí é que bate o ponto:** there's the rub; **às duas em ponto:** at two o'clock sharp; **assinar o ponto:** to sign the register; **até certo ponto:** to a certain extent; **até que ponto?:** to what extent?; **dois pontos:** colon; **pôr os pontos nos ii:** to dot one's i's; (fig.) to set something straight.

pontuação, s. f. punctuation.

pontual, adj. punctual; **um caso pontual:** a casual matter.

pontualidade, s. f. punctuality.

pontualmente, adv. in due time; punctually.

pontuar, v. tr. to punctuate.

popa, s. f. poop; stern (of a ship); **de vento em popa:** before the wind.

populaça, *s. f.* populace; common people; mob; rabble.

população, *s. f.* population.

popular, *adj.* popular; **canção popular**: folk-song.

popularidade, *s. f.* popularity.

póquer, *s. m.* poker.

por, *prep.* by; through; for; out of; about; per; **por aqui**: this way; **por cento**: per cent; **por ora**: for the present; **por medo**: out of fear; **nem por isso**: not really.

pôr, *v. tr.* to put; to set; to place; **pôr de parte**: to put aside; **pôr em andamento**: to start; **pôr termo**: to end, to settle; **põe-te a andar!**: beat it!

porão, *s. m.* hold.

porca, *s. f.* (*zool.*) sow; (carpentry) screw-nut; **aí é que a porca torce o rabo**: (*fig.*) that's where the shoe pinches.

porção, *s. f.* portion; share.

porcaria, *s. f.* dirtiness; filth; obscenity.

porcelana, *s. f.* china; chinaware; porcelain.

porco, **1.** *adj.* dirty; **2.** *s. m.* swine; pig; hog; **carne de porco**: pork.

porco-espinho, *s. m.* (*zool.*) porcupine.

porém, *conj.* but; however; yet.

porfia, *s. f.* obstinacy; insistence; contention; strife.

porfiar, *v. intr.* to persist, to discuss; to contend.

pormenor, *s. m.* detail; **em pormenor**: in detail.

pormenorizar, *v. tr.* to detail.

pornografia, *s. f.* pornography.

pornográfico, *adj.* pornographic.

poro, *s. m.* pore.

porosidade, *s. f.* porosity; porousness.

poroso, *adj.* porous; spongy.

porquanto, *conj.* since; seeing that.

porque, *conj. e adv.* because; as; for.

porquê, **1.** *adv.* why; **2.** *s. m.* cause; reason.

porquinho-da-índia, *s. m.* (*zool.*) guinea pig.

porreiro, *adj.* (*fam.*) nice; cool; great.

porta, *s. f.* door; **porta das traseiras**: back door; **porta de entrada**: entrance door; **à porta**: at the door; **bater à porta**: to knock at the door; **dentro de portas**: within doors; **de porta em porta**: from door to door; **empurrar a porta**: to push the door.

porta-aviões, *s. m.* aircraft carrier.

porta-bagagem, *s. m.* luggage carrier; trunk; (*E.U.A.*) boot.

porta-bandeira, *s. m.* ensign-bearer.

porta-chaves, *s. m.* key-ring.

portada, *s. f.* portal; porch.

portador, *s. m.* bearer; porter; (*med.*) carrier.

portageiro, *s. m.* exciseman.

portagem, *s. f.* toll.

porta-jóias, *s. m.* jewel-case.

portal, *s. m.* gateway.

porta-moedas, *s. m.* purse.

portanto, *conj.* therefore; so.

portão, *s. m.* gate; gateway.

portaria, *s. f.* reception desk (hotel); governmental order.

portar-se, *v. refl.* to behave; to conduct oneself; **portar-se bem**: to behave oneself.

portátil, *adj.* portable.

porta-voz, *s. m. f.* spokesman.

porte, *s. m.* behaviour; manners; **porte incluído**: postage included; **porte pago**: carriage paid.

porteiro, *s. m.* door-keeper; **porteiro de cinema**: commissionaire; **porteiro de hotel**: porter.

portento, s. m. prodigy; marvel.

portentoso, adj. portentous; ominous.

pórtico, s. m. porch; portico.

porto, s. m. port; harbour; haven; port wine; **porto de escala:** call port; **entrar no porto:** to enter port; **sair do porto:** to put out to sea.

português, adj. e s. m. Portuguese.

porventura, adv. by chance; perhaps.

porvir, s. m. future.

posar, v. intr. to sit; to give a sitting (to a painter).

posição, s. f. position; situation; attitude; rank; condition; **posição elevada:** exalted rank; high position; **em posição:** in position; **estar em posição:** (sports) to toe the line; **estar numa posição difícil:** to be placed in a difficult position.

positividade, s. f. positiveness.

positivismo, s. m. positivism.

positivo, adj. positive.

pós-meridíano, adj. postmeridian.

posologia, s. f. posology.

possante, adj. powerful; vigorous.

posse, s. f. possession; **dar posse:** to invest as; **direito de posse:** right of possession; **entrar na posse de:** to come into possession of; **na plena posse das suas capacidades:** in full possession of one's faculties; **ter na sua posse:** to have in one's possession; **tomar posse:** to take possession.

possessão, s. f. possession.

possessivo, adj. possessive; **pronome possessivo:** possessive pronoun.

possesso, adj. possessed; mad.

possibilidade, s. f. possibility.

possibilitar, v. tr. to make possible; to enable.

possível, adj. possible; **fazer todos os possíveis:** to do one's utmost; **o mais depressa possível:** as soon as possible.

possivelmente, adv. possibly.

possuidor, 1. adj. possessing; 2. s. m. possessor; owner.

possuir, v. tr. to possess; to own.

posta, s. f. slice; post; mail.

postal, 1. adj. postal; **vale postal:** postal order; 2. s. m. postcard.

posta-restante, s. f. poste restante.

poste, s. m. pole; stake; pillar; **postes da baliza:** (sports) goalposts.

posteridade, s. f. posterity.

posterior, adj. posterior; later; hinder.

postiço, adj. false; artificial; **cabeleira postiça:** wig.

postigo, s. m. wicket; scuttle.

postilhão, s. m. postillion.

posto, 1. adj. placed; put; set; **bem posto:** well-dressed; 2. s. m. post; station; (army) rank; **posto de abastecimento de gasolina:** petrol station; **de posto inferior:** lower in rank.

postular, v. tr. to postulate; to claim; to demand.

póstumo, adj. posthumous.

postura, s. f. posture; attitude; laying (of eggs).

potássio, s. m. (quím.) potassium.

potável, adj. drinkable.

pote, s. m. pot; water-jug; chamber-pot (in a bedroom).

potência, s. f. power; potency; authority; **de grande potência:** high-powered; **elevar à terceira potência:** (maths) to raise into the third power; **Grandes Potências:** Great Powers.

potencial, *adj.* potential.

potencialidade, *s. f.* potentiality.

potentado, *s. m.* potentate.

potente, *adj.* powerful; potent.

potro, *s. m.* colt; rack.

pouca-vergonha, *s. f.* shamelessness.

pouco, 1. *pron., adv.* e *adj.* little; **2.** *s. m.* a little; *pl.* few; **pouco a pouco:** bit by bit; little by little; **pouco atrás:** close behind; **poucos ou nenhuns:** few or none; **dentro em pouco:** in no time; **muito poucos:** very few; **fazer pouco:** *(fig.)* to pull a person's leg; to mock.

poucochinho, 1. *adj.* e *adv.* very little; **2.** *s. m.* a little bit.

poupa, *s. f.* crest.

poupado, *adj.* economical; saving; thrifty; spared.

poupança, *s. f.* thrift.

poupar, *v. tr.* to save; to spare; **poupar dinheiro:** to save money; to save up.

pouquinho, 1. *adj.* very little; **2.** *s. m.* a little.

pousada, *s. f.* inn.

pousar, 1. *v. tr.* to put; to put down; to place; **2.** *v. intr.* to lodge; to perch; to land (plane).

pousio, *s. m.* fallow land.

povo, *s. m.* people; inhabitants; crowd; folk.

povoação, *s. f.* village; settlement; population.

povoado, 1. *adj.* populous, peopled; **2.** *s. m.* village.

povoador, 1. *adj.* populating; **2.** *s. m.* settler; colonist; colonizer.

povoar, *v. tr.* to people; to colonize; to populate; to settle.

praça, *s. f.* square; market-place (for food); soldier; **praça de táxis:** taxi-rank; *(E.U.A.)* taxi stand;

praça de touros: bullring; **assentar praça:** to enlist.

pradaria, *s. f.* prairie.

prado, *s. m.* meadow.

praga, *s. f.* curse; plague (insects).

pragmática, *s. f.* etiquette; rules for state occasions.

pragmático, *adj.* pragmatical.

pragmatismo, *s. m.* pragmatism.

praguejar, *v. intr.* to curse; to swear.

praia, *s. f.* seashore; seaside; beach; strand; **ir à praia:** to go to the beach; **ir para a praia:** to go to the seaside.

prancha, *s. f.* plank; board; **prancha de surf:** surfboard.

prantear, *v. tr.* to mourn; to grieve for; to lament.

pranto, *s. m.* weeping; tears.

prata, *s. f.* silver; *pl.* silverplate; silver.

pratada, *s. f.* plateful.

prateado, *adj.* silvery; silver-coloured; silver-plated.

pratear, *v. tr.* to silver.

prateleira, *s. f.* shelf; **prateleira para livros:** bookshelf.

prática, *s. f.* practice; experience; skill; **pôr em prática:** to put into practice.

praticamente, *adv.* practically; **praticamente é o mesmo que dizer...:** it is as good as saying...

praticante, *s. m. f.* practitioner.

praticar, *v. tr.* e *intr.* to practise; to exercise; to talk.

prático, *adj.* practical; skilled; experienced.

prato, *s. m.* dish; plate; **prato da balança:** scale of a balance; **prato de sopa:** soup-plate; **prato raso:** dinner plate; **como prato principal:** as the main dish; **um prato de peixe:** a fish course.

praxe, s. f. praxis; practice; custom; tradition.

prazenteiro, adj. joyful; merry.

prazer, s. m. pleasure; delight; enjoyment; **com todo o prazer:** with pleasure; **dá-me o prazer de:** may I have the pleasure of; **ter prazer em:** to take delight in; to find pleasure in.

prazo, s. m. term; time; **a curto prazo:** at short date; **a prazo:** on credit; **fora do prazo:** outdated; **pelo prazo de:** for the term of.

pré, s. m. (army) daily pay.

preâmbulo, s. m. preamble; preface.

preanunciar, v. tr. to preannounce.

precário, adj. precarious; **situação precária:** narrow circumstances.

preçário, s. m. price-list.

precatar, 1. v. tr. to precaution; 2. v. refl. to beware (of).

precaução, s. f. precaution; **como precaução:** as a precaution; **de precaução:** precautionary; **tomar precauções:** to take precautions against.

precaver, 1. v. tr. to prevent; to obviate; 2. v. refl. to take precaution; to guard against.

prece, s. f. prayer.

precedência, s. f. precedence; priority; **ter precedência sobre:** to take precedence of.

precedente, 1. s. m. precedent; **abrir um precedente:** to set a precedent; **sem precedentes:** unheard of; 2. adj. preceding.

preceder, 1. v. tr. to precede; 2. v. intr. to go before.

preceito, s. m. precept; maxim; order.

preceptor, s. m. preceptor.

preciosidade, s. f. preciousness; preciosity.

preciosismo, s. m. preciosity; affectedness.

precioso, adj. precious.

precipício, s. m. precipice.

precipitação, s. f. precipitation; hastiness, hurry; **precipitação atmosférica:** rainfall.

precipitado, adj. headlong; reckless; **ser precipitado:** to be hasty; **tirar uma conclusão precipitada:** to rush to a conclusion.

precipitar, v. tr. e refl. to precipitate; to throw headlong; to hasten; to rush; **precipitar-se para:** to make a dash for.

precipitoso, adj. precipitous; very steep.

precisamente, adv. precisely; exactly; quite so; **é precisamente o que quero:** it's just what I want.

precisão, s. f. want; accuracy.

precisar, v. tr. to need, to want; to make accurate; **já não precisar de:** not to need any longer; to have no further use for; **não precisa de ir:** you needn't go; **não precisa de se incomodar:** never mind; don't bother; **precisa de ajuda?:** do you need any help?; **precisa de ser hoje?:** need it be today?

preciso, adj. necessary; needful; accurate; **se for preciso:** in case of need.

preço, s. m. price; cost; **preço de custo:** cost price; **descida de preços:** a cut in prices; **os preços estão a subir:** prices are going up; **por preço nenhum:** not at any price.

precoce, adj. precocious; premature.

precocidade, s. f. precocity.

preconceber, v. tr. to plan beforehand; to preconceive; **ideia preconcebida:** preconceived idea; preconception.

preconceito, s. m. prejudice.

preconizar, v. tr. to preconize.

precursor, 1. adj. preceding; precursory; **2.** s. m. precursor; forerunner.

predador, s. m. predator.

predecessor, s. m. predecessor.

predestinação, s. f. predestination.

predestinar, v. tr. to predestinate; to foredoom.

predeterminação, s. f. predetermination.

predicado, s. m. predicate; attribute.

predilecção, s. f. predilection; preference; **ter grande predilecção por:** to have a great liking for.

predilecto, adj. favourite; beloved; dear.

prédio, s. m. building.

predispor, v. tr. to predispose.

predisposição, s. f. inclination; predisposition.

predizer, v. tr. to foretell; to predict.

predominância, s. f. predominance.

predominar, v. intr. to predominate; to prevail (over).

predomínio, s. m. preponderance; predominance.

preencher, v. tr. to fill in; to fulfil.

preenchimento, s. m. filling in.

pré-escolar, adj. pre-school.

preestabelecer, v. tr. to preestablish; to predetermine.

preexistência, s. f. pre-existence.

pré-fabricado, adj. ready-made.

prefácio, s. m. preface; introduction.

preferência, s. f. preference; predilection.

preferir, v. tr. to prefer; **preferia ir:** I would rather go.

preferível, adj. preferable.

prefigurar, v. tr. to prefigure.

prefixo, s. m. prefix.

prega, s. f. fold; plait; crease.

pregação, s. f. sermon.

pregação, s. f. (carpentry) nailing.

pregador, s. m. preacher.

pregão, s. m. street cry; pl. banns.

pregar, v. tr. to nail; **pregar uma partida:** to play a trick; **pregar um prego:** to drive in a nail; **não pregar olho:** not to sleep a wink; not to get a wink of sleep.

pregar, v. tr. e intr. to preach; to proclaim; to discourse.

prego, s. m. nail; **pôr no prego:** (fig.) to leave (something) with one's uncle.

preguear, v. tr. to fold; to plait; to make pleats in.

preguiça, s. f. laziness; idleness; indolence; (zool.) sloth.

preguiçar, v. intr. to idle; to laze.

preguiceira, s. f. couch; sofa.

preguiçoso, adj. lazy; idle.

pré-história, s. f. prehistory.

pré-histórico, adj. prehistoric.

preia-mar, s. f. high water; hightide.

preitear, v. tr. to do homage to.

preito, s. m. homage; respect; **render preito:** to pay one's respects to.

prejudicar, v. tr. to damage; to hinder.

prejuízo, s. m. damage; loss; **causar prejuízo:** to cause damage; **em prejuízo de:** to the detriment of.

prelado, s. m. prelate.

prelecção, s. f. prelection; lecture.

preliminar, 1. adj. preliminary; introductory; **2.** s. m. preliminary.

prelo, s. m. press; printing press; **estar no prelo:** to be in the press.

prelúdio, s. m. introduction; preface.

prematuro, *adj.* premature; **bebé prematuro:** premature baby.

premeditação, *s. f.* premeditation.

premeditar, *v. tr.* to premeditate; to scheme.

premente, *adj.* pressing; urgent.

premiar, *v. tr.* to reward.

prémio, *s. m.* prize; bonus; **prémio de consolação:** consolation prize; **prémio Nobel:** Nobel prize; **conceder um prémio:** to award a prize; **ter a cabeça a prémio:** to have a price set on one's head.

premir, *v. tr.* to press.

premissa, *s. f.* premise.

premonição, *s. f.* premonition.

premonitório, *adj.* premonitory.

prenda, *s. f.* gift; present.

prendado, *adj.* talented; endowed; gifted.

prendar, *v. tr.* to present with.

prender, *v. tr.* to seize; to hold; to attach; to fasten; to tie.

prenhe, *adj.* pregnant.

prensa, *s. f.* press.

prensagem, *s. f.* pressing.

prensar, *v. tr.* to crush; to press.

prenunciação, *s. f.* foreboding.

prenunciar, *v. tr.* to foretell; to vaticinate; to forebode.

prenúncio, *s. m.* premonition; prognostic.

preocupação, *s. f.* anxiety; care; **preocupações de dinheiro:** money worries.

preocupado, *adj.* worried; anxious about; uneasy.

preocupar, *v. tr.* to worry; **não se preocupar muito:** to go easy; to take it easy.

preparação, *s. f.* preparation; training.

preparado, 1. *adj.* prepared; ready; **2.** *s. m.* preparation.

preparar, *v. tr. e refl.* to prepare; to fit; to make ready.

preparativos, *s. m. pl.* arrangements.

preparatório, *adj.* preparatory; **escola preparatória:** prep school.

preparo, *s. m.* preparation.

preponderância, *s. f.* preponderance.

preponderante, *adj.* preponderant; prevailing.

preponderar, *v. intr.* to predominate; to prevail.

preposição, *s. f.* preposition.

prepotência, *s. f.* domination; oppision.

prepotente, *adj.* overbearing; bossy; oppressing.

prepúcio, *s. m.* prepuce.

prerrogativa, *s. f.* prerogative; privilege.

presa, *s. f.* capture; seizure; prey; quarry; fang (animal); claw (bird); woman prisoner.

presbitério, *s. m.* presbytery.

presciência, *s. f.* prescience; foresight.

prescindir, *v. intr.* to cut off from; to do without.

prescrever, *v. tr.* to prearrange; to prescribe; to lay down; to become void; (law) to lapse.

prescrição, *s. f.* prescription; (law) lapsing.

presença, *s. f.* presence; **presença de espírito:** presence of mind; **na presença de:** in the presence of.

presenciar, *v. tr.* to be present; to witness.

presente, 1. *adj.* present; **2.** *s. m.* present, gift; **presente do indicativo:** present tense; **estar presente:** to be present; **no tempo presente:** at the present time; **ter presente:** to bear in mind.

presentear, v. tr. to give presents; to bestow.

presentemente, adv. presently; at present; nowadays.

presépio, s. m. crib.

preservação, s. f. preservation.

preservar, v. tr. to preserve; to keep safe.

preservativo, 1. adj. preservative; **2.** s. m. condom.

presidência, s. f. presidency; **assumir a presidência:** to take the chair.

presidente, s. m. president; chairman.

presidiário, s. m. convict.

presidir, v. intr. to preside; to take the chair.

presilha, s. f. loop; strap.

preso, 1. adj. arrested; imprisoned; **2.** s. m. prisoner.

pressa, s. f. haste; hurry; **a toda a pressa:** at full speed; **estar com pressa:** to be in a hurry; **não há pressa:** there is no hurry; **não tenha pressa:** take your time.

presságio, s. m. forecast; presage.

pressão, s. f. pressure; stress; **pressão de ar:** air pressure; **panela de pressão:** pressure cooker.

pressentimento, s. m. presentiment; foreboding.

pressentir, v. tr. to foresee; to forebode.

pressupor, v. tr. to presuppose; to assume.

pressuposto, 1. adj. presupposed; **2.** s. m. presupposition; design; purpose.

prestação, s. f. instalment; lending; contribution.

prestar, 1. v. intr. to be useful; **2.** v. tr. to give; to render; to lend; **3.** v. refl. to be of use; to be willing; to offer oneself; to lend one-self to; **prestar atenção:** to pay attention.

prestável, adj. obliging; helpful.

prestes, adj. ready to; **estar prestes a:** to be on the point of.

prestidigitação, s. f. prestidigitation.

prestidigitador, s. m. prestidigitator.

prestigiar, v. tr. to give prestige to.

prestígio, s. m. prestige; reputation; influence.

préstimo, s. m. utility; usefulness; merit; service.

presumido, adj. conceited.

presumir, v. tr. to presume; to suppose.

presumível, adj. assumed.

presunção, s. f. presumption.

presunçoso, adj. conceited.

presunto, s. m. ham.

pretendente, 1. adj. pretending; **2.** s. m. f. claimant.

pretender, v. tr. to claim; to wish; to want.

pretensão, s. f. claim; pretension; aim.

pretensioso, adj. pretentious; affected; arrogant; assumptive; **ele é muito pretensioso:** he is very assuming.

preterir, v. tr. to pass over; to omit; to decline.

pretérito, 1. adj. past; **2.** s. m. past tense.

pretexto, s. m. pretext; excuse; **arranjar um pretexto:** to find a pretext for; **com o pretexto de:** under the pretext of.

preto, 1. adj. black; **2.** s. m. nigger.

prevalecer, 1. v. intr. to prevail; to predominate; **2.** v. refl. to take advantage of.

prevaricação, s. f. prevarication; embezzlement.

prevaricar, v. intr. to prevaricate; to transgress.

prevenção, s. f. prevention; precaution.

prevenir, 1. v. tr. to anticipate; to warn; to caution; to prevent; **2.** v. refl. to be provided with; **mais vale prevenir que remediar:** prevention is better than cure.

prever, v. tr. to anticipate; to foresee.

previdência, s. f. providence; foresight.

previdente, adj. cautious; provident; far-seeing.

prévio, adj. previous; prior; former; earlier; preliminary.

previsão, s. f. foresight; (weather) forecast.

prezado, adj. dear; esteemed.

prezar, 1. v. tr. to esteem; to cherish; **2.** v. refl. to pride oneself.

primar, v. intr. to take the lead; to excel in.

primário, adj. primary; fundamental; primitive; chief; **necessidade primária:** prime necessity; **escola primária:** primary school.

primata, adj. primate.

Primavera, s. f. spring.

primazia, s. f. primacy; priority.

primeiro, adj. first; earliest; primitive; fundamental; **primeiro entre os primeiros:** first with the best; **primeiro que tudo:** first of all; **chegar em primeiro lugar:** to come in first; **de primeira importância:** of prime importance; **em primeira mão:** first-hand; **viajar em primeira:** to travel first-class.

primeiro-ministro, s. m. Prime Minister; premier; P.M.

primitivo, adj. primitive; original; rudimental.

primo, 1. adj. first; **2.** s. m. cousin; **primo afastado:** distant cousin;

número primo: (maths) prime number.

primogénito, adj. first-born.

primor, s. m. perfection; excellence; beauty.

primordial, adj. primordial; primeval.

primórdio, s. m. origin; beginning.

primoroso, adj. perfect; nice; excellent.

princesa, s. f. princess.

principado, s. m. princedom; principality.

principal, 1. adj. principal; chief; main; **2.** s. m. principal.

príncipe, s. m. prince; **príncipe herdeiro:** Crown Prince.

principiante, s. m. f. beginner; novice.

principiar, v. tr. to begin; to start.

princípio, s. m. beginning; principle; source; **desde o princípio:** from the first; **no princípio:** at the beginning; **no princípio desta semana:** early this weak; **parto do princípio:** I take it; **partindo do princípio:** granting.

prior, s. m. parish-priest; prior.

prioridade, s. f. priority; primacy.

prisão, s. f. capture; detention; prison; jail; imprisonment; arrest; seizure; **ir para a prisão:** to go to prison; **ordem de prisão:** warrant of arrest; **sob prisão:** under arrest.

prisioneiro, s. m. prisoner; **prisioneiro de guerra:** prisoner of war; **prisioneiro político:** political prisoner.

prisma, s. m. prism.

privação, s. f. privation; want; **passar privações:** to bear hardships.

privado, adj. private.

privar, 1. v. tr. to deprive; to dispossess; **2.** v. intr. to be in favour of; to be intimate with.

privativo, *adj.* exclusive; private.

privilegiar, *v. tr.* to favour.

privilégio, *s. m.* privilege; advantage.

proa, *s. f. (náut.)* prow; bow.

probabilidade, *s. f.* probability; chance; **cálculo das probabilidades:** rule of probabilites.

probidade, *s. f.* probity; honesty; integrity.

problema, *s. m.* problem; **pôr um problema:** to set a problem; **resolver um problema:** to solve a problem.

problemático, *adj.* problematical; doubtful.

probo, *adj.* honest; upright.

procedência, *s. f.* origin.

procedente, *adj.* consequent; valid.

proceder, *v. intr.* to proceed; to go on; to behave.

procedimento, *s. m.* proceeding; conduct; **mau procedimento:** wrong-doing.

processamento, *s. m.* processing; **processamento de texto:** *(inform.)* word processing.

processar, *v. tr.* to sue; *(inform.)* to process.

processo, *s. m.* process; way; manner; lawsuit; **levantar um processo:** to take legal action against; **não há processo de:** there is no way of.

procissão, *s. f.* procession; train.

proclamação, *s. f.* proclamation.

proclamar, *v. tr.* to proclaim; to publish; to promulgate.

procrastinar, *v. tr.* to procrastinate; to defer.

procriação, *s. f.* procreation.

procriar, *v. tr.* to procreate; to reproduce.

procura, *s. f.* search; quest; demand; **à procura de:** in search of; **satisfazer a procura:** to meet the demand; **ter grande procura:** to be in great request.

procurador, *s. m.* procurator; solicitor; attorney.

procurar, *v. tr.* to search; to look for; to seek for; to try; **procurar emprego:** to try to find a job; **depois de muito procurar:** after a long hunt.

prodigalidade, *s. f.* prodigality; extravagance.

prodigalizar, *v. tr.* to waste; to lavish.

prodígio, *s. m.* prodigy; wonder; **menino prodígio:** infant prodigy.

prodigioso, *adj.* prodigious; astounding; amazing.

pródigo, *adj.* e *s. m.* prodigal; wasteful; lavish.

produção, *s. f.* production; product; work; output.

produtividade, *s. f.* productivity.

produtivo, *adj.* productive; fertile.

produto, *s. m.* produce; product; **produto líquido:** net produce; **produto interno bruto:** Gross National Product; **produtos naturais:** natural produce.

produtor, *s. m.* producer.

produzir, *v. tr.* to produce; to cause.

proeminência, *s. f.* prominence.

proeminente, *adj.* prominent; protuberant.

proeza, *s. f.* deed; achievement.

profanação, *s. f.* profanation.

profanar, *v. tr.* to profane; to desecrate.

profano, *adj.* profane; secular.

profecia, *s. f.* prophecy.

proferir, *v. tr.* to utter.

professar, **1.** *v. tr.* to profess; to avow; **2.** *v. intr.* to take religious vows.

professor, *s. m.* teacher; (university) professor.

professoral, adj. professorial.
profeta, s. m. prophet.
profético, adj. prophetical.
profetisa, s. f. prophetess.
profetizar, v. tr. to prophesy; to predict.
proficiência, s. f. proficiency; expertness; skill.
profícuo, adj. useful; profitable; advantageous.
profilaxia, s. f. prophylaxis.
profissão, s. f. profession; career.
profissional, adj. e s. m. f. professional.
profundidade, s. f. depth.
profundo, adj. deep.
profusão, s. f. profusion; superabundance.
profuso, adj. profuse; exuberant; copious.
progenitor, s. m. progenitor; ancestor.
prognóstico, s. m. prognostic; omen; prognosis.
programa, s. m. program; programme.
programação, s. f. schedule; programme.
progredir, v. intr. to progress; to advance; to get on.
progressão, s. f. progression.
progressivo, adj. progressive; advancing.
progresso, s. m. progress; development; **fazer progressos:** to make advances.
proibição, s. f. prohibition; forbidding.
proibido, adj. forbidden.
proibir, v. tr. to forbid; to interdict.
projecção, s. f. projection; prominence.
projectar, v. tr. to project; to plan; to sketch.
projéctil, s. m. projectile.

projecto, s. m. project; plan; scheme; draft; sketch.
projector, s. m. projector.
prole, s. f. offspring; children; issue.
proletariado, s. m. proletariat.
proletário, s. m. proletarian.
proliferação, s. f. proliferation.
proliferar, v. intr. to proliferate.
prolixo, adj. prolix; diffuse.
prólogo, s. m. prologue; preface.
prolongamento, s. m. extension; lengthening; extra-time.
prolongar, v. tr. to prolong; to extend; to continue.
promessa, s. f. promise; word; **cumprir uma promessa:** to carry out a promise; **quebrar uma promessa:** to break a promise.
prometedor, 1. adj. promising; hopeful; 2. s. m. promiser.
prometer, v. tr. to promise.
prometido, adj. promised; **prometido em casamento:** engaged.
promiscuidade, s. f. promiscuity.
promíscuo, adj. promiscuous.
promissor, adj. promising.
promissória, s. f. promissory note.
promoção, s. f. promotion.
promontório, s. m. promontory.
promotor, 1. adj. promotive; 2. s. m. promoter.
promover, v. tr. to promote; to cause; to encourage; **ser promovido:** to get one's promotion.
promulgação, s. f. promulgation.
promulgar, v. tr. to promulgate.
pronome, s. m. pronoun.
prontidão, s. f. promptness; readiness.
prontificar-se, v. refl. to offer oneself; to be ready for.
pronto, 1. adj. ready; 2. adv. readily; **pronto pagamento:** prompt cash; **estar sempre pronto para:** to be always ready to; **resposta pronta:** prompt reply.

pronto-a-vestir, *s. m.* ready-made clothes shop.

prontuário, *s. m.* handbook; reference book.

pronúncia, *s. f.* pronunciation.

pronunciar, *v. tr.* to pronounce; to utter; to indict; **pronunciar um discurso:** to deliver a speech.

propagação, *s. f.* propagation; diffusing.

propaganda, *s. f.* propaganda.

propagar, *v. tr.* to propagate; to spread; to disseminate.

propalar, *v. tr.* to divulge; to publish; to let out.

propensão, *s. f.* propensity; inclination.

propenso, *adj.* inclined; disposed; prone to.

propiciar, *v. tr.* to propitiate; to make propitious.

propício, *adj.* propitious; favourable.

propina, *s. f.* school fee.

propor, 1. *v. tr.* to propose; to offer; **2.** *v. refl.* to intend.

proporção, *s. f.* proportion; **de grandes proporções:** of great proportions; **na proporção de:** in the proportion of.

proporcionado, *adj.* proportionate; proportioned; **bem proporcionado:** well-proportioned.

proporcionalidade, *s. f.* proportionality.

proporcionar, 1. *v. tr.* to occasion; to favour; **2.** *v. refl.* to present itself.

proposição, *s. f.* proposition; assertion; sentence; proposal.

propositadamente, *adv.* on purpose; intentionally.

propositado, *adj.* intentional.

propósito, *s. m.* purpose; aim; end; intention; **a propósito:** to the point; by the way; **de propósito:**
intentionally; on purpose; **fora de propósito:** ill-timed; untimely.

proposta, *s. f.* proposal; promise; **proposta de casamento:** offer of marriage; **aceitar uma proposta:** to be open to an offer.

propriedade, *s. f.* propriety; property; real estate; land; **propriedades físicas:** physical properties.

proprietário, *s. m.* proprietor; owner; landlord.

próprio, *adj.* proper; own; peculiar; decent; **em defesa própria:** in self-defence; **eu próprio:** I myself; **nome próprio:** proper name; **no próprio dia:** on the very day.

propulsão, *s. f.* propulsion; propelling.

propulsor, 1. *adj.* propulsive; **2.** *s. m.* propeller; **máquina propulsora:** driving engine.

prorrogação, *s. f.* adjournment; extension.

prorrogar, *v. tr.* to postpone; to extend (a term).

prosa, *s. f.* prose.

prosaico, *adj.* prosaic; commonplace.

prosápia, *s. f.* progeny; arrogance; conceit.

proscrever, *v. tr.* to proscribe; to forbid.

proscrição, *s. f.* proscription; banishment; exile.

proscrito, *s. m.* exile; outlaw.

proselitismo, *s. m.* proselytism.

prospecto, *s. m.* prospect; view; prospectus.

prospector, *s. m.* prospector.

prosperar, *v. intr.* to prosper; to thrive; to succeed.

prosperidade, *s. f.* prosperity; success.

próspero, *adj.* prosperous; successful; thriving.

prossecução, *s. f.* prosecution; pursuit; continuation.

prosseguimento, *s. m.* continuation.

prosseguir, 1. *v. tr.* to prosecute; **2.** *v. intr.* to pursue; to continue.

próstata, *s. f.* prostate.

prostíbulo, *s. m.* brothel.

prostituição, *s. f.* prostitution.

prostituir, *v. tr. e refl.* to prostitute; to revile; to corrupt.

prostituta, *s. f.* prostitute.

prostração, *s. f.* prostration.

prostrar, *v. tr.* to prostrate; to throw down.

protagonista, *s. m. f.* protagonist.

protão, *s. m.* proton.

protecção, *s. f.* protection.

proteccionismo, *s. m.* protectionism.

protector, 1. *adj.* protecting; protective; **2.** *s. m.* protector.

proteger, *v. tr.* to protect from; to shield; to guard; to shelter.

protegido, 1. *adj.* protected; **2.** *s. m.* protégé.

proteína, *s. f.* protein; **proteína animal:** animal protein.

protelar, *v. tr.* to delay; to adjourn; to put off.

protestante, *adj. e s. m. f.* Protestant.

protestantismo, *s. m.* protestantism.

protestar, *v. tr. e intr.* to protest; to declare.

protesto, *s. m.* protest; **apresentar um protesto:** to make a protest; **levantar protestos:** to give rise to protests.

protocolar, *adj.* protocolar.

protocolo, *s. m.* protocol.

protótipo, *s. m.* prototype.

protuberância, *s. f.* protuberance; prominence; bump.

protuberante, *adj.* protuberant; prominent.

prova, *s. f.* proof; test; evidence; **à prova de água:** waterproof; **à prova de bala:** bullet-proof; **como prova de:** as a proof of; **correcção de provas:** proofreading; **dar provas de:** to give proof of; **pôr à prova:** to put to the proof; to test.

provação, *s. f.* probation; misfortune; distress.

provar, *v. tr.* to demonstrate; to testify.

provável, *adj.* probable; likely.

provavelmente, *adv.* probably.

provecto, *adj.* old; aged.

provedor, *s. m.* purveyor; head of a charitable institution.

provedoria, *s. f.* purveyor's office.

proveito, *s. m.* profit; gain; utility; benefit; **tirar proveito:** to reap the benefit.

proveitoso, *adj.* profitable; advantageous; useful.

proveniência, *s. f.* provenience; origin; source.

proveniente, *adj.* proceeding; coming from.

prover, 1. *v. tr.* to provide; to supply; **2.** *v. tr.* to see to.

provérbio, *s. m.* proverb; maxim; adage.

proveta, *s. f.* test-tube.

providência, *s. f.* providence; God; *pl.* measures; steps.

providencial, *adj.* providential; fortunate; lucky.

providenciar, 1. *v. intr.* to take measures; **2.** *v. tr.* to provide.

provido, *adj.* furnished with; provided.

provimento, *s. m.* providing; appointment; provisioning.

província, *s. f.* province.

provinciano, *adj. e s. m.* provincial.

provir, *v. intr.* to proceed; to spring from; to come from.

provisão, s. f. provision; pl. provisions; victuals; supplies.

provisório, adj. provisional; temporary.

provocação, s. f. provocation; challenge; incitement.

provocador, 1. adj. provocative; **2.** s. m. teaser.

provocante, adj. provocative; tempting.

provocar, v. tr. to give rise to; to instigate; to stimulate; to tempt.

proximidade, s. f. proximity; closeness; pl. surroundings.

próximo, 1. adj. near; close; neighbouring; **2.** s. m. fellow-creature.

prudência, s. f. prudence; caution.

prudente, adj. prudent; cautious; discreet; wise.

prumo, s. m. plumb line.

prurido, s. m. itch.

pseudónimo, s. m. pseudonym.

psicanálise, s. f. psychoanalysis.

psicanalista, s. m. f. psychoanalyst.

psicologia, s. f. psychology.

psicológico, adj. psychological.

psicólogo, s. m. psychologist.

psicopata, s. m. f. psychopath; psycho.

psicopatia, s. f. psychopathy.

psicose, s. f. psychosis.

psiquiatra, s. m. f. psychiatrist.

psiquiatria, s. f. psychiatry.

psíquico, adj. psychic.

psiu!, interj. pst!; hush!

puberdade, s. f. puberty.

publicação, s. f. publication.

publicar, v. tr. to publish; to proclaim; to announce.

publicidade, s. f. publicity; advertising; **agência de publicidade:** publicity bureau; **agente de publicidade:** publicity agent.

público, 1. adj. public; notorious; **2.** s. m. public; audience; **aberto ao público:** open to the public; **em público:** publicly; in public; **homem público:** public man.

púcaro, s. m. earthencup; mug.

pudibundo, adj. shameful; bashful.

pudico, adj. bashful; chaste.

pudim, s. m. pudding.

pudor, s. m. modesty; shame; shyness.

pueril, adj. puerile; childish.

puerilidade, s. f. puerility.

pugilismo, s. m. pugilism.

pugilista, s. m. f. boxer.

pugnar, v. tr. to fight; to struggle; to contend.

puído, adj. threadbare.

pujança, s. f. vitality; exuberance; might.

pujante, adj. vigorous; magnificent.

pular, v. tr. e intr. to jump; to bound; to skip; **pular de alegria:** to jig up and down in excitement; to jump for joy.

pulga, s. f. flea; **estar em pulgas:** to be on tiptoe (with excitement).

pulguento, adj. flea-bitten; full of fleas.

pulha, 1. adj. contemptible; **2.** s. m. knave; rotter.

pulhice, s. f. villainy; dishonesty.

pulmão, s. m. lung.

pulmonar, adj. pulmonary.

pulo, s. m. leap; spring; jump; **aos pulos:** by leaps and bounds; **o meu coração deu um pulo:** my heart jumped.

púlpito, s. m. pulpit.

pulsação, s. f. pulsation; pulse.

pulsar, 1. v. intr. to pulse; to throb; **2.** v. tr. to impel; to pulsate.

pulseira, s. f. bracelet.

pulso, s. m. wrist; pulse; beat; **tomar o pulso:** to feel the pulse.

pulular, v. intr. to swarm; to breed; to spread; to sprout out.

pulverização, s. f. pulverization; spraying.

pulverizador, s. m. pulverizer; sprayer.

pulverizar, v. tr. to pulverize; to spray.

pundonor, s. m. dignity; pride; self-respect.

pungente, adj. pungent; thrilling; piercing; poignant.

pungimento, s. m. pungency.

punhado, s. m. handful; a few.

punhal, s. m. dagger.

punho, s. m. wrist; fist; wristband (shirt), shirt-cuff; **pelo seu próprio punho:** in his own handwriting.

punição, s. f. punishment; penalty.

punir, v. tr. to punish.

punível, adj. punishable.

pupila, s. f. pupil.

pupilo, s. m. pupil; ward.

puré, s. m. purée; **puré de batatas:** mashed potatoes.

pureza, s. f. purity; chastity.

purga, s. f. purge.

purgar, v. tr. to clean; to purify.

purgatório, s. m. purgatory.

purificação, s. f. purification; cleansing.

purificar, v. tr. to purify; to cleanse; to clear.

purismo, s. m. purism.

purista, adj. e s. m. f. purist.

puritanismo, s. m. Puritanism.

puritano, 1. adj. puritan; **2.** s. m. Puritan.

puro, adj. pure; clear; clean; sheer; **pura maldade:** pure mischief; **pura perda de tempo:** sheer waste of time.

púrpura, s. f. purple.

pus, s. m. pus; matter.

pusilanimidade, s. f. pusillanimity.

pústula, s. f. pustule; pimple.

putrefacção, s. f. putrefaction.

putrefazer, v. refl. to putrefy; to rot.

pútrido, adj. putrid; rotten; corrupted.

puxador, s. m. door-handle; knob; handle.

puxar, v. tr. to draw; to drag; to pull; **puxar a brasa à sua sardinha:** to bring grist to one's mill; **puxar as orelhas:** to pull a person's ears.

puxo, s. m. (hair) bob.

Q

Q, q, *s. m.* the seventeenth letter of the alphabet.

quadra, *s. f.* season; four (at cards); (poetry) quatrain; **quadra do Natal:** Christmas-tide.

quadrado, *adj.* e *s. m.* square.

quadragésimo, 1. *num.* fortieth; **2.** *s. m.* the fortieth part.

quadrângulo, *s. m.* quadrangle.

quadrante, *s. m.* dial.

quadrícula, *s. f.* small square.

quadriculado, *adj.* squared; cross-ruled; gridded.

quadril, *s. m.* haunch; hip.

quadrilha, *s. f.* gang; (gangsters) band; (dance) quadrille.

quadro, *s. m.* square; board; picture; painting; staff; **quadro de professores:** teaching staff.

quadrúpede, *s. m.* quadruped.

quadruplicar, *v. tr.* to quadruple.

quádruplo, *adj.* quadruple.

qual, *pron. rel.* e *int.* which; what; who; whom; that; **qual dos dois...?:** which of the two...?; **qual livro?:** what book?; **qual quê!:** I never!; oh, don't say; **seja ele qual for:** whatsoever.

qualidade, *s. f.* quality; condition; characteristic; kind; **de primeira qualidade:** first rate.

qualificação, *s. f.* qualification.

qualificar, *v. tr.* to qualify; to class.

qualitativo, *adj.* qualitative.

qualquer, *pron. indef.* whoever; whichever; whatever; any; either (of two); **qualquer dos dois serve:** either one will do; **de qualquer modo:** at any rate; **em qualquer caso:** in any case.

quando, *conj.* e *adv.* when; at what time; **quando vamos?:** when do we go?; **de quando em quando:** every now and then; now and then; **de vez em quando:** sometimes; occasionally; now and then.

quantia, *s. f.* sum; amount.

quantidade, *s. f.* quantity; measure; extent; size; greatness; amount; number; portion.

quanto, *adv., pron.* e *adj.* all that; what; how much; whatever; **quanto a:** as for; as to; as concerns; **quanto antes:** the sooner the better, as soon as possible; **quanto custa?:** how much is it?; **quanto tempo leva?:** how long does it take?

quantum, *s. m.* quantum.

quarenta, *num.* forty.

quarentena, *s. f.* quarantine; **estar de quarentena:** to remain in quarantine.

Quaresma, *s. f.* Lent.

quarta-feira, *s. f.* Wednesday.

quarteirão, *s. m.* block (of houses).

quartel, *s. m.* barracks; quarter (of a century).

quartel-general, *s. m.* headquarters.

quarteto, *s. m.* quatrain.

quartilho, *s. m.* pint.

quarto, 1. *num.* fourth; **2.** *s. m.* room; quarter; the fourth part; **quarto crescente:** first quarter; **quarto minguante:** last quarter; **quarto das traseiras:** back room; **quarto de arrumações:** box-room; **quarto de banho:** bathroom; **quarto de casal:** double bedroom; **quarto de hora:** a quarter of an hour; **companheiro de quarto:** room-mate.

quartzo, *s. m.* quartz.

quase, *adv.* nearly; almost; all but; approximately; about; **quase a dormir:** nearly sleeping; **quase duas horas:** nearly two o'clock.

quaternário, *adj.* quaternary.

quatro, *num.* four.

quatrocentos, *num.* four hundred.

que, 1. *pron. rel.* who; whom; which; that; 2. *conj.* that; because; for.

quê, *pron. int.* what?; why so?

quebra, *s. f.* loss; break; damage; bankruptcy.

quebradiço, *adj.* brittle; fragile.

quebrado, *adj.* broken; ruptured; bankrupt.

quebra-luz, *s. f.* shade; lamp-shade.

quebra-mar, *s. m.* breakwater.

quebra-nozes, *s. m.* nutcracker.

quebrantar, 1. *v. tr.* to break; to bruise; 2. *v. refl.* to grow weak.

quebranto, *s. m.* prostration; weariness; bewitching.

quebrar, 1. *v. tr.* to break; to violate; 2. *v. intr.* to become bankrupt.

queda, *s. f.* fall; decay; drop; downfall; **queda de água:** waterfall; **queda de preços:** a fall in prices; **queda de temperatura:** drop in the temperature; **ter queda para a pintura:** to have a bent for painting.

quedar, *v. intr. e refl.* to stop; to remain.

quedo, *adj.* quiet; still; calm.

queijada, *s. f.* cheese-cake.

queijo, *s. m.* cheese; **queijo ralado:** grated cheese.

queima, *s. f.* burning.

queimadela, *s. f.* burn; scorch.

queimadura, *s. f.* burn.

queimar, *v. tr. e refl.* to burn; to scald; to sunburn; to tan; **queimar-se ao sol:** to get a tan.

queixa, *s. f.* complaint.

queixada, *s. f.* jaw-bone.

queixar-se, *v. refl.* to complain; to grumble.

queixo, *s. m.* chin.

queixoso, 1. *adj.* plaintive; 2. *s. m.* plaintiff; complainer.

queixudo, *adj.* big-chinned.

queixume, *s. m.* complaint; lament; groan.

quelha, *s. f.* lane; alley.

quem, *pron. rel. e int.* who; whom.

quente, *adj.* hot; warm.

queque, *s. m.* cake.

quer, *conj.* either; whether; **quer ele quer ela:** either him or her.

querela, *s. f.* accusation; lawsuit; dispute.

querelar, *v. intr.* to make a charge; to complain; to sue.

querer, *v. tr.* to want; to will; to desire; to wish; to be fond of.

querido, *adj. e s. m.* dear; beloved; darling.

querubim, *s. m.* cherub.

questão, *s. f.* question; interrogation; quarrel, dispute, argument; **a questão é que:** the question is; **arranjar uma questão com:** to pick a quarrel with; **fora de questão:** out of the question; **o homem em questão:** the man in question.

questionar, 1. *v. tr.* to question; to interrogate; 2. *v. intr.* to dispute; to quarrel.

questionário, *s. m.* questionnaire; list of questions.

questiúncula, *s. f.* little discussion.

quezilento, *adj.* annoying; quarrelsome.

quezília, *s. f.* annoyance; quarrel.

quiçá, *adv.* perhaps.

quietação, *s. f.* quietness; placidity; silence; calm.

quieto, *adj.* quiet; calm; placid; tranquil; still; motionless.

quietude, *s. f.* quietude; quietness; placidity.

quilate, *s. m.* carat; excellence; perfection.

quilha, *s. f.* keel.

quilo, *s. m.* kilo.

quilograma, *s. m.* kilogramme; kilogram.

quilolitro, *s. m.* kilolitre.

quilometragem, *s. f.* distance in kilometres.

quilómetro, *s. m.* kilometre.

quimera, *s. f.* chimera; illusion.

quimérico, *adj.* chimerical.

química, *s. f.* chemistry.

químico, **1.** *adj.* chemical; **2.** *s. m.* chemist.

quimono, *s. m.* kimono.

quina, *s. f.* five (at cards); sharp edge.

quingentésimo, **1.** *num.* five-hundredth; **2.** *s. m.* the five-hundredth part.

quinhão, *s. m.* share; part; portion.

quinhentos, *num.* five hundred.

quinquagenário, *adj. e s. m.* quinquagenarian.

quinquagésimo, **1.** *num.* fiftieth; **2.** *s. m.* the fiftieth part.

quinquilharias, *s. f. pl.* ironmongery; knick-knacks.

quinta, *s. f.* farm.

quinta-essência, *s. f.* quintessence.

quinta-feira, *s. f.* Thursday.

quintal, *s. m.* kitchen-garden.

quintilha, *s. f.* stanza with five lines.

quinto, *num.* fifth.

quíntuplo, *adj.* fivefold; quintuple.

quinze, *num.* fifteen.

quinzena, *s. f.* fortnight.

quinzenal, *adj.* fortnightly.

quiosque, *s. m.* kiosk; stall; newsagent.

quiromancia, *s. f.* chiromancy.

quiromante, *s. m. f.* chiromancer.

quisto, *s. m.* cyst.

quite, *adj.* free; quit; **estamos quites:** we're even now.

quociente, *s. m.* quotient.

quota, *s. f.* share; portion; quota.

quota-parte, *s. f.* share.

quotidiano, *adj.* quotidian; daily.

quotização, *s. f.* contribution; assessment.

quotizar, **1.** *v. tr.* to assess; **2.** *v. refl.* to club together.

R

R, r, *s. m.* the eighteenth letter of the alphabet.

rã, *s. f.* frog; **ovos de rã:** frog-spawn.

rabanada, *s. f.* bread fritter; **rabanada de vento:** blast, gust.

rabanete, *s. m. (bot.)* radish.

rabear, *v. intr.* to whisk; to wag (the tail); to fidget; to frisk about.

rabeca, *s. f.* fiddle; violin.

rabecada, *s. f.* the playing of a violin; *(fig.)* reprimand; rebuke.

rabecão, *s. m.* double-bass.

rabicho, *s. m.* pigtail.

rabino, 1. *adj.* mischievous; **2.** *s. m.* rabbi; rabbin.

rabiscar, *v. tr. e intr.* to scrawl; to scribble.

rabisco, *s. m.* scrawl.

rabo, *s. m.* tail; bottom; handle; **aí é que a porca torce o rabo:** *(fig.)* there is the rub; **com o rabo entre as pernas:** *(fig.)* with his tail between his legs.

rabo-de-cavalo, *s. m.* ponytail.

rabudo, *adj.* long-tailed.

rabugento, *adj.* peevish; grouchy; grumpy.

rabugice, *s. f.* peevishness; sullenness; grouchiness.

rabujar, *v. tr.* to grumble; to grouch.

raça, *s. f.* race; lineage; pedigree; descent.

ração, *s. f.* ration; allowance; **senha de ração:** ration card.

racha, *s. f.* split; splinter; crack; fissure.

rachadela, *s. f.* split; fissure.

rachar, 1. *v. tr.* to split; to chop (wood); **2.** *v. intr.* to break up; to crack; **rachar a cabeça:** to cleave a person's head open.

raciocinar, *v. intr.* to reason.

raciocínio, *s. m.* reasoning.

racional, *adj.* rational; reasonable.

racionalidade, *s. f.* reasonableness; rationality.

racionalismo, *s. m.* rationalism.

racionalizar, *v. tr.* to rationalize.

racionamento, *s. m.* rationing.

racionar, *v. tr.* to ration; to put on rations.

racismo, *s. m.* racism.

racista, *s. m. f. e adj.* racist.

radar, *s. m.* radar; **feixe de ondas de radar:** radar beam; **ondas de radar:** radar waves.

radiação, *s. f.* radiation.

radiador, *s. m.* radiator.

radiante, *adj.* radiant; shining; beaming; happy; brilliant.

radiar, *v. intr.* to radiate; to shine; to beam; to ray.

radical, 1. *adj.* radical; basic; **2.** *s. m.* radical; root (of a word).

radicalismo, *s. m.* radicalism.

radicar, 1. *v. tr.* to root; to radicate; **2.** *v. refl.* to take root; to settle down.

rádio, 1. *s. m.* radium; wireless; **2.** *s. f.* radio; **aparelho de rádio:** radio set; **ouvir na rádio:** to hear (something) on the radio; **ouvir rádio:** to listen in to the radio; **estação de rádio:** radio station.

radioactividade, *s. f.* radioactivity.

radioactivo, *adj.* radioactive.

radioamador, *s. m.* radio amateur.

radiodifundir, v. tr. to broadcast.

radiodifusão, s. f. broadcasting.

radiografar, v. tr. to X-ray.

radiografia, s. f. X-ray.

radiologia, s. f. radiology.

radiologista, s. m. f. radiologist.

radioso, adj. radiant; beaming; shining.

radiotelefone, s. m. radio-telephone.

radioterapia, s. f. radiotherapy.

rafeiro, s. m. sheep-dog.

ráfia, s. f. raffia.

raia, s. f. border; limits; line; mistake.

raiado, adj. striped; streaked.

raiano, 1. adj. bordering; **2.** s. m. borderer.

raiar, 1. v. intr. to break (the day); to streak; **2.** v. tr. to stripe.

rainha, s. f. queen.

raio, s. m. ray; beam; (maths) radius; gleam (of hope); **raio de acção:** range of action; **raio de luz:** ray of light; **raio de sol:** streak of sunshine; a sun's ray; **raios X:** X-rays; **raios cósmicos:** cosmic rays; **raios de calor:** heat-rays; **com a velocidade de um raio:** with lightning speed; **como um raio:** like a streak; like a lightning.

raiva, s. f. anger; fury; **fazer raiva:** to make someone furious; to infuriate; **ter raiva:** to hate.

raivar, v. intr. to rage; to grow angry.

raivoso, adj. furious; angry; mad (dog).

raiz, s. f. root; basis; origin; (maths) radix; **raiz cúbica:** cube root; **raiz quadrada:** square root.

rajá, s. m. rajah.

rajada, s. f. blast; **rajada de vento:** blast of wind; **forte rajada:** a heavy squall.

ralação, s. f. worry; vexation.

ralador, 1. adj. worrying; vexing; **2.** s. m. grater.

ralar, v. tr. to grate; to worry; **não se ralar:** not to care a pin.

ralé, s. f. low people; mob; **a ralé:** the lees of society.

ralhar, v. intr. to scold; to rebuke.

ralho, s. m. scolding; rebuke.

rali, s. m. rally.

ralo, s. m. grater; grate; rose; nozzle (of a watering-can).

rama, s. f. boughs; **rama de algodão:** raw cotton; **algodão em rama:** raw cotton; cotton-wool.

ramada, s. f. trellis.

ramagem, s. f. branches (of a tree); foliage.

ramal, s. m. branch; branchline.

ramificação, s. f. ramification; branch.

ramificar, v. tr. to ramify; to divide.

ramo, s. m. branch; department; bunch (of flowers); **ramo de negócios:** line of business; **Domingo de Ramos:** Palm Sunday.

rampa, s. f. slope; stage; ramp; **rampa de lançamento:** launching pad.

rançar, v. intr. to grow rancid; to grow rank.

rancho, s. m. band; swarm (of children); food (for soldiers or sailors).

ranço, s. m. rancidity.

rancor, s. m. rancour; spite.

rancoroso, adj. rancorous; spiteful; ill-willed.

rançoso, adj. rancid; stale; insipid; tedious; obsolete.

ranger, 1. v. intr. to creak; to grate; **2.** v. tr. to grind one's teeth.

rangido, s. m. creaking (of doors, shoes); gnashing, grinding (of teeth).

ranho, s. m. snivel; snot; mucus; run (of the nose).

ranhura, *s. f.* groove; notch.

rapacidade, *s. f.* rapacity; ravenousness; *(fig.)* greed.

rapagão, *s. m.* stout boy.

rapar, *v. tr.* to scrape; to rub out.

rapariga, *s. f.* girl.

rapaz, *s. m.* boy.

rapazelho, *s. m.* lad.

rapaziada, *s. f.* group of boys; gang.

rapé, *s. m.* snuff.

rapidamente, *adv.* quickly; quick; fast.

rapidez, *s. f.* speed; rapidity.

rápido, *adj.* rapid; fast; swift; speedy; quick; **comboio rápido:** fast train.

rapina, *s. f.* plundering; robbery; **ave de rapina:** bird of prey.

rapinar, *v. tr.* to plunder; to pilfer; to rob.

rapioqueiro, 1. *adj.* revelling; **2.** *s. m.* reveller.

raposa, *s. f.* *(zool.)* fox.

rapsódia, *s. f.* rhapsody.

raptar, *v. tr.* to kidnap; to abduct.

rapto, *s. m.* kidnapping; abduction.

raptor, *s. m.* kidnapper.

raqueta, *s. f.* racket.

raquítico, *adj.* rachitic; rickety; fragile.

raquitismo, *s. m.* rachitis; rickets.

raramente, *adv.* rarely; seldom.

rarear, 1. *v. intr.* to become rare; **2.** *v. tr.* to make rare.

rarefacção, *s. f.* rarefaction.

rarefazer, *v. tr.* to rarefy.

raridade, *s. f.* rarity.

raro, *adj.* rare; exceptional; uncommon.

rasar, *v. tr.* to raze; to level.

rasca, 1. *s. f.* trawl-net; **2.** *adj.* trashy; **estar à rasca:** to be all messed up.

rascunhar, *v. tr.* to sketch; to draft.

rascunho, *s. m.* outline; sketch; rough copy; rough draft.

rasgão, *s. m.* tear; split.

rasgar, *v. tr.* to tear off; to pull apart.

rasgo, *s. m.* trait; fissure; touch; dash (of cleverness); **pessoa de rasgo:** person with plenty of dash.

raso, *adj.* plain; close; private (soldier); open (country).

raspagem, *s. f.* erasure; scraping.

raspão, *s. m.* scratch; scrape; **tocar de raspão:** to graze.

raspar, 1. *v. tr.* to scrape; to rub; to erase; **2.** *v. refl. (fig.)* to beat.

rasteira, *s. f.* creeping; tripping up; **passar uma rasteira:** to trip up.

rasteiro, *adj.* creeping; humble; **planta rasteira:** creeper.

rastejar, 1. *v. intr.* to creep; to crawl; **2.** *v. tr.* to track; to search.

rastilho, *s. m.* train; fuse; **rastilho de explosivo:** sausage.

rasto, *s. m.* trace; track; scent; vestige; **perder o rasto:** to lose the trail; **reencontrar o rasto:** to pick up the trail; **andar de rastos:** to crawl; **levar de rastos:** to drag-along.

rasurar, *v. tr.* to rub out; to scratch out.

ratazana, *s. f.* rat; **ratazana dos esgotos:** sewer-rat.

raticida, *s. m.* rat killer.

ratificação, *s. f.* ratification.

ratificar, *v. tr.* to ratify; to confirm.

rato, *s. m.* mouse; **calado como um rato:** *(fig.)* quiet as a mouse; **rato de biblioteca:** *(fig.)* bookworm.

ratoeira, *s. f.* mouse-trap; rat-trap; snare; **cair na ratoeira:** to fall into a trap.

ravina, *s. f.* ravine; torrent; gully.

razão, *adj.* reason; judgement; cause; proof; ratio; rate; **razão principal:** chief reason; **não ter razão:** to be wrong; **não ter razão**

para: to have no reason; **perder a razão:** to lose one's reason; **por essa razão:** for that reason; **sem qualquer razão:** for no reason; on no consideration; **ter razão:** to be right.

razia, s. f. destruction.

razoável, adj. reasonable; moderate; sensible.

ré, 1. s. f. accused woman; stern (of a ship); **2.** s. m. (mús.) re, D.

reabastecer, v. tr. to replenish; to restock.

reabastecimento, s. m. restocking; refuelling; **reabastecimento de um avião:** refuelling of an aeroplane.

reabertura, s. f. reopening.

reabrir, v. tr. to reopen.

reabsorver, v. tr. to reabsorb.

reacção, s. f. reaction; **ausência de reacção a:** inertness to; **tempo de reacção:** reaction time.

reaccionário, 1. adj. reactionary; **2.** s. m. reactionist.

reacender, v. tr. to relight; to rekindle.

reactor, s. m. reactor.

readmitir, v. tr. to readmit.

reafirmar, v. tr. to reaffirm.

reagir, v. intr. to react; to resist.

real, adj. real; actual; true; royal; **descrição real:** lively description; **um facto real:** an actual fact.

realçar, v. tr. to heighten; to enhance; to emphasize.

realce, s. m. relief; emphasis; distinction.

realejo, s. m. barrel-organ.

realeza, s. f. royalty.

realidade, s. f. reality; truth; **na realidade:** in fact; actually.

realismo, s. m. realism.

realista, 1. adj. realistic; **2.** s. m. f. realist; royalist.

realização, s. f. realization; accomplishment; fulfilment; (cinema) direction.

realizador, s. m. (cinema) director.

realizar, 1. v. tr. to fulfil; to achieve; to accomplish; to direct; to produce; to realize; **2.** v. refl. to be held.

realmente, adv. really; actually; indeed.

reanimação, s. f. reanimation; **sala de reanimação:** recovery room.

reanimar, v. tr. to reanimate; to revive.

reaparecer, v. intr. to reappear.

reaparecimento, s. m. reappearance.

reassumir, v. tr. to reassume; to resume.

reatar, v. tr. to tie again; to rebind; to re-establish; to renew.

reaver, v. tr. to recover.

rebaixamento, s. m. lowering; debasement.

rebaixar, 1. v. tr. to lower; to depreciate; to debase; to humble; to decry; **2.** v. refl. to lower oneself.

rebanho, s. m. herd (of oxen); flock (of sheep).

rebate, s. m. alarm; alert; **rebate falso:** false alarm; **tocar a rebate:** to sound the alarm.

rebater, v. tr. to refute; to rebut; **rebater um argumento:** to meet an argument.

rebelar, 1. v. tr. to excite to rebellion; **2.** v. intr. e refl. to rebel; to rise in rebellion.

rebelde, 1. adj. rebellious; **2.** s. m. f. rebel; **tropas rebeldes:** insurgent troops.

rebeldia, s. f. rebellion.

rebelião, s. f. rebellion; revolt; insurrection.

rebentação, *s. f.* bursting out; surf; surge.

rebentar, 1. *v. intr.* to burst; to blow up; to splinter; to sprout; to come out; **2.** *v. tr.* to break; **rebentar com riso:** to burst out laughing.

rebento, *s. m.* bud.

rebocador, *s. m.* towboat; tug.

rebocar, *v. tr.* to trail; to tow.

rebolar, *v. intr.* to roll; to tumble; to waddle.

reboque, *s. m.* tow; trailer.

rebordo, *s. m.* edge; border.

rebuçado, *s. m.* candy; sweet.

rebuço, *s. m.* muffling; collar (of a coat); disguise.

rebuliço, *s. m.* noise; tumult.

rebuscado, *adj.* affected; refined; laborious.

rebuscar, *v. tr.* to research.

recado, *s. m.* message; errand; **dar um recado:** to deliver a message; **deixar um recado:** to leave a message for; **fazer um recado:** to go on errands for someone; to run errands.

recaída, *s. f.* relapse.

recair, *v. intr.* to fall again; to return; to revert.

recalcamento, *s. m.* treading down; repression.

recalcar, *v. tr.* to tread down; to trample; to repress.

recalcitrante, *adj.* recalcitrant; refractory; unsubmissive.

recamar, *v. tr.* to embroider; to embellish; to adorn.

recambiar, *v. tr.* to return; to send back.

recanto, *s. m.* corner.

recapitulação, *s. f.* recapitulation.

recapitular, *v. tr.* to recapitulate; to sum up.

recapturar, *v. tr.* to recapture.

recarga, *s. f.* refill; reload.

recatado, *adj.* modest; discreet; coy; prudent.

recatar, 1. *v. tr.* to conceal; **2.** *v. refl.* to be cautious.

recato, *s. m.* caution; modesty; secrecy.

recear, *v. tr.* to fear; to dread; to be afraid of.

receber, *v. tr.* to receive; to admit; to collect; to welcome; **receber notícias de:** to hear from.

recebimento, *s. m.* receipt; reception.

receio, *s. m.* fear; dread; **com receio de:** for fear (that); lest.

receita, *s. f.* receipt; revenue; income; *(med.)* prescription; (cooking) recipe; **passar uma receita:** *(med.)* to write out a prescription.

receitar, *v. tr.* to prescribe.

recém-casado, 1. *adj.* newly-married; **2.** *s. m. pl.* newly-weds.

recém-chegado, 1. *adj.* newly arrived; **2.** *s. m.* new-comer.

recém-nascido, *adj.* newborn.

recenseamento, *s. m.* census; **boletim de recenseamento:** census-paper.

recensear, *v. tr.* to take a census.

recente, *adj.* recent; fresh; new.

receoso, *adj.* fearful; timid; afraid.

recepção, *s. f.* reception; **má recepção:** poor reception.

recepcionista, *s. m. f.* deskperson; receptionist.

receptáculo, *s. m.* receptacle; container.

receptador, *s. m.* receiver (of stolen goods).

receptividade, *s. f.* receptivity.

receptivo, *adj.* receptive.

receptor, 1. *adj.* receiving; **2.** *s. m.* receiver; wireless set.

recesso, *s. m.* recess; nook.

rechaçar, *v. tr.* to repel; to drive back.

recheado, 1. *adj.* stuffed (meat); full of; **2.** *s. m.* stuffing.

rechear, *v. tr.* to stuff; to fill; to cram.

recheio, *s. m.* stuffing; furniture (of a house).

rechonchudo, *adj.* fat; chubby; plump.

recibo, *s. m.* acquittance; receipt; **passar um recibo:** to write out a receipt for.

reciclagem, *s. f.* recycling.

reciclar, *v. tr.* to recycle.

recife, *s. m.* reef; ridge.

recinto, *s. m.* enclosure; site.

recipiente, *s. m.* recipient; vessel.

reciprocidade, *s. f.* reciprocity.

recíproco, *adj.* reciprocal; mutual.

récita, *s. f.* performance; recital.

recitação, *s. f.* recitation.

recitar, *v. tr.* to recite.

reclamação, *s. f.* complaint; claim; **em caso de reclamação:** in case of complaint; **fazer reclamação:** to lay claim to.

reclamar, 1. *v. tr.* to claim; **2.** *v. intr.* to complain; to protest.

reclamo, *s. m.* advertisement; **reclamo luminoso:** electric sign.

reclinação, *s. f.* reclination.

reclinar, *v. tr.* to recline; to lay back; to lean back.

reclusão, *s. f.* reclusion; prison; seclusion; **casa de reclusão:** house of correction.

recluso, 1. *adj.* reclusive; solitary; **2.** *s. m.* recluse; prisoner; hermit.

recobrar, *v. tr.* to recover.

recobrir, *v. tr.* to re-cover.

recobro, *s. m.* recuperation.

recolha, *s. f.* recovery; retrieve; gathering.

recolher, 1. *v. tr.* to gather; to collect; to pluck (flowers); **2.** *v. intr.* to retire; to take shelter; to return home.

recolhimento, *s. m.* retirement; seclusion; privacy.

recomeçar, *v. tr.* to begin again; to recommence.

recomendação, *s. f.* recommendation; advice; warning; *pl.* greetings; respects.

recomendar, 1. *v. tr.* to recommend; to advise; **2.** *v. refl.* to send greetings.

recompensa, *s. f.* reward; prize; recompense.

recompensar, *v. tr.* to recompense; to reward; to compensate.

recompor, *v. tr.* to harmonize; to recover (from an illness); to re-arrange.

recôncavo, *s. m.* recess; hollow.

reconciliação, *s. f.* reconciliation.

reconciliar, *v. tr. e refl.* to reconcile; to harmonize; **reconciliar-se com:** to make friends again.

recôndito, *adj.* recondite; obscure; hidden.

recondução, *s. f.* renewal; re-appointment.

reconduzir, *v. tr.* to lead back; to renew; to reappoint.

reconfortante, *adj.* invigorating; comforting; heartening.

reconfortar, *v. tr.* to comfort; to console; to invigorate.

reconhecer, *v. tr.* to recognize; to admit; to acknowledge; to be thankful for; **reconhecer a assinatura:** to witness the signature.

reconhecimento, *s. m.* recognition; acknowledgement; gratefulness.

reconquista, *s. f.* reconquest.

reconquistar, *v. tr.* to recover.

reconsiderar, *v. tr.* to reconsider; to revise; to review.

reconstituir, *v. tr.* to reconstitute; to restore.

reconstrução, *s. f.* reconstruction.

reconstruir, *v. tr.* to reconstruct; to rebuild.

recontar, v. tr. to recount; to narrate; to relate.

recontro, s. m. encounter; battle; fight.

recordação, s. f. remembrance; memory; souvenir.

recordar, v. tr. e refl. to remember; to call to mind; **recordar-se de:** to remember something; to recollect.

recorde, s. m. record; **bater um recorde:** to break a record.

recorrer, v. tr. to resort; (law) to appeal.

recortar, v. tr. to cut (out); to clip.

recorte, s. m. cutting; clipping; outline; sketch; **recortes de jornal:** press cuttings.

recostar, 1. v. tr. to recline; **2.** v. refl. to lean back.

recozido, adj. overboiled, overcooked.

recreação, s. f. recreation.

recrear, 1. v. tr. to recreate; to amuse; **2.** v. refl. to amuse oneself.

recreativo, adj. recreative.

recreio, s. m. recreation; diversion; (school) playtime; break; playground; **barco de recreio:** pleasure-boat.

recriação, s. f. recreation.

recriar, v. tr. to recreate.

recriminação, s. f. recrimination.

recriminar, v. tr. to recriminate; to reproach.

recrudescer, v. intr. to increase; to restore.

recrudescimento, s. m. increase, restoration.

recruta, s. m. recruit.

recrutamento, s. m. recruitment; enlistment; enrolment.

recrutar, v. tr. to recruit; to enlist.

recta, s. f. straight line.

rectangular, adj. rectangular.

rectângulo, s. m. rectangle.

rectidão, s. f. rectitude; uprightness; righteousness.

rectificação, s. f. rectification.

rectificar, v. tr. to rectify; to correct; to refine.

rectilíneo, adj. rectilinear.

recto, 1. adj. straight; upright; right; just; equitable; **2.** s. m. rectum.

recuar, 1. v. intr. to recede; to recoil; **2.** v. tr. to draw, to move, to step back.

recuo, s. m. backing; retreat.

recuperação, s. f. recuperation; recovery.

recuperar, v. tr. to recuperate; to regain, to recover; to get back.

recurso, s. m. recourse; (law) appeal; **recursos naturais:** natural resources; **homem de largos recursos:** a man of resource.

recurvar, v. tr. to bend back.

recusa, s. f. refusal; denial; **recusa formal:** point-blank refusal.

recusar, v. tr. to refuse; to deny; to reject; **recusar uma oferta:** to refuse an offer; **recusar um convite:** to decline an invitation.

redacção, s. f. wording; editorial office.

redarguir, v. intr. to refute; to retort.

rede, s. f. net; network; fishingnet; **rede de distribuição eléctrica:** electric light mains; **rede ferroviária:** network of railways; **rede viária:** network of roads.

rédea, s. f. rein; **à rédea solta:** at full speed; **assumir as rédeas do governo:** to assume the reins of government.

redemoinho, s. m. whirl; whirlpool (of water); whirlwind.

redenção, s. f. redemption; release.

redentor, 1. adj. redeeming; **2.** s. m. redeemer; saviour.

redigir, *v. tr.* to word; to write down.

redil, *s. m.* pen; fold.

redobrar, *v. tr.* to redouble; to multiply; to increase.

redoma, *s. f.* glass case.

redondezas, *s. f. pl.* surroundings, environs.

redondo, *adj.* round; circular; **em números redondos:** in round numbers; **um não redondo:** a flat denial; **Távola Redonda:** the Round Table.

redor, *s. m.* circuit; **ao redor:** around; **duas milhas em redor:** two miles round.

redução, *s. f.* reduction; decrease; **reduções de preços:** reductions in prices.

redundância, *s. f.* redundance.

redundar, *v. intr.* to result.

redutível, *adj.* reducible.

reduto, *s. m.* redoubt.

redutor, *adj.* reducing.

reduzido, *adj.* scanty.

reduzir, *v. tr.* to reduce, to lessen; to diminish; to cut down; **tudo se reduz a isto:** it all comes to this.

reedição, *s. f.* reissue; new edition, re-edition.

reedificação, *s. f.* rebuilding; restoration.

reedificar, *v. tr.* to rebuild.

reeditar, *v. tr.* to reissue; to republish.

reeleger, *v. tr.* to re-elect.

reeleição, *s. f.* re-election.

reembolsar, *v. tr.* to reimburse.

reembolso, *s. m.* reimbursement; repayment; **contra reembolso:** cash on delivery.

reencarnação, *s. f.* reincarnation.

reencontrar, *v. tr.* to meet again; to find again.

reentrada, *s. f.* re-entry.

reenviar, *v. tr.* to send again; to return.

reexpedir, *v. tr.* to send on; to re-ship; to send back.

refazer, 1. *v. tr.* to remake; to repair; to mend; **2.** *v. refl.* to recover.

refeição, *s. f.* meal; **refeição frugal:** a spare meal.

refeitório, *s. m.* refectory; dining-hall.

refém, *s. m. f.* hostage.

referência, *s. f.* reference; allusion; note; mark.

referendar, *v. tr.* to vote in a referendum.

referendo, *s. m.* referendum.

referido, *adj.* aforesaid.

referir, 1. *v. tr.* to relate; to refer; to assign; **2.** *v. refl.* to refer to, to aim at.

refestelar-se, *v. refl.* to loll; to lean back; to lounge.

refilão, *adj.* refractory; insolent.

refilar, *v. tr.* to reply; to retort; to bite back.

refinado, *adj.* refined; elegant; polished.

refinamento, *s. m.* refinement.

refinar, *v. tr.* to refine; to purify; to educate; to polish.

refinaria, *s. f.* refinery.

reflectir, *v. tr. e intr.* to reflect (on, upon); to mirror; to ponder; to meditate; **reagir sem reflectir:** to act without reflection.

reflector, *s. m.* reflector.

reflexão, *s. f.* reflection; meditation; thought.

reflexo, 1. *adj.* reflexive; reflex; **2.** *s. m.* reflex; reflection, reflexion.

reflorescer, *v. intr.* to reflower.

reflorir, *v. intr.* to reflower.

refluxo, *s. m.* reflux; return; ebb; **fluxo e refluxo:** ebb and flow.

reforçar, 1. *v. tr.* to reinforce; to strengthen; **2.** *v. intr.* to grow stronger.

reforço, *s. m.* reinforcement.

reforma, *s. f.* reform; reformation; renewal (of a bill); retirement (from office); retiring pension.

reformado, *adj.* reformed; retired.

reformador, 1. *adj.* reforming; **2.** *s. m.* reformer.

reformar, 1. *v. tr.* to reform; to improve; **2.** *v. refl.* to retire.

reformista, *s. m. f.* reformer.

refracção, *s. f.* refraction.

refractar, *v. tr.* to refract.

refractário, 1. *adj.* refractory; **2.** *s. m.* defaulter; (army) absentee.

refrão, *s. m.* refrain; proverb.

refreamento, *s. m.* refraining; restraint.

refrear, 1. *v. tr.* e *refl.* to refrain; to restrain.

refrescante, *adj.* cooling; refreshing.

refrescar, *v. tr.* to refresh; to freshen; to cool.

refresco, *s. m.* refreshment.

refrigeração, *s. f.* refrigeration.

refrigerante, 1. *adj.* refrigerant; **2.** *s. m.* cold drink; soft drink.

refrigerar, *v. tr.* to refrigerate; to cool.

refrigério, *s. m.* refrigeration; comfort; relief.

refugiado, 1. *adj.* sheltered; **2.** *s. m.* refugee.

refugiar-se, *v. refl.* to take refuge; to hide; to take shelter; to retire.

refúgio, *s. m.* refuge; shelter; protection; **procurar refúgio:** to seek refuge.

refugo, *s. m.* reject, waste matter.

refulgir, *v. intr.* to shine.

refutação, *s. f.* refutation; disproof.

refutar, *v. tr.* to refute; to confute; to disprove.

rega, *s. f.* watering; irrigation.

regaço, *s. m.* bosom; lap (of woman).

regador, *s. m.* watering-can.

regalar, *v. tr.* to delight; to please.

regalia, *s. f.* prerogative; privilege.

regalo, *s. m.* delight; pleasure; (clothes) muff.

regar, *v. tr.* to water; to irrigate.

regata, *s. f.* regatta; boat-race.

regatear, *v. intr.* to bargain for; to haggle over.

regato, *s. m.* brook; rivulet.

regedor, *s. m.* parish administrator.

regência, *s. f.* regency.

regeneração, *s. f.* regeneration.

regenerador, 1. *adj.* regenerative; **2.** *s. m.* regenerator.

regenerar, *v. tr.* to regenerate; to reform; to restore.

regente, 1. *adj.* regent; ruling; **2.** *s. m. f.* regent; *(mús.)* bandmaster, conductor.

reger, *v. tr.* to rule; to govern; *(mús.)* to conduct, to lead; **reger uma orquestra:** to conduct an orchestra.

região, *s. f.* region; district; country.

regicida, *s. m. f.* regicide.

regime, *s. m.* regime; rule; government; *(med.)* diet.

regimento, *s. m.* discipline; regiment.

régio, *adj.* royal; kingly.

regional, *adj.* regional.

regionalismo, *s. m.* regionalism.

regionalista, 1. *adj.* regionalistic; **2.** *s. m. f.* regionalist.

registador, 1. *adj.* registering; **2.** *s. m.* register; recorder; **caixa registadora:** cash-register.

registar, *v. tr.* to register; to record.

registo, *s. m.* register; entry, registration; record; parish.

rego, *s. m.* drain; trench.

regozijar, *v. tr.* e *refl.* to rejoice; to be glad.

regozijo, *s. m.* rejoicing; joy; mirth; rejoicement.

regra, s. f. rule; method; formula; regulation; **em regra:** as a rule.

regrado, adj. well-ordered; ruled (paper); temperate.

regrar, v. tr. to make lines; to regulate; to rule.

regressão, s. f. regression; retrogression; regress.

regressar, v. intr. to come back; to go back; to return.

regresso, s. m. return; **no meu regresso:** on my return; **no regresso:** on the way back.

régua, s. f. ruler; rule.

regulador, 1. adj. regulating; **2.** s. m. regulator.

regulamentação, s. f. regulation.

regulamentar, 1. adj. in accordance with the rules; **2.** v. tr. to regulate; to subject to regulation.

regulamento, s. m. regulation; rule; order; direction.

regular, 1. adj. regular, fair; **2.** v. tr. e refl. to regulate; to adjust; to set right; **regular-se por:** to be guided by; to regulate oneself.

regularidade, s. f. regularity.

regularização, s. f. regularization.

regularizar, v. tr. to regularize; to put in order.

regurgitação, s. f. regurgitation.

regurgitar, v. tr. e intr. to regurgitate; to overflow.

rei, s. m. king; sovereign.

reinação, s. f. fun; amusement.

reinado, s. m. reign.

reinar, v. intr. to reign; to rule; to prevail; to amuse oneself.

reincidência, s. f. relapse; backsliding.

reincidente, 1. adj. backsliding; **2.** s. m. f. recidivist.

reincidir, v. intr. to backslide; to relapse.

reino, s. m. kingdom; **Reino Unido:** United Kingdom.

reinserção, s. f. reinsertion.

reintegração, s. f. reintegration.

reintegrar, v. tr. to reintegrate; to reinstate.

reiteração, s. f. reiteration.

reiterar, v. tr. to reiterate; to repeat.

reitor, s. m. rector; director.

reitoria, s. f. rectorship; rectory.

reivindicação, s. f. claim; claiming.

reivindicar, v. tr. to claim; to reclaim; to assert.

rejeição, s. f. rejection; refusal.

rejeitar, v. tr. to reject; to cast aside; to refuse; to repudiate.

rejubilar, v. intr. to rejoice.

rejúbilo, s. m. rejoicing; joyfulness.

rejuvenescer, v. tr. e intr. to rejuvenate.

rejuvenescimento, s. m. rejuvenation.

relação, s. f. relation; connexion; report; pl. acquaintances; **relações sexuais:** sexual intercourse; **cortar relações:** to fall out with; **em relação a:** about, in connexion with; in (with) relation to; **não ter relação com:** to bear no relation to, to be out of relation to; **ter boas relações com:** to be on good terms with.

relacionação, s. f. relationship.

relacionar, 1. v. tr. to make a list of; **2.** v. refl. to become acquainted with.

relâmpago, s. m. lightning.

relampejar, v. intr. to lighten; to flash.

relance, s. m. glance; **de relance:** at a glance; **num relance:** in the twinkling of an eye.

relapso, 1. adj. relapsing; **2.** s. m. relapser; recidivist.

relatar, v. tr. to relate; to narrate; to report.

relatividade, s. f. relativity; **teoria da relatividade:** theory of relativity.

relato, s. m. account; report.

relatório, s. m. report.

relaxamento, s. m. relaxation; slackness.

relaxar, 1. v. tr. to relax; to loosen; to slacken; **2.** v. refl. to grow slack.

relegar, v. tr. to relegate.

relembrar, v. tr. to remind; to remember.

relento, s. m. dew; night air; **ao relento:** in the open air.

reler, v. tr. to read again.

reles, adj. worthless; common.

relevante, adj. important; outstanding.

relevar, v. tr. to relieve; to pardon; to excuse.

relevo, s. m. relief; **alto relevo:** high relief.

relicário, s. m. reliquary.

religião, s. f. religion.

religiosidade, s. f. religiousness.

religioso, adj. e s. m. religious.

relinchar, v. intr. to neigh.

relincho, s. m. neigh.

relíquia, s. f. relic; (fig.) antique; **reliquias sagradas:** holy relics.

relógio, s. m. clock; watch; **relógio de cuco:** cuckoo-clock; **relógio de pulso:** wristwatch; **adiantar o relógio:** to set the clock forward; **corrente do relógio:** watchchain; **dar corda ao relógio:** to wind up a clock; **mostrador do relógio:** face; **o relógio adianta-se:** the watch gains; **o relógio atrasa-se:** the watch loses; **o relógio está atrasado:** the watch is slow; **ponteiro do relógio:** hand.

relojoaria, s. f. watchmaker's shop.

relojoeiro, s. m. watchmaker.

relutância, s. f. reluctance; aversion.

relutante, adj. reluctant.

reluzir, v. intr. to glitter; to shine.

relva, s. f. grass.

relvado, s. m. lawn.

remador, s. m. oarsman; rower.

remanescente, 1. adj. remaining; **2.** s. m. remainder.

remanescer, v. intr. to remain.

remar, v. tr. e intr. to row; **remar contra a maré:** to row against the stream.

rematar, v. tr. to finish; to end; to crown.

remate, s. m. end; conclusion; **remate à baliza:** shot at the goal.

remedeio, s. m. remedy; stopgap.

remediado, adj. comfortably off.

remediar, 1. v. tr. to remedy; to repair; **2.** v. refl. to make shift with.

remédio, s. m. remedy; medicine; **não há remédio:** (fig.) there's no help for it.

remeloso, adj. blear-eyed.

remendo, s. m. gusset.

remessa, s. f. sending; remittance.

remetente, s. m. f. sender; remitter.

remeter, v. tr. to send; to remit; to forward.

remexer, v. tr. to rummage; to stir; to fumble.

reminiscência, s. f. reminiscence; remembering; recollection; memory.

remir, v. tr. to redeem; to rescue.

remissão, s. f. remission; forgiveness; pardon.

remitência, s. f. remission.

remitir, v. tr. to remit; to pardon; to abate.

remo, s. m. oar; rowing; **pá do remo:** blade of the oar.

remoção, s. f. removal.

remodelação, s. f. remodelling.

remodelar, v. tr. to remodel.

remoer, v. tr. to chew again; to ruminate; to brood over.

remoinho, s. m. whirl; whirlwind; whirlpool; eddy.

remoque, s. m. scoff; taunt.

remorso, s. m. remorse; repentance; compunction; **cheio de remorsos:** remorseful; **sentir remorsos:** to feel remorse.

remoto, adj. remote; distant.

remover, v. tr. to remove; to take away; to get rid of.

remuneração, s. f. remuneration, reward; salary.

remunerar, v. tr. to remunerate; to recompense; to reward.

rena, s. f. (zool.) reindeer.

renascença, s. f. renascence; rebirth; renewal; Renaissance.

renascer, v. intr. to be born again; to revive.

renascido, adj. reborn.

renascimento, s. m. rebirth; Renaissance.

renda, s. f. rent; income; revenue; lace.

render, 1. v. tr. to relieve (a sentry); to yield; 2. v. intr. to rupture; to produce income; 3. v. refl. to surrender, to yield.

rendição, s. f. surrender; giving up; relief.

rendimento, s. m. revenue; income; **rendimento líquido:** net income; **declaração de rendimentos:** income-tax return.

renegado, s. m. renegade; apostate.

renegar, 1. v. tr. to deny; to renounce; 2. v. intr. to renegade.

renhido, adj. fierce; furious; bloody.

renitência, s. f. resistance; obstinacy; constraint.

renitente, adj. renitent, resistant, obstinate.

renome, s. m. renown, celebrity, fame.

renovação, s. f. renovation; renewal.

renovador, 1. adj. renewing; 2. s. m. renewer.

renovar, v. tr. to renew; to restore; to replace; to repeat.

renovável, adj. renewable.

rente, adj. e adv. close; close to; **cortar rente:** to cut close, to cut short.

rentear, 1. v. tr. to cut off close; 2. v. intr. to play the gallant.

renúncia, s. f. renunciation; renouncing; giving up; self-denial.

renunciar, 1. v. tr. to renounce (the throne, the world); to give up; 2. v. intr. to renounce; (cards) to revoke.

reorganizar, v. tr. to reorganize; to improve; to reform.

reparação, s. f. reparation; repair; **reparação de avarias:** damage repair.

reparador, adj. repairing, refreshing; restoring.

reparar, 1. v. tr. to repair; to restore; to improve; 2. v. intr. to observe; to notice; to pay attention.

reparo, s. m. repair; **fazer reparo:** to let fall a remark, to rebuke.

repartição, s. f. partition; distribution; department; office; bureau.

repartir, v. tr. to distribute; to allot; to share; to divide.

repassar, v. tr. to repass; to pass again; to soak (through).

repasto, s. f. repast.

repatriar, v. tr. to repatriate.

repelão, s. m. push; pull; **de repelão:** roughly.

repelência, s. f. repulsion.

repelente, adj. repellent; repugnant.

repelir, v. tr. to repel; to drive back; to refute.

repente, *s. m.* outburst; **de repente:** suddenly; on the spur of the moment; all of a sudden; **num repente:** in the twinkling of an eye.

repentino, *adj.* sudden; abrupt; sharp.

repercussão, *s. f.* repercussion; echo.

repertório, *s. m.* repertory; repertoire, programme.

repetição, *s. f.* repetition.

repetir, *v. tr.* to repeat; to recur.

repicar, *v. tr. e intr.* to chime.

repique, *s. m.* chime; alarm.

replantar, *v. tr.* to replant.

repleto, *adj.* replete; gorged (with food); filled to overflowing.

réplica, *s. f.* retort; repartee.

replicar, *v. tr.* to reply; to retort; to refute.

repolho, *s. m.* white cabbage.

repolhudo, *adj.* round; plump.

repor, *v. tr.* to replace; to reestablish; to restore; to repay.

reportagem, *s. f.* newspaper report; reporting; **reportagem cinematográfica:** screen-record.

reportar, **1.** *v. tr.* to turn back; to moderate; **2.** *v. refl.* to refer to; to allude to.

repórter, *s. m.* reporter.

reposição, *s. f.* replacement; restitution.

repositório, *s. m.* repository.

reposteiro, *s. m.* door-curtain.

repousar, *v. tr. e intr.* to rest; to take a rest.

repouso, *s. m.* rest; sleep; repose; **estar em repouso:** to lie at rest.

repovoar, *v. tr.* to repeople; to repopulate.

repreender, *v. tr.* to reprimand; to rebuke.

repreensão, *s. f.* reprimand; reproof.

represa, *s. f.* dam; **represa de moinho:** mill-pond, mill-dam.

represália, *s. f.* reprisal; retaliation.

representação, *s. f.* representation; performance.

representante, **1.** *adj.* representating; **2.** *s. m. f.* representative.

representar, *v. tr.* to represent; to play; to perform.

representativo, *adj.* representative.

repressão, *s. f.* repression; restraint.

reprimenda, *s. f.* reprimand; reproof.

reprimir, *v. tr.* to repress, to keep back; to restrain; to suppress.

réprobo, *adj. e s. m.* reprobate.

reprodução, *s. f.* reproduction; copy.

reprodutor, **1.** *adj.* reproductive; **2.** *s. m.* reproducer.

reproduzir, *v. tr.* to reproduce; to convey (feelings).

reprovação, *s. f.* failure; censure; blame.

reprovado, *adj.* refused; failed (in exam).

reprovar, *v. tr.* to disapprove; to reject; (exam) to fail.

réptil, *s. m. (zool.)* reptile.

repto, *s. m.* challenge.

república, *s. f.* republic.

republicano, *adj. e s. m.* republican.

repudiar, *v. tr.* to repudiate; to reject.

repúdio, *s. m.* repudiation.

repugnância, *s. f.* repugnance; antipathy; distaste; aversion.

repugnante, *adj.* repugnant; loathsome; disgusting.

repugnar, **1.** *v. tr.* to disgust; **2.** *v. intr.* to be repugnant.

repulsa, *s. f.* repulsion.

reputação, *s. f.* reputation; repute; fame.

repuxar, *v. tr.* to draw back.

repuxo, *s. m.* water-spout; jet of water.

requebros, *s. m. pl.* blandishments; languishing looks.

requeijão, *s. m.* curd; curdcheese.

requentar, *v. tr.* to heat again.

requerente, 1. *adj.* requesting; **2.** *s. m. f.* petitioner; applicant.

requerer, *v. tr.* to request; to apply for; to petition.

requerimento, *s. m.* petition; application; request.

requestar, *v. tr.* to request; to woo.

réquie, *s. m.* requiem.

requintado, *adj.* refined, shrewd.

requinte, *s. m.* refinement.

requisição, *s. f.* requisition.

requisitar, *v. tr.* to requisition.

requisito, *s. m.* requisite.

rês, *s. f.* cattle for slaughter; **má rês:** *(fig.)* a bad lot.

rescaldo, *s. m.* embers; remains.

rescindir, *v. tr.* to rescind; to cancel; to annul.

rescisão, *s. f.* rescission; abrogation; **rescisão de um contrato:** rescision from a contract.

rés-do-chão, *s. m.* groundfloor.

resenha, *s. f.* description; enumeration.

reserva, *s. f.* reserve; reservation; spare; caution; **reserva de caça:** game preserve; **aceitar sem reservas:** to accept without reservation; **sem reservas:** outright, unreserved, without reserve; **pôr de reserva:** to store, to lay by.

reservado, *adj.* reserved; cautious; circumspect.

reservar, *v. tr.* to reserve; to book.

reservatório, *s. m.* reservoir; tank; vessel.

resfolgar, *v. intr.* to breathe; to pant.

resfriado, *s. m.* chill; cold; **apanhar um resfriado:** to catch a chill.

resgatar, *v. tr.* to ransom; to redeem; to pay off.

resgate, *s. m.* ransom; redemption.

resguardar, *v. tr.* to shelter; to defend; to protect.

resguardo, *s. m.* shelter; prudence; security.

residência, *s. f.* residence.

residente, *adj. e s. m. f.* resident.

residir, *v. intr.* to reside; to dwell; to lodge.

resíduo, *s. m.* residue; remainder; waste.

resignação, *s. f.* resignation; renunciation; patience.

resignar, *v. tr. e refl.* to resign; to renounce; to abandon.

resina, *s. f.* resin.

resistência, *s. f.* resistance; opposition.

resistente, *adj.* resistant; resisting; strong.

resistir, *v. intr.* to resist; to oppose; to endure.

resma, *s. f.* ream.

resmonear, *v. intr.* to grumble.

resmungão, 1. *adj.* grumbling; **2.** *s. m.* grumbler.

resmungar, *v. tr. e intr.* to grumble; to mutter; to murmur.

resolução, *s. f.* resolution; decision; determination.

resoluto, *adj.* resolute; decided; firm; bold, steadfast.

resolver, *v. tr.* to resolve; to solve (a problem); to clear up; **tudo se resolveu em bem:** everything turned out well.

respeitabilidade, *s. f.* respectability.

respeitado, *adj.* respected.

respeitar, 1. *v. tr.* to respect; to honour; to observe (the laws); to consider; **2.** *v. intr.* to concern; to be concerned in.

respeitável, *adj.* respectable.

respeito, *s. m.* respect; reverence; regard; **a todos os respeitos:** in every respect; **não te diz respeito:** it's none of your business; **pelo que diz respeito a:** regarding, with regard to, concerning; **ter respeito por si próprio:** to show self-respect, to respect oneself.

respiração, *s. f.* respiration; breathing; **respiração artificial:** artificial respiration; **conter a respiração:** to hold one's breath.

respirar, *v. intr.* to breathe; **respirar fundo:** to breathe deeply; **sem respiração:** breathlessly.

respiratório, *adj.* respiratory; **aparelho respiratório:** respiratory tract.

respirável, *adj.* breathable.

resplandecência, *s. f.* resplendence; splendour.

resplandecer, *v. intr.* to shine; to glow; to beam.

responder, *v. tr.* to respond; to answer; to reply, to make a reply; to retort; **responder por:** to answer for.

responsabilidade, *s. f.* responsibility; liability; **à tua responsabilidade:** on your own responsibility; **pesadas responsabilidades:** heavy responsibilities.

responsabilizar, 1. *v. tr.* to hold responsible for; **2.** *v. refl.* to be responsible for, to vouch for, to answer for.

responsável, *adj.* responsible; answerable; liable.

resposta, *s. f.* answer; response; reply; **dar respostas tortas:** to

answer a person back; to give a rude answer; **ter resposta pronta:** to have a ready tongue.

resquício, *s. m.* remainder; vestige.

ressabiado, *adj.* skittish; suspicious; resentful.

ressaca, *s. f.* hangover.

ressaltar, *v. tr.* to rebound; to stand out.

ressalto, *s. m.* salience; projection; rebound.

ressalva, *s. f.* safeguard; correction.

ressalvar, *v. tr.* to except; to safeguard; to correct.

ressarcir, *v. tr.* to make amends for; to compensate.

ressecar, *v. tr.* to dry again; to parch; to resect.

ressentido, *adj.* resentful.

ressentimento, *s. m.* resentment.

ressentir, *v. refl.* to resent.

ressequido, *adj.* withered; shrivelled.

ressequir, *v. tr.* to wither; to shrivel; to parch.

ressoar, *v. intr.* to resound; to re-echo; to ring.

ressonância, *s. f.* resonance; echo; ring.

ressonar, *v. intr.* to snore.

ressudar, *v. tr.* to distil; to exude; to perspire; to ooze.

ressurgimento, *s. m.* resurrection; revival.

ressurgir, *v. intr.* to revive; to resuscitate; to rise again.

ressurreição, *s. f.* resurrection; revival.

ressuscitar, *v. tr. e intr.* to resuscitate; to revive; to restore to life.

restabelecer, 1. *v. tr.* to re-establish; to restore; **2.** *v. refl.* to recover (health).

restabelecimento, *s. m.* reestablishment; recovery (from); **em vias de restabelecimento:** on the way to recovery.

restar, *v. intr.* to remain; to be left over; **é tudo quanto me resta:** that's all I have left.

restaurador, 1. *adj.* restorative; **2.** *s. m.* restorer.

restaurante, *s. m.* restaurant.

restaurar, *v. tr.* to restore; to repair; to replace; to renew; **restaurar o equilíbrio:** to redress the balance.

restauro, *s. m.* restoration.

réstia, *s. f.* ray; sun beam.

restituição, *s. f.* restitution; return; reparation.

restituir, *v. tr.* to return; to give back.

resto, *s. m.* rest; remainder; residue; remnant; **restos de uma refeição:** the remains of a meal; **de resto:** besides; **quanto ao resto:** for the rest.

restolho, *s. m.* stubble; noise.

restrição, *s. f.* restriction; restraint; **pôr restrições:** to place restrictions on.

restringir, *v. tr.* to restrict; to limit; to confine; to cut down (expenses); to narrow down.

restrito, *adj.* restricted; limited; **no sentido mais restrito:** in the narrowest sense (of the word).

resultado, *s. m.* result; consequence, outcome; effect.

resultar, *v. intr.* to result (in); to follow; **resulta!:** it works!

resumir, 1. *v. tr.* to summarize; to sum up; to abridge; to shorten; **2.** *v. refl.* to come down to.

resumo, *s. m.* summary; abridgement; **em resumo:** in short.

resvaladiço, *adj.* slippery.

resvalar, *v. intr.* to slide; to slip; to glide: to skid.

resvés, *adj.* e *adv.* close; close to.

retábulo, *s. m.* retable.

retaguarda, *s. f.* rear-guard; rear.

retalhar, *v. tr.* to shred; to tear; to slash; to cut into shreds.

retalho, *s. m.* shred; strip; retail (prices).

retaliação, *s. f.* retaliation; reprisal.

retaliar, *v. tr.* to retaliate.

retardador, 1. *adj.* retarding; **2.** *s. m.* retarder.

retardar, *v. tr.* to retard; to delay; to keep back.

retardatário, *s. m.* late-comer; laggard.

retemperar, *v. tr.* to reinvigorate; to temper again.

retenção, *s. f.* retention; retentiveness; detention; holding back.

reter, *v. tr.* to retain; to hold back; to restrain; to curb.

retesar, *v. tr.* to stretch; to tighten; to stiffen.

reticência, *s. f.* reticence; reserve; *pl.* three dots; omission points.

retina, *s. f.* retina.

retinir, *v. intr.* to tinkle; to resound; to jingle; to ring.

retinto, *adj.* re-dyed; dark; deep.

retirada, *s. f.* retreat; withdrawal; removal; taking back; **bater em retirada:** to beat a retreat, to be in full retreat.

retirado, *adj.* retired; secluded; far off; out-of-the-way.

retirar, 1. *v. tr.* to remove; (army) to withdraw; to take out; **2.** *v. refl.* to go away.

retiro, *s. m.* retreat; secluded place.

retocar, *v. tr.* to retouch; to improve.

retomar, *v. tr.* to take again; to recover; to resume.

retoque, *s. m.* retouch; improvement; finishing touch (stroke); **dar o último retoque:** to give the finishing touch to.

retorcer, 1. v. tr. to twist again; **2.** v. refl. to squirm; to writhe, to fidget (about).

retórica, s. f. rhetoric; **figura de retórica:** figure of speech.

retórico, 1. adj. rhetorical; **2.** s. m. rhetorician.

retornar, v. tr. to return; to come back.

retorno, s. m. return; exchange (of goods); **viagem de retorno:** homeward journey, journey back.

retorquir, v. tr. to retort; to return; to reply; to cast back.

retractação, s. f. retractation; disavowal; recanting.

retráctil, adj. retractile.

retraído, adj. retracted; shy; reticent.

retraimento, s. m. reserve; shyness; retraction.

retrair, v. tr. e refl. to retract; to draw back; to withdraw.

retransmissão, s. f. retransmission; **retransmissão radiofónica:** rebroadcasting.

retransmitir, v. tr. to retransmit.

retratar, 1. v. tr. to photograph; **2.** v. refl. to recant.

retratista, s. m. f. portrait painter.

retrato, s. m. portrait; picture; **retrato de corpo inteiro:** full-length portrait.

retrete, s. f. toilet, lavatory, loo.

retribuição, s. f. retribution; recompense; return.

retribuir, v. tr. to return; to repay (for); to recompense.

retroactivo, adj. retroactive.

retroceder, v. intr. to retrogress; to regress.

retrocedimento, s. m. regression.

retrocesso, s. m. regression; retrogression.

retrógrado, adj. retrograde; backward.

retrosaria, s. f. haberdasher's shop; haberdashery.

retrospectiva, s. f. retrospective.

retroversão, s. f. translation.

retrovisor, s. m. rear-view mirror.

retumbante, adj. resounding.

réu, s. m. accused; defendant.

reumatismo, s. m. (med.) rheumatism.

reunião, s. f. reunion; meeting; gathering; assembly.

reunificar, v. tr. to reunite.

reunir, 1. v. tr. to reunite; to gather; to assemble; to bring together; **2.** v. refl. to join; to meet; to get together.

revalidação, s. f. revalidation.

revalidar, v. tr. to revalidate; to confirm.

revalorizar, v. tr. to revalue.

revelação, s. f. revelation; disclosure; (photos) development.

revelador, 1. adj. revealing; **2.** s. m. (photos) revelator; developer.

revelar, 1. v. tr. to reveal; to disclose; to divulge; (photos) to develop; **2.** v. refl. to reveal oneself.

revelia, s. f. non-appearance; default; **julgar à revelia:** to judge by default.

revenda, s. f. resale.

revendedor, 1. adj. reselling; **2.** s. m. reseller.

revender, v. tr. to sell again; to resell.

rever, v. tr. to see again; to revise; to review (the past); to re-examine; to look over.

reverberação, s. f. reverberation.

reverberar, v. intr. to reverberate.

reverência, s. f. reverence; veneration; respect; **fazer uma reverência:** to bow; **sua reverência:** His Reverence.

reverenciar, v. tr. to revere, to reverence; to venerate.

reverendo, adj. e s. m. reverend.

reversibilidade, s. f. reversibility.

reverso, 1. adj. reverse; inverted; **2.** s. m. reverse (medal); opposite.

reverter, v. intr. to revert (to); to fall back; to return; to result in.

revés, s. m. reverse; drawback, misfortune; vicissitude.

revestimento, s. m. facing; lagging; coating.

revestir, v. tr. to cover; to clothe; to face, to coat.

revezar, 1. v. tr. to alternate; to rotate; **2.** v. refl. to take turns.

revigorar, 1. v. tr. to reinvigorate; **2.** v. intr. e refl. to grow strong again.

revirar, v. tr. to turn again; to turn inside out; to roll (the eyes).

reviravolta, s. f. sudden change; turn (to an argument); reversal (of opinion).

revisão, s. f. revision; examination.

revisor, s. m. ticket-inspector; ticket-collector; proof-reader.

revista, s. f. magazine, weekly; (army) review; (theatre) revue.

revistar, v. tr. to review; to revise; (police) to search.

reviver, v. intr. to revive; to return to life.

revivificação, s. f. revivification.

revivificar, v. tr. to revivify; to reanimate; to restore to life.

revoada, s. f. flight (of birds); batch (of persons).

revocação, s. f. revocation.

revogação, s. f. revocation; repeal.

revogar, v. tr. to revoke; to annul; to repeal.

revolta, s. f. revolt; insurrection.

revoltado, 1. adj. revolted; filled with disgust; **2.** s. m. mutineer; rebel.

revoltar, v. tr. to revolt; to turn against; to revolt; to break out in revolt, to rise in revolt.

revolto, adj. insurgent; boisterous (sea); cloudy (the weather); upturned (ground).

revolução, s. f. revolution.

revolucionar, v. tr. to revolutionize.

revolutear, v. intr. to revolve; to wheel; to flutter.

revolver, 1. v. tr. to revolve; to rummage; to search; **2.** v. refl. to roll; to stir.

revólver, s. m. revolver, gun.

revolvimento, s. m. revolving; rolling; revolution.

revulsão, s. f. revulsion.

reza, s. f. prayer; praying.

rezar, v. tr. e intr. to pray.

rezingão, 1. adj. grumbling; quarrelsome; peevish; **2.** s. m. grumbler.

ria, s. f. estuary; mouth of a river.

riacho, s. m. rivulet; brook.

ribalta, s. f. stage; **luzes da ribalta:** stage-lights, footlights.

ribanceira, s. f. ravine; chasm.

ribeira, s. f. bank; riverside; rivulet.

ribeiro, s. m. brook.

ribombar, v. intr. to thunder; to resound; to boom; to roar.

ricaço, 1. adj. very rich, wealthy; **2.** s. m. wealthy man.

rico, adj. rich; wealthy, well-to-do, well off; dear; **podre de rico:** rich as a Jew.

ricochete, s. m. ricochet; skip; rebound.

ridicularia, s. f. trifle; bauble.

ridicularizar, v. tr. to ridicule; to mock; to deride; to sneer at; to make game of.

ridículo, 1. adj. ridiculous; laughable; **2.** s. m. ridicule; mockery.

rifa, s. f. raffle; **vender em rifas:** to sell in a raffle.

rifar, v. tr. to raffle.

rigidez, s. f. rigidity; severity; sternness; stiffness.

rígido, adj. rigid; hard; rigorous; harsh; stiff; stern.

rigor, s. m. rigour; austerity; harshness; stiffness.

rigoroso, adj. rigorous; severe; stern; harsh; inclement; strict.

rijeza, s. f. toughness; hardness; rigidity.

rijo, adj. stiff; hard; harsh; severe; fierce; tough.

rim, s. m. kidney; pl. the loins; the back.

rima, s. f. rhyme; heap; pl. verses.

rimar, 1. v. tr. to rhyme; to put into rhyme; **2.** v. intr. to make rhymes.

rinchão, 1. adj. neighing; **2.** s. m. (zool.) yaffle; hedge mustard.

rinchar, v. intr. to neigh; to whinny.

rinoceronte, s. m. (zool.) rhinoceros.

rio, s. m. river; **rio abaixo:** down the river; **rio acima:** up the river.

ripa, s. f. batten; lath.

ripar, v. tr. to hackle (flax); to clear (the earth); to lath.

ripostar, v. intr. to retort; to retaliate (upon, by).

riqueza, s. f. wealth; affluence.

rir, 1. v. intr. to laugh; **rir à socapa:** to laugh in one's sleeve; **rir às gargalhadas:** to roar with laughter; **desatar a rir:** to break into a laugh, to burst into laughter; **não é caso para rir:** it's no laughing matter; **2.** v. refl. to laugh at someone; **rir-se à custa de:** to laugh at someone's expense; **rir-se na cara de:** to laugh in a person's face.

risada, s. f. loud laugh; laughter; **soltar uma risada:** to give a loud laugh.

risca, s. f. hair parting; mark; line; stripe (in a cloth); **à risca:** (fig.) to the letter.

riscar, v. tr. to scribe; to scratch; to strike out, to cross out; to trace.

risco, s. m. stripe; scratch; line; dash; danger; risk; **contra todos os riscos:** against all risks; **correr o risco:** to hazard, to run the risk; **por sua conta e risco:** at one's own risk.

risível, adj. risible; laughable; comical.

riso, s. m. laughter; laugh; laughing; **riso amarelo:** forced smile; **um ataque de riso:** a fit of laughter.

risonho, adj. smiling; cheerful; laughing.

risota, s. f. sneer; laughter.

rispidez, s. f. harshness.

ríspido, adj. harsh; rough.

ritmado, adj. cadenced.

rítmico, adj. rhythmic; rtythmical.

ritmo, s. m. rhythm; cadence.

rito, s. m. rite.

ritual, adj. e s. m. ritual.

rival, 1. adj. rival; emulous; **2.** s. m. f. rival; emulator; **sem rival:** without a rival.

rivalidade, s. f. rivalry.

rivalizar, v. intr. to rival; to vie with; to emulate.

rixa, s. f. quarrel, row, brawl.

rixar, v. intr. to quarrel.

robalo, s. m. (zool.) sea bass.

roble, s. m. (bot.) white oak.

robustecer, v. tr. to make robust; to strengthen.

robustez, s. f. robustness; vigour.

robusto, adj. robust; strong; vigorous; hardy; sturdy.

roca, s. f. distaff.

rocambolesco, adj. entangled; fantastic.

roçar, v. intr. to rub; to skim.

rocha, s. f. rock.

rochedo, s. m. rock; cliff.

rochoso, adj. rocky; stony.

rococó, adj. rococo; eccentric.

roda, s. f. wheel; circle; circumference; ring (of a dance); **roda dentada:** notched wheel; **olhar à roda:** to look round; **pôr a cabeça a andar à roda:** to turn a person's head; **ter a cabeça a andar à roda:** to feel giddy, to feel dizzy.

rodagem, s. f. set of wheels; (car) running-in.

rodapé, s. m. valance (of a bed); skirting-board.

rodar, 1. v. tr. to turn; to roll; to wheel; 2. v. intr. to turn round; to whirl.

roda-viva, s. f. merry-go-round; **andar numa roda-viva:** to be always on the go.

rodear, 1. v. tr. to surround; to encircle; 2. v. intr. to turn round; 3. v. refl. to gather round; **rodear um assunto:** to beat about the bush.

rodeio, s. m. circumlocution; subterfuge; evasion; **com rodeios:** roundabout; **sem rodeios:** bluntly.

rodela, s. f. round slice; **rodela de ananás:** pineapple ring.

rodilha, s. f. dish-cloth; pad.

rodopiar, v. intr. to whirl; to rotate.

rodopio, s. m. whirl.

roedor, 1. adj. gnawing; 2. s. m. rodent.

roer, v. tr. to gnaw; to nibble; to bite; **duro de roer:** (fig.) a hard nut to crack.

rogar, v. tr. to beseech; to beg; to entreat.

rogo, s. m. request; prayer; petition; entreaty.

rojar, 1. v. tr. to drag; to trail; to throw; 2. v. intr. to crawl; to creep.

rol, s. m. roll; record; register; list; washing-bill.

rola, s. f. (zool.) turtle-dove.

rolar, v. intr. to roll; to coo (the turtles).

roldana, s. f. pulley.

roleta, s. f. roulette.

rolha, s. f. cork; stopper; **tirar a rolha:** to uncork.

rolhar, v. tr. to cork, to stopper.

roliço, adj. plump; chubby.

rolo, s. m. roll; bundle; roller; **rolo da massa:** rolling-pin; **rolo fotográfico:** roll of film; **rolo de papel higiénico:** paper roll; toilet tissue tube.

romã, s. f. (bot.) pomegranate.

romagem, s. f. pilgrimage.

romance, s. m. novel; fiction; romance.

romancear, 1. v. tr. to write novels; 2. v. intr. to romance.

romancista, s. m. f. writer.

romanesco, adj. Romanesque; fanciful; romantic.

romano, adj. e s. m. Roman; **números romanos:** Roman numerals.

romântico, adj. romantic.

romantismo, s. m. romanticism.

romaria, s. f. pilgrimage; popular festival.

romãzeira, s. f. (bot.) pomegranate-tree.

rombo, 1. adj. blunt, flat; 2. s. m. leak (in a ship).

romeiro, s. m. pilgrim.

rompante, 1. adj. arrogant; 2. s. m. impetuosity; outburst.

romper, 1. v. tr. to break; to tear; to infringe; 2. v. intr. to burst out; to spring up; **romper em pranto:** to burst out crying, to burst into tears.

rompimento, *s. m.* breaking; rupture; breach.

roncar, *v. intr.* to snore; to rumble; to grunt; to roar.

ronceiro, *adj.* slow; sluggish.

ronco, *s. m.* snore; roar; grunt.

ronda, *s. f.* patrol; round; **fazer a ronda:** to make one's rounds, to go one's rounds.

rondar, *v. tr. e intr.* to round; to watch; to patrol.

ronha, *s. f.* scab (in sheep); craftiness.

ronqueira, *s. f.* hoarseness; snoring; wheeze.

ronrom, *s. m.* purr; purring.

ronronar, *v. intr.* to purr.

roque, *s. m.* rook; castle; **sem rei nem roque:** without rhyme or reason.

roqueiro, 1. *adj.* built on rocks; rocky; **2.** *s. m.* distaff-maker.

rosa, 1. *adj.* pink; rose-coloured; **2.** *s. f. (bot.)* rose; **botão de rosa:** rosebud.

rosado, *adj.* rosy.

rosa-dos-ventos, *s. f.* compass-card.

rosário, *s. m.* rosary; chaplet.

rosca, *s. f.* screw thread; spiral; rusk (of bread).

roseira, *s. f.* rose; rose-bush.

róseo, *adj.* rosy; roseate; blushing; fragrant.

rosmaninho, *s. m. (bot.)* French lavender; rosemary.

rosnar, *v. tr. e intr.* to snarl; to grumble; to growl.

rosto, *s. m.* face; front; countenance; head (of a coin); **lançar em rosto:** to cast in one's teeth.

rota, *s. f.* route; course; way.

rotação, *s. f.* rotation; alternation; recurrence.

rotativismo, *s. m.* rotativism.

rotativo, *adj.* rotative.

roteiro, *s. m.* guide-book.

rotina, *s. f.* routine.

rotineiro, *adj.* hidebound; customary.

roto, *adj.* ragged; tattered; torn; broken; **um mãos rotas:** a spendthrift.

rótula, *s. f.* lattice; rotula; pan (of the knee).

rotular, 1. *v. tr.* to label; **2.** *adj.* rotular.

rótulo, *s. m.* label.

rotunda, *s. f.* roundabout.

rotundo, *adj.* plumb; round; rotund.

rotura, *s. f.* rupture; break; breach.

roubar, *v. tr.* to steal (from); to rob.

roubo, *s. m.* theft; robbery.

rouco, *adj.* hoarse; rough; husky.

roufenho, *adj.* hoarse.

roupa, *s. f.* clothes; clothing; dress; garment; **roupa branca:** linen; **roupa interior:** undies, underwear, underclothes.

roupão, *s. m.* dressing-gown; **roupão de banho:** bathrobe.

roupeiro, *s. m.* linen keeper.

rouquejar, *v. intr.* to be hoarse; to croak.

rouquidão, *s. f.* hoarseness.

rouxinol, *s. m. (zool.)* nightingale.

roxo, *adj.* violet; purple.

rua, *s. f.* street; **pôr na rua:** to turn out of doors; to dismiss (from a job); *(fam.)* to give the sack; **rua secundária:** by-street.

rubéola, *s. f. (med.)* rubella.

rubi, *s. m.* ruby.

rubicundo, *adj.* rubicund; ruddy; rosy.

rublo, *s. m.* rouble.

rubor, *s. m.* flush; blush; redness; shame.

ruborizar, 1. *v. tr.* to make red; **2.** *v. refl.* to become red; to blush; to flush.

rubrica, *s. f.* heading; rubric; autograph initials.

rubricar, *v. tr.* to rubricate; to mark; to initial.

rubro, *adj.* red; ruddy; red-hot.

ruço, *adj.* grey.

rude, *adj.* rude; coarse; rough; insolent; impolite.

rudeza, *s. f.* rudeness; coarseness; roughness; severity.

rudimentar, *adj.* rudimentary.

rudimento, *s. m.* rudiment.

ruela, *s. f.* lane; by-street.

rufar, *v. tr.* e *intr.* to drum; to beat a drum; **rufar de tambor**: rub-a-dub.

rufo, *s. m.* drum-beat; roll (of a drum).

ruga, *s. f.* wrinkle; crease; furrow.

rugido, *s. m.* roar.

rugir, *v. intr.* to roar; to rustle.

rugosidade, *s. f.* rugosity.

rugoso, *adj.* wrinkled; corrugated; creased.

ruibarbo, *s. m. (bot.)* rhubarb.

ruído, *s. m.* noise; uproar; din.

ruidoso, *adj.* noisy; showy.

ruim, *adj.* bad; wicked; low; vile; ill; spiteful.

ruína, *s. f.* ruin; disaster; downfall; *pl.* remains; **estar em ruínas**: to be in ruins; **levar à ruína**: to lead to ruin; to bring to ruin.

ruinoso, *adj.* ruinous; destructive; pernicious.

ruir, *v. intr.* to tumble; to crumble down; to collapse.

ruivo, **1.** *adj.* red; red-haired; auburn; **2.** *s. m. (zool.)* mullet.

rum, *s. m.* rum.

rumar, *v. tr.* to steer; to set a course.

ruminante, *adj.* e *s. m.* ruminant.

ruminar, **1.** *v. tr.* to ruminate; *(fig.)* to ponder over; **2.** *v. intr.* to ruminate; *(fig.)* to muse; to chew the cud.

rumo, *s. m.* rhumb; course (of a ship); bearing.

rumor, *s. m.* rumour; confused noise; uproar; report.

rupestre, *adj.* rupestral.

rupia, *s. f.* rupee.

ruptura, *s. f.* rupture; breach; break.

rural, *adj.* rural; pastoral.

rusga, *s. f.* search.

russo, *adj.* e *s. m.* Russian.

rústico, **1.** *adj.* rustic; rude; impolite; boorish; **2.** *s. m.* countryman.

rutilante, *adj.* bright; shining; lustrous; glowing.

S

S, s, *s. m.* nineteenth letter of the alphabet; **andar aos ss:** to zig-zag; to be drunk.

sábado, *s. m.* Saturday.

sabão, *s. m.* soap; **sabão de barbear:** shaving-soap; **bola de sabão:** soap-bubble; **pau de sabão:** bar of soap.

sabedoria, *s. f.* wisdom, prudence; learning; **poço de sabedoria:** prodigy of learning.

saber, 1. *v. tr.* to know, to be aware of; can; to hear, to learn; **saber bem:** to taste good; **saber notícias de:** to hear from; **saber por acaso:** to happen to know; **fazer saber:** to convey, to let know; **não saber o que fazer:** to be at a loss; **nunca se sabe:** you never can tell, there's no telling; **que eu saiba:** as far as I know, for all I know; **quem me dera saber!:** I wish I knew; **ele sabe o que faz:** he knows what is what; **sei fazer isso:** I can do that, I know how to do that; **sei lá!:** how should I know; **sem eu o saber:** without my knowing it; **tudo se sabe:** everything gets known; **2.** *s. m.* learning; knowledge.

sabichão, *s. m.* wiseguy.

sábio, 1. *adj.* wise; learned; judicious; **2.** *s. f.* sage.

sabonete, *s. m.* toilet-soap; soap-cake; scented soap.

saboneteira, *s. f.* soap-dish.

sabor, *s. m.* taste, flavour; savour; **sabor amargo:** bitter taste; **dá-lhe um certo sabor:** *(fig.)* it gives it a savour.

saborear, *v. tr.* to relish, to enjoy, to savour.

saboroso, *adj.* savoury; pleasant.

sabotador, *s. m.* saboteur.

sabotagem, *s. f.* sabotage.

sabotar, *v. tr.* to damage, to sabotage.

sabre, *s. m.* sabre, sword.

sabrina, *s. f.* carpet-sweeper.

sabugo, *s. m.* (tree) pith; (nails) root.

sabugueiro, *s. m.* (bot.) elder-tree.

saca, *s. f.* bag.

sacada, *s. f.* balcony; bagful.

sacar, *v. tr.* to draw, to pull out.

sacarina, *s. f.* saccharin.

saca-rolhas, *s. m.* corkscrew.

sacarose, *s. f.* saccharose.

sacerdócio, *s. m.* priesthood.

sacerdote, *s. m.* priest; clergy-man.

sacerdotisa, *s. f.* priestess.

sachar, *v. tr.* to weed, to rake, to hoe.

sacho, *s. m.* weeding hoe.

sachola, *s. f.* small hoe.

saciar, 1. *v. tr.* to satiate, to quench; **2.** *v. refl.* to satisfy oneself.

saciedade, *s. f.* satiety.

saco, *s. m.* sack; bag.

saco-cama, *s. m.* sleeping-bag.

sacola, *s. f.* satchel; knapsack.

sacramento, *s. m.* sacrament.

sacrificar, *v. tr.* to sacrifice, to devote; to give up.

sacrifício, *s. m.* sacrifice; abnegation; self-denial.

sacrilégio, *s. m.* sacrilege.

sacrílego, *adj.* sacrilegious.

sacristão, *s. m.* sexton.

sacristia, *s. f.* sacristy.

sacro, *adj.* sacred, holy, hallowed.

sacrossanto, *adj.* sacrosanct, sacred.

sacudidela, *s. f.* shake.

sacudir, *v. tr.* to shake; to agitate; to dust; to wag.

sádico, *adj.* sadistic.

sadio, *adj.* sound, healthy, wholesome.

sadismo, *s. m.* sadism.

safa, 1. *s. f.* rubber; **2.** *interj.* good gracious!

safado, *adj.* worn out; *(fam.)* shameless.

safanão, *s. m.* push; shove.

safar, 1. *v. tr.* to wear out; to clear; to rub out; **2.** *v. refl.* to sneak away.

safari, *s. m.* safari.

safira, *s. f.* sapphire.

safo, *adj. (fam.)* clear; free.

safra, *s. f.* harvest, harvest-time.

saga, *s. f.* saga.

sagacidade, *s. f.* sagacity; shrewdness.

sagaz, *adj.* sagacious; intelligent, perspicacious, shrewd; acuteminded, sharp-witted.

Sagitário, *s. m.* Sagittarius; Archer.

sagração, *s. f.* coronation (of a king); consecration (of a bishop).

sagrado, *adj.* sacred, holy; **Sagrado Coração:** Sacred Heart.

sagrar, *v. tr.* to anoint, to consecrate.

saia, *s. f.* skirt.

saibrar, *v. tr.* to trench up; to cover with gravel.

saibro, *s. m.* gravel.

saída, *s. f.* going out; exit; way out; **à saída:** on the way out; **beco sem saída:** cul-de-sac; blind alley; **saída de emergência:** emergency exit.

saiote, *s. m.* petticoat; **saiote escocês:** kilt.

sair, *v. intr.* to go out; to come out; to get out; to slip out; **sair à pressa:** to dart off; **acaba de sair:** he has just gone out; **fazer sair:** to drive out; **sempre a sair e a entrar:** always popping in and out.

sal, *s. m.* salt; *(fig.)* piquancy; **pitada de sal:** pinch of salt.

sala, *s. f.* room; hall; **sala de aula:** classroom; **sala comum:** living-room; **sala de espera:** waiting-room; **sala de estar:** sitting-room; **sala de jantar:** dining-room; **sala de visitas:** drawing-room.

salada, *s. f.* salad; **salada de frutas:** fruit salad.

saladeira, *s. f.* salad-bowl.

salafrário, *s. m.* rascal.

salamaleque, *s. m.* bow; *pl.* affected compliments.

salamandra, *s. f. (zool.)* salamander.

salame, *s. m.* salami.

salão, *s. m.* drawing-room, parlour; large hall.

salário, *s. m.* wage; salary.

saldar, *v. tr.* to settle (an account); to sell at low price.

saldo, *s. m.* balance (of an account); remainder, rest; *pl.* sales.

saleta, *s. f.* sitting-room.

salgado, *adj.* salted; *(fig.)* witty; costly.

salgalhada, *s. f. (fam.)* ness; hotchpotch, medley.

salgar, *v. tr.* to salt, to pickle.

salgueiro, *s. m. (bot.)* willow.

saliência, *s. f.* salience.

salientar, 1. *v. tr.* to point out; to emphasize; **2.** *v. refl.* to stand out.

saliente, *adj.* projecting, jutting.

salina, *s. f.* salt spring, salt marsh.

salinidade, *s. f.* salinity.

salitre, *s. m.* saltpetre.

saliva, *s. f.* saliva, spittle.

salivação, *s. f.* salivation.

salivar, *v. intr.* to salivate; to spit.

salmão, *s. m. (zool.)* salmon.

salmo, s. m. psalm.

salmonete, s. m. (zool.) red mullet.

salmoura, s. f. brine; pickle.

salobre, adj. brackish, briny.

salpicão, s. m. pork sausage.

salpicar, v. tr. to sprinkle, to spatter.

salpico, s. m. speck, spot; blemish.

salsa, s. f. (bot.) garden-parsley; **salsa picada**: chopped parsley.

salsada, s. f. (fig.) mess, muddle, confusion.

salsicha, s. f. sausage.

salsicharia, s. f. pork-butcher's shop.

saltada, s. f. assault; leap; (fig.) short visit.

saltador, s. m. jumper.

saltar, 1. v. intr. to jump, to leap; to skip, to hop; 2. v. tr. to skip over; to get over; **saltar de um assunto para outro**: to jump from one subject to another.

salteador, s. m. highwayman; bandit.

saltear, 1. v. tr. to assault; to overtake; to skip; 2. v. intr. to rob.

saltimbanco, s. m. mountebank; quack; juggler.

saltitar, v. intr. to skip, to hop.

salto, s. m. leap, jump; heel (shoes); bounce; **saltos altos**: high heels; **saltos baixos**: low heels; **salto à vara**: pole vault; **salto em altura**: high jump; **salto em comprimento**: long jump.

salubre, adj. salubrious, healthy.

salubridade, s. f. salubrity.

salutar, adj. salutary; healthy.

salva, s. f. (guns) volley; salver, tray; (army) salvo.

salvação, s. f. salvation; deliverance, salutation; rescue.

salvados, s. m. pl. salvage, property salvaged.

salvaguarda, s. f. safeguard; safe-conduct; security.

salvaguardar, v. tr. to protect; to secure; to safeguard.

salvamento, s. m. rescue.

salvar, v. tr. to save; to rescue.

salva-vidas, s. m. life-buoy; life-belt; life-boat.

salvo, 1. adj. safe; secure, saved; out of danger; 2. prep. save.

sanar, v. tr. to cure, to heal; to remedy.

sanatório, s. m. sanatorium.

sanção, s. f. sanction; ratification, confirmation.

sancionar, v. tr. to sanction; to ratify; to authorize.

sandália, s. f. sandal.

sande, s. f. sandwich.

sandice, s. f. folly, nonsense.

sanduíche, s. f. sandwich.

saneamento, s. m. sanitation; drainage; (fig.) dismissal.

sanear, v. tr. to render salubrious; to make healthy; to remedy.

sanefa, s. f. pelmet.

sanfona, s. f. hurdy-gurdy.

sangrar, v. tr. e intr. to bleed; to let bleed.

sangrento, adj. bloody, bleeding.

sangria, s. f. bleeding; blood-letting.

sangue, s. m. blood; (fig.) race, kindred; **sangue azul**: blue blood; **a sangue frio**: in cold blood; **charco de sangue**: pool of blood; **derramamento de sangue**: effusions of blood; bloodshed; **esvair-se em sangue**: to bleed to death.

sanguessuga, s. f. (zool.) leech; (fig.) blood-sucker, extortioner.

sanguinário, adj. bloodthirsty, sanguinary, bloody.

sanidade, s. f. sanity, soundness; hygiene.

sanita, s. f. toilet, lavatory.

sanitário, adj. sanitary.

santeiro, s. m. image-maker.

santidade, s. f. holiness, sanctity, saintliness; sainthood; **Sua Santidade**: His Holiness.

santificação, *s. f.* sanctification; sanctifying.

santificar, *v. tr.* to sanctify, to hallow.

santo, 1. *adj.* holy, saintly, sacred; **2.** *s. m.* saint; **Santo Padre:** the Holy Father; **santos de casa não fazem milagres:** no one is a prophet in his own land; **dia de Todos os Santos:** All Saints' Day; **o Espírito Santo:** the Holy Spirit; **guerra santa:** holy war.

santuário, *s. m.* sanctuary; shrine.

são, *adj.* sound; hale, healthy; (religion) saint; **são e salvo:** safe and sound.

sapa, *s. f.* shovel; sap; sapping; **trabalho de sapa:** underhand work.

sapatada, *s. f.* blow (with a shoe); slap.

sapataria, *s. f.* shoemaker's; shoe shop.

sapateado, *s. m.* tap-dance.

sapatear, *v. intr.* to stamp; to tap-dance.

sapateiro, *s. m.* shoemaker.

sapato, *s. m.* shoe; **não chegar à sola dos sapatos:** not to be fit to hold a candle to.

sapiência, *s. f.* wisdom.

sapo, *s. m.* (zool.) toad.

sapudo, *adj.* thickset; fat.

saque, *s. m.* sack, plunder, pillage.

saqueador, *s. m.* plunderer.

saquear, *v. tr.* to sack, to plunder, to pillage.

sarabanda, *s. f.* saraband; (fam.) reprehension, reprimand.

sarabandear, *v. intr.* to dance the saraband.

saracotear, *v. tr.* to move, to shake, to stir (one's buttocks); to waddle.

saracoteio, *s. m.* shaking (of the buttocks).

saraiva, *s. f.* hail.

saraivada, *s. f.* hail-storm.

saraivar, *v. intr.* to hail.

sarampo, *s. m.* (med.) measles.

sarapintar, *v. tr.* to speckle, to spot.

sarar, 1. *v. tr.* to cure, to heal; **2.** *v. intr.* to recover.

sarau, *s. m.* evening-party.

sarcasmo, *s. m.* sarcasm, taunt; sneer.

sarcástico, *adj.* sarcastic.

sarcófago, *s. m.* sarcophagus.

sarçoso, *adj.* thorny; bushy.

sarda, *s. f.* freckle.

sardão, *s. m.* (zool.) lizard.

sardinha, *s. f.* sardine; **amontoados como sardinha em lata:** packed like canned sardines; **lata de sardinhas:** tin of sardines.

sardinheira, *s. f.* (bot.) geranium.

sardónico, *adj.* sardonic; sneering, scornful.

sargaço, *s. m.* seaweed.

sargento, *s. m.* sergeant.

sarilho, *s. m.* winder; reel; rack; (pop.) mess; **meter-se em sarilhos:** to get into trouble, to get into a mess.

sarja, *s. f.* serge.

sarjeta, *s. f.* gutter.

sarna, *s. f.* itch; (pop.) bore.

sarnento, *adj.* itchy; mangy.

sarrabiscar, *v. tr. e intr.* to scrawl, to scribble.

sarrabisco, *s. m.* scrawl, scribbling.

sarrabulho, *s. m.* coagulated blood of a pig; (pop.) uproar, confusion.

sarraceno, *adj. e s. m.* Saracen.

sarrafo, *s. m.* lath, batten, shingle.

sarro, *s. m.* tartar; fur (on the tongue).

Satanás, *s. m.* Satan, the Devil.

satânico, *adj.* Satanic, diabolical, devilish.

satanismo, *s. m.* Satanism.

satélite, *s. m.* satellite; (fig.) hanger-on; henchman; **países satélites:** satellite nations.

sátira, *s. f.* satire; lampoon.

satírico, *adj.* satirical, satiric.

satirizar, *v. tr.* to satirize, to lampoon.

sátiro, *s. m.* satyr.

satisfação, *s. f.* satisfaction; pleasure; **cheio de satisfação:** filled with contentment; **pedir satisfações:** to demand satisfaction; **recusar-se a dar satisfações:** to refuse satisfaction.

satisfatório, *adj.* satisfactory.

satisfazer, *v. tr.* to satisfy; to content; to please; **difícil de satisfazer:** hard to satisfy.

satisfeito, *adj.* satisfied; pleased; **dar-se por satisfeito:** to satisfy oneself about.

saturação, *s. f.* saturation; **ponto de saturação:** saturation point.

saturado, *adj.* saturated; *(fig.)* sick to death.

saturante, *adj.* tiresome.

saturar, *v. tr.* to saturate.

saudação, *s. f.* salutation.

saudade, *s. f.* longing; homesickness; **dê-lhe saudades minhas:** remember me to him.

saudar, *v. tr.* to salute, to greet, to bow to.

saudável, *adj.* sound; healthy; **ar saudável:** bracing air.

saúde, *s. f.* health; **saúde precária:** poor health; **beber à saúde de:** to drink a toast on someone; **casa de saúde:** nursing home; **espero que estejas de saúde:** I hope you are quite well.

saudoso, *adj.* longing; homesick; melancholic.

savana, *s. f.* savannah.

sável, *s. m. (zool.)* shad.

saxão, *adj. e s. m.* Saxon.

saxofone, *s. m.* saxophone; sax.

sazão, *s. f.* season, time, opportunity.

se, 1. *pron. refl.* himself, herself, itself; themselves; each other, one

another; **diz-se:** it is said; **2.** *conj.* if; whether; **se ao menos eu soubesse!:** if I only knew!; **se ele vier:** if he comes; **se fosse a ti, ia:** if I were you, I'd go; **se quiser:** if you wish; **se sim ou não:** whether or not; **como se:** as if.

sé, *s. f.* cathedral; **Santa Sé:** the Holy See.

seara, *s. f.* corn-field; harvest.

sebe, *s. f.* hedge; fence.

sebento, *adj.* greasy; dirty.

sebo, *s. m.* tallow; (cooking) suet.

seboso, *adj.* greasy, tallowy.

seca, *s. f.* drying; dryness, drought; *(fig.)* bore.

secador, *s. m.* dryer, drier.

secagem, *s. f.* drying; seasoning (of the wood).

secante, *adj.* drying; *(fig.)* boring.

secar, 1. *v. tr.* to dry, to drain; to season; **2.** *v. intr.* to dry up; to wither (flowers, hopes).

secção, *s. f.* section; division; department; **secção de anúncios:** advertising section.

seccionar, *v. tr.* to divide; to cut off; to section.

secessão, *s. f.* secession.

seco, *adj.* dry, dried; lean; withered; hard; barren, rough; cold, sharp, severe.

secreção, *s. f.* secretion.

secretaria, *s. f.* office; **secretaria de Estado:** Secretary of State.

secretária, *s. f.* desk, writing-desk.

secretariado, *s. m.* secretariat.

secretário, *s. m.* secretary.

secreto, *adj.* secret, concealed; reserved; private; **agente secreto:** secret agent; **os serviços secretos:** the Secret Services; **sociedade secreta:** secret society.

sectário, 1. *adj.* sectarian; **2.** *s. m.* sectary.

sectarismo, *s. m.* sectarianism.

sector, *s. m.* sector; department.

secular, *adj.* secular; temporal, profane, lay; century-old.

secularizar, *v. tr.* to desecrate (a church); to secularize.

século, *s. m.* century; age; **não o vejo há séculos!:** *(fam.)* I haven't seen him for ages!

secundar, *v. tr.* to second, to assist, to back up; to support.

secundário, *adj.* secondary; subordinate; unimportant.

secura, *s. f.* drought, dryness; *(fig.)* harshness, sharpness.

seda, *s. f.* silk; hair.

sedativo, *adj. e s. m.* sedative.

sede, *s. f.* seat; *(com.)* head office, headquarters.

sede, *s. f.* thirst; **morrer de sede:** to die of thirst; **ter sede:** to be thirsty; **matar a sede:** to quench one's thirst.

sedentário, *adj.* sedentary.

sedimentação, *s. f.* sedimentation.

sedimento, *s. m.* sediment.

sedoso, *adj.* silky, silken.

sedução, *s. f.* seduction.

sedutor, 1. *adj.* seducing, seductive; alluring; **2.** *s. m.* seducer.

seduzir, *v. tr.* to seduce, to charm, to allure, to entice.

sega, *s. f.* harvest, harvest-time.

segador, *s. m.* mower, reaper.

segar, *v. tr.* to mow, to reap.

segmentação, *s. f.* segmentation.

segmentar, *v. tr.* to segment.

segmento, *s. m.* segment.

segredar, *v. tr.* to whisper.

segredo, *s. m.* secret; secrecy; **arrancar um segredo:** to worm a secret out; **dizer um segredo:** to tell a secret; **em segredo:** in secret, in secrecy, secretly, on the quiet; **guardar um segredo:** to keep a secret.

segregação, *s. f.* segregation.

segregar, *v. tr.* to segregate, to separate.

seguida, *s. f.* sequence; **em seguida:** soon after; afterwards.

seguidor, *s. m.* follower.

seguimento, *s. m.* following.

seguinte, *adj.* following, next.

seguir, 1. *v. tr.* to follow; to imitate; **2.** *v. intr.* to proceed.

segunda-feira, *s. f.* Monday.

segundo, 1. *adj.* second; **2.** *prep.* according to; **3.** *s. m.* second; **de segunda ordem:** second-rate; **em segunda mão:** at secondhand; **em segundo lugar:** secondly, in the second place; **por segundo:** per second; **estar pronto num segundo:** to be ready in a second.

segurado, *s. m.* insured, insurant, assured.

segurador, *s. m.* insurer, underwriter.

segurança, *s. f.* assurance; safety; security; **cinto de segurança:** seat belt; **dispositivo de segurança:** security device; **em segurança:** in security; safely.

segurar, *v. tr.* to seize; to hold; to assure; to insure.

seguro, 1. *adj.* safe; steady; trustworthy; solid; secure; sure; **não se sentir seguro:** not to feel safe; **2.** *s. m.* insurance, assurance; **seguro contra todos os riscos:** all-risk insurance; **seguro de vida:** life insurance; **agente de seguros:** insurance agent; **apólice de seguros:** insurance policy; **companhia de seguros:** insurance company.

seio, *s. m.* breast, bosom; heart; **no seio de:** among.

seis, *num.* six.

seiscentos, *num.* six hundred.

seita, *s. f.* sect.

seiva, *s. f.* sap; *(fig.)* force, vigour.

seixo, *s. m.* pebble.

sela, *s. f.* saddle.

selar, v. tr. (horse) to saddle; to seal; to envelope; (letter) to stamp; to finish.

selecção, s. f. selection.

seleccionar, v. tr. to select, to choose.

selectividade, s. f. selectivity.

selecto, adj. select; chosen.

selim, s. m. saddle.

selo, s. m. stamp; **selo branco:** embossed seal; **colocar um selo:** to stick a stamp on.

selva, s. f. jungle.

selvagem, 1. adj. savage; wild; cruel; unsociable; **2.** s. m. f. savage.

selvajaria, s. f. savageness; cruelty.

sem, prep. without; **sem conta:** countless; **sem dúvida:** doubtless, no doubt; **sem fim:** endless; neverending; **sem sentidos:** senseless; **sem valor:** worthless, valueless; **vezes sem conta:** times without number.

sem-abrigo, s. m. f. homeless.

semáforo, s. m. lights, set of lights.

semana, s. f. week; **à semana:** by the week; **há uma semana:** a week ago; **de hoje a uma semana:** a week today; **semanas seguidas:** week in, week out; **uma semana de viagem:** a week's journey; **dia de semana:** weekday; **dias da semana:** the days of the week.

semanal, adj. weekly.

semanário, s. m. weekly paper.

semântica, s. f. semantics.

semblante, s. m. countenance, face, mien, appearance.

sem-cerimónia, s. f. off-handedness.

semear, v. tr. to sow; to spread, to scatter; **à mão de semear:** within easy reach of the hand.

semelhança, s. f. likeness, resemblance; similarity.

semelhante, 1. adj. like, similar, alike, resembling; related, such; **2.** s. m. pl. our fellow creatures; **muito semelhante:** much the same.

sémen, s. m. sperm; seed.

semente, s. f. seed.

sementeira, s. f. seed-time; land sown; sowing.

semestral, adj. half-yearly, semi-annual.

semestre, s. m. half year, semester.

semiaberto, adj. half-open.

semibreve, s. f. (mús.) semibreve.

semicerrado, adj. half-closed (eyes).

semicircular, adj. semicircular.

semicírculo, s. m. semicircle.

semicolcheia, s. f. (mús.) semiquaver.

semideus, s. m. demigod.

semimorto, adj. half-dead.

seminário, s. m. seminary; seminar (a course).

seminarista, s. m. seminarist.

seminu, adj. half-naked.

semiótica, s. f. semiotics.

semítico, adj. Semitic.

semivogal, s. f. semivowel.

sempiterno, adj. sempiternal, everlasting, endless; perpetual.

sempre, adv. always; ever; **sempre em frente:** straight ahead; **sempre que:** whenever; **sempre vou:** I'm going after all; **de uma vez para sempre:** for good; **nem sempre:** not always; **para sempre:** forever; **quase sempre:** nearly always.

sem-sabor, adj. insipid, tasteless.

sena, s. f. (cards) six.

senado, s. m. senate; senate house.

senador, s. m. senator.

senão, adv. e conj. else, but, otherwise; **eis senão quando:** when all of a sudden; **não come**

senão...: he eats nothing but...; **corre senão chegas tarde:** run or else you'll be late; **faz o que te dizem, senão...:** do what you are told, otherwise...

senda, *s. f.* trail, track, path; way.

senha, *s. f.* watchword; luggage-ticket; **senha e contra-senha:** sign and countersign.

senhor, *s. m.* sir, mister; lord; **O Sr. Smith:** Mr. Smith; **ser senhor de si mesmo:** to be one's own master.

senhora, *s. f.* lady; Mrs.; **é uma senhora:** she's a lady; **Nossa Senhora:** the Blessed Virgin; **sim, minha senhora:** yes, Madam.

senhorear, *v. tr.* to domineer; to subject, to master.

senhorial, *adj.* manorial.

senhorio, *s. m.* landlord.

senil, *adj.* senile.

senilidade, *s. f.* senility.

sénior, *s. m. f.* e *adj.* senior.

sensaborão, *s. m.* bore; insipid person.

sensaboria, *s. f.* insipidity, dullness; nuisance, awful bore.

sensação, *s. f.* sensation; **causar sensação:** to create a sensation; **ter a sensação de:** to have the feeling that.

sensacional, *adj.* sensational; fantastic.

sensacionalismo, *s. m.* sensationalism.

sensacionalista, *s. m. f.* panic-monger.

sensatez, *s. f.* wisdom; wiseness.

sensato, *adj.* sensible, discreet, wise, judicious.

sensibilidade, *s. f.* sensibility; sensitiveness.

sensibilizar, *v. tr.* to sensitize; *(fig.)* to touch; to affect.

sensibilização, *s. f.* sensitization.

sensitivo, *adj.* sensory.

sensível, *adj.* sensitive, tender, touchy (person).

senso, *s. m.* sense; reason; wisdom.

sensorial, *adj.* sensorial.

sensual, *adj.* sensual; licentious; unchaste; sensuous.

sensualidade, *s. f.* sensuality; lewdness.

sentar, 1. *v. tr.* to seat; **2.** *v. refl.* to sit down; to be seated; **sentar-se à mesa:** to sit at table; **sentar-se direito:** to sit up straight; **sente-se!:** sit down!; take a seat!; **não se quer sentar?:** won't you sit down?

sentença, *s. f.* sentence; **sentença de morte:** death-warrant; **sentença pesada:** a heavy sentence; **cumprir uma sentença:** to serve a sentence.

sentenciar, 1. *v. tr.* to sentence; to doom; **2.** *v. intr.* to pass sentence.

sentido, 1. *adj.* sorry, grieved; hurt; **2.** *s. m.* sense; meaning; direction; **sentido do dever:** sense of duty; **sentido restrito da palavra:** the narrowest sense of the word; **sentido único:** one-way street; **fazer sentido:** to make sense; **segundo sentido:** hidden meaning; **sem sentido:** meaningless.

sentimental, *adj.* sentimental.

sentimentalismo, *s. m.* sentimentalism.

sentimento, *s. m.* sentiment; sensibility; opinion; feeling; sense.

sentina, *s. f.* latrine.

sentinela, *s. f.* sentry; **estar de sentinela:** to stand guard.

sentir, 1. *v. tr.* e *refl.* to feel; **sentir-se à altura:** *(fig.)* to feel oneself up to the mark; **sentir-se mal:** not to feel well; **sentir-se melhor:** to feel better; **2.** *s. m.* sentiment; feeling.

separação, s. f. separation; divorce.

separado, adj. separate.

separar, v. tr. to separate; to sever; to divide.

separatismo, s. m. separatism.

separatista, adj. e s. m. f. separatist.

septénio, s. m. septennium.

septuagenário, 1. adj. septuagenary; 2. s. m. septuagenarian.

septuagésimo, num. seventieth.

sepulcro, s. m. sepulchre, grave, tomb.

sepultar, v. tr. to bury.

sepultura, s. f. tomb, grave.

sequela, s. f. sequel; band, gang.

sequência, s. f. sequence, succession; continuation.

sequer, adv. at least, even; **nem sequer me perguntou!:** he didn't so much as ask me!; he didn't even ask me!

sequestrador, s. m. kidnapper.

sequestrar, v. tr. to abduct; to kidnap.

sequestro, s. m. abduction.

sequioso, adj. thirsty; eager.

séquito, s. m. suite, train, attendance, retinue.

ser, 1. s. m. being; nature, essence; 2. v. intr. to be; **e assim foi!:** and so it was!; **é consigo:** it's up to you; **és tu?:** is that you?; **sou eu:** it's me; **que é?:** what's the matter?; **seja qual for:** whatever; **não é nada consigo:** it's none of your business.

serão, s. m. evening; night work; **fazer serão:** to work overtime; to stay up at night.

serapilheira, s. f. sackcloth.

sereia, s. f. siren, mermaid.

serenar, 1. v. tr. to calm, to quiet down; 2. v. intr. to clear up.

serenata, s. f. serenade.

serenidade, s. f. serenity, self-possession.

sereno, adj. serene; calm, placid, tranquil.

série, s. f. series; order; succession; set; **fora de série:** outsize; **número de série:** serial number.

seriedade, s. f. seriousness; integrity; **com toda a seriedade:** in earnest; earnestly.

seringa, s. f. syringe.

sério, adj. serious; earnest; sober, grave, thoughtful; **a sério:** in earnest; **fala a sério?:** are you serious?, really?

sermão, s. m. sermon.

serôdio, adj. tardy, late.

seropositivo, adj. e s. m. (med.) HIV-positive.

seroterapia, s. f. serum-therapy.

serpente, s. f. snake, serpent.

serpentear, v. intr. to wind; to zig-zag; to snake.

serra, s. f. ridge of mountains, mountain; (tool) saw; **serra eléctrica:** electric saw.

serração, s. f. sawmill; sawing.

serrador, s. m. sawyer.

serradura, s. f. sawdust.

serralheiro, s. m. locksmith; metal-worker.

serrania, s. f. ridge of mountains.

serrar, v. tr. to saw; to saw off.

serrim, s. m. sawdust.

serrote, s. m. hand-saw.

sertã, s. f. frying-pan.

sertanejo, s. m. inlander; back-woodsman.

servente, s. m. f. servant; under-cook; helper.

serventia, s. f. service, use.

serviçal, 1. adj. serviceable; obliging; 2. s. m. servant.

serviço, s. m. service; duty; set; **serviço de jantar:** dinner-set; **serviço militar:** military service; **ao serviço:** in active service; **estar de serviço:** to be on duty; **prestar um mau serviço:** to do a bad turn.

servidão, s. f. servitude; slavery; bondage.

servidor, s. m. servant; attendant.

servil, adj. servile; slavish; abject.

sérvio, 1. adj. Serbian; **2.** s. m. Serb.

servir, 1. v. tr. to serve, to attend on, to wait upon; **servir à mesa:** to wait at table; **2.** v. intr. to be useful; to fit; to suit; **serve muito bem:** it will do very well; **3.** v. refl. to help oneself; to make use of; **sirva-se:** please, help yourself.

servo, s. m. servant; slave; (Middle Age) serf.

sessão, s. f. session; meeting, sitting; performance; **sala de sessões:** debating chamber.

sessenta, num. sixty.

sesta, s. f. siesta, nap.

seta, s. f. arrow.

sete, num. seven.

setecentos, num. seven hundred.

Setembro, s. m. September.

setenta, num. seventy.

sétimo, num. seventh.

seu, 1. adj. poss. his, her; (neutre) its; pl. their; one's; your; **2.** pron. poss. his, hers, its; pl. theirs.

severidade, s. f. severity; harshness, rigour.

severo, adj. severe; grave; stern; strict; harsh.

sevícias, s. f. pl. ill-treatment, abuse.

sexagenário, s. m. sexagenarian.

sexagésimo, num. sixtieth.

sexo, s. m. sex.

sexta-feira, s. f. Friday.

sexteto, s. m. sextette.

sextilha, s. f. sextain.

sexto, num. sixth.

sexual, adj. sexual.

sexualidade, s. f. sexuality.

si, 1. s. m. (mús.) si, B; **2.** pron. refl. himself; herself; itself; oneself; yourself, yourselves; themselves: **estar fora de si:** to be beside oneself; **voltar a si:** to come to one's senses.

siamês, adj. e s. m. Siamese.

siberiano, adj. e s. m. Siberian.

sibila, s. f. sibyl.

sibilante, adj. sibilant, hissing; whizzing.

sicômoro, s. m. (bot.) sycamore.

sicrano, s. m. such a one; Mr. so-and-so.

sida, s. f. (med.) AIDS.

sideral, adj. sidereal, starry.

siderurgia, s. f. siderurgy.

sífilis, s. f. (med.) syphilis.

sifilítico, adj. syphilitic.

sigilo, s. m. secret seal; **sigilo da confissão:** seal of confession.

sigla, s. f. sigla.

signatário, s. m. undersigned; signatory; the present writer.

significação, s. f. signification; meaning; sense.

significado, s. m. meaning.

significar, v. tr. to mean; to signify; to imply.

significativo, adj. significative; weighty.

signo, s. m. sign; (fig.) fate, destiny.

sílaba, s. f. syllable.

silábico, adj. syllabic.

silenciador, s. m. silencer.

silenciar, v. tr. to silence, to keep silent.

silêncio, s. m. silence; stillness; muteness; oblivion; quiet, calm; **em silêncio absoluto:** in complete silence.

silencioso, adj. silent, still, mute; **manter-se silencioso:** to be silent about.

silhueta, s. f. silhouette, outline, figure.

sílica, s. f. silica.

silício, s. m. silicon.

silo, s. m. silo.

silogismo, s. m. syllogism.

silva, s. f. bramble; blackberry-bush.

silvar, *v. intr.* to hiss.

silvestre, *adj.* wild; woody.

silvo, *s. m.* whistle; hiss, zip (of a bullet); whizz.

sim, *adv.* yes; **dizer que sim com a cabeça:** to nod; **parece-me que sim:** I think so; **pois sim:** all right; very well, then.

simbiose, *s. f.* symbiosis.

simbólico, *adj.* symbolic.

simbolismo, *s. m.* symbolism.

simbolizar, *v. tr.* to symbolize.

símbolo, *s. m.* symbol.

simbologia, *s. f.* symbology.

simetria, *s. f.* symmetry; harmony.

simétrico, *adj.* symmetric; proportional.

similar, *adj.* similar, like, alike.

similitude, *s. f.* similitude, likeness, similarity.

símio, *s. m.* (*zool.*) ape, monkey.

simpatia, *s. f.* liking; charm.

simpático, *adj.* charming, nice; likeable.

simpatizante, 1. *adj.* well-wishing, sympathizing; **2.** *s. m. f.* well-wisher, sympathizer.

simpatizar, *v. intr.* to take a liking to; to like.

simples, *adj.* easy, simple; plain; unpretending; **pura e simples:** pure and simple, out and out.

simplicidade, *s. f.* simplicity, plainness, innocence.

simplificação, *s. f.* simplification.

simplificar, *v. tr.* to simplify.

simplório, *s. m.* simpleton, simple-minded.

simulação, *s. f.* simulation, pretence.

simulacro, *s. m.* sham, pretence, likeness; imitation.

simulador, *s. m.* sham, simulator.

simular, *v. tr.* to simulate; to feign; to sham.

simultâneo, *adj.* simultaneous.

sina, *s. f.* destiny, fate, lot; **ler a sina:** to tell a person his fortune.

sinagoga, *s. f.* synagogue.

sinal, *s. m.* sign; token (of friendship); mark; **sinal horário:** time-signal; **sinal luminoso:** beacon; **em sinal de amizade:** as a token of friendship; **não havia sinais de vida:** there seemed no signs of life.

sinaleiro, *s. m.* traffic policeman; signalman.

sinalização, *s. f.* road signs.

sinalizar, *v. tr.* to signal; to mark.

sinceridade, *s. f.* sincerity; earnestness; honesty.

sincero, *adj.* sincere; earnest; honest; true; real; frank, open.

sincopar, *v. tr.* to syncopate.

síncope, *s. f.* syncope.

sincronizar, *v. tr.* to synchronize; to tune in (a radio receiver).

sindicalismo, *s. m.* syndicalism.

sindicalista, *adj. e s. m. f.* syndicalist.

sindicato, *s. m.* trade-union.

síndroma, *s. m.* (*med.*) syndrome.

sinecura, *s. f.* sinecure.

sinédoque, *s. f.* synecdoche.

sinestesia, *s. f.* synesthesia.

sineta, *s. f.* small bell; hand-bell.

sinete, *s. m.* seal; signet; brand.

sinfonia, *s. f.* symphony.

sinfónico, *adj.* symphonic.

singeleza, *s. f.* simplicity.

singelo, *adj.* simple; plain; unpretentious.

singrar, *v. intr.* to do well.

singular, 1. *adj.* singular; individual; peculiar, eccentric, odd; strange; **2.** *s. m.* singular.

singularidade, *s. f.* singularity, peculiarity; unusualness.

singularizar, 1. *v. tr.* to single out; **2.** *v. refl.* to distinguish oneself.

sinistrado, 1. *adj.* injured, damaged; **2.** *s. m.* victim; injured person.

sinistro, 1. *adj.* sinister; unlucky; **2.** *s. m.* disaster, accident.

sino, *s. m.* bell; **dobre do sino:** toll.

sinonímia, *s. f.* synonymy.

sinónimo, 1. *adj.* synonymous; **2.** *s. m.* synonym.

sinopse, *s. f.* synopsis; summary.

sintáctico, *adj.* syntactic(al).

sintaxe, *s. f.* syntax.

síntese, *s. f.* synthesis.

sintético, *adj.* synthetical.

sintetizar, *v. tr.* to synthetize.

sintoma, *s. m.* symptom; sign, token.

sintomático, *adj.* symptomatic.

sintonizador, *s. m.* tuner.

sintonizar, *v. tr.* to tune in.

sinuosidade, *s. f.* sinuosity, winding.

sinuoso, *adj.* sinuous, winding.

sinusite, *s. f. (med.)* sinusitis.

sirene, *s. f.* siren.

sírio, *adj. e s. m.* Syrian.

sisa, *s. f.* conveyance tax.

sisar, *v. tr.* to collect conveyance tax.

sísmico, *adj.* seismic, seismal.

sismo, *s. m.* earthquake.

siso, *s. m.* sense, judgement; **dente de siso:** wisdom-tooth.

sistema, *s. m.* system; method.

sistemático, *adj.* systematic.

sistematização, *s. f.* systematization.

sistematizar, *v. tr.* to systematize.

sisudez, *s. f.* seriousness; earnestness.

sisudo, *adj.* serious; earnest; humourless.

sitiado, *adj.* besieged.

sitiante, *s. m. f. e adj.* besieger.

sitiar, *v. tr.* to besiege.

sítio, *s. m.* place; ground, soil; spot.

sito, *adj.* situated.

situação, *s. f.* situation; position; job; **situação boa:** a fine situation; **situação desafogada:** easy circumstances; **situação difícil:** a difficult situation, a tight corner;

situação presente: the present state of affairs, the status quo.

situar, *v. tr.* to situate, to place, to site.

snobe, 1. *adj.* snobbish; **2.** *s. m. f.* snob.

snobismo, *s. m.* snobbery.

só, 1. *adj.* alone, by oneself; single; lonely; only, sole, except that; **sentir-se só:** to feel lonely; **2.** *adv.* merely, only; **só ele podia...:** he alone could...; **só os melhores:** none but the best; **não só... mas também:** not only... but also; both... and; **nem um só:** not even one, not a single one.

soalheiro, 1. *adj.* sunny; **2.** *s. m.* sunny place.

soalho, *s. m.* floor.

soante, *adj.* sounding; sonorous.

soar, *v. intr.* to sound; to ring.

sob, *prep.* under; beneath; below.

sobejamente, *adv.* exceedingly; **sobejamente conhecido:** far too well-known, widely known.

sobejar, *v. intr.* to superabound, to exceed; to be left over; **quanto sobeja?:** how much is left over?

sobejo, *s. m.* leftover, remnant (of food); *pl.* remains.

soberania, *s. f.* sovereignity.

soberano, 1. *adj.* sovereign, supreme; **2.** *s. m.* sovereign; **Estado soberano:** sovereign state.

soberba, *s. f.* haughtiness, pride; arrogance; *(fam.)* envy.

soberbo, *adj.* superb, grand, magnificent; haughty; *(fam.)* envious.

sobra, *s. f.* overplus, plenty.

sobrado, *s. m.* floor.

sobranceiramente, *adv.* aloft, high above; *(fig.)* haughtily.

sobrancelha, *s. f.* eyebrow; **sobrancelha espessa:** bushy eyebrow; **franzir as sobrancelhas:** to knit one's brows.

sobranceiro, adj. hanging over; (fig.) haughty.

sobranceria, s. f. haughtiness, pride.

sobrar, v. intr. to remain, to be left over.

sobre, prep. on; upon; over; about; **sobre a mesa:** on the table; **falar sobre:** to speak about.

sobreaquecimento, s. m. overheating.

sobreaviso, s. m. warning; **estar de sobreaviso:** to be on one's guard; **não estar de sobreaviso:** to be off one's guard.

sobrecarga, s. f. overload, overcharge.

sobrecarregar, v. tr. to overcharge; to overtax; to overweight; to overwork, to overtask, to overburden.

sobredito, adj. above-mentioned.

sobre-humano, adj. superhuman.

sobreiro, s. m. (bot.) cork-oak.

sobremaneira, adv. excessively, greatly.

sobremesa, s. f. dessert.

sobrenatural, adj. supernatural.

sobrenome, s. m. surname, family name.

sobrepor, v. tr. to overlay, to overlap.

sobreposição, s. f. superposition; overlapping; overplacement.

sobreposto, adj. crossover; overlapped.

sobrepovoado, adj. overpopulated.

sobrescrever, v. tr. to write on; to address (a letter).

sobrescrito, s. m. envelope; address.

sobressair, v. intr. to stand out, to overtop.

sobressaltado, adj. startled; surprised; frightened.

sobressaltar, v. tr. to surprise, to startle.

sobressalto, s. m. start; alarm; fear, fright.

sobresselente, adj. spare; **peças sobresselentes:** spare parts.

sobretaxa, s. f. surtax; extra charge; additional charge.

sobretudo, 1. adv. above all, chiefly; 2. s. m. overcoat.

sobrevir, v. intr. to occur; to turn up.

sobrevivência, s. f. survival.

sobrevivente, 1. adj. surviving; 2. s. m. survivor.

sobreviver, v. tr. to outlive, to survive.

sobrevoar, v. tr. to overfly.

sobriedade, s. f. sobriety, abstemiousness, temperance.

sobrinha, s. f. niece.

sobrinho, s. m. nephew.

sóbrio, adj. sober, temperate.

sobrolho, s. m. eyebrow; **franzir o sobrolho:** to frown.

socalco, s. m. terrace; ledge.

socapa, s. f. stealth; **à socapa:** stealthily, in secrecy, furtively.

socar, v. tr. to box; to pound.

social, adj. social; **acontecimento social:** social event; **classe social:** social rank; **segurança social:** social security.

social-democrata, s. m. f. Social Democrat.

socialismo, s. m. socialism.

socialista, 1. adj. socialistic; 2. s. m. f. socialist.

sociável, adj. sociable; talkative.

sociedade, s. f. society; company; partnership; **sociedade anónima:** société anonyme; **dar sociedade a:** to take into partnership; **entrar em sociedade com:** to go into partnership with; **homem de sociedade:** a society man.

sócio, s. m. member; fellow; (com.) partner.

socio-económico, adj. socio-economic.

sociologia, s. f. sociology.
sociológico, adj. sociologic.
sociólogo, s. m. sociologist.
soco, s. m. punch.
soçobrar, v. tr. e intr. to go down, to sink, to fall to pieces.
socorrer, v. tr. to help, to assist, to succour, to relieve; to aid.
socorro, s. m. help; relief, assistance, succour, aid; **gritar por socorro:** to call for help, to call out; **primeiros socorros:** first aid; **posto de socorros:** aid station.
socrático, adj. Socratic; **método socrático:** socratic method.
soda, s. f. soda.
sódio, s. m. (quím.) sodium.
sodomia, s. f. sodomy.
soerguer, v. tr. to lift.
sofá, s. m. sofa, settee, couch.
sofá-cama, s. m. sofa-bed.
sofisma, s. m. sophism.
sofisticação, s. f. sophistication.
sofisticar, v. tr. to sophisticate.
sofredor, 1. adj. suffering; tolerating; **2.** s. m. sufferer.
sôfrego, adj. greedy, voracious.
sofreguidão, s. f. greediness; greed.
sofrer, v. tr. to suffer; to grieve, to be in pain; to undergo, to endure.
sofrido, adj. suffered; patient.
sofrimento, s. m. suffering, pain.
sofrível, adj. tolerable, passable.
sogra, s. f. mother-in-law.
sogro, s. m. father-in-law.
sol, s. m. sun; sunshine; **ao nascer do sol:** at sunrise; **ao pôr do sol:** at sunset; **banho de sol:** sun-bath; **dia de sol:** sunny day; **iluminado pelo sol:** sunlit; **raios de sol:** sunbeams, sun rays; **sob sol abrasador:** under a blazing sky.
sola, s. f. hide, leather; sole; **meia sola:** half-sole; **sapatos de sola de borracha:** rubber-soled shoes.

solar, 1. adj. solar; **2.** s. m. manor house; **3.** v. tr. to sole (shoes); **ano solar:** solar year; **sistema solar:** solar system.
solarengo, adj. manorial.
solavanco, s. m. bump, jerk; **andar aos solavancos:** to jolt along.
solda, s. f. solder.
soldado, s. m. soldier; **soldado raso:** private soldier.
soldar, v. tr. to solder, to weld, to braze.
soldo, s. m. soldier's pay; sou.
solecismo, s. m. solecism; error.
soleira, s. f. threshold; footboard (of a carriage).
solene, adj. solemn; grave, serious.
solenidade, s. f. solemnity.
soletrar, v. tr. e intr. to spell.
solfejo, s. m. sol-fa, solfeggio.
solha, s. f. (zool.) flounder; (fam.) slap.
solicitação, s. f. solicitation; entreaty.
solicitador, s. m. petitioner, suitor; solicitor.
solicitar, v. tr. to solicit, to invite.
solícito, adj. solicitous; careful.
solicitude, s. f. solicitude; carefulness.
solidão, s. f. solitude; seclusion, loneliness.
solidariedade, s. f. solidarity.
solidez, s. f. solidity, strength.
sólido, 1. adj. solid, firm, compact, strong, stout; **2.** s. m. solid.
solista, s. m. f. soloist.
solitário, 1. adj. solitary, lonesome, lonely, retired; **2.** s. m. solitaire.
solo, s. m. soil, ground, earth; (mús.) solo.
solstício, s. m. solstice.
soltar, v. tr. to loosen; to release; to break loose.
solteirão, s. m. bachelor.
solteiro, 1. adj. unmarried, single; **2.** s. m. bachelor.

solteirona, s. f. spinster.

solto, adj. loose; free; **verso solto:** blank verse.

soltura, s. f. release; loose bowels.

solubilidade, s. f. solubility; solvability.

solução, s. f. solution; explanation.

soluçar, v. intr. to hiccup, to sob.

solucionar, v. tr. to solve.

soluço, s. m. hiccup, sob.

solúvel, adj. soluble; solvable (a problem).

solvência, s. f. solvency.

som, s. m. sound, noise.

soma, s. f. sum; amount; total.

somar, v. tr. to sum, to add up; **contas de somar:** sums.

sombra, s. f. shade, shadow; **sombra da árvore:** shade of the tree; **estar à sombra:** to be in the shade; **luz e sombra:** light and shade; **sem sombra de dúvida:** not a shadow of doubt.

sombrear, v. tr. to shade, to obscure; to shadow.

sombrio, adj. dark, gloomy.

somenos, adj. of little worth.

somente, adv. only, solely, merely.

somítico, 1. adj. stingy, avaricious; close-fisted; **2.** s. m. miser.

sonambulismo, s. m. somnambulism, sleepwalking.

sonâmbulo, s. m. somnambulist, sleepwalker.

sonata, s. f. (mús.) sonata.

sonda, s. f. probe; (náut.) lead line, plummet.

sondagem, s. f. opinion poll, poll.

sondar, v. tr. to sound; to bore, to drill (mines).

soneca, s. f. nap; **fazer uma soneca:** to take a nap, to have a snooze, to have a doze.

sonegar, v. tr. to steal; to hide.

soneira, s. f. drowsiness.

soneto, s. m. sonnet.

sonhador, 1. adj. dreaming, dreamy; **2.** s. m. dreamer, daydreamer.

sonhar, v. tr. e intr. to dream; to fancy; to imagine; **sonhar acordado:** to day-dream.

sonho, s. m. dream; reverie, fancy.

sónico, adj. sonic; phonic.

sonífero, adj. somniferous, somnorific.

sono, s. m. sleep; slumber; **sono profundo:** sound sleep; **sono reparador:** refreshing sleep; **cheio de sono:** heavy with sleep.

sonolência, s. f. somnolence, drowsiness, sleepiness.

sonolento, adj. somnolent, drowsy, sleepy.

sonoridade, s. f. sonority, sonorousness.

sonoro, adj. sonorous, sounding, ringing; sonant; **onda sonora:** soundwave; **sinal sonoro:** sound signal.

sonso, adj. sly.

sopa, s. f. soup.

sopapo, s. m. slap.

sopé, s. m. foot, base (of a hill).

sopeira, s. f. tureen; (fam.) maidservant.

soporífero, 1. adj. soporiferous; **2.** s. m. soporific.

soprano, s. m. f. soprano.

soprar, v. tr. e intr. to blow.

sopro, s. m. blow, blowing; breath, breathing.

sórdido, adj. sordid, mean.

sorna, 1. adj. boring; **2.** s. f. slowness, heaviness; indolence; **3.** s. m. f. lazybones; lazy person.

sornar, v. intr. to go slowly; to sleep; to be lazy.

soro, s. m. serum.

sóror, s. f. sister, nun.

sorrateiro, adj. cunning, crafty; malicious; stealthy.

sorridente, adj. smiling; cheerful.

sorrir, v. intr. to smile.

sorriso, *s. m.* smile; **abrir-se num sorriso:** to expand in a smile; **retribuir o sorriso:** to smile in return; **ser todo sorrisos:** to be all smiles.

sorte, *s. f.* chance; luck; lottery; **adivinhei à sorte:** it was a lucky guess; **má sorte:** bad luck; **que grande sorte!:** what a great piece of luck!; **ser uma pessoa de sorte:** to be a lucky person; **tentar a sorte:** to try one's luck; **tirar à sorte:** to draw lots, to cast lots.

sortear, *v. tr.* to draw lots, to raffle.

sorteio, *s. m.* lottery, raffle.

sortido, 1. *adj.* mixed; **2.** *s. m.* choice.

sortilégio, *s. m.* spell, charm.

sorumbático, *adj.* gloomy, sullen, dour.

sorver, *v. tr.* to suck, to sip.

sorvete, *s. m.* ice-cream.

sorvo, *s. m.* sip, gulp.

sósia, *s. m. f.* double.

soslaio, *s. m.* askew, aslant; **olhar de soslaio:** to look askance at.

sossegado, *adj.* quiet; peaceful; still; calm.

sossegar, 1. *v. tr.* to calm, to still; **2.** *v. intr.* to be quiet; to calm down.

sossego, *s. m.* calm; quiet.

sótão, *s. m.* attic; loft.

sotaque, *s. m.* accent.

soterrar, *v. tr.* to bury, to cover up.

soturno, *adj.* taciturn; sullen, gloomy; moody.

sova, *s. f.* thrashing.

sovaco, *s. m.* arm-pit.

sovar, *v. tr.* to knead; to thrash, to beat.

soviético, *adj.* sovietic.

sovina, *adj. e s. m.* miser.

sovinice, *s. f.* avarice, stinginess.

sozinho, *adj.* all alone; by oneself.

suado, *adj.* sweaty, perspiring.

suar, *v. intr.* to sweat, to perspire; *(fig.)* to toil.

suave, *adj.* suave, bland; smooth; mild (climate); **descida suave:** gentle slope.

suavidade, *s. f.* gentleness; smoothness.

suavização, *s. f.* smoothing, softening.

suavizar, *v. tr.* to smooth, to soothe.

subalimentação, *s. f.* underfeeding.

subalternidade, *s. f.* dependency.

subalternizar, *v. tr.* to dominate; to look down at.

subalterno, *adj.* subaltern, subordinate.

subalugar, *v. tr.* to underrent.

subaquático, *adj.* underwater.

subchefe, *s. m.* deputy chief.

subclasse, *s. f.* subclass.

subcomissão, *s. f.* subcommittee.

subconsciente, *adj. e s. m.* subconscious.

subcultura, *s. f.* sub-culture.

subdesenvolvido, *adj.* underdeveloped.

súbdito, *s. m.* subject.

subdividir, *v. tr.* to subdivide.

subentender, *v. tr.* to understand; to interpret; to assume.

subestimar, *v. tr.* to undervalue; to underrate; to underestimate.

subestrutura, *s. f.* sub-frame.

subida, *s. f.* way up, going up; ascent; slope; rise.

subir, 1. *v. tr.* to go up, to ascend; to carry up, to bring up; **subir à cabeça:** to go to the head; **subir a direito:** to rise straight up; **subir ao trono:** to accede to the throne; **subir na vida:** to rise in the world; **2.** *v. intr.* to walk up.

subitamente, *adv.* suddenly, all of a sudden.

súbito, *adj.* sudden; hasty; abrupt; **de súbito:** all of a sudden, suddenly.

subjacente, *adj.* subjacent; underlying.

subjectividade, *s. f.* subjectivity.

subjectivo, *adj.* subjective.

subjugação, *s. f.* subjugation.

subjugar, *v. tr.* to subjugate, to master, to overpower; to subdue.

subjuntivo, *s. m.* subjunctive.

sublevação, *s. f.* uprising.

sublevar, 1. *v. tr.* to revolt; **2.** *v. refl.* to rise up, to rebel.

sublimação, *s. f.* sublimation.

sublimado, 1. *adj.* sublimated; **2.** *s. m.* sublimate.

sublimar, *v. tr.* to sublimate; *(fig.)* to exalt, to extol. .

sublime, *adj. e s. m.* sublime.

sublinhar, *v. tr.* to underline; to underscore.

sublunar, *adj.* sublunary.

submarino, *adj. e s. m.* submarine; **corrente submarina:** undercurrent.

submergir, *v. tr.* to submerge; to sink; to flood.

submersão, *s. f.* submersion.

submersível, 1. *adj.* submersible; **2.** *s. m.* submarine.

submeter, 2. *v. tr.* to submit; to subdue, to subject; **2.** *v. refl.* to undergo.

submissão, *s. f.* submission; submissiveness, humility.

submisso, *adj.* submissive; yielding; humble; obedient.

subnutrição, *s. f.* undernourishment.

subordinação, *s. f.* subordination.

subordinado, 1. *adj.* subordinate; inferior; subject; **2.** *s. m.* underling, subordinate.

subordinar, *v. tr.* to subordinate; to subject.

subornar, *v. tr.* to bribe.

suborno, *s. m.* bribery.

subprodução, *s. f.* underproduction.

subproduto, *s. m.* secondary product.

sub-repticiamente, *adv.* surreptitiously, by stealth.

subscrever, 1. *v. tr.* to subscribe; **2.** *v. refl.* to sign one's name.

subscrição, *s. f.* subscription; contribution.

subsecretário, *s. m.* undersecretary; **subsecretário de Estado:** under-secretary of State.

subsequente, *adj.* subsequent; **subsequente a:** subsequent to, following.

subserviência, *s. f.* subservience; subordination.

subserviente, *adj.* subservient.

subsidiar, *v. tr.* to subsidize.

subsidiário, *adj.* subsidiary.

subsídio, *s. m.* subsidy; grant.

subsistência, *s. f.* subsistence.

subsistir, *v. intr.* to subsist, to remain.

subsolo, *s. m.* subsoil; underground; undersoil.

substância, *s. f.* substance, essence, matter.

substancial, *adj.* substantial.

substantivo, 1. *adj.* substantival; **2.** *s. m.* substantive, noun.

substituição, *s. f.* substitution; replacement.

substituir, *v. tr.* to substitute; to replace.

substituto, *s. m.* substitute; deputy.

substrato, *s. m.* substratum.

subterfúgio, *s. m.* subterfuge; shift; evasion.

subterrâneo, 1. *adj.* subterranean, underground; **2.** *s. m.* subterrane; cave, vault.

subtil, *adj.* subtle; ingenious; clever; acute; delicate.

subtileza, *s. f.* subtlety; acuteness.

subtítulo, *s. m.* subtitle.

subtracção, *s. f.* subtraction.

subtrair, 1. *v. tr.* to subtract; to take away; to steal; **2.** *v. refl.* to avoid, to escape.

suburbano, *adj.* suburban.

subúrbio, *s. m.* suburb; *pl.* suburbia.

subvenção, *s. f.* subvention, subsidy; **subvenção de Estado:** grant-in-aid.

subversão, *s. f.* subversion.

subversivo, *adj.* subversive.

subverter, *v. tr.* to subvert; to overthrow.

sucata, *s. f.* scraps, scrap iron.

suceder, *v. intr.* to succeed; to happen; to occur; **ser bem sucedido:** to be successful.

sucessão, *s. f.* succession; lineage.

sucessivo, *adj.* successive.

sucesso, *s. m.* success; event; **foi um sucesso:** it was a hit.

sucessor, *s. m.* succeeder.

sucinto, *adj.* concise.

suco, *s. m.* juice.

suculento, *adj.* succulent.

sucumbir, *v. intr.* to yield, to faint; to die.

sucursal, *s. f. (com.)* branch.

sudeste, *s. m.* south-east; **a sudeste:** south-eastern.

sudoeste, *s. m.* south-west; **a sudoeste:** south-western.

sudorífico, *adj.* sudorific.

sueco, 1. *adj.* Swedish; **2.** *s. m.* Swede; Swedish (language).

sueste, *s. m.* south-east; **a sueste:** south-eastern.

suficiente, *adj.* sufficient, enough.

sufixação, *s. f.* suffixion.

sufixo, *s. m.* suffix.

sufocação, *s. f.* suffocation, choking.

sufocar, *v. tr.* to suffocate, to stifle, to smother, to choke.

sufragar, *v. tr.* to approve.

sufrágio, *s. m.* suffrage, vote.

sufragista, 1. *s. m. f.* suffragist; **2.** *s. f.* suffragette.

sugar, *v. tr.* to suck.

sugerir, *v. tr.* to suggest; to hint; to imply.

sugestão, *s. f.* suggestion; hint; insinuation.

suíças, *s. f. pl.* whiskers.

suícida, 1. *adj.* suicidal; **2.** *s. m. f.* suicide.

suicidar-se, *v. refl.* to commit suicide.

suicídio, *s. m.* suicide.

suíno, *s. m.* swine, hog, pig.

suite, *s. f. (mús.)* suite.

sujar, *v. tr.* to dirty; *(fig.)* to stain.

sujeição, *s. f.* subjection; servitude.

sujeitar, 1. *v. tr.* to subdue, to subject; **2.** *v. refl.* to submit, to give in, to subject oneself to.

sujeito, 1. *adj.* subject; liable; **2.** *s. m.* person, man, fellow; subject.

sujidade, *s. f.* filth; dirtiness, dirt.

sujo, *adj.* dirty, unclean, filthy; nasty (story).

sul, *s. m.* south; **virado ao sul:** facing south.

sulcar, *v. tr.* to furrow, to plough; to wrinkle; to streak; **sulcar os mares:** to cross the seas.

sulco, *s. m.* furrow, groove; track; wake.

sulfamida, *s. f.* sulphamide.

sulfato, *s. m.* sulphate.

sulfurar, *v. tr.* to sulphurate, to sulfurize.

sulfúrico, *adj.* sulphuric; **ácido sulfúrico:** sulphurous acid.

sulista, *s. m. f.* southerner.

sultana, *s. f.* sultana.

sultão, *s. m.* sultan.

suma, *s. f.* abridgement; **em suma:** in brief.

sumarento, *adj.* juicy.

sumariar, *v. tr.* to summarize, to outline.

sumário, 1. *adj.* summary; brief; **2.** *s. m.* summary, digest, précis.

sumidade, *s. f.* prominent person; celebrity; authority.

sumido, *adj.* low; sunk, overwhelmed; disappearing.

sumir, 1. *v. tr.* to hide; **2.** *v. tr.* e *refl.* to vanish; to go out; to steal away.

sumo, 1. *adj.* highest; sovereign; **2.** *s. m.* juice; **sumo de frutas:** fruit squash; **sumo de maçã:** apple juice.

sumptuosidade, *s. f.* opulence.

sumptuoso, *adj.* sumptuous, splendid; lavish.

suor, *s. m.* sweat, perspiration; **com o suor do rosto:** by the sweat of one's brow; **encharcado de suor:** wet with perspiration; in a sweat.

superabundância, *s. f.* superabundance.

superabundante, *adj.* superabundant.

superação, *s. f.* surmountableness.

superactivo, *adj.* overactive.

superaquecido, *adj.* superheated.

superar, *v. tr.* to surpass, to exceed, to outdo; to overcome.

superável, *adj.* surmountable, superable.

supercapitalizar, *v. tr.* to overcapitalize.

supercílio, *s. m.* brow.

superficial, *adj.* superficial; politeness; *(fig.)* shallow (friendship).

superficialidade, *s. f.* superficiality.

superfície, *s. f.* surface; area; outside; **superfície áspera:** rough surface; **à superfície da terra:** aboveground.

superfino, *adj.* superfine.

superfluido, *s. m.* superfluid.

supérfluo, *adj.* superfluous; needless.

super-homem, *s. m.* superman.

super-humano, *adj.* superhuman.

superintendente, *s. m.* superintendent; overseer.

superintender, *v. intr.* to superintend, to oversee.

superior, 1. *adj.* superior; upper; higher; greater; **2.** *s. m.* superior, master, chief.

superiora, *s. f.* Mother Superior.

superioridade, *s. f.* superiority.

superlativo, *adj.* superlative.

superlotado, *adj.* overcrowded.

supermercado, *s. m.* supermarket.

supernatural, *adj.* supernatural.

supernaturalista, *s. m. f.* supernaturalist.

superorgânico, *adj.* superorganic.

superóxido, *s. m.* superoxide.

superpatriotismo, *s. m.* superpatriotism.

superpovoado, *adj.* crowded.

superprodução, *s. f.* overproduction.

super-realismo, *s. m.* superrealism.

supersaturar, *v. tr.* to supersaturate.

supersensível, *adj.* supersensitive.

superstição, *s. f.* superstition.

superstrutura, *s. f.* superstructure.

superveniente, *adj.* supervenient.

supervivência, *s. f.* survival.

suplantação, *s. f.* supplanting.

suplantar, *v. tr.* to supplant, to oust, to supersede.

suplementar, *adj.* supplementary; additional, extra.

suplemento, *s. m.* supplement; extra charge.

suplente, 1. *adj.* substitutive; spare; **2.** *s. m. f.* substitute.

súplica, *s. f.* supplication; entreaty.

suplicante, 1. *adj.* supplicating, suppliant; **2.** *s. m. f.* suppliant, petitioner.

suplicar, v. tr. to supplicate, to entreat, to beseech, to implore.

supliciar, v. tr. to execute, to torture.

suplício, s. m. torture, torment, suffering.

supor, v. tr. to suppose; to imagine; to allege, to infer; to presume; **suponho que sim:** I suppose so; I guess so; **suponho que não:** I suppose not; I guess not.

suportar, v. tr. to support, to hold up; to bear; to endure; to stand; to undergo.

suportável, adj. supportable.

suporte, s. m. prop, stand (of a machine); bracket; bearer, support; rest; stay.

suposição, s. f. supposition, conjecture, assumption; **baseado em suposições:** based on supposition.

supositório, s. m. suppository.

suposto, adj. supposed; supposing.

supracitado, adj. above-mentioned; above-named.

supramolecular, adj. supramolecular.

supranumerário, adj. supernumerary.

supremacia, s. f. supremacy.

supremo, 1. adj. supreme, highest, paramount; 2. s. m. the Supreme Court.

supressão, s. f. suppression, cancellation.

suprimir, v. tr. to suppress, to do away with; to cancel.

suprir, v. tr. to supply; to furnish; to make up for.

supurativo, adj. suppurative.

surdamente, adv. deafly; in secrecy.

surdez, s. f. deafness.

surdo, 1. adj. deaf; voiceless; 2. s. m. a deaf man.

surdo-mudo, s. m. deaf-and-dumb.

surfista, s. m. f. surfer.

surgir, v. intr. to emerge, to loom, to appear; to come into existence; to arise.

surpreendente, adj. surprising, astonishing, amazing, striking.

surpreendentemente, adv. surprisingly; amazingly.

surpreender, v. tr. to surprise, to excite wonder in, to startle; to catch unawares, to detect; to overhear (a conversation).

surpreendido, adj. astonished, surprised; overtaken.

surpresa, s. f. surprise; amazement; trick.

surra, s. f. thrashing.

surrado, adj. threadbare.

surrar, v. tr. to curry (leather); to thrash, to beat.

surrealismo, s. m. surrealism.

surripiar, v. tr. to cheat, to swindle; to steal, to pilfer.

surtir, 1. v. intr. to succeed, to thrive; 2. v. tr. to produce; **surtir efeito:** to take effect, to work.

surto, 1. adj. at anchor, moored; 2. s. m. outbreak, outburst.

susceptibilidade, s. f. susceptibility; susceptibleness; sensitiveness, touchiness.

susceptível, adj. susceptible; liable to, admitting of; (fig.) sensitive, touchy.

suscitação, s. f. arousal, prompting; instigation.

suscitar, v. tr. to raise, to stir up, to excite; to bring on.

suserania, s. f. suzerainty.

suserano, adj. e s. m. suzerain.

suspeita, s. f. suspicion, doubt, mistrust.

suspeitar, v. tr. to suspect, to mistrust.

suspeito, *adj.* suspicious.

suspender, *v. tr.* to hang up; to suspend (from), to stop; to interrupt; to adjourn (meeting).

suspensão, *s. f.* suspension; wheel-suspension; hanging up.

suspenso, *adj.* suspended; hanging; adjourned; **ficar suspenso:** *(fig.)* to be spellbound; **ponte suspensa:** suspension bridge.

suspensórios, *s. m. pl.* (a pair of) braces; suspenders.

suspirante, *adj.* sighing.

suspirar, *v. intr.* to sigh.

suspiro, *s. m.* sigh; air-hole.

sussurrante, *adj.* whispering.

sussurrar, *v. intr.* to whisper, to rustle; to babble, to purl (a stream).

sussurro, *s. m.* whisper, murmur; rustle, rustling.

sustenido, *s. m. (mús.)* sharp.

sustentação, *s. f.* support; maintenance; subsistence.

sustentador, 1. *adj.* sustaining; **2.** *s. m.* sustainer; supporter.

sustentar, 1. *v. tr.* to sustain; to maintain; to provide for; to bear, to support; to keep, to nourish; to endure; **2.** *v. r.* to feed oneself; to live on.

sustento, *s. m.* sustenance, nourishment, maintenance.

suster, *v. tr.* to sustain, to hold up; to restrain.

susto, *s. m.* fright, scare, shock; **apanhar um grande susto (um susto de morte):** to be frightened to death.

sutiã, *s. m.* bra, brassière.

sutura, *s. f.* suture, seam.

suturar, *v. tr.* to join, to suture.

T

T, t, *s. m.* the twentieth letter of the alphabet.

tabacaria, *s. f.* tobacconist's (shop).

tabaco, *s. m.* tobacco; tobacco-plant.

tabaqueira, *s. f.* snuff-box; tobacco-pouch.

tabaquismo, *s. m.* abuse of smoking.

tabefe, *s. m. (fam.)* buffet, cuff; slap.

tabela, *s. f.* table; list; legend; fence (hockey); **tabela de preços:** price list; **chegar à tabela:** to be on time; **preço de tabela:** standard price; **por tabela:** indirectly.

tabelar, *v. tr.* to fix prices.

tabelião, *s. m.* notary public.

taberna, *s. f.* tavern; inn; public house, pub.

taberneiro, *s. m.* tavern-keeper, innkeeper, publican.

tabu, *s. m.* taboo, tabu.

tábua, *s. f.* board, plank; index, (table of) contents; map; list; leaf (of a table); **tábua de engomar:** ironing board; **tábua de salvação:** sheet(-)anchor.

tabuada, *s. f.* arithmetical tables.

tabulador, *s. m.* tabulator; tabulating machine.

tabular, *adj.* tabular.

tabuleiro, *s. m.* tray; baking tray (for cakes); bed (in a garden); platform (of a bridge); chess-board; draught-board.

tabuleta, *s. f.* sign-board.

taça, s. f. cup.

tacada, s. f. stroke (with a cue).

tacanhez, s. f. stupidity; avarice; narrow-mindedness.

tacanho, adj. stupid; covetous; narrow-minded.

tacão, s. m. heel.

tachar, v. tr. to find fault with; to brand as.

tacho, s. m. pot, pan.

tacitamente, adv. tacitly.

tácito, adj. tacit; silent; understood; **acordo tácito:** tacit agreement.

taciturno, adj. taciturn, silent.

taco, s. m. cue (billiards); plug (of wood).

tactear, v. tr. to feel, to touch.

táctica, s. f. tactics.

táctil, adj. tactile.

tacto, s. m. touch; feeling; tact; adroitness, alertness, skill; discernment.

tagarela, 1. adj. talkative; 2. s. m. f. talker, chatterbox, babbler, prattler.

tagarelar, v. intr. to chatter, to gossip; to babble.

tagarelice, s. f. chatter, gossip, prattle.

tal, 1. adj. such; like; 2. adv. so; thus; 3. pron. this, that; **tal pai, tal filho:** like father, like son; **tal... tal:** exactly the same; the dead spit of; **tal (tais) como:** such as; **a tal ponto:** to such an extent; **de tal maneira que:** in such a manner that.

talão, s. m. (com.) stock, counterpart, counterfoil.

talassocracia, s. f. thalassocracy, sea power.

talassofobia, s. f. thalassophoby.

talassografia, s. f. thalassography.

talassoterapia, s. f. thalassotherapy; sea-bathing.

talco, s. m. talc; **pó de talco:** talc-powder.

talento, s. m. talent, ability, skill; gift.

talentoso, adj. talented; able.

talhada, s. f. cut, slice.

talhado, adj. able, fit; cut out; carved out (stone); chopped; fashioned; **estar talhado para:** (fig.) to be cut out for.

talhar, 1. v. tr. to cut, to cut out (a dress), to tailor; to hew; to carve (wood, stone); to fashion (a boat out of wood); 2. v. intr. to curdle (milk).

talher, s. m. cover; place (at table); pl. cutlery.

talho, s. m. butcher's (shop).

talismã, s. m. talisman, amulet; charm.

taluda, s. f. the highest prize (in a lottery); (fam.) jackpot.

talvez, adv. perhaps; maybe.

tamanho, 1. adj. so great; 2. s. m. size.

também, adv. e conj. also, too, as well, either; **também tenho um livro:** I also have a book; I have a book, too; **eu sou pobre e tu também:** I'm poor and so are you.

tambor, s. m. drum; drummer; barrel (of a machine).

tamborete, s. m. low stool.

tamboril, s. m. timbrel, tabor, tambourine.

tampa, s. f. cover, lid; cap (on a bottle).

tampão, s. m. tampon; stopper; plug.

tampo, s. m. cap, cover; top (of a table).

tanga, s. f. breech-cloth, loincloth.

tangedor, s. m. player.

tangente, 1. adj. touching, tangent; 2. s. f. tangent.

tangerina, s. f. tangerine; mandarin; orange.

tangerineira, s. f. (bot.) tangerine-tree.

tangível, adj. tangible, tactile.

tango, s. m. tango (a dance).

tanoaria, s. f. cooper's (shop); cooperage.

tanoeiro, s. m. cooper.

tanque, s. m. tank (car, for the army); cistern; pond.

tanto, 1. pron. as much, so much; pl. as many, so many; **2.** adv. in such a way, as much, so much; **3.** s. m. so much; **tantas horas:** so many hours; **tantas vezes:** so often, so many times; **tanto assim:** so much so (that); **tanto faz:** as soon as not; it's all the same (to me); **tanto melhor:** so much the better (for); **tanto quanto sei:** as far as I know; **tanto tempo:** so long.

tão, adv. so, such, as, as much; **tão... como:** as... as; **tão bom como:** as good as.

tapado, adj. stopped up, closed, covered; (fam.) stupid.

tapar, 1. v. tr. to stop; to close; to cover; to screen, to hide; **2.** v. refl. to cover oneself (up).

tapeçaria, s. f. tapestry; hangings.

tapetar, v. tr. to carpet.

tapete, s. m. carpet, rug.

tapeteiro, s. m. carpet-maker.

tapioca, s. f. tapioca.

tapume, s. m. fence, hedge, boarding, partition.

tarado, adj. ill-famed; degenerate; unbalanced; tared.

tardar, v. intr. to delay, to loiter, to be long.

tarde, 1. adv. late; **2.** s. f. afternoon; evening; **amanhã à tarde:** tomorrow afternoon; **à tarde:** in the afternoon; **chegar tarde:** to be late; **mais cedo ou mais tarde:** sooner or later, some time or other; **mais tarde:** later on, afterwards.

tardiamente, adv. late, tardily.

tardio, adj. late, slow, tardy.

tarefa, s. f. task, toil.

tareia, s. f. drubbing, thrashing, spanking.

tarifa, s. f. tariff.

tarifar, v. tr. to tariff, to rate.

tartamudear, v. intr. to stutter, to stammer.

tártaro, s. m. tartar.

tartaruga, s. f. (zool.) turtle.

tasca, s. f. tavern.

tascar, v. tr. to chew; to masticate.

tatuagem, s. f. tattoo, tattooing.

tauromaquia, s. f. bullfighting, tauromachy.

tauromáquico, adj. relating to bullfighting; tauromachian.

tautologia, s. f. tautology.

taxa, s. f. tax, fee, rate; **taxa única:** single tax; **isento de taxa:** tax-exempt.

taxar, v. tr. to tax; to rate; to charge.

taxativamente, adv. restricted.

taxativo, adj. limitative.

táxi, s. m. taxi; cab; **apanhar um táxi:** to take a taxi; **praça de táxis:** taxi rank; (E.U.A.) taxi stand.

taxímetro, s. m. taximeter.

taxista, s. m. f. taxi driver.

te, pron. pess. you, to you.

tear, s. m. loom.

teatral, adj. theatrical; pompous, showy; stagy.

teatralmente, adv. theatrically.

teatro, s. m. theatre; playhouse; stage; scene.

tecedeira, s. f. womanweaver.

tecedura, s. f. texture, weaving.

tecelagem, s. f. weaving.

tecelão, s. m. weaver.

tecer, v. tr. to weave; to intertwine, to entwine.

tecido, 1. adj. woven; **2.** s. m. cloth; tissue; textile; fabric; material; **tecido de fantasia (lã, seda):** fancy (woollen, silk) fabric.

tecla, s. f. key.

teclado, s. m. keyboard; bank (of an organ).

técnica, s. f. technique; technics.

técnico, 1. adj. technical; **2.** s. m. technician.

tecnicolor, adj. technicolour.

tecnocracia, s. f. technocracy.

tecnologia, s. f. technology.

tecnológico, adj. technological.

tecto, s. m. ceiling.

tédio, s. m. tedium, tediousness, irksomeness.

teia, s. f. web; plot; railing, tissue.

teima, s. f. stubbornness, obstinacy; fancy.

teimar, v. intr. to persist in, to insist, to be obstinate.

teimosamente, adv. stubbornly.

teimosia, s. f. obstinacy; stubbornness; persistence.

teimoso, adj. stubborn, headstrong, inflexible, obstinate.

tejadilho, s. m. roof, top (of a vehicle).

tela, s. f. gauze; canvas; web (of a cloth); a paintweb; screen; linencloth.

telecomunicação, s. f. telecommunication(s).

teleférico, s. m. cable car.

telefonar, v. tr. e intr. to telephone; (fam.) to phone; to call (up); to ring up.

telefone, s. m. telephone; **estar ao telefone:** to be on the phone; **o telefone está a falar:** the line is engaged; line engaged!

telefonema, s. m. telephone call.

telefonia, s. f. telephony; radio, wireless-set.

telefonicamente, adv. telephonically.

telefónico, adj. telephonic; **cabina telefónica:** telephone box; **lista telefónica:** directory, telephone book, phone book; **fazer uma chamada telefónica:** to make a telephone call.

telefonista, s. m. f. telephonist; telephone operator.

telefotografia, s. f. telephotography.

telegrafar, v. tr. e intr. to telegraph; to wire; to cable.

telegrafia, s. f. telegraphy.

telegráfico, adj. telegraphic.

telegrafista, s. m. f. telegraphist.

telégrafo, s. m. telegraph; **por telégrafo:** by wire.

telegrama, s. m. telegram; cable; wire; **receber um telegrama:** to receive a telegram; **mandar um telegrama:** to send a telegram.

teleguiar, v. tr. to teleguide.

teleimpressor, s. m. teleprinter.

telemóvel, s. m. cellular phone.

telenovela, s. f. soap opera.

telepatia, s. f. telepathy.

telepático, adj. telepathic.

telescópico, adj. telescopic.

telescópio, s. m. telescope.

teletexto, s. m. teletext.

televisão, s. f. television; **ver televisão:** to watch television.

televisionado, adj. telecast; televisionary.

televisionar, v. tr. e intr. to telecast.

televisor, s. m. television set.

telha, s. f. tile; (fig.) whim.

telhado, s. m. roof.

telheiro, s. m. shed; barn.

telhudo, adj. eccentric, whimsical.

telintar, 1. s. m. tinkle (of falling glass); jingle (of bells, coins); chink (of money, glasses); clink (of money, keys, glasses); **2.** v. intr. to chink, to clink, to jingle.

tema, s. m. theme; subject, topic; exercise, composition.

temer, 1. v. tr. to fear; to dread:, to apprehend, to be afraid of; **2.** v. refl. to fear.

temerariamente, adv. rashly, boldly.

temerário, *adj.* rash, daring, headlong.

temeridade, *s. f.* temerity, boldness, rashness.

temeroso, *adj.* dreadful; timorous, fearful.

temido, *adj.* dreaded; feared.

temível, *adj.* dreadful, fearful.

temor, *s. m.* dread, fear; awe.

têmpera, *s. f.* tempering (of metals); temper, humour.

temperado, *adj.* frugal; temperate (person, climate); moderate, sober; mild (climate); seasoned (food).

temperamental, *adj.* temperamental.

temperamento, *s. m.* temper; temperament; disposition.

temperança, *s. f.* temperance.

temperar, *v. tr.* to season; to soften; to anneal (glass); to temper (metal).

temperatura, *s. f.* temperature.

tempero, *s. m.* seasoning; flavouring; condiment.

tempestade, *s. f.* tempest, storm.

tempestuoso, *adj.* tempestuous; stormy; rough; *(fig.)* fiery.

templo, *s. m.* temple; church.

tempo, *s. m.* time; season; opportunity; hour; weather; (grammar) tense; **tempo chuvoso:** rainy weather; **tempo livre:** spare time, leisure; **a seu tempo:** in time, in due time; **chegar a tempo:** to get on time; **de tempos a tempos:** from time to time; **estar bom tempo:** to be fine; **estar mau tempo:** to be bad; **há muito tempo:** a long time ago, long ago; **perder tempo:** to waste (one's) time, to dilly-dally.

temporada, *s. f.* a long time; spell.

temporal, 1. *adj.* temporal, transient; **2.** *s. m.* tempest, storm.

temporariamente, *adv.* temporarily.

temporário, *adj.* temporary; provisional.

temporizar, *v. intr.* to temporize.

tenacidade, *s. f.* tenacity; toughness (of metals).

tenaz, 1. *adj.* tenacious; tough (a metal); sticky, adhesive, hardbitten; **2.** *s. f. pl.* tongs, pincers.

tenazmente, *adv.* tenaciously.

tenção, *s. f.* intention, aim.

tencionar, *v. tr.* to intend, to purpose; to mean; to design; to plan.

tenda, *s. f.* tent; stall.

tendeiro, *s. m.* shopkeeper.

tendência, *s. f.* tendency, inclination; drift.

tendencioso, *adj.* tendentious; biassed.

tendente, *adj.* tending.

tender, *v. intr.* to tend; to extend; to roll out, to mould (dough); to aim at.

tenebroso, *adj.* dark, gloomy.

tenente, *s. m.* lieutenant.

ténis, *s. m.* tennis.

tenro, *adj.* tender; soft; weak.

tensão, *s. f.* tension, strain; **tensão arterial:** blood-pressure.

tenso, *adj.* tense; strained; taut.

tentação, *s. f.* temptation; enticement.

tentacular, *adj.* tentacular.

tentáculo, *s. m.* tentacle, feeler.

tentador, 1. *adj.* tempting; **2.** *s. m.* tempter.

tentar, *v. tr.* to attempt; to try; to endeavour, to essay; to allure, to tempt.

tentativa, *s. f.* attempt, trial; **faz nova tentativa:** have another try; have another go.

ténue, *adj.* tenuous, thin, slender.

teocracia, *s. f.* theocracy.

teologia, *s. f.* theology.

teoria, *s. f.* theory; principle.

teoricamente, *adv.* theoretically.

teórico, 1. *adj.* theoretical; **2.** *s. m.* theoretician.

teorizar, *v. tr.* to theorize; to speculate.

tepidez, *s. f.* tepidity, tepidness, lukewarmness.

tépido, *adj.* tepid, lukewarm.

ter, *v. tr.* to have; to hold, to keep; to possess; to contain; **que tens?:** what is the matter with you?

terapeuta, *s. m. f.* therapeutist.

terapêutico, *adj.* therapeutical, therapeutic.

terapia, *s. f.* therapy.

terça, *s. f.* third part.

terça-feira, *s. f.* Tuesday.

terceiro, *num.* third.

terciário, *adj.* tertiary.

terço, *s. m.* the third part; **rezar o terço:** to say one's beads.

termal, *adj.* thermal.

termas, *s. f. pl.* thermae, thermal baths, hot springs, spa.

térmico, *adj.* thermic.

terminação, *s. f.* termination, ending.

terminal, *adj.* terminal, ending.

terminante, *adj.* categorical, conclusive.

terminar, 1. *v. intr.* to end, to terminate, to come to an end, to finish, to be over; **está terminado:** it's over; **2.** *v. tr.* to terminate, to finish, to close.

término, *s. m.* terminus; end.

termo, *s. m.* **garrafa termo:** thermos flask; thermos bottle.

termo, *s. m.* end; boundary; limit; term, word; condition; way, manner.

termodinâmica, *s. f.* thermodynamics.

termómetro, *s. m.* thermometer.

termonuclear, *adj.* thermonuclear.

termóstato, *s. m.* thermostat.

ternamente, *adv.* tenderly, gently, kindly, lovingly.

ternário, *adj.* ternary, triple.

terno, 1. *adj.* tender, fond, tender-hearted, loving; **2.** *s. m.* ternary; three (at cards).

ternura, *s. f.* tenderness, fondness, gentleness.

terra, *s. f.* earth; soil; land; ground; country; territory; estate; the world; **terra de ninguém:** no man's land; **terra natal:** birthplace, homeland.

terraço, *s. m.* terrace; flat roof.

terramoto, *s. m.* earthquake.

terraplenagem, *s. f.* earthwork; ground-levelling.

terraplenar, *v. tr.* to level ground.

terráqueo, *adj.* terraqueous.

terreiro, *s. m.* public square; terrace; yard.

terreno, 1. *adj.* earthly; **2.** *s. m.* ground, soil; groundplot; site; terrain; earth; **terreno acidentado:** rough ground; **terreno alagado (pantanoso, arenoso):** sandy soil; **preparar terreno:** to pave the way; to break way; **sondar terreno:** *(fig.)* to feel one's way.

térreo, *adj.* low; **andar térreo:** ground-floor.

terrestre, *adj.* terrestrial, earthly.

terrífico, *adj.* terrific, dreadful, frightful.

terrina, *s. f.* tureen.

terríola, *s. f.* hamlet.

territorial, *adj.* territorial.

território, *s. m.* territory; ground.

terrível, *adj.* terrible, fearful, frightful.

terrivelmente, *adv.* terribly, awfully.

terror, *s. m.* terror, dread, fright.

terrorismo, *s. m.* terrorism.

terrorista, *s. m. f.* terrorist.

terroso, *adj.* earthy.

tese, *s. f.* thesis (*pl.* theses); dissertation.

teso, *adj.* tight, rigid; firm, stiff; stubborn; tough.

tesoura, *s. f.* (a pair of) scissors; shears, clippers (of a gardener); *(fig.)* backbiter.

tesourada, *s. f.* cut (with scissors); clip.

tesouraria, *s. f.* treasury.

tesoureiro, *s. m.* treasurer, paymaster.

tesouro, *s. m.* treasure; hoard.

testa, *s. f.* forehead; front; head (of a sail).

testamentário, *adj.* testamentary.

testamenteiro, *s. m.* executor (of a will).

testamento, *s. m.* testament; will.

testar, *v. intr.* to try out; to test; to examine.

teste, *s. m.* test.

testeira, *s. f.* front, forepart.

testemunha, *s. f.* witness; **testemunha de acusação:** witness for the prosecution; **testemunha de defesa:** witness for the defence.

testemunhar, 1. *v. tr.* to testify to; to witness; to bear witness to; **2.** *v. intr.* to give evidence.

testemunho, *s. m.* testimony; evidence; proof.

testículo, *s. m.* testicle.

tesura, *s. f.* firmness; stiffness; vanity; *(fam.)* lack of money.

teta, *s. f.* teat; nipple.

tetânico, *adj.* tetanic.

tetralogia, *s. f.* tetralogy.

tetraneto, *s. m.* a great-great-great-grandson.

tetravó, *s. f.* great-great-great-grandmother.

tetravô, *s. m.* great-great-great-grandfather.

tétrico, *adj.* horrible, frightful, gruesome, macabre.

teu, *adj. e pron. poss.* your, yours.

têxtil, *adj.* textile, woven.

texto, *s. m.* text.

textual, *adj.* textual.

textura, *s. f.* texture.

tez, *s. f.* skin; complexion.

ti, *pron. pess.* you.

tia, *s. f.* aunt.

tíbia, *s. f.* shinbone; tibia.

tido, *adj.* had; reputed.

tifo, *s. m. (med.)* typhus.

tifóide, *adj.* typhoid; **febre tifóide;** typhoid fever, typhus fever.

tigela, *s. f.* bowl; basin.

tigelada, *s. f.* bowlful.

tigre, *s. m.* tiger.

tijoleiro, *s. m.* brick-maker; brick-layer.

tijolo, *s. m.* brick.

til, *s. m.* tilde.

tília, *s. f. (bot.)* lime-tree, linden.

timbale, *s. m.* timbal, kettledrum.

timbragem, *s. f.* stamping.

timbrar, *v. tr.* to stamp.

timbre, *s. m.* timbre, tone; ring; stamp, mark, seal.

timidamente, *adj.* timidly.

timidez, *s. f.* timidity, timidness, bashfulness, shyness.

tímido, *adj.* timid, fearful, shy, bashful.

timoneiro, *s. m.* helmsman, coxswain, steersman.

tina, *s. f.* tub; pail.

tingir, *v. tr.* to dye; to tinge; to tint, to dip (a dress).

tinhoso, *adj.* suffering from ringworm, scurfy.

tinido, *s. m.* tinkling.

tinir, *v. intr.* to tinkle; to jingle.

tino, *s. m.* judgment, sense, tact.

tinta, *s. f.* ink, dye, paint, tint; **estar-se nas tintas:** *(fam.)* not to care a straw; not to care a fig.

tinta-da-china, *s. f.* Indian ink.

tinteiro, *s. m.* inkstand.

tinto, 1. *adj.* dyed, tinted; red (wine); **2.** *s. m.* dye, dyeing.

tintura, *s. f.* tincture.

tinturaria, *s. f.* dye-house, dye-works; dyer's (shop); dyeing; cleaner's (shop).

tintureiro, *s. m.* dyer.

tio, *s. m.* uncle.

típico, *adj.* typical, typic.

tipo, *s. m.* type; style; model, mould, figure; *(fam.)* chap, body, johnny, customer, guy.

tipografia, *s. f.* typography; printing-works, printer's (shop).

tipográfico, *adj.* typographical.

tipógrafo, *s. m.* typographer, printer, typesetter, compositor.

tique, *s. m.* tic; twitch.

tiquetaque, *s. m.* tick.

tira, *s. f.* strip, ribbon, band; **fazer em tiras:** to tear to pieces.

tirada, *s. f.* long speech, outburst, stretch; long walk.

tiragem, *s. f.* printing; circulation; output; draught, draft.

tirania, *s. f.* tyranny; oppression; harshness.

tirânico, *adj.* tyrannical, despotic.

tirano, *s. m.* tyrant; oppressor.

tira-nódas, *s. m.* stain remover.

tirar, *v. tr.* to draw; to draw out; to take (away, out); to take (a photo, a person's measures); to extract, to pull out (a tooth); to derive (benefit); to get (a license); to take off (clothes); **tirar à sorte:** to draw lots.

tiritante, *adj.* shivering.

tiritar, *v. intr.* to shiver, to shake (with cold).

tiro, *s. m.* shot; shooting, firing, discharge, rifle-shot.

tiróide, *adj.* thyroid.

tiroteio, *s. m.* firing, volley, shooting.

tísico, *s. m.* consumptive.

tisnar, *v. tr.* to blacken, to soot; to scorch.

titânico, *adj.* titanic.

titereiro, *s. m.* puppet-player.

titi, *s. f.* auntie.

titubeação, *s. f.* hesitation; vacillation; titubation.

titubeante, *adj.* hesitating, wavering.

titubear, *v. intr.* to stagger, to reel, to waver.

titular, 1. *adj.* titular; **2.** *s. m. f.* titled person; holder (of an office); nobleman; **3.** *v. tr.* to title, to entitle.

título, *s. m.* title; right; titledeed, bond; security; diploma, patent; caption, heading, headline (in a newspaper).

toa, *s. f.* **à toa:** inconsiderately; at random.

toalha, *s. f.* towel; sheet (of water); **toalha de mesa:** table-cloth; **pôr a toalha:** to lay the cloth.

toalheiro, *s. m.* towel-rack.

toar, *v. intr.* to sound, to resound; to fit.

toca, *s. f.* burrow, hole.

tocador, *s. m.* player.

tocante, *adj.* touching, moving, affecting; concerning.

tocar, 1. *v. tr.* to touch, to feel; to hit; to concern, to ring (a bell); to try (metals); to play (instruments), to blow (a trumpet, a horn); to fall to one's lot; to sound (a retreat); **2.** *v. intr.* to touch; to meddle with; to belong; to concern; to be contiguous; **pelo que me toca:** as far as I am concerned.

tocha, *s. f.* torch; large candle.

tocheiro, *s. m.* torch-holder; large candle-holder.

toco, *s. m.* stump; stub; end.

todavia, *conj.* nevertheless, yet, however; all the same.

todo, *adj.* all, whole; every; *pl.* everybody; everything; **todo o ano:** all the year round; **todo o dia:** all day (long); **todos os dias:** every day; **ao todo:** all told, on the whole; **a toda a velocidade:** at full speed; **em todo o caso:** at all events; in any case.

toga, *s. f.* toga; gown, robe.

tolamente, *adv.* foolishly.

toldado, *adj.* mouldy (wine); overcast (the weather); muddled.

toldar, 1. *v. tr.* to hang an awning over; to cloud, to gloom; to mar (someone's happiness); **2.** *v. refl.* to be spoiled, to get mouldy (wine); to get cloudy (weather).

toldo, *s. m.* awning; marquee; canvas.

toleirão, 1. *adj.* silly; priggish; **2.** *s. m.* silly; fool; prig.

tolerado, *adj.* tolerated.

tolerância, *s. f.* tolerance, toleration.

tolerante, *adj.* tolerant.

tolerar, *v. tr.* to tolerate; to suffer, to endure; to bear with.

tolerável, *adj.* tolerable; endurable; supportable.

tolher, *v. tr.* to hinder, to check; to stop; to disable.

tolice, *s. f.* nonsense, silliness, folly.

tolo, 1. *adj.* foolish, silly; **2.** *s. m.* fool; **fazer figura de tolo:** to act the fool (foolishly).

tom, *s. m.* tone, shade; accent; mode, tone, key.

tomada, *s. f.* taking, seizure; capture, conquest; plug; socket (for a plug, an electric bulb).

tomado, *adj.* taken, seized.

tomar, *v. tr.* to seize, to catch, to grasp, to lay hold of; to drink; to eat; to assume; to take (the train, measures, air, lessons, a bath, care, medicine, up courage, form, into account, by surprise); **tomar a peito:** to take to heart.

tomate, *s. m.* tomato.

tomateiro, *s. m.* (bot.) tomato plant.

tombar, 1. *v. tr.* to throw down, to tumble, to turn over; **2.** *v. intr.* to tumble down, to drop.

tombo, *s. m.* (nasty) tumble, (bad) fall.

tômbola, *s. f.* tombola.

tomo, *s. m.* tome, volume.

tona, *s. f.* **à tona de água:** afloat, awash; **vir à tona:** to emerge.

tonalidade, *s. f.* tonality; hue, tint.

tonel, *s. m.* tun, vat.

tonelada, *s. f.* ton.

tonelagem, *s. f.* load, tonnage, capacity.

tónica, *s. f.* keynote; stressed syllable; tonic.

tónico, 1. *adj.* tonic; bracing; **2.** *s. m.* tonic, skintonic.

tonificante, *adj.* bracing.

tonificar, *v. tr.* to strengthen; to tone up.

tontaria, *s. f.* folly, silliness.

tontear, *v. intr.* to be giddy; to act foolishly.

tontice, *s. f.* nonsense; foolery; dotage (of an old person).

tonto, *adj.* giddy, dizzy; foolish; downright fool; **fazer figura de tonto:** to act the fool, to make a fool of oneself.

tontura, *s. f.* vertigo; vertigines; dizziness.

topar, *v. tr.* to find; to meet with, to come across; to strike against.

topázio, *s. m.* topaz.

tópico, 1. *adj.* topical; **2.** *s. m.* topic; *pl.* summary.

topo, *s. m.* top, summit.

topografia, *s. f.* topography.

topográfico, *adj.* topographical.

topógrafo, *s. m.* topographer.

toque, *s. m.* touch, feeling; stroke; blast; peal; call, sound; playing.

torcer, *v. tr.* to twist; to wring; to distort; to writhe; to turn; to wrench; to sprain.

torcida, *s. f.* wick.

torcido, *adj.* crooked, twisted.

tormenta, *s. f.* storm; tempest.

tormento, *s. m.* torment, anguish, torture, anxiety.

tornar, 1. *v. intr.* to return; to turn; to come back; to retort; **2.** *v. refl.* to become; to grow.

tornear, 1. *v. tr.* to turn; to shape; to surround; to go round; **2.** *v. intr.* to joust.

torneio, *s. m.* tourney, tournament.

torneira, *s. f.* tap; cock.

torniquete, *s. m.* turnstile, turnpike.

torno, *s. m.* lathe; vice, lare.

tornozelo, *s. m.* ankle.

torpe, *adj.* dirty, indecorous, obscene; base, vile.

torpor, *s. m.* torpor, torpidity, numbness, sluggishness.

torrada, *s. f.* toast.

torrado, *adj.* toasted.

torrão, *s. m.* clod, lump; *(fig.)* country, ground, land.

torrar, *v. tr.* to toast, to roast (coffee).

torre, *s. f.* tower; steeple; rook, castle (at chess).

torreão, *s. m.* turret; small Tower.

torrencial, *adj.* torrential; impetuous, rushing.

torrencialmente, *adv.* torrentially.

torrente, *s. f.* torrent; flood.

tórrido, *adj.* torrid, burning, hot, scorching.

torso, *s. m.* torso, bust, trunk.

torta, *s. f.* tart, pie; **torta de maçã:** apple pie.

torto, *adj.* crooked, tortuous, awry; one-eyed; not straight; **a torto e a direito:** by hook or crook; at random.

tortuosidade, *s. f.* tortuosity, turnpike.

tortuoso, *adj.* tortuous, crooked, winding, twisting, twisted.

tortura, *s. f.* torture; anguish, pain.

torturar, *v. tr.* to torture, to rack, to strain, to harass.

torvelinho, *s. m.* whirlwind.

toscamente, *adv.* roughly.

tosco, *adj.* coarse, uncouth; rough.

tosquia, *s. f.* shearing.

tosquiador, *s. m.* shearer, shearman.

tosquiar, *v. tr.* to shear (sheep); to clip (dogs, horses); to cut (hair).

tosse, *s. f.* cough, coughing.

tossir, *v. intr.* to cough.

tosta, *s. f.* toast.

tostar, *v. intr.* to toast, to roast, to parch.

total, 1. *adj.* total; entire, absolute, thorough, whole, utter; **2.** *s. m.* total, sum total.

totalidade, *s. f.* totality, whole, entirety.

totalitário, *adj. e s. m.* totalitarian.

totalitarista, *adj. e s. m. f.* totalitarian.

totalizar, *v. tr.* to total.

totalmente, *adv.* totally, wholly; utterly.

touca, *s. f.* coif, cap, hood.

toucado, *s. m.* headgear; hairdressing, head-dress.

toucador, *s. m.* dressing-table; dressing-room.

toucar, *v. tr.* to dress (the hair); *(fig.)* to crown; to wreathe; to surmount.

toucinho, *s. m.* bacon; lard.

toupeira, *s. f. (zool.)* mole.

tourada, *s. f.* bullfight.

tourear, *v. tr. e intr.* to fight bulls.

toureiro, *s. m.* bullfighter, toreador.

touro, *s. m.* bull; (Zodiac) Taurus.

tóxico, 1. *adj.* toxic, poisonous; **2.** *s. m.* toxicant, poison.

toxina, *s. f.* toxin.

trabalhado, *adj.* laboured; wrought; well-done.

trabalhador, 1. *adj.* industrious, hard-working; **2.** *s. m.* worker, handworker, workman.

trabalhar, 1. *v. tr.* to work; to shape; **2.** *v. intr.* to work, to toil, to labour.

trabalhista, *s. m. f.* labourite; Labour Party supporter; **Partido Trabalhista:** The Labour Party.

trabalho, *s. m.* work; toil; labour; workmanship; industry; task; **trabalho doméstico:** house work; indoor work.

trabalhoso, *adj.* laborious, toilsome, fatiguing.

traça, s. f. draft; (zool.) clothesmoth.

traçar, 1. v. tr. to trace; to delineate; to map; to draw; to tuck up (a cape); **2.** v. refl. to be moth-eaten.

tracção, s. f. traction, tension, pull, pulling, stress, tug, hauling.

tracejado, s. m. broken line.

tracejamento, s. m. sketch, laying out.

tracejar, 1. v. tr. to sketch; **2.** v. intr. to draw a broken line.

traço, s. m. trace; streak; stroke (of a pen); line; dash; slice (of fish); track, sign; feature; trait.

tracto, s. m. tract.

tractor, s. m. tractor.

tradição, s. f. tradition.

tradicional, adj. traditional.

tradicionalismo, s. m. traditionalism.

tradicionalista, s. m. f. traditionalist.

tradicionalmente, adv. traditionally.

tradução, s. f. translation.

tradutor, s. m. translator.

traduzir, v. tr. to translate (into); to render; to interpret; to express.

tráfego, s. m. traffic; trade, commerce.

traficante, s. m. f. swindler; rogue; trader, trafficker.

traficar, v. intr. to trade, to traffic; to swindle.

tráfico, s. m. traffic, trade.

tragar, v. tr. to swallow; to engulf; to eat; (fig.) to bear.

tragédia, s. f. tragedy.

tragicamente, adv. tragically.

trágico, adj. tragical, tragic, fatal, calamitous.

trago, s. m. draught, gulp; **beber (esvaziar) de um trago:** to gulp down; to empty at one gulp.

traição, s. f. treason, treachery, treacherousness, betrayal.

traiçoeiro, adj. treacherous, traitorous.

traidor, 1. adj. treacherous, false, disloyal; **2.** s. m. traitor.

traidora, s. f. traitress.

trair, v. intr. to betray, to deceive, to be false to; to give away (to the enemy); to double-cross (a person).

trajar, 1. v. tr. to dress, to wear, to have on; **2.** v. intr. to dress.

trajecto, s. m. way, road, course; journey, distance; passage.

trajectória, s. f. trajectory.

trajo, s. m. dress, garment, clothes, garb, attire, suit.

tralha, s. f. fishing-net; (fig.) rubbish.

trama, s. f. woof; texture; (fig.) plot.

tramar, v. tr. to weave; (fig.) to plot; (fam.) to drive (a person) into a tight corner; to trick.

trambolhão, s. m. tumble, tumbling down; fall.

trâmites, s. m. pl. means; course; procedure.

trampolim, s. m. spring-board, trampoline.

tranca, s. f. bar, espagnolette, sash-fastener, window fastening.

trança, s. f. tress braid (of hair); pigtail; plait (of hair).

trancar, v. tr. to bar.

tranquilamente, adv. tranquilly, quietly, peacefully.

tranquilidade, s. f. tranquillity, stillness, calm, quiet.

tranquilizante, adj. tranquillizer.

tranquilizar, 1. v. tr. to tranquillize, to quiet; **2.** v. refl. to calm down.

tranquilo, adj. tranquil, calm, serene, quiet, peaceful.

transacção, s. f. transaction; business deal; affair.

transaccionar, v. intr. to transact.

transbordar, v. intr. to overflow.

transcendência, s. f. transcendency, transcendence.

transcendente, adj. transcendent.

transcender, v. tr. to transcend, to surmount, to go beyond.

transcrever, v. intr. to transcribe; to copy out.

transcrição, s. f. transcription; copy, transcript.

transcrito, adj. transcribed.

transe, s. m. anguish, distress, crisis, ordeal; trance.

transeunte, s. m. f. passer-by; pedestrian.

transferência, s. f. removal, transference; transfer, conveyance.

transferidor, s. m. protractor; transferer.

transferir, v. tr. to transfer; to remove, to convey (land); to hand over; to shift; to put off.

transfiguração, s. f. transfiguration.

transformação, s. f. transformation; change; alteration.

transformador, 1. adj. transforming; 2. s. m. transformer.

transformar, 1. v. tr. to transform, to change (into); 2. v. refl. to turn into.

transfusão, s. f. transfusion.

transgredir, v. tr. to transgress; to break; to violate.

transgressão, s. f. transgression; violation; breach.

transgressor, s. m. transgressor, offender, law-breaker.

transição, s. f. transition, passage, change.

transido, adj. chilled, frozen, benumbed; shivering; **transido de medo:** trembling all over with fear; to be chilled to the bone.

transigência, s. f. compliance, compromise.

transigente, adj. compliant; condescending.

transigir, v. tr. e intr. to condescend, to consent, to compromise, to yield.

transitável, adj. passable, practicable.

transitar, v. intr. to pass, to change, to go through, to travel.

transitivo, adj. transitive.

trânsito, s. m. transit; traffic.

transitório, adj. transitory; perishable; transient, passing.

translação, s. f. translation; removal; metaphor.

translúcido, adj. translucent, pellucid; transparent.

transmissão, s. f. transmission; transmitting; broadcast.

transmissível, adj. transmissible, transmittable.

transmissor, 1. adj. transmissive; 2. s. m. transmitter.

transmitir, v. tr. to transmit; to send on; to broadcast; to signal; to convey.

transmutação, s. f. transmutation.

transmutar, v. tr. to transmute; to transform into.

transmutável, adj. transmutable.

transparecer, v. intr. to appear through, to show, to be evident.

transparência, s. f. transparency, transparence.

transparente, adj. transparent; clear, evident, plain.

transpiração, s. f. perspiration; transpiration.

transpirar, v. intr. to perspire; to transpire; (fig.) to leak out.

transplantação, s. f. transplantation.

transplantar, v. tr. to transplant.

transponível, adj. surmountable.

transpor, v. tr. to transpose; to change; to remove, to transport, to pass over.

transportador, s. m. transporter.

transportar, v. tr. to transport, to convey, to transfer, to remove, to carry; to carry away; to ravish, to enrapture, to delight.

transporte, s. m. transport, conveyance; transfer, rapture, ecstasy.

transposição, s. f. transposition; change; transposal.

transtornar, v. tr. to overturn; to upset; to disturb, to trouble.

transtorno, s. m. disturbance; upset; inconvenience; trouble.

transvazar, v. tr. to pour out; to empty.

transversal, adj. transversal, transverse.

transversalmente, adv. transversally, crosswise.

transviar, 1. v. tr. to mislead; to lead astray; **2.** v. refl. to go astray, to stray.

trapaça, s. f. cheat, fraud, swindle, trick; foul play.

trapacear, v. intr. to cheat; to defraud; to trick; to swindle.

trapaceiro, 1. adj. deceitful; **2.** s. m. cheat; trickster.

trapalhada, s. f. confusion; entanglement; imbroglio; complication; disorder.

trapalhão, s. m. bungler; blunderer; impostor.

trapejar, v. intr. to flap.

trapézio, s. m. trapeze; trapezium.

trapezista, s. m. f. trapezist.

trapo, s. m. rag, tatter.

traquina, adj. troublesome; frolicsome; naughty, wild; restless.

traquitana, s. f. rattletrap.

trás, 1. prep. after, behind; **2.** interj. bang!; **dizer de trás para a frente:** to say backwards; **na parte de trás:** (room) in the back; (garden) at the back; **olhar para trás:** to look back; **para a frente e para trás:** backwards and forwards; **por trás:** behind; **porta de trás:** back door; **voltar para trás:** to go back; to come back.

trasbordar, 1. v. tr. to overflow; to transship; **2.** v. intr. to spread.

trasbordo, s. m. transshipment.

traseira, s. f. back part, rear.

traseiro, 1. adj. back, rear; **2.** s. m. (fam.) behind, buttocks.

trasfegar, v. tr. to rack, to decant, to pour out.

trasladação, s. f. removal, conveyance.

trasladar, v. tr. to remove; to convey; to translate.

traspassar, v. tr. to pass over; to go beyond; to cross; to copy; to transfer, to sublet; to rend (the heart); to pierce.

traspasse, s. m. assignment, transfer; death.

traste, s. m. piece (of furniture); (fam.) rogue, rascal.

tratado, s. m. treatise; treaty.

tratador, s. m. cattle-feeder; groom.

tratamento, s. m. treatment; address; nursing; **tratamento de beleza:** saloon treatment.

tratante, s. m. f. dealer, contractor; (fam.) rogue, crook, rascal.

tratar, 1. v. tr. to treat; to use; to manage, to conduct; to nurse; to negotiate; to deal with (a matter, a person); to look after (a person, the house); to handle (with care); **2.** v. refl. to look after oneself, to be under treatment; **trata-se de...:** the question is; **de que se trata?:** what's the matter?

tratável, adj. tractable; accessible; easy to be dealt with.

trato, s. m. treatment; behaviour; address, manner; agreement, pact; handling; trade, traffic.

trauma, s. m. trauma.

traumático, adj. traumatic.

traumatismo, s. m. traumatism.

traumatizar, v. tr. to traumatize.

trautear, v. tr. to hum, to trill.

trauteio, s. m. humming, trilling, quavering.

travado, adj. joined, linked; set (a saw); jerky (pace).

travador, s. m. joining, linking; checking; saw-set.

travamento, *s. m.* stiffening; staying; braking; locking.

travanca, *s. f.* clog; obstacle.

travão, *s. m.* shackle (for horses); brake, check; **travão às quatro rodas:** four-wheel brake; **travão de mão:** hand-brake.

travar, *v. tr.* to put on the brake; to clog (animals); to set (a saw); to put the drag on; to check; to brake; to contract (friendship); to lock.

trave, *s. f.* beam, rafter; crossbar.

través, *s. m.* bias; traverse; **olhar de través:** to look askew at.

travessa, *s. f.* cross-beam; (railway) sleeper; transom; dish (for food); cross-road, narrow street, by-street; rung (of a chair).

travessão, *s. m.* beam (of a balance); dash; large dish; slide (for the hair).

travesseira, *s. f.* pillow; cushion.

travesseiro, *s. m.* bolster.

travessia, *s. f.* crossing, voyage; passage.

travesso, *adj.* naughty; restless, uneasy, playful, frisky.

travessura, *s. f.* prank; mischief.

trazer, *v. tr.* to bring; to bring about; to fetch; to carry; to bear; to wear, to have on (clothes); to take, to convey.

trecho, *s. m.* piece (of music); passage, extract; text.

trégua, *s. f.* truce; rest.

treinador, *s. m.* (athletic) coach, trainer.

treinar, *v. tr.* to train, to drill, to exercise; to teach.

treino, *s. m.* training, exercise; drill.

trela, *s. f.* lead, leash, strap; talk, chat.

trem, *s. m.* coach; carriage; train; suit.

tremelicar, *v. intr.* to shiver, to quiver, to tremble.

tremeluzir, *v. intr.* to twinkle; to flicker.

tremendamente, *adv.* dreadfully, tremendously.

tremendo, *adj.* tremendous, dreadful, awful, frightful, terrible.

tremente, *adj.* trembling, quivering; shivering.

tremer, *v. intr.* to tremble; to shake; to quake, to shiver; to quiver; to quaver.

tremido, *adj.* doubtful; shaky.

tremoçal, *s. m.* plantation of lupine.

tremoço, *s. m.* lupine.

tremor, *s. m.* tremor, shiver, shaking, quake, quiver; **tremor de terra:** earthquake.

tremular, *v. intr.* to wave, to fly; to tremble, to flutter.

trémulo, *adj.* tremulous, trembling, shaking.

treno, *s. m.* lament.

trenó, *s. m.* sledge; sleigh; toboggan.

trepadeira, 1. *adj.* climbing; **2.** *s. f.* climber, creeper.

trepador, 1. *adj.* climbing; **2.** *s. m.* climber.

trepar, *v. tr. e intr.* to climb; to ascend; to rise.

trepidação, *s. f.* trepidation; bustle, stir, fuss.

trepidante, *adj.* tremulous, shaking.

trepidar, *v. intr.* to shake, to tremble, to bustle.

três, *num.* three; **aos três:** in threes.

tresandar, 1. *v. intr.* to stink; **2.** *v. tr.* to cause to go back; to upset.

tresloucado, *adj.* mad, deranged.

tresnoitar, *v. intr.* to pass a sleepless night.

trespassado, *adj.* transferred.

trespasse, *s. m.* transfer; subletting; death.

tresvario, *s. m.* dotage, raving, drivelling.

treta, *s. f.* stratagem, feint; *pl.* verbiage, prate.

trevas, *s. f. pl.* darkness.

trevo, *s. m. (bot.)* clover; **trevo de quatro folhas:** four leaf clover.

treze, *num.* thirteen.

trezentos, *num.* three hundred.

tríada, tríade, *s. f.* triad.

triangular, 1. *adj.* triangular, three-cornered; **2.** *v. tr.* to triangulate.

triângulo, *s. m.* triangle.

tribásico, *adj.* tribasic.

tribo, *s. f.* tribe, clan.

tribulado, *adj.* afflicted.

tribuna, *s. f.* tribune, platform.

tribunal, *s. m.* tribunal, court of justice, law-court; **levar a tribunal:** to lay a case before the court.

tribuno, *s. m.* tribune; orator.

tributação, *s. f.* tributation.

tributar, *v. tr.* to impose; to tax.

tributável, *adj.* that can pay tribute; taxable.

tributo, *s. m.* tribute; tax; contribution.

tricentenário, *s. m.* tricentenary, tercentenary.

triciclo, *s. m.* tricycle.

tricolor, *adj.* tricolor, tricoloured.

tricórnio, *s. m.* cocked hat, tricorn.

tricot, *s. m.* knitting.

tridentado, *adj.* tridentate.

tridente, *s. m.* trident.

triénio, *s. m.* three years.

trigal, *s. m.* cornfield; field of wheat.

trigésimo, *num.* thirtieth.

trigo, *s. m.* corn; wheat.

trigonometria, *s. f.* trigonometry.

trigueiro, *adj.* brownish; swarthy; dark-skinned.

trilha, *s. f.* track, trace, trail.

trilhado, *adj.* thrashed; trodden, beaten (track); common.

trilhar, *v. tr.* to thrash; to beat, to tread; to bruise.

trilho, *s. m.* track; rail; harrow (for thrashing corn); churnstaff; tread (of a tyre).

trilião, *num.* trillion.

trilogia, *s. f.* trilogy.

trimestral, *adj.* quarterly, trimensual, trimestrial.

trimestre, *s. m.* quarter; trimester.

trinar, *v. intr.* to trill, to warble.

trincado, *adj.* bitten off; sly.

trincar, *v. tr.* to bite, to chew, to crunch.

trinchar, *v. tr.* to carve.

trincheira, *s. f.* trench.

trinco, *s. m.* latch.

trindade, *s. f.* Trinity.

trineta, *s. f.* great-great-granddaughter.

trineto, *s. m.* great-great-grandson.

trinómio, *s. m.* trinomial.

trinta, *num.* thirty.

trintena, *s. f.* thirty.

tripa, *s. f.* gut, tripe, intestine.

tripartido, *adj.* tripartite.

tripartir, *v. tr.* to divide into three parts.

tripé, *s. m.* tripod.

tripeiro, *s. m.* tripe-seller; tripe-eater; *(fam.)* inhabitant of Porto.

triplano, *s. m.* triplane.

triplicação, *s. f.* triplication.

triplicado, *adj.* triplicate, threefold.

triplicar, *v. tr.* to triple, to treble, to triplicate.

triplo, *adj.* triple, treble, threefold.

tripudiar, *v. intr.* to dance, to rejoice; to make merry.

tripulação, *s. f.* crew; air-crew (of a plane).

tripulante, *s. m. f.* crew-member; seaman.

tripular, *v. tr.* to man (a ship).

trisavó, *s. f.* great-great-grandmother.

trisavô, *s. m.* great-great-grandfather.

trissilábico, *adj.* trisyllabic.

trissílabo, *s. m.* trysyllable.

triste, *adj.* sad, mournful, gloomy; dejected, sorry.

tristemente, *adv.* sadly, mournfully, sorrowfully.

tristeza, s. f. sadness, sorrow, grief, gloom; dreariness.

tristonho, adj. sad-looking; dejected; gloomy.

trituração, s. f. trituration; crushing; grinding.

triturado, adj. triturated.

triturador, adj. triturating, crushing.

triturar, v. tr. to triturate; to grind down.

triturável, adj. triturable.

triunfador, s. m. triumpher; conqueror.

triunfal, adj. triumphal.

triunfalmente, adv. triumphantly.

triunfante, adj. triumphant; exulting.

triunfantemente, adv. triumphantly, with flying colours.

triunfar, v. intr. to triumph; to overcome; to exult, to rejoice.

triunfo, s. m. triumph, victory, success.

trivial, adj. trivial, trite, commonplace, hackneyed, trifling.

trivialidade, s. f. triviality; triteness, vulgarity.

troar, v. intr. to thunder.

troca, s. f. exchange, interchange, barter.

troça, s. f. mockery, scoff; **fazer troça de:** to make fun of.

trocadilho, s. m. pun.

trocador, adj. exchanging.

trocar, v. tr. to exchange; to replace; to change; to truck; to barter.

troçar, v. tr. to mock, to scoff.

troca-tintas, s. m. dauber; bungler; humbug, trickster.

trocável, adj. exchangeable.

trocista, 1. adj. scoffing; 2. s. m. f. mocker.

troco, s. m. change, odd money; **pode dar-me troco de 1 libra?:** can you give me change for a £ 1 note?

troço, s. m. fragment; pin; stretch (of road); body (of soldiers).

troféu, s. m. trophy.

troglodita, s. m. f. troglodyte.

trolha, s. m. trowel; mason; bricklayer.

tromba, s. f. trunk (of an elephant); snout; water-spout.

trombada, s. f. blow (with the trunk); hit, clash.

trombeta, s. f. trumpet; trumpet-player.

trombeteiro, s. m. trumpet-player, trumpeter.

trombone, s. m. trombone; trombone-player.

trombudo, adj. having a trunk; (fig.) sulky, sullen.

trompa, s. f. horn.

tronco, s. m. trunk; stem; stock, lineage.

trono, s. m. throne.

tropa, s. f. troop; army.

tropeçar, v. intr. to stumble, to trip (over).

trôpego, adj. hobbling, limping, unsteady.

tropel, s. m. crowd; heap, multitude, hubbub; tumult.

tropelia, s. f. confusion, hurry; prank; mischief.

tropical, adj. tropical.

trópico, s. m. tropic.

trotador, adj. trotting.

trotar, v. intr. to trot.

trote, s. m. trot; **a trote:** in haste; trotting.

trouxa, 1. s. f. truss; bundle, pack; 2. s. m. (fam.) sucker.

trova, s. f. ballad, song.

trovador, s. m. troubadour; minstrel; bard.

trovão, s. m. thunder; thunderbolt; thunder-clap; a peal of thunder.

trovar, v. intr. to make rhymes.

trovejar, v. intr. to thunder.

troviscar, v. intr. to thunder lightly.

trovoada, s. f. thunderstorm.

trucidar, v. tr. to kill, to murder; to mangle.

truculência, s. f. truculence, truculency, ferocity.

truculento, adj. truculent, cruel, fierce.

truncado, adj. truncate, truncated, lopped off; garbled.

truncamento, s. m. truncation, truncature.

truncar, v. tr. to truncate; to cut off, to lop off; to mutilate; to garble; to curtail.

trunfar, v. intr. to play a trump.

trunfo, s. m. trump; trump card; (fam.) big shot.

truque, s. m. trick, dodge.

truz!, interj. crash!; bang!; knock, rap (on the door).

tu, pron. pess. you.

tuba, s. f. tuba.

tubagem, s. f. piping, tubing.

tubarão, s. m. shark.

tuberculado, adj. tubercular.

tubérculo, s. m. tubercle.

tuberculose, s. f. tuberculosis.

tuberculoso, adj. tuberculous.

tubo, s. m. tube, pipe.

tubular, adj. tubular, tubulous, tube-shaped.

tudo, pron. indef. all, the whole; anything; everything; **tudo junto:** all together; **ou tudo, ou nada:** neck or nothing, a king or a beggar.

tufão, s. m. hurricane, typhoon.

túlipa, s. f. tulip.

tumefacção, s. f. tumefaction; swelling.

tumefacto, adj. tumefied.

túmido, adj. tumid, swollen, inflated.

tumor, s. m. tumour; swelling.

tumular, adj. tombstone.

túmulo, s. m. tomb, grave.

tumulto, s. m. tumult; commotion; uproar, disturbance.

tuna, s. f. students' musical group.

túnel, s. m. tunnel.

túnica, s. f. tunic.

turba, s. f. rabble, mob.

turbante, s. m. turban.

turbilhão, s. m. swirl; whirlwind, whirl; bustling activity.

turbulência, s. f. turbulence.

turbulento, adj. turbulent; troublesome; disturbed, tumultuous.

turismo, s. m. tourism.

turista, s. m. f. tourist.

turístico, adj. tourist; touristic; touristy.

turma, s. f. division (of class), class; band, company.

turno, s. m. turn; **por turnos:** by turns, by spells.

turquesa, s. f. turquoise.

turvar, v. tr. to disturb; to trouble; to darken, to cloud.

turvo, adj. muddy, turbid, cloudy; troubled (waters).

tutano, s. m. marrow; pith.

tutela, s. f. guardianship, tutelage; protection, care.

tutelado, adj. tutored; under the care of a guardian.

tutelar, 1. adj. tutelary, tutelar, guarding, protecting; **2.** v. tr. to tutor.

tutor, s. m. guardian; tutor.

tutoria, s. f. tutorship, tutelage, guardianship.

U

U, u, *s. m.* the twenty-first letter of the alphabet.

uberdade, *s. f.* abundance; fertility; fruitfulness.

úbere, 1. *adj.* fertile, uberous; **2.** *s. m.* udder.

ubérrimo, *adj.* most fertile.

ubiquidade, *s. f.* ubiquity.

ubíquo, *adj.* ubiquitous.

ufano, *adj.* proud, boasting.

uivador, 1. *adj.* howling; **2.** *s. m.* howler.

uivar, *v. intr.* to howl.

uivo, *s. m.* howl.

úlcera, *s. f.* ulcer.

ulcerado, *adj.* ulcerated.

ulcerar, *v. tr.* to ulcerate.

ulceroso, *adj.* ulcerous.

ulmeiro, *s. m.* elm-tree.

ulterior, *adj.* ulterior; further, later.

ulteriormente, *adv.* afterwards; later.

ultimação, *s. f.* finishing.

ultimado, *adj.* finished; ended.

ultimamente, *adv.* lately; recently.

ultimar, *v. tr.* to end; to finish; to put an end to.

ultimato, *s. m.* ultimatum.

último, *adj.* last; final; ultimate; lowest; **último andar:** top floor; **em última análise:** in last analysis; **o último mencionado:** the latter; **por último:** at last.

ultrajante, *adj.* insulting; outrageous.

ultrajar, *v. tr.* to insult; to outrage; to abuse.

ultraje, *s. m.* outrage; insult; offence; abuse.

ultrajosamente, *adv.* outrageously.

ultramar, *s. m.* overseas territories.

ultramarino, *adj.* ultramarine; overseas.

ultramoderno, *adj.* ultra-modern.

ultrapassagem, *s. f.* overtaking.

ultrapassar, *v. tr.* to surpass; to exceed; to outdo; to go beyond; to overtake; to cut in; to overstep.

ultra-rápido, *adj.* ultra-rapid.

ultra-som, *s. m.* ultra-sound.

ultra-sónico, *adj.* ultrasonic.

ultravioleta, *adj.* ultraviolet; **raio ultravioleta:** ultraviolet ray.

ultravírus, *s. m.* ultra-virus.

ululação, *s. f.* howling; ululation.

ululante, *adj.* howling; ululant.

ulular, *v. intr.* to howl; to ululate; to wail.

um, uma, 1. *art. indef.* a, an; **2.** *pron. indef.* one; *pl.* some; **um a um, um por um:** one by one; **um ao outro:** each other; **um após outro:** one after another; **um deles:** one of them.

umbelífero, *adj.* umbelliferous.

umbigo, *s. m.* navel; umbilicus.

umbilical, *adj.* umbilical; **cordão umbilical:** umbilical cord.

úmero, *s. m.* humerus.

unânime, *adj.* unanimous.

unanimemente, *adv.* unanimously.

unanimidade, *s. f.* unanimity.

unção, *s. f.* unction; suavity; anointment.

uncial, *adj.* uncial.

unciforme, *adj.* unciform.

undecágono, *s. m.* undecagon.

undécimo, *num.* eleventh.

ungir, *v. tr.* to anoint.

unguento, *s. m.* unguent; ointment.

unha, *s. f.* nail, finger-nail; **roer as unhas:** to bite one's nails.

unhada, *s. f.* nail-scratch.

união, *s. f.* union; alliance, match; coupling, joint; clutch.

unicamente, *adv.* only; merely.

unicelular, *adj.* unicellular.

único, *adj.* only; sole; unique; unmatched.

unicolor, *adj.* unicolour; uni-coloured.

unicórnio, 1. *adj.* unicornous; **2.** *s. m.* unicorn.

unidade, *s. f.* unity; agreement; unit; digit.

unido, *adj.* united; allied; joined, joint; tied.

unificação, *s. f.* unification.

unificar, *v. tr.* to unify.

uniforme, 1. *adj.* uniform, regular; **2.** *s. m.* uniform; livery.

uniformemente, *adv.* uniformly.

uniformidade, *s. f.* uniformity.

uniformização, *s. f.* standardiza-tion.

uniformizado, *adj.* uniformed, dressed in uniform.

uniformizar, *v. tr.* to uniformize; to standardize.

unilateral, *adj.* unilateral; one-sided.

unilateralmente, *adv.* unilaterally.

unilingue, *adj.* unilingual.

unionismo, *s. m.* unionism.

unionista, *adj.* unionist.

unir, *v. tr.* to unite; to connect; to join (together); to couple.

unissexuado, *adj.* unisexual.

uníssono, *adj.* unisonal; uni-sonous; unisonant.

univalência, *s. f.* univalence.

univalvular, *adj.* univalvular.

universal, *adj.* universal.

universalidade, *s. f.* universality.

universalismo, *s. m.* Universalism.

universalista, 1. *adj.* universalis-tic; **2.** *s. m. f.* universalist.

universalização, *s. f.* universali-zation.

universalizar, *v. tr.* to universalize.

universalmente, *adv.* universally.

universidade, *s. f.* university.

universitário, 1. *adj.* university (education, degree, student); aca-demic (honours); **2.** *s. m.* univer-sity student; university teacher.

universo, *s. m.* universe.

univocação, *s. f.* univocation.

unívoco, *adj.* univocal.

uno, *adj.* sole; only; unique.

untadela, *s. f.* greasing.

untar, *v. tr.* to grease; to daub; to besmear; **untar as mãos a:** *(fig.)* to oil a person's palm; **bem un-tado:** well greased; **mal untado:** lightly greased.

untuosidade, *s. f.* unctuosity, unctuousness, oiliness.

urânio, *s. m.* uranium.

uranografia, *s. f.* uranography.

uranográfico, *adj.* uranographi-cal.

uranologia, *s. f.* uranology.

urbanamente, *adv.* courteously; politely, urbanely.

urbanidade, *s. f.* urbanity; polite-ness.

urbanismo, *s. m.* town-planning; urbanization.

urbanista, *s. m. f.* townplanner.

urbanização, *s. f.* urbanization.

urbanizar, *v. tr.* to urbanize.

urbano, *adj.* urban; polite, urbane, courteous; polished.

urbe, *s. f.* city, town.

urdidura, *s. f.* warp; plot.

urdimento, *s. m.* warping.

urdir, *v. tr.* to warp; to weave; to plot.

ureter, uréter, *s. m.* ureter.

uretra, *s. f.* urethra.

uretral, *adj.* urethral.

urgência, *s. f.* urgency.

urgente, *adj.* urgent; pressing.

urgentemente, *adv.* urgently.

urgir, *v. intr.* to be urgent; to urge, to press.

úrico, *adj.* uric.

urina, *s. f.* urine.

urinar, *v. intr.* to urinate; to make water.

urinário, *adj.* urinary.

urinol, *s. m.* urinal.

urna, *s. f.* urn; **urna de votos:** ballot-box.

urrar, *v. intr.* to roar; to bellow.

urro, *s. m.* roar; bellow.

ursa, *s. f. (zool.)* she-bear; **Ursa Maior:** Great Bear; **Ursa Menor:** Little Bear.

urso, *s. m. (zool.)* bear; *(fig.)* top boy (at school).

urticária, *s. f.* nettle-rash.

urtiga, *s. f.* nettle.

urze, *s. f.* heather.

usado, *adj.* worn out; usual; used up; second-hand.

usar, 1. *v. tr.* to use; to employ; to resort to; to wear (clothes, glasses); **usar cabelo curto:** to wear one's hair short; **usar dos seus direitos:** to exercise one's rights; **2.** *v. refl.* to be in use, to be the fashion.

usável, *adj.* wearable; usable.

uso, *s. m.* use; custom, wear; practice; usage; habit; **com uso:** with use; **em uso:** in use; **fazer uso de:** to make use of, to bring into play; **fora de uso:** out of use.

usual, *adj.* usual; habitual; customary; ordinary.

usualmente, *adv.* usually; customarily.

usufruir, *v. tr.* to enjoy the usufruct of.

usufruto, *s. m.* usufruct; life interest.

usufrutuário, *s. m.* usufructuary.

usura, *s. f.* usury.

usurário, 1. *adj.* usurious; **2.** *s. m.* usurer.

usurpação, *s. f.* usurpation.

usurpador, 1. *adj.* usurping; **2.** *s. m.* usurper.

usurpar, 1. *v. tr.* to usurp; **2.** *v. intr.* to encroach upon.

utensílio, *s. m.* utensil.

uterino, *adj.* uterine.

útero, *s. m.* uterus.

útil, *adj.* useful; profitable; serviceable; helpful.

utilidade, *s. f.* utility; usefulness; profit; use.

utilitário, *adj. e s. m.* utilitarian.

utilização, *s. f.* utilization.

utilizador, *s. m.* user.

utilizar, *v. intr.* to utilize; to employ; to put to use.

utilizável, *adj.* utilizable, usable.

utilmente, *adv.* usefully.

utopia, *s. f.* Utopia; fancy; chimera.

utópico, *adj.* Utopian; fanciful.

uva, *s. f.* grape.

úvula, *s. f.* uvula.

uvular, *adj.* uvular.

V

V, v, s. m. the twenty-second letter of the alphabet.

vaca, s. f. cow; **carne de vaca:** beef.

vacaria, s. f. cow-house; dairy.

vacilação, s. f. vacillation; hesitation; oscillation; irresolution.

vacilante, adj. vacillating; hesitating; irresolute, wobbly.

vacilar, v. intr. to vacillate; to oscillate; to hesitate; to wobble.

vacina, s. f. vaccine; vaccination.

vacinação, s. f. vaccination.

vacinador, s. m. vaccinator.

vacinar, 1. v. tr. to vaccinate; to immunize; **2.** v. refl. to get vaccinated.

vacuidade, s. f. vacuity, gap; inanity; fatuousness.

vácuo, 1. adj. vacuous; empty; **2.** s. m. vacuum.

vadear, v. intr. to ford; to wade.

vadiagem, s. f. vagrancy; vagabondage; idleness; loafing.

vadiar, v. intr. to wander about; to loiter; to roam; to idle; to loaf.

vadio, 1. adj. vagrant; idle; lazy; **2.** s. m. vagabond; vagrant; loafer; tramp; idler.

vaga, s. f. wave; billow; swell; vacancy (in an office).

vagabundagem, s. f. vagabondage; vagrancy.

vagabundear, v. intr. to vagabond; to wander about; to ramble; to tramp about.

vagabundo, 1. adj. wandering; vagrant; vagabond; **2.** s. m. vagabond; wanderer; vagrant; tramp.

vagamente, adv. vaguely; in a vague manner; vacantly.

vagante, adj. vagrant; vacant; unfilled; unoccupied.

vagão, s. m. carriage; car; railway truck; coach; **vagão-cama:** sleeping-car; **vagão-restaurante:** dining-car.

vagar, 1. v. intr. to become vacant; to be empty; to roam, to loiter; **2.** v. tr. to vacate; **3.** s. m. leisure.

vagaroso, adj. slow, slow moving; tardy; sluggish; leisurely.

vagem, s. f. string bean, green bean; pod; husk; shell.

vagina, s. f. vagina.

vago, 1. adj. irresolute; vague; indistinct; vacant; wandering; **2.** s. m. vagueness.

vagoneta, s. f. trolley.

vaguear, v. tr. to roam; to err; to ramble; to drift.

vaia, s. f. hoot; boo; jeer.

vaiar, v. tr. to hoot; to hiss; to boo; to jeer.

vaidade, s. f. vanity, conceit; ostentation, pride.

vaidoso, adj. vain; conceited; puffed up; haughty.

vaivém, s. m. to and fro motion; shuttle.

vala, s. f. trench; ditch.

valado, s. m. hedge; ditch.

vale, s. m. valley; dale; postal-order; voucher.

valentão, 1. adj. brave; bragging; swaggering; **2.** s. m. braggart.

valente, adj. valiant; courageous; brave; fearless.

valentemente, adv. valiantly; vigorously.

valentia, s. f. bravery; courage; valour.

valer, 1. v. tr. to be equivalent to; to mean; to get; to obtain; **2.** v. intr. to be worth; to be valuable; to be valid; to help; **3.** v. refl. to avail oneself of, to have recourse to; **valer a pena ler:** to be worthwhile reading.

valete, s. m. knave (at cards).

valia, s. f. value; worth; price; merit.

validação, s. f. validation; confirmation.

validade, s. f. validity; effectiveness.

validamente, adv. validly.

validar, v. tr. to validate; to ratify; to confirm.

válido, adj. valid; sound; vigorous; legal.

valiosamente, adv. valuably.

valioso, adj. valuable; precious, valued.

valor, s. m. valour; intrepidity; value; price; merit; signification; pl. valuables.

valorização, s. f. valorization; valuation.

valorizar, v. tr. to value; to valorize.

valsa, s. f. waltz.

valsar, v. intr. to waltz.

válvula, s. f. valve; plug.

valvulado, adj. valved.

valvular, adj. valvular.

vampírico, adj. vampiric.

vampiro, s. m. vampire.

vandalismo, s. m. vandalism.

vândalo, s. m. vandal.

vangloriar-se, v. refl. to praise oneself; to boast; to brag.

vanguarda, s. f. vanguard; advance guard; forefront.

vanguardista, adj. avant-garde.

vantagem, s. f. advantage; profit; gain.

vantajosamente, adv. advantageously.

vantajoso, adj. advantageous; profitable.

vão, 1. adj. vain; futile; fallacious; deceitful; false; **esperança vã:** vain hope; **2.** s. m. vacuum; **em vão:** in vain.

vapor, s. m. steam; vapour.

vaporar, v. tr. e intr. to evaporate; to steam.

vaporização, s. f. vaporization.

vaporizador, 1. adj. vaporizing; **2.** s. m. vaporizer; sprayer.

vaporizar, v. tr. to vaporize.

vaporoso, adj. vaporous; transparent; fantastical.

vaqueiro, s. m. herdsman; cowboy.

vara, s. f. rod; twig; wand; jurisdiction; herd of swine; **salto à vara:** pole-vault.

varanda, s. f. balcony; terrace; veranda.

varão, s. m. male; man; rail; curtain-rod.

varapau, s. m. pole; shepherd's crook.

varar, 1. v. tr. to beat (with a rod); to beach (a ship); to amaze; **2.** v. intr. to strand; to go beyond.

varejar, 1. v. tr. to beat (with a pole; to thrash (a tree); to knock down (fruit); to measure; to search; **2.** v. intr. to beat; to fire shots.

varejeira, s. f. bluebottle; blowfly.

varejo, s. m. search (for contraband); retail trade.

vareta, s. f. rod; stirring rod; (umbrella) rib; leg (of a pair of compasses).

variação, s. f. variation; variance (in temperature); change; modification.

variado, adj. various; different; varied; variegated.

variante, 1. adj. variant; changeable; unsteady; **2.** s. f. variant.

variar, 1. v. tr. to vary; to change; to modify; **2.** v. intr. to vary; to differ.

variável, *adj.* variable; unsteady; fickle; inconstant.

variavelmente, *adv.* variably.

varicela, *s. f.* chicken-pox; varicella.

variedade, *s. f.* variety; diversity; inconstance; kind; sort; *pl.* variety.

variegado, *adj.* variegated; vari-coloured.

variegar, *v. tr.* to variegate; to dapple.

varinha, *s. f.* switch; wand; **varinha de condão:** magic wand.

vário, *adj.* various; different; inconstant; *pl.* several.

varíola, *s. f.* variola; smallpox.

varonia, *s. f.* manliness; male line.

varonil, *adj.* manly; virile.

varredela, *s. f.* sweeping.

varredor, *s. m.* sweeper.

varredura, *s. f.* sweepings.

varrer, *v. tr. e intr.* to sweep.

varrido, *adj.* swept; clean; **doido varrido:** stark mad.

vascular, *adj.* vascular.

vasculhar, *v. tr.* to sweep; to rummage.

vasculho, *s. m.* broom.

vaselina, *s. f.* vaseline.

vasilha, *s. f.* vessel; cask.

vasilhame, *s. m.* casks.

vaso, *s. m.* vase; flower-pot; ship; vessel.

vassalagem, *s. f.* vassalage; servitude.

vassalo, 1. *adj.* vassal; **2.** *s. m.* vassal; bondsman; subject.

vassoura, *s. f.* broom.

vassourada, *s. f.* blow (with a broom).

vassoureiro, *s. m.* broom-maker.

vastidão, *s. f.* vastness; wideness; amplitude.

vasto, *adj.* vast; immense; wide; spacious; extensive.

vaticinador, 1. *adj.* vaticinating; **2.** *s. m.* vaticinator.

vaticinar, *v. tr.* to vaticinate; to prophesy; to foretell.

vaticínio, *s. m.* vaticination; prophecy; prediction.

vau, *s. m.* ford.

vaza, *s. f.* trick.

vazadouro, *s. m.* refuse pit; drain; sewer.

vazamento, *s. m.* emptying.

vazante, *s. f.* reflux, ebb.

vazão, *s. f.* emptying; solution; resolution; outlet.

vazar, 1. *v. tr.* to empty; to void; to hollow; **2.** *v. intr.* to flow, to ebb; **3.** *v. refl.* to flow off, to drain away; to ebb (the tide).

vazio, 1. *adj.* empty; void; futile; **2.** *s. m.* vacuum; void.

veada, *s. f.* hind.

veado, *s. m.* hart; stag.

vector, *s. m.* vector.

vedação, *s. f.* barrier; fence; rail; enclosure.

vedar, *v. tr.* to hinder; to forbid; to impede; to stop; to enclose, to fence.

vedeta, *s. f.* sentinel; vedette (boat); watch-tower; film star.

veemência, *s. f.* vehemence; impetuosity; energy.

veemente, *adj.* vehement; impetuous; energic; ardent.

vegetação, *s. f.* vegetation.

vegetal, 1. *adj.* vegetal; **2.** *s. m.* vegetable; plant.

vegetalismo, *s. m.* vegetarianism.

vegetalista, *s. m. f.* vegetarian.

vegetar, *v. intr.* to vegetate.

vegetariano, *adj. e s. m.* vegetarian.

vegetativo, *adj.* vegetative.

veia, *s. f.* vein; trait; tendency.

veículo, *s. m.* vehicle.

veio, *s. m.* spindle; seam (of coal); vein (on a leaf, stone, wood); shaft.

vela, *s. f.* sail; candle; watch.

velado, *adj.* veiled; **luz velada:** subdued light.